사상과제로서의
아시아

저자

야마무로 신이치(山室信一)

도쿄대학교 법학부 졸업 후 중의원 법제국 참사, 도쿄대학교 사회과학연구소 연구원, 도호쿠대학교 조교수, 교토대학교 인문과학연구소 조교수와 교수를 역임하고, 현재는 교토대학교 인문과학연구소 명예교수로 있다. 전공은 근대일본정치사와 근대법정사상연쇄사. 『법제관료의 시대』, 『근대일본의 지와 정치』, 『키메라―만주국의 초상』, 『유라시아의 해변에서』, 『러일전쟁의 세기』, 『헌법9조의 사상 수맥』, 『복합전쟁과 총력전의 단층』, 『아시아의 사상사맥(思想史脈)』, 『아시아의 모습』 등 단독 저서 외에 많은 저작이 있다.

역자

정선태(鄭善太)

국민대학교 한국어문학부 교수. 저서로『개화기 신문 논설의 서사 수용 양상』, 『심연을 탐사하는 고래의 눈』, 『근대의 어둠을 응시하는 고양이의 시선』, 『한국 근대문학의 수렴과 발산』, 『시작을 위한 에필로그』 등이 있으며, 역서로『은뢰』, 『동양적 근대의 창출』, 『일본문학의 근대와 반근대』, 『가네코 후미코』, 『지도의 상상력』, 『속국민주주의론』 등이 있다.

윤대석(尹大石)

서울대학교 국어교육과 교수 및 동대학 국어교육연구소 겸무연구원. 저서로『식민지 국민문학론』, 『식민지 문학을 읽다』, 『창의와 융합의 국어교육』(공저) 등이 있다. 『국민이라는 괴물』, 『키메라―만주국의 초상』, 『디지털 미디어의 이해』 등의 번역서와, 『사상과 현실―박치우 전집』(공편), 『김윤식 평론 선집』 등의 편저서가 있다.

사상과제로서의 아시아

초판인쇄 2018년 6월 5일　**초판발행** 2018년 6월 15일

지은이 야마무로 신이치　**옮긴이** 정선태·윤대석　**펴낸이** 박성모　**펴낸곳** 소명출판　**출판등록** 제13-522호

주소 서울시 서초구 서초중앙로6길 15, 2층

전화 02-585-7840　**팩스** 02-585-7848

전자우편 somyungbooks@daum.net　**홈페이지** www.somyong.co.kr

값 55,000원　ⓒ 소명출판, 2018

ISBN 979-11-5905-278-1　93910

사상과제로서의

Asia as a Thought Challenge

아시아

야마무로 신이치 지음 | 정선태 · 윤대석 옮김

소명출판

SHISO KADAI TOSHITE NO ASIA

by Shin'ichi Yamamuro

Copyright © 2001 by Shin'ichi Yamamuro

First published in Japanese in 2001 by Iwanami Shoten, Publishers, Tokyo.

This Korean edition Published 2018 by Somyong Publishing Co.

by arrangement with the author

c/o Iwanami Shoten, Publishers, Tokyo.

"'아시아'라는 것은 원래 유럽으로부터 주어진 규정이지 우리들이 처음부터 만들어 낸 규정이 아니기 때문에 심리적 거리는 무한히 신축적입니다. 요즘 들어 나는 그런 개념에 계속 구속될 필요는 없다고 생각하고 있습니다. (…중략…) '아시아'를 말할 때의 함의(implication)가 무엇을 문제 삼고 무엇을 겨냥해왔는지를 확인하지 않으면 안 되겠지요."

"나 자신은 '아시아'라는 형태로 자화상을 그리는 데 근대 일본이 실패한 것은 당연하다고 생각하며, 앞으로도 그런 방식으로 그려야 할 것인지에 대해서는 회의적이기도 합니다. (…중략…) [그러나―인용자주] 금후 국제적인 공동연구를 통해 역사인식을 공유하려는 시도가 이루어져 이른바 합작으로 '아시아'의 자화상을 그릴 날이 찾아올지도 모른다는 예감이 없는 것도 아닙니다. 그 때문에라도 아직 우리들 자신이 밝혀둬야 할 것은 많고, 앞길은 요원하다고 생각하는 편입니다."

*

"일본의 존재는 20세기에 아시아에서 어떤 의미를 가졌을까요. 간단하게 말하면 일본은 아시아라는 것을 만들어온 기동인(起動因)이었다고 나는 생각합니다. (…중략…) [다만―인용자주] 근대 일본은 아시아에 속하면서도 아시아에 큰 충격을 주면서 아시아로부터 거절당한 측면도 있고, 일본이 아시아 그 자체인지 여부는 또 다른 문제를 품고 있었던 것이 아닐까라는 점은 말할 수 있을 것입니다."

"21세기는 아시아・태평양의 세기가 될 것이라고들 합니다만, 동시에 유럽과 아시아가 일체화하는 유라시아의 시대가 올지도 모릅니다. 그렇게 되면 우리들은 유라시아 시대와 아시아・태평양 시대에 동시에 대응하지 않으면 안 됩니다. 그것에 대처할 수 있는 틀을 만들어가야 하지 않겠습니까."

전자는 「'아시아'의 자화상을 어떻게 그릴 것인가」(『世界』, 1995년 10월호)라는 가와무라 미나토川村湊 씨와의 대담에서, 후자는 「일본은 어디까지 아시아인가」(『中央公論』, 1998년 7월호)라는 아오키 다모쓰青木保・이오키베 마코토五百旗頭眞・오카자키 히사히코岡崎久彦・나카네 지에中根千枝 등과 함께한 심포지엄에서, 아시아 실정을 꿰뚫고 있는 분들의 명론탁견에 압도당하면서 각각의 테마에 입각하여 내 나름대로 막연하게 품고 있던 의문과 전망을 미숙하나마 에둘러 말한 것이다. 휴지 조각이나 다름없다고 해야 할 발언을 새삼스럽게 모아봐야 아무런 의미도 없다는 것을 잘 알고 있지만, 이리저리 망설이다가 어떻게 본서에 이르게 되었는지를 확인해두기 위해 끌어들였다.

물론 이 발언들에 대해서는 통렬한 비판이 예상되며, 근거 없는 객담이나 방자한 폭론으로 받아들여질지도 모른다. 실제로 나 자신도 과연 그렇게 단정할 수 있을까 생각하면 답답함과 핵심에 육박하지 못한 무력감을 지금까지도 털어낼 수 없으며, 재고를 요하는 점도 당연히 많다. 그러나 아무리 얕고 철저하지 못한 생각이라 해도 나로서는 전혀 근거 없이 함부로 말한 것은 아니다. 이와 같은 난잡한 발언을 거듭하면서도, 1985년 이래 내 나름의 검토 과제로 추구해온 아시아에서의 '사상연쇄'라는 역사 사상事象을 간단하게라도 언급하고 일본과 아시아의 관련 양상을 제시하여 하나의 논거로 삼고자 했던 것이다. 단, 시간이 한정되어 있었기 때문에 내 나름의 문제의식이나 구체적인 역사적 현상과 어떻게 구체적으로 연결되는지를 충분히 피력할 수는 없었다. 이러한 논점까지 포함하여 일본과 아시아 그리고 세계의 연결이 어떠했는가, 그것을 어떠한 시점에서 포착하려 하는가를 밝히는 것이 이 책의 과제이다.

그런데 지금 돌이켜보건대, 도대체 과거에 얼마나 많은 일본인이 아시아에 자신의 삶을 결부시켜 세계 속에서 일본과 일본인이 놓인 공간적·역사적 운명에 관련된 여러 문제에 관심을 기울여왔을까. 어떤 사람들에게 아시아는 혐오스럽고 결별해야 할 공간이었던 한편, 어떤 사람들에게는 아시아야말로 자기가 딛고 선 기반을 묻는 장이자 존재이유를 확인하는 장이며 나아가 이를 통해 사상 형성을 모색하는 장이기도 했다는 것은 부인할 수 없다. 막스 베버는 "사람은 자신이 뽑아낸 의미작용에 매달려 있는 동물"이라고 지적했던 것 같은데, 아시아나 동양이야말로 근대 일본인이 준거峻拒할 것인지 합일할 것인지 선택을 압박받으면서 좋든 싫든 얽매이지 않을 수 없는 상태에서 스스로 뽑아낸 의미작용이었던 것인지도 모른다.

그렇다면 왜 그것은 실재하는 것처럼 사람들에게 의식되고, 때로 그것으로부터 해방되는 데 생을 걸 정도로 정열을 부추기는 매력이나 마력을 지닐 수 있었던 것일까. 아시아라는 공간은 과연 어디까지 일본인에게 벗어나기 어려운 숙명과도 같은 것일까. 또, 그것과 다른 지역세계를 설정함으로써 어떤 가능성이 열리게 될 것인가.

바꿔 말하면 일본과 일본인에게 아시아라는 공간은 어떤 것으로 주어졌고, 그것을 어떻게 자신의 것으로 내재화했으며, 어떤 사람과 어떤 지知의 연쇄로서 연계되었고, 거기에 '있다'라는 것이 어떤 가치로 인식되었으며, 그것을 정치적 어젠다로서 어떻게 표출했고, 또 현실에서는 어떻게 작용해왔다고 보아야 할 것인가.

아니, 도대체 공간이나 장이라는 것은 어떻게 사람에게 사상을 키워주는 계기가 될 수 있을 것인가. 다시 뒤집어 생각하건대 사람은 공간을 사상의 대상으로서 어떻게 포착할 수 있을까. 혹은 일정한 범역範域을 가진 공간을 사상적으로 포착한다는 것은 도대체 무엇을 의미하는 것일까.

아시아에 관한 이와 같은 일련의 물음에 대해서 이제까지 꼭 만족할 만한 대답을 얻지 못했던 것은 아닐까. 과문한 탓인지 모르나 나는 그 사실을 알지 못한다. 이처럼 지극히 망막茫漠한 의문에 대답해야 한다고 생각하면서도 그러나 몇 번씩이나 그런 의문 자체에 의미가 있는가라는 반문을 거듭하면서, 그 무지에서 비롯한 포호빙하暴虎馮河를 무릅쓰고 거의 환몽을 좇는 것이나 다름없는 자문자답과 모색을 되풀이해온 궤적을 보여주는 것이 이 책이다.

인류사를, 다양한 사람과 민족, 사상과 문화 사이에서 상호 연결, 배반, 파열, 분리가 끝없이 반복되는 과정으로 파악하고, 여러 민족의 역사를 동시대 세계사의 일환으로 관련짓는 것, 그것을 사상사의 과제라고 한다면, 아시아의 그리고 아시아를 둘러싼 사상의 흐름이 바로 그 과제의 대상이 될 터이다. 단, 나 자신은 그것을 어디까지나 일본이라는 발판에서 바라볼 수밖에 없는데, 그 누구든 개인의 관심과 능력에 걸맞은 문제 설정과 대답 방식을 모색할 수밖에 없을 것이다.

'사상과제로서의 아시아'라는 이 책의 제목은 아시아라는 공간이 사상의 과제로 가로놓여 있다는 의미이면서, 무엇보다 그러한 물음을 가능한 한 근원적인 지점까지 묻는 것이 사상사의 과제라는 의미를 담은 것이다.

그리고 물음과 대답을 단순한 논論이나 설說로서가 아니라 가능한 한 역사적 과정을 따라 여러 사상事象을 작업가설에 의해 정서整序하면서 아시아를 다시 생각해보려는 시도의 결과로서 여기에 기축·연쇄·투기라는 시각을 제기해보았다. 이런 시도가 얼마나 유효성이나 의의를 지닐 수 있을지 여부에 관한 판단은 독자 여러분에게 맡길 수밖에 없다.

말할 것까지도 없이 아시아라는 말 그 자체는 대단히 진부하다. 또, 일찍이 다양한 형태로 얘기되었듯이 여기에 어떤 이념이나 환상을 기대하는 것은 골계이기도 할 것이다. 더욱이 태양 아래 새로운 것은 없을진대, 이 책이 지금까지 아시아에 관하여 발표된 한우충동汗牛充棟의 저작이나 논문에 어느 정도의 사료적 견해를 새롭게 더할 수 있을지 심히 우려스럽다. 그러나 말이나 사실로서는 아무리 진부하다 해도, 아시아를 둘러싸고 일어났던 무수한 사실의 파편이 모여 형성된 한 줄기 수맥이 이 시대로 흘러들어 일본 사회의 모습을 규정하고 있는 이상, 그것을 어떠한 관점과 틀로 다시 포착하여 하나의 의미 있는 연계로서 현시점에서 제기할 것인가라는 과제는 늘 새로운 도전을 기다리고 있을 터이다.

이 책은 근대세계에서의 '지의 연쇄'라는 테마에서, 또 일본의 국민국가 형성과 지의 제도화의 연관이 아시아에 어떤 충격을 주었는지를 추적한다는 점에서 『법제 관료의 시대—국가의 설계와 지의 역정』(모쿠타쿠샤, 1984) 및 『근대 일본의 지와 정치—이노우에 가오루에서 대중연예까지』(모쿠타쿠샤, 1985)의 속편이라 할 수 있다. 그리고 일본이 국민국가와 식민제국으로서 이중성을 갖고 아시아에 진출하는 과정에서 학지學知, mathesis와 식민지 통치·전쟁 수행의 뒤얽힘을 찾는다는 과제에 있어서 위 두 권의 책에서 한 걸음 더 나아가고자 했다. 이와 같은 이 책의 전제가 되는 국민국가 개념에 관한 역사적 의미, 일본의 국민국가 형성을 둘러싼 모범국·준거이론의 선택이나 지의 제도화의 양상에 대해서는 모두 두 권의 책에 맡기고 여기에서는 재론하지 않았기 때문에 필요한 만큼 함께 읽는다면 구미로부터의 법정사상의 수용이나 제도 연쇄의 연결고리로서 일본이 떠오르는 과정을 이해할 수 있을 것이라 생각한다.

덧붙이자면, 서장에서는 이러한 역사적 공간으로서 아시아를 사상적 과제로서 어떻게 포착할 수 있을 것인지에 관한 틀과 시각 그리고 의도를 내 나름대로 서술했는데, 방법론에 관한 추상적인 내용이므로 역사 과정을 따라 검토한 제1부부터 제3부까지 먼저 읽는 쪽이 내가 시도하고 있는 논지를 쉽게 이해할 수 있을지도 모른다.

차례

서문   3

서 장 **아시아를 향한 사상사적 문제제기와 그 시각** —— 13
　　제1절 아시아의 문제성 : 주어지는 아시아와 만들어지는 아시아 —— 13
　　제2절 사상기축이라는 시각 —— 22
　　제3절 사상연쇄라는 시각 —— 28
　　제4절 투기投企라는 시각 —— 39
　　제5절 '지知의 토폴로지'를 향하여 —— 45

제1부_ **아시아 인식의 기축** —— 49

　　제1장 **경역境域을 구분 짓는 언설** —— 51

　　제2장 **사상기축으로서의 문명** —— 57

　　제3장 **사상기축으로서의 인종** —— 87

　　제4장 **사상기축으로서의 문화** —— 125

　　제5장 **사상기축으로서의 민족** —— 171

　　제6장 **자기확장으로서의 아시아** —— 217

제2부_ **아시아에서의 사상연쇄** ── 227

　제1장 **국민국가 형성과 사상연쇄** ── 229

　제2장 **서학과 동아시아 세계** ── 243
　　제1절 일본의 서학과 양학 ── 244
　　제2절 중국의 서학 ── 271
　　제3절 조선의 서학 ── 293

　제3장 **서학에 의한 사상연쇄** ── 305
　　제1절 만국도와 사상연쇄 ── 308
　　제2절 만국사와 사상연쇄 ── 325
　　제3절 만국법과 사상연쇄 ── 342

　제4장 **청말 중국의 서학 · 중학 · 동학** ── 358
　　제1절 서학 수용의 논리 구성과 중학의 위상 ── 360
　　제2절 중학의 혁신과 서학의 도입 ── 369
　　제3절 변법유신운동과 동학 ── 383

　제5장 **국민국가 형성과 모범국의 변천** ── 401
　　제1절 국민국가 일본의 위상 : 반모범에서 모범으로 ── 401
　　제2절 모범국의 야누스 : 문명국과 강국 ── 429
　　제3절 입헌제를 둘러싼 재전환 ── 459

제6장 **지의 회랑** —— 479

  제1절 사상연쇄의 회로로서의 유학 —— 480

  제2절 사상연쇄의 회로로서의 결사와 번역 —— 528

  제3절 사상연쇄의 회로로서의 교습 —— 553

제7장 **국민국가 형성과 사상연쇄의 행방** —— 588

  제1절 국민국가 형성에서 평준화 · 유동화 · 고유화 —— 588

  제2절 구수歐粹 · 아수亞粹 · 국수國粹 : 아시아를 둘러싼 지의 향응 —— 634

  제3절 일본 한어의 유포와 정치문화의 변용 —— 705

제8장 **사상연쇄와 국제정치의 충격** —— 772

제3부_ 투기投企로서의 아시아주의 —— 863

제1장 **숨겨진 정책원리** —— 865

제2장 **외교논책으로서의 아시아주의 언설** —— 875

제3장 **두 가지 국가체계와 아시아 간 외교** —— 897

제4장 **아시아주의 외교론의 딜레마** —— 926

제5장 **열린 지역주의로** —— 950

종 장 **공간 아시아의 존재이유를 둘러싸고** —— 956

　　제1절 '지리상의 명의', 그리고 거울로서의 아시아 —— 957

　　제2절 국가원리를 둘러싼 갈등과 아시아 사회 —— 963

　　제3절 사상·문화를 낳는 공간 —— 974

후기 —— 988

옮긴이 후기 —— 994

인명 찾아보기 —— 999

아시아를 향한 사상사적 문제제기와 그 시각

제1절 ——————————— 아시아의 문제성
주어지는 아시아와 만들어지는 아시아

아시아란 그곳에 사는 사람들 속에서 생겨나 스스로 결정한 지리적 명칭이 아니라 어디까지나 유럽인이 창출한 지구의 구분에 의해 부여된 공간의 명칭이다.

그러나 그럼에도 불구하고 그 역내城內에 존재하는 각각의 정치사회는 그것을 일단 받아들인 다음 구미歐美라는 이역 사회의 압력과 대치하면서, 또 이웃 정치사회 사이의 상호규정을 받으면서 지역세계의 질서를 편성하고 스스로가 귀속하는 통합 공간으로서 재획득해왔다. 그리고 때로는 아시아라는 일체성이 옛날부터 지금까지 내재적으로 계속 존재해온 것처럼 얘기되기까지 했던 것이다.

다만 아무리 의식으로서 아시아라는 공간설정을 인식할 수 있다 하더라도, 실태實態로서 아시아라는 통합이 존재하는지 여부는 또 별개의 문제이다. 이러한 모순을 품고 있는 까닭에, 지극히 역설적이고 단순한 지리적 구분에서부터 독자적인 정신사적 의의를 포함한 것으로 표상되는 경우에 이르기까지, 아시아란 다종다양한 의미를 끌어낼 수 있는 옥토와도 같은 공간이 되기도 했던 것이다. 이리하여 아시아에는 자기이면서 자기가 아니라는 배반성背反性이 늘 따라다니며, 그것이 또 가능성으로서 존재할 수 있는 아시아라는 상像을 재생산해왔다.

이러한 문제성은 아마도 아시아가 타자로부터 야기되었다는 태생적 조건에 의해 처음부터 잉태되어 있었다고 말할 수 있을지도 모른다. 외부세계로부터 주어진 것이었기 때문에 아시아는 자기의 것으로 재편성되고 다시 창출될 필요가 있었다. 그러나 그것은 때때로 그곳에 귀속하는 것에 대한 거부감을 낳았으며, 스스로의 아시아성性을 부정하고 격렬한 자기혐오로 치달아 아시아로부터의 탈각, 즉 탈아脫亞를 시도하게 하는 계기가 되기도 했다. 바로 그랬기 때문에 일본에서도 일방적으로 남이 부여한 명칭에 따를 필요는 없다는 주장이 되풀이하여 나타났고, 일본인의 관점에서 세계의 지리를 구분하고 스스로 명명해야 한다는 논의가 제기되기도 했던 것이다.

예를 들면, 나가사키부교쇼長崎奉行所에 근무하고 있던 기타지마 겐신北島見信은 1737년에 역술한 『홍모천지이도췌설紅毛天地二圖贅說』에서, 서양이 마련한 구라파주·아시아주 외에 지세地勢와 역사의 관점에서 북은 에조蝦夷(홋카이도의 옛 이름―옮긴이)·말갈靺鞨(중국북동부), 서는 조선, 남은 류큐琉球·타이완·루손呂宋(필리핀 지역)·자바爪哇 등의 섬을 포함하는 일대주인 '포르티스 야마토和兒知斯爺鷝多, Fortis Jamato' 즉 대일본주大日本洲라고 부를 수 있는 주를 새로 두어야 한다는 내용의 '서양이 세운 대주 외에 새로 일대주를 두어야 한다는 설'을 내세웠다(珍書同好會, 1916년 복간, pp.33~34). 또 막말의 미토학자水戸學者 아이자와 세이시사이會澤正志齋도 『적이편迪彝篇』(1833)에서 "서이西夷는 땅을 나누어 아시아주・구라파주・아프리카주라고 부르지만 그것은 저들 오랑캐가 우리에게 이름을 붙인 것이지 천조天朝에서 정해준 호칭이 아니다. 또 상고上古부터 정해진 공명公名도 아니다. 지금 저들이 우리를 일컫는 바 아시아라는 이름으로 신슈神州(신이 세우고 신이 지켜주는 나라. 일본을 일컬음─옮긴이)까지 총칭하는 것은 오만하기 짝이 없는 일이다. 따라서 여기에서는 저들이 사사로이 칭하는 것을 사용하지 않는다"(岩波文庫, p.249)라고 하여, 구미인이 제멋대로 이름 붙인 호칭인 아시아라는 말의 사용을 거부한 것도 잘 알려져 있는 사실이다. 게다가 제1부 제4장에서도 서술하겠지만, '동양'이라는 개념도 일본인이 '서양'에 대하여 독자적인 의미를 담아 대항적 자기라고도 말할 수 있는 상像을 대치하고자 한 것이었다. 본래 바다를 가리켰던 '양洋'으로 육지를 구분하는 것은 모순이었음에도 불구하고 그러했던 것이다. 그리고 '동양'과 '서양' 어느 쪽에도 속하지 않는 독자적인 풍토와 문화를 가진 아시아와 아프리카의 일부 공간을 '중양中洋'이라 부를 것을 제창한 사람도 고바야시 하지메小林元 등 일본인 이슬람 연구자였다.

1942년 10월 공적으로도 일본 정부는 '극동'이라는 명칭이 유럽 중심 세계관의 발상이라 하여 이후 이 호칭을 사용하지 않을 것이라는 내용의 성명을 발표했다. 그러나 그 반면 같은 해 11월 대동아성大東亞省이 설치된 것은, 여기에 아시아라는 유럽식 명명이 포함되어 있음에도 불구하고, 아시아 내지 동아가 일본이 주체적으로 창출한 것으로 인정되고 있었다는 것을 보여준다. 적어도 스스로 맹주가 되어 구축하고자 하는 지역이 대동아라는 점에 의심의 눈길을 거의 주지 않을 정도로 아시아 또는 아시아라는 말은 정착되어 있었던 것이다.

하지만 일본에 의한 대동아공영권의 형성과 함께 일본인의 세계인식에서는 유럽 중심의 세계관이라 비판했던 시각과 등질적인 견해도 찾아볼 수 있다. 일본지정학을 제창한 고마키 사네시게小牧實繁는 "근대 일본이 구라파적 세계의 일부로서의 일본이고 자기 자신의 시야를 상실한 일본이었다고 한다면, 지금 우리들은 아시아와 구라파를 모두 뒤덮은 것으로서의 일본과 널리 다카마노하라高天原(일본 신화에서 천신이 살았다는 천상의 나라—옮긴이) 높이에서 세계를 내려다보는 시야"(『日本地政學宣言』, 弘文堂書房, 1940, p.64)로 지구를 다시 보고 여기에 새로운 명칭을 부여하는 것을 이 학문의 사명으로 삼아, 아프리카를 '서남아시아대륙', 아메리카를 '동아시아대륙', 오스트레일리아를 '남아시아대륙'이라 명명할 것, 나아가 지구상에서 하나로 연결되어 있는 바다를 태평양이나 대서양 등으로 나눈 것은 유럽의 모략이며 전 세계의 바다가 일본으로 이어져 있는 이상 이것을 '신대일본해新大日本海'·'대일본해大日本海'라 개칭할 것 등을 주장했다(『日本地政學』, 大日本雄辯會講談社, 1942, pp.158~192). 그것은 확실히 '다카마노하라의 높이에서 세계를 내려다보는 시야'로 전 지구를 일본인의 시점에서 다시 명명하고자 한 것이었다. 그러나 그럼에도 불구하고 고마키가 일본을 중심으로 하여 세계를 다시 구분할 때 근간이 된 것은 아시아라는 유럽으로부터 부여받은 지역 설정이었고, 그것은 단지 아시아라는 명칭을 지구 전체로 확장한 것에 지나지 않았다. 유럽에 의해 주어진 아시아가 일본에 의해 창출될 터인 아시아와 동일시되는, 그 양면성과 역설을 이만큼 여실하게 그리고 희화적으로 보여주는 사례도 없을 것이다.

물론 스스로가 관념 속에서 공간을 구획하고 새로운 지역세계의 명칭을 안출案出하는 것과 실제로 그곳을 통합하기 위해 공간을 설정하는 것은 완전히 다른 차원의 문제이다. 그러나 역사적으로 경계선을 그어 공간을 지배하는 것은 그 지역을 명명하는 것과 밀접하게 관련되어 있다는 것도 부정할 수 없는 사실이며, 여기에 동아협동체, 동아신질서, 대동아공영권 등과 같은 공간설정이 통치이념의 표명으로 나타나게 되는 계기가 숨어 있는 것이다.

어찌됐든 이렇듯 다양한 저항과 자기현시自己顯示를 보여주면서도 일반적으로 말하자면 일본인은 아시아라는 공간설정을 받아들였고 여기에서 자기존립의 장場을 구해왔다. 그러나 아시아라는 지역공간을 수용하기 위해서는 정보나 사람의 교류가 불가결의 조건이었고, 그것은 전지구에 관한 인식을 동반하는 것이었다. 아시아를 인식한다는 것은 세계를 그리고 무엇보다 자기로서의 일본을 어떻게 인식했는가라는 문제와 불가분의 관계에 놓여 있었기 때문이다. 설령 일본인의 인식구조에서 명확하게 의식되지는 않았다고 해도 아시아는 구미나 아프리카 등으로 이루어진 지구공간의 일부로서 구성되어 있다. 게다가 아시아는 아시아로서 고정적으로 존재하는 것이 아니라 그 경역에 있어서나 내실에 있어서 부단히 변화하며, 그것을 포착하는 시점 그 자체도 변화해 간다. 시대나 처한 상황이 달라지면 이에 상응하여 완전히 새로운 시점으로 세계가 다시 구성될 수도 있다. 그것은 물론 단순한 관념상의 유희로서 행해지는 것이 아니라 세계관의 탐구로서 고구되기도 하며, 지역의 정치·경제·문화의 통합을 어떻게 설정할 것인가라는 현실적인 요청과도 무관할 수는 없었다.

하지만 왜, 누가, 무엇 때문에 그러한 설정을 행하고, 여기에서 어떤 의미를 발견하며, 그것이 어떤 정치적인 기능을 하게 되는 것일까. 도대체 특정 공간범위를 구획하여 나누고 인식함으로써 총체로서의 세계를 어떻게 투시할 수 있게 되는 것일까. 더욱이 그렇게 포착된 아시아는 실체라기보다는 얼마간 존재이유의 공간화된 표상으로 나타난다. 여기에서 '진짜 아시아'가 있는지 여부를 문제 삼는 것은 그다지 의미가 없을 것이다. 특정 공간범위를 설정한다고 할 때 그 설정 방식 자체가 이미 정치성을 띠고 있으며, 여기에는 어떤 이념이 깃들어 있다. 이때 발생하는 사태는 아시아적인 것으로서의 아시아성性과 자기동일성의 혼동이고, 보다 정확하게 말하자면 자기동일성의 아시아성으로의 확장이다. 그런 의미에서 공간이란 지극히 가치적價値的이고 정치적인 표명이며, 일찍이 싱가폴의 리콴유 등이 '아시아적 가치' 또는 '아시아의 길asian way'을 논하고 말레이시아의 마하티르가 아메리카에 대한 대항을 함의하는 동아시아경제공동체EAEC를 제창한 것도 이유가 없는 것은 아니다.

물론 모든 사회와 시대에 공통된 공간개념이나 공간의식은 존재하지 않을 것이다. 또 동시대에도, 같은 민족이나 같은 가족이라 해도, 사람들 각각이 갖고 있는 인식의 기축基軸이나 현실적 이해관계를 동반한 교섭, 체험 등의 차이에 따라 공간의식은 동일할 수 없다. 그러나 그럼에도 불구하고 특정 시대의 사람들에게 특유한 공간인식이 존재한다는 것도 부정할 수 없다. 그렇다면 인간은 어떻게 공간을 의식화하는 것일까. 또 원래 자의적인 구획에 지나지 않았던 공간이 마치 처음부터 유기적인 일체성을 지니고 있었던 것처럼 의식되는 데 결정적인 영향을 미친 요인은 무엇일까.

이처럼 문제는 대단히 복잡하게 뒤얽혀 있다. 그러나 지금 여기에서 긴요한 문제는 어디까지나 일본이 아시아 그리고 전 지구 안에서 차지하는 공간적이고 시간적인 위상을 어떻게 포착해왔는가와 관련되어 있다. 그리고 이 문제를 생각하기 위해서는 아시아라는 지역이 언제 어떤 경위를 거쳐 '근대세계'에 편입되었고 그럼으로써 지역 내에서 어떤 변화가 생겼는가를 어디까지나 '근대세계' 전체의 의미 관련 속에서 볼 필요가 있다. 또 일본과 아시아를 차이화 내지 동일화할 때, 그것이 의도하는 바는 무엇이고, 그것이 제기하는 것은 무엇일까. 이때 사람들은 아시아를 하나의 세계로 묶어내는 요인을 무엇이라고 생각해왔을까. 또는 원래 아시아는 하나의 세계로 파악할 수 있을 정도의 유기적인 통합을 지니고 있는가라는 점에 관하여 어떤 논의가 전개되어왔는지도 명확하게 하지 않으면 안 될 것이다.

요컨대 이 복잡하기 짝이 없는 문제들에 앞서 해명해야 할 것은 일본·아시아·세계를 각각 동떨어진 것으로 보는 게 아니라, 상호 교차하고 숨은 구조를 이루는 복합적인 관계성의 양상을 구성하는 것으로 간주하고, 여기에서 어떤 공간적인 규정성이 작동했는가라는 문제이다. 이 책에서는 그 과제를 사상사의 차원에서 포착하고자 한다. 그때 문제의 핵심이 되는 것은, 아시아 내지 동아시아에서 '근대세계'라는 것이 어떻게 출현했는가를 새로운 정치사회인 국민국가와 그것을 행위자[actor]로 하여 성립하는 국제 질서의 형성을 둘러싼 상호교섭으로서 살피고, 그럼으로써 일본을 아시아라는 지역세계 나아가 글로벌한 지구공간이라는 공간구성 속에서 어떻게 자리매김할 것인가를 밝히는 것이다. 그렇다면 해결해야 할 문제는 단지 아시아란 무엇인가에 머무르지 않을 터이다. 그럼에도 불구하고 이 책에서 문제를 일본과 관련된 아시아라는 국면으로 한정한 것은 나 자신의 능력과 지식의 부족 때문이다. 다만 그러한 한계가 있음에도 불구하고 굳이 이 문제를 제기하는 것은, 공간을 사상으로서 포착하는 것이 도대체 어떤 것인가라는 문제의식을, 우선 '아시아라는 공간'에 입각하여 근대법정사상사의 과제로서 내 나름대로 생각해보고 싶었기 때문이다.

그렇다면 일본은 아시아라는 공간을 주어진 것으로 수용하는 과정에서 구미로부터 어떠한 학지學知를 어떤 회로를 거쳐 섭취했으며, 그 지역세계의 존재방식의 특성을 일본인은 어떻게 인식했던 것일까. 또 이를 위해 아시아 내부뿐만 아니라 다른 외부세계와의 사이에서 어떤 식으로 사람과 지식 등의 교류와 대항을 거듭해왔던 것일까. 나아가 일본인은 대외활동의 장으로서 어떤 아시아의 존재방식을 구상하고, 어떤 지역세계 질서를 편성했으며, 그 아래에서의 상호교섭에서 어떤 반응에 직면해왔던 것일까. 그리고 그리하여 근대에 이르러 창출되었던 아시아를 일본에서 바라보는 일방적인 시선으로부터가 아니라 가능한 한 쌍방향에서 포착하기 위해서는 어떠한 방법상의 틀이 필요한 것일까.

이 책에서는 기축·연쇄·투기投企라는 세 가지 시선을 설정하여 이들 과제에 접근할 터인데, 각각의 시각은 독자적인 역사 사상事象을 해명한다는 고유의 목적을 갖고 있지만, 그러나 그것은 단지 고립된 과제에만 머무르지는 않을 것이다. 오히려 그와 같은 다른 시각을 포개봄으로써 아시아가 가진 중층적 측면과 그 어긋나는 측면을 밝히는 데 목적이 있다.

만약 이 책에서 뭔가 창의성을 찾을 수 있다면, 이들 세 가지 시각을 추출함으로써 아시아라는 지역세계를 사상기축思想基軸에 의해 인식된 conceived 공간, 사상연쇄思想連鎖에 의해 연결된linked 공간, 사상투기思想投企

에 의해 투사·기획된projected 공간으로 이루어진 삼면성三面性의 총체로서 포착하는 것을 시도한다는 점에 있을지도 모른다. 물론 이들은 어디까지나 시론에 지나지 않는다. 여기에서 빠진 적지 않은 새로운 시계視界를 획득하기 위해서는 그것을 가능하게 하는 방법적 틀과 개념을 이후에도 모색할 필요가 있다.

이상의 문제설정을 발판으로 하여, 전체 구성상 이 책에서 사용하는 세 개의 시각=작업가설의 의미와 목적을 개략적으로 설명해 둘 필요가 있을 터인데, 그 시각은 어디까지나 사료를 토대로 하여 내 나름대로의 문제의식에 따라 생각해낸 것이며 어디에나 두루 쓰일 수 있는 것은 아니다. 말할 것까지도 없이 방법이나 개념은 대상에 따라 규정되는 것이어서 대상과 상관없이 차용한 방법이나 개념은 의미를 지니지 못하기 때문이다.

아시아라는 공간의 문제성을 대상으로 하는 이 책에서 지역세계라는 용어는 일본이나 중국 그리고 조선과 같은 정치사회를 넘어 성립하는 트랜스-내셔널trans-national한 공간을 의미하는 데 사용한다. 이 지역세계는 주관적인 공속감각共屬感覺의 차원에서도 포착될 수 있고, 조약이나 교역 등을 통하여 성립하는 구체적인 국가·민족 간 질서의 차원에서도 포착될 수 있을 터인데, 전자의 문제를 제1부에서, 후자의 문제를 제2부에서 다루기로 한다. 또 정치사회 내지 지역사회라는 것은 왕조체제나 전제국가 등의 형태 또는 식민지 상태 등에 처해 있었던 각지의 다양한 국가나 민족 등을 일괄하여 가리키는 용어로 사용하기로 한다. 그리고 그러한 정치사회가 구미나 일본으로부터의 정치적·사상적 충격과 압박에 의해 고유한 정치체계를 변용시키면서 국민국가의 형성을 향하여 움직여 가는 데에서 제2부에서 다루는 사상연쇄가 성립한다는 견해를 취한다.

이하 기축·연쇄·투기에 관하여 그 시각의 내용과 그것을 제시한 의도를 서술할 터인데, 그것은 어디까지나 현시점에서 기도하는 것이어서 이 책에서 온전히 달성될 리가 없다는 점은 미리 밝혀두고 싶다.

제2절 ——————————————— 사상기축이라는 시각

그렇다면 아무리 스스로가 그곳에 포함되어 있었다 해도, 생판 몰랐던 외부세계에서 주어진 아시아를 일본인은 어떤 매체를 통해 어떻게 그 공간세계를 구획하고, 자신이 귀속해 있는 세계로서의 인식을 재획득했던 것일까. 또는 왜 특정 지역세계가 다른 지역세계와 변별되기에 이른 것일까.

그러한 공간을 식별하고 지역세계의 통합 감각을 확인하여 구획하는 방식의 기준이 되는 개념을 여기에서는 사상기축思想基軸으로 제시한다. 사상기축이란 그 개념을 중심으로 구성되는 상像을 통하여 세계가 이해되고 해석되는 사태를 포착하기 위한 작업가설이다. 지역인식에 관해 말하자면, 대상을 두드러지게 함으로써 공통성과 유사성을 찾아내어 통합성을 가진 세계로 포괄하기 위한 기준이 되고, 그 역내域內의 다양성을 하나의 특징으로 묶어 다른 지역세계와 차이화하는 기능을 갖는 것이 사상기축이다. 또는 이 책에 입각하여 말하자면 그 개념을 축의 중심으로 하여 아시아를 둘러싼 다양한 사상과 행동이 선회하고 있던 기

저적基底的 관념이라고 말할 수도 있으며, 그 개념에 의해 아시아성 내지 아시아적 통합이란 무엇인가가 표상되는 것이다. 요컨대 사상기축이란 다양한 개인의 사회적·정치적 입장이나 직업·경험 그리고 시대와 표현의 차이에도 불구하고 그것들을 관통하여 사고 그 자체를 규정하는 기능을 갖는 것이며, 다른 측면에서 보자면 그것 이외의 발상을 규제·말살하는 요인이 되기도 하는 것이다.

물론 공간인식은 기본적으로는 개개인에 의해 이루어지는 것이다. 그러나 개인은 결코 백지 상태에서 인식을 획득하는 것이 아니라, 많은 경우 우선 사회적인 집합인식·심성이라고도 말할 수 있는 것을 나눠 가짐으로써 인식의 기반을 형성한다. 여기에서 주목하고 싶은 것은 그처럼 개개인에게 공유되어 아시아라는 지역공간을 구획하는 인식의 기저를 이루는 것은 무엇인가라는 점이다. 그것은 일견 공간인식과는 무관한 개념이면서 이미 선입견으로 자리하고 있는 까닭에 자타를 구별하는 무의식의 대전제 또는 총체적인 틀이 되기도 하는 것이어서, 때로는 편견이나 공동의 우상idola이 되기도 하는 것이다.

다른 한편, 지리적 공간은 결코 단순한 진공의 지역으로 존재하는 것이 아니다. 그곳은 시간의 추이에 따라 전개된 사상事象이 겹겹이 쌓인 역사세계이자 사람들이 거주하면서 풍토에 알맞은 생활양식과 사회조직을 형성해 온 장이기도 했다. 그러한 시공간에 규정된 지역적 차이를 식별하는 지표로서는 국가를 비롯하여 법, 경제, 언어 등 많은 것이 고려되어왔다. 그러한 많은 지표들 중 이 책에서는 문명, 인종, 문화, 민족 등을 아시아 인식의 사상기축으로 채택한다. 이 개념들을 사상기축으로 거론하는 것은 19세기 및 20세기의 역사인식이나 세계인식의 기초가 된 개념이란 도대체 어떤 것이었을까, 또는 어떤 것일 수 있었는가를 생각하기 위해서이다. 물론 이 개념들이 얼마나 널리 공유되고 있었는지에 대해서는 이론異論이 있을 수 있다. 이 개념들은 어디까지나 나 자신이 근대 일본 사상에 관한 사료史料를 읽는 과정에서 아시아에 대해 언급할 경우 대단히 높은 빈도로 사용되는 용어가 있다는 것을 알고서 그 용어법을 수집·정리할 때 열쇠개념으로 떠오른 것에 지나지 않는다. 그렇기 때문에 다른 개념을 사상기축으로 하여 아시아 인식을 분석하는 것도 충분히 가능하다.

문명, 인종, 문화, 민족이라는 기축은 문명과 문화, 인종과 민족처럼 대개념大概念으로서도 의의를 갖지만, 아시아 인식의 사상기축으로서 보자면 "접촉이나 교류가 거의 없이 주어진 것으로 받아들이지 않을 수 없는 사상기축으로서의 문명과 인종", 그리고 "자신의 고유한 속성을 기초로 하여 외연과 내포를 설정한 사상기축으로서의 문화와 민족"과 같은 연결장치coupling에 있어서 보다 중요한 의의를 지닐 수 있을 것이라 생각한다. 그리고 문명이 인종과, 문화가 민족과 상즉적相即的·호환적互換的으로 사용되는 경우가 적지 않다. 더욱이 지극히 개괄적으로 말하자면 '문명과 인종'이 아시아로서의 공통의 운명성과 그것에 의한 구미와의 대항이라는 주장으로 이어지는 데 비해, '문화와 민족'은 공통성 속에 있는 차이에 주목함으로써 아시아 안에서 서열을 매기고 일본의 우위성·주도성이라는 주장을 끌어내는 것이 많다는 점에서 대척적인 지향성을 갖는다. 결국 '문명과 인종'에 의해 구미와의 차이에 의한 아시아의 통합을 확인했고, '문화와 민족'에 의해 아시아 내부의 서열화와 그것을 바탕으로 한 지역질서의 재편성이 진행되었다고 볼 수도 있는 것이다. 그런 의미에서 사상기축은 인식을 위해 사용되었다고 말하는 것에 머무르지 않는다.

예를 들면 투란민족Turanian이라는, 오늘날에는 그 존재가 의문시되고 있는 여러 민족의 연대를 호소하는 범투란주의panturanianism 운동이 1945년까지 영향력을 가졌던 것도 일본이 만몽滿蒙에서 신장新疆으로, 나아가 중앙아시아로 진출하는 것을 정당화하기 위해서였다. 그리고 이러한 민족론에 따르는 한, 한민족漢民族이나 그 이남 지역의 여러 민족은 일본과 같은 아시아 민족으로 간주될 수 없게 되고, 그렇게 상정된 아시아란 동남아시아나 남아시아를 제외한, 아시아라기보다는 오히려 유라시아로서 헝가리에서 일본에 이르는 범역範域으로 나타나게 되었던 것이다.

이처럼 민족이라는 개념 하나만 해도 당시에는 현재 우리들이 생각하지도 못하는 의미 내용이나 정치적 의도 등을 포함하고 있었다. 또 문화라는 말이 일본에서 일반적으로 사용되기 시작한 것은 1920년대부터였다. 결국 문명을 비롯한 이들 개념은 일정한 정의定義 아래 일관하여 사용되었던 것이 아니라 각각의 논자나 상황에 따라 바뀌었으며, 때로는 자기의 주장을 정당화하기 위해 기회주의적으로 조작되어 다른 의미 내용을 지닌 것으로 사용되는 경우도 많았다. 또 마찬가지로 문화나 민족에 의한 동일성이 있다고 인정되는 경우에도 어디에서 고유의 계보나 기능을 발견할지도 논자나 시대에 따라 달랐다. 그러나 이처럼 동일한 개념이 다른 지시 내용을 갖는 까닭에 실은 변전變轉하는 경역境域과 그 내실을 지닌 아시아라는 공간을 하나의 사상기축으로부터의 편차로 이해할 수도 있게 된다. 우리가 사상기축이라는 시각을 제시하는 이유도 여기에 있다. 이리하여 개념 그 자체가 역사의 산물인 이상, 이 개념들을 오늘날의 관점에서 선험적으로 정의하거나 번잡한 학설사의 미궁으로 빠져드는 것은 쓸데없는 혼란을 야기할 뿐만 아니라 시대나 상황에 각인된 개념의 특질을 놓칠 우려가 적지 않다. 이러한 사태를 염두에 두고 여기에서는 어디까지나 개념으로서는 동일하지만 논자에 따라 다른 의미 내용을 갖는 개념을 사용함으로써 공간 파악의 존재방식과 범위가 어떻게 변전해 왔는지를 탐색하는 접근방법을 택한다. 그렇게 함으로써 일본에서 문명·인종·문화·민족이 어떤 의미 내용을 갖고 사회적·정치적으로 사용되어왔는지도 되비추어 볼 수 있을 것이다. 단, 그런 의미에서 이 책에서 다루는 사상기축은 어디까지나 아시아 인식과 관련된 한정적인 것이어서, 문명이나 인종 등에 걸친 모든 논의를 망라하는 것이 아니라 어디까지나 유보조항이 필요하다는 점을 다시 한 번 확인해 두고자 한다.

결국 이러한 사상기축에 의해 식별된 아시아라는 지역의 공간적 범주는 개개인이나 시대에 따라 크게 다르며, 대단히 유동적이다. 인식은 내재적인 일관성이나 체계성을 유지하고 있는 것이 아니다. 지역은 보는 사람의 의도의 차이에 따라 얼마든지 늘어나기도 하고 줄어들기도 한다. 지역세계의 경역 설정은 선험적으로 결정되는 것이 아니라 경제적 요인이나 정치적 의도 등에 크게 좌우된다. 그리고 문명·인종보다는 이동성異同性의 인정이 상당히 자유로울 수 있는 문화·민족이 경역 설정의 기준으로 사용되는 경우가 많았다. 그 때문에 사상기축으로서의 문화와 민족을 다루는 제1부의 제4장과 제5장에서는 단순한 인식의 사상기축이라는 선에 머무르지 않고, 정치적인 지역설정의 사상기축으로서 문화와 민족 그리고 이에 관한 학지學知가 문화·민족 공작工作이나 정책구상과 관련하여 어떻게 사용되었는가를 역사적으로 풀어헤치는 데 중점을 두고 있다.

더욱이 유의하지 않으면 안 되는 것은 '실태實態로서의 아시아'와 '사상기축에 의해 인식되는 아시아'는 당연한 말이지만 반드시 일치하지 않는다는 점이다. 오히려 원래 사상기축에 의해 인식된 아시아는 외부 세계의 실상 그 자체와 구별되어 독자적으로 존재하는 관념의 산물에 지나지 않으며, 그것은 어디까지나 인식지도cognitive mapping로 존재하는 것이라고 해야 옳을 터이다. 이렇게 획득된 아시아상을 사회적 상상태 social imaginary로 간주하는 것도 가능할 것이다. 아시아에 한정되는 게 아니라 국가나 사회 등 개인의 시야를 넘어선 공간은 모두 상상된 것이라는 사실은 틀림없기 때문이다. 그러나 이렇게 규정한다 하더라도 실은 그것에 의해 아시아라는 대상에 다가섰다고 말할 수 있는 것은 아무것도 없다. 단지 사고정지思考停止로 이끌 따름이다. 또는 아시아가 상상으로서 존재하는 것에 지나지 않는다 해도, 그렇다면 그 상상이 창출하는 아시아상이란 어떤 것인지, 그 상상이 어떻게 표상되는지를 분석하지 않는 한, 문제를 해결할 수는 없을 것이다. 여기에서 사상기축이라는 시각을 제시한 것도 그러한 아시아상에 관한 인식을 직조하고 내면화하는 핵이 되는 개념이 어떤 것이고, 그것이 어떻게 현실에서 작용하는 구동인驅動因이 되었는지, 그 메커니즘을 파고들기 위해서이다.

또 개개인의 관점에서 보면, 세계지도를 구석구석 정확하게 파악하고 있는 사람은 아무도 없으며, 그 사람의 관심의 소재나 공간을 여행하는 체험이 다른 이상, 개인이 머릿속으로 그리는 상상으로서의 세계상은 일단 개인의 수만큼 존재한다고 말할 수 있을 것이다. 함께 근대 일본을 살았다 해도 아시아상은 만화경을 들여다볼 때처럼 변화무쌍하기 그지없을 터이고, 그처럼 개개인에 따라 천차만별인 아시아상을 모두 제시하는 것은 불가능하다. 여기에서는 일본인에게 있어 집합적·인위적 상으로 존재하는 아시아 인식을 형성해온 요인이 어떤 것인지 밝히는 것을 과제로 삼는다. 그러나 많은 여행기나 견문기를 읽어보면, 견문이나 체험 나아가 대상의 차이에도 불구하고 여기에서 거론한 사상기축에 의해 형성된 공간을 보는 눈에 크게 규정되며, 그 시각으로 기지旣知의 정보를 재확인하는 것에 불과한 경우가 적지 않다. 아시아 인식의 개인적 차이를 결코 경시하는 것은 아니지만, 사상기축에 의한 인식을 먼저 확인에 두는 것도 필수적인 작업이라고 생각하는 이유이다.

덧붙이자면, 사상기축이라는 시각은 단순히 아시아 인식과 관련된 것에만 상정되는 것이 아니라, 예컨대 역사에 있어 진보란 무엇인가라는 문제 등을 생각할 때에도 유효성을 지닐 것이라고 생각한다(拙稿, 「歷史における保守と進歩」, 『中央評論』 第38卷 2號, 1986).

또 아시아의 다른 지역 사람들도 각각의 방법으로 아시아라는 공간 설정을 받아들여 스스로의 사회적·정치적 요구를 실현하는 장으로 바꾸어 제시했는데, 그때 일본인과 마찬가지로 사상기축을 필요로 했는지 여부, 그리고 기축과 비슷한 단서가 사용된 경우 그것이 무엇이었는지 등을 검증하는 것은 차후의 과제로 남겨둔다.

제3절 ─────────── 사상연쇄라는 시각

기축을 통한 지역적 동일성의 확인은 반드시 직접적인 교류를 필요로 하지는 않는다. 그런 의미에서는 개별 사회 내에서의 사상적 영위營爲이다. 이에 대하여 개별 사회 사이의 사람이나 정보의 상호교환 속에서 사상·제도의 수용이나 거절에 의해 생기는 국제國制나 학지체계學知體系

의 상사화相似化, 그리고 그것과 함께 지역세계로서의 공간적 관계의 의식이나 동일한 지역세계로의 공속감각이 형성되는 다이내미즘을 포착하기 위한 시각으로 제시하는 것이 사상연쇄라는 틀이다.

여기에서 말하는 사상연쇄란 어떤 시대, 어떤 차원에서의 사상·제도가 시대를 넘고 사회를 넘어 전해져서 충동력을 갖고 새로운 사상이나 사회체제의 변혁을 불러일으키는 원인이 되며, 얼마나 연동성連動性을 갖고 변화했는가에 착안하는 것이다. 그리고 이 사상연쇄가 얼마나 구미와 아시아 사이에서 나아가 아시아의 정치사회들 사이에서 발생했는지 그 상호 교섭 과정을 검토함으로써, 세계의 일환으로서 아시아의 위상과 그 안에서 각각의 정치사회가 맺고 있는 관계의 양태를 명확하게 하는 것이 사상연쇄라는 시각을 설정하는 목적이다.

결국 사상연쇄라는 시각 아래서는 그 연쇄 속에 구미와 아시아가 함께 포함되며 밀접한 연관성을 갖고 움직여 가는 것이어서, 아시아 등의 일부를 그 연쇄의 과정에서 잘라내어 고립된 시스템을 지닌 것으로 보는 것은 불가능하다. 바꿔 말하면, 아시아와 그 안의 개별 정치사회가 지구라는 전체적인 구조 속에서 어떤 사상적인 공간배치 안에 놓여 있는지를 살피는 것이 사상연쇄인 셈이다.

물론 민족이나 언어의 차이를 넘어 사상이나 제도가 그 개별 사회에 어울리는 변용을 받아들이면서 전이轉移해 가는 현상은 '근대사회'에 특유한 것은 아니다. 여기에서 근대의 특징을 발견하고자 한다면, 전이해 가는 공간범위가 지구 규모로 확장되었다는 것, 그리고 그것이 동시성을 갖고 진행되었다는 것에서 찾을 수 있을 것이다. 즉, 사상연쇄라는 시각은 사람과 사람, 정보와 정보의 교류와 전달이 정치사회의 틀을 넘어 성립하고, 그 순환과정의 일환으로서 사상이 나타나며 세계적 규모로 유통되고 수용과 반발이 잇달아 일어난다는 점에서, 세계 나아가서는 일본을 포함하는 아시아의 근대의 특질이 드러났다는 측면에 주목하는 것이다. 그것은 '공간으로서의 세계의 일체화'를 거쳐 '시간으로서의 세계의 일체화'에 이르는 세계사의 흐름 속에 사상을 자리매김하는 시각이라 말해도 좋을 것이다. 여기에서 말하는 '근대세계'의 특성이란 무엇보다도 다른 국가나 사회 사이의 사상 전달과 상호 교섭의 동시성이 진행되고, 그 시차가 점차 줄어드는 상황에 놓여 있다는 점에서 찾을 수 있다. 그리고 문화나 정치・경제 등 다방면에 걸친 접촉의 동시성이 진행되는 곳에서는 공통의 시대에 동일한 상황이나 환경 아래서 살아가고 있다는, 공생감共生感이나 공속감共屬感의 의식이 생겨날 수도 있을 것이라는 가설에 선 것이다.

아울러 주의해 두고 싶은 것은 여기에서 말하는 '근대세계'란 17세기 이후 유럽에서 성립한 주권국가라는 국제國制를 단위로 하여 형성되는 국제체계의 전지구적 파급으로서 형성되는 특성을 지닌 것이었다는 점이다. '근대세계'란 인터커뮤니케이션을 통한 주권국가・국민국가의 형성 과정으로 나타나며, 그것에 의해 지구세계의 개편에 박차가 가해졌고, 개별 정치사회는 국제법 체계로 편입됨으로써 형성되고 있었다. 근대세계에서는 스스로 주권국가・국민국가가 되지 않는 한 보호국화・식민지화한다는 선택밖에 허용되지 않았고, 구미를 거부하고 독립을 달성하기 위해서라도 구미의 국가체계에 들어갈 수밖에 없었다. 그 전제가 되고 그것을 추진한 것이 사상연쇄였던 것이다.

이러한 사상연쇄를 구체적으로 분석하기 위해서는, 사상연쇄가 성립하기 위한 조건이 어떻게 형성되고 성립되었는가라는 회로에 관한 사회사적 접근external approach과 그 회로를 통하여 구체적으로 어떤 사상연쇄가 생겨났는가라는 내실에 입각한 사상사적 접근internal approach, 이 두 가지 측면을 고려하여 검토할 필요가 있다. 사상연쇄의 회로로서는 번역을 포함한 인쇄물, 유학, 고용 외국인 교사, 그리고 아시아 각지의 사람들로 조직된 인터내셔널한 결사 등을 들 수 있다. 식민지 통치 또한 이 회로의 하나로 보는 것도 불가능하지는 않다. 이 회로의 구체적 분석을 통하여 아시아가 어떤 인적·지적 교류에 의해 구체적으로 연결되고, 그것이 하나의 통합된 것으로서 인식되기에 이르렀는지 밝혀지게 될 것이다. 또 사상연쇄를 성립시킨 역사 환경 내지 사상 공간이 개별적인 정치사회 안에서 어떻게 준비되고 있었는지에 착안하는 것은, 개별 사회의 측면에서 아시아라는 지역세계가 재편되는 과정에 어떻게 대응했는지를 비추는 일이 되기도 할 터이다.

그리고 이러한 것으로서 사상연쇄라는 시각을 설정할 때 어떤 정치사회라 할지라도 각각이 복수複數의 정치사회와 연쇄되어 있고, 이들의 교착의 그물망 속에서 아시아라는 통합성을 지닌 지역세계가 출현하게 될 터이다. 예를 들면 일본이 영국, 미국, 프랑스, 독일 등 여러 나라와 사상연쇄를 지니고 있었던 것처럼, 중국이나 조선에도 마찬가지로 이들 구미의 여러 나라와의 사상연쇄가 존재하고 있었다. 그러나 아시아의 현실에서 생겨난 사상연쇄의 특징은, 구미의 사상·제도가 직접적으로 도입되는 것 이상으로, 일본을 연결고리로 하여 중국·조선·베트남이나 타이·필리핀·인도·버마(미얀마)·아프가니스탄·인도네시아 등 아시아 각지로 확산되어 갔다는 데 있다.

왜 그러한 사태가 일어났던 것일까. 그것은 일본이 가장 빨리 주권국가·국민국가 형성에 착수하고, 그럼으로써 청일전쟁과 러일전쟁에서 승리하고 나서부터 새로운 정치체제 구축의 모범국으로 간주되었기 때문이다. 아시아의 많은 정치사회는 주권국가로서의 자기확립을 모색하지 않는 한 보호국이나 식민지 상태를 벗어나 독립을 달성할 수 없는 상황에 처해 있었고, 이를 위한 사상이나 제도의 도입이 필수적인 조건이 되어 있었던 것이다. 그런 주권국가나 국민국가와 관련된 학지學知나 제도를 습득함에 있어, 대항해야 할 구미에서 직접 배우기보다는 자신의 정치사회와 비슷한 일본에서 배우는 것이 여러 가지 측면에서 장점이 있다고 판단되었던 것인데, 바로 이것이 일본이 연결고리 역할을 하게 된 중요한 요인이었다. 특히 그 모범국의 선택에 있어서는 자기를 정당화하고 반대파를 억누를 필요성에서도 동주同州 · 동종同種 · 동문同文 · 동교同敎 · 동속同俗 즉 같은 아시아주에서 인종, 언어, 종교, 풍속 등을 함께 하는 것의 의의가 강조되었던 것이다. 이러한 선택의 논리 속에 이미 아시아로서 동질성이나 유사성의 인정이 포함되어 있었는데, 사상연쇄에 의해 제도의 계승이나 학지의 수용이 이루어짐으로써 지역세계로서의 동일성 인식이 더욱 진전되었던 것이다.

이러한 사상연쇄의 회로와 그 결과 초래된 개별 정치사회의 변용, 나아가 아시아라는 지역세계의 형성에 미친 영향이라는 사실에 비추어 생각할 때, '서양의 충격' 이상으로 '일본의 충격'이야말로 근대 동아시아 지역세계를 낳는 계기였다는 점이 떠오를 터이다. 이러한 견해에 대해서는 당연히 반론도 있을 것인데, 그것은 결코 일본의 주도성主導性 그 자체를 의미하는 것이 아니라, 지역세계에서 정치사회 사이의 투쟁이나 헤게모니 항쟁을 야기하는 계기를 부여한 것이 일본이었다는 데 착안하여 말하는 것이다. 그리고 그러한 헤게모니 항쟁인 청일전쟁의 결과 청조 중국에서 일본이 모범국으로 선택된 것은, 그때까지 지역세계의 중심으로서 청조 중국을 사상연쇄의 연결고리로 삼고 있던 여러 정치사회들이 일본을 주목하는 계기가 되었다. 이처럼 이 책에서 일본이 사상연쇄의 연결고리가 되어가는 과정을 중시하는 것도, 아시아 안에서 각각의 정치사회가 갖고 있던 많은 사회와의 사상적 연계의 선택지가 수렴되는 상황 속에서, 어떻게 지역세계가 석출析出되고 있었는지를 과제로 삼고 있기 때문이다. 다시 확인해 두건대, 사상연쇄란 조금도 한쪽에서 다른 쪽에 영향을 주고 전이轉移해 가는 것을 의미하지 않는다. 오히려 영향을 주고받는 가운데 반발이 있고, 거절이 있고, 변용이 있으며, 때로는 사상을 초래한 측을 역으로 규정하고 변질시켜버리는 상호 규정·상호 형성의 연쇄를 간파하는 데 그 목적이 있다.

쓸모없는 오해를 피하기 위해 군이 덧붙이자면, 첫째, 일본이 모범국으로 간주되고 사상연쇄의 연결고리가 되었다는 것은 역사적 사실로서 지적하는 것이지, 이것을 일본의 인종중심주의ethnocentrism의 표명으로 받아들인다면 내가 의도하는 바와 그만큼 동떨어진 오해도 없다. 주권국가나 국민국가의 형성이 저항하기 어려운 중압으로 아시아의 정치사회들을 덮쳐 눌렀고 그것에 어떻게 대항할 것인지가 최대의 과제로 떠오른 이상, 각 정치사회가 그것에 어떻게 대응하고 어떤 지식이나 제도를 어디에서 받아들여 어떠한 지역세계를 만들고 있었는지를 국제정치의 역학 속에서 다각적으로 검토하는 것은, 아시아의 역사적 위상을 살피는 데 있어 피하기 어려운 필수적인 과제이다. 그것은 중국의 왕조에 대한 책봉·조공 체계가 존재했고 그것이 교역뿐만 아니라 지知의 연결고리로서 기능했다는 지적을 하는 것이, 중국의 인종중심주의에 찬동하는 것을 의미하지 않는다는 것과 같은 차원의 문제일 것이다.

또 정작 내가 강조하고 싶은 것은 근대에 들어서 일본이 연결고리로서 등장하게 된 전제로서 중국에서 들여온 서학西學 또는 서학서西學書를 회로로 하는 서양사상의 연쇄가 있었다는 사실이다. 상세한 내용은 제2부에서 서술하겠지만, 마테오 리치를 비롯한 예수회 선교사들에 의해 초래된 서학이나, 일본에 있어서 난학蘭學・양학洋學의 단속적斷續的인 섭취를 보면 알 수 있듯이, 17세기 이후의 동아시아는 더 이상 구미로부터 고립된 세계가 아니었다. 서학의 수용은 자연과학을 주축으로 한 것이었지만, 만국도萬國圖 즉 세계에 관한 지리적 정보나 세계역사로서의 만국사, 그리고 국제법으로서의 만국법, 나아가 영화사서英華辭書 등에 의한 역어譯語의 제공 등에 의해 동아시아에서 세계인식과 학지의 수용은 그 기초가 놓였던 것이다. 지금까지 일본의 근대화를 재촉한 요인으로 개국 이래 구미로부터의 사상적 영향이나 법제의 수용 등이 중시되어왔지만, 그 전제로서 중국에서 들여온 서학 또는 서학서가 일본인의 세계관이나 아시아 인식에 어떤 충격을 주었는지 먼저 주목할 필요가 있지 않을까. 즉, 일본을 연결고리로 하는 사상연쇄가 성립하는 전제로서 중국을 연결고리로 하는 서학에 의한 사상연쇄가 생겨났고, 그것이 일본의 국민국가 형성의 초기 발생 조건을 부여한 역사적 의의는 아무리 강조해도 지나치지 않을 것이다. 그리고 이 점에 착안하는 것은 바꿔 말하면 구미에 문을 연 개국을 일본 근대의 시작으로 보는 견해의 변경을 촉구하는 것이다. 그러한 점을 포함하여 '근대세계'가 언제, 어떻게 발현했는지를 아시아에 있어서 사상연쇄라는 시각에서 어떤 방법으로 다시 구성할 것인지가 여기에서도 과제로 떠오르는 것이다.

둘째, 근대에 들어서 일본을 연결고리로 하여 사상연쇄가 발생했다는 사태는 결코 그대로 일본의 정치적 주도성이나 지역세계의 통합으로서 나타났다는 것을 가리키지는 않는다. 사상연쇄는 단순한 사상의 이전移轉・이입移入으로 진행될 뿐만 아니라, 정치적・문화적으로 대항하는 상대와 길항하며, 이를 능가할 의도를 갖고 추진된다는 측면이 있다는 것을 무시할 수 없기 때문이다. 사상연쇄가 성립하는 것은 연대의 식連帶意識의 형성 그 자체와 동일하지는 않으며, 그것에 의해 국가 간의 조화·공존이 보증되는 것도 결코 아니다. 근접한 지역에 있으면서 바로 잠재적인 적대자이기 때문에 상대와 동등한, 나아가서는 그것을 뛰어넘기 위한 국가 형성을 목적으로 하여 상대로부터 배우는 것도 굳이 마다하지 않았던 것이다. 이 때문에 사상연쇄에 의해 동화가 진전되는 반면, 그것을 도입함으로써 고유의 정치사회에서는 반발이나 알력도 생겨났다. 그러나 그러한 동화와 저항·거절의 뒤얽힘 때문에 결과적으로 뒤얽힌 지역세계의 외연으로서의 경역境域이 인식되며, 더욱이 그 경역 내에서는 개별 정치사회 그 자체의 고유성을 두드러지게 하고 표상하기 위한 학지로서 역사학이나 언어학, 민족학 등 내셔널 스터디즈 national studies가 생겨나게 되었던 것이다.

사상연쇄의 결과 생겨난 현상으로서 평준화平準化·유동화類同化·고유화固有化라는 세 개의 벡터를 제시한 것은, 다른 게 아니라 구미를 포함하는 국제사회와 지역세계 그리고 개별 정치사회의 세 차원 사이에서 발생하는 '접합되면서 분화해 가는' 다이내미즘을 검증하기 위해서이다. 사상연쇄에 의한 새로운 제도나 사상의 도입은 종전의 제도나 사상을 비판하고 대체함으로써 평준화와 유동화를 촉진했다. 그러나 사상연쇄에서는 그 기준과 가치가 구舊 정치사회의 외부에 놓여 있었기 때문에 반드시 전면적인 지지를 얻은 것은 아니며, 연속성이 저류底流로서 존속하고 있는 한, 고유화의 주장이 간헐적으로 분출된다는 점에서 결코 일방적인 변화로 시종始終한 것은 아니었다. 이러한 평준화·유동화·고유화라는 세 위상의 동시공존이라는 사태는 각각의 정치사회에서 다른 방식으로 나타났는데, 바로 그것이 다름 아닌 '근대세계' 내부와 지역세계의 관계 방식, 지역세계 내에서 개별 정치사회 사이의 관계 방식, 그리고 거기에서 개별 정치사회의 배치라는 중층적인 모습의 존재 양태를 보여주는 것이었다.

사상연쇄에 의한 분석은 이리하여 개별 정치사회가 갖는 세계적global인 평준화의 측면, 지역세계에 대한 유동화의 측면, 나아가 고유화를 향한 측면을 일체의 것으로 보는 방법을 취하고 있기 때문에, 예를 들면 조선에 관해서도 결코 일본과의 관계만으로 그 국민국가 형성을 논할 수 있으리라고는 생각하지 않는다. 조선 내지 대한제국의 국민국가 형성에 있어서는 일본과 청조 중국 사이의 외교적 길항관계를 고려하면서 자립을 구하여 일본과 청조 중국 쌍방으로부터 섭취해야 할 지식이나 기술에 관한 자주적 선택을 진척시켰을 뿐만 아니라, 선교사·외국인 교사나 유학생을 회로로 하는 미국과의 사상연쇄도 커다란 기능을 담당하고 있었기 때문이다. 그리고 일본에 의한 식민지화 이후에는 그것이 일본화日本化로서 강제된 것이었기 때문에 우선은 고유성의 확인이 스스로 희구해 갈 길로서 모색되었고, 여기에서 조선학朝鮮學이 태어나게 되었다. 더욱이 그 계기로서 중국의 량치차오梁啓超 등을 통한 일본의 국혼國魂이나 국수國粹의 논의에 촉발된 측면이 있었다는 것도 간과해서는 안 될 점이다. 사상연쇄라는 시각에서 보면 고유화를 둘러싼 학지마저 평준화와 유동화의 일환으로서 태어나지 않을 수 없었다는 것을 도출할 수 있다.

셋째, 사상연쇄라는 시각을 설정하는 이유로 말해두고 싶은 것은 다른 정치사회에서 동일한 사상이 어떻게 수용되고 발현되는지 그 양태를 명확히 함으로써 사상의 촉매작용이나 하이브리드한 교잡수정交雜受

精, cross-fertilization의 양상을 발견할 수 있으며, 동시에 그 연쇄 속에서 '잃어버린 고리missing link'를 찾아낼 수도 있을 것이라는 점이다. 즉, 다른 전통을 배경으로 가진 정치사회에서는 당연하게도 어떤 특정한 사상에 대해서는 다른 대응이 생겨나며, 반드시 모든 사상이 등질의 현상 방식을 취하는 것은 아니다. 이런 관점에서 그때까지 해당 사회에서 명확하게 자각되지 않았던 그 나름의 기저적基底的인 의식이나 숨겨진 사고양식을 발견하거나, 어떤 이론의 임팩트에 의해 그 사회의 가치체계까지 변해 가는 사태를 지적할 수 있을지도 모른다. 또는 완전히 새로운 사상이 창출되는 예도 전혀 없지는 않을 것이다. 마찬가지로 사상연쇄에서 어떤 사상·제도가 초래되었음에도 불구하고 받아들일 수 있어도 받아들이지 못한 사상·제도가 있다면, 그 '잃어버린 고리'가 생긴 이유가 무엇인지를 검토함으로써 해당 사회의 특성, 역사적 의미, '미발未發의 사상'의 가능성 등을 밝힐 수 있을 것이라고 나는 생각한다.

이처럼 다양한 과제와 논점을 상정하면서 사상연쇄라는 시각을 설정함으로써, 사람이나 정보의 순환에 의해 야기되는 연계나 배반·대항 속에서 지역세계에서 정치·경제 시스템이나 학술·문화의 제도화가 활성화되고, 각각의 정치사회가 어떤 특성을 갖고 발현되는 메커니즘을 밝힐 수 있을 것이라고 생각한다. 어떤 정치사회에서 다른 정치사회로 전달된 이론이나 사상이 '잃어버린 고리'를 동반하면서 비축되고, 개변·재편되어 다시 다음 사회의 사람들에게 전달되는 프로세스를 구미-일본-아시아라는 중층적·쌍방향적인 관련 속에서 포착함으로써, '구미에서 일본'을 보는 시점이나 '아시아에서 일본'을 보는 시점에 머무르지 않고, 구미와 아시아를 동시에 주시하면서 일본 근대를 문화횡단적transcultural으로 형성된 총체로서 복안적複眼的으로 파악하는 것이 가능하지 않을까라는 예단을 갖고 있다.

이러한 사상연쇄라는 틀을 새롭게 제기함으로써, 얼핏 보면 단순한 부분적 현상에 지나지 않는 것도 어떤 전체 속의 일부를 구성하는 계기로 존재하고 있으며, 그 단편이나 부분을 서로 연결시킴으로써 그때까지 고립되어 있는 것으로 보였던 사항과 완전히 다른 컨텍스트를 지닌 총체적인 상을 그려보고자 한다. 즉, 복수의 사상事象 각각을 어떤 보이지 않는 전체의 구성요소로서, 구조적 연쇄의 일환으로서 고찰하는 입장을 취하는 것이다. 물론 사회적 전체성이라는 상정 자체는 어디까지나 잠정적인 가설에 지나지 않는다. 빠뜨린 요인이 하나라도 더해지면 그 전체상全體像도 완전히 달라진다는 것이 여기에서 전제로 되고 있는 이상, 제시된 상도 고정적일 수 있는 것은 아니기 때문이다. 역으로 그때까지 구조적 연쇄의 일환으로 간주되었던 것이 단순한 부수적 현상에 지나지 않을 수도 있다는 것을 검증하는 일도 필요할 것이다.

이상에서 서술한 바와 같이 여기에서의 주된 관심은, 주권국가·국민국가 체계로서의 국제 질서 속에서 지역세계의 국민국가 형성 과정에서 외래의 사상이나 제도가 외적인 규제 요인으로서 어떻게 작용했고, 동시에 그것이 지역세계 내부에 어떠한 충돌과 교류를 야기했으며, 그 사상연쇄에 의한 이문화교류異文化交流와 그 공통문화 형성 기능 안에서 아시아로서의 지역세계가 어떠한 사상적 다이내미즘을 갖고 형성되었는지를 밝히는 데 있다. 국민국가 형성에 주목하는 것은 그것이 당시의 국가와 민족의 자존自存을 위한 사상과제로서 중시되었다는 역사적 사실을 대상으로 하기 때문인데, 오늘날의 시점에서 그것을 긍정할 것인지 여부는 물론 개별적인 문제이다. 국민국가가 아무리 국민을 등질화等質化하고 억압하는 메커니즘을 내포하고 있다는 한계를 갖고 또 국제적으로도 폭력장치로서 서로 패권을 다투는 모순으로 가득 찬 존재라 할지라도, 그것이 특정 시기에는 대외적으로는 구미로부터의 독립과 해방, 대내적으로는 전제왕조로부터의 자유와 법 앞의 국민의 평등, 정치적 자기 통치의 실현 등을 달성하기 위한 불가결한 전제로 생각되었는데, 그러한 시대상황이나 사조를 무시해서는 역사의 실상에 다가설 수 없을 것이다. 그것은 국민국가를 시인하고 21세기에도 그것이 존속할지 여부를 묻는 것과는 전적으로 다른 차원의 문제이다.

게다가 주권국가·국민국가 체계로서 존재했던 근대세계에도 그것이 절대화된 것이 아니라 국가나 민족을 초월한 트랜스–내셔널trans-national한 정치체계를 구하는 견해가 있었다는 사실, 아주화친회亞洲和親會를 비롯한 국경을 넘어선 자발적 결사가 존재했다는 사실 등은 사상연쇄라는 시각을 취함으로써 명확해질 것이다. 또 원래 사상연쇄라는 시각 자체가 다양한 인터–커뮤니케이션inter-communication 회로를 통한 지적인 연결에 의해 공간적 연결에 대한 인식이 어떻게 형성되었는지를 검토하는 것이고, 국민국가까지도 상대화하는, 경계를 넘나드는 지적 네트워크의 존재 양상을 밝히려는 지향을 가진 것이라는 점도 덧붙여두고 싶다.

제4절 ———————————————— 투기投企라는 시각

이리하여 아시아는 언설에 의한 인식의 대상이자 사상이나 제도가 연쇄해 가는 장이었지만, 동시에 여러 민족들이 경합하고 상호교섭을 거

듭해온 공간이기도 했다. 그곳은 무엇보다도 많은 국가와 민족이 적대하면서 제휴하고 서로 싸우는 원형경기장arena으로서 존재했던 것이다.

그리고 그 여러 민족 중에는 외부세계로부터 압도적인 무력과 경제력 그리고 문명을 가지고 들어와, 자기의 권익을 최대한도로 확대하기를 시도하는 구미로부터 온 사람들도 포함되어 있었다. 근대에 들어 아시아는 식민지 획득을 위한 비옥한 땅으로서 구미인의 영광과 욕망을 충족시키는 장이기도 했다. 이에 비해 아시아의 많은 민족에게 자신의 고토故土는 빼앗긴 대지와 섬들로서 탈환의 대상으로 눈앞에 펼쳐져 있었다. 또 아직 식민지로 떨어지지 않은 다른 아시아 민족에게 아시아는 우세한 서양문명을 상대화하고 거절하기 위한 참호塹壕이기도 했다.

더욱이 각 민족은 주위와 격렬한 싸움을 벌이는 상황 속에서, 정치사회로서의 존속을 도모하기 위해서는 주권국가로서의 자기확립이 필수적인 조건이었기 때문에 국경선 내부에서의 균질화와 국경선 외부와의 차이화를 함께 모색해야만 했다. 1879년의 류큐琉球 '처분處分'(1872년 류큐현 설치에서 1879년 오키나와현 설치를 거쳐 강제적으로 류큐를 일본의 일부로 편입시키고자 한 일본 정부의 일련의 정책─옮긴이)은 바로 이러한 국경 확정을 위해 강행된 외교조치였으며, 이를 통해 일본은 그때까지 중국의 왕조에 대한 조공·책봉 체계로 존속하고 있던 지역세계의 질서를 부정하고 주권국가로서 아시아를 재편하는 일에 매진하게 되었던 것이다.

이리하여 아시아라는 공간은 그저 주어진 것으로 존재했을 뿐만 아니라, 현실과 이념이 충돌하고, 국익과 위신威信이 교착하며, 정치적·사회적인 실천에 의해 영향력을 행사하여 스스로가 구성원이기도 한 지역세계를 구성해 가야 할 대상으로 나타나게 되었다. 결국 아시아는 단지 그 모습을 객관적으로 파악할 수 있는 대상으로 존재했을 뿐만 아니라, 스스로의 인식과 그것에 기초한 활동에 의해 그 자체가 크게 변동하는 환경으로 존재했고, 일본도 그 내부를 구성하고 있었던 것이다. 그리고 아시아가 일본을 그 일부로 하여 구성되고 있는 이상, 아시아를 어떻게 구상構想해 갈지는 스스로의 존립과 긴밀하게 관련되어 있는 과제였다. 아시아는 일본이 자기의 존재이유를 묻고 그 존재 자체를 확보해 가는 장이자 정치적으로 관계되는 대상임과 동시에, 그 일부로서 대상 그 자체를 창안하고 움직이는 내부요인이기도 했다. 바꿔 말하면, 대상으로서의 아시아는 자기이고, 자기가 움직임에 따라 대상도 변화했던 것이다.

인식이나 사상연쇄로는 해소할 수 없는 차원의 문제로서, 아시아의 현실에 어떻게 연계되고 또 어떻게 개편해 가는가라는, 정치적 실천을 동반한 영역인 투기投企, project, Entwurf로서의 아시아라는 시각이 필요한 이유가 여기에 있다. 인식이나 연쇄를 발판으로 하면서, 그럼에도 불구하고 현실의 대외행동이나 외교에서 발생하는 단절이나 비약, 모순을 밝히기 위한 시각이 투기이며, 이 책에서는 자기가 놓인 국제 질서나 국력 등의 현존재로서의 제약을 근거로 하여, 현상現狀을 미래에 투사하여 그 변경을 기도하는 언동을 투기로 간주한다고 정의해 두고자 한다. 결국 투기라는 시각에 의해 파악되는 아시아는, '상상 속의 아시아'와 '지금 여기의 아시아'가 교착하는 장에서 기존의 공간질서를 어떻게 개편하여 스스로가 구상하는 '마땅히 그래야 할 아시아'로 지역질서를 설정하고자 했는지를 그 언동에 초점을 맞추어 밝히고자 하는 것이며, 여기에서는 프로젝트project 즉 달성과제나 어젠다agenda로서의 아시아가 어떤 것으로 설정되고, 실제로 그것이 정책이나 운동으로서 누구의 어떤 기도에 따라 어떻게 추진되면서 어떠한 궤적을 그리는지를 역사적으로 추적하게 된다.

아시아와 어떻게 관련되는가라는 과제에 관해서는, 자신이 부정해야할 문화나 정치사회의 모습을 모두 아시아에 연원을 둔 것으로 간주하고, 마치 자기증오를 전가轉嫁하기라도 하듯 아시아로부터의 탈각을 말하며, 정치적 프로젝트로서는 '아시아에 있고, 아시아적이긴 해도, 아시아는 아니다'라는 방향, 이른바 탈아脫亞가 근대 일본에서 주조를 이루었다는 것은 잘 알려져 있는 바와 같다. 그러나 투기로서의 아시아를 생각할 때도, 중요한 것은 오히려 그 대극對極에 있던 아시아주의의 논책論策과 외교의 교착이 어떤 것으로 드러났는가라는 문제이다. 물론 일본에서 투기로서의 아시아는 단순한 언설에 머무르는 경우가 많았다고는 해도, 언설에 의해 특정 공간질서를 표상하는 행위도 하나의 정치행위로서 지역세계를 구성하는 요인이 되는 것이다.

더욱이 투기가 현상을 변경하기 위한 행동을 동반하고 있었던 이상, 그것이 현실에서 어떤 상황이나 제약 아래 놓였고 외교로서 어떻게 전개되었는지를 해명하지 않고서는 문제의 실태에 다가갈 수 없다. 아시아주의란 일본이 자신을 둘러싼 지역세계를 어떻게 인식하면서, 그것과 어떤 관련을 맺고, 그것을 어떤 식으로 바꾸고자 했는지 그 실천과 결부된 구상의 표명이었다고 한다면, 일본의 아시아주의는 아시아에 관한 환상에 지나지 않는 것이었는지도 모르지만, 동시에 거기에 다른 민족 사람들과의 공동행동이 있었다는 것도 틀림없는 사실이다. 의식이란 늘 대상과 맞서는 작용 속에서 그 모습을 드러내는데, 사상 또한 실천을 통하여 형성·전화轉化된다. 아시아라는 장에서 특정한 의식을 갖고 관계하는 것도 그 자체가 바로 그 대상을 바꾸고, 그것이 다시 되돌아와 의식을 바꾸게 되었다. 단, 그것이 외교정책에 어떻게 반영되었는지는 검토를 필요로 한다. 무엇보다 지원을 요청하기 위해 일본에 온 아시아 사람들의 처우를 둘러싸고, 구미 종주국의 의향을 따르지 않을 수 없었다는 데에서 아시아주의의 딜레마가 여실하게 드러났던 것이다.

어찌됐든 투기로서의 아시아주의는 일본인만이 아시아에서 유일하게 아시아의 자립과 여러 민족의 해방에 대하여 특별한 책임을 진다는 국민적 사명감을 기반으로 하여 전개되었다. 물론 스스로가 약소하다는 자의식이 명확했던 시대에는 중국이나 조선 등과 연대하여 아시아의 진흥을 추진하고, 이를 바탕으로 구미의 진공進攻에 이의를 신청하려는 기도가 있었다. 그러나 1895년 이후, 스스로가 아시아에서 식민지를 영유함으로써 일본은 당연하게도 아시아에서 식민지 해방을 주창할 자격을 상실하고 말았다. 그럼에도 불구하고 일본은 아시아에 있다는 이유로 식민지 피통치자 쪽에 설 수 있었다. 아시아라는 존재는 구미의 식민지 통치에 저항하기 위한 근거지로 간주되었고, 그 맹주인 일본은 구미를 배제하고 아시아로 진출하는 것이 정당화되었다. 만약 일본이 아시아라는 지역세계에 없었다면, 그 식민지 영유는 본질적으로 구미와 다른 점이 전혀 없었을 터이다. 그리고 영유된 측에서 보면, 아시아의 동포 내지 동종同種의 해방이라는 미사여구 아래, 처음부터 근친성近親性을 내세우며 접근해 온 일본의 지배를 받는 것은 우월한 문명을 가진 이종異種인 구미인의 지배를 받는 것보다 훨씬 더 깊은 굴욕감과 반감을 야기하게 되었다. 게다가 윌슨의 민족자결주의나 러시아혁명의 영향을 받아 흥륭興隆한 아시아의 민족운동은 일본의 아시아주의와 대립하게 되었으며, 일본은 이것을 회피하기 위해 민족자결사상을, 민족 대립을 초래하는 잘못된 사상으로 간주하여 배척하고 민족 협화를 표방했던 것이다.

이러한 측면에 착안했을 때, 국가와 민족을 넘어선 초월주의로서의 아시아주의는 그것이 연대사상連帶思想으로 위장된 침략사상에 지나지 않았다 해도, 다른 한편 구미 주도의 기성既成 주권국가로 이루어진 국제 질서에서만 외교가 가능하다는 제약이나 소외감에 대한 도전의 프로젝트로서, 또 구미에 대한 평준화라는 강압에 대한 저항의 프로젝트로서 아시아주의가 지닌 측면을 감안할 필요가 있을 것이다. 무엇보다 아시아에서 일본이 새로운 지역질서를 형성한다 해도, 중국과 태국을 별도로 하면 실제적인 외교 교섭의 주체는 식민지 종주국인 구미 각국이었던 이상, 그 실현을 위해서는 구미가 설정한 룰을 따를 수밖에 없었기 때문이다.

투기의 문제는 이처럼 국제정치 질서의 조건에 크게 제약되며, 그것을 변경하고자 하는 프로젝트로서 아시아주의를 고찰하기 위해서는 상호교섭을 가능하게 하는 국제 질서 체계와 과정에 대한 분석을 빠뜨릴 수 없다. 결국 아시아라는 구역을 상정하고서 그 안에서 사람들이 행동할 때, 그것은 결코 진공의 자유로운 공간에서가 아니라 종래의 국제 질서 체계와 관습에 따를 것을 조건으로 부여받는다. 그러나 이 조건에 따라 행동하는 과정에서 그 조건 자체가 변용되고, 새로운 체계로서 재편성된, 연계와 넓이를 지닌 지역세계가 그 모습을 드러내는 것이다. 장대한 환상으로 끝났다고는 해도, 일본이 상정한 대동아공영권은 주권·국민국가 체계를 부정하고, 팔굉일우八紘一宇로써 새로운 지역세계 질서의 창출을 겨냥한 것이었다. 그러나 그것 또한 결코 종래의 국제 질서 체계와 관습으로부터 자유로웠던 것이 아니라 이전의 조공·책봉 체계의 그림자를 반영하고 있었다. 물론 그곳에 사는 아시아의 다른 민족들의 입장에서 보자면, 일본의 아시아주의라는 프로젝트도 이데올로기에 지나지 않으며, 그것은 구미의 압박과 일본의 압박이 이중성을 지닌 채 짓눌러온 것으로 나타난 것에 지나지 않았다. 하지만 일본인에게는 아시아라는 공간만이, 국제정치의 현실을 어떻게 보고 그것에 어떻게 작용할 것인가라는 과제와 관련하여, 주체적으로 활동할 수 있는 오직 하나뿐인 한정된 지역세계였다는 것도 부정할 수 없다.

이와 같이 투기라는 시각에 의해 비춰지는 아시아 내지 동아시아라는 지역세계는, 구미를 포함하는 다양한 행위자actor가 자기 이익의 실현을 요구하는 공간임과 동시에, 종래의 국제 질서 체계나 대외인식을 기반으로 하면서 어떻게 새로운 관계성을 지닌 지역세계를 창출할 것인가라는 프로젝트를 투영하기 위한 공간으로 파악되는 것이다.

제5절 ──────── '지知의 토폴로지'를 향하여

이상 아시아라는 공간이 지닌 문제성과 그것에 접근하기 위해 설정한 세 개의 시각의 의미와 여기에 포함된 내 나름의 의도를 개략적으로 살펴보았다.

이러한 문제의식에 서서 이 책은 제1부에서 기축이라는 시각에 의해 일본이 아시아라는 지역세계를 어떻게 인식하고 스스로의 위상을 확인해 왔는지, 제2부에서는 사상연쇄라는 시각에 의해 국민국가 형성과 관련된 학지나 제도가 아시아에서 어떻게 순환하며, 그럼으로써 어떻게 지역세계에 관한 통합과 차이의 의식이 형성되고, 국제國制나 학지의 제도화가 진전되었는지, 제3부에서는 투기라는 시각에 의해 일본이 기존의 지역세계의 제약 속에서 스스로의 지역질서 구상을 어떻게 투사하면서 아시아라는 지역세계와 관련을 맺었는지를 밝혀가는 구성을 취한다. 이들 세 가지 시각은 각각 세 개의 개별 차원에 속하면서도 밀접하게 관련되어 있으며, 아시아라는 역사공간을 총체로서 밝히기 위해서는 기축만으로도, 연쇄만으로도, 투기만으로도 불충분하고, 이들을 삼위일체를 이루는 것으로 파악함으로써 비로소 하나의 상으로서 제시할 수 있을 것이다.

아시아는 확실히 지리적 공간이긴 하지만 이곳에는 민족의 이동도 있고 문화의 흥망도 있었다. 따라서 아시아는 여러 지역사회들과의 작용관련作用關聯을 통하여 생겨나게 된 변동태變動態이지 결코 고정적인 구역은 아니다. 그것은 또 아시아라는 지역세계를 어떻게 포착할 것인가와 관련해서도, 그 역사적 변전變轉의 위상을 기나긴 시간의 폭으로 바라보고 동시에 특정 시점에서 공간의 틀을 단면으로 잘라보는 좌표축의 편성이 필요하다는 것을 의미한다. 이를 전제로, 이 책에서 설정한 세 개의 시각에 의해 공간에 관한 공시적인 넓이의 위상과 역사적으로 형성된 통시적인 의식의 흐름의 위상을 함께 시야에 넣고, 도대체 일본인이 공간이라는 것을 어떻게 인식해 왔는지에 관하여 얼마간 새로운 지평을 열 수 있다면 다행일 것이다.

덧붙여 말하자면, 이 책에서 동양 내지 아시아라는 공간이란 무엇이었는지를 생각해 보았지만, 그러나 이 책을 써나가는 과정에서 실제로 가장 힘들었던 것은 동양 내지 아시아라는 공간의 대극으로 설정되어 온 서양 내지 구미란 도대체 무엇인가라는 문제였다. 서양 내지 구미라는 표현이 거의 두렵다고 말할 수 있을 만큼 생략이나 과장을 동반하고 있다는 것은, 예컨대 '서양문화'라는 표현을 사용할 경우 그것이 도대체 무엇을 의미하는지 전혀 알 수 없는 상황에 종종 직면하지 않을 수 없다는 것만 보아도 명백하다. 나 또한 집필을 하면서, 여기를 서양이라고 써야 할 것인지 아니면 서구라고 해야 할 것인지 또는 구미라고 적는 것이 조금이라도 정확성을 기할 수 있을 것인지 도무지 종잡을 수 없어서 망설이다가, 결국은 적확한 표현을 발견하지 못해 애매모호하게 기록한 예가 많았다는 것도 고백해 두고자 한다. 그럼에도 불구하고 그런 표현 말고는 동양 내지 아시아라는 공간의 비교 대상을 생각할 수 없는, 그러한 언설의 자장磁場에 어쩔 수 없이 놓이게 된 것이 근대 일본의 사상 상황이었다는 것을 지금 새삼 통감하지 않을 수 없다.

그러나 바로 그렇기 때문에 구미인가, 아시아인가라는 양자택일의 시점이 아니라, 구미와 아시아의 관련 속에서 일본을 포착할 수 있는 시각을 치졸하나마 제시할 필요가 있는 것이 아닐까. 적어도 구미와 아시아, 서양과 동양이라는 이항대립에 의한 세계인식만으로는 각각의 지역 내부에 존재하는 다양성을 무시하는 편견을 끊임없이 재생산하는 것에서 한 걸음도 나아가지 못할 것이다. 그리고 다른 한편, 지구상에 존재하고 있는 다종다양한 문화가 서로 다른 독자적인 가치를 지닌다고 말하는 문화상대주의가 널리 인식되기에 이른 것이 20세기 인류가 이룩한 성과 중 하나라 해도, 처음부터 끝까지 그런 주장만을 내세워서는 문화가 상호교섭 속에서 형성되고 흥망하는 동태動態를 외면할 우려가 없지 않다.

솔직하게 말하자면 우리들이 서양 내지 구미라고 얘기할 때 도대체 무엇을 기준으로 그것들을 하나의 통합된 지역세계로 상정하는가라는 문제는, 동양 내지 아시아란 무엇인가라는 문제와 나란히 또는 그 이상으로 다시 생각해야 할 사상과제인지도 모른다고 절실하게 느끼고 있다. 에드워드 사이드가 제기한 '오리엔탈리즘'이라는 문제보다도 일본인으로서 우리들이 과제로 삼아 추구해야 할 것은 일본 및 아시아에서의 '옥시덴탈리즘'의 해명일지도 모른다. 확실히 구미의 자기충족적인 자화상을 그대로 받아들이는 것은 문제이며, 포스트 모던이나 포스트 콜로니얼 언설을 비롯한 유럽중심주의eurocentrism 비판을 받아들일 필요도 있다. 그러나 구미의 모습을 성급하게 비판하고 여기에 아시아의 모습을 대치하면 그만이라고 생각해서는 일찍이 '근대의 초극'론이나 '세계사의 철학'이 걸었던 길을 되밟게 될 우려가 없지 않다. 적어도 하나의 편협성parochialism으로 또 다른 편협성을 대체하는 것은 별다른 의의를 지니지 못한다고 생각한다.

어찌됐든 그러한 것을 포함하여 이 책은 일본에 있어서 아시아라는 공간이 지닌 사상사적 의미를 연구과제로 삼아 해명하는 것을 하나의 도표道標로 설정하고 있다.

그러나 나에게는 다른 한편으로 공간인식이나 공간심성空間心性에 의해 사상이 어떻게 규정되었는지 또는 사상에 의해 공간을 어떻게 포착하고 표명할 수 있는지, 그 지와 공간의 관련성을 밝히는 '지의 토폴로지'라고도 말할 수 있는 영역을 조망하기 위한, 사소하나마 하나의 방법론을 모색하기 위한 시도이기도 하다.

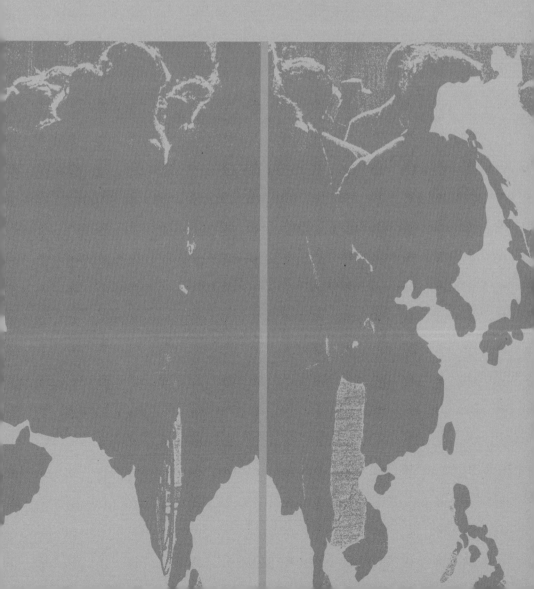

제1부

아시아 인식의 기축

제1장
경역境域을 구분 짓는 언설

근대 일본의 자기인식사史는 아시아에 관한 언설사와 하나였다 해도 지나친 말이 아닐 것이다.

일본이 아시아에 있다고 간주되는 이상, 타자의 존재를 전제로 하여 일본을 말하고 일본을 표현하는 것은 아시아에 관하여 말하고 표현하는 것을 내포하지 않을 수 없기 때문이다. 과연 일본은 어디까지 아시아이고, 어떤 점에서 다른 아시아나 구미와 다른가. 아니, 도대체 일본은 정말로 아시아라는 속성을 지니고 있는가.

이러한 의론議論의 소용돌이에 휩쓸릴 때, 아시아에 관한 일본의 언설은 결코 타자로서의 아시아를 말하고 표현하는 것이 아니라, 아시아라는 이름으로 실은 자기의, 결국 일본의 있을 수 있는 모습에 관한 자기인식이 뒤섞여 표명되는 착종된 현상을 보여준다.

그러나 그것만으로 도대체 아시아에 관하여 무엇이 얘기되고, 무엇을 근거로 아시아인 것으로 간주되었는지를 밝히는 일은 결코 쉬운 일이 아니다. 원래 아시아라고 표현되는 구역이 어느 범위를 가리키는지조차 얘기되고 표현된 것으로부터 알아내는 것은 대부분의 경우 불가능하다고 말해도 좋을 정도이다.

물론 일반적으로 아시아란 우랄산맥, 카스피해, 흑해, 지중해, 홍해를 연결하는 선 이동以東의 동반구 북동부를 가리키는 지역으로 정의된다. 그러나 지리적 구역 구분은 그렇다 하더라도, 가령 시베리아의 동남단 연해주(프리모르스키)를 아시아로 인식한 일본인이 근대를 통하여 과연 얼마나 있었을까. 그리고 물리적 거리를 따지자면, 홋카이도에서 보면 규슈보다 훨씬 가까운 곳에 있는 연해주를 아시아로 간주하지 않는다는 것은 무엇을 의미하는 것일까. 또는 한 번도 가본 적이 없는 사람이라도 인도는 아시아에 있다는 것을 의심하지 않는 것은 왜일까. 당연히 여기에 아시아와 비非 아시아에 관한 어떤 선별이 작용하고 있기 때문일 것이다. 그것을 어떻게 포착해야 좋을까.

무엇보다 먼저 확인해 두어야 할 것은, 일본의 입장에서 보았을 때 아시아란 어디까지나 유럽이라는 타자로부터 부여받은 개념 내지 지리적 구역이지 결코 스스로 발견하고 창출한 개념이 아니었다는 사실이다. 이것은 너무나 단순한 사실이어서 특별히 의식되지도 않고 간과되기 십상이지만, 그것이 가진 의미는 대단히 크다고 생각한다. 왜냐하면 유럽의 일체성一體性을 확인하고 그 기초를 다지기 위해 대상화된 지역으로서 아시아라는 구역 구분이 이루어졌고, 아시아라는 구역 구분을 채택하는 것 자체가 유럽을 전제로 하지 않을 수 없는 사상장思想場 안에 놓이게 된다는 것을 의미하기 때문이다.

그리고 둘째, 그러한 유럽에 의한 세계 구분 안에서 이루어진 아시아라는 구역 구분을 일본인은 결코 막말幕末의 개국으로 알게 된 것이 아니었다. 이미 마테오 리치利瑪竇, Matteo Ricci의 〈곤여만국전도坤輿萬國全圖〉(1602년 작성, 1606년 도래)[1]를 통해 알고 있었고, 1645년 간행된 〈만국총도萬國總圖〉와 1708년 간행된 니시카와 조켄西川如見의 『증보화이통상고增補華夷通商考』에 실린 〈지구만국일람지도地球萬國一覽之圖〉에도 명기되어 유포되고 있었던 것이다. 즉, 근대 일본이 아시아를 인식하기 이전에 아시아라는 구역 구분은 주어진 것으로서 존재했고, 그 지점에서 출발하는 수밖에 없었던 것이다.

셋째, 그럼에도 불구하고 보다 중요한 것은, 설령 아시아라는 지역 구분이 타자로부터 소여所與, the given로서 부여되었고 또 떠맡겨진 것이었다고 해도, 일본인은 일본인 나름대로 아시아라는 공간을 경계 짓는 시점에 이르러 일종의 틀이랄까 기준을—의식적으로 언명하든 그렇지 않든—설정했고, 그럼으로써 독자적인 경계 짓기와 그 내실화를 수행했음에 틀림없다는 점이다. 바로 그렇기 때문에 어떤 지역을 아시아가 아니라고 생각하거나 어떤 사항이 아시아적인지 그렇지 않은지를 식별할 수 있게 된다. 더욱이 지역의 설정 그 자체가 특정한 역사적 상황하에서는 극히 정치적인 의도를 포함하게 되는 것이다.

넷째, 이리하여 일단 인식의 기축이 성립하면 역으로 그 틀로밖에 대상이 포착되지 않게 되고, 설령 직접 견문했다 해도 그 틀을 넘어설 수 없게 되는 사태가 발생한다. 아시아를 실체로 앎으로써 아시아 인식이 성립하는 것이 아니라, 일본인이 형성한 사상기축에 의해 실체를 절단하게 되어 버리는 것이다. 그것은 유럽이 아시아라고 규정한 것을 일본인이 그대로 받아들이고, 이번에는 방향을 바꾸어 일본 이외의 아시아

---

1 마테오 리치의 〈곤여만국전도〉의 일본 도래와 유포에 관해서는 제2부 제3장 제1절 「만국도와 사상연쇄」 참조

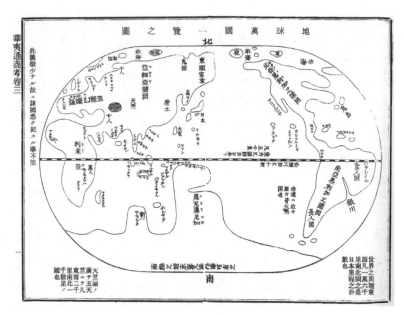

니시카와 조켄의 『증보화이통상고』에 실린 〈지구만국일람지도〉. 아세아는 '아사이야'라고 읽기도 하지만, 소인국, 여인국, 식인국, 야국(夜國) 등 상상 속의 나라로 묘사되기도 한다.

에 맞추어 들이미는 프로세스이기도 했다.

　이처럼 근대 일본의 아시아 인식이란, 우선 세계는 5대주(또는 6대주)로 구역이 나뉘고 그 가운데 하나인 아시아주의 동쪽 끝에 일본이 위치하고 있다는 개념 내지 지식이 부여되며, 이른바 이렇게 떠맡겨진 개념이나 지식 위에서 일본인은 그것을 전제로 다시 한번 스스로의 인식틀이나 기준에 따라 대상을 포착하고 자기내화自己內化하여, 그것을 아시아 인식이라고 말해온 것이 아니었을까.

　그렇다고 한다면 지금 필요한 것은 진실한 아시아 인식에 있어서 근대 일본이 얼마나 성공했는지 또는 실패했는지를 묻는 것이라기보다는, 우선 아시아 인식이라는 명목으로 누적되어온 언설의 역사의 층을 파헤쳐 보는 것이 아닐까.

그렇기는 하지만 그 언설의 역사는 대단히 다층적이며, 당연하게도 전모를 파악하기란 도저히 가능할 리가 없다. 아니, 오히려 여기에서 주제로 삼고 싶은 것은, 그러한 다종다양한 언설 형태가 있었음에도 불구하고, 그것들을 관통하여 그것이 아시아다라는 인식을 성립하게 하고 공유되도록 하기 위해 불가결한 관념이란 무엇이었는지, 그리고 그것은 어떠한 언설로서 전개되어왔는지를 살펴보는 것이다. 결국 제1부에서 주제로 삼는 것은 '참된 아시아'라는 것이 있고 그것을 일본인이 어떻게 인식했는지 또는 오해했는지를 따지는 것이 아니다. 어디까지나 아시아 인식을 사실에 비추어 살피는 것이 아니라, 인식을 사상기축에 의한 언어게임으로 고찰하는 것이다.

그리고 이렇게 기축이 되는 관념이 있고서야 비로소 아시아에 관한 인식이 성립하며, 그것이 현실의 아시아의 모습이 어떠한가와는 일단 아무런 관계없이 존재한다는 이 책의 사고방식은, 보다 일반적으로는 다음과 같이 바꿔 말할 수 있을 것이다. 즉, 지리학적으로 아시아주라는 구역 구분이 있다는 주어진 조건 아래서도, 그 범위는 선험적으로 명확한 것이 아니라 오히려 신축적인 이미지 공간으로서 존재하는 데 지나지 않는다. 그리고 이미지 공간인 이상, 그것은 어디까지나 의식에서 있어서의 집결화集結化, clustering 과정을 거쳐 비로소 지역으로서 통합성을 지닌 것으로 인식되고, 그리하여 사람들은 어떤 종류의 동일성을 갖는 포괄적 공동사회inclusive community에 스스로가 귀속되어 있다는 공속감각共屬感覺을 갖게 된다. 이와 같은 의식에 의한 집결화와 경역화境域化, zoned demarcation의 사상기축으로서 여기에서는 네 개의 관념, 즉 문명, 인종, 문화, 민족을 채택하기로 한다. 문명, 인종이라는 사상기축은 각각 문화,

민족과 대응되며, 그 상호관련에 관해서도 흥미 있는 사실을 지적할 수 있다. 이들 외에 수토木土(기후와 풍토)―권역圈域, Raum이라는 대개념對概念도 아시아 인식의 사상기축으로서 중요한 것이지만, 우선은 사상기축이라는 작업가설을 토대로 근대 일본의 아시아 인식에 관한 토르소를 묘사하기로 한다.

제2장
사상기축으로서의 문명

그런데 이미 서술한 바와 같이 세계가 5대주 또는 6대주로 나뉘고 일본이 그 중 아시아에 속한다는 지식 그 자체는 〈곤여만국전도〉를 시작으로 니시카와 조켄의 『화이통상고』(1695)와 『증보화이통상고』(1708), 데라지마 료안寺島良安의 『화한삼재도회和漢三才圖會』(1713), 아라이 하쿠세키新井白石의 『채람이언采覽異言』(1713년 서문), 야마무라 사이스케山村才助의 『정정증역채람이언訂正增譯采覽異言』(1803), 미쓰쿠리 쇼고箕作省吾의 『곤여도지坤輿圖識』(1845), 스기타 겐탄杉田玄端이 번역한 『지학정종地學正宗』 등이 공간됨으로써 18세기 이후 점차 유포되고 있었다. 물론 이 책들이 실제로 어느 정도 사람들 사이에서 이해되었는지는 분명하지 않으며, 내용상 부정확한 정보가 포함되어 있기도 하고 정밀하고 조악한 정도에 있어서 많은 차이가 있다는 것은 당연하다고 해도, 일단은 쇄국이라는 정책을 택하고 있던 극동의 한 지역에서 이만큼의 지리정보를 모을 수 있었다는 것은,

구주의 세계지식에 관한 상황에 비추어 보아도 조금은 놀랄 만하다. 예를 들면 에드먼드 버크가 윌리엄 로버트슨의 새로운 저서『아메리카사』에 붙인 축사祝辭에서 이러한 책을 손에 넣은 독자는 사고의 양식이 될 "장대한 인류지도를 집에서 편히 읽을 수 있다"는 것을 알게 될 것이라고 적은 것이 1777년의 일이었다.[1] 유럽이 세계에 관한 정보를 손안에 모으고 있던 시대, 일본인 또한 아직은 빈틈이 많고 소략하긴 하지만 '장대한 인류지도'의 일단에 접촉하기 시작했던 것이다. 그러나 아시아에 관한 지식이 주어졌다는 것이 반드시 아시아가 어떤 동일성을 가진 통합체로 인식되었다는 것을 의미하지는 않는다. 예컨대 니시카와 조켄의『증보화이통상고』에 실려 있는〈지구만국일람지도〉에는 '아시아제국亞細亞諸國'이라 되어 있음에도 불구하고, 중국은 당토唐土, 중화라 하여 상술하고 있지만 '조선, 류큐, 타이완大寃, 통킹東京, 교지交趾(베트남 북부 통킹 · 하노이를 포함한 손코이강 유역의 역사적 지명－옮긴이)'를 '외국'이라 하고, 그 이외의 나라에 대해서는 아시아와 유럽을 포함하여 모두 '외이外夷'로 포괄하고 있었던 것이다. 그 이유는 아마도 이 책이 나가사키로부터의 거리를 중시하고 상업과 무역상의 지식을 얻을 목적으로 쓰인 까닭에 아시아라는 경역화境域化 따위는 거의 아무런 의미도 지니지 못했기 때문일 것이다.

그러나『증보화이통상고』로부터 7년 후인 1715년 집필된 아라이 하쿠세키의『서양기문西洋紀聞』에 이르면 새로운 인식의 지향성이 엿보이기 시작한다. 그것은 쇄국 일본에 선교사를 보낸 유럽 여러 나라를 하나의 통합성을 지닌 경역으로 간주하여 그것을 유럽이라 명명하고, 그것에 대치하는 것으로 일본을, 그리고 부수적으로 중국을 동방의 나라로

---

1   P. J. Marshall · G. Williams, 大久保桂子 譯,『野蠻の博物誌』, 平凡社, 1986, p.12.

위치짓고 있는 점이다. 그리고 하쿠세키가 여기에서 서양의 특징을 학술에서 찾고, "저들의 학문이란 그저 그 형形과 기器의 정밀함을 추구할 따름이다. 소위 형이하인 것만을 알고 형이상인 것은 아직 알지 못한다"[2]라고 총괄한 것은 서양=물질문명, 동양=정신문명으로 등치하는, 오늘날까지 그 영향력을 미치고 있는 포착 방식의 선편을 쥔 것으로서 주목할 만한 가치가 있다.

그러나 여기에서 보다 중요한 것은 하쿠세키가 유럽을 가리켜 '서양'이라 명명했다는 바로 그 점에 있다. 물론 서양이라는 말 자체는 중국어이지만, 그것이 의미하는 바는 중국에서 보아 남양南洋 서측의 대해大海를 가리키는 것이었고,[3] 훗날 특정 나라로서 포르투갈이 서양이라는 이름으로 불렸다.[4] 근대에 이르면 중국에서도 서양이라는 말로 구미나 유럽을 지칭하게 되지만, 하쿠세키와 동시대의 중국에서는 물론 일반적이지는 않았다. 그리고 구미 특히 유럽을 가리켜 '서양'이라 부르는 말이 나타나면서 당연하게 아시아를 가리켜 '동양'이라 부르는 말이 사용되기에 이르지만, 여기에서 말하는 '동양'도 물론 중국어의 원의原義와는 다르다. 중국어의 '동양'이란 어디까지나 일본을 가리키는 데 지나지 않으며, 아시아는 '亞細亞', '亞洲' 등으로 표기되어왔기 때문이다.[5]

---

2   新井白石, 『西洋紀聞』, 『新井白石』(日本思想大系 35), 岩波書店, 1975, p.19.

3   이와 관련해서는 山本達郎, 「東西洋という呼稱の紀源に就て」, 『東洋學報』第21卷 1號, 1933.10; 宮崎市定, 「南洋を東西洋に分つ根據について」, 『東洋史研究』第7卷 4號, 1942.8 등 참조.

4   福澤諭吉가 1860년 상재한 『增補華英通語』에서도 서양을 포르투갈이라 하고 있다. 慶應義塾 編, 『福澤諭吉全集』第1卷, 岩波書店, 1958~1971, p.190. 이하 『福澤諭吉全集』은 제목만 표기함.

5   일본과 중국에서 '동양'이라는 말에 관한 이해의 저어(齟齬 : 어긋남)는 근대를 통해서도 계속되는데, 日中連帶를 제창하며 일본인이 중국으로 건너갔을 때에는 특히 쌍방의 의식의 차이가 표면화하는 경우도 있었다. 예컨대 다음 장에서 언급하는 杉田定一 등이 상하이에 설립한 東洋學館은 "지나에서 동양이라 하면 일본을 가리키는 것이어서 규모가 협애한 것처럼 들리고 나아가 얼마간 지나인의 감정을 나쁘게 하는 경향이 있다"(『朝野新聞』, 1884.11.9)는 이유로 최종적으로 '亞細亞學館'으로 개칭되었다.

일본에서 아시아를 의미하는 동양이 결국 일본 그 자체였다는 사태로부터는 일본의 아시아 인식 내지 아시아주의의 운명의 상징적 사정을 엿볼 수가 있지만, 여기에서 확인해두지 않으면 안 되는 것은 구미 제국을 서양이라는 하나의 통합체로 본 다음에 동방 내지 동양이라는 관점이 나타난다는 것, 그러나 그 경우 동방이든 동양이든 일본을 중심으로 하여 중국, 조선 등을 포함하는 동아시아 지역에 한정되어 있었다는 것 등이다. 그리고 동방 내지 동양으로서의 통합성을 보여주는 것으로는 한자 사용의 '동문同文'일 것, 유교나 불교를 받드는 '동도同道' 내지 '동교同教'일 것 등이 거론되지만, 이런 것들은 동일한 문명권에 속한다는 인식을 반영한 것에 지나지 않는다고 말할 수 있을 것이다.

더욱이 아시아라는 개념이 도입되면서 생겨난 이러한 동일한 문명권으로서의 통합성의 의식은 근대에 이르러 상식적으로 통용되는 것과 달리 반드시 정체되고 뒤떨어진 것으로 파악되지는 않았다. 그렇기는커녕 아시아에 관한 설명으로서는 "세계 개벽의 초지初地로 신성神聖이 처음으로 나타났고 인류가 처음으로 생겨났으며 (…중략…) 그 외에 문예文藝와 각종 기예技藝들에 이르기까지 그 대부분이 이 주州에서 시작되었다"(山村昌永, 『訂正增譯采覽異言』), "인류가 처음으로 살기 시작하면서부터 성현들이 잇달아 흥한 땅으로 천하에 문물예악文物禮樂이 이곳보다 번성한 곳은 없다"(箕作省吾, 『坤輿圖識』, 1845) 등 문명이 흥하고 번성한 '동방 신성의 주'로 상찬하는 예가 적지 않았다. 또 그곳에는 일본에 관해서도 중국이나 인도와 대비하여 "만고불변의 신령한 전통이 숨쉬는 제국"(『訂正增譯采覽異言』)이라는 자기의식이 동시에 표명되어 있다. 덧붙여 말하자면, 야마무라와 기사쿠가 인류가 처음으로 생겨나고 성현이 잇달아 배출되었다고 기록한 것은 제2부 제3장에서 언급할 이탈리아인 선교사 알레니艾儒略, G. Aleni의 『직방외기職方外紀』(1623)가 "아시아는 천하 제일의 대주大洲이다. 인류가 처음 생겨난 땅으로 성현이 처음으로 나온 곳"이라 한 기술을 답습한 것이었다.

그러나 이러한 문명기축에 의한 아시아 인식은 원래 '화이내외華夷內外의 구별'에 의한 천하관天下觀과 밀접한 관계를 가지면서도 서양이라는 문명권을 의식하여 생겨난 것인 이상, 점차 중국을 유일한 문명의 중심으로 삼는 중화관中華觀, 모하관慕夏觀이 상대화되기에 이르는 것은 필연적인 귀결이었다. 그 원인으로는 명청교대明淸交代에 따라 중국이 만주족의 지배 아래 놓이고 그 결과 중화의 내실을 상실한 것으로 생각되었다는 점, 이에 응하여 일본이야말로 "문명이 더욱 흥성하고 황통皇統이 끝까지 끊이지 않은", "중화문명의 땅"(山鹿素行, 『中朝事實』)이라는 관념이 생겨났다는 점 등을 들 수 있다. 일본을 중화로 간주하는 화이의식華夷意識의 출현이다.

게다가 난학蘭學과 양학洋學을 통해 서양에 관한 지식이 확대, 심화함으로써 서양의 학술이 단지 형이하의 학문으로서의 과학기술에서만 뛰어난 것이 아니라, 그 근저에 자연과 제반 인사人事에 이르기까지 사리事理를 궁구하고자 하는 궁리의 정신이 관철하고, 나아가 이러한 정신을 보급하기 위한 교육시설이 완비되어 있다는 이해가 진전됨으로써 "그 예술藝術이 정박精博하고 교教·정政이 우익고무羽翼鼓舞하는 것은 당산唐山(=중국)이 미칠 바가 아닌 듯하다"[6]라 하여 문명으로서는 중국보다 오히려 서양 쪽이 탁월하다는 견해도 나타나게 된다. 그것은 또 아시아 문명의 양대 중심이었던 중국과 인도의 문명이 정체하여 쇠퇴하고 있다

---

6 渡邊華山, 『愼機論』(1838), 『渡邊華山·橫井小南他』(日本思想大系55), 岩波書店, 1971, p.69.

는 인식과 표리일체를 이룬다. 이 점에 관하여 와타나베 가잔渡邊華山은 두 문명이 몰락하고 있는 배경에 유아독존의 세계관이 있다고 보고, "하나의 지구 안에서 당토唐土(＝중국)는 일국을 천하로 알고 인도는 지구 밖에 삼천세계三千世界가 있다 하는데 필경은 모두 공소무계空疎無稽한 식견으로, 다만 상고성인上古聖人의 덕이 눈부시게 빛난다고 할 뿐 고금변화를 알지 못한다. 급기야 괴이하게도 옛 성인이 탄생하고 문물이 흥성했던 땅이 한 나라도 남김없이 이적夷狄의 땅이 되어버렸다"[7]라고 썼다. 이 지적은 일본이 그 문명을 기리고 받아들여온 중국과 인도 이상으로 세계에는 뛰어난 문명이 있다는 것에 주의를 촉구했을 뿐만 아니라, 눈을 세계로 돌려 시시각각 변화하고 있는 정세에 대응해 나가지 못하는 한, 제 아무리 옛 성인이 탄생한 땅으로서 강성을 자랑하는 문명이라 할지라도 '이적의 땅'으로 바뀌는 운명을 면치 못할 것이라는 역사관도 함께 시사하고 있으며, 그것은 일본에 대한 경계警戒가 되기도 했다. 그리고 인도에 관해서는 이미 무굴제국의 통치를 받고 있다고 말하는데, 여기에서는 일찍이 불교의 세계관 속에서 일본이 변방의 비루한 땅에 있는, 조알갱이를 뿌려놓은 듯한 소국으로 간주되었던 것에 대한 반발을 함께 읽을 수 있다. 예컨대 야마무라의 『정정증역채람이언』의 일본에 관한 안문按文을 보면 다음과 같다.

우리나라는 고래로 부처의 설을 받아들여 조알갱이를 뿌려놓은 듯한 변방[粟散邊土]의 소국으로 부름으로써 자신이 자신의 본국을 천시함은 몹시 어리석은 짓이라고 말하지 않을 수 없다. 저 부처의 나라는 옛날에는 그리

---

[7] 渡邊華山,『外國事情書』(1839), 위의 책, p.51.

스에 패해 제왕이 포로가 되었었고, 지금은 무굴에 병탄되어 회회교(＝이슬람교)의 나라가 되었으니, 어찌 우리 만고불역(萬古不易) 신령전통(神靈傳統)의 제국과 함께 논할 수 있겠는가.[8]

결국 국토의 넓고 좁음보다도 독립한 국가로서 존속하는지 여부가 나라의 우열을 결정짓는다는 인식이 일찌감치 여기에 나타나 있으며, 이 기축 또한 일본인의 아시아 인식을 그 후에도 크게 규정하게 된다.

그렇지만 이러한 인식이 확산되고 있었다고는 해도, 화華와 이夷를 변별하는 기준이 학술·종교 특히 도의적 예의 질서에 있다고 말하는 문명이라는 기축을 취하는 한에서는 아시아＝동양은 여전히 화華일 수 있었다. 사토 노부히로佐藤信淵는 "아시아 대주大州는 국토를 최초로 열었고 많은 성현이 강탄降誕했으며 예악형정禮樂刑政 또한 번성한 곳이 많다. (…중략…) 아시아인은 예禮를 배우고 의義를 행했으며, 각자 확연하게 그 경계를 지켰고, 타국을 침벌侵伐하거나 타인의 물건을 빼앗아 취하려는 생각이 적었다"[9](『存華挫狄論』)라고 서술하여 아시아를 문명으로서의 동일성 때문에 경역화할 수 있는 것으로 보았던 것이다. 이에 비해 "구라파주의 사람들은 이利를 좋아하고 욕欲을 제멋대로 부리며, 속여 빼앗으려는 생각에 깊이 빠져 끝없이 남의 것을 탐하여 자신의 배를 불린다. (…중략…) 어떤 나라의 무비武備가 약한 것을 간파하면 즉시 습격하여 취한다"는 정략을 갖고 동양을 침구侵寇해오는 이적夷狄에 다름 아니라고 간주하고 있었다. 이러한 관점에서 노부히로는 청조의 존속을 일본의 국책으로 삼고, 그럼으로써 "영국 오랑캐를 정벌하여 크게 무찔러 빼앗

---

8   山村昌永(才助), 『訂正增譯采覽異言』卷10, 『訂正增譯采覽異言』下(影印版), 靑史社, 1979, p.1059.
9   이하 佐藤信淵의 저작의 인용은 鴨田惠吉 編, 『佐藤信淵選集』(讀書新報社出版部, 1943)을 따른다.

긴 땅을 모두 회복하고 엄하게 이들을 내쫓아 동양에서 그 흔적을 없애 [중국을—옮긴이] 우리나라의 서쪽 병풍이 되게 할"것을 기대했던 것이다. 다만, 노부히로는 만청滿淸 또한 세계의 대국으로서 무력까지 갖춘다면 타국을 침벌할 이적이 될 수 있을 것으로 보았으며, 화華로서의 동양 내부에서는 파워 폴리틱스power politics의 원리가 작동하는 것으로 보고 있었다. 이러한 인식 아래 "다른 나라를 경략하는 방법은 약해서 취하기 쉬운 곳부터 시작하는 것이다. 지금 세계 만국 중에서 황국皇國(=일본)이 공략해서 쉽게 취할 수 있는 땅 가운데 지나국의 만주만한 곳이 없다"는 중국경략론中國經略論을 전개했던 것이다.

이처럼 서양의 아시아 침구라는 현실 앞에서 가르침이 있고 도리가 있는 윤리적 존재로 동양을 경역화하고 그것 자체를 지켜야 할 가치로 강하게 의식할 때, 일본의 존망에 관한 위기감도 덩달아 강해졌던 것이다. 특히 "무명의 장수는 반드시 패한다"는 명분론에 의한 확신에도 불구하고, 영국이 아편전쟁에서 승리함으로써 동아시아 세계가 전제로 삼아왔던 일통수상一統垂裳의 계층적 화이천하관은 전복되었고 중국중화관도 붕괴하고 있었다. 그리고 그것은, 1862년 상하이로 건너간 다카스기 신사쿠高杉晉作의 관찰에 따르면, "지나는 고루해서 자멸"(『遊淸餘話』) 한 것이나 다름없었다. 일본이 중국과 같은 길을 밟지 않고 자멸을 피하기 위해서는, 그리고 유교에 의해 동양의 동일성을 보호 유지해 나가기 위해서는, 고루를 벗고 서양의 문명으로서의 장점을 받아들이는 것이 초미의 과제가 되었다. 이리하여 "지나는 일본과 순치脣齒의 나라이고, 그 전철轉轍이 눈앞에 있어 이미 이빨이 시린데, 앉아서 수수방관하고 있을 때가 아니다. 지금 여기에서 천덕天德을 따르고 성교聖教에 의거하여 만국의 정상情狀을 살펴서 이용후생으로 크게 경륜의 길을 열고 정교

政教를 일신하여 부국강병으로 오로지 외국의 수모를 막기를 바란다. 굳이 양풍洋風을 숭상함에 있지 않다"[10]라는 말에서 볼 수 있듯, 동양으로서 문명의 일체성은 유지하면서 서양문명에서 모범적인 사례를 채택할 필요성이 제기된다.

유교를 근저에 두면서도 만국의 정상을 살펴 정교의 일신을 도모해야 한다는 이 주장은 교학敎學을 기둥으로 하는 문명기축에 의해 서양과 동양을 나누는 인식이 상대화되고 세계라는 장에서 문명이 일원적으로 포착되는 지향성을 보인다. 이 점은 사쿠마 쇼잔佐久間象山의 "동양의 도덕, 서양의 기술"에 관해서도 타당하다. 이 말에 관해서는 이미 인용한 아라이 하쿠세키의 학문관과 마찬가지로 동양과 서양의 문명적 가치를 정신과 물질에 할당하여 대립적으로 포착하고, 동양의 윤리적 우월성을 과시한 것으로 오해되기 쉽다. 그러나 쇼잔의 진의가 그렇지 않다는 것은 "동양의 도덕과 서양의 예술(=기술)의 정조精粗를 가리지 않고 그 표리를 함께 갖춤으로써 민물民物을 윤택하게 하고 국은國恩에 보답한다"[11]라 하여 두 문명의 정화精華를 함께 섭취할 것을 요구하고 있는 것을 보아도 분명하게 알 수 있을 것이다.

확실히 서양문명은 그 탁월한 과학기술의 힘을 빌려 타국의 영토를 빼앗고 잠식하는, 승냥이나 이리처럼 이적夷狄으로서의 존재이다. 그러나 동시에 그 과학기술로 세계에서 가장 뛰어난 군사력·경제력을 자랑하고 있다. 그뿐만 아니라 만국공법에 의해 각국이 대등한 입장에서

---

10 橫井小南, 『國是三論』(1860). 『渡邊華山·橫井小南他』(日本思想大系55), 岩波書店, 1971, p.450.

11 佐久間象山, 『省諐錄』(1854). 위의 책, p.244. 아울러 幕末 화이관과 대외관의 轉回에 관해서는 植手通有, 『日本近代思想の形成』(岩波書店, 1974) 참조 또 서양의 문명적 달성을 '中華'라는 개념으로 포착함으로써 문명의 지리적 상대화를 모색한 사상적 흐름에 관해서는 渡邊浩, 「'進步'と'中華」(『東アジアの王權と思想』, 東京大學出版會, 1997 所收)의 예리한 분석 참조

다원적인 국제 질서를 구성하는 만국병립萬國竝立을 내세우는 문명으로서의 존재이기도 했다. 그리고 이적으로서의 서양을 쫓아버리는 양이攘夷를 달성할 수 없었던 일본은 문명으로서의 서양을 수용하여 베스트팔렌 체계라 일컬어지는 주권국가 체계에 가담하는 길을 선택하지 않을 수 없었다. 개국開國이다.

그렇지만 나라를 여는 것이 곧 국제법의 주체로서 서양 제국과 대등한 권리의무 관계를 갖는 당사자 능력을 부여받는다는 것을 의미하지는 않았다. 국제법이 상호주의를 전제로 하고 있는 한, 그 주체가 되기 위해서는 국제법에 따른 약속을 받아들일 만큼 안정되어 있는지 여부, 다시 말해 외국인의 생명, 자유, 재산을 충분히 보호할 용의가 있는지 여부와 같은 요건이 국제표준minimum standard 내지 문명국 표준으로서 요구되었기 때문이다. 물론 문명국 표준이라 말할 때 문명국이란 원래 기독교 문명, 유럽 문명을 가리키는 것이었다. 다만 19세기 후반에는 투르크와 중국 등 분명히 기독교적 문명국이라고는 말할 수 없는 국가가 국제법의 적용 아래 들어옴으로써 국제법의 주체로서의 자격요건인 문명에서 종교적·지역적 요소가 줄어들게 되었다.

이리하여 문명적으로 이질적인 정치사회를 포함하여 유럽 기원의 국가체계에 의해 국제사회가 구성되는 시스템이 점차 확대되자 구미의 국제법이 전 세계의 모든 정치사회에 적용되어야 할 법으로서의 우월성을 지니는 것으로 간주되었다. 그리고 이는 동시에 그 국제법의 모체가 된 문명이 —복수의 문명의 존재를 용인하면서도— 가장 탁월한 문명으로서 세계적으로 수용되어야 할 보편성과 규범성을 갖고 보급되고 있었다는 것을 보여준다. 그러한 문명국의 규준에 도달하지 못하는 이상, 선점한 법리法理나 편무적片務的인 영사재판권, 협정관세율을 강요받은 비구미非歐美 제국에게 구미 제국의 문명의 단계에 도달하는 것이 완전한 주권국가로서 독립을 보증하는 조건이 되었다.

이러한 국제환경 속에서 불평등조약의 개정을 제일의 국가목표로 삼은 메이지 정부에게 문명개화는 국시國是로서 실현하지 않으면 안 되는 과제로 떠올랐다. 문명개화는 결코 단순한 풍속개량이나 생활양식의 서구화라는 차원의 문제를 뛰어넘어 국제법상의 요청이기도 했으며, 독립을 위한 필수적인 조건이기도 했던 것이다.

1865년 『당인왕래唐人往來』에서 시작하여 『서양사정』, 『장중만국일람掌中萬國一覽』 등을 통하여 서양문명의 소개와 그 정신의 도입에 부심했던 후쿠자와 유키치福澤諭吉가 그의 문명론의 결정판이라 할 수 있는 『문명론의 개략』의 마지막 장 「자국의 독립을 논한다」에서 "독립을 지키는 방법은 문명 외에 달리 구할 수 없다. 지금 일본인들을 문명으로 나아가게 하는 것은 이 나라의 독립을 위해서일 따름이다. 따라서 일본의 목적은 독립이고, 국민의 문명은 이 목표에 도달하기 위한 수단이다"[12]라고 단언한 것은 문명국 표준 아래에서 문명과 독립이 지닌 긴밀한 관련성을 상징적으로 보여주는 것이라 할 수 있다.

그렇다면 이러한 조건에 따라 구성되는 국제사회에 일본이 참여하게 되는 과정에서 아시아는 어떤 경역으로 인식되기에 이를까.

여기에서 가장 먼저 나타난 것은 문명이라는 사상기축과 함께 다른 공간에 존재하는 사회나 인간 상태를 시간적인 전후관계로 치환하고, 거기에 존재하는 다양성을 문명화 단계의 도달 정도의 차이로 배열한다는 세계의 파악 방법이다. 이 견해는 16세기에 시작된 유럽의 대발견시

---

12 福澤諭吉, 松澤弘陽 校注, 『文明論之槪略』(1875), 岩波文庫, 1995, p.297.

대에 의한, 이질적인 공간에 대한 인식의 확대와 그것에 이어지는 고고학과 고대사회 연구의 심화, 자연사적·박물지적 식견의 축적과 생물진화론의 제창 등에 따라 초래된 것인데, 구미사회는 인류 진보의 정점에 위치하고 다른 사회는 그 이전의 뒤처진 단계에 있는 것으로 보는 세계인식이었다. 확실히 그것은 유럽 중심, 구미 중심의 세계인식이었지만, 그 인식의 구조 자체는 예禮 내지 덕德이라는 문명기축에 의해 천하를 중화中華―제하諸夏―사이四夷의 문명단계 차이로 보는 화이질서관과 대단히 근사한 것이었다. 더욱이 일통수상一統垂裳의 중화관과 달리 문명화에 의해 그 단계를 높일 수 있는 것으로 간주되었기 때문에 일본인이 이 세계인식을 쉽게 받아들일 수 있었다고 말할 수 있을 것이다.

어느 쪽이든 구미 제국을 문명국으로 하고 다른 사회를 미개나 야만과 같은 문명 격차를 지닌 경역으로 나누는 이러한 인식틀은 그 후 미개나 야만이 후진국(지역), 저개발국, 발전도상국 등으로 다양하게 바꿔 말해지면서 오늘날까지 유효성을 잃지 않고 있다. 이러한 세계인식의 기준이 되는 문명 그 자체는 구미문명으로서 실체적인 것이기도 했지만, 구미문명이 유동流動하는 것이고 그것과의 격차에 따라 측정된다는 점에서는 상대적인 것이었다. 그러나 동일한 기준에 따라 세계의 지역의 차이를 문명단계의 차이로 바꿔놓음으로써 일단 문명은 일원화되고, 아시아의 여러 문명들도 미개나 야만으로 배정되기에 이르렀다. 이와 같은 문명론에 따른 세계인식을 퍼뜨리는 데 중요한 역할을 한 후쿠자와 유키치의 『당인왕래』(1865)에 따르면, "세계 제일의 상국上國" 북아메리카나 "안락하고 나라가 강한" 유럽에 비하여 아시아는 "개혁이 뒤처진 나라"이고, 천 년, 이천 년 동안 구태의연하게 정체된 지역으로 간주된다. 자국의 독립을 눈앞의 지상과제로 설정하고 바로 이를 위해 일본의 문명화를 스스로의 사명으로 삼았던 후쿠자와가, "개혁이 뒤처진 나라"라는 아시아의 통폐通弊야말로 무엇보다 먼저 도려내지 않으면 안 될 누습陋習으로 통감하고 있었을 것이라는 점은 그리 어렵지 않게 상상할 수 있다. 아니, 여기에서 말하는 아시아란 다름 아닌 일본을 가리키는 것이었는지도 모르지만, 후쿠자와는 현재 개혁을 게을리 한 사례로 청국을 들고, 『세계국진世界國盡』(1869)에서는 "문명개화에 뒤처져 풍속이 점차 쇠퇴하고, 덕을 닦지 않고 지知를 연마하지 않은 채 우리 외에는 사람이 없다 하여 세간世間을 알지 못한 채 속편하게 지내고 있다. 폭군과 오리汚吏들이 제멋대로 아랫사람을 짓눌러 그 악정惡政이 천벌을 면하기 어려울 정도이다. (…중략…) 이런 것을 징치하지 못하는 무지한 백성, 특별한 이유도 없이 함부로 전쟁을 벌이고, 약한 병사들은 싸움에서 거듭 패해 오늘날과 같은 상황에 이르렀으니 그 모습 참으로 가련하다"[13]라고 해설하고 있다. 여기에서 후쿠자와는 1841년 이후의 대영전쟁對英戰爭에서 청국이 패배한 원인을 '문명개화에 뒤처짐'에서 찾고 있는데, 이는 바꿔 말하면 "덕을 닦고 지를 연마하여 우리 외의 사람들을 거울 삼아 양속良俗을 지킴"으로써 문명개화의 목표인 독립을 유지할 수 있다는 얘기일 것이다. 그러한 의도를 가리고서 표면적인 의미만을 미루어보면, 이러한 중국문명정체론이 앞에서 본 와타나베 가잔의 중국·인도 인식과 궤를 함께하고 있으며, 이는 쉽게 중국·인도 멸시론으로 전화한다는 것도 부정할 수 없다. 적어도 문명의 다원성을 인정하지 않고 선진-후진이라는 선적線的인 기준으로 측정하는 한 뒤처짐이나 정체는 역시 부정적인 가치로 간주되지 않을 수 없다. 그 때문에 『장중만국일람』(1869)에

---

13 福澤諭吉, 『世界國盡』, 『福澤諭吉全集』 第2卷, pp.594~595.

서도 중국, 터키, 페르시아 등의 인민은 "그 인정은 외국인을 꺼리고 부인을 경멸하며 어리고 약한 자를 업신여기는 풍습"이 있는 "미개의 민民"으로서 포착되기에 이른다. 그리고 『문명론의 개략』에서는 다음과 같은 정식화가 이루어진다.

> 지금 세계의 문명을 논할 때 구라파 제국 및 아메리카합중국을 최상의 문명국으로 간주하고, 터키, 중국, 일본 등 아시아의 제국을 반개국(半開國)이라 칭하며, 아프리카 및 오스트레일리아 등을 가리켜 야만국이라 하는데, 이런 명칭은 세계에서 널리 통용되고 있다. 서양 제국의 인민은 혼자 스스로 문명을 자랑할 뿐만 아니라, 저 반개와 야만에 속한 인민도 스스로 이 명칭을 그대로 받아들이고 반개·야만이라는 이름에 안주하여 감히 자국의 모습을 내세워 서양 제국의 오른쪽에 나서려고 생각하는 자가 없다.[14]

그러나 이러한 단정과 동시에 후쿠자와가 강조한 것은 "야만은 반개로 나아가고 반개는 문명으로 나아가며 문명도 지금 바로 진보하고 있는 중"[15]이라는 문명 발전의 가능성이었다. 이 생각에 따르면 반개에 속한 아시아의 여러 나라들도 첫째 전국의 인심에 문명의 정신을 불어넣고, 둘째 정령政令과 법률을 고치며, 셋째 의식주 등 유형의 사물을 개량하는 세 단계를 거쳐 서양 제국에서와 같은 문명의 영역에 도달할 수 있을 터였다.

---

14 福澤諭吉, 松澤弘陽 校注, 앞의 책, pp.25~26.
15 위의 책, p.29. 또, 후쿠자와의 문명론의 複層性 그 자체의 해석과 현실에서 새로운 문명을 어떻게 창출하고자 했는가라는 문제 등에 관해서는 현재까지 많은 논점이 제기되었는데, 이와 관련해서는 松澤弘陽, 『近代日本の形成と西洋體驗』(岩波書店, 1993) 제5장이 가장 상세하다. 참조하기 바란다.

그리고 또 이와 같은 단선적인 문명화의 이념을 끝까지 밀고 나가다 보면 유럽이나 아시아라는 구분 자체가 의미를 갖지 못하게 될 것이며, 오히려 아시아 안에서의 문명차이가 문제로 떠오를 터였다. 후쿠자와에게 문명이라는 개념이 유럽에 대한 아시아라는 인식을 위한 기축이라기보다 아시아 안에서 일본의 문명화와 기타 지역과의 차이를 인식하기 위한 기축으로서 기능하고 있었다는 것도 이 때문이었다.

후쿠자와는 『문명론의 개략』과 거의 같은 시기에 발표한 논설에서 조선에 관하여 "아시아주 안의 일개 야만국에 지나지 않고, 그 학문도 취할 게 없으며, 그 병력도 두려워할 만하지 않을 뿐만 아니라, 가령 저들이 찾아와 우리 속국이 된다 해도 이 역시 기뻐할 게 못 된다"[16]라고 하여, 피아의 문명의 격절을 이유로 조선과의 교섭이 무익하다고 단정했던 것이다.

그리고 1881년에 발표한 『시사소언』[17]에는 구미 열강의 침략에 대항하는 아시아로서의 위상을 의식하면서도 그 중에서 "페르시아, 조선 등은 도저히 믿을 만하지 않다. 그렇다면 아시아에서 가장 큰 지나에 기댈 것인가. 우리들이 사실에 입각하여 단정하건대 지나 역시 믿을 만하지 않다"라는 판단이 보인다. 왜냐하면 중국이 서양과 교류를 시작한 지 거의 백 년이 되어간다고 하는데도 "그 개진의 완만지둔緩慢遲鈍함에 실로 놀라지 않을 수 없는" 형편이기 때문이다.

그리하여 "그런즉 지금 동양의 열국 중에서 문명의 중심이 되어 앞장서서 서양 제국을 당할 자가 일본 국민 말고 누가 있겠는가. 아시아 동

---

16 福澤諭吉, 「亞細亞諸國との和戰は我榮辱に關するなきの說」(『郵便報知新聞』, 1879.10.7), 『福澤諭吉全集』 第20卷, pp.148~149.
17 아래 『時事小言』의 인용은 『福澤諭吉全集』 第5卷, p.95 이하에 의거한다.

방의 보호는 우리의 책임이라고 각오해야 할 것이다. (…중략…) 무武로 이를 보호하고 문文으로 이를 이끌어 속히 우리의 사례를 본받아 가까운 시일 안에 문명의 길에 들어서게 하지 않으면 안 된다. 또는 부득이한 경우에는 힘으로 진보를 협박할 수도 있다"는 입장이 도출된다. 아시아에서 독립을 유지하기 위해서는 "동양 제국 특히 우리의 이웃인 지나와 조선"의 문명화가 불가결하고, 그러기 위해서는 힘으로 협박할 필요도 있다 하여 '문명'의 이름으로 내정간섭까지 권유했던 것이다. 이후 일본은 "동양문명의 우두머리", "아시아 동방의 두목이자 맹주"로서 중국과 조선을 문명화하는 국민적 사명을 짊어지게 되는데, 일본이 체현하는 문명이란 결코 동아시아 세계에서 전통적으로 형성된 것이 아니라 어디까지나 그것에서 탈각함으로써 획득될 수 있는 것이었다. 바꿔 말하면 문명적으로 비非아시아화함으로써 일본은 동양문명의 우두머리가 될 수 있다는 주장인 셈이다. 그러나 그것은 중국이나 조선의 입장에서 보면 일본이 서양문명에 동화되어 양이洋夷와 동질적인 왜이倭夷로 바뀐 것을 의미할 따름이었다.

그런데 일본의 입장에서 보자면 서양문명에 동화함으로써 중국문명의 변경이라는 위치를 서양문명의 최전선으로 역전시켜 동양문명의 우두머리로 자기를 규정할 수 있었던 것이다. 이런 자세를 취하는 한, 중국이나 조선이 일본과 동일한 보조를 취하지 않을 경우에는 "오히려 그 대열에서 벗어나 서양의 문명국과 진퇴를 함께하고, 지나와 조선을 대하는 방식도 이웃나라라 하여 특별히 봐줄 것이 아니라 서양인이 이들을 대하는 것과 같은 방식에 따라서 처분할 따름"[18]이라는 '탈아론'으로

---

18 福澤諭吉, 「脱亞論」(『時事新報』, 1885.3.16), 『福澤諭吉全集』第10卷, p.240.

귀결되기도 하고, 조선 파병 문제를 논의할 경우에는 "우리의 정략政略은 문명개진文明改進의 정략이므로 그 병사 역시 문명개진의 병사"[19]로 간주되며, 청일 간의 개전開戰은 "전쟁은 일청 양국 사이에서 일어난 것이라 해도 그 근원을 살펴보면 문명개화의 진보를 모색하는 자와 그것을 방해하려 하는 자의 싸움이지 결코 두 나라의 다툼이 아닌"[20] 것으로 정당화된다.

후쿠자와뿐만 아니라 청일전쟁과 관련해서는 문명을 정당화의 근거로 삼는 논의가 적지 않았다. 구가 가쓰난陸羯南은 청국을 "동양의 일대 야만국에 지나지 않는다"고 단정하고 "우리 군대의 승패는 곧 문명의 승패"[21]라 했으며, 우치무라 간조內村鑑三는 "신문명을 대표하는 소국"과 "구문명을 대표하는 대국"의 "의전義戰"이라 했고,[22] 무쓰 무네미쓰陸奧宗光도 "표면적인 쟁론이 어떠한 형태를 띠든 그 싸움의 원인은 반드시 서구적 신문명과 동아적 구문명의 충돌"[23]이라 적었다. 그리고 다케코시 요사부로竹越與三郎도 단호하게 "우리는 동양에 대하여 문명을 선전할 천직을 갖고 있다. 동양에 대하여 문명을 선전하고자 한다면 무엇보다 먼저 청국을 향하여 문명을 선전하지 않으면 안 된다"[24]라고 하여 전쟁에 의한 문명 선포의 필요성을 강조했다.

이러한 논조의 밑바탕에는, 아시아의 지도자가 되기 위해서는 동양

---

19 福澤諭吉, 「朝鮮政略」(『時事新報』, 1882.8.2~4), 『福澤諭吉全集』 第8卷, p.259.
20 福澤諭吉, 「日清の戰爭は文野の戰爭なり」(『時事新報』, 1894.7.29), 『福澤諭吉全集』 第14卷, p.491
21 陸羯南, 「征蠻の王師」(1894.8.6), 西田長壽・植手通有 編, 『陸羯南全集』 第4卷, みすず書房, 1968~1985, p.579.
22 內村鑑三, 「世界歷史に徵して日支の關係を論ず」(『國民新報』, 1894.7.27), 鈴木俊郎外 編, 『內村鑑三全集』 第3卷, 岩波書店, 1980~1984, pp.30~37.
23 陸奧宗光, 中塚明 校注, 『蹇蹇錄』, 新訂岩波文庫版, p.59.
24 竹越與三郎, 「兵火に非ずんば文明を淸國に傳ふる能はず」, 『支那論』, 民友社, 1894, pp.89~90.

의 풍속과 습관에 대해 깊이 이해하고 있어야 하며 동시에 서양문명의 정신을 체현하고 있어야 하는데, 구미인은 전자를, 중국인은 후자를 결여하고 있는 데 비해 일본은 "양자를 함께 갖추고 동양의 풍교風敎에서 생장하여 동서문명의 충돌에 의해 촉발되는 혁명의 경략經略을 이미 한 차례 실천한 용자勇者"[25]로서 최적임자라는, 세계문명에 대한 일본의 자기인식이 자리 잡고 있었다. 바로 여기에서 일본이 단순히 동양에 대해서는 서양문명의 선포자가 되고 서양에 대해서는 동양문명의 대표자로서 기능할 뿐만 아니라, 나아가 일본이 동양문명과 서양문명을 조화하여 신문명의 창조자가 되지 않으면 안 된다는 새로운 문명론이 싹을 틔우게 된다. 하지만 이러한 문명론의 전개는 어디까지나 일본 사회가 서구화로서의 문명화를 수행한 경위에 기초하는 것이지, 아시아 사회의 일원으로서 문명을 보존하고 유지하는 실천에 기초하는 것이 아니라는 것은 말할 필요도 없다.

더욱이 청일전쟁을 수행하기 위해 신구 문명의 투쟁이라는 논리를 내세울 수밖에 없었다 해도, 그 승리의 기쁨이 지난 후에는 일본의 문명 선택에 관한 막연한 불안이 일본인을 엄습한 것도 부정할 수 없을 것이다. 그것은 단지 삼국간섭에 따른 굴욕감뿐만이 아니었다. 확실히 청일전쟁에서 승리함으로써 그때까지 "구주문명의 사물은 전적으로 구주 인종의 전유물이고 구주 이외의 국민은 그 진미를 맛볼 수가 없을 것이라고 억측했던"[26] 구미인에게도, 처음으로 "기독교 국가 이외의 국토에서는 구주적 문명이 생식生息할 수 없을 것이라는 미몽을 일깨우고 (…중략…) 우리 국민 일반이 구주적 문명을 채용하여 이것을 활동하게 할

---

25 「亞細亞經綸策」, 『日本人』 第45號, 1890.4.18, p.7.
26 陸奧宗光, 『蹇蹇錄』 新訂岩波文庫版, p.176.

능력을 가지고 있음을 보여준" 것은 일본 국민으로서 통쾌한 일이었음에 틀림없다.

그렇지만 사실대로 말하자면 일본인은 일찍이 구주인이 과소평가한 것처럼 구주적 문명을 채용할 능력이 없는 것도 아니며, 지금 그들이 과대평가하는 것처럼 과연 그 문명의 지극한 지경까지 나아갈 수 있을지도 의문이다. 요컨대 일본인은 어느 정도까지는 구주적 문명을 채용할 수 있겠지만 그 정도 이상으로 진보할 수는 없지 않을까. 이것은 장래의 문제에 속한다. (…중략…) 지금 일본인은 세계 열국으로부터 적잖이 감탄과 찬사를 듣고 있다. 과연 앞으로 자기의 진가를 발휘할 수 있을까. 이 역시 훗날의 문제에 속한다.

이렇듯 복잡한 흉중을 토로한 인물이 바로 청일전쟁의 역사적 의의를 "서구적 신문명과 동아적 구문명의 충돌"로 자리매김하고, 외무대신으로서 외교의 핵심에 있었던 무쓰 무네미쓰였다. 비기독교 국민이면서 '구주적 문명'을 채용하고 국제법을 준수하여 청일전쟁을 승리로 이끌었다는 자부심, 그러나 그것은 그때까지 진행되어온 문명화의 양상과 장래 일본인의 아이덴티티에 대한 깊은 회의를 동반하지 않을 수 없었다. '구주적 문명'은 인류의 정신과 과학기술 발달의 최전선을 가리키고 있는 동시에 이를 달성하는 과정은 비서구 세계에 대하여 식민지화를 강요해야 하는 과정이기도 하다. 이런 양면성을 딛고 일본은 어떤 길을 선택할 것인가. 무쓰 무네미쓰는 그 선택에 일본의 장래 운명이 달려 있다는 것을 그의 뛰어난 국제감각으로 알아챘던 것이다. 그러나 동시에 정치가로서 그는 일본의 존속을 첫 번째 과제로 삼는 한 '구주적 문명'을 기준으로 하여 외교정책을 설정하지 않으면 안 된다는 점도 잘 알고 있었다.

이에 대해 일본인이 직면한 모순된 입장과 일본인에 대한 구미인의 평가를 충분히 고려한 다음, 타자의 평가에 현혹되지 않고서 아시아의 존재이유란 무엇인가라는 물음을 스스로에게 제기하고 그 속에서 일본의 위치를 문명이라는 기축에 의해 다시 묻고자 한 사람이 오카쿠라 덴신岡倉天心이었다.

> 서양인은 일본이 평화롭게 온후한 문예에 열중하고 있을 때에는 야만국으로 간주했다. 그러나 일본이 만주의 전장에서 대살육을 범하고 나서야 비로소 문명국이라 부르고 있다.[27]

이처럼 역사의 역설을 꿰뚫는 문장이 쓰인 것은 러일전쟁 직후의 일이다. 여기에는 일본이 서양과 일체화한 것을 문명이라고 부르면서 농락해버리는 구미인의 교지狡智에 대한 분노와 함께, 그런 부추김에 흔들려 이미 되돌릴 수 없는 지점까지 발을 내딛고 만 것에 대한 애석함의 여운마저 떠돌고 있는 것처럼 보인다. 확실히 이 전승戰勝에 의해 일본은 이른바 아시아에서 구미와 어깨를 나란히 할 만한 유일한 나라로서 자부심을 얻었고, 국력에 대해서는 구미나 아시아의 각 민족보다 한 수위에 있는 존재가 되어 있었다. 그러나 오카쿠라 덴신에 따르면 그것은 아시아 문명 속에서 자라온 일본으로서는 자기상실에 의해 획득된 것

---

27 岡倉天心, 『茶の本』(1906), 隈元謙次郎 外 編, 『岡倉天心全集』 第1卷, 平凡社, 1979~1981, p.267. 이하 오카쿠라 덴신의 저작에서 인용하는 경우 혼란을 피하기 위해 개별 저작과 전집을 병기하고, 전집은 제목만 표기한다.

이고, 서양문명이 지닌 문명과 야만의 양면성에 휘둘리고 있는 것에 지나지 않았다. 그리고 그럼으로써 문명이라는 이름 아래 아시아를 적대시하는 존재가 되고 말았다. 오카쿠라 덴신이 근대 일본이 도달한 위치를 그렇게 파악했다는 것은 "우리들은 아시아 문명 대신 유럽 문명과 일체화하는 데 열심이었기 때문에 아시아의 이웃 나라들은 우리를 개종자改宗者, 아니 '백화白禍' 그 자체의 권화權化로까지 간주할 정도"[28]라는 진술을 보아도 명확할 터이다.

아마도 오카쿠라 덴신의 마음을 채우고 있었던 것은 아시아의 해방자로서의 일본에 대한 희망이 아니었을 것이다. 그의 눈에는 이미 아시아와 굴욕을 함께하지 않고 오히려 아시아에 굴욕을 주는 존재로 바뀌어 승리자로서 행세하기 시작한 일본의 오만방자한 모습만이 비칠 따름이었다. 그것은 결국 일본이 아시아도 아니고 유럽은 더더욱 아닌, 모든 것을 상실하고서 아무것도 아닌 그 무엇으로 굴러떨어지고 말 것이라는 두려움과 절망의 상념이 아니었을까.

그렇다면 어떻게 그런 지경에서 벗어나 일본의 고유한 자기회복을 모색해야 할까. 이에 대해 오카쿠라 덴신은 이렇게 답한다. "만약 우리 나라가 문명국이 되기 위해 소름끼치는 전쟁의 영광에 기댈 수밖에 없다면 우리는 기꺼이 야만인이 되어야 할 것이다."[29]

서양이 내세우는 문명보다도 야만으로 남는 것이야말로 아시아에 있어서 문명으로서 바람직하다는 이러한 사고방식은, "짓밟힌 동양의 입장에서 볼 때 유럽의 영광은 아시아의 굴욕 이외의 것이 아니었다"[30]라

---

28 岡倉天心, 『日本の覺醒』(1904), 『岡倉天心全集』 第1卷, p.212.
29 岡倉天心, 『茶の本』, 『岡倉天心全集』 第1卷, p.268.
30 岡倉天心, 『日本の覺醒』, 『岡倉天心全集』 第1卷, p.212.

는 오카쿠라 덴신의 저명한 테제에 그대로 이어진다. 그리고 이 지점에서 『동양의 이상』 첫 문장에서 밝힌 대로 "아시아는 하나다"라는 단안도 생겨난다. 아시아가 사실로서나 문명으로서나 결코 하나가 아니라는 것은 그 자신이 분명히 말하고 있는 바와 같다. 그럼에도 불구하고 왜 하나인 것일까. 그것은 아시아가 서양과는 다른 문명원리를 가지고 있으며 억압으로부터 해방되어야 할 과제를 안고 있다는 운명에 있어서 하나이고, 또는 다종다양한 이질적인 존재가 모두 똑같이 귀하게 취급되어야 한다는 불이일원不二一元의 사상을 존중한다는 점에서 하나라는 것이었다. 나아가 과학·기술이나 부와 국력 등과는 다른 미美와 애愛를 생활의 지상가치로 존숭한다는 점에서 하나라는 것이었다.

그러나 그런 의미에서 아시아가 하나라고 해도 아시아 사람들에게 백화의 권화로 간주되기까지 하는 일본이 왜 하나인 아시아에 포함되는 것일까. 그것은 "조상으로부터 물려받은 사상, 본능을 지키고 가르쳐온 섬나라의 고립 등이 서로 맞물려 일본을 아시아의 사상과 문화라는 신탁의 참된 저장고가 되게 했기"[31] 때문이라고 그는 말한다. 『동양의 이상』이라는 저작은 '특히 일본 미술에 관하여'라는 부제가 달려 있는 것을 보아도 분명히 알 수 있듯이, 확실히 일본의 문화와 미술의 전통을 말하면서 동시에 그 연원으로서 중국과 인도 또는 유럽의 미술과 문화를 논함으로써 아시아의 문명 양식樣式을 지키고 이것을 더욱 발전시켜나갈 과제를 일본에 부여했던 것이다. 이리하여 일본은 '전全 아시아의 의식을 비추는 거울'이 되고, '일본은 아시아 문명의 박물관'으로

---

31 岡倉天心, 『東洋の理想』(1903), 『岡倉天心全集』 第1卷, p.15. 오카쿠라 덴신의 미술사 구상이 일본 사의 세계적 위치 짓기의 재편성과 관련되어 있다는 점에 대해서는 高木博志, 『近代天皇制の文化史 的硏究』(校倉書房, 1997)의 분석을 참조할 것.

규정되기에 이른다. 그리고 아시아 문명의 "이러한 복잡성 속의 통일이라고 말할 수 있는 아시아적 특성을 한층 명료하게 실현하는 작업이야말로 일본의 커다란 특권"으로 간주된다.

오카쿠라 덴신의 이러한 논의에는, 문명의 내실로서 유럽에 관해서는 과학기술과 군사력이, 아시아에 관해서는 미술과 종교가 주로 상정되는 것을 보면 알 수 있듯, 이항대립적인 편견bias이 가로놓여 있다. 그러나 미술과 종교를 중핵으로 삼음으로써 그때까지 기껏해야 동아시아에 머물러 있던 문명론의 시야는 인도 및 페르시아까지 확대된다. 무엇보다 그의 논의는 스스로 인도를 여행하면서 영국의 통치 아래에서 고뇌하는 사람들의 모습을 자신의 눈과 귀로 보고 들은 확실한 체험, 그리고 라빈드라나드 타고르Rabindranath Tagore 일가와 종교가인 스와미 비베카난다Swami Vivekananda 등과 교류한 결과물이기도 했다. 다만 과제를 명확하게 설정한 반면 아시아의 다양성을 단순화했고, 결과적으로 일본을 아시아 문명을 통일적으로 체현한 나라로 간주하는 자기평가가 생겨났다는 점도 부정할 수 없을 것이다.

그렇지만 오카쿠라 덴신에게 '아시아는 하나'라는 테제는 단지 문명 차원의 요청에 머무는 것이 아니었다. 아시아는 현실적으로 유럽에 의한 제국주의 지배에 고뇌하고 신음한다는 점에서 하나였다. 결국 아시아는 유럽이 영광을 구가하는 만큼 굴욕을 겪고 있다는 측면에서 하나로 간주되었던 것이다. 그리고 그 굴욕으로부터 벗어나는 방법을 오카쿠라 덴신은 무엇보다도 각 민족의 각성에서 찾았고, 범아시아동맹 결성이나 거기에서 일본이 맹주가 되어야 한다는 생각에는 결연히 반대하는 입장이었다.

동양의 민족은 각각 재생의 씨앗을 스스로의 내부에서 찾지 않으면 안 된다. 범아시아동맹은 그 자체가 헤아릴 수 없는 힘이겠지만, 우선 개개 민족이 자기 자신의 힘을 깨닫지 않으면 안 된다. 외국의 원조가 아무리 우호적이고 동정적이라 할지라도 여기에 조금이라도 의존하는 것은 허약함의 표현이어서 용납하기 어려우며, 우리가 착수하여 성취하고자 하는 대의(大義)에 비춰 보아도 어울리지 않는다.[32]

이처럼 오카쿠라 덴신은 굴욕을 당하고 있다는 점에서 하나인 아시아를 해방하는 것을 간절히 바라면서도, 일본의 사명은 아시아 문명의 박물관으로서 "오래된 아시아적 통일 속에서 잠자고 있는 생명을 일깨워 활력을 되살리는 것"[33] 이상이 될 수 없으며, 더구나 일본이 "조직된 교양을 배후에 거느린 유럽의 과학 — 정연하게 배열된 각 분과의 지식을 체계화하여 경쟁적인 에너지의 칼날을 벼린 과학"[34]으로서의 문명을 아시아에 선포하는 일 따위는 있을 수 없다고 했던 것이다. 그러나 동양에서 서양문명의 우두머리이자 문명의 모범생으로서 청일전쟁에서 승리하고, 나아가 동양의 신문명의 대표자로서, 서양의 구문명을 대표하는 것으로 간주되었던 러시아를 격파함으로써 일본은 구미와 아시아 쌍방에 대하여 문명이라는 관점에서 보아 특이한 지위를 차지하기에 이르렀다는 새로운 문명론이 나타나게 되었다. 동서문명조화론東西文明調和論이 그것이다.

다만 같은 동서문명조화론이라 해도 그것이 의미하는 바는 논자에

---

32 岡倉天心, 『東洋の覺醒』(1901~1902), 『岡倉天心全集』第1卷, p.163.
33 岡倉天心, 『東洋の理想』, 『岡倉天心全集』第1卷, pp.112~113.
34 위의 책, p.105.

따라 다르다. 예컨대 이런 논의의 유력한 창도자였던 오쿠마 시게노부大隈重信에 따르면, 아시아에서 발원한 문명 중 하나는 동쪽으로 향하여 일본에 이르고, 다른 하나는 서쪽으로 향하여 유럽과 아메리카로 건너갔다. 이 두 문명이 "일본에서 딱 만났다. 즉 모든 문명은 세계를 한 바퀴 돌아 일본에서 처음으로 접촉했다. (…중략…) 지금은 바로 동서의 문명이 접촉하여 충돌하고 있는 시대이다. 이 충돌은 조만간 조화로 귀결될 것임에 틀림없다. 일본에서는 이미 조화를 이루었다".[35] 다시 말해 문명이전설文明移轉說에 기초하여 일본에서 동서 문명이 조화를 이루었다는 것이다. 그러나 그것을 어떤 사실에 근거하여 논증할 수 있는가에 대해서는 아무런 언급이 없다. 다만 일본에서 동서 문명이 조화를 이룸으로써 "동양에 대해서는 서양문명의 설명자가 되고 서양에 대해서는 동양문명의 대표자가 되는 편의를 얻었다. 따라서 동서의 문명을 융화시키는 데에는 거의 비할 데 없이 좋은 위치에 있는 셈이다. 이에 덧붙여 일본인에게는 백인과 달리 종교적 또는 인종적 반감이라는 것이 거의 없다"[36]는 것이 그 세계사적 의의로서 강조되고 있을 따름이다. 물론 구체적으로 서양에 대하여 동양문명의 대표자로서 어떤 행동을 할 것인지를 상정하고 있는 것은 아니다. 논의의 역점은 어디까지나 "일본은 동양의 선각자이자 대표자로서 아시아의 열등 문명에 속한 나라들을 지도하여 문명으로 나아가게 할 책임이 있다"[37]라는, 아시아에서의 행

---

35 大隈重信, 「東西文明の調和」, 『大隈伯演說集』, 早稻田大學出版部, 1907, pp.514~515.
36 大隈重信, 「東西の文明」, 『新日本』 1卷 2號, 1911.5.1, p.6.
37 大隈重信, 『經世論』, 富山房, 1912, p.38. 오쿠마 시게노부가 "아시아의 열등 문명에 속한" 나라로서 실제로 일본의 보호와 지도가 필요하다고 생각한 것은 중국이다. 그는 "지나의 이웃나라이자 인종이 비슷하고 문자가 같은 일본은 이 나라를 보호하고 그 국민을 구출할 의무와 사명을 가지고 있다. 또 이에 필요한 실력을 갖추고 있다"(渡邊幾治郎, 『大隈重信』, 昭和堂, 1958, p.219)라고 하여 같은 인종, 같은 문자를 국민적 사명의 근거로 내세웠다.

동에 있었다.

또 우치무라 간조는 지리학적 고찰에 입각하여 일본이 아메리카와 유라시아 양 대륙 사이에 있는 섬나라로서 두 문명을 태평양 상에서 이어줄 천직을 갖고 있다고 말했는데, 그것은 "석가의 나라 인도는 예속국의 치욕에 빠져 있고 공자의 나라 지나는 만주 약탈자의 점령물이 된 상황에서, 아시아의 일본에는 이미 구미적 헌법이 있어서 자유가 충군애국과 병립할 수 있다는 예증을 세계에 보여줬다"[38]고 판단했기 때문이었다. 우치무라는 일본의 지리적 위치는 아시아에 속하지만 사회구조는 유럽적이라고 보았고, 일본에서 만난 두 문명의 "배합에 의해 배태될 신문명은 우리를 넘어 동양과 서양으로 뻗어나갈 것"을 기대했던 것이다.

이와 같이 동서문명조화론은 두 문명이 일본에서 어떻게 조화를 이루고 또 어떻게 보급해 갈 것인가에 관한 구체적 논증은 결여하고 있었으며, 그 주장이 겨냥한 것은 아시아에서 일본의 주도권을 정당화하기 위한 변증이라는 점에서 기본적으로 다르지 않았다. 그것은 대아시아주의라는 제목 아래 장장 1,300쪽에 달하는 책을 간행한 고데라 겐키치小寺謙吉가 일본의 선각적 의의를 "구라파의 문명을 아시아 땅에서 여과하여 동양이 소화하기에 적절하지 않은 잡다한 부분을 제거한, 일종의 조화로운 문명을 갖는다는 뜻이며, 지나의 개조에 필요한 것은 이것

---

38 内村鑑三, 『地理學考』, 鈴木俊郎外 編, 『內村鑑三全集』 第2卷, 岩波書店, 1980〜1984, p.468. 우치무라가 일본만이 동서 양 문명으로부터 신문명을 창조할 수 있다고 한 배경에는 "지나인은 홍수 이전의 문명을 금일까지 보존해온 것 외에는 특별히 인류 전체를 위해 애쓴 일이 없는 까닭에 역사적 국민이 되려면 앞으로 상당한 위공(偉功)을 세우지 않으면 안 된다"(『興國史談』, 『內村鑑三全集』 第7卷, p.365)라는 평가가 있었다. 중국인과 조선인은 역사의 진보를 담당할 '역사적 인종'으로 간주되지 않았던 것이다.

밖에 없다. 그런데 이것을 가진 나라는 세계에서 오직 하나 일본뿐이다"[39]라고 하여, 이 목적에 비춰볼 때 1915년의 21개조 요구 전부가 정당하다고 논한 것과 맞닿아 있었다고 말할 수 있다.

물론 동서문명조화론은 제1차세계대전 후 '유럽의 위기'나 '서구의 몰락'이 요란하게 선전되는 가운데, "일본 국민은 훌륭하게 동서의 문명을 통일 병탄하여 세계를 하나로 아우를 큰 포부를 요한다. (…중략…) 위대한 과학의 힘에 위대한 도덕의 힘까지 갖추고서야 비로소 참된 문명이 출현할 것이다. 여기에 일본 국민의 커다란 사명이 있다"[40]와 같이 세계 최고도의 신문명을 창조하자며 국민의 사명을 고창하는 양상을 띠기도 한다. 또 도쿠토미 소호德富蘇峰는 "우리의 희망은 세계의 일본이 되는 것이지 동아의 일본이 되는 것이 아니다. 상세하게 말하자면 동아의 수장이 되어 서구문명의 동점東漸을 역습하는 데 있는 것이 아니라 오히려 서구문명의 선구가 되어 동아 각국을 이끄는 데 있다. 한 발더 나아가 말하자면 동서 문명의 장벽을 철폐하고 황백 인종의 할거를 없애 세계 공통의 문명의 범위를 확충하는 데 있다"[41]라고 말하고, 서양을 대신해 일본인이 새로운 세계 문명을 창조함으로써 동서 문명의 대립과 황백 인종의 대립을 해소한다는 구상을 갖고 있었다.

그러나 서구의 몰락이라 일컬어지던 현상은 결코 서양문명의 몰락그 자체를 의미하는 것이 아니었다. 그것은 오히려 태평양을 사이에 두고 일본과 직접 대치하고 있는 아메리카가 서양문명의 새로운 기수로서 등장했다는 의미였다. 그런 아메리카에서 중국인 및 일본인 이민을

---

39 小寺謙吉, 『大亞細亞主義論』, 東京玉文堂, 1916, p.1119.
40 大隈重信, 「東西文明の倂呑」, 『縱談橫語』, 日本書院, 1918, p.255.
41 德富蘇峰, 「東亞の日本と宇內の日本」, 草野茂松 編, 『蘇峰文選』, 民友社, 1915, p.773.

배척하는 움직임이 있었고, 그것은 동양에 대한 서양의 압박, 서양과 동양의 새로운 충돌이라는 점에서 위기감을 불러일으키고 있었다. 이와 같은 정황 속에서 동서 문명의 조화를 제창한 오쿠마 시게노부도 "정치상, 산업상, 학술상, 풍속상 모든 방면에서 구미와 경쟁하여 그들을 능가하고 앞서야 한다"[42]라고 역설하기에 이르렀다. 동서문명조화론은 동서 문명의 대결과 그것에 따른 동서 문명의 통일이라는 동서문명대결론으로 그 역점을 옮겨가고 있었던 것이다.

그렇다면 동서문명대결론이란 무엇이었을까. 그 대표적 논자인 오카와 슈메이大川周明는 "지금까지의 세계 문명의 경과를 보면, 동서 문명의 접촉 혹은 동서 문명의 통일이란 거의 예외 없이, 아니 거의라기보다 전적으로 예외 없이, 전쟁에 의해서만 실현되었다"[43]라면서 문명진보와 전쟁을 관련시킨다. 그리고 생존을 건 동서의 결전이 지금 다시 새로운 세계의 실현을 위해 피할 수 없는 운명으로 다가오고 있다는 것이다. 다만 "동서의 싸움이라는 것은 개념상의 일이지, 아시아 전체가 연맹하고 구라파 전체가 싸운다는 의미는 결코 아니다. (…중략…) 현실적으로는 구라파를 대표하는 일국과 아시아를 대표하는 일국이 서로 동서를 대표하는 전사戰士로 뽑혀 새로운 세계 실현을 위해 싸우지 않으면 안 된다"라고 단정하기에 이른다. 그리고 동서 문명을 대표하는 전사로서 일본과 아메리카가 상정되는 것이다. 이러한 논의가 나오게 된 배경에는 1920년대에 들어서 아메리카에서 벌어진 배일운동이나 중국을 둘러싼 대립 등을 계기로 일미결전론이 나타나는 등 대미 개전이 피할 수 없는 것으로 간주된 사정이 놓여 있었다고 할 수 있다.

---

42 大隈重信, 「時局に感じて王政維新の精神を顧る」, 『大觀』 2卷 5號, 1919.5, p.15.

43 大川周明, 『日本及日本人の道』, 行地社出版部, 1926, pp.142~143.

이러한 경위를 보아도 알 수 있듯이, 동서문명대결론에서는 문명이라는 기축에 의해 아시아 전체를 의식한다기보다 일본이 동양문명을 대표한다는 과장된 자기의식만이 강렬하게 표출되었고, 동양문명의 대표라는 자기규정에 있어서도 그때까지 일관되게 보였던 아시아에서 서양문명을 가장 빨리 소화, 흡수한 문명화의 모범생이라는 논조는 자취를 감추고 있었다. 그 대신 권력주의·패도주의의 서양문명에 대해 도의주의·왕도주의의 동양문명과 그 대표로서의 일본이라는 도식이 전면에 등장하고 있었던 것이다.

동서문명대결론의 최종적인 변주곡이 "인류의 문명이 동서 양쪽으로 나뉘어 진행된 지 수천 년 후에 태평양이라는 세계 최대의 바다를 경계로 하여 지금 얼굴을 맞댄 (…중략…) 두 문명이 최후의 결승전을 치를 운명에 있다"[44]라고 말하는 이시와라 간지石原莞爾의 최종전쟁론이다. 이시와라 간지 역시 일미결전에 의해 "동양의 왕도와 서양의 패도 중 어느쪽이 세계통일의 지도원리가 되어야 할지 결정된다"라고 말하고, 나아가 "일본의 국체로써 세계의 모든 문명을 종합하여 그들에게 그토록 동경하던 절대평화를 주는 것이 우리 대일본의 천직"[45]이라 강변했던 것이다. 이시와라는 패전 후, "동아와 구미의 양 국가들 사이에 최종전쟁이 일어날 것이라고 예상한 견해는 큰 자만심에서 비롯되었고, 사실상 명확히 잘못이었다는 것을 인정한다"[46]라며 스스로를 비판한다. 그러나 그의 최종전쟁론에 근거하여 만주사변이 야기되었고, 더욱이 1941년 영미에 대한 개전에 즈음하여 오카와 슈메이는 라디오를 통해 "세계사는

---

44 石原莞爾, 『最終戰爭論·戰爭史大觀』, 中公文庫版, pp.44~45.
45 石原莞爾, 「現在及將來に於ける日本の國防」(1927.12), 角田順 編, 『石原莞爾資料—國防論策篇』, 原書房, 1967, p.59.
46 石原莞爾, 『新日本の進路』, 東亞聯盟同志會, 1959, p.10.

동서의 대립, 항쟁, 통일의 역사이다. (…중략…) 대동아전쟁은 여전히 마주하고 있는 동양과 서양의 싸움"[47]이라고 호소했던 것이다. 그리고 일본의 패전 후 1946년 5월 개정한 극동군사재판에서는 문명과 인도주의의 이름으로 일본의 전쟁범죄자만을 심판했다. 그것이 문명이라는 국제법 기준에 맞추기 위해 출발했다가 동서 문명의 대립을 표방하며 전쟁을 도발한 국가의 귀결이었다.

47　大川周明, 「序文」, 『米英東亞侵略史』, 第一書房, 1942.

제3장
사상기축으로서의 인종

앞에서 보아온 것처럼 문명을 기축으로 하는 아시아 인식은 때로는 일본을 구미와 동화시켜 아시아 내부의 상이점을 두드러지게 하는 언설이 되고, 또 이것이 뒤바뀌어 아시아의 문명을 대표하여 구미와 경쟁하는 일본이 그 존망을 떠안고 있다는 언설로 나타나는 등 커다란 진폭을 보이고 있었다. 그것은 무엇보다 문명이라는 개념이 일본에서는 그것이 어디에서 생겨났는가라는 기원·계보보다도 기능·상태를 보여주는 개념으로 받아들여져 상대적인 자리매김이 가능했기 때문이라고 말할 수도 있을 것이다.

이에 비해 인종이라는 기축에 의한 아시아 인식은, 그것이 핏줄이라는 아프리오리한 속성임과 동시에 지역과 아주 강하게 결부된 개념이라는 점도 작용하여, 주관적 단정이 들어설 여지는 상당이 적었다고 할 수 있다. 그러나 일본에서 아시아 인식의 기축이 된 인종이라는 개념은 반드시 유전학적인 형질 분류에 따른 것이 아니라, 아시아 인종, 동양 인종, 열등인종과 같은 표현이 자주 쓰였듯이, 지역 내지 문명과의 상관성이 강한 것이었다.[1]

그리고 또 인종이라는 개념도 아시아라는 지역 개념과 마찬가지로 유럽이 다른 비유럽 세계를 대상으로서 인식하기 위한 기축으로 창안된 것이고, 일본은 그것을 받아들임으로써 자기의 종적種的 속성을 아시아라는 틀 안에서 확인할 수밖에 없었던 것이다. 물론 인종이라는 개념을 받아들이기 이전 일본에서 인간의 종차에 관한 논의가 없었던 것은 아니다. 예를 들면 도래인渡來人이나 에조蝦夷(홋카이도에 거주했던 아이누족―옮긴이)의 종족적 차이는 일찍부터 관심을 끌었고, 니시카와 조켄은 『화이통상고』에서 '일본인'이라는 개념을 세운 다음 인물·풍속·언어 등을 근거로 타자와의 차이를 문제 삼았다. 또 아라이 하쿠세키는 『남도지南島誌』에서 미나모토노 다메토모源爲朝(1139~1170)가 류큐 왕실 상씨尙氏의 할아버지라는 전승과, 언어습속이 거의 같다는 점 등을 들어 류큐인과 일본인을 동일 종족으로 간주하기도 했다.

그뿐만 아니라 머리카락과 눈동자 그리고 피부의 색깔 등 겉모습의 차이를 근거로 홍모인紅毛人, 벽안인碧眼人, 흑인=쿠롬보黑坊[2] 등으로 식별하기

---

1   인종은 생물학에서 공통의 유전적 속성에 따른 분류개념이라는 점에서 민족 개념과 구별된다고 하지만, 아리안이나 게르만 등이 언어적 어족 개념으로 만들어졌으면서도 인종으로 불리는 등 그것이 거의 자의적으로 사용되는 것이 오히려 일반적이기까지 하다. 이 책에서는 인종이라는 개념을 실체화하는 것이 아니라 지극히 작위적 개념이라는 것을 전제로 하여 그 언설로서의 기능을 찾는 도구적 개념으로 이용하고자 한다.

2   일본의 흑인관에 관하여 여기에서는 생략하지만 하나의 원형이 된 것으로 하라이 하쿠세키의 『西洋紀聞』에 보이는 실론(스리랑카)에 대한 언급을 들 수 있다. "이 나라 남쪽 땅에 콜롬보라는 곳이 있다. 그곳 사람들의 색은 검다. 중국에서 곤륜노(崑崙奴)라 부르는 자들이 바로 이들이다. 네덜란드인의 말에 따르면 적도 가까운 지역에 사는 사람들은 모두가 '쿠롬보'인데, 그 성질이 지혜롭지 못하다고 한다. '쿠롬보'라는 말은 콜롬보가 와전된 것으로 그 사람의 피부색이 검다는 뜻이다."(岩波文庫版, p.48) 이러한 말의 와전에 의해 문명이나 인종의 기원을 설명하는 방식은 정형화되며, 1931

도 했는데, 그것은 니시카와 조켄의『42국인물도설四十二國人物圖說』(1702)과 데라지마 료안의『화한삼재도회』(1713), 나가타 난케永田南溪의『해외인물집』(1853), 다가와 하루미치田川春道의『외번용모도화』(1854~1855)를 비롯하여 각종『만국인물지도』,『지구만국전도』 등에서 도상화되었다는 것도 잘 알려져 있다.

다만, 지구상의 인류가 골격이나 혈액형 또는 피부와 모발의 색깔 등 유전적 특징에 의해 종별화되는 이러한 인종 개념은, 당연하게도 일단은 세계를 시야에 넣고 각지의 견문을 모은 유럽인에 의한 개념 규정으로서밖에 나타나지 않고, 일본인은 그것에 따라 아시아 인식을 구성할 수밖에 없었다. 그리고 세계의 천문·지리 지식에 관하여 서양인이 말하는 것이 실증성이 풍부하고 신뢰할 만한 것이라는 점은, 아사다 고류麻田剛立에게 천문학과 난학을 배우고 지동설을 주장했던 유학자 야마가타 반토山片蟠桃가『몽지대夢之代』(1820)에서, "서양 사람들은 천하만국으로 건너가 천문을 밝히고 지리를 살펴 세계의 커다란 전체를 분별했다. (…중략…) 그 지식과 기술을 폭넓게 알고 있기 때문에 만국을 돌아다니다 대양 만리 사이에서 그 어떤 천변요괴天變妖怪를 만난다 하더라도 놀랄 것이 없으며, 처음으로 도착한 나라에서 사람들과 대화를 나누더라도 얼굴색 하나 변하지 않는 것이 평소와 다를 게 없다"[3]라고 말하고 있을 뿐만 아니라, 국학자 모토오리 노리나가本居宣長도 "모든 서양인이 천문지리를 배우는 것은 책 속에서 담론을 펼치기 위해서일 뿐만 아니라 만국을 경력유행經歷遊行하기 위한 배 안의 일상적인 일에 이르기까지

년에도 "일본인의 조상은 남방 출신이고 '저팬'과 '자바'의 어원이 같다"(Heruy,『大日本』, 英文法通論發行所, 1933, p.92)와 같은 주장을 찾아볼 수 있다.

3 山片蟠桃,『夢之代』「地理第二」,『富永仲基·山片蟠桃』(日本思想大系43), 岩波書店, 1973, p.263.

소용이 되기 때문이다. 그런 까닭에 허튼 소리라고는 조금도 없으며"[4] 모두 "눈앞의 사실을 말하는 것"이라 서술하고 있는 바와 같다.

아무튼 이렇게 유럽인의 관찰에 의해 태어난 인종이라는 개념도 개국 이전에 이미 알려져 있었다. 예컨대 와타나베 가잔은 『신기론』에서 "지구상의 인종은 넷으로 나뉜다. 타타르종, 이디오피아종, 몽골종, 코카서스종이 그것이다. 또 리비우스라는 사람은 7종으로 나누었는데, 그 가운데 타타르종과 코카서스종을 최고로 친다. 서양은 코카서스종, 우리나라는 곧 타타르종에 속한다"[5]라고 소개하면서, 일본을 코카소이드Caucasoid에 비견되는 타타르Tartar 인종으로 파악한다.

그러나 인종이라는 개념에 의해 세계와 그 안의 아시아를 인식하는 것이 일반에 보급된 것은 역시 메이지유신 이후의 일이다. 그렇지만 인종의 구별에 관하여 일정한 틀이 있었던 것은 아니다. 예를 들면 우치다 마사오内田正雄는 『여지지략輿地誌略』(1870년부터 간행)에서 다섯 인종, 즉 "몽골종, 코카서스종, 이디오피아종, 말레이종, 아메리카종"[6]으로 대별한다. 이는 독일의 블루멘바흐J. F. Blumenbach의 분류법을 따른 것인데 당시에는 표준적인 구분으로 받아들여지고 있었다. 하지만 보다 알기 쉽고 친숙한 것은 지리적 분포를 기준으로 한 분류였고, 특히 영향력이 컸던 것은 후쿠자와 유키치의 인종구분론이었다. 후쿠자와는 1869년 간

4 　本居宣長, 「沙門文雄が九山八海嘲論の弁」(1790), 大野晋・大久保正 編, 『本居宣長全集』第14卷, 筑摩書房, 1972, p.167.

5 　渡邊華山, 『愼機論』. 『渡邊華山・橫井小南他』(日本思想大系 55), 岩波書店, 1971, p.69.

6 　内田正雄, 『輿地誌略 初篇』, 大學南校, 1871, p.27. 우치다는 인종과 피부색의 관계에 대하여 코카서스종=난백색(卵白色), 몽골종=황토색 또는 갈색, 이디오피아종=칠흑색, 말레이종=황갈색 또는 다갈색, 아메리카종=구리색 또는 적색이라고 서술한다. 또 『小學讀本』(師範學校, 1873년 간행)에서는 초학자의 이해력을 고려해서인지 아시아, 유럽, 말레이, 아메리카, 아프리카 다섯 인종으로 분류, 지리적 구분에 가까운 절충적인 방법을 취한다.

행한 『장중만국일람』에서 지구상의 인종을 대륙에 맞춰 다섯으로 나누는데, "백색인종=구라파인종, 황색인종=아시아인종, 적색인종=아메리카인종, 흑색인종=아프리카인종, 다색인종=오세아니아인종"[7]이 그것이다. 그리고 각 인종의 차이점에 관하여 "① 백색인종— 정신이 총명하고 문명의 극도에 도달할 만한 성격이다. 여러 인종 중 최고이다. ② 황색인종— 사람의 성정이 고난을 잘 감내하고 힘써 일하긴 하지만 재력才力이 협소하여 사물의 진보는 아직 뒤처져 있다. ③ 적색인종— 성정이 험하고 싸움을 좋아하며 복수심이 끊일 줄 모른다. ④ 흑색인종— 성정이 게을러 개화진보의 맛을 모른다. ⑤ 다색인종— 성정이 사나우며 복수심 또한 왕성하다"라고 명기하고 있다.

이와 같은 인종우열설은 진화의 위계를 당대의 인류에 적용한 유럽의 인종관[8]에서도 찾아볼 수 있는 것이었다. 또 엄밀하게 말하면, 이른바 인종차별주의racism와 생물학적 기준에 의한 인종우열설racialism은 구별되어야 할 것이다. 인종의 차이에 관한 이론으로서 인종우열설을 주장하는 사람이 반드시 인종차별주의자인 것은 아니며, 역으로 인종우

---

7 福澤諭吉, 『掌中萬國一覽』, 『福澤諭吉全集』 第2卷, pp.461~463. 우치다 마사오의 『여지지략』과 후쿠자와 유키치의 『세계국진』은 메이지 초기 일본인의 세계관 형성에 커다란 영향을 끼쳤는데, 이 책들에서 제시한 문명단계와 인종의 구분법은 『훈몽궁리도해』와 『장중만국일람』의 범례를 보면 미국인 미첼(S. A. Mitchell)의 고등학교용·지리학 교과서인 *Mitchell's New School Geography* 등에 의거한 것으로 사료된다. 이에 대해서는 源昌久, 「福澤諭吉著 『世界國盡』 に關する一研究」(『空間·社會·地理思想』, 大坂市立大學文學部, 第2號, 1997) 참조.

8 예를 들어 블루멘바흐는 코카서스인종의 두개골 모양이 가장 아름답고 균형이 잡혀 있으며, 피부색도 백색을 기준으로 다른 인종은 점점 퇴화하여 검어지는 것으로 보았다. 또 영국의 초대 인류학회 회장이었던 제임스 헌트는 흑색인종은 유인원에 가깝고 백색인종에 의해서만 인간화되고 문명화된다고 주장했으며, 고비노는 중앙아시아의 인종은 "식물처럼 무자각적"이며, 셈족(유대인을 포함한 흑인)과의 혼혈에 의한 셈족화가 유럽문명의 퇴폐를 초래했다고 비난하는 등 인종에 서열을 매기고 '열등인종'을 멸시하고 증오하는 사례를 일일이 거론하기 어려울 정도이다. 20세기 전반 영미에서 인종 개념의 변천에 관해서는 Elazar Barkan, *The Retreat of Scientific Racism*, Cambridge University Press, 1992 참조.

열설을 부정하는 사람이 인종차별주의자인 경우도 있을 수 있다. 그런 의미에서 인종우열설을 소개한 후쿠자와가 인종차별주의자였다고 단정할 수는 없다. 그러나 후쿠자와가 인종의 차이를 네 개의 문명화 단계, 다시 말해 혼돈, 야만, 미개, 개화문명으로 나눈 다음, 예컨대 혼돈 단계의 백성을 "인간 중에서 최하등에 속하며 금수와 크게 다르지 않다"[9]라고 규정하고, 아프리카 중앙, 뉴기니, 오스트레일리아의 '토민' 등이 여기에 해당한다고 하는 등 인종의 차이가 문명화 단계와 조응한다는 점을 강조한 것은 틀림없다. 그리고 이 견해는 『세계국진』(1869)에서도 그대로 답습되어 백색인종우등설의 도그마와 그 반면으로서 황색인종=아시아인종열등설을 부정하기 어려운 진리로 퍼뜨리게 되었던 것이다.

물론 구메 구니타케久米邦武처럼 실제로 구미 곳곳을 견문함으로써 인종의 차이를 우열이라는 관점에서가 아니라 성정의 차이로서 상대적으로 포착하고자 하는 지향을 지닌 사람이 없었던 것은 아니다. 구메 구니타케는 자신의 관찰에 기초하여 백색인종과 황색인종의 차이에 관해 "백인종은 욕망이 강하고 종교에 열중하며 스스로를 억제하는 힘이 부족하다. 요컨대 욕심이 많은 인종이다. 이에 비해 황인종은 욕망이 약하고 충동을 억제함으로써 성정을 교유矯揉하는 능력이 뛰어나다. 요컨대 욕심이 적은 인종이다. 그런 까닭에 정치가 목표로 하는 바도 동서가 상반된다. 서양에서는 보호의 정치를 표방하고, 동양에서는 도덕의 정치를 표방한다"[10]라고 서술하고, 성정의 차이가 사회 구성이나 정치 양식

9　福澤諭吉, 『掌中萬國一覽』, 『福澤諭吉全集』 第2卷, p.463.
10　久米邦武 編, 田中彰 校注, 『特命全權大使米歐回覽實記』 第5卷, 岩波文庫版, p.194. 구메 구니타케는 또 유럽의 인종론에 따르면 중국과 일본의 동아시아 인종에 관하여 "법리와 도리가 뒤섞여 있는 까

의 차이를 낳으며, 그 결과 문명 단계의 격차가 생긴 것인지도 모른다는 견해를 피력했던 것이다.

하지만 실제로 다른 인종을 만날 기회조차 없이 위에서 말한 바와 같은 인종론밖에 접할 수 없었던 사람들에게는 황색인종=아시아인종열등설을 부정할 근거마저 없었다. 게다가 "금일 아시아 인민의 풍속은 비천하고 야비하기가 금수와 다르지 않다"[11]와 같은 인식은 일본인뿐만 아니라 중국인인 리훙장李鴻章도 공유하게 되었던 것이다. 그러나 문명과 인종이라는 기축에 의한 아시아 인식은 반드시 동일한 것은 아니었고, 여기에는 명확한 단층이 있었다. 왜냐하면 구미와 아시아의 격차가 단순히 문명의 도달 단계의 차이만을 의미하는 것이라면 격차의 시정은 문명화 정책의 추진과 국민의 계몽에 의해 가능할 것이지만, 그 격차가 인종의 우성 또는 열성이라는 선천적인 속성에서 기인한다면 그것을 타개하는 방법은 절멸이나 인종개량밖에 없을 터이기 때문이다. 그리고 사실 인종개량만이 일본이 존속할 수 있는 유일한 방법이라고 생각한 사람도 있었다. 그리하여 "우리나라의 인민과 서양 인종을 비교하여 그들이 우리보다 크게 나은 점이 있다면, 더 이상 어려움을 돌아보지 말고 공적으로는 일국을 위해, 사적으로는 일신을 위해, 능력 있는 유전을 목표로 재빨리 좋은 짝을 구해 재빨리 잡혼雜婚하는 것도 감히 불가하다고 하지 못할 것이다"[12]와 같은 주장이 진지하게 제기되었던 것이

닭에 가족교제의 도리를 군민교제(君民交際)의 도리로 삼기에 이르렀으며, 백성들은 염치를 모르고 자주권이 결여되어 있어 홍성할 줄 모른다"라는 평가가 있다고 소개한다. 이러한 견해도 일본인의 중국관으로서 유포되기에 이른다.

11 森有禮, 「李鴻章卜ノ應接ノ記」(1876.1), 大久保利謙 編, 『森有禮全集』 第1卷, 宣文堂書店, 1972, p.164.
12 高橋義雄, 『日本人種改良論』(1884), 『明治文化資料叢書 第6卷 社會問題篇』, 風間書房, 1961, p.46.

다. 특히 사회진화론이 도입되면서 우승열패, 적자생존, 자연도태 등의 개념이 과학적 진리로 주장되자 열등인종은 우등인종과 잡혼을 해야만 존속할 수 있다는 논의도 그 나름대로 설득력을 얻었던 것이다.

그러나 잡혼에 의한 인종개량에 대해서는 심리적 저항이 만만찮았고,[13] 역으로 이제부터라도 동일 종족인 아시아가 연대하여 구미에 대항해야 한다는 사고방식이 생겨나기도 했다. 결국 문명을 기축으로 하여 아시아를 인식하기 시작한 국면에서는 아시아를 벗어나 구미에 동일화하는 것이 가능했다. 그런데 인종이라는 기축으로 세계상을 구성하는 경우에는 일본인이 총체적으로 인종개량을 하지 않는 한 그 아이덴티티의 근거를 아시아에서 찾을 수밖에 없다. 그리고 1870년대부터 시작된 재일 구미 인류학자들의 일본 민족의 기원에 대한 탐구에서 이미 아시아와의 관계는 무시할 수 없는 것이었다. 1875년에는 도쿄의학학교 교수였던 되니츠Wilhelm Doenitz가 일본 민족을 말레이 인종과 몽골인종의 혼합으로 간주하는 설을 발표했고, 같은 의학교 교수로서 몽고반점 연구자로 알려진 벨츠Erwin von Bälz도 1883년에 일본 인종을 몽골로이드나 말레이 인종의 다른 아카드인을 포함하는 혼합 인종이라고 주장했다. 또 초창기 일본 인류학계가 일본에 선주민이 존재했는지 여부를 둘러싸고 아이누-코로보쓰쿠루('코로보쓰쿠루'는 아이누 전승에 등장하는 소인인데 아이누어로는 '코로포쿠루'라 한다─옮긴이) 논쟁을 전개한 것도 이누이트까지 시야에 넣어 일본 인종의 분포를 생각하는 계기가 되었다.[14]

---

13 加藤弘之가 "화양잡혼(和洋雜婚)을 권장해서 서양인의 씨를 가져와 일본인의 씨를 없애면 인종이 좋아질 것이라는 설"에 대하여, 그러느니 차라리 일본을 떠나거나 자살하거나 해서 "서양인에게 나라를 헌상해버리는 것이 가장 쉽다. 굳이 오랫동안 애쓸 이유가 없다"(「日本人の性質」, 『日本人』第4號, 1888.5.18)라고 반론을 제기한 것이 그 예이다.
14 일본의 인류학 역사에 관해서는 寺田和夫, 『日本の人類學』, 思索社, 1975 및 松村瞭, 「東京人類學會

그런 가운데 일본인이 중국이나 조선 등의 몽골로이드만 아니라 말레이, 인도네시아 인종과 기원적으로 연결되어 있다는 인식이 확산되면서 '아시아 인종'으로서 유적 친연성을 가진 것으로 간주되었다. 물론 '아시아 인종', 황색인종 안에서 볼 수 있는 차이도 문제가 되기는 했지만, 구미 열강의 침략에 의한 아시아의 쇠망이라는 강렬한 위기감에 사로잡혀 있는 단계에서는, 일본의 독립 확보라는 지상과제에 비춰 보아도 우선은 인종이 같은 아시아 각국의 연대와 그것에 의한 아시아의 쇠운^{衰運} 만회와 진흥이 불가결한 것으로 인식되었던 것이다. 이른바 흥아론^{興亞論}이라는 것도 그 논거나 목적에서 일률적인 것은 아니었지만, 민족은 달라도 인종은 같다는 것이 유대의 근거로서 중시되기에 이른다.

일찍부터 중국 땅을 답사했고, 일본과 중국뿐만 아니라 베트남, 버마, 인도 등 아시아 각국이 유럽 여러 나라의 침략에 노출되어 있는 것에 강한 분노를 품고 있던 해군 중위 소네 도시토라^{曾根俊虎}는, 1877년 흥아의 지사 육성을 목적으로 진아사^{振亞社}를 설립, 1880년에는 흥아회를 발족시켜 "아시아 전역의 대세^{大勢}를 진흥할"(「興亞會設立緒言」) 것을 목표로 내걸었다. 소네 도시토라는 아시아가 연대하지 않으면 안 되는 이유를 "백인이 황인을 대하는 것을 보면 무례하기가 이를 데 없다. (…중략…) 어찌 동종^{同種}이 서로 꺼리고 동문^{同文}이 서로 의심하여 벽안인^{碧眼人}으로 하여금 우리들의 틈을 엿보게 할 수 있겠는가"[15]라는 점에서 찾았다. 그리

五十年史」, 『人類學雜誌』 第49卷, 1934가 그 실상을 파악하는 데 유익하다.

15 「欽差大臣何公使ト曾根氏ノ談話」, 『興亞會報告』 第2集, 1880.4.1, pp.4~5. 소네는 또 일본, 중국, 조선 3국에 대하여 "인종이 같고 글자가 같은 脣齒의 나라"(『興亞會報告』 第8集, 1880.7.29, p.10)로서 제휴하지 않으면 "백인의 능욕"을 받게 될 것이라고 역설한다.

고 소네와 함께 흥아회를 이끈 와타나베 히로키渡邊洪基도, 인종이 같은 구미 각국이 동족同族, 동문同文, 동교同教를 바탕으로 단결하여 아시아에서 날뛰고 있는 데 비해, "인종이 서로 같고 문교文教도 서로 다르지" 않은 아시아 여러 나라들은 관계가 소원하기 때문에 "종족도 다르고 글자도 다르며 종교도 다른 구미로부터 모욕을 당하고"[16] 있다면서, 같은 인종에 속하는 아시아 여러 나라 인사의 친교를 활동 목적으로 내걸었던 것이다.

이와 마찬가지로 1886년 해군병학교 연습선 쓰쿠바筑波를 타고 남양제도, 오스트레일리아를 시찰한 시가 시게타카志賀重昂는 다음해 『남양시사南洋時事』를 간행했고, 그 견문에 기초하여 "인도 구라파 인종은 지구상 곳곳에 발호하여 위력을 떨치고 있지만 황인종, 흑인종, 동색銅色 인종, 말레이 인종은 제각각 눈치를 살필 뿐 하는 일이나 행동이 괴괴하기 짝이 없다. 요컨대 백색인종은 우등인종이고 황인종, 흑인종, 동색 인종, 말레이 인종은 열등인종이다. (…중략…) 또 황인종, 흑인종, 동색 인종, 말레이 인종은 금일에도 자중자분自重自奮하는 바가 없이 멍하니 하루하루를 소비할 따름이다. 언젠가 그 종족은 모두 소멸하고 지구상에는 오직 백색인종만 남을 것이며, 결국 이 혹성은 온통 그 인종의 차지가 될 것"[17]이라며, 위기감으로 가득한 필치로 우승열패의 인종경쟁이 얼마나 치열한지를 전했다.

이 저작을 보고 일본인은, 서양과도 다르고 동양과도 다른 '남양'이라는 아시아 지역의 존재와 그곳에 살고 있는 인종 그리고 그곳에서 일어

---

16 渡邊洪基, 「興亞會創立大會演說」, 『興亞公報』 第1輯, 1880.3.24, p.8.

17 志賀重昂, 『南洋時事』 「クサイ島土人ノ減少」, 志賀富士男 編, 『志賀重昂全集』 第3卷, 志賀重昂全集 刊行委員會, 1927, pp.3~7.

나는 일을 알게 되었고, 그것을 거울 삼아 "우리 황인종은 금일 마땅히 백인종과 경쟁하여 이를 방어함으로써 우리 종속種屬의 성명性命을 보호 유지할 방책을 강구하지 않으면 안 된다"라는 교훈을 얻었던 것이다. 그리고 일본이 채택할 수 있는 대응책으로 시가 시게타카가 제시한 것은 "황색인종으로 이루어진 강국이 서로 돕는 연맹을 결성하여 구미 열국과 우열을 겨루는 것"이었는데, 구체적으로는 중국과의 연맹이었다. 그러나 그것만으로는 일본의 평화를 확보할 수 없으므로 중국과 "협동 연맹하고 겸하여 영국과 기맥氣脈을 통함으로써 입국의 기초를 공고"히 하는 것이 일본의 존속에 불가결한 조건이라고 보았던 것이다. 이 단계에서는 일본이 아시아 연맹의 맹주가 되는 것 따위는 상정하지 않았고, 스스로의 국력에 부응하여 중국 및 영국과의 우호를 유지하는 것에 역점을 두었다. 단, 이렇듯 냉정한 판단을 동반하면서도 '남양'의 실제 견문에 기초하여 그곳에 사는 사람들이 절멸의 위기에 빠진 '열등인종'이라고 강조한 것은 시가 시게타카의 의도를 떠나 일본인의 남양관과 인종관에 더욱 강한 편견을 더하는 작용을 했다는 점도 부정할 수 없을 것이다.

어쨌든 이처럼 인종을 기축으로 한 아시아 인식은 사회진화론과 접합함으로써 "세계의 상황을 보면 약육강식의 일대 수라장이며, 강자는 더욱 거세게 폭위暴威를 휘두르고 있다. (…중략…) 이를 지금 방어하지 못한다면 아마도 황인종은 오랫동안 백인의 압제 아래 놓이게 될 것"[18]이라는 위기감에 바탕을 둔 다양한 연대론으로 발현되기에 이르는데, 그중에서 구체적인 합방론을 제창하기까지 한 사람은 다루이 도키치樽井藤吉였다.

---

18 宮崎滔天,『三十三年之夢』, 宮崎龍介・小野川秀美 編,『宮崎滔天全集』第1卷, 平凡社, 1971~1976, p.42.

다루이 역시 세계의 현상을 인종경쟁으로 간주하고, "백인이 우리 황인을 진멸參滅하고자 하는 흔적은 얼마든지 찾아낼 수 있다. 우리 황인이 이기지 못하면 백인의 먹이가 될 것이다. 그런데 백인을 이기는 길은 같은 인종이 일치단결하여 세력을 기르는 데 있을 따름"[19]이라는 관점에서, 약소국이 생존경쟁에서 살아남을 방도로서 일본과 조선의 합방론을 제기했던 것이다. 그리고 그가 일본과 조선 양국이 합방하지 않으면 안 되는 근거로 내세운 것은 "함께 뭉치고 서로 의지해야 할" 양국은 "세계의 일대 풍조風潮를 만나 동양에 떠도는 배와 같은 처지에 놓여 있다. 그 배 안의 사람을 살펴보면 동종同種의 형제들"이라는 동종론이었다. 물론 다루이의 합방론은 일본과 조선에 그치지 않고 "동종에 속하는 아시아 우방국을 합하여 이인종異人種과 서로 경쟁해야 한다"라는 주장으로 이어진다. 그러나 동인종의 합방이라고는 하지만 각 나라가 결코 대등하다고 간주한 것이 아니라 일본과 중국의 지도적 역할을 전제하고 있었다. 그리하여 "다행스럽게도 동아에는 두 강국이 있어서 우리 황인종의 위엄을 지키고 있다. 만약 이 두 나라가 없었다면 아프리카의 흑인과 다를 바 없이 백인종이 아시아 전역을 유린하고 우리 황인종 형제를 노예로 삼았을 것"이라고 말했던 것이다. 이처럼 다루이의 외교론의 기반에는 인종이라는 기축으로 시비를 판단하는 특징이 있으며, 그런 만큼 중국이 아시아 이외의 다른 나라 특히 영국과의 외교관계를 중시하는 것에는 강하게 반발하여 "무슨 은혜를 입었다고 이종인 영국을 후하게 대하고, 무슨 원수를 졌다고 동종인 일본을 박하게 대하는지 참모를 일이다. (…중략…) 어찌하여 동종인 우방과 협화하여 이인종의

---

19 樽井藤吉, 『大東合邦論』(1893) 復刻板, 長陵書林, 1975에 의거한다. 그리고 그 번역문의 일부가 竹內好 編・解説, 『アジア主義』(現代日本思想大系 9), 筑摩書房, 1963에 실려 있다.

수모를 방어하지 않는단 말인가"라고 주장했다. 그러나 이런 주장은 일영통상항해조약을 배경으로 청일전쟁을 일으킨 일본에 그대로 되돌려 주어야 할 비판이었다는 것은 말할 필요도 없다. 외교상의 이해관계가 인종이라는 틀 안에서 일치하는 것은 아니었던 셈이다.

게다가 일본과 중국의 지도적 역할이 중시되었다고는 하지만 다루이 조차 청국의 문명화에는 일본의 선도가 필요하다고 생각했고, 황색인종과 연대하고 제휴하여 백색인종에 대항한다는 주장도 황색인종의 내부를 들여다보면 서열화와 일본의 맹주적 지위가 전제되어 있었다. 이렇게 감춰진 전제가 전면에 드러난 것은 오사카사건(1885년에 일어난 자유민권운동의 하나로, 조선에서 정변을 일으켜 일본 국내의 개혁에 결부시킨다는 발상에 기초한 것이었다—옮긴이)에서 나온 오이 켄타로大井憲太郎의 주장을 통해서였다. 오이 켄타로는 "우리보다 늙은 사람은 아버지이고 또 어머니이다. 우리보다 젊은 사람은 동생이고 또 누이이다. 즉 조선인 역시 부모형제이다. (…중략…) 그리하여 조선의 풍속은 지극히 야만스러워 아프리카인과 같고 그 형벌은 삼족에 미칠 만큼 야만적인 나라"[20]라는 것을 강조하고, 그런 야만 상태에서 조선을 구하는 것은 이른바 육친의 정에서 나오는 것이라고 말한다. 오이 켄타로가 아프리카를 예로 들면서 조선을 야만국으로 간주하는 관점은 연대에 의한 흥아론에서 국권론으로의 전환을 촉진한 것이었으며, 여기에서 "그들에게 싸움을 걸긴 하겠지만 우리는 나라를 취하려는 것이 아니라 그들의 나라를 강하게 해주려는 것"이라는 결론이 도출된다.

그러나 이처럼 점차 황색인종 사이에서의 우월의식이 형성되고 있었

---

20 大井憲太郎, 「大坂事件第一審辯論」, 平野義太郎 編, 『馬城大井憲太郎傳』, 大井馬城傳編纂部刊, 1938, pp.149~150.

음에도 불구하고 백색인종으로부터는 여전히 열등인종으로밖에 간주되지 않고 있다는 의식은 1886년의 노먼턴호사건(1886년 10월 24일, 영국 선적 화물선 노먼턴호가 기슈 앞바다에서 좌초 침몰하면서 시작된 분쟁사건. 이 배에 타고 있던 일본인 승객 25명이 모두 사망했는데, 일본에서는 선장과 선원이 일본인을 비인도적으로 취급했다며 영국을 비난하는 여론이 들끓었고 급기야 인종차별논쟁으로 비화했다—옮긴이) 등에서도 쉽게 불식되지 않았고, 그것은 도리어 일본인의 자부심에 균열을 일으켰다. 이와 같은 백색인종에 대한 열등감과, 다른 황색인종에 대한 우월감의 착종을 보여주는 예로 스기타 데이이치杉田定一가 펼친 일련의 논의를 들 수 있다. 1883년 "아시아에 자유의 격문을 뿌려 아시아 전역 7억 민중이 천년 동안 빠져 있던 고식지계와 굴욕의 미몽을 일깨우고 백색인종이 가한 모멸과 능욕의 수치를 씻어 자유 개명의 신천지를 열지 않으면 안 된다"[21]라는 내용의 『흥아책興亞策』을 저술한 스기타는 청불전쟁에 즈음하여 청일 제휴를 모색하기 위해 상하이로 건너갔고, 1884년에는 동양학관東洋學館을 설립하여 중국 사정에 정통한 인재의 육성에 착수했다. 그러나 중국 현지를 돌아본 후 스기타는 "그 나라 사람들은 고루완명固陋頑冥하여 세계의 대세를 알지 못하며 수구의 미몽에 빠져 있다. 만약 그들을 지지부진한 상태로 내버려둔다면 결국 동양 개화의 진로를 차단할 것이며, 동양 개화의 진로를 가로막는 저들을 어찌 수수방관할 수가 있겠는가. 같은 인종의 인정상 그리고 우호를 유지해야 할 이웃나라로서 그저 기다릴 수만은 없지 않은가. 마땅히 저들을 개량 유도해야 한다. 그것이 바로 우리의 본분"[22]이라는 말에서 보듯, 중국에 개입하여 개량 유도하는 것이 동일 인종인 일본의 인

---

21 杉田定一, 「興亞策」, 雜賀博愛 編, 『杉田鶉山翁傳』, 鶉山會, 1927, p.552.
22 杉田定一, 「遊淸余感」, 위의 책, pp.583~584.

정이자 본분이기도 하다는 주장으로 옮겨가고 있었다. 그리고 1887년 구미를 시찰한 후에는 "동양 각국은 여전히 미개의 미몽에 빠져 있으며 천하의 대세에 뒤처져 있다. 그런 까닭에 백색인종은 미개한 황색인종을 모조리 집어삼키려 한다"[23]라는 위기감이 점점 더해졌고, 마침내 "백색인종의 뱃속에 묻히느니 차라리 우리도 그들처럼 황색인종을 취할" 것을 권하는 동양정략론을 주장하게 된다.

이리하여 동일 인종인 황색인종끼리의 연대감을 깨뜨릴 정도로 절박했던 백색인종에 대한 공포감이 반전하여, 백색인종보다 먼저 아시아를 침략함으로써 백색인종 측에 서는 것만이 유일한 자존의 길이라는 논리가 제시된다. 그것은 후쿠자와 유키치의 탈아론이 문명 차원이었던 것에 대해 인종 개념 차원의 탈아론이자, 황색인종이라는 틀에 의한 청일 양국의 제휴 등과 같은 논리가 설득력을 잃고 백색인종에 대항하는 것 이상으로 조선을 둘러싸고 중국과 대항하는 것이 보다 절실한 과제로 떠오르는 것을 반영하는 논리이기도 했다. 인종을 기축으로 한 아시아 인식은 외교상 청일 대립의 심각화와 더불어 이른바 근친증오近親憎惡적이고 양가적 양상을 보이기 시작한다.

그 전형적인 현상 하나가 바로 중국인 내지잡거內地雜居를 둘러싼 논란이었다. 내지잡거 문제의 초점은 말할 필요도 없이 "우등인종인 구주인을 우리나라로 유인하여 이를 제어"[24]하는 것이 곤란하다는 위구심에 있었다. 즉 "우승열패의 활극장에서는 언제나 우등한 자가 열등한 자를 제압하고 열등한 자는 우등한 자에게 압도된다는 것은 우주자연의 천리천칙天理天則으로서 진화론의 규율"[25]이 지배하는 세계에서 내지잡거

---

23 杉田定一, 「遊淸余感」, 위의 책, pp.602~603.
24 井上哲次郎, 『内地雜居論』(1889), 『明治文化全集 第12巻 外交篇』, 日本評論社, 1928, p.477.

를 허용하면 일본인보다 훨씬 우등한 구미인에 의해 일본인은 동화되어 쫓겨나게 될지도 모른다고 우려했던 것이다. 그것은 아시아 인종이 연대하여 구미 인종에 대항해야 한다는 드높은 슬로건에도 불구하고 구미 인종이 최우등이라는 생각이 부정할 수 없을 정도로 공유되고 있었다는 증거이기도 했다. 그러나 여기에서 문제가 되는 것은 구미인보다 더욱 두려워해야 할 것으로서 중국인의 내지잡거가 떠올랐고, "노동력 및 상행위에서 지나인 때문에 패배를 맛보지 않을 수 없"[26]는 것으로 인식되었다는 점이다. 중국인은 예민하고 근검정신이나 인내력에서 일본인보다 뛰어나다는 것이 그 이유로 제시된다. 그러나 그 우위성을 솔직하게 칭찬하지 않고 오히려 "그들은 백색인종과 흑색인종을 가리지 않고 이익을 위해서는 그 어떤 채찍이나 모욕을 달게 받으면서 태연히 인간의 귀중한 권리 및 영예를 알지 못하니 이 어찌 금수와 다르다 할 수 있겠는가"라며 금수에 가까운 성정 탓으로 돌린다. 그것은 구미인이 아프리카인에 대해서 보인 반응에 가까운 것이고, 압도적인 에너지에서 느끼는 두려움의 이면이기도 했다. 더욱이 그와 같은 인종 간 경쟁 이상으로 중국인의 잡거에 반대하는 이유로 여겨지고 있었던 것은 잡혼에 의한 일본인의 아이덴티티 상실에 대한 위기감이었다. 결국 똑같이 황색인종인 까닭에 혼인이 용이하게 이루어져 중국인의 자손이 일본 내지에 증식하여 "야마토 민족의 어떤 부분은 천한 지나 민족의 유전을 이어받아 그 성질이 바뀔 것이며, 이천년 역사에서 감화를 받은 야마토 남아의 충의로운 정신과 염결廉潔한 지조가 일소될 것을 두려워한다"라는 것이 진의였던 셈이다. 그런데 그가 본래 근거로 삼았을, 적자

25 井上哲次郎, 『內地雜居續論』(1891), 위의 책, p.489.
26 「支那人の內地雜居を論ず」, 『日本人』第3號, 1889.11.18, pp.1~5.

생존과 우승열패를 내세우는 사회진화론에 따르면, 열성이 우성을 도태시킨다는 이 주장은 분명히 모순된다. 물론 논리의 차원에서만 따질 경우, "지나인을 내지에 잡거하게 하는 것은, 같은 동양에 속한 나라로서 인종이 같고 순치의 관계에 있기 때문에 함께 우호를 다져야 한다는 점에서 살펴보면, 조금도 해로울 게 없을 뿐 아니라 오히려 이익이 있"으리라는 것은 자명한 사실로 간주되었다. 하지만 인종이 같은 까닭에 위협감과 공포감이 멸시와 차별이라는 굴절된 감정으로 중국 및 중국인을 향하고 있었던 것이다.

그리고 그 멸시와 차별의 감정이 필리핀, 아메리카, 캐나다 등으로 간 중국인 이민의 상황과 그것에 대한 차별과 배척에 관한 구미로부터의 정보에 뿌리를 두고 있다는 점도 유의해 두어야 할 것이다. 게다가 이런 정보들이 비대화함에 따라 일본인 이민은 중국인 때문에 쫓겨날 것이라는 위기감이 확산되기도 했다. 그리고 바로 이것이 다케코시 요사부로가 청일전쟁을 정당화하는 논거의 하나로 제시한 것이기도 했다. 일본의 국가적 목표를 "큰 일본"의 건설을 위한 국민의 팽창 즉 이민으로 설정한 다케코시는 "우리 국민의 팽창성에 저항하려 하는 자는 지나 인종이 아니겠는가. 지나인은 세계에서 가장 번식하기 쉬운 인종이다. 그들은 쥐새끼들처럼 거의 기하급수적으로 증가하는"데,[27] 그것은 중대한 위협으로서 일본인 앞을 가로막고 있다고 주장했다. 이어서 그는 천성적으로 침략을 좋아하는 중국 인종과 경쟁해서 이기는 것을 일본 인종이 팽창해가기 위한 필수조건으로 간주하고, "싸움의 뿌리가 너무 깊어 생사를 걸어야 할 정도이다. 필연 생사를 건 싸움을 하지 않고 '동양'

---

27 竹越與三郎, 『支那論』, 民友社, 1894, pp.54~63.

이라는 허명에 사로잡혀 오랜 세월에 걸쳐 심우대환深憂大患을 기른다면 과연 무슨 이익이 있겠는가"라면서 동양 내부에서 결전을 벌일 것을 요구했다. 다케코시는 오늘날의 관점에서 보면 인종과 국민을 혼동하고 있는 데다 인종경쟁이라는 표현 또한 적절하지 않지만, 생물학적이고 선천적인 요소의 차이를 표나게 내세움으로써 생존경쟁이 얼마나 격렬한지를 강조하고자 했던 것이라 할 수 있다.

이와 마찬가지로 나가사와 세쓰長澤說 역시 사회진화론에 의거하여 "인종적 경쟁은 동포를 모두 소멸시킬 만큼 무서운 것"[28]이라는 관점에서 청일전쟁을 인종경쟁으로 자리매김했다. 한 걸음 더 나아가 나가사와는 몽고 인종이 아리아 인종과 경쟁하여 살아남기 위해서는 일청 양국이 먼저 자웅을 겨룰 필요가 있다면서, "금일의 충돌은 서방의 동점을 막아야 할 시점에서 일본이 실제로 동아의 맹주가 되고 동방의 대역사大力士가 되어 오대주 드넓은 땅에서 각축 결투하기 위한 첫걸음"이라는 의의를 부여했다. 황인종과 백인종의 결투에 대비하여 먼저 동아의 맹주를 결정하지 않으면 안 된다는 논리에 의거하여 일본과 중국의 전쟁을 정당화하는 이런 언설은 그 후에도 양국이 대립할 때마다 되풀이된다.

그러나 동양의 맹주가 되어야 한다는 목표 아래 치러진 청일전쟁에서 승리하긴 했지만 일본은 결코 소기의 목적을 달성할 수 없었다. 삼국간섭으로 일본은 승리의 비애를 통감해야 했을 뿐만 아니라 청국의 패배가 마중물이 되어 독일의 자오저우만膠州灣 점령, 러시아의 뤼순旅順·다롄大連 조차 등 중국의 영토분할이 진행되었고, 그것은 일본의 위기가

---

28 長澤說, 「支那征伐に對する人種競爭的觀察」, 第2次『日本人』第16號, 1894.10.25, p.21.

되지 않을 수 없었기 때문이다. 다른 한편, 땅이 드넓고 물산이 다양한 중국의 잠재적 국력은 언젠가 일본에 대한 보복행위로 나타날지 모르는 위협으로 존재하고 있었다. 이러한 상황에서 다오카 레이운田岡嶺雲[29]과 고노에 아쓰마로近衛篤麿 등은 다른 인종 간의 경쟁이 역사를 움직이는 원인이며, 백색인종과의 투쟁에서 이기기 위해서는 황색인종이 동맹을 결성하여 대처하지 않으면 안 된다는 주장을 내놓는다.

고노에 아쓰마로는 1898년 발표한 「동인종동맹同人種同盟」[30]에서 "동양은 끝내 인종경쟁의 무대가 되는 것을 피할 수 없다. (…중략…) 최후의 운명은 황인종과 백인종의 경쟁이 될 것이고, 이 경쟁하에서는 지나인과 일본인 모두 백인종의 구적仇敵으로 간주되는 위치에 놓일 것이다. (…중략…) 모든 황인종의 나라들은 통 크게 같은 인종을 보호할 대책을 강구하지 않으면 안 된다"라고 호소했다. 이 주장만을 보면 모든 황인종 국가들이 자주적으로 대등한 동인종동맹을 결성하는 것처럼 읽히지만, 고노에가 상정하고 있는 것은 기본적으로 일청 양국의 동맹이며, 더구나 그것은 일본이 도와주거나 시의심猜疑心을 없애는 등의 수단을 강구하여 "우리를 가까이 하고 우리에게 의뢰하는 마음을 갖게 함으로써 인종 보호라는 묵계가 양국 인민 사이에 성립하기를 기대한다"라는 말에서 알 수 있듯, 일본의 주도 아래 성립하는 것이었다.

---

29 田岡嶺雲, 「東亞の大同盟」(1897.11), 西田勝 編, 『田岡嶺雲集』第2卷, 法政大學出版局, 1987. 다오카 레이운은 아시아에서 백인종이 날뛰고 있는 것과 관련하여 "서로 扶翼하고 서로 합동하여 황인종의 일대 동맹을 결성하여 아시아 땅에서 백인종 세력을 몰아내지 않으면 안 된다. 금일의 대세가 이미 나라와 나라의 쟁탈이 아니라 인종 간의 경쟁인 이상, 우리는 우리와 같은 인종의 동맹을 공고히 함으로써 저들 서구 열강에 대처할 각오를 하지 않으면 안 된다. 일본과 청국은 굳게 동맹을 맺지 않으면 안 된다"라고 주장했다. 단, 다오카는 "일본은 동양의 선각자이자 東亞連衡의 주동자가 되어야 한다. 이것은 일본의 천직이다"라고 강조한다.

30 近衛篤麿, 「同人種同盟附支那問題研究の必要」, 『太陽』第4卷 1號, 1898.1.1, pp.1~3.

또 "북경 정부의 흥폐興廢는 물론 일본인이 일희일비할 게 아니다. (…
중략…) [핵심은— 옮긴이] 일본인 자신의 이해에 관한 것"이라는 단언에
서 알 수 있듯이, 동인종동맹론도 중국 분할의 혼란에 일본이 말려드
는 것을 방지하고 일본의 이익을 보호하기 위한 것이었다고 말할 수
있을 것이다. 1896년 11월, 고노에는 무술정변 후 일본으로 망명해온
캉유웨이康有爲에게 이러한 동인종동맹론과 같은 취지의 주장을 다음과
같이 설명했다.

> 금일의 동양 문제는 단순히 동양의 문제가 아니라 세계의 문제이다. 구주
> 열강이 하나같이 자기의 이해를 위해 동양에서 서로 싸우고 있다. 동양은 동
> 양의 동양이다. 동양인만이 동양 문제를 결정할 권리를 가져야 한다. 생각건
> 대 미주의 먼로주의가 의미하는 것도 바로 이것이다. 동양에서 아시아의 먼
> 로주의를 실행할 의무는 실로 청일 두 나라 인민의 어깨에 달려 있다.[31]

아시아에 관한 문제는 아시아인만이 결정할 권리가 있고 구미의 간
섭을 허용하지 않는다는 아시아먼로주의[32]야말로 그 후 인종이라는 기
축에 의해 일본이 아시아에 대한 배타적 발언권과 지배권을 주장하는
유력한 근거가 된다. 그러나 그 먼로주의란 "일본 제국의 사명은 완전
히 아시아먼로주의를 수행하는 데 있다. (…중략…) 아시아먼로주의는

---

31 「康有爲との對話筆記」,(1898.11.12), 近衛篤麿日記刊行會 編, 『近衛篤麿日記』第2卷, 鹿島研究所出版會,
　1968~1869, p.195.
32 아시아에서 일본이 먼로주의를 내걸고 맹주로서 실행해야 한다는 주장은 청일전쟁 전야에 이미 森
　本駿, 「我邦は亞細亞に於てもモンロー主義の實行を宣言すべし」(『自由黨黨報』, 1894.7.25) 등에서
　제기된 바 있었다. 金子堅太郎는 러일전쟁 후 루스벨트 대통령으로부터 일본은 구미의 식민지를 제
　외하고 전 아시아에 관하여 먼로주의를 실행해야 한다는 권유를 받았다고 한다(「日本モンロー主義
　と滿洲」, 『啓明會紀要』第13號, 1932.11).

곧 일본인에 의해 아시아를 처리한다는 주의"[33]라고 도쿠토미 소호가 정의했듯이, 일본·아시아먼로주의 또는 일본먼로주의에 지나지 않는 것이었다. 그 때문에 관념적인 동인종동맹론에 대해서 "청국의 존망이 제국의 이해와 깊은 관련이 있다는 것을 알아야 한다. (…중략…) 동인종동맹이라는 말은 집어치우라. 핵심은 제국의 권리와 이익을 확보하는 데 있다는 것을 모른단 말인가"[34]라는 비판도 제기되었던 것이다.

그러나 이와 같이 인종을 기축으로 하여 아시아에서 일본의 주도권을 강하게 주장하는 사조가 형성되는 가운데, 유럽 쪽에서는 황색인종의 급속한 대두에 대한 반발과 우려의 목소리가 높아졌다. 황화론Yellow Peril이 그것이다.

청일전쟁도 막바지에 접어든 1895년 초반, 일본이 승리함으로써 아시아가 통일되고 이어서 하나가 된 아시아에 의해 구주도 침해당할 것이라는 경계심을 품은 독일 황제 빌헬름 2세가 주장하기 시작한 황화론은, 백인의 우월이라는 흔들림 없는 전제에 입각해 있으면서도 동시에 그것과 정반대로 급속히 대두하고 있는 황색인종에 대한 높아지는 불안감과 초조감의 표명이기도 했다. 그리고 1895년 빌헬름 2세는 자신의 명령에 따라 독일 화가 크나크푸스Hermann Knackfuss가 그린, "유럽인들이여, 그대들의 재산을 지켜라!"라고 호소하는 '황화도黃禍圖'를 러시아 황제 니콜라이 2세 등에게 선물하고, "기독교 국가는 이교도인 황색인종에 대항해 분연히 일어서지 않으면 안 된다"라고 주장하면서 센세이션을 불러일으켰다. 그것은 일찍이 훈족과 헝가리인 그리고 몽골인이 유럽을 침입한 역사적 공포의 기억을 환기시켰고, 아시아에서 중국과

---

33 德富蘇峰, 『大正の靑年と帝國の前途』(1916), 時事通信社版, 1965, p.281.
34 「帝國の對淸策」, 『太陽』 第4卷 3號, 1898.2.5, pp.52~53.

일본의 대두가 유럽의 식민지 확대에 장애가 되고 있는 상황에 하나로 뭉쳐 대항하자고 호소하는 것이었다.[35] 그러나 현실적으로 '황화의 위협'이 어느 정도인가라는 물음과는 아무런 상관없이 구미에서 상당히 널리 확산된 황화론은, 유럽의 일체화를 창출한 것이 아니라 오히려 1902년 체결된 영일동맹의 예에서 볼 수 있듯 개별 국가들이 스스로의 이해에 따라 정치적으로나 경제적으로 아시아와의 관계를 강화하는 방향으로 나타났다. 황화론이 야기한 것은 빌헬름 2세의 의도와는 반대로 유럽의 일부에 존재했던 강렬한 우등인종 의식을 아시아 사람들이 통감하게 하고, 그렇게 강하지는 않았던 황색인종으로서의 의식을 환기시킨 점이었다고 말할 수 있을지도 모른다. 그런 만큼 황화론에 대한 일본의 반응은 당혹, 자성, 반발 등 다양했다.

예를 들어 1895년 이타가키 다이스케板垣退助는 "일본의 승리는 황색인종의 부활을 의미한다는 둥, 구주에 대원정을 시도할 때가 있으리라는 것을 보여준다는 둥, 살벌한 동양 국민을 제어할 수 없을 것이라는 둥"[36] 억측과 폭언이 난무하는 것을 이해할 수 없다고 하면서도, 이러한 언사는 결국 구미인이 "일찍이 백색인종이라는 점을 앞세워 황색인종을 압박한 것처럼 아시아 사람들 역시 황색인종이라는 점을 앞세워 백색인종을 압박할 것이라는 망상에 지나지 않는 것"으로 추측한다. 그리고 일본 국민은 결코 구미인의 전철을 밟을 만큼 천려淺慮하고 협애狹隘한 인종적 감정에 사로잡혀서는 안 된다고 하면서, 유럽인에 대해서는

---

35 황화론의 발생과 이를 둘러싸고 구미에서 전개된 찬반론의 양상에 관해서는, Heinz Gollwitzer, 瀨野文敎 譯,『黃禍論とは何か』, 草思社, 1999가 적확하게 묘사하고 있다. 또 일본과 중국의 반응에 관해서는 高橋文三,『黃化物語』(筑摩書房, 1976)와 方式光,「'黃禍論' 剖析」(『人文襍志』 總第12期, 1981.8) 참조

36 板垣退助,「人類の自由及人種の觀念」, 板垣守正 編,『板垣退助全集』, 春秋社, 1931, pp.97~105.

'유럽인이여, 너의 신성한 재산을 지켜라!' 라는 제목의 황화도.

"왜 그런 편협한 인종적 관념을 철회하고, 세계와 함께 세계의 평화를 사랑하며, 인류와 함께 인류의 행복을 즐기려 하지 않느냐"라며 반론을 제기한다. 또 아시아먼로주의를 제창한 도쿠토미 소호도 일본이 아시아 연대의 맹주가 되어야 한다는 식의 언설이 우세해지면서 백색인종을 자극하고 세계로부터 질시를 받아 일본의 위기감이 커지고 있다고 말하고, "단지 일시적인 방편일 뿐이라고는 하지만 인종적 시의심을 도발 고무하는 것은 백해무익"[37]하다며, 국익적 관점에서 인종을 기축으로 하여 아시아 정책을 내세우는 것을 일시 중단해야 한다고 호소했다.

이처럼 인종을 기축으로 하여 아시아의 동맹을 주장하는 것에 대한 반발은 고노에 아쓰마로의 '동인종동맹'을 겨냥한 것이기도 했다. 특히

---

[37] 德富蘇峰,「憎黄的惡感」,『國民之友』第306號, 1897.9.1, p.3.

오쿠마 시게노부는 공수동맹攻守同盟은 어디까지나 이해관계를 최우선시하여 체결하는 것이고 인종은 유대와 아무런 관련이 있을 수 없다면서, "인종동맹은 필경 어리석은 견해에 지나지 않는다"[38]라며 고노에의 주장을 비판한다. 오쿠마는 "일본과 지나의 인종이 동일하다는 전제에 입각하여 인종동맹설을 주장하는 것은 그야말로 우활迂闊, 불통不通의 극치이다. 만약 동맹을 맺으려면 문명과 이익에 기초해야 한다. 즉 승리할 수 있는 문명과 연대하는 데 힘써야 한다"라고 하여 인종보다 문명을 기축으로서 중시해야 한다고 했던 것이다. 그리고 이 문명동맹론의 배후에는 어디까지를 같은 인종이라 할 수 있는가라는 의문과 함께, 다름 아닌 같은 인종 사이에서 생존경쟁을 다퉈야 하는 이상 그 경쟁에서 살아남기 위해서는 강자와의 제휴가 불가결하다는 인식이 놓여 있었다. 오쿠마의 주장을 부연설명하고 있는 「황인종동맹의 시비 득실」[39]에서는 그 점을 고노에의 글을 끌어들여 비판하고, "먼저 이것을 진화론의 이법理法에 비춰보라. 같은 종족이라는 이유로 언제까지든 동맹을 맺어 서로를 구원하려 하다가는 동식물과 마찬가지로 우승자가 되어야 할 오늘날 진화의 길로 나아갈 수 없을 것이다. 우승자란 무엇인가. 구태를 벗고 동족을 이끌어 상등 종족으로 나아가게 하는 것을 말하는 게 아니겠는가"라는 사회진화론의 입장에서 다음과 같이 기술한다.

황인종은 무슨 이유로 황인종과 연대하여 그 구태를 지켜가야 한단 말인가. 요컨대 황인종이라 해도 힘닿는 데까지 백인종의 장점을 배우고 백인종의 이기(利器)를 사용함으로써 좌우의 종족을 능가하여 우승자가 되기를

---

38 「大隈伯の東邦論」, 『天地人』第2號, 1898.2.1, pp.5～6.
39 「黃人種同盟の是非得失」, 『天地人』第2號, 1898.2.1, pp.9～10.

기약하는 것뿐이다. 우리나라 사람이 반드시 선천적으로 청나라 사람과 제휴해야 할 필요라도 있단 말인가. (…중략…) 같은 인종이라는 이유로 동맹을 맺으려면 먼저 일본 인종의 기원을 정밀하게 연구하여 말레이 인종과 같지 않다는 사실을 확인하고 또 청나라 사람과 동일한 조상에서 나왔다는 점을 과학적으로 증명할 필요가 있다.

이 논자에 따르면 "구주 기독교 국가의 문명과 동맹 연형連衡"을 거절한 나라는 스스로 쇠멸을 초래할 것이고, 단순히 같은 인종이라는 이유만으로 동맹을 주장한다면 "조선이든 자바인이든 또는 안남인이든 이들과도 공수동맹을 맺어 백색인종에 맞서야 한다는 말인가. 이야말로 아이도 웃을 일"이 되고 만다. 청일전쟁에서 승리했다고는 하지만 일본의 입장에서는 유럽의 위협보다 여전히 청국과의 생존경쟁이 존망이 걸려 있는 중요한 과제이고, 구미문명을 도입하는 데 더욱 힘쓰고 구미와 동맹을 맺는 것이야말로 필수적인 일로 간주되었던 것이다. 그런 과제를 앞에 둔 논자에게 조선, 베트남, 인도네시아 등과 동맹하는 것은 몽상에 지나지 않았다. 인종의 동일성보다 문명 단계상 일본과의 격차가 오히려 강하게 의식되고 있었던 것이다.

그러나 1905년 일본이 러시아에 승리함으로써 황색인종이 백색인종을 향해 반격을 가할 것이라는 유럽인의 악몽은 단순한 백일몽이 아니라 현실성을 띤 것으로 받아들여지게 되고, 아메리카도 러일전쟁 후에는 장래에 일본과 알력을 빚을 것을 상정하여 오렌지작전계획에 몰두하기 시작했다. 다른 한편, 아시아인들에게도 황색인종이 백색인종에 승리한 것은, 그때까지 유럽인에 의해 주입된 백색인종의 생물학적 절대적 우월성과 우승열패라는 '과학적 진리'를 뒤엎고 식민지 지배 아래 놓인 민족운동의 사기를 크게 고무하는 계기가 되었다. 그러한 기운 속에서, 제2부에서 서술하겠지만, '황색인종의 맏형'으로 간주된 일본을 향해 아시아 각지에서 많은 유학생과 민족운동가가 찾아옴으로써 일본이 아시아에서 지知의 연결고리가 되고 독립혁명운동의 근거지가 되는 상황이 발생했던 것이다.

다만 그와 같이 아시아와의 관계가 강화되고 일본이 구미와의 대립에서 최전선에 나서게 되는 것은 국제정치의 관점에서 보면 반드시 일본에 유리하게만 작용하지는 않을 것이라는 두려움을 표명하는 견해도 동시에 등장했다. 야마가타 아리토모는 아시아의 유색 인종인 일본인이 대국 러시아를 격파함으로써 아시아의 내셔널리즘과 정치개혁이 활성화될 것을 인정하면서도, 그것은 결코 일본인의 유색 인종으로서의 자부심을 보여주는 것은 아니라고 한 다음, 현실 정치의 입장에서 그 전승에 의해 청국과의 대립이 격화할 것을 두려워하고 있었다.

우리나라가 러시아와 싸워 대승을 거둔 것은 실로 청국의 인심을 각성시켜 백인에 대해 갖는 것 못지않은 감정을 품게 하고, 이에 따라 더욱 더 강하게 권리를 회복하자는 분위기를 선동할 것이다. 생각건대 일본이 구주의 강국과 싸워 승리를 거둔 것은 결코 유색인이 백색인보다 강하다는 것을 증명하는 것이 아니다. 오히려 구주문명의 세력이 위대하며 이것을 잘 배울 수 있는 유색인이 문명의 조류에서 뒤처진 백색인을 물리칠 수 있다는 것을 증명하는 것에 지나지 않는다. (…중략…) 유색인은 대체로 우리나라를 숭배하고 그리 나을 것도 없는 우리를 떠받들어 아시아의 맹주로 삼고자 하는 생각을 갖고 있는 듯하지만 유독 청국만은 그렇지 않다. 외국 세력을 배척하기에 급한 청국은 우리나라에 대해서도 조금도 관용을 베풀 상황이 아니다.[40]

이처럼 야마가타는 러일전쟁을 인종전쟁이 아니라 문명전쟁으로 자리매김하고 있으며 동시에 만주에서 권익을 얻어 백색인과 동등한 입장에 선 일본이 중국의 내셔널리즘의 발흥을 재촉함으로써 도리어 곤란한 상황에 내몰리고 있는 것에 대한 우려를 토로하고 있다. 동일한 인종으로서의 자립을 지지하기보다는 구미에 대한 권리회수운동의 앙양을 두려워하고, 내셔널리즘의 저항을 어떻게 억압할 것인지에 관심을 기울이지 않을 수 없었던 일본은, 이미 인종이라는 틀로는 아시아와의 동일화를 도모할 수 없는 지경에 처해 있었던 것이다.

이런 논의와는 별도로 황화론의 출현에 대하여 인종론 그 자체를 문제로 삼은 논자도 적지 않았다.

그 가운데 한 사람인 다구치 우키치田口卯吉는 그 나름의 언어학과 역사인류학의 연구 결과를 바탕으로 일본 인종을 황색인종으로 보는 것은 잘못이며, 또 피부색이 청백색이고 살결이 곱기로는 적백색의 아리아 인종보다 뛰어나다는 특이한 결론을 끌어냈다. 1907년에 쓴 「파황화론破黃禍論」[41]에 따르면, "일본 인종의 본체인 천손天孫 인종이 일종의 우등인종이라는 것은 의심의 여지가 없다. (…중략…) 그 언어 문법으로부터 추단推斷하면 산스크리트, 페르시아 등과 같은 인종으로 언어학자들이 말하는 아리안어족에 속한다". 다만 일본인은 단일인종이 아니라 열등인종인 몽골로이드 외에 상류계급에는 아리안족인 구미인과 가까운 우등인종도 있다고 보는 것이다. 또, 반대로 황화론을 자꾸 들먹여서 일본에 대한 구미인의 동정을 감쇄하고자 하는 러시아인이야말로

---

40 山縣有朋, 「對淸策所見」(1907.1.25), 大山梓 編, 『山縣有朋意見書』, 原書房, 1966, pp.304~305.

41 田口卯吉, 「破黃禍論――一名 日本人種の眞相」, 『鼎軒田口卯吉全集』 第2卷, 鼎軒田口卯吉全集刊行會 編刊, 1927~1929, pp.483~500.

타타르 인종 즉 황색인종이고, "황화라는 말이 타타르 인종의 침입을 의미한다면 나는 도리어 러시아가 만주를 점령하는 것이 황화라고 생각한다"라며 역공을 가했다. 다구치의 이러한 주장은 일본인의 기원 문제와도 얽혀 있는데, 그가 말하고자 한 것은 일본인을 중국인과 같은 황색인종으로 간주하는 것 하나만 보아도 이미 사실을 오인하고 있는 황화론은 전혀 아무런 근거가 없는 낭설이라는 점이었다.

다구치의 추론과 결론에 두드러진 비약이 있는 것은 사실이라 해도, 그때까지 어떤 의문도 없이 '아시아 인종'은 곧 황색인종이라는 카테고리를 벗어나지 못했던 일본인을 세계의 많은 민족과 비교·대조하여 새롭게 자리매김하는 작업에 착수함으로써, 아시아를 인종과 상즉적相即的으로 보고 경역화境域化하는 통념을 비판의 도마 위에 올려놓은 것은 부정할 수 없다. 이와 같은 다구치의 논의에서 볼 수 있듯이, 러일전쟁 전후에는 한편으로는 구미인의 황화론에 대처한다는 의미에서, 다른 한편으로는 아시아 인종으로 일괄되는 데 대한 반감에서 일본인은 중국·조선과는 이질적이라는 견해가 많이 나타났다. 예컨대 구가 가쓰난은 "지나와 조선은 오히려 러시아인에 가까운 인종으로 일본인과는 완전히 상반된다. (…중략…) 오래전부터 종종 몽고와 타타르의 감화를 받은 지나인 및 조선인은 러시아인과 완전히 동일한 역사를 갖고 있기 때문에 러시아에 동화되는 것은 쉬워도 일본에 동화되는 것은 불가능하다"[42]라는 견해를 보였다.

---

[42] 陸羯南, 「淸韓人の露人(歐美人評論の誤謬)」(1904.6.28), 『陸羯南全集』 第8卷, p.427. 또, 중국인과 일본인이 同文同種이라는 것을 妄說이라고 한 언어학자 上田萬年처럼 "같은 황색인종이라 해도 일본인은 문명적인 국민으로, 지나와 조선 기타 동양인과 같이 보이게 해서는 안 된다는 포부"(「文字の開國主義」, 『十大家戰時大觀』, 郁文舍, 1904, p.179)를 갖고 구미인에게 일본을 깊이 이해시켜 황화론의 예봉을 피해야 한다고 권유하는 사람도 있었다.

다른 한편 다구치 등과 달리 유럽의 인종론과 황화론을 일단 그 논리에 따라 소개하고 냉철한 비판을 가한 사람이 모리 오가이森鷗外이다. 오가이는 고비노Gobineau의 『인종불평등론Essai sur l'inegalité des races humaines』(1853~1855)을 「인종철학개관」(1903)에서, 힘멜스체르나Himmelstjerna의 『도덕문제로서의 황화Die Gelbe Gefahr als Moralproblem』(1902)를 「황화론개관」(1904)에서 소개, 비평한다. 그리고 아리아 인종의 우월성을 극구 설파하는 고비노의 인종철학에 관해서는 "어떤 인종이 유일한 개화력開化力이 자기에게 있다고 말하는 것을 기뻐하며 듣는 것은 어쩌면 유일하다는 것을 스스로 믿을 수 없게 된 때가 아닐까"[43]라며 인종우열론 유행의 배경을 꿰뚫어 보고 있다. 또 황인종과 백인종의 대항에 관해서는 상업상·공업상의 경쟁에서 일어나는 국면과 군사·식민지 지배의 알력으로서 일어나는 국면으로 나누어 논하고, 모두 지금까지 백색인종이 강권적이고 위압적으로 행해온 부정한 정책에 맞서 일어선 정당한 반항이라고 하면서, "이렇게 보면 황색인이 백인을 압도하는 것은 정리正理의 승리이므로 그는 황화黃禍라고 말할 것이 아니라 황복黃福이라 생각하고 (…중략…) 개량책을 시행하는 것이 좋지 않을까"[44]라며 야유 섞인 반론을 가했다. 그리고 러시아의 대중국정책에 관해서는 "인도人道를 거스르며 국제법을 깨는 것은 사람이 할 짓이 아니다. 나는 세상에 백화白禍가 있다는 소리는 들었어도 황화가 있다는 소리는 듣지 못했다"[45]라며 분노를 감추지 않았다.

---

43 森鷗外, 「人種哲學槪觀」, 『鷗外全集』 第19卷, 岩波書店, 1951~1954, p.419.
44 森鷗外, 「黃禍論槪觀」, 위의 책, pp.465~466.
45 위의 글, p.423. 덧붙여 말하면, 러일전쟁에 종군한 오가이는 「황화」라는 제목의 시에서 "승리하면 황화/ 패배하면 야만/ 백인들의 사이비 비판/ 칭찬하는 자 누구인가/ 기꺼이/ 비방하는 자 누구인가/ 우려할 만하구나"(『うた日記』(1904), 『鷗外全集』 第1卷, pp.53~54)라고 노래했다.

황화에 대항하여 구미의 제국주의를 백화로 비난하는 언설은 그 후 다양한 문맥에서 사용되는데, 문제는 일본이 식민지를 보유함으로써 절반은 백색인종의 진영에 속하게 되었고 그 결과 다른 아시아 국가들로부터 백화로 간주되기에 이르렀다는 점에 있다. 결국 일본은 백색인종으로부터는 황화로 일컬어지고 황색인종으로부터는 백화로 지목되어 양쪽으로부터 그 진의를 의심 받는 입장에 놓이게 되었던 것이다. 그런 상황에서 식민지 영유를 정당화하는 근거로 활용된 것이 동종동조론同種同祖論이었다.

일본과 조선이 동일한 조상에서 갈라져 나왔다는 내용의 '일선동종동조론'은 『고사기』와 『일본서기』의 기술에까지 소급하며, 기타바다케 지카후사北畠親房(1293~1354), 하야시 슌사이林春齋(1618~1680), 모토오리 노리나가 등이 이미 주장해온 것이었다. 또 진구황후神功皇后가 조선계 도래인이라는 점은 종종 일본의 조선 지배의 정당성을 뒷받침하는 근거로 활용되어왔다. 그리고 시게노 야스쓰구重野安繹, 구메 구니타케久米邦武, 호시노 히사시星野恒가 함께 쓴 『고본국사안稿本國史眼』(1890년 간행)에서 스나노노미코토가 조선을 지배하고 이나히노미코토가 신라에 군림했다고 서술한 것을 이어받아 역사학에서는 일선동종동조론을 설파하는 저작이 속출했으며, 언어학적으로도 애스턴W. G. Aston의 『일본어와 조선어의 비교 연구』(1879)와 가네자와 쇼사부로金澤庄三郎의 『일한양국어동계론日韓兩國語同系論』(1902) 등에 의해 일선동종동조론은 통설로 받아들여지고 있었던 것이다.

물론 동종동조라는 것과 합방 또는 합병이라는 것은 다른 차원의 문제일 터이지만, 동종동조인 국가가 하나가 되는 것은 본연의 모습으로 되돌아가는 것이라는 정당화가 행해지고 있었던 것이다. 다루이 도키치가 "금일의 동종국同種國은 과거의 일국과 같다"라면서 일조합방日朝合邦을 주장한 『대동합방론』을 출판한 1893년, 우치다 고사이內田康哉도 "조선인은 일본인과 같은 인종으로 일본인종의 원조이다. 그런 까닭에 양국민은 지나인에 비해 동일한 점이 많다. 이 두 인종은 합일되지 않으면 안 된다"[46]라면서 실질적인 병합을 동종동조론에 의거해 정당화했다. 또, 1893년 『일한고대사단日韓古代史斷』에서 '일선동조론'을 주장한 역사가 요시다 도고吉田東伍 역시 한국 병합 후에는 "지금 세계의 대세를 보건대 같은 자들끼리 동맹하고 다른 자들을 배척하여 국민 종성種姓의 유래에 따라 이해관계가 달라질 것으로 판단한다"[47]라면서 종족의 동일성에 비춰보더라도 양 국민은 합동해야 할 운명에 있다고 단언한다. 한국병합 전후 동일한 논지의 주장이 기타 사다키치喜田貞吉, 호시노 히사시 등에 의해 무성하게 제기되었는데, 그보다 앞서 타이완을 영유할 무렵에도 "그 인민이 처한 정황은 구주 각국이 이인종을 지배할 때와는 완전히 다르다"[48]라고 하여 동인종이기 때문에 타이완을 이른바 식민지로보아서는 안 된다는 주장을 펼치는 사람이 있었다. 인종이 같기 때문에일본인의 식민통치와 백인종에 의한 이인종 지배는 본질적으로 다르다는 이 논리가 한국병합 당시에는 더욱 당연한 것처럼 인식되었다. 그것은 통치자의 말이었을 뿐만 아니라 국민의 목소리로서 병합을 요구하는 논리로 이용되었다.

아시는 바와 같이 영국이 인도 또는 이집트를 대하는 것이나 프랑스가

---

46 內田康哉傳記編纂委員會稿, 『內田康哉』, 鹿島研究所出版會, 1965, p.25.
47 吉田東伍, 「韓半島を合倂せる大局面」, 『歷史地理·臨時增刊—朝鮮號』, 1910.11.3, p.85. 일본사학계에서 논의된 인종론에 관해서는 工藤雅樹, 『硏究史日本人種論』, 吉川弘文館, 1979 참조
48 原敬, 「臺灣問題二案」(1895), 平塚篤 校訂, 『秘書類纂·臺灣資料』, 秘書類纂刊行會, 1936, pp.32~33.

안남과 튀니지를 대하는 것과 우리나라가 한국을 대하는 것은 상당한 차이가 있습니다. 제가 말씀드릴 필요도 없이 한국과 우리 제국은 수천 년 수백 년 동안 동일한 역사를 가진 동문동종의 나라입니다. 우리나라와 한국 두 나라는 어느 하나가 없어지면 홀로 설 수가 없는 보거상의(輔車相依)의 관계에 있습니다.[49]

오다케 간이치大竹貫一는 이렇게 말하면서 이토 히로부미에게 한국병합을 강하게 압박했는데, 동일한 역사를 갖지도 않았고 한글도 같은 글이라고 할 수 없는 이상, 여기에서도 한국병합을 정당화하는 근거는, 일본이 영국이나 프랑스와 다르고 일본과 한국이 동종의 나라라는 것밖에 없다. 그러나 오다케의 본심은 "회유정책이 쓸데없이 한국 상하 인민으로 하여금 우리의 은혜를 몰라보게 하고 그 결과 우리 제국의 위신이 땅에 떨어져" 배일排日 분위기가 높아지고 있는 상황을 억누르는 데 있었지 동종으로서 대등하게 합방한다는 것은 아니었다.

이처럼 동종론은 정치적으로 지극히 편의적으로 사용되었기 때문에 현재는 식민지 확장의 방편으로 이해되고 있다. 그러나 동종론은 일본인의 기원을 찾다가 발견한 것이어서 식민지 확장만을 목적으로 하고 있었다고 볼 수는 없다. 물론 논의 그 자체의 성질상 확실한 증거를 들어 입론할 수 있는 영역이 제한되어 있었던 데다가 현지조사도 거의 실시하지 않았고 생체계측·고인골古人骨·혈액형·지문 등 자료가 부족했던 시대의 논의에 대한 확증도 없었다. 이런 상황에서 일본인종론 역시 『고사기』나 『일본서기』의 기술 분석, 일본어 계통 연구, 고고학·신

---

49 「本會議質疑(1909.2.23)」, 大日本帝國議會誌會 編刊, 『大日本帝國議會誌』 第7卷, 1928, p.936.

화학·인류학에 의거할 수밖에 없었기 때문에 추론에 기초한 것이 대부분이었다. 그렇긴 하지만 이렇게 얻어진 논리에 의해 아시아와 일본의 관계에 대한 관심이 높아지고 있었던 것도 사실이어서 그것을 무시할 수만은 없다. 벨츠의 말레이 인종과의 혼합설, 외국인 초빙교사 밀른 John Milne의 폴리네시아 기원설 등의 영향을 받아 미야케 요네키치三宅米吉가 『일본사학제요日本史學提要』(1896)에서 『고사기』와 『일본서기』에 보이는 쓰치구모土蜘蛛(동물학에서는 '땅거미'를 뜻하나 여기에서는 일본에 혈거하였던 키가 작고 팔다리가 긴 선주 민족을 의미한다—옮긴이)를 말레이 인종으로 비정比定한 것을 비롯하여, 우치무라 간조는 『지리학고地理學考』(1894)에서 러시아의 투르키스탄 동방에 기원을 둔 투란Turan 인종의 후예로 보는 등 동아시아를 넘어서 인종적 관련성을 찾고 있었다.

특히 야마지 아이잔山路愛山과 다케코시 요사부로 등도 말레이 인종이 일본인 기원의 하나라고 주장했기 때문에, 일본의 남양 진출이 과제로 떠오른 1910년 후반에는 일본인에 의한 남양 통치에 관해서도 인종의 동일성이 자명한 것으로 간주되면서 다음과 같은 애기가 나오기에 이른다.

남양인의 피를 받아 이를 순화(醇化)한 일본인이 아직껏 미개한 상태로 떠돌고 있는 남양인을 그대로 둘 것인가. 그들을 지도하고 개발하여 자타의 행복을 증진하는 것은 이른바 왕도(王道)를 만이(蠻夷)에게 펼치는 것이며, 더욱이 일본의 입장에서 보자면 진무천황 이전의 고향으로 돌아간다는 유쾌한 의미를 포함하고 있다고 생각한다.[50]

---

50 井上雅二, 『南洋』, 富山房, 1915, p.18.

여기에서는 진무 이전의 과거로 돌아간다는 의미에서 조선병합 시기에 나타났던 논조와 미개한 백성을 지도 개발하여 행복을 증진하고 왕도를 펼친다는 의미에서 만주국 건국 시기에 나타났던 주장이 겹쳐진 발상을 발견할 수 있다. 그리고 만주국 건국에 즈음해서도 "만몽은 만주인 및 몽고인의 것이며 만주인과 몽고인은 한민족漢民族보다 오히려 야마토 민족에 가깝다는 것을 인정하지 않을 수 없다"[51]라고 공언했던 것이다.

일본은 이러한 언설로 황색인종으로부터 백화라는 비난을 피함과 동시에 스스로가 아시아 각지로 확장하는 것을 정당화하고자 했다. 설령 그것이 지배당하는 사람들에게 어떤 설득력도 갖지 못한다는 것을 자각하고 있었다 해도 사정은 크게 달라지지 않는다. 그러나 그처럼 일본이 동종론에 의거해 점차 세력범위를 확대하여 구미의 식민지 지배와 경합하게 되면서 황화론과 인종경쟁의 기운이 더욱 확산되고, 또 이민의 증대는 아메리카의 배일운동이나 오스트레일리아의 백호주의白濠主義 등 인종차별의 형태로 드러나기에 이른다. 이것이 한 번 더 반전하여 아시아에서 일본의 세력을 확대하라는 요구로 되돌아와, "대아시아주의를 편협한 인종적 감정에 기초한 것으로 간주하고 이를 책망하는 자가 있다. 하지만 인종적 편견은 구미인이 가르친 바이고, 그것은 특히 백색인종에게서 심하게 나타난다. 도발적이고 모멸적인 황화론이 그 실증이다. 신대륙에서 차별적 대우를 고집하고 있는 것이 그 실적實蹟이다"[52]라고 하여 아시아주의를 더욱더 밀어붙였던 것이다.

---

51 石原莞爾,「現在及將來ニ於ケル日本ノ國防」, 角田順 編, 『石原莞爾資料－國防論策篇』, 原書房, 1967, p.63.
52 小寺謙吉,「序文」, 『大亞細亞主義論』, 東京玉文堂, 1916, pp.4~5.

물론 일본은 국제연맹 창설 당시 연맹규약에 "국민평등주의는 국제연맹의 기본적 강령이므로 체맹국締盟國은 연맹원인 모든 국가의 인민에 대하여 인종 및 국적의 여하에 따라 법률상 또는 사실상 하등의 구별을 두지 않고 모든 점에서 균등하고 공평하게 대우할 것을 약속한다"라는 내용의 인종적 차별 대우 철폐에 관한 수정안을 제안했다. 이 수정안이 정식으로 채택되면 일본도 타이완인이나 조선인에게 참정권을 비롯하여 법률상으로나 사실상으로 평등한 권리를 부여해야 할 터이지만, 물론 그런 것을 고려하지는 않았다. 신미 기치지新見吉治가 조선인융화사업을 추진하는 입장에서, 인종 평등을 요구하기 전에 국내에서 성찰할 점이 있다면서 "아직 소수 동포를 차별하는 관습이 일소되지도 않았는데 융화문제라는 것이 사회의 중요한 문제로 떠오르고 있다. 우리들은 우선 이 모순을 해결하지 않으면 세계를 향해 인종 평등의 원칙을 제창할 자격이 없다고 말하지 않을 수 없다"[53]라고 비판한 것은 전혀 고려되지 않았다. 시선은 어디까지나 피해자이자 피억압자로서의 일본인을 향하고 있었다는 것은 의심의 여지가 없다. 어쩄든 구미 각국보다 앞서 일본이 제안한 수정안은 받아들여지지 않았고, 아메리카의 배일운동도 하루가 다르게 치열해져 인종 대립의 수준은 한층 심각한 상태로 치닫고 있었다. 그러나 제1차세계대전이 끝나면 다시금 아시아를 무대로 하여 백색인종과 황색인종의 대립이 격화하리라는 것은 많은 일본인이 예상한 일이기도 했다. 이미 러일전쟁 후에 아시아·아메리카에서 유색인종의 내셔널리즘의 발흥에 경계심을 품고 있던 야마가타 아리토모도 "세계의 근황을 살피건대 인종의 경쟁은 해마다 더욱 격렬해질 것"[54]

---

53 新見吉治, 『猶太人問題』, 中央融和事業會, 1927, p.2.
54 山縣有朋, 「對支政策意見書」, 大山梓 編, 『山縣有朋意見書』, 原書房, 1966, pp.342~345.

이라면서 백인과 유색인이 충돌할 가능성을 시사했고, 백인과 대등하게 다투기 위해서라도 "피부색이 같고 같은 글자를 쓰는 일본과 지나 양국이 상호 친선관계를 맺어 이익을 늘리고 피해를 줄여나가지 않으면 안 된다"라는 생각을 피력했다. 그러나 앞에서 말한 것처럼 야마가타는 인종론에 의해 외교관계를 맺는 것에는 반대하는 입장이었고, 영국·러시아·프랑스·미국과 협조하는 것이 가장 중요한 과제라고 생각하고 있었다. 그럼에도 불구하고 군이 인종경쟁론을 꺼낸 것을 왜일까. "위안스카이로 하여금 우리에 대한 의심을 일소하게 하고 우리를 신뢰하는 마음을 갖게 하기 위해서는 반드시 그에게 인종경쟁의 추세를 설명하여 지나 민족의 역사와 독립을 보존하려면 우리를 신뢰하는 것이 가장 적당하다는 점을 깨닫게" 하기 위해서였다. 인종경쟁의 위협을 설파하여 만몽 권익의 확대를 도모하는 것이 그 목적이었다.

이와 달리 중국에서 교수 생활을 하면서 체험을 쌓았고 대아시아주의의 실현에 기대를 걸었던 이마이 요시유키今井嘉幸는 아주 솔직하게도 "황인종과 백인종의 투쟁은 필연적으로 다가올 사실이다. (…중략…) 닥쳐올 인종적 투쟁에 맞서 지나와 일본이 결합하여 백인의 습래襲來에 대비하는 것이 바로 대아시아주의의 요체"[55]라고 단언했다. 더욱이 1921년 『빼앗긴 아시아』에서 "제2차세계대전의 풍운이 몰아닥칠 장래의 아시아를 고찰하고 싶다"[56]라고 했던 미쓰카와 가메타로滿川龜太郎가 1924년에는 "아시아인이 결코 열등 미개한 민족이 아니라는 것을 입증하고 백인의 편견과 미신을 타파하는 것은 금일의 급무"[57]라 하여 『동서인종투

---

55 今井嘉幸, 「人種的鬪爭を背景としての日支提携」, 『新公論』 第32卷 9號, 1917.8, pp.23~24.
56 滿川龜太郎, 『奪はれたる亞細亞』, 廣文堂書店, 1921, p.1.
57 滿川龜太郎, 『東西人種鬪爭史觀』, 東洋協會出版部, 1924, p.90.

쟁사관』이라는 제목의 저작을 공간했다.

그러나 1920년대 이후 일본이 직면하지 않을 수 없었던 것은 동서인종투쟁에 호응하는 동인종인 아시아 사람들의 환호성이 아니라 배일, 반일, 모일侮日의 아우성이었다. 그런 만큼 일본인과 함께 백색인종에 대항해야 할 인종과의 연대를 황색인종을 넘어서 찾게 되었고, 미쓰카와 가메타로는 "아시아와 마찬가지로 착취당하고 있는 아프리카, 황인과 마찬가지로 억압당하고 있는 흑인, 그것은 필연적으로 우리의 정신을 괴롭히는 것이었다"[58]라고 하여 황인과 흑인의 공동투쟁을 호소하면서 일본인에게 흑인문제에 대한 이해를 구했다. 미쓰카와는 또 흑인과 함께 백인에게 억압당하고 있는 인종인 유대인과의 연대 역시 불가결한 것으로 간주하고, 『유대인의 미망』(1929) 등의 저작을 통해 유대음모설을 일관되게 부정했다. 그리고 미쓰카와와 마찬가지로 유대인에 대한 이해를 호소한 오야베 센이치로小谷部全一郎도 "우리 아시아 인종은 대동단결하여 하늘을 대신해 수억 창생에게 평화를 주어야 하는데, 이를 위해 보안保安의 길을 강구하지 않으면 안 된다. 구미인이 아시아인을 배척하는 것은 잘못된 견해이다. 그럼에도 우리들이 저들의 말투를 흉내 내어 우리들과 인종 및 문화가 같은 유대민족을 혐오하고 배척하는 것은 대아시아주의를 내팽개치고 아시아를 사지로 이끄는 것이나 다름없다"[59]라면서 대아시아주의를 성공시키기 위해서라도 유대민족과의 연대와 제휴가 필수적인 전제인 것으로 생각했다. 이 인용문을 보아도 알 수 있듯이 오야베는 일본·유대동종동조론의 주창자 중 한 사람이기도 했다. 일본·유대동종동조론도 시리아어와 경교景教 연구자였던

---

58 滿川龜太郎, 『黑人問題』, 二酉名著刊行會, 1925, p.3.
59 小谷部全一郎, 『日本及日本國民之起源』, 厚生閣, 1929, p.392.

사에키 요시로佐伯好郎가 교토의 우즈마사太秦(교토시 우쿄구의 지명. 5세기 경, 조선에서 도래한 하타 씨가 거주한 곳—옮긴이)로 귀화한 하타秦 씨가 유대민족이라고 주장한 것 외에,[60] 기무라 다카타로木村鷹太郎, 다케코시 요사부로, 이시카와 산시로石川三四郎 등이 다양하게 의견을 개진해온 것이었다. 그 논거는 물론 믿기 어렵지만, 유대민족을 아시아 인종 가운데 포함시키는 견해가 일본에서는 반유대주의에 대한 저항의 이유가 되어왔다는 점을 완전히 무시할 수는 없을 것이다.

이렇듯 인종 개념을 최대한 확장함으로써 아시아 안에서 일본이 벌이는 황백인종투쟁의 동조자를 널리 구하는 노력이 있어왔지만, 일독방공협정·일독이삼국군사동맹에 의해 반유대정책을 택한 나치 독일을 따르지 않을 수 없었고, 중국과는 교전상태에 돌입하고 조선에서는 독립 요구에 직면했으며 더욱이 동남아시아와 남아시아에서는 반일 빨치산 운동의 저항에 부딪히는 등 일본은 아시아 내부에서 동일 인종이라는 것을 내세웠으면서도 각지에서는 대립을 심화시키고 있었다.

그리고 1941년 미국·영국과 벌인 전쟁에서는 한 쪽이 다른 쪽을 '귀축鬼畜'이라 매도하고 다른 쪽이 한 쪽을 '노란 원숭이'라고 경멸하는 식의 편견을 낳았고, 또 서로의 자존심을 상하게 함으로써 증오를 격화시키는 문자 그대로 인종전쟁이 전개되었던 것이다.[61]

---

60 사에키 요시로는 우즈마사에 관하여 "'우즈'는 'Ishu' 즉 'Jesus', 또 '마사'는 'Messiah'의 전와어(轉訛語)에 다름 아니다. 그것은 바로 아람어 및 셈어의 메시아 예수(Jesus, the Messiah)의 전와어이다"라고 했을 뿐만 아니라, 고류지(廣隆寺)의 '이사라이(いさら井)'라는 우물이 '이스라엘인의 우물'이라하여 하타 씨를 유대민족에 속한다고 설명했다(「太秦(禹豆麻佐)を論ず」,『歷史地理』第11卷 1號, 1908.1).

61 태평양전쟁이 인종전쟁으로서 얼마나 치열했는지에 대해서는 John W. Dower, *War without Mercy : Race and Power in the Pacific War*, New York : Pantheon Books, 1986 참조.

제4장
사상기축으로서의 문화

지금까지 문명과 인종이라는 기축에 의해 아시아라는 공간이 어떻게 인식되었는지를 검토해왔다. 여기에서 다시금 상기해야만 할 것은 '아시아'에 대응하는 공간에 관하여 유럽으로부터 주어진 지역 개념 내지 명사로서는 아시아와 함께 'Orient'와 'East' 등이 있고, 동양이나 동방 등의 말이 이 개념들에 대응하여 사용되었다는 사실이다. 그러나 말할 것도 없이 동양이나 동방이 반드시 'Orient'나 'East'의 번역어였다는 뜻은 아니다. 이러한 개념의 차이를 일본인이 어떻게 의식하고 있었는지에 관한 일반적 이해를 보여주는 것으로서 오노 세이이치로小野清一郎의 다음과 같은 말이 있다.

도대체 '동양'이란 무엇일까. 그것은 근본적으로 문화적 개념이고, 문화사적 · 문화지리적으로 한정되어야 할 개념이다. '아시아'라고 말할 때 그것은 자연지리적인 대륙으로 생각되는 듯하다. 또 '극동'이라든가 '동아'라고 말할 때 그것은 정치적·경제적인 의의를 가진 듯하다. 물론 '아시아적'이라는 말이 어떤 문화적 의의를 갖는 경우도 있고, '동아'라는 말도 정치적·경제적 호칭에 머무르는 것이 아니라 정치·경제를 포함하여 그것을 넘어서는 전(全) 문화적인 신질서를 갖게 되는 것이 그 이상(理想)으로 간주되지 않으면 안 된다. 이 경우 그것은 먼저 '동양' 개념의 정치·경제적 표현이라 할 수 있다. 결국 이런 다양한 말이 사용될 경우 거기에는 스스로 어떤 논리가 내재되어 있다는 점을 인정해야 할 것이다. 이러한 문화적 의미에서 **'동양'이 존재한다는 인식은 우리 일본에서 처음으로 성립한 것이고,** 현재 일본을 중심으로 하여 전 세계로 발전하고 있는 사상이다.[1] (강조는 인용자)

오노가 지적하고 있듯이 각각의 개념에는 각각의 논리가 내재해 있다는 것은 부정할 수 없다. 다만, 동시에 사용자에 따라 그 함의가 다르기 때문에 오노의 견해가 유일한 것이라고도 말할 수 없다. 그러나 용어법에 비춰보면 문화에 관해서는 동양과 서양이 대항적으로 구분되는 것이 통례였다는 점은 일반론으로서 확인해 두어야 할 것이다. 물론 아시아가 단순히 "자연지리적인 대륙"으로 생각되었는지 여부에 관해서는 이론異論이 있다. 이 점은 제쳐두더라도 1945년 이전에는 아시아 문화나 아시아 역사·아시아 철학·아시아 정신·아시아 도덕·아시아 사조 등의 용례는 적었고, 동양문화·동양철학·동양정신·동양도덕·동양사조 등이 일반적이었다는 것을 감안하면, 동양이란 근본적으로는 문화사적·문화지리적 개념이라고 하는 오노의 지적은 통설적 견해라고 말

---

1   小野清一郞, 「東洋は存在しないか」, 『中央公論』, 1939年 11月號, p.9.

할 수 있을 것이다.[2]

그런데 여기에서 오노가 동양의 개념을 굳이 문화와 결부시켜 생각한 것은 동양문화라는 실체는 존재하지 않는다는 유력한 주장에 반론을 제기하기 위해서였다. 즉, "일본의 문화는 일본 민족 생활의 독자적인 전개에 의해 독자적으로 형성되어온 것이고 따라서 지나의 문화와는 완전히 다르다는 것, 일본과 지나는 서로 다른 문화를 가진 서로 다른 세계이고 문화적으로 이 둘을 포함하는 것으로서 하나의 동양이라는 세계는 이루어져 있지 않으며 따라서 하나의 동양문화는 없다는 것"[3] 등을 골자로 하는 쓰다 소우키치津田左右吉의 견해가 그것이었다.

쓰다는 "이른바 서양문화라는 것에 대립하는 의미에서 동양의 문화라는 것이 있고 우리나라의 문화도 그 동양에 속했다"는 설은 "사실과 어긋나는 명확한 망상"이며, "현대 우리 국민의 문화, 우리 국민의 생활이 서양에 대립하는 의미에서의 동양이 아니라는 것은 너무나도 명백한 눈앞의 사실"이라 말하고, 오늘날 일본은 오히려 서양문화로 보아야 한다고 주장했다. 이에 대해 오노는 일본 민족의 문화가 불교나 유교 등

---

2 동양과 아시아를 앞세우는 용법을 일별하자면, 동양철학회 기관지『東洋哲學』은 1894년에 창간되었고, 동양문화학회(1921년 결성)에서는『東洋文化』가 간행되었다. 또 1934년부터 1936년에 걸쳐『岩波講座 東洋思潮』전18권, 1938년부터는 小沼勝衛 編,『東洋文化史大系』제8권 등이 출판된다. 그리고 1938년에 마무리된 平凡社의『東洋歷史大事典』은 1959년 전면개정판을 내면서『아시아역사사전』으로 이름이 바뀐다.

3 이하 쓰다 소우키치의 주장은『支那思想と日本』(岩波書店, 1938)에서 인용한다. 쓰다 소우키치의 주장의 근간은, "유교의 도덕은 학자들에 의해 늘 강설(講說)되어왔지만 일본인의 생활은 결코 그들에 의해 지배되지는 않았다. (…중략…) 유교의 정치사상 또한 일본인의 정치의 실제에는 거의 영향을 주지 않았다"는 말에서도 알 수 있듯이, 중국문화는 일본인의 생활과는 이렇다 할 관계가 없었다는 것이다. 또 쓰다는 이보다 앞서 1916년부터 21년에 걸쳐 발표한『文學に現はれたる我が國民思想の硏究』에서도, 일본 국민의 사상은 국민 독자의 실생활에서 생겨나 변화해온 것이며, 외래의 중국사상은 일부 지식계급에게 존중받은 것에 지나지 않았다는 설을 제기했다. 그리고 아시아론・동양론의 핵으로서 유교가 왜 재생하고 있었는가라는 문제에 관해서는 中村春, 「'東洋倫理'という思想」(『東洋古典學硏究』第8集, 1999)를 참조하라.

의 사상을 매개로 하여 성장·발전해온 것에 비춰보면 동양은 "역시 역사적·문화적 연관성을 가진 하나의 세계이다. (…중략…) 그 문화의 근저에는 서양의 그것과 구별되는 어떤 보편적 정신이 있다"[4]라고 반론하면서 정신문화의 공유에 기초한 동양의 실재를 주장했다.

아마도 쓰다 소우키치처럼 "역사는 생활의 전개이기 때문에 하나의 생활에 하나의 역사가 있는 것이고, 공동의 생활을 하지 않는 다른 두 민족이 하나의 역사를 가질 리가 없다. 따라서 하나의 역사가 없으면 하나의 문화도 없다"라고 생각한다면, 일본·중국·인도에는 각각 민족적 특수성이 있고 그 민족적 문화에도 본질적 차이가 있어서 문화로서의 동양의 일체성을 인정할 수가 없으며, 그것은 "동양이라는 범위마저도 애매한 지리적 호칭에 억지로 문화적 의의를 부여하려는 데서 생겨난 환영幻影"이라 할 수 있을 것이다. 그런데 그렇듯 애매한 지리적 호칭을 굳이 막부 말기의 일본인이 창출한 역사적 배경에는, 쓰다가 지적하고 있듯이, "막말 시대 일본의 사상가가 서양의 문화에 대립하는 것을 일본 안에서만 찾을 수는 없으니까 그들이 숭배하고 있던 지나의 문물, 특히 유교를 자기편으로 삼아 오히려 그것에 의지하고자 한 데서 생겨난 것이라고 말해도 그다지 지나친 말을 아닐 것이다. 적어도 서양에 대항하기 위해서는 일본을 내세우기보다 동양을 내세우는 쪽이 훨씬 든든했던 것이다"라는 심리적 기제가 작동했다는 점도 아울러 생각할 필요가 있다. 그 의미를 보아도 알 수 있듯이 동양이라는 말은 구미에 심리적·문화적으로 대항하기 위한, 처음부터 확장으로 치달았던 일본의 다른 이름이기도 했던 셈이다.

---

4 小野清一郎, 앞의 글, p.10.

그리고 그것은 결국 문명이나 인종이라는 개념이 그 실체까지 포함하여 타자로부터 부여된 것으로 받아들여진 부분이 많은 데 비해, 문화나 민족의 경우는 개념 그 자체는 주어진 것이었다 해도 그 내용을 어떻게 설정할지는 일본인의 결정에 맡겨진 부분이 많았다는 것을 보여준다. 아니, 하나의 문화나 민족을 정의하는 것 자체가 경계선을 설정하는 것과 다르지 않고, 그 경계선은 늘 자의적이지 않을 수 없다. 동시에 그 경계선은 차이를 강조하기 위해 활용되는 경우도 있지만, 차이에도 불구하고 공통의 요인을 들어 동류성同類性을 설명하기 위해 이용되는 경우도 있다. 경계를 짓는 행위는 그렇기 때문에 지극히 정치적인 행위이기도 하다.

그런 까닭에 문화나 민족에 의한 아시아에서의 경계 설정은, 동양이라는 개념 그 자체의 선택에도 나타나 있듯이, 일본인의 공간 의식과 정치적 주장을 보다 직접적으로 반영하게 되었다. 그렇기 때문에 미키 기요시는 쓰다 소우키치의 동양에 대해, 내면적 통일성을 지닌 세계로서의 동양은 아니었다는 지적에 찬성의 뜻을 표하면서, "정말이지 지나사변의 세계사적 의미는 '동양'의 형성이라고 볼 수 있을 것이다. (…중략…) 일본의 세계사적 사명이 동양의 통일을 실현하는 것이라 해도 그것은 '모든 것 안에 일본적 사유를 끌어들이는 것'은 아니다"[5]라고 하며, '동양이 존재하지 않는' 까닭에 동양이 형성될 수 있는 가능성과 그 과정에서 일본의 자제自制를 함께 거론했던 것이다. 결국 문화적 통일로서의 동양을 형성하는 과정에서도 일본 주도의 동양문화 형성이 일본문화의 단순한 강제로 나타날 것에 대한 우려를 감추지 않았던 것이다.

---

5   三木淸, 「現代日本に於ける世界史の意義」, 『中央公論』, 1938年 6月號, pp.81~83.

이렇듯 문화와 민족이라는 기축에 의한 동양 내지 아시아라는 경역의 설정은 가소성可塑性을 갖고 변천하고 있었다.

다만 아무리 자유롭게 경역을 설정할 수 있다 해도, 동시에 인류의 문화가 지역에 따라 다른 양식을 보이는 것은 부정할 수 없는 사실이고, 그런 까닭에 또 문화라는 기축은 지역을 획정해가는 중요한 틀을 제공할 수 있었던 것이다. 고야마 이와오高山岩男가 제창한 문화유형학이란 바로 그 지역적 차이를 민족문화의 유형으로서 파악하고자 한 것이었다. 고야마는 그때까지 문화 분류 방법으로 이용되었던, 아리안문화·셈문화·몽골문화 등으로 구별되는 인종주의적 분류와 건조지 문화·습윤지 문화 또는 사막 문화·목장 문화·몬순 문화 등 풍토적 특성에 따라 구분되는 풍토주의적 분류를 재검토함으로써 문화의 유형을 적출하고자 했다. 그리고 문화의 차이를 인종의 선천적 소질로 환원하는 인종주의에 대해서는, 인종이라는 생물학적 개념을 가지고 문화나 사회의 형성이라는 정신적 활동의 주체로 생각하거나 그 우열을 논하는 것은 잘못이며, 문화를 형성하는 것은 어디까지나 민족이라는 점을 강조했다. 그리고 일본에서도 니시카와 조켄의 『일본수토고日本水土考』나 구마자와 반잔熊澤蕃山의 『집의외서集義外書』 등이 쓰였고, 몽테스키외의 『법의 정신』이나 헤르더의 『인류사 철학의 이념』 그리고 라첼Friedrich Ratzel 등의 인문지리학의 영향하에서 주장된 풍토결정론적 발상에 대해서는, 자연의 제한을 무시할 수 없는 동일한 풍토 아래서도 다른 문화가 형성되어왔다고 하여, 인간의 정신활동인 문화가 자연적 요인에 의해 결정된다는 견해에도 반대했던 것이다. 어찌됐든 고야마 이와오는 문화 활동에는 일정한 기후풍토적 한계나 역사적 민족문화에 의한 제약이 있고, 정신적 자발성은 이 한계 내에서 발휘된다는 '지리적·역사적 가능론'을 제기했을 뿐 구체적인 유형을 제시하지 못한 채, "세계의 문화는 개성적 양식을 다투는 민족문화를 바탕으로 조형되지 않으면 안 된다. 여기에서 오히려 천인합일이 실현된다"[6]라는 '천인합일론'을 주장하는 선에서 멈추고 말았다.

그리고 문화유형학을 제창한 고야마 이와오 자신이 동양문화의 사실주의·자연주의·주체주의·반인간중심주의와 서양문화의 합리주의·이념주의·객체주의·인간중심주의를 대비했을 뿐이었던 것처럼, 많은 동양문화론에서도 구체적인 문화의 분석을 통해 동일성과 차이를 인식한 다음 아시아라는 지역적 연계를 제시한 것이 아니라, 거꾸로 아시아라는 경역을 암묵적인 전제로 한 다음 그 기반 위에서 여러 문화를 나누었다고 보아야 할 것이다. 그 점은 일본인으로서는 이례적으로 아주 이른 시기에 이슬람문화를 포함한 아시아문화의 다양성에 주목했던 오카쿠라 덴신의 경우도 예외가 아니었다. 오카쿠라 덴신은 "아랍의 기사도, 페르시아의 시, 중국의 윤리 그리고 인도의 사상, 이것들 일체가 단일한 아시아적 평화를 말해주고 있으며, 바로 거기에서 저절로 공통의 생활이 자라나고 각각의 장소에서 다른 특징적인 꽃을 피우면서도 확실한 구분선 따위는 끌어내려고 하지 않는 것이다. 이슬람문화 자체는 말하자면 손에 검

---

6   高山岩男, 『文化類型學硏究』, 弘文堂書店, 1941, p.190. 고야마는 "東亞, 中亞, 西亞에 이르는 광대한 지역에는 일찍이 성질이 다른 다양한 문화가 존재했고 또 지금도 존재하고 있긴 하지만, 그것은 유럽에서 볼 수 있는 것과 같은 긴밀한 통일성을 갖고 있는 것은 아니다"(p.24)라고 하여 '중아'라는 지역 개념을 제기했으나, "동양문화라는 것도 실은 동아문화를 가리킨다"(p.26)라는 견해를 보이고 있다. 또, 고야마는 몬순문화 등을 예시하고 있는데, 그것은 서명은 거론하지 않았지만 1935년에 간행된 和辻哲郎의 『風土―歷史的考察』(岩波書店)에 의거한 것이 분명하다. 그리고 고야마는 여러 민족문화의 유형을 비교, 연구하겠다는 목표 아래 『文化類型學』(弘文堂書店, 1939)를 간행했는데, 이 책에는 '희랍문화의 유형' 이하 인도·기독교·불교·중국·서양·일본의 문화유형이 병렬되어 있을 뿐 그 선택 기준이나 유형의 비교 등은 보이지 않는다. 또, 松本文三郎는 동양문화의 연원을 구명하기 위해서는 그리스·로마에서 이집트까지 소급할 필요가 있다면서 이들 지역을 포함한 『東洋文化の硏究』(岩波書店, 1926)를 출판했다.

을 든 유교라고도 말할 수 있다. 왜냐하면 고색古色이 그윽한 황하의 공동주의 안에 회교 민족들 사이에서 집약적으로 실현되고 있는 듯한, 순수하게 목가적인 요소를 확인할 수 있기 때문이다"[7]라고 하여, 각각의 사회가 각 지역에서 고유의 문화를 형성하면서도 그것이 기본적으로는 아시아라는 일체성을 기반으로 하고 있다는 점을 역설하고 있는데, 여기에서도 유럽과 구별되는 '아시아에 있는' 것을 논의의 전제로 삼고 있다는 것은 부인할 수 없다. 그리고 고대 아시아로 거슬러 올라감으로써 얻을 수 있는 아시아적 단일성의 강조는 눈앞에 존재하는 각각의 문화와 민족의 현실을 무시 내지 경시하는 것이었다는 역설도 간과할 수 없을 터이다. 하지만 동시에 일본인이 아시아의 문화란 중국의 유교와 인도의 불교 이외에는 생각조차 할 수 없었던 시대에 덴신의 시선이 그렇게 넓은 지역까지 미쳤다는 것은 충분히 놀랄 만하다. 그것은 1880년 6월 다니 다테키谷干城와 기시다 긴코岸田吟香 등이 "동양도덕의 부진을 탄식하며 그 진흥을 목적"으로 하여 사문학회斯文學會를 창립한 이래 동양도덕이나 동양윤리로서 문제가 된 것은 거의 유학 내지 유교에 한정되어 있었고, 1930년대 후반에도 쓰다 소우키치가 동양문화의 존부存否를 중국의 유교와 인도의 불교에 연관시켜 거론하고 그것이 논쟁을 불러일으켰다는 사실에 비춰 보면 명확해질 것이다.

다만 그것은 또 문화와 민족에 관한 개념 정의가 지극히 막연했던 데서 기인했다고도 생각할 수 있다. 무엇보다 일본에서는 문화라는 개념

---

7 岡倉天心, 『東洋の理想』(1903), 『岡倉天心全集』第1卷, p.14. 덧붙이자면 이 저작의 원문 제목은 "The Ideals Of The East"이며, 오카쿠라 자신은 이것을 『泰東理想論』이라 번역했다(같은 책 p.479 에 수록된 小池素康에게 보낸 편지). 그는 세계를 'East-泰東 / West-泰西'로 파악하고 있었던 것 이리라.

자체가 1910년대 후반에 이르러서야 사용되기 시작했고,[8] 그것이 동양이라는 지역 개념과 결부된 것은 당연히 그 이후일 수밖에 없다는 말이 된다. 여기에서 문화와 문명이 어떻게 다른 개념으로 파악되었는지 보기로 하자. 먼저 문화주의의 철학을 제창한 구와키 겐요쿠桑木嚴翼는 다음과 같이 말한다.

문화라는 말이 있는데, 사람에 따라서는 이것을 인문이라고도 하며, 또 옛날부터 있어온 문명이라는 말을 그대로 사용해도 큰 차이가 있는 것은 아니다. 특별히 문화라는 말을 사용하지 않으면 안 되는 이유도 없다. (…중략…) 나 자신은 영어 'civilization'에 해당하는 말을 문명으로, 독일어 'Kultur'에 해당하는 말을 문화로 사용하고 있다. 그렇다면 'civilization'과 'Kultur'는 어떻게 구별할까. 어떤 사람은 'civilization'을 물질적 문명, 즉 물질적 설비의 진보를 비롯한 유형(有形)상의 각종 제도나 기계의 응용 등을 가리키는 것이라고 말한다. 이와 달리 'Kultur'는 정신적·이상적 방면, 즉 예술이나 종교나 도덕이나 학문 등의 진보를 의미하는 것이라고 하여 구

---

8 田邊元는 『改造』, 1922년 3월호에 게재한 「문화의 개념」이라는 논문에서 "문화주의라는 것이 처음으로 우리 사상계에서 제창된 것은 수년 전의 일이었던 것으로 기억한다. 그러나 이 말, 즉 문화라는 말이 널리 사람들의 입에 오르내리게 된 것은 지극히 최근의 일이다"(p.49)라고 지적하고 있는데, 문화주의의 제창자로 알려진 左右田喜一郎가 문화라는 말을 사용하기 시작한 것은 1915년의 일이다. 다만 문화라는 말 자체는, 예컨대 우치다 마사오가 『輿地誌略』(1870)에서 "인간이 실용의 학문을 강구하지 않으면 문화는 점차 퇴보하여 고루하고 흉포한 풍속을 초래한다"(卷一, p.16)라고 한 것 외에, "동서가 서로 만나 문화를 일신하는 추세가 아닌가. (…중략…) 동서의 문화를 합성하여 세계의 대도(大道)를 발휘하지 않으면 안 된다"(『女學雜誌』 第405號, 1894.12) 등의 형태로 사용되기는 했다. 그리고 아시아 인식과 관련하여 문화를 문제 삼은 논고로, 靑木保, 「近代日本のアジア認識」(靑木保 外 編, 『近代日本文化論』 第1卷(近代日本への視覺), 岩波書店, 1999 所收)가 있다. 또 인류학에서 문화라는 용어가 어떤 의미로 사용되었는지에 대해서는, Roger M. Keesing, "Theories of Culture", *Annual Review of Anthropology* No.3., 1974 및 梶原景昭, 「課題としての文化」; 關本照夫, 「文化概念の用法と效果」(『文化という課題』(岩波講座 文化人類學 第13卷), 岩波書店, 1998 所收) 참조.

별하고 있다.[9]

나아가 구와키 겐요쿠는 'Kultur'와 대립하는 것으로 물질적 자연을 가리키는 'Natur'를 들고, 문화란 자연에 인공을 가하여 그것에 가치를 부여하는 것으로서 "자연 그 자체는 가치를 생각할 필요가 없지만 문화 인간의 사업은 모두 가치를 염두에 두지 않으면 안 된다"라고 정의한다. 이 해석은 독일에서 문화Kultur와 문명Civilization의 구별을 받아들인 이래[10] 소우다 기이치로 등의 문화주의·문화가치론의 창도와 서로 어울려서, 문화는 정신적·이상적 가치가 있는 것이라는 이해가 보급되고 있었다. 이리하여 이미 동양이라는 개념 자체에 정신성이 강하게 포함되어 있었던 데다가 문화가 정신적 가치의 체계로 간주되었기 때문에 동양문화는 정신적·이상적이어서 물질적인 측면이 포함되어 있지 않다는 이해가 일반화되고 있었던 것이다.

이처럼 문화가 가치의 우열을 표상하는 것으로 이해됨으로써 문화에 의한 자타의 변별에는 단순한 차이 이상으로 서열화가 따르게 되었다. 물론 문화로 자타를 서열화하고 식별하는 것은 중국의 화이관을 비롯하여 문명론에서 야만인·미개인을 구별하는 관점에도 강하게 반영되어 있었다. 후쿠자와 유키치의 『세계국진世界國盡』에서도 태국, 베트남,

---

9 桑木嚴翼, 『文化主義と社會問題』, 至善堂書店, 1920, pp.169~171.

10 구와키 겐요쿠는 'Kultur'의 번역어로 문화와 인문을 거론하고 있지만, 번역어에 관해 말하자면 1912년에 간행된 『英獨佛和哲學字彙』에서는 'Kultur'를 '문명, 개화'로, 'Cvilization'을 '개화, 문명, 문화'로 번역하고 있다. 즉 '문화'가 'Civilization'의 번역어로 선택되었던 것이다. 아울러 'Kulturgeschichte'는 '문명사, 문화사'로 번역하고 있다. 또, 'Kulturwissenschaft'에 관하여 鳥居龍藏는 '인문과학'으로 번역하여 'Naturwissenschaft'의 번역어인 '자연과학'과 대비시켰다(「人類學と人種學(或は)民族學を分離すべし」, 『東亞之光』 第8卷 第9號, 1913.9). 구미와 일본에서 문화라는 개념이 어떻게 사용되었는지에 관해서는, 生松敬三, 「'文化'の概念の哲學史」(『日本文化への一視覺』, 未來社, 1975 所收) 및 今井道兒, 『'文化'の光景』(同學社, 1996) 등이 상세하다.

티베트 등은 "정부를 세웠으니 나라라고는 하지만 사람들의 기운이 비루하고 문자도 없어 서양인의 모멸을 받고 두려워할 따름이다"[11]라고 했으며, 아프가니스탄, 투르크스탄 등에 관해서는 "독립국이라고는 하지만 풍속이 조악한 이적夷狄일 따름"이라는 표현을 사용하여 문화적 우열이라는 견해를 보이고 있었다.

또 후쿠다 도쿠조福田德三는 1904년의 제1차 보호국조약 체결 이전에 집필한 논문에서, 일본은 "경제단위의 발전을 소홀히 하는 한국과 한인에 대해서는 그 부패쇠망이 극에 달한 '민족적 특성'을 근저에서 소멸시킴으로써 우리에게 동화시켜야 할 자연적 운명과 의무를 가진 '유력하고 우월한 문화'의 무거운 사명을 감당해야 한다"[12]라는 사명감을 표명했는데, 이처럼 그는 조선을 문화적으로 동화시켜야 한다는 생각을 일찍부터 품고 있었다. 여기에서는 아시아에서 문화적인 선도자로서 일본을 자리매김하고 아울러 동양으로서의 문화적 동일성을 고려하고 있었던 것이다. 그랬기 때문에 1898년 미국-스페인 전쟁 당시 관전무관觀戰武官이었던 아카시 모토지로明石元二郎는 "필리핀 문제를 풀 수 있는 것은 일본"[13]이라 하여 아시아 지역의 문제에 관한 일본의 견인차 역할을 인정하면서도, "필리핀인은 동양문명의 맛을 알지 못한다. 그러므로 일본은 그들이 이해할 수 없는 동양문명이 풍부"하다는 점에서 문화적으로 현격한 차이가 있으며, 필리핀의 아기날도Emilio Aguinaldo의 독립운동을 일본이 원조해 봐야 기울인 노력에 비해 얻을 수 있는 것은 많지 않다고 했던 것이다. 여기에서는 아직 문화라는 개념이 없었기 때문에 문

---

11 福澤諭吉, 『世界國盡』, 『福澤諭吉全集』 第2卷, pp.535~536・597.
12 福田德三, 『經濟學研究』 前篇, 同文館, 1920, p.147.
13 明石元二郎, 「一八九八年七月二日香港發第三十一回報告」, 『大隈文書』 A・600-5.

명이라는 용어가 사용되고 있는데, 같은 동양이면서도 필리핀과 일본이 문화적으로 이질적이라는 견해는 뒤에 서술하듯이 제2차세계대전 중에도 빈출하게 된다. 문화라는 기축에 따르면 공간적·지리적으로 가깝다고 해서 반드시 동일성이나 친연성을 갖는 것은 아니라는 인식이 나오는 것이다.

그리고 이렇게 문화라는 기축에 비추어 일본과 아시아의 관계를 고려할 때 그 기준이 되는 것은 대부분 유교였다. 그러나 유교문화가 동양문화와 동등하게 간주되었다고는 하지만 그것은 교육칙어의 근간인 충효관념의 연원이 유교도덕에 있는 것으로 보였기 때문이고, 기타 중국문화는 부정의 대상에 지나지 않았다. 더욱이 그 유교문화를 표징表徵하는 것이 한학인 이상, 그것은 쇠퇴하고 있는 것으로서 보호·진흥해야할 대상으로 간주되기에 이르렀다. 이것은 1921년부터 1923년에 걸쳐 한학진흥결의안이 중의원에 제출되는 운동 속에서 다시금 인식되게 되었다. 원래 이 운동은 1921년 1월 14일 문부성이 중학교에서 한학 전폐 방침을 결정했다고 『요미우리신문』이 보도하자, 위기감을 품은 마키노 겐지로牧野謙次郞, 마쓰다이라 야스쿠니松平康國 등이 한학진흥회를 창설하여 반대운동을 일으키면서 시작되었다. 한학진흥회는 동양문화학회로 이름을 바꾸었는데, 그 설립취지에 "지나와 중대한 관계가 있는 것은 물론 새로운 영토인 타이완과 조선, 조차지인 만몽 등이 모두 한자민족인 까닭에 우리는 다른 지식인들과도 함께 제휴·호응하여 조사와 주장에 힘씀으로써 선린우호의 바탕을 마련하고 융합의 정교政教에 도움이 되고자 한다. 다만 사물에는 본말이 있고 일에는 선후가 있다. 동양문화의 연원이 지나라고 한다면 본회의 사업으로 먼저 지나 지식의 중추인 한학 즉 유교의 진흥에서 시작하는 것이 당연한 순서라고 믿는다"[14]라고 적혀 있듯이, 일본과 관계된 지역의 민족이 한자를 사용하고 있다는 것을 전제로 하여 동양문화로서의 한학＝유교의 진흥을 필수적인 사업이라고 내세웠던 것이다. 그리고 1923년 2월에는 오키 엔키치大木遠吉, 에기 가즈유키江木千之 등이 "동아 고유의 문화 진흥"을 목적으로 대동문화협회를 조직했는데, 제3회 한학진흥건의안이 가결된 것을 계기로 정부는 대동문화협회에 사업보조비를 지급하기로 했다. 정부가 동양문화의 진흥에 힘을 쏟은 것은, "국민사상의 양성은 동양고전의 연구를 제외하고는 구할 수 없음에도 불구하고, 근래 이 방면의 석학이 잇달아 서거하고 연구기관 또한 거의 폐멸廢滅에 이른 것은 유감스러운 일이 아닐 수 없다. 특히 인심의 움직임은 부박함으로 흐르고 교격矯激한 사상으로 기우는 목하 우리나라의 상황에 비춰볼 때, 동양고전의 연구를 장려함으로써 성현이 될 인물을 양성하는 데 힘쓰는 것이 현재의 급무이다"[15]라고 했듯이, 공산주의사상 등의 침투를 막기 위해 유교에 기초한 국민사상의 양성을 도모하기 위해서였다. 요컨대 여기에서 말하는 유교는 일본을 포함하는 동양의 문화의 정수라는 것 이상으로, 무엇보다도 "우리 황도를 따르고 국체에 순화된 유교에 의거하여 국민도덕의 부식扶植을 도모하는"(「대동문화협회요강」) 것을 목표로 삼고 있었던 것이다. 1930년대, 그러니까 국체의 정화精華를 외치던 무렵에 약속이라도 한 듯 한학의 진흥이 강조된 것도 그것이 유교 그 자체라기보다는 동양이라는 광대한 지역에서 황도와 국체의 기초를 이루고 있는 것으로

---

14 斯文會 編,『斯文六十年史』, 1929, pp.330~331.

15 「大東文化協會事業補助理由書」, 위의 책, p.338. 한편, 대동문화협회는 1924년에 "우리나라 고유의 황도(皇道) 및 국체에 순화(醇化)된 유교를 주지로 하여 동양문화에 관한 교육을 실시하는" 기관으로 대동문화학원을 개교했다.

생각되었기 때문이다.

이것은 동양문화를 이렇게 파악함으로써 일본문화가 국가나 민족이라는 영역을 넘어서 보편성을 지닌다는 변증을 강화하고자 했음을 의미했다. 이와 관련하여 나이토 고난內藤湖南은 "지나, 일본, 조선, 안남의 각 국민이 존재하고 있는 바, 각 국가마다 그 나름의 상당히 중요한 문제가 있을 터이지만, 동양문화의 발전이라는 전체의 문제에 입각해서 생각하면 그것들은 그다지 중요하지 않은 문제이며, 동양문화의 발전은 국민의 구별을 무시하고 일정한 경로를 밟아 나아가고 있는 것"[16]이라면서, 민족이나 국가를 넘어 존재해온 것이 동양문화의 특색이었다고 말했다.

나이토 고난의 이러한 주장은 민족을 넘어서 문화가 파급되고 그와 함께 문화의 중심도 이동해간다는 견해로 동양이라는 것의 실재를 설명하는 것이었는데, 동시에 여기에는, "오늘날 일본은 지나 이상의 훌륭한 강국이 되었기 때문에 일본의 흥륭에 대해 지나인은 일종의 시기와 의심의 눈으로 바라보게 되었지만, 만약 어떤 사정이 있어서 일본이 지나와 정치상 하나의 국가를 형성하고 있었다면 문화의 중심이 일본으로 옮겨와 일본인이 지나의 정치와 사회 분야에서 활약을 해도 지나인은 특별히 이상한 현상으로 여기지 않을 것이다. (…중략…) 동양문화의 진보와 발전이라는 측면에서 말하자면 국민의 구역 따위는 작은 문제이다"라고 했듯이, 동양문화의 중심이 일본으로 이동하고 있다는

---

16 內藤湖南, 『新支那論』(1924), 神田喜一郎・內藤乾吉 編, 『內藤湖南全集』, 筑摩書房, 1969~1976, 第5卷, pp.508~509. 나이토 고난은 "나의 소위 동양사는 지나문화 발전의 역사이다"(「緒言」(『支那上古史』, 1921~1922), 『內藤湖南全集』 第10卷, p.9)라고 자신의 동양사를 규정했다. 한편, 나이토 고난과 쓰다 소우키치의 중국문화관에 관해서는 增淵龍夫, 『歷史家の同時代的考察について』, 岩波書店, 1983에서 시대상황과의 관련성을 시야에 넣은 분석을 볼 수 있다.

주장이 뒤따르고 있었다. 그러나 1924년이라는 시점, 다시 말해 중국에서 주권회복운동이 발흥하고 있던 시기에 이런 주장이 제기되었다는 것은, 나이토 고난의 의도가 무엇이었든, 중국문화에 대한 일본문화의 주도성과 정치적인 개입을 정당화하고 중국의 내셔널리즘을 부정하는 것이었다.

그리고 이 장의 서두에서 언급한 쓰다 소우키치와 오노 세이이치로의 논쟁을 보아도, 중일전쟁이 치열하게 전개되는 상황 속에서 둘의 입장은 분명히 대척적이었지만, 모두 우수한 문화로서의 일본문화를 동양 나아가 세계로 확대해 나간다는 의도를 갖고 있었다는 점에서는 별 차이가 없었다. 쓰다는 중국문화의 특수성과 서양문화의 보편성이라는 인식 아래, 서양문화의 보편성의 구체적 현상인 현대문화를 수용하여 성립한 일본문화가 보편성을 지니고 있다는 것을 의심하지 않았다. 이에 대해 오노는 쓰다가 동양문화에 관해서는 그 내부의 민족적 특수성을 중시하면서 동시에 서양문화에 관해서는 전체를 하나의 현대문화로 인정하는 모순을 지적하고, "문화는 민족적이면서도 초민족적인 측면을 갖고 있으며, 민족마다 하나의 문화를 간직하고 있으면서도 여러 민족이 역사적 인연에 의해 하나의 문화권 안에 있는 경우가 있을 수 있다는 것을 인정하는 이상, 분명히 문화적인 세계라는 것은 반드시 하나의 민족에 한정되는 것은 아니다"[17]라고 하여, 동양문화가 존재하고 그런 까닭에 동양 또한 역사적·문화적 연관을 갖는 하나의 세계로서 존재할 것이라고 반론했던 것이다.

다만 오노 자신은 동양사학이 중국을 중심으로 하여 북방민족·서

---

17 小野淸一郎, 앞의 글, p.8.

역·인도와의 유기적 연관을 가진 동양의 영상影像을 보여주고 있다고 하면서도, 어디까지가 동양인지에 대해서는 현단계에서는 규정할 수가 없고 문화적 신질서의 발전에 의해 확대될 것이라며 결론을 유보했다. 다른 한편 쓰다는 오카쿠라 텐신의 "동양은 하나"와 같은 표현을 문맥에서 떼어내 슬로건으로 삼고 동양문화의 일체성을 주장하는 당시의 사조 자체가 결코 동양의 실재를 인정하기 때문은 아니라는 사실을 예리하게 간파하고 있었다. 쓰다가 보기에 일본인이 굳이 동양문화를 내세우는 것은, "동양문화라는 명칭을 사용하는 것도 서양문화에 맞세우기 위해서인데, 그것과 함께 그 대립을 일본이 떠맡아야 할 일로 생각하고 그리하여 동양문화를 일본의 것으로 간주하는 것"[18]으로밖에 생각되지 않았다. 당시의 동양문화 실재설이란 어디까지나 서양에 대항하는 주체로서 일본을 내세우고 일본의 자기 확장으로서 동양을 조정措定하기 위한 것과 다르지 않았으며, 그것은 근대 일본의 문화가 서양문화를 수용하여 성립했다는 것을 무시하고 동시에 중국이나 인도의 문화의 고유성과 자립성도 부정하는 것에 지나지 않았다. 쓰다 소우키치는 그러한 동양에 의거하여 일본문화의 보편성을 표상한다는 고식적인 논리로 장난을 친 것이 아니라, 서양문화를 섭취하여 현대화함으로써 중국이나 인도의 문화와도 공통성을 갖기에 이른 '일본문화의 세계화'를 도모하는 데 노력하는 것이 현실에 어울리는 대응이라고 생각했던 것이다.

그리고 쓰다와 마찬가지로 중일전쟁이 점점 수렁으로 빠져드는 상황에서 동양문화의 일체성을 소리 높여 외치는 것의 허위성을 논하고 새

---

18 津田左右吉, 앞의 책, pp.184·197~198.

로운 동양의 통합을 낳을 수 있는 사상의 창출을 호소한 사람이 후나야마 신이치船山信一였다. 후나야마도 동양정신으로 유교나 불교를 채택하는 것에는 반대했고, 그것이 봉건국가의 도덕에 머무는 이상, 단순히 동양에서 생겨난 사상이라는 점만으로는 도래해야 할 동양이라는 지역적 통합을 이끌 수 없을 뿐만 아니라, 일본이 유교 등의 동양정신을 진흥하여 역수출하려 하는 것은 불필요한데다 위험하기까지 한 시도라고 보았다. 후나야마에 따르면 일본과 중국의 대립이 점점 깊어지고 있는 원인은 "일본과 지나를 하나로 묶을 수 있는 동아사상이 아직 확립되어 있지 않기" 때문이고, "일본에서도 그리고 지나에서도 아직 동아적인 것으로 발전하지 못한 내셔널한 한계가 지배하고 있기"[19] 때문이었다. 일본도 중국도 이미 유교 등의 "자기 안에서 생겨난 동양정신을 몰아내고 본래 이향異鄕의 산물인 서양정신을 받아들였고", 바로 그 서양정신이야말로 내셔널리즘에 다름 아니었던 것이다. 그가 보기에는 중국의 내셔널리즘의 발흥을 '폭지응징暴支膺懲'이라 하여 압살할 것이 아니라, 그 내셔널리즘을 기반으로 하면서 많은 민족을 문화적으로 통합할 수 있는 동아사상을 형성하는 것이 초미의 과제였다. 물론 후나야마는 자신이 생각하고 있는 동아사상 그 자체를 구체적으로 제시할 수는 없었지만, 쑨원의 대아시아주의와도 협조할 수 있는 그런 동아사상과 문화를 낳기 위해서는 무엇보다 일본 자신이 내셔널리즘을 초극할 필요가 있다고 단언했다. 이렇듯 동양문화론에서도 문화는 늘 유동적인 데다 서로 침투하고 뒤섞이는 것이었고, 문화에 의한 지역적 통합에 관해서도 '기원으로서의 동일성'만이 아니라 설령 기원이 이질적인 문화권에

---

19 船山信一,「東亞思想とナショナリズム」,『中央公論』, 1938年 9月號, pp.7・14・9.

서라도 '기능으로서의 동일성'으로 묶을 수 있는 것에 눈길을 주게 되었던 것이다.

이와 같은 문화론과 문화정책론의 아시아 인식을 보는 한, 유교나 불교와 관련된 동양문화 이외에 관한 논의는 부족했고, 지역적으로도 중국과 인도와 그 주변 지역에 한정되어 있었다는 것을 부인하기 어렵다. 그러나 1920년 이후 문화를 기축으로 하는 아시아 인식에는 그때까지와 전혀 다른 요인이 더해지게 되었다. 하나는 일본의 통치구역이 확장됨에 따라 유교와 불교 이외에 '남양문화'나 이슬람문화와 직면하지 않을 수 없게 된 것이고, 다른 하나는 아시아에 관한 분석틀 속에 사회과학적인 시점에 의한 아시아사회론이 들어오게 된 것이다.

먼저 일본의 통치구역은 1920년 국제연맹이 적도 이북의 남양군도에 대한 일본의 지배를 인정하면서 확대되기 시작했다. 물론 남양의 존재 자체는 1887년 시가 시게타카의 『남양시사』가 공간된 이래 일반적으로 인식되기에 이르렀다. 또, 이미 1915년부터는 남양군도의 도민島民이 '남양관광단'이라 하여 일본에 초대되었고, 그런 가운데 미개민족이나 '토인'이라 불렸던 사람들이 결코 야만인이나 미개인이 아니라 "구라파의 땅을 밟아본 자도 있는가 하면 영국·프랑스·스페인 등의 언어를 능숙하게 구사하여 『제팬 타임스』를 읽는 자도 있다"[20]라는 보도가 나오기도 했다. 그리고 1914년 해군중좌로서 포나페섬 점령을 지

---

20 『東京朝日新聞』, 1915.8.2. 그러나 '토인', '머리 베는 족속', '사람을 먹는 인종', '문신을 새긴 추장' 등의 이미지는 뿌리가 깊었고, 1933년에서 1938년까지 사용된 제4기 국정국어교과서에 이르러서야 팔라우(서태평양 미크로네시아의 캐롤라인제도 서단의 소군도—옮긴이) 항(項)에서 "남양의 도민이라 하면 여러분은 식인종이라고 생각할 수도 있겠지만, 천만의 말씀, 그들은 이미 문화인에 속하는 사람들입니다"("第六 南洋だより」, 『小學國語讀本 卷十』)라는 기술이 나온다. 그러나 야프(캐롤라인제도의 섬—옮긴이) 항에는 "새의 깃털로 장식한 빗을 꽂은 남자, 큰 도롱이를 입은 여자, 완전히 원시적인 풍속입니다"라고 적혀 있다.

휘했던 야나기다 구니오柳田國男의 아우 마쓰오카 시즈오松岡靜雄는 그 후
『남명南冥의 비밀』(1914), 『미크로네시아 민족지』(1927), 『미크로네시아
어의 종합적 연구』(1935) 등의 연구서와 『자바역사』(1924) 등의 번역서
를 공간했다. 더욱이 태평양의 여러 민족들의 문화에 관해서도 도리이
류조 등에 의해 소개가 이루어졌는가 하면, 1925년에는 남양청南洋廳에
구관조사회舊慣調査會가 설치되어 스기우라 겐이치杉浦健一 등에 의해 토지
소유제도의 해명 등이 진행되었다. 그러나 일반적으로 보면 '남양문화'
는 동양적 문화의 단계에 이르지 못한 미개화 내지 반개화의 문화라는
통념을 뒤집지는 못했고, 1920년대의 남양붐이 끝나면서 관심도 수그
러들었다.

그 '남양문화'가 다시 주목을 끌게 된 것은 1940년대에 들어서면서
부터였고, 태평양협회를 중심으로 하여 남양 민족들의 문화에 관한 많
은 정보를 입수하기 시작했다. 또 만철동아경제조사국에서는 '남양총
서'와 '신아세아총서'가 간행되었는데, 그 중에는 『남방 아세아의 민족
과 사회』, 『남방 아세아의 문화』가 포함되어 있었으며, 문학과 무도舞踊,
그림자연극, 음악 등도 소개되었다. 나아가 미크로네시아의 문화 분포
와 친족 명칭 등에 관한 스기우라 겐이치의 조사보고는 1943년 문부성
에서 창설한 민족연구소의 기요紀要에 게재되었다.[21]

그러나 이러한 '남양문화' 분석은 문화공작을 전제로 한 것이었기 때

---

21 杉浦健一, 「南洋群島原住民の土地制度」, 『民族硏究所紀要』 第1冊, 1944.9; 「ミクロネシアに於ける
親族名稱」, 『民族硏究所紀要』 第4冊, 1945.11. 이 외에 '남방문화'에 관한 저작으로는 齋藤正雄, 『東
印度の文化』, 寶雲舍, 1940; 井東憲, 『南洋の民族と文化』, 大東出版社, 1941; 松本信廣, 『印度支那の
民族と文化』, 岩波書店, 1942 등이 공간되었고, 잡지로는 『南洋』, 『大南洋』, 『南洋政勢』, 『太平洋』,
『東亞文化圈』 등에 관련 기사가 게재되었다. 만철동아경제조사국에서는 기관지 『新亞細亞』를 발
행했고, 大和書店에서 여기에 수록된 논고를 모아 『南洋亞細亞の民族と社會』, 『南方民族運動』, 『南
方亞細亞の文化』 등의 新亞細亞叢書를 간행했다.

문에 개별적인 대상에 관해서는 상세하지만 지역 간의 문화적 연계에 관해서는 전혀 언급하고 있지 않다. 그렇다기보다 '남양문화'라 불릴 수 있는 것의 실체가 없다는 사실이 이들 조사에 의해 확인되었다고 말하는 편이 정확할 것이다.

이와 관련하여 히라노 요시타로平野義太郎는 "전체 남양 영역에 관한 가장 큰 특징은 하나의 통합·통일된 문화라는 것이 없다는 점이다. (···중략···) 하나의 민족에 하나의 문화라 하지만 그와 같은 조직된 하나의 통일된 민족문화가 있는 것이 아니다. (···중략···) 다양한 인간이 일정한 중심 없이 그저 잡다하게 뒤섞여 여기저기 흩어져 있는 것이 지금까지 볼 수 있는 그들 민족의 문화이자 민족의 모습이었던 것"[22]으로 보고, '남양문화'의 특징을 "통일성이 없는 복합문화"라고 총괄했다. 이러한 규정 자체는 영국의 식민지경제학자 퍼니발John Sydenham Furnival이 구미인·화교·인교印僑·현지주민이 '뒤섞여 있으면서도 융합하지 않는' 동남아시아 사회의 특징으로 본 '복합사회'론에 의거한 것인데, 히라노는 이러한 복합문화를 전제로 하여 각각의 습관·풍속·문화에 대처하는 것이 불가결하다고 보았다. 그러나 대동아공영권 건설의 최종적인 목적이 구미문화의 구축驅逐과 일본문화의 침투에 의한 문화권의 창출에 있는 이상, 위엄을 갖고 상대가 존경의 마음으로 복종하게 하는 것은 문화정책의 기본이라고 역설해 마지않았다. 또 필리핀의 문화에 관해서는 그것이 '유럽 내지 아메리카 문화의 사생아'이며 거기에 가톨릭문

---

22 平野義太郎,「文化」, 東亞經濟懇談會 編,『大東亞民族誌』, 鱒書房, 1944, p.199. 히라노는 또 "금후 일본인이 남양에서 발전하기 위해서는 될 수 있으면 부인을 한 사람이라도 더 보내야 하는데, 왜냐하면 그래야 고원(高遠)한 일본문화는 제쳐두더라도 생활문화로서의 일본문화가 남양에 들어가 원주민을 지도할 수 있을 것이기 때문이다"(p.287)라고 하면서, 고원한 생활문화의 침투를 도모할 것을 제언하기도 했다.

화가 덧붙여진 것이기 때문에 일본문화나 동양문화와 이질적이라는 점에 유의하여 문화공작을 펼칠 필요가 있다고 말한다. 1942년 2월, 대일본 군령부가 필리핀에서 시행할 교육방침으로서 "동양인이라는 자각을 함양한다", "일본어의 보급과 영어의 폐지"[23] 등을 지시한 것도 이러한 인식을 반영한 것이었다.

어쨌든 '남양문화'란, 이타자와 다케오板澤武雄에 따르면, 고유문화인 생활문화, 중국문화, 인도문화, 이슬람문화, 구미문화 등 다섯 가지 문화요소가 층을 이루어 "혼연한 문화를 이루는 데에는 이르지 못한 채 각 문화요소가 특이한 병존 상태를 보이고 있는"[24] 것에 지나지 않으며, 따라서 "일본의 유교와 불교가 가진 기능이 가장 유효하게 발휘될 수 있도록 동원해야 할" 것이라고 그는 주장한다. 그렇지만 그것으로 다섯 개의 문화요소를 통합하는 것은 곤란하기 때문에 초국가적・초민족적인 일본의 탁월한 인문・자연과학에 의해 타율적으로 '초민족적 문화를 창조'할 가능성이 있다고 보았던 것이다. 그런데 그 인문・자연과학이 일본이 대동아 지역에서 배척해야 한다고 주장하고 있던 구미문화의 요소 그 자체이기도 했다는 점은, 동양문화의 구폐舊弊를 벗어나면서도 동시에 동양문화의 정수를 간직하고 있는 것으로 간주된 일본문화의 특질이 동양문화에는 없다는 것을 의미하는 것이나 다름없었다. 그것은 또 동아 여러 민족의 문화에서 공통점을 끌어낼 경우 그것은 서양문화에 의해 현대화한 문화에 지나지 않는다고 했던 쓰다 소우키치의

---

23 1942.2.17. 「大日本軍令部訓令第二號」, 企劃院研究會, 『大東亞建設の基本綱領』, 同盟通信社, 1943, p.51 수록. 이 외에 이 훈령에서는 "공영권의 일환으로서 신질서 건설의 의의를 인식시킨다", "물질의 편중에서 도의의 함양으로", "초등교육의 보급과 실업교육의 진흥", "근로정신의 고취" 등을 지시했는데, 이는 군부의 필리핀 인식이 어떤 것이었는지를 반영하고 있다.
24 板澤武雄, 『南方圏文化史講話』, 盛林堂, 1942, pp.21・135・149.

주장과도 부합하는 것이었다.

제국학사원 동아제민족조사위원회 조사실 주임이었던 우노 엔쿠宇野 圓空가 이슬람뿐만 아니라 유교·불교 도래 이전의 종교·문화의 층인 영적 생명에 대한 신앙이나 정예淨穢의 관념을 중심으로 하는 금기의 풍습에 착목하여, "선사시대 일본 민족의 종교나 문화가 옛 동남아시아 여러 민족의 그것과 성격상 많은 공통점을 지니고 있으며 계통적으로도 어떤 연계를 갖고 있다. (…중략…) 문제는 단지 아주 오래된 옛 추억만이 아니라 미래의 신동아문화를 건설함에 있어 복고가 곧 유신이라는 자각 아래 반드시 도래할 진정으로 동아적인 종교문화의 탄생을 간절히 소망해야 할 것이다"[25]라고 주장한 것도, 일본과 동남아시아의 문화나 종교가 현시점에서는 동질성을 갖고 있지 않다는 것을 반증하는 것이기도 했다. 어쨌든 이러한 '남양문화'의 복합성에 관해서는 종전의 종주국의 문화와 함께 화교문화가 더해져 더욱 복잡한 양상을 드러내고 있었다.

물론 원래대로라면 화교문화에 관해서는 일본인이 동양문화로 간주했던 것과 서로 통할 터이고, 그것에 의해 동양문화의 범역을 확장해갈 가능성도 있었다. 그러나 일본의 대륙정책에 대해 격렬하고 강력하게 반발한 것이 화교사회였다는 점과 현지 사회와 화교 사이에 알력이 존재했다는 점에 비춰보면, 화교문화의 경우는 동양문화의 일체성을 주장하면서 문화공작을 도모할 상황에 있지 않았다. 또, 모름지기 "'문화'는 민중의 생활 상태이고, 물질적·정신적 생활 일체가 그 안에 포함되어 있기 때문에 문화공작은 아주 다종다양하다. 따라서 이것을 하나로

---

25 宇野圓空, 『大東亞の民族と文化』(敎學局叢書 第12輯), 敎學局, 1942, pp.45~46.

묶어서 말하기는 곤란한"[26] 상황 속에서 원래 문화란 무엇인가라는 점이 다시금 문제로 떠올랐고, 니시무라 신지西村眞次는 사회·기술·언어·토속·고고考古의 다섯 가지 문화 항목에 따른 공작의 필요성을 제안했던 것이다.

덧붙여 말하자면, '남방문화'에 직면하여 새롭게 문제가 된 것은 이슬람문화·회교문화였다. 이슬람교와 해후한 것은 인도인 무슬림 등이 고베에 머물렀던 메이지 초기로 거슬러 올라가며, 또 이집트인 아흐마드 하드리, 인도인 무하마드 바라카툴라, 타타르인 압둘레시드 이브라힘 등 범이슬람 운동가들과 하타노 우호波多野烏峰, 오하라 다케요시大原武慶 등이 교류를 거듭하는 등 이미 일본 국내에서도 알려져 있었다. 또, 동아동문서원 출신인 하타노 우호는 1905년 신장新疆의 이리伊犁로 졸업 조사여행을 떠났을 때 회교민의 실태를 조사했다. 그러나 일본인 무슬림은 야마오카 미쓰타로山岡光太郎와 야마다 도라지로山田寅次郎, 다나카 잇페이田中逸平, 아리가 분하치로有賀文八郎 등 제한된 숫자밖에 없었고, 이슬람문화에 대한 이해는 아득히 멀었다. 이러한 상황에서 싱가포르 방면에서 활동하고 있던 세가와 히사시瀨川龜가 남양협회에서 『회교』(1919)와 『남양의 회교』(1922)를 간행하면서 남양의 이슬람문화에 대한 소개가 이뤄졌고, 또 오카와 슈메이 등이 아시아·부흥의 선봉으로서 무슬림에 대한 기대를 피력하기도 했으며, 나아가 1932년 만주국 건국 이후에는 선린협회 등에서 중국 서북의 이슬람문화 조사가 진행되기에 이르렀다.[27]

26　西村眞次,「南方共榮圈への文化工作の特殊性」,『國際文化』第18號, 1942.2, p.5. 니시무라는 여기에서 휘슬러의 언어·물질적 특징·예술·신화와 과학·종교·가족과 사회·재산·전쟁·정부의 아홉 가지 항목을 소개한 다음 자신의 다섯 가지 항목에 따른 문화공작론을 제시하고 있다.

또, 1940년 7월 제국학사원에 설치된 동아제민족조사위원회에서는 1942년에 '북지몽강회민조사北支蒙疆回民調査'를 시행했는데, 이때 이시다 에이이치로石田英一郎, 소메키 아쓰시染木煦 등이 생활습속·직업관행과 가축의 호칭·위구르 방언의 어휘수집 등 민족학적 조사를 담당했고, 돌아온 후 "오래전 한민족漢民族 사이에 들어와 아직도 견지되고 있는 이슬람문화의 독자적인 개성 혹은 두드러지게 한민족화한 정도를 명확하게 하고 나아가 이른바 지나 회민回民의 민족적 위치와 본질을 파악"하고자 노력했다고 보고했다.[28]

그러나 이슬람문화에 대한 관심은 점차 깊어지고 있었지만, 그것이 아시아에서 생겨났고 방대한 무슬림이 아시아에 살고 있음에도 불구하고, 도미나가 다다시富永理에 따르면 "회교문화가 동서문화에 대하여 독자적인 성질을 갖고 있는지 여부 또는 동양적인 것으로서 서양문화와 구별되는지 여부, 나아가 민족문화에 대한 포괄적인 것으로서의 회교문화와 회교 제민족의 문화의 관계, 예를 들면 민족문화로서 아라비아문화, 이집트문화, 터키문화, 페르시아문화 등에서 나타나는 차이의 정도 및 회교문화로서의 공통성의 관계"[29] 등을 어떻게 자리매김할 것인

---

27 일본인과 이슬람의 관계에 대해서는, 小村不二男, 『日本イスラーム史』, 日本イスラーム友好聯盟, 1987; 堀田昌雄 編, 『南洋協會二十年史』, 南洋協會, 1935; 長澤榮治 編, 『中東-政治·社會』, アジア經濟硏究所, 1991; 田澤拓也, 『ムスリム·ニッポン』, 小學館, 1998 참조 또 하타노 우호에 대해서는 El Mostafa Rezrazi, 「大亞細亞主義と日本イスラーム敎」(AJAMES No.12, 1997) 참조 한편, 오카와 슈메이는 "정치적으로 자본적 제국주의의 쇠사슬을 끊고 종교적으로는 기독교적 정신의 질곡을 넘어설 수 있는, 이중의 독립을 획득하는 길"(「回敎徒の政治的將來」, 『改造』, 1922年 11月號)을 무슬림에서 발견했고, 라쉬 비하리 보스는 범이슬람주의가 범아시아주의로 전개해갈 것에 기대를 걸었다(「汎回敎主義と汎亞細亞主義」, 『改造』, 1922年 11月號).

28 帝國學士院東亞諸民族調査委員會, 『昭和十六·七年度 東亞諸民族調査事業報告書』, pp.7~8. 이 조사와 관련된 보고로서는 石田英一郎, 「東干に對する若干の考察」; 野村正良, 「蒙疆に於いて探錄せる 二三の回敎說話」, 『回敎圈』 第7卷 4號, 1943 등이 있다.

29 富永理, 『回敎徒民族運動の諸問題』, 東亞硏究院, 1941, pp.31~33.

가에 관해서는 명확한 해명이 없다는 것이 문제가 되고 있었다. 도미나가는 중동 민족운동의 연구자 한스 콘Hans Kohn 등의 소론을 인용하면서, 인도문화에 속하는 것을 포괄적으로 동양적인 것으로 보는 한 이슬람문화도 동양적일 수 있지만 중국문화와는 확연히 구별된다고 한 다음, "회교문화에서 나타나는 특유의 동양적인 정신주의적 요소를 고려하면 회교문화는 동양문화와 동양사상과 대단히 친근한 점이 있고, 이것이 동양 전체의 문화적 연대와 결합을 가능하게 하리라는 것은 의심의 여지가 없다"라고 결론지었다. 다만, 회교문화가 동양문화와 아주 가깝다고 결론지으면서도 여기에 상당한 망설임이 포함되어 있는 것이 분명하며, 필자인 도미나가 다다시의 본심은 회교문화권을 이질적인 문화지역으로 설정해야 한다는 생각에 가까웠을 것이다. 다만, 이슬람문화와 관련하여 말레이나 네덜란드령 인도차이나 등의 지역에 대해서는 절실한 과제로 설정된 것에 머무르고 있었다. 신메이 마사미치新明正道는 사라센문화의 위대성을 높이 평가하면서 "이슬람문명권의 중요성을 인정하긴 하지만 그 내용을 이루는 이슬람문화가 금일 세계적인 문화로서 타당하다고는 생각하지 않는다"[30]라고 단언하고, 일본과의 관계가 희박한 것을 보아도 서남아시아에 관해서는 "이른바 아세아의 오래된 지층을 이루고 있"는 한에서 그 민족과 문화의 구명이 필요한 것으로 간주하고 있었을 따름이다.

문화라는 사상기축에 의해 아시아를 인식할 때, 이슬람문화라는 요인은 결과적으로는 동양문화에 포함되었지만 일본문화와는 이질적인 독자의 문화적 통합성을 지닌 지역이라는 의식은 일소되지 못했다. 그

30　新明正道, 「サラセン文化の社會學」, 『西南亞細亞の歷史と文化』, 大和書店, 1943, p.12 및 편자서문 p.4.

러나 바로 그랬기 때문에 '팩 오리엔탈pact oriental'을 형성해가기 위해서는 일본이 이슬람문화의 중심지가 될 필요가 있다고 하여, 카이로의 아즈하르대학과 페즈의 카라윈 회교학원을 모방해서 "도쿄에 회교학원을 설치하고 장래에는 이것이 유력한 회교대학으로서 동아 재주在住 회교도의 연구 전당이 되도록 해야 한다"[31]라는 것 등이 진지하게 검토되기도 했던 것이다.

이처럼 아시아라는 개념이 어떤 의미에서는 지리적인 구분으로서 오대주 내지 육대주 안의 하나라는 일종의 상대성을 지닌 것에 비해, 동양과 서양이라는 개념은 문화나 문명을 기축으로 하는 이분법 또는 이항대립으로서 성립하고 있었다. 그뿐만 아니라 유럽이 자기를 인식하고, 오리엔트를 통치의 대상으로 삼기 위한 사전작업으로서 자신과는 서로 대립하는 측면들을 들이댔었던 것과 마찬가지로, 일본 역시 그 대척물로서 서양을 이항대립적으로 조정하여 동양이라는 자기상을 설정하고 있었던 것이다. 그런 의미에서, 쓰다 소우키치가 간파했듯이, '동양=비서양' 또는 '동양=일본'이라는 의미를 넘어선 것은 아니었다. 그랬기 때문에 메이지 이후 본격적으로 교섭하기 시작한 이슬람을 동양으로 끌어들이는 데 망설였던 것이다. 이슬람 연구자였던 고바야시 하지메小林元가 동양도 아니고 서양도 아닌 지역 개념으로 '중양中洋'이라는 개념을 제창한 것도 그러한 문화적인 이질성을 인식했기 때문일 것이다. 덧붙이자면 이러한 서양·'중양'·동양에 상당하는 사고방식으로서 1937년에 브란덴부르그가 세계사를 유럽·서아시아·동아시아의

---

31 日本外政協會調査部, 「帝國焦眉의 回教施策－東京을 大東亞回教徒의 指導中心地타らしむべき方途」, 『調査部調書』第1號, 1943.3, p.16. 한편, 이 문제의 소위원회 위원으로는 內藤智秀, 田邊宗夫, 田村秀治, 北田正元 등이 이름을 올렸다.

세 민족=문화권으로 나눌 것을 제창했다고 한다.[32]

　아무튼 1941년 이후 일본의 통치구역이 동남아시아와 남아시아로 확대되어감에 따라 한자의 공유를 전제로 한 동양문화에 의한 일체화라는 논의는 통용되지 않게 되었고, 민족이나 국가에 한정된 문화라는 관념은 일본의 입장에서 볼 때 구속이었음에 틀림없다. 그랬기 때문에 "한 민족의 문화는 결코 그 민족 안에만 한정되는 것이 아니다. 그것은 그 민족 또는 국가를 넘는, 말하자면 그 주변을 갖는다. 프린지[fringe]를 갖는다. 문화는 모두 그 고유의 지반을 떠나 자기 밖으로 넘쳐흐르고 확대되는 것이다. 우수한 문화일수록 이러한 세계화의 경향을 갖는다"[33] 라는 주장이 나올 수 있었던 것이다. 여기에서 우수한 문화라는 것이 일본문화를 가리키고 그것이 확대되어가는 주변으로 상정되고 있는 것이 아시아 특히 대동아공영권이라는 점은 말할 필요도 없다. 대동아공영권의 형성은 정치적 문제로서 존재하기 이전에 무엇보다도 문화권의 문제로 간주되어, "세계사적인 문화 내용이 없이는 공영권은 단순한 이해관계만으로 얽힌 집단이 될 것이고, 그것은 서로가 서로를 단지 수단으로 여길 뿐 내면적 원리가 없는 일시적인 현상으로 끝날 것이다. 공영권의 원리는 세계사적인 문화의 수립에 있고, 그렇기 때문에 그것이 또 세계의 신질서의 문제가 되기도 하는 것이다"라고 강조했던 것이다. 마찬가지로 하세가와 뇨제칸長谷川如是閑도 의식에 있어서 민족성이 생물학적 혈연과 문화적 동등성에 의해 형성된다고 한 다음, 대동아공영권이 대동아문화권 나아가서는 대동아민족권으로 발전할 가능성을 시사했다. 다시 말해 하세가와 뇨제칸은 문화는 피 이상으로 민족적 결합의 유

32　松田壽男, 『アジアの歴史』, 日比野丈夫 外編, 『松田壽男著作集』 第5卷, 六興出版, 1987, p.14.
33　高坂正顯, 『民族の哲學』, 岩波書店, 1942, p.87・92.

대를 이루는 것으로 파악한 다음, "대동아공영권의 건설이란 결국 여기에 하나의 문화권을 세워 발전시키는 것을 의미한다. 대동아민족이라는 의식은 바로 그러한 생활권을 심적 혈액으로 연결하고 유형무형의 문화형태를 유대로 하는 의식을 가리킨다"[34]라고 했다. 즉, 일본문화의 보급 범위가 대동아공영권이 되고 그곳에서 대동아민족이 형성된다고 보았던 것인데, 여기에서는 문화권＝생활권＝민족권으로 아시아를 경계 짓는 사상을 엿볼 수 있다.

이러한 추이를 보면 중일전쟁 발발 이전에는 동양문화의 핵심에 있는 중국문화 특히 유교를 진흥하는 것이 일찌감치 서양문화를 수용하여 선진국이 된 일본의 사명으로 간주되었고, 중일전쟁 이후에는 동양문화론의 과제가 중국문화에서 일본문화를 어떻게 떼어내어 자립시킬 것인가, 그리하여 어떻게 일본문화로서의 동양문화를 형성·보급할 것인가로 중점이 옮겨가고 있었다고 말할 수 있을 것이다. 중일전쟁 이전에는 문화로서의 동양이란 어디까지나 유교국가인 중국과의 연계밖에 상정되지 않았다. 이에 비해 대동아공영권의 형성이 과제로 떠오르자 동양과 서양의 문제는 모두 일본이 대립하고 극복해야 할 과거이자 내재하는 문화의 문제로 불쑥 얼굴을 내밀었던 것이다. 고사카 마사아키高坂正顯에 따르면, 대동아공영권 건설에는 중국으로 대표되는 과거의 동양을 어떻게 미래로 매개할 것인가라는 과제와 함께 네덜란드령 인도네시아를 비롯한 남방에 존재하는 과거의 서양을 어떻게 미래로 부정적으로 매개할 것인가라는 과제가 일체로서 눈앞에 놓여 있었다. 즉, 대동아공영권 건설의 역사적 의의는, "사실상 대외적인 문제가 동시에 대

---

34 長谷川如是閑, 「大東亞文化圈の史的意義」, 『太平洋』, 1943年 3月號, p.133.

내적인 문제이기도 하다는 것이다. 과거적인 동양은 단지 지나로 대표될 뿐만 아니라 그것은 우리들 내부에서도 해결을 요구하고 있는 것이다. 마찬가지로 과거적인 서양, 정확하게 말하자면 과거로서 부정적으로 매개되어야 할 서양은 지리적으로 정위^{定位}되는 구미에 존재할 뿐만 아니라 네덜란드령 인도네시아에도 존재하는 것이며, 나아가 우리들 내부에서도 청산을 요구하고 있다"[35]라는 말에서 알 수 있듯이, 대외적·대내적 문제를 해결하는 데 있었다. 그렇지만 이러한 고사카의 논의는 대상이 되는 지역의 문화나 민족의 실태와 전혀 무관하게 '역사철학적'으로 제기된 것인 데다가, 문화라는 것을 인위적으로 용이하게 청산하거나 창출할 수 있다고 상정한다는 점에서 현실적 기반을 결여하고 있다는 것은 논할 필요조차 없다. 다만, 고사카가 볼 때 대동아공영권 건설이란 정치적인 요구인 것 이상으로 문화에 의해 나라와 나라, 민족과 민족을 매개하는 데 있어서 구미의 식민지 통치를 초극하는 세계사적 과제에 부응할 수 있는 것이어야만 했다. 그랬기 때문에 "정치 없는 문화는 무력하고 문화 없는 정치는 맹목이다"라고 하여 문화가 가진 매개력에 의한 아시아 통합이 중시되기에 이르렀던 것이다.

그리하여 문화를 기축으로 하는 아시아 인식을 생각할 때 피해갈 수 없는 또 하나의 주장으로서, "동양의 문화는 동양사회의 하나의 성격"[36]을 보여주는 것이라 하여 종교나 사상 등과는 별도로 사회조직이나 사회생활의 모습 그 자체에서 아시아 내지 동양의 문화현상의 특성을 발견하고자 하는 아시아사회론이 등장했다.

---

35 高坂正顯, 앞의 책, pp.99·93.
36 橘樸·細川嘉六·平野義太郎·尾崎秀實,「東洋の社會構成と日支の將來」,『中央公論』夏季特別號, 1940.7, p.53에서 다치바나 시라키의 발언.

오자키 호쓰미尾崎秀實는 1937년, 현실의 중국에 대한 몰이해와 무관심을 낳은 그때까지의 중국 연구에 관하여 "이들의 지나관支那觀은 총체적으로 말하면 '동양적' 사관이라고 말할 수 있을 것이다. (…중략…) 금일 정말로 문제가 되는 것은 지나 연구에 있어서 과학적 방법의 결여, 지나론에 있어서 방법론의 결여"[37]라고 하면서, 그때까지의 동양사나 동양사상연구의 방법 대신 사회과학적인 정치경제적 분석의 필요성을 제언했다. 그러나 오자키 호쓰미의 비판을 기다릴 것도 없이 1930년대에는 마르크스주의의 영향을 받은 연구자에 의해 중국뿐만 아니라 아시아사회를 사회과학적으로 분석하는 연구가 나타났고, 이미 만철조사부 등에서는 현지조사를 진행하고 있었다. 그리고 1938년에 설립된 동아연구소의 제6조사위원회에서는 만철조사부의 지원을 받아 1939년부터 1944년에 걸쳐 중국농촌관행조사를 실시했고, 여기에는 스에히로 이즈타로末弘嚴太郞・가이노 미치타카戒能通孝・니이다 노보루仁井田陞・히라노 요시타로・와가쓰마 사카에我妻榮 등이 참가했다. 히라노 요시타로는 또 1938년에 설립된 태평양협회에서도 기요노 겐지淸野謙次와 함께 남방 각지를 돌아다니며 조사했다. 이 외에 1942년의 필리핀 조사에는 로야마 마사미치蠟山政道, 도바타 세이이치東畑精一 등이 참가하여 상세한 보고서를 작성했는데, 이 보고서에서 그들은 스페인과 아메리카의 식민지 통치에 의해 형성된 "불건전한 민족문화의 존속은 독립국가로서 허용되어서는 안 된다. 그 민족문화를 위한 시책으로서 고구해야 할 것은 동양문화의 보급과 확립"[38]에 있다는 것 등을 제안했다. 이들 조사는

---

37 尾崎秀實, 「嵐に立つ支那」(1937), 『尾崎秀實著作集』 第1卷, 勁草書房, 1977, p.3.
38 蠟山政道, 「第二章 民族文化」, 『比島調査報告・第一篇 民族』, 比島軍監部, 1943, p.111. 이 『比島調査報告』는 극비문서라 하여 공간되지 않았다. 군정고문 村田省藏의 구상에 따라 조직된 '比島調査

어디까지나 대상 지역에 관한 분석을 주목적으로 한 것이어서 아시아나 동양에 관한 문화 전반을 논하고 있지는 않지만, 그 조사와 분석에 있어서 분석틀이나 준거이론이 없었던 것은 아니다.

　그 중심이 된 것 중 하나가 아시아적 공동체론·동양사회론이었다. 이 공동체론·동양사회론에도 다양한 변주가 있고, 동양사회의 정체성이나 아시아적 생산양식 등을 둘러싸고 논쟁이 전개되기도 했는데,[39] 농촌사회로서의 아시아의 특질에 착목한 것으로 다치바나 시라키橘樸의 '동양공동체론'·'향토사회론'이 있다. 다치바나 시라키는 중국사회에 관해 현지에서 오랫동안 연구한 결과, 중국사회를 형성하는 기초단위로서 가족·촌락 자치체와 상공업 길드의 자립성을 중시했는데, 이러한 분권적 자치공동체로 구미의 집권적 국가를 대치함으로써 자본주의가 빠져 있는 폐해를 극복할 가능성을 발견하고자 했다. 다치바나 시라키의 '동양공동체론'은 퇴니스Ferdinand Tönnies의 게마인샤프트Gemeinschaft와 게젤샤프트Gesellschaft에 관한 논의를 중국과 아시아의 사회에 끼워 맞춰 이것을 게젤샤프트적 서양사회와 게마인샤프트적 동양사회로 유형화한 것이었다. 퇴니스는 게마인샤프트가 일체성, 관습, 종교 등 본질의지Wesenwille에

委員會'와 그 조사의 개요에 관해서는, 『極秘比島調査報考』復刻板(龍溪書舍, 1993)에 수록된 中野聰·早瀬晋三·寺田勇文의 해설과 盛田良治, 「日本占領期のフィリピンの現地調査」(『人文學報』第79號, 京都大學人文科學硏究所, 1997) 참조

39　마르크스가 상정한 '아시아적' 지대에 관하여 비트포겔의 『중국의 경제와 사회』(1930) 서문에서는 "이집트, 남북 인도 및 무엇보다 중국 자신"이라 밝히고 있다. 또 川西正鑑, 『東亞地政學の構想』(實業之日本社, 1942)에서는 동양문화의 생활 기반인 동양사회를 분석해 보면 그 정체성과 아시아적 생산양식은 "촌락공동체에 이어지는 노예제 이하의 사회구성에서 전형적 발달을 보지 못했다는 한 가지 사실로 귀결된다"(p.91)라고 하고 이것은 자본주의적인 서양사회와 비교할 때 하나의 결함이라고 하면서도, 노예제와 자본주의가 결여되어 있다는 점에서 동양문화의 일체화의 가능성을 찾을 수 있다고 말한다. 마르크스의 아시아사회론과 아시아적 생산양식을 둘러싼 논쟁에 대해서는, 鹽澤君夫, 『アジア的生産樣式論』(御茶の水書房, 1970); 小谷汪之, 『マルクスとアジア』(靑木書店, 1979) 등 참조

의한 유기적 결합으로서 친족·촌락·지연사회 등을 이루는 것에 비해, 게젤샤프트는 계약, 의지, 세론世論 등 선택의지Kürwille의 결정에 의한 기계적 결합으로서 도시·국가·세계적 사회를 이루는 것으로 이념화했다. 그리고 여기에 문명과 문화를 결부시켜 게젤샤프트가 문명 상태인데 비해, "오히려 게마인샤프트적인 생활·질서에서 민족성과 그 문화Volkstum und seine Kultur가 보존되는"[40] 것으로 보았다.

이에 대해 다치바나 시라키는 게마인샤프트에 문화로서의 동양사회, 게젤샤프트에 문명으로서의 서양사회를 끼워 맞춰 게마인샤프트에서 게젤샤프트로 전개한다는 진화론적 상정을 배척하고, 오히려 뒤처져 있는 것으로 보이는 동양사회의 게마인샤프트적인 모습이야말로 서양의 근대를 초극할 토대가 될 수 있을 것이라면서, "부활하는 새로운 공동의 사회는 동양 민족뿐만 아니라 널리 전 인류사회를 위해 불가역적인 구성원리가 되고 따라서 필연적으로 영구평화의 초석이 될 것"[41]이라고 주장했다. 그것은 막다른 길에 이른 근대 서양문명을 넘어설 수 있는 계기는 바로 동양에 있다는, 기회가 있을 때마다 간헐적으로 모습을 드러내는 언설의 변주에 지나지 않았을지도 모른다. 그러나 이러한 논의에 의해 전제專制·정체·봉건 등으로 특징지어졌던 '향토사회'로서의 동양사회가 도시적인 자본주의 사회의 악폐를 극복하고 서양문명의 몰락을 넘어설 수 있는 가능성을 잉태했다는 식으로 적극적인 의의를 부여

---

40 Ferdinand Tönnies, 杉之原壽一 譯,『ゲマインシャフトとゲゼルシャフト』, 理想社, 1954, p.331. 퇴니스는 또 근대사회가 인간의지의 유기적 통일을 결여한 게젤샤프트로 뒤덮여 있는 것을 비판하고 협동조합(게노센샤프트)에서 새로운 게마인샤프트를 되찾을 수 있으리라는 기대를 걸었는데, 다치바나 시라키도 협동조합운동을 추진하고 있었다.

41 橘樸,「滿洲鄉村自治建設私案」(1936), 橘樸著作集刊行委員會 編,『橘樸著作集』第2卷, 勁草書房, 1966, p.300.

받게 된다. 거기에는 당시의 아시아가 농업을 근간으로 하는 사회였던 이상, 그것을 기반으로 하지 않고는 그 어떤 미래상도 그릴 수 없다는 제약이 따랐다는 것도 부인할 수 없다. 그렇지만 다치바나 시라키도 일본의 산업구조가 중화학공업 중심의 영국형 구성으로 전환할 것, 농업부문이 기계화하여 대규모 협동 경영으로 이행할 것을 필연적인 발전 방향으로 보고 있었다. 마찬가지로 아시아에 있어서 공업사회 발전의 의의에 관해서도 중시하고 있으며, 궁극적으로 지향하는 사회 형태는 "일본과 인도 및 중국의 공업지대에 대해서 말하자면 직업적 데모크라시를 기조로 하는 사회주의 사회"라 생각했고, "이들 사회가 우선 민족적 기초 위에서 결합하여 아세아연맹"[42]이 될 것을 기대하고 있었다.

그리고 중요한 것은 다치바나 시라키가 서양인이 지칭하는 동양이란 경제적 착취 대상으로서 토지와 인민에 지나지 않았다고 하면서, 동양인 스스로가 주체성을 갖고 자립할 지역으로서 동양의 경역을 명확히 보이고 새로운 동양사회의 형성을 호소했다는 점이다. 이와 관련하여 그는 "우리 동양인은 투먼강圖們江에서 페르시아만까지 이어지는 경계선 이남의 대륙 및 섬, 그곳에서 평화로운 농업사회를 꾸리고 있는 민족들을 해방하여 혼연한 동양사회를 창조하고, 어떻게 해서든 대등한 관계로 서양사회와 함께 나아가면서 평화롭고 광휘에 찬 세계사회의 건설

---

42 橘樸,「汎亞細亞運動の新理論」(1933), 위의 책, p.589. 이 논고는 口田康信의『新東亞建設論』(1933) 등에서 찾아볼 수 있는 대아세아건설협회의 범아세아운동에 대한 비판으로서 집필되었는데, 자신의 책에서 구치타 야스노부가 전개한 것이 퇴니스에 의거하여 가족주의적 공동형인 동양사회와 개인주의적 이익형인 서양사회를 대비하는 의론이었다. 이에 대해 다치바나 시라키는 "퇴니스의 공동사회든 구치타의 가족주의든 양의 동서를 불문하고 농업경제의 단계에서 반드시 경과해야 할 집단형태이며(…중략…) 구치타의 소위 공동주의를 동양에 특수한 것으로 보는"(p.584) 것에는 반대했다. 결국 다치바나는 1933년에는 부정적이었던 논리에, 아래 각주에서 볼 수 있듯, 1940년에는 동의하기에 이른다.

에 종사하고 싶다"[43]라는 희망을 피력했다. 이와 같이 경역을 설정하는 데 있어서 이슬람사회의 존재가 어느 정도 고려되었는지는 의문이지만, 다치바나 시라키의 경우는 선험적으로 동양사회나 동양사상을 상정한 것이 아니라, "선구자인 일본, 지나 및 인도 민족이 가진 여러 조건들 가운데 우선 그들 사이에서 고립적으로 발전한 기본적 사상체계를 검토한 다음 공통의 요소를 추출하여 그것을 비교 통합해야 비로소 전 동양사회의 혼이 살아있는 동양사상을 창조할 수 있지 않을까"[44]라고 말했듯이, 어디까지나 '창조해야 할 과제로서의 동양'을 얘기했다는 점에서 당시의 논조 중에서는 이채를 띠고 있었다. 그리고 "지금도 아시아에서 일본만큼 평판이 나쁜 나라는 없다. 그렇기 때문에 아무리 지나를 붙잡으려 해도 금방 놓쳐버리고 만다. 현재로서는 민족주의의 요구를 존중하고 그것을 달성할 수 있도록 돕는 성의와 능력을 갖고 있어야 비로소 가능한 일이다. 정치적으로 절대적으로 평등한 입장에 설 수밖에 없다"라고 했듯이, 일본의 리더십을 당연한 전제로 내세운 것이 아니라 누적되어온 섬나라 민족성을 일소하지 않고는, 나아가 각 민족의 요구를 존중하지 않고는 동양사회의 창조가 불가능하다는 점에도 주의를 촉구했다. 다치바나 시라키에게 동양사회의 창조와 일본의 민족적 성격의 개조는 수레의 두 바퀴가 되어야 할 것이었다. 그런 점에서 히라노 요시타로가 "근대 일본은 기본적으로 동양 농업 및 동양문화의 정수를 발전시키면서 구래의 동양사회에 선별적으로 혁신을 가해 버려야 할

---

43 橘樸, 『職域奉公論』, 日本評論社, 1942, pp.37·97~99.
44 橘樸·細川嘉六·平野義太郎·尾崎秀實, 앞의 책, p.64에서 다치바나 시라키의 발언. 여기에서 다치바나는 "나는 동양사회의 본질을 공동체라고 생각하며, 이에 대해 서양사회의 기초적인 사회유대는 집합체라는 결론에 이르렀다"라고 말하기도 한다.

것은 버리고 보존해야 할 것은 보존했고, 무엇보다 과학기술을 발전시 킴으로써 오늘날 보는 것과 같은 산업경제 및 문화의 약진을 달성한"[45] 것에서 일본의 주도성을 인정하고, 그런 일본이 '중도中道주의＝가족주 의＝협동주의'를 정책의 기조로 하여 대동아 농업을 지도하는 것에 추 호의 의심도 내비치지 않았던 것과는 분명히 구별된다.

하지만 다치바나 시라키가 아무리 게마인샤프트적 동양사회가 '뒤처 져 있기 때문에 서양을 초월할' 것을 기대했다 하더라도, 베버가 지적 한 것처럼 동양사회가 개인을 미성년의 지위에 머물게 하는 가부장제 가족을 바탕으로 하고 있다는 점에서 문제를 품고 있었다는 것은 부인 할 수 없다. 미키 기요시는 "새로운 게마인샤프트는 근대적 게젤샤프트 의 기초인 자본주의가 현재 안고 있는 문제에 새로운 해결책을 제시 할"[46] 가능성이 있다고 하여 다치바나 시라키와 마찬가지로 게마인샤프 트적 공동체의 모습에 희망을 걸면서도, 그러나 "동양적인 사회는 게마 인샤프트적 성질을 선명히 갖고 있다고 말할 수 있겠지만 그것이 봉건 적인 것에 의존하는 바가 적지 않다는 점을 생각하지 않으면 안 된다. 그런 의미에서 동아사상이 동양문화의 전통을 존중하는 것은 당연하다 고 해도 그것은 단순한 동양주의에 머무르는 것일 수는 없다"라고 하여, 동양성이 봉건성과 폐쇄성으로 기울기 쉽다는 것에 대해 우려를 표명 해 마지않았다. 다시 말해 미키 기요시는 "공간적으로는 동양의 통일,

---

45 平野義太郎, 『民族政治の基本問題』, 小山書店, 1944, p.12~14.

46 三木清, 「東亞思想の根據」, 『改造』, 1938年 12月號, pp.20・18. 여기에서 미키가 동아사상이라고 말하는 것은 동아협동체를 기초로 하여 형성되는 사상이라는 의미이다. 한편, 미키는 동양문화의 중요한 요소로 간주되는 가족주의는 폐쇄적・정의적(情意的) 결합인 게마인샤프트를 넘어 개방 적・합리적 결합으로서의 게마인샤프트의 기초가 되지 않으면 안 된다고 했다. 「新日本の思想原 理」, (1939), 『三木清全集』 第17卷, 岩波書店, 1968 참조.

시간적으로는 자본주의의 문제의 해결"을 도모하는 한에서 동아협동체의 역사적 의의를 찾았는데, 그래서 "문화에 관해서도 단지 지역적으로만 생각하고 시간적으로는 생각하지 않는다면 동양문화라는 것은 봉건주의로 역전해버리고 마는"[47] 사태를 경계했던 것이다. 이처럼 동양문화의 존중이 봉건주의로 되돌아가게 할지도 모른다는 것을 우려하는 의론은 결코 적지 않았는데, 이 점에 관하여 다치바나 시라키는 "동양적인 것과 봉건적인 것을 뒤섞은 서양식 착각의 소산이며, 동양적인 것의 특징은 완전히 다른 데 있다. 동양적 특징은 작게는 가족조직에서 크게는 민족조직까지를 일관하여 내가 말하는 단체주의 즉 단체에 대한 개체의 봉사 관계에 있다"[48]라면서, 동양적 특징인 단체주의에 의한 아시아사회의 재편성이 가진 의의에 기대를 걸고 있었다.

또 다른 동양사회론으로서는, 농업사회에서 치수·관개와 '뇌누未耨(호미와 쟁기)' 농법이 농업의 주요 조건이 되고 그 결과 국가가 최고의 토지소유자가 되어 동양적 전제주의를 초래한 점에서 서양사회와 다르다고 보는 마디야르Lyudvig Ignatievich Madiyar와 비트포겔Karl August Wittfogel에 준거한 모리타니 가쓰미森谷克己와 히라노 요시타로 등의 의론도 있었는데, 그것이 유목사회를 비롯하여 아시아 전역에 타당하지 않다는 것은 그들 자신이 인정한 바였다. 그뿐만 아니라 마르크스의 아시아적 생산양식론에 의거하기도 했던 모리타니가 "일본은 대동아공영권을 확립하여 세계 신질서 건설을 지도할 수 있기 위해서라도 그 자신 안에 남아 있는 동양적 낙후성을 보다 완전하게 청산하지 않으면 안 된다"[49]라고 했듯이, '동

---

47 三木清, 「文化の力」, 『改造』, 1940年 12月號, pp.121∼122.

48 橘樸, 『職域奉公論』, 日本評論社, 1942, p.92.

49 森谷克己, 『東洋の生活圈』, 育成社弘道閣, 1942, p.107. 또 모리타니는 쓰다 소우키치의 논의에 반대하여 "엄연히 동양은 존재한다"라고 주장하면서도, 동양이 하나의 문화공동태로서는 현존하지

양적 낙후성'의 극복이 과제로 간주되었다. 이리하여 동양사회의 특징으로 첫째, 관개농업에 의한 쌀농사와 그것에 관한 의례가 민족 관습의 유대가 된다는 것, 둘째, 그 사회생활의 기초적 유대가 서양의 집합체와 달리 가부장제에 기초하는 공동체라는 것 그리고 셋째, 그 결과 서구 세력의 동점을 저지할 수 있는 "위대한 동양의 문화는 서양의 물질문명 앞에 압살되었다"[50]라는 동양사회·동양문화정체론의 스테레오타입이 형성되었던 것이다. 다른 한편, 다치바나 시라키나 모리타니 가쓰미 등과 마찬가지로 동양사회의 특질에 착목한 히라노 요시타로는 "동양에서 지역적으로 근접하여 생활하는 아시아 민족들은 모두 공통적으로 동양사회의 향토적 기반을 갖고 있으며 각각 향토문화를 갖고 있는"[51] 것이 "자주적으로 협력하는 민족생활권"으로서의 대동아광역권 형성을 가능하게 할 것이라고 생각했다. 그리고 공통의 문화기반을 갖고 있으면서도 흩어져 있는 문화권의 통합은 "삼천 년의 동아의 전통문화를 세련되게 가꾸고, 지나의 대륙문명과 태평양의 해양문명이 교류하는 중심점에서 나라를 이루었으며, 나아가 근세에 이르러 서양의 과학을 섭취하여 근대화를 달성한 동아의 맹주 일본만이 할 수 있는 것"으로 간주되었다. 더욱이 '아시아적 친근성'은 벼농사 문화와 그것에 결부된 태양숭배에서 태어났으며, 일본 민족의 지도성은 일장기 '히노마루'로 상징되고 있

않으며 일본의 지도에 의한 민족적 각성을 거쳐 "하나의 문화공동태 아래 놓이게 되어 하나의 동양 문화를 이룩할 수 있을 것"(p.13)이라고 했다.

50　國策研究會, 『南方諸民族事情研究』(大東亞問題調査會研究報告 第七卷), 日本評論社, 1943, p.3.

51　平野義太郎, 『民族政治學の理論』, 日本評論社, 1943, pp.19～20. 히라노의 '태양신 사상' 및 '남방권의 지도' 원리에 관해서는 같은 책, 제1편 제6장 및 제4장 참조. 아울러 히라노 요시타로의 아시아론에 관해서는 秋定嘉和, 「社會科學者の戰時下のアジア論」, 古屋哲夫 編, 『近代日本のアジア認識』, 京都大學人文科學研究所, 1994 및 長岡新吉, 『日本資本主義論爭の群像』, ミネルヴァ書房, 1984 등에 상세하게 설명되어 있다.

다면서 "민족정책 원리로서 태양신 사상"을 설명했던 것이다. 아울러 히라노는 "고도문화에 대한 순응력이라기보다 섭취력이 결여되어 있고 또 문화창조력도 취약한" 남방권 민족들에 대해서는 모멸감을 갖지 않도록 "스스로 우수 민족이라는 긍지와 자신감을 정책이나 태도에 구체화"하는 통합원리로서의 권위의 필요성을 역설했다.

이처럼 다양한 동양문화론 또는 동양사회론을 낳으면서 일본은 만주사변 이래 중국 나아가 동남아시아 각지로 통치영역을 확대해가고 있었는데, 문제는 동양이나 아시아라는 범역의 경계를 어디에 설정할 것인가, 그 일체성을 보이는 동양문화 내지 대동아공영권문화란 구체적으로 어떤 것으로 실현될 것인가라는 데 있었다. 이 문제에 관하여 1938년 고노에 후미마로 수상이 발표한 동아신질서성명의 해석을 둘러싸고 논단을 휩쓴 동아협동체론에서는, 일본과 중국 사이의 신질서의 형성을 중심과제로 삼으면서도 논자가 "거의 전부 '동아'를 하나의 봉쇄적 단위로 생각하지 않고 단지 세계적 질서 일반에 대하여 선행하는 지역적, 인종적, 문화적, 경제적, 공동방위적인 결합으로 보고 있는 것은 정당하다"[52]라는 평가를 받고 있었다. 그러나 그것은 동아협동체론이 일본·중국·만주국의 제휴라는 정책과제 앞에 문화적 일체성을 가진 동아의 범역과 그 내실에 관하여 무감각했다는 것을 의미하는 것에 지나지 않았다. 오자키 호쓰미는 '동양의 각성'이나 '동양의 통일' 등과 같은 슬로건이 넘쳐나는 동아협동체론의 의의를, 일본인이 중국의 민족문제의 의의를 겨우 깨달아 거꾸로 자국 국민의 재편성의 필요성을 인식했다는 점에 있다고 보았는데, 그것은 문제의 해결이 아니라

---

52 尾崎秀實, 「'東亞協同體'の理念とその成立の客觀的基礎」, 『中央公論』, 1939年 1月號, pp.15~16.

문제의 소재를 탐지한 것에 지나지 않았다. 정말이지 그 지점에서 서양의 문화적 일체성에 필적할 만한 것이 결여되어 있을 뿐만 아니라 "동양의 민족문화에는 문화의 자기 형성 작용을 자각하고, 추진하고, 유지할 수 있는 통일적인 주체가 아직 존재하지 않는"[53]다는 현실, 결국 일본의 문화적 지도력의 결여라는 문제가 엄연히 놓여 있다는 것을 통감하게 되었던 것이다. 이미 1939년 장제스는 일본군이 침략정책을 채택하고 잔학행위와 아편밀매 등을 일삼으면서 동아협동체의 형성을 외치고 있는데 대하여, "우리가 가장 마음 아프게 생각하는 것은 동아민족이 일본의 이러한 정책 아래에서는 점차 가난해지고, 점차 어리석어지고, 끝내는 멸망에 이르리라는 것이다. (…중략…) 요컨대 일본 군벌은 동아민족으로 하여금 완전히 동방문화의 도덕관념을 상실케 하여 완전 무결한 노예사회를 만들고자 한다"[54]라고 말하고, 일본은 그 어떤 의미에서도 동양문화를 보존·유지하고 있지 않음에도 불구하고 동양문화의 진흥을 호소하고 있다면서 그 허위성을 폭로한 후, 일본인 스스로가 인애·신의·평화 등 동양문화의 윤리적 핵심을 되찾을 것을 요구했다.

이처럼 중일전쟁의 해결을 목적으로 한 동아협동체론에서조차 지역을 통합하는 문화를 형성할 주체의 결여라는 문제에 부딪혔고 그 주체를 어떻게 창출할 것인지가 난제로 가로놓여 있었다고 한다면, 범역마저 명확하게 인식되지 않았던 대동아공영권에서 그 지역세계를 표상하는 문화상과 그것을 형성할 통일적인 주체 등은 바랄 수도 없었다. 그랬기 때문에 국책연구회에서는 그때까지의 동양문화에 관하여 "일본 내

---

53 蠟山政道, 「東亞新秩序と新文化の創造」(1940), 『東亞と世界』, 改造社, 1941, p.229.
54 蔣介石, 「抗戰二週年記念日に當り日本民衆に告ぐ書」(1939.7.7), 『日本の輿へる書』, 中國文化社, 1946, pp.74~75.

부에서는 인도와 지나의 이질적 문화가 일본 고유의 문화와 상호 매개하여 혼연하게 통일을 이룬 일본문화가 형성되었던 것이다. 극단적으로 말하자면 일본문화는 일본문화이지만 동시에 일본문화는 동양문화이기도 하다. 이리하여 인도나 지나문화가 이른바 동양적 정체성을 보이면서 그 안에 진정으로 발전이라고 부를 수 있는 것을 찾아볼 수 없었던 데 반하여, 우리 일본문화만은 그 안에 이질적인 것을 받아들이고 이질적인 것의 상호 매개를 통하여 통일된 문화를 형성했다"[55]라고 총괄하면서 일본문화가 발전한 것으로서의 동양문화라고 규정했던 것이다. 다시 말해 동양문화로서의 기원의 동일성을 전제로 한 다음, 인도문화와 중국문화의 '정체성停滯性'이라는, 참으로 구미의 관점에 선 평가에 의해 그 의의를 부정하고 그것과 대비하는 형식으로 일본문화의 '발전성'을 강조함으로써 동양문화로서의 대표성을 논하고, 일본문화가 대동아공영권 문화 건설의 표준이 될 수 있다고 주장했던 것이다. 더욱이 역사적으로 다양한 문화를 섭취하면서 통합된 고유의 문화체계를 만들어온 일본문화의 특질에 비춰보면, "공영권 문화가 그 안에 특수성을 포함하면서도 보편성을 갖고 다양하면서도 통일성을 갖는다고 할 때, 그 통일성과 보편성은 일본문화를 통해 현현된다고 생각해도 좋다"라고 말하기도 했다. 그리고 다른 한편 일본의 통치에 "각지의 민족들이 하나가 되어 참가하는 것은 본래 일체여야 할 동양적 생활권의 기반이 아직 존재하기 때문이다. 동양은 아직 엄존한다"라고 하여, 일본의 통치가 받아들여지고 있는 것은 문화적 기반이 공유되고 있다는 증거라고 강조하면서, '동양의 엄존'성을 소리높이 외쳤던 것이다.

---

55 國策研究會, 『大東亞共榮圈文化體制論』(大東亞問題調査會研究報告 第六卷), 日本評論社, 1944, p.38・51 및 p.8.

하지만 현지조사 보고서의 다수는 민족들 간 문화의 차이가 현격하다는 점을 중시하고, 그에 개별적으로 대처할 필요성과 일본문화의 획일적인 강요가 낳은 폐해를 이구동성으로 강조하고 있었다. 예를 들면, 도바타 세이이치는 현지조사를 하면서 직면한 사태로서 대동아 지역의 각 민족이 갖고 있는 경제의식과 일본인의 그것이 크게 다르다는 것에 관하여, 경제의식에서도 일본인의 그것이 결코 보편적인 것이 아니라는 사실을 명확히 인식해야 한다고 거듭 강조하면서, "다른 경제의식에 직면하여 다른 표준이나 척도를 들이대 그것을 일방적으로 '불합리'하다고 성급하게 판단을 해서는 안 된다. 문제는 상호 간에 다른 'Ratio'가 있고 다른 표준이나 수준이 존재하며, 각각이 그 기준에 비춰보면 '합리적'인 측면을 갖고 있다는 것을 아는 데 있다. 우리들의 임무는 이러한 'Ratio'가 무엇인지를 검토하는 데 있다고 생각한다"[56]라고 지적했다. 그리고 서구 식민자가 '남방인'의 '게으름'을 비난하는 것에 대해서도 원래 경제나 노동에 관한 관념의 차이에 비춰 분석해가는 문화상대주의적인 시점이 필요하다고 역설했다. 하지만 각 민족의 문화의 특성을 살리면서 일본문화가 어떻게 공영권 문화로서 나타날 것인가에 관한 명확한 그림은 그 이후에도 분명하게는 그려지지 않았다.

또 다니카와 데쓰조谷川徹三도 자퍼Karl Sapper의 세계 10대문화권론에 준거하여, "동양은, 이를 아시아 전체라는 의미로 본다면, 근동문화권, 인도문화권, 동아문화권, 중앙아시아문화권, 말레이문화권의 다섯을 포함하게 된다. 아주 엄밀하게 말하면 극동문화권의 일부, 동유럽문화권의 일부도 포함하게 된다. 그런 만큼 그 문화는 복잡한 것이다"[57]라고

---

56 東畑精一,「比島人の經濟意識(一)」,『國家學雜誌』第58卷 4號, 1944.4, p.7.
57 谷川徹三,「東洋文化論」, 太平洋協會 編,『太平洋問題の再檢討』, 朝日新聞社, 1941, p.146 및 p.141.

한 다음, 이들을 관통하는 문화적 공통성은 없으며 과거의 문화에 고착해 있는 한 결코 통합은 이끌어낼 수 없다고 주장했다. 다니카와는 "문화가 미발달한 단계에서는 민족성이라든가 자연환경 등이 큰 힘을 발휘하지만 그러한 힘은 문화가 진전함에 따라 점점 사라져간다. 따라서 우리들은 미래 신문화 건설을 구상할 때 그런 것에 너무 기대지 않는 것이 좋다"라고 제언했는데, 그것은 요컨대 문화를 기축으로 지역세계를 획정하는 일이 무효라는 것을 선언한 말이기도 했다.

그럼에도 불구하고 새로운 문화의 범역도 내실도 불명확한 채, 국책연구회가 주장했듯이, '일본문화는 일본문화이지만 동시에 일본문화는 세계문화이기도 하다'라는 언설에 따라 일본문화의 보급을 도모했으며, 여기에서도 동양이란 확장된 일본이 되고 일본의 지배가 미치는 경역을 동양으로 편입해가는 기축으로서 문화가 떠받들어지고 있었다. 이러한 일본문화 보급의 역사를 동양사 내지 대동아사로 본다는 구상은 1942년 문부성 학무국이 『대동아사 개설』의 편찬을 기획했을 때, "대동아사의 내용은 세계에서 가장 오랜 역사를 가진 일본의 문화가 조선, 지나에서 아시아 각지로 전해지는 역사여야 하며 그 빛을 받은 범위는 버마 이동以東"[58]이라 하여 구체적으로 제기되었다. 이에 대해 위촉을

---

58 宮崎市定, 「序文－シナ史からアジア史へ」, 島田虔次 外編, 『アジア歴史入門』 第1卷, 同朋舍出版, 1983, Ⅴ면. 미야자키는 이때의 원고를 바탕으로 1947년에 『アジア史概說 正編』을 출판했다. 문부성의 대동아사편찬요항에서는 그 편찬 목적을 "대동아전쟁의 의의에 비추어 일본세계관에 기초한 대동아 일체감의 입장에서 대동아의 역사와 그 의의를 밝히고, 그 문화의 특질과 제 민족 융체(隆替)의 양상을 파헤치며, 특히 우리나라와의 관계 및 구미 제국의 아시아 경략의 실정을 명확히 함으로써 우리 국민의 자각과 아시아 제 민족의 분기(奮起)를 촉구하여 대동아신질서 건설에 이바지하기 위해서"(鈴木俊, 「東洋史と大東亞史」, 『地政學』 第1卷 10號, 1942.10, p.44 수록)라고 설명하고 있다. 구체적으로는 중국사를 중심에 놓은 동양사에서 벗어날 것을 도모하여 '대동아사의 이념'을 서설로, '대동아에서 일본의 지도적 지위'를 결어로 삼고 있다. 전체의 구성을 보면 다음과 같다.
전편 아시아 제 민족의 문화의 형성과 그 추이

받은 미야자키 이치사다宮崎市定 · **스즈키 슌**鈴木俊 · 야마모토 다쓰로山本達郎 · 아베 다케오安部健夫는 "일본의 문명이 대륙을 감화시켰다는 식의 역사는 역사학의 상식에서 벗어나기 때문에 있을 수 없다. 또 버마 이동으로 범위를 제한하는 이유도 찾을 수 없다. 그러나 아시아 전체를 돌아보면 최고最古의 문명은 우선 서아시아에서 발상하여 그것이 점차 동쪽으로 이동했고, 최후 종착점인 일본에서 최고도의 문화를 쌓아올렸다는 식이라면 쓰이지 못할 것도 없다"라고 대답했던 바, 그들은 "대동아의 범위를 넓히려면 얼마든지 넓혀도 상관없다"라면서 '일본문화광피설日本文化光被説'을 역의 방향에서 본 '문명동류론文明東流論'으로 전환하는 것이 인정을 받았다고 말한다. 다만 주임이었던 스즈키 슌은 "일본 · 지나 · 인도를 포함하는 동양이 서양과 같이 하나의 세계 · 문화를 갖고 있는지 여부를 깊이 살피지 않은 채 비서양이라는 개념을 동양이라는 말로 표현한 것에 지나지 않는"[59] 동양사도 머지않아 대동아공영권의 완성과 함께 일본문화의 빛을 받아 비로소 문화적으로 하나의 세계가 될 것이고, 바로 그때 진정한 동양사가 성립할 가능성이 있다고 보았다.

　　전기 아시아 제 문화의 성립과 그 발전
　　후기 아시아 제 민족의 활약과 그 추이
　후편 아시아 제 민족의 세계사적 전개
　　전기 유럽 세력의 동점과 그 영향
　　후기 아시아 제 민족의 자각과 동아신질서의 전개

대동아사로서의 아시아사가 대동아공영권으로 수렴되어가는 제 민족과 그 문화의 형성 · 전개의 역사로서 파악되고 있다는 것을 엿볼 수 있다. 이 편찬사업은 동방문화학원 · 교토대학인문과학연구소 · 도쿄대학동양문화연구소 · 동아연구소 등 여러 기관들과의 연락 아래 추진되었다. 또, 矢野仁一는 문무성이 주최한 문화강좌에서 대동아사 강의를 위촉받고 『大東亞史の構想』(目黑書店, 1944)를 썼는데, 여기에서 그는 "우리나라의 대동아 제 민족에 대한 지도적 세력이 확정적이게 되고 그들은 일본의 지도 아래"(p.5) 서게 됨으로써 "비로소 일관된 역사적 정신에 따라 유기적으로 서술되어야 할 대동아사의 구상은 가능하게 되었다"라고 하여 일본 세력의 확장과 문화의 보급이라는 시각에 의한 대동아사를 생각하고 있었다.

59 鈴木俊,「大東亞戰爭と東洋史敎育」,『敎育』第10卷 2號, 1942.2, p.85.

이렇게 보면 반드시 통일된 관점 아래 편찬사업이 진행된 것만은 아니었던 듯하다.

어쨌든 그때까지 중국사 중심의 동양사에서 탈각할 것을 도모한 이 『대동아사 개설』은 많은 원고가 모였음에도 불구하고 대동아공영권이 붕괴함으로써 자연 소멸되고 말았다. 하지만 역사서의 편찬을 말하기 이전에, 확대되어가는 일본의 통치지역에 동양문화로서의 일본문화의 빛을 받도록 해야 한다고 주장한 것을 보면, 일본문화에 의해 아시아의 일체성을 만들어내는 것이 곤란하다는 점도 명확해졌다. 스기모리 고지로杉森孝次郎가 대동아문화 형성의 목표를 지역성에서가 아니라 우수문화주의에서 찾고, "대동아공영권 쪽에 과학기술문화의 세계적 표준부터 우수한 것이 훌륭하게 준비되어 있지 못하다면 그때에는 다시"[60] 구미의 압박에 굴복하게 될 것이라면서, '적성適性' 문화를 배제할 것이 아니라 구미문화를 적극적으로 섭취해야 한다고 주장한 것은 어떤 의미에서는 일본문화에 의한 대동아문화 건설을 부정한 것이기도 했다. 스기모리에 따르면, 중국·인도·남양 등의 대동아 지역이 "식민지 또는 반식민지화한 사실도 그 원인의 대부분이 과학기술문화에 있어서 우리들의 즉 대동아 민족들의 뒤늦은 출발에 따른 현상이었던" 이상, 1943년 11월의 대동아공동선언에서 내걸었듯이, 대동아 각국이 "널리 문화를 교류"함에 있어서도 종전의 지역문화를 그대로 접합하는 것이 아니라 세계적으로 가장 우수한 문화, 결국은 구미의 문화를 먼저 흡수하는 것 외에 생존의 길이 있을 수 없었던 것이다. 마찬가지로 미키 기요시 역시 동양문화가 세계문화의 형성 발전에 기여할 바를 찾으면서도 서양문화

---

60 杉森孝次郎, 「大東亞文化昂揚の理念と構想」, 『國際文化』 第29號, 1944.1, pp.8~9.

의 "과학적 정신이 그 안에 속속들이 받아들여지지 않으면"[61] 안 된다는 점을 강조하여 동양문화론이 빠지기 쉬운 배타성에 경종을 울리고 있었다. "문화는 역사적인 것으로서 특수한 것인 동시에 보편적인 것이며, 이러한 특수와 보편의 통일이 이루어져야 진정으로 개성적인 것이라고 할 수 있다"라고 말하는 미키 기요시에게, 동서문화대비론이 거의 전적으로 '동양문화의 특수성' 즉 '일본문화의 특수성'을 들어 그 우수성의 증거로 내미는 것만큼 무의미한 입론도 없었던 것이다. 하지만 여기에서 말하는 특수와 보편을 통일한 개성적인 동양문화란 과연 구체적으로 어떤 것일까를 보여주는 것은 결코 쉽지 않다. 기획원연구회가 전 동아에 걸친 국토계획을 책정할 때 대동아민족공동체의 편성이라는 목표를 세우고, 그 안에서 종래의 서양문화와도 다르고 동양문화와도 다른 제3의 새로운 문화를 창출한다는 구상을 내세운 것도, 일본문화는 곧 동양문화라는 논리가 너무나 지방적이고 보편성을 갖지 못한 것이라는 점을 인식하고 있었기 때문인지도 모른다. 그랬기 때문에 기획원연구회는 "대동아국토계획의 궁극적인 목표는 대동아민족공동체와 이에 기초한 일종의 독특한 문화, 말하자면 세계 제3문화라고도 할 수 있는 것을 건설하는 데 있다"[62]라고 제언했던 것이다. 이 세계 제3문화의 건설은 도시가 농촌을 수탈한다는 종래의 서구적 경제형태를 청산하고, 농촌사회를 주축으로 "흙과 향토에서 떠난 사람은 다시 흙으로 돌아가 이번에는 역으로 도시가 농촌 안으로 편입되어 농촌의 법칙에 따라 도시가 비로소 존재"하는 사회편성 그 자체의 전환을 겨냥하며, 그것을 "대동아민

---

61 三木淸, 「東洋文化と西洋文化」, 矢部良策 編, 『アジア問題講座』第十卷(思想文化篇 一), 倉元社, 1939, pp.17~18.
62 企劃院硏究會, 『大東亞國土計劃』, 同盟通信社, 1943, pp.83~84.

족공동체의 세포"로 삼는 것이었다. 물론 이 대동아국토계획 자체가 원래 실현가능성이 없는 그림의 떡에 지나지 않았기 때문에 서양문화도 동양문화도 아닌 새로운 문화의 모습을 목표로 한 세계 제3문화의 창출도 파탄에 이르지 않을 수 없었다. 그렇지만 그것이 제2차세계대전 후에 '제3의 길'을 찾는 과정에서 등장한 제3세계Tiers-Monde론과 어떤 측면에서는 일맥상통하는 지향이 있었다는 점도 부정하기는 어려울 것이다.

그러나 여기에는 동시에 대동아공영권이라는 내실을 동반하지 못한 채 공간을 확장해간 결과, 이미 '동양문화'로서의 동일성을 갖지도 않은 범역의 문화를 지칭함에 있어서 세계 제3문화와 같이, 내용을 체현하지 못한, 말하자면 암호와도 같이 문화라는 이름을 붙일 수밖에 없었던 공허함이 떠돌고 있다는 점도 부인하기 어렵다.

제5장
사상기축으로서의 민족

민족이라는 기축에 의해 아시아라는 공간이 어떻게 인식되었는가를 논할 때, 민족과 인종의 관계가 어떤 식으로 다뤄지고 민족이라는 개념이 어떻게 의식되고 있었는가와 같은 문제들을 먼저 고려하지 않으면 쓸데없는 혼란을 야기할 수밖에 없을 것이다.

왜냐하면 민족에 관해서는 인종이 같은 인간만이 민족의식을 공유할 수 있다는 설에 의거하여 아리안 인종을 독일민족과 동일시하는 인종설이 있었을 뿐만 아니라, 인종과 '아인종亞人種으로서의 민족'은 사실상 다르지 않으며 그 구별은 편의적인 것에 지나지 않는 것으로 간주되는 경우도 있었기 때문이다.

예를 들면, 제1차 인종으로서의 유럽 인종Europoid을 북방 · 알프스 · 지중해 · 디나르 등의 제2차 인종으로 나누고, 이 가운데 북방 인종을 튜턴 · 슬라브 · 켈트 등의 제3차 인종으로, 나아가 튜턴 인종을 영국 ·

네덜란드·독일 등의 제4차 인종으로 나누는 견해도 있으며,[1] 어떤 단계부터 민족으로 볼 것인지는 논자에 따라 다르다. 이는 인종이라는 생물학적·자연적 분류도 기준에 따라서는 얼마든지 다르게 분류될 수 있다는 것을 여실하게 말해주는 것이다. 물론 이에 대해서는 일반적으로는 "인종Rasse이란 생물학적 집단 개념이고, 민족Volk이란 문화적 집단 개념이며 (…중략…) '인종'이란 동물학적 형태군으로서 체질적 유형공동태類型共同態이고, '민족'이란 문화군으로서 사회학적·생물학적 체험공동태라 정의되어 그 범주를 달리 한다"[2]와 같은 설명이 있긴 했었다.

---

1   Bernard Joseph, *Nationality : Its Nature and Problems*, London : Allen&Unwin, 1929. p.38. 일본에서도 도리이 류조는 "인류의 소구별인 'Variety' 즉 'Race' 그리고 그 아래 속하는 'clan'이라든가 'tribe'라든가 'family', 'branch', 'stock', 'type', 'stem'과 같은 소구별에 관한 연구"(「人種の研究は如何なる方法によるべきや」, 『東亞之光』第5卷 12號, 1910.12)를 인류학과 다른 인종학·민족학의 과제로 삼으면서, 인종과 민족을 연속적으로 파악하고 양자를 구별하지 않았다. 또 'ethnic group'이나 'ethnicity'를 포함하는 '민족'의 개념과 용어법의 변천 및 그 사회적 의의에 관해서는 방대한 연구가 진행되었다. 이와 관련해서는 川田順造·福井勝義 編, 『民族とは何か』, 岩波書店, 1988; 山内昌之, 『民族と國家』, 岩波書店, 1993; 『民族の時代』, PHP研究所, 1994; 綾部恒雄, 『現代世界とエスニシティ』, 弘文堂, 1993; 田口富久治, 『民族の政治學』, 法律文化社, 1996; N. Glazer·D. P. Moynihan, 內山秀夫 譯, 『民族とアイデンティティ』, 三嶺書房, 1984 그리고 安田浩, 「近代日本における'民族'觀念の形成」, 『現代と思想』第31號, 1992; 川田順造, 「'民族'槪念についてのメモ」, 『民族學研究』第63卷 4號, 1999; 橋本滿, 「民族ー日本近代を統合する力」, 戰時下日本社會研究會 編, 『戰時下の日本』, 行路社, 1992; 그 외 『思想』, 1995年 第4號·第8號, 1996年 第5號에 수록된 논문들, Frederik Barth ed., *Ethnic Groups and Boundaries*, Bergen-Oslo : Universitetsforlaget, 1969; Anthony D. Smith, *The Ethnic Revival*, Cambridge University Press, 1981 등을 참조하기 바란다.

2   厚生省研究所人口民族部 編, 『大和民族を中核とする世界政策の檢討』(1943), 『民族人口政策研究資料』第3-8卷, 文生書院, pp.27~28(이후 제목만 표기함). 이 후생성 인구민족부에서 작성한 공동연구보고서는 1981년에 '발견'되어 영인된 새로운 사료로서, 존 다우어가 *War without Mercy*, 1986. (猿谷要監譯·齋藤元譯, 『人種偏見』, TBSブリタニカ, 1986)에서 언급함으로써 알려지게 되었는데, 실제의 집필자 등에 관해서는 명확하지 않은 것으로 간주되어왔다. 짧은 소견이라는 것을 전제로 말하자면 이 보고서와 동일한 기술이 보이는 역저(譯著)로서 『南方政策と民族人口政策』이 1944년 대일본출판주식회사에서 간행되었고, 이 인용 부분도 이 책 pp.7~8과 거의 동일하다. 역저자는 小山榮三인데 그는 후생성 인구문제연구소 연구관 겸 기획원 조사관을 거쳐 문부성 민족연구소의 제1부장 및 제4부장을 겸임하고 있었다. 역저라고 밝히고 있듯이 이 책은 Diedrich Westermann ed., *Die heutigen Naturvölker im Ausgleich mit der neuen Zeit*; Richard Thurnwald ed., *Lehrbuch der Völkerkunde*; George Henry Lane-Fox Pitt-Rivers, *The Clash of Culture and the Contract of Races*;

그러나 민족에도 생물학적 체험공동태라는 요인이 덧붙여져 있듯이 혈통·혈연 등이 완전히 무시되었던 것은 아니며, 그 때문에 민족의 정의에 관해서는 크게 주관설과 객관설이 제기되어왔다. 주관설이란, 민족이란 민족으로서의 공속감共屬感·일체감·아이덴티티에 의해 결속되는 집단이어서 인종 등의 생물학적 요건을 필요로 하지 않는다고 하는 주관적·심리적 요소에서 근거를 구하는 것이고, 민족의식·민족감정 등을 민족 집단의 결속을 낳는 가장 중요한 속성으로 보는 것이다.

이에 대해 그러한 민족으로서의 공속감이 생겨나기 위해서는 혈통이나 체질의 동일성, 생활공간이나 언어, 종교, 풍속·습관, 정치적·경제적 유대, 역사적 체험의 공유 등 객관적 구성요소가 불가결하다고 하는 객관설도 제창되어왔다. 4S, 즉 종족Stamrm·언어Sprache·습속Sitte·거주Siedlung의 상호작용에 의해 민족이 구성된다는 릴Wilhelm Heinrich von Riehl의 설이 그 중 하나이다. 나아가 객관설이 거론하는 요소를 갖고 있으면서도 민족으로서의 일체성의 인식이 충분하지는 않고 자족적 공동생활을 지향하는 과정에 있는 집단으로서의 혈연단체를, 문화민족이라고 하기에는 아직 부족한 자연민족 내지 종족(또는 씨족, 부족)으로 규정하는 견해도 있었다.[3]

이러한 종족의 문제는 일본이 아시아 전역을 대상으로 하여 민족문

<hr>

Stephan H. Roberts, *Population Problems of the Pacific* 등에 준거하고 있으며, 특히 태평양 민족에 관한 부분은 로버츠의 저작을 전부 번역 소개한 것으로 보인다. 또 『大和民族を中核とする世界政策の檢討』를 중심으로 일본의 아시아관을 분석한 논고로는, 青木保, 「'民族'と'アジア'から見た近代日本」(『近代日本文化論 1－近代日本への視覺』, 岩波書店, 1999)가 있다.

3 高田保馬, 『民族の問題』, 日本評論社, 1935, p.246. 주관설을 채택하고 있는 다카타는 종족에 관하여 "혈연이 결합의 기본적 유대를 형성하고 문화 내용의 공통은 모두 이것에 부수하는 데 지나지 않는다"라고 하면서, "타이완의 생번, 홋카이도의 아이누, 시베리아의 기리야아크족" 등이 여기에 해당한다고 말한다. 그는 이들을 '저급한 민족', 자연민족이라고도 불러야 할 것이라고 주장하며, 이에 대해 근대의 문화민족은 국가의 소산이고 국가의 소속민으로서 국민이 되는 것으로 보고 있었다.

제를 생각하는 시점에는 중요한 카테고리로 간주되었는데, 야나이하라 다다오矢內原忠雄는 "미개 토인의 운명공동체는 민족과 구별하여 종족이라 부른다"[4]라고 한 다음, 종족과 민족의 차이는 사회군으로서의 역사적인 발달 단계의 차이에 있다고 했다. 야나이하라의 정의에 따르면, 종족은 "그 생활 지역이 협소하고 생산방법은 자연경제, 사회조직은 자연상태, 정치조직은 국가 또는 정부라고 부를 만한 것이 없고, 인종적 구성은 대체로 단일하다. 즉, 단성사회군單成社會群이다." 이와 달리 "민족은 몇 개 종족이 뒤섞인 사회군"으로서 "경제적으로는 상품생산, 정치적으로는 국가형태의 단계에서 성립"하며, 또 "민족은 향토 · 언어 · 종교 · 역사 · 전설 등을 공동으로 하는 인류의 일단一團이고 주관적인 집단감정에 의해 통일"되는 것이다.

물론 민족과 종족의 구별에 관해서는 혈연공동체로서의 종족ethnos, ethnic group, 문화공동체로서의 민족Volk, 정치적 공동체로서의 국민Nation과 같은 차원의 분류와 그것들에 관한 다양한 정의가 이루어져 왔다. 이와 관련한 상세한 내용은 일단 제쳐두고, 그것들을 대상으로 하는 학지學知가 어떻게 설정되었는지 보기로 하자. 도리이 류조는 1913년 인류에 관한 학문을 크게 둘로 나누었는데, 동물을 기초로 하여 "어디까지나 인류를 동물로서 연구"[5]하는 인류학Anthropology과 "인종, 민족의 체질, 언어, 풍속, 습관, 신화, 전설 등 오래전부터 그들에게 이어져온 고물古物유

---

4 矢內原忠雄, 「民族と平和」, 『中央公論』, 1934年 4月號. 야나이하라는 또 민족에 관하여 "자연공동체의 범주에 속하는 것이 아니라 오히려 문화공동체로 이해해야 할 것"이라고 정의했다.

5 鳥居龍藏, 「人類學と人種學(或は民族學)を分離すべし」, 『東亞之光』 第8卷 9號, 1913.9, p.30. 한편, 鳥居龍藏, 「人種の研究は如何なる方法によるべきや」, 『東亞之光』 第5卷 12號, 1910.12에서는 'Ethnography'가 '土俗誌'로 번역되어 있다. 덧붙이자면, 1912년에 간행된 『英獨佛和哲學字彙』에서는 'Anthropology'를 '人類學', 'Ethnology'를 '人種學', 'Ethnography'를 '人種誌, 叙述的 人種學'이라 번역하고 있다.

적 등을 연구"하는 인종학Ethnology · 민족학Ethnography이 그것이다. 특히 인종학 · 민족학에 관해서는 "이는 전적으로 인문과학의 영역에 속하는 것"이라고 했다. 다만, 도리이 자신도 '인종학(혹은 민족학)'이라 표기했 듯이 인종학과 민족학을 거의 동일 분야를 구성하는 것으로 간주하고 또 'Ethnography'를 '토속지土俗誌'로 번역하는 등 시행착오를 거듭하고 있었다.

다른 한편, 동일한 인종이 여러 민족들로 나뉘고 복수의 인종이 뒤섞여 있음에도 하나의 민족으로 의식되고 있는 사태를 고려할 때, 주관설을 채택한다 해도, 어떻게 민족으로서의 공속의식을 갖기에 이르는가가 문제된다. 이에 관해서는 "주관적인 민족으로서의 공속의 전제 내지 기초로서 가장 중요하고 일반적인 것은 문화공동체이다"[6]라고 했듯이 민족=문화공동체Kulturgemeinshaft로 보는 견해가 유력했으며, "민족은 문화적 통일체이자 역사적 운명을 함께한 집단이다. 민족은 종종 언어공동체로 생각되어왔다. 넓게는 언어, 습속, 종교 등을 공통으로 갖는 문화공동체라 말할 수 있을 것이다. 민족은 문화 형성의 공동 주체임과 함께 민족 자신이 문화적으로 형성된 공동체이다"[7]와 같은 논의가 이루어졌던 것이다. 이처럼 민족이라는 개념은 문화와 대단히 밀접한 관계를 가진 것으로 파악되었고, "문화라는 것은 민족에 의해 창조되고 형성되어 민족 생활 속에 뿌리를 내린 것이다. 이런 의미에서 민족과 문화는 본래 분리할 수 없는 것이다"[8]라고 말하고 있듯이, 민족과 문화

---

6   臼井二尙, 「民族の諸規定」, 『哲學硏究』 第328號, 1943, p.29. 단, 우스이는 문화공동체의 존재가 그 대로 민족의식의 성립과 연결되지는 않는다고 하면서, 문화공동체를 이루고 있으면서도 공속의 의식 · 의욕을 갖지 않는 것을 '즉자민족', 공속의 의식 · 의욕을 갖기에 이른 것을 '대자민족 또는 자각 민족'으로 구별하여 주관적 요인을 고려했다.
7   高山岩男, 『文化類型學硏究』, 弘文堂書店, 1941, p.172.

의 정의에는 동의반복同義反復의 순환논법의 울림이 있었는데, 그건 그렇다 치고, 일본에서는 인종이 생물학적·자연적 개념인 데 대해 민족이 역사적·문화적 개념이라는 대비가 통례로 받아들여졌다. 그리고 문화가 가변적이듯이 "민족성도 가변적인 것이지 고정적인 것이 아니"[9]라는 점이 강조되었고, 그럼으로써 아시아의 다른 민족이 문화적인 동화를 통해 일본 민족·야마토 민족에 가까워질 가능성이 있다고 생각했던 것이다.

그러나 그것은 민족과 문화라는 개념 자체가 상즉적相卽的으로 드러난다는 것을 의미하지는 않는다. 앞 장에서 밝혔듯이, 일본에서 문화라는 개념이 일반적으로 사용되기 시작한 것은 1910년대 후반 이후의 일인데, 민족이라는 개념은 그보다 앞서 1880년 후반부터, 예컨대 시가 시게타카가 "국수國粹란 일본 국토에 존재하는 온갖 주변적인 것의 감화와 화학적 반응에 적응하고 순종함으로써 배태되고 생산되고 발달한 것이고, 또 야마토 민족 사이에 아주 오래전부터 유전되고 순화되어 마침내 당대에 이르기까지 계속 보존되어온 것"[10]이라고 한 말의 용법 속에서 사용되기 시작했던 것이다. 그리고 여기에서도 풍토의 영향을 받아 그곳에서 만들어지고 진화해온 국수로서의 문화의 담당자가 바로 야마토 민족이라 하여 그 고유문화를 체현하는 것으로서 민족이 포착되고 있었던 것이다.

마찬가지로 구가 가쓰난도 "황인종·백인종·흑인종 중에 또 각종

---

8 小野淸一郎,「東洋は存在しないか」,『中央公論』, 1939 11月號, p.7.
9 『大和民族を中核とする世界政策の檢討』, p.34.
10 志賀重昂,「『日本人』が懷抱する處の旨義を告白す」,『日本人』第2號, 1888.4, p.1. 시가는 또 "야마토 민족의 아름다운 점과 순수한 점은 미술적인 관념에 있다"(「大和民族の潛勢力」,『日本人』第7號, 1888.7, pp.2~3)라면서 일본인의 민족적 특성을 문화에서 찾았다.

방국邦國과 각종 민족이 있다. 그리고 각종 민족과 각종 방국은 각각 특유의 역사, 특유의 성격, 특유의 습관, 특유의 이해利害, 특유의 풍속, 특유의 경토境土를 갖고 있다"[11]라고 하여 인종의 하위범주로서 민족을 파악하고 있었다. 그리고 이러한 민족의 고유성을 만들어내는 것이 혈연, 언어, 종교, 정체政體, 문자기예文字技藝, 풍속, 습관 등 "문화상의 생활"이고, 이것을 기초로 하여 "정치상의 생활"이 통일·강화된다고 했는데, 이처럼 그는 민족을 모태로 하여 국민이 형성된다고 생각했던 것이다.

그러나 민족이라는 개념으로 포착되지는 않았지만 세계에 다양한 풍속이나 신체를 가진 '인류'＝사람의 종류가 존재한다는 것은 17세기 일본에 들어온 세계지도에 덧붙은 화상畵像을 통해 알려져 있었다. 이 화상들은 1645년 간행된 『만국총도』에 도상 40종과 나라(민족)명 47종이 실린 것 외에, 만국총도나 절용집節用集 등에 '세계인형도世界人形圖'·'인상도人相圖'·'풍속도' 등의 이름으로 전재되어 있었다(이들 만국총도의 문제에 관해서는 제2부 제3장 제1절 '만국도와 사상연쇄' 참조). 그리고 1720년에는 니시카와 조켄의 『42국인물도설』이 간행되었는데, 이를 보면 각국의 인물풍속도가 정착되어 있었다는 것을 알 수 있다. 그러나 그 화상은 거의 정형화된 것으로 민족의 차이를 정확하게 보여주기보다는 장식적인 것이었고, 따라서 이국취미에 응하는 것을 목적으로 한 것이었다고 할 수 있다. 단, 이와 같은 풍속도의 패턴은 메이지시대에 들어서도 후쿠자와 유키치의 『세계국진』, 우치다 마사오의 『여국지략』을 비롯한 지리서에 답습되고 있어 일본인의 민족관에 준 영향을 경시할 수는 없다.

나아가 민족이라는 개념이 나타나기 이전에도 어떤 인종집단이 낳은

---

11 陸羯南, 「世界的理想と國民的觀念」(1890.1), 『陸羯南全集』 第2卷, p.83.

『만국총도』에 딸린 이국인물도(異國人物圖)

문화나 정치사회의 집단적 모습에 관하여 주의를 전혀 기울이지 않았던 것은 아니다. 다만, 당초에는 니시 아마네의 『백환연환』(1870)에서 '정학상政學上의 지리학Political Geography'에 관하여 "그 나라들의 경계經界 및 정체를 논하고 기타 풍속, 인종, 교법教法"[12] 등을 논하는 학으로 규정하고 있는 예 등을 보면, 문맥상 인종이 민족을 가리키는 것이었던 것으로 보인다. 뒤이어 우치다 마사오는 『여지지략』에서 '반개半開의 민'에 대해 "미개의 민에 비하면 개화의 정도가 훨씬 고등한 영역까지 나아간 민종民種이다. 지나, 페르시아, 터키 등이 여기에 속한다"[13]라고 설명하면서 민종이라는 표현으로 민족 내지 국민을 파악했다. 마찬가지로 인종 중에서 문화의 차이에 따라 나뉘는 집단을 민종으로 파악한 것으로 구메 구니타케가 편찬한 『이와쿠라 전권대사 미구회람실기』가 있는데, 이 책에서는 "인종이 서로 그 동족을 번식시키려 하고 그 풍속의 단결을 온전히 하고자 하는 것을 민종의 권權이라 한다. (…중략…) 종족에 따라서는 같은 나라 안에서도 여러 종류로 나뉜다. 이는 영국에 잉글랜드, 웨일즈, 스코틀랜드, 아일랜드의 구별이 있고, 오스트리아의 여러 주에 각종의 민民이 있는 것을 보아도 알 수 있을 것이다"[14]라고 보고했다. 이 외에 민족에 상당하는 용어로서 우치다 마사오의 『여지지략』에서는 "몽고의 종속種屬이 다시 강성해졌고 (…중략…) 그 종속이 인도로 들어가 무굴제국을 세워 후세에 전한다"[15]라 하여 종속이, 후쿠자와 유

---

12 西周, 「百學連環」, 大久保利謙 編, 『西周全集』 第4卷, 宗高書房, 1960~1981, p.83.
13 內田正雄, 『輿地誌略』 卷1, 大學南校, 1871, 18丁. 우치다는 또 "원나라와 청나라 왕조 모두 타국의 인종으로 지나의 국제(國帝)가 되어 전국을 다스렸다"(內田正雄, 위의 책, 42丁)라고 했는데, 이처럼 그는 인종이라는 개념으로 민족을 지칭하고 있는 것으로 보이는 용법도 채택하고 있다.
14 久米邦武 編, 『岩倉全權大使米歐回覽實記』, 岩波文庫版, 第5卷, p.150.
15 內田正雄, 앞의 책, 24丁.

키치의 『문명론의 개략』에서는 "국체란 한 종족의 인민이 서로 모여 우락憂樂을 함께하고, 타국인에 대하여 자타의 구별을 짓고, 자연스럽게 서로를 보기를 타국인을 보는 것보다 두터이 하고 (…중략…) 화복禍福을 자연스럽게 함께 담당하여 독립하는 것을 말한다"[16]라 하여 종족이 사용되었다. 이 종속 내지 종족은 'tribe' 내지 'stem(Stamm)'의 번역어로 사용되었는지도 모르지만,[17] 어찌됐든 이러한 용법으로부터 추측하면, 민종과 종족(종속)에서 인종까지 거듭되는 '종'이라는 글자를 생략하고 '인민의 종족'을 줄여서 민족이라는 말을 만들어낸 것이 아닐까 생각한다.[18]

이러한 용례에서도 명확하게 알 수 있는 것처럼 민족은 문화공동체를 기반으로 하여 성립하는 것으로 간주되었는데, 여기에서는 문화공동체가 점거하는 토지를 가리키는 아버지의 땅fatherland이나 향토homeland 등 지연地緣으로 매개된 공간적인 경계가 존재한다는 점, 다시 말해 "문

---

16 福澤諭吉, 『文明論之槪略』, 岩波文庫版, pp.40~41. 그런데 p.315의 校注에 따르면 이 부분은 존 스튜어트 밀의 『대의정치론』에 나오는 'nationality'의 정의에 의거한 것이다.

17 덧붙이자면 홍콩에서 출판된 R. W. Lobscheid의 『英華字典』(1868)에서는 'Race'를 '類, 種', 'Tribe'를 '族, 類, 種, 部, 支派', 'Stem'을 '族, 支派, 種'으로 번역하고 있다. 일본의 경우 『英華字彙』(1869)에서는 'tribe'를 '一部人, 一種人'으로, 矢田堀鴻編 『英華學藝詞林』(1880)에서는 'race'를 '族類'로, 『哲學字彙』(1881)에서는 'Nation'을 '國, 國民', 'Race'를 '種屬'으로, 『改訂增補哲學字彙』(1884)에서는 'Race'를 '種屬', 'Tribe'를 '部族, 種屬'으로, 『英獨佛和哲學字彙』(1912)에서는 'Race'를 '人種, 種族', 'Tribe'를 '族, 種, 種族', 'Stem(Stamm)'을 '種屬'으로 번역했다. 한편, 『英獨佛和哲學字彙』에서는 'Volk'를 '民族, 國民, 人民'으로 번역했고, 'Volksgeist'='民族精神' 등 일련의 어휘에 '民族'이라는 번역어가 나타난다.

18 결국 民種+種族-種=民族이라는 형태로 주조된 말이 아닌가 생각한다. 또, 大槻文彦 『大言海』에서는 '민족'에 관하여 "인민의 종족. 나라를 이루는 인민의 언어, 민속, 정신감정, 역사의 관계 등을 공통의 기반으로 하는 단결. 다른 인종이 합하여 이루는 경우도 있고 하나의 인종에서 분립하는 경우도 있다"라고 정의하고 있는데, 이에 따르면 '민족'이 '인민의 종족'의 축약어일 가능성도 있다. 또, 중국에서는 일본에서 건너온 번역어로서 1895년 이래 '민족'이 사용되었는데, 그 이전에는 '部', '部族', '部民', '種', '種族', '種類', '種人', '民種' 등과 같은 말이 사용되고 있었다. 이 점에 관해서는 韓錦春·李毅夫, 「漢文'民族'一詞的出現及其初期使用情況」, 『民族研究』, 1984年 第2期 참조.

화적 특수성은 일정한 지역과 결합하는 공간적 한정을 갖고 그 지역 밖에서 보면 특수한 문화가 그 지역 내에서는 모든 인간에게 공통된다"[19]라는 점도 중시되었다. 그랬기 때문에 "민족의식은 한편으로는 인간생활에서 기저를 이루는 생물학적 동족성에 기초하는 결합 의식이면서, 동시에 다른 한편으로는 인간생활에서 가장 고차원적인 문화의 등동성^{等同性}에 의한 결합 의식이다. 민족의식을 최종적으로 그리고 최고의 수준에서 결합하는 힘은 문화적 등동성이다. 그런 의미에서 민족이란 결국 문화적 등동권^{等同圈}의 다른 이름에 지나지 않는다"[20]라고 하여, 민족의 경계는 문화권의 경계와 동일한 것으로 설정되기도 했던 것이다. 게다가 이 경계는 문화와 민족 간 교류나 상호 영향, 동화라는 사태를 생각하면 결코 고정적인 부동의 것은 아니게 된다. 이 점에 관하여 와쓰지 데쓰로^{和辻哲郎}는 음성이나 문자에 의한 상호이해 가능성의 표현인 언어의 공동성을 바탕으로 성립하는 공동체를 문화공동체 즉 민족으로 간주한 다음, "그것은 지연공동체가 집중적·한정적인 것과 달리 분명히 방산적^{放散的}·개방적이어서 다른 곳에 사는 그 어떤 사람의 참여도 거부하지 않는다. 하지만 그런 공동체라고 해도 이물^{異物}, 속물, 야만인 등의 개념이 보여주고 있듯이 그 자신의 폐쇄성을 벗어날 수는 없다"[21]라고 하여, 폐쇄성과 개방성이라는 상반된 성격을 함께 지닌 양면성을 지적했다. 와쓰지는 이리하여 언어활동이 상호이해 가능성의 표현이며,

---

19 臼井二尙, 앞의 책, p.34. 우스이는 이리하여 문화공동체는 '봉쇄권(封鎖圈)'을 형성한다고 하면서, E. 바제스가 말한 바 "하나의 지리적으로 통일된 지역에 사는 종족적 통일체(ethnic unity)인 인간집단"을 민족으로 보는, 즉 지역적 요인을 끌어들인 정의를 소개하고 있다.

20 長谷川如是閑, 「大東亞文化圈の史的意義」, 『太平洋』, 1943年 3月號, p.133.

21 和辻哲郎, 『倫理學 上』, 安倍能成 外編, 『和辻哲郎全集』 第10卷, 岩波書店, 1961~1976, p.593. 와쓰지 데쓰로는 민족을 순연한 문화공동체로 이해하고 'nation'을 '民族'으로 번역했다. 그는 "국민이라는 말은 국가로서 자신을 형성시키는 민족이라는 뜻으로 한정하고 싶다"(p.587)라고 했다.

그것이 장해가 되는 한 폐쇄성을 갖는 반면 오히려 그것이 매개가 됨으로써 개방성을 갖고 확산된다는 점에 착목하여, 조건에 따라 크게 그 외연을 넓혀간다는 점에 주의를 촉구했던 것이다.

이처럼 문화나 민족이라는 개념은 본래적으로는 경계를 가짐으로써 지역세계를 분절화하고 다원화하는 기능을 수행한 것이지, 문명이나 인종처럼 아시아 전역에 그물을 던지는 것은 아니었다. 그러나 그럼에도 불구하고 그것들 하나하나에 관한 인식을 거듭함으로써 역으로 경계를 접합하고 공간을 메워 아시아의 외연을 인식해가는 작용을 할 수 있었다는 점에서 아시아 인식의 중요한 기축이 되었다는 것을 중시하지 않으면 안 될 터이다. 경계란 분리하고 절단하는 선일 수도 있지만 동시에 접합하고 결합하는 선일 수도 있다. 그렇기 때문에 민족을 기축으로 하는 아시아라는 범역의 경계도 민족을 대상으로 하는 학지學知로서 일본 민족학의 전개와 일본 세력권의 확대를 반영하면서 크게 변동하는 양상을 보이게 되는 것이다.

아시아의 북방민족에 관한 민족학 연구는 러일전쟁 후 시라토리 구라키치白鳥庫吉 등에 의해 시작되었고, 시라토리는 예맥穢貊 · 숙신肅愼 등을 퉁구스민족, 흉노를 몽고민족, 오손烏孫 · 강거康居 · 새塞를 투르크민족, 사카Saka를 이란민족으로 비정比定하는 연구를 발표했는데, 이는 어디까지나 고문헌에 기초한 역사적 연구여서 민족의 기원을 해명하는 데에는 도움이 된다 해도 동시대의 아시아를 대상으로 한 것은 아니었다. 그러나 일본이 타이완에 이어 조선반도를 식민지로 삼은 1910년, 도리이 류조는 동양사학과 아시아 각지에 수행한 현지조사에 기초하여 독자적인 '동양인종학' 내지 '동양민족학'을 구상하기에 이르렀고, 이를 바탕으로 동양의 범역을 다음과 같이 상정했다.

나는 당시 지식이나 시대나 주위의 상황 등에 비추어 일반적인 인종학, 민족학 중에서 특히 동양인종학, 동양민족학을 우리나라에 마련해야 할 필요성을 아주 절실하게 느끼고 있었다. 일본은 이제 더 이상 과거의 일본이 아니어서 이미 학술상 가장 흥미로운 식민지의 여러 민족을 갖고 있을 뿐만 아니라, 우리 제국의 주위는 여러 지방과 가까워지게 되었다. 다시 말해 만주, 시베리아, 몽고, 지나 등 아시아 대륙뿐만 아니라 필리핀군도, 말레이제도, 미크로네시아제도, 폴리네시아제도 등도 가까워졌다. 이들 여러 지방은 설령 다른 정부의 영지(領地)라 해도 분명히 일본의 학자가 연구해야 할 곳이다. 그리고 중앙아시아, 서장(西藏), 인도차이나 등도 마찬가지이다.[22]

여기에서는 도리이 류조의 식민지통치하 여러 민족에 대한 통감痛感의 결여와 같은 문제성은 일단 제쳐두고, 인종학이나 민족학이라는 시각에서 본 '동양'의 범위가 어떤 것으로 나타나게 되었는지가 명확하게 보이고 있다는 점에 주목하고자 한다. 아마도 당시 일본에서 자신의 발로 가장 넓은 지역을 돌아다닌 현지조사자로서 도리이 류조가 민족이라는 기축에 의해 일본과의 관계와 넓이의 감각을 갖고 잘라낸 아시아가 이 범역이었던 것이다. 이 시점으로부터 거의 30년 후에 요란하게 선전되기에 이르는 대동아공영권이 여기에 인도와 인도네시아를 더한 것이었다는 점을 생각하면, 근대 일본의 아시아 내지 동양에 대한 공간

---

22 鳥居龍藏,「人類學と人種學(或は民族學)を分離すべし」,『東亞之光』第5卷 12號, 1910.12, p.31. 여기에서 도리이가 자신이 놓인 지식상황으로 중시했던 것은 유럽의 학자가 인도·게르만족의 연구를 끝내고 이제 "우리 동양 여러 나라에까지 미치고 있다. 즉, 그들은 동양의 민족을 과거와 현재를 넘나들며 조사하려는 참이다. 이러한 때를 당하여 일본의 학자가 어찌 이를 강 건너 불구경하듯이 바라볼 수만 있겠는가"(p.32)라는 점이었다. 한편, 도리이 류조가 답사한 족적에 관해서는 佐佐木高明 編,『民族學の先驅者鳥居龍藏の見たアジア』(國立民族學博物館, 1993), 전기로서는 中薗英助,『鳥居龍藏傳』(岩波書店, 1995) 참조

적 상상력과 현실적 연관의 위상을 떠올릴 수 있을 것이다.

그렇지만 도리이 류조의 구상대로 아시아 각지의 민족에 관한 조사가 진행된 것은 아니었다. 또, 대동아공영권을 드높이 외치던 무렵에도 그 범역이나 그곳에 사는 민족에 관한 예비조사가 때맞춰 구상되지 않았다. 1940년 7월에 나온 「기본국책요강基本國策要綱」에서도 어디까지나 "황국의 국시는 팔굉을 일우로 하는 조국肇國의 대정신에 기초하여 세계평화의 확립을 초래하는 것을 근본으로 삼고, 먼저 황국을 핵심으로 하여 일만지日滿支의 강고한 결합을 근간으로 대동아의 신질서를 건설하는 데 있다"[23]라고 한 것에 지나지 않았으며, 일본·만주국과 중국의 일부 외에는 아직 시야에 들어오지 않았었다. 그리고 이 「기본국책요강」을 설명하면서 마쓰오카 요스케松岡洋右 외상이, 확립되어야 할 자급자족의 동아안정권에 부여한 명칭이 바로 대동아공영권이었던 것이다.

더구나 그 경위를 보아도 당연한 일이지만, 프랑스령 인도차이나·네덜란드령 인도차이나에서 오스트레일리아·뉴질랜드·인도에 이르는 범위를 설정할 때에도 그 역내域內에 사는 민족의 실태 등을 파악하고 있었던 것은 아니다. 그것은 반년 후에 "황국의 외교는 조국의 이상인 팔굉일우의 대정신에 따라 만방으로 하여금 각각 그 자리를 얻게 하는 데 있다"라는 외교방침을 표명했던 마쓰오카 요스케 외상 자신이 "근본적으로 민족정책이라는 것이 아직 몽롱한 상태에 있다"[24]라고 불

---

23 外務省 編, 『日本外交年表竝主要文書』 下卷, 日本國際聯合協會, 1955, p.436. 이하 제목만 표기함.
24 1941.1.27, 衆議院 『豫算委員會議錄』, p.127. 이 질의응답 중에는, 일본에서는 중국·조선 이외에는 문화가 없는 나라 내지 문화적 가치가 없는 나라로 보고 있었기 때문에 기본적으로 지식의 축적이 없었다는 견해도 보인다. 또 1943년 창설된 민족연구소도 일 년이 지나 "여러 민족들과의 접촉이 나날이 줄어들고 있으며, 그들에 관한 지식도 거의 없다. 그뿐만 아니라 복잡한 민족문제의 착종을 체험할 수 있는 길을 찾지 못하고 있으며, 그 이론적 실천적 파악도 아직 현저하게 결여되어 있는"(高田保馬, 「創刊の辭」, 『民族研究所紀要』 第一冊, 1944.3, pp.1~2) 실정에 대하여 분기(奮起)를

만을 표시하면서, 확고한 민족정책이 일본에 없는 것을 유감으로 여겼던 것을 보아도 분명히 알 수 있다. 그리고 마쓰오카 외상은 그 원인으로, "우리들은 관민官民을 통틀어 대동아권 안의 아주 잡다한 민족에 관하여 아직 민족 연구조차 확립하고 있지 못하다. (…중략…) 그뿐만이 아니다. 우리 국운과 중대한 관계가 있는 중국인의 민족성에 대해서마저 제대로 연구가 이루어지고 있는가. 일본인 가운데 정말로 그들을 파악하고 있는 사람은 얼마나 되는가. (…중략…) 하물며 남방의 제 민족, 예를 들면 '자바'의 민족은 어떤 인종이 중심인가라는 물음에 답할 수 있는 일본인이 도대체 얼마나 있을까"라고 했듯이, 일본이 외교를 펼치려고 하는 대상 지역의 민족에 관한 지식이 결정적으로 빠져 있다는 점을—어떤 의미에서는 대동아공영권 창도자로서 지극히 무책임하게—의회에서 고백했던 것이다. 이 답변에서는 중국, 조선 이외에는 문화가 없는 나라 내지 문화적 가치가 없는 나라로 보고 있기 때문에 기본적으로 연구가 축적되지 않았다고 설명하고 있지만, 남방은커녕 중국에 관해서조차 민족학적인 지식이 결정적으로 결여되어 있다는 사실이 대동아공영권을 주창한 후에야 비로소 인식되었다고 한다면, 그것이 얼마나 허둥지둥 꺼내놓은 정책이었는지를 추측할 수 있을 것이다.

그리고 일본에 아시아 여러 민족에 관한 지식이 쌓이지 않았다는 것은 정계 이상으로 학계에서도 절실하게 인식하고 있었다. 이미 1934년 일본민족학회가 설립되어 시라토리 구라키치가 초대 회장에 취임하고 다음해에는 기관지 『민족학연구』가 창간되었지만 그 조사범위는 한정되어 있었다. 제국학사원이 1940년 7월에 동아제민족조사실東亞諸民族調査室을

재촉하는 상황이었다.

설치한 것도, "근래 국운이 진전함에 따라 우리나라 주위 민족의 정치적 경제적 연구와 병행하여 그 민족적 생활·문화적 성격을 연구하는 것이 작금 특히 긴급하다는 점은 말할 필요도 없다. 그리고 만몽과 북지 방면에 관해서는 이미 각종 연구기관도 있고 최근 얼마간 성과를 거두기도 했지만, 이에 못지않은 중요성을 인정받고 있는 남방 여러 민족문화의 연구는 적잖이·뒤처져 있을 뿐만 아니라, 구미 학자들의 연구 수준에 비해 훨씬 미치지 못하는 것은 학술상으로는 물론 국책상으로도 심히 유감스러운 바이다"[25]라는 진술에서 알 수 있듯이, 민족학 연구의 결정적 낙후성에 대한 초조감 때문이었다. 야마다 사부로山田三良가 위원장, 고가네이 요시쿄小金井良精·시라토리 구라키치·아네사키 마사하루姉崎正治·하네다 도오루羽田亨·이케우치 히로시池内宏 등이 위원으로 있었던 제국학사원에서는 산하에 동아제민족조사실을 두고 우노 엔쿠를 주임, 이사다 에이이치로石田英一郎·노무라 마사요시野村正良·오이카와 히로시及川宏 등을 조사원으로 임명하여 조사를 담당하게 했다. 조사실에서는 "북으로는 시베리아부터 남으로는 인도네시아, 동으로는 미크로네시아 동쪽 끝부터 서로는 신장新疆·시장西藏에 이르는 동서의 민족들을 체질인류학적, 언어학적, 사회경제적, 종교 및 토속예술 등 네 부문으로 나누어 관찰하여 전체의 계통과 이동분포 등을 밝히는 총괄적 연구에 무게를 두고" 있었다. 다만 조사방법은 현지조사를 이상으로 내세우면서도 순서상 선행연구를 문헌에 기초하여 정리·안배하기로 했고, 그 결과물로서 『동아민족명휘東亞民族名彙』(須田昭義 작성), 『동아민족분포도』(中野朝明 작성), 『동아민족일람 및 부도』(宇野圓空 외 작성) 그리고 『동아민족요지東亞民族要誌』 등이 편

---

25 學士院東亞諸民族調查會,『昭和十五年度 東亞諸民族調查事業報告』, p.1.

찬·공간되었다. 그러나 아마도 구미의 선행연구에 좌우되어서 그랬는지 이 조사범위 내의 민족을 『동아민족요지』에서는 108개로 대별한 것에 비해 『동아민족분포도』에서는 184개로, 『동아민족일람 및 부도』에서는 4백 수십 개로 분류하는 등 민족을 어떻게 분류·파악할 것인지에 관한 기준을 결정하는 일에서마저 어려움을 겪고 있었다는 것을 알 수 있다. 다만 경성제국대학대륙문화연구회를 중심으로 하여 체질인류학에 근거한 생체계측과 혈액형·지문·장문掌紋 등의 데이터 분석에 의한 민족기원의 연구가 진행되어, 이마무라 유타카今村豊와 사토 다케오佐藤武雄 등에 의해 혈액형에 따라 판정한 동아 민족들의 이동과 분포 상황이 밝혀지기도 했다.

이 외에 1942년에는 대일본척식학회가 설립되었고, 1943년에는 대동아건설에 의거한 문교정책의 일환으로서 대동아공영권 내 108개 종족의 민족조사를 수행하기 위한 연구기관을 설치하자는 대동아건설심의회의 요청을 받아들여 민족연구소가 창설되었으며, 동아연구소와 태평양협회, 필리핀조사위원회 그리고 후생성연구소 인구민족부 등에서 동아 민족에 관한 조사가 추진되기에 이르렀다. 한편 1934년에 설립된 일본민족학회는 1942년 해산과 함께 재단법인 민족학협회로 재조직되었는데, 그 설립취지서에서는 "주로 대동아공영권 내의 민족들에 관해 실증적인 민족학적 조사를 행하고 동시에 민족학적 이론을 깊이 탐구하여 국가의 민족정책에 기여할 것"이라 하여 대동아공영권 내에서 민족조사를 수행함으로써 민족정책에 공헌한다는 것을 전면에 내세웠다.

그러나 확장일로에 있는 일본 통치 지역을 뒤따라가기에 바빴던 민족조사가 과연 얼마나 민족정책이나 민족공작에 현실적 효용이 있었는지는 의문이다. 무엇보다 민족의 분류에 관해서도 각각의 기관에 따라 달랐는데, 후생성연구소 인구민족부 조사에 따른 『야마토 민족을 중핵으로 하는 세계정책의 검토』에서는 북부 몽골리아종 등 7대종 아래 몽고족·텅구스족·조선족·야마토 민족·돌궐족·한족 등 39개 민족을 들고, 나아가 텅구스족은 여섯 개 종족으로 이루어져 있다는 식으로 분류했다. 그러나 이 보고서 작성을 주도한 고야마 에이조小山榮三는 다른 곳에서는 드라비다, 앗시로이드, 인도-아프간, 아이누, 몽고, 네그리트, 인도네시아, 아라비아, 우그리아, 터키, 에스키모(이누이트) 등 11종으로 대별했으며 그 분류기준도 명확하지는 않았다.[26]

이러한 혼란은 구미의 식민지를 포함하는 아시아의 각 지역에서 일본이 현지조사를 거의 진행하지 않았던 까닭에 민족에 관한 지식을 구미의 연구에 의존하지 않을 수 없었던 데서 기인한다. 그리고 동시에 그것은 일본인에게 동남아시아와 남아시아는 지역세계로서 연결고리가 결여되어 있다는 인상을 강화한 요인이기도 했다. 하세가와 뇨제칸이 "남방 민족의 나라는 방잡厖雜한 민족들이 할거상태에 있기 때문에 구주의 강국이 그곳에 그들의 세력권을 수립할 수 있었다. (…중략…) 남방의 민족들은 외부세력에 의해 각각의 지리적 조건에 따라 통괄되지 않으면 나라로서도, 민족으로서도 발달할 만한 조건을 결여하고 있었던 것이다"[27]라고 하여, 방잡한 민족이 할거하는 혼돈스런 세계로 남방을 묘사한 것도 그런 인식을 보여주는 사례이다. 다만, 이와 같이 남방의 민족들을 자율성을 결여한 존재로서 자리매김하는 것은 스스로 그 결합의 중핵인 일본의 지도에 의한 민족적 성격의 육성과 그것을 기초단

---

26 『大和民族を中核とする世界政策の檢討』, pp.544~555; 小山榮三, 「アジアに於ける民族分布」, 『民族·歷史篇』 2(アジア問題講座 第8卷), 倉元社, 1939, p.42.
27 長谷川如是閑, 「南方文化に關する省察」, 『國際文化』 第19號, 1942.5, p.11.

위로 하는 '대민족권'의 건설을 과제로 설정하는 것이기도 했다. 즉, "일본이 건설하고자 하는 대동아공영권은 각각의 민족으로 하여금 제자리를 찾게 하는 데 있는 까닭에, 이상으로 삼아야 할 것은 할거상태에 있는 방잡한 민족들이 지금까지 그랬듯이 각각의 영역에서 통괄되거나 강국의 세력권에 따라 대립하는 것이 아니라 여러 민족이 대동아민족으로 통일을 이루게 하지 않으면 안 된다"라는 결론에 도달하게 되었던 것이다.

하세가와 뇨제칸뿐만 아니라 광민족권廣民族圈으로서 대동아공영권이나 대동아민족의 형성을 주장할 경우에는, 일단 '방잡한 민족의 할거상태'로서 포착한 다음 개개 민족의 실태를 문제 삼지 않은 채 하나같이 국가나 민족으로서 자립할 능력을 결여하고 있다는 점을 전제로 내세웠다. 물론 '방잡한 민족의 할거상태'라는 표현 자체가 그 내실이 불분명하다는 것을 달리 표명한 것이었다. 그랬기 때문에 각각의 민족에 관한 실태조사가 진행되면서 민족이나 문화가 다원적으로 존재한다는 인식이 진전되는 것은 동양이나 아시아라는 동일성 안에 차이를 도입하는 것을 의미했다. 인종을 기축으로 하는 인식이 아시아를 일원적으로 파악한 것에 대해 민족을 기축으로 하는 인식은 아시아 안의 차이에 따른 파악으로 기울었고, 나아가 차이는 단순히 병렬화되는 것이 아니라 오히려 민족의 문화발달 정도에 의해 서열화되어 포착되기에 이르렀던 것이다. 특히 남방 민족에 관한 인식에서는 구미의 식민지 통치에 의해 민족과 그 문화가 얼마나 변용되었는지가 일본에 의한 통치의 전제로서 문제가 되었다.

이 점에 관하여 국책연구회의 보고에서는 구미가 식민지 통치에 의해 서양적 사회생활을 압박해온 결과로서, "첫째 남방의 민족들 사이에 문화발달 정도에 따라 몇몇 계층이 형성되었고, 둘째 남방 여러 민족의 민족성 및 민족 능력에 끼친 영향"[28]이 강하다는 점이 중시되었다. 이 가운데 문화적 계층에 관해서는 남방 여러 지역의 문화의 발달은 대체로 수준이 낮다고 하면서, 최고의 문화계층에 있는 민족으로서 필리피노, 자바인, 버마인, 타이인 및 안남인을, 다음으로 문화발달이 상당히 높고 장래성이 주목되는 제2의 문화계층에 있는 민족으로서 미나하사인, 마캇살인(부기스인 포함), 파당인(미낭카보우인), 말레이인, 아치에인이 거론되고 있다. 이 계층에는 자바의 순다인, 인도차이나의 크메르인이 들어 있지만 민족력民族力이 쇠퇴하고 있는 것으로 간주되었다. 제3의 문화계층에 있는 민족은 모로족, 이고로트족, 다이아족, 토라자족, 다야크족, 삼족 등인데, 이들은 점차 개화의 길로 나아가고는 있지만 머리베기나 식인과 같은 누습에서 최근에야 간신히 벗어났을 따름인 것으로 보았다. 그리고 제4계층에는 각지의 산간벽지에 산재하여 고립된 생활을 하고 있는 종족들이 속하는데, 이들은 지금도 원시의 상태에 머물러 있으며, 당장은 민족공작의 대상이 되지 않는다고 규정했다.

이와 같은 문화계층의 구별이 민족공작 정책과 밀접하게 결부되어 있었던 이상, 상위에 속하는 문화계층의 수준은 일본의 입장에서 보았을 때 반드시 바람직한 것은 아니었다. 그것은 무엇보다도 "민족생활에 깊이 결부되어 있던 동양적 문화가 괴멸되거나 억압되었다는 것은 말할 필요도 없거니와 민족성의 왜곡, 민족 자질의 기형화, 민족 능력의 억압

---

28 國策研究會, 『南方諸民族事情研究』(大東亞問題調查會研究報告 第7卷), 日本評論社, 1943, pp.4·6 ~7 및 pp.15~16. 이하 민족 명칭과 그 표기법은 이 책을 따른다. 淸野謙次도 인도네시아의 제 민족에 관하여 低文化階級民族·中等度文化民族·高文化階級民族이라는 '민족진화상의 세 구분'을 기준으로 하여 민족지적 서술을 시도했다(『太平洋民族學』, 岩波書店, 1943).

에서부터 민족 체위의 저하에 이르기까지 영향을 미치고 있다"라는 견해와 연결되어 있다. 다시 말해 상위에 속하는 문화계층의 수준은 동양문화가 괴멸되고 서양문화를 모방한 결과에 지나지 않는 것이며, 특히 필리핀의 문화상황에 관해서는 "동양적 생활권 안에서 생활하면서 서구화하는 것을 개화로 알고 서양숭배, 동양멸시의 풍습을 낳고 있다. 필리핀의 아메리카화는 두루 아는 사실인데, 그것은 미나하사인이 쌀농사를 혐오하고 비기독교도인 타민족을 멸시하는 것과 다르지 않다. 원래 그들은 원시에 가까운 상태에서 기독교도로 개종하게 되었고 기독교도로서 서양문화를 주입당해 오늘날의 발달 정도에 도달했기 때문에 그들은 민족 고유의 자랑할 만한 동양적 문화를 갖고 있지 않다. 그러니까 그들에게는 근본적 결함으로서 동양적 정신이 결여되어 있다"라고 하여 동양적 정신을 주입하는 것이 민족정책의 중심에 놓이게 되었다.

이처럼 기독교도를 필두로 한 구미문화의 침투가 동양의 민족들의 고유한 문화와 정신을 괴멸시켰다는 인식으로부터는, 당연하게도 아시아 민족들의 위계를 상정하는 것으로 일본 민족의 역사적 사명감을 분발시켜 그 지도 아래 일체가 되어 아시아 민족이 앵글로색슨, 라틴 등과 같은 민족에 대항하지 않으면 안 된다는 사명감이 도출되며, 이와 함께 각각의 민족이 자립하는 것은 부정되었다. 즉, 일본에 의한, 구미의 식민지 통치로부터의 아시아 민족의 해방은 민족자결주의의 긍정을 의미했던 것이 아니라, 민족주의는 구미의 관념적 소산에 지나지 않으며 "국제적 관계에서는 배외사상으로 드러나 각 민족 간의 관계는 적대적으로 되지 않을 수 없다"라고 하여 배척되었고, "민족자결주의는 민족분열주의이며 아시아를 하나로 묶는 동양적 생활권을 형성할 동양 민족의 민족적 이념이 될 수는 없"는 것으로 간주되었다.

일본의 통치지역에서 이처럼 민족자결주의가 부정된 배경에는 이미 식민지화한 타이완이나 조선의 독립운동과 함께 만주국이나 중국 본토에서 일고 있는 반일·항일 운동을 억압하지 않으면 안 된다는 현실적 요청이 있었다. 저간의 사정은 1929년 우츠시카와 네노조移川子之藏 등이 타이완에서 민족학회를 설립할 때 "타이완처럼 다양한 특수사정을 안고 있는 지역에서는 '민족' 자결 따위의 말을 연상하기 쉬우니까 가능하면 피하는 게 현명하다는 얘기도 있고"[29] 해서 남방토속연구회라 부르기로 했다고 한 것을 통해서도 알 수 있듯이, 윌슨에 의한 민족자결주의 주창 이후 일본의 식민지 통치에서는 민족이라는 용어 그 자체가 기피되고 있었다는 것을 엿볼 수 있다. 결국 일본의 입장에서 볼 때 민족문제는 아시아의 통합 이전에 무엇보다도 우선 독립운동이나 국권회복운동의 일환으로 제기되었기 때문에 그것에 대한 대응은 민족공작民族工作으로 나타났고, 그 해결책으로 민족협화를 내세울 수밖에 없었던 것이다.

가다 데쓰지加田哲二가 만주국의 민족협화에 관하여, 민족자결사상에 기초한 "배타적 민족주의를 거부하고 민족적 이기주의를 부정한"[30] 것을 평가하고, 중일전쟁의 해결책으로 제시된 동아협동체론이 "일본과 지나 두 민족이 —나아가 동아 및 세계의 모든 민족이— 상호 접촉·교섭할 방식과 원리를 규정한" 이론적 수확으로 삼은 것도 그런 관련성을 보여주는 것이었다. 그러나 아시아의 민족 결합의 모범으로 일컬어진 만주국의 민족협화에서도 확연하게 민족의 낙차와 대립이 있었고,

---

29 南方土俗研究會, 「發會相談會」, 『南方土俗』第1卷 第1號, 1931.3, p.122. 남방토속연구회에는 우쓰시카와 네노조 외에 尾崎秀眞, 前嶋信次, 村上直次郎 등이 참가했으며, 타이완 외에 남중국, 필리핀, 보르네오 등 남양이 연구대상이었다.
30 加田哲二, 『政治·經濟·民族』, 慶應書房, 1940, pp.90~91.

반만항일운동反滿抗日運動의 입장에서뿐만 아니라 내부에서도 비판이 나오고 있었다. 그랬기 때문에 "각 민족이 미영 및 공산주의의 아시아 지배로부터 아시아를 방위하기 위해 아시아 단결의 모형으로서 민족협화의 원리를 바탕으로 하여 독자적인 새로운 정치 및 문화를 창조해나간다는 의식에 눈을 떴을 때에만 만주국의 민족협화는 실현될 수 있다"[31]라고 했던 것이다.

이리하여 대동아공영권을 구상할 때에는 "그것들의 기저를 이루고 있는 바 내부적으로 분열하고 있는 민족들을 유기적으로 결합하여 영미의 저해 세력과 싸우지 않으면 안 된다"[32]라고 하여, 아시아의 민족해방은 일본을 주도자로 하는 민족결합과 표리일체인 것으로 파악되고 나아가 그것을 가능하게 하는 조건은 일본 민족의 구성 그 자체에 있는 것으로 간주되었던 것이다. 야노 진이치矢野仁一는 일본을 "인종적으로 결코 단일한 민족으로 이루어진 나라라고 할 수는 없지만 그럼에도 불구하고 단일한 민족으로 이루어진 것이나 다름 없는 가족적 국가"[33]가 되었다는, "조국肇國과 함께 정해진 황민족皇民族 중심의 단일민족국가"로서의 성격에 비춰보아도 널리 여러 나라와 민족에게 황민족의 혜택을 베풀어 단일한 민족이 되게 하고 팔굉일우의 가족으로서 편성할 수 있다고 말했다.

---

31 富永理, 『滿洲國の民族問題』, 滿洲富山房, 1943, p.64. 高田保馬도 복합민족국가의 급선무는 민족협화의 달성에 있다고 하여 다음과 같은 두 가지 조건을 내걸었다. "첫째, 국가의 강력한 통제다. 과거에도 민족의 융합은 강권 없이 실현된 것이 아니었다. (…중략…) 둘째, 모든 민족이 정당하다고 생각하도록 이익을 보호하고 그 생활을 비호하는 것이다"(『民族論』, 岩波書店, 1942, pp.124～125). 또, 만주국의 국가구성의 이중성과 민족협화의 관련에 대해서는 拙稿, 「民族協和の幻想」(山內昌之・增田一夫・村田雄二郎 編, 『帝國とは何か』, 岩波書店, 1997) 참조.
32 『大和民族を中核とする世界政策の檢討』, p.544.
33 矢野仁一, 『大東亞史の構想』, 目黑書店, 1944, pp.10～11.

마찬가지로 석기시대의 인골분석에 의거하여 계통분석을 수행한 기요노 겐지淸野謙次는 일본인에 관하여 "오랜 세월 동안에 주변 민족으로부터의 혼혈이 끊임없이 이어져 체질을 변화시켰고 또 신문화에 변화와 향상이 있었다. 그러나 일본종족은 일본군도 안에서 이종족들을 융화하고 일국일대종족을 이루어 금일 동아에 웅비할 소지를 갖추었다"[34]라고 하면서, 아시아의 거의 모든 민족·종족의 체질 요소가 일본 민족에 포함되어 있는 것이 대동아공영권 내의 각 지역으로 진출할 때 유리하게 작용하고 있으며, 대동아공영권의 건설은 일본 민족이 '아시아로 돌아온' 것을 의미할 뿐이라고 정당화했던 것이다.

이처럼 민족결합의 논리는 대단히 자의적인 것이긴 했지만, 민족의 접촉이나 교류가 부단히 이어지고 있는 것이 사실인 이상, 민족을 고립된 존재로서만 파악하는 것 역시 허구에 지나지 않게 된다. 그리하여 설령 민족이 개별적으로 분열하고 있는 것처럼 보인다 해도 각각의 민족이란 "결합을 위한 분열체 또는 결합가능체"[35]라는 속성과 구조를 가진 것이므로 "여러 민족을 연계시킬 수 있는 유대의 공통성"을 명확히 하라는 주장이 등장하고, 여기에서 각 민족의 차이를 전제로 하면서 집합적 자기상으로서의 아시아를 제시하는 민족융합론, 대동아민족론, 범태평양민족론 등이 나타나게 되었다.

---

34 淸野謙次, 『日本民族生成論』, 日本評論社, 1946, p.4. 이처럼 민족적 기원으로부터 일본의 식민지 통치를 정당화하는 주장은 상투적인 것이었는데, 기타 잇키 또한 "인류학상 일본 민족은 조선·지나·남양 및 토착인의 화학적 결정이라는 것을 보아도 명백하다"(「國家改造法案原理大綱」, 『北一輝著作集』 第2卷, みすず書房, 1959, p.260)라고 하여, 오스트레일리아와 극동시베리아를 장래의 신영토로 삼을 것을 상정하고 있었다.

35 小山榮三, 『民族と人口の理論』, 羽田書店, 1941, pp.6~7. 고야마는 "우리와 대립하는 대상적(對象的) 민족의 '마음'의 파악, 일본에 대한 결합가능체로서의 민족의 인식"(p.99)을 민족학의 과제로 삼고, 적대하는 민족의 절복(折伏)을 포함한 동아민족으로서의 통합을 목표로 하고 있었던 것으로 보인다.

히라노 요시타로가 동아협동체론의 변주로서 제창한 '초민족적 대지역주의'론도 그러한 광역민족론의 전형인데, 히라노에 따르면 "이 주의는 제국주의와 다르다. 제국주의는 모국과 식민지의 대립이 있지만 초민족적 대지역주의super national great regionalism는 국방과 재정과 외교를 대지역 단위로 삼으면서도 지역 내의 내정, 경제, 문화, 전통에 관하여 자주독립을 최대한 확보하는 새로운 정치원리"[36]이다. 다만 그것이 어떻게 실현될 것인가라는 구체적인 방책에 대해서는 언급되어 있지 않다.

이와 같은 민족의 광대화 현상에 관하여 이론적인 검토를 한 다카타 야스마高田保馬는 자본주의의 진전에 따른 교통의 발달에 의해 광민족주의·초민족주의의 형성이 필연적이게 되었다고 설명하는데, 이에 따르면 광범위한 민족의 접촉과 협력이 없으면 고유한 민족의 존속과 발전도 불가능하고, 민족적으로 가까운 몇 민족이 광민족적 자아에 의해 서로 결속하지 않을 수 없는 것이 현대의 숙명이다. 그리고 "공동의 적을 가진 몇 개의 민족, 게다가 혈연적으로나 문화적으로나 이른바 민족적으로 가까운 입장에 있는 약간의 민족이 서로 결속하고, 조직에 의해 서로 결합할 뿐만 아니라 나아가 광민족적 자아에 의해 서로 결합하기에 이르는"[37] 것으로 간주되는 이상, 적대하는 민족의 존재를 상정하면 동아민족의 범위가 아시아 전역으로 끝없이 확장될 것이라고 생각했던

---

36 橘樸·細川嘉六·平野義太郎·尾崎秀實,「東洋の社會構成と日支の將來」,『中央公論』夏季特別號, 1940.7, p.62에서 히라노 요시타로의 발언.

37 高田保馬,「廣民族主義について」,『經濟論叢』第51卷 第4號, 1940, pp.14～15. 다카타 야스마는 자신의 광민족주의론이 블록경제론과 동일시되는 것에 대하여 이의를 제기하고, 그것은 어디까지나 사회학의 기초이론인 "기초사회의 확대축소의 법칙"에서 나온 하나의 주장에 지나지 않는다면서 민족이 이익사회화하는 것이 필연적으로 확대화를 초래한다고 설명했는데(高田保馬,『民族の問題』第9「民族と世界」, 日本評論社, 1935 참조), 동시에 민족자결주의에 대한 회의가 있었던 것도 확실하다.

것이다. 다카타의 주장은 일본 자신이 폐쇄성을 가진 협애한 민족주의를 타파하고 개방성을 가질 것을 요구하는 것이었는데, 동시에 "협의의 민족주의를 고수하고 그것에만 기대는 것은 민족을 망하게 하는 원인이다. 이런 의미에서 금일 지나의 민족주의는 고작해야 쑨원의 시대에나 어울리는 것에 지나지 않는다"[38]라고 하여 쑨원의 삼민주의를 중일 대립의 진짜 원인으로 간주하고, 그것을 포기하고 일본과 결합할 것을 중국에 요청하는 것이기도 했다.

다른 한편 동아민족주의 그 자체는 동아의 여러 민족은 동종·동문·동역同域이라는 이른바 3동의 유대로 연결되는 숙명적인 인연을 갖고 있기 때문에 '광민족적 자아' 의식이 형성되어, "동아의 여러 민족 따라서 일만지의 국민들은 각자 하나의 민족을 이루는 것과 함께 또 서로 합하여 넓은 의미에서 하나의 민족, 즉 동아민족이라는 초민족을 만든다"[39]라는 주관설을 근거로 하는 것에 지나지 않았다. 그리고 일본의 동남아시아 진출과 함께 다카타는 주관설에서 혈통을 중시하는 객관설로 크게 기울어, "동아 여러 민족의 피는 거의 모두 우리들의 대지를 향하여 흐르고 그것이 우리들에게서 서로 융합하고 있다는 것을 안다. 우리 일본민족의 향토는 이런 의미에서 천손민족의 발상지에 있음과 동시에 몽고에도 있고 지나에도 있고 남양에도 있을 것이다. 동아의 모든 피를 집성

---

38 高田保馬, 「廣民族主義について」, 『經濟論叢』 第51卷 第4號, 1940, pp.16~17. 다카타는 외부의 압력에 저항할 필요성을 의식하는 데서 동아민족이 생겨난다면서, "이 광민족 그 자체가 성립한 사례가 있다면 그것은 아직 약한 수준에 머물러 있는 바 이는 일종의 민족으로 생각할 수 있을 것"(高田保馬, 『民族論』, 岩波書店, 1942, p.18)이라고 보았다.

39 高田保馬, 『東亞民族論』, 岩波書店, 1939, p.85. 다카타의 동아민족의 개념은 점차 변용되는데, 1942년에는 최종적으로 "동아 여러 민족의 총괄 내지 총계의 명칭으로서가 아니라 동일한 피와 문화와 정치적 입장에 의해 연결되는 공동방위적 집단"(『民族耐乏』, 甲鳥書院, 1942, p.274)이라는 정의로 귀착한다.

하고 동시에 그들의 문화를 집성하고 있다는 의미에서 우리 일본 민족은 동아민족의 중심에 위치한다"[40]라고 말하고, 몽고나 남양 등에 대한 진출을 '민족의 귀향'이라 하여 장려했던 것이다.

이렇게 다카타 야스마의 객관설이라는 것도 일본 민족의 혈통을 아시아 전역에서 찾는 것을 목표로 삼아 아시아에서 광민족·초민족형성론의 근거를 마련하기 위한 것이었다. 이에 대해 역사적으로 존속해온 광역동일민족의 부활로 선전된 것이 투란민족권론이었다. 투란민족이란 알타이산맥과 카스피해 사이에 위치한 투란고원에 기원을 둔 민족들이다. 서쪽의 핀-우고르어족에서부터 일본을 포함한 퉁구스어족에 이르는 우랄-알타이어계 언어를 사용하는 민족들을 총칭한다. 이들 여러 민족이 동포민족으로서 연대하여 구미 민족들에 대항할 것을 주장한 것이 범투란주의 내지 투란주의운동이라 불리는 것이었다. 투란주의운동은 투르크계나 헝가리인뿐만 아니라 핀인, 퉁구스인, 몽골인 그리고 일본인 등 일찍이 우랄-알타이어족이라 총칭된 모든 민족의 대동단결을 호소한 것이며, 일본에도 러일전쟁 이후 헝가리의 베네데크[B. P. Benedek] 등이 찾아와 투란주의운동의 진흥을 호소했다. 이 운동의 기원에 관해서는 여러 가지 설이 있는데, 원래 오스만제국에서 아리아계 민족에 대한 대항운동으로 시작되었으며, 19세기 말에는 범슬라브주의와 범게르만주의 쌍방의 압박에 고통을 겪고 있던 헝가리인이 중심이 되었고, 범투르크주의에도 영향을 준 것으로 알려져 있다. 일본인이 투란민족이라는

---

40 高田保馬, 「民族の歸鄕」, 『民族耐乏』, 甲鳥書院, 1942, pp.241~242. 또, 객관적 근거를 중시하는 小松堅太郎도 문화와 감정의 공동화에 의해 "야마토 민족의 해소를 예상하지 않고도 동아민족공동사회가 생성할 수 있을 것"(『民族の理論』, 日本評論社, 1941, p.81)이라 전망했다. 다카타 야스마의 민족론에 관해서는, 淸野正義, 「高田保馬の東亞民族論」, 戰時下日本社會硏究會 編, 『戰時下の日本』, 行路社, 1992 所收 참조.

것은 이미 1890년대부터 다구치 우키치田口卯吉, 다카야마 조규高山樗牛 등에 의해 언급되어왔고, 다카타 야스마 등도 광민족의 사례 중 하나로 이를 언급했다.[41] 오늘날에는 투란민족이라는 범주에 따라 동일한 민족군으로 묶을 수 있는 언어학적 · 문화적 기초는 거의 존재하지 않는 것으로 알려져 있다.

일본에서 투란주의운동은 1922년 이마오카 주이치로今岡十一郎 등을 중심으로 투란민족동맹이, 또 가쿠오카 시로角岡之良 등에 의해 일본투란협회가 결성되었는데 이에 대한 반향은 미미했다. 그러나 만주사변 이후 투란 여러 민족에 대한 관심이 높아지고, 1938년 이마오카 등이 일흥문화협회日洪文化協會를 조직하면서 본격화하여 1945년까지 다양한 운동이 전개되었다. 어쨌든 범투란주의운동은 통일된 것이 아니라 몇몇 결사가 존재했을 따름이다. 그 가운데 쇼지 유노스케庄子勇之助 등이 결성한 대투란청년동맹은 1931년 11월 에티오피아 정부가 헤루이Heruy 외상 일행을 사절로 일본에 파견했을 때, 일본어와 에티오피아의 암하라어 어휘에 공통적인 것이 있다는 이유로 일본과 에티오피아의 제휴를 주장하는 등 투란민족을 더욱 확장하여 아프리카의 민족과 결부시키는 운동에 중점을 두었다.[42]

---

41 다구치 우키치는 1893년에 "우리 일본인종은 전적으로 터키, 헝가리 등과 동족이라고 할 수 있다. 그 증거는 대단히 많다"(田口卯吉, 「居留地制度卜內地雜居」, 『鼎軒田口卯吉全集』 第5卷, p.61)라고 했지만, "지금 여기에서 모든 것을 말할 수는 없다. 따라서 별도의 저술을 통해 밝힐 것"이라면서 그 논거를 제시하지는 않는다. 또, 다카야마 조규는 당대 세계를 아리아인종과 투란인종의 항쟁으로 파악하고, "투란인종의 국가는 극동 이외 지역에서는 아리아인종에 의해 완전히 소멸되었다. 우리 일본과 지나제국은 세계 최후의 투란인종 국가로서 서로 포용하고 서로 제휴하여 그 운명을 함께할 것을 맹세해야 하지 않겠는가"(「人種競爭として見たる極東問題」―『太陽』 第4卷 第2號, 1898.1, p.36)라고 하여 중국도 투란의 동포로서 제휴할 것을 호소했다. 아울러 다카타는 중국 서북과 만주 · 몽고 진출을 투란민족인 일본 민족의 귀향이라 설명했다(『民族耐乏』, 甲鳥書院, 1942, p.243).

42 Heruy, 『大日本』, 英文法通論發行所, 1933, pp.91~98.

다른 한편, 1932년 3월 무라오카 가메키치로村岡龜吉郎・노조에 시게쓰구野副重次 등이 조직한 투란협회는 결성 시기가 분명하게 말해주듯이 일본의 만몽과 중앙아시아 진출 기반으로서 민족적 동일성을 설명하는 단체로, "전 투란 동포와 민족을 묶는 연쇄고리로서 만몽문제에 잘 대처할 것을 우리들은 '범투란주의'의 이름으로 제창"(협회 성명, 「만몽문제와 범투란주의」)하고자 한 것이었다. 물론 투란 여러 민족은 백인종이 아니라 황인종으로 간주되는데, 무라오카 등은 한漢민족은 포함되지 않는다는 점을 역설하면서 "한민족은 우리들 투란계 여러 민족과는 그 체질이 완전히 다르고 발상지 및 조상도 다르며 따라서 언어와 민족성도 다른 전연 별종의 민족이다. 우리들은 어린시절부터 귀가 아플 정도로 많은 식자들에 의해 일본인과 지나인(한민족)은 동문동종이라는 가르침을 받아왔다. 그러나 오늘날 과학이 증명하는 바와 같이 일본인과 지나인(한민족)은 결코 동문도 아니며 동종은 더더욱 아니다. 만약 피부색이 황색이라는 이유로 일본인과 한민족을 조상이 같은 동일인종이라 부른다면 그것은 딱하기 짝이 없는 비과학도의 헛소리에 지나지 않는다"[43]라고 했다.

이처럼 투란민족에서 한민족을 제외하는 것을 강조한 이유는 시베리아, 신장, 몽고, 만주에 사는 투란계 민족들이 한민족으로부터 압박을

---

[43] ツラン協會 編, 『日本民族指導原理としての汎ツラニズム』, ツラン協會, 1932, p.8 및 pp.74・76. 이 저작의 집필자는 野副重次인데, 그는 만주국 건국 후 興安省 관리가 되었으며, 『汎ツラニズムと經濟ブロック』(天山閣, 1933), 『ツラン民族運動と日本の新使命』(日本公論社, 1934) 등을 간행하여 투란주의에 의한 대아시아주의 운동의 앙양을 모색했다. 그런데 대아시아주의를 주장하면서도 만몽 독립을 정당화하기 위해 "같은 북방 아시아 인종(투란계 민족)인 일본, 만주, 몽고 3자는 남방 아시아 인종인 지나, 한민족에 대한 공동전선을 유지해야 한다"(北川鹿藏, 『滿蒙民族獨立の史的根據』, 日本ツラン協會, 1932, p.145)라고 주장하는 것이 당시 투란 민족운동의 특징이었다. 단, 기타가와 시카조는 『パン・ツラニズムと同胞の活路』(大通民論社, 1929) 등을 저술하여 범투란 민족권 형성에도 관심을 기울였다.

받았으며 그 지도와 해방을 동포민족인 일본에서 찾고 있다는 점을 주장하기 위해서였다. 이러한 논의가 이루어진 이유는 투란민족인 "우리들에게는 바람직하지 않은 문화와 민족성을 가진 한민족의 대유입을 저지할 권리와 필요성"이 있다고 했듯이, '만몽은 중국 고유의 영토가 아니다'라는 야노 진이치나 이나바 이와키치稲葉岩吉 같은 동양사 연구자가 주장하고 이시와라 간지가 일본의 만몽 지배를 정당화한 언설과 합치할 뿐만 아니라, 투란계 동포민족인 조선에서부터 시작하여 만주, 몽고, 신장 그리고 시베리아의 자치독립국을 거쳐 터키에 이르는 대투란연방을 조직해 나간다는 이른바 범투란주의운동에서 한민족의 개입이 가장 큰 장해가 될 것으로 보았기 때문이었다. 요컨대 노조에 시게쓰구 등의 투란주의운동은 "투철한 범투란주의 의식에 기초한 만몽 경영, 민족대이동, 대륙천도大陸遷都, 투란연방의 수립! 이것은 현대 일본 민족 특히 청년에게 부과된 빛나는 최고 사명이자 건설적 지도이념"이었고, 대투란연방의 수도에 관해서도 도쿄가 아니라 펑톈, 창춘, 하얼빈 중 어딘가에 정하기로 했던 것이다.

이에 대해 1922년부터 1931년까지 헝가리에 머물면서 범투란주의운동을 직접 견문하고 온 이마오카 주이치로는 『구주문명에서 헝가리의 위치』(日洪文化協會) 등을 통해 유럽에서 마자르족의 역사와 현황을 일본에 전하느라 애를 썼는데, 1932년 시모나카 야사부로下中弥三郎와 나카타니 다케요中谷武世 등을 중심으로 결성된 범아세아학회(다음해 만주국 건국 1주년을 계기로 대아세아협회로 개칭)에 근거를 두고 범대륙적·범민족적 아시아연합의 조직화에 착수했고, 그 기반으로서 투란민족을 제시했다. 이마오카 또한 한족을 투란민족에서 배제하고 중국을 범투란연합에 포함시키지 않는 방침을 채택하는 한편, "소연방의 민족문제와 동아공영권의 안정은 대단히 밀접한 관계에 있다. 그것은 특히 러시아의 민족 및 러시아의 문화가 다분히 아시아적 성격·동양적 성격·투란적 성격을 띠고 있다는 점에 비추어 투란·아시아의 지도자인 일본과의 완전한 양해와 긴밀한 제휴 없이는 해결할 수 없을 것이다"[44]라고 하여, 슬라브민족이긴 하지만 소련과는 제휴해야 할 운명에 있는 것으로 보았다. 하지만 투란민족의 재생은 독일과 이탈리아의 동점東漸에 호응하여 만주국에서 중앙아시아를 거쳐 동유럽에 이르는 유라시아를 관통하는 광역질서권을 형성하는 것과 다르지 않다고 했던 이마오카는 결코 소련과의 제휴를 목표로 삼고 있었던 것이 아니라, 소련과 제휴하는 형식을 취하면서 "소련 국내 민족들의 분리교란책으로서 투란주의를 이용"함으로써 혼자 힘으로는 도저히 격멸할 수 없는 광대한 소련에 응징을 가할 수 있을 것으로 생각하고 있었던 것이다.

범슬라브주의나 범게르만주의 등 많은 범민족주의가 문화적·언어적·민족적 기원의 동일성을 근거로 하여 연계를 주장하면서도 실제로는 개별 민족의 이해관계의 발로에 지나지 않았듯이 투란주의의 권위자로 간주되었던 이마오카 역시 일본·조선·만주·몽고 등 투란 동족의 "정치와 경제와 문화를 기반으로 한 상호협력적인 연환連環을 수립할 뿐만 아니라 혈연 연쇄에 의한 유대를 통해 튼튼하고 항구적인 결합체를 만들지 않으면 안 되는 문제로서, 또 이른바 일본 민족의 대륙 환원의 문제"로서만 투란민족권의 의의를 최종적으로 설정할 수밖에 없었

---

44 今岡十一郎, 『ツラン民族圏』, 龍吟社, 1942, pp.376·380·384~385. 이마오카는 시모나카 야사부로 등의 대아세아협회에서도 투란민족운동을 추진하는 한편『ツラン民族運動とは何か一五等と血をひくハンガリー』, 日本ツラン協會, 1933; Auno. A. Kaila, 『汎ツラン主義と大東亞新秩序』, 帝都育英工業學校, 1944 그리고『ツラン詩文學全集』, 新紀元社, 1958와 같은 저작·번역을 통하여 평생 투란주의의 보급에 진력했다.

던 것이다. 더욱이 투란운동은 "터키에서는 범터키주의, 몽고에서는 대몽고주의 또는 몽고독립운동, 북지에서는 북지독립운동, 신장에서 중앙아시아에 이르는 지역에서는 중아회교권中亞回敎圈의 건설 또는 투르키스탄 독립운동, 이어서 코카서스에서는 카프카즈의 독립운동, 우랄산록 지방에서는 이델·우랄·투르크·타타르 민족운동이 된다"라고 규정되기도 했듯이 몽고, 시베리아, 중앙아시아 진출을 노린 팽창정책이나 대아시아주의와도 무관하지 않았다. 투란주의의 창도와 함께 칭기즈 칸과 그 제국에 대한 관심이 높아져 오하마 기이치로大濱喜一郎의 『칭기즈 칸과 아시아 민족』(伊藤書林, 1933), 나카코지 아키라仲小路彰의 『칭기즈 칸 전사戰史』(전쟁문화연구소, 1939), 하라 다훈의 『칭기즈 칸─유럽과 아시아 정복의 영웅』(와다 다로 역, 아시아연구회, 1938), 야나기다 이즈미柳田泉의 『칭기즈 칸 이야기』(大觀堂, 1942) 등과 같은 저서와 역서가 잇달아 간행된 것도 같은 지향을 보여주는 것이었다고 할 수 있다.

이처럼 만주국의 건국은 이마오카의 말에 따르면 "만주로! 몽고로!"라는 과제를 현실화하는 것이었으며 동시에 "신장으로! 투란으로!"라는 표어를 낡아빠진 것으로 바꾸려 한다는 평가를 받기도 했는데, 그처럼 만주에서 신장 등 중국 서북부로의 진출을 도모함으로써 일본인은 투란민족대책이라는 문제에 현실적으로 직면하게 되었다. 그것은 또 인종과 민족을 넘어선 '이슬람의 땅dār al-Islām' 내지 '평화의 땅dār al-salām'으로서의 광대한 이슬람권을 시야에 넣는 것이기도 했다. 물론 이슬람교가 "모든 인종, 민족을 초월하는 소위 DINDASH(신앙의 벗)로서의 사랑의 감정"[45]으로 여러 민족들을 포괄하고, 투란의 여러 민족들과도 겹친다는 점이

---

45 大久保幸次, 「回回敎の人種包容性」, 『外交時報』 第445號, 1923.5, p.89.

일찍부터 강조되긴 했었지만 일반적으로는 그것은 여전히 소원한 존재였다. 그러나 외무성 조사부가 계간 조사지調査誌 『회교사정』 창간에 즈음하여 "종래 회교도 및 회교권에 관한 조사 연구는 유감스럽게도 거의 서구인의 손에 맡겨져 있었다고 해도 과언이 아니다. (…중략…) 때마침 만주사변 이후 우리 국력의 약진과 함께 회교 문제 연구가 시급하다는 주장이 공감대를 얻기에 이르렀는데 늦긴 했으나 축하할 만한 일이다"[46]라고 평했듯이, 그리고 1932년 나이토 지슈內藤智秀, 오쿠보 고지大久保幸次, 고바야시 하지메小林元 등이 일본 최초의 이슬람 연구 기관인 일본이슬람문화협회를 설립하고 『이슬람문화』를 창간했듯이, 만주사변은 일본의 이슬람 연구 진흥의 계기가 되었다. 또, 1932년에는 일본에서 활발하게 선교활동을 하고 있던 바시키르족 출신 쿠르바날리M. A. Kurbanali가 하얼빈으로 건너가 만주회교협진회滿洲回教協進會를 조직하여 일본과 만주를 잇는 이슬람 선교 활동에 착수했다.

다른 한편 1933년에는 만주국의 수도 신징新京의 도시계획을 추진하면서 무슬림 분묘 이전 문제를 둘러싸고 국도건설국國都建設局과 분쟁이 발생하자 일본인 무슬림으로서 북경에 머무르고 있던 가와무라 고도川村狂堂가 요청을 받고 관련 문제를 조사하는 등 무슬림 대책이 불가결하게 되었다. 가와무라는 1927년 회교연구회를 조직하고 일본어로 된 최초의 이슬람교 전문잡지인 월간지 『회교』를 창간하는 등 여러 활동을 하여 중국인 이슬람의 신뢰를 얻고 있었다고 하는데, 이것을 계기로 무슬림 상조기관을 설치하자는 논의가 있었고 1934년에는 만주이슬람협회가 결성되었으며, 1938년에는 만주회교협회로 이름이 바뀌어 체제

---

46 「發刊の辭」, 外務省調査部 編, 『回教事情』第1卷 第1號, 1938, p.1.

의 확충 및 강화가 진행되었다.[47] 만주국에는 한회계漢回系 약 200만 명, 투르크·타타르계 약 2,700 내지 3,000명이 거주하고 있었다고 하며, 후자는 1936년 아야스 이스하키를 중심으로 이델·우랄·투르크·타타르문화협회를 조직, 일본과 상하이에도 지부를 두었다.[48]

중국의 무슬림과 한족 사이에는 역사적인 불화도 있었고, 투르크·타타르계 무슬림은 대부분 소련령에서 어쩔 수 없이 이주한 까닭에 반공·반소 의식도 강했다. 일본군은 이러한 민족 간의 대립감정을 이용하여 세력의 확장을 도모하는 한편 민족협화를 추진하고 있다는 점을 선전하기 위해 무슬림을 중시하는 정책을 채택했던 것이다. 게다가 일본은 신장 등 중국 서북부에 괴뢰정권 수립을 도모하고 있었기 때문에 1938년 후화厚和(현재의 후허하호터)에 서북회교연합회를 조직하는 한편 간쑤甘肅·닝샤寧夏의 회족, 몽골계 무슬림이라 할 수 있는 한회漢回 또는 漢裝回·東干, 투르크계 무슬림을 포함하는 전회纏回 또는 纏頭回를 한족으로부터 분열시키는 공작을 펼쳤다.[49] 그러나 닝샤의 회족 군벌이었던 마훙쿠이

---

47 중국의 이슬람교에 관해서는 回教圈攷究所 編,『回教圈史要』, 四海書房, 1940; 中國共産黨付屬延安民族問題硏究會 編,『回回民族問題』, 1941; G・F・アンドリュー, 志賀勉 譯,『西北支那の回教徒』, 滿洲事情案內所, 1941; 田坂興道『中國における回敎の傳來とその弘通』, 東洋文庫, 1946; 中田吉信,『回回民族の諸問題』, アジア經濟硏究所, 1971 등을 비롯해 竹內好,「北支・蒙疆の回敎」,『回敎圈』第6卷 8・9號, 1942; 片岡一忠,「日本における中國イスラーム硏究小史」,『大阪敎育大學紀要・第Ⅱ部門』第29卷 1號, 1980; 新保敦子,「日中戰爭時期における日本と中國イスラム敎徒」,『アジア敎育史硏究』第7號, 1998 등에서 적확한 소개와 분석을 볼 수 있다.

48 「滿洲國回敎槪觀」,『回事情』第1卷 2號, 1938.8, pp.75~78. 아울러 1941년 당시 인도와 인도네시아 등의 일본 재주(在住) 무슬림은 약200명이었다. 시베리아와 만주를 경유하여 일본으로 이주한 투르크·타타르계 무슬림은 600명에 이르렀고(岩永淸,『回敎圈の人種及び民族』, 東亞硏究所, 1941, p.131), 만주국의 이델·우랄·투르크·타타르문화협회의 지부가 도쿄와 고베에서 활동하고 있었다.

49 중국 서북부 무슬림의 민족·종족은 대단히 복잡한데, 1941년 당시 일본의 인식에 따르면 東干은 몽골계와 티베트계가 한족화한 것이고, 纏回는 위구르족의 후예 외에 카슈가르족, 타란치족, 사르트족을 포함하며, 카자흐족, 부르트족, 타지크족 등에도 무슬림이 있는 것으로 알려져 있었다(岩永淸,『回敎圈の人種及び民族』, 東亞硏究所, 1941, pp.127~128).

馬鴻逵 등의 저항을 돌파하지 못해 1940년에는 서북 진출이 좌절하고 말았던 것이다.

그리고 남방 진출이 시작되면서 투란 운동과 중국의 무슬림 공작에 대한 관심은 급속히 줄어들었다. 하지만 투란민족이나 이슬람권에 대해 주목하면서 그때까지 희박했던 중앙아시아나 서아시아에 대한 관심이 높아지고 이 지역에 관한 지식도 늘어났다는 점은 부인할 수 없다. 노하라 시로野原四郎가 일본에서 회교 연구의 의의로서 지적했듯이, 이슬람이라는 요소를 받아들임으로써 '동아시아와 서아시아의 연계'[50]라는 시각에서 한걸음 더 나아가 "아시아라는 생각 그 자체를 재음미하는 기회를 얻기도 했다. (…중략…) 일찍이 논단에서 '서양과 동양의 대립'에 관한 논의가 떠들썩했을 때에도 서아시아의 근대사상은 아무런 관심도 끌지 못했다. 아니 그 존재마저 분명하지 않은 상태였다. (…중략…) 서아시아의 여러 사정들에 대한 전체적인 연구가 조직화되기에 이르렀을 때에야 일본의 동양학은 새로운 소재와 관점을 얻을 수 있을 것이며, 아시아에 관한 전반적인 이해에 도달할 수 있는 길에 들어설 수 있을 것"이라는 전망이 열릴 터였다. 그러나 패전과 함께 일본과 이슬람의 교섭 기회는 감소했고, 노하라 자신이 이슬람 연구를 단념하지 않을 수 없었다. 일본의 이슬람 연구는 처음부터 다시 시작할 수밖에 없는 상황에 처하게 되었던 것이다.

그렇지만 만주사변 이후의 투란운동이나 중국의 무슬림 공작은 트랜스내셔널한 민족결합의 가능성을 열었고 동시에 일본인에게 이교도나 많은 이민족과의 공생이라는 새로운 과제를 부과하기도 했다. 이미 만

---

50 野原四郎, 「回教圏研究の役割」, 『回教圏』第6卷 1號, 1942, pp.12~13.

주사변 발발 이전부터 재만 일본인들이 '민족협화'나 '오족협화'로 표방했듯이, 다민족복합사회에 어떻게 대응할 것인가라는 과제는 대아세아협회 등의 대아시아주의운동이나 다카타 야스마의 광민족론廣民族論에 계기를 부여했고, 또 종래의 국가 관념에 필연적으로 따라다니던 국경이나 국경선이라는 관념을 초월한 공영권이나 광역권의 개념에 의해 아시아 공간을 구획하려는 시도를 낳았다. 로야마 마사미치는 "중세 기독교의 경우는 물론이고 오늘날에도 회교권처럼 영토나 주권 관계와 일치하지 않는, 아니 그것으로부터 떨어져 존재하는 일종의 정치 단위가 있을 수 있"[51]는 것에 착목하여 국민국가를 넘어선 새로운 정치적 단위의 설정을 정치학의 과제로 내세웠다. 그러나 문제는, 오자키 호쓰미가 대동아 민족정책에 관하여 지적했듯이 "단지 추상적으로 각 민족으로 하여금 각각의 자리를 얻게 한다는 원칙만으로는 구체적인 실천에 있어서 아무런 근거도 확보할 수 없는"[52] 이상, 소련의 민족정책이나 윌슨의 민족자결주의, 독일의 민족정책의 성취와 한계를 지켜보면서 동아 각 민족들을 해방한 후에 "진실로 동아의 역사적 현실에 대응하는 참으로 동아적인 것"으로서 어떤 민족정책이나 정치 단위를 구체적으로 설정할 것인가였다.

물론 "진실로 동아의 역사적 현실에 대응하는" 민족정책이나 정치 단위가 무엇인지는 쉽게 발견할 수 없고, 일본 민족=야마토 민족을 중핵

---

51 蠟山政道,「世界政治と東亞共榮圈の新しき地位」,『東亞政治と東亞經濟』季刊 第1號, 中央公論社, 1941, p.8.

52 尾崎秀實,『東亞民族結合と外國勢力』, 中央公論社, 1941, p.3. 오자키의 이러한 주장이 "대동아전쟁의 목표는 우리나라의 건국의 대이상에서 연원하는 것으로 대동아의 각 국가, 각 민족으로 하여금 각각 제자리를 얻게 하고, 황국을 핵심으로 하는 도의에 기초한 공존공영의 신질서의 확립, 바꿔 말하자면 대동아공영권을 건설하려는 데 있다"라고 한 도조 히데키 수상의 제79차 제국의회 연설에 대한 비판인 것은 명백하다.

으로 하는 민족결합권으로서 대동아공영권을 구상하게 된다. 대동아공영권 건설 구성의 인구·민족 문제를 담당한 대동아건설심의회 제삼부회가 "대동아 건설의 중핵인 우리 야마토 민족은 어디까지나 다른 민족의 상위에 위치하고 지도자로서 존경을 엄격하게 유지할 필요가 있기 때문에 각종 정책을 펼칠 때에는 적어도 우리 민족을 다른 민족과 동렬에 놓고 아무런 차별 없이 조치하는 일은 결단코 피해야 할 것"[53]을 내걸었고, 익찬운동 안에서도 "제국이 대동아공영권의 중심 세력이 되어 다른 여러 나라와 민족을 주도하는 지위"[54]에 섬으로써 동아 민족들은 "공영권에 참가하고 그 아래에서야 비로소 자기의 생존을 제대로 지키고 생활의 안정을 얻을 수 있을 것"이라고 강조했는데, 그것도 대동아 민족과 문화권을 건설함에 있어서 민족 간의 지도-복종 관계가 전제되어 있었기 때문이다. 그것은 "경제적·문화적·무력적 관점에서 볼 때 보다 높은 가치를 가진 국가가 지도 국가가 되고 가치가 낮은 국가는 심복 국가가 된다"[55]라는 지도자 원리Führerprinzip를 민족 간에 적용한 것임과 동시에 대동아공영권에 속한 민족들의 자립을 부정하는 것이기도 했다.

그리고 서양적인 민족자결주의를 대신하여 아시아에 고유한 민족 간 질서로서 '가家의 도의'를 제기했는데, 이에 따르면 아시아에서는 가장의 통재統裁, 가 전통의 숭배, 가족 구성원의 분제分際와 자유, 가족의 공존공영 등과 같은 요소가 촌락에서 국가에 이르는 모든 사회의 생활 원리를 이루고 있고, "가의 도의야말로 동아의 여러 민족에 의해 지극히 자연적으로, 말하자면 본능적으로 받아들여질 수 있는 동양적 생활권

---

53 企劃院 大東亞建設審議會 1942.5.21. 『第三回總會議事速記錄』, 明石陽至·石井均 編, 『大東亞建設審議會關係史料』 第1卷, 龍溪書舍, 1995, p.66.
54 翼贊運動史刊行會 編, 『翼贊國民運動史』, 翼贊運動史刊行會, 1954, pp.367~368.
55 今泉孝太郎, 「東亞共榮圈の法律の構成」, 『中央公論』, 1941年 12月號, p.63.

에서 절대적인 질서 원리"[56]로 간주되었던 것이다. 이러한 '가의 도의'를 강조한 것은 말할 필요도 없이 팔굉일우라는 일본의 조국肇國 원리가 대동아공영권 건설의 이념이었기 때문이고, 그 세계를 하나의 집으로 하는 새로운 아시아 질서에서 일본이 가장의 입장에 서는 것이 대전제였다. 물론 여기에는 "세계는 이미 소박한 민족주의의 시대를 지나 국제적인 대국가들이 대립하는 시대로 접어드는 객관적 정세에 놓여 있다"라는 현상 인식이 있었다. 로야마 마사미치도 지금까지 구미가 아시아에 초래한 민족주의사상은 "동양이 동양으로서 결합하기보다 민족적으로 분립하는 것을 이익이라고 생각한"[57] 제국주의 정책의 소산에 지나지 않으며, 결과적으로 아시아의 민족주의는 동양을 동양으로 의식하는 것이 아니라 자기 확립에만 광분하는 것이 되고 말았다는 견해를 펼치면서, 이러한 '잘못된 민족주의'를 초극할 방책은 '지역주의'에 기초한 '지역운명협동체' 형성밖에 없다고 주장했다. 민족과 문화는 기본적으로 개별적인 차이에 주목하여 그 분절화를 촉구해가는 것이기는 하지만, 민족과 문화의 유동성에 의해 주권국가를 넘어선 정치 단위를 구성하는 기반이 되는 것도 부정할 수 없다.

그러나 민족주의를 초극한 지역적 운명공동체로서 대동아 민족을 통합해간다는 지향은 이미 서술했듯이 지도 민족으로서 야마토 민족의 우수성과 그것을 정점으로 하는 다른 민족들의 서열화를 전제로 하여 성립한 것이었다. 그렇기 때문에 일본의 대동아공영권 형성을 위한 아시아 진출에 동반하는 민족 접촉과 민족 교류에 의해 필연적으로 발생할 혼혈 문제에 어떻게 대처할 것인지가 고민거리로 떠오른다. 이에 관

---

56 企劃院研究會 編, 『大東亞建設の基本綱領』, 同盟通信社, 1943, p.17.

57 蠟山政道, 「東亞協同體の原理」, 『東亞と世界』, 改造社, 1941, p.6.

해서는 찬성과 반대 양론이 있었는데, 반대론으로서 히라노 요시타로는 "혼혈이라는 것은 이도 저도 아니어서 양쪽으로부터 미움을 받고 질시를 받으며, 또 양쪽에 대하여 혼혈아는 사이가 뒤틀어지는 환경을 만들게 될 것이라는 점에서 일본의 문화를 고려할 경우 결코 신뢰할 수 없는"[58] 이상, 혼혈을 단순히 일본 민족의 일원을 늘리는 것으로 보아서는 안 된다고 경고했다. 또 후생성 예방국장이었던 다카노 로쿠로高野六郎역시 남방에 진출함에 있어서 "일본인의 씨가 현지 민족 사이에 뿌려지는 것은 어쩔 수 없다고 생각한다. 남양 주민의 혈액 속에 [일본인의—옮긴이] 혈액이 섞이는 것이 결코 원주민의 소질을 떨어뜨리지는 않을 터이다. (…중략…) 그러나 일본 민족의 근원인 야마토 섬 원주민의 혈액은 극력 순결하게 보호하는 편이 낫다. 다시 말해 다른 민족 혈액의 수입은 극력 피하는 것을 원칙으로 해야 한다. 우리들은 일본의 국토를 지키듯이 민족을 지켜야 한다"[59]라고 하여 일본 본국의 민족적 순결을 지키는 것을 절대 조건으로 내세웠다.

마찬가지로 후생성연구소 인구민족부가 정리한 『야마토 민족을 중핵으로 하는 세계 정책의 검토』에서도 "야마토 민족이 보다 하급인 문화 단계의 다른 민족과 혼혈하는 것은 그들을 끌어올리는 것이 아니라 반대로 동화 정책이라는 이름 아래 실질적으로 야마토 민족의 통일성을 깨고 문화 수준을 그들의 위치로 낮추는 결과를 낳음으로써 스스로 지도자의 의식과 힘을 포기하게 될 것"[60]이라면서 "혼혈은 가급적 막아

---

58 平野義太郎,「文化」, 東亞經濟懇談會 編, 『大東亞民族誌』, 樽書房, 1944, p.234.
59 高野六郎,「南方發展と人口問題」, 『人口問題』 第4卷 4號, 1942, p.554.
60 『大和民族を中核とする世界政策の檢討』, p.304. 이것과 완전히 똑같은 문장이 小山榮三, 前揭 『南方建設と民族人口政策』, p.644에 보인다. 또, 대동아건설심의회의 「大東亞建設=伴フ人口及民族政策答申」에서도 "야마토 민족과 다른 민족의 잡거는 되도록 피해야 한다", "야마토 민족의 순일성을 유

야 할 것이라는 점은 말할 것도 없다"라고 단정했다. 이에 대해 마쓰오카 주하치松岡壽八는 "감히 말하건대 동양 민족은 혈통상 거리가 먼 다른 인종이라고는 할 수 없다"[61]라고 하여 결혼·혼혈을 국책으로 장려해야 한다면서도 여기에는 제한이 있다면서 "동양 민족의 치자治者 계급 또는 유식자 계급과 우리 민족 사이에 결혼 관계를 맺게 하고 그들 사이에서 태어난 자손들이 장래 동아 정치의 주력이 될 수 있도록 해야 한다"라고 주장했다. 더욱이 대동아건설심의회는 "원래 한 명의 군주 아래 만민이 '집'을 이루는 것을 기조로 하여 모든 제도의 운영, 국민의 지조가 성립한다는 것은 우리 야마토 민족의 정화精華"[62]라면서, 이러한 일본의 가족제도를 유지하고 현지의 이민족으로 확대하기 위해서라도 현지 정주자에게는 반드시 배우자를 동반하게 할 것을 기본방침으로 제기했다.

여기에는 일본인이 민족을 기축으로 하여 아시아를 어떻게 인식하고 있었는지, 나아가 아시아의 여러 민족과 어떤 관계를 맺고자 했는지 등등이 아주 솔직하게 표현되어 있다고 말할 수 있을 것이다. 동아 민족 내지 대동아 민족의 형성이라고는 하지만 이는 민족적 융합을 도모한 것이 아니라 오히려 격리 정책을 채택해 지도 민족으로서 야마토 민족의 우월성과 피지도 민족으로 다른 민족의 관계를 유지하지 않으면 안 된다는 이해를 공유하고 있었던 것이다. 물론 그것은 나치스의 민족정책처럼 배타적 우월성을 주장하는 것이 아니라 혈통적으로 같은 뿌리이기 때문에 혼혈이 진행되면 야마토 민족의 혈통이 소멸할 수도 있다

지하기 위해 현지 정주자에게는 가족을 동반하게 해야 한다"와 같은 조치의 필요성을 호소하고 있다(『大東亞建設基本方針』, 明石陽至·石井均 編, 앞의 책, p.16).

61 松岡壽八, 『東亞民族問題』, 昭和書房, 1942, pp.360~363.
62 企劃院研究會 編, 앞의 책, pp.108~111.

는 우려가 혼혈에 대한 거부반응을 낳았던 것이다. 그러나 동시에 여기에서는 나치스의 '피와 땅'의 이데올로기가 침투해 있었다는 것도 부정할 수 없다. 『야마토 민족을 중핵으로 하는 세계 정책의 검토』에는 이 점에 관하여 "동아공영권의 지도적 위치를 영구히 유지하기 위해서 우리들은 야마토 민족의 '피'를 그들의 '토지'에 뿌리내리게 하지 않으면 안 된다"[63]라고 명확하게 적혀 있다. 여기에서 말하는 '토지'가 바로 일본이 민족을 기축으로 하여 아시아라는 공간의 범위를 어떻게 설정하고 있었는지를 의미하는 것이었는데, 이에 따르면 북은 소련, 남은 오스트레일리아, 서는 인도, 동은 하와이에 이른다.[64] 이것을 보면 당시 일본인이 어느 정도의 실현성을 감안하여 생각했던 대동아공영권의 최대 범위를 가늠할 수 있을 것이다. 그리고 이 조사 보고의 집필자 중 한 사람인 고야마 에이조 역시 당연하게도 "동아공영권의 지도적 위치를 영구히 유지하기 위해 우리들의 '피'를 '토지'에 결부시키지 않으면 안 된다. 팔굉일우, 민족협화의 이상을 실현하기 위해 사상이 견실하고 신체가 건강한 다수 일본인을 공영권 안의 여러 나라에 살게 하여 그들이 근로봉공勤勞奉公의 실천을 통해 접촉 민족에 모범을 보이고, 원주민의 지도적 중핵으로서 그 후계자를 지속적으로 발전시키지 않으면 안 된다"[65]라고 강조했다.

게다가 '피와 땅'에 대한 관심은 동시에 대동아공영권을 혈연공동체, 지연공동체로서 구성하기 위해 필요한 학지의 도입을 요청하게 된다. "지정학이 토지Boden을 대표한다면 민족학은 피Blut의 문제"[66]라고 하듯

---

63 『大和民族を中核とする世界政策の檢討』, p.303.
64 『大和民族を中核とする世界政策の檢討』, pp.379~383.
65 小山榮三, 『民族と人口の理論』, 羽田書店, 1941, p.390.
66 高木友三郎, 「東亞新秩序論」, 『國防論及世界新秩序論』 2(日本國家科學大系14), 實業之日本社, 1942, p.318.

이 지정학과 민족학이 그것이었다. 그리고 이 점을 의식하고서 대동아
공영권에서 정치의 대상이 될 여러 민족이 어떠한 정치적 생활형태를
취하고 있는지를 인식하는 학지로서 민족-정치학을 제창한 사람이 히
라노 요시타로이다. 그는 "지정학은 'Geo-'라는 접두어가 붙어 있는
것을 보면 알 수 있듯이 그리스어의 'Gaia'가 의미하는 대지와 결부되
고 이는 정치가 토지에 제약됨을 주장한 것이지만, 동시에 정치는 어떠
한 경우에도 민족을 대상으로 하는 까닭에 민족을 뜻하는 'Ethno-'를
정치학 앞에 둔 민족-정치학을 생각할 수 있을 것이다. 우리들은 지금
'Geo-Politik'과 마찬가지로 'Ethno-Politik'을 수립하고자 한다"[67]라
면서 태평양 지역의 민족에 관한 분석을 시도했다. 단, 히라노 요시타로
자신은 정치적 민족학 내지 민족-정치학의 과제를 "여러 민족의 경제
단계와 그것에 따른 사회 형태를 확정하고 통치정책·행정정책·경제
정책 및 민족정책에 도움을 주는 것이다"[68]라고 하여 민족정책의 국면
에 한정했다. 히라노를 비롯한 학자들이 이러한 민족-정치학을 제창한
배경에는 대동아공영권 형성을 위해 어떻게 민족들을 통합할 것인가,
식민지 상태에서 독립하고자 하는 민족에 어떻게 대처할 것인가, 나아

---

67 平野義太郎·清野謙次, 「序」, 『太平洋の民族-政治學』, 日本評論社, 1942, pp.2~3. 히라노는 민족-
정치학의 목적에 관하여 "지금 생존해 있는 토인(土人) 내지 토착 민족의 현재 살아 있는 생활의 생
태, 문화, 습관 등등이 우리 일본인과 얼마나 다른지"를 밝힘으로써 민족 통치에 도움이 되는 "실용
을 위주로 한 정치-민족학"이라고 표현하기도 한다(「南方調査の方法と企劃を語る座談會」, 『新亞
細亞』, 1941年 11月號, pp.104~105).

68 平野義太郎, 「序文」, 『民族政治學の理論』, 日本評論社, 1943, p.4. 이와 같은 히라노의 민족-정치학
에는 크옐렌(Rudolf Kjellén)이나 하우스호퍼(Karl E. Haushofer) 등의 지정학의 영향이 있었다. 국
가도 생활 형태의 하나가 드러난 것에 지나지 않는다고 말하는 크옐렌에 따르면, 국가는 국토·민
족·경영체·공동체·통치체 등 각 국면에서 문제가 되며, 국토에 관하여 고찰하는 것이 지정학
(Geopolik), 민족에 입각하여 보면 민족정치(Demopolitik 내지 Ethnopolitik)이다(R. Kjellén, 阿部
市五郎 譯, 『生活形態としての國家』); 江澤讓爾, 『ハウスホーファの太平洋地政學』, 日本放送出版協
會, 1941도 함께 참조

가 같은 동아의 민족이라 해도 야마토 민족에 적대적인 존재, 구체적으로는 아시아 각지에서 항일구국운동을 담당하고 있는 화교를 동아 민족으로서 어떻게 대우할 것인가와 같은 '민족문제'가 산적해 있는 현실이 있었다.[69]

이처럼 민족이 문제성을 가진 것으로 나타났다는 것은 민족이 인식의 대상 이상으로 통치의 대상으로 파악되고 있었음을 의미한다. 그렇기 때문에 민족학·인류학이나 지정학뿐만 아니라 역사학 또한 이민족 통치에 관한 지식을 얻기 위해 '활용'되었던 것이다. 동아연구소가 동방문화학원 도쿄연구소와 교토연구소에 의뢰하여 19편의 논문으로 이루어진 『이민족의 지나 통치 사례』를 편찬한 것도 이민족에 의한 중국 통치의 사례를 참조 기준으로 삼기 위해서였다는 것은, 요점만을 정리하여 공간한 『이민족의 지나 통치사』의 서문을 보아도 명확하다. 이 책의 서문에 따르면 대동아공영권 안에는 "아주 많은 민족이 있으며 그 민족들 각각이 가진 역사와 습속 또한 다종다양해서 이것을 어떻게 지도 육성하느냐가 장래 공영권 세력의 소장消長에 미칠 영향은 자못 크며, 따라서 구상 규모와 함께 웅대한 민족 대책의 확립이 요망되는 것도 당연한 일이다. (…중략…) 과거 지나 통치의 역사 그 자체가 민족 대책을 고구하는 데 적지 않은 중요한 교훈을 우리들에게 시사하리라는 것을 깨달아야 한다. 특히 이민족으로서 지나를 통치한 사적事績이 더욱 중요

---

69 '민족문제'에 관해서는 "하나의 민족이 하나의 국가를 획득 또는 유지하고자 하는 요구, 또는 하나의 민족이 다른 민족의 국가 안에서 민족 생활의 자유를 획득하고자 하는 요구로서 나타난다"(「民族問題」(1939), 『矢內原忠雄全集』第23卷, p.581)라고 했는데, 일본이 직면한 민족문제의 난제로 화교 대책이 있었다. 화교에 대한 논의는 다양하긴 하지만 "화교를 공연히 압박했다가는 토산물의 집하 또는 수입품의 배급이 어려워져 남양 경제가 멈춰 설 우려"가 있다 하여, 그 '敵性淸算'을 수행하면서 '抱合政策'을 채택하지 않을 수 없다(福田省三, 「華僑」, 『大東亞民族誌』, 蠑書房, 1944, p.319)는 것이 일반적인 정책론이었다.

한 비중을 차지한다."[70] 여기에서는 피지배 민족 가운데 소수민족을 스스로의 고굉股肱으로 삼아 준지배자로 대우하고, 변경의 여러 민족을 분할하여 통치하는 한편 통치권이나 군사권 등의 중추를 지배민족이 장악할 것 등을 통치의 요체로 거론하고 있다. 물론 이러한 통치책은 만주국 통치 이래 각지의 괴뢰 정권에서 군부의 내면지도內面指導와 같은 형태로 추진되고 있었기 때문에 특별히 유효한 지적이었다고 할 수 없다.

오히려 문제는 "야마토 민족의 광역생활권"[71]인 대동아공영권을 확립하기 위해서는 "그곳에 살고 있는 민족의 '마음'을 사로잡고, 일본을 지도자로 하는 동지적 일체감을 육성하지 않으면 안 된다"라면서 "아시아 민족으로서의 자각에 기초한 공동의지적 결속"의 필요성을 강조하고 있음에도 불구하고 그곳 민족의 실태에 대한 관심이 이상하다 싶을 정도로 결여되어 있다는 점이다. 소련과 신장新疆을 포함하는 아시아의 민족운동을 상세하게 검토한 호소카와 가로쿠細川嘉六가 결론에서 일본민족이 즉각 채택해야 할 시책으로 "우선 후진 민족들에 대한 구미 열강의 정신 혹은 정책의 아류로 흐르는 것을 지양해야 한다"[72]라고 지적한 것은 일본의 민족정책의 본질을 꿰뚫는 것이었다.

더욱이 야나기다 구니오는 "지나는 놀라울 정도로 풍부한 옛날이야기의 저장고인데도 (…중략…) 우리는 서양인에게 선편을 빼앗긴 채 방관해왔다. 지나뿐만 아니라 다른 곳에서도 옛날이야기를 통해 백성의 마음 깊은 곳을 들여다보는 것은 오족협화의 이상을 위해서도 필요한 일이었을 터이다. 동아의 새로운 질서의 초석도 뜻밖이라 할 수 있는 곳

---

70 東亞研究所 編, 「序」, 『異民族の支那統治史』, 大日本雄辯會講談社, 1944, pp.1~2 및 「總說」 pp.8~9 참조
71 『大和民族を中核とする世界政策の檢討』, pp.2322~2324.
72 細川嘉六, 「大東亞共榮圈の民族問題」, 『東亞政治と東亞經濟』 季刊 第1號, 中央公論社, 1941, p.176.

에 있었을지도 모른다"[73]라고 일본의 식민지 이해에 결여되어 있었던 작업의 문제점을 지적했다. 물론 옛날이야기를 통해 얼마나 현재 사람들의 마음속 깊은 곳까지 알 수 있을지에 관해서는 의문이 없는 것은 아니다. 다만 아시아 각지에서 볼 수 있는 유사한 민간전승 중에서 그런 전승들을 낳고 전해온 여러 민족의 심성이 공통적으로 지니고 있는 바를 발견하고, 그러한 공통성에 입각해 민족의 결합을 추진할 수 있어야 한다는 야나기다의 제언은 민족의 서열화에 의한 결합이라는 민족정책과 상반하는 것이었다. 그러나 중국뿐만 아니라 남방 여러 민족을 포함한 민족과의 결합이나 협화를 소리 높여 외치면서도 결국은 야나기다 자신마저도 다른 민족의 심성이나 생활 감각 등을 알려는 노력을 거의 기울이지 않았다는 것은 민족 결합이나 민족 협화와 같은 정책이 생활양식이나 생활감정이라는 차원에 대한 고려 없이 추진되었다는 것을 여실하게 말해준다. 그렇지만 그 후 반세기 이상에 이르는 민족학·문화인류학을 비롯한 지역연구의 성과가 과연 얼마나 다른 민족의 '마음속 가장 깊은 곳을 들여다보는 지점'까지 나아가 민족을 이해하고 연결하는 것을 가능하게 했는가에 관해서는 지금도 반드시 자명한 것처럼 보이지는 않는다.

어쨌든 이상에서 본 것처럼 인종을 기축으로 하는 아시아 인식이 밖

73　柳田國男, 「アジアに寄する言葉」, 『アジア問題講座 第1卷 政治・軍事篇』(1), 創元社, 1939, pp.2∼3. 단, 야나기다는 『朝鮮民俗』(第3號, 1940.10)에 기고한 「學問と民族結合」에서 "인접하여 학문을 하고 있는 두 민족, 서로 격의 없이 이해하는 상태에 놓여 있는 자가 먼저 제휴하는 것이 순서이자 큰 장점일 것"이라고 하면서도, 이러한 학문적 교류에 의해 민족 결합이 가능한 나라가 조선을 제외하면 극히 제한되어 있는 것으로 보았다. 그러나 같은 시기 조선과 비교민족학의 가능성을 말하면서 "조선을 꼭 보러 가야 합니다. 만엽집이 널려 있지요"(「比較文學の問題」, 『定本柳田國男集』 第30卷, 筑摩書房, 1964, p.63)라는 亡弟 松岡映丘의 20년 전의 말을 인용하는 등 여기에서 비교 대상이 된 조선은 대등한 민족 결합을 전제로 한 것이 아니었다.

으로부터 주어져 어쩔 수 없이 받아들일 수밖에 없는 규정이었던 데 비해, 민족을 기축으로 하는 아시아 인식은 개별적인 존재를 확인하고 결합해감으로써 다양한 진폭을 보여준다. 아시아는 아시아로서 고정되어 있는 것이 아니라 부단히 변화하며, 그것을 포착하는 시점 자체도 변화한다. 문화와 민족이라는 아시아 인식의 기축은 바로 그것을 보여주었던 것이다. 일본의 대외정책과 일본인의 진출이 그런 인식에 많은 영향을 주었다는 것 또한 분명하다. 그리고 아시아 각지에서 이민족 통치를 추진하고 그 범위를 확장해나감에 있어서 투란민족론 등에서 볼 수 있는 것처럼 동일민족화에 대한 요구는 결국 일본인 자신에게도 받아들여지지 않았고, 어디까지나 민족협화론이나 광역민족론에 의해 민족결합을 모색하는 것이 현실적인 정책으로 간주되었다. 게다가 민족 결합에서는 중추에 있는 일본 민족을 정점으로 하여 여러 민족을 문화적으로 서열화하는 것이 중요한 인식 기준이 되었다.

물론 민족과 문화라는 아시아 인식의 기축은 둘 다 일본을 아시아의 일부로 보고자 하는 지향을 품고 있었고, 바로 그렇기 때문에 일본과의 연계의 연장선상에서 공동문화권, 민족결합권으로서의 아시아라는 공간을 상정하는 것이 가능해졌다. 그러나 그 기저에는 일본을 다른 아시아에서 분리하여 구별한 다음 우위에 놓으려는 전적으로 반대되는 지향을 어쩔 수 없이 품고 있었다는 것 또한 틀림없는 사실이다.

제6장
자기확장으로서의 아시아

지금까지 문명과 인종, 민족과 문화의 관념을 거론하고 그것을 기축으로 하여 아시아 인식 내지 아시아론이 어떠한 언설의 역사로서 형성되고 전개되었는지를 살펴보았는데, 그렇다면 그것으로부터 아시아를 둘러싼 근대 일본 정신사의 어떤 특징을 읽어낼 수 있을까.

이 점을 생각할 경우에는 청일전쟁 직후 다케코시 요사부로^{竹越與三郎}가 쓴 「세계의 일본인가, 아세아의 일본인가,」[1]라는 글과 만주국 건국 후 우치다 료헤이^{內田良平}가 저술한 『일본의 아세아』를 대비해 보면 하나의 실마리를 찾을 수 있을 것이다.

다케코시는 먼저 청일전쟁의 승리에 취해 "일본을 아세아와 연결하고 일본 인민을 몽고종으로 묶어 생각하여 일본의 승리를 아세아 문명

---

1   竹越與三郎, 「世界の日本乎, 亞細亞の日本乎」, 『國民之友』 第250號, 1895.4.13, pp.1~4.

이 승리할 조짐이라고 한다. 이를 근거로 하여 서구 인종에 저항하게 하고 서구문명을 적대시하게 하는, 이른바 '세계의 일본'을 '아세아의 일본'에 머무르게 하려는 자가 있"는 것을 엄중하게 규탄한다. 다케코시에 따르면 문명도 인종도 결코 아시아적 일체성을 보증하지 못한다. 즉 "아세아는 이미 인종적 결성체가 아니며 문명적 결성체도 아니다. 정치적 형체가 있는 것은 더욱 아니다. 그것은 다만 지리상의 하나의 공명空名에 지나지 않는다. (…중략…) 아세아라는 이름 그것은 요컨대 막연하고 무의미한 말이나 다를 바가 없다."

아시아를 단순히 지리적 공명으로 간주하는 다케코시에게 문명이나 인종에 근거하여 일본을 아시아로서 자기 규정하는 것은 "인종의 구별에 얽매이지 않는 대국민을 협애한 인종적 질투와 경쟁의 장으로 몰아넣는 것"이자, "동서 문명의 정수를 흡수하고 세계의 높은 곳에 우뚝 선 국민을 동양 역사의 타력惰力에 얽매이게 하는" 것, 다시 말해 일본을 문명적으로 퇴행시켜 아시아라는 제한된 공간에 밀어 넣는 것에 불과했다. 중국에 승리했다고 하여 '아세아의 맹주 일본'의 사명감을 부채질하고, 문명이나 인종 등 실태와는 전혀 관계가 없는 개념에 의거해 인종 경쟁이야말로 역사적 숙명이라고 말하는 사조를 위험하게 여겼던 다케코시는 이제는 아시아에서 세계로 눈을 돌려야 할 때라고 생각했다. 나아가 만약 문명이나 인종에 의해 일본이 아시아적 성격을 갖고 아시아가 구미에 대항한다고 해도 문명이나 인종에 바탕을 두는 한, "아세아 총연합을 결성하고자 할 경우 중심은 일본이 아니다. 이것을 가장 잘 대표할 수 있는 것은 바로 지나이다"라고 논했다. 여기에는 세계라는 시점에서 일본을 상대화하고, 중국을 포함한 아시아에서 일본이 점할 수 있는 위상을 객관적으로 포착하고자 하는 각성된 시선이 있다. 그리고 필시 일본인 이외의 사람들이 아시아에 관하여 품고 있던 이해는 거의 이것에 가까운 것이었음에 틀림없다.

이에 대해 1901년 도야마 미쓰루頭山滿와 함께 흑룡회黑龍會를 설립, 송병준과 이용구 등이 이끄는 일진회의 고문으로서 한국병합을 추진하고 나아가 만몽독립운동과 쑨원孫文, 라쉬 비하리 보스Rash Behari Bose의 활동을 지원하는 등 대아시아주의를 창도한 우치다 료헤이에 따르면, 1932년 시점의 문명으로 본 아시아와 구미 그리고 일본의 관계는 다음과 같았다.

현재 세계에서는 지나 · 인도의 고문명이 쇠퇴하여 고작 유교 · 불교의 경전에 그림자를 남기고 있을 뿐이며, 그리스 · 로마의 고문명도 물질문명에 멸각되어 물질적 구주 문명 역시 스스로 가진 결함 때문에 그 세계를 풍미했던 일대 위력마저 마침내 종멸(終滅) · 멸진(滅盡)의 단말마에 빠지기에 이르렀다. 이런 때를 당하여 신문명을 일으켜 세계의 모든 인류를 구제하고 영원한 평화를 수립할 나라는 일본 황국 말고는 달리 없다. 이와 같은 중대 임무를 가진 일본은 개벽 이래 안으로 비할 데 없는 문명을 비장(秘藏)하고서 모든 외래의 문명을 섭취하여 서서히 기운이 무르익기를 기다렸던 것이다.

때는 왔다! 일본 국민된 자, 굉원(宏遠)한 건국의 뜻을 생각하고 선천적으로 부여받은 이 대사명의 수행에 앞장서야 할 것이다.[2]

---

2 內田良平, 「序文」, 『皇國史談 · 日本の亞細亞』, 黑龍會出版部, 1932, pp.1~2. 이하의 요약은 同書, pp.1~33에 의거한다. 아울러 우치다 료헤이 등의 대아시아주의에 관해서는 趙軍, 『大アジア主義と中國』, 亞紀書房, 1997 참조.

선동적인 어조는 제외하고 논점만을 간추려보면, 우치다가 주장하는 취지는 오카쿠라 덴신의 일본문명박물관론이나 오쿠마 시게노부의 동서문명조화론, 나아가 교토학파의 '세계사의 철학' 등과 서로 통하는 점이 있다고 할 수 있다. 그리고 한 걸음 더 나아가 말하자면, 1980년대 'Japan As Number One' 열기에 들떠 있던 시대, 1990년대 아시아 각국의 경제 발전을 선도하는 일본의 역할이 떠받들어지던 시대, 표현은 다르지만 이들 논의의 밑바탕에는 이러한 문명관과 일본의 사명에 관한 자부심이 놓여 있었음을 연상할 수도 있을 것이다. 이러한 언설은 근대 이전에는 중국이나 인도 문명의 압력을, 그리고 근대 이후에는 유럽이나 미국의 문명의 압력을 계속 느껴온 문명의 주변국으로서 일본이 스스로의 세계사적 사명을 제3의 문명 창조에서 발견하지 않을 수 없었다는 점에서는, 달성해야 할 과제로서 스스로에게 부과한 비원悲願을 표현한 것이었는지도 모른다. "비할 데 없는 문명을 비장하고서 모든 외래의 문명을 섭취하여 서서히 기운이 무르익기를 기다렸던 것"이라는 우치다의 주장에는, 큰 목소리에도 불구하고, 어딘가 자생의 문명을 세계에 제공할 수 없었고 그런 까닭에 문명대국으로 인정받은 적이 없었던 역사에 대해 허세를 부리는 항변과도 같은 울림이 없지 않다.

어찌됐든 그렇다면 우치다는 무엇을 근거로 "신문명을 일으켜 세계의 모든 인류를 구제하고 영원한 평화를 수립할" 일본 민족의 역사적 필연성을 설명하려 했던 것일까.

우치다의 논의를 요약하면, "아세아라는 명칭은 확실히 일본의 옛 이름인 아시하라葦原가 전와轉訛한 것이라고 할 수 있다. (…중략…) 다시 말해 아시하라가 전와하여 아시야葦屋가 되었고, 또 아시야의 '시'가 탁음으로 바뀌어 아지야アジヤ가 되었다." 그것은 단순히 언어의 문제가 아

니라 역사적 사실로서 "전 아세아가 일본의 옛 판도"였기 때문이고, 아시아 지형의 대변화 때문에 야마토 민족은 아시아 각지로 흩어지게 되었다. 중국에서도 한민족이 이주해오기 이전에는 야마토 민족이 위대한 문화를 건설하고 있었다. 그 증거로 중국의 고서에는 일본의 신화가 수록되어 있고, 천황씨나 신농씨와 같은 호칭도 일본의 신대神代의 관습을 전해주는 것이었다. 마찬가지로 인도에서도 이자나기와 이자나미 두 분으로 보이는 신에 의한 창세의 역사가 전해오고 있다. 그런 까닭에 일부 학자가 아시아 각지에서 언어나 건축양식의 유사성을 지적하고 그것을 근거로 야마토 민족 기원의 땅이라고 간주하는 것은 본말이 뒤바뀐 논의에 지나지 않는다. 이처럼 원래 전 아시아를 지배하고 있던 야마토 민족은 "아세아 대륙 회복의 유전성遺傳性"을 보존, 유지해왔으며, 일본은 다시금 대륙을 향하여 활동하고 그럼으로써 새로운 문명을 창출해야 할 운명에 처해 있다는 것이다.

우치다는 이러한 논의를 전개하면서 『일본서기』나 『고사기』의 어의 해석과 음운 분석을 수행하는데, 예를 들어 야마타노오로치八岐の大蛇는 뱀이 아니라 오로치족, 다시 말해 현재의 시베리아 오로치족이 그것에 해당하며, 그 풍속도 우리 신대神代의 풍속 그대로라고 서술한다. 이러한 논거에 의해 일본과 아시아의 관련성을 주장하는 방법은 우치다가 창안한 것이 아니라 앞에서 보았듯이 메이지 이래 일관하여 나타나는 것이었다. 우치다는 많은 논자들이 아시아 각지에서 일본 민족과 일본 문화의 기원을 찾았던 그 방법을 활용하면서도 원래는 아시아 전체가 일본의 판도였다고 하여 논의 전체를 역전시켰다.

다케코시의 '세계의 일본'과 우치다의 '일본의 아시아'라는 논의 사이에는 약 40년의 거리가 있는데, 그 동안에 일본은 타이완에서 시작하여 관동주, 조선, 남양제도 그리고 만주국을 실질적인 식민지로서 보유하기에 이르렀고, 아시아 회복을 주장하는 우치다의 논의도 반드시 황당무계한 폭론暴論으로만 간주되지는 않는 상황에 있었다고 말할 수 있을지 모른다. 그러나 우치다의 논의에서는 다케코시가 가장 중요하게 여긴 아시아의 문명과 인종 중에서 중국이 차지하는 비중에 대한 평가가 완전히 빠져 있을 뿐만 아니라 단순히 회복되어야 할 야마토 민족의 고토故土인 전 아시아의 일부로서만 포착되고 있다는 점에서, 그의 주장은 당시 일본이 직면하고 있었을 가장 중요한 과제로부터 현저하게 동떨어져 있었다고 할 수 있다. 그것은 아시아주의자로서 또 중국혁명운동의 지원자로서 중국에 대해 샅샅이 알고 있다는 자신감이 낳은 함정이었는지도 모르지만, 그 결과 이미 1920년대 이후 고조되고 있던 배일・항일의 기운마저도 부정 내지 경시해 버렸던 것이다. 중국학자나 중국통 등 전문가가 역사적 배경이나 사정에 정통하기 때문에 가끔 눈앞에 펼쳐지고 있는 사태가 전혀 시야에 들어오지 않는 아이러니컬한 상황이 여기에서도 발생했던 것이다. 그러나 당연하게도 그것은 우치다만의 문제가 아니었다.

이미 검토했듯이 문명, 인종, 문화 등 각각의 개념을 사용하여 아시아를 인식할 때에는 일본인의 행동이나 실제로 본 범위가 한정되어 있기도 해서 어쩔 수 없이 착오를 동반했으며, 다양한 도착倒着과 모순과 혼란이 생겨났던 것이다. 그리고 더욱 아이러니컬한 것은 아시아를 인식하는 개념 자체가 아시아의 내부에서 생겨난 것이 아니라 유럽이 스스로를 세계라는 장에서 인식하기 위해 만들어낸 개념이나 인식틀에 의해 구성되었다는 점이었다. 스스로도 그 가운데 포함할 터인 아시아를 외부의 시각으로 재단할 때 자기가 분열되는 상황을 면할 수 없다.

물론 역사적으로 보아도 그처럼 밖에서 들여온 개념이나 인식틀에 의해서만 일본인은 자기동일성을 확인하고 자의식을 형성하는 기술을 획득했다는 제약도 없지 않았다. 하지만 그 결과 유럽 사회가 지닌 모순이나 시점을 그대로 받아들여 아시아에 전가했다는 점도 부인할 수 없는 사실이다.

식민지를 확대해 갈 때에도 일본은 결코 문명국 표준으로서의 국제법을 무시했던 것이 아니라 오히려 어떻게 하면 구미 각국에 국제법을 준수하는 문명국으로 인식될 것인지 부심하고 있었다. 그러나 1913년 먀오리苗栗에서 일본의 타이완 통치에 대한 봉기를 기도했다가 실패하고, 타이베이 감옥에서 조용하게 죽어간 뤄푸싱羅福星이 남긴 유서에는 "나는 일본의 국법을 범하긴 했지만 우리 사업은 하늘이 명한 바이다. (…중략…) 우리 사업은 너희 야만국에서 벗어나 문명의 나라를 세우고자 하는 아름다운 거사다"[3]라고 적혀 있었다고 한다. 여기에는 문명화를 정당성의 근거로 삼아 행하는 식민지 통치에서 문명과 야만이 얼마나 상대적이고 주관적인지가 여실하게 나타나 있다. 이와 같은 사태는 아마도 동종동조同種同祖라는 것을 근거로 내세운 식민지 지배에서도 크게 다르지 않을 것이다. 앞에서 인용했듯이 오카쿠라 덴신이 1906년 "만약 우리나라가 문명국이 되기 위해 소름끼치는 전쟁의 영광에 기댈 수밖에 없다면 우리는 기꺼이 야만인이 되어야 할 것"이라고 호소했던 지점과는 대척적인 장소를 향하여 20세기 전반의 일본은 내달리고 있었던 것이다.

다시 말할 것도 없이 근대 일본의 아시아 인식이란 일본과 아시아의

---

3   羅福星, 「死罪記念」, 小林文男, 『中國現代史の周邊』, アジア經濟硏究所, 1976, p.72 所揭.

관계성에 대한 인식이면서 동시에 일본과 세계, 아시아와 세계의 관련성에 관한 인식이었다. 여기에는 지리학이나 인류학, 민속학, 언어학 등의 조사·분석에 의한 인식의 확대가 있고, 식민지 통치 지역의 확장이 있으며, 실제의 견문이나 교류를 통한 시야의 확대가 있었다는 것도 물론 부정할 수 없다. 그러나 그것들을 포함하여 근대 일본의 아시아 인식은 보다 본질적으로 세계에서 일본이 차지하는 위치를 측정하는 거울이자 자기 인식의 틀을 제공하는 것이었다. 그런 한에서 아시아는 실재하는 것이 아니었고, 아시아 인식도 일본상의 긍정적인 측면 내지 부정적인 측면으로서 '확장된 자기상自己像' 이상의 성질을 지닌 것이 될 수는 없었다.

1950년 야나기다 구니오는 오리구치 시노부折口信夫와의 대담에서 "일본의 역사를 생각하건대 안트로포스를 사고하지 않은 것이야말로 최근 여러 가지 불행한 정세를 낳은 바탕이다. (…중략…) 역시 에트노스를 안트로포스의 입장까지 확대해서 생각하지 않으면 안 된다"[4]라고 하여 인종이나 민족을 넘어선 안트로포스(인류)의 시점을 갖지 못한 것에 대한 반성을 촉구했는데, 국제연맹위임통치위원회 위원으로 일했고 당시 일본에서 손꼽힐 정도로 넓은 국제적 시야를 갖고 있었을 야나기다 자신도 자기 인식의 학으로서의 민속학을 스스로 구축해가는 과정에서 인류라는 시점은 빠뜨리고 있었던 것은 아니었을까. 섬나라 일본에서 인류라는 시점을 지속적으로 확보한다는 것은 결코 쉬운 일이 아니다. 물론 지식이 많고 적음의 문제도 아니다.

다만 1945년 이전의 일본에 관해서 말하자면, 야나기다가 지적하듯

---

4   柳田國男·折口信夫, 「民俗學から民族學へ」, 『民族學研究』 第14卷 3號, 1950.2, p.2.

이 확실히 인류라는 시점을 갖고 있지 않았다. 아니, 인류는커녕 아시아를 말하면서도 아시아의 시점을 갖추지도 못했고 어디까지나 '일본의 아시아'로서 존재했기 때문에, 아시아와의 연대를 말하면서 아시아의 소리에 귀를 기울이고 그럼으로써 아시아상을 교정하는 길로 나아갈 수가 없었다.

잘 알다시피 리다자오李大釗는 1919년, 그러니까 우치다 료헤이의 『일본의 아세아』가 간행되기 13년 전, 「대아세아주의와 신아세아주의」[5]라는 제목의 논설에서 다케베 돈고建部遯吾・오타니 고즈이大谷光瑞・도쿠토미 소호・고데라 겐키치小寺謙吉 등이 주장하는 대아시아주의를 비판하면서 일본의 아시아주의는 '일본주의의 다른 이름'이자 '중국병탄주의의 은어'라고 갈파했는데, 아세아연맹이나 동아연맹 나아가 왕도주의 등이 요란스럽게 얘기되고 있던 1935년 도사카 준戶坂潤은 다음과 같이 썼다.

> 일본주의는 동양주의 또는 아시아주의로까지 발전한다. 물론 그것은 단순한 아시아주의가 아니라 일본주의의 발전으로서의 아시아주의, 말하자면 일본아시아주의인 것이다.[6]

내가 여기까지 서술해오면서 일본의 아시아에 관한 언설이 자의식의 표명이자 자기언급적인 것이며, 일본의 아시아상도 확장된 자기상이라고 강조한 것은 바로 이 점을 지적하기 위해서였다.

그러나 나의 생각이 도사카와 다른 점은 그것이 결코 1930년대 '닛

5   李大釗, 「大亞細亞主義與新亞細亞主義」(1919年 元旦), 『李大釗文集』 上卷, 人民出版社, 1984, pp.609
    ~611.
6   戶坂潤, 「ニッポン・イデオロギー」, 『日本イデオロギー論』, 岩波文庫版, p.148.

폰 이데올로기'의 특질이 아니라 원래 아시아 인식이 그런 식으로밖에 존재할 수 없었다는 것, 그리고 그러한 일본아시아주의를 도사카처럼 일본 고유의 정신주의의 확장으로 보는 것이 아니라 아시아에 관한 인식의 틀과 개념을 구미로부터 받아들였기 때문이라고 보는 것 이 두 가지이다.

하지만 말할 필요도 없이 아시아라는 지역 분할과 관련된 인식의 기축은 여기에서 거론한 개념으로 끝나는 것이 아니며, 이러한 기축에 의거하는 것 이외에 지역을 인식한다는 것이 어떤 형태로 가능할 것인지에 관해서는 지금부터 검토해야 할 과제로서 눈앞에 놓여 있다.

제2부

아시아에서의 사상연쇄

제1장
국민국가 형성과 사상연쇄

일본과 일본인은 어떻게 아시아와 연결되고 또 어떻게 아시아와 구분되고 있었을까.

이 물음에 답하기 위해서는 단순히 인식의 차원에서 어떠했는가라는 질문 이상으로 실제로 아시아와의 교섭이 어떻게 변화해왔는가라는 역사적 동태動態에 입각하여 살펴볼 필요가 있다. 이하 그 과제에 대하여 지식·정보와 인적 교류에 의해 어떻게 세계 속에서 아시아라는 지역적 편제와 구분 의식이 창출되고, 거기에서 일본이 지知의 연결고리로서 어떤 기능을 했는가를 국민국가 형성을 둘러싼 사상연쇄라는 시각에서 밝혀보고자 한다.

여기에서 국민국가 형성에 초점을 맞추는 것은 '근대세계'사를 거시적으로 파악하면 주권국가·국민국가라는 정치사회 구성단위가 세계 구석구석까지 아우르는 역사과정으로 간주할 수 있을 것이라고 생각하기 때문이다. 물론 그것은 국민국가라는 정치사회 구성단위의 양상을 전면적으로 긍정하는 것을 의미하지 않으며 더구나 절대시하는 것도 아니다. 그러나 국민국가라는 것을 긍정하든 거절하는 근대세계에서 국가로 존립하기 위해서는 국민국가로서의 주권 확립을 도모하는 것 말고는 다른 방법이 있을 수 없었다는 것도 부정할 수 없는 사실이다. 그것은 국민국가가 일찍이 제국으로 출현한 구미 각국에 의한 식민지 지배를 거부하고 구미로부터의 민족해방과 독립을 희구할 때, 희구했던 국가의 모습이 다름 아닌 주권국가·국민국가일 수밖에 없었다는 역설적 사실이 그와 같은 어찌 할 수 없는 사태를 여실히 말해주는 것이다. 당연히 그러한 근대세계의 양상 그 자체를 부인하는 입장도 있을 수 있으며, 각각의 역사적·공간적 조건에 따라 국가라는 형태마저 갖추지 못한 다양한 정치사회가 공존하는 세계체계 쪽이 자연스럽다고 말할 수 있을지도 모른다. 대부분 인위적일 수밖에 없는 국경이나 민족을 기초로 삼아 국민이라는 픽션에 의해 강제적인 동화와 통합을 도모하다 보니 다양한 모순이나 차별이 분출했고, 그 정당화와 거부의 사상적·정치적 경합의 과정 자체가 각각의 정치사회의 근대사를 형성했으며, 그것이 현재 세계 각지에서 분쟁을 불러일으키고 있다는 것은 의심할 수 없기 때문이다.

다만 다른 한편 그러한 국민국가라는 틀에 따라 근대사를 바라보다 보니 원래 국경이 없었을 터인 물산·정보·사람의 흐름을 근대의 소산일 수밖에 없는 주권국가의 국경에 의해 단절시켜 버리는 일국사관을 낳기 쉬웠던 것도 사실이고, 따라서 오늘날 국민국가라는 틀을 넘어선 지역세계와 네트워크라는 시점에서 근대세계사를 다시 보려는 움직임이 일고 있는 것은 당연한 흐름이라고 할 수 있을 것이다.

그러나 내가 국민국가 형성에 착목해온 것은 근대 정치사회의 모습을 일국사적으로 파악하기 위해서가 결코 아니다. 그렇기는커녕 오히려 그것이 다른 정치사회 간의 상호교섭 그리고 상호규정의 소산으로서 생성된다는 바로 그 점에 국민국가의 특질이 있다고 생각하기 때문이다. 국민국가는 고립된 진공 속에서 생겨난 것이 아니다. 어디까지나 정치사회들 사이의 관계성 속에서 강제나 저항을 수반하면서 경합의 결과로 태어나게 된 것이다. 주권국가·국민국가의 형성이란 무엇보다도 자기를 외부에 여는 동시에 자기와 외부의 경계를 절대화하는 것을 요건으로 하여 수행된다. 그런 까닭에 국민국가 형성은 다른 국민과의 문화·전통의 차이성을 강조함으로써 자기를 확립하면서 동시에 그 국가로서의 동질성의 인지를 국제적으로 구하지 않으면 안 된다는 모순된 요청에 직면한다. 그것을 전제로 하여 말하자면 일본의 주권국가·국민국가의 형성이 어떻게 구미나 동아시아의 정치사회와 연결되고 또 어떻게 단절되었는지를 밝힘으로써 근대 일본이 세계사의 흐름에서 차지한 위상과 의의를 역으로 비춰볼 수 있게 될 것이며, 일국사로서가 아니라 세계사적인 '구조관련 속에서 일본이 놓인 시대적 상황'을 명확히 할 수 있지 않을까. 그럼으로써 또 정치사회의 다양한 구성양식의 하나로서 국민국가를 역사적으로 상대화하여 올바르게 파악할 수 있을 것이라고 나는 생각한다.

　제2부에서는 이러한 시점에서 사상연쇄라는 작업가설을 세우고, 구미세계와의 연계를 늘 시야에 두고서 일본과 아시아의 상호교섭의 역사과정을 살펴볼 것이다. 그리하여 아시아의 눈에 비친 일본상과 일본이 아시아 안에서 수행하고자 한 역할의 자화상이라는 양면성이 지닌 의미를 밝혀보고 싶다.

본격적인 논의에 앞서 먼저 확인해 두지 않으면 안 되는 것은, 국민
국가라는 정치사회 단위에 의해 근현대의 국제정치가 구성되어왔다고
말할 경우, 역사적 기원에 입각해서 말하자면, 거기에는 주권국가와 국
민국가라는 반드시 겹치지만은 않는 두 가지 원칙이 존재하고 있다는
점이다. 주권국가란 1648년 베스트팔렌조약 이후에 일반화한 것으로,
주권을 인정받은 각각의 국가는 상호 주권불가침의 원칙을 지키고 국
제 질서는 이 주권국가 간의 조약 체결과 그 이행에 의해 유지된다는 것
이다. 또, 국민국가란 그러한 주권국가의 개념을 전제로 하여, 그 국가
가 그것을 구성하는 국민의 의사를 반영하여 성립한다는 이념 내지 제
도에 의해 지탱되었던 것이고, 그것은 프랑스혁명 이후 국민(인민)주권
으로 표상되어왔다. 국민국가에서는 신분이나 지방에 따른 차이를 부
정하고 여러 중간단체들을 배제한 하나의 민족, 하나의 국가, 하나의 언
어라는 픽션과 함께 국경선 내부에서의 강제동화가 진행되었다.[1]

　　그리고 말할 필요도 없이 이러한 원칙에 선 국가구성과 그것에 기초
한 국제 질서는 서양세계The West 내부의 경합과 자기확립의 과정에서 고
유하게 생겨난 것이고, 비서양세계The Rest의 입장에서 보자면 이는 어디
까지나 이질적인 것에 지나지 않았다. 그럼에도 불구하고 서양세계는
그러한 국제 질서＝주권국가공동체family of nations에 비서양세계를 끌어들
일 최저기준으로서 자신들의 생활·생산 양식에 합치하는 정치사회의
모습을 문명국의 표준으로 설정하고 있었다. 물론 하나에서 열까지 모
든 것을 강제할 수도 없었고, 원래 기독교문명을 기초로 하고 있던 문명

1　국민국가의 정치학사적인 자리매김과 현대에 이르러 부각된 문제점을 명석하게 적시한 것으로 福
　田歡一, 「國民國家의 諸問題」 및 「民族問題의 政治的 文脈」(둘 다 『福田歡一 著作集』 第4卷, 岩波書店,
　1996 所收)이 있다.

국의 표준은 1858년 파리조약에 따라 오스만왕조의 영토 보전이 보증되어 이슬람세계에 적용되는 등 그 종교적 색채가 희미해지고 있었다. 이를테면 중국은 1689년 러시아와 네르친스크조약을 체결했는데, 양국 간의 국경 획정 등을 정한 이 조약을 중국은 국제법에 기초한 대등한 국가 간의 조약으로 이해한 것이 아니라 어디까지나 종래의 조공체제에 적합하도록 고쳐 씀으로써 일시적으로 베푸는 은혜라는 의식을 가지고 처리했다. 이러한 대응에 따라 이후 중국은 캬흐타조약(1727), 아이훈조약(1858), 이리조약(1881) 등을 체결했고 그 결과 광대한 영역이 러시아로 돌아가게 되었다. 이처럼 국제법에 의해 비서양세계는 커다란 불이익을 당하고 있었는데, 국내로 눈을 돌려보면 본래부터 이질적인 원칙에 기초한 국민국가의 구성원리에 자신의 정치사회의 모습을 맞춰가는 것은 비서양세계에 있어서는 고유한 정치체계의 상실과 생활문화의 파괴를 동반하는 것이었다. 그러나 문명국 표준에 맞추지 않는한 대등한 주권국가로 인정받지 못하고 보호국이나 식민지로 전락하거나 불평등조약을 강요받는 상황에서 어쩔 수 없이 문명국 표준에 적응해 나가지 않을 수 없었던 것이다.

그리고 이러한 문명국 표준이 유효하게 작동하는 한 그것을 수용하는 것은 '서양의 충격'으로 표상되고, 그 수용은 어떤 사회가 구미의 제도나 생활양식을 이전 가능한 상품으로서 서구라는 하나의 통합체에서 이어받는 것으로 간주되기도 하며, 국민국가 형성이란 거기에 어떤 저항이나 거부를 동반한다 해도 결과적으로는 다른 전통을 가진 정치사회를 구미사회로 평준화시켜온 것으로 이해된다.

물론 국민국가 형성이 '서구의 충격'을 계기로 하여 발현했다는 것은 부정할 수 없고, 사실 세계 각지에서 구미화가 근대화와 동일시되어온 것도 부인하기 어렵다. 그렇지만 일본의 국민국가 형성까지 포함하여 과연 국민국가 형성을 '서구의 충격과 그것에 대한 대응'이라는 차원에서만 파악하는 것으로 충분할까. 적어도 나로서는 중국이나 조선의 국민국가 형성이 구미의 충격과 그것에 대한 직접적인 대응으로 생겨났다고 생각하기 어렵다. 그것은 역사적 과정을 되돌아보면 명백해질 것이다. 즉, 중국이 국민국가 형성을 향하여 움직이기 시작한 것은 아편전쟁이나 애로우호사건의 결과에 의해서가 아니라 청일전쟁의 패전을 계기로 해서였다. 마찬가지로 조선 또한 '이양선'이라 불리는 외국 선박의 침입이 1792년에 시작되고, 1866년 미국의 무장상선 제너럴셔먼호의 평양 공격과 프랑스함대의 강화도 공격 이른바 병인양요나 1871년 미국함대에 의한 강화도 공격 이른바 신미양요 등 군사적 충돌까지 동반한 구미의 직접적인 충격을 받았음에도 그것 때문에 개국한 것은 아니었다. 오히려 이 두 번에 걸친 '양요'에 의해 조선은 점차 구미에 대한 반발을 강화했고, 대원군 정권은 '서양 오랑캐가 침범하는데 싸우지 않는 것은 곧 화의를 하는 것이며 화의를 주장하는 것은 나라를 파는 것 [洋夷侵犯 非戰卽和 主和賣國]'이라고 쓴 척화비斥和碑를 전국에 건립했고, 먹을 제조할 때에도 반드시 이 열두 글자를 새겨 쇄국양이정책을 견지한다는 의지를 분명히 했다. '서구의 충격'은 군사적 침공에서 발전했다는 점에서 일본에 대한 것 이상으로 조선사회를 강력하게 뒤흔들었을 터이다. 그럼에도 불구하고 그런 조선이 국제법 체계로 어쩔 수없이 끌려들어가게 된 계기는 다름 아닌 일본군함 운요호의 강화도 공격과 리홍장의 권유에 따른 조일수호조규의 체결이었다. 외무경 데라지마 무네노리寺島宗則는 이 개국교섭에 앞서 각국 공사의 이해를 구했고, 주일 미국공사 빙엄John Armor Bingham에 대해서는 페리 제독이 일본을 개국시킨 방법을 따른다고 설명했는데,[2] 결국 일본은 구미의 국제법을 본보기로 삼고 구미의 승낙을 얻어 '서구의 충격'을 떠맡았던 셈이다.

 게다가 국민국가 형성은 단순히 개국이라는 사태로 끝나는 것이 아니라 오히려 개국한 후에 국가 형성과 국민 통합을 어떻게 추진할 것인가에 관한 국가 의사의 통일이 중요한 과제가 된다. 그리고 그러한 국민 통합과 의사 통일을 추진할 때에 중국이나 조선의 입장에서 볼 때 가장 중요하게 고려하지 않을 수 없었던 것이 일본의 국민국가 형성의 모습이었다. 물론 고려하는 방식은 그저 모범으로 간주하는 것이 아니라 당연하게도 멸시나 거부를 포함하는 것이었다. 그러나 그럼에도 불구하고 결코 무시할 수 있는 것도 아니었다. 즉, 앞으로 보게 되겠지만 중국이나 조선에 국민국가 형성을 촉구하고 근대 동아시아 지역의 세계 질서를 출현시킨 것은 '서구의 충격'과 동질적인 것일 수는 없었다고 해도 '일본의 충격'에 의해 야기된 국면도 적지 않은 것이다. 또는 거꾸로 보면 일본이 재빨리 구미를 모범으로 국민국가 형성을 밀고나간 것은 중국이나 조선으로부터의 충격에 선수를 쳐서 유효하게 대항하기 위해서였다고도 말할 수 있을 것이다.

 그렇다면 왜 그러한 사태가 출현했던 것일까. 그것은 국민국가가 주권국가이자 영토국가라는 본질적인 성격에 기인한다. 주권국가가 그때까지의 막연한 넓이와 양속성兩屬性를 가졌던 경계 영역을 하나의 선으로 귀속을 명확화하는 국경에 의한 구분으로 성립하는 것인 이상, 그것은 필연적으로 인접한 여러 정치사회 상호 간의 대립과 경합을 통해 발현되지 않을 수 없고, 그리고 주권국가·국민국가의 내부도 외부의 압

---

2 開國百年記念文化事業會 編, 『日米文化交涉史』第1卷, 洋洋社, 1956, p.336. 이때 빙엄 공사는 副全權 井上馨에게 페리 제독의 일본 방문 당시 수행원이었던 테일러의 저서를 증정했다.

력에 의해 응집하지 않을 수 없기 때문이다.

1874년 리훙장은 "태서 각국이 아무리 강하다 해도 7만 리나 떨어져 있다. 이에 비해 일본은 바로 문 앞에서 중국의 허실을 엿보고 있다. 정말이지 중국의 영원한 대환大患이 될 것이다"[3]라고 하여 서양 열강보다도 인접한 일본이 더 위협적이라고 토로했는데, 이러한 경계심은 야마가타 아리토모의 경우 그대로 중국을 향했다. 즉, 야마가타는 "이웃나라의 병비兵備가 강하면 한편으로는 기뻐해야 하고 한편으로는 두려워해야 한다. 이것을 아세아 동방의 강력한 지원으로 삼으면 물론 기뻐할 만한 일이지만, 이것이 불화를 조장할 경우에는 정말로 조심하지 않으면 안 된다"[4]라고 하여 이웃나라가 강국이 되는 것에 대해서는 양가적인 견해를 보였다. 마찬가지로 신사유람단의 한 사람으로 일본을 시찰한 조선의 어윤중은 1882년 2월 고종에게 "일본이 강하고 우리나라가 약하면 무사하게 지내기가 어렵습니다. 이웃나라가 강하다는 것은 우리나라에게는 행운이 아닙니다"[5]라고 복명했다. 이처럼 국가 위신의 문제를 포함하여 국가 형성을 추진하는 과정에서 중국과 조선은 구미의 압력을 전제로 아시아 내부에서 상호 경계감과 위협감을 품고 대치하면서 상대를 능가하기 위해 스스로의 변혁을 꾀했다. 그랬기 때문에 이웃나라의 변혁에 의해 능가당한 쪽은 먼저 스스로가 상대와 동일한 수준에 이른 다음 그것을 능가할 방법을 찾아야만 했던 것이다. 구미에 대항하는 것 이상으로 인접한 정치사회 간의 대립이 보다 격화하고 국민

---

3 『籌办夷務始末』同治期, 卷99, p.33.
4 山縣有朋, 「進隣邦兵備略表」(1880.11), 大山梓 編, 『山縣有朋意見書』, 原書房, 1966, p.97.
5 魚允中, 「從政年表」(高宗 18年 12月 14日條(1882.2.2)), 韓國史編纂委員會, 『從政年表』, p.122. 이와 같은 대일관을 포함한 조선 근대의 대외인식에 관해서는 原田環, 『朝鮮の開國と近代化』(溪水社, 1997)에서 뛰어난 분석을 볼 수 있다.

국가 형성 경쟁이라고도 말할 수 있는 사태가 치열하게 전개된 것은 이 때문이었다.

그리고 주권국가·국민국가 형성이 구미의 인지를 필수조건으로 한 이상 일본의 아시아를 향한 눈길과 정책은 구미의 평가를 강하게 의식한 것일 수밖에 없었다. 그것은 주러 공사였던 에노모토 다케아키榎本武揚가 조선과 개국 교섭을 하면서 데라지마 무네노리 외무경에게 보낸 서간에서도 엿볼 수 있다.

대체로 조선국은 지리상의 위치로 보나 정치상의 관계로 보나 우리나라보다 아세아 근린 사이에서 위권상(威權上) 대단히 중요하다는 것을 직감할 수 있습니다. 따라서 좋은 시기를 틈타 우리의 위복(威福)을 조선에 파급시키는 실마리를 잡는 것은 우리나라 정치상의 요건이라 할 수 있으므로 정치가는 마땅히 이 점을 소홀하게 여기지 말아야 할 줄로 압니다. (…중략…) 타이완 정벌과 함께 우리 국민의 우국의 열정이 뚜렷해졌다는 것은 세상 사람들이 다 아는 바와 같으며, 또 지나를 향해 뜻을 당당하게 펼치고자 하는 용기는 구미인이 암암리에 경탄(敬惲)하는 바이자 밖에 있는 우리들이 어깨를 활짝 펼 수 있는 이유이기도 합니다. 왜냐하면 현재 무기력한 아세아에서 이 일은 얼마간 용분(勇奮)의 기략(氣略)을 내보임으로써 영미의 욕심을 포기하게 하는 데 효력을 발휘할 수 있을 것이기 때문입니다.[6]

여기에서는 아시아 전체를 시야에 넣고 이웃 여러 나라에 위신을 떨칠 것을 정략상의 요건으로 간주하면서, 우선 조선에 이어서 중국을 진

---

6   榎本武揚, 「對朝鮮ノ貫逢ヲ要望シ花房公使ヲ朝鮮ニ駐派セラルルヤウ推擧ノ件」(1876年 4月 5日 到), 外務省 編, 『日本外交文書』 第9卷, p.79.

출해야 한다는 것, 그리고 그것이 무엇보다도 구미를 견제하고 아시아에서 일본이 구미를 대신하는 지위를 차지하는 방향으로 나아가야 한다는 장기적인 관점의 정책을 제기하고 있다. 게다가 이 서한에서는 아시아와 일본을 바라보는 서구의 시선을 강렬하게 의식하고 있다. 일본이 불평등조약을 개정하고 주권국가로서 자립을 모색하기 위해서는 무엇보다도 구미로 하여금 동등한 문명을 획득했다는 점을 인지하게 할 필요가 있는 이상, 에노모토 입장에서 보면 구미의 시선을 고려한 외교 활동을 전개하는 것은 외교상의 필연적인 요청이었을 터이다.

일본이 구미형 국민국가를 형성함으로써 중국이나 조선을 능가하고자 했고 그 달성에 대응하여 중국이나 조선이 국민국가 형성을 지향한 것도, 이와 같은 인접한 정치사회 사이에서 필연적으로 생겨나는 경합의 다이내미즘이자 구미의 시선에 대응하는 것이었다고 할 수 있다. 그렇지만 이러한 메커니즘에 따라 지역질서가 움직일 때 국민국가형 정치체제가 그 지역세계에서 일의적으로 우위성을 갖는지 여부, 그리고 그것이 지역적인 정치 전통과 합치하는지 여부는 반드시 자명하지는 않았다. 그랬기 때문에 1890년대까지 조선에서는 종전보다 한층 더 중국의 국제國制를 섭취하려는 지향과 그것에 대항하여 일본의 변혁을 참조하려는 시도가 심각한 대립과 균열을 낳았고, 일본의 국민국가 형성에 대해서는 중국이나 조선 사람들이 회의와 조소의 눈길을 거두지 못하는 사태까지 초래했던 것이다.

그러나 일단 일본의 국민국가 형성의 우위성과 필연성이 증명될 경우에는, 완전히 이질적이고 미지인 것을 받아들일 위험을 무릅쓰지 않아도 된다는 점에서, 이웃 지역에서 달성된 국민국가 형성은 비교적 위험 부담이 적은 실험을 통과한 모델로서 의의를 갖는다. '일본의 충격'

이 가진 또 하나의 측면이다.

'일본의 충격'의 역사적 의의는 여기에 멈추지 않는다. 이렇게 말하기보다는 일본이 근대 동아시아에 초래한 충격으로서 국민국가 형성과정에서 류큐를 청나라의 조공체제로부터 떼어내고 청나라의 가장 중요한 울타리 역할을 했던 조선을 '자주국'으로 분리한 다음 이들을 병합해버림으로써 중화제국과 책봉관계를 유지하면서 존재해온 동아시아 지역질서를 붕괴시켰다는 점을 더욱 중시해야 할 것이다. 일본이 국민국가 형성을 지렛대 삼아 동아시아 세계질서의 재편성을 노린 것도 이른바 '만국병립권萬國立立權'이 국력의 강약이나 국토의 광협廣狹에 상관없이 국가로서의 평등성을 일면의 이념으로 내세운 까닭에 대국 청나라와도 권리상으로는 대등한 위치에 설 수 있었기 때문이다.

이렇게 많은 점을 고려해야 한다는 것은 국민국가가 종종 오해되고 있는 것처럼 서구와의 일대일 대응으로서 형성된 것이 아니라 지역세계 안에서 서로 대결하는 과정에서 창출된 것이라는 점을 의미한다고 생각한다. 그것은 동시에 국민국가 형성 과정에서 상호 정치적 경합이나 법정法政 사상의 수용 또는 반발을 통해 종전의 지역적 통합의 이념과 실태實態가 해체되고 새로운 지역적 통합이 재제시=재표상re-presentation된다는 점에서 공간질서의 전환을 의미하기도 한다. 이처럼 일본의 국가 형성이란 동아시아의 종전의 지역질서를 교란하고 재편성해가는 동인動因이 되었던 것이다.

그리고 이러한 메커니즘에 의해 역사적 구성체로서의 동아시아 세계가 형성되고 있었다고 한다면, 그곳에서 국민국가 형성은 다른 전통을 가진 여러 정치사회를 세계적으로 균질화하는 방향 다시 말해 평준화로 이끄는 것이 된다. 그러나 원래 이질적인 체제를 수용함으로써 성립하는 국민국가 형성에 대해서는 심리적 반발을 비롯해 다양한 차원에서 거부반응이 생겨나고, 고유성에 대한 집착 내지 회귀를 도모하는 고유화라는 벡터가 작동하는 것 또한 피하기 어렵다. 그 고유성 가운데에는 당연하게도 개별 민족이나 정치사회의 의식이 포함된다. 하지만 동시에 여기에서는 단순한 개별 민족이나 정치사회를 넘어선, 예를 들면 이슬람문화권이나 유교 내지 불교문화권으로서의 지역적인 넓이를 가진 고유성을 향한 동일화 의식이 생겨나고, 이에 대응하여 문화가 형성되는 유동화類同化라는 벡터가 작동하는 것도 무시할 수 없다. 결국 국민국가 형성이 세계적으로 진행된다는 것은 평준화와 유동화와 고유화라는 세 방향의 벡터가 작동하고, 각각의 강도와 방향성에 대응하여 각 국민국가의 개성이나 상이성이 드러나게 되는 것은 아닐까. 그것이 아시아 특히 동아시아 세계에서 어떻게 나타나며 어떤 특징을 지니고 있었는지, 그 실태를 역법曆法이나 기원紀元이라는 시간척도나 국민혼의 문제, 지역지地域知의 형성 양상이나 번역어의 공유와 같은 실태에 입각하여 밝히는 것도 제7장에서 추구하게 될 또 하나의 테마이다.

물론 국민국가라고 하지만 서양 세계 내부에서조차 결코 유일한 제도와 이념을 가진 것이 아니라 다종다양한 형태가 가능했다. 그렇기 때문에 일본에서도 국민국가 형성과 관련하여 참조 기준틀로 가장 알맞은 국가체제를 모범국으로 삼아 찾아내야 했고, 나아가 그런 국가체제를 구축하는 데 필수적인 제도에 관한 지식이나 법정사상을 준거 이론으로서 적극적으로 수용했으며, 그것이 또 학문이나 대학 등의 지知의 제도화를 촉진했던 것이다.[7] 정도의 차이는 있지만 모범국·준거이론

---

7 이와 관련해서는 拙著, 『法制官僚の時代—國家の設計と知の歷程』(木鐸社, 1984) 및 『近代日本の知と政治—井上毅から大衆演藝まで』(木鐸社, 1985) 참조.

의 선택은 일본 이외의 정치사회에서도 얼마든지 찾아볼 수 있다. 다만 일본에서는 구미 이외에서 모범국이나 준거이론을 찾은 사례가 없었는데, 이와 달리 아시아 세계에서는 구미뿐만 아니라 일본까지 선택지의 하나로 포함하는 형태로 추진되었다. 그 결과 중국, 조선, 베트남이 국민국가 형성을 추진하기 위해 법정사상이나 법제를 구미에서 직접 수용하는 경로와 함께 일본을 경유하여 구미의 법정사상을 이어받는 경로가 보다 큰 의미를 갖는 사태가 발생했던 것이다. 덧붙이자면 조선과 베트남에서는 일본으로부터뿐만 아니라 일본의 사상이나 법제를 수용한 중국을 매개로 하여 이어받는 사례도 적지 않았다.

이와 같은 구미-일본-동아시아의 다층적인 연계 속에서 지의 전반에 미치는 사상연쇄와 모범국의 변천이 진행되었는데, 그 과정에서 번역서・잡지 등 인쇄미디어, 유학, 초빙 외국인 교사, 국제적인 결사・협회 등이 중요한 회로 역할을 했다고 할 수 있다. 물론 각각의 회로가 형성되는 것 자체는 역사적 조건에 크게 제약을 받을 수밖에 없으며 그 성과도 결코 한결같지 않다. 또 같은 회로를 통해 사상연쇄가 진행된다 해도 수용하는 쪽의 국민국가 형성을 위한 초기 조건의 차이, 다시 말해 자주적인 선택이 가능한지 여부, 국민국가 형성의 담당자가 어느 정도 외국어에 능통했는지 여부 외에 어느 시대에 국민국가 형성에 착수했는가와 같은 시간차 등에 의해서도 그 내실은 눈에 띄게 달라질 수밖에 없었다.

이것을 밝히기 위한 전제로서 우선 제2장과 제3장에서는 17세기 이후 동아시아 세계에서 세계인식의 전환이나 국민국가 형성의 초기 조건을 갖추는 데 '서학'이 어떤 역할을 했는지 그 역사적 의의를 확인하고, 일본이 아시아에서 지의 연결고리로 등장함으로써 어떠한 사상연쇄 흐름의 변전이 발생했는지를 살펴보고자 한다.

또 사상연쇄를 분석하려면 서장에서 언급했듯이 사상연쇄의 사회사적 접근과, 그 회로를 통해 구체적으로 어떠한 역사적 사태가 시작되는가라는, 그 내실에 관한 사상사적 접근에 의한 검토가 필요하다.

사회사적 접근이란 사상연쇄를 가능하게 하는 역사 환경 내지 사상 공간 성립의 조건이라고도 말할 수 있는 영역이나 사상연쇄를 낳는 회로에 관한 지식사회사적 분석을 시도하는 것인데, 제2장 '서학과 동아시아 세계', 제5장 '국민국가 형성과 모범국의 변천' 그리고 제6장 '지의 회랑'이 이에 해당한다. 물론 각 장에서 다루는 대상은 복잡다단하고, 각각의 테마에 관해서는 풍부한 연구가 축적되어 있어서 특별히 새로운 견해를 덧붙일 필요가 없을지도 모르지만, 어디까지나 금후 내용 분석의 기초 작업으로서 내 나름대로 정리해 두고자 한다.

다음으로 이들을 잇는 제3장 '서학에 의한 사상연쇄' 및 제4장 '청말 중국의 서학·중학·동학'과 제7장 '국민국가 형성과 사상연쇄의 행방'에서는 사상연쇄를 낳기에 이른 해당 정치사회의 지의 지각변동이라 할 수 있는 측면, 사상연쇄가 창출한 평준화·유동화·고유화의 삼분법triade, 사상연쇄가 생겨남으로써 새롭게 구상되기에 이른, 아시아에 관한 학지를 포함하는 학문 구성의 변용 등에 관한 사상사적 접근을 시도하고자 한다.

또 제8장 '사상연쇄와 국제정치의 충격'에서는 사상연쇄가 아시아를 둘러싼 국제적인 상극이나 경쟁으로 나타난 측면에 주목하여 일본의 학지가 국제사회에서 어떠한 위상을 차지하고 있었는지를 밝히고자 한다.

제2장
서학과 동아시아 세계

　근대에 이르러 동아시아 세계가 새로운 지역적 구성을 보인다고 해
도 그것은 어디까지나 종전의 역사를 전제로 하며 그 규정을 잇는 변용
에 지나지 않는다고 할 수 있다.

　그리고 동아시아 세계의 근대란 무엇이었는가를 물을 때 중국을 핵
으로 하여 존재했던 지의 순환형태가 어떻게 변화했는가라는 질문을
빠뜨린다면 그 역사적 실상을 잘못 볼 가능성이 아주 높다. 먼저 동아시
아 세계가 국민국가 형성을 추진하는 과정에서 원래 어떠한 형태로 구
미나 세계에 관한 지식을 획득했는가라는 문제와 관련하여, 주로 기독
교 선교사에 의해 중국에 소개되고 나아가 중국을 경유하여 동아시아
세계에 소개된 유럽 학술로서의 '서학'이 각각의 정치사회에서 어떠한
반응을 초래했는지를 밝혀두고 싶다.

　이 장의 과제는 한문 번역서·신문·잡지 등을 매체로 하는 회로에

의한 사상연쇄에 따라 동아시아 세계에서 국민국가 형성의 초기 조건이 되는 세계인식과 관련한 지식이 얼마나 집적되어 있었는지를 확인하는 것이다. 그것은 또 역사적 문맥을 따라 살펴보면, 우선 구미에서 중국에 소개된 세계 정보나 구미의 학지로서의 서학이 중국에서 어떻게 흘러나와 다른 지역에서 얼마나 수용 내지 거절되었는가를 확인하는 것이며, 일본에 관해서는 그것과 병행하여 구미로부터 직접 받아들인 난학蘭學 · 양학의 수용체제가 얼마나 갖추어져 있었는가를 추적하는 것이다. 나아가 중국과 조선에서는 서학이 전통적인 학문과 충돌하면서도 갈등을 거쳐 스스로의 학문체계 안에 그것을 얼마나 편입하게 되었는가를 고찰하는 것이다.

이리하여 동아시아 세계가 구미 세계에 문을 열기 이전 서학에 의해 창출된 사상연쇄가 어떠한 것이었는지를 확인해둠으로써 비로소 구미로부터 일본에 소개되고 학습된 학지로서의 '신학新學＝동학＝일본의 학'이 어떠한 사상연쇄를 아시아 세계에서 만들어냈는가라는 제2부의 메인테마를 해명하기 위한 역사적 전제가 밝혀지게 될 것이다.

제1절 ──────────── 일본의 서학과 양학

그런데 19세기 후반까지 일본을 포함한 중국과 조선 등 동아시아 세계에서는 오늘날 쇄국정책, 해금海禁 · 육금陸禁정책, 폐관閉關정책 등으로 다양하게 불리는 대외정책[1]에 의해 구미 세계와의 교섭은 형식적으로 금지되어 있었다.

　그러나 그것은 어디까지나 공권력에 의한 대외관계의 독점 관리를 의미하는 것이고, 피치자의 사적인 월경 행위나 무역은 금지되어 있었지만, 공권력에 의해 통제된 물산의 교역이나 정보의 유통까지 두절되어 있었던 것은 아니다. 더욱이 일본은 스스로 이탈을 선택하긴 했지만, 아시아 세계에 광범한 영향을 미치고 있던 조공체제[2]는 무엇보다도 물산의 교역과 정보의 유통 때문에 유지되었고, 그 체제에서 이탈한 일본마저도 중국을 '통상의 나라'로 간주하고 조선을 '통신의 나라'로 여김으로써 경제적·문화적 유대를 이어오고 있었다. 또 한정적이긴 했지만 조선 부산의 초량진에는 왜관이 설치되어 쓰시마의 소가宗家 가신이 주재했고 중국 푸저우의 류큐관琉球館에는 '재류통사在留通事'나 유학생인 '관생官生' 등이 류큐에서 파견되어 있었기 때문에, 쓰시마번이나 사쓰마번을 통한 정보 유통 회로도 존재하고 있었던 것이다.[3]

　중국 쪽에서는 통상선을 일컫는 당선唐船이 나가사키에 입항할 때 제출한 '풍설서風說書' 이른바 당선풍설서를 통해 정보가 들어왔는데, 1641년 이후의 관련 자료를 확인할 수 있다.[4] 특히 1840년 아편전쟁이 발발

1　이들 개념은 중국·조선·일본 각각의 역사적 조건이나 실태에 입각한 경우 반드시 동일한 내실을 갖는 것이 아니며, 어디까지나 하나의 작업가설로서 생각하고자 한다. 이 점에 관해서는 荒野太典, 『近代日本と東アジア』, 東京大學出版會, 1988, pp.29~31 참조.

2　중국에 조공사절을 파견한 지역은 필리핀, 자바, 말레이 반도를 넘어 인도 남단에 이르고 있었다. 그 시스템의 역사적 전개에 관해서는 濱下武志, 『朝貢システムと近代アジア』(岩波書店, 1997) 참조.

3　푸저우의 류큐관에서 접할 수 있었던 정보의 범위는 중국 華南에서 인도차이나 반도까지 이르렀다. 그것이 일본 국내에서 얼마나 유통되었는지에 관한 일례로 宮地正人는 태평천국의 난에 관한 정보가 푸저우 류큐관 → 류큐 → 사쓰마 → 오사카 데키주쿠(適塾)로 전해졌고, 더욱이 그것이 데키주쿠 안의 정보 교환을 거쳐 사건 발생 반년 후에는 紀伊의 羽山大學에게까지 도달, 風說留 '彗星夢草子'라 하여 기록되어 있다는 것을 들고 있다(宮地正人, 「幕末の情報收集と風說留」, 『週刊朝日百科 日本の歴史·別冊 歴史の讀み方6 近世』, 1989, p.50). 또 宮地正人, 『幕末維新期の文化と情報』(名著刊行會, 1994)도 함께 참조.

하자 풍설서가 들어온 정보가 주목을 받아 일본 국내에서 수집 정리된 각종 정보가 '아편풍설서'라는 이름으로 유포되기도 했다. 태평천국의 난이 일어났을 때 그 경과를 기록한 『만청기사滿清紀事』를 비롯하여 같은 제목의 읽을거리와 소설, '당국적란풍설서唐國賊亂風說書' 등 다양한 정보가 일본으로 들어와 태평천국의 난이나 홍수전洪秀全에 대한 이미지가 형성되었다.[5]

1854년 개국 후에는 상하이와 닝보寧波 등에서 발행되고 있던 『하이관진遐邇貫珍』, 『육합총담六合叢談』, 『상하이신문』, 『중외신보』, 『홍콩신문』 등 신문·잡지가 배편으로 들어와 필사본 형태로 회람되었다. 이 가운데 『하이진보Chinese Serial』에는 레그理雅各, James Legge가, 『육합총담Shanghai Serial』에는 선교사 와일리偉烈亞力, Alexander Wylie가, 『중외신보Chinese and Foreign Gazette』에는 맥고완瑪高溫, D. John Macgowan이 편집에 참여했고,[6] 세계 각지의 최근 정보 외에 자연과학 관련 기사가 포함되어 있었기 때문에 그 일부가 일본의 양서조소洋書調所 등에서 번각되었고, 1860년대에는 『관판官版 중외신보』, 『관판 육합총담』이라는 제목으로 공간되기도 했다.

일본은 '통상의 나라' 네덜란드와도 나가사키에서 교섭을 이어오고 있었고, 네덜란드 상관商館을 통해 네덜란드어 통역사가 학술 전수와 정보 수집을 할 수도 있었다. 또 네덜란드 동인도회사의 상관장 일행이 무역을 허가해준 데 대한 사례로서 에도로 올라가 쇼군을 배알하고 헌상

---

4 唐船 등에서 막부에 올린 글은 '華夷變態'라는 이름으로 集錄되었는데, 시기는 1644년에서 1717년에 이른다. 이 가운데 명나라와 청나라의 상선 등에서 하야시 집안에 전달한 것을 林鵞峯가 정리하여 1674년 편찬한 것이 『화이변태』이다.

5 이와 같은 각종 중국으로부터의 渡來書와 풍설서에 관한 소개와 분석에 대해서는 增田涉, 『西學東漸と中國事情』(岩波書店, 1979)가 상세하며, 이는 이 분야의 귀중한 업적이다.

6 戈公振, 「外資經營的中文報刊」, 張靜廬集注, 『中國近代出版史料初編』(上雜出版社, 1953 所收) pp.68~69.

물을 드리는 에도참부江戸参府가 1609년부터 1850년까지 116회에 걸쳐 실시되었고, 18세기에 들어서는 행사를 마친 일행을 난학자들이 숙박지인 여관 나가사키야長崎屋로 찾아가 학문상의 질문을 하거나 정보 수집을 모색하기도 했다.[7] 아울러 1641년부터는 나가사키에 입항한 네덜란드 배가 해외 정보를 보고하기에 이르렀고, 이것을 나가사키의 네덜란드어 통역사가 번역한 다음 '풍설서'의 형태로 나가사키 부교奉行를 통해 막부에 제출했다. 이 네덜란드 풍설서[8]는 기밀문서에 속하긴 했지만, 각 번藩의 기키야쿠聞役(에도 시대 외적의 내습 등 긴급한 사항을 알리기 위해 나가사키에 두었던 직책―옮긴이)는 네덜란드 번역사나 나가사키 부교 관계자로부터 그 사본을 입수하여 돌려보는 사례도 있는데, 이처럼 막부만이 정보를 독점한 것은 아니었다.

아편전쟁 후 보다 상세한 정보가 필요해지면서 네덜란드 풍설서를 보완하는 '별단別段 풍설서'가 제출되었는데, 1852년의 '별단 풍설서'에서는 페리 내항을 예고하기도 했다. 이 때문에 로쥬老中(쇼군 직속 집정관―옮긴이) 아베 마사히로阿部正弘는 이 풍설서를 시마즈 나리아키라島津齊彬,

---

7 에도참부에서 상관원과 난학자 들의 교섭에 관해서는 大槻玄澤, 『西賓對晤』와 C. P. Thunberg, 高橋文 譯, 『江戸參府隨行記』(平凡社, 東洋文庫583, 1994)에 기록되어 있다. 이 점을 포함하여 난학 초창기의 사정에 관해서는 新村出, 「蘭書譯局の創設」(『續南蠻廣記』, 岩波書店, 1925 所收) 참조. 또, 난학의 도입과 에도참부 때 수행한 통역사가 난학 보급에 기여한 역할에 관해서는 片桐一男, 『阿蘭陀通事の研究』(吉川弘文館, 1988)가 상세하다.

8 板澤武雄, 「阿蘭陀風說書の研究」, 『日蘭文化交涉史の研究』(吉川弘文館, 1959 所收) 참조. 여기에서 네덜란드 풍설서를 통해 어떤 정보가 들어왔는지 예시하면 다음과 같다. 1840년 7월의 풍설서 일부를 보면 이렇게 적혀 있다. "1. 에스파냐의 소요사태가 진정되어, 사태에 가담한 자들은 모두 흩어졌고, 주동자 돈 카를로스는 프랑스로 도피했다고 합니다. 1. 중국에서 영국인을 괴롭히는 일이 발생하자 영국은 중국에 특사를 파견했고, 영국은 물론 아메리카합중국 및 인도의 영국 영지에서도 군사를 모아 중국에 원수를 갚기 위한 계획을 마련하고 있다고 합니다"(日蘭學會・法政蘭學研究會 編, 岩生成一監修, 『和蘭風說集成』下卷, 吉川弘文館, 1979, p.179). 스페인에서 일어난 내란과 유럽 쪽에서 본 아편전쟁에 관한 소식을 전하고 있는 것이다.

나베시마 나오마사鍋島直正 등에게 돌려보게 하여 페리 내항에 대비했던 것이다. 그리고 개국과 함께 풍설서를 대신하여 네덜란드 본국과 바타비아(지금의 자카르타)에서 발행된 신문이 헌정되었고, 이 가운데 바타비야의 네덜란드총독부에서 간행한 'Javasche Courant'를 막부의 양서조소에서 번역한 것이 『관판 바타비야신문』(나중에 『관판 해외신문』)이라는 이름으로 간행되었다.

그렇다면 이러한 정보 환경 속에서 세계 사정에 관한 정보나 학지 관련 서적을 어떻게 일본으로 들여왔을까. 개략적으로 말하면 중국에서 수입되는 한적漢籍, 이른바 중국 배에 실려온 책[9]과 네덜란드 배를 통해 수입한 서적 두 계통이 있었다.

네덜란드어의 본격적인 번역인 마에노 료타쿠前野良澤・스기타 겐바쿠杉田玄白 등의 『해체신서解體新書』가 간행된 것이 1774년이라는 점을 보아도 알 수 있듯이 네덜란드 서적의 번역을 통해 세계 정보나 학문에 관해 얻을 수 있는 영역은 여전히 제한적이었다. 그랬기 때문에 한적의 비중이 컸고 또 그 유통 속도도 빨랐다는 사실은 1603년 7월에 출판된 기독교 교의서인 마테오 리치利瑪竇의 『천주실의』가 다음해에 이미 하야시 라잔의 '다 읽은 책' 목록에 포함되어 있다는 것을 보아도 어렵지 않게 추측할 수 있다.

그러나 1630년 도쿠가와 막부가 기독교 금지 정책과 함께 기독교 관련 서적을 금서로 정하고 나가사키에서 도서 일제조사를 시행함으로써 한적을 통한 세계 사정과 서양 학술에 관한 지식의 도입은 크게 제약을 받게 되었다. 이때 금서로 지정된 것은 명나라 이지조李之藻가 정리한 총서

9　중국 배에 실려온 책에 관해서는 大庭脩, 『江戸時代における唐船持渡書の研究』(關西大學東西學術研究所, 1966) 및 『江戸時代における中國文化受容の硏究』(同朋社出版, 1984) 등 참조.

『천학초함天學初函』(1629) 등이었는데, 『천학초함』에는 중국에서 포교활동을 하고 있던 마테오 리치의 『천주실의』 외에 리치가 서광계徐光啓와 한역한 『기하원본幾何原本』(1607), 이지조와 한역한 『동문산지同文算指』(1614) 등 수학책, 이탈리아인 선교사 알레니艾儒略, Giulio Aleni가 저술한 세계지리서 『직방외기』(1623)와 유럽의 학제·학술 체계를 소개한 『서학범西學凡』(1623) 등이 포함되어 있었는데, 자연과학이나 구미의 사회·문화에 관한 책이 금서가 되면서 정보의 공급은 현저하게 제한될 수밖에 없었다. 금서로 지정된 책은 네덜란드 서적 등 네덜란드상관 직원이 개인에게 허용된 금액 안에서 구입해 들여온 구미의 언어로 저술된 것이 아니라 어디까지나 수입될 경우 읽힐 가능성이 높은 한자로 적힌 서학서였다.

하지만 이러한 금서정책 아래서도 나가사키의 중국어 통역사나 네덜란드어 통역사는 적극적으로 정보를 수집했고, 그 결과 1669년에는 네덜란드어 통역사 니시 겐포西玄甫와 중국어 통역사 에가와 도자에몬潁川藤左衛門이 중국 각지와 네덜란드 상인이 왕래하는 지역의 물산과 지지地志를 정리한 『제국토산서諸國土産書』가 간행되기에 이르렀다. 그리고 그 뒤를 이어 니시카와 조켄의 『증보화이통상고』가 간행되면서 이후 일본인의 세계인식에 커다란 영향을 끼쳤다. 다만 『증보화이통상고』에서도 일본과 왕래가 없었던 지역, 다시 말해 '이적융만夷狄戎蠻'에 관해서는 '중국에 살고 있는 서양인의 이야기에 의거하여 기록한다'라고 하여 금서였던 알레니의 『직방외기』의 서술에 기대지 않을 수 없었고, 금서령 이전에 들어온 서학서가 새로 수입되지 않았음에도 사본 형태로 오랫동안 유통되었다는 것은, 알레니의 『직방외기』 외에 『서학범』이 막부 말기에도 '별단 풍설서' 등과 함께 '해외사류잡찬海外事類雜纂'[10]과 같은 형태로 정리되어 있었다는 사실을 보면 어렵지 않게 추측할 수 있다. 그러나 그것이 지극히 제한된 범위에서 유통되는 좁은 회로였다는 것은 두말 할 필요도 없다.

다른 한편, 또 하나의 해외 정보 회로였던 네덜란드로부터의 지식의 도입은 네덜란드어 번역사 나라바야지 진잔稲林鎮山이 1706년『홍이외과종 전紅夷外科宗傳』을 저술하는 등 18세기에 들어서 점차 성과를 낳기 시작했다. 그리고 식산흥업과 실학의 진흥을 목표로 내세운 도쿠가와 요시무네德川吉宗가 아오키 곤요青木昆陽, 노로 겐조野呂元丈 등에게 네덜란드어 습득을 명하는 등 난학을 장려하면서 네델란드어 통역사 외에 난학자들도 네덜란드 서적을 번역하기에 이르렀는데, 그 대표적인 예가 아오키의『화란화역和蘭 話譯』(1743), 오쓰키 겐타쿠大槻玄澤의『난학계제蘭學階梯』(1783)와 같은 어학・개설서, 이나무라 산파쿠稲村三伯의 네덜란드어-일본어 사전『파류마 화해波留麻和解』(1796)의 간행 등이었다. 1852년에 간행된『서양학가역술 목록西洋學家譯述目錄』[11]에 따르면, 1744년부터 1852년까지 108년 동안 번역・저술된 서양의 천문학・역학曆學・지리・의학・산학算學 등의 서적은 470종에 이르고, 번역에 참가한 난학자의 총수는 117명에 달한다. 또 오쓰키 조덴大槻如電에 따르면, 메이지 초기까지 번역된 네덜란드 서적의 종류는 자그마치 700여 권에 이른다.[12] 이러한 번역 네덜란드 서적 중에는 휘브너

---

10 '海外事類雜纂'은 渡邊華山의 자필본『亞弗利加和解』등과 함께 묶인 것이다. 이 점에 대해서는 鮎澤 信太郎・大久保利謙,『鎖國時代日本人の海外知識』(乾元社, 1984) 등 참조

11 穂亭主人序,『西洋學家譯述目錄』(再版・松雲堂, 1926) 참조 이러한 난학의 역술 방법도 한문 훈독 방법과 대단히 밀접한 관계에 있었다. 즉, "네덜란드 문장을 해석할 때에는 우선 각 단어 아래 일본 어[和語] 내지 한자어를 적고, 다음으로 전체를 짐작하여 문장의 뜻을 파악하는 단계에 이르면 번역 어를 적는 부분에 가에리텐(返り点 : 한문을 훈독할 때 한자 왼쪽에 붙여 아래에서 위로 올려 읽는 차례를 매기는 기호-옮긴이)을 다는 방법을 추천했다. 이 방법에 따르면 결과적으로 네덜란드 문장 옆에 한문이 적히게 되었다. (…중략…) 문법을 배울 수 있게 되었어도 이 방법은 계속 이용되었고, 大庭雪齋의 번역에서는 가에리텐 대신 품사를 표시하는 도장이 찍히긴 했지만 그럼에도 독자는 그 안에서 암묵적인 가에리텐을 찾았다"(赤木昭男,『蘭學の歷史』, 中公新書, 1980, pp.33~34).

12 辻善之助,『增訂海外交通史話』, 內外書籍社, 1930, p.757.

Johan Hübner의 『지오그라피Algemine Geographie』, 『코우란토-톨크Kouranten-talk』, 프린센P. Johannes Prinsen의 『지리학 교과서Geographische Oefeningen』 등 지리서가 포함되어 유포되고 있었다.[13]

지리서라고는 하지만 이 책들에서는 각국의 정치제도·사회상황 등에 관해서도 언급했는데, 구쓰키 마사쓰나朽木昌綱는 『지오그라피』 등을 바탕으로 하여 쓴 『태서여지전도泰西輿地全圖』에서 서양 의회정치에 관하여 처음으로 소개했고, 마찬가지로 『지오그라피』 등의 번역서인 『여지지략輿地誌略』(1826)에서 아오치 린소靑地林宗는 영국의 의회parliament에 관하여 "정부를 팔리아먼트라고 한다. 정신政臣들이 모이는 곳이다. 상원과 하원 둘로 나뉜다"라고 하여 의회가 양원으로 구성되어 있다는 것과 "나라의 정무는 총리대신 한 사람으로 하여금 관장하게 한다"라는 등 내각총리대신의 직무 등에 관해서도 약술했다. 영국에 대한 관심은 영국의 인도 진출에 촉발되었고, 이들 지리서는 그 요청에 따른 것이면서 동시에 정치·법률서가 수입되지 못하는 단계에서 구미의 국제國制에 관한 지식을 습득하는 공급원 역할을 했다.

이와 같은 난학의 발흥에 적지 않은 영향을 준 것이 1720년 도쿠가와 요시무네가 시행한 기독교 관계 서적을 제외한 금서수입 완화조치였다. 이리하여 또 하나의 구미로부터의 정보회로가 더욱 넓어졌고, 『기하원본』, 『동문산지』 외에 천문학에 관한 『환용교의圜容較義』와 『천문략天文略』, 역법에 관한 『간평의궤簡平儀軌』, 측량법에 관한 『측량법의測

---

13 이들 지리서의 내용과 번역, 출판 상황에 관해서는 岩崎克巳, 「ゼオガラヒーの渡來とその影響」(『書物展望』第114號, 1940); 吉田寅, 「入華プロテスタント宣敎師の海外事情紹介」(『歷史人類』第14號, 1986); 宮地哉惠子, 「'ゼオガラヒー'から『海國圖志』へ」(『歷史學硏究』第623號, 1991)에서 치밀한 분석을 볼 수 있다.

量法義』, 물을 모으고 저장하는 서양의 기술 및 수리 기구 해설서인 『태서수법泰西水法』 등 재중국 선교사들이 한문으로 저술한 자연과학을 비롯한 서학서가 다시 들어오게 되었다.[14] 이와 함께 도쿠가와 요시무네에게 금서 완화를 건의한 것으로 알려진 나카네 겐케이中根元圭가 1726년에 들여온 『역산전서曆算全書』를 훈역訓譯함으로써 지금까지 시행착오를 거듭하고 있던 단계의 네덜란드 서적 번역과 상호 보완하면서 서구의 수학과 천문학 등을 섭취할 기회가 더욱 많아지고 있었던 것이다. 또 세계지리에 관하여 국학자 스즈키 아키라鈴木朖가 「독직방외기讀職方外紀」를 쓴 것을 보아도 분명하게 알 수 있듯이, 한역 서양 서적은 국학의 세계관 형성에 큰 의의를 지니고 있었다.

그러나 난학이 속속 번역서를 내놓기에 이른 1820년대에 들어서 서양으로부터 직접적으로 지식을 도입하는 데 새로운 문제가 생겨나고 있었다.

1808에는 영국 군함 파에톤Phaeton호가 네덜란드 배를 포획하기 위해 나가사키만에 침입하여 땔감과 물, 식료품을 강탈하고 물러간 파에톤호 사건이 일어났다. 그 후에도 1818년 영국인 고든이 우라가浦賀에 내항하고 1824년에는 영국의 포경선 승무원이 히타치常陸 오쓰하마大津濱에 상륙하는 등 대외관계가 급속도로 긴박해지고 있었다. 그러자 막부는 1825년 네덜란드 배를 제외한 외국 선박을 격퇴할 것을 명하는 이국선격퇴령을 내렸다. 그러한 상황에서 네덜란드상관 소속 의사 자격으로 일본에 와서 나루타키주쿠鳴瀧塾를 열고 다카노 조에이高野長英, 오제키 산에이小關三英, 이토 게이스케伊藤圭介 등에게 난학을 가르친 시볼트P.

---

14 大庭脩, 앞의 책, p.84. 이 책에 따르면 『職方外紀』는 1720년 일단 해금되었다가 1795년 다시 금서가 되었고, 『西學凡』은 처음부터 끝까지 금서였다.

Franz von Shiebold가 귀국길에 나라에서 금하는 일본 지도 유출을 도모한 것이 발각된 시볼트사건이 1828년에 일어나 막부 천문담당관 다카하시 가게야스高橋景保 등 관련 난학자들이 엄벌에 처해졌고, 이와 함께 난학에 대한 통제가 강화되었다. 또 1837년에는 일본인 표류민을 동반하고 통상을 요구하기 위해 우라가와 가고시마 만에 내항한 미국 선박 모리슨 호를 포격을 가해 쫓아낸 모리슨호 사건이 발생했다. 휘브너의『지오그라피』와 프린센의『지리학교과서』등 지리서를 통해 국제정세를 민감하게 파악하고 있었던 와타나베 가잔이『신기론慎機論』(1838)에서 그리고 다카노 조에이가『무술년 꿈 이야기戊戌夢物語』(1838)에서 각각 세계의 대세를 서술하고 모리슨호 격퇴 등 막부의 대외강경책을 비판하는 시무론을 주창한 것을 빌미로 1839년에는 오랑캐의 학문을 배우는 자들을 감옥에 가두는 '반샤노고쿠蠻社の獄'라는 이름의 탄압이 단행되었고, 그 결과 난학은 정치사회적 측면에서 외면당하기에 이르렀다.

그리고 바로 이 시기, 1839년 린쩌쉬林則徐의 아편 소각이 촉발한 아편전쟁으로 아시아에서 서양의 위협은 더욱 더 현실성을 띠기 시작했다. 아편전쟁은 일본에서도 임박한 위협으로 받아들여졌고,『이비범경견문록夷匪犯境見聞錄』이 수입되어 사본으로 유포된 것 말고도 미네타 후코嶺田楓江의『해외신화海外新話』, 사이토 가오루齋藤馨의『아편시말鴉片始末』, 시오노야 도인塩谷宕陰 편,『아부용휘문阿芙蓉彙聞』등 아편전쟁의 전황과 전후 처리에 관한 저작이 번각이나 사본의 형태로 널리 퍼졌으며, 이런 책을 통하여 중국을 둘러싼 정세에 관한 인식도 깊어지고 있었다. 나아가 이웃나라까지 위기를 몰고 오는 서양 각국과 세계의 정세에 대한 관심으로부터 중국에서 편찬된 린쩌쉬의『사주지四洲志』(1841), 웨이위안魏源의『해국도지海國圖志』(1843), 푸젠 순무巡撫 쉬지세徐繼畬의『영환지략瀛環志略』(1848) 등과 나란히 재중국

선교사 뮤어헤드慕維廉, William Muirhead의 『지리전지地理全志』와 『대영국지大英國志』, 브리지먼裨治文, E. Coleman Bridgeman의 『연방지략聯邦志略』(1848), 웨이緯理哲, R. Quarterman Way의 『지구설략地球說略』(1856)과 같은 서학서가 수입, 번각되어 경쟁적으로 읽혔다.[15]

이러한 지리서들이 막부 말기 일본인에게 해외 정보를 전하고 해방책海防策을 구상하는 데 대단히 큰 영향력을 행사했다는 것은 이미 많은 연구에서 언급하고 있는 바와 같다.[16] 이 가운데 『해국도지』는 아편전쟁의 체험을 바탕으로 집필된 저작이었기 때문에 더욱 강하게 일본인의 관심을 끌었는데, 다만 중국인의 저작이라 해도 그 책의 서문에 '서이西夷의 『사주지四州志』'와 '최근의 이도夷圖와 이어夷語'에 근거한다고 명기되어 있듯이, 세계의 지리·연혁에 관해서는 영국의 머레이Hugh Muray의 『세계지리대전An Encyclopaedia of Complete Description of the Earth, Physical and Political』(1834), 독일인 선교사 귀츨라프郭實獵, K. F. August Gützlaff의 『만국지리전집』(1838년 간행)과 『무역통지貿易通志』(1840년 간행), 미국인 선교사 맥카티麥嘉締, D. Bethune McCartee의 『평안통서平安通書』(1850~1853) 등의 번역에 기초하고 있었다.[17]

---

15 이 가운데 『瀛環志略』은 井上春洋·森萩園·三守柳圃의 訓點을 붙여 1861년 阿波藩에서, 『地理全志』는 塩谷宕陰의 서문과 함께 1859년에, 『大英國志』는 『英國志』라는 제목으로 1861년에, 『地球說略』은 箕作阮甫의 훈점을 붙여 각각 번각되는 등 각종 飜刻本·訓點本·和解本이 출판되었다. 또, 재중국 선교사와 그 저작에 관해서는 Alexander Wylie, *Memorials of Protestant Missionaries to the Chinese*, Shanghai, American Presbyterian Mission Press, 1867 및 中國社會科學院近代史硏究所飜譯室 編, 『近代來華外國人名辭典』(中國社會科學出版社, 1981)를 따른다.

16 청말 중국에서 들어온 한역 서학서가 막말·메이지 10년대까지 일본에 끼친 사상적·문화적 영향에 관해서는 여러 가지 문제가 지적되어왔다. 특히 中山久四郎, 「近世支那の日本文化に及ぼしたる勢力影響(1)~(8)」(『史學雜誌』 第25編第2·3·7·8·10·12號, 1914; 第26編第2號, 1915); 小澤三郎, 『幕末明治耶蘇敎史硏究』(舊版 亞細亞書房, 1944. 新版 日本基督團出版社, 1973); 增田涉, 앞의 책; 王曉秋, 『近代中日啓示錄』(北京出版社, 1987) 등에 거의 모든 논점이 정리되어 있으며, 서지학적으로는 鮎澤·大久保, 『鎖國時代日本人の海外知識』(乾元社, 1984)이 상세하다. 아울러 마스다 씨가 수집한 서학서와 그 和刻本은 간사이대학 도서관에 소장된 '增田涉文庫'를 참고했는데, 이 문고를 이용하는 데 편의를 제공해 준 점 깊이 감사드린다.

그런 까닭에 지지地誌의 기술에 특별히 중국인의 독창적인 견해가 보이는 것은 아니지만,[18] 안문按文에는 외국의 사정을 고찰하는 가운데 자국의 변혁의 방향을 찾고자 하는 웨이위안 나름의 의견이나 서양 비판을 찾아볼 수 있다. 또 청조의 역사를 군사를 중심으로 서술하여 쇠퇴일로를 걷고 있는 국운을 만회하고자 한 웨이위안의 『성무기聖武記』(1842)는 중국과 마찬가지로 구미의 진출에 따른 국운의 위기감에 사로잡힌 일본인의 공감을 얻었다. 그 책의 간행년도와 같은 해에 같은 취지의 상서上書

---

17 『海國圖志』와 이 책이 많은 부분을 참조한 『四洲志』의 원서에 관해서는 百瀬弘, 「海國圖志小考」, 『岩井博士古稀記念典籍論集』, 岩井博士古稀記念事業會, 1963 참조.

18 여기에서 길지만 이 책 제1부 제2장 및 제3장과 관련하여 『海國圖志』에서 전개하고 있는 인종론과 문명론의 특징을 확인해 두기로 한다. 이것 역시 마르케스(瑪吉士, Marquez)의 『地球總論』을 역출한 것으로, 인종을 白·紫·黃·靑·黑과 같이 조금은 특이한 다섯 가지 색으로 분류하고 있으며, 이 다섯 가지 색은 오대주의 지리적 구분과 반드시 일치하지는 않는다. 이에 대한 설명을 보면 다음과 같다. 백색인종은 유럽과 아메리카 북부, 아시아와 아프리카 일부에서 볼 수 있는데, 얼굴은 백색에 계란형으로 준수하고 머리카락은 직모이며 부드럽다. 자색인종은 아프리카 북부, 아시아 남부에서 볼 수 있으며, 얼굴색은 黑紫, 코는 편평하고 입은 크며 머리카락은 검고 둘둘 말린 모양이다. 황색인종은 인도, 아시아 남부, 아메리카 남부에 살며, 얼굴색은 淡黃, 코는 편평, 입은 뾰족하고 머리카락은 검고 뻣뻣하다. 청색인종은 아메리카 인종으로 얼굴색은 청록이며, 얼굴 모양과 모발은 황색인종과 대단히 흡사하다. 흑색인종은 아프리카 인종으로 얼굴은 새까맣고 용모는 튀어나왔고, 광대뼈가 높으며, 입은 크고 입술은 두텁다. 머리카락은 검고 둘둘 말린 모양으로 양털처럼 가늘다. 코는 편평하고 커서 사자와 유사하다. 그리고 인류는 상, 중, 하 셋으로 나뉘는데 주로 학식·도덕·법제·국가교제상의 예의 유무를 기준으로 한다. 하등인종은 글과 학문을 전혀 알지 못하고, 중등인종은 문자를 배우고 법제를 정해 국가를 세우긴 하지만 견문은 일천하여 보잘 것이 없으며, 상등인종은 학문·도덕·법제를 완비하고 있을 뿐만 아니라 예의를 갖추어 타국과 사귀며, 군비에 의해 적으로부터 국가를 지킨다. 이처럼 문명에 의한 구분으로 보이지만 구체적인 인종이나 국가에 들어맞지는 않는다(이상 魏源, 『海國圖志』 卷76 「國地總論」; 『海國圖志』 百卷本을 인용할 때에는 陳華 外注釋, 丘麓書社, 1998年刊을 참조했다). 이러한 특이한 인종 분류와 막연한 문명단계론 때문인지 일본에서는 이 견해를 받아들이지 않았다. 요컨대 중국인이 편찬한 세계사정에 관한 책을 참조할 때에도 그것이 유럽의 지리서에 바탕을 둔 경우에는 유럽중심적인 견해를 받아들이지 않을 수 없었는데, 일본과의 관계에 비춰 말하자면, 여기에서 볼 수 있는 것과 같은 인종관과 문명관을 수용하여 다시금 기존의 인식을 변경할 것까지도 없었을 것이다. 그러나 이것을 보아도 백색인종과 흑색인종의 우열의 차이는 분명하며, 중국에서도 인종우열관이 받아들여지고 있었다는 것을 알 수 있다. 다만 魏源 자신은 아프리카의 흑인이나 인디언이 백인의 횡포 때문에 어려운 상황에 처해 있다면서 비판적인 견해도 함께 적었다(이상 卷61 「外大西洋·彌利堅總記下」; 卷63 「外大西洋·彌利堅西路十一部」).

를 집필하고 있던 사쿠마 쇼잔佐久間象山은 감개의 뜻을 담아 웨이위안에 대해 다음과 같이 적었다. "아아, 나와 웨이위안은 각자 다른 땅에서 태어나 서로 이름도 모르지만, 때를 느끼고 글을 쓰는 것이나 함께 이 세상에 살면서 보는 것이나 서로 통하는 점이 적지 않으니 이 어찌 기이하지 않은가. 참으로 해외의 동지라 할 만하다."[19] 이처럼 한역 서학서 등 서적이라는 인쇄미디어에 의해 동아시아 세계에서 정보와 사상은 서로 연결되었고, 그것이 하나의 문화적 통합을 실감나게 의식하는 계기가 되었던 것이다.

『해국도지』가 일본인의 주목을 끈 것은 그 지지적地誌的 정보와 함께 눈앞에까지 다가오고 있는 열강에 어떻게 대응할 것인가라는, 동일한 위기에 대처하기 위한 시무책에 대한 관심에서 촉발되었고, 그것은 아무리 정밀하다 해도 구미의 지리서를 통해서는 결코 얻을 수 없는 의론이었던 것이다. 중국과 인도를 둘러싼 러시아, 구미 등의 동향을 전하면서 "나를 알고 적을 알면 싸움을 하든 화해를 하든 자유자재다. 올바른 진단을 하지 못하면 처방도 할 수 없을 뿐만 아니라 발본적인 치료는 아예 불가능하다"는 점을 강조하는『해국도지』의 일부가 마사키 아쓰시正木篤와 오쓰키 데이大槻禎에 의해『이정비채론夷情備采論』이라는 제목으로 역출譯出되고, "서로 교제하기 이전에는 마땅히 오랑캐를 이용해 오랑캐를 공략해야 한다. 화해한 후에는 마땅히 오랑캐의 장점을 받아들여 스승으로 삼은 다음 오랑캐의 장기를 제압해야 한다"는 요지의 해방책海防策을 논한『주해편籌海篇』이 우선 번각본과 번역본 형태로 공간된 것도 그 때문이었다. 특히 서양의 전함과 총포에 관한 지식을 습득하여 서양

---

19 佐久間象山,『省讐錄』,『渡邊華山・橫井小南他』(日本思想大系55), 岩波書店, 1971, p.251. 다만 쇼잔은『海國圖志』가 武備에 관해서는 허술한 점이 있다고 보았다.

의 침공을 물리쳐야 한다는 『주해편』의 주장은, 오랑캐의 배나 총포를 요술로 간주하는 청조의 고관에게는 받아들이기 어려운 것이었다 해도, 일본에서는 절실한 것으로 인식되었던 것이다.

중국의 량치차오는 1902년에 쓴 「중국학술사상의 변천을 논한다」에서 "웨이위안은 경세술에 대해 이야기하기를 좋아하여 『해국도지』를 써서 국민의 대외관념을 장려했다. 그 책은 오늘날 시렁 받침이나 장단지 뚜껑의 가치밖에 없지만, 그러나 일본의 사쿠마 쇼잔, 요시다 쇼인, 사이고 다카모리 등은 모두 이 책에 자극을 받았고, 간접적으로 존양유신尊攘維新의 활극을 펼쳤다"[20]라고 지적하고 있는데, 존양운동과의 연결 문제는 제쳐두더라도 일본에서 널리 읽혔다는 사실에 비춰보면 꼭 틀린 말이라고 할 수 없다. 『해국도지』가 사이고 다카모리에게 어떤 영향을 끼쳤는지는 확인할 수 없지만, 요코이 쇼난橫井小楠이 1855년 이 책을 읽고 양이론에서 개국론으로 전환한 것을 비롯하여 사쿠마 쇼잔, 요시다 쇼인, 하시모토 사나이橋本左內, 야스이 솟켄安井息軒 등이 대외론의 형성과 관련하여 자극을 받았다는 것은 부정할 수 없기 때문이다.[21] 다만 량치차오가 일치감치 이 책이 메이지유신에 끼친 영향에 주목한 것은, 뒤에 언급하고 있듯이 스승인 캉유웨이와 함께 자신도 『해국도지』를 보고 세계정세에 눈을 뜬 경험이 있었기 때문이고, 아울러 캉유웨이와 량치차오 등

20　梁啓超, 「論中國學術思想變遷之大勢」, 『飮氷室文集之七』, p.97. 梁啓超의 저작집은 여러 판본이 있는데, 이하 인용은 『飮氷室合集』(中華書局, 1932)을 따르며 문집과 전집의 번호 및 면수를 표시한다. 또 그 집필 연도는 李國俊, 『梁啓超著述系年』(復旦大學出版社, 1986)을 따른다. 그리고 번거로움을 피하기 위해 처음 나올 때 인용문의 전거를 표시하는 것 외에 연재 논문이나 동일 논문을 인용할 경우에는 논문 표제와 필요에 따라 집필 연도만을 표기한다.

21　『海國圖志』와 『瀛環志略』이 일본에 끼친 영향에 관한 전면적인 논의로는 北山康夫, 「『海國圖志』及びその時代」(『大阪學藝大學紀要』第3號, 1954); 大谷敏夫, 「『海國圖志』と『瀛環志略』」(『鹿大史學』第27號, 1979); 源了圓, 「幕末日本における中國を通しての'西洋學習'―『海國圖志』の受容を中心として」(源了圓・嚴紹璗 編, 『思想』(日中文化交流史叢書3), 大修館書店, 1995) 등이 있다.

이 메이지유신을 모범으로 하여 변법유신운동을 추진하면서 오카 센진 岡千仞의 『존양기사尊攘紀事』(1882년 간행)를 접했기 때문일 것이다. 한문으로 기록된 오카 센진의 이 저작에서는 "나는 젊었을 때 아라이 하쿠세키의 『채람이언』, 미쓰쿠리 쇼고箕作省吾의 『곤여도지坤輿圖識』, 스기타 겐탄杉田玄端의 『지학정종地學正宗』을 읽고 오대주의 대세를 거의 알았다. 그리고 『지리전지』, 『해국도지』, 『영환지략』을 보고는 그 대세를 더욱 세밀하게 판별할 수 있었다"[22]와 같은 서술을 찾아볼 수 있는데, 이처럼 『지리전지』, 『해국도지』 등의 서학서가 막말 유신기 사람들이 상세하게 세계를 인식하는 데 기여했다는 점을 강조하고 있는 것을 보아도 저간의 사정을 알 수 있다.

그리고 구미의 동아시아 진출에 대한 위기감의 고조는 당연하게도 그것에 대처하기 위한 서양 포술 등의 채용, 그것들의 기초를 이루고 있는 서양 자연과학의 섭취에 대한 요구로 이어져 중국의 서학서 수요를 촉진하게 되었다.

아편전쟁이 일어난 1840년부터 1855년까지 중국 상선에 실려 일본으로 건너온 중국서는 자그마치 3,407종 45,481책에 이르는 것으로 알려져 있다.[23] 이 가운데 서학서가 어느 정도를 차지하는지는 명확하지 않지만, 1854년의 개국까지 신지식의 정보원으로서 중국이 가진 의의를 추측할 수는 있을 것이다. 그 분야는 그야말로 다방면에 걸쳐 있었고 시기적으로도 메이지 20년까지 미치고 있다. 게다가 이들 가운데 적지 않은 책이 일본에서 번간본이나 사본 형태로 널리 유포되고 있었다. 그 중 중요한 것만을 예로 들면, 자연과학 개론서로서 홉슨合信, Benjamin Hobson

---

22 岡千仞, 『尊攘紀事』 卷2, 龍雲堂, 1882, p.10.
23 王曉秋, 『近代中日文化交流史』, 中華書局, 1992, p.21.

의 『박물신론博物新論』을 비롯하여 윌리엄슨韋廉臣, Alexander Williamson 의 『격물탐원格物探源』, 마틴丁韙良, William Alexander Parsons Martin 의 『격물입문格物入門』 등이, 소백과사전으로서는 레그의 『지환계몽智環啓蒙』이, 의학에서는 홉슨의 『전체신론全體新論』, 『내과신설內科新說』, 『서의약론西醫略論』, 『부영신설婦嬰新說』 등이, 그리고 천문학에서는 와일리의 『담천談天』, 역학에서는 와일리와 왕타오王韜가 함께 번역한 『중학천설重學淺說』 외에 와일리의 『수학계몽』, 윌리엄슨의 『식물학』 등이 수입되었고, 이 책들은 몇 종씩이나 훈점이 딸린 번각본으로 간행되었다. 이 가운데 『지환계몽』에는 '공후원公侯院'과 '백성원百姓院'으로 이루어진 영국의 양원제에 관한 설명 등 국제國制의 소개도 포함되어 있었다. 또 경학원에서는 미국의 브라운鮑留雲이 편찬한 『치부신서致富新書』가 히라타 이치로平田一郎의 교정·훈점에 의해, 영국의 포셋法思德, Henry Fawcett 쓰고 마틴이 번역한 『국부책國富策, A Manual of Political Economy』이 기시다 긴코岸田吟香의 훈점을 달고 간행되었다.

그리고 1862년 막부의 어용선 센자이마루千歲丸를 타고 상하이로 건너간 다카스기 신사쿠高杉晋作와 나카무타 구라노스케中牟田倉之助, 고다이 도모아쓰五代友厚 등은 뮤어헤드를 여러 차례 찾아가 한역 서학서를 직접 구입했는데, 다카스기의 『상해엄류일록上海掩留日錄』과 나카무타의 전기에 따르면, 이때 『지리전지』, 『연방지략』, 『대영국지』, 『수학계몽』, 『대수학』, 『담천』 등을 입수했다.[24] 그 후 1866년에는 후쿠자와 유키치의 『서양사정』, 1870년부터는 우치다 마사오內田正雄의 『여지지략輿地志略』이 간행되었고, 또 영어 독본으로 펄리巴來, Peter Perley의 『만국사Common School History

---

24 『上海掩留日錄』, 『東行先生遺文』, 民友社, 1916, pp.79~83; 中村孝也, 『子爵中牟田倉之助傳』, 杏林社, 1919, pp.251~255 등에 의거한다. 센자이마루 파견의 의의에 관해서는 佐藤三郎, 「文久二年における幕府貿易船千歲丸の上海派遣について」(『近代日中交涉史の研究』, 吉川弘文館, 1984 所收) 참조

of the World』등이 사용되면서 메이지유신 이후에는 구미 견문이나 원서 강독에 의한 직접적인 수용이 주류를 이루게 되었다. 그럼에도 불구하고 일본에서는『해국도지』,『영환지략』,『지리전지』,『대영국지』,『연방지략』등의 재각판再刻版이 1880년대에 이르기까지 간행되었고, 가나자와, 후쿠이, 이즈시出石, 다나베, 고베, 요도淀, 노베오카延岡, 다케오武雄, 이세와타라이伊勢度會와 같은 옛 번의 학관과 향교에서는 1872년 학제 공포 때까지 교과서 내지 참고서로 사용되었다.[25]

이처럼 구미의 원저를 자유롭게 입수하지 못하고 또 자유롭게 독해할 수 없었던 시대에 일본은 한역 서학서와 여기에 훈점이나 원음을 부기하거나 가나를 표기해 이해하기 쉽게 한 저작을 통하여 구미의 신지식과 세계정세를 섭취할 수 있었다. 이와 같은 한역 서학서를 통해 구미 지식을 받아들이는 회로가 가능했던 기반에 에도시대를 관통하는 한학의 보급이라는 사태가 있었다는 것을 말할 것까지도 없다. 또 한역 서학서가 의의를 가졌던 것은 한문은 어렵지 않게 읽을 수 있어도 외국어는 읽을 수 없는 독서인이 많았던 데다 관련 서적의 일본어 번역본이 없었기 때문이기도 한데, 이러한 상황이 바뀌면 한역 서학서에 대한 관심 또한 당연히 줄어들 수밖에 없었다. 하지만 지리서를 포함한 서학서가 세계정세와 함께 구미 신지식의 중요한 공급원이 되었고, 원어에 능통하지 못한 사람들에게도 최신 학술을 접할 수 있는 기회를 제공함으로써 일본의 지의 세계를 확장했다는 점에서 그 의의를 의심할 수는 없을 것이다. 무엇보다도 메이지 10년대까지 한역 서학서는 번각본·훈점본·일역본을 포함해 학교의 교과서로 사용되었고, 때로는 한학적 소양을

---

25 鮎澤・大久保, 앞의 책, p.160 참조.

갖추고 있긴 하지만 양학을 직접 배우지 못한 사람들이 구미의 학문이나 정세에 접근하는 데 중요한 매체 역할을 하기도 했던 것이다.

또 거시적으로 보면, 중국적 율령제[26]에서 구미적 입헌제로 국제國制가 전환하는 과정에서 한역 서학서는 두 국제를 기저에서 연결하는 역할을 맡았다고 말할 수 있을지도 모른다.

예를 들면 메이지 국가의 출발점에서 처음으로 구미적 국제constitution로서 1868년에 '정체서政體書'가 공포되었는데, 기초자인 소에지마 다네오미副島種臣와 후쿠오카 다카치카福岡孝弟가 그 원고를 마무리할 수 있었던 것은, 「영의해令義解」, 「직원초職原抄」, 후쿠자와 유키치의 『서양사정』, 마틴 번역 『만국공법』 등과 함께, 후쿠오카가 "특히 정체서의 초안을 잡고 원고를 쓸 때에는 아메리카합중국의 제도를 한역한 『연방지략』이라는 책을 참고했다"[27]라고 회고하고 있듯이, 브리지먼의 『연방지략』과 그 책에 미쓰쿠리 겐포箕作阮甫가 훈점을 단 것이 원본 역할을 했기 때문이었다. 후쿠오카가 술회하고 있는 바와 같이, "옛날에는 중국의 제도를 참조하여 조정朝政의 질서를 세웠고 오늘날에는 서양 각국의 제도를 참조하여 조정의 질서를 세우는"[28] 일본 국가 형성의 역사적 규정성 속에서, 주권국가로서의 체제를 국제법의 기준에 따라 스스로의 손으로 정하는 것은 지극히 곤란했을 터이고, 그래서 『연방지략』이라는 한역 서학서를 참고

---

26 여기에서 말하는 律令的 國制란 반드시 당나라 시대의 율령 등을 가리키는 것이 아니라 에도시대에 받아들인 '大明律', '大淸律' 그리고 청조의 정치 행정에 관한 『欽定康濟錄』, 『經世文編』, 『福惠全書』 등을 참조하여 구성한 국제를 일컫는다. 이들은 메이지 국가와도 결코 무관하지 않은데, 1870년의 新律綱領 및 1873년의 改定律令이 대명률과 대청률에 준거하고 있으며, 이것이 1882년의 형법 시행까지 이용되었다는 것은 잘 알려져 있는 바와 같다. 덧붙이자면 청나라 賀長齡이 편찬한 『경세문편』은 1848년 齋藤拙堂가 발췌 편집본을 출판했으며, 黃六鴻의 『복혜전서』는 1850년 소전행간의 훈역본이 번각되어 出石·松江 등의 藩校에서 교과서로 활용되었다.

27 福岡孝弟, 「五箇條御誓文ト政體書ノ由來ニ就イテ」, 國家學會, 『明治憲政經濟史論』, 1919, p.44 所收.

28 위의 책, p.34.

할 수밖에 없었던 것이다. 물론 이 정체서는 자유민주주의적인 정치체제에 대한 지지 기반을 갖지 못한 채 미국을 모델로 한 삼권분립 제도를 근간으로 했기 때문에 집권적인 전제국가를 지향하는 지도자들의 희망과 정면으로 대립하지 않을 수 없었고, 결국 "실패로 끝나고 말았다. 따라서 정체서는 메이지 일본의 지도자들이 새로운 그리고 그들의 입장에서 만족할 만한 정부기구를 찾는 데 임시적인 출발점이었다"[29]라는 평가를 받을 수밖에 없는 것이었는지도 모른다. 하지만 그와 같은 국제를 정함으로써 메이지 국가는 달성해야 할 과제를 명확하게 설정할 수 있었고, 자유민권운동 또한 자신의 요구의 거점을 획득할 수 있었던 것이라고 말할 수 있을 것이다.

그러나 동시에 서학서가 지닌 이러한 역사적 의의를 확인하는 선에서 한 걸음 더 나아가 지리서를 포함한 서학서가 아편전쟁과 태평천국군의 봉기 등 청국의 내우외환과 관련된 저작과 함께 수입됨으로써 일본인의 중국관과 학문관에 대단히 중요한 지각변동을 몰고 왔다는 사실 또한 간과해서는 안 될 것이다. 즉, 사쿠마 쇼잔이 아편전쟁 소식을 접하고 "요순시대 이래 예학의 땅이었던 곳이 구라파주의 더러운 발에 짓밟혀 순수했던 시절로 돌아가기 어려운 지경이라는 말을 들으니 한탄스런 마음 금할 길이 없습니다. 만약 또다시 청국에서 대변혁이 일어날 경우 가까운 바닷길을 사이에 두고 있는 우리나라도 온전하지 못할 것입니다"[30]라며 두려워했듯이, 중국에서 진행되고 있는 상황은 영국을

29 Herbert Norman, 「政體書について」, 大窪愿二 編譯, 『ハーバート・ノーマン全集』 第1卷(岩波書店, 1977), pp.344~345.

30 佐久間象山, 「赤松氷谷宛書簡」(天保13年 10月 9日), 信濃敎育會 編, 『象山全集』, 尙文館, 1913, p.110.

비롯한 서양 열강의 침공 앞에서 일본 또한 이웃나라인 까닭에 같은 운명이 처할 것이라는 동류의식을 촉발했다. 그러나 그럼에도 불구하고 중국은 "스스로 중화의 나라라 칭하고 외국을 오랑캐로 간주하는 것은 예나 지금이나 다르지 않다. (…중략…) 해외 여러 나라가 왕왕 리理를 궁구하고, 지知를 열고, 인仁을 베풀고, 의義를 숭상하고, 부국강병을 추구하는 것이, 망조를 보이는 중국보다 훨씬 낫다는 것을 알지 못한다"[31] 라고 요코이 쇼난이 지적했듯이, 중국이 오래된 중화의식에서 벗어나지 못한 채 문명과 도덕 모두 무너질 위기에 처해 있는 것과 달리 오히려 서양의 여러 나라가 유학이 목표로 삼았던 것을 실현하고 있는 것인지도 모른다는 의식이 싹트고 있었다. 그것은 또 사변적이고 관념적이어서 실증성과 합리성을 결여한 유학으로는 정치적 구심력은커녕 부강도 달성할 수 없을 것이라는 유학의 무력화에 대한 비판으로 이어졌고, 이에 반해 구미의 학문은 확실한 기초 위에 체계화되어 있기 때문에 국가의 융성을 이끌고 있는 것으로 간주됨으로써 더욱 더 서학 쪽으로 기울게 되었다. 이리하여 일본인은 중국에서 들여온 서학에 근거하여 '성현의 나라' 또는 '중화'라 하여 오랫동안 우러러보았던 중국을 문약 탓에 쇠퇴와 망국으로 치닫는 완미頑迷한 나라로 간주했고, 유학을 과거의 유물이라 하여 경멸하기도 했다. 물론 이러한 인식은 결코 직선적으로 나아간 것이 아니라, 유학이야말로 서양문명에 대항하는 기축이라는 인식은 여전히 뿌리가 깊었고, 중국도 쇠퇴하기는커녕 1860년대 이후의 양무운동의 진전에 따라 1880년대에는 동양 제일의 북양함대를 실현하여 일본보다 중국이 부국강병을 실천하고 있다는 인상을 주는 등

---

31 橫井小楠, 『國是三論』(1860), 『渡邊華山 · 橫井小南他』(日本思想大系55), 岩波書店, 1971, p.449.

곡절 많은 경로를 거쳤다는 것은 두말할 필요도 없다.

이처럼 서학서를 수용함으로써 일본은 하나의 추세로서 중국과 그것을 지탱하는 유학에 대한 폄하와 구미의 발전을 초래한 학문에 대한 동경에 함께 박차를 가하게 되었다. 다만 그것에 멈추지 말고, 일본의 서학 수용에 대해 살필 때에는 서학서를 통해 받아들인 세계 정보나 구미의 학지의 내용과 일본이 찾고 있던 것의 관계, 그리고 그것이 중국을 경유하여 도래함으로써 발생하는 시간차time lag 문제 등도 함께 고려해야 한다. 그리고 그것은 일본이 세계에 대한 어떤 정보회로를 독자적으로 창출하고자 했는가라는 문제와 밀접하게 관련된다.

예를 들어 앞에서 1720년 도쿠가와 요시무네에 의한 금서 완화 문제를 언급하면서『기하원본』,『측량법의』,『천문략』등이 다시 수입되기에 이르렀다고 적었다. 그리고 그 책들이 난학과 상호 보완하면서 서구의 천문학이나 수학 등을 수용하는 데 기여한 점에 관하여 언급했다. 그러나 1720년 금서가 완화된 시점에서 볼 때 대다수의 서학서는 중국에서 공간된 해부터 따져도 이미 100년 이상 지난 것이었다. 그리고 마테오 리치와 서광계가 한역한『기하원본』은 1571년 예수회에 들어간 마테오 리치가 콜레조 로마노에서 공부할 때 스승으로서 '16세기의 유클리드'라고 불리면서 그레고리력의 제작에 참가했던 클라비우스Christoph Clavius가 1574년 로마에서 출판한『유클리드원론Euclidis Elementa』을 바탕으로 한 것이었다. 그러니까 1720년의 금서 완화까지는 원서의 간행으로부터 150년 가까운 시간차가 있었던 셈이다. 물론 유클리드기하학이나 측량학 등의 원리는 세기를 넘어 필수적인 것이었는지도 모르며, 받아들이는 쪽의 수요 문제도 당연히 고려해야 할 것이다.

그러나 세계정세에 관한 지리서 등에 관해 말할 경우 사정은 얼마든지 달라질 수 있을 것이며, 시대가 19세기로 전환하는 무렵부터 아시아를 둘러싼 정황도 숨 고를 틈 없이 돌아가기 시작했다. 일본도 1792년 러시아 사절 락스만^Adam Laxman^의 네무로根室 내항 이후 구미 각국의 대일 접근, 영국과 미국의 아시아 진출 등에 대처해야 했는데, 중국을 경유한 서학서에만 의존해서는 시대의 긴급한 요청에 부응할 수가 없었다. 또 일본의 독자적인 지리적 조건에 맞는 정보의 수집과 분석이 필요해진다. 락스만 내항 다음해 가쓰라가와 호슈桂川甫周가 『로서아지魯西亞志』를, 다이코쿠야 고다유大黑屋光太夫가 러시아 표류 증언을 바탕으로 『북사문략北槎聞略』(1794)을 저술하고, 시바 고칸司馬江漢이 『지구전도약설地球全圖略說』(1793)을 내놓은 것은 러시아의 남하정책에 대처하기 위해서이기도 했다. 막부가 1809년 네덜란드어 통역사에게 러시아어와 영어 습득을 명하고, 네덜란드어 통역사 바바 사다요시馬場貞由를 천문방天文方(천문 관측 기관─옮긴이)으로 불러 다카하시 가게야스 등과 함께 세계지도 편찬 사업과 러시아 사정 조사를 맡게 한 것 또한 같은 이유에서였다. 이 요구에 부응하여 바바는 『동북달단제국도지야작잡기역설東北韃靼諸國圖誌野作雜記譯說』과 『제작로서아국지帝爵魯西亞國志』(1809)를, 다카하시는 『북이고증北夷考證』(1809)을 펴냈고, 『신전총계전도新鑴總界全圖』와 『일본변계약도日本邊界略圖』(1809), 『신정만국전도新訂萬國全圖』(1810)와 같은 지도를 작성했다.

1811년 막부가 이러한 활동을 하고 있던 천문방에 '만서화해어용괘蠻書和解御用掛'를 두어 네덜란드 서적과 외교문서의 번역·조사를 담당하게 한 것도 일본을 둘러싼 해외정세의 변화에 대응하기 위해서였고, 동시에 여기에는 융성하고 있던 난학을 막부의 통제 아래 두어 그 성과를 활용하려는 의도도 포함되어 있었다. '만서화해어용괘'의 당초 업무는 쇼멜^Noel Chomel^의 가정용 백과사전을 『후생신편厚生新編』이라는 제목으로 번역하는 것이었지만, 바바 사다요시와 아오치 린소가 러시아 해군사관 골로비닌V. Mikhailovich Golovinin의 일본 유수기幽囚記를 『일본조액기사日本遭厄紀事』(1822)라는 제목으로 번역하고 스기타 류케이杉田立卿 등이 칼텐T. A. Calten의 『해상포술전서海上砲術全書』(1843)를 번역한 것을 보아도 알 수 있듯이 군사적 방면까지 번역 범위가 확장되었다.

그리고 1853년의 페리 내항과 다음해 이후 서양 각국과의 조약 체결이라는 사태를 맞아 외교 처리 체제의 정비와 서양 군사기술 도입에 의한 국방력 강화가 과제로 떠올랐고, 로쥬 아베 마사히로는 해방海防 문제에 대처하는 기관을 설치할 것을 제안했다. 이 제안을 받아 쓰쓰이 마사노리筒井政憲, 이와세 다다나리岩瀬忠震, 가와지 도시아키라川路聖謨, 고가 긴이치로古賀謹一郎 등이 속한 이국응접괘異國應接掛에서 외국사정의 조사, 양서洋書의 번역, 양학자의 양성 등을 목적으로 한 시설 설치에 착수하여 1855년에는 '만서화해어용괘'를 모체로 잠정적으로 양학소洋學所를 개설했고, 다음해 정식 명칭을 만서조소蠻書調所[32]라 하여, 1857년 본격적으로 업무를 개시했다. 만서조서에서는 유용한 원서의 조사, 외국선이 오가면서 늘어나는 기독교 관련 수입서나 민간에서 이루어지는 번역의 단속 등을 수행하는 것 외에 미쓰쿠리 겐포, 스기타 세이케이杉田成卿 등이 교수가 되어 양학 교육도 실시했다. 연구와 교수 과목은 처음에는 네덜란드학뿐이었지만, 1858년에는 영어, 1859년에는 프랑스어가 연구 과목에 포함되었고, 수업은 영어와 프랑스어 모두 1860년부터 개시되었다. 또 뒤처져 있던 독일어 연구는 교수를 보좌하던 이치카와 사

---

32 蕃書調所에 관해서는 原平三, 「蕃書調所の創設」(『幕末洋學史の研究』, 新人物往來社, 1992 所收), 막말의 직할 양학 기관과 각 藩의 양학 교육 상황 등에 관해서는 倉澤剛, 『幕末敎育史の研究』第1卷~第3卷(吉川弘文館, 1983~1985), 惣鄕正明, 『洋學の系譜』(硏究社出版, 1984) 등의 연구가 있다.

이구市川齋宮에게 맡겼고, 수업은 1862년부터 시작되었다. 그리고 1864년부터는 러시아어 수업도 진행되었다.

이와 같은 연구와 교수 과목의 확충은, 1858년 일영조약에서는 조약문서에 네덜란드어 번역문을 5년 동안 덧붙이기로 했지만 본문은 영어였고, 같은 해 일불조약의 경우 본문은 불어였으며, 1860년의 프러시아와의 조약에서도 네덜란드어 번역문을 첨부하기로 했지만 본문은 독일어였기 때문에, 외교적인 요청에 응할 필요성에 따른 것이기도 했다. 더욱이 수업 내용은 '책만 보는 연구'에 머무르지 않고 '실사실물實事實物'에 걸맞은 정련학精鍊學(화학), 도학圖學, 수학, 물산, 기계, 서양인쇄술 등도 포함하고 있었다. 이처럼 식산흥업을 위한 실학적 지향이 높아지면서 만서조소라는 명칭이 실상에 어울리지 않게 되자 1862년에는 양서조서洋書調所로, 다음해에는 가이세이쇼開成所로 이름을 바꾸었던 것이다. 1864년의 가이세이쇼규칙에서는 구미의 대학을 모방하여 천문학 등 8학과[33] 체제를 갖추었고, 1865년에는 육해부교陸海奉行가 가이세이쇼에 파견되어 군사교육을 하면서 군학교軍學校의 기능도 갖게 되었다.

그리고 1866년 말부터는 생도 이외의 막신幕臣에게도 서양의 지리학·병학·자연과학 등을 일본어로 교수하는 '일강日講'이 시작되었고, 1867년 단계에서는 쇼헤이자카학문소昌平板學問所를 훌쩍 뛰어넘는 60명의 교관을 거느린 막부 제일의 연구·교육 기관으로 발전했다. 또 막부는 1862년 양서조소에서 교수를 보좌하던 니시 아마네西周, 쓰다 마미치津田眞道, 에노모토 다케아키, 우치다 마사오內田正雄 등을 네덜란드로,

---

33 1864년 11월의 「開成所規則書」을 보면 어학은 和蘭學, 英吉利學, 佛蘭西學, 獨乙學, 魯西亞學이, 기술을 비롯한 여러 학문은 天文學, 地理學, 數學, 物産學, 精鍊學, 器械學, 畫學, 活字術이 수업 내용으로 정해져 있다(『東京大學百年史·通史一』, 東京大學, 1984, p.30 所揭).

1865년에는 가이세이쇼 교수 이치카와 사이구의 장남 분기치文吉 등 6 명을 러시아로, 다음해에는 쇼헤이자카학문소 교수 나카무라 게이우中村敬宇와 가와지 간도川路寬堂를 인솔자로 하여 도야마 마사카즈外山正一, 하야시 다다스林董, 미쓰쿠리 게이고箕作奎吾, 미쓰쿠리 다이로쿠箕作大六(훗날의 기쿠치 다이로쿠菊地大麓) 등 12명을 영국으로, 1868년에는 파리만국박람회 파견을 겸하여 유학생을 보내는 등 적극적인 유학생 파견 정책을 채택했다. 1866년 포고령에 의해 학과 수업 등을 목적으로 한 해외 도항을 허가하자 각 번에서도 경쟁적으로 유학생을 파견하게 되었지만, 그 이전에도 안나카安中 번사藩士 니이지마 쇼新島襄가 미국으로, 조슈번의 이토 히로부미, 이노우에 가오루 등 5명과 사쓰마번의 모리 아리노리, 고다이 도모아쓰五代友厚 등 18명이 해군 기술을 배우기 위해 영국으로 밀항·유학했고,[34] 뒤에 서술하듯이 중국에서 일본 유학이 권장될 만큼 이와 같은 유학생 파견에 의한 일본의 국민국가 형성이 평가를 받기에 이르렀던 것이다.

1868년 메이지 정부의 성립과 함께 가이세이쇼는 신정부에 접수되어 다음해 가이세이학교로 이름을 바꾸고 강의를 재개했는데, 이때 페어베크G. H. Fridolin Verbeck 등이 어학교사로 채용되어 초빙 외국인 교사에 의한 양학 교육이 개시되기에 이르렀다. 그 후 양학의 연구 및 양성과 외교문서의 번역 두 가지 기능은 분화하여 연구 및 양성은 대학남교大學南校·대학동교大學東校와 도쿄외국어학교·외무성어학소가 맡았는데, 이 기관들은 다시 도쿄대학과 도쿄외국어대학으로 분화했다. 외교문서와 외국서적의 번역 업무의 경우 외무성 외에 관청마다, 예를 들면 대장성

---

34 일본에서 유학의 전개에 관한 역사적 분석은 石附實, 『近代日本の海外留學史』(ミネルヴァ書房, 1972; 改訂增補版·中公文庫, 1992) 참조.

번역국, 태정관 번역국, 참사원 번역과 등 번역을 담당하는 부서를 설치하게 된다. 또 1872년 10월에는 "널리 여러 학과의 책을 번역 편집하여 세상에 공포"할 목적으로 정원正院(1871년 폐번치현 직후 발포된 태정관 직제의 최고기관―옮긴이)에 번역국이 설치되었다.

이 외에 일본의 양학 수용 과정에서는 오쓰키 겐타쿠의 지란당芝蘭堂, 오가타 고안緒方洪庵의 난학사숙蘭學私塾, 각 번의 양학교를 비롯하여 나가사키, 요코하마, 하코다테 등에 설치된 어학전습소 등이 중요한 역할을 담당했다. 이 가운데 나가사키에는 개국 후인 1858년 영어전습소가 설치되어 영어와 프랑스어를 교수했고, 나아가 양학소, 제미관濟美館으로 이름을 바꾸어 러시아어와 중국어도 함께 가르쳤다. 또 사가번에서는 치원관致遠館이라는 양학교를 설치했는데, 이곳에서 오쿠마 시게노부, 소에지마 다네오미 등이 페어베크로부터 가르침을 받았다. 요코하마의 경우 1862년 세관에 설치된 영학소英學所에서 미국인 선교사 브라운S. Robbins Brown이 영어를, 1865년에 개설된 불란서학전습소에서 카숑Mermet de Cachon이 프랑스어를 가르쳤고, 헵번J. Curtis Hepburn의 영어숙英語塾 등도 있었다. 덧붙여 말하자면, 브라운의 감화를 받아 혼다 요이쓰本多庸一, 오시가와 마사요시押川方義, 우에무라 마사히사植村正久, 이부카 가지노스케井深梶之助는 목사가 되고, 헵번은 훗날 메이지학원 초대 원장으로 임명된다. 그리고 하코다테에서는 네덜란드어 통역사 나무라 고하치로名村五八郎가 1856년 부교쇼奉行所의 관리가 되어 러시아어와 영어를, 1859년부터는 카숑이 프랑스어와 영어를, 1865년부터는 호리 다쓰노스케堀達之助가 영어를 가르치는 등 양학 학습의 거점이 되었다. 그리고 자신의 번에 양학 학습 기관을 갖지 못한 여러 번에서는 이러한 사숙이나 어학소 등에 번사를 파견했고, 알력이 없지는 않았지만 난학에서 양학으로, 나아가 영국학·프랑스학·독일학으로 이행해가고 있었다.

　이상 조금은 상세하게 일본에서 한역 서학이 수용되는 양상, 그리고 그것과 서로 보완하면서 일본이 독자적으로 구미에 연결되는 지식의 회로 역할을 한 양학의 전개를 살펴보았다. 이리하여 중국에서 들여온 한역 서학서라는 매체가 세계정세와 서구 학술을 파악하기 위한 회로로 존재했고, 그것이 양학과 함께 이미 에도시대 일본인의 세계상을 전환시켰을 뿐만 아니라 새로운 학문체계를 수용하기 위한 그릇 역할을 했으며, 그 과정에서 구미와 직접 연결되는 회로의 기반이 형성되었다는 점이 명확해졌을 것이다. 물론 서학서의 수용은 결과적으로 중국과 유학으로부터의 이탈로 귀결되는 역설을 잉태하고 있었다. 그러나 그러한 모순을 포함하면서도 일본의 국민국가 형성과 새로운 학지의 편성에 있어 귀중한 도약판 노릇을 한 서학의 의의에 관해서는 다시금 유의할 필요가 있을 터이다(서학의 영한사전과 번역어의 관련성에 대해서는 제7장 제3절에서 검토한다).

　여기에서 나아가 많은 서학서가 간행되고 있던 당시의 중국, 그리고 중국과 주종관계에 있던 조선에서 서학이 어떻게 전개되었는지를 역사적으로 밝히는 것은, 일본이 왜 지의 연결고리로서 부상하게 되는가라는 문제, 다시 말해 동아시아에서 정보회로와 사상세계의 재편이라는 문제를 생각하기 위한 전제가 될 것이다.

　지금까지 일본에서 구미의 학지 수용의 역사적 추이를 살펴보았는
데, 중국과 조선의 서학을 검토할 경우에는 주된 도입 담당자와 시기의
차이에 따라 17세기 이후의 가톨릭 선교사에 의한 것과 19세기 이후의
프로테스탄트 선교사에 의한 것 두 단계로 나누어 볼 필요가 있다.

　먼저 제1단계에서 주요 담당자가 된 것은 가톨릭수도회의 하나였던
예수회이며, 인도의 고아를 거쳐 1582년 마카오에 도착한 이탈리아인
선교사 마테오 리치가 1601년부터 베이징에서 천주교 즉 가톨릭 전도
를 시작한 것이 하나의 기점이 된다. 일본과 조선에서도 그 저작을 참조
했고 또 영향을 받기도 했던 알레니, 벨기에인 페어비스트南懷仁, Ferdinand
Verbiest, 독일인 아담 샬湯若望, Johann Adam Shall von Bell 등은 모두 가톨릭 선교
사였다.[35]

　마테오 리치 등은 중국의 강렬한 중화사상과 외래 종교에 대한 경계
심에 대처하기 위해, 그것이 기독교 교의나 과학적 진리에 반하지 않는
한 중국인의 감정을 극력 존중하여 가능한 한 알력이 생기지 않도록 하

---

[35] 중국의 기독교 역사에 관해서는 佐伯好郎, 『支那基督教の研究』(全3卷, 春秋社, 1943~1944) 외에 比
屋根安定, 『支那基督教史』(生活社, 1940); 溝口靖夫, 『東洋文化史上の基督教』(理想社出版部, 1941);
矢澤利彦, 『中國とキリスト教』(近藤出版社, 1972) 등의 연구가 있고, 재중국 선교사의 활동 등에 관해
서는 榮振華, 耿昇 譯, 『在華耶蘇會士列傳及書目補編』(中華書局出版, 1995. 原著 Joseph Dehergne,
Répertoire des Jésuites de Chine de 1552~1800, Paris : Institutum Historicum Letouzey & Ané, 1973);
朱維錚 主編, 『基督教與近代文化』(上海人民出版社, 1993); 曹增友, 『傳教士與中國科學』(宗教文化出
版社, 1999); 黃昭公, 『淸末寓華西教士之政論及其影響』(宇宙光出版社, 1993); 吉田寅, 『中國プロテス
タント傳道師研究』(汲古書院, 1997); Paul A. Cohen, *China and Christianity : the Missionary Movement
and Growth of Chinese Antiforeignism 1860~1870*, Harvard U. P., 1963; John K. Fairbank ed. *The
Missionary Enterprise in China and America*, Harvard U. P., 1974; S. W. Barnett & J. K. Fairbank eds.
Christianity in China, Harvard U. P., 1985 등을 참조했다.

면서 중국 사회에 녹아드는 방침을 채택했다. 중국어를 배워 천문이나 지리, 과학기술 등의 한역을 수행한 것도 그러한 방침의 일환이었고, 이를 통해 서구 과학의 탁월성을 보여줌으로써 기독교에 흥미를 갖게 하고 나아가 포교의 자유와 안전을 획득하고자 했던 것이다. 시정 사람들에게 직접 포교할 수 있는 자유가 제약되어 있었고 언어상으로도 한계가 있었던 만큼, 베이징에 체재하는 가톨릭 선교사는 조정에서 서구학술의 유의성을 인식하게 하고 그 영향력으로 기반을 넓혀가는 데서 의의를 찾을 수밖에 없었다. 천문과 역산曆算에서 역대 조정이 중용했던 이슬람력을 능가하여 지도적 지위를 점할 필요성을 알아차린 마테오 리치는 예수회 본부에 전문가 파견을 요청하고, 이에 응하여 중국에 온 우르시스熊三拔, Sabbathin de Ursis가 베이징의 경도 측정과 역법의 수정에 임했던 것도 이 때문이었다. 이러한 예수회의 방침은 마테오 리치의 사후에도 계승되었다.[36] 마테오 리치 사후 예수회의 중국선교회 회장이 된 롱고바르디龍華民, Nicolaus Longobardi는 1612년 사자를 로마에 파견하여 선교사의 증파를 요청했고, 이에 응하여 로마에서는 테렌츠鄧玉函, Johann Terrenz, 아담 샬, 로羅雅谷, Giacomo Rho 등 가장 높은 수준의 수도사와 7,000부가 넘는 서적을 함께 보냈는데,[37] 그 결과 『숭정역서崇禎曆書』의 편찬도 가능했으며 중국의 서학과 한역 서학서도 그 범위와 내용에서 충실해질 수 있었던 것이다. 물론 가톨릭의 교의를 설명한 마테오 리치의 『천주실

---

36 마테오 리치의 생애와 포교활동 및 그것이 동아시아에 준 영향에 관한 탁월한 서술로서 平川祐弘, 『マテオ・リッチ傳』(平凡社, 東洋文庫 141・624・627, 1969・1997)이 있는데 시사하는 점이 아주 많다. 또, Jonathan Spence, 吉田鶴洋介 譯, 『マテオ・リッチ 記憶の宮殿』(平凡社, 1995); 林金水, 『利瑪竇與中國』(中國社會科學出版社, 1996)도 참조

37 이 서학서 수입의 경위에 관해서는 方豪, 「明季西書七千部輸入中國考」, 『方豪六十自定稿・上冊』(臺灣學生書局, 1969 所收)가 상세하다.

의』나 영혼론인 삼비아시畢方濟, Francesco Sambiasi의 『영언여작靈言蠡勺』 등 종교 서적도 다수 출판되었다. 이 서적들은 불교에 대한 비판을 포함하고 있다는 점에서 처음부터 사대부 독서층을 상정한 것이었고 반응도 한결같지는 않았지만,[38] 신지식에 대한 관심이 높을 뿐만 아니라 서적에서 물신성마저 감득하는 동아시아 세계에서는 한역 서학서에 의한 포교활동이 효과적이었다는 것은 의심하기 어렵다. 그리고 더디긴 했지만 확실히 중국인 개종자는 늘어나고 있었다.

그러나 이와 같은 가톨릭의 포교 과정에서 전통적 습속과의 알력 또한 피하기 어려웠다. 중국인 신자가 공자나 조상에 대한 숭배 의식 즉 전례典禮에 참가하여 우상숭배를 병행하는 것의 가부를 둘러싸고 가톨릭 내부에서 논쟁이 일어나자 예수회는 용인하는 입장을, 도미니크 교단과 프란체스코 교단 등은 반대하는 입장을 채택했다.[39] 전례 문제에 관하여 1704년 로마 교황이 전례를 이단이라는 이유로 부인하자 분개한 강희제는 전례를 부인하는 교단의 중국 전도를 금지했고, 이어서 1723년 옹정제의 금교령禁敎令에 따라 궁정 봉사자를 제외한 선교사는 마카오로 추방되기에 이르렀다. 이리하여 기독교는 이단으로서 탄압을 받았고 교회의 건립도 금지되었으며, 1844년 포교가 다시 가능해지기까지 기독교 신앙은 억압 속에서 빈번히 교난敎難에 직면해야 했다.

---

38 마테오 리치의 『天主實義』, 『畸人十篇』 등에 대한 비판은 조선에서는 安鼎福, 愼後聃 등에 의해, 일본에서는 林羅山과 많은 불승에 의해 이루어졌다. 그러나 다른 한편 『천주실의』, 『기인십편』 등이 平田篤胤의 神道 세계관의 전환을 촉발한 것에 관해서는 일찍이 村岡典嗣, 「平田篤胤の神學に於ける耶蘇敎の影響」(『日本思想史硏究』, 岩波書店, 1940)에서 지적한 바 있다. 덧붙이자면 1603년에 간행된 『천주실의』는 1885년에 이르러서도 東京의 開世堂에서 훈점을 달고 출판되었다.

39 스페인어로 '예수의 군대'를 의미하는 예수회는 종교개혁으로 유럽에서 가톨릭이 잃어버린 땅을 아시아에서 회복하기 위해 적극적인 포교활동을 전개했고 그 거점을 중국에 두었는데, 그 열렬한 사명감 때문에 다른 가톨릭 會派와 마찰이 끊이지 않았고, 1773년 교황 클레멘스 14세에 해산 명령을 받았다가 1814년에 부활했다. 예수회가 중국에서 포교활동을 재개한 것은 1842년이다.

다만 이와 같은 금령과 교난에도 불구하고 중국 각지로 숨어든 파리 외방선교회와 도미니크 교단, 프란체스코 교단 소속 선교사의 활동으로 19세기 초반 중국 전역의 가톨릭 신자는 자그마치 20만 명에 이르렀다고 한다. 그러나 그 결과 프로테스탄트는 3억 인구를 거느린 중국 전도에 아직 나서지 않은 것을 커다란 과제로 인식하게 되었고, 프로테스탄트가 중국 선교를 시작하면서부터 제2단계 서학 도입이 전개되기에 이른다.

이미 영국에서는 1786년 이래 해외무역의 발전과 함께 아프리카 및 동양 전도 계획을 세우고 중국 전도를 위한 성서 한역 사업에 주목하여 영국외방성서회사The British and Foreign Bible Society에 위임했지만 경비 문제로 좌절되었다. 1795년 설립된 런던전도협회The London Missionary Society가 이 사업을 이어받았다. 중국 전도에 나선 프로테스탄트는 가톨릭 포교의 역사를 참고하여 탄압을 피하면서, 궁정에 접근하는 것이 아니라 보다 광범한 사람들에게 직접 신앙의 근거가 되는 교의서를 배포하는 방침을 채택했는데, 그것은 한역 서학서의 성과에 착목한 것이면서 마르틴 루터의 성서 독일어 번역 이래의 전통을 계승하는 것이기도 했다.

그리고 이 목적에 따라 런던전도협회에서 중국 본토로 파견한 최초의 선교사가 모리슨馬禮遜, Robert Morrison이었다. 모리슨은 1807년 광저우에 도착했는데, 때마침 1805년 기독교 전도와 출판을 엄금한 직후이기도 해서 중국인에 대한 직접적인 전도가 불가능하다고 생각한 그는 동인도회사의 서기로 생계를 꾸려가면서 중국어 사전 편찬과 성서 한역을 진행했다. 모리슨은 협력자 자격으로 1813년 마카오에 도착한 밀른米憐, William Milne과 함께 1823년 말라카에서 신약성서를 번역한 『신천성서神天聖書』를 간행했는데, 이 책은 이후 성서 한역의 기본이 되었다. 또,

1815년부터 1823년에 걸쳐 출판된『화영자전華英字典, A Dictionary of the Chinese Language』은 19세기 구미에서 성황을 이룬 중국학의 기반이 되었고, 일본에서도 나카무라 마사나오中村正直 등이 영어책을 번역하면서 이 자전의 도움을 받았다는 것은 잘 알려져 있다.[40] 모리슨과 밀른은 1818년 중국인에게 구미문화를 가르치면서 간접적으로 기독교를 전도할 목적으로 말라카에 영화학당英華學堂, Anglo-Chinese Collage을 세웠는데, 이와 같은 성서 등의 문서의 배포와 학교 설립에 의해 지식을 보급하는 전도 방법은 의료와 자선활동을 통한 지역 사회 침투 방식과 함께 중국과 조선 그리고 일본에서 볼 수 있는 프로테스탄트 포교의 특징이었다.

나아가 모리슨과 밀른은 아시아 전도를 목표로 1814년 갠지즈이동以東전도회恒河外的傳道會, Ultra-Gangis Mission 설립 계획을 발표했다. 이 구상은 구미 프로테스탄트 사이에서 커다란 반향을 불러일으켜 해외 전도의 사명감에 불타는 선교사가 아시아 전도에 나서기에 이르렀고, 그 결과 아시아에서 프로테스탄트 전도는 전성기를 맞이하게 되었다. 일본의 막말 유신기에 잇달아 수입되어 충격을 준 각종 한역 서학서와 신문·잡지 등은 이렇게 중국을 찾은 레그, 와일리, 맥고완, 뮤어헤드, 브리지먼, 귀츨라프, 맥카티, 홉슨, 마틴, 프라이어傳蘭雅, John Fryer, 메드허스트麥都思, W. H. Medhurst, 에드킨스艾約瑟, Joseph Edkins, 윌리엄슨 등과 같은 프로테스탄트 선교사들이 간행한 것이었다.

이처럼 중국은 가톨릭 선교사와 프로테스탄트 선교사를 통하여 구미의

---

40 모리슨의 英華字典이 일본에서 네덜란드어 통역사 등에 의해 사용된 것에 관해서는 豊田實,『日本英學史の硏究』(岩波書店, 1939), pp.90~91 참조. 그리고 中村正直는 모리슨을 '穆理宗'으로 표기하고 1855년「穆理宗韻府鈔叙」(『敬宇文集』卷之五)를 집필했는데, 이것은 1820년에 간행한『五車韻府』를 가리키는 것으로 보인다.

학술을 받아들였다. 17세기 이후 예수회 선교사 마테오 리치와 알레니 등이 유럽의 학술을 소개했고, 그것은 새로 들어온 학문이라 하여 신학新學 또는 천주교의 학문이라 하여 천학天學이라고도 불렸는데, 천계 연간(1605~1627)에는 서학이라 일컫는 것이 일반적이게 되었다. 때로 과학·기술의 측면만을 인정한다는 뜻에서 약간 폄하하여 서예西藝라고 부르기도 했다. 또, 그 내용에 관해서는 이지조와 서광계가 선교사들의 저역서를 편찬한 총서『천학초함天學初函』에 수록된 알레니의 『서학범』(1623)을 보면, 유럽의 학술이 문과·이과·의과·법과·교과教科·도과道科의 여섯 개 학과로 이루어져 있으며[41] 이과는 다시 필로소피아斐祿所費亞, philosophia·로직落日伽, logic·메타피직스黙達費西加, metaphysics·매스매틱스馬得馬第加, mathematics·에틱스厄第加, ethics로 나뉜다는 것 등을 설명하고 있다. 이처럼 서학의 체계에 관한 지식은 17세기 초반에 이미 알려져 있었던 것이다. 그리고 마테오 리치에 대해서는 "자명종과 천리경 등 여러 기구들을 사람들에게 소개했는데 모두 크게 놀라면서 그를 서유西儒라고 부른다"(阮葵生, 『茶餘客話』 卷15)라며 경탄의 마음과 멀리서 온 손님을 정중하게 대접하는 수원綏遠의 예를 갖추어 맞이했고, 알레니의 경우도 '서방공자西方孔子'라고 부르면서 그의 학식을 높이 평가한 것은 사실이다. 그러나 중국이야말로 모든 문물을 갖추고 있고 게다가 그것들 모두가 절대적 우위에 있다는 '지대물박地大物博', '천조상국天朝上國'의 사상에 기초한 중화문명관 아래서는 천문학과 역산학을 포함하여 서학은 어디까지나 '기교기예器巧奇藝의 학'에 지나지 않았으며, 따라서 사대

---

41 『西學凡』의 여섯 과목 구성과 당시 예수회가 설립한 학원의 교육과정인 'Ratio Studiorum'의 관련성에 대한 지적은 海老澤有道, 「天主教傳來とその教育活動」(多賀秋五郎 編, 『近世アジア教育史研究』, 學術書出版會, 1970 所收)에서 찾아볼 수 있다. 또 이 여섯 과목 구성이 일본의 양학에 끼친 영향, 1870년의 '大學規則'과의 유사성 등에 관해서는 拙稿, 「日本學問の持續と轉回」(松本三之介·山室信一 校注, 『學問と知識人』(日本近代思想大系10), 岩波書店, 1988 所收), p.476 참조.

부가 적극적으로 섭취할 필요가 있는 것으로 간주되지는 않았다. 물론 유럽의 학술 체계에 관한 알레니의 소개도 경학經學·사학·제자諸子·시문집의 전통적인 분류법에 어떤 변경을 가한 것은 아니었다.

가톨릭 신앙뿐만 아니라 최고의 수준에 도달한 서구문명을 다른 문명에 전한다는 선교사의 자부심이나 사명감이 아무리 강렬했다 해도, 서구인은 심원한 뜻을 찾아 중국으로 왔고 기예를 널리 알리는 선에 머물고 있다는 것이 다수의 수용 태도였다. 이지조, 서광계, 양정균楊廷筠 등 소수의 예외적인 인물을 제외하면 스스로의 종교·문화 원리와 세계관의 보편성에 관한 확신을 의심하는 사람은 거의 없었다. 다시 말해 서학을 '기기기교奇器奇巧의 예藝', '기수器數의 법' 이상으로 정신문명으로서의 우위성과 가치를 가진 것이라고는 생각하지 않았던 것이다. 1616년 난징의 예부시랑 심추沈㴶의 고소로 난징교난南京敎難이 일어나자 롱고바르디는 선교사 중국 퇴거 명령에 따라 마카오로 피했는데, 훗날 서광계의 상서에 따라 추방에서 풀려난 후 다시 베이징으로 불려와 대포 주조를 맡았다. 이처럼 천문학·역학·대포제조법 등 과학기술 분야에서는 존중을 받았지만 전도 그 자체에는 정책의 변경에 의해 상황이 일변하는 등 늘 많은 어려움이 따랐다.

그리고 1723년 옹정제가 기독교 포교를 금지한 이후 1858년의 톈진조약과 1860년의 베이징조약에 따라 기독교 신앙과 포교의 자유를 대외적으로 확약하기까지 서학 역시 천주교와 불가분의 관계에 있다는 이유로 공적으로는 오랑캐 학문 취급을 받았다. 다만 1646년 순치제順治帝의 신임을 얻은 아담 샬이 베이징의 천문대 흠천감欽天監의 감정監正으로 임명되고 강희제가 페어비스트에게 '치리역법治理曆法'이라는 이름을 부여한 것 등을 보아도 알 수 있듯이, 천문과 역산을 중심으로 서학

IL SAGGIO
D'OCCIDENTE
西泰子

FERNANDO BORTONE

SIGNORELLI-ROMA

서양의 성인이라 불린 마테오 리치(왼쪽)와 서광계

은 17세기 이후 무시할 수 없는 위치를 차지하고 있었다. 그랬기 때문에 1838년까지 흠천감에서 천문을 관측하고 달력을 제작하는 서교사는 없어서는 안 되는 존재였고, 기독교 포교를 금지하던 시대에도 흠천감의 감원監員이나 궁정에서 쓸모가 있는 것으로 인정되는 기술을 가진 선교사는 베이징 체재를 허가받았다. 만주족의 왕조인 청의 입장에서 보면 기독교는 풍교風敎를 문란하게 한다는 점에서 유해한 것이었지만, 서학은 천문·역산이나 대포제조법 등 과학기술을 들여오는 것이라는 점에서 "서양 오랑캐로 한족을 제어하"는 의의를 가질 수 있었다. 게다가 량치차오가 "중국의 지식체계가 외국의 지식체계의 최전선과 접촉한 것은 진晉·당 시대의 불학佛學이 제1차이고 명말의 역산학이 제2차였다. 이 새로운 환경 아래에서 학계의 공기는 당연히 변환했다. 이후 청대의 학자들이 역산학에 흥미를 갖고 기꺼이 경세치용의 학문을 말하게 된 것은 주로 마테오 리치와 서광계의 영향 때문이었다"[42]라

---

[42] 梁啓超, 「中國近三百年學術史」(1926), 『飮氷室專集之七五』, p.9. 그리고 胡適도 고증학의 방법이 완전히 마테오 리치가 중국에 들여온 서양의 산학과 천문학의 영향을 받았다고 역설한다(徐宗澤 編著, 『明淸問耶蘇會士著譯提要』緖言, 臺灣中華書局, 1958).

고 강조해 마지않았듯이, 서학은 학술적으로도 커다란 의미를 지니고 있었던 것이다. 그러나 그와 같은 지적 자극이 있긴 했지만 그것은 서학의 임팩트로 인식되기보다는 중학中學의 자성적自成的 전개로 받아들여졌고, 그랬기 때문에 아편전쟁에 이르기까지 서학 그 자체에 대한 언급이 없었던 것은 아닐까.

하지만 두 차례에 걸친 아편전쟁 후의 포교 해금과 함께 많은 프로테스탄트파 선교사의 소개로 새롭게 시야에 들어온 서학은, 산업혁명을 거쳐 구미의 세계 진출을 지탱하는 지의 최전선을 보여준다는 점에서, 명말청초의 서학과는 질적으로나 기능적으로나 크게 다른 것이었다. 더욱이 그 서학이 낳은 함견포리艦堅炮利에 패배를 맛본 이상 그 우월성을 부정해버리기도 어려웠다. 제1차 아편전쟁 직후, 『해국도지』를 저술한 웨이위안이 "오랑캐의 장점을 배워 오랑캐를 제압한다"(「籌海篇」, 議守)라는 논리로 서양의 학술을 섭취하기 위해 문호를 열 것을 제안한 것도 그 때문이었다. 나아가 애로우호 전쟁에서 패배함으로써 그때까지 천조天朝＝중국이 '이적만맥夷狄蠻貊'의 만국을 통어한다고 했던 화이사상에 기초한 천하일통의 세계관은 무너졌고, 베이징조약에서 공문서에 '夷'자를 사용하는 것을 금지하면서 종래 '이무夷務'라고 했던 외교 교섭도 대등한 국가간의 '양무洋務'로 바뀌었다. 이러한 국제정세의 변화 속에서 태평천국의 봉기에 대처하기 위해서라도 서양식 무기를 채용하여 자신의 군대인 상군湘軍과 회군淮軍의 강화를 도모할 필요가 있었던 쩡궈펀曾國藩, 쭤쫑탕左宗棠, 리훙장 등은 '자강'과 '구부求富'를 달성하기 위해 서학과 서예西藝를 담당하는 인재의 육성을 시급한 과제로 제기하지 않을 수 없었다.

이리하여 "경사의 동문관과 민·호의 양국兩局은 모두 서학 수용의 맹

아니었다"(「兩江總督沈葆楨奏摺」, 1879)라고 선바오전沈葆楨이 말했듯이, 경사
동문관京師同文館(1862년 개설)과 민閩(푸젠)의 푸저우선정국福州船政局(1866년
설립) 및 호滬(상하이)의 강남제조국江南製造局(1865) 개설을 시작으로 외국
어에 능통한 인재를 양성하기 위해 상하이에 광방언관廣方言館(1863), 광
저우에 방언관方言館(1864) 등이, 또 실용적인 기술자 양성과 총포·탄약
등의 제조를 위해 진링기기국金陵機器局(1865), 톈진기기국(1867), 푸젠기
기국(1869) 등이 잇달아 설립되면서 서학·서예의 도입이 1860년대 들
어 양무운동과 병행하여 진행되고 있었다.[43]

이미 웨이위안이 해외 사정을 신속하게 파악하기 위해 번역관을 개
설할 필요가 있다고 주장했고, 1859년 한림원 편수編修 궈쑹타오郭嵩燾는
외교 교섭에서 불리한 상황에 처하는 것을 피하기 위해 반드시 외국어
학교를 설립해야 한다고 주청했지만, 아직은 절박한 의론으로 받아들
여지지는 않았다. 그러나 1860년 베이징조약에 따라 정황은 일변했다.
조약 체결국의 대사와 공사 등이 베이징 거주권을 획득하고 이 나라들
과 외교관계를 갖게 됨으로써 좋든 싫든 일상적인 대응을 하지 않을 수
없었던 청조 정부는 1861년 총리각국사무아문을 신설하여 외교와 무
역 등을 관장하게 했다. 또 일본의 경우와 마찬가지로 중국이 영국·프

---

[43] 중국에서는 양무운동의 전개와 함께 서학을 채택한 각종 전문 학당이 다음과 같이 설립된다. 기
술·공과계는 天津器械局付設學堂(1867)·福州電氣學塾(1876)·天津電報學堂(1880)·上海電報
學堂(1882), 군사계는 天津水師學堂(1880)·廣東魚雷學堂(1880)·天津武備學堂(1885)·廣東水
陸師學堂(1889)·江南水師學堂(1890)·湖北武備學堂(1895)·南京陸軍學堂(1895) 등이 있고, 기
타 天津總醫院付設西醫學堂(1893)·江南鐵路學堂(1895) 등도 개설된다. 그리고 동문관을 비롯하
여 이하에서 거론하는 서학 학당에 관한 사료는 朱有瓛 主編, 『中國近代學制史料』 全四冊(華東師範
大學出版社, 1987~1989)에 의거한다. 또, 동문관·강남제조국·푸저우선정학당에 관한 연구로
Knight Biggerstaff, *The Earlist Modern Government Schools in China*, Cornell University Press, 1961
이 있고, 동문관에 관해서는 蘇精, 『淸季同文館及其士生』(臺北, 上海印刷廠, 1985)가 있다. 그리고
청말 서학에 관하여 잘 정리된 분석으로는 熊月之, 『西學東漸與晚淸社會』(上海人民出版社, 1994)가
있다.

랑스와 맺은 조약에 따라 일정 기간이 지난 후 중국어에 의한 조회照會를 중단해야 했기 때문에 외국어 습득이 필수조건이 되었고, 관련 사무를 수행하기 위한 인재의 수요가 급속히 늘어났다.

중국에서 처음 문을 연 관립 서학학교는 이러한 수요에 응할 수 있는 외국어학교였다. 대외 협조 정책을 추진하는 총리아문 대신 공친왕 혁흔奕訢의 "각국의 정세를 상세히 알려면 반드시 그 언어와 문자를 깨우쳐 다른 사람에게 속지 않도록 해야 한다"(『奏請創設京師同文館疏』)라는 제안에 따라 1862년 베이징에 설립된 경사동문관이 그것이었다. 청조는 이미 대러시아 교섭의 필요성 때문에 1757년 내각에 아라사문관俄羅斯文館을 설치했는데, 동문관은 이를 흡수하여 먼저 1862년 5월에 영어 학습을 위한 영문관을 세우고 영국인 선교사 버던包爾騰, John S. Burdon을 교사로 임명했다. 이어서 1863년에는 프랑스어 학습을 위한 법문관과 러시아어 학습을 위한 아문관을, 1872년에는 독일어 학습을 위한 덕문관을 설립했다. 그리고 청일전쟁 후 1896년에는 일본어를 가르치는 동문관東文館이 설치되고 1898년에 스기 기타로杉幾太郎가 교습敎習으로 부임한다.

이처럼 동문관은 기본적으로는 외국어학교로서 설립·운영되었지만, 1867년 1월에는 "서양인의 공업은 수리數理에 의거하지 않는 것이 없다"(『變法類西的議同文館章程疏』)라고 하여, 때마침 착수한 양무운동을 추진·감독할 필요성 때문에 천문학과 수학 등 서양의 자연과학을 과거에 합격한 정도正途 출신자에게 교수할 목적으로 천문산학관이 병설되었다. 천문산학관 부설과 관련하여, 천문 관측과 달력 제작에 종사하는 흠천감에서뿐만 아니라 대학사 워런倭仁과 어사 장성짜오張盛藻 등이 독서와 학도學道를 본분으로 하는 과거 합격자인 사인士人이 오랑캐로부터 지엽 말단의 기교를 배우는 것은 사습士習과 인심에 심대한 악영향을 끼친다는 이유로 중지할 것을 요청했지만, 공친왕 혁혼은 천문산학은 서법西法을 빌려 중법中法을 증명하는 데 불과하며 유자儒者에게 불가결하다 하여 반대를 억누르고 천문산학관 설립을 밀어붙였다. 서학의 기초에 수리학이 있다는 인식은 받아들여지고 있었지만 실제로 정도 출신자는 한 사람도 지원하지 않았고, 동문관은 이 문제로 큰 타격을 입게 되었다.

그러나 1869년 11월 마틴이 해관총세무사 하트赫德, Robert Hart의 추천으로 총교습이 되고 저명한 수학자 리산란李善蘭이 부임하면서 1870년 이후의 상황은 바뀌기 시작했다. 동문관은 총리각국사무아문 관할 아래 있었지만 경비 및 외국인 교습의 임명에는 총세무사가 관여함으로써 독자적인 운영이 가능하기도 했고, 1876년에는 학생에게 수학·물리·화학·천문·만국공법·정치학·세계지리·세계사·역서譯書 등을 가르치는 수업연한 총 8년의 커리큘럼이 정해졌다. 이리하여 동문관은 외국어학교에서 다양한 분야의 서학을 가르치는 학교로 바뀌어갔다. 또 1888년 번역처飜譯處를 정식으로 신설하고 우수한 학생을 부교습으로 등용하여 번역 출판을 담당하게 하면서 번역 출판의 거점 역할을 하기도 했는데, 여기에서 간행된 한역 서학서는 관리에게도 배포되었다. 동문관의 교사와 학생이 번역한 책은 국제법·각국 법전·각국 사략·사전·자연과학 등 25종에 이르며 이는 서학에 관한 신지식의 공급원이 되었다. 이 가운데 일본에 전해져 영향을 준 것으로는 마틴이 쓰고 번역한 『격물입문』, 영국의 포셋E. D. Fawcett이 쓰고 왕펑짜오汪鳳藻가 번역한 것을 마틴이 감수하고 기시다 긴코岸田吟香가 번각한 『국부책』 등이 있는데, 특기할 만한 것은 휘튼Henry Wheaton의 원저를 마틴이 번역한 『만국공법』, 마틴이 쓰고 왕펑짜오가 번역한 『중국고세공법론략中國古世公法論略』(1884), 블룬칠리Johann Bluntschli의 원저를 마틴·롄팡聯芳·칭창慶常이 공역한 『공법회통公法會

通』(1880) 외에, 마틴이 자신의 감수 아래 동문관 학생에게 역출하게 한 마르텐스Charles de Martens의 책을 롄팡과 칭창이 함께 번역한『성초지장星軺指掌』(1876), 울시T. D. Woolsey의 원저를 왕펑짜오와 봉의鳳儀가 함께 번역한『공법편람』(1877) 등 국제법 관련서인데, 이 책들이 낳은 사상연쇄에 관해서는 다시 언급하기로 한다.

동문관은 1898년 경사대학당 설립이 결정됨에 따라 1902년 여기에 편입되면서 40년에 걸친 역사를 마감했다. 동문관의 역사적 의의에 관해서는 부정적 평가도 적지 않지만,[44] 교습 시절을 포함하여 1898년 경사대학당의 총교습이 되기까지 32년이라는 오랜 기간 동안 재직한 마틴이 이곳을 거점으로 전개한 번역 활동이 동문관 및 중국의 서학 수용과 정착에 끼친 영향은 무시할 수 없을 것이다. 또 경사대학당이 개설되면서 사라졌다고는 해도, 상하이광방언관 등의 모델이 되기도 하여 중국에서 최초의 신식학교 역할을 했을 뿐만 아니라 베이징대학으로 이어지는 흐름의 연원淵源이 되었다는 역사적 경위를 보면, 만서조소가 도쿄대학으로 이어지는 역사와 서로 유사하다는 것도 부인하기 어렵다.

동문관의 설립에 이어 1863년에는 리훙장이 상하이에 광방언관을 설치할 것을 요청했고, 1864년에는 루이린瑞麟의 주청에 따라 광둥에 방언관이 개설되었다. 이들 학교는 경사동문관을 모방하여 '외국어 인재' 육성을 목표로 삼았는데, 광방언관과 광둥방언관의 우수한 학생을 경사동문관으로 보내기도 했고, 광방언관 출신으로 동문관에서 마틴의

---

44 일찍이 陳靑之는『中國敎育史』(商務印書館, 1936)에서 "館規는 대단히 엄격하고 내용은 충실했던 것처럼 보이지만, 실제로는 구호만 그럴싸할 뿐 성적은 정말이지 조금도 오르지 않았다. 그리하여 완전히 유명무실해진 결과 어사 陳其璋은 1896년 동문관을 정리할 것을 건의했다(p.561)"라고 평가한 바 있다.

번역 사업에 협력했던 왕펑짜오가 동문관 부교습으로 임명되는 등 인사의 교류도 있었다.

광방언관 설립을 요청하면서 리훙장은 "서양 사람들이 가장 중요하게 여기는 것은 산학, 물리학, 측량학 등 실무와 긴밀하게 관련되지 않는 것이 없다. 책으로 간행된 것도 적지 않은데 그 중 역출되어 있는 것은 열에 한둘뿐이다. 아직 역출되어 있지 않은 책을 바탕으로 그 깊이를 탐구하고 숨겨진 뜻을 찾아 조잡한 상태에서 정미精微한 지경으로 나아갈 필요가 있다"라고 하여 산학(=수학) 등 과학기술서를 번역하기 위한 어학교육을 중시했는데, 이는 서구의 과학기술이나 군사가 모두 산학에 기초를 두고 있고 따라서 산학에 정통하지 않으면 서양의 문장을 배워봐야 실용에 어울리지 않는다는 인식에서 출발한 것이었다. 이 점은 아마도 서학체계의 중핵을 이루는 것으로서 산학을 중시하고 산학 습득의 필요성을 강하게 호소했던 광방언관의 감원監院 풍귀펀馮桂芬의 서학관을 반영한 것이었을 터이다. 광방언관에는 영어관, 프랑스어관, 독일어관 외에 천문관과 산학관이 설치되었고, 교습으로는 알렌林樂知, Young John Allen과 경사동문관 영문 교습이었던 프라이어 등이 초빙되었으며, 이곳에서도 학생을 지도하여 번역서를 간행했다. 다른 한편 광둥의 방언관은 처음에는 팔기八旗 자제의 영어 숙달을 목적으로 한 어학학교였는데, 훗날 프랑스어, 러시아어, 일본어를 더해 1905년 역학관譯學館으로 이름을 바꾸었다. 이 외에 1895년 성쉬안화이盛宣懷 등에 의해 톈진에 중서학당中西學堂이, 1897년에는 마찬가지로 성선회에 의해 상하이에 남양공학南洋公學[45]이 각각 설립된다.

---

[45] 南洋公學은 師範院을 설치하면서 중국에서 사범 교육의 모델이 되었는데, 일본의 사범학교를 본따 부속 소학교를 두고 사범생이 교육을 분담하도록 했다. 盛宣懷, 「等集商損開弁南洋公學摺」, 舒新城

이와 같은 외국어 습득을 주안主眼으로 서학의 수용을 목적으로 한 학교와 함께 중국에서 중시된 것이 이공학에 관한 서학 섭취 기관의 설치였다.

이미 보았듯이 광방언관은 과학기술서의 번역을 추진하기 위한 어학교육을 중시했는데, 외국어 학교에서 전문적인 과학기술 교육을 실시하기에는 아무래도 한계가 있었다. 이 때문에 1865년 리훙장 등에 의해 상하이에 설립되었던 관영 군사 공장인 강남제조국에 1868년 어학 교육과 과학기술 교육을 함께 실시하는 기관으로서 번역관이 부설되어 광방언관의 교습이었던 알렌과 프라이어가 업무를 겸하게 된다. 1870년에는 광방언관이 강남제조국으로 옮겨 번역관에 합병되었다. 강남제조국 번역관에서 역출한 서적 수에 관해서는 160종이라는 설과 178종이라는 설이 있는데, 동문관의 역출 서적 수가 25종이었던 것과 비교하면 번역 출판 사업에서 차지한 번역관의 비중을 미루어 알 수 있을 것이다. 강남제조국 번역관이 역출한 서적의 중심은 어디까지나 과학기술서였는데, 『화학재료중서명목표化學材料中西名目表』(1885) 등 서구의 여러 언어와 중국어의 명사대조표를 작성하여 번역어의 확정에 주력하는 등 서학의 수용에 있어서 중요한 기초 작업도 진행되었다. 번역 작업은 쉬서우徐壽・쉬젠인徐建寅 부자, 화헝팡華蘅芳, 왕더준王德均 등 중국인과 알렌, 프라이어, 크레이어金楷理, Carl Kreyer를 비롯한 교습 그리고 상하이에 머물고 있던 와일리, 맥고완 등 선교사가 번역문을 서로 토론하거나 정정하는 등 상호 교류를 거쳐 진행되고 있었다.[46]

또 과학기술서 이외에도 국제법이나 러시아사, 프랑스사 등의 번역이

編, 『中國近代敎育史資料・上冊』(人民敎育出版社, 1961), pp.153~157.

46 傅蘭雅, 「江南製造總局飜譯西書事略」, 張靜廬 編, 『中國近代出版史料初編』, 中華書局, 1957, p.12.

있었고, 특히 『열국세계정요列國歲計政要』(1878년, 원저 The Stateman's Year Book, 1874), 『좌치추언佐治芻言』(1885년, 원저 Homely Words to Aid Governance), 『미국헌법찬석美國憲法纂釋』(1907), 알렌이 편수한 『서국근사안편西國近事彙編』(1874~1881) 등은 큰 반향을 불러일으켰다. 이 가운데 『열국세계정요』는 오대주 각국의 정황을 소개한 책으로, 오스트레일리아와 뉴질랜드 등 그때까지 전혀 알려져 있지 않았던 지역을 포함한 것이 특징이고, 『좌치추언』은 국민의 합의에 따라 성립하는 민주정치의 기초에 기본적 인권의 보장이 있다는 점 등을 논하여 량치차오 등의 정치사상에 영향을 주었다.

그리고 강남제조국과 나란히 이공학에 관한 서학 섭취 기관 역할을 한 것으로 푸저우선정학당福州船政學堂이 있다. 1866년 민절총독閩浙總督 쭤쭝탕의 상주에 따라 설립된 푸저우선정국은[47] 해방海防과 수송에 필요한 함선을 스스로의 비용을 들여 자력으로 건조하는 것과 중국인이 조업하고 또 항운을 관장하는 것을 목표로 삼았는데, 공장 설비로는 선대船臺・도크와 주철창鑄鐵廠 등을 갖추고 있었을 뿐만 아니라, 당초 구시당예국求是堂藝局으로 총칭되는 학당이 부설되어 있었다. 여기에는 조선 기술 전수자를 프랑스어로 가르치는 제조학당과 항해 기술 전수자를 영어로 가르치는 수사학당水師學堂 외에 1868년에는 설계・제도를 가르치는 회사원繪事院, 선박 기관 기사를 양성하는 예도학당藝徒學堂 등이 설치되었는데, 이처럼 독특한 학교 편성은 쭤쭝탕의 고문으로 정감독正監督에 임명된 프랑스인 지켈日意格, Prosper Marie Giquel의 입안에 따른 것으로, 선박공학학교와 해군병학교를 결합한 프랑스 방식에 근거한 것이라 한다.

---

[47] 푸저우선정국에 관해서는 沈傳經, 『福州船政局』(四川人民出版社, 1987) 및 당사자의 회상으로는 Prosper Giquel, translated by L. Hang, *The Foochow Arsenal and its Results*, Office of the Shanghai Evening Courier 참조.

이와 같은 푸저우선정학당의 활동 가운데 중국의 서학수용사에서 주목할 만한 것은 민절총독 선바오전의 상주에 따라 1875년 이후 60명 이상의 유학생을 서구에 보낸 것인데, 그 중에는 파리의 사립 정치학학원에 적을 두었던 천지퉁陳季同과 마젠충馬建忠, 영국 포츠머스의 칼리지에 들어갔다가 그리니치의 해군칼리지에 입학하고 나서도 구미의 인문·사회과학 학습에 힘쓴 옌푸嚴復 등이 포함되어 있었다. 마젠충은 리훙장의 추천을 받아 외교·국제법을 연구할 목적으로 지켈의 수행원 자격으로 프랑스에 파견되었는데, 1878년 문과와 이과의 바칼로레아에 합격, 다음해에 파리법과대학에서 법률학사 학위를 획득했다.[48]

단, 중국에서 해외유학은 1847년 룽훙容閎이 미국인 선교사를 따라 미국으로 유학한 것이 처음이고 유럽 유학도 그로부터 2년 후 우팅팡伍廷芳이 영국으로 건너갔는데,[49] 이는 일본 최초의 유학생인 니시 아마네와 쓰다 마미치 등이 라이덴대학으로 출발하는 1862년보다 십수 년 앞선 것이었다. 게다가 니시 아마네와 쓰다 마미치 등이 라이덴대학의 시몬 비세링Simon Vissering에게 개인교습만을 받은 것과 달리 우팅팡은 링컨 법률학교를, 룽훙은 예일대학을 졸업했다. 룽훙은 자신의 체험을 바탕으로 1867년 이후 쩡궈펀 등에게 미국에 유학생을 파견할 것을 건의했고, 1870년 청나라 조정이 이를 비준하여 1872년부터 정원 120명을 4개년으로 나누어 파견하기로 결정했다. 이때 룽훙도 제1회 미국관비유

---

48 嚴復에 관해서는 B. I. シュウォルツ, 平野健一郎 譯, 『中國の近代化と知識人―嚴復と西洋』(東京大學出版會, 1978)이, 馬建忠에 관해서는 坂野正高, 『中國近代化と馬建忠』(東京大學出版會, 1985)이 상세하다.

49 容閎의 자서전 My Life in China and America(1900)의 번역으로 百瀨弘 譯, 『西學東漸記』(平凡社, 東洋文庫bg136, 1983)이 있고, 伍廷芳의 평전으로 Linda Pomerantz-Zhang, Wu Ting-fang(1842~1922), Reform and Modernization in Modern Chinese History, Hong Kong University Press, 1992가 있다.

학생 감독으로 미국으로 건너갔고 주미 부공사를 겸했다. 미국 유학의 목적은 "군략軍略 · 함정艦政 · 수학 · 공업 등 여러 학문"을 배우는 것이었는데, 미국에서도 효경 · 소학 · 국조율령 등의 학습이 의무로 부가되어 이를 위한 중문 교수가 수행했다.[50] 그러나 푸저우선정학당의 유학생이 국내에서 이미 어학이나 전문 학문을 습득했던 것과 달리, 미국 유학생으로 12세부터 16세에 이르는 소년이 매년 30명, 4년 동안 대략 120명이 파견되었지만 반드시 소기의 성과를 거둔 것은 아니었다. 더욱이 외국의 기풍에 물들어 고국의 전통문화를 망각해서는 아무런 쓸모가 없다는 이유로 1881년 영국 · 프랑스 유학생 약 30명을 포함한 학생 전원을 귀국하게 한 이후에는 청일전쟁 후 재개되기까지 유학생 파견이 중단되었다.

이와 같은 학당 설립, 한역 서학서 간행, 유학생 파견 등 중국 자신의 서학 수용 시도와 함께 간과해서는 안 되는 것은 중국에 서학을 보급하기 위해 기울인 선교사들의 노력일 것이다. 그것이 포교의 틀 안에서 이루어진 것이었다 해도 혹은 그것이 때로 식민지 통치의 첨병 역할을 했다 해도, 한역 서학서 간행을 비롯한 서적의 발행, 학교 교육 실시, 학술 강연회 개최, 사전 편찬 등을 통해 동아시아 세계로 서학이 들어왔다는 사실을 무시할 수는 없다. 인쇄물의 발행에 따른 학술과 세계정세에 관한 지식의 보급은 다종다양한 신문 · 잡지의 발간에 의해 추진되었는데, 이 가운데 『하이관진』, 『육합총담』, 『상하이신보』, 『중외신보』, 『홍콩신문』, 『중서견문록』, 『격치휘편格致彙編』, 『만국공보』와 같은 신문 · 잡

---

50 일본에서도 중국의 유학 정책에 강한 관심을 보였는데, 예를 들어 淸水卯三郎는 葉源濬이나 容增祥 등 중국학 교수가 유학생과 동행한 것은 深慮 때문이었다고 평가한다. 淸水卯三郎, 「平仮名の說」 (『明六雜誌』 第7號, 岩波文庫版 · 上, p.266) 참조.

지가 일본에 들어와 필사되어 회람되기도 하고 그 일부가 양서조소 등에서 번각되어 『관판 중외신보』, 『관판 육합총담』이라는 이름으로 공간되기도 했다는 것이 앞에서 서술한 바와 같다.

또 학교 교육에 대해 살펴보면, 예컨대 룽훙이 일찌감치 미국에 유학할 수 있었던 것은 마카오에서 귀츨라프 부인이 경영하고 있던 여자 교육을 위한 학교에서 남자가 배운 것이 계기가 되었고, 우팅팡도 홍콩의 성보라서원聖保羅書院(1851년 설립된 St. Paul's College)에서 서학을 습득함으로써 법률학의 길로 나아가 훗날 수율대신修律大臣으로서 청말 입헌 개혁의 중추 역할을 했다. 그 후 아시아 각지에서 미선계 학교가 속속 설립된 것은 잘 알려져 있다.

그리고 『연방지략』으로 일본에 영향을 준 브리지먼과 최초로 성서를 일본어로 번역한 귀츨라프는 1834년 근대과학과 자유의 관념을 중국에 소개함으로써 사회 진보의 장해가 되는 미신을 타파하고 변화의 관념에 익숙하게 하여 정치개혁의 길을 닦는 것을 목적으로 유용지식보급협회 The Society of the Diffusion of Useful Knowledge in China를 설립한다. 이 협회는 월간잡지 『동서양고매월통기전東西洋考每月統記傳, Eastern Western Monthly Magazine』을 비롯하여 연감과 세계사, 이솝이야기 등을 배포했다. 한 걸음 더 나아가 브리지먼 등은 1836년 중국에 학교를 세우고 중국인에게 영어 교육을 실시함으로써 서구의 학술을 보급하기 위해 모리슨교육회The Morrison Education Society를 조직했다. 같은 형태의 조직으로 윌리엄슨, 뮤어헤드, 알렌 등이 1887년 그때까지의 익지서회益知書會, 상하이동문서회上海同文書會 등을 통합하여 발족한 동문서회The Society for the Diffusion of Christian and General Knowledge among the Chinese[51]가 있다. 동문서회는 1894년 광학회廣學會, The Christian Literature Society for China로 이름을 바꾸었는데, 이 조직은 강남제조국 번역관과 나란히 대량으로 중요한 서학서 번역 사업을 펼친 것으로 유명하다. 그리고 1890년 윌리엄슨이 사망한 후 25년 동안 광학회의 중심 역할을 한 사람이 리처드李提摩太, Timothy Richard인데, 그는 기독교 포교라는 차원을 넘어 '신학Modern Education'을 채용할 것을 제창하고 중국 정치체제의 '변법'을 고취하는 언론활동을 전개했다. 알렌에 따르면 광학회 자체도 '성화醒華'와 '흥화興華'를 목표로 했으며, 잡지 『만국공보Chinese Globe Magazine』를 비롯하여 100만 부 이상이 간행된 것으로 알려져 있는 로버트 맥캔지의 『19세기사Nineteenth Century, A History』를 리처드가 기술하고 차이얼캉蔡爾康이 번역한 『태서신사람요泰西新史攬要』(1894), 파베르花之安, Ernst Faber의 『자서저동自西徂東』(1888), 알렌의 『문학흥국책文學興國策』(1896), 윌리엄슨의 『격물탐원格物探源』(1888), 에드킨스의 『부국양민책富國養民策』(1893) 등을 통해 세계 각국의 정치·경제·자연과학·교육 상황을 설명하여 변혁의 지침을 제시하는 것이었다. 게다가 광학회는 전족纏足 폐지를 위한 사회 운동을 추진했을 뿐만 아니라 현상논문 모집 등을 통해 중국인 자신의 종교·과학·정치 등에 관한 의견 표출을 촉진하기 위한 활동을 전개하기도 했다. 또 자연과학적 지식의 보급을 목적으로 상하이에 설립된 격치서원格致書院에서는 프라이어 등이 과학기기 전시, 과학 실험을 포함한 수업과 토요공개강연회, 현상논문 모집 등을 비롯하여 1876년에는 중국 최초의 자연과학 전문잡지 『격치휘편格致彙編』을 창간하여 '상호문답'이라는 코너에 독자의 질문과 이에 대한 회답을 게재하는 등의 방법으로

---

51 광학회라는 명칭을 정식으로 채용한 시기에 관해서는 1892년이라는 설과 1894년이라는 설 등이 있는데, 1892년 이후에는 광학회라는 명칭이 사용되었고 1905년에 영문 명칭이 개정되었다. 그리고 광학회의 선교사와 중국의 개혁운동의 관계를 상세하게 분석한 연구로 王樹槐, 『外人與戊戌變法』(中央研究院近代史研究所, 1965)가 있다.

과학 지식의 향상에 공헌했다.[52]

이와 같은 선교사의 활동은 구미의 학술을 서학이라는 이름으로 아시아에 들여왔으며, 동시에 포교를 위해서이기는 했지만 아시아 전통문화의 해명과 현상 분석을 통해 구미에서 아시아 연구를 촉진하게 되었다는 것도 덧붙여둘 필요가 있을 것이다. 모리슨과 메드허스트 등의 영한사전英漢辭典 편찬, 레그의 사서오경과 법현法顯이 저술한 『불국기佛國記』 영역 그리고 브리지먼 등이 1832년에 창간한 *Chinese Repository* 등은 중국 전도에 일정한 역할을 했을 뿐만 아니라 아시아 정보를 구미에 전했다는 점에서도 커다란 의의를 갖는다. 이러한 축적 위에서 레그는 1873년 귀국 후 옥스퍼드대학에 신설된 중국학 강좌의 초대 교수가 되고 프라이어는 1894년 캘리포니아대학 동양어문학 교수로 초빙되는 등 구미의 중국학 발전에 큰 기여를 했던 것이다.

하지만 이상과 같은 중국의 서학 수용이 동시대에 반드시 긍정적인 평가를 받은 것은 아니다. 서학이 서예西藝에만 머무는 게 아니라 과학적 체계를 갖춘 학술이라는 점이 점차 이해를 얻게 되지만, 1905년 과거가 폐지되기까지 유학이 학술의 핵심이라는 통념은 흔들리지 않았기 때문이다.

광방언관과 동문관은 영재를 유치하고 교사를 초빙한다고 하지만 말하자면 그저 어학을 학습하는 것에 지나지 않는다. 천문·지리·수학·화학 등은 수박 겉핥기 수준을 벗어나지 못한다. (…중략…) 양가의 자제는 모두 취학을 좋아하지 않으며 그 때문에 늘 천민소관(賤民小官)의 자제를 불러 학

---

52 격치서원 활동의 상세한 내용과 그것이 중국에서 갖는 역사적 의의에 관해서는 坂出祥伸, 「淸末における科學敎育」(『近代中國の思想と科學』, 同朋社出版, 1983 所收) 참조.

생으로 삼는다. 게다가 감독으로 적합한 사람을 구할 수가 없어 그저 교사만을 충족시킬 뿐 온 마음으로 연구하는 자마저 없다. 이러한 상황에서 어찌 걸출한 인재를 얻을 수 있을 것이며 비상한 재능을 키울 수 있을 것인가.[53]

1892년 정관잉鄭觀應은 동문관과 광방언관이 개설된 이래 거의 30년 동안 중국에서 서학이 걸어온 길을 이렇게 총괄한다. 정관잉 자신이 일관하여 서학의 섭취를 주장해왔거니와, 여기에 원통함이나 초조감에 가까운 어조가 없는 것은 아니지만, 그는 결코 서학을 쓸모없다고 생각하지는 않았다. 현실적인 문제로서 과거시험에 합격해야 엘리트로 대우받는 시대, 일족의 여망이 그의 어깨에 달려 있던 시대에 서학을 가르치는 학당에서 학생을 모집하기란 쉬운 일이 아니었고, 그랬기 때문에 푸저우선정학당 등에서는 재학생에게 매월 일정한 금액을 지급했으며, 옌푸 등이 입학한 것도 주로 경제적인 이유에서였다. 또 동문관에서 서학을 공부해봐야 관직을 얻을 수 있는 것도 아니고, 도리어 의식衣食이 부족한 자가 적지 않았던 것도 서학 연구의 뜻을 꺾었다고도 할 수 있다. 더욱이 해외에 유학한 자도 룽훙을 비롯한 몇몇 사람들처럼 쩡궈펀 등의 막료로 기용되지 않는 한 활약할 곳이 거의 없는 것이나 마찬가지였다.

이리하여 중국의 서학은 과거를 포함한 정치체제와 필요한 인재 모집 문제, 사서오경이나 성유광훈聖諭廣訓을 날마다 송습誦習해야만 하는 교육의 문제에 직면하지 않을 수 없었던 것이다.

53　鄭觀應, 「西學」(1892), 『盛世危言 增訂新編』卷2, pp.28~29.

그렇다면 주자학을 유일한 '정학正學'으로 삼고 주자학 이외의 유학의
여러 학파와 불교학을 사학邪學이라 하여 배척했던 조선에서 서학은 어
떻게 받아들여졌을까.

조선에서도 중국과 마찬가지로 서학의 수용 과정에서 17세기 초반 마
테오 리치 등의 천주교 서학서에 의해 시작하는 것과 1885년 이후 미국
인 개신교 선교사 언더우드Horace Underwood, 아펜젤러Henry Apenzeller 등의 포
교활동에 의해 들여오는 것 두 단계로 나누어 살펴볼 필요가 있다.[54]

단, 중국과 달리 당초 조선의 기독교는 선교사의 직접적인 포교에 의
해 보급된 것이 아니었다. 조선에서 최초로 천주교도가 된 사람은 1784
년 베이징의 북천주당北天主堂에서 공식적으로 세례를 받은 이승훈李承薰
이라고 하는데, 이승훈은 서학서를 통해 천주교를 알고 신앙의 길로 들
어섰으며, 귀국 무렵에는 산학과 천주교 교리서 등을 증정 받았고, 2년
후에는 한성에서 천주교 모임을 조직하고 있었다. 이런 형태로 기독교
신앙의 역사가 시작되었다는 것은 조선에서 학술로서의 서학과 기독교
신앙으로서의 서교西教가 사람에 따라 시대에 따라 다양한 배치 관계를
보이는 특질을 그 출발부터 상징적으로 예시하는 것이기도 했다. 서학
과 서교에 대한 스탠스의 미묘한 융합과 분열이라는 사태는 천주교의
도입을 추진한 이승훈이나 이벽李蘗 등 유학자들의 경우 천주교는 신앙

---

54 조선의 기독교에 관해서는 山口正之, 『朝鮮西教史』(雄山閣, 1967)가, 또 기독교와 서학에 관해서는
李元淳, 『朝鮮西學史硏究』(ソウル: 一志社, 1986) 및 姜在彦, 『西洋と朝鮮』(文藝春秋, 1994)이 중요
한 연구이다. 이하의 서술은 이들 연구에 의거한 것이 많다.

의 대상이기보다 우선은 마테오 리치를 비롯한 천주교 선교사들이 저술한 서학서나 망원경·지평표地平表와 같은 관측기구에 대한 강한 관심으로 나타났는데, 훗날 이승훈에게 죄를 물은 것도 천주교 신앙은 말할 것도 없거니와 베이징에서 서학서를 구입한 이른바 '구서사건購書事件' 때문이기도 했다는 것을 보아도 저간의 사정을 알 수 있다.

그러나 이미 이승훈이 세례를 받기 백수십 년 전에 마테오 리치 등의 한역 내지 한문 서학서와 세계지도 등은 베이징에서 전래되어 있었고, 대단히 한정된 범위에 머무르긴 했지만 서학과 서교에 대한 지식은 조금씩 쌓여가고 있었는데, 거꾸로 보면 백수십 년 동안이나 기독교 신앙으로서의 서교가 받아들여지지 않았다는 점에서 조선 사회의 특징을 미루어 짐작할 수 있을지도 모른다. 어찌됐든 마테오 리치 등의 서학서와 세계지도 등이 베이징에서 전래되었다는 사실에 대한 가장 빠른 언급은 실학사상의 선구자로 간주되는 이수광李睟光의 저작『지봉유설芝峯類說』(1614)의 권2 '제국부諸國部 외국조外國條'에서 찾아볼 수 있다. 이 책에서는 대서국大西國(이탈리아)에서 팔만 리의 파도를 넘어 중국에서 포교하고 있는 마테오 리치와 그의 저서『천주실의』와『교우론』을 소개하고, 만력萬曆 계묘년 즉 1603년 연경燕京(베이징)에서 귀환한 사신 이광정李光庭에게서 "구라파여지도 1권 6폭"을 얻은 것으로 기록하고 있다. 여기에서 말하는 '구라파여지도'는 그 체재를 보건대 1601년 이지조가 찍어낸 6폭 인쇄본 〈곤여만국전도〉인 것으로 보인다.[55]

그 후 1610년 베이징에 사절로 갔던 허균許筠이 마테오 리치의 〈곤여만국전도〉와『게십이장偈十二章』등을 가져왔고, 1631년 진주사陳奏使 자

---

55 〈곤여만국전도〉의 조선 전래 시기와 영향에 관해서는 船越昭生,「朝鮮におけるマテオ・リッチ世界地圖の影響」,(『人文地理』第23卷 2號, 1971) 참조.

격으로 파견된 정두원鄭斗源은 포르투갈인 선교사 로드리게스陸若漢, Tçuzzu João Rodrígues와 면담하고 마테오 리치의 〈곤여만국전도〉, 프톨레마이오스 천문학을 개략적으로 설명한 디아스陽瑪諾, Emmanuel Diaz의 『천문략天文略』, 달력 제작의 연혁을 기술한 서광계와 롱고바르디의 『치력연기治曆緣起』 그리고 홍이포紅夷砲 등을 선물 받았으며, 1644년 왕세자 소현昭顯은 아 담 샬로부터 천구의天球儀와 서학서를 헌상 받았다. 아울러 1720년 주청 사奏請使로 파견된 이이명李頤命은 흠천감 감정監正 독일인 선교사 쾨글러戴 進賢, Ignatius Kögler와 흠천감 부감副監 포르투갈인 선교사 사우레스蘇霖, José Saurez로부터 천문과 역산曆算에 관한 강의를 듣는 한편 마테오 리치와 알 레니가 함께 쓴 『천주실의』를 증정 받는 등 단속적이고 꽤 시차가 있기 도 하지만 한문 서학서와 천문학 기구는 베이징에 정기적으로 파견된 일행 및 200명 전후로 편성된 연행사절 등에 의해 중국에서 조선으로 전해지고 있었던 것이다. 서학은 천주교와 깊이 관련되어 있기 때문에 천학天學 때로는 신학新學이라고도 불렸으며, 전래 서목을 보면 일본에서 는 금서였던 『천학초함天學初函』에 수록된 알레니의 『직방외기』 등을 비 롯하여 『홍이포제본紅夷砲題本』, 『천리경설千里鏡說』, 『서양국풍속기』에서 부터 천문·역산·수리 등 여러 분야에 걸쳐 있었고 그 수는 일본을 능 가했다.[56] 조선에서는 일본에서와 달리 금서령 그 자체가 내려진 적은 없었지만 서학이 융성기를 맞이한 1780년대에 들어서면서부터는 '불 경사서不經邪書'의 보급을 우려하는 반대파의 강력한 요청에 따라 1786 년 베이징에서 한역 서학서와 패관잡기를 구입해 들여오는 것이 금지

---

56 조선시대 서학서의 전래에 관한 상세한 내용은 姜在彦, 「朝鮮傳來の西洋書目」(『朝鮮の開化思想』, 岩波書店, 1980, 第3章 所收) 및 李元淳, 「明淸時代流入漢譯西學書の韓國思想史的意義」(『韓』, 東京 韓國硏究院, 第5卷 11號) 참조

되었고, 1788년에는 한역 서학서를 회수하여 소각했으며, 1791년에는 서학서소지금지령이 내려졌다. 그러나 이러한 금령도 철저했던 것은 아니어서 그 후에도 서학서의 수입이 끊긴 것은 아니었다.

하지만 한역 서학서가 많이 전래된 것이 그대로 서학의 용인과 평가를 의미했던 것은 아니다. "서학서가 선조(재위 1567~1608) 말년에 동(=조선)으로 전래된 이래 명경명유名卿名儒 가운데 이를 보지 않은 사람이 없는데, 이것을 보는 것은 제자諸子·도불道佛에 속하는 것이나 마찬가지였다. 그랬기 때문에 서재를 장식할 목적으로 이런 책을 갖추기는 했지만 그 가운데 볼 만한 것이라곤 상위象緯·구고句股에 관한 것뿐이다"(安鼎福, 『順菴集』 卷17, 天學考)라고 서술했듯이, 서학서를 구비할 수는 있었지만 그것은 어디까지나 제자백가나 도교·불교 등과 마찬가지로 정학이 될 수 없는 구경거리에 지나지 않았고, 고작해야 상위=천문학과 구고=수학이 기술 관련 학문으로서 가치를 인정받았을 따름이다. 다만, 기술 관련 학문이라는 것도 기술 그 자체를 재주 있는 중인계급의 '말기末技'로 경시하는 조선 유학의 세계에서는 전반적으로 받아들여진 것이 아니라, 1646년 관상감觀象監 제조提調 김육金堉이 베이징에서 아담 샬이 제작하고 '의서양신법依西洋新法'이라 명기된 '시헌력時憲曆'에 관한 역서를 구입해 돌아와 그것을 김상범金尙範 등에게 연구하게 하여 1654년부터 '시헌력'을 사용하기로 결정하는 등, 실용적인 목적으로 활용되긴 했지만 형이하의 잡학 이상의 것으로 간주되지 않았던 것이다.

더욱이 그것은 서학에 대해서만이 아니라 명청 교체 이후 중국의 학술에 대해서도 크게 다르지 않았는데, 이는 조선의 소중화사상과도 관련되어 있었다. 즉, 대중화의 나라라 하여 복종하고 따랐던 명이 1644년 청에 멸망당한 후에는 삼강오륜의 예가 살아있는 곳은 소중화의 나라 조선뿐이고, 만청 왕조는 정치적으로는 종주국이라 해도 변발과 호복이 강제되고 있는 이상 문화적으로는 오랑캐에 지나지 않으므로, 청나라에서 배우는 것은 오랑캐가 되는 길을 선택하는 것과 다르지 않은 것으로 간주되었던 것이다. 물론 이러한 논리는 일본이나 베트남에서도 볼 수 있는 것이며, 결코 조선만이 특별하게 잘난 척했던 것이라고는 할 수 없다.

이러한 소중화사상의 흐름 속에서 형이상학적이고 사변적인 성리학을 '기송구이記誦口耳의 학' 즉 허학虛學이라 하여 비판하고, '실사구시'의 실증성과 '이용후생·경세치용'의 실용성을 지닌 실학으로서 주자학을 확립하기 위해 노력한 북학파와 성호학파 안에서는 긍심矜心·승심勝心·권심權心·이심利心이 아닌 실심實心으로 학문에 대처한다는 입장에서 서학을 섭취하고자 하는 움직임이 일었고, 정조(재위 1776~1800) 시대에는 사상적으로도 주목할 만한 성취를 보여주었다.[57]

북학파는 소중화사상에 대하여 북적北狄인 만주족에게서도 섭취할 만한 점이 있으면 배워야 한다고 주장했는데 서학도 그 연장선상에서 파악했던 것이다. 그리고 그 주장에 따라 북학파의 홍대용洪大容은 1766년 베이징에서 흠천감 감정 독일인 선교사 할러슈타인劉松齡, Augustinus von Hallerstein 등과 면담한 경험을 바탕으로, 서교로서의 천주교와 천문·역산 등 일찍이 중화마저도 달성하지 못했던 성과를 거두고 있는 서학을 엄밀하게 분별하여, 천국이나 창조주로서의 신의 존재를 설파하는 서

---

57 조선 실학에 관한 연구는 많이 축적되어 있다. 千寬宇, 田中明 譯, 『韓國史の新視點』(學生社, 1976), 鄭聖哲, 崔允珍 外譯, 『朝鮮實學思想の系譜』(雄山閣出版, 1982); 小川晴久, 『朝鮮實學と日本』(花傳社, 1994) 및 姜在彦, 『朝鮮の開化思想』(岩波書店, 1980)에 수록된 논문들; 朴宗根, 「李朝後期の實學思想」, 『思想』第562·567號, 1971) 그리고 金泳鎬, 「實學と開化思想の關聯問題」, (『韓』第36輯) 등 참조

교의 교리를 허망한 소리라 하여 배척하고 서학만을 섭취할 것을 권했다.[58] 마찬가지로 북학파의 박제가朴齊家는 1786년 서양인을 양이洋夷로 간주하는 통념에 대담하게 이의를 제기하고, 서양인이 천문학과 기하학을 꿰뚫고 이용후생의 방법에 정통한 이상, 그들을 초빙하여 나라 안의 자제들에게 서학을 가르치게 하면 몇 년 지나지 않아 경세의 인재를 얻을 수 있을 것이라고 제언했다. 단, 박제가도 서교의 교의를 천당과 지옥을 믿을 뿐 불교의 아류에 지나지 않는 것으로 보았다.

이처럼 북학파의 대다수는 서교와 서학을 엄밀하게 식별하여 서교를 비판하고 이용후생을 위해 서학만을 중시하는 입장을 표명했는데, 이에 대해 이익李瀷의 문하에서 형성된 성호학파의 이벽, 이승훈, 이가환李家煥, 정약용丁若鏞, 권철신權哲身, 권일신權日身 등은 『천학초함』 등을 통독하고 천주교로 기울었다. 그 때문에 이익과 안정복 등 성호학파의 중심에 있던 사람들은 종교적으로 몰두하는 것을 경계하여, 스스로도 『천주실의』나 『천문략』 등을 연구하고 실사구시의 관점에서 서학의 과학·기술을 높이 평가했지만, 천주교의 교의에 대해서는 박제가 등과 마찬가지로 환망幻妄에 지나지 않는다며 배척했다. 안정복이 『천학고』와 『천학문답天學問答』을 저술하여 천주교에 의심의 눈길을 보낸 것도 이벽 등의 종교적 경도가 당쟁의 불길에 기름을 붓게 될 것을 걱정했기 때문이다.[59]

---

58 홍대용의 베이징 견문에 관해서는 金泰俊, 『虛學から實學へ―十八世紀朝鮮知識人洪大容の北京旅行』(東京大學出版會, 1988)에서 상세한 분석을 볼 수 있다.

59 조선시대의 당쟁은 시대 배경도 복잡하고, 많은 경우 유교 교의나 왕위 계승을 둘러싼 이념 투쟁이어서 간단하게 요약하다보면 도리어 오해를 낳기 쉬운데, 당초 동인·서인·남인·북인의 四色으로 불리는 파벌이 생겨났고 1683년 서인이 노론과 소론으로 분열했다. 그 후에는 대원군 정권이 성립한 1863년까지 시대에 따라 消長은 있었지만 주로 노론이 정치적인 주도권을 장악했다. 그 동안 영조의 왕세자 처형의 適否를 둘러싸고 발생한 紛議에 따라 노론이 時派와 僻派로 분열했다. 그리고 조상숭배를 둘러싸고 유교와 서교의 대립이 생기자 남인과 가운데 서교를 신앙하는 信西派와 그것을 비판하는 攻西派가 분열했다.

이미 성호학파의 이승훈이 베이징에서 세례를 받고 공식적으로 조선인 최초의 천주교도가 되고 한성에 천주교 모임이 조직된 1786년 이래 남인에 속한 지식인 일파와 중인층 사이에서 서교 학습이 활발해지고 있었다. 그러나 그것과 함께 조상숭배나 천주를 왕이나 아버지보다 상위에 두는 천주교의 교의가 유교 윤리를 부정하는 것이라 하여 천주교를 '패륜의 도', '무군무부無君無父의 사교邪敎'로서 배격하는 움직임이 나타나게 되었다. 이 때문에 성호학파의 대다수가 속해 있던 남인 중에서도 서교를 신앙하는 신서파信西派와 그것에 비판적인 공서파攻西派의 대립이 생겨나고, 여기에 시파時派와 벽파僻派의 당쟁이 뒤얽힌 가운데, "정학을 받들고 사학을 물리친다"라는 대의를 내건 사람들의 서학파를 규탄하는 목소리가 더욱 격렬해졌던 것이다.

더욱이 베이징 주교가 특파한 청국인 사제 주문모周文謨의 포교활동 때문이기도 하겠지만 혼의 구원을 천주에게서 찾는 입신자入信者가 중인과 서민층을 중심으로 계속 늘어났다. 이러한 상황에서 당쟁을 완화하기 위해 시파와 벽파를 고르게 등용하는 탕평책을 채택했던 정조가 세상을 떠나고 순조가 즉위한 다음해인 신유년, 그러니까 1801년 노론파의 안동김씨가 실권을 장악하자 당쟁은 종교탄압으로 발전했다. 이때 천주교는 사교라 하여 금지되고, 이승훈·이가환·정약종丁若鍾 등이 참형, 주문모가 참수된 것을 비롯하여 약 140명이 희생되는 신유교난辛酉敎難이 일어났다. 게다가 이 교난에 대해 군사를 이끌고 와 구원해줄 것을 서양에 부탁했다는 이유로 백서사건帛書事件이 일어나면서 천주교는 외국의 침공에 내응內應할 것이라는 우려를 확신하는 이들이 많아졌고, 결국 이 사건은 천주교 박해의 근거가 되었다. 이후 조선에서는 1839년의 을해교난乙亥敎難, 1846년의 병오교난丙午敎難, 1866년의 병인교난丙

寅教難 등 천주교 탄압과 순교의 역사가 되풀이되었다. 특히 병인교난 때에는 잠입해 있던 파리외방전교회 소속 프랑스인 선교사 12명 가운데 9명이 적발되어 참형에 처해졌을 뿐만 아니라, 천주교도 남종삼南鍾三과 홍봉주洪鳳周가 영국·프랑스와의 동맹체결을 프랑스인 선교사의 중개로 실현하고자 했다는 것이 발각되면서 대외적 위기감이 높아지자, 대원군은 1860년 영국·프랑스 양군의 베이징 점령에 따른 함풍제咸豊帝의 열하몽진熱河蒙塵을 상기하고 "속히 이를 징치하지 않으면 나에게도 장차 열하의 화가 미칠 것"이라 하여 수천 명에 이르는 천주교도에 대한 박해를 단행했다. 그러나 문제는 더욱 복잡해져서 프랑스인 선교사 처형에 항의하는 프랑스 함대가 강화도에 상륙하는 병인양요를 초래했고, 이와 함께 국내의 천주교도가 외부의 침략에 호응하는 '초구招寇'의 근원으로 간주되어 교난은 1871년까지 이어지게 되었다.

이리하여 1801년 신유교난으로 성호학파는 다음 세대를 담당할 뛰어난 인재들이 모두 연루되어 괴멸적 타격을 입었고, 정약용은 18년 동안 유배 생활을 하면서 사색과 저술에 전념하게 되었으며, 북학파의 박제가도 벽파의 공격으로 유형에 처해져 어쩔 수 없이 침묵해야만 했다. 이들 실학파 지식인들은 유배와 은둔 생활을 통해 농촌의 실태와 사회의 폐해를 알게 되었고, 정약용 등은 자신의 경험에 근거하여 신랄한 사회비판과 폐정개혁안을 제시하기도 했지만, 실학파로서는 적극적인 정치적 제언을 피하고 경세치용의 학문에서 고증학으로 중점을 옮길 수밖에 없었다.

이와 같은 국내의 사상적 상황 속에서 19세기 전반 조선이 떠안은 중요한 과제는, 이욕利慾만 왕성하고 윤리는 결여한 금수와도 같은 서양의 이적夷狄=양이·양적으로부터, 세계에서 유일하게 청정한 문명을 유지하고 있는 조선의 전통을 지키는 것이었다. 그것은 구체적으로는 조선의 정학인 주자학을 지키고 서양의 사학인 서교와 서학을 배격하는 '척사위정斥邪衛正' 사상으로 표명되는데, 탄압의 대상은 기독교뿐만 아니라 서양의 학술과 문화 전반을 포함하고 있었다. 이러한 위정척사사상 아래서는 서양의 압도적인 무력에도 불구하고 구미 열강에 이이제이의 대책으로 응하는 것이 아니라, '용하변이用夏變夷' 즉 문명의 중심＝동방 예의지국인 조선의 교화에 의해 구미의 양이를 바꾼다는 대외정책이 전제가 되고, 서양에 관한 정보는 오히려 경시되었다. 구미의 아시아 진출이 본격화하면서 대외적 위기가 닥쳐오는 바로 그 시기에 구미를 아는 회로가 닫혀 있었던 것이다. 이 때문에 남은 정보회로는 중국에서 가져온 웨이위안의 『해국도지』와 쉬지세의 『영환지략』 등의 한적과 국내에 잠행한 소수의 선교사에게 받은 단편적인 것뿐이었다. 그런 까닭에 최한기崔漢綺를 비롯한 실학자는 서양이나 서교를 양이나 사교라 하여 배척하는 것에 의문을 제기하고 보다 우수한 법제나 문물을 적극적으로 받아들일 것을 주장했던 것이다. 이미 1853년 이래 오경석吳慶錫 등이 한역 서학서를 들여오는 등 실질적으로 수면 아래에서는 구미 지식이 도입되고 있었고, 서법·서예에 의해 개화자수開化自修해야 한다는 주장이 나타나고 있었다. 이리하여 서학을 '기기음교奇技淫巧'라 하여 배척했던 위정척사론자 중에서도 서양의 기술에 한하여 채용하는 것이 '동도서기', '내수외학內修外學'이라는 논리에 따라 용인되고 있었던 것이다. 그것은 서학을 기器로 간주한다는 점에서 제한적이기는 했지만, 일단 수용된 이상 그것은 서양 정치제도로서의 서제西制에 대한 관심으로 확장되지 않을 수 없었다.

또 위정척사사상의 고창에도 불구하고 그리고 엄혹한 탄압에도 불구하고, 1801년 이후 서교가 잇달아 교난을 당했다는 것은 그만큼 천주교 신앙이 뿌리 깊게 보급되었고 서학도 긍정적으로 수용되고 있었다는 것을 의미하기도 했다. 이러한 기독교 침투의 기반 위에서 1882년 5월 조미수호통상조약 체결 이후 양호한 조미 관계를 이어갔고, 1884년 이후 알렌Horace Newton Allen과 언더우드, 아펜젤러 등 개신교 선교사들에 의한 포교활동이 전개되었다. 그 무렵 개신교의 포교활동은 천주교 탄압의 역사에 비추어 교의를 전면에 내세워 유교를 비롯한 전통적 교학과 대립하는 것을 피하고 의료와 교육 등 봉사활동부터 착수했다. 그리고 여기에서 구미로부터의 새로운 정보회로가 열리게 되었던 것이다.

1885년 4월에는 조선 최초의 서양식 병원인 광혜원(제중원으로 개칭)이 설립되었고, 언더우드가 이 병원 부속 의학강습소에서 물리학과 화학을 가르쳤다. 언더우드는 1886년 남자 고아를 대상으로 야소교학당(구세학당, 훗날의 경신학교)을 열었고, 아펜젤러는 1886년 6월 남자학교인 배재학당을 세웠으며, 같은 해 5월에는 스크랜튼Mary F. Scranton 부인이 여자학교인 혜신학교(1887년 이화학당으로 개칭)를, 1887년 6월에는 엘러스 Annie J. Ellers가 정신여학교를 설립했다.

그리고 1882년 이후 구미와의 국교가 열리면서 자주·독립을 유지하기 위해 해외에 관한 이해를 높이고 구미의 학문을 수용할 필요가 있다 하여 다시금 '내수외학'을 표방했으며, 1886년에 9월에는 미국인 교사 3명을 초빙하여 관립학교로서 육영공원育英公院을 설립했다. 육영공원은 영어 교육을 중심으로 수업이 진행되었는데, 좌원左院에서는 현직에 있는 젊은 문무 관리를, 우원右院에서는 고급관리인 아문당랑衙門堂郎의 자제 중에서 선발하여 공부하게 했다. 단, 그 전신으로 1883년 9월에 설립된 동문학同文學이 있었다. 이 학교는 1882년 설치된 통리교섭통상사무아문이 외교·통상 사무를 담당할 영어 통역을 양성하기 위해 설립한 것이었다. 동문학은 핼리팩스학교라고 불리기도 했는데, 1881년 김윤식金允植 등의 베이징 동문관 시찰 이후 통리교섭통상사무아문 협판으로 고용된 독일인 묄렌도르프穆麟德, Paul-Georg von Möllendorf의 제안에 따라 설립한 것이었다. 동문학에서는 영국인 핼리팩스奚來百士, T. E. Halifax가 교사로 근무했고, 육영공원에서는 미국인 목사 길모어吉毛, Gorge W. Gilmore, 번커房巨, Delzell A. Bunker, 헐버트轄甫, Hormer Bazaleel Hulbert 세 사람이 교편을 잡았는데, 여기에서는 구미의 정치경제학을 비롯하여 앞에서 언급한『만국공법』을 가르친 것으로 알려져 있다.[60] 동문학은 조선 최초의 양학교이며, 1857년 수업을 개시한 일본의 만서조서, 1862년 개설한 중국의 동문관과 동일한 기능을 갖고 있었다.[61] 그리고 조선의 해외 유학은 중국에 파견한 것을 별도로 하면 뒤에서 서술하듯이 1881년 일본 유학이 효시가 된다.

이리하여 1801년의 신유교난 이래 거의 80년 동안 서교와 서학의 동일시와 위정척사사상에 의한 배외 의식에서 "문을 닫고 수호를 뿌리치는" 폐문각호閉門却好 정책을 채택한 적이 있기도 해서 '은둔의 나라'[62]로

---

60 同文學과 育英公院을 포함하는 조선 근대 교육의 사상과 전개에 관해서는 姜在彦,「敎育的開化と近代學校の設立」(『朝鮮の開化思想』第5章, 岩波書店, 1980 所收), 동문학과 육영공원만을 다룬 논문으로서 李光麟,「育英公院の楔齒とその變遷」(『韓國開化史硏究』, ソウル : 一潮閣, 1969 所收) 참조

61 尹健次는 이러한 외국어 번역기관이 외국어학교로 바뀌고 각종 근대 학교가 대학교로 발전한 중국이나 일본과 비교하여, 육영공원이 많은 근대 학교를 낳는 모태가 될 수밖에 없는 역사적 위치에 있었음에도 불구하고, 현실적으로 그러한 교육적 기능을 발휘할 수 없었을 뿐만 아니라 보다 낮은 수준의 영어학교로 후퇴한 이유는 "외국 열강의 방해라는 외적 요인이 아니라 어디까지나 주체적 역량의 부족에 따른 내적 요인"(『朝鮮近代敎育の思想と運動』, 東京大學出版會, 1982, p.74) 때문이었다고 지적한다. 그 내적 요인의 하나가 서학이 걸어온 역사라는 점은 분명하다 할 수 있다.

62 스스로를 '乾淨의 나라' 또는 '동방문명의 땅'이라 하여 다른 문명과 교섭하는 것을 거절한 조선을 여러 국가들은 '은둔의 나라'라고 불렀다. 예를 들어 그리피스(William Elliot Griffis)가 1882년에 쓴 *Korea; The Hermit Nation*이라는 저작이 있다.

불렸던 조선과 구미의 학술을 잇는 회로가 다시 이어지게 되었다.

물론 동아시아 세계가 역사적 대전환기에 처해 있던 1801년부터 80년 가까운 세월 동안 박규수朴珪壽와 오경석 등은 베이징을 경유한 지극히 제한적인 정보회로를 통해서나마 유럽의 프랑스-프로이센 전쟁이나 청의 양무운동의 상황 등을 살피고 그것에 대응하는 노력을 이어왔으며, 세계정세로부터 완전히 단절되어 있지는 않았다. 하지만 회로가 연결된 곳은 베이징밖에 없는데다 대의라 하여 위정척사를 내세울 수밖에 없었던 사정이, 그 후 고용 외국인 교사와 고문, 선교사를 통하여 구미의 사회과학 사상을 배우는 회로가 일본, 중국, 조선에서 각각 형성되고 있었음에도 불구하고, 음영의 차이를 낳는 원인遠因이 되었다는 것은 부인하기 어렵다. 더욱이 서교와 서학의 도도한 유입과 압정에 대한 불만은, 전통적인 생활양식과 신조 체계가 파괴될 수 있다는 위기감을 배경으로, 민족 신앙의 입장에서 유교·불교·도교를 융합하여 시천주侍天主의 천도사상에 의해 '인내천'의 지상천국 건설을 목표로 한 동학의 보급을 촉구하고 있었다. 동학을 창시한 최제우崔濟愚는 1864년에 처형되고 동학도 금지되었지만, 1880년대에 들어서 교세는 더욱 커졌고 정부에 폐정개혁을 요구하면서 궐기를 거듭했다.

그리고 조선은 개국 이후 구미와 대치하면서 한층 높은 강도로 중국이나 일본과 경합해야 했으며, 동시에 어느 나라로부터든 제도나 학지를 수입하면서 어느 나라에도 대항할 수 있는 국민국가를 어떻게 형성해갈 것인지가 그 정치사회의 운명을 결정하는 과제로서 무겁게 조선을 짓누르게 된다.

제3장
서학에 의한 사상연쇄

　　우리들이 베이징에서 크게 마음의 위로를 받은 것은 일본에서 전해온 소식 때문입니다. 우리들이 한문으로 쓰는 것은 뭐든지 다 일본에서도 쓸모가 아주 많습니다. 그것은 일본인이 존중하는 모든 학문, 서적, 문자가 중국산이고 (…중략…) 그렇기 때문에 중국이 우리들의 성스러운 기독교 신앙을 받아들인다는 얘기를 들으면 저들 일본인도 신앙하게 될 것입니다. (…중략…) 또 그것만이 아니라 일본인이 중국인과 같은 한자를 사용하기 때문입니다. 물론 언어로서는 (일본어와 중국어가) 많이 다르긴 합니다만. 그래서 일본인과 중국인은 한자를 매개로 하면 서로 잘 이해할 수 있는 것입니다. 게다가 일본인은 한문으로 쓰는 데 그다지 능숙하지 않고 글을 쓰는 사람의 수도 많지 않습니다. 그렇기 때문에 프란체스코 파지오와 다른 신부들은 우리들이 한문으로 쓴 이 책들을 일본으로 보내줄 것을 열렬히 희망하고 있습니다. 내가 시험 삼아 보낸 몇 권의 책은 눈에 띄게 중요한 역할을 했다

고 합니다. 지금 그들이 보내주기를 바라는 것은『그레고리력』,〈곤여만국
전도〉와 같은 세계지도,『교우론』그리고 특히『천주실의』입니다.『천주실
의』는 작년에 이곳에서 인쇄한 것인데, 많은 노력을 기울였습니다. 하지만
그 덕분에 이 책은 이렇게 큰 두 왕국에서 많은 도움이 되었습니다.[1]

1605년 5월 9일, 베이징에 있던 마테오 리치는 로마의 예수회 신부
파비오 데 파비에게 보낸 편지에서 이렇게 자신의 활동 상황을 보고한
다. 이 편지에 극동의 땅에서 고군분투하고 있는 자의 자긍심과 스스로
의 성과를 조금은 과장하는 듯한 목소리가 포함되어 있는 것은 부인할
수 없다 해도, 그 문면에 마테오 리치를 비롯한 예수회 선교사가 중국에
서 게다가 다름 아닌 한문으로 왜 서학서를 저술했던 것인지 그 이유가,
묻지 않았는데도 솔직하게 표명되어 있는 것처럼 보인다. 물론 중국인
이 기독교 신앙을 받아들인다는 얘기를 들으면 일본인도 같은 신앙에
귀의할 것이라는 인식은 포교라는 최대의 사명을 수행하는 자의 원망顯
望 이상의 것은 아닐 터이다. 하지만 이미 마테오 리치 이전에 프란시스
코=자비에르 또한 이와 마찬가지로 일본인을 개종시키기 위해서는 일
본인이 존경하는 중국인을 개종시키지 않으면 안 된다는 인식 아래 일
본을 떠나 중국 포교에 나섰다가 뜻을 이루지 못한 채 광저우 남쪽의 상
찬섬上川島에서 숨을 거둔 바 있다.

중국에서 일본으로 신앙이 파급될 가능성은 그렇다 치더라도, 유럽인
의 시선에는 중국과 일본의 관계가 그렇게 보였을 것이며, 수원지인 중
국에서 한역 서학서를 간행하면 애쓰지 않아도 그 서적들이 저절로 흘

---

1 파비오 데 파비에게 보낸 1605년 5월 9일 자 마테오 리치의 서간. 平川祐弘,『マテオ・リッチ傳』第2
卷, pp.25~26에 수록된 번역문를 따른다. 인용하면서 일부 표현을 바꾸었다.

러넘치게 되었다는 것도, 그리고 중국에서 건너온 것이라 하여 그 책들에 얼마간의 권위가 따랐다는 것도 전적으로 부정할 수는 없을 터이다. 그런 의미에서 마테오 리치 등은 동아시아 문화 흐름의 심오한 비밀을 알아챘던 것이라고 말할 수 있을지도 모른다. 한학 서학서에 의한 사상연쇄는 실제로 그러한 문명 구성의 형태 위에서 생겨났기 때문이다.

그러나 여기에서 거론하는 한역 서학서에 의한 사상연쇄와 훗날 일본을 연결고리로 하여 성립하는 것의 차이 그리고 그것과 관련된 개념의 문제에 관하여 미리 언급해두자면, 한학 서학서에 의한 연쇄는 어디까지나 구미의 학술이 중국 땅에서 번역되어 그곳에서 주변 사회로 각각 개별적으로 전해진 것, 말하자면 일대일의 연결로서 성립한 것이었다. 비유컨대 그것은 자전거 바퀴의 축에서 바퀴살이 나오는 것과 같았다. 이와 달리 일본을 연결고리로 하여 형성된 사상연쇄는 중국·조선·베트남 등의 상호 흐름을 통해 성립한 것이었고, 각각이 구미와 교섭하면서 동시에 일본을 매개로 하는 복수의 매듭을 갖는 것이기도 했다. 더욱이 한학 서학서에 의한 사상연쇄의 경우, 마테오 리치가 지적하고 있듯이, 중국과의 연결에서는 한자라는 공통성을 기반으로 하면서도 언어로서는 다른 것을 바탕으로 성립했다. 이와 반대로 일본을 연결고리로 하여 성립한 사상연쇄의 경우, 읽기든 쓰기든 어쨌거나 다른 언어인 일본어를 통해 일단 받아들인 후에 각국 언어로 저술·번역하여 각각의 정치사회에 보급했던 것이다. 단, 그 국면에서도 한자의 공통성이 유효하게 작용했다는 것은 말할 필요도 없다. 요컨대 한학 서학서에 의한 사상연쇄는 중국에서 개별 사회로 전래되었다는 점에서 사상 전파라는 개념으로 파악할 수 있는 것이지 굳이 사상연쇄라고 말할 필요는 없을지도 모른다. 그러나 여기에서는 구미의 학술이나 정보가 구미에서 중국으로 그리고 중국에서 조선이나 일본으로 전해졌다는 의미에서 사상연쇄의 한 형태로 간주하고, 그것을 일본을 연결고리로 하여 형성된 사상연쇄와 대비하는 관점을 택하고자 한다.

제1절 ——————————————— 만국도와 사상연쇄

위에서 인용한 마테오 리치의 편지로 돌아가 보면, 우선 예수회 일본 부관장으로서 포교에 진력하고 있던 이탈리아인 선교사 파지오巴範濟, Francesco Fasio의 요청에 따라 한역 서학서를 일본으로 보낸 것이 분명하다는 점에 유의할 필요가 있을 것이다. 이 편지를 보면 1587년 도요토미 히데요시의 신부추방령을 계승하여 1613년 도쿠가와 막부가 전국포교금지령을 내리기 이전인 이 단계에서는 기독교의 교의를 설명한 『천주실의』를 포함하여 한역 서학서가 예수회 선교사를 통해 일본에서 배포되고 있었다는 것을 알 수 있다. 그리고 여기에서 주목해야 할 것은 1605년 시점에서 마테오 리치의 〈곤여만국전도〉가 이미 전해져 있었다는 것을 문면에서 추측할 수 있다는 점이다. 마테오 리치의 만국도[2]와 관련하여

2 마테오 리치의 만국도는 몇 가지 판본이 있다. 이에 관해 검토한 鮎澤信太郎의 총괄에 따르면, 1584년부터 1600년까지 3종의 〈山海輿地全圖〉와 3종의 세계도, 1601년의 〈輿地全圖〉, 1602년의 2종의 〈坤輿萬國全圖〉, 1603년의 〈兩儀玄覽圖〉, 1604년의 〈산해여지전도〉, 1608년 및 1644년 이후의 〈곤여만국전도〉가 있다(「マテオ・リッチの世界圖に關する史的研究」, 『橫濱市立大學紀要』第18號, 1953, pp.38~39). 이것들은 肇慶版(1584), 南京版(1600), 李之藻版(1602), 李應試版(1603)의 4종으로 대별되는데, 肇慶版과 南京版은 현존하지 않으며, 李之藻版이 교토대학도서관, 미야기현립도서관, 바티칸문고에 각 1부, 李應試版이 서울의 숭실대학교박물관에 1부가 소장되어 있다.

그것이 언제 일본에 전해졌는지에 대해서는 여러 설이 있으며, 〈곤여만국전도〉와 『그레고리력』이 1605년 선교사가 문을 연 교토의 아카데미에서 천문학과 지리학의 교재로 사용되었다는 주장도 있다.[3] 마테오 리치의 편지에서 말하는 "시험 삼아 보낸 몇 권의 책" 가운데 〈곤여만국전도〉가 포함되어 있지 않다 해도, "지금 그들이 보내주기를 바라는" 서적으로 〈곤여만국전도〉가 명기되어 있는 이상, 이 시점보다 그렇게 늦지 않은 시기에 일본에 전해졌을 것이라고 추정할 수 있을 것이다. 단, 1600년 난징에서 오좌해吳左海가 인각印刻한 〈산해여지전도山海與地全圖〉가 마테오 리치 자신 또는 예수회 신부에 의해 마카오와 일본에 전해졌다는 기록이 있긴 하지만,[4] 〈곤여만국전도〉의 전래 시기를 확정할 수 있는 사료가 아직 발견되지 않았기 때문에 어디까지나 추정에 지나지 않는다. 한편, 조선 전래에 관해서는 이미 언급했듯이 이수광의 저작 『지봉유설』 권2에 만력 계묘년 즉 1603년 베이징에서 귀환한 사신 이광정으로부터 "구라파여지도 1건 6폭"을 얻었다는 기술이 있고, 그 체재를 보아도 이것은

또, 마테오 리치의 세계도가 근거로 삼은 세계지도로는 오르텔리우스가 1570년에 출판한 지도, 1595년에 나온 메르카토르 지도, 1592년에 간행된 플란시우스의 세계도 등이 있으며, 중국을 중심으로 조선과 일본 등에 관해서는 마테오 리치가 중국에서 구한 『皇朝職方地圖』, 『廣輿圖』, 『文獻通考』, 『籌海圖編』 등에 의거하여 보정한 것으로 보인다(織田武雄・室賀信夫・海野一隆, 『日本古地圖大成─世界圖編』, 講談社, 1975, 해설편 및 船越昭生, 「坤與萬國全圖と鎖國日本」, 『東方學報』第41冊, 1970, p.668 참조).

3 小野重忠, 『マテオ・リッチと支那科學』, 雙林社, 1944, p.67; 鮎澤信太郎, 앞의 책, pp.161~162. 한편 船越昭生, 앞의 책의 고증에 따르면, 〈곤여만국전도〉의 일본 전래 시기는 간행 다음해인 1603년부터 1606년 사이이다.

4 マテオ・リッチ, 「イエズス會士によるキリスト敎のチーナ布敎について」 第4書 第5章에 따르면, "이번 판(1600년의 南京版)은 廣東에서 간행된 것에 비해 훨씬 완성도가 높아서 이전 것보다 훨씬 더 사람들의 이해를 얻었고 또 높은 평가를 받았다. (…중략…) 우리들도 이것을 마카오와 일본에 보냈다"(『中國キリスト敎布敎史─大航海時代叢書・第二期八』, 岩波書店, 1983, p.415). 즉, 1600년 5월 19일 이전에 일본으로 보냈다는 것이다. 중국의 마테오 리치 계열의 만국도에 관해서는 海野一隆, 「明・淸におけるマテオ・リッチ系世界圖」(山田慶兒 編, 『新發見中國科學の研究』, 京都大學人文學硏究所, 1985)에 상세하다.

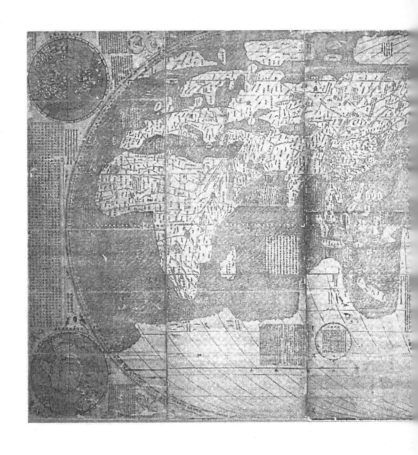

1602년 이지조가 펴낸 6폭 인쇄본 〈곤여만국전도〉임에 틀림없다.[5] 또 1631년 진주사陳奏使로 파견된 정두원 일행은 마테오 리치의 천문서 1책, 세계지리서인 알레니의 『직방외기』(1623), 만국전도 5폭 등을 들여왔는데, 이처럼 만국도에 대한 관심은 이어지고 있었던 것이다. 마테오 리치의 세계지도 외에 예수회 선교사가 제작한 세계지도는 알레니의 『직방외기』에 실린 것과 페어비스트의 〈곤여전도〉(1674) 등이 있는데, 이것들은

---

5 〈곤여만국전도〉의 조선 전래 시기에 관해서는 여러 설이 있는데, 船越昭生, 「朝鮮におけるマテオ・リッチ世界地圖の影響」(『人文地理』第23卷 2號, 1971) 및 姜在彦, 鈴木信昭 譯, 『朝鮮の西學史』(『姜在彦著作選』第4卷, 1996), pp.43・48~49에서는 1603년 설을 따르고 있다.

마테오 리치의 〈곤여만국전도〉, 1602년 간행. 171×361 cm. 미야기현립도서관 소장.

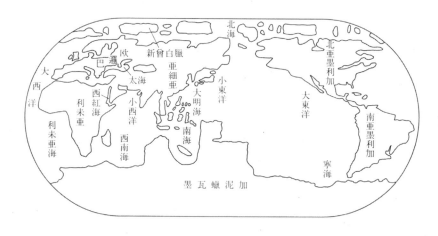

모두 일본 및 조선으로 전해져 각각 번각판이 만들어졌다.

그렇다면 아시아라는 지역적 통합을 창출하는 지의 흐름과 국민국가 형성의 관련성을 문제 삼을 때 이 만국도가 초래한 사상적 충격은 어떠했을까.

그것은 무엇보다 세계가 구형으로 이루어진 지구이고 그것이 오대주(또는 육대주)로 구성되어 있으며, 중국과 조선과 일본은 그 중 아세아에 자리 잡고 있다는 것, 그리고 세계가 다양한 정치체제와 풍속을 가진 국가라는 단위로 이루어져 있다는 것을 알게 되었다는 점에 있다.[6]

그리고 마테오 리치의 만국도와 그것에 딸린 설명, 즉 "지세地勢에 따라 대지를 나누어 오대주라고 한다. 구라파, 아세아, 남북아메리카, 메갈라니카"[7]라는 설명에 의해 세계가 오대주로 나뉘어 있다는 것이 처음으로 지식으로 받아들여졌다. 여기에는 아세아가 "남은 수마트라, 루손 등의 섬에 이르고, 북은 노바야젬랴Novaya Zemlya(북극해에 있는 섬―옮긴이) 및 북해에 이른다. 동은 일본, 동중국해에 이르고, 서는 돈 강, 아조프 해, 흑해, 서홍해西紅海, 인도양에 이르는" 범위를 아우르며 그 안에 100여 국이 있다고 적혀 있다. 게다가 마테오 리치의 세계지도는 단순히 바다와 육지의 배치를 표시한 지도에 지나지 않았던 것이 아니라, 난외欄外

---

6 물론 세계도 그 자체는 포르투갈과 스페인의 선교사와 무역상에 의해 전래되었고, 1580~1581년에는 織田信長의 수중에 지구의와 세계도가 있었다. 또, 1590년에 귀국한 遣歐少年使節 일행은 오르텔리우스의 세계지도책과 天地兩球儀를 가져왔다. 게다가 네덜란드에서 간행된 포르톨라노 세계도와 플란시우스 지도 등을 바탕으로 한 屛風世界圖도 만들어졌다. 이러한 세계도를 통해 미지의 세계에 눈을 떴다는 것은 의심할 수 없다. 그러나 병풍세계도는 장식성을 우선시한 것이 많고, 세계 지식을 얻는다는 점에서는 마테오 리치의 만국도에 미치지 못한다. 자세한 내용은 海野一隆,「南蠻系世界圖の系統分類」(有坂隆道・淺井允晶 編,『論集・日本の洋學』1, 精文堂, 1993) 및 室賀信夫,『古地圖抄』(東海大學出版會, 1983) 참조.

7 이하 마테오 리치의 〈곤여만국전도〉에 덧붙인 설명문에 관해서는 宮城縣立圖書館 소장본을 복제한 利瑪竇,『坤輿萬國全圖』(臨川書店, 1996)에 의거한다.

나 여백에 "일본은 바다로 둘러싸인 큰 섬이다. 길이는 3,200리, 폭은 600리를 넘지 않는다. 지금은 66주에 각각 국주國主＝藩主가 있다. 세속의 권력은 여전히 강력하여 총왕總王＝天皇은 있지만 실권은 줄곧 강신強臣에게 있다"와 같은 일본의 천황제와 막번제를 포함하는 지지적地誌的 설명 등, 세계 각지의 국가와 민속, 물산 등에 관한 짧막한 기술이 곳곳에 적혀 있어서 인문지리서의 역할까지 했다. 이 지도는 세계에는 여러 민족과 국가가 있다는 것을 공간적 배치 아래 제시하고 있어 그때까지 중국과 조선, 일본의 사람들이 존재조차 알지 못했던 지구의 전모를, 물론 많은 억측을 포함하고 있긴 하지만, 한눈에 파악할 수 있게 되었다. 그뿐만 아니라 이 지도에는 아리스토텔레스의 천체구조론에 기초를 둔 지구를 중심으로 한 '구중천도九重天圖'의 우주상, "지형은 본래 공 모양이다. 그러나 여기에서는 그림으로 표시하기 위해 평면으로 간주한다"와 같은 설명이 적힌 일월식도, '태양출입적도위도太陽出入赤道緯度'와 같은 도수표度數表 등 천문학적 주기注記가 더해졌다. 게다가 만물이 최초로 생성되고 최후에 그것으로 돌아가는 구성요소로서 화·토·수·기氣의 원소가 있다는 아리스토텔레스의 사원소설을 설명한 '사행론략四行論略'과 지구의 기후대를 설명한 한온오대寒溫五帶 등도 덧붙여져 있었다. 물론 여기에는 자연과학적 해석에 머물지 않고, 지구는 아주 작지만 우주는 광대무변하며 그런 "천지를 주재하는 지선至善, 지대至大, 지일至一한" 존재를 일컬어 천주라고 한다와 같은 기독교적 교의에 기초한 설명과, 가톨릭의 입장에서 유럽의 모든 나라는 "일절 이단을 따르지 않고 오로지 천주상제성교天主上帝聖教를 숭봉"하고 있다는 기술도 더해졌다.

　이러한 설명은 중화세계가 알지 못했던 지구나 우주에 관한 이론에 기초한 귀중한 정보이자 대단히 신기한 것이기는 했지만, 그런 만큼 우주의 만물이 모두 목·화·토·금·수 오원소가 상생·상극하는 원리에 따라 생성 변화한다는 유교의 음양오행설, 우주관으로서 개천설蓋天說·혼천설渾天說,[8] 불교의 우주관인 수미산설須彌山說·남섬부주설南贍部洲說[9]과 정면으로 대립하는 것이었음은 말할 필요도 없다. 그랬기 때문에 모리 쇼켄森尙謙이 『호법자치론護法資治論』(1707)에서 마테오 리치의 지구설을 헛소리라고 배척한 것을 비롯하여 불설佛說의 입장에서 주장하는 지평론地平論은 메이지기의 사다 가이세키佐田介石 나아가 1915년 간행된이이다 지쿠후飯田竹風의 『지학혁명론地學革命論』까지 이어졌던 것이다. 지구설은 또 그때까지 중화세계가 의거하고 있던 화이적 코스모스인 천원지방설과도 어울리지 않아 격렬한 반발을 불러일으킬 수밖에 없었다. 즉 『주비산경周髀算經』이나 『여씨춘추』의 「환도圜圖」 등에서 볼 수 있는 천원지방설에 따르면, 둥근 천궁에 둘러싸인 방형方形의 세계 중앙에 위치하는 것이 중화이고, 사방의 변경에 북적·남만·동이·서융의 네 오랑캐가 있는데 이들은 점차 덕화를 입어 문명의 경지로 들어오게 된

---

8 蓋天說이란 '천원지방'설에 기초하여 천지를 상하 평행 관계로 파악하고, 원형의 하늘이 방형의 땅을 덮고 있으며 북극을 중심으로 하여 왼쪽으로 도는 것으로 보는 설이다. 渾天說의 영향을 받아 하늘을 돔 형상, 땅을 바둑판 형상으로 묘사하되 둘 다 중앙부가 불룩한 것으로 간주하는 설도 있었다. 또, 혼천설은 천지를 내외 관계로 보고 이것을 계란에 빗대 설명한다. 이 설에 따르면 하늘은 계란의 껍질, 땅은 노른자 같은 것으로 하늘에 감싸여 있고, 그 사이에 물이 있으며, 氣가 떠받치고 있는 천지는 물에 실려 運行한다. 다만, 실체 형태에 대해서는 하늘의 형상은 구형이고, 땅은 평면 내지 평면을 위로 한 半球라고 생각했다. 마테오 리치는 이러한 계란의 비유를 이용하여 지구를 설명했는데, 이는 뒤에서 서술한다.

9 須彌山說에 따르면, 세계의 중심에 수미산이라는 거대한 산이 있고, 그 주위에 同心의 정방형 모양으로 일곱 개의 漆海와 七重山이라는 산맥이 번갈아 늘어서 있으며, 그 밖에 大海가 있고 대해의 동서남북에 四大洲라 부르는 대륙이 있다. 大鹽海의 바깥은 鐵圍山으로 둘러싸여 있는데, 이것이 수미산 세계의 外緣이다. 이 지상 세계를 총칭하여 四洲九山八海라고 부르며, 해와 달은 수미산 중턱을 돈다. 이러한 수미산 세계가 천의 세제곱 그러니까 10억 개 모여 이루어진 三千大世界가 장대한 주기로 생성과 소멸을 반복한다. 이 우주론 안에서 인간세계는 사대주 가운데 남쪽의 대륙인 贍部洲 또는 閻浮提에 있고, 그 맞은편의 無熱惱池에서 갠지스, 인더스 등 네 개의 강이 흘러나오는데, 이것을 南贍部洲說이라 한다.

다. 그리고 땅이 방형인 것은 만물이 그 종류와 형태를 달리하고 있어 분직分職이 있기 때문이며, 만약 세계가 구형이라면 "천조天朝는 일시동인으로 만국을 통제하"는 화이질서는 근거를 잃게 된다.

마테오 리치의 만국도는 이러한 화이적 세계관과의 충돌을 완화하기 위해, 지참하고 있던 만국도가 유럽을 중심으로 중국·일본을 오른쪽 끝 극동에 배치한 것을 개편하여 중국을 중심으로 재배치함으로써, 중국의 『화이도』나 『천하총도』 등과 같은 전통적인 그림지도의 구도를 따르는 형태로 바뀌었다. 그러나 그렇게 많은 궁리 끝에 마테오 리치가 만국도를 제공하면서 의도한 것은, 그때까지 중국인에 의해 작성되었던 천하총도가 한결같이 중국의 15개 성의 주위에 모든 왕국의 이름을 적어 넣고서 "이 왕국들을 전부 합쳐도 중국에서 제일 작은 성 하나의 크기만도 못하다. 그리고 그들의 왕국은 광대하고 세계의 나머지 부분은 작다는 공상 탓에 자국에 비하면 세계는 하나같이 미개하고 문명에 뒤처져 있다고 생각할 정도로 그들은 자부심이 강했"[10]고 하는데, 이러한 중화적 세계관에 자신의 만국도가 충격을 주어 세계인식의 전환을 야기하는 것이었다.

그러나 중국에서는 만국도의 중심에 중국을 두기로 한 마테오 리치의 배려는 당연하게 간주된 한편으로 중국의 면적이 상대적으로 협소하다는 반발은 여전히 강했다. 또 오대주설에 관해서도 천 리밖에 안 되는 메갈라니카는 하나의 주로 간주하면서 수만 리가 넘는 중국이 하나

10　マテオ・リッチ, 「イエズス會士によるキリスト教のチーナ布教について」第2書 第5章, 앞의 책, p.191. 마테오 리치는 여기에서 세계도의 제작에 관하여 "성스러운 신앙상의 임무를 띤 우리들이 지나에서 신용을 얻는 데 이 작업은 당시로서는 가장 바람직하고 또 가장 유효했다. (…중략…) 그 덕분에 우리들에 대한 신용은 점점 좋아졌고, 이런 것을 발견하여 정교하게 묘사하는 힘이 있는 우리 유럽의 학자에 대한 평가도 높아졌다"라고 하여 그 의의를 함께 보고했다.

의 주가 되지 못하는 것은 모순이고, 오대주의 설정 자체가 자의적일 뿐만 아니라 오대주설도 전국시대의 추연鄒衍의 설을 모방한 것이라는 비판이 제기되었다. 예컨대 "그 설은 황묘荒渺하여 생각할 가치가 없다"(『明史』第三二六「意大利亞」), "허망한 속임수로 가득한 말이다"(『皇朝文獻通考』)와 같은 통렬한 비난도 끊이질 않았던 것이다. 물론 예수회 선교사의 만국도가 통상과 외교에서는 실용적인 의의를 갖는다는 것은 부정하지 않는다. 그러나 청초의 이광지李光地처럼 "땅은 천중天中에 있는 하나의 탄환과 같다. (…중략…) 둥근 공 모양이기 때문에 땅은 상하에 있고 모든 국토에 사람이 산다. 각각 위로는 하늘을 이고 있으며 아래로는 땅을 밟고 있다. 동서남북도 장소가 바뀌면 당연히 바뀌게 된다"[11]라는 지구설에 기초하여 지역의 상대성을 인정하는 논의는 드물게 볼 수 있는 것에 지나지 않았고, 마테오 리치가 기대했던 구체설球體說에 의한 중화사상의 상대화는 거의 진전되지 않았다.[12]

자신의 만국도가 중국의 조야에 받아들여져 환영을 받고 있다는 마테오 리치의 자부에도 불구하고, 만국도는 일부 사대부들 사이에서 애장품으로 사랑받기는 했지만 일반에 유포되지도 않았으며, 오히려 천주교의 포교에 이것을 이용하고자 한 것이 천주교에 대한 반발과 함께 만국도에 대한 혐오를 낳기도 했다는 점 역시 부정하기 어렵다. 마찬가지로 중국뿐만 아니라 천원지방설을 신봉하는 사람이 많았던 조선에서

---

11 李光地, 『榕村集』 卷5 「周官雜記・地官」.

12 矢澤利彥, 『中國とキリスト敎』(近藤出版社, 1972)에 따르면, 마테오 리치의 세계도 이후 알레니의 『職方外紀』(1623)와 페어비스트의 『坤輿圖說』(1672) 등이 간행되어 그 나름대로 유포되었음에도 불구하고 江西省의 독서인들은 세계도에 거부반응을 보였는데, 결론적으로 "자국의 사상・문화・관습에 대한 중국인의 완고한 자부심은 결국 이 학문의 전면적인 채택을 가로막고 말았"(p.13)던 것이다.

도 지구설은 쉽게 받아들여지지 않았고, 성호학파의 신후담愼後聃마저도 "중국은 세계의 한가운데 위치하며 기풍은 바르고 고금을 통하여 성현이 속출하여 명교名敎를 숭상했다. 그 아름다운 풍속과 수많은 인물을 보건대 외국은 중국에 미치지 못한다. 바다 반대쪽 아득한 곳에 있는 구라파의 여러 나라는 오랑캐가 사는 변경에 지나지 않는다"[13]라는 취지의 세계관을 고수하여 양보하지 않았던 것이다.

하지만 사람이나 물산의 흐름이 활발해지면서 느리긴 하지만 세계에 많은 국가가 존재하고 중국이 반드시 세계의 중심인 것이 아니라 만국 가운데 "하나에 지나지 않는다"는 인식이 퍼지고 있었다. 그리고 다른 한편 조선이나 일본에서는 중화를 세계의 중심에 놓는 사고방식을 비판하고, 중국에 대하여 스스로를 상대화는 과정에서 세계구체설은 수용될 가능성이 높아졌다. 조선의 경우, 1766년 무렵 집필된 「의산문답毉山問答」[14]에서 홍대용은 "중국과 서양의 경도차는 180도, 중국 사람들은 중국을 정계正界(=겉면)라 하고 서양을 도계倒界(=뒷면)라 하지만 서양 사람들은 서양을 정계라 하고 중국을 도계라 한다. 그런데 이치를 따져 보면 하늘을 이고 땅을 밟고 있는 이상 경계를 따르게 되며, 가로놓인 것도 없고 뒤집어진 것도 없다. 어디나 똑같이 정계인 것이다"라고 했다. 즉, 중국과 서양은 경도가 180도 다르기 때문에 중국인은 중국을 정면으로 서양을 이면으로 보지만 서양에서는 반대이며, 실제로는 어디나 정면이기도 하고 이면이기도 하다면서 각국을 상대화하는 관점을 내세웠다. 나아가 그곳에서 받아들인 세계관은, 각국의 인민, 군주, 방

13 愼後聃, 『西學弁』 「職方外紀」.
14 『湛軒書』 內集 卷4 「補遺」 「毉山問答」. 홍대용의 세계관에 대해서는 山內弘一, 「洪大容の華夷觀について」(『朝鮮學報』 第159輯, 1996) 및 姜在彦, 鈴木信昭 譯, 앞의 책, pp.160～172 참조.

국邦國, 습속이 제각각이고, 정면도 이면도 없으며, 화華도 없고 이夷도 없는, 말하자면 '화이·내외의 분별'이라는 춘추의 대의를 부정하고, "각기 그 사람에 친숙하고, 각기 그 임금을 받들며, 각기 그 나라를 지키고, 각기 그 민속을 편안하게 한다는 점에서는 화도 이도 하나다"라는 만국 병립의 인식이었다. 마찬가지로 다산 정약용도 동서남북의 중심을 중국이라 한다면 어디든 중국이 아닌 곳이 없고, 특별히 중화가 있고 동국(조선)이 있는 것은 아니라는 시부詩賦를 남겼다. 또 이익과 김만중金萬重 등은 세계구체설을 지지했고 18세기에는 박지원朴趾源이 지동설을 받아들이기도 했다.

그리고 1870년대 들어 박지원이 베이징에서 구입해온 지구의를 손자 박규수朴珪壽가 돌리면서 "금일 중국은 어디에 있는 것일까. 저쪽으로 돌리면 아메리카가 중국이 되고 이쪽으로 돌리면 조선이 중국이 되며, 어느 나라든 중심에 오도록 돌리면 중국이 된다. 금일 그 어디에 정해진 중국이 있겠는가"[15]라고 김옥균金玉均에게 말하는데, 사방 오랑캐의 나라들은 대지의 중앙에 있는 중국을 받들어야 한다는 사상에 속박되어 있던 김옥균은 이 말을 듣고 비로소 자주독립의 사상에 눈떴고 그 결과 갑신정변이 일어났다고 한다. 이 일화를 소개한 신채호申采浩는 지동설에 의해 천존지비天尊地卑의 망설이 무너지면서 전제군주의 근거가 사라졌고, 세계의 민족이 자국을 대지의 중심으로 삼아 타국을 멸시하는 편견을 버렸다면서 '학설의 효력'을 과소평가해서는 안 된다고 호소했다.

마찬가지로 일본에서도 세계구체설을 섭취함으로써 중국을 세계의

---

15 이하의 사실은 申采浩, 「地動說의 效力」에 소개되어 있다(丹齋申采浩先生記念事業會, 『丹齋申采浩全集』補遺 編, 所揭). 이 점에 관해서는 姜在彦, 『近代朝鮮의 思想』(紀伊國屋書店, 1971) pp.165~166 참조.

중심에 놓는 중화관에 대한 비판이 적잖이 등장했는데, 그 가운데 한 사람 오쓰키 겐타쿠는 『난학계제』(1783)에서 다음과 같이 서술한다.

지구는 큰 공 모양이며 만국이 그 안에 있다. 모든 나라가 구역을 달리하고 있긴 하지만 내가 있는 곳을 스스로 존칭하여 지나는 중토·중원, 중화·중국 또는 화락(華洛)·신주(神州)라 하고, 화란은 쥬르마니아(入爾瑪泥亞) 또는 '미델란트(Middelland, 이것은 中土라고 번역한다)'라고 부르며, 우리나라는 '나카쓰쿠니(中津國)'라 하고, 앙글리아(諳厄利亞)는 그 도읍을 천도(天度)의 시작이라고 하는데, 본국을 칭할 때에는 당연히 그럴 수 있다. (…중략…) 그런데 우리 쪽에서 지나를 오만한 이름인 중화의 나라라 부르고, 화인(華人)·화박(華舶)·화물(華物) 등과 같은 말을 쓰는 것은 어찌된 일인가. 따르며 배운 지가 오래되어 아무런 근거 없이 그 도(道)를 기꺼워하여 다른 것을 돌아보지 않고, 더군다나 지리에 어두운 나머지 이목견문(耳目見聞)에 제한이 있어 당과 천축이라는 이름만을 아는 무리는 심지어는 화란도 지나에 속한 것으로 알고 지나를 제외하고는 모두 만이(蠻夷)라고 부른다. 어찌 이토록 학문이 조악하고 협애한가.[16]

오쓰키의 비판은 중국이나 일본뿐만 아니라 네덜란드와 영국까지 향하고 있는데, '만국배거萬國配居'의 구체설에 따라 모든 자문화중심주의를 상대화하고 있다는 점에서 주목할 만하다. 그리고 비판의 창끝은 중

---

16 大槻玄澤, 『蘭學階梯』(『洋學 上』(日本思想大系63), 岩波書店, 1976), p.339. 이 저작이 나온 1783년에는 이미 중국으로부터 『曆象考成後編』(1742)이 전래되어 케플러의 타원궤도설과 부등속운동설이 알려졌고, 麻田剛立·高橋至時·間重富 등이 이에 관해 연구를 진행하고 있었다. 또, 本木良永가 1774년에 코페르니쿠스의 지동설을 소개한 『天地二球用法』의 원고를 마무리했다. 이처럼 지구설이나 우주론이 마테오 리치에게만 의지했던 것은 아니다.

화사상을 끌어안고 있는 자국의 유학자 나아가 유학 그 자체로 향하고 있으며, 이는 구체설과 만국의 발견에 의한 '중화문명의 주변화'라고도 말할 수 있는 사태가 출현하고 있었다는 것을 보여준다. 여기에서는 당震旦・천축・본조本朝의 삼국세계관도 허튼소리일 수밖에 없다.

게다가 마테오 리치의 만국도는 난학자에 의한 유학자 비판에 이용되었을 뿐만 아니라, 유학과 불교에 대항하면서 자기의 세계관을 형성해야만 했던 국학國學에도 중요한 이론적 근거를 제공했다. 모토오리 노리나가本居宣長는 오대주설에 의거하여 당・천축・본조의 삼국관으로부터 탈각할 것을 제시하고, 지구설을 근거로 하여 불교의 '구산팔해九山八海'의 수미산설을 공론이라고 배척했으며,[17] 나아가 히라타 아쓰타네平田篤胤도 「고도대의古道大意」 등의 저작에서 지구설과 지동설을 근거로 지평설을 고수하는 유학과 불교를 비판했던 것이다.

그리고 일본의 전통적인 세계관이었던 당・천축과 본조로 이루어진 삼국관이나 불교적 수미산설은 마테오 리치의 만국도가 들여온 오대주설과 지구설에 의해 변경될 수밖에 없었다. 더욱이 오대주설 또는 육대주설에 관련하여 '메갈라니카Megallanica'라는 남방 일대에 펼쳐진 '미지의 남방 대륙terra australis incognita'에 대해서는 의문을 표시했지만 그 자체를 배척하는 논의는 거의 없었다. 서양 사람들만이 대항해시대의 체험을 바탕으로 세계 각지를 실제로 견문・측량한 이상 반론할 방법이 없었을 것이다. 단, 마테오 리치의 만국도도 16세기에서 17세기로 넘어가는 시대에 그려진 것이어서 한계는 명확했다. 예컨대 현재의 핀란드 근처에 '왜인국'이 있는데 신장은 1척 정도, 다섯 살에 아이를 낳고 여덟

---

17 本居宣長는 「沙門文雄が九山八海解嘲論の弁」, 「玉勝間」, 「眞曆不審考弁」 등에서 須彌山說과 蓋天說 등을 비판했다.

살이면 늙어버리는 나라가 있고, 여인국, 장인국長人國, 야국夜國, 귀국鬼國 등 상상의 나라를 묘사하는 등 당시의 세계정보의 범위를 반영하여 『산해경』에서나 볼 수 있는 전설적인 이야기를 적잖이 포함하고 있었던 것이다.

하지만 오대주와 관련해서는 마테오 리치의 세계상이 수용되어 그후 일본인의 세계인식을 규정하는 하나의 원형이 되었다는 것도 부정할 수 없다. 1645년 일본에서 최초로 판각된 세계지도인 〈만국총도〉 역시 남만계세도南蠻系世圖를 참조하면서도 바다와 육지의 모양은 마테오 리치의 만국도를 따르고 있으며, 에도시대를 통해 일본인의 세계상에 강한 영향력을 발휘했던 니시카와 조켄의 『증보화이통상고』(1707)에도 마테오 리치의 오대주 구분을 그대로 수용하고 여기에 메갈라니카를 더해 〈곤여만국전도〉를 간략화한 〈지구만국일람지도〉가 실려 있다. 또 여인국, 야국, 귀국 등도 전사轉寫하고, 일부에는 알레니의 『직방외기』에 의거한 부분이 있다. 더욱이 니시카와 조켄보다 더 지리학적 정확성을 기하여 "만국곤여도에 보이는 것을 모두 믿어서는 안 된다"[18]라고 한 아라이 하쿠세키의 『서양기문』(1715)에서도 지구에 관하여 "대지와 바다는 그 모양이 원형인데 서로 합하여 공 모양을 이루고 있으며 천원天圓 안에 있다. 예를 들어 계란의 노른자가 흰자 안에 있는 것과 같다. 지구의 둘레는 구만리이며 상하사방에 사람이 살고 있다. 그 땅을 나누어 오대주라고 한다. 하나는 유럽, 둘은 아프리카(한자로 利未亞라고 한다), 셋은 아시아(한자로 亞細亞라고 한다), 넷은 북아메리카, 다섯은 남아메리카"라고 지구설과 오대주를 설명하고 있다. 이것이 "地與海本是圓形而合爲一球. 居

---

18 新井白石, 『西洋紀聞』 中卷, 岩波文庫版, p.54·33. 단, 원문에 있는 유럽 등에 관한 割註는 인용에서 생략한다.

天球之中. 誠如鷄子黃在靑內. (…中略…) 地之東西南北各一周九萬里.
(…中略…) 上下四旁皆生齒所居. (…中略…) 分輿地爲五大洲. 曰歐邏巴,
曰利未亞, 曰亞細亞, 曰南北亞墨利加"라는 문장의 번역이라는 것은 한눈
에 알 수 있는데, 이것은 바로 마테오 리치의 〈곤여만국전도〉에 적혀 있
는 설명이다. 또 '메갈라니카墨瓦刺泥加'의 존재에 관해서는 60년 전에 포
르투갈인 마젤란이 그 해협을 통과하면서 이름이 붙여졌다는 설을 소개
하고 있는데, 이에 대한 아라이 하쿠세키의 설명도 마테오 리치의 의견
을 그대로 따르고 있다. 메갈라니카의 존재가 마테오 리치의 만국도의
특징을 이루는데, 1771년 이곳을 탐험한 제임스 쿡이 뉴기니, 뉴질랜드
등이 독립적인 섬이라는 것을 확인하고 오스트레일리아의 영유권을 선
언한 후에는 미쓰쿠리 쇼고의 『신제여지전도新制輿地全圖』(1844) 등 난학
자의 지도에서는 메갈라니카가 사라진다. 그리고 1737년 기타미치 겐
신北道見信이 파르크 지구본의 구면도를 그린 것을 시작으로 난학자에 의
해 지도책이 역출되었고, 1792년에는 시바 고칸의 동판 양구도兩球圖,
1816년에는 다카하시 가게야스·바바 사다요시 등의 〈신정만국전도〉
가 제작되었다. 그럼에도 불구하고 마테오 리치의 만국도는 막부 말기
까지 영향을 미쳤으며, 『대일본사』중 '지리지'의 편찬에 관여한 나가
쿠보 세키스이長久保赤水가 1785년 무렵 판각한 〈개정지구만국전도〉와
마테오 리치의 지도를 바탕으로 한 만국도는 1850년대 후반에도 재판
각되었고, 이것에 의거하여 각종 만국도가 작성되었던 것이다.[19] 그리

---

19 '萬國總圖'는 마테오 리치의 만국도에서 南蠻系 세계도에 덧달린 民族圖와 같은 종류의 圖譜를 포함
   하고 있는 경우가 많다. 만국총도는 원래 측량술을 공부하는 사람을 위한 학습용 白地圖로 작성되
   었다고 하는데, 1645년판 이후의 것이 현존한다. 이에 관해서는 海野一隆, 「正保刊 '萬國總圖'の成
   立と流布」(有坂隆道 編, 『日本洋學史の研究 X』, 創元社, 1991) 및 秋岡武次郎, 「坤輿萬國全圖屛風總
   說 澁川春海描並に藤黃赤子描の世界圖天文圖屛風」(『法政大學文學部紀要』第8號, 1962) 참조.

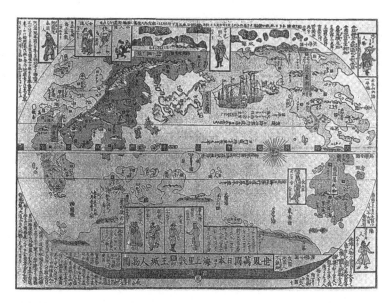

〈세계만국 일본으로부터 해상리수(海上里數)·왕성인물도(王城人物圖)〉, 1854년경, 목판 컬러.
나가쿠보 세키스이의 만국도를 바탕으로 하여 작성되었으며, 메갈라니카 대륙도 기재되어 있다.

고 각종 '절용집節用集(사전류)'이나 '훈몽도휘訓蒙圖彙' 등에도 되풀이하여
마테오 리치의 만국도가 실리기도 했다. 따라서 세계의 지명이나 지지
적 지식의 경우 마테오 리치의 만국도가 하나의 공통적인 정보 기반을
제공했다고 말할 수 있을 것이다.

다른 한편 조선에서는 1508년 중국을 경유하여 서양포西洋布가 수입
된 이후 단편적이긴 하지만 서양에 관한 정보가 들어왔고, 1520년에
는 포르투갈의 말라카 침공에 관한 정보도 통역사 이석李碩에 의해 알
려졌다. 이와 같은 막연한 세계정보는, 이수광이 마테오 리치의 〈곤여
만국전도〉와 〈양의현람도兩儀玄覽圖〉 등의 조선 전래를 소개하고, 그의
저작『지봉유설』권2에서 수마트라와 자바에서부터 불랑기국佛浪機國(포
르투갈)·대서국大西國(이탈리아)·영길리永吉利(영국) 등에 관해 서술하고

있는 것을 보아도, 1610년대에는 상당히 확실해지고 있었다는 것을 알 수 있다. 그리하여 『산해경』 등의 지리적 지식을 바탕으로 그려진 『천하총도』, 원나라 시대의 지리적 지식에 기초하여 동쪽은 일본, 서쪽은 유럽과 아프리카 일부를 포함하는 이슬람 지도의 영향을 받은 이택민李澤民의 『성교광피도聲敎廣被圖』의 흐름을 이어받은 『혼일강리역대국도지도混一疆理歷代國都之圖』, 이 두 계통의 세계지도가 존재했던 조선의 세계인식에 아메리카 등의 정보를 덧붙여 세계가 광대한 오대주로 이루어져 있다는 것을 알리기도 했다.[20] 그러나 이미 살펴본 것과 같은 위치에 서학이 놓인 지적 상황 아래서는 정상기鄭尙驥·정항령鄭恒齡 부자의 〈동국지도〉, 김정호金正浩의 〈대동여지도〉 등 어디까지나 조선지도의 제작에 노력을 기울일 수밖에 없었다. 그랬기 때문에 일본처럼 〈곤여만국전도〉를 그대로 모사한 듯한 지도나 문장이 차례차례 번각된 것이 아니라, 안정복의 지구본용 세계지도가 마테오 리치의 만국도를 이용하고, 페어비스트의 〈곤여전도〉(1674)가 1860년에야 간신히 중각重刻되었을 따름이다. 중국에서는 풍응경馮應京의 『월령광의月令廣義』(1602)와 『방여승략方輿勝略』(1608), 왕기王圻가 편찬한 『삼재도회三才圖會』(1609), 장황章潢의 『도서편圖書編』(1613) 등에 마테오 리치의 만국도와 지지적 설명이 전재된 것 외에, '대명일통大明一統'을 '대청일통大淸一統'으로 바꾼 〈곤여만국전도〉 청각본淸刻本이 만들어졌고, 유자륙游子六이 편찬한 『천경혹문天經或問』(1675) 등에 간략화한 만국도와 구중천도九重天圖 등이 게재됨으로써 일정한 영향력을 가질 수 있었다고 말할 수는 있

---

20 마테오 리치 등의 세계도가 조선에 미친 영향에 관해서는 船越昭生, 「朝鮮におけるマテオ・リッチ 世界地圖の影響」(『人文地理』 第23卷 2號, 1971) 및 楊普景, 辻稜三 譯, 「朝鮮時代の地理書に關する 研究序說」(『朝鮮學報』 第116輯, 1985) 참조.

다. 하지만 일반적으로는 조군의^{曹君義}의 『천하구변분야인적로정전도^天
^{下九邊分野人跡路程全圖}』(1644)에서 볼 수 있듯이, 종래의 '화이도'와 마찬가
지로 거대한 중화의 사변^{四邊}에 마테오 리치의 만국도의 내용을 분할,
왜소화하여 끼워 넣은 세계지도가 널리 알려져 있었다.

이러한 점을 고려하면 만국도의 세계관을 거의 그대로 수용한 일본
이 이례적이었는지도 모른다. 또 화이관을 수정했다 해도 조선에는 소
중화사상이 이미 존재하고 있는 이상 그것이 청조에 대한 이적관^{夷狄觀}
을 강화했을지언정 자국의 상대화로 이어지는 것은 홍대용 등에게서
볼 수 있는 정도에 지나지 않았다.

제2절 ──────────── 만국사와 사상연쇄

그러나 중국이나 조선에서도 달리 유사한 것이 없다는 조건하에서는
마테오 리치의 〈곤여만국전도〉와 알레니의 『직방외기』 등을 통해 받아
들인 세계 여러 나라에 관한 지식은 18세기에도 세계 정보를 제공하는
중요한 역할을 하고 있었다. 그리고 세기를 넘어 1843년 웨이위안의
『해국도지』 간행에 즈음하여, 그 서문에서 마테오 리치와 알레니의 만
국지지^{萬國地誌}가 세계적 시야를 확대하는 데 기여한 역할이 높은 평가를
받았고, 『국지총론^{國地總論}』에 「마테오 리치 지도설」과 「알레니 사해총설
^{四海總說}」 등이 게재됨으로써 다시금 주목을 끌게 되었다.

하지만 『해국도지』가 공간된 시점에는 이미 알레니 등의 간략한 지

지적 설명으로는 당시의 세계 동향을 파악하기 어려웠고 구미와 아시아의 대치라는 사태에도 적응할 수 없었다. 웨이위안은 『해국도지』를 편수編修하면서 그때까지 중국의 해외지리지가 중국인의 입장에서 서양을 이야기한 것과 달리 "서양인의 입장에서 서양을 말하는"(「海國圖志原叙」) 시점을 중시하고, 주권국가들이 경합하는 세계의 모습과 각국의 최신 정세에 관한 역문譯文을 모으는 동시에 구미의 침공에 대처하기 위한 국방책을 제시는 방침을 택했다. 그런 까닭에 『해국도지』[21]는 단순히 지리서나 만국사에 머무르지 않는, 오랑캐의 정세를 알고 오랑캐의 장점을 배우며 오랑캐를 제어할 방책을 제시한 경세警世의 책으로서 동아시아 세계에서 사상연쇄를 촉발하게 되었던 것이다.

웨이위안 자신은 1843년 50권본으로 간행한 후에도 1847년에는 이를 증보·개정하여 60권본을 펴내고 1852년에는 포르투갈인 마르케스의 『지리비고地理備考』와 미국인 브리지먼의 『합성국지合省國志』[22]를 참조

---

21 魏源의 『海國圖志』는 기본적으로 林則徐가 휴 머레이의 세계지리서를 초역한 『四洲志』를 골격으로 하여 여기에 마테오 리치, 알레니 등의 한역 지리서, 지도, 중국의 역사서와 方志 등에서 재료를 編選하고, 나아가 프로테스탄트 선교사가 주재하고 있던 廣東의 有用知識普及會의 출판물을 비롯한 한역 서학에서 세계 각국의 역사, 당시의 정치·경제·종교·교육 등의 사정을 나라별로 배열한 만국지리서 내지 만국사인데, 첫머리에 「籌海篇」을 두어 議守(防禦)·議戰(戰鬪)·議款(外交) 세 측면에서 구미에 대한 대응책을 피력하고 있다. 또, 말미에는 조선 및 화약의 제조, 포대 축조법, 망원경 사용법, 측량법 등 과학기술을 그림과 함께 소개하고 있다. 100권본의 구성은 다음과 같다. 주해편(1~2권), 지도(3~4권), 세계각국지(5~70권), 표(71~73권), 國地總論(74~76권), 籌海總論(77~80권), 夷情備采(81~83권), 西洋技藝(84~95권), 地球天文合論(96~100권). 이 가운데 국지총론에는 마테오 리치의 『地圖說』, 알레니의 『四海總說』, 페어비스트의 『坤輿圖說』이 수록되었고, 이정비채는 『澳門月報』, 『華事夷言』 그리고 바텔의 국제법을 번역한 『滑達爾各國律例』로 이루어져 있다.

22 『해국도지』 서문에서는 『合省志』라고 했는데, 브리지먼의 미국사는 먼저 1838년 싱가포르에서 『美理哥合省國志略』이라는 제목으로 간행되었고, 1848년 廣州에서 『亞美理駕合衆國志略』이라는 제목으로 개정판이 나왔으며, 1861년에는 上海에서 수정증보판이 출간되었다. 魏源이 인용한 것은 앞의 두 권이고, 일본에서 중시된 것은 『大美聯邦志略』의 번각판 『聯邦志略』이다. 또, 1861년의 「重刻聯邦志略叙」에는 브리지먼의 미국사에 의거한 『해국도지』의 관련 부분을 "일본인이 그들의 언어로 번역한 것"이라고 적혀 있는데, 브리지먼은 일본에서 자신의 책이 번각되었다는 사실을 알고

하여 대폭 증정增訂한 100권본을 출간하여 이를 정본으로 삼는 등 『해국도지』의 충실에 온 힘을 기울였다. 그러나 그런 그가 조선창造船廠과 화기국火器局의 건설, 배와 총의 제조를 위한 프랑스인과 미국인 기술자와 교사의 초빙, 서서번역국西書飜譯局의 설립 등을 제안했음에도 불구하고 하나도 채택되지 않았다. 웨이위안과 그의 저서는 훗날 캉유웨이 등의 사상 형성에 강한 영향을 주긴 했지만 완고한 화이관이 지배적이던 동시대의 중국에서는 즉각 정책에 반영되지는 않았던 것이다. 그것은 1854년 60권본을 일본에서 번각한 시오노야 도인이 "원본은 대단히 정교하지 못하고 위자僞字도 상당히 많기"[23] 때문에 그 저서가 유익함에도 불구하고 본국에서는 경시되고 있음에 틀림없다고 추측하면서 서문에 다음과 같이 쓴 것을 보아도 알 수 있다. "아아, 충성스럽고 지혜로운 학자가 나라를 걱정하여 책을 저술했는데도 그 사람에게는 아무런 쓸모가 없고 도리어 우리나라에서 중용되고 있다. 나는 웨이위안을 위해 이를 슬퍼할 뿐만 아니라 청의 군주를 위해서도 슬퍼한다." 시오노야는 그것이 중국인에게 서양의 지리정치의 진실을 알려주는 책이며, 이 책을 통해 현명한 군주가 스스로 반성하고 대책을 마련한다면 전화위복이 될 수 있을 것이라고 생각했던 것이다. 그러나 출판에 관해서만 말하자면, 웨이위안의 사후 1년이 지난 1858년 병부시랑 왕마오인王茂陰은 함풍제에게 『해국도지』를 바치면서 이 책을 중간하여 친왕과 대신의 집집마다 한 부씩 두게 하고 종신宗臣과 팔기八旗에 배포하여 배우게 할 것을 상주했지만[24] 그의 희망은 받아들여지지 않았다.

있었던 것이다.

23 塩谷宕陰, 「翻刻海國圖志序」, p.3.

24 『籌辦夷務始末』 卷28 咸豊朝, pp.45~49.

다만, 일본에서 중용되었다고는 하지만 『해국도지』가 간행과 동시에 일본에 유포된 것은 아니며 그 전래에는 상당한 시차가 따랐다. 1843년의 50권본의 경우 조선에는 베이징에 파견된 사절에 의해 1844년 네 부가 전해졌지만 일본에는 끝내 들어오지 못했다. 그리고 60권본이 일본에 처음으로 들어온 것은 1851년 그러니까 출판으로부터 4년 후였는데, 이때 가져온 세 부도 책 속에 '나라에서 금제하는 문구' 즉 기독교에 관한 기술이 있는 금서라 하여 나가사키부교쇼長崎奉行所로 보내 최종적으로 로쥬老中에게 결재를 구한 결과 막부의 모미지야마문고紅葉山御文庫(쇼군을 위한 도서관—옮긴이), 쇼헤이자카학문소昌平坂學問所(막부 직할 교학기관—옮긴이), 로쥬 마키노 다다마사牧野忠雅의 집에 보관하기로 했다. 다음해에도 한 부를 더 가져왔지만 이것 역시 나가사키카이쇼長崎會所(나카사키에 설치된 무역기관—옮긴이)에서 보관하게 되었다. 시중에서 돌려볼 수 있었던 것은 1854년의 여덟 부가 처음이다.[25] 그러나 1854년 이전 막부의 도서관에서 보관하고 있던 『해국도지』를 열람한 가와지 도시아키라가 그 유용성을 아베 마사히로에게 진언하자 쇼군이 각 참정參政에게 이 책을 내려보냈다. 이 뿐만 아니라 가와지 도시아키라는 "한 걸음 더 나아가 이것을 번각하여 뜻 있는 사람들이 열람할 수 있게 하는 것이야말로 국가를 위한 일이라며 아베 마사히로에게 부탁하여 남은 한 부를 받을 수 있었고 이 책의 번각도 허락받았다."[26] 그리고 가와지는 시오노야 도인과 미쓰쿠리 겐포에게 교정 번각을 의뢰하여 출판하도록 했다. 이 교정번각판은 1849년판 60권본의 오자를 정정하고 오류에 주를 달

---

25 大庭脩, 『江戸時代における唐船持渡書の研究』, 關西大學東西學術研究所, 1966, pp.565~568・570・575・646 등 참조.
26 川路寬堂 編述, 『川路聖謨之生涯』, 吉川弘文館, 1903, pp.350~351.

주요 내용	제명 · 권책	번각자 · 일역자	간행년도
籌海篇	翻栞海國圖志(2卷2冊)	塩谷宕陰 · 箕作阮甫訓點	1854
	海國圖志籌海篇譯解(3卷3冊)	南洋梯謙日譯	1855
아메리카	翻栞海國圖志墨利加洲部(5冊)	塩谷宕陰 · 箕作阮甫訓點	1854
	亞米利加總記(1卷1冊)	廣瀨達日譯	1854
	續亞米利加總記(2卷2冊)	上同	1854
	墨利加總記後編(3卷2冊)	上同	1854
	西洋列國史略(4冊)〔上記 廣瀨達譯의 改題〕	上同	1870
	美理哥國總記和解(1卷1冊)	正木篤日譯	1854
	墨利加洲沿革總說總記補輯和解(1冊)	上同	1854
	美理哥國總記和解(上中下3冊)	上同	1854
	海國圖志墨利加洲部(8卷6冊)	中山傳右衛門訓點	1854
	新國圖志通解(4冊)	皇國隱士日譯	1854
	西洋新墨誌(4卷2冊)	上同	1854
영국	英吉利國總記和解(1卷1冊)	正木篤日譯	1854
	英吉利廣述(2卷2冊)	小野元濟日譯	1854
	翻栞海國圖志英吉利國(3卷3冊)	塩谷宕陰 · 箕作阮甫訓點	1856
러시아	海國圖志俄羅斯國記(1卷1冊)	大槻禎日譯	1854
	翻栞海國圖志俄羅斯國記(2卷2冊)	塩谷宕陰 · 箕作阮甫訓點	1855
프랑스	海國圖志佛蘭西國總記(1卷1冊)	大槻禎日譯	1855
프러시아	翻栞海國圖志普魯西國記(1卷1冊)	塩谷宕陰 · 箕作阮甫訓點	1855
인도	海國圖志印度國部附夷情備采(3卷3冊)	賴三樹三郎訓點	1856
夷情備采	奧門月報和解(1卷1冊)	正木篤日譯	1854
	海國圖志夷情備采(1卷1冊)	大槻禎日譯	1854
海防	海國圖志訓譯(上下2冊)	服部靜遠(棟隆)日譯	1855
國地總論	海國圖志國地總論(1冊)	鸞嶺道人訓點	1869

아 더욱 정확성을 기한 것인데, 중국과 조선에서도 이와 같은 교정판은 간행되지 않았다. 이리하여 일본에서는 페리 내항 이듬해에 해당하는 1854년에 60권본의 원본과 번각훈점본이 나왔고, 또 100권본이 간행으로부터 2년이 지난 이 해에 전해져 다투어 읽히게 되었다. 일본에서는 무엇보다 막부 최고수뇌부에서 『해국도지』를 중시했고, 또 흑선黑船

내항이라는 사태와 함께 높아진 구미에 대한 민간의 관심에 부응하여 [표 1]에서 볼 수 있는 것처럼 미국 관련 부분을 중심으로 훈점본과 일 역본이 간행되었으며, 1870년에도 훈점본이 출판된다.[27]

그러나 일본에서는 그 전권全卷이 번각된 것이 아니라, 시오노야 도인 이『해국도지』를 "이름은 지지라고 하지만 그 내실을 보면 병법을 망라 한 책"(「翻梓海國圖志序」)으로 간주했듯이, 해방의 방책을 설명한 '주해편籌 海篇'과 전함·화공편이 중시되었고, 미국·영국·러시아·프랑스·프 로이센·인도 등 중요하다고 생각하는 나라에 관한 부분이 중점적으로 간행된 것에 지나지 않았다. 다만 그것은 당시 일본인의 절실한 관심이 어디를 향하고 있었는지를 반영하는 것이며, 동시에 마침『해국도지』가 그 요구에 부응하는 내용을 갖추고 있었다는 것을 의미하기도 한다.

그리고 웨이위안이 10년에 걸쳐『해국도지』내용의 개정증보를 위 해 부심한 것도, 아편전쟁의 충격과 그 후에도 계속되는 구미의 진출에 직면하여 세계정세에 무관심해서는 안 되는 상황임에도 불구하고, 위 정자가 국면을 호도하는 데 급급하여 발본적인 대책을 하염없이 미룰 뿐만 아니라 외국 사정을 연구하고자 하는 자를 통번通審·한간漢奸이라 하여 배척하는 풍조를 타파하고, 서양에 대한 이적관夷狄觀을 전환시키 기 위해서였다. 웨이위안은 천문과 지리를 아는 자는 비록 서양인이라 하더라도 "세계의 뛰어난 학자, 나라 밖의 좋은 벗"[28]으로 대우해야 하 며, 이들을 이적시하여 배척하면 스스로의 시야와 식견을 좁혀 세계의 동향에 등을 돌리는 결과를 낳을 것이라고 역설했다. "사방의 오랑캐를

---

27 『해국도지』의 번각과 관계가 있는 「市中取締續類集」의 '書籍之部'에 대해서는 森睦彦, 「『海國圖 志』の舶載から翻刻まで」(『蘭學資料研究會 研究報告』第206號, 1968)에 관련 기록이 명확하다.
28 魏源,『海國圖志』卷76「西洋人瑪吉士地理備考叙」.

스승으로 삼아 좋은 점을 배우는 자는 능히 사방의 오랑캐를 제어할 수 있고, 외이外夷의 좋은 점을 제대로 배우지 못하는 자는 외이에게 제압 당한다"라고 생각하고 중화의식에서 일찌감치 벗어났던 웨이위안의 입장에서 볼 때, 구망부국救亡富國을 바란다면 외국을 이적夷狄이라 하여 혐오하고 배척만 할 게 아니라 '이정채방夷情探訪' 즉 적의 정세를 아는 것이 무엇보다 필요했을 터이다.

> 오랑캐의 책을 번역하고 오랑캐의 사정을 파악하려 하면 반드시 쓸데없는 일이라며 배척한다. 일단 일이 발생하면 영국의 수도와 러시아의 수도 중 어디가 멀고 가까운지를 찾아보게 된다. (…중략…) [예로부터 외이를 통어한 자는 ─ 인용자주] 중국의 사정이 밖으로 새나가는 것은 막았지만, 외국의 정황을 중국으로 들여오는 것을 금했다는 얘기는 듣지 못했다. 외이를 제어하려면 우선 오랑캐의 사정을 속속들이 알아야 하며, 오랑캐의 사정을 속속들이 알기 위해서는 먼저 번역관을 세워 그들의 책을 번역하는 일부터 시작해야 한다.
>
> ─『해국도지』 권2, 「籌解篇 · 議守」

그러나 번역관의 설립이 1862년 동문관 개설을 기다리지 않으면 안 되었던 것처럼 외국 사정에 대한 관심은 대단히 희박했고, 다가오는 구미의 침략에 대항하기 위해 웨이위안이 제시한 정책은 거의 관심을 끌지 못했다. 웨이위안은 자신의 정책을 실현하기 위해서는 먼 길을 에둘러야 했는데, 「해국도지 원서原叙」에서 강조했듯이, 무엇보다 '인심이 자각하지 못하는 병'과 '인재가 없는 병'을 함께 치유하는 것이 선결과제였다. '인심의 각성'과 '인재의 육성 · 등용'이라는 두 가지 과제야말

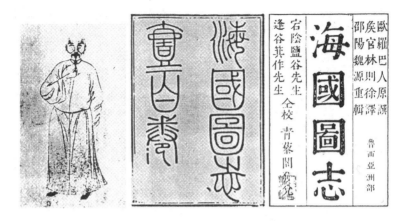

웨이위안과 『해국도지』 100권본 및 번각판

로 국민국가 형성에 있어서 최초이자 끝이 없는 과제로서 가로놓여 있는 것이다. 그리고 국민의 아이덴티티를 확립하기 위해서는 타자의 존재를 알고 자타의 이동異同을 확인하는 것이 불가결한 전제가 된다. 『해국도지』 곳곳에서 '나라는 인재가 있어야 흥한다'는 것을 역설한 웨이위안이 외국 사정을 알기 위해 이 책에 쏟은 노력은 이런 의미에서 국민형성 그 자체와 관련이 있으며, 량치차오가 『해국도지』의 역사적 의의를 "국민에게 대외 관념을 장려했다"[29]라는 점에서 찾은 것은 정곡을 찌른 것이라 할 수 있다. 또 장즈둥張之洞이 "웨이위안이 도광道光 연간(1820~1850)에 외국의 서적과 신문을 번역하고 『해국도지』를 저술한 것은 중국이 서구의 정치를 아는 첫걸음이었다"[30]라고 말했듯이, 영국의 의

29　梁啓超, 「論中國學術思想變遷之大勢」(1902), 『飮氷室文集之七』, p.97. 魏源 자신도 "財用이 부족하기 때문에 나라를 가난하다고 하는 것이 아니라 인재를 다투어 기르지 않기 때문에 가난하다고 한다"(『聖武記』 叙)라고 하여 대외적인 경쟁을 담당할 인재의 육성을 강조했다.

30　張之洞, 「學制」, 『勸學篇』 卷下, 『勸學篇』은 沈雲龍 主編, 『近代中國史料總刊 第9輯 84』(文海出版社)에 수록되어 있으며, 이하의 인용에서는 해당 페이지를 생략한 경우도 있다.

회제, 스위스의 자치민주제, 미국의 대통령제 등을 소개한 것은 국가라는 기구의 형성에 불가결한 정보를 제공한 것이었다. 게다가 웨이위안이 "그 장정章程은 대대로 길이 드리워 폐단이 없을 것"(「海國圖志后叙」)이라고 하여 일찌감치 스위스와 미국의 헌법을 칭송한 것은 양무운동 이전에 이미 변법의 주장을 선취한 것이라고도 말할 수 있을 것이다.[31]

하지만 변법사상이 등장하기 이전에 『해국도지』에 관심을 보인 소수의 사람들에게 국민국가 형성은 아직 과제로 의식되지 못했는데, 그들의 관심은 무엇보다 전함과 화기의 제조 및 양병養兵·연병練兵과 같은 "오랑캐의 장기를 배워 오랑캐를 제어하는" 방책을 둘러싼 것이었다. 펑귀펀馮桂芬이 "오랑캐의 장기를 배워 오랑캐를 제어한다"라는 말 한 마디에 찬성의 뜻을 표하고, 나아가 "처음에는 이것을 모범으로 삼아 따르고 이어서 이것과 동등하게 된 다음 마지막으로 이것을 능가한다. 자강의 길이란 실로 여기에 있다"[32]라는 논리로 발전시킨 것도 자존자강론의 관점에서 『해국도지』를 포착했기 때문이다. 궈쑹타오가 "요컨대 『해국도지』의 대강은 형세를 생각하여 서양 사정에 통하고 적을 이기기 위해 역할을 하게 하려는 데 있다. 그것은 통상·의관議款 및 오랑캐의 장기를 모범으로 삼아 오랑캐를 제어할 것을 논한 것인데, 이것을 두고 통상을 개시한 것이라 하여 웃거나 놀리지 않은 것은 아니었다. 그러

---

31 北村良和,「魏源─パラダイムの轉換者」(日原利國 編,『中國思想史』下卷, ペリカン社, 1987)에서는 魏源의 '變'의 사상의 철저성을 지적하면서, "天子가 스스로를 衆人 가운데 한 사람이라고 생각한다면 그것은 곧 天下를 天下의 天下로 생각하는 것"(『內集』第三)이라며 오랑캐인 미국 대통령 중에서 治政의 이상을 발견한 것을 두고 "중국사상사의 특이한 사태라고 해도 좋다"고 평가한다. 또, 魏源에 관해서는 李漢武,『魏源傳』(湖南 大學出版社, 1988) 참조. 그리고 아편전쟁과 『해국도지』를 둘러싼 정치사조에 관해서는 大谷敏夫,『清代政治思想と阿片戰爭』(同朋社出版, 1995) 및 寧靖 編,『鴉片戰爭史論文專集 續編』(人民出版社, 1984)에 시사점이 풍부한 논고가 수록되어 있다.

32 馮桂芬,「制洋器議」,『校邠廬抗議』(廣人堂校本, 1861 自序) 卷下, p.5.

나 10여 년 사이에 그 말은 모두 실증되었다"[33]라고 평가했듯이, 1860년대 들어서 웨이위안이 제시한 대다수의 시책은 그 필요성이 인식되기에 이르렀다. 다만, 구미 민주정치의 의의를 강조한 궈쑹타오에게도 『해국도지』는 양무운동의 선구로서밖에 포착되지 않았다. 그런 점에서는 오히려 "웨이위안이 『해국도지』를 저술하여 오랑캐의 장기를 모범으로 삼아 오랑캐를 제어해야 한다고 주장하고 린쩌쉬가 서양의 신문을 번역한 것은 실로 변법의 맹아가 되었다. 그러나 그 후 20여 년, 대환大患이 잇달아 발생해도 나라 안에서는 모두 수구守舊에 여념이 없어 변법에 관한 애기는 털끝만큼도 들으려 하지 않았다"[34]라는 량치차오의 평가야말로 『해국도지』의 역사적 의의와 그것이 받을 수밖에 없었던 처우處遇를 명확하게 보여주는 것이라 할 수 있다. 그렇지만 그것은 역시 동시대인의 실감으로부터는 거리가 있었고, 만약 태평천국이나 애로우호 전쟁에서 영국군과 프랑스군의 베이징 점령, 함풍제의 열하 몽진蒙塵, 원명원圓明園의 파괴와 같은 사태가 발생하지 않았다면 또 서양 화기의 위력을 직접 경험하지 못했다면, 1860년대에 들어서도 웨이위안이 제시한 시책은 고려의 대상이 되지 않았을 것이다.

1879년 일본을 방문한 왕타오는 시게노 야스쓰구, 오카 센진 등과 필담을 하는 자리에서 『해국도지』를 읽고 나라를 걱정하는 웨이위안의 마음에 감동을 받았다고 말하는 시게노에게 웨이위안이 "처음으로 오랑캐의 장기를 모범으로 삼자는 주장을 했지만 안타깝게도 당시에는 정부도 말만 할 뿐 실행에 옮기지 않았고, 오늘날에도 시행한다고는 하지만 껍데기만 흉내 내는 데 지나지 않는다"[35]라고 응답한다. 양무운동

---

33 郭崇燾, 「書海國圖志後」, 『養知書屋文集』 卷七, p.16.
34 梁啓超, 「戊辰政變記」(1899), 『飮氷室專集之一』, p.21.

에 의해 웨이위안이 주장한 조선창·화기국의 건설과 이와 관련한 서양인 기술자 및 교사의 초빙 등의 정책은 실현되는 듯했지만, 왕타오가 보기에는 웨이위안의 사상에 대한 깊이 있는 이해를 바탕으로 실시되는 것이라고는 도저히 말할 수 없는 상황이었던 것이다.

그리고 실제로 서구 침공의 위협에 노출되어 있던 중국에서조차 그러했을진대, 1843년 간행된 50권본이 베이징에 파견된 주청 겸 사은 동지사 일행의 부사副使 권대긍權大肯의해 1844년 조선에 전해져 당시 국왕이었던 헌종도 열람한 것으로 알려진 『해국도지』가 조선에서 절실한 문제의식과 관심 속에서 읽혔을 리는 없었을 터이다. 왜냐하면 구미의 침략에 대해서는 중국의 방위를 기대하고 청의 속국이라는 것을 방패로 외교권 행사를 군이 피하는 방침을 채택하고 있던 조선에서는 저 멀리 광저우나 상하이 등지에서 일어난 아편전쟁의 위협을 직접적으로는 거의 느낄 수 없었고 그런 만큼 세계정세를 알 필요성도 없었기 때문이다. 그런 상황 속에서는 위기감에 내몰린 웨이위안이 힘주어 말한 전함과 화기의 제조 및 양병·연병과 같은 해방책海防策이 기이한 것을 자랑하는 언설로밖에 받아들여지지 않았다고 해도 하등 이상할 게 없을 것이다. 조선에서는 이른 시기에 『해국도지』를 받아들이긴 했으나 그것이 반드시 해방사상海防思想의 형성 및 만국사에 대한 관심의 심화로 직접 연결된 것은 아니었다. 조인영趙寅永 등이 『해국도지』와 『영환지략』을 소장하고 있었음에도 불구하고 이들 책에서 사상적 영향은 발견하지 못한 것으로 알려져 있다.

그러나 아편전쟁은 남의 일이었다 해도 애로우호 전쟁에서 1860년

---

35 王韜, 『扶桑游記』 「光緒 5年(1879) 4月 2日條」 卷上, pp.20~21.

영불 연합군이 수도 베이징을 제압한 것은 어쩔 수 없이 조선에도 위기감을 불러일으켰고, 그제야 『해국도지』의 중요성이 인식되어 「주해편」의 건함·화포·수뢰水雷 등이 관심을 끌게 되었다. 『해국도지』를 읽은 김정희金正喜는 위정자는 여기에 적힌 시책 모두를 실시해야 하며 그것이 불가능하다면 선제船制만이라도 채용해야 한다고 영의정 권돈權敦에게 헌책했고, 김정희의 제자 신관호申觀浩는 『해국도지』에 의거하여 수뢰포 제조를 시도했다. 또, 최한기는 『해국도지』는 여러 분야를 망라하고 있어서 일목요연하지 않고 『영환지략』은 구성은 괜찮지만 너무 간략하다고 하여, 이 둘 외에 자신이 수집한 지리서를 바탕으로 13권으로 이루어진 『지구전요地球典要』를 저술했다.[36] 나아가 현실적으로 서구의 침공에 직면한 1866년 병인양요 당시 박규수의 문하생 김윤식金允植은 농촌의 청장년을 대대적으로 징발하다보면 폐해가 적지 않을 것을 우려하고, 『해국도지』 「주해편」을 언급하면서 웨이위안이 "병력을 늘리는 것에만 힘쓴 것이 아니라 대포의 정교함을 추구했는데 이것이야말로 양란洋亂을 경험하면서 요령을 얻은 자만이 할 수 있는 말이다"[37]라고 하여, 대포나 수뢰 등의 제조도 사람만 구한다면 조선에서도 가능한 일이라면서 웨이위안의 주장을 그대로 받아들였다. 그리고 1861년에 열하부사熱河副使 자격으로 또 1872년에는 동지정사冬至正使 자격으로 베이징을 방문하고 견문을 넓힌 박규수와 이 연행사절에 역관으로 동행한 오경석吳慶錫 등은 국제정세에 대한 무지를 망국으로 이어지는 길로 간

---

36 이하 조선의 『海國圖志』 문제에 관해서는 「『海國圖志』の韓國傳來とその影響」(『改訂版 韓國開化史研究』, ソウル: 一潮閣, 1974 所收); 金榮作, 『韓末ナショナリズムの硏究』(東京大學出版會, 1975) 및 原田環, 「十九世紀の朝鮮における對外的危機意識」(『朝鮮史硏究會論文集』 第21號, 1984); 金泳鎬, 「實學と開化思想の關連問題」(『韓』 第3卷 12號, 1975) 등 참조.

37 金允植, 『雲養集』 卷11, 「洋擾時答某人書」.

주하기에 이르렀고, 『해국도지』와 『영환지략』그리고 『중서견문록*Peking Magazine*』등의 서적과 잡지가 다수 전해졌던 것이다.

이리하여 1870년대 들어서 해외지식을 적극적으로 받아들여야 한다고 주장하는 개화사상이 박규수, 오경석, 유대치劉大致 등에 의해 제창되었고, 그 문하에 있던 김옥균·이동인·김홍집·유길준·어윤중·박영효·홍영식·서광범 등은 『해국도지』와 『영환지략』등을 통해 세계의 대세와 조선 사회의 개혁의 필요성을 인식하고 개화파를 형성하기에 이르렀다. 그리고 유길준은 웨이위안의 시를 읽었고, 그가 나라의 그릇이 될 만하다는 것을 알아차린 박규수로부터 『해국도지』를 받았다. 유길준은 박규수로부터 "이 시대에는 외양外洋의 사정을 알아야만 한다"[38]라는 말을 듣고 외국 유학에 뜻을 두게 되었다. 유길준만이 아니라 김옥균·이동인·김홍집·어윤중·박영효·서광범 등이 수신사나 유학생 또는 망명자로서 일본과 점점 깊은 관련을 맺게 되었다는 점을 감안하면, 외양에 눈을 뜨게 해준 『해국도지』는 서학의 섭취에서 일본의 신학문인 동학으로 건너가는 다리 역할을 했다고 말할 수도 있을 것이다. 그리고 1879년 무렵까지는 『해국도지』와 『영환지략』, 그 후에는 이동인 등이 일본에서 가져온 동학서가 중요한 해외 정보원이 되었고, 그러한 상황은 개화파가 설립한 박문국博文局에서 1883년 『한성순보』를 창간하고 이어서 1886년 세계 51개국의 정세를 망라한 『만국정표萬國政表』를 간행하기까지 계속되었다.

이처럼 『해국도지』와 『영환지략』은 조선에서도 세계지리와 만국사에 대한 풍부한 지식을 제공하는 것으로서 중시되고 있었다. 그러나 아

---

[38] 金允植, 『雲養集』卷10, 「桑堂詩鈔序」.

무리 심혈을 기울여 증보개정판을 펴냈다 해도, 1852년의 100권본에서도 250년 이상 지난 마테오 리치나 알레니의 만국지지를 인용하고 각 국사에 관해서도 간단한 서술밖에 찾아볼 수 없는 『해국도지』를 통해 눈이 어지러울 정도로 변전하는 세계의 정세를 아는 데는 한계가 있었다는 것은 부정하기 어렵다. 또, 아무리 웨이위안이 "서양인의 관점에서 서양을 말하는"(「海國圖志原叙」) 입장을 취하고자 했다 하더라도 그것으로 서양인 자신이 서양을 소개하는 정보를 능가하는 것도 불가능했다. 바로 여기에 재중국 프로테스탄트 선교사가 저술하는 각국사가 점차 중시되는 원인이 있다. 이미 『해국도지』도 브리지먼의 『연방지략』에 의해 대폭 수정이 가해졌으며, 『해국도지』의 완본인 100권본이 나온 직후부터 뮤어헤드의 『지리전지』(1853~1854)와 『대영국지』(1856), 웨이의 『지구설략』(1856) 등이 간행되었다. 그 가치에 관하여 『해국도지』의 번각에 진력한 시오노야 도인은 『지리전지』 번각본 서문에서 "근대 서양의 여지서輿地書를 번역한 것 중에서는 『해국도지』와 『영환지략』이 가장 알차다. 하지만 『해국도지』는 다소 조잡하고 『영환지략』은 사적事跡을 주로 다루고 있을 뿐이어서 양쪽 다 아직 지구를 온전히 아우르고 있다고는 말하기 어렵다"라면서 『지리전지』는 "읽는 데 사흘밖에 걸리지 않는데도 오대주의 대세를 거의 명확하게 파악할 수가 있다. 그렇기 때문에 이 책은 지리를 강구하는 사람에게 지름길이 될 것이다"라고 추천했다. 『지리전지』는 토머스 밀러Thomas Miller의 *Universal Geography*와 *Physical Atlas*를 비롯하여 메리 소머빌Mary Somerville의 *Physical Geography*, 리드Reid 의 *Outlines of Geology and Astronomy* 등의 역술에 의해 지지 및 자연지리를 개설한 것인데, 일본에서 번각할 때에는 일미통상조약 체결 당시 해리스와 교섭한 메쓰케目付(막부시대 무사의 위법을 감찰하던 직명―옮긴이) 이와

세 다다나리岩瀬忠震가 해외사정을 일반에도 보다 널리 알릴 필요성을 느끼고 『지리전지』의 번각 비용을 출자했다. 『해국도지』는 간조부교勘定奉行(막부시대 막부의 재정을 관장하던 직명-옮긴이) 가와지 도시아키라, 『영환지략』은 아와번阿波藩이 각각 번각을 맡았고, 토머스 밀러의 *History of England*의 한역서인 『대영제국지』는 번명藩命에 따라 에도 조슈번 저택 안에 있던 온치샤蘊知社의 아오키 슈스케青木周弼・데즈카 리쓰조手塚律藏・무라타 조로쿠村田藏六・시시도 다마키宍戸璣 등이 『영국지』(1861)라는 제목으로 번각하는 등 해외 정보를 받아들이는 데 막부나 각 번이 앞장섰다는 점에서 일본은 중국이나 조선과 달랐으며, 이러한 것이 서양 학술 수용 기반의 차이를 낳았다는 것은 간과할 수 없을 것이다.[39] 한편 『지구설략』은 지구원체설地球圓體說・지구공전설 등 자연과학적 설명과 육대주의 각국의 역사에 대한 기술을 포함하고 있는데, 1860년 미쓰쿠리 겐포의 훈점본이 나왔고 1864년을 비롯해 몇 차례 별판別版이 간행되었으며, 1874년 아카자와 쓰네미치赤澤常道의 『지구설략화해和解』, 1875년 후쿠다 다카노리福田敬業의 『지구설략약해』 등 일역본에 출판되어 교과서로 사용되었다. 또, 『영환지략』의 경우 1874년 히라이 다다시平井正의 일역본 『속해회입俗解繪入 영환지략』이, 『지리전지』의 경우 1874년 아베 히로쿠니阿部弘國의 일역본 『화역和譯지리전지』가 간행되었는데, 메이지 시대에 들어서도 한역 만국지리서와 만국사가 세계 정보의 수용에서 여전히

---

39 그러나 이러한 번각의 장려와 동시에 다른 한편으로 蕃書調所에 의한 검열 자체는 엄격하게 시행되었는데, 『大英國志』와 『地球說略』은 "異教와 마찬가지로 우리의 國忌에 저촉될 우려가 있는 부분은 삭제해야 할 것"이라 하여 일부 삭제 명령을 받았기 때문에 『大英國志』는 青木周弼로부터 手塚律藏에게로 판권이 넘겨갔고, 『地球說略』은 說樂彈正가 箕作阮甫에게 보정을 의뢰하여 간행할 수 있었다. 막부의 양서 검열에 관해서는 森睦彦, 「德川幕府の洋學書の翻譯出版規制」(緒方富雄 編, 『蘭學と日本文化』, 東京大學出版會, 1971 所收) 참조.

중시되었다는 것을 알 수 있다.

그러나 왕타오의 프러시아-프랑스 전쟁사인 『보법전기普法戰紀』(1873)가 1878년 일본육군문고로 번각되는 등 몇몇 사례가 없지는 않았지만, 1880년 이후에는 『해국도지』나 『영환지략』 등에서 다루지 않았던 중국의 변방 지역에 관한 지리서인 『연굉외승延紘外乘』(林樂知譯, 嚴良勳述) 등이 강남제조국 번역국에서 출판되었음에도 불구하고 일본에서는 더 이상 번각되지 않았고, 세계지리와 만국사의 경우 이제 중국서의 번각이나 일역의 시대가 끝나고 구미의 책을 직접 번역하는 시대로 접어들게 되었다.

그렇다면 재중국 프로테스탄트 선교사들은 왜 세계지리서나 만국사・각국사를 정력적으로 출판했던 것일까. 이에 대해서는 뮤어헤드가 붙인 『지리전지』의 영문 서문에 그 의도가 직절하게 표명되어 있다.

만국지리를 아는 것은 지구상 모든 사람들에게 대단히 흥미롭고 또 중요한 것임에도 불구하고 다른 모든 과학과 마찬가지로 서양의 문명 국민들(civilized nations of the West)에게만 한정되어왔다. 일반적으로 동양(East)에서는 지리에 관하여 몹시 곤혹스러울 정도로 어리석은 관념이 널리 퍼져 있다. 몇몇 나라는 자국만이 지구에서 가장 위대하고 탁월한 지역을 차지하고 있으며, 다른 나라는 단지 변방에 '야만인들'의 서식처를 꾸리고 있을 따름이라고 생각한다. 특히 중국인들이 이런 생각을 품고 있으며, 그들은 협량하고 오만한 자존심에 사로잡힌 채 외국인을 대해왔다. 예수회 선교사들의 천문학, 수학 그리고 지리학 분야의 업적이나 서양의 여러 나라와 중국인 사이의 오랜 통상이 그들에게 서양의 과학이나 문명의 우월성을 확신하게 했고 자타에 대한 상대적인 평가를 변화시켰다고 생각하는 사람이 있을지도 모른다. 그러나 중국인의 특이한 마음가짐과 고래의 습관이나 견해에 집착하는 완고함 때문에 중국인의 계몽이나 개선은 실제로는 거의 진전되지 않은 것처럼 보인다. 그렇지만 문화와 종교의 차원에서 서양 국민과 교류가 진전됨에 따라 지식의 증진과 외국인들이 중국인에게 소개하고자 노력하고 있는 유익한 과학적 지식이 잘 이해되고 있다는 것을 보여주는 기쁜 증거가 곧 나타날 것이다.

이러한 목적에서라도 우리들은 중국인들에게 지구상의 많은 나라들의 범위와 자원과 주민들의 심리와 윤리에 관한 충분한 정보를 제공하지 않으면 안 될 것이다. 이를 통해 그들에게 특유의 성격이나 처지에 관한 관념을 바꾸게 하고 그들을 가로막고 있는 장벽을 타파함으로써 서양 문명의 영향력을 강화할 수 있게 될 것이다.

이 영문 서문은 일본의 번각판에서는 삭제되어 있다. 그러나 중국에서 간행되는 출판물에 이렇게 솔직한 간행 동기가 적혀 있는 것을 보면 놀라지 않을 수 없다. 물론 이것은 중국인 가운데 영어를 읽을 수 있는 사람은 제한되어 있다는 것을 전제로, 오히려 구미인을 향해 쓴 것이라는 점은 논지를 보아도 틀림없다. 하지만 본문이 한역문인데다 중국에서 발행된 책인 이상 이것을 읽는 구미인은 제한적일 수밖에 없으며, 따라서 중국인 가운데 영어를 읽을 수 있는 사람에게 호소하기 위해 쓰였다고 추측할 수 있을지도 모른다.

어느 쪽이든 굳이 이런 말을 하지 않을 수 없었는데, 이는 예수회 선교사의 활동으로부터 250년 이상이 지났는데도 여전히 중화의식을 어떻게 바꿀까라는 과제에 몰두할 수밖에 없는 중국에서 포교와 서학 보급이 얼마나 어려운지를 토로한 것으로 간주할 수 있을 것이다. 그리고 예수회 선교사인 마테오 리치 등이 천문학과 만국도를 제공함으로써 중국인의 우주관과 세계관을 바꾸고자 했다면, 프라이어, 브리지먼, 뮤어헤드를 비롯한 프로테스탄트 선교사들은 자연과학, 지리학, 만국사를 보급함으로써 그것을 달성하고자 했던 것이다.

하지만 만국사를 통해 세계에 다양한 국가가 있다는 것을 전달하는 것만으로는 중화사상을 바꿀 수가 없다. 화이격절華夷隔絶의 천하가 일변하여 중외연관中外連關의 천하가 되고, 중국은 어디까지나 만국 가운데 일국이며, 게다가 모든 국가가 대등하다는 관념을 받아들이게 하지 못한다면, 구미와의 국가 간 관계를 원활하게 처리할 수 없다. 여기에서 세계에 산재하는 만국의 관계를 조율하는 법의 보편성이라는 형태로 구미의 규범을 수용하게 할 필요성이 제기된다. 그것이 '국가 간 교제의 길'을 보여주는 만국공법이고, 화이사상을 타파하기 위한 최후의 일격과도 같은 역할을 맡게 될 사상이었다고 말할 수 있을 것이다.

제3절 ———————————— 만국법과 사상연쇄

만국공법으로 번역된 국제법을 체계적으로 처음 중국에 소개한 저작은 헨리 휘튼의 *Elements of International Law*(1836)를 1864년 미국인 선교사 마틴이 한역한 『만국공법』(저본은 1855년에 간행된 제6판. W. B. Lawrence판)이고, 그것이 일본과 조선 등 동아시아에 보급되었다는 것은 잘 알려져 있다.[40] 그리고 역출을 하면서 마틴이 국제법의 자연법적 측면을 강조하고, "여러 나라의 통행에 관련되는 것은 일국이 사사로이 소유하는 것이 아니다"(『萬國公法』「凡例」)라고 하여 모든 국가가 준수해야 할 '만국공법'이라고 번역함으로써, 유교적인 '천리의 공도公道', '우내宇內의 공법', '일시동인一視同仁의 도', '사해평등의 법', '성리性理의 공법'과의 관념적 공명을 불러일으켰고, 국제사회에는 노골적인 무력까지 규제할 수 있는 보편적이고 모든 국가를 평등하게 취급하는 법체계가 존재한다는 이해를 초래했으며, 일본 등에서는 일종의 물신화 경향마저 낳았다. 그러나 당시의 국제법은 결코 만국에 두루 통용한다는 의미의 '만국 보통의 법'이 아니라 '기독교국 국제법international law of Christendom'의 성격을 지닐 수밖에 없었다. 그리고 그것은 한편으로 중화사상을 배척하기 위해 주권국가 간 평등을 주장하면서 다른 한편으로 중국은 비문명의 이교국異教國인 까닭에 국제법의 전면적 적용이 불가능하므로 치외법권을 설정한다는 식의 모순을 드러내고 있었다.

그것은 베이징 주재 미국 대리공사 윌리엄스Wells Williams가 국무장관 슈어드William Henry Seward에게 보낸 보고서에서 마틴이 번역한 『만국공

---

40 일본에서 『만국공법』의 수용과 그것이 근대적 정치의식의 형성에 끼친 영향에 관해서는 尾佐竹猛, 『近世日本の國際觀念の發達』(共立社, 1932); 吉野作造, 「我國近代史に於ける政治意識の發生」(1929 初出, 『吉野作造選集』第11卷, 岩波書店, 1995 所收) 등의 선구적 업적이 있고, 중국에 관해서는 佐藤慎一, 『近代中國の知識人と文明』(東京大學出版會, 1996)이 공간된 것을 계기로 다양한 문제와 관심에 기초한 성과가 나오고 있다. 이들의 연구를 포함하여 현시점에서 관련 연구가 도달한 지점을 보여주는 것으로서 「特集・萬國公法の受容と適用」(『東アジア近代史』第11號, 1999.3)이 간행되었고, 여기에 川島眞・金容九・安岡昭男 세 사람이 각각 중국・조선・일본에 관하여 귀중한 견해를 발표했다. 또, 만국공법이라는 역어와 마틴의 『만국공법』 번역 문제에 관해서는 住吉良人, 「Henry Wheaton, Elements of International Law, 1836. 丁韙良(W. A. P. Martin), 萬國公法 一卷, 瓜生三寅, 交道起源 一號」(『法律論叢』第44卷 2~3號) 및 ジャニン・ジャン(張嘉寧), 「『萬國公法』成立事情と翻譯問題・その中國語譯と和譯をめぐって」(加藤周一・丸山眞男 校注, 『翻譯の思想』(日本近代思想大系15), 岩波書店, 1991 所收), 그리고 만국공법 도입을 둘러싼 自然法(性法)과의 관련 등에 관해서는 大平善梧, 「國際法學の移入と性法論」(『一橋論叢』第2卷 3號, 1938) 참조.

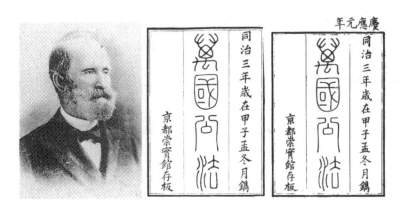

마틴과 『만국공법』 및 그 번각판

법』을 언급하면서, "중국 및 일본의 관리들이 이 책을 본격적으로 연구하면 그들은 이 책에 서술되어 있는 관행이나 원칙을 다른 외국과의 교섭에도 적용하기 위해 노력할 것입니다. 그리고 그들이 외국과 맺은 조약 안에 포함되어 있는 치외법권의 원칙이 서양 기독교 국가들 사이의 관행과 얼마나 다른지를 곧 알아차리게 될 것입니다"[41]라고 예측한 것이기도 했다. 물론 치외법권뿐만 아니라 당시의 국제법에는 이러한 문제가 늘 따라다녔다. 그리고 국제법 교과서에도 그렇게 기술되어 있었고, 시어도어 울시Theodore Woolsey의 *Introduction to the Study of International Law*에 "국제법은 기독교 국가의 통법通法이며 만국 공통의 법은 아니다"[42]라고 명기하고 있었기 때문에 일본에서도 1874년 도쿄 가이세이학교開成學校의 교과명에서는 '만국'이라는 글자를 피하고 '열국'을 끌어들여 '열국교제법'이라 하고, 평시교제법·전시교제법·교제사법交際私

---

41 *Diplomatic Correspondence*, Papers Relating Foreign Affairs, 1866, Part Ⅰ, pp.485~486.

42 穗積陳重, 『法窓夜話』, 岩波文庫版, p.183.

^法이라는 과목명으로 강의를 했던 것이다. 이와 같은 국제법의 본질 때문에 중국에서도 국제법은 처음부터 서구의 외교적 요구에 대응하고 논박하기 위한 기술적인 도구 이상의 것으로 간주되지는 않았고, 그 자체가 국내적으로 그 어떤 유효성을 가진 것도 아니었다.

그러나 양이^{攘夷}를 주장하면서 개국을 단행한 막말 일본에서는 국제사회에는 준수해야 할 '만국보통상례^{萬國普通常例}라는 취지'의 법이 존재하며 그 법에 따라 모든 국가가 평등한 '만국병립권^{萬國竝立權}'과 '제국평행권^{諸國平行權}'을 갖는 것으로 간주되었는데, 이는 대외적인 것이라기보다 불평등조약 체결에 대한 대내적인 변명과 양이론의 진정화 그리고 개국론의 정당화에 커다란 의미를 지녔다. 마틴이 번역한『만국공법』은 중국에서 공간된 후 곧바로 일본에 수입되고 다음해인 1865년 가이세이쇼에서 번각되었다. 그 외에 마쓰에^{松江}, 노베오카^{延岡}, 이즈시^{出石}, 가나자와, 고베 등 여러 번^藩에서도 번각되었고, 일역본으로 쓰쓰미코쿠 시시^{堤殼土志}의『만국공법 석의^{釋義}』(1865)와 나가사키 고운학관^{廣運學館} 소속 히라이 기주로^{平井義十郞} 등의『화해^{和解} 만국공법』(1865), 훈점본으로 시게노 야스쓰구의『화역 만국공법』(1870), 주해본으로 다카타니 류슈^{高谷龍洲}의『만국공법 여관^{蠡管}』(1876) 등이 출간되었으며, 야마다 긴이치로^{山田謹一郞}의 훈점본『만국공법』이 상재된 것은 1886년이었다. 만국공법은 교육에서도 중시되어 1870년의 대학규칙·중소학규칙 및 대학남교규칙에 따라 교과과목이 되었다. 또, 1872년 학제 공포와 함께 교토부에서 발포된 '소학과업표^{小學課業表}'에서는『만국공법』이 구두과^{句讀科} 교과서로 지정되었다. 이처럼 막부와 각 번 그리고 정부와 각 부현^{府縣}이 한역 서학서 보급을 추진하는 역할을 했던 것이다.

그리고 그 외에 일본인의 국제 관념 형성에서 원형이 된 '만국공법'

과 관련된 책을 보면, 울시의 *Introduction to the Study of International Law*(1860)를 마틴이 한역하고 교열한 『공법편람』(1877)이 다음해 쓰마키 요리노리妻木賴矩와 미즈노 다다오水野忠雄에 의해 훈점본으로 번각되었고, 블룬칠리의 *Das Moderne Volkerrecht*를 라르디M. C. Lardy의 불역판 *Le Droit International Codifies*에서 중역한 『공법회통』(1880)도 다음해 기시다 긴코에 의해 『보륜씨步倫氏 공법회통』이라는 훈점본으로 출판되었다. 또, 마르텐스의 *Le guide diplomatique*를 마틴·렌팡·칭창이 함께 한역한 『성초지장』(1876)이 야나기사와 신다이柳澤信大에 의해 훈점본으로, 마틴이 쓰고 왕평짜오가 번역한 『중국고세공법론략』(1884)이 1886년에 역시 훈점본으로 간행되는 등, '만국공법'이 일부 외교관이나 독서인을 제외하면 국민적 관심을 거의 끌지 못했던 청조와 달리 한역 서학서에 대한 수요는 대단히 높았다.

마테오 리치의 행적을 연구한 마틴은 자신의 과학지식이 모든 것을 해결할 수 있는 열쇠라 믿고 총세무사 로버트 하트가 추천한 휘튼의 국제법을 번역했는데, 그것이야말로 성서 다음으로 서구문명의 정화精華를 보여주며, "신을 알지 못하는 정부에 신과 신의 영원한 정의를 인식시키는"[43] 데 의의와 영향력을 가진 것이라 확신하고 총리아문에 헌정했다. 공친왕 혁흔은 이 번역서에 관하여 "신들은 그 의도를 두 가지라고 생각합니다. 하나는 외국에도 정령政令이 있다는 것을 자랑하고자 하는 것이고, 다른 하나는 문사文士 마틴이 과거에 마테오 리치처럼 중국에서 명성을 얻고자 하는 것입니다"[44]라고 동치제同治帝에게 상주했으며,

---

43 Immanuel C. Y. Hsü, *China's Entrance into the Family of Nations : The Diplomatic Phase 1858~1880*, Cambridge : Harvard University Press, 1960., p.126.

44 『籌升夷務始末』同治朝, 卷二七, pp.25~26. 마틴의 略傳으로는 Jonathan Spence, 三石善吉 譯, 『中

그것과는 별도로 "영사관을 굴복시킬 방법이 아주 많이 적혀 있어 정말로 유익"하다는 점을 강조하면서 지방 대관에게 이 책을 배포할 것을 명했다. 마틴과 그가 설득하고자 했던 청조 고관 사이에는 똑같이 『만국공법』을 중시하면서도 그것을 이용하는 목적을 보면 정반대라 해도 좋을 정도로 큰 차이가 있었다고 말할 수 있을 것이다.

그러나 마틴의 입장에서 보자면 동문관의 교습으로서 서학을 중국에 도입하고 그곳을 거점으로 하여 국제법 지식을 중국에 보급하는 것은 자신의 존재이유 그 자체이기도 했다. 그리고 동문관의 번역처에서 위에서 말한 일련의 '만국공법'의 번역서를 공간하는 한편, 마틴은 동문관의 영어표기를 'International Law and Language School'이라 하여 국제법 교육을 중시함으로써 졸업생 중에서 탕자이푸唐在復(이탈리아 공사)·양슈楊樞(출사 일본 대신)·왕펑짜오汪鳳藻(출사 일본 대신)·양자오위안楊兆鋆(출사 벨기에 대신)·우쭝롄吳宗濂(이탈리아 공사)·류징런劉鏡人(러시아 공사)·루정샹陸征祥(스위스 공사)·류스쉰劉式訓(페루 공사)·다이천린戴陳霖(이탈리아 공사)과 같은 외교관을 배출하는 등 일정한 성과를 거두었다. 광둥 광언관廣言館과 강남제조국에서도 만국공법 수업을 통해 '대외통재對外通才'를 육성하고자 했다.

조선에서도 1886년 중국의 동문관과 같은 역할을 하는 육영공원을 설립하여 각국의 언어 외에 역대 정치·조약·용병술 등을 필수적으로 가르쳤다. 육영공원의 교사였던 기퍼드Daniel L. Gifford에 따르면 독해 교재로 *Elements of International Law*를 사용했는데, 서명으로 보아 이것은 휘튼의 저작으로 추측된다.[45] 다만, 이 책의 한역서인 마틴의 『만국공법』을

國を變えた西洋人顧問』(講談社, 1975) 제5장에 흥미로운 서술과 유익한 역주가 있는데, 번역문은 이 책을 따랐다.

강독했는지 여부는 분명하지 않다. 조선에도 마틴의 『만국공법』이 전래되었는데, 그것이 언제 어떻게 전해졌는지에 대해서는 여러 설이 있다. 일설에 따르면 마틴이 번역한 『만국공법』과 『성초지장』이 조선에 처음 전해진 것은 1877년 12월인데, 일본의 외교대표 하나부사 요시모토花房義質가 예조판서였던 조영하趙寧夏에게 증정했다.[46] 하나부사 요시모토는 『성초지장』을 참조하여 국제법에 기초한 상주 외교사절의 필요성과 그 직무 및 대우에 관하여 설명했다. 물론 조선의 서학 수용에서 구미에서 중국을 거쳐 조선으로 이어지는 경로가 중요한 역할을 했다는 것은 말할 필요도 없으며, 『만국공법』과 『성초지장』도 처음에는 중국에서 직접 조선으로 전래되었다고 보는 것이 타당할 터이다.

그러나 만약 조선에서 만국공법의 도입이 직접 중국을 경유한 것이 아니라 일본을 거치는 사태가 있었다면, 조선이 외교를 중국에 맡기고 스스로 주체가 되는 것을 피하는 외교 전략을 채택하고 있었기 때문에 『만국공법』의 존재를 알고 있었다고 해도 그것을 섭취하는 것을 굳이 거절해야 하는 사정이 그 배후에 있었을 것이다. 또는 조선과는 어디까지나 주종관계여서 주권국가 체계에 기초한 국제법을 따르려 하지 않는 중국과 이에 대항하여 동아시아 지역질서를 주권국가 체계에 의해 재편성하고자 하는 일본의 상극이 드러난 것으로 파악할 수도 있을 것이다. 또, 만약 1877년보다 이른 시기에 『만국공법』이 전래되었음에도 불구

---

45 Daniel L. Gifford, "Education in the Capital of Korea", *Korean Repository* Vol.3, July, 1896.

46 田保橋潔, 『近代日鮮關係の硏究』(朝鮮總督府, 1940) 上卷, pp.623~625. 그러나 1864년에 간행된 『만국공법』이 일본을 경유하여 1877년에 처음으로 조선에 전해졌다는 견해에 대해서는 이광린과 김용구가 반론을 제기했다. 이 점을 포함하여 조선에서 국제법 수용의 문제에 관해서는 金容九, 「朝鮮における萬國公法の受容と適用」(『東アジア近代史』 第2號 所收) 및 Choi Chong-ko, "The Reception of Western Law in Korea", *Korea Journal*(UNESCO) No.5, Vol.20, 1980 등 참조.

하고 그것에 관한 기록이 남아 있지 않은 것에 지나지 않는다면, 그것은 서학에 대한 금기가 강했던 일반적인 상황에서 '만국공법'이 전제로 하는 국제관계가 조선이 국시國是로 삼고 있던 중국과의 주종관계를 뒤엎을 우려가 있었기 때문일 것이다. 그러나 리훙장의 권유에 따라 일본과 주권국가로서 조약을 체결한 이상 조선에서도 국제법의 섭취는 필수적인 과제가 되었으며, 1881년에 이르러서는 마틴의『만국공법』이 이미 널리 읽히고 있었다는 것은 개화·개국 정책에 반대하는 홍재학洪在鶴의 상소에서 "이른바 중서견문, 태서견문, 만국공법과 같은 다수의 사서邪書가 나라 안에 가득 차, 이름 있는 명사, 석유碩儒 및 새로운 것을 숭상하는 무리가 입을 모아 이를 칭찬한다"[47]라고 비난한 것을 보아도 알 수 있다. 마찬가지로 1881년의 이 상소에서는『중서견문』,『만국공법』,『지구설략』,『영환지략』 등의 사서는 전부 색출하여 불태워버려야 한다고 극언하는데, 이러한 상소를 통해 1880년대에 이르러서는 조선에서도 재중국 프로테스탄트 선교사가 간행한 서학서를 공공연하게 유통하고 읽을 수 있었다는 것을 알 수 있다. 이러한 상황에서 지석영池錫永 등에 의해『만국공법』과 같은 서적은 "모두 준우蠢愚를 개명하기에 족하고 시무時務를 명료하게 이해하는 데 도움이 된다"라는 평가가 나오고, 변옥下鋈에 의해 만국공법은 설령 오랑캐의 것이라 해도 이행하지 않을 수 없는 이상 사도四都와 팔도에서 간행해야만 한다는 내용의 상소까지 제출되는 등, 서학서 특히 만국공법을 둘러싼 대결이 표면화한다. 그리고 1882년 척화비를 부수고 조미수호조규를 체결한 이후, 청과의 주종관계를 청산하지 못한 상태에서 주권국가 체계로 들어선 조선에서는 만

---

47 이하『承政院日記』에서 볼 수 있는 상소에 대해서는 李光麟,『韓國開化史硏究』, ソウル : 一潮閣, 1969에 실린 것을 따른다.

국공법을 강구하는 것이 불가피해졌다.

그런데 국제공법의 도입과 관련하여 일본에서는 『만국공법』 등 한역 서학서에 의해서가 아니라 직접 구미로부터 섭취하는 회로가 열려 있었 다는 점에도 유의할 필요가 있다. 마틴의 『만국공법』이 출판되기 이전인 1862년에 이미 네덜란드에 유학하여 라이덴대학의 피세링Simon Vissering으 로부터 성법학性法學(자연법)·만국공법학(국제법)·국법학·경제학·정 표학政表學(통계학)의 이른바 오과五科를 수강한 니시 아마네가 귀국 후 가이 세이쇼에서 만국공법을 가르쳤고, 1866년에는 국제법의 번역을 마쳤으 며, 1868년에는 『화란필쇄림和蘭畢洒林 만국공법』이라는 제목으로 출판했 다. 또, 제1권 제1장의 초역이면서 휘튼의 원저를 직접 번역한 것으로 우 류 미토라瓜生三寅의 『교도기원交道起源 일명 만국공법전서』(1865)와 오쓰키 세쓰조大築拙藏의 『혜돈씨惠頓氏 만국공법』이 있었다. 그리고 1873년에 미 쓰쿠리 린쇼箕作麟祥가 앞에서 말한 울시의 저작을 『국제법─일명 만국공 법』으로, 1877년에 아라카와 구니조荒川邦藏와 기노시타 슈이치木下周一가 독일의 헤프터August Wilhelm Heffter의 *Das Europäishe Völkerrechet der Gegen-wart*를 『해씨海氏 만국공법』으로 역출하고, 1876년에 제임스 켄트James Kent 의 *Commentaries on International Law*를 『견토씨堅土氏 만국공법』(蕃地事務 局譯, 大音龍太郎 校正)으로, 1879년에 해군병학교에서 영국의 아모스Sheldon Amos의 국제법을 『만국공법』으로 출판하는 등 구미에서 일본으로 직접 들어오기도 했다. 다만 이들 대부분이 만국공법이라는 역어를 사용하고 있는 것을 보아도 알 수 있듯이 중국 경유의 역어에 크게 빚지고 있었던 것도 사실이다. 덧붙이자면 국제법이라는 역어는 미쓰쿠리가 처음 쓰기 시작했고, 1881년 도쿄대학의 학과 개정 때 학과명으로 채택된 이래 점 차 널리 보급되었는데, 다른 한편 만국공법이라는 말도 메이지 20년대까지 사용되었다.[48] 그리고 'international law'의 번역어로는 앞에서 서술한 것처럼 '열국교제법'을 비롯하여 '교제법'을 축으로 하는 말도 사용되었다. 중국에서는 강남제조국 번역관에서 번역된 로버트 필모어Robert Phillmore의 *Commentaries on International Law*가 『각국교섭공법론』(傅蘭雅譯, 兪世爵述, 汪振聲·錢國祥校, 1894) 및 『각국교섭편법론』(傅蘭雅譯, 錢國祥校, 1894)으로 각각 역출되었듯이 '교섭법'을 축으로 하는 말이 사용되었고, 1904년 1월 제정된 「대학당장정大學堂章程」의 정법대학 학과규정에서는 "교섭법은 국사교섭國事交涉과 사사교섭私事交涉 둘로 나뉜다. 일본에서는 국사교섭을 국제공법이라 하고 사사교섭은 국제사법이라 한다"[49]라고 하여 굳이 일본과 다른 용어가 선택되었다. 그러나 중국에서도 일본 유학생이 '국제공법'이라는 용어를 사용함으로써 결국 '교섭법'이 아니라 '국제공법'이 자리 잡게 되었다.[50]

이상 마틴의 『만국공법』을 중심으로 서학서에 의한 만국법=국제법의 사상연쇄에 관하여 살펴보았는데, 동아시아에서 국제공법의 도입이라는 문제를 생각할 때에는 번역이나 저작을 통해 많은 사람들이 지식이나 학문으로서 수용하는 차원과 함께 외교관이나 정치가, 군인 등이 실무를 수행하면서 어떤 이론에 준거했는가라는 차원을 아울러 고려할 필요가 있다. 예를 들어 1859년부터 막부의 외국부교外國奉行의 핵심 통역관으로 일했던 후쿠치 겐이치로福地源一郎는 "휘튼 또는 필모어 등의 저서를 자전과

---

48 일본인의 저작으로서 만국공법이라는 말을 사용한 최후의 것으로 보이는 藤田隆三郎篇述, 『萬國公法 附判決例』가 1891년에 大阪의 岡島寶文館에서 간행되었고, 그 재판은 1895년에 나온다.

49 「大學堂章程·第二節法政科大學」, 多賀秋五郎 編, 『近代中國教育資料 淸末編』, 日本學術振興會, 1972, p.232.

50 중국에서 '국제공법'이라는 역어의 정착 등 일본 유학생에 의한 국제법 섭취의 역사적 경과와 그 사상사적 의의에 관해서는 林學忠, 「日淸戰爭以降中國における國際法の受容過程」(『東アジア地域研究』第2號, 1995) 참조.

씨름하면서 조금씩 읽어나가긴 했지만 그 책은 영어가 아니면 네덜란드어로 쓰인 것"[51]이었다고 회고하는데, 외국부교에서는 마틴이 번역한 『만국공법』이 중국에서 들어오기 이전에 휘튼이나 영국의 로버트 필모어의 국제법 원서를 외교상의 매뉴얼로서 소장하고 있었던 것이다. 하코다테 고료가쿠五稜郭 싸움 당시 에노모토 다케아키는 네덜란드 유학 중 헤이그대학의 프레데릭스Fredericks로부터 선물 받은 오르톨랑Theodore Ortolan의 『해상국제법Régles Internationales et Diplomatie de la Mer』의 네덜란드어 번역 필사본 '만국해율전서萬國海律全書'가 소실되는 것을 두려워하여 정부군 참모 구로다 기요타카黑田淸隆에게 증여했는데, 에노모토는 이것에 의거하여 각국 영사에게 교전단체로서 인지해 줄 것을 요구했다. 더욱이 1874년 타이완 출병 당시 민절총독閩浙總督이 사이고 쓰구미치西鄕從道 도독에게 철병귀국撤兵歸國을 요구할 때에 준거로 삼은 것이 스위스의 바텔Emmerich de Vattel이고, 일본 정부는 미국의 제임스 켄트의 국제법 이론으로 이에 대항했다.[52] 또, 1875년 청국주차특명전권공사 리훙장 등과 교섭한 모리 아리노리가 준거로 삼은 것 역시 바텔의 『국제법Droit de gens』(1758)의 영역판과 필모어의 Commentaries on International Law였지 휘튼 등의 서학서 저작이 아니었다. 게다가 린쥐쉬가 외교 교섭의 매뉴얼로 삼은『각국금률各國禁律』도 모리 아리노리가 준거한 것과 마찬가지로 바텔의 『국제법』의 영역판을 미국인 선교사 파커伯駕, Peter Parker와 막료인 위안더후이袁德輝에게 관련 부분을 번역하게 하여 모은 것이었다.[53] 그리고 중국에서 처음으로 역출된

---

51 福地源一,『懷往事談』, 民友社, 1894, p.131.

52 外務省 編,『大日本外交文書』第7卷, pp.77~82. 이때 역출된 켄트의 국제법은 1876년에 大音龍太郎의 교정을 거쳐 舊蕃地事務局 譯,『堅土氏萬國公法』이라는 제목으로 간행된다. 이 외에 일본 외교에서 만국법 적용의 실제에 관해서는 安岡昭男,「日本における萬國公法の受容と適用」(『東アジア近代史』第2號 所收)에 사례가 실려 있다.

국제법 서적인 『각국금률』은 『각국율례各國律例』라는 제목 아래 『해국도지』에 실려 있었기 때문에, 일본에서 경쟁적으로 읽힌 『해국도지』「이정비채편夷情備采篇」에서도 『역출이율譯出夷律』이라 하여 비교 대조되었으며, 1856년에 간행된 미키 사부로三樹三郎의 훈점본 『해국도지 인도국부부印度國部附 이정비채』에도 게재되었던 것이다. 아울러 초빙 외국인 교사였던 네덜란드인 페어베크가 사가번의 치원관에서 소에지마 다네오미와 오쿠마 시게노부에게 만국공법을 교수하고 브와소나드Gustave Emile Boissonaide가 이노우에 고와시井上毅 등의 질문에 답하는 형식으로 전수한 것 등이 실제 외교 교섭에서 활용된 사실도 있다. 이러한 측면까지 포함하여 생각할 때 사상연쇄의 다층성이 윤곽을 드러낼 것이다. 다만, 이런 점들은 당사자가 익힌 어학의 수준 및 실제 외교계에서 어느 시기, 무엇을 기준으로 하여 실무를 수행했는가라는 문제와 관련되어 있으며, 국제법의 사상연쇄를 어떤 차원에서 포착할 것인가라는 과제를 제기하는 것이다.

이리하여 만국법=국제공법은 동아시아 세계에 보급되었고, 주종관계와 주권국가 체계의 상극을 낳았으며, 결과적으로는 뒤에 서술하듯이 『공법회통』 등에 준거하여 조선은 청조의 종주권을 거절하고 대한제국이라 하여 주권국가의 국제國制를 수립하기에 이르기도 한다. 그런 의미에서 마테오 리치 이래 일관하여 서학을 전수함으로써 서구 학술의 탁월성을 알리는 한편 독선적인 중화사상을 타파하고 궁극적으로 기독교 복음을 전하고자 했던 선교사들의 염원은 달성되었다고 말할 수 있을지도 모른다. 바꿔 말하면, 만국도를 통해 동아시아에서 오랫동안 믿어왔던 우주관과 세계관을 뒤엎었고, 공 모양의 세계에는 다종다

---

53 이 점과 관련하여 佐藤愼一, 앞의 책, p.202 참조.

양한 국가가 존재한다는 것을 가르쳤으며, 다음으로 만국사를 통해 각각의 국가와 민족에는 독자적인 역사와 정치체제와 문화가 있다는 것을 전했고, 마지막으로 만국법을 통해 그 나라들이 어떤 권리와 의무에 기초하여 관계를 형성하는지를 보여줌으로써 화이관에 따라 구성된 동아시아 세계질서를 재구성할 수 있게 되었던 것이다. 특히 세계의 모든 나라는 주권국가로서 평등한 권리를 갖는다는 다원적이고 상대적인 만국공법의 '이념'은 중국과 다른 나라들의 대칭성과 상대성을 강조함으로써 주종관계·조공체제로부터의 이탈과 자립화를 촉진했다. 지극히 형식적인 관점에서 보면, 만국도에서 만국사로 그리고 만국법으로 변천해온 한역 서학서에 의한 사상연쇄는 역사적으로는 중국에 대한 원심력으로 작용했다는 점에서 공통적이고, 중화체제를 아래로부터 천천히 무너뜨리는 눈에 보이지 않는 효력을 발휘한 촉매였다고 말할 수 있을지도 모른다.

하지만 그런 상황에 이르기까지 300년에 걸친 역사의 발걸음이 굴절과 역설을 품고 있었다는 것은 지금까지 살펴본 바와 같으며, 중화체제를 대체한 주권국가 체계가 그 '이념'대로 만국의 평등을 보장한 것은 물론 아니었다. 실제로 중국·일본·조선은 모두 불평등조약을 강요받았고, 일본은 바로 그 국제법에 기초하여 조선을 식민지화했다. 니시 아마네가 자신의 역서 『만국공법』에서 서술했듯이, 현실의 세계는 '만국공법'에 의해 '만국평행권'이 보장되어 있는 것이 아니라, "나라가 충분히 자립하여 자주권을 가진 자는 태서공법의 조규에 준하여 다른 나라와 필적할"(제2장 제1절) 수 있지만, "실제로 행할 때에는 여러 나라가 위권威權에 따라 제압하거나 복종함으로써 세력의 강약과 차별을 드러내며"(제2장 제3절), "이 세력의 차이에 따라 통상적으로 구라파의 여러 나라를 일등국, 이등국, 삼등국 셋으로 나눈다"(제2장 제4절).[54] 이처럼 어디까지나 '태서공법'에 의해 영국과 프랑스 등을 정점으로 하는 구미문명을 중화로 하는 새로운 또 하나의 화이세계질서가 형성되어 있었던 것이다. 아니, 무엇보다 만국 평등의 이념을 동아시아 세계에 널리 알리고자 했던 마틴도 역서『만국공법』에서는 구미의 식민지 지배 현실을 솔직하게 지적했고, 나아가 1900년 의화단사건 당시 베이징의 공사관 지구에 포위되었을 때에는 "우리의 생애를 건 오랜 봉사가 거의 아무런 가치도 없었다는 것을 생각하는 것만으로도 부끄러워하지 않을 수 없다. (…중략…) 내가 30년 넘게 국제법을 가르쳐왔음에도 불구하고 그들은 공사의 생명 따위를 신성하게 생각해서는 안 된다고 배웠던 것이다"[55]라며 절망감에 휩싸였다. 급기야 그는 이러한 이교異教의 제국을 기독교 열강들이 분할할 것을 제언하면서, "나는 부끄러워해야 할 명칭인 이른바 제국주의에는 조금도 공감하지 않지만, 무리하지 않는 영토 확장 또는 자연적인 생장은 그것과 전혀 다르다. (…중략…) 우리가 영토를 태평양까지 확대하여 일본과 중국으로 영향력을 확장하는 것은 정말로 자연생장이다"라고 단언해 마지않았다. 마틴은 제국주의 그 자체에는 반발을 표하면서도 현실에서 기독교적 국제법을 받아들이지 않는 이교의 국가를 문명국으로 인정할 수는 없었던 것이다.

---

54 西周 譯, 『畢洒林氏 萬國公法』, 『西周全集』 第2卷, p.22. 西周는 '만국공법'과 유럽 내부의 기독교 국가들의 원리에 따라 운용되는 '태서공법'을 구별한 다음, 지금은 기독교 국가 외에도 널리 적용되지만 그것은 유럽중심주의를 면할 수 없다고 지적한다. 西周의 '만국공법' 이해의 특징에 관해서는 田岡良一, 「西周助 『萬國公法』」(『國際法外交雜誌』 第71卷 1號, 1972); 戶田文明, 「幕末洋學者の國際認識—畢酒林述·西周譯『萬國公法』」(有坂隆道 編, 『日本洋學史の研究 X』, 創元社, 1991 所收) 등의 연구가 있다.

55 이하 W. A. P. Martin, *The Siege in Peking : China Against the World*, Oliphart Anderson and Ferrier, 1900, pp.96~97 및 p.156.

의화단사건 당시 베이징에서 농성 중인 마틴

그리고 중국 자체도 조선이 아무리 주종관계·조공체제로부터 이탈하려 해도 스스로가 중화의 제국이라는 '이념'을 쉽게 버리지 않았다. 그런 의미에서 만국법에 의해 중국 자체의 중화의식을 불식시키는 것은 불가능했다고도 말할 수 있을 것이며, 만국법에 기초하여 추진되는 제국주의적 확장이야말로 문명을 가장한 야만인 이상, 구미의 또 하나의 중화의식으로 대체하는 것은 아무런 의미가 없었는지도 모른다. 그러나 17세기 이후 서교와 서학을 보급한 결과가 종말의 세상이라 해도 서양 귀신을 내쫓기만 하면 지복의 시간이 찾아올 것이라며 기독교 교회를 파괴하고 신도와 외교관을 습격하여 살상한 의화단사건이었다면, 그것이 아무리 천년왕국운동의 성격을 띤 민중의 '반제반봉건운동'이었다 해도, 이에 직면한 마틴이 굴욕과 격분을 담아 표현했듯이 "우리의 생애를 건 오랜 봉사가 거의 아무런 가치도 없었다는 것"도 부정하기 어려운 일면의 진실이었다고 말할 수 있을 것이다.

그렇지만 마틴이 마테오 리치 이후 300년이 넘는 기간에 걸친 서교와 서학의 보급을 위한 노력의 무참한 패배를 통절하게 실감하면서 '야만의 제국'의 영유도 불가피하다고 생각하고 있던 그 시기, 표면적으로는 서구문명에 대한 자포자기 상태의 저항의 분출로 보이는 중국 사회 내부의 혼돈의 기저에서는 구미의 학술과 진지하게 맞붙고자 하는 사상적 격투가 진행되고 있었고, 그런 상황에서 일본이 지의 연결고리로서 떠오르고 있었던 것이다.

제4장
청말 중국의 서학·중학·동학

중국의 사상과 문화에 커다란 지각변동을 초래한 불교는 일찍이 서교라고 불렸는데, 명대 이후에는 서교가 기독교를 의미하게 되었다.

그러나 지금까지 보아왔듯이 기독교를 뜻하는 서교는 마테오 리치로부터 두 세기 반, 중국에 복음을 전하기 위해 먼저 중국인의 세계관을 바꾸고 지식의 체계 그 자체를 대체할 필요가 있다는 신념에 입각한 부지런한 활동을 거쳐 애로우호 전쟁 이후에야 중국의 사상과 문화에 영향을 주기 시작했고, 19세기 후반부터 중국사상사에서 불교 동점과 같은 양상을 보이기에 이르렀다.

그때 발생한 사태에 관하여 에티엔 벌라즈$^{Étienne Balázs}$는 "19세기 중반 무렵부터 20세기 초반까지 약 두 세대 사이에 서양은 삼천년을 이어온 중국의 고문화古文化에 끊임없이 충격을 가하고 잇달아 거점을 점령했다. 기술 영역이 자리를 빼앗기자 경제와 자연과학과 예술 그리고 우주

(천하)에 관한 오래된 관념까지 하나씩 양보하지 않을 수 없었다. 퇴각에 퇴각을 거듭하는 동안 어느 사이에 방어선을 지켜낼 희망마저 완전히 포기해야만 했다"[1]라고 평한다.

그러나 과연 중국 근대의 학술사를 서양에 의한 점진적인 점령과 전통적인 중국 학문체계의 잇단 양보로만 보아도 괜찮을까. 설령 표면적으로는 그렇게 보인다 해도, 거기에서 생겨나고 있었던 것은 자기를 둘러싼 세계에 관한 인식을 심화하면서 하나의 문명세계의 존재양식과 그것을 표상해온 학문의 성격을 묻고 다시 만들어가는 일이 아니었을까. 적어도 청말 지식인에게 서학의 수용 그 자체는 그 어떤 목적에서도 필연적이지는 않았다. 그뿐만 아니라 전통적 학술은 그저 지식의 체계에만 머문 것이 아니었다. 그것은 신념의 체계이자 가치 체계이기도 했으며 행동 규범이기도 했다. 그렇다면 그런 학술의 변용은 정신세계와 사회생활의 변질을 동반하지 않을 수 없다. 그러한 총체적인 존재를 건 물음이 학문의 선택과 재구성에 직결되어 있었던 것이다. 그들은 중국 문명이라는 가치를 지키기 위해 서양이나 일본의 체험을 끌어들여 비교 대조하고 과거로부터 이어온 학술을 다시 구성함으로써 주체적으로 스스로를 변화시키지 않을 수 없었던 것이 아닐까.[2]

여기에서는 사회적·정치적 변혁이 학문체계의 구조 변화와 어떻게 관련되는지, 그 안에서 서학이나 일본이 수용하여 제도화한 신학으로

---

1 Balazs, Etienne, 村松祐次 譯, 「中國における傳統と革命」, 『中国文明と官僚制』(みすず書房, 1971), p.49.

2 청말 이후의 사회사조와 지식인의 동향에 관해서는 다수의 업적이 있는데, 개괄적인 것으로는 吳雁南·馮祖貽·蘇中立 主編, 『淸末社會思潮』(福建人民出版社, 1990); 王有光, 『中國近代政治思想史』(知識出版社, 1993) 및 Y. G. Wang, *Chinese Intellectuals and the West, 1872~1949*, University of North Calolina Press, 1966; Paul A. Cohen·John E. Sohrecker, *Reform in Nineteenth Century*, Harvard U. P., 1976을 들 수 있다.

서의 동학이 어떤 과정을 거쳐 주목받게 되었는지 그 궤적을 근대 중국의 질풍노도 시대인 청말에 초점을 맞추어 살펴봄으로써 학문체계의 구조 변화와 국민국가 형성의 내재적 관련성을 밝히고자 한다.

제1절 ── 서학 수용의 논리 구성과 중학의 위상

제2장 제2절에서 살펴보았듯이, 근대 중국에서 서학의 주체적인 수용은 1862년 경사동문관 개설을 효시로 하며, 푸저우선정국·강남제조국 등의 설치를 계기로 서학 교육 기관이 각지에 설립되면서 조직적으로 도입되기에 이른다.

물론 서학이라는 개념에만 입각해서 말하자면, 이미 명나라 만력萬曆 이후 예수회 선교사 마테오 리치, 알레니 등에 의해 유럽의 학술이 소개되었고, 천계天啓 연간에는 이것을 총칭하여 서학으로 포착하는 개념이 나타났다. 또, 이지조와 서광계가 선교사들의 저역서를 편찬한 총서 『천학초함』에 수록된 알레니의 『서학범』(1623)에서는 유럽의 학술이 문과rethorica · 이과philosophia · 의과medicina · 법과leges · 교과教科, canones · 도과道科, theologia의 여섯 과로 구성되어 있다는 것 등을 설명하고 있고, 서학의 체계에 관한 지식이 전래되었다는 것도 이미 언급했다. 그러나 중국은 모든 문물을 갖추고 있을 뿐만 아니라 그 모든 것이 절대적 우위에 있다는 '천조상국天朝上國'의 사상에 기초한 중화문명관 아래서는, 유학이야말로 자연과 인간세계의 삼라만상에 통하는 충분한 학의 체계이고

유자儒者 역시 천·지·인 즉 삼재三才를 수학함으로써 그에 통할 수 있다는 흔들림 없는 확신을 갖고 있었으며, 서학은 형이하의 지엽말단적인 학으로서 적극적으로 섭취할 만한 것으로 간주되지는 않았다.

그러나 애로우호 전쟁에서 패하면서 천조는 만국을 통수하고 다른 국가는 이적만맥夷狄蠻貊이며 문명적으로도 세계의 정점에 있다는 화이 사상에 기초한 천하일통의 세계관은 무너졌고, 표면상으로는 중국도 만국 병립의 국가 중 하나가 되었다. 이러한 전환은 또 삼대 성인의 도를 배움으로써 인격적 완성을 약속하고 세계의 모든 사태에 대처할 수 있다는 유학의 완전성에 대한 확신과 서학을 오랑캐의 학으로 간주해 온 학문관에도 미묘하나마 전회轉回를 초래했으며, 서학을 오랑캐의 단순한 장기長技를 넘어서 하나의 체계를 가진 학술로 인식시키는 계기가 되기도 했고, 그것이 서학 도입을 위한 학교와 기관의 설치로 이어졌던 것이다. 하지만 그것은 서학을 전면적으로 수용하는 것으로 직결되지는 않았고, 도리어 서학을 전통적 학술인 중학中學과 어떻게 만나게 할 것인가라는 어려운 문제를 낳았다. 바꿔 말하자면 이질적인 학술을 섭취해야 하는 사태에 직면함으로써 그때까지 자명하게 자기 존립의 근거가 되었던 학문 그 자체를 중학으로서 다시 재확인해야만 했던 것이다.[3] 그것은 또 학문의 존재 형태와 사회적 필요를 어떻게 연관시켜야

---

3 이러한 청말의 학문이 직면했던 과제와 그것에 대한 응답에 관해서는 다양한 관점에서 검토할 필요가 있고 또 가능하다는 것은 말할 것도 없다. 이하의 개인적인 견해도 그 중의 제한된 논점을 거론한 것에 지나지 않는다. 보다 넓은 시점에서 고찰한 것으로 小野川秀美,『淸末政治思想史硏究』(みすず書房, 1969); 島田虔次, 「淸朝末期における學問の情況」(『講座中國Ⅱ·舊體制の中國』, 筑摩書房, 1967 所收); 佐藤愼一, 「『淸末啓蒙思想』の成立」(『國家學會雜誌』第92卷 5·6號, 第93卷 1·2號, 1979~1980); 大谷敏夫,『淸代政治思想史硏究』(汲古書院, 1991) 등이 많은 시사점을 담고 있다. 또, 史革新,『晩淸理學硏究』(文津出版社, 1994); 熊月之,『西學東漸與晩淸社會』(上海人民出版社, 1994) 도 함께 참조

하는가라는 과제에 답하는 것이기도 했다.

그처럼 뒤얽힌 물음에 대한 하나의 해답으로 제출된 것이 리훙장의 막료였던 펑구이펀의 『교빈려항의校邠廬抗議』(1884년 공간, 自序는 1861)이다. 이 저작에서 펑구이펀은 과거제도를 비롯한 내정개혁과 함께 서학의 채용을 주장하고, 구체적인 방책으로서 번역공소翻譯公所와 선포국船砲局의 설립을 제언했는데, 그것이 리훙장 등의 양무운동에 영향을 주었다. 펑구이펀의 서학 채용에 관한 논의를 개괄하면, 학문이란 경국제민經國濟民의 근본이 되어야 하며, 그 목적을 달성하기 위해서는 부강을 실현하고 있는 서양 각국을 본받아야 할 터이므로 서학의 적극적인 채용은 불가결하다는 것이었다. 이어서 그는 서학을 섭취해야 할 분야를 거론하면서 "산학·중학重學·시학視學·광학·화학 관련 책은 모두 실증적 연구에 의해 진리를 발견한 것이고, 지리서에 실린 약 100여 국가의 산천·요해要害·풍토·물산에 관한 대부분의 기술은 중국인이 미칠 바가 아니"[4] 라는 점을 강조했다. 여기에서 언급한 자연과학과 지리학이 기독교 선교사들이 중국에 들여온 서학의 과학들을 가리킨다는 것은 말할 필요도 없을 것이다. 서학의 가치는 더 이상 부정할 수 없는 상황이었던 셈이다. 그리고 펑구이펀은 서학체계의 중핵을 이루는 것으로 산학(＝수학)을 중시하고, "모든 서학은 산학에서 나온다. 10세 이상의 서양인 가운데 산학을 배우지 않는 자가 없다. 지금 서학을 받아들이려면 무엇보다 산학을 배우지 않으면 안 된다"라면서 산학 습득의 필요성을 강력하게

---

4   馮桂芬, 「采西學議」, 『校邠廬抗議』卷下, 廣人堂校本, pp.10～13. 이하 '서학 채용에 관한 논의'는 이 글에 의거한다. 그리고 양무운동과 변법운동의 서학관 등에 관해서는 西順藏·島田虔次 編, 『淸末民國初政治評論集』(中國古典文學大系 58, 平凡社, 1971) 및 西順藏 編, 『原典中國近代思想史』第二冊(岩波書店, 1977)에 중요한 논고가 역출되어 있다.

호소했다. 여기에서 말하는 산학이란 전통적으로 육예六藝의 하나로 간주되었던 산수가 아니라, 서양의 자연과학의 기저를 이루고 있으며 그 학문체계의 전제가 되는 수학이었다. 그러나 동시에 평귀편은 "중국의 윤상倫常과 명교名教를 근본으로 삼고 여기에 여러 나라의 부강의 방책을 더하면 더욱 좋을 것"이라며 서학을 배우는 의의를 한정했다. 그리고 "서학을 채용하여 양기洋器를 제작하고, 국용國用을 도모하고, 과거를 개혁할 것"을 제의했다. 서양 언어의 습득도, 산학을 비롯한 자연과학의 적극적인 섭취도, 지리서를 통해 외국 사정을 훤히 아는 것도 서양의 부강책을 배워 중국의 전통적인 학술을 보강하는 것이라고 생각했던 것이다. 그런 사고의 근저에서는 중학과 다른 독자적인 체계로서 서학의 가치를 인정하면서도, 어디까지나 외국의 실정을 본받아 뒤처지지 않는 것을 목표로, 스스로의 단점을 보완할 수 있는 학술의 영역으로 제한함으로써 서학의 도입에 따르는 심리적 굴욕감을 완화하고자 하는 논리 조작이 작동하고 있었다.

이와 같은 서학 섭취의 논리는 왕조체제의 핵심인 명교=유교의 논리체계를 기축으로 유지하면서 구미의 과학과 기술을 받아들이는 것이었기 때문에 청조 체제의 보강이라는 정치적 과제에도 적합한 것이었다. 이러한 사고방식과 관련하여 왕타오는 "형이상으로 말하면 중국의 도道가 우월하고 형이하로 말하면 서양의 기器가 낫다"[5]는 입장, 다시 말해 '형이상의 도'=중학, '형이하의 기'=서학이라는 도기론를 제시했고, 정관잉은 "우리는 본本에 마음을 다하고 저들은 말末을 추구한다. (…중략…) 양자를 합하면 본말을 함께 갖출 수 있다"[6]라는 본말론을

5　王韜, 『弢園尺牘』, 1876.
6　鄭觀應, 「道器」, 『盛世危言 增訂新編』 卷一, 1895, pp.1~2.

제시했는데, 둘 다 중학에 우월적 가치를 부여하면서 부강을 추구하기 위해서는 서학이 불가결하다는 점을 인식하고 있었던 것이다. 특히 정관잉은 서학을 관리 등용을 위한 필수과목으로 간주했다. 이와 같은 채장보단설採長補短說의 집약적 표현이 "중국을 체體로 하고 서학을 용用으로 한다"는 중체서용론이다. 이들 논의에서 도나 체는 근간이 되는 부분, 기와 용은 현실적인 작용이나 발현 형태를 뜻하는데, 구체적인 국면에서 체·도와 용·기 나아가 본·말의 구별이 선명하지 않고 불명료하다는 점이 도리어 서학 섭취의 기동력으로서 기능했다. 장즈둥은 『권학편』에서 "사서오경·중국사사中國史事·정서政書·지도를 구학이라 하고, 서정西政·서예西藝·서사西史를 신학이라 한다. 구학을 체로 하고 신학을 용으로 한다"(「設學」), "중학을 내학으로 하고 서학을 외학으로 한다. 중학은 심신을 닦고 서학은 세사世事에 응한다"(「會通」)[7]라고 했는데, 이 말은 중체서용론의 하나의 전형이 된다. 서정을 신학으로 거론하면서 사서오경이나 중국의 정서政書도 구학으로 병존시키고 있다는 점에서 중체서용론의 절충적 성격을 찾아볼 수 있다. 신학과 구학이라 하여 신구를 구별하지만 그렇다고 신이 우월하다는 가치판단을 포함하는 것은 아니다. 오히려 신은 용用이라 한 것을 보아도 알 수 있듯이 핵심이 아니다. 아니, '학고입관學古入官'(『尙書』「周官」)이라 했듯이 왕고往古를 통해서만 지금을 알 수 있으며, 학문은 본래 '후고박금厚古薄今'하다고 생각해왔던 것이다. 뒤에 서술하겠지만 '신'이나 '금今'에 가치가 부여되는 것은 변법론과 사회진화론의 침투에 따라 시간의 진행과 문명의 발전이 긴밀하게 관련되어 있다고 생각하면서부터이다.

---

7 張之洞, 『勸學篇』, 1898. 인용은 「內篇·設學」, pp.8~9, 「外篇·會通」, p.47.

물론 서학 섭취의 논리가 이처럼 중학과 서학을 성질이 다른 것으로 설정하고, 이를 어떻게 접합해갈 것인가라는 형태로만 나타난 것은 아니다. 동시대에 상위성相違性을 전제로 하면서도 학學의 기원으로 소급하여 또는 사상 내용의 문제로서 중학과 서학의 유연성類緣性과 동질성을 지적하고, 그럼으로써 서학 섭취에 동반하는 심리적 저항을 줄이려는 시도도 없지 않았다. 여기에서는 학의 기원이나 전거에 착목하는 것을 서학중원설西學中源說, 사상 내용이나 기능에 주목하는 것을 부회설附會說이라고 정의하기로 하자. 중국에서는 오래전부터 노자가 오랑캐의 세계에 들어가 부처가 되었다는 노자화호설老子化胡說이 주장되어왔듯이 밖에서 들어오는 사상이나 문화가 원래는 중국에서 출발한 것이라는 논리를 이용하곤 했는데 그것이 서학에도 적용되었던 것이다. 즉, 서학중원설이란 현재 서양의 부강을 초래한 학술은 원래 중국의 성현이 창조한 것인데 "후발주자인 여러 오랑캐들이 우리 문명의 여택余澤을 훔친 것이나 다름없다"(馮桂芬, 『校邠廬抗議』)라는 말이다. 정관잉이 "『대학』 8조목 중 「격치」 1편이 없고 『주례』 가운데 「동관冬官」 1책이 빠져 있는 등 고인의 명名·물物·상象·수數의 학은 이리저리 흩어져 유럽으로 들어갔고, 결국 중국은 정묘精妙한 유럽의 공예工藝에 아득히 미치지 못하는 지경에 이르렀다"(『盛世危言』, 「道器」)라고 말한 것도 같은 취지이다. 나아가 기독교의 사랑론은 묵자의 겸애설에서 비롯한 것이고 기하학의 원에 대한 정의는 『묵자』 「경편經篇」의 "圜一中同長也"에서 나왔으며, 유럽의 기하학도 천원일天元一(동양 전통의 대수방정식―옮긴이)을 바탕으로 한 것이라고 설명하고, 장지무張自牧가 기독교는 묵자에 불교와 이슬람교를 합한 것이라고 논한 것도 마찬가지이다. 또, 탄스퉁譚嗣同의 경우 청일전쟁 후에는 신학 도입을 제창했지만 그 이전에는 "똑똑히 알아야 한다, 서양인의 격치의 학이 날마다 새로워지고 날마다 신기해져서 놀라운 경지에 이른 것도 실은 중국의 고유한 것에 지나지 않는다는 것을!"[8]이라고 하여 서양의 자연과학을 평가하면서 서학중원설을 주장하고, 황쭌셴도『일본국지日本國志』「학술사」에서 서학이 묵자의 학에서 파생한 것에 지나지 않는다고 역설함으로써 동학=일본학의 수용을 정당화했던 것이다.

한편 부회설은 중원설과 겹치는 부분도 있지만, 예를 들어 만국공법은『춘추공양전』에, 무정부주의는『장자』에, 실증주의와 논리학은『순자』에, 제러미 벤섬이나 존 스튜어트 밀의 공리주의는『묵자』에, 법률학과 정치학은『한비자』에 그리고 구미 정교政教가 거의『주례』에 기초를 두고 있다는 식으로, 유럽의 학술이나 사상을 하나하나 중학 가운데 동질적인 내용이나 방법을 가진 것에 비유하고, 서학에 상당하는 것이 이미 중학에 존재했다는 점을 강조하는 것이었다. 루소의『사회계약론』의 일본어역『민약론복의民約論覆義』(原田潛譯, 1883)를 중국어로 번역한『로소盧騷 민약론』(楊廷棟譯, 1903)을 통해 서양 민주주의 정치사상을 접한 류스페이劉師培가『중국민약정의中國民約精義』(1904)를 저술하여 중국에도 민주정치의 사상적 전통이 있다는 점을 강조하면서, 노자의 '成人無常心, 以百姓心爲心'은 루소의 민약론과 다를 게 없고, 관자는 몽테스키외의 입헌정치론과 통하며, 맹자는 의회정치를 지향하기도 했다는 것을 '입증'하고자 한 것은 그 전형적인 사례였다고 할 수 있을 것이다. 그러나 동시에 서학중원설이든 부회설이든 자문화중심주의에 입각한

---

8 譚嗣同,「石菊影廬筆識・思編三」. 蔡尙思・方行 編,『譚嗣同全集』上冊(增訂本), 中華書局, 1981, p.124. 여기에서 말하는 西法은 모두 중국 고유의 것이며, "변법은 곧 복고에 지나지 않는다"는 것을 함의한다. 譚嗣同은 그 후 江南製造局에서 간행한 번역서를 통해 자연과학을 배웠는데, 그 중심에 수학이 있다고 생각하고 算學格致館을 설치하여 수학을 진흥해야 한다고 역설했다.

것이라 할 수도 있겠지만, 어찌됐든 시공을 초월하여 당시의 서학에 상당하는 사상이나 지식이 단편적으로나마 중국의 전통 학술에 포함되어 있었다는 것도 간과할 수는 없다. 적어도 일본에서는 이러한 논리를 이용하여 전통 학술과 서학의 관련성을 찾으려는 사상적 경향은 존재하지 않았다. 화혼양재和魂洋才라 했지만 그 화혼에, 양재에 필적할 만한 무슨 내용이나 방법이 있었던 것은 아니다. 화혼이란 학술 그 자체와는 차원을 달리하는 정신적 태도 내지 각오를 넘어서는 것은 아니었다. 이와 달리 중국에서는 "오래전부터 이미 그것이 있었다古已有之"거나 "예를 잃더라도 그것을 야에서 구한다禮失而求諸野"와 같은 슬로건에 따라 섭취해야 할 서학의 원류나 그것에 해당하는 것을 중국 학술의 재고 목록에서 찾았고, "서학은 서양 사람만의 것이 아니다. 서학이라는 이름 때문에 지식인들은 배우는 것을 부끄러워하지만, 그 뿌리가 중국의 학술이라는 것을 안다면 지식인들은 알지 못하는 것을 오히려 부끄러워해야 할 것이다"[9]라고 하여, 서양의 문자에서부터 화학·역학 등 모든 학문이 중학을 근본으로 하는 이상 서학을 배우는 것은 중학을 배우는 것이나 다름없다고 설득했던 것이다.

물론 그러한 논의에서마저 중학에 대한 모독이라 하여 반발이 없지 않았다. 량치차오에 따르면, 베이징에 동문관이 개설된 1862년부터 청불전쟁에서 패한 1884년까지 "조정의 관료는 모두 서학에 대해 말하는 것을 부끄러워하고, 말하는 자는 한간漢奸이라는 비난을 들으며 아예 사류士類 취급을 받지 못한다. 게다가 세간 일반에서는 서법西法이 점차 흥하는 것을 혐오하는"[10] 상황이 이어졌다. 량치차오의 논평이 사실인지

9 　王之春, 『瀛海危言』, 『小方壺齋輿地叢鈔』第11帙, p.513.
10　梁啓超, 『戊戌政變記』(1899), 『梁啓超專集之 　』, p.69.

제4장/ 청말 중국의 서학·중학·동학　367

여부는 차치하더라도, 청말의 학술은 서학에 대항함으로써 제자학諸子學과 불교학을 포함하는 총체로서 중학을 포착하는 인식을 낳았고, 그 경의經義의 정수는 서학과 암합暗合한다는 '중즉서中卽西'의 논의에 기대어 섭취해야 할 서학의 범위와 내용을 확장하고 있었다. 장즈둥이 절절하게 말했듯이, "오늘날 중국을 부강하게 하고 중학의 단절을 막기 위해서는 서학을 논하지 않으면 안 된다"(『勸學篇』「循序」)라는 것도 인정하지 않을 수 없었던 것이다.

하지만 주의를 요하는 것은, 중체서용론이든 서학중원설이든 부회설이든, 논리적으로는 양날의 칼로서 서학을 섭취하는 방향으로도, 배제하는 방향으로도 작용할 수 있었다는 점이다. 즉, 중체서용론은 용으로서의 이기夷技 그러니까 기기機器와 기술을 제외한 모든 사상이나 법제 등은 들어올 수 없다는 형태로 나타나기도 했고, 서학중원설이나 부회설의 경우도 원래 중국의 학술에 의거해야 할 원전이 있는 이상 사회적 배경이 다른 서방의 학예를 나서서 섭취할 필요는 없으며 오히려 중국의 학술을 깊이 탐구하는 것이 유익하다는 논의를 낳게 된다. 물론 현실적으로 이러한 논리는 서학 섭취를 전제로 하여 구성된 것이었기 때문에 배제의 기능보다는 섭취의 기능 쪽으로 움직인다는 것은 부정할 수 없다. 다만, 기기나 기술뿐이긴 하지만 어쨌든 서학 쪽이 뛰어나다는 인정을 바탕으로 한 중체서용론보다 원래 중국에 있었던 것을 때에 맞게 받아들이는 것과 다르지 않다는 서학중원설과 서양의 학설을 빌려 중국 학설의 정당성을 인증하는 데 지나지 않는다는 부회설 쪽이 자기 고유의 것을 받아들이는 것이나 다름없다는 점에서 심리적 저항은 적었다고 말할 수는 있을 것이다. 그러나 아무리 자의적으로 비교한다 하더라도 중국 고전 속에서 서학의 모든 기술이나 이론에 비정比定할 만한 교설教說이나 자구字句를 발견하는 데에는 당연히 한계가 있을 수밖에 없고, 표현상으로는 아무리 유사하다 해도 서학과 중학 사이의 이질성과 거리감도 점차 밝혀지지 않을 수 없다.

어쨌든 서학에 직면하고서야 비로소 중학은 스스로를 대상화하여 그 역사를 재검증하고, 스스로의 학문 영역을 최대한으로 밀고나가 서학과 대치했던 것이다. 그러는 가운데 중학과 서학 쌍방을 시야에 넣고서 새로운 대상과 방법을 가진 학문 구성을 모색하는 움직임이 나타나게 된다. 그리고 캉유웨이, 량치차오, 탄스퉁 등 스스로를 신학가新學家라 칭한 사람들이 이러한 학문 사조를 맨 앞에서 이끌었다. 그들을 다그친 것은 정치체제와 그것을 지탱하고 변증하는 학문의 자기 혁신 없이는 중국은 멸망할 것이라는 강렬한 위기감과 멸망을 막고 존속을 도모하는 것을 사대부인 자기들의 책무로 삼는 사명감이었다.

제2절 ——————————— 중학의 혁신과 서학의 도입

이러한 흐름 속에서 량치차오는 그의 저서 『청대학술개론』[11]에서 청대학술사의 특성을 '복고를 통해 해방하는 것'으로 파악했고, 이와 같은 사태의 진전과 함께 중학은 새로운 국면으로 접어들었다. 량치차오에 따르면 청대 학술은 다음과 같이 변천해왔다. 즉, "첫 번째 단계에는

---

11 『淸代學術槪論』(1921)은 『梁啓超專集之三四』所收. 이하 『淸代學術槪論』의 인용은 小野和子 譯(東洋文庫 245, 平凡社, 1974)을 따른다.

송대의 학술로 돌아감으로써 양명학으로부터 해방되었다. 두 번째 단계에는 한당漢唐의 학술로 돌아감으로써 정주학程朱學으로부터 해방되었다. 세 번째 단계에는 전한前漢의 학술로 돌아감으로써 허신許慎과 정현鄭玄으로부터 해방되었다. 네 번째 단계에는 선진先秦의 학술로 돌아감으로써 일체의 전주傳注로부터 해방되었다." 이러한 견해 자체는 청대 학술 사조의 방법과 원리를 유럽의 문예부흥에 비김으로써 청대 학술 사상의 전개 속에서 중국의 내발적 '근대성'의 맹아를 발견하고자 하는 의도를 반영한 것이었다.

이처럼 중국의 '근대성'이 청대의 학술 사상 안에 배태되어 있고 그 자기 전개가 결국 "공맹으로부터 해방되는 지점까지 나아가지 않을 수 없는" 성질의 것이었다는 견해는 쉽게 받아들일 수 없는 것인지도 모른다. 그러나 청대 학술에 유럽의 근대 학술에 상응하는 '과학적 연구 정신'이 깃들어 있고 그것이 복고라는 방법에 따라 자기혁신을 수행했다는 견해를 굳이 량치차오의 견강부회의 설이라 하여 배척할 수만은 없을 것이라고 생각한다. 말할 것까지도 없이 청대의 학술은 박학樸學이라 불린 것처럼 고증학을 기축으로 하는 것이고, 경전의 정치적 해석을 철저하게 억제하면서 텍스트를 교정하고 사구辭句를 확정하는 훈고訓詁에 학문의 사명을 국한하는 것이었다. 이 '학문을 위한 학문Wissenschaft für Wissenschaft'이라는 위학爲學의 이념은 그것이 어디까지나 문헌에만 집중하는 한 비실천적이었다. 그러나 텍스트 비평이라는 국면에서는, '실사구시'나 '증거가 없으면 믿지 않는다'와 같은 슬로건에서 볼 수 있듯이, 다양한 자료와 증거에 기초한 사실의 확정이라는 연구 지향에서 유럽의 과학적 실증주의와 상통하는 점이 있다는 것도 부정할 수 없다. 경전 주해에 있어서 실증주의가 도달한 바와 같이, 훈고 주석의 소재를 보다 널리 찾기 위해 유학 이외의 제자학諸子學에까지 미쳤을 것이고 또 경전 그 자체의 진위까지 문제 삼기에 이르렀을 것이다.

그리고 바로 고증학의 태내에서 공양학 또는 금문경학今文經學이라는 못난 자식이 태어났고, 그것은 한 걸음 더 나아가 불교의 연구 및 신앙까지 야기했다. 이러한 학문 동향은 청조 고증학의 발전이기도 했지만 동시에 고증학에 대해 경전을 자유롭게 비판하는 태도를 표명하면서 공공연하게 그에 반기를 드는 것이기도 했다. 상주尙州 공양학의 발흥과 함께 궁지전龔自珍과 웨이위안 등이, 훈고 사장詞章에 자기를 가둔 채 비정치성을 모토로 내세운 고증학을 향해 비판의 목소리를 높이고 웨이위안이 기회가 있을 때마다 "나라가 부강해야 법이 제대로 선다"라고 주장한 것도, 경학이 사회적 실천으로 이어지는 '통경치용通經致用', '경세치용經世致用'이야말로 학문의 요체라고 생각하고 있었기 때문이다. 그러한 주장은 경전에 묵시적으로 감춰져 있는 근본적 이의理義인 '미언대의微言大義'를 명확하게 하여 사회 현실의 과제에 적용하는 것이 사장의 자질구레한 구절에 얽매이는 훈고의 학보다 훨씬 중요하다고 강조하고, 나아가 『춘추공양전』에서 공자의 진의를 다시 읽어내고자 하는 시도로 발전했다.

이러한 공양학파의 학문 사조를 강렬한 개성에 의해 응집한 사람이 바로 캉유웨이였다.[12] 캉유웨이는 천서우치陳壽祺와 천챠오충陳喬樅 등에서 시작하여 랴오핑廖平에 의해 정리된, 금문과 고문을 엄밀하게 획정하

---

12 康有爲에 관한 연구를 망라할 수는 없지만 사상 전반에 걸치는 것으로 여기에서는 坂出祥伸, 『康有爲』(集英社, 1985); 野村浩一, 『近代中國の政治と思想』(筑摩書房, 1964); 原田正巳, 『康有爲の思想運動と民衆』(刀水書房, 1983); 有田和夫, 『淸末意識構造の硏究』(汲古書院, 1984); 馬洪林, 『康有爲大傳』(遼寧人民出版社, 1988); 湯志鈞, 『近代經學與政治』(中華書局, 1985)를 들어둔다.

는 설을 따라, 후한 시대에 나온 고문 경전은 모두 유흠劉歆의 위조이며, 전한 시대에 나온, 지금과 같은 자체字體인 예서隸書로 쓰인 금문 경전에서만 진리를 발견할 수 있다고 주장했다. 그리고 청조 고증학이 가장 중요한 근거로 삼은 고문경학, 그 상징적 주석자인 후한의 허신許愼과 정현鄭玄을 배척하고, 금문경전을 대표하는 것으로 공양전을 칭양했다. 량치차오가 "전한의 옛것으로 돌아가 허신과 정현으로부터 해방되었다"라고 말한 사태는 이것을 가리킨다. 캉유웨이는 이러한 주장을 펼친 『신학위경고新學僞經考』를 1891년 공간했는데, 이 책에서 그는 한학漢學과 송학宋學도 유흠의 위경에 미혹되어 오류를 거듭해왔다고 논파했다. 이 학설이 몰고 온 충격에 관하여 량치차오는 『청대학술개론』에서 이렇게 평했다. "첫째, 청학 정통파의 입각점이 뿌리부터 흔들렸다. 둘째, 모든 고서는 새롭게 점검 평가하지 않으면 안 되게 되었다. 이것은 정말이지 사상계의 일대 태풍이었다." 이 대폭풍과 함께 청대 학술뿐만 아니라 이천 년 동안 경학이 의거해온 경서에 근본적 비판이 가해졌고, 고문헌에 대한 래디컬한 회의주의는 민국 시대의 의고주의疑古主義로 이어졌던 것이다.

그뿐만 아니라 캉유웨이가 불러일으킨 풍파는 『공자개제고孔子改制考』(1897)와 『대동서』 등의 저작을 통해 더욱 거세졌다. 량치차오는 『공자개제고』를 화산의 대분화에, 『대동서』를 대지진에 비유했는데, 『공자개제고』에 의해 공자는 단순한 성교聖教의 조술자가 아니라 창교자이고 도래할 새로운 왕조를 위해 제도를 개정한 소왕素王의 모습으로 우뚝 서게 된다. 그리하여 유교의 정치적 국면은 극대화한다. 육경은 모두 공자가 쓴 것이고, 요순은 모두 공자를 가탁한 것으로 간주되며, 조법묵수祖法墨守가 아니라 개혁과 창제야말로 유교의 근본정신이 된다. 아니, 공자뿐만 아니라 선진의 제자백가는 모두 옛것에 의탁하여 제도를 개혁하고 가르침을 창출한 것으로 간주되었던 것이다. 공자의 가르침의 핵심은 개인의 윤리에서 정치의 혁신으로 이동한다. 그것이 『춘추』에서 말하는 거란據亂—승평升平—대평大平의 삼세진화설과 결부될 때 학문은 '대동'이라는 이상세계를 향해 정치적 변혁의 방도를 제시하는 언설이 되었던 것이다. 캉유웨이에게 공자개제론은 『춘추』의 '미언대의'로서 '소왕개제素王改制'나 '삼과구지三科九旨'와 같은 설을 전개한 경학의 해석 문제이면서, 무엇보다도 정치적 변혁을 경학에 의해 정당화하는 정치적 실천 그 자체였던 것이다.

이러한 '소왕개제'와 '탁고개제'를 핵심으로 하는 논의는 종교개혁과 르네상스 두 운동이 "유럽 문화의 옛 기초로 거슬러 올라가 스콜라주의로 일그러진 모습을 교정함으로써 혁신된 순정한 권위에 입각해 생을 개신하고자 했다"(E. 트뢸치, 『르네상스와 종교개혁』)라고 평가받는 것과 유사해 보이기도 한다. 복고에 의한 해방이라는 량치차오의 청대 학술에 관한 테제는 무엇보다도 캉유웨이에게 딱 들어맞는다. 게다가 종교개혁과 '소왕개제'는 캉유웨이 자신이 의식적으로 비교한 사항이기도 했다. 결국 캉유웨이는 유럽 융성의 원인을 종교개혁에 의해 그리스도의 정신이 부활한 것에서 찾았고, 공자를 그리스도와 마찬가지로 하늘이 땅에 내린 '대지의 교주', '개제의 교주'로 자리매김함으로써 중국의 개혁이 현실화할 것이며 부강화 또한 가능할 것이라고 생각했던 것이다.

이처럼 캉유웨이의 개제설은 경전 독법 자체의 대전환과 함께 해외의 사적事蹟을 중국사 안으로 대담하게 끌어들임으로써 성립했다. 캉유웨이의 입장에서 보자면 중학의 고전은 세계에 널리 열려 있었고, 모름지기 전 세계가 '대동'을 향해 진화한다고 말한 이상 외국에 관한 지식은 불가결하며, 따라서 서학의 섭취에 적극적으로 나서지 않을 수 없었다. 아니, 중국이나 서양이라는 경계를 초월하는 것이 '대동'이라면 모범을 서양에서 찾는 것도 경전의 뜻에 반하지 않을 터였다. 캉유웨이는 1895년의 네 번째 상서上書에서 여러 국가가 병립하면서 "법치에 입각하여 서로 경쟁하고 지학에 따라 서로 극복한" 것이 서양이 강국에 이른 원인이고, 정형政刑을 명확하게 하고 지현智賢을 중시하는 구미의 장점을 모방하는 것은 진실로 중국의 "경의經義의 핵심에 부합하는 것이어서 특별히 뭔가를 새로이 받아들이는 것을 의미하지 않는다"[13]라고 했다. 즉, 지금까지 중국은 주위에 보잘것없는 국가밖에 없었기 때문에 상대와 경합하고 이를 넘어서려는 노력을 하지 않았는데, 이제는 이런 태도를 바꿀 필요가 있다는 것이었다. 여기에서 주목해야 할 것은 무엇보다 세계가 주권국가 간의 경쟁의 장이며, 경쟁에서 살아남아 존속하기 위해서는 국가기구의 정비와 국민 전체의 지력의 증진이 불가결하다는, 국민국가 형성을 위한 목표가 명확하게 설정되어 있다는 점이다. 캉유웨이에 따르면, 중국이 우선 자각해야만 하는 것은, 나라를 닫고 여러 나라로부터 고립되어도 사방을 통어할 수 있었던 계통적階統的인 '일통수상一統垂裳'의 중심으로서 중국이 문을 걸어 잠그고 있었던 시대가 끝나고 여러 국가가 서로 경쟁하는 '만국병립'의 시대에 이른 이상, 사방의 이웃은 모두 강적이고 이 "열국 대경쟁 속에서 자존을 도모하는 방책은 변법밖에 없다"[14]라는 사실이었다.

---

13 康有爲, 「上淸帝第四書」, 光緖21(1895)年 閏5月. 蔣貴麟 主編, 『康南海先生遺著彙刊(十二)』(宏業書局) 所收, 『七次上書彙編』, p.78.

14 康有爲, 「上淸帝第五書」, 光緖23(1897)年 12月. 蔣貴麟 主編, 『康南海先生遺著彙刊(十二)』 所收, 『七次上書彙編』, p.99.

그리고 1898년에 올린 여섯 번째 상서에서는 "변혁을 수행하는 국가는 보전될 수 있지만 변혁을 행하지 않는 국가는 소멸할 것이며, 전반적으로 변하면 강해지겠지만 조금밖에 변할 수 없는 국가는 소멸할 것"[15]이라 하여, 폴란드와 이집트를 비롯하여 인도, 버마, 베트남, 터키 등이 변화를 추구하지 않은 까닭에 망국과 멸종에 이르렀다는 점에 주의를 촉구하고, 구법舊法을 묵수하면서 변혁할 줄을 모르는 중국의 상황을 통렬하게 비판한 다음 광서제에게 변법의 단행을 호소했다. 다만, 조법유지祖法維持를 규범으로 삼는 조정에서 이 변법유신을 추진하기 위해서는 무엇보다도 '변'하는 것과 '새'로운 것이 그것 자체로 가치를 인정받을 필요가 있었다. 캉유웨이가 같은 여섯 번째 상서에서 "사물은 새로우면 번성하고 오래되면 노후한다. 새로우면 생생해지고 오래되면 부패하고 만다. 새로우면 활기 가득하고 오래되면 경직된다. 새로우면 원활해지고 오래되면 정체한다. 이것은 사물의 도리이다"라며 '새로움'의 의의를 강조한 것도 이 때문이었다. 게다가 각국이 다투어 부강을 모색하고 있는 지금, '후왕後王을 본받기'보다는 여러 나라의 사례를 모범으로 삼지 않을 수 없다고 말하기도 했다. 이리하여 우선 서양의 정치는 경전의 정수와 합치한다는 점에서 중국의 개혁과 밀접하게 연결되며 그 목표를 제공한다. 이어서 종래의 체제를 고집하지 않고 적극적으로 변혁해가는 것이 가치로서 제시되고, 그 결과 서학은 중학과 대립하는 이질적인 학으로서 피안에 있는 것이 아니라 중학의 내용을 풍부하게 하기 위한 필수 요소로서 자연스럽게 주체적으로 선택해야 할 대상으로 전화轉化했던 것이다.

---

15 康有爲, 「上淸帝第六書」, 光緖24(1898)年 1月. 蔣貴麟 主編, 『康南海先生遺著彙刊(十二)』(宏業書局) 所收, 『七次上書彙編』, p.102.

그러나 문제는 변법을 위해 구미의 제도를 아는 수단으로서 서학이 적극적 섭취 대상으로 바뀌었다 해도 구체적으로 서학에 접근하는 길이 대단히 한정적이라는 데 있었다. 양무운동을 추진하기 위해 진행된 서학서의 번역은 지리서나 역사서 등을 포함하고 있긴 했지만 대부분 자연과학이나 기술 등 이른바 서예西藝에 치우쳐 있었기 때문이다. 캉유웨이 등이 그들 나름의 정론의 기초를 마련하기 위해 가장 필요로 했던 정치·법률·경제 등의 사상이나 제도에 관한 번역서는 결정적으로 부족했다. 하지만 캉유웨이가 서학에서 핵심으로 주목한 것은 바로 서정西政 즉 서양의 정치였다. 『강남해자편연보康南海自編年譜』[16]에 따르면, 1879년 강남제조국 번역국에서 간행한 『서국근사휘편西國近事彙編』이나 리구이李圭의 『환유지구신록環遊地球新錄』 등을 여러 번 읽고 홍콩으로 떠난 캉유웨이는 그 질서 있는 번영을 목격하고서야 "비로소 서양인이 치국治國 법도를 갖추고 있다는 것과 더 이상 옛날처럼 이들을 오랑캐로 볼 수 없다는 것을 알았"으며, 『해국도지』와 『영환지략』 등을 읽는 한편 지구도를 구입하고 서학 관련 책을 조금씩 모아 서학을 가르치는 기반으로 삼았다. 나아가 1882년 상하이에 들러 "그 번영을 보고서 더욱 더 서양인의 치술治術에 원리가 있다는 것을 알았고 (…중략…) 많은 서학서를 구입해 돌아왔다. 이 책들을 통해 서학을 강구하면서 비로소 모든 옛 생각을 버리기"에 이르렀다.

그 외에 『강남해자편연보』에서는 "서학서를 폭넓게 파고들어 성학聲學·광학·화학·전학電學·중학重學 및 각국 사지史志, 여러 사람의 유기遊記 등을 통독하다"(1883), "아울러 산학算學을 배우기 위해 서학서를 섭

---

16 『康南海自編年譜』의 인용은 蔣貴麟 主編, 『康南海先生遺著彙刊』(二二)에 수록된 것을 따른다.

렵하다"(1884), "산학에 힘쓰고 기하학에 입각하여 인류공리를 저술하다"(1885) 등 서학 학습에 관한 언급을 찾아볼 수 있다. 그리고 그 과정에서 "서양이 부강해진 근원은 포계군기砲械軍器에 있는 것이 아니라 바로 궁리권학窮理勸學에 있다"[17]라는 인식도 싹을 틔운다. 그런 만큼 서학서 중에서도 정서政書의 중요성과 번역서의 미비를 보다 강하게 의식할수밖에 없었다.

그랬기 때문에 캉유웨이는 1886년 양광총독兩廣總督 장즈둥에게 올린글에서 "중국에는 구미의 번역서가 아주 적다. 프라이어가 번역한 서학서는 모두 군사나 의학 등 긴요하지 않은 학문인데, 정치와 법제 관련책이 무엇보다 절실하다. 서학은 새로운 이치가 대단히 풍부하고 중국에서 찾아볼 수 없는 것뿐이기 때문에 역서국을 설치하여 이를 번역하는 것은 지극히 중요한 일이다"(『康南海自編年譜』 光緖十二年條)라고 하여역서국의 개설을 간절히 바랐던 것이다. 더욱이 프라이어가 세계 각지의 최근 사정과 자연과학 지식의 소개를 목적으로 편찬한 『격치휘편』은 서학 안내서로서 일부 사람들의 사랑을 받기도 했지만 판매부수는 좀처럼 늘지 않았다. 량치차오의 「독서학서법讀西學書法」에 따르면, "애석하게도 당시에는 아직 풍기風氣가 열리지 않았기 때문에 구독하는자가 아주 적었고, 듣자니 프라이어는 번역한 책을 출판하느라 많은 돈을 잃었다. 그 때문에 1890년 이후 다시 번역을 하지 않았다."[18]

그리고 결국 캉유웨이가 간절하게 바랐던 역서국이 실현되지 않은것을 보아도 짐작할 수 있듯이 정치경제에 관한 서학서의 역출에는 아

---

17 康有爲, 「上淸帝第二書」, 光緖21年(1895) 4月. 蔣貴麟 主編, 『康南海先生遺著彙刊(十二)』 所收, 『七次上書彙編』, p.30.
18 梁啓超, 『讀西學書法』, 時務報館, 1896, p.13.

직 저항이 만만치 않았고, 그 결과 서양의 정치경제에 관한 지식의 보급은 대단히 제한적인 수준에 머물러 있었다. 저간의 사정은 캉유웨이의 제자이자 서양 사회사상의 소개자로서 일세를 풍미한 량치차오가 세계에 오대주가 있고 중국 이외에 많은 나라들이 있다는 사실을 안 것이 실로 1890년, 그러니까 1848년에 간행된 쉬지셰의 『영환지략』을 열독한 무렵이었다는 것을 통해서도 대략 짐작할 수 있을 것이다. 당시 량치차오는 향시鄕試에 합격한 거인擧人이었고, 광둥의 학해당學海堂에서 건가파乾嘉派의 학문을 배우면서 깊은 학식을 쌓고 있었을 터이다. 그럼에도 불구하고 외부세계에 관한 학식은 빠져 있었고, 그것이 부자연스런 것으로 간주되지도 않았던 것이다. 바로 그 해에 량치차오는 캉유웨이를 찾아가 학문상의 코페르니쿠스적 전환을 맞이하게 된다. 즉, 캉유웨이는 량치차오가 준거로 삼아온 훈고고증의 학문을 쓸모없는 구닥다리 학문이라 하여 가차 없이 비판했고, 이 말을 들은 량치차오는 결연히 옛 학문을 버리고 서학을 포함한 신학으로 향했던 것이다.

량치차오는 수년 동안의 수학 끝에 그때까지 동문관을 비롯한 중국에서의 서학 수용이 "예藝를 말하는 것은 많지만 정政과 교敎를 말하는 것은 적고, 예라는 것도 일천한 어언문자語言文字에 지나지 않았다. (…중략…) 전문 분과를 나누지 않았고 정밀함을 구하려 하지도 않았"(「變法通議—學校總論」[19])던 것을 비판하기에 이르는데, 여기에는 서학의 특질이 전문 분화에 있으며 정과 교가 서학의 중추를 이룬다는 량치차오의 서학관이 제시되어 있다. 이러한 인식을 바탕으로 량치차오는 1896년 『서학서목표西學書目表』[20]를 저술했는데, 이 책에서 그는 서학을 크게 학學·정政·교

---

[19] 梁啓超, 「變法通議—學校總論」(1896), 『梁啓超文集之一』, p.19. 이하 「變法通議」의 인용은 이 책에 의거한다.

敎 셋으로 분류한 다음, 중국에서 절실하게 요구되는 서학과 서정 두 분
야와 관련된 한역 서학서를 일람표로 정리하고 있다. 서학으로 분류된
것은 오늘날의 자연과학에 해당하는 학술인데, 여기에서는 무형무질無形
無質의 허虛의 학을 앞에 두고 유형유질有形有質의 실實의 학을 뒤에 둔다는
방침에 따라 산학과 역학을 비롯하여 전기 · 화학 · 성학聲學 · 광학 · 기
학汽學 · 천학天學 · 지학 · 신체학 · 동식물학을 배열하고, 의학과 도학圖學
은 인사에 속한다고 하여 말미에 배치했다. 또, 서정에는 각국의 제도와
정책 외에 현재의 인문사회과학에 해당하는 학술을 배열했는데, 그 중
에서도 외국에 통효通曉하는 것이 중요하다 하여 역사 · 지지 · 전기를 맨
앞에 두었다. 그리고 정치와 교육의 연원이 되는 관제와 학제, 천하를
다스리는 주요 도구인 법률, 부강에 필요한 농정農政 · 광정鑛政 · 공정工
政 · 상정商政 · 선정船政 등을 차례로 나열하고 있다. 그리고 서정에 관해
서는 역서가 아직 많지 않은 것을 유감스러워하면서도 "지금 일부분을
정리해두는 것은 근원이 되는 것으로서 반드시 강구해야만 할 것이기
때문이며, 더욱 상세한 것은 훗날의 증보를 기다리기로 한다"[21]라고 적
었다. 이리하여 서학은 서정을 근간으로 하는 학의 체계로서 구성되기
에 이른다. 1860년대부터 청일전쟁에 이르기까지 양무운동 추진자에
의한 서학이 어학과 군사적 흥업을 위한 '서학과 서예'에 중점이 있었다
면, 청일전쟁 이후 신학가新學家들에 의한 서학은 변법과 국민 교육을 위
한 '서정과 서법'을 주안으로 삼았던 것이다. 서정과 서법이란 "민지民智
를 열고, 민권民權을 신장하고, 민용民用을 넓히고, 민생民生을 이롭게" 함

---

20 梁啓超, 『西學書目表』(1896), 『質學叢書』 所收. 그리고 增田涉, 『中國文學史硏究』(岩波書店, 1967)
   에 서목표가 전재되어 있다.
21 梁啓超, 「西學書目表序例」(1896), 『梁啓超文集之一』, p.122.

으로써 '적약贖弱'의 나라로 떨어진 중국의 재생을 도모하고자 한 신학가들에게 불가결한 학지學知가 되었다.

이러한 서학관에 입각해 편찬된 『서학서목표』에는 학류學類 13문 128종, 정류政類 10문 168종, 잡류雜類 5문 54종의 서학서명이 게재되어 있다. 이 학문 분류가 경經·사史·자子·집集의 전통적인 사분법과 완전히 이질적인 구성을 취하고 있고, 그것이 변법자강이라는 중국의 자기 변혁을 위한 프로그램과 긴밀하게 결부되어 있다는 것은 청말의 학술 사상 특필할 만한 사항이다. 또, 서학서의 양도 량치차오가 1894년에 내놓은 「독서분월과정讀書分月課程」[22]에는 고작 7종에 지나지 않았는데, 불과 2년 만에 350종으로 비약적으로 늘어났다. 량치차오가 서학서 특히 서정서의 수집에 얼마나 정력을 쏟았는지는 "새로 번역된 정서가 나올 때마다 구입했지만 아직 먼 것 같다"[23]라고 서술하고, 나아가 수집한 서정서를 편찬한 『서정총서西政叢書』를 1897년에 공간하여 서정서에 대한 관심을 환기한 것을 보아도 알 수 있다. 그러나 그 정도로 서학서나 서정에 대한 관심을 기울이면서도 이 시기 량치차오 자신은 결코 서학에만 빠져 있지는 않았다.

오히려 그는 "오늘날 서학이 흥하지 않는 것을 걱정할 것이 아니라 중학이 정말로 망할 수도 있다는 것을 걱정한다"(「西學書目表後序」)라고 분명하게 말했다. 량치차오는 서학이나 서정의 섭취를 중학을 다시 세우고 재활성화함으로써 중국의 변법자강을 도모하는 데 필수적인 일종

---

22 梁啓超, 「讀書分月課程」(1894), 『梁啓超專集之六九』, p.11.
23 梁啓超, 「西政叢書敍」(1897), 『梁啓超文集之二』, p.62. 이 서문은 량치차오가 『西學書目表』에 실은 저작을 포함하여 당시 중국에서 필수불가결하다고 간주되는 것은 '求自强齋主人'이라 號하고 스스로 편집하여 1897년 『西政叢書』 32책으로 출판했을 때 붙인 것이며, '求自强'이라는 호를 보면 량치차오가 '西政'에서 무엇을 희구했는지 여실히 알 수 있을 것이다.

의 매개로 간주했다. "오늘날 세계에서 서법을 참작하여 중국을 가르치고자 하는 자는 그저 서문西文을 읽고 서적西籍을 떠들어대기만 해서는 안 된다. 반드시 경술經術을 읽어야 하고, 역사를 익혀야 하며, 법률에 밝아 천하 군국郡國의 이병利病을 잘 알아야 한다. 다시 말해 우리 중국의 천하를 다스리는 근간을 훤히 꿰뚫을 수 있어야 한다"(「變法通議—論譯書」, 1897)라며 중국의 학술과 실정에 정통할 필요성이 있다고 강조한 것도 이 때문이었다. 중국을 가르친다는 과제를 진정으로 해결할 변법을 수행하기 위해서는 중국의 역사와 현상에 통효通曉한 다음 서법이나 서정을 참작해야만 한다는 말은 전혀 이상할 게 없다. 요컨대 "서학을 버리고 중학을 말하는 자가 있지만 그의 중학은 아무런 쓸모가 없으며, 중학을 버리고 서학을 말하는 자가 있지만 그의 서학은 근본이 전혀 없다. 무용무본無用無本은 모두 천하를 다스리는 데 족하지 않다"(「西學書目表後序」)는 것이며, 량치차오가 스스로를 신학가라 칭하면서 "중中도 아니고 서西도 아니며, 또 중이면서 서인 신학파를 형성하고자 했다"(『청대학술개론』)라고 한 것도 이러한 중학과 서학의 유기적 결합을 지향하는 입장을 보여준다.

이와 같은 유기적 결합의 지향은 또 중국의 변혁을 학문의 변혁을 통해 달성하고자 하는 요청에서 필연적으로 초래된 것이고, 더욱이 그 변혁을 표층적인 것으로 끝내지 않기 위해서는 필수적인 과제가 될 수밖에 없었다. 그것은 당시 서구화의 추진자로 알려졌던 옌푸에게서도 공통적으로 찾아볼 수 있는데, 그는 "구습을 버리는 한편 옛날부터 전해오는 좋은 점을 잘 선택하여 보존하고 이를 존속시키지"[24] 않으면 "그

---

24 嚴復, 「與『外交報主人』書」(1902), 王栻 主編, 『嚴復集』 第三冊(中華書局, 1986), p.560. 옌푸는 동시에 "民智를 열고자 한다면 西學을 가르치지 않고서는 불가능하다"(『原强』)라고 하여 서학에 의한

국민의 특색이라는 게 사라질 것이며 또 이른바 새로운 것[서학—인용자주]도 확고하게 받아들일 수 없게 될 것이다"라고 하여, 버릴 것과 유지 존속시킬 것의 적확한 구별이야말로 서학을 신학으로서 중학에 긴밀하게 편입해가는 필수 요건으로 간주했다. 물론 여기에서 유지 존속시켜야 할 것은 '구습을 버리고 좋은 점을 선택'한 것이어서 종래의 중학 그 자체는 아니라 해도, 중국의 현실적인 정치·문화와 그것을 기저에서 지탱하고 있는 전통적 학문과 종교를 무시하고서 새로운 학의 체계가 수용되어 침투할 리도 없었다.

그러나 변법자강이라는 과제에 대하여 보다 현실적이고 유효한 대응책을 마련하고자 할 경우, 한대漢代 이전의 중학인 금문과 동시대의 신학문인 서학의 부합이나 조응을 따져서 정책의 정당화를 모색하다 보면 당연하게도 곤란이 따른다. 하지만 긴요한 서정에 관한 지식과 번역서는 턱없이 모자랐고, 어렵사리 간행된 번역서는 '침중비장서枕中秘藏書'(『청대학술개론』)라 하여 보물처럼 간직하기도 했지만, 여전히 변법을 위한 구체적 제도에 관한 지식을 채우기에는 결정적으로 부족했다. 변법을 지향한 사람들은 정말이지 '학문적 기아 상태'(『청대학술개론』)에 시달리면서 정치 변혁의 모범이 될 사회와 그것을 뒷받침하는 새로운 학문적 자원을 갈망했다. 이러한 상황에서 나타난 것이 바로 일본이 구미에서 수용하여 형성해가고 있던 신학 즉 동학이었다. 그리고 변법운동이 진전해가는 과정에서 메이지 일본은 유신 변혁의 모범으로서 크게 부각되었고, 이와 함께 캉유웨이와 량치차오 등이 주장하는 신학 중에서 동학이 차지하는 비중도 눈에 현저하게 증대했다. '외국어를 모르는

계몽을 불가결하다고 보았다.

서학가'인 청말의 신학가들에게 동학은 서학을 편리하고 빠르게 알기 위한 방편으로서, 또 입헌군주제를 골격으로 하는 국가 형성과 그것을 뒷받침하는 인재로서의 국민 형성을 추진하기 위한 참조 기준으로서 운동의 성패를 결정할 열쇠로 간주되었던 것이다. 이미 1896년에 편찬된 량치차오의 『서학서목표』에는 오카모토 간스케岡本監輔의 『만국사기萬國史記』와 오카 센진岡千仞의 『미리견지米利堅志』가 서학서로 간주되어 수록되어 있는데, 조선의 이동인 등도 일본에서 입수한 『만국사기』를 윤독하고 있었다. 이처럼 구미에서 수입된 세계사에 관한 지식이 한문으로 쓰인 책을 통해 일본에서 중국과 조선으로 거꾸로 흘러들어가기 시작했다.

이리하여 동학은 일본에서 번역된 서학을 배우는 선에 머무르지 않고 일본의 국민국가 형성의 체험과 그 과정에서 축적된 학술 중에서 무엇을 어떻게 스스로의 국민국가 형성을 위해 취사선택할 것인가라는 과제에 응하기에 이르렀던 것이다.

제3절 ——————————— 변법유신운동과 동학

"사천여 년에 이르는 긴 시간 동안 꿈속에 빠져 있던 우리나라를 깨운 것은 실로 청일전쟁에서 패배해 타이완을 할양하고 이백 조를 배상한 때이다." 량치차오는 청일전쟁의 패배가 중국 역사에 초래한 획기적 성격과 지식인층에 가한 강력한 충격을 『무술정변기戊戌政變記』에서 이렇게 기술했다. 물론 청조가 대외전쟁에서 패배한 것은 이것이 처음은 아니다. 아편전쟁이 있고 청불전쟁(1884)이 있었다. 그리고 이들 전쟁에서 패할 때마다 서양 문물 수용에 대한 태도를 바꿔왔다. 량치차오에 따르면 아편전쟁 이후 양무운동이 진행되는 중에도 서학을 무시 내지 경시하는 분위기가 있었다. 즉, "청불전쟁에서 패한 후 말깨나 하는 사람들은 점차 모든 서법을 거부할 수는 없다는 것을 알았고 양무를 말하는 자도 속으로는 이를 부끄러워하지 않게 되었으나, 대신들은 아직 이를 이해하지 못하거나 비방하는 자도 적지 않은"(『무술정변기』) 상황이었다. 하지만 자국의 실력을 절실히 반성하게 하고 사방 여러 나라의 현실을 직시하게 하는 깊은 반성의 계기가 되었다는 점에서 청일전쟁이 몰고 온 역사적 충격은 아편전쟁이나 청불전쟁의 패배에 비할 바가 아니었다.

왜냐하면 청일전쟁의 패배는 1860년 이후, 리훙장이 서술했듯이, "중국의 문무제도는 모두 서양보다 낫다. 하지만 오직 화기火器만은 도저히 따라잡을 수가 없다"[25]라는 인식 아래 서양의 기계·기술을 받아들여 국가의 부강을 도모하고, 동양 제일이라고 자타가 인정하는 북양함대를 거느리기에 이르렀던 양무정책의 실패를 의미하는 것이었기 때문이다. 그러나 무엇보다도 수천 년에 걸쳐 동아시아 세계에서 문명의 중심으로 군림해온 '독강獨强'의 중화제국이 '좁쌀처럼 흩어져 있는 변방의 작은 오랑캐 나라', '동해의 작은 세 개의 섬'이라 하여 상대도 하지 않았던 일본 앞에서 패퇴할 수밖에 없었다는 사실이 자존의식에 큰 상처를 입혔고, 게다가 패전으로 열강에 의한 조차지가 확대된 것은 "외강내약外强內弱의 모습이 제대로 드러난"(張之洞, 『勸學篇』「益智」) 것으로

---

25   同治3年(1864) 4月, 『籌弁夷務始末』 同治朝, 卷25.

서 국가 멸망의 위기감을 부채질했다. 왜 같은 시기에 서구의 충격을 받아 그것에 대응해왔을 터인 중일 양국 사이에 이러한 역전현상이 생겼던 것일까. 그 원인을 찾아야만 했던 지식인들은 메이지유신 이후 일본의 정치 과정에 주목했다.

그리고 이처럼 일본에 주목하면서 동시에, 량치차오가 탄스퉁을 평하여 "갑오전쟁(청일전쟁) 후 더욱 발분하여 신학을 제창, 우선 류양劉陽에서 학회를 설립하고 동지를 규합하여 절차탁마하고자 한 것은 실로 후난성 전체를 신학의 기점으로 만들었다"(『戊戌政變記』,「譚嗣同傳」)라고 말했듯이, 청일전쟁 후에는 신학이라는 개념과 그것을 담당할 신학가들의 활동이 활발해졌다. 량치차오가 자신을 포함하여 신학가로 부른 사람들은 그와 마찬가지로 일본의 정치개혁을 변법(=체제변혁)의 모범이라 하여 높이 평가했고, 탄스퉁도 "중국에서 가장 가깝고 즉각 모범으로 삼아야 할 나라는 일본이다. 일본의 변법자강이 성공한 이유는 칼을 차고 돌아다니며 강개 질타하는 기풍과 원수를 갚기 위해 사람을 죽이기도 하는 기개로 적극적으로 변혁의 기운을 고무했기 때문이다"[26]라며 변법자강운동을 성공으로 이끌기 위해 일본의 임협정신任俠精神까지 배울 것을 호소했다. 무술년의 변법이 백일유신으로 끝나버리자 탄스퉁이 자신과 량치차오를 막부 말기의 승려 겟쇼月照와 사이고 다카모리에 비유하여, "중국이 아직껏 변법 때문에 피를 흘린 자가 있었다는 소

---

26 譚嗣同, 『仁學』, 蔡尙思·方行 編, 앞의 책, p.344. 譚嗣同은 또 "日新이야말로 至德이다"(『易』繫辭傳·上)라는 입장에서 "구미 두 개 주는 새로운 것을 좋아하기 때문에 흥륭하고, 일본은 이것을 본따 衣食의 嗜好까지 바꾸기에 이르렀다. 아시아, 아프리카, 오스트레일리아 세 개 주는 옛것을 좋아하기 때문에 쇠망하고 있다. 중국은 여차하면 古制를 끌어들이려하기 때문에 멸망이 눈앞에 다가와 있어도 野蠻未開의 세상에 마음을 둔 채 현재의 것은 제대로 바라보려고도 하지 않는다"(p.319)라고 하여 중국에 비해 일본의 변화를 긍정적으로 평가했다.

리를 듣지 못했다. 이것이 나라가 번성하지 못하는 이유이며, 먼저 나부 터 시작하고자 한다"(『戊戌政變記』「譚嗣同傳」)라면서 조용히 참형을 받아 들인 것도 메이지유신을 선례로서 얼마나 중시했는지를 잘 보여준다.

그러나 탄스퉁과 캉유웨이를 비롯한 신학가들이 메이지 일본에 관하 여 관심을 갖게 된 것은 1890년 황쭌셴의 『일본국지日本國志』[27]가 인각印 刻되고 나서부터이며, 그 전까지는 일본의 정법의 변혁 등은 관심을 끌 지 못했을 뿐만 아니라 정확한 정보를 제공하는 저작도 없었다. 황쭌셴 은 1877년 초대 주일공사 허루장의 참찬參贊(서기관) 자격으로 일본에 와 서 1882년 떠나기까지 일본에 관한 종합적 연구서를 집필할 생각으로 나카무라 마사나오, 오카 센진, 가메타니 세이켄龜谷省軒 등과 교류하면 서 관련 문헌을 섭렵했다. 그리고 고심 끝에 1889년 「국통지國統志」, 「학 술지學術志」 등 12지, 전 40권으로 이루어진 『일본국지』를 완성, 1890년 각판刻板에 부쳤지만 유포되지 않았고, 1898년 집성인서국集成印書局에서 출판되고 나서야 다시금 각광을 받기 시작했다. 1896년, 량치차오는 "황쭌셴이 이 책을 저술한 지 10년, 겸손해서 이 책을 유통시키지도 않 고 중국인에게 일본에서 무슨 일이 있었는지를 알리지도 않아 일본에 대비하지 못하고 일본을 걱정하지 않으며 일본을 두려워하지 않고 오 늘에 이르게 한"[28] 것은 황쭌셴의 죄이며 따라서 울분을 억제할 수 없다 고 말하는데, 이는 일본 연구서로서 이 책의 가치를 높이 평가하면서 "과거에는 탄환이 가득한 나라였지만 지금은 웅대한 나라이며, 30년 동

---

27 黃遵憲에 관해서는 鄭海麟, 『黃遵憲與近代中國』(三聯書店, 1988); 張偉雄, 『文人外交官の明治日本』(柏書房, 1999) 등, 또 중국에서 메이지유신을 어떻게 바라보았는지에 관해서는 彭澤周, 『中國の近代化と明治維新』(同朋舍, 1976); 王曉秋, 『近代中日啓示錄』(北京出版社, 1987); 呂万和, 『明治維新と中國』(六興出版, 1988) 등 참조

28 梁啓超, 「日本國志書後」(1896), 『梁啓超文集之二』, p.50.

안 화를 복으로 바꾸어 약체에서 강국으로 발돋움한" 이웃나라 일본의 연구를 경시해온 중국 조야의 태만을 황쭌셴의 죄라는 역설적인 표현을 통해 비판한 것이다. 황쭌셴은 1896년 『시무보時務報』를 창간하면서 량치차오를 주필로 초빙했고, 이후 둘 사이에는 "나라 안에서 나보다 그대를 잘 아는 사람이 없으며 그대보다 나를 잘 아는 사람도 없다"(梁啓超, 「嘉應黃先生墓誌銘」)라며 서로를 인정하는 교제가 이어졌다. 이처럼 일본을 모범으로 하는 황쭌셴의 변법유신론이 량치차오에게 준 영향은 매우 컸던 것이다.

또 1888년의 첫 번째 상서 이래, 정치를 변혁한 일본이 조선을 멸망시키고 중국을 엿보고 있다면서 공일책攻日策을 채택할 것을 호소했던 캉유웨이도, 1895년 상하이에 강학회强學會를 설립했을 때 황쭌셴과 면담을 하고서 대일관을 바꾸어 메이지유신을 모범으로 하는 변법유신론을 전면에 내세우기에 이르렀다. 황쭌셴의 『일본국지』가 캉유웨이에게 준 영향은 『일본변정고日本變政考』나 무술변법 기간에 제출된 상주문에 이 책에서 따온 문장이 그대로 적혀 있는 것만 보아도 명백하다. 그 문장들은 대부분 제도개혁의 서술과 관련되는데, 캉유웨이의 메이지유신 탐구는 한 발 더 나아가 메이지유신을 성공으로 이끈 원인과 그 담당자의 에토스에까지 이르고 있다. 예컨대 1898년 무술변법을 목전에 두고 캉유웨이 등은 보국회保國會를 결성했는데, 개회 연설사에서 일본이 강성해진 근본적 원인에 관하여 다음과 같이 서술한다. "일찍이 내가 연구한 바에 따르면 이 대사大事는 무위무관無位無官의 다카야마 마사유키高山正之에 의해 달성되었다. 다카야마 마사유키는 나라가 쇠미해지고 있음에도 변법을 단행하지 않는 것을 안타까워했고, 쇼군의 천정擅政에 분노해 도쿄의 길목에서 종일 통곡하면서 만나는 사람들 모두에게 눈물로 호소했다. 그리고 끝내 통곡하다가 죽었다. 이리하여 사이고 다카모리, 요시다 쇼인, 후지타 도고藤田東湖, 가모 군페이蒲生君平 등이 등장하여 존왕양이를 주창했고, 오쿠보 도시미치大久保利通, 이와쿠라 도모미岩倉具視, 기도 다카요시木戸孝允, 이타가키 다이스케板垣退助, 산조 사네토미三條實美, 오쿠마 시게노부大隈重信 등이 등장하여 변법을 논했다. 그 결과 일본은 융성 강대하게 되었다."[29] 그의 말에는 무위무관의 신학가를 담당자로 하는 변법운동을 고무하기 위해 얼마간 과장이 섞여 있고 역사적 사실을 오인한 부분도 있지만, 다카야마 마사유키에게까지 관심을 두었다는 점에서 메이지유신의 역사를 꽤 폭넓게 이해하고 있었다고 할 수 있다. 그 외에 "일본은 보잘것없는 나라였지만 연래 발분하여 스스로 강해지고 있다. 학교를 보건대 전공 분야에 맞게 다양하게 개설하여 부강의 기운이 역력하다. 그리고 자연과학의 경우 자기네 나라에는 제대로 갖춰진 것이 없다 하여 허심탄회하게 서학을 배우려 한다"[30]와 같은 황쭌셴의 주장은 캉유웨이와 량치차오 두 사람의 분화와 그에 의한 총합을 근대학술의 기본으로 간주하는 학문관과 학교관에 영향을 미쳤다. 이리하여 『일본국지』는 무술변법운동에서 캉유웨이 등의 일본모범국론으로 이어지는 길을 열었던 것이다.

캉유웨이는 1895년의 세 번째 상서에서 메이지유신 이후 일본의 변

---

29 康有爲, 「京師保國會第一集會演說」(1898), 『梁啓超專集之一』所揭, pp.79~80. 保國會는 그 장정에 따르면 "國地가 하루가 다르게 찢기고, 國權이 하루가 다르게 깎이고, 國民이 하루가 다르게 어려워지는" 상황에서 "國地·國權·國民을 보전하는" 것을 목적으로 설립되었다. 이 주장은 '保國·保種·保敎'로서 표방되기도 했는데, 각각에는 차원이 다른 것이 포함되어 있을 뿐만 아니라 아이덴티티의 대상이 어긋나는 경우도 있었던 것으로 보인다.

30 黃遵憲, 『日本國志』卷32 「學術史」第一, pp.22~23. 黃遵憲은 도쿄의 중학과 사범학교를 시찰하고 천문학·역사학·문학 등 일곱 과목이 "얕은 것[淺]에서 깊은 것[深]으로, 거친 것[粗]에서 촘촘한 것[細]으로, 대략적인 것[約]에서 폭넓은 것[博]으로 나아가는"(實藤惠秀·豊田穰 譯, 『日本雜事詩』(東洋文庫111), 平凡社, p.93)데, 그 과정이 "참으로 훌륭해서 놀라웠다"라고 적었다.

황쭌셴과 『일본잡사시』, 『일본국지』의 서문

법과 신정新政이 중국의 변법의 모범이 될 수 있다고 말했는데, 그는 상하이에 강학회를 열면서 일본서의 번역을 호소했고, 스스로도 장녀 퉁웨이同薇와 일본인 다노 기쓰지田野橘次, 우사 온라이히코宇佐穩來彦 등의 도움으로 일본서의 수집과 유목類目 편찬에 힘썼다. 이 사이 황쭌셴과 왕캉녠汪康年 등이 1896년 상하이에서 창간한 『시무보』는 일본인 고조 데이키치古城貞吉의 번역으로 일본의 『도쿄니치니치신문』, 『오사카아사히신문』, 『요미우리신문』, 『시사신보』, 『도쿄경제잡지』 등 신문과 잡지의 기사와 논설을 게재하여 메이지 시기 일본의 정보를 거의 시간차 없이 중국의 신학가들에게 전달했다. 주필이었던 량치차오는 일본 정보의 수집과 활용에 적극적이어서, 변법자강운동의 이념을 고취하기 위해 같은 잡지에 연재한 「변법통의」에서도 "일본의 지도자들은 인재 육성의 중요성을 알고 있으며, 유신 변혁에 즈음하여 우선 학교 창립에 힘을 쏟았다. 학교는 정치가 가장 중시해야 하는 것이다"(「變法通議—學校餘論」, 1897)와 같은 논의에 따라 일본의 사례나 정책에 준거하면서 자신의 변법론을 구성했다.

　량치차오에 따르면 "법은 천하의 공기公器이고 변變은 천하의 공리인"

(『變法通議―論不變法之書』) 이상 변법하지 않으면 멸망할 수밖에 없을 터였다. 더욱이 변법에는 네 가지 방도가 있는데, 일본은 스스로 변법한 사례로서 이집트나 조선처럼 타자가 권력을 장악하여 변법한 것, 인도처럼 다른 나라가 대신하여 변법한 것, 폴란드처럼 여러 나라에 분할되어 변법한 선례보다 당연히 모범으로 삼을 만한 것으로 간주되었다. 그리고 중요한 것은 이러한 일본의 사례를 참조하면서 량치차오가 특히 중시한 사항은 정치체제의 변혁에 의한 국가 형성과 함께 새로운 나라를 담당할 인재를 육성하기 위한 학교교육과 이를 통한 국민 형성이었다. 변법과 홍학양재興學養才는 캉유웨이와 량치차오 등이 일본을 모범으로 하여 국민국가 형성을 추진해나가기 위한 수레의 두 바퀴로서 어느 것 하나 빼놓을 수 없는 것이었다.

량치차오 등은 이와 같은 명확한 문제의식을 바탕으로 변법자강운동을 더욱 강력하게 추진하기 위해 "동문東文(일본문)을 주로 하고 서문西文을 보조로 삼으며, 정학政學을 우선으로 하고 예학藝學을 다음으로 한다"[31]라는 방침에 따라 1897년 대동역서국大同譯書局을 설립했다. 이 대동역서국에서 1897년에 간행된 것이 캉유웨이의 『일본서목지日本書目志』이고, 이 책을 공간한 의도는 자서自序에 다음과 같이 명확하게 서술되어 있다. "세계에서 변법을 시행하여 빠른 시간 안에 강해진 나라로는 러시아와 일본이 있는데, 러시아는 먼 데다 다스림의 효력도 두드러지지 않고 문자도 우리와 다르다. 지금 우리와 아주 가까운 일본을 모범으로 하여 변법의 조리調理와 경위를 고찰한다면 그것이 지름길이 되어 우리나라의 정치와 학술은 3년 안에 자리를 잡을 수 있을 것이다. 게다가 일

---

31 梁啓超, 「大同譯書局敍例」(1897), 『梁啓超文集之二』, p.57.

본의 문자는 우리 문자와 같다. (…중략…) 태서의 학문에 관한 뛰어난 책들은 일본인이 이미 거의 번역해 놓았다. 우리들은 그들이 성공한 것을 따라 행하면 된다. 결국 우리는 태서를 소로 삼고 일본을 농부로 삼아 앉아서 먹기만 하면 된다. 이렇게 한다면 천만금의 비용을 들이지 않고도 중요한 책을 빠짐없이 모을 수 있을 것이다."[32] 여기에는 '일본 메이지의 정치를 정법으로 삼는다'라는 캉유웨이의 변법론에서 볼 수 있는 일본모범국론과 함께 동학 즉 당시 일본의 신학술을 서학 섭취를 위한 편의적 수단으로 간주하는 향후 일본 학습의 원형이 제시되어 있다.

『일본서목지日本書目志』 자체는 서적 목록이라는 체재를 취하고 있지만 1896년에 편찬된 량치차오의 『서학서목표』와 달리 책의 내용이나 성격에 관하여 서술한 '지어識語'는 붙어 있지 않다. 따라서 캉유웨이 자신이 각각의 책을 실제로 얼마나 읽고 이해했는지는 알 수 없다. 그러나 7,100여 권을 수록하고 있는 이 책은 청말부터 민국 초에 걸쳐 출판된 일본서 목록 중에서 단연 돋보이며, 또 각 분류마다 덧붙인 '안어按語'에는 캉유웨이가 메이지 신정新政을 어떻게 파악했고 어떻게 중국의 변법에 참고하고자 했는지가 명확하게 제시되어 있다. 특히 정치학에 관해서는, 정치학 분야에서 가장 뛰어난 것은 중국의 육경 같은 것이 아니지만 태서가 부강해진 근간 역시 육경의 경의經義와 합치한다는 자신의 주장을 서술한 다음, 태서 자강의 원천이 "민民을 가르치고, 민을 기르고, 민을 보존하고, 민과 통하고, 기氣를 함께 하고, 민과 함께 즐기는"[33] 데

---

32 康有爲, 『日本書目志』(1897), 蔣貴麟 主編, 『康南海先生遺著彙刊(十一)』 所收, p.4. 『日本書目志』는 生理・理學・宗敎・圖史(地圖・歷史)・政治・法律・農業・工業・商業・敎育・文學・文字言語・美術・小說・兵書의 15부문으로 나누어 書名・冊數・著者・중국 화폐로 산정한 價格이 기재되어 있고, 部門內의 분류에 따라 캉유웨이의 按文이 붙어 있다. 村田雄二郎, 「康有爲と'東學'」(東京大學敎養學部, 『外國語科硏究紀要』第40卷 5號, 1992)를 함께 참조할 것.

캉유웨이가 펴낸『일본서목지』「정치문」의 일부

있으며, 이처럼 민을 중심으로 하는 정치의 존재 방식은 맹자와 동일하기 때문에 태서의 정치를 배우는 것을 배척하는 풍조는 성현의 가르침에 반한다고 역설했다. 그러나 여기에서 거론하고 있는 아리가 나가오有賀長雄의『국가학』, 다카다 사나에高田早苗의『정치학』, 이치시마 겐키치市島謙吉의『정치학』등의 민을 중심으로 한다는 주장은 어디까지나 정치의 주체로서 국민에게 권리와 의무를 보장한다는 뜻이지 통치의 대상으로서 민을 가르치고, 기르고, 보존하는 수준에 머무는 것은 아니었다. 그런 의미에서 캉유웨이는 국민을 민권의 주체로 파악한 것은 아니었다.

하지만 그는 의원제, 내각제, 대신책임제大臣責任制, 예산제도 그리고 정체론과 주권론, 각국 헌법과 지방자치제도 등의 영역에 이르는 일본 서적의 서목 편찬을 통한 메이지유신의 정치과정을 고구한 결과로서 무술변법의 청사진이라고도 할 수 있는『일본변정고』를 저술했다.『일

---

33 康有爲,『日本書目志』. 蔣貴麟 主編,『康南海先生遺著彙刊(十一)』所收, p.181.

본변정고』의 체재와 기술은 사시하라 야스조指原安三가 편한 『메이지정사明治政史』(富山房, 1892)에 의거한 것이 많은데, 캉유웨이가 수집한 일본서를 통하여 구체적 시책을 착상한 것으로 보이는 사항은 정치제도, 식산흥업, 교육, 병제兵制 등 다양하며, 역사관과 관련하여 영향을 받은 것으로 추정되는 부분도 적지 않다. 예컨대 모즈메 다카미物集高見의 『일본문명사략』(1886)은 캉유웨이가 정치변혁의 역사를 제시하는 훌륭한 책이라 하여 『일본변정고』 편술 자료의 필두에 거론한 것인데, 이 책에는 이토 히로부미가 한문으로 쓴 서문이 수록되어 있다. 이 서문은 "옛것을 버리고 새것을 찾으며 장점을 취해 단점을 보완한다면 문명은 점차 발전할 것인즉 바로 이것이 우리가 살 길이다. (…중략…) 세계 각국을 살펴보건대 과거에는 성했으나 지금은 쇠한 나라도 있고 과거에는 보잘것없었으나 지금은 강대해진 나라도 있다. (…중략…) 약육강식, 흥폐무상興廢無常이다"라 하여 사회진화론적 관점을 강조하고 있다. 이에 대해 캉유웨이의 『일본변정고』 서문에서는 "컸다가 작아진 나라, 강했다가 약해진 나라, 존재했다가 망한 나라를 얼마든지 찾아볼 수 있다. 작았다가 커진 나라, 약했다가 강해진 나라, 망했다가 다시 일어선 나라 역시 얼마든지 찾아볼 수 있다. 만국이 교통하는 최근 들어 각국은 진보를 다투고 있다"라는 대단히 유사한 표현으로 생존경쟁에 따른 국가의 흥망을 언급하면서 변법에 의한 자강의 필요성을 역설하고 있다는 점이 눈길을 끈다.

이와 같은 사회진화론적 관점은 『일본서목지』를 열독한 량치차오에게서 보다 선명한 인식으로 나타나는데 그는 이 책에 대한 독후감에서 이렇게 쓴다. "세계 각국이 모두 새로운 방향으로 나아가고 있는 상황에서 우리나라는 여전히 옛것만을 고집하고 있다. (…중략…) 사물이 새로워지면 성하고 오래되면 쇠하며, 새로워지면 밝고 오래되면 어두우며, 새로워지면 깨끗하고 오래되면 지저분하다는 것은 하늘의 이치이다."[34] 량치차오는 헉슬리[Thomas H. Huxley]의 『진화와 윤리』를 옌푸가 초역[抄譯]한 『천연론天演論』의 초고를 1896년에 읽은 것으로 알려져 있는데, 그는 새로운 것이 이기고 낡은 것이 지는 것이 '하늘의 이치'라는 것을 '개신開新'의 일본에 '수구'의 중국이 패했다는 사실에 근거하여 확신하고 있었던 것이다. 량치차오는 학술을 포함하여 새로운 것은 진화한 것인 까닭에 그 자체가 가치가 있으며 충분히 섭취해야 한다고 생각했다. 이리하여 메이지 일본을 모범으로 삼고 서양에서 이어받은 일본의 신학=동학을 수용하는 것은 보편적 법칙으로 간주된 사회진화론에 의해서도 정당화되었고, 변법운동은 후난성 등의 거점을 중심으로 점차 확산되고 있었던 것이다.

1898년 캉유웨이는 일본을 모델로 하여 국시國是를 정할 것, 헌법과 의회제를 도입하여 변정을 도모할 것을 골자로 한 상주문을 올렸다. 이를 계기로 하여 광서제로부터 소견을 개진하고 『일본변정고』와 『아피득변정기俄彼得變政記』를 진정進呈하라는 명을 받은 캉유웨이는, 미봉적인 개량으로는 국가를 존립케 할 수 없으며 정교政教와 풍속이 비슷한 일본의 메이지유신을 모방하여 유신을 단행할 것을 건언建言했다. 그의 건언 가운데 '널리 여러 신하들에게 서약하고 국시를 정한다', '대책을 세워 현명한 인재를 모은다', '제도국制度局을 열어 헌법을 정한다'가 핵심이었다. 그리고 6월, 광서제는 '국시를 명정明定한다'라는 조서를 내려 변법을 선포했고, 이에 메이지 일본을 참조 기준으로 하여 제도개혁을 둘

---

34 梁啓超, 「讀日本書目志書後」(1897), 『梁啓超文集之二』, p.51.

러싼 다양한 논의가 전개되었다. 무술변법에서 캉유웨이가 제출한 상서는 과거의 개혁, 전족의 폐지, 한족과 만주족의 차별 철폐, 농공업의 장려 등 다방면에 걸쳐 있었는데 대부분의 근간은 일본의 메이지유신에 준거한 것이었다. 예컨대 '널리 여러 신하들에게 서약하고 국시를 정한다'에서는 5개조 서문誓文을 모방하여 국시를 정하고 천조天祖와 신민에게 고할 것을 권유했고, 백사일신百事一新을 주장하는 '단발과 복장 바꾸기 그리고 개원을 청한다'에서는 메이지 천황을 본떠 단발하고, 복장을 바꾸고, 원호元號를 바꿀 것을 요청했다. 나아가 식산흥업정책을 논한 '상무商務를 말한다'에서는 상법회의소와 상법학교를 열고 박람회와 공진회 등을 개최하여 자본주의화를 추진한 일본의 상공정책을 모방할 것을 건언했는데, 이에 대해 광서제는 베이징에 농공상총국을, 지방에 농무국과 농회農會 등을 창설할 것을 명했다.[35]

이와 같은 무술변법에서 메이지유신을 모범으로 삼는 캉유웨이의 전면적 변법론의 핵심은 제도국에 혁신적 인재를 모아 제도 개혁을 추진하는 것이었다. 그러나 제도 개혁을 구체화하기 위해서는 제도 그 자체에 대한 지식과 그것을 담당한 인재가 필요했고, 변법론은 우선 이 두 가지를 둘러싸고 제기되었다. 무엇보다 "재지才智를 갖춘 백성이 많으면 나라가 강하고 적으면 약하다"[36]라는 사실이 서양과 일본에 관한 분석

---

35 무술년의 정변에 관한 연구도 일일이 거론할 경황이 없지만 湯志鈞, 『康有爲與戊戌變法』(中華書局, 1984); 宗德華, 「戊戌維新派政治綱領的再檢討」(『歷史硏究』 第177期, 1985)만을 거론해 둔다. 그리고 캉유웨이의 많은 變法奏議에 대해서는 캉유웨이 자신의 것인지 여부와 관련하여 여러 의론이 있다. 이에 관해서는 故宮博物院圖書館에서 발견된 『傑士上書彙錄』을 포함하여 孔祥吉 編著, 『救亡圖存的藍圖』(聯合報系文化基金會, 1998)가 치밀하게 고증하고 있다. 이것을 참조하여 變法奏議를 인용했다.

36 康有爲, 「上淸帝第二書」, 光緒21年(1895) 4月. 蔣貴麟 主編, 『康南海先生遺著彙刊(十二)』 所收, 『七次上書彙編』, p.30.

을 통해 얻은 결론인 이상, 국가의 존속을 목적으로 하는 변법자강운동에서는 부강의 근본이 되는 인재등용과 흥학양재興學養才의 성패가 변법의 향방을 결정할 터였다. 캉유웨이가 국민개학國民皆學, 과거 개혁, 유학과 번역의 장려 등을 잇달아 제기한 것도 이 때문이었다. 국민개학에 관해서는 '학교 개설을 청한다'에서 급속하게 국력을 늘려온 독일과 일본을 모범적인 사례로 추천하고, "각국의 학문에서는 독일이 가장 정교하고 국민의 의의 또한 독일이 명확하다. 일본은 같은 글자를 쓰는 이웃나라이니 그 제도를 채택해야 한다"[37]라고 하여 전국 각지에 의무교육기관으로 소학당을 건설할 것과 이를 거쳐 중학당, 고등학당, 전문학당, 대학당으로 이어지는 학제 구상을 제시했는데, 그 큰 틀은 일본의 학제를 모방한 것이었다.

이와 같은 교육에 의한 국민 형성의 중요성을 캉유웨이 등에게 인식하게 하고, 그 중에서도 독일과 일본에 주목하도록 한 것은 첫째는 개신교 선교사의 한역서, 둘째는 일본서였다. 한역서로는 독일인 선교사 파베르花之安, Ernst Faber의 『대덕국학교론략大德國學校論略』(1873)이 있다. 이 책은 최근 독일의 융성이 학교교육에 기인한다는 것, 의무교육에 의해 강병이 육성되었다는 것 등을 언급한 후 독일의 학교체계를 소개하고 있다. 또, 일본에 관해서는 강남제조국 번역관에서 간행된 미국인 선교사 루스路義思, Henry Winters Luce 편, 『일본학교원류고日本學校原流考』(衛理譯, 范熙庸述)가 메이지유신 이전 학교의 현황과 신식학교의 설립 과정 및 내용을 소개했고, 역자가 누구인지는 알 수 없지만 「도쿄대학규칙」을 전반에 걸쳐 수록한 『일본도쿄대학규칙』도 간행되었다. 이 외에 모리 아리노

---

37 康有爲, 「請開學校摺」, 光緒24年(1898) 5月. 蔣貴麟 主編, 『康南海先生遺著彙刊(十二)』所收, 『戊戌奏稿』, pp.15~17.

리의 영문 저작 *Education in Japan*(1973)을 번역한 알렌의 『문학흥국책
文學興國策』(1896)에서는 일본 정부가 미국의 교육제도에 준거하여 국민
교육을 실시한 것이 국가의 부강화를 촉진했다면서 중국도 일본의 교
육개혁을 모범으로 삼아야 한다고 주장했다. 일본의 교육이 중국에서
주목을 받는 데에는 개신교 선교사가 일본의 교육개혁을 높이 평가하
고 일본을 모방할 것을 적극적으로 권유했다는 점도 무시할 수 없다. 그
것은 일본의 교육개혁이야말로 구미의 교육을 모방한 것으로서 개신교
선교사가 중국에서 실현하기를 바라고 있던 방향과 동일한 것이었기
때문이다.

일본에 관해서는 캉유웨이의 『일본서목지』에 "일본은 변법을 추진하
는 과정에서 먼저 학교를 바꾸고 서양의 교육서와 학교의 장정을 빠짐
없이 번역했다"[38]라면서 미쓰쿠리 린쇼가 번역한 『학교통론』, 소에다
주이치添田壽一가 번역한 『배인 씨倍人氏 교육학』 등 번역서와 고바 사다타
케木場貞長의 『일본독을합급소학교日本獨乙合級小學校』, 사토 노부자네佐藤誠實
의 『일본교육사』 등의 저작 외에 각종 교과서, 독본, 괘도 등의 서목이
다수 게재되어 있고, 일본뿐만 아니라 구미의 교육에 관한 번역서도 거
의 망라되어 있다. 이 외에 상하이에 머물고 있던 고조 데이키치古城貞吉
가 「일본교육제도」, 「일본고등사범학교장정」, 「일본화족여학교장정」을
한역하여 『일본학교장정 삼종三種』이라는 제목으로 량치차오 등의 시무
보관時務報館에서 공간하는 등 고조를 통해 얻은 정보도 적지 않았던 듯
하다.

그러나 학교를 설치하는 것만으로 유능한 인재를 양성할 수는 없다.

---

38 康有爲, 『日本書目志』. 蔣貴麟 主編, 『康南海先生遺著彙刊(十一)』 所收, pp.409~410.

보다 중요한 것은 세계의 정세를 잘 아는 국민을 양성하기 위해 최신 또는 최량最良의 학술정보를 부단히 섭취하여 교과과정에 살리는 것이고, 이를 위한 수단으로서 캉유웨이는 해외유학과 서학서의 번역이 중요하다는 점을 강조했다. 구체적으로는 일찍이 중국과 마찬가지로 폐관정책을 채택했지만 "앞장서서 변법을 수행하고, 일찌감치 유학생을 파견하여 서구 각국의 정치·공예·문학 지식을 배우고 그 책을 번역했으며, 정치를 개혁하여 금일 우리나라보다 강성해진"[39] 일본을 모방하여 유학제도를 설치하고 유학생을 구미 각국에 파견하여 정치학 등을 배우게 하고 아울러 번역에 종사하게 할 것을 건의했다. 또, 서학서를 번역할 인재가 없는 단계에서는 문자의 80퍼센트가 같고 메이지유신으로부터 30년, 구미의 양서를 거의 번역한 일본어 역서와 일본의 정치서 가운데 뛰어난 것을 골라 중국어로 번역할 것, 이를 위해 베이징과 각 성에 번역국을 설치할 뿐만 아니라 전국의 사대부에게 일본서 번역에 종사하게 할 것 등을 제안했다. 이를 받아들여 일본서를 중심으로 하는 정치서를 번역하는 기관으로서 량치차오가 상하이에 설립한 역서국이 역서관국譯書官局으로 이름이 바뀌어 출판물에 대한 과세가 면제되었고, 나아가 신설 경사대학당에 편입되어 량치차오가 사무를 담당했다. 그리고 일본 유학에 관해서는 각 성의 총독과 순무에게 우수한 생도를 선발하여 유학을 시키라는 뜻의 칙령이 내려졌다. 「경사대학당장정」은 캉유웨이 대신 량치차오가 일본의 「제국대학령」을 참고하여 기초한 것으로 알려져 있다. 또, 상하이에서 발행되고 있던 『시무보』가 일본을 모방한 관보로 바뀌어 중외의 시사를 보도하게 되었고, 캉유웨이가 독

---

39 康有爲, 「請廣譯日本書派遊學摺」, 光緒24年(1898) 5月. 蔣貴麟 主編, 『康南海先生遺著彙刊(十二)』 所收, 『戊戌奏稿』, p.18.

판督辦으로 임명되었다.

　이러한 다양한 개혁을 포함하는 무술년의 변법은, 그것이 경제특과經濟特科를 신설하여 시무에 통달하고 서학을 잘 아는 인재를 등용한다는 내용의 과거제도 개혁, 군국기무처를 능가하는 권한을 가진 제도국의 개설과 같은 관아의 재편, 쓸모없는 인원 정리 등 기존의 권익을 크게 위협하는 것이었기 때문에, 구제도에 따라 임용된 사람들에게 받아들여질 수 없었다. 그 때문에 중앙에서는 과거와 학당의 감독기관인 예부禮部를 중심으로 캉유웨이 등을 탄핵하자는 내용의 격렬한 상소가 속출하고, 지방에서도 순무 천바오전陳寶箴 등 변법파가 모여 막말의 사쓰마와 조슈에 비길 만한 후난성 이외는 변법정책을 보이콧하기로 함으로써 무술년의 신정은 이론의 나열에 그쳤을 뿐 실효는 전혀 거두지 못했다.

　아울러 중국의 정치문화를 고루하다는 이유로 배척하면서 "일본은 우리의 선구이다. (…중략…) 우리나라의 변법은 모범이 되는 모든 것을 일본에서 채택하고 있다"[40]라고 캉유웨이가 단언했듯이, 하나에서 열까지 모범을 일본에서 찾는 변법자강정책에 격분하는 사람들이 적지 않았다. 예컨대 어사 원티文悌는 "서학을 주로 하고, 중국에서 수천 년 동안 이어져온 대경대법大經大法을 일소하여 없애버리려 하며, 사사건건 일본에서 배운 법을 탁월하고 원대한 정책으로 간주한다"[41]라고 하여 캉유웨이에 대한 비판을 되풀이했다. 또, 변법운동의 핵심이기도 했던 경사대학당의 대학 관리 사무를 담당한 쑨자나이孫家鼐마저도 그 이전부터 "중국은 오천 년 동안 성신聖神을 이어왔고 정교政教는 창성하여 결코

40　康有爲, 『日本變政考』. 蔣貴麟 主編, 『康南海先生遺著彙刊(十)』 所收, p.335.
41　文悌, 「嚴參康有爲摺稿」(光緒24年(1898) 5月), 中國史學會 主編, 『中國近代史料叢刊 戊戌變法』, 上海人民出版社, 1957 第2卷, p.484.

일본처럼 자기를 버리고 다른 사람을 모범으로 삼거나 자신의 학문을 모조리 버리고 서법西法을 배우는 일 따위를 하지 않는다"[42]라는 것이 지론이었기 때문에, 중국이 일본과 같은 변혁을 가볍게 모방하는 것에 격한 반발을 표명했다.

이리하여 량치차오에 따르면 "궁정을 가득 채우고 있는 수천 명에 이르는 취생몽사의 사람들은 거의 모두가 캉유웨이의 살까지 뜯어먹으려고 하는"(『무술정변기』) 상황 속에서, 103일 동안 상서를 제출하고 상유上論를 발포하느라 정신이 없었던 무술변법의 시도는 경사대학당(훗날의 베이징대학)을 거의 유일한 유산으로 남긴 채 궤멸되고 말았다.

그러나 무술년의 변법 과정에서 캉유웨이와 량치차오 등의 급격한 변법론을 경고하기 위해 중체서용의 입장에서 『권학편』을 저술한 장즈둥조차도, 어디까지나 중학을 유지하는 방편이었다고는 해도 일본 유학과 일본서의 번역에 의한 동학의 학습을 권유했듯이, 이미 심리적으로는 아무리 반발을 하더라도 일본을 모방하고 그것을 넘어섬으로써만 동아시아에서 청조의 우위성을 유지할 수 있다는 것은 분명했다.

그리고 무술년의 정변에서 구사일생으로 살아남은 캉유웨이와 량치차오가 일본으로 망명하고, 특히 량치차오가 일본을 거점으로 동학을 섭취하면서 적극적인 언론활동을 전개함으로써 일본은 아시아에서 지의 연결고리로서 더욱 큰 역할을 하게 된다.

---

42 孫家鼐, 「議覆開弁京師大學堂摺」(光緒22年(1896) 7月), 中國史學會 主編, 前揭 『戊戌變法』 第2卷, p.426. 孫家鼐가 품고 있었던 대학당 구상은, "中學을 主로 삼고 西學을 輔로 여겨야 하며, 중학을 體로 삼고 서학을 用으로 한다. 중학에 아직 갖추어지지 않은 것이 있으면 서학으로 보완하고, 중학에서 전통이 끊긴 것이 있으면 서학으로 되돌리면 된다. 중학으로 서학을 포괄해야 하며 서학이 중학을 능가할 수는 없는 것이다"(같은 글, 같은 면)라고 했듯이, 어디까지나 中體西用의 학문론에 따라 경사대학당을 설립하는 것이었다. 따라서 서학보다 東學을 더욱 유용하게 생각하는 캉유웨이나 량치차오 등의 구상에는 당연히 반발하지 않을 수 없었을 것이다.

제5장
국민국가 형성과 모범국의 변천

제1절 국민국가 일본의 위상

반모범에서 모범으로

그렇다면 일본을 연결고리로 하여 구미의 법정사상法政思想이 받아들여지는 일련의 사상연쇄가 나타나고 그것에 의해 아시아라는 연결 의식이 나타나기 위해서는, 우선 동아시아 지역세계 중에서 가장 먼저 구미의 사상·제도를 섭취하여 국민국가 형성에 끌어들인 일본의 체험을 프로세스 모델로 평가하는 인식이 대두할 필요가 있다.

그러나 전통적으로 일본을 '동이東夷의 소추小醜'로 간주해온 중국이나 조선의 입장에서 볼 때 일본의 개국 나아가 메이지유신 이후의 정치적·사회적 변혁은 결코 주의를 끌 만한 것이 아니었다. 메이지유신에 의해 정권이 교체되었다는 정보는 일청수호조규 체결 교섭을 위해 베이징에 부임한 야나기와라 사키미쓰柳原前光가 1870년 10월 청국 측에 전했음에 도 불구하고, 체제 전환의 의의는 타이완과 류큐를 둘러싼 논란이 있기 전까지는 청조 대관들 사이에서 의식되지도 않았던 것이다. 무엇보다도 일본에서 중국에 제공한, 일본에 관한 정보가 라이 산요賴山陽의 『일본외 사日本外史』와 『일본정기日本政記』, 미토번水戶藩에서 편찬한 『대일본사』, 데 라카도 세이켄寺門靜軒의 『에도번성기』 등밖에 없었기 때문에 메이지유신 이후의 변화에 관해서는 알래야 알 수가 없었던 것이다.[1] 또 도쿄에 청국 공사관이 설치되어 초대 주일청국공사 허루장何如璋이 일본에 온 것이 1877년의 일인데, 그때까지는 중국에서 발행되고 있던 한자신문이나 여행자의 견문 등 제한된 정보로만 일본의 변화를 알 수밖에 없는 상황 이기도 했다.

　그러한 한정된 정보 환경 안에서도 양무운동의 담당자였던 리훙장과 쩡궈펀, 쭤쭝탕 등은 일본이 막말 이후 요코스카조선소를 건설하고 서 양에 사람을 파견하여 산업기술의 전습을 도모하는 등 적극적으로 부 국강병책을 추진하고 있다는 점에 주의를 게을리하지는 않았다. 다만 리훙장 등이 일본의 군신君臣이 분발하여 웅국雄國이 되려 한다고 논한 배경에는, 만약 중국이 '자강'하지 않으면 일본은 서양과 함께 중국을 침략하게 될 것이라고 위협함으로써, 중국의 변혁에 박차를 가하고 싶 다는 의도도 포함되어 있었다. 리훙장이 "금일의 일본은 명나라의 왜구

1　1864년 健順丸를 타고 막부에서 상하이로 파견된 山口擧直 일행은 상하이 道台(＝지방장관) 應寶 時에게 라이 산요의 『일본외사』를 증정했고, 일청수호조규 비준서 교환을 위해 특명전권공사 자 격으로 1873년 베이징에 파견된 외무경 副島種臣는 총리아문과 동문관 등에 『대일본사』를, 또 동 문관 교습 마틴에게 『일본외사』를 증정했다. 이 점에 관해서는 『日本外交文書』 第6卷, 96號文書付 記 참조.

이다. (…중략…) 만약 중국이 자립한다면 일본은 우리나라와 연대해 서양과 대치할 터이지만, 자강하지 못한다면 서양에 그런 것처럼 일본에도 그 몫을 주어야 할 것이다"[2]라고 『명사明史』에 의거하여 당시의 일본을 명대의 왜구에 비유하고 있는 점을 보아도 추측할 수 있듯이, 일본의 변혁에 대해 언급한 논의도 일본의 위협을 현실성을 가진 것으로서 정확한 정보에 기초하여 분석했던 것이 아니라, 어디까지나 중국에서 양무운동을 추진하기 위한 근거의 일부로 포착한 것에 지나지 않았다. 여기에서는 중국과 일본이 같은 아시아에 속한다는 점에 따르는 친근 감보다는 지리적 거리가 가깝기 때문에 도리어 일본이 중국의 틈을 엿보고 있으며 언제 서양 제국과 함께 침공해올지 모른다는 위구심 쪽이 강했다. 그러나 그러한 우려가 있었던 것이 1871년 일청수호조규의 체결에 즈음해서는 "일본은 아주 가까운 거리에 있어서 영원히 중국의 우환이 된다. 듣건대 일본은 서양인과 조약을 체결한 후 기기器機・병선兵船을 구입하고, 화포・철도의 제작법을 모방하며 또 서양에 사람을 파견하여 각종 기술을 익히게 하고 있다. 그것은 자강하여 타국의 모욕을 막아내는 것을 겨냥한 것이다. 일본은 중국과 가깝고, 서양 나라들과는 멀다. 일본을 농락籠絡하여 이용하면 중국을 위하게 될 것이고, 이를 거절하면 반드시 중국의 원수가 될 것"[3]이라는 관점에서 리훙장에게 체결 필요성을 주장하게 하는 요인이 되기도 했던 것이다.

그런데 리훙장의 예상과는 반대로 1874년 일본이 타이완에 병력을

---

2 「總理各國事務衙門宛江蘇巡撫李鴻章書簡」(1864.6), 『籌辨夷務始末』 同治期, 卷25, pp.9~10. 중국에서의 일본론・일본연구의 통사로는 武安隆・熊達雲, 『中國人の日本研究史』(六興出版, 1989)가 있고, 또 중국 측의 일본 인식에 관해서는 佐佐木揚, 『淸末中國における日本觀と西洋觀』(東京大學出版會, 2000)에 면밀한 사료조사에 기초한 시사점이 많은 연구가 있다.
3 李鴻章, 「遵議日本通商事宜片」(1871.1), 『李文忠公全集』 奏稿, 卷17, p.54.

출동시키자 명대의 침공의 역사가 되살아나, 왜인은 용맹함을 좋아하고 성격은 교활하며, 중국의 부요富饒를 부러워하여 이를 약취掠取하고자 한다는 일본관이 다시 등장했다. 더욱이 강화도사건과 류큐 귀속 문제가 발생하자 왜구나 도요토미 히데요시의 조선출병과 같은 역사적 기억이 보다 선명하게 상기되기에 이르렀는데, 그 원인의 하나로 일본에 관한 정보가 라이 산요의 『일본외사』나 『일본정기』 등에 크게 의존하고 있었다는 점을 거론할 수 있다. 그뿐만 아니라 이런 책에 의거하여 판단하는 한, 일본의 자강운동은 조선을 침공하고 만주 및 중국 본토를 위협할 의도 아래 진행되고 있는 것으로서 강한 반발을 초래하지 않을 수 없었다.

이와 다르지 않은 일본관은 도요토미 히데요시의 조선출병을 임진왜란이라 하여 강렬하게 민족의 기억에 새겨 넣고 나아가 종래 대등하게 보였던 교린관계를 무시한 채 '황皇', '칙勅' 등의 문자를 사용한 서계書契(외교문서)에 의해 개국을 압박당하고 있던 조선에서도 당연히 생겨나고 있었다. 위정척사사상에 입각한 조선의 입장에서 보는 한, 일본의 국민국가 형성과 그에 따른 자강정책은 일찍이 통신通信을 주고받던 일본이라는 나라가 구적寇賊으로 변해가는 것으로밖에 보이지 않았던 것이다. 더욱이 1870년 6월 독일 군함 헤르타호가 부산항에 무단 침입했을 때, 일본의 외무소승外務少丞 마와타리 하치로馬渡八郎 등 일본인이 승선하고 있었던 것은 일본을 '양적洋賊의 앞잡이'로 보는 논의를 증명하는 것이기도 했다. 또, 메이지유신에 관한 정보도 중국을 거쳐 입수한 것이었기 때문에 천황이 '양추洋酋(서양 추장)'의 지원을 얻어 정권을 탈취했다거나 기독교도가 된 천황이 '양이'의 도움을 받아 국정을 총람하고 있다는 등 왜곡된 인식이 적지 않았다. 당시 정권의 중추에 있었던 이유원李裕元

도 고종에게 조선은 서양인을 견양금수犬羊禽獸로 보고 통교를 바라지 않는 데 반해, 일본은 "홀연히 그 국속國俗을 변경하여 의관을 바꾸었는데 조선이 그 비리를 책망해도 끝내 듣지 않은 채 서로 대치하고 있는"[4] 것에 분노의 뜻을 표하면서, 일본이 구미와 통하여 종전의 지역질서를 교란하는 원인이 되고 있다는 점을 경계하고 있었다. 게다가 1875년 운요호가 강화도에 침입하여 무력으로 외교문제 해결을 압박하는 일본에 대해서는 격렬한 반발이 일었는데, 김평묵金平黙은 척사상소를 올려 일본은 '신조新造된 서양'이자 양이의 앞잡이라고 비난했고, 1876년의 조일수호조규 체결에 관해서는 동문인 유중교柳重教와 제자들을 모아 가두에서 반대활동을 전개했다. 마찬가지로 최익현崔益鉉도 일본인은 "설령 이름은 왜인이라 해도 속을 들여다보면 양적이다. 화의가 일단 성립하면 즉시 사학서邪學書와 천주상天主像이 교역 중에 뒤섞여 들어올 것이다. (…중략…) 그렇게 되면 집집마다 사학에 물들어 자식된 자가 아버지를 아버지로 생각하지 않을 것이고 인류는 금수로 바뀔 것이다"[5]라고 하면서, 일본과 국교를 여는 것은 그대로 양추洋醜(서양귀신)를 불러들이는 것이라 하여 수호조규 체결에 반대했다. 이리하여 조선에서 보기에도 일본의 주권국가 형성 과정은 유럽의 침략의 첨병이 되어가는 도정에 지나지 않았고, 도저히 평가할 수 없는 반모범反模範으로 간주할 수밖에 없었던 것이다.

4　『承政院日記』光緒元年 12月 16日條.

5　崔益鉉,「五不可論」,『勉庵集』卷3. 일본을 양적으로 보는 관점은 1882년에 이르러서도 사라지지 않았다. 김윤식은 天津軍機處 摠弁 劉瑞林과의 회담에서, 일본이 양이의 풍속으로 "돌연히 돌아서서" 법제와 의관・역법을 바꾸고 문자를 일소한 것을 보고 구미인으로부터도 사람 흉내를 내는 '원숭이'로 간주되고 있는데 이는 "동양의 수치"라고 평가했으며, 劉瑞林도 이에 동의했다(韓國國史編纂委員會,『陰晴史』(高宗 19年 2月 21日條), pp.95~96).

이처럼 동아시아 지역세계를 파워 폴리틱스의 관점에서 보는 한, 일본의 국민국가 형성은 종래의 동아시아 세계질서의 교란 요인으로 작용한다는 우려를 나날이 키워가는 것으로 받아들여지고 있었다. 그뿐만 아니라 일본이 구미문명을 따르는 생활양식의 평준화로서 진행한 문명개화책, 그 중에서도 태양력의 채용이나 메이지 천황이 솔선하여 행한 복색의 변경이라는 사태는 중국과 조선에서 볼 때 일본의 국민국가 형성을 반모범으로 간주하는 강한 심리적 반발을 불러일으키지 않을 수 없는 것이었다. 왜냐하면 『예기』 대전편 16에서 볼 수 있듯이, "역법을 고치고 복색을 바꾸는" 것은 중화문명에 대한 불복종, 경우에 따라서는 반역의 의지를 보이는 것으로 의식되었던 까닭에, 청조에 조공의 예는 갖추지 않았다 하더라도 같은 문명세계에 속해 있던 일본이 중화문명권을 이탈하여 오랑캐의 문명에 복종한 것이나 다름없다는 상징적 의미를 거기에서 읽어낸다 해도 이상한 일이 아니었기 때문이다. 여기에서 일본이 중국이나 조선을 적대시하고 서양과 일체화하여 침략의 기회를 엿보고 있다는 비판, 결국 "왜는 곧 서양이고 서양은 곧 왜"가 되어 '왜양일체'화하고 있는 것으로 간주하는 경계심이 생겨났던 것이다. 더욱이 암우暗愚한 천황이 나라를 찬탈하여 전왕을 폐하고, 각 도주島主의 권한을 제한하면서부터 권력을 잃은 도주는 의심을 품고 유민은 옛날을 그리워하며 분만憤懣의 세월을 보내고, 늘 한번 일이 있기를 바라면서 틈을 타 봉기하려 하고 있다. 그러나 암우한 천황은 이러한 사정을 깨닫지 못한 채 고려(조선)를 원수라며 원망하고 있다. 게다가 국중國中은 서양 복색으로 바뀌고 서양어를 모방하며 책을 불사르고 법을 바꾸었기 때문에 모든 사람들이 불편해하면서 난이 일어나기를 바라고 있다[6]고 하여, 복색의 변경을 비롯한 메이지 정부의 왜양일체화 정책이 국민의 분노를 불러일으키고 있는 것이 일본이 조선이나 타이완 출병을 획책하지 않을 수 없는 원인이 되고 있다는 분석도 이뤄지고 있었다.

이와 같은 역법과 복색의 변경에 관한 반발과 위화감은, 1876년 필라델피아에서 열린 아메리카건국백년기념박람회에 참석하는 길에 일본에 들른 중국의 리구이李圭가 "근년래 서학을 숭상하고 서법西法이 유익하다는 이유를 들어 과감히 바꿔버리는 예가 극히 많다. 그 때문에 근본을 강하게 하고 가지를 약하게 하여 동해에서 위세를 보이고 있다. 그러나 대장군大將軍이 마침내 그 국정을 일관되게 행하지 못하는 상황에 이르렀고, 애석하게도 역법을 변경하고 관복을 바꾸는 등 사려 깊지 못한 점이 아주 많다"[7]라고 일본의 신정新政을 평한 데서도 찾아볼 수 있다.

당시 중국에서는 메이지유신을 천황이 쇼군將軍을 대신하여 정권을 장악한 역성혁명으로 간주하는 견해가 일반적이었는데, 메이지 9년(1876)에 이르러서도 메이지유신이라는 역사적 사실마저 이해하지 못하고 있었다는 것을 이 글은 명확하게 보여준다. 그러나 구미 각국을 시찰했기 때문인지 리구이는 유신 후 일본이 서학이나 서법을 적극적으로 받아들여 변혁하고 자강을 시도하고 있는 점에 대해서는 긍정적인 평가를 내리고 있다. 그런 그도 중국문명권으로부터의 이탈을 보여주는 태양력과 양복의 채용에 대해서는 불쾌감을 감추지 않았다. 메이지의 신정 개혁이 역법과 복색의 변경에까지 미친 것에 대해서는 서양을 모방하고 자기의 문명의 근간을 방기한 것이라 하여, 리구이뿐만 아니라 "법은 극심한 폐해가 없으면 가볍게 바꿀 수 있는 것이 아니다. 이천여 년의 역법 어디에 폐해가 있어서 가볍게 바꾼 것인지 알 수가 없다"[8]

---

6 陳其元, 『日本近事記』(1874), 『小方壺齋輿地叢鈔』第10帙, p.266.
7 李圭, 『環遊地球新錄』(1879), 楊向群・王傑成 編, 『走向世界叢書』, 岳麓書社出版, 1985 所收, p.323.

와 같은 비판이 일본을 방문한 많은 중국인들에 의해 이구동성으로 되풀이되었다. 물론 서양화에 대한 비판과 분노는 일본 국내에서도 강했다. 허루장이 관찰한 바와 같이, "근년에는 서구풍을 모방하여 위로는 관청부터 아래로는 학교에 이르기까지 모든 제도·기물器物·언어·문자 등은 서양을 추종하고 있다. 그러나 유로일민遺老逸民의 뜻을 버리지 못한 자는 여전히 고습故習을 중히 여기고 한자를 사용하면서 옛 습속을 지키는 것을 자랑으로 여기는"[9] 실태였던 이상, 일본의 변혁에 대한 회의는 중국인에게 특유한 것만은 아니었던 셈이다.

다른 한편 이와는 별도로 서학과 서법의 수용의 필요성 자체는 인정하지만 일본의 수용 양상에 관해서는 비판적으로 보는 사람도 적지 않았다. 일찍이 1849년에 메드허스트의 묵해서관墨海書館에서 한역 서학서의 교정에 참가했고 그 후 레그의 유교 경전 영어번역 사업에 노력했으며, 2년에 걸쳐 영국과 프랑스를 돌아다닌 왕타오는 1879년 4개월 동안 일본에 머무르면서 관찰했는데, 그 결과 그는 일본이 서학을 존중하는 자세를 평가하면서도 "서법을 모방하는 것은 오늘날 가장 왕성하다고 할 수 있지만 실태를 보면 여전히 표면을 흉내내고 있는 데 지나지 않는다. 더욱이 배울 필요가 없는 것을 배우고, 절대로 배워서는 안 되는 것을 배우며, 또 너무 성급하게 배워 모방이 도를 넘는 폐해가 있다"[10]라고 비판한다. 이처럼 일본의 메이지유신 이후의 개혁에 관해서

8　李篠圃,『日本雜記』,『小方壺齋輿地叢鈔』第10帙, pp.352~353. 이 견문록에서는 또 개국 이후의 일본에 관하여 "태서 각국의 부강을 선망하여 百務更張, 서양 법식에 따라 의관을 바꾸고 歲曆을 고쳤으며, 아래로는 음식의 도구 등 사소한 것에 이르기까지 서양을 모방하지 않은 것이 없다. (…중략…) 이 때문에 백성들은 빈곤에 고통스러워하며, 부강의 虛名을 흠모하면서도 실효를 거두기는 어렵다"(p.350)라고 비판하면서도 일본의 부강해지는 것에 중국이 대응할 필요성을 아울러 말하고 있다.
9　何如璋,『使東述略』,『小方壺齋輿地叢鈔』第10帙, p.280.

는 중화문명에 대한 반역이라는 이유로 혹은 서학·서법의 가치는 인정하지만 일본의 수용 양상은 지나치게 피상적이라는 이유로 부정적으로 평가하는 사람들도 적지 않았다. 요컨대 일본의 서양화 정책을 회의적으로 바라보는 사람들이 많았던 셈이다. 그뿐만 아니라 중국 쪽에서는 일본을 과거의 조공국으로 간주하는 심성이 뿌리 깊게 남아 있었고, 타이완·류큐·조선 문제에서 굴욕과 양보를 거듭하지 않을 수 없었던 것에 대한 굴욕감은 응징론이나 장즈둥의 공일론攻日論 등을 낳으면서 메이지유신 이후 일본의 변혁에 대한 반발감을 증폭시켜가고 있었다.

그렇지만 이러한 사조에도 불구하고 장기간 일본에 머문 사람들이나 청국공사관을 통하여 일본의 국내 사정에 관해 직접적 견문에 기초한 정보가 부단히 중국으로 들어오게 되자, 과거의 조공국이나 왜구의 나라라는 시점에서 벗어나 냉정하게 메이지유신 이후 일본의 실정을 이해하려는 시선이 나타났고, 일본의 국민국가 형성을 구미 열강과 대치시키면서 소국이 연명해가기 위해서는 불가결하고 필연적인 노력으로 간주하여 중국에서도 타산지석으로 삼아야 한다는 견해가 등장하게 되었다.

이와 같은 일본 인식 속에서 국민국가 일본의 역사적 위치를 직시한 사람이 1877년 초대주일공사 허루장의 참찬參贊 자격으로 일본에 왔다가 1882년에 떠난 황쭌셴黃遵憲이었다. 이 기간 동안 황쭌셴은 오코우치 데루나大河内輝聲·오카 센진·시게노 야스쓰구 등 한학자와 교류하며 일

---

10 王韜, 『扶桑遊記』 中卷, 1880, p.27. 王韜는 또 黃遵憲의 『日本雜事詩』에 부친 서문(1880)에서, 일본은 구미와 통상을 개시한 후 "수년이 되지 않아 서학을 숭상하고 서학을 모방하여 돌연 積習을 일변한" 것을 지적하면서 중국과 일본이 원래 同文의 나라라는 점에 주의를 촉구하고 있으며, 자신이 중국에서 서학 전습의 선구자였음에도 일본의 서학 수용 양상에 대해서는 비판적이었다.

본사에 관한 사료 등을 수집했고, 1889년에는 전 40권으로 이루어진 『일본국지日本國志』를 완성하는데, 그는 이미 1879년에 일본 견문과 문헌조사 과정에서 흥미를 끈 사물에 관하여 칠언절구와 그것에 설명을 달아 자신의 견해를 표명한 『일본잡사시日本雜事詩』를 간행한 바 있었다. 다만 당시의 황쭌셴은 "태서의 학은 묵자의 학이다"라는 서학중원설西學中源說을 채택했고, 또 "서양의 정미精微한 것은 모두 우리나라의 책에서 나온 것은 아니라 해도 우리나라가 열어놓은 단서를 그들이 상세하게 고구한 것으로서 그 뛰어난 기술은 모범으로 삼을 만하다. 하지만 지금 동방에서 서학을 흠모하는 자는 자기를 버리고 저들을 따르면서 끝내 한학은 무용하다고 말하는"[11] 풍조가 있는 것에 반발감을 품고 있었기 때문에, 일본의 학교 진흥에는 경탄하면서도 한학이 쇠퇴하고 서학만이 존중되고 있는 것에는 비판적이었다. 그러나 일본을 떠난 후 구미에서 외교관 생활을 한 다음 1890년에 출판한 『일본잡시사』 정본에서는, "열력閱歷이 나날이 깊어지고 문견도 넓어져서 변화를 궁구하고 영구히 통용될 도리라는 것을 상세하게 알게 되고서야 비로소 서양의 법에 따라 낡은 것을 개혁하고 새로운 것을 취했기 때문에 일본은 당당하게 독립할 수가 있었던 것이라고 믿게 되었다. (…중략…) 아메리카에 가서 보거나 유럽인을 만나보면 그 정치학술은 결국 일본과 큰 차이가 없다는 것을 알 수 있다. 금년 일본은 이미 의원議院을 개설했고, 진보의 속도는 고금 만국에서 일찍이 볼 수 없었던 수준이다. 아메리카의 고급관리나 석학을 만나 일본에 관해 이야기를 나눠보면 그들은 하나같이 일본

---

11 黃遵憲, 「西學」(『日本雜事詩』), 楊向群・王傑成 編, 『走向世界叢書』, 岳麓書社出版, 1985 所收, p.645. 참고 삼아 말하자면, 實藤惠秀・豊田穰 譯, 『日本雜事詩』(平凡社, 東洋文庫 111, 1968)에서는 표제가 「學校」로 바뀌어 있다.

에 감복한다"[12]라면서 일본이 서법에 따라 개혁을 추진한 것을 전면적으로 고평하게 된다. 그 무렵 아메리카인의 일본관이 적지 않은 영향을 주었다는 것은 간과할 수 없는 점이다. 그리고 『일본국지』는 이러한 일본관을 기저로 삼고 있었기 때문에 캉유웨이와 량치차오 등 변법자강파가 일본모범국론을 제기하면서 준거로 삼은 중요한 책이 되었고, 캉유웨이의 상서上書와 연설 그리고 『일본변정고』 등에 『일본국지』에서 인용한 구절이 많이 보이게 되었다는 것은 이미 언급한 대로이다.

황쭌셴 외에 제2대 주일공사 리수창黎庶昌의 수행원이었던 야오원둥姚文棟은 『동사잡기東槎雜記』를 간행했는데 그 역시 『일본국지』라는 표제의 일본연구서를 쓰고 있었다. 그리고 1884년 제3대 주일공사 쉬청주徐承祖의 수행원으로 일본에 온 천자린陳家麟은 다수의 문헌 섭렵과 일본 각지 여행을 바탕으로 『동사견문록東槎見聞錄』을 1887년에 저술하여 일본의 변혁을 상세하게 소개했다. 이 책에서 그는 "학교를 세우고, 광무礦務를 정비하고, 철도를 열고, 은행을 설치하고, 나아가 기기器機·전선·교량·수도·농상무 등의 사업에 힘쓰는 것은 이정利政이라 말할 수 있다. 하지만 복색을 바꾸고, 한학을 폐하고, 형벌을 고치고, 지폐를 만들고, 부세賦稅를 늘리고, 관리를 등용할 때 양행한 자나 외국어가 가능한 자라면 현부賢否를 묻지 않는 것, 또 대소 관서官署를 모두 양풍으로 개조하고 음식·가무까지 양식을 모방하는 것은 폐정弊政이다. (…중략…) 이점을 더욱 더 늘리고 폐해를 고치지 않는다면 자립할 수 없을 것이다. 아세아주의 대국大局은 전적으로 중일의 우의 여하에 달려 있다"[13]라고 하여 일

---

12 黃遵憲, 「日本雜事詩自序」(1890), 楊向群·王傑成 編, 『走向世界叢書』, 岳麓書社出版, 1985 所收, p.571.
13 陳家麟, 『東槎見聞錄』, 『小方壺齋輿地叢鈔』 第10帙, p.371.

본의 국민국가 형성 과정에서 중국이 취해야 할 것과 배제해야 할 것을 변별하고 있다. 천자린의 저작에서는 '태서'와 '아주전국亞洲全局'을 대치시켜 '아주전국'의 보전을 위해 일본의 자제를 구하고, 일본이 중국과 같은 문명과 가치관으로 돌아오는 것이 필수요건이라고 말하는데, 여기에서는 뒤에서 서술할 국민국가 형성에 있어서 유동화類同化의 지향을 엿볼 수 있을 것이다.

그러나 청일전쟁 이전에 쓰인 일본에 관한 저작이 무엇보다 먼저 잠재적 적국에 관한 국정國情·국력을 객관적으로 알아야 유사시에 대비할 수 있다는 이른바 '이정정찰夷情偵察'의 사명을 띠고 있었다는 것은 부정할 수 없다. 일본의 변혁이 중국의 역제曆制나 복제服制를 부정하고 완전히 다른 길을 가려고 하는 것처럼 보였던 이유는 그것이 미지의 것일 뿐만 아니라 위협감을 선동하는 것으로 보였기 때문이었다. 더욱이 국제법과 구미의 지지를 배경으로 류큐 처분 등 영역 확정을 강행하는 일본의 외교 자세를 두고, 주일공사 허루장을 비롯하여 일본에 체재하는 사람들조차 일본이 강국이 되기 전에 응징의 철퇴를 내려야 한다고 주장했다. 일본어로 된 것을 처음으로 한역하여 야오원둥이 편찬한『류큐지리지琉球地理誌』(1883)는 일본인이 류큐를 자국의 영토로 잘못 알고 있는 것을 밝혀서 류큐 탈환의 기운을 끌어내는 것을 목표로 삼고 있었고, 마찬가지로 야오원둥이 1884년에 총리아문에서 간행한『일본지리병요日本地理兵要』도 일본과의 교전을 상정하여 일본 본토를 공격할 경우의 항해 진로와 상륙 지점 선정에 필요한 항만의 심천深淺, 등대의 설치 개소 등 연해 자료를 상세하게 집록한 것으로, 간행 후에는 중국군관中國軍官 기관들에 배포되었다. 또 양강총독 선바오전沈葆楨의 명을 받아 일본에 온 왕지춘王之春은 일본의 요충지와 풍속 그리고 일본 육군의 편성 및 국방의 정황에 관하여 조사한 결과를 『담영록談瀛錄』이라는 책으로 간행했다.[14] 게다가 1887년 청국 정부는 외국 사정 시찰을 위해 21명의 유력 대신遊歷大臣을 여러 나라에 파견했는데, 일본에는 구허우쿤顧厚焜과 푸원 룽傅雲龍이 방문하여 각각 『일본신정고日本新政考』(1888)와 『유력일본도경遊歷日本圖經』(1889)을 저술했다. 두 사람은 모두 일본의 서법 채용에 의한 육해군의 정비와 무기제조의 혁신이 무시할 수 없다는 점에 주의를 촉구했고, 중국도 일본의 부국강병책에 어깨를 나란히 하기 위해서라도 서양기술의 도입이 불가결하다는 것을 강조했다. 특히 푸원룽의 『유력 일본도경』에는 철도·전선·해류속도·병영·암초·등대 등을 표시한 일본전국계리지도日本全國計理地圖 등의 그림과 육군분관표陸軍分管表·헌병 표·병선표·해군인속표海軍人屬表·군마표 등의 표가 다수 게재되어 있는데, 다시 말해 황쭌센의 『일본국지』가 1881년까지 일본의 문화와 역사를 주요 대상으로 하고 있었던 것과 달리 이 책은 1887년 현재 일본의 국력을 정확하게 포착하고자 했던 것이다.

푸원룽은 이렇듯 냉정한 시찰보고서를 기록하는 한편 "일본은 이미 약 1,200년 동안 매사에 중국을 모범으로 삼아왔다. 그러나 1868년 이후에는 서양을 모방하는 데 급급하여 바꿔야 할 것을 바꿨을 뿐만 아니라 바꿔서는 안 될 것까지 바꿔버렸다"[15]라고 서술하여, 일본의 정치적 변혁을 부정하지는 않았지만 동시에 일본이 천 수백 년에 걸쳐 모범으

---

14 중국의 일본 사정 정찰에 관해서는 實藤惠秀, 『明治日支文化交涉』(光風館, 1943)에 수록된 「姚文棟 ものがたり」; 「親日以前ものがたり」 및 佐藤三郎, 『近代日中交涉史の研究』(吉川弘文館, 1984)에 실린 「日淸戰爭以前における日中兩國の相互偵察について」에 상세하다. 한편, 사토의 논문에서 지적하고 있듯이 일본 육군에 의한 중국 정찰은 1872년에는 시작되었다.

15 傅雲龍, 『遊歷日本圖經余記』(前編), 楊向群·王傑成 編, 『走向世界叢書』, 岳麓書社出版, 1985 所收, p.191. 또 푸원룽의 일본 연구에 관해서는 王曉秋, 張麟聲·木田知生 譯, 「傅雲龍の日本研究の業績と特色」(『日本研究』 第18集, 1998)에 잘 정리되어 있다.

로 삼아온 중국에 대해서 경모輕侮의 염을 갖고 중국문화에서 배양된 전통을 전면적으로 부정하는 것에 노골적으로 반발했다. 그러나 일본 시찰 후 남북아메리카를 돌아보고 다시 일본을 방문한 푸윈룽은 "아메리카는 빼어난 부국이고, 일본을 중외의 중추로 삼지 않을 수 없다"[16]라고 했는데, 다시 말해 중국의 입장에서 볼 때 일본은 동서 문명 교류를 잇는 요충지라는 점을 강조하고 그 사정을 샅샅이 알아둘 필요성을 다시금 확인하기에 이르렀던 것이다.

다른 한편, 이처럼 일본 국내 시찰을 통해서뿐만 아니라 구미 견문 체험을 통해 일본과 중국의 행보를 함께 고려했던 사람들 중에는 일본의 국민국가 형성 방책에 관하여 객관적으로 평가하고 이를 중국의 참고로 삼아야 한다는 견해를 내놓는 이도 있었다. 예를 들면 초대 주영공사였던 궈쑹타오는 1876년 이후 런던에서 일본공사 우에노 가게노리上野景範와 친교를 맺고 니시 도쿠지로西德二郎 등 일본인 외교관의 어학실력에 경탄하면서, 다수의 일본인 유학생이 구미 각국의 법제나 기술을 정력적으로 섭취하고 있는 실태와 일본의 관제나 학제에 관한 정보를 일기에 상세하게 적었다. 또, 전 대장대보大藏大輔 이노우에 가오루와 알게 된 후, 일본이 앞서서 고관을 해외로 보내 재정을 연구하게 하는 것이나 이노우에가 아담 스미스와 존 스튜어트 밀 등을 읽는 것에 경복하는 한편 중국이 오만한 자세를 버리지 못하는 것에 부끄러움을 느끼고, 일본의 인재육성 방법이 군사나 산업에 머무르지 않고 국민국가의 근간을 이루는 학문에 무게를 두고 있는 점에 주목했다.[17] 궈쑹타오는 이리하

---

16 傅雲龍, 『遊歷日本圖經余記』(後編), 楊向群・王傑成 編, 『走向世界叢書』, 岳麓書社出版, 1985 所收, p.261.

17 郭嵩燾, 『倫敦與巴黎日記』, 鍾叔河・楊堅 編, 『走向世界叢書』, 岳麓書社出版, 1984 所收 pp.136・

여 인재육성과 구미 사회과학의 적극적인 섭취가 일본 국민국가 형성의 전제라는 점을 중시하고, 중국의 유학정책을 고치도록 리훙장에게 진언했다.[18] 더욱이 영국·프랑스·이탈리아·벨기에 4국 공사 자격으로 파리에 주재하고 있던 쉐푸청薛福成은 『일본국지』에 다음과 같은 서문을 썼다.

함풍(咸豊) 동치(同治) 이래, 일본은 외환에 쫓겨 확연히 경장하여 군후(群侯)를 폐하고 한 명의 왕을 섬기며, 패자(覇者)의 정부를 배척하고 만국과 국교를 맺었으며, 모든 사무를 습득하여 기상을 일신하였으며, 서양의 법을 모방하느라 여념이 없을 정도이다. 역제(曆制)를 바꾸고 복색을 바꾼 것은 천하의 비웃음을 면치 못한다 해도, 자못 빠른 속도로 부강한 나라로 바뀌어가고 있으며, 이대로 멈추지 않는다면 서양 각국과 동등한 힘을 다툴 기세이다. 제도를 만들고 법을 세우는 것도 지극히 뛰어나 주목할 만하다. 게다가 중국과의 국교도 사자(使者)를 파견하여 친목과 우의를 돈독히 함으로써 구래의 혐원(嫌怨)을 털어버리고 있다. 금후 양국이 대대로 서로 싸우면서 오나라와 월나라 같은 원수가 될 것인가, 아니면 동맹을 맺고 상호 순치(脣齒)가 되어 오나라와 촉나라처럼 서로 도울 것인가. 시세가 어디로 향할지 예측할 수가 없다.[19]

쉐푸청의 이 서문은 광서 20년, 즉 1894년 3월에 쓰였는데, 눈앞에

142·145·340~343·948 등 참조. 郭嵩燾와 일본인의 교류에 관해서는 佐佐木揚, 「郭嵩燾の中國論と西洋觀·日本觀」(『清末中國における日本觀と西洋觀』東京大學出版會, 2000 所收)에 상세하다.
18 郭嵩燾, 「倫敦致李伯相」, 『養知書屋文集』卷11, pp.4~5.
19 薛福成, 「日本國志序」, 1894. 이 서문은 1890년 羊成(廣州) 富文齋에서 간행한 『日本國志』에 추가된 것인데, 이를 보면 『日本國志』가 1890년부터 인각(印刻)되고 있었다는 것을 알 수 있다.

다가오고 있던 청일전쟁의 발발을 예상하지 못한 채 중일관계의 장래가 적대와 동맹 어느 쪽으로 향할 것인지를 멀리 파리의 하늘 아래에서 관망하고 있었던 것이다. 귀쑹타오와 쉐푸청의 논의는 구주에서 중국의 현상을 비판적으로 바라보면서 그 변혁의 방향을 지시하는 것을 목적으로 하고 있었기 때문에 일본의 서학 수용이나 제도 개혁을 현실 이상으로 평가하는 경향이 있었다는 것은 부인할 수 없다. 그러나 청일전쟁 이전 양무운동 시기에도 메이지유신 이후 일본의 제도 개혁에 주목하는 이들이 이미 있었다는 점도 기억해둘 필요가 있다. 일본을 방문했을 때에는 일본의 서학 수용을 비판했던 왕타오도 "유신 변혁 이래 일본은 서학을 숭상하고 서양의 기술을 배우고 구습을 일변하여 일약 신흥국이 되었다. 또 역법을 고치고 복장도 바꾸었다. 이는 거의 서양 각국과 동일화하고자 하는 것인데 그렇게 하지 않으면 서양에 대항할 수가 없기 때문이다"[20]라며 유신 이후의 변혁을 긍정적으로 파악하고 있었다. 하지만 그것은 어디까지나 일본 그 자체에 대한 평가라기보다도, "표면적으로는 국방의 충실을 도모하여 화기火器와 함선을 제조하는 등 부강의 성과를 달성한 것처럼 보이는데 그것은 외견에 지나지 않는다. 그 내실을 보면 정치 개혁·행정 정화·풍속 쇄신 및 민심의 진작 등은 전혀 이루어지고 있지 않다. 그 부패한 정치체제나 구습은 어제와 별반 다를 게 없"[21]는 지지부진한 중국의 양무운동에 대한 초조감에서 비롯된 것이었다. 또, 부강의 원천은 화기와 포함砲艦이 아니라 의회의 개설이나 국민교육의 보급, 상공업의 진흥 등에 있다고 한 정관잉은, "일본의 헌법은 자국의 성문법에 기초를 두고 서양의 헌법을 받아들여 구성

---

20 王韜, 「西人重日輕華」, 『弢園文錄外篇』, pp.129~132.
21 王韜, 「書日人隔華論後」, 위의 책, pp.281~283.

된 것인데 우리나라도 이를 모방해야 한다"[22]라면서, 양무운동보다 일본을 모범으로 한 제도 개혁을 추진함으로써 영사재판권의 철폐도 실현하고 나아가 진정한 강국이 될 수 있을 것이라고 논했다.

이처럼 일본의 국민국가 형성을 모범으로 삼아 중국의 정치체제 변혁을 도모해야 한다는 주장이 점차 나타나고는 있었지만, 그것이 정면으로 제기된 것은 역시 청일전쟁의 패배라는 충격을 계기로 해서였다. 이 패전에 의해 일본의 국민국가 형성을 모범으로 하면서 일본이 구미로부터 수용해 소화한 법정사상을 적극적으로 섭취한다는 중국으로의 사상연쇄의 흐름이 나타났던 것이다. 다만 일본을 모범국으로 삼는다고는 하지만 그것은 어디까지나 구미의 국민국가의 양상을 배우는 편법이었을 따름이고, 옌푸嚴復, 우팅팡伍廷芳, 마젠충馬建忠 등과 같이 직접 영국이나 프랑스에서 법정사상을 수용하는 경로를 통해서도 국민국가 형성의 준거이론이 받아들여지고 있었다. 그러나 어학의 습득이라는 측면에서 보아도, 또 이론을 받아들이는 사회적 조건의 측면에서 보아도 동문·동속·동교, 즉 같은 한자를 사용하고, 같은 풍속을 지니며, 함께 유교를 받들고 있다는 점에서 일본을 연결고리로 하여 국민국가를 위한 준거이론을 수용하는 쪽이 간편하고 효율적이라는 판단이 작동하고 있었다. 더구나 1905년 과거가 폐지되고 관리 등용 자격으로 신학新學이 채용되면서 동학東學, 다시 말해 일본에서 재구성된 구미의 학문이 신학에 상당하는 것으로 간주됨으로써 한층 더 일본 유학에 박차를 가했고, 그 결과 중국의 국민국가 형성에도 일본이 영향을 미치게 되었던 것이다.

---

22 鄭觀應,「自强論」,『盛世危言 增訂新編』卷1, p.43.

다른 한편, 그렇다면 양복을 입고 양포洋砲를 사용하며 양선洋船을 타는 일본인을 두고 왜양일체의 양적洋賊이라 하여 척사의 대상으로 삼고 있던 조선에서는 조일수호조규 체결 이후 일본에 대한 인식이 어떻게 변용되고 있었을까.

기본적으로는 위정척사사상하에서 왜양의 침입을 허용하면 '동토東土 문명의 땅' 또는 '정결한 땅'인 조선을 더럽혀 결국엔 금수와 같은 상태로 전락할 것이라는 인식은 바뀌지 않았고, 그랬기 때문에 조선 정부도 일본과의 수호조규 체결은 어디까지나 도쿠가와 막부와의 대등한 교린 외교=적례敵禮(대등한 예)의 회복 내지 계속이라 변명하고, 일본과 양이를 구별하여 양이에 대한 쇄국정책은 변함이 없다고 언명했다. 그러나 일본이 양이와 어떻게 다른지 식별할 정도로 일본의 내실을 잘 알고 있는 것도 아니었다. 그 때문에 일본과의 무력충돌을 피하는 데 진력하고 있던 오경석吳慶錫은 사전 교섭을 담당하고 있던 일본측 수행원 미야모토 고이치宮本小一와 모리야마 시게루森山茂로부터 일본의 철도, 전신, 증기선 등의 정황을 듣고, "개화한 사람을 만나 개화에 관한 이야기를 나누는 정의情意가 각별하다"[23]라고 하여 개화에 강한 관심을 품고 있었다. 오경석이 역관으로서 여러 차례 방문한 북경에서 들여온 한역 서학서를 유대치劉大致와 함께 강구講究하면서 세계정세를 탐지하고 있었다는 것은 제3장 제2절에서 서술했는데, 그들은 동시에 그러한 새로 들여온 지식에 의해 조선의 혁신을 도모할 동조자 양성을 진행하고 있었다. 중인 출신이어서 국정에 정견을 반영할 방도가 없었던 두 사람에게 그 논의를 장래에 실현해 갈 역량을 갖춘 차세대 인재를 육성하는 것은 필수

---

23 『日本外交文書』 第9卷, pp.37~38.

적이었고, 그 기대에 부응한 이들이 바로 김옥균, 박영효, 서광범 등이었다. 오경석, 유대치와 김옥균의 관계에 대해 오경석의 아들 오세창은 다음과 같이 증언한다.

[유대치는] 오경석으로부터 얻은 세계 각국의 지리·역사 번역본이나 신서(新書)를 김옥균에게 읽으라며 모두 제공했다. 일찍이 천하의 대세를 설파했으며, 한국을 개조하는 것이 급선무임을 역설했다. 오경석은 중국에서 보고 배운 신사상을 유대치에게 전했고, 유대치는 이것을 김옥균에게 전했다. 그리하여 김옥균이 신사상을 낳기에 이르렀던 것이다. 오경석은 한국 개조의 예언자였고, 유대치는 그 지도자였으며, 김옥균은 그 담당자였다. (…중략…) 김옥균은 훗날 일본을 유람하면서도 한국 개조의 목적을 달성하기 위해 신흥 일본의 형세를 시찰했다. 그의 일본행을 권한 사람도 분명히 유대치였을 것이다.[24]

여기에서 서학서西學書에 의해 세계정세에 눈을 뜨고, 자국의 혁신을 위해 일본에 착목했으며, 그 결과 망명길에 오를 수밖에 없었다는 점은 캉유웨이나 량치차오 등과 유사했다는 것을 알 수 있다. 그러나 김옥균 등이 일본 정보를 수집하기 시작한 것은 1870년대 후반이었다. 따라서 김옥균 등은 일본에 관심을 갖게 된 시점과 캉유웨이와 량치차오가 일본에 관심을 품은 시점 사이에는 거의 20년의 거리가 있는 셈이다. 조

---

24 「吳世昌談話」, 林毅陸, 『金玉均傳·上卷』, 慶應出版社, 1944, pp.49~50. 또 이 책에는 오경석이 모리야마 시게루 등을 통해 일본의 실정을 알고서 "곧바로 김옥균을 초청해 말하기를 일본의 형세를 살피기 위해 일본인과의 교제를 종용했으며, 나중에 기회가 있으면 일본인과 교유하고 나아가 일본 시찰 때 따라갈 것도 권고했다"(위의 책, pp.66~67)고 기술되어 있다. 단, 이 책은 김옥균을 친일파 대아시아주의자로 묘사하는 시대적 배경을 갖고 있다는 점을 고려할 필요가 있다.

선의 김옥균 등에게 일본은 무엇보다도 국경을 접하고 경합하는 이웃 나라로서 그 내정內情을 알 필요가 있는 대상이었다. 그리고 유대치와 김옥균 등의 권유에 따라 불교승려로서 밀입국의 실마리를 찾아 최초로 일본의 국정 시찰에 나선 사람은 이동인李東仁이었다.

이동인은 하나부사 요시모토 공사를 수행하고 있던 불교승려 가에데 겐테쓰楓玄哲 등과 교류하면서 일본어를 배우고, 또 일본의 신문물과 오카모토 간스케岡本監輔의 『만국사기』와 같은 서적을 입수해 김옥균 등에게 제공했다. 1879년 가을의 일본 입국 사정에 관해서는 "혁명당 박영효·김옥균 등 국가의 쇠운에 분개하여 대대적으로 쇄신하고자 한다. 또 이동인도 같은 의견이었기 때문에 박영효·김옥균 두 사람이 그를 만나보고 중용하기에 이르렀다. 그리하여 열국의 공법 등을 알고자 하여 우리 종문宗門에 들어와 일본으로 건너오게 된 듯하다"[25]라는 증언이 있고, 히가시혼간지東本願寺 부산 별원別院의 오쿠무라 엔신奧村圓心의 알선으로 밀항한 것으로 알려져 있다. 입국 후의 동향에 관해서는 1881년 4월 『조야신문朝野新聞』에 "지금으로부터 3년 전, 큰 뜻을 품고 몰래 우리나라로 건너와 지식인들과 사귀고 유용한 책을 읽어 우리나라의 정황에 익숙했을 뿐만 아니라 해외의 형세에도 정통했으며, 작년 조선수신사가 왔을 때에는 일행이 머무는 여관을 찾아가 세계의 형세를 논하고 최근의 국무國務를 설명하면서 홀로 고립되어 다른 나라의 의심을 사는 것은 득책이 아니라고 주장했는데, 그의 말을 듣고 수신사 이하 크게 깨

---

25 奧村圓心,「東仁日本へ漫遊事情」(『朝鮮國布敎日誌』), 柏原佑泉 編, 『眞宗史料集成』第11卷, 同明舍 出版, 1983, p.464. 또, 오쿠무라와 유대치의 만남에 관해서는 金義煥,「朝鮮開化黨の幕後の指導者 劉大致の活躍とその最後」(『朝鮮學報』第98輯, 1981)를, 그리고 이동인의 생애에 관해서는 李光麟 著·波部學 譯,「開化僧李東仁」(『韓』第1卷 第2號, 1972) 참조

달은 바가 있어 이동인을 데리고 자신의 나라로 돌아갔다"[26]라는 소개 기사가 실려 있다. 입국 시기로부터 다소 거리가 있긴 하지만 이 기사를 통해 이동인의 활동 상황의 일부를 엿볼 수 있다. 즉, 김옥균 등의 의뢰를 받아 일본의 실정을 시찰하고 일본과 외국 사정에 관한 문헌을 수집하여 조선 개혁의 자료로 제공하는 것, 또 국제법을 익혀 외교적 현안에 대한 방책을 연구하는 것, 나아가 김옥균 등의 일본 방문에 대비하여 정치가나 지식인의 면식을 얻어두는 것 등을 목적으로 후쿠자와 유키치 등의 가르침을 받으며 활동했고, 1880년 김홍집을 비롯한 제2차 수신사 일행과 함께 귀국했던 것이다.

이와 같은 조선 측에서의 일본 연구 진행과 함께 일본 측에서도 위정척사사상의 왜양일체론倭洋一體論에 대처하기 위해 조일수호조규 체결 후 외무대승大丞 미야모토 고이치宮本小一 등은 특명전권변리대신 구로다 기요다카黑田淸隆의 내명을 받고, "귀국 사람들 중에는 우리의 복제服制를 보고 전국이 온통 오랑캐로 변했다고 말하는 이가 적지 않다고 합니다. 지금 사절단 파견에 즈음하여 다른 의견이 있는 사람을 선발해 보내주시면 우리나라의 실형實形을 보고 회심효해會心曉解하는 바가 있을 것입니다. 또 귀국에도 도움이 되기에 충분할 것입니다"[27]라며 사절단 파견을 요청했다. 이 권유에 대해 고종 자신이 일본의 군비와 병기 생산을 비롯한 물정 조사의 필요성을 강하게 인식하고 있었기 때문에 1876년 김기수를 수신사로 삼아 시찰단을 파견했다. 김기수 등은 보기병연합연습步騎兵連合練習과 육군포병본창陸軍砲兵本廠 등을 시찰, 일본이 부국강병을 위해 유교 경전 등을 따르지 않고 오로지 양학·양술洋術을 이용하고 있다는

---

26 「朝鮮開化ノ情況」, 『朝野新聞』, 1881.4.29.
27 田保橋潔, 『近代日鮮關係の硏究』 上卷, 朝鮮總督府中樞院, 1940, p.558.

것을 시찰보고서 『일동기유』를 통해 전했다. 그러나 김기수 일행은 군사나 기술에 대한 지식이 부족했기 때문에 고종의 기대에 부응하지 못했고, 1880년 7월 제2차 수신사로서 김홍집 일행이 파견되었다.

이때 김홍집은 이동인으로부터 일본의 실정에 대해 듣는 한편 주일 청국공사 허루장何如璋·황쭌셴黃遵憲 등과 조선을 둘러싼 국제관계 및 자강책에 관하여 면담을 거듭했고, 그 조언을 정리한 『조선책략』을 황쭌셴으로부터 헌정받아 귀국 후 국왕에게 헌상했다. 『조선책략』은 허루장의 지시에 따라 황쭌셴이 개인적인 생각을 정리한 것으로, 서학 수용에 의한 자강과 대외정책으로서 균세＝세력균형을 제시하고, 구체적으로는 "중국과 친하고 일본과 맺고 미국과 연결하여 자강을 도모함"[28]으로써 러시아의 남하를 공동으로 저지할 것을 제안했다. 『조선책략』에서는 오랑캐로 간주되었던 미국과의 국교를 권하면서 기독교는 주자나 육상산陸象山의 가르침과 같으므로 배척해서는 안 된다고 했기 때문에 전국의 유생에게 배포되자마자 격렬한 반발을 초래했고, 이 책을 가져온 김홍집을 간신이라 하여, 또 일본과 맺을 것을 설파한 황쭌셴을 일본의 '유세객遊說客'이라 하여 탄핵하는 영남만인소 등 신미척사상소가 줄을 이었다. 그리고 일본도 미국·러시아와 마찬가지로 '오랑캐'이며, 어느 편을 적으로 보고 어느 편을 아군으로 볼지는 대단히 어려운 일이라고 하는 등 일본에 대한 불신은 뿌리가 깊었다. 하지만 반발이 예상되었던 『조선책략』을 굳이 전국의 유생에게 배포한 것은 조선 정부로서도 고립정책이 불가능하다는 것을 확인한 후, 쇄국정책에서 개화·개국 정책으로 방향을 틀 시기를 찾고 있었기 때문이었다.

---

28 『日本外交文書』第13卷, pp.389～394.

그리고 척사상소가 줄을 잇고 있는 와중에도 "안으로 정화政化를 닦고 밖으로 구적寇敵을 몰아내"기 위해서는 고유의 윤리도덕을 지키면서 서양의 유익한 "기계의 예藝"는 부국의 술術로서 적극적으로 받아들여야 한다는 자주채서론自主採西論이 대두했다. 자주채서론은 동양의 삼강오륜은 불변의 도로서 어떤 정세의 변화에 대해서도 고수해야 할 것인 반면 국민의 생활과 나라의 부강에 관한 서양의 기계·기술 등은 시세에 따라 바뀔 수 있는 기器에 지나지 않으므로 유용한 점이 있다면 서양의 기器도 활용해야 한다는 동도서기론을 배경으로 한 것이며, 이에 따라 조선에서도 서예西藝·서법西法의 섭취가 정당화되었던 것이다. 다만 서예·서법을 섭취하여 자강책을 강구하기 위해서는 구미의 문물을 섭취하여 부국강병의 길로 나아가고 있는 중국이나 일본의 정황을 보다 정확하게 알 필요가 있었다.

1881년 2월, 고종과 척신戚臣의 발의에 따라 일본의 '물정을 상세하게 탐색하기' 위해 조준영趙準永·박정양·홍영식·어윤중 등 조사朝士와 이상재 등 수행원, 12반 62명으로 구성된 신사유람단을 파견하고, 같은 해 11월에는 양무운동의 성과를 전습하기 위해 영선사 김윤식이 이끄는 38명의 기술학생을 중국의 톈진기기제조국 등에 파견한 것도 일본과 중국 쌍방을 시야에 넣은 개화책의 일환이었다.

물론 일본에 파견된 일행에 동래부 암행어사라는 명목이 부여되었듯이, 일본을 모범으로 삼는 것에는 위정척사사상에 따른 저항이 있었고 일본을 양이洋夷와 동일시하는 견해는 쉽게 해소되지는 않았지만, 신사유람단은 70여 일 동안 머무르면서 각자의 분담 항목에 따라 내무·외무·세관 등 행정기관과 학교 등 제반 문화시설, 각종 산업 부문 등을 시찰하고 방대한 조사 기록과 복명서를 작성했다.[29] 이들 가운데 어윤중은 신사유람단이 귀국한 후에도 일본에 머무르면서 후쿠자와 유키치 등을 여러 차례 만났고, 수행원 유길준과 유정수를 게이오기주쿠慶應義塾에, 윤치호를 나카무라 마사나오中村正直의 도진샤同人社에 입학시켰다. 한편 이동인은 1881년 통리기무아문 참모관으로 임명되었고, 다시 일본으로 건너가 "육군 기타 교사를 초빙하고 공채를 모집하여 병기를 조달할"[30] 예정이었으나 암살된 것인지 돌연 소식이 끊어짐으로써 실현되지는 못했다. 어쨌든 이처럼 일본으로부터의 서학·기술 도입이 궤도에 올라 있었던 것이다. 이러한 기운이 일고 있는 가운데 1882년 3월에는 김옥균이 처음으로 일본을 방문하여 후쿠자와 유키치, 다루이 도키치樽井藤吉 등과 면담했고, 또 같은 해 9월 임오사변의 선후처리를 위한 일본 특파수신사에 박영효, 부사에 김만식金晩植, 종사관에 서광범 등이 임명되어 일본에 파견되자 이들과 동행했다.

이 일행은 귀국에 즈음하여 조선에서 신문을 발행하기 위한 요원으로서 후쿠자와 유키치의 문하생 우시바 다쿠조牛場卓造, 이노우에 가쿠고

---

29 제1차 수신사의 醫員이었던 朴永善은 처음으로 종두법을 일본에서 조선으로 전했다. 신사유람단의 조사 趙秉稷의 수원으로 농업 부문 담당자였던 安宗洙는 津田仙으로부터 농학을 전수했다. 쓰다는 1873년 빈만국박람회에 佐野常民를 수행했는데, 때마침 빈에 머물고 있던 네덜란드의 원예가 다니엘 호이브렌크(Daniel Hoibrenk, 호이브렌크는 시볼트의 친구였다. 시볼트는 일본에서 가져온 초목의 재배를 호이브렌크에게 부탁했다)로부터 농업이론과 실제 재배법에 관하여 배운 다음 귀국 후 호이브렌크가 구술한 내용을 정리하여『農業三事』라는 책을 출판했다. 안종수는『農業三事』외에 일본에서 입수한 각국의 농업서를 바탕으로 귀국 후『農政新編』전4권을 편찬했다. 그러나 필요성은 인정되었음에도 불구하고 곧바로 출판되지는 못하다가 1885년에야 廣人社에서 간행되었다. 안종수는 귀국 후 외교담당 主事로 임명되었지만 갑신정변을 일으킨 김옥균 등의 일당으로 지목되어 馬島에 유배되었다. 1895년 갑오개혁으로 석방되었다가 다음해 공포된 단발령을 계기로 하는 의병투쟁 때 살해되었다. 이에 관해서는 都田豊三郎,『津田仙・明治の基督教』(私家版, 1972) 및 安宇植,「津田仙と二人の朝鮮人」(『青丘』第9號, 1991.8) 참조. 또 공식적인 시찰보고서 외에도 신사유람단의 수원 宋憲斌의『東京日記』와 姜晉馨의『日本錄』등 견문기가 간행되어 일본의 정황이 알려지는 계기가 되었다.

30 『日本外交文書』第14卷, p.290.

로井上角五郎, 다카하시 세이신高橋正信과 인쇄기술자 미와 히로조三輪廣藏, 군사교련 교사 마쓰오 미요타로松尾三代太郎 등을 불러들였고, 1883년 10월에는 김만식의 관할 아래 있던 박문국에서 『한성순보』가 창간되었다. 우시바 다쿠조 등이 조선으로 건너갈 때 후쿠자와 유키치는 "조선의 인민은 결코 야만인이 아니며 고상한 문사文思가 없지는 않지만, 수백 년 동안 깊은 잠에 빠져 있었던 까닭에 이들을 불러일으켜 운동을 촉구하려 해도 아직 눈을 뜨지 못해 방향을 몰라 헤매고 있는 듯하다. 지금 그 눈을 뜨게 할 수 있는 기술을 구하니 위세를 부려 협박해서도 안 되며 이익에 빠져들어서도 안 된다. 다만 저 잘못된 인심을 바로잡아 스스로 눈을 뜨게 하는 한 가지 방법이 있을 따름이다. (…중략…) 반드시 병력이나 정략에만 의존해서 국위를 떨칠 수 있는 것은 아니다. 학문상의 힘으로 인심의 내부를 제어하는 것 역시 대단히 중요하다. 어쩌면 이것을 학문의 문권文勸이라 부를 수도 있을 것이다. 우리들의 뜻은 문권을 확장하여 문위文威를 해외에 떨치는 데 있다"[31]라고 설명했는데, 이 말은 후쿠자와 유키치가 어떤 입장에서 조선의 문명화에 관여하고자 했는지를 명확하게 보여준다. 마찬가지로 김옥균 등도 자발적인 문명화를 재촉할 정치적 개혁을 목표로 삼고서 일본에서 배울 점이 있다면 그것을 섭취한다는 자세를 갖고 있었고, 조선의 현상에 비추어 위생·농상農桑·도로의 개량과 경찰제도의 정비 등을 급선무로 간주하고 있었는데,[32] 박영효는 귀국 후 한성부윤에 임명되자 곧바로 치도국治道局과 순경부巡警部 등을 설치하여 위생관리와 도로의 개수改修, 경찰업무의 충실 등 내정의 정비에 착수했다. 하지만 박영효가 자택에 일본식 목욕탕을

---

31 福澤諭吉, 「牛場卓造君朝鮮に行く」(1883.1), 『福澤諭吉全集』 第8卷, pp.497~506.
32 金玉均, 「治道略論」, 『時事新報』, 1883.1.13·15日 所載.

제5장/ 국민국가 형성과 모범국의 변천   425

만들고, 양복을 입고, 마차를 구입해 일본인 마부에게 질주하도록 하고, 또 일본으로부터 인력거를 들여오는 등 일본적 생활양식의 도입을 시도한 것과 그의 급진적 개혁이 반발을 불러 광주부廣州府 유수留守로 좌천되었기 때문에 성과를 거두지 못하고 말았다. 그러나 광주부 유수로 재임하는 동안에도 일본의 육군사관학교를 나온 신복모申福模 등에게 일본식 군대 훈련을 맡겼다.[33]

김옥균도 청나라의 "속박에서 벗어나 완전한 자주국으로 독립하기를 바란다면 정치와 외교에서 자수自修·자강하지 않으면 안 된다"[34]라고 하여 조선의 독자적인 국민국가 형성을 모색했고 그 과정에서 복제개혁 등을 추진했다. 서재필은 그 무렵의 김옥균에 관해서 "구미의 문명이 일조일석에 이룩된 것이 아니라 열강들의 경쟁적인 노력에 의한 점진적 효과로서 수세기를 요한 것인 데 비해 일본은 한 세대 사이에 그것을 달성한 것처럼 이해했다. 그래서 그는 스스로 일본을 모범으로 삼고자 하여 백방으로 분주했다"[35]라고 회상한다. 그러나 동시에 김옥균은 "일본이 동양의 영국이 된다면 우리들은 우리나라를 아시아의 프랑스로 만들지 않으면 안 된다"라고 충고한 것을 보면 알 수 있듯이 맹목적으로 일본을 모범국으로 간주했던 것이 아니라 어디까지나 일본에 대항하기 위해 모범으로 삼은 것에 지나지 않았다. 그런 김옥균과 박영효 등이 '일본당'이라 불린 것은 역사의 아이러니이긴 하지만, 1884년 7월 일본공사 다케조에 신이치로竹添進一郎와 공모하여 일으킨 갑신정변에서 구원에 나선 청국 군대에 패배한 것은, 일본과 청국의 헤게모니 경쟁 속

---

33 琴秉洞, 『金玉均と日本』, 綠陰書房, 1991, pp.106~107.
34 金玉均, 「朝鮮改革意見書」, 『金玉均全集』, ソウル : 亞細亞文化社, 1979, p.117.
35 徐載弼, 「回顧甲申政變」, 『甲申政變と金玉均』, ソウル : 國際文化協會, 1947 所收, pp.82~85.

에서 독자적인 국민국가 형성을 모색하지 않을 수 없었던 조선의 명운을 암시하는 것이었다. 이와 같은 삼국 간 관계 속에서 임오군란 이후 대원군을 톈진으로 인치引致하여 명성황후파로 하여금 친청정책을 채택하게 하고, 위안스카이・마젠창馬建常 등을 통해 종속관계의 강화를 밀어붙이고 있던 청에 비해 일본의 영향력은 갑신정변의 실패로 더욱 열악해지고 있었다. 그런 의미에서 보자면 갑신정변 후 일본으로 망명했지만 일본 정부의 냉대를 받은 김옥균이 새로운 국민국가 형성의 방도를 찾으면서 "조선을 위해 일을 도모할 때 청국은 원래 기댈 곳이 아니며 일본 또한 그러하다. (…중략…) 일본은 전년 이래 무엇인가를 생각하면 일시적으로 열심히 우리나라의 국사에 간섭하긴 했지만 한번 패한 후에는 갑자기 이를 내버리고 돌아보지 않으니 어찌 족히 믿을 수 있겠는가. 사정이 그렇다면 어떻게 해야만 할까. 방법은 오직 밖으로는 널리 구미 각국과 신의로써 친교하고, 안으로는 정략을 개혁하여 우매한 인민을 가르쳐 문명의 길로 이끌어 상업을 일으키고 재정을 정리하는 것밖에 없다. 그러면 병력을 양성하는 것 역시 어렵지 않게 될 것이다"[36] 라고 말하기에 이른 것은 필연적이었다.

그러나 일본 그 자체는 충분히 믿을 만하지 않았다 하더라도 김옥균의 국가 형성의 목표가 문명국의 표준을 따르는 국민교육이고, 식산홍업이고, 국가재정의 확립이고, 강병의 양성인 점에서 이것들은 중국이나 일본이 그 목표를 달성해가고 있는 것과 다른 것은 아니었다. 아니 국민국가의 형성을 목표로 설정하는 한 그것들은 아무리 심리적으로 불쾌한 것이라 할지라도 받아들이지 않을 수 없는 것이었다. 더구나 국

---

36 金玉均, 「國王高宗への上疏」, 『朝野新聞』(雜報欄), 1886.7.8.

제적 경쟁이나 외교에 관련된 것이면 어쩔 수 없이 표준을 따를 수밖에 없는 측면이 있다. 이미 1881년 1월에는 육군소위 호리모토 레이조堀本禮造를 초빙하여 신식군대를 창설하기도 했고, 1883년 개시한 우편제도 역시 일본의 우편법을 모방한 것이었듯이, 제도 형성에 있어서는 준거로 삼을 만한 모범이 필요한 경우가 적지 않았다.[37]

게다가 갑신정변이 실패로 끝나고 김옥균이 암살되고 나서도 조선 유학생은 일본을 찾았고, 일본의 조선 진출에 대항하기 위해서라도 일본을 알 필요성은 줄어들기는커녕 더욱 높아지고 있었다. 그리고 청일 전쟁 이후의 갑오개혁이나 1896년 이후의 독립협회·만민공동회운동에서 박영효·서광범 등 갑신정변 당시 김옥균과 행동을 함께했던 사람들과 유길준, 윤치호, 이상재, 서재필 등 일본에 유학하거나 일본을 시찰한 자들이 큰 역할을 맡았다는 점을 생각하면, 그 부정적인 측면을 포함하여 일본의 국민국가 형성에 주목했던 것의 역사적 의의를 무시할 수는 없을 것이다.

이리하여 조선뿐만 아니라 중국에서도 일본의 국민국가 형성은 무시할 수 없는 것으로 받아들여지게 되었고, 일본에서는 청나라의 "개혁의 모범은 태서의 문명을 동양적으로 가장 잘 소화한 일본에서 취하게 될 것"[38]이라면서, "개혁과 우리나라와 친해지고자 하는 뜻은 현재 청국의

---

37 조선의 우편제도에 관해서는 "대체로 일본의 우편법을 모방하여 설치한 것으로 (···중략···) 외국 우편은 언제나 일본을 통해 체송(遞送)하고, 해외우세(海外郵稅)는 일본의 우편어음을 사용한다"(『立憲政黨新聞』, 1884.12.3)고 보도되었는데, 1881년 신사유람단의 수행원이었던 이상재가 홍영식의 지시로 일본의 우편제도를 조사하고 귀국 후 『日本驛遞局視察復命書』를 제출, 1883년 홍영식이 우정국 총판이 되었고, 이상재가 인천우편국 창설을 담당했으며, 1884년 12월 4일 우정국 낙성 축하연을 틈타 김옥균 등은 쿠데타를 감행했던 것이다. 한편 어음은 일본의 대장성 인쇄국에 발주되고 있었다.
38 『報知新聞』, 1898.8.3.

상하를 통하여 일대 기운을 이뤄가고 있다"라는 보도가 등장하게 되는 상황에까지 이르렀던 것이다.

제2절 ———————————————— 모범국의 야누스
문명국과 강국

근대에 구미는 아시아에서 두 개의 얼굴로 그 모습을 드러냈다. 하나는 장려한 문명을 지닌 스승의 얼굴로, 다른 하나는 용서 없이 칼을 휘두르는 침략자의 얼굴로.[39]

이 양면성을 상징하는 것이 만국법=국제법이었고, 다름 아닌 바로 그 국제법에 의해 인정받는 한 국민국가 역시 두 개의 얼굴로 국제적으로나 국내적으로나 그 모습을 드러내게 된다. 국제사회가 주권국가의 권리의 평등성 원리와 약육강식의 쟁투장으로서, 국민국가가 국민의 권리의 평등성 원리와 차별·억압의 체계로서 현실화한 것도 하나의 당연한 귀결이었는지 모른다. 그리고 일본이 아시아에서 반모범에서 모범국으로 바뀌었다 해도 그것은 또 국민국가로서 조금 앞선 것이어

---

39 서양이 문명의 스승과 용서 없는 침략자라는 두 얼굴로 아시아에 그 모습을 드러냈다는 것과 관련하여 마오쩌둥은 다음과 같이 말한다. "제국주의의 침략은 서방에서 배우고자 하는 중국인의 미몽을 일깨웠다. 그런데 왜 선생은 늘 생도를 침략하는 것일까. 불가사의한 일이다. 중국인은 서방에서 많은 것을 배웠지만 그것은 통용되지 못했고 이상은 늘 실현될 수 없었다."(毛澤東,「人民民主主義について」(1949),『毛澤東選集』第4卷, 外文出版社, 1972, p.542) 그리고 이런 평가는 구미 그 자체뿐만 아니라 그 문명에 가장 빨리 동화하여 아시아의 다른 지역으로 향한 일본을 겨냥한 것이기도 했을 터이다.

서 그 양면성을 그만큼 빨리 체현했다는 말일지도 모른다.

그러나 청일전쟁에서 승리하기 이전에 일본의 국민국가 형성이 과연 의의가 있는지 여부는 결코 자명한 것일 수는 없었다. 무엇보다도 일본은 빛나는 문명전통을 배경으로 양무운동을 전개하고 있는, 넓은 땅과 풍부한 물산을 자랑하는 나라 중국에 훨씬 미치지 못한다는 것은 자타가 공인하는 바였고, 그런 까닭에 갑신정변 이래 조선에 대한 헤게모니는 거의 완전히 중국이 장악하고 있었던 것이다. 그뿐만 아니라 1886년 딩루창丁汝昌이 이끄는, 딩위안定遠을 비롯한 4척의 북양함대 수병이 나가사키에서 소요사건을 일으켰을 때에도 그 문제를 해결하는 데 독일주일공사의 알선을 필요로 했을 정도로 일본은 군사적 열세에 놓여 있었고 그런 만큼 외교적 교섭력도 결여하고 있었다. 1886년에 건함공채建艦公債를 발행하고 1890년에는 메이지천황이 건함의 조칙을 발하여 내탕금을 하사한 것을 계기로 국민의 건함기부운동을 불러일으킴으로써 이른바 삼경함三景艦이라 불리는 마쓰지마松島·이쓰쿠시마嚴島·하시다테橋立의 건조가 진척된 것도 중국과의 군사적 격차를 좁히기 위해서였다. 그리고 1893년 민력휴양民力休養을 내걸고 중의원이 건함비를 전액 삭제하자 메이지천황이 내정비內廷費를 절약하여 매년 30만 엔을 6년 동안 하사하는 조칙을 내리고, 관리도 봉급의 1할을 반납하여 건함비를 충당하기로 했으며, 의회도 대건함계획을 채택하기에 이르러서야 간신히 중국에 대한 명확한 열세상태에서 벗어날 수 있었다. 양국의 군사력이 균형에 도달했다는 판단이 섰을 때 청일전쟁의 포문이 열렸던 것이다.

이렇듯 양무운동을 전개하고 있던 중국의 입장에서 보았을 때 일본은 결코 모델로서 우위성을 갖고 있었던 것은 아니었으며, 위청척사사상이 폭넓은 지지를 받고 있던 조선의 입장에서 보아도 중국을 모범으로 삼을망정 굳이 일본에 전면적으로 준거할 필연성은 없었다. 오히려 중국에는 양무운동의 성과로서 리훙장이 이끄는 북양함대가 있었고 일본은 그것에 위협을 느끼고 있었던 것이다. 그러나 북양함대가 청일전쟁에서 일본 해군에 의해 격파되었을 때 양무운동의 성과에 대한 회의가 싹텄고, 중국의 전통적 정치체제의 근본적 개혁 자체를 겨냥한 변법운동이 대두하게 되었다. 즉, 거의 같은 시기에 진행된 중국의 양무운동이 일본의 유신 이후의 변혁운동에 뒤처지게 된 것은, 일본이 새로운 시대의 요구에 부응하여 서정西政=서구의 정치제도를 채용하여 국민적 결집을 도모할 수 있었던 데 비해, 중국은 어디까지나 서기西器·서예西藝의 도입에 머물러 낡은 정치제도를 고수해온 것에 결함이 있기 때문인 것으로 간주되었던 것이다.

1898년 무술의 변법에서 "위로는 요순 삼대를 사표로 삼고, 밖으로는 동서 강국에서 모범적인 것을 채택하여 헌법을 시행하고, 크게 국회를 열어 서정庶政을 국민과 함께하고, 삼권분립 제도를 행한다면 중국의 치강治强은 내일을 기약할 수 있을 것"[40]이라 했듯이, 헌법제정·국회개설·국민참정·삼권분립이라는 국민국가의 정치원리가 하나의 세트가 되어 강국의 길로 나아가기 위한 약속으로 제기된 것도 그 때문이었다. 이리하여 중국이 스스로를 구할 수 있는 길은 법 다시 말해 국가체제를 근저에서부터 일신하고 여기에 국민을 담당자로 끌어들이는 것밖에 없다는 논의가 나타났다. 변법이란 구미의 법률, 정치, 경제 등 제반 학문을 배워 중국사회를 변혁하고 자강을 모색하고자 하는 국가 형성=자

---

40 康有爲,「代內閣學士闊普通武·請定立憲開國會摺」(『戊戌奏議』, 光緖24年(1898) 6月), 蔣貴麟 主編, 『康南海先生遺著彙刊』(12) 所收, p.34.

기변혁의 시도임과 동시에 국민에게 정치적 권리를 부여하여 국가의 담당자로 삼는다는 국민 형성의 시도이기도 했다. 이러한 변법자강운동의 사상적 리더였던 캉유웨이에게 모범으로 보였던 것은, "러시아 표트르대제의 마음을 심법心法으로 하고 일본 메이지의 정치를 정법政法으로 할 따름"[41]이라고 표방했듯이, 러시아 표트르대제의 치세였고 또 그 이상으로 메이지유신 이후 일본의 정치개혁이었다. 표트르대제의 '심법'이란 표트르가 서구 열강의 문화·기술을 뭇 신하들의 방해를 뿌리치고 솔선수범하여 도입한 결단과 실행력을 가리키는데, 캉유웨이는 광서제가 그것을 모방하여 변법자강을 단행할 것을 촉구했던 것이다. 그리고 일본 메이지의 정법이란 말할 것도 없이 메이지유신 이후 일본이 구미를 모방하여 국민국가를 형성한 정치의 상태 그 자체를 가리킨다. 러시아가 이리 문제(중국 신장 웨이우얼 자치구 이리 지방을 둘러싼 청국과 러시아의 국경 분쟁-옮긴이)나 만주지역 등에서 일본이 조선을 둘러싸고 가장 적대시하는 상대였다는 점을 고려하면, 모범으로 삼는다는 것은 결국 이를 능가하는 데 최종적인 목적이 놓여 있다는 말이기도 했다.

그러나 구미의 사회체제에 비견할 만한 자기변혁을 수행하는 것이 운동의 주안점이라면 왜 직접 영국이나 미국이나 독일을 모범으로 내세우지 않았던 것일까. 그것은 바로 캉유웨이에게 모범국이란 결과로서 모범국이 아니라 무엇보다 먼저 과정과 방법상의 모범이었고, 어떻게 자기변혁을 수행해갈 것인가에 최대의 관심이 쏠려 있었기 때문이다.[42] 게다가 캉유웨이 등의 정치적 기반은 대단히 취약했고, 그 목표를

---

41 康有爲, 「第五上書」(光緖23年(1897).12月) 蔣貴麟 主編, 『康南海先生遺著彙刊』(12) 所收, 『七次上書彙編』, p.99.
42 중국에서 서양 모델의 역사적 의미에 관해서는 佐藤愼一, 「模倣と反撥」(『法學』第5卷 第6號, 1988)

달성하기 위해서는 광서제의 힘에 기대지 않을 수 없으며, 그런 상황에서 광서제에게 표트르대제나 메이지천황과 동등한 정치적 지도력을 기대하는 의도도 포함되어 있었던 것이다. 어찌됐든 표트르대제의 개혁은 아득한 과거의 사례인데다 사회적 배경이나 조건도 달라서 구체적인 과정이 정치지도의 모델이 되기 어려웠고 설득력도 부족했다. 그런 의미에서도 일본의 사례는 시기적으로나 지리적으로나 근접해 있을 뿐만 아니라 종래의 법제나 풍속이 유사하다는 점에서 보다 많은 이점을 갖고 있는 것으로 생각되었던 것이다. 나아가 일본이 이십 수년에 걸쳐 달성한 것은 보다 빠른 시간 안에 달성할 필요가 있었다. 이에 관하여 캉유웨이는 『일본정치변정고日本政治變政考』 서문에서 "유럽이 오백 년에 걸쳐 강구한 것을 일본은 이십여 년 만에 달성했다. 그처럼 빠르게 효과를 거둔 경우는 세계에서 예를 찾기 어렵다. (…중략…) 중국은 일본이 실행하면서 범한 잘못을 제거하고, 일본이 바꾸거나 고친 것은 그 결과만을 실행한다. 일본인이 이미 변혁하여 성공한 것만을 채택하고 잘못을 버리면, 일본이 곤란을 겪었던 것도 중국은 쉽게 해낼 수 있다"[43]라고 했다. 일본의 정치개혁의 경과를 고찰하고 득실을 따져 그 폐해를 제거하고 정수만을 받아들인다면, 수년 만에 구미의 신법과 일본의 법 가운데 뛰어난 점만 모두 중국에서 실현할 수 있을 것이라는 말이다. 그리고 여기에서 분명하게 알 수 있듯이, 일본을 모범으로 삼는다고는 하지만 결코 일본 그 자체에 모방할 만한 가치가 있다고 생각했던 것이 아니라, 동문同文・동속同俗의 일본이 달성한 성과를 섭취하는 것의 편의성에 착목하고 있었던 것이다. 더욱이 "강적을 스승으로 삼는다"라고 단정하

에서 적확한 개념을 볼 수 있다.

43 康有爲, 「日本變政考序」(光緒24年 2月), 蔣貴麟 主編, 『康南海先生遺著彙刊』(10) 所收, p.2.

고 있는 것에서도 분명히 알 수 있듯이, 최소의 노력으로 최선의 성과를 획득하여 일본을 넘어서기 위한 편법으로서 일본의 사력事歷을 참조할 필요가 있다고 진언했던 것이다.

그렇지만 메이지유신 이후 제도개혁에 관한 캉유웨이의 연구 자체는 결코 편의적인 것이 아니라 대단히 상세한 것이었고, 또 어디까지나 군주제와 유교를 견지하는 것을 중핵으로 하는 것이었다. 그랬기 때문에 무술정변으로 변법운동이 좌절했음에도 불구하고 일본모범론 자체는 생명력을 잃지 않았으며, 캉유웨이 등의 변법자강운동을 탄압한 장즈둥, 류쿤이劉坤一 등도 이 주장을 이어받았던 것이다. 그리고 일본 유학을 장려한 점에서 장즈둥 등은 변법자강파인 캉유웨이 등에 못지않았고, 중국의 부강을 달성하기 위해서는 '민지民智의 개발' 즉 인재의 육성이 필수적이라는 것도 절실하게 인식하고 있었다. 중국에서 교육개혁 프로그램을 제시한 책으로 이름 높은 장즈둥의『권학편勸學篇』(1898)은 황제의 명에 따라 각 성에 반포되었고 간행부수도 백만을 넘어섰다고 하는데, 이미 여기에서도 "일본은 소국에 지나지 않음에도 왜 이렇게 빨리 발흥할 수 있었을까. 이토 히로부미 · 야마가타 아리토모 · 에노모토 다케아키 · 무쓰 무네미쓰와 같은 사람들은 모두 20년 전 양행洋行한 학생이었다. 그리고 자국이 서양으로부터 위협을 받는 데 분개하여 백여 명의 일행을 이끌고 독일 · 프랑스 · 영국 등에 가서 정치 · 상공 또는 육해군사陸海軍事를 배웠고, 학업을 마친 후 돌아와 장상將相이 되어 정치를 일변시킴으로써 동양에서 웅시雄視"[44]하기에 이르렀다고 하여 일본이 유학에 의해 국민국가 형성에 성공한 선례를 중시했던 것이다. 그리고 "양행

---

[44] 張之洞,「遊學第二」(光緒24年 3月),『勸學篇』外篇, pp.5~6.

1년은 서양책을 5년 읽는 것보다 낫고, 외국 학당에서 1년을 배우는 것은 중국 학당에서 3년을 배우는 것보다 낫다"라고 한 다음, 일본 유학을 장려하는 이유를 다음과 같이 열거한다.

유학할 나라에 대해서 말하자면 서양은 동양(＝일본)만 못하다. 첫째, 거리가 가까워 여비가 들지 않기 때문에 많은 사람을 파견할 수 있다. 둘째, 중국과 가깝고 비교 고찰하기 쉽다. 셋째, 동문(＝일문)은 중문과 비슷하기 때문에 통효(通曉)하기 쉽다. 넷째, 서학서는 심히 번잡한데 서학 중에서 절실하게 중요하지 않은 것은 일본인이 이미 삭제하고 개편했을 뿐만 아니라, 중일의 정세와 풍속이 흡사하기 때문에 모방하기 쉽고, 절반의 노력으로 몇 배의 효과를 거둘 수 있다는 점에서 이보다 나은 것은 없다. 그리고 만약 스스로 정세(精細)한 학문을 온전히 갖추고자 한다면 서양으로 유학을 가면 된다.

여기에는 중국에서 일본으로 유학하는 것의 이점과 함께 그 한계까지 명확하게 제시되어 있으며, 동시에 캉유웨이가 일본을 모범으로 삼은 것과 동일한 논리가 관철되고 있다는 것이 명확하게 나타나 있다. 결국 최종적으로 정세한 학문을 온전히 갖추기 위해서는 서양으로 가는 것이 정도라고 하면서, 싼 비용으로 많은 유학생을 파견하여 속히 효과를 거두기에는 일본 유학이 간편하다는 얘기인 셈이다. 그러나 차선책 또는 간편책으로서 선택된 것이긴 하지만, 이리하여 일본의 국민국가 형성이 중국의 정치개혁의 모델이 되고 그것을 담당할 인재육성을 위해 일본 유학이 장려됨으로써, 유학생을 통해 구미→일본→중국으로 이어지는 지知의 유통통로가 열리게 되었다. 그것은 이천 년에 걸친 중

장즈둥의 『권학편』 중 일본 유학을 권하는 부분.

일문화교류사상 처음으로 출현한 사태였고, 중화의 나라로서 동아시아 세계에 군림해온 중국의 입장에서 보자면 동해의 소국 일본으로부터 '문화가 역류해오는' 상황의 도래였다. 다만 일본의 국민국가 형성을 모범으로 삼는다고는 하지만, 캉유웨이마저도 자강을 도모하여 "유구琉球(류큐)를 회복하고 일본을 소탕하여 국치國恥를 씻는"[45] 것을 부정하지 않았듯이, 일본에서 배운다고는 해도 그것은 청일전쟁에서 패배한 원한을 풀겠다는 동기에 의해서도 지탱되고 있었고, 유학생 중에는 "원수에게 배운다"라고 큰소리친 자도 적지 않았다고 한다.

그렇지만 조공·책봉 체제하에서 문명을 리드해온 중국으로부터 일본으로 다수의 유학생이 온 것은 단순히 중국 한 나라의 현상에 머물지 않고 조선과 베트남에서 일본 유학을 촉진하는 파급효과를 낳았다. 물론 청일전쟁의 결과는 조선이나 베트남의 입장에서 보면 전혀 다른 의

---

45 康有爲, 「第三上書」. 蔣貴麟 主編, 『康南海先生遺著彙刊』(12) 所收, 『七次上書彙編』, p.73.

미를 갖는다. 조선의 경우 청일전쟁이 끝난 후 1895년에 관비유학생 182명이 파견되었지만 명성황후 시해사건으로 대다수가 귀국했고, 이어서 1897년에 제2차 유학생 64명이 파견되는 등 외교관계에 크게 좌우되었다. 더욱이 러시아의 영향력의 소장消長과 관련되면서 일본에 의한 보호국화, 나아가 1910년의 한국병합으로 조일관계는 비대등화의 길을 걸었고, 조선인 일본 유학생은 결코 단순한 일본모범국론 따위를 말할 수 없는 상황에 놓여 있었다. 조선인 일본 유학생 단체에서 발행하고 있던『대한학회월보』가 "야마토 민족은 40년 전부터 구주 문물을 수입하여 금일의 제도 일반은 동아의 선진이라고도 말할 만한 상태에 있다. 그 때문에 동아 각국은 각각 조금이라도 그 영향을 받았지만, 저 교활한 행동은 도리어 동양평화를 교란할 우려가 있다. 이에 대해 동양평화를 창도唱導하고 성심껏 정의와 인도人道를 존애尊愛하는 자는 어찌 통곡하지 않을 수 있겠는가"[46]라고 하여, 일본의 문명 섭취의 성과와 그것이 동아시아에 끼친 영향을 평가하면서도 일본의 대외진출을 저지하지 않으면 안 된다는 것을 호소한 것도 그런 상황에서 나온 것이었다.

이에 대해 일본의 직접적인 지배를 받지 않고 구미의 식민지 통치의 위협이나 현실적 침공에 직면해 있던 아시아 사람들은 일본이 청일전쟁과 러일전쟁에서 승리하고 불평등조약을 해소하기 위해 착실하게 포석을 두고 있는 사실을 하나의 경이로 받아들이기도 했다. 1856년 프랑스 군함의 다낭 포격 이래 1884년 청불전쟁을 거쳐 프랑스의 식민지 지배가 진행되고 있던 베트남의 입장에서 보았을 때, 메이지유신 이후 일본의 변혁은 자강·혁신 그리고 독립운동의 모델로서 충분한 의미를

46 蔡基斗,「淸國の覺醒と韓國」,『大韓學會月報』第9號, 1908.11, p.5.

지닌 것이었다. 베트남에서 일본모범국론이 대두한 배경으로는 첫째 캉유웨이나 량치차오 등의 메이지유신모범론이나 일본유학장려론이 한자 출판물을 통해 베트남에서 읽히고 있었다는 것, 둘째 윈난·광둥·광시 등 국경 가까운 지역의 중국인 일본 유학생과 교류가 진행되고 있었다는 것, 그리고 셋째 일본이 러일전쟁에서 백색인종의 대국 러시아를 격파한 것 등을 들 수 있다. 물론 일본을 방문하기 이전인 1903년에 이미 『유구혈루신서琉球血淚新書』를 저술한 바 있는 판보이차우潘佩珠에게 일본은 무엇보다도 유구(=류큐)를 침략하여 망국의 상황으로 몰아넣고 타이완을 침략한 국가였으며, 일본통치하의 참상을 묘사함으로써 조국의 운명을 예견하게 한다는 의미에서 하나의 감계鑑戒에 지나지 않았다. 그럼에도 불구하고 그를 일본으로 향하게 한 것은 "러일전쟁은 실로 우리들의 머릿속에 일종의 신세계를 펼쳐 보인 것이라고 말할 수 있다. (…중략…) 일본은 강한 나라로 떠올랐으며 저들 역시 황색인종이다. 최근 러시아와 싸워 이겼는데 어쩌면 일본은 전 아시아를 진흥하려는 뜻을 갖고 있는지도 모르며, 아울러 우리나라가 구주 일국의 세력을 제거하는 것은 저들에게도 이로울 것이다. 우리들이 일본에 가서 동정同情을 구하면 군기軍器를 빌려줄 것이고 혹은 그것을 구입하는 것도 반드시 어렵지는 않을 것이다"[47]라고 말했듯이, 일본의 군사적 강성이 사방에서 침략의 형태로 나타나고 있다는 점을 인식하면서도 바로 그렇기 때문에 일본은 프랑스의 세력을 아시아에서 몰아내는 데에서 이익을 찾을 것이라고 생각했던 것이다. 문명국의 양면성을 일본 역시 갖

---

[47] 潘佩珠, 山本邦衛·長岡新次郎 譯, 『ヴェトナム亡國史他』(東洋文庫73), 平凡社, 1966, p.116. 판보이차우 등의 東遊運動을 포함한 베트남의 민족운동과 독립운동에 관해서는, David G. Marr, *Vietnamese Anti-colonialism 1885~1925*, University California Berkeley, 1971 참조.

고 있고 그 독毒을 이용하여 프랑스라는 독을 제압하는 것이 무력을 온전히 갖추지 못한 판보이차우 등에게는 일본에 대한 윤리적 비난보다도 우선시되었다. 유구와 조선에서 일본이 채택한 정책 등에는 반대를 표명하면서도 구미의 식민지 지배를 배제하기 위해서는 일본의 국민국가 형성에서 배우는 것 말고는 다른 자강·자립의 방도가 없는 것으로 보였던 것이다. 여기에는 부정해야 할 것을 먼저 모방할 수밖에 없는 딜레마가 놓여 있었던 셈이다. 다만, 동시에 여기에는 러일전쟁의 승리가 아시아 사람들에게 인종을 기축으로 한 지역으로서의 통합 의식을 불러왔고 억압받고 있는 아시아의 식민지 해방을 위해 일본이 진력할 것이라는 기대를 불러일으킨 것도 명확히 표명되어 있다. 일본을 "황색인종의 맏형"으로 간주하여 일본 유학을 권하는 '동유운동東遊運動'을 전개한 것도 그 때문이었다. 게다가 일본의 강대화에 위구심을 품으면서도 일본에 대해 식민지 해방의 선봉 역할을 기대하는 심정은 판보이차우에게만 한정된 것은 아니었다. 베트남에서 러일전쟁이 끼친 영향에 관해서는 "토착민이 점차 행정사무에 무관심하게 되어가는 것이 눈에 띄게 두드러진 것은 1905년 말의 일이다. 민요가수나 이야기꾼들은 백인에 대한 반감을 고취했다. 이 사람들은 먼 시골마을까지 가서 러시아의 패전을 재밌고 우습게 들려주었다. 안남인은 구주인의 힘이 현실보다도 훨씬 무력하며 자신들의 동포인 일본인에 의해 그 결함이 폭로되었다는 생각에 점차 눈을 떴다. 국민주의 단체들은 배외적인 시위행렬을 지도했는데 그 운동은 1906년에 이르러 최고조에 이르렀다"[48]라는 관찰이 있거니와, 이러한 상황에 직면한 프랑스는 종래의 동화정책에서

---

[48] Thomas Edson Ennis, 大岩誠 譯,『印度支那─フランスの政策とその發展(*French policy and development in Indochina*)』, 生活社, 1941, pp.145~146.

협동정책으로 전환하지 않을 수 없었다.

지금 러일전쟁을 계기로 하여 아시아 각지에서 어떻게 일본의 30여 년에 걸친 정치적 달성에 대한 주시와 인종을 기축으로 한 아시아 지역으로서의 통합 의식이 초래되었는지를 확인해 두자면, 먼저 1905년 5월의 일본해(=동해) 해전 직후 수에즈운하 항해 중에 일본의 승전보를 접한 아라비아인들의 흥분을 목격한 쑨원이 "일본이 러시아에 승리한 그날부터 전 아시아 민족은 유럽을 타도하겠다는 생각에 독립운동을 일으켰다. 이집트에서 독립운동이 일어났고, 페르시아와 터키에서도 독립운동이 일어났고, 아프가니스탄과 아라비아에서도 독립운동이 일어났고, 인도인도 이 시기부터 독립운동을 일으켰다. 이런 의미에서 일본이 러시아에 승리한 결과 아시아 민족의 독립이라는 큰 희망이 생겨났던 것이다"[49]라고 말했다는 것은 잘 알려져 있다. 물론 여기에는 일본인에게 반성을 촉구하기 위한 과장이 섞여 있고, 각지의 독립운동에 관한 역사적 사실이 상당 부분 사상되어 있다는 점에는 유의할 필요가 있다. 그러나 소년시절의 마오쩌둥은 일본 유학을 마치고 돌아온 교사로부터 〈황해의 해전〉이라는 노래를 배웠는데, 그는 대단히 인상이 깊었던 듯 그것을 거의 1930년 무렵까지도 기억하면서 "러시아에 대한 승리의 노래에서 일본의 자랑과 힘이라 할 수 있는 것을 느꼈다. 동시에 야만적인 일본, (…중략…) 우리들이 금일 알고 있는 일본도 있다는 데는 생각이 미치지 못했다"[50]라고 추억하고 있다.

---

49 孫文, 今里禎 譯, 「大アジア主義」(1924). 伊地智善繼 外監修, 『孫文選集』 第3卷, 社會思想社, 1989, p.366.
50 Edgar Snow, 松岡洋子 譯, 『中國の赤い星』, 筑摩書房, 1972, p.91. 마오쩌둥이 이 노래를 배운 일본 유학생 출신 교사는 가짜 변발에다 혼자만 양복을 입고 다녀서 다른 사람들은 그를 '가짜 양놈 귀신'이라 조롱하면서 멀리했지만, 마오쩌둥은 그로부터 일본에서 일어나는 일에 대해 듣기를 좋아했다

조선에서도 최석하崔錫夏가 "러일전쟁의 결과는 세계인의 사상계에 일대 혁명을 불러일으켰다. 왜냐하면 구미인은 언제나 백인 이외에 세계의 원동력이 되는 인종이 있다는 것을 부인했는데, 이런 이론을 사실이 뒤집었기 때문이다"[51]라며 백인종우월론이 사실에 의해 분쇄되었다는 것에서 러일전쟁의 세계사적 의의를 발견하고, "동양평화를 유지하고 중국 대륙의 이익을 균분하여 세계열강의 의심을 일소할 책임과 자신을 가진 자는 곧 일본이다"라고 하여 황색인종 중에서 일본의 주도성을 인정할 정도로 러일전쟁은 일시적이긴 하지만 충격을 주었던 것이다.

인도에서는 힌두신 가네샤를 독립운동의 상징으로 내세우고 벵갈분할반대운동을 조직하고 있던 틸락Bāl Gangādhar Tilak이 일본의 승리로 아시아에 대한 유럽의 우월이라는 신화가 붕괴되었다는 점을 강조하고, 일본인의 "자기희생, 열렬한 헌신, 공평무사한 행동"을 모범으로 삼아 배움으로써 인도의 독립이 가능해질 것이라고 호소했다.[52] 또, 당시 열서너 살이었던 네루도 "중요한 사건 중에서 나에게 영향을 끼친 것으로서 잊을 수 없는 것은 러일전쟁이다. 일본의 전승은 나의 열광을 끓어오르게 했고, 새로운 뉴스를 보기 위해 매일 초조하게 신문을 기다렸다. 상당한 돈을 들여서라도 일본에 관한 서적을 많이 구입하여 읽으려고 노력했다. (…중략…) 나의 머리는 민족주의적인 의식으로 가득 차게 되었다. 인도를 유럽의 예속으로부터, 아시아를 유럽의 예속으로부터 구출할 것

고 한다. 당시 마오쩌둥은 캉유웨이와 량치차오를 숭배하여 무술변법에 관한 저작을 보내 달라 해서 외울 수 있을 때까지 숙독했다는 말도 있는데, 여기에서 캉유웨이나 량치차오가 끼친 영향력의 일단을 엿볼 수 있다.

51 友洋生(崔錫夏), 「日本文明感·續」, 『大韓學會月報』 第9號, 1908 11, pp.57~58.

52 *The Maharatta*, 24 June, 1906. Ramparkash Dua, *The Impact of Russo-Japanese (1905) War on Indian Politics*, New Dehli : S. Chand & Co., p.52 所引. 또 틸락의 러일전쟁론에 관해서는 山崎利男·高橋滿 編, 『日本とインド交流の歴史』, 三省堂, 1993, p.60 참조.

이라는 생각으로 치달았다. 더욱더 상상의 날개를 펼쳐 내가 칼을 들고 인도의 독립을 위해 싸우고 인도의 해방에 도움이 되고자 하는 영웅적 행위를 꿈꾸기도 했다. (…중략…) [1905년 — 인용자주] 5월 말에 가까웠 을 때 우리들은 런던에 도착했다. 도버해협을 지나는 기차 안에서 쓰시 마 앞바다에서 일본이 대승을 거뒀다는 기사를 읽고 나는 너무나 기뻤 다"[53]라며 흥분했던 기억을 기록으로 남겼다. 나아가 간디도 일본이 승 리한 원인에 깊은 관심을 보였다. 그는 일본의 경우 장교도 일반인도 부 패하지 않는 질박한 생활을 하고 교육이 널리 보급되어 있다는 점에 주 목했는데, 당시 인도에서 일본의 교육에 대한 관심이 높아진 것에 관하 여 라와트는 "러일전쟁의 결과는 아시아의 문명도 세계에서 독특한 지 위를 차지하고 있다는 것을 명확하게 실증했다. 인도의 민족의식이 강 하게 환기되었다. 그 결과 인도인은 일본의 교육제도를 열심히 배우기 시작했다. 일본의 교육제도에 관한 정부의 보고서가 나왔고, 많은 인도 인이 교육을 받기 위해 일본으로 향했다. 이 보고서 외에 1906년에는 캘 커타에서 『일본의 교육제도』라는 정기간행물도 발간되었다"[54]라고 적 고 있다. 이렇듯 인도에서 일본이 민족독립운동에 가한 충격은 아주 명 백하며, 1906년 벵갈분할법에 반대하는 국민의회파 대회에서 자치를 의미하는 스와라지Swaraj라는 슬로건을 설명할 때에도 일본의 승리가 자 주 인용되었다. 이런 상황에서 영국에서도 화이트Arnold White가 "평톈회전

---

53 Nehru・磯野勇三 譯, 『ネール自傳』 1卷, 立名社, 1961, pp.22~24.
54 P. L. Rawat, *History of Indian Education*, Bharat Publications, 1959, p.303. 인용은 弘中和彦, 「近代イ ンドにおける海外留學」(『アジアにおける敎育交流』, 國立敎育硏究所紀要 第94集, 1976), p.251을 따른다. 덧붙이자면 논문집 『アジアにおける敎育交流』에는 인도인의 해외유학사 중에 일본 유학을 자리매김한 弘中和彦의 논문을 비롯하여 아시아인의 일본 유학의 역사를 풍부한 사료를 기초로 분 석한 중요한 연구 성과가 수록되어 있는데 전반에 걸쳐 많은 시사를 받았다.

奉天會戰 이후 아시아와 유럽의 관계가 바뀌어버린 것을 영국은 인식하지 않을 수 없다"[55]라고 말하는 등 인도 통치 정책의 변경을 요구하는 주장이 나타났던 것이다.

그리고 그 무렵 인도의 캘커타에 유학하여 반영운동을 눈으로 보고 1905년 프랑스에서 일본이 러일전쟁에서 승리했다는 것을 안 버마의 우 오타마U Ottama는 1906년 청년불교도연맹Young Men's Buddhist Association을 조직했고, 1907년 일본에 와서 오타니 고즈이와 마쓰자카야松坂屋(유명 백화점-옮긴이) 주인 이토 지로자에몬伊藤次郎左衛門 등의 비호 아래 일본어 학습에 힘쓴 후 류코쿠대학龍谷大學에서 산스크리트어 등을 가르쳤다. 오타마는 2년 동안 일본에 머물면서 오타니 고즈이, 도무시 유쇼禿氏祐祥, 도야마 미쓰루頭山滿, 우치다 료헤이內田良平 등과 버마 독립의 방책에 관하여 논의했고, 일본의 변혁의 원천으로서 메이지유신에 관한 연구를 진행했다. 1910년 귀국한 후에는 일본에서 배울 것을 주장하는 한편 민족운동을 전개하였다. 오타마는 1912년 유학생을 데리고 다시 일본에 왔고, 1914년에는 일본에 관한 연구와 견문을 정리한『일본국전기日本國傳記』[56]를 출판하여 버마도 메이지유신을 본받아 세계에서 지식을 구하여 국민의 각성을 도모할 것을 호소했다. 또, 버마에서 러일전쟁이 어떻게 받아들여졌는지에 대해서는 1893년생인 바 모Ba Maw가 소년시절에 받은 감동을 다음과 같이 기록하고 있다.

---

55 Ramparkash Dua, 앞의 책, pp.53~54 所引.

56 U Ottama, 大野徹外 譯,『日本國傳記』(『鹿兒島大學史錄』第3~5號·第7~10號, 1970~1971) 참조. 여기에서 오타마는 일본인의 바른 규율, 민족으로서의 단결과 강한 애국심 등을 평가하긴 하지만 일본을 모범으로 삼을 것이 아니라 버마에 필요한 것만을 견습하면 족하다라는 시시비비의 입장에서 일본을 관찰하고 있다. 그러나 潁田島一,『ビルマ獨立の父·オッタマ僧正』(文松堂書店, 1943)를 비롯하여 1940년대에는 일본의 버마 통치와 관련시키기 위해 오타마가 일본을 맹주로 한 아시아 해방을 겨냥했다는 언설이 널리 확산되었다.

그 감동은 너무나 널리 퍼져 있어서 어린아이들도 그 물결에 휩쓸렸다. 예를 들면 그 무렵 유행한 전쟁놀이에서 어린 우리들은 일본 편이 되려고 서로 싸우기까지 했다. 이는 일본이 전쟁에서 승리하기 전에는 상상도 하지 못한 것이었다. 러일전쟁에서 일본을 지지한 영국은 경탄할 만하다면서 학교에 다니는 아이들에게 일본인의 영웅적 행동이나 전투 모습을 묘사한 그림 따위를 그리게 했고, 버마인은 영국의 통치 아래 놓인 이래 처음으로 아시아의 한 국민의 위대함에 관하여 들었던 것이다. 그것은 우리들에게 새로운 자부심을 안겨주었다. 역사적으로 보면 그 승리는 아시아의 각성의 발단 또는 그 발단의 출발점이라고도 부를 수 있는 것이었다.[57]

영일동맹을 체결했다고는 하지만 왜 영국이 민족독립운동을 자극할 수밖에 없는 일본의 전승을 버마인에게 가르치고자 했던 것일까. 그 의도는 명확하지 않지만 일본 점령하에 있던 1943년에 바 모가 국가주석이 되고, 뒤에서 서술하겠지만, 그 자식과 조카를 일본으로 유학을 보내게 된 배경에는 이러한 기억이 포함되어 있기도 했던 것이다.

나아가 러일전쟁의 충격은 아프리카에도 영향을 미쳤는데, 에티오피아에서는 "러일전쟁 때 어떤 러시아인보다 일본에 대해 잘 알았던 에티오피아 국민은 용감한 일본인에게 동경을 품"[58]었는데, 그것이 1927년의 통상우호조약 체결로 이어졌고 특히 에티오피아 전 수입액의 50퍼센트를 일본 상품이 차지하게 되었다. 또, 1926년 에티오피아에서 만들어진 노래에는 "일본을 배워 우리는 나아간다"[59]라는 구절이 있고, 황

---

57 Ba Maw, 横田洋一 譯, 『ビルマの夜明け』(Breakthrough in Burma, Memoir of a Revolution, 1939~1945), 大洋出版, 1977, p.65.

58 Heruy, Vaccari 譯, 『大日本』, 英文法通論發行所, 1934, p.3.

59 庄子勇之助, 「序文」, 『エチオピア經濟事情』, 大道社, 1935, p.1.

제 하일레 셀라시에 1세가 일본어를 배웠을 뿐만 아니라 1931년 공포된 헌법 전문은 대일본제국헌법과 유사하다는 점 등 러일전쟁이 끼친 영향은 적지 않았다. 그러나 러일전쟁의 결과를 에티오피아인 이상으로 직접적으로 표명한 것은 이집트의 무스타파 카밀Mustafa Kamil이었다. 카밀은 이집트를 둘러싸고 영국과 대립하고 있는 '자유와 혁명의 나라' 프랑스와 오스만제국의 원조를 얻어 독립을 달성하려는 기도를 하고 있었는데, 러일전쟁 발발 직후 영국과 프랑스 사이에 식민지에서의 이해관계를 조율하기 위한 영불협상이 체결되었기 때문에 다른 방도를 모색하지 않을 수 없게 되었고, 조국의 독립을 위해서는 외국의 힘에 의지할 것이 아니라 민족의 독자적인 자강이 반드시 필요하다는 점을 통감하여 러시아에 대한 일본의 승리에 착목했던 것이다. 카밀은 일본을 구미에 대항하는 '동쪽' 민족들의 각성과 약진의 상징으로 파악했으며, 이집트에서 국민국가를 형성하고 독립을 달성하기 위해 일본을 모범으로 설정했다. 그리고는 이렇게 말한다. "무덤에서 소생하여 대포와 포탄 소리를 울리고 육지와 바다에서 군대를 움직여, 정치상의 요구를 내걸고 스스로나 세계나 불패를 믿고 있던 나라 중국을 타파함으로써 사람들을 망연자실케 했을 뿐만 아니라, 거의 믿기 어려울 정도의 승리를 거두어 세상에 살아 있는 모든 것에 충격을 가한 이 민족이란 도대체 어떤 민족인가. (…중략…) 어찌하여 세계는 이렇게 고양된 힘을, 다시 말해 7대양과 우두머리 국가를 뒤흔들지 않을 수 없는 일대 세력, 전 세계를 비추면서 떠오르는 태양을 마주하게 된 것일까. 지금은 누구라도 놀라움과 찬탄의 마음으로 이 민족에 관한 물음을 던지고 있다."[60] 이러한

---

60 Muṣṭafā Kāmil, 杉田英明 譯, 「序文」(『昇る太陽』), 佐伯彰一・芳賀徹 編, 『外國人による日本論の名著』, 中央公論社, 1987, p.100 수록. '떠오르는 태양(Rising Sun)'이라는 제목으로 간행된 이 책의 간

문제의식에 촉발되어 쓰인, 아랍세계 최초의 일본론인 카밀의 『떠오르는 태양』(1904)은 일본의 행보야말로 동양의 여러 민족에게 가장 유익한 모범을 제공할 것이라는 확신 아래, 천황을 비롯한 메이지 정부의 중추에 있는 정치가의 업적, 헌법과 의회제도, 교육과 저널리즘, 육해군 등을 분석하여 일본 발전의 비밀을 풀고자 했다.

그리고 카밀의 『떠오르는 태양』과 박자를 맞추기라도 하듯이 이집트의 국민시인 하피즈 이브라힘Hafiz Ibrahim은 종군간호사를 주인공으로 한 이야기시 「일본의 소녀」[61]에서 "나는 일본의 여성입니다. 설령 죽음의 고통을 맛보더라도 나의 소망을 이루지 못한 채 물러설 수는 없습니다. (…중략…) 천황께서는 우리들에게 이렇게 가르치셨습니다—조국을 어머니처럼 아버지처럼 생각하라. 천황께서는 동양을 각성시켜 서양을 뒤흔든 임금으로 우러르기에 어울리는 분입니다"라고 노래했으며, 「러일전쟁」이라는 시에서도 "동양이 누구의 마음도 끌지 못하고 잊혔던 시대가 지났다. 하지만 이제 황인종은 동양으로 하여금 지나간 날들을 되찾게 하고 흑인종도 갈색인종도 같은 권리를 인정받을 수 있게 했다"라고 칭송했다. 여기에는 명백히 국민의 애국심과 국가에 대한 헌신적 충성을 불러일으킴으로써 민족의 독립을 달성하고 백색인종을 향한 반기의 횃불을 들어 유색인종과 동양의 자립을 고취하려는 의도가 일본의 승리에 가탁되어 있으며, 일본을 과장되게 이상화하고 있다. 더욱이 「일본의 소녀」는 1970년대에도 이집트와 레바논 등 아랍 여러 국가의

행 의의에 관해서도 杉田英明의 논고 참조.

61 「일본의 소녀」 및 「러일전쟁」의 번역은, 杉田英明, 『日本人の中東發見』(東京大學出版會, 1995), pp.198~199 및 p.205을 따른다. 그리고 러일전쟁과 이슬람세계의 관련성에 대해서는 杉田英明의 이 책에 상세하게 소개되어 있으며, 아울러 山内昌之, 『近代イスラームの挑戰』(『世界の歷史 20』), 中央公論社, 1996, 제10장에서 폭넓은 시점에서 고찰하고 있다.

교과서에 실려 국민 형성을 위한 하나의 모범을 제공함과 동시에 일본 인식을 규정해왔다. 나아가 아랍세계에서도 중국 등과 마찬가지로 러일전쟁의 승리를 러시아의 전제정치에 대한 일본의 입헌정치의 승리로 간주하여 일본의 헌법이나 의회제에 주목하는 사람들도 적지 않았다. 이란에서는 호세인 알리 타제르 시라지Hoseyn Ali Tajer Shirazi가 『천황의 서書』(1905)에서 "일본이 위대해진 것은 바로 입헌제 때문이었다. 그 결과 제아무리 강한 적이라도 물리쳐 이길 수 있었던 것이다"[62]라고 단언했고, 압달라힘 탈레보프Abdal-Rahim Talebof는 『인생의 문제』(1906)에서 "일본의 지식과 자유"가 러시아의 "전제정치에 따른 무지와 억압"에 승리했다면서 일본의 공적을 아시아 국가들이 모방해야 할 모범으로 제시했는데, 대일본제국헌법을 준거해야 할 헌법이라 하여 러시아어에서 페르시아어로 축자 번역한 것도 그 결과 중 하나였다. 게다가 페르시아어로 번역된 대일본제국헌법은 페르시아의 입헌혁명뿐만 아니라 모로코의 입헌운동에도 중요한 의미를 가졌던 것으로 알려져 있다.

이 외에 일본의 러일전쟁 승리를 둘러싼 열광이 오세아니아와 인도네시아 등 식민지 전역으로 번졌다는 점과 관련하여, 1907년 보르네오의 반자르마신에서 일본 국기가 게양되는 사건이 일어났고, 러일전쟁 후 동인도의 무슬림 사이에서 일본이 이슬람 국가로서 서구인의 지배를 물리치기 위해 도래할 것이라는 기대가 퍼져 있었으며,[63] "1905년

---

62 Shirazi, 『ミカド・ナーメ』. 번역은 杉田英明, 『日本人の中東發見』(東京大學出版會, 1995), p.216에 의거한다. 또 이 책 pp.220~221에 따르면, 모로코의 입헌혁명에서 헌법 초안을 기초한 칼림 무라드는 "이란 정부가 일본을 모범으로 하여 헌법제정을 위한 의회의 형성에 착수한 것"을 들어 모로코 정부도 "일본을 모범으로 하면 일본이 단시일에 달성한 것을 달성할 수 있다"는 점을 강조했다.
63 Deliar Noer, *The Modernist Muslim Movement in Indonesia 1900~1942*, Kuala Lumpur : Oxford University Press, 1973, p.29.

러시아에 대한 일본의 승리는 충격을 주어 그것이 다른 열대의 속령에서와 마찬가지로 네덜란드령 인도차이나 민중을 극단적인 묵종에서 극단적인 자기주장으로 일변시켰다"[64]라는 지적도 있다.

이처럼 일본의 러일전쟁 승리는 다양한 형태로 세계에 영향을 주었는데 이와 관련하여 일본인 자신이 직접 견문한 사례도 적지 않다. 1906년, 카이로와 터키를 거쳐 모스크바와 시베리아를 여행한 도쿠토미 로카德富蘆花는 콜롬보를 비롯하여 터키와 동유럽 각지에서 일본의 승리를 칭찬하는 소리를 들었다. 로카는 터키가 보인 반응에 대하여 "요즘 일본인에 대한 터키인의 태도는 오직 하나다. 자신들이 깊이 미워하는 러시아에 승리를 거둔 일본, 시종일관 자기들을 괴롭혀온 서양 백인종의 콧대를 꺾은 같은 동양인인 일본, 이것이 그들의 일본인관이다. 만족의 이면에는 질투도 있을 것이다. (…중략…) 러일전쟁은 확실히 아시아 국가들에 충격을 준 것처럼 터키에도 그러했다"[65]라고 적었는데, 그는 러일전쟁의 승리가 반러시아 감정을 매개로 하여 일본에 대한 평가를 높였음과 동시에 일종의 질투로 이어지기도 했다는 점을 알아챘던 것이다. 게다가 그와 같은 터키의 민족감정이 동유럽에서는 더욱 굴절된 형태를 띠고 있다는 것을 불가리아에 가서 알게 된다. 즉, "원래 일본인의 족적이 그다지 많지 않은 이 지방에서는, 우리들을 괴롭힌 터키를 못살게 한 바로 그 러시아를 물리친 일본인은 어떤 인간인가라는 호기심이 더욱 커질 터이다. 힘을 찬미하는 것은 어디에서나 마찬가지이다. 어이없어하기도 하고 부끄러워하기도 한다. 창가에 기대고 있으면 창밖에서 도고, 도고라고 외치는 소리가 들린다. 도고는 일본인의 대

---

64 J. S. Furnivall, 早稻田大學南太平洋硏究會 譯, 『蘭印經濟史』, 實業之日本社, 1942, p.334.
65 德富蘆花, 『順禮日記』, 警醒社書店, 1906, pp.247~249 및 pp.252~253.

명사가 되었다"라고 했듯이, 일본인이 열차에 타고 있다는 정보를 듣고는 역마다 사람들이 몰려드는 상황에서 러일전쟁의 영웅 도고 헤이하치로東鄉平八郞는 집중적인 관심의 대상이었다. 하지만 이처럼 터키와 동유럽에서 일본에 대한 평가가 이상할 정도로 높은 것에 대하여 로카 자신은 일본인으로서 자존심보다 오히려 일본의 러일전쟁 승리에 대한 반응에서 "힘에 대한 찬미"가 보이는 것에 위구심을 품고 있었다. 그랬기 때문에 러일전쟁에 자극을 받은 터키가 개혁에 착수할 것이라고 확신하면서도, 로카는 "그러나 터키를 위해 더욱 우려할 만한 것은 일본이 무력으로 공을 세우는 것을 보고 원래 용감한 그들은 한층 더 무력에 기대고자 할 것이다. 일본이 진정으로 각성하지 않는다면 일본의 이른바 승리는 터키의 앞길마저 그르치게 될 것이다"라고 하여 일본의 승리가 아시아에서 전쟁의 참화를 확산시킬 것이라는 점을 우려하고 있었던 것이다. 하지만 로카의 우려에도 불구하고 도고의 이름이 러일전쟁 후에 북유럽에서 맥주 상품명으로 또 아시아 각지에서 인명이나 상점 이름으로 쓰였듯이, 전승은 강국으로서의 일본관을 확산시켜 국제간의 무력경쟁에 박차를 가하는 계기가 되기도 했다.

그러나 그것이 극동의 소국 일본에 대한 관심을 높인 점도 부정할 수 없다. 마키노 노부아키牧野伸顯는 러시아 국경에 가까운 폴란드의 예즈폴을 방문했을 때 마을 대표자들이 "금일까지 러시아의 압제하에서 우리 동포는 개인적인 자유, 토지소유권, 학교에 관한 이야기 등 다양한 점에서 제한을 받으며 참기 어려운 것을 참고 또 참아왔는데, 이번 전쟁에서 일본의 천황폐하 덕택에 러시아가 패배한 결과 우리가 받아온 속박이 풀리고 우리에게 공민의 자격이 주어졌다"라며 감사 인사를 들었던 체험을 기록해 두었다. 설령 그것이 마키노에 대한 외교적 수사에 지나지 않는 것이었다 해도, 러일전쟁 후에 친일감정이 고조되고 동유럽이나 북유럽에서 학문적으로도 일본 연구가 진전되고 있었다는 것은 사실이었던 셈이다.[66]

하지만 러일전쟁의 승리를 기다릴 것도 없이 이미 1890년대 후반부터 아시아의 여러 지역에서 일본의 발전에 주목하고, 같은 황색인종의 입장에서 일본과 연대를 구하는 움직임이 시작되었다는 점도 놓쳐서는 안 될 것이다. 필리핀에서는 청일전쟁을 일본이 조선을 중국의 지배로부터 해방하기 위해 일으킨 전쟁으로 간주하고 스페인으로부터 필리핀이 독립하는 데 일본의 원조를 기대하는 움직임이 있었다. 1895년 5월에는 맹약자동맹盟約者同盟의 라모스가 혁명을 위한 무기 원조를 요청하러 일본에 왔고, 1896년 5월 일본의 해군연습함대가 마닐라에 입항했을 때에는 필리핀 무력혁명을 주장하는 비밀결사 카티푸난Katipunan의 지도자 보니파시오Andres Bonifacio가 일본에 독립운동 지원을 요청했다.[67] 이러한 필리핀 독립운동은 홍콩에 머무르고 있던 우메야 쇼키치梅屋庄吉가 일본으로부터 무기를 구입하고자 했던 아기날도Emilio Aguinaldo 장군의 사자 마리아노 폰세Mariano Ponce를 쑨원에게 소개하고, 쑨원이 다시 미야자키 도텐宮崎滔天과 히라야마 슈平山周 등에게 소개함으로써 중국의 혁명운동과도 연결되어 갔다.

그리고 태국에서는 출라롱콘왕 라마 5세 치하에서 입헌군주제에 의한 정치개혁을 추진하는 과정에서 티안완Thianwan 등이 일본의 사례를 종종 모범적인 것으로 언급했고, 1888년에는 일본교육시찰단을 파견

66　牧野伸顯, 『回顧錄』上卷, 中公文庫版, pp.322~323.
67　이에 관해서는 池端雪浦・寺見元惠・早瀨晋三, 『世紀轉換期における日本・フィリピン關係』, 東京外國語大學アジア・アフリカ言語文化硏究所, 1989 참조.

하는 한편 1895년에는 최초의 유학생을 보냈다. 1902년 12월에는 출라롱콘 왕의 황태자 바지라부드Vajiravudh(훗날의 라마 6세)가 유학하고 있던 영국에서 아메리카를 경유하여 귀국하는 길에 일본에 들러 "메이지 유신 이래 일본이 각 방면에서 달성하고 있는 급속한 진보"[68]를 견문했고, 그 후 1903년에는 여자학생 4명과 외무성 유학생 1명을 포함한 남자학생 5명이, 1906년에는 해군유학생 11명을 일본에 파견되었으며, 그 후에도 단속적으로 유학생을 보냈다. 러일전쟁 후에는 티안완이 일본이 승리한 원인을 일본인의 정신력과 근대적 무기의 도입에 있다는 점을 강조하고, 1907년 8월에는 출라롱콘왕에게 청원서를 기초하여 외국의 문물을 선택적으로 받아들여 구폐를 제거한 일본의 사례를 본받을 것을 요구했다. 그리고 티안완 등과 같이 태국의 절대왕정에 비판적이거나 의회제를 요구하는 자가 일본을 모범으로 삼은 것에 대해 왕정을 유지하고자 하는 측에서도 일본을 모범으로 내세워 이에 대항했고, 바지라부드는 「모범으로서의 일본」(1912)[69]이라는 논문에서 일본은 민주적 입헌제에 의해 발전한 것이 아니라 입헌제에도 불구하고 관료과두제에 의해 지배되고 있다는 점을 강조하고, 이를 태국의 제도개혁의 모범으로 삼아야 할 것이라고 강조했다. 태국에서는 왕정을 지지하는 측과 비판하는 측 모두 일본을 모범으로 간주했던 것이다.

이처럼 청일전쟁을 계기로 하여 아시아 여러 지역에서 일본을 '동류중의 선행자'로 간주하고 스스로의 앞길에 일종의 지침으로 삼고자 하는 움직임이 나타나자 이에 대응하여 일본측에서도 적극적으로 아시아

---

68 Syamananda, Rong, 二村龍男 譯, 『タイの歴史』, 近藤出版社, 1977, p.252.
69 Walter F. Vella, *Chaiyo! The Role of King Vajiravudh in the Development of Thai Nationalism*, University Press of Hawaii, 1978. p.70.

의 국민국가 형성을 앞서 이끌고자 하는 분위기가 고조되었다.

1894년 일본의 교육 성과를 해외에 보급하는 것을 목적으로 해외교육회를 설립한 오시가와 마사요시押川方義, 혼다 요이쓰本多庸一, 오카쿠라 요시사부로岡倉由三郎 등은 1896년에는 경성학당京城學堂을 창립하여 조선에서 교육에 착수했다. 오시카와 마사요시는 또 1900년 8월 북청사변 군대위문사절 자격으로 베이징에 간 길에 학교 창설을 도모했는데, 그곳에서 아내에게 보낸 편지에서 "실로 이 나라 사람들은 불쌍합니다. 나라가 망하면 사람도 함께 망하기 마련입니다. (…중략…) 이곳의 모습을 보면 세상이 금방이라도 망할 것이라고 생각될 정도입니다. 그러나 일본도 30년 전에는 이러했습니다"[70]라고 했듯이, 선도자로서 일본인의 사명감을 확인하고 있었다. 이와 같은 일본인의 사명감은 동시에 문화침략 내지 제국주의라는 비판을 면하기 어려웠을 터인데, 그것을 염두에 둔 우키타 가즈타미浮田和民는 아시아 여러 나라의 독립을 촉진하고 돕는 것을 제국주의로 간주하고, "일본이 금일 창도해야 할 유일한 제국주의는 국제법상의 합의에 기초하여 구미 각국에 맞서 자국 인민의 권리를 십분 확장하고 또 아시아 각국의 독립을 지원하며, 독립을 지원하기 위한 아시아 각국의 개혁을 유도 촉진하는 데 있을 따름"[71]이라 하여 제국주의 개념 그 자체의 의미 전환을 도모했던 것이다.

이에 대해 예컨대 이토 히로부미를 사살한 안중근도 "실제로 한국의 인민은 러일전쟁 전까지는 좋은 친우로서 일본국을 기꺼이 한국의 행복이라 믿고 있었습니다. (…중략…) 러일전쟁까지는 이천여 만 동포는 누구나 일본 인민을 반겼던 것입니다"[72]라고 증언했는데, 여기에는 일

70 押川方義, 「妻常子宛書簡」(1900年 12月 14日付), 『東北學院百年史』, 東北學院, 1989, pp.433~434.
71 浮田和民, 『帝國主義と教育』, 民友社, 1901, p.36.

본이 국민국가로서 이룩한 성과를 한국에 균점^{均霑}하여 독립을 지지할 것이라는 희망이 담겨 있었던 것이다. 실제로 일본은 조일수호조규 체결 이래 일관하여 조선이 '자주국'이라는 것을 주장했고, 기회가 있을 때마다 중국을 비롯한 열국에 대하여 조선의 자주 독립을 존중할 것을 확언했으며, 러일 개전까지 일본과 한국이 협조하여 러시아의 남하를 막을 것을 한국에 호소했고, 러일 개전과 동시에 조인된 「한일의정서」 (1904.2)에서 "대일본제국 정부는 대한제국의 독립 및 영토 보전을 확실히 보증한다"라고 약정한 사실이 있었던 이상, 안중근의 기대도 결코 근거가 없는 것은 아니었다.

이처럼 러일전쟁 전후의 모범국으로서 일본에 대한 기대와 신뢰에도 불구하고, 이미 청일전쟁에서 승리해 식민지 영유국이 된 일본은 스스로의 국제적 지위를 굳히는 데 외교정책의 주안점을 두지 않을 수 없었다. 러일전쟁 강화 직전인 1905년 7월에는 가쓰라-태프트협정을 맺어 아메리카의 필리핀 통치와 조선에 대한 일본의 우월적 지배권을 상호 인정하고, 미일 양국의 협력에 의해 동아시아의 평화를 유지할 것을 규정했다. 더욱이 같은 해 8월 러일 간의 포츠머스강화회의와 때를 함께 하여 일본공사 하야시 다다스^{林董}와 영국 외상 랜즈다운^{Lansdowne} 사이에 제2차 영일동맹이 조인되었고, 이에 따라 조약의 적용 범위는 "청국과 한국"에서 "동아 및 인도"[73]로 확대되었으며, 일본이 조선에서 "정치상, 군사상 및 경제상의 월등한 이익"을 가지는 것을 영국으로 하여금 승인 하도록 하는 대신에, 영국이 "인도 국경의 안전과 관련된 일체의 사항에 관하여 특수 이익"을 가진다는 것 그리고 "인도 영지를 지키기 위해

---

72 「安應七(重根)第八回訊問調書」. 市川正明, 『安重根と日韓關係史』, 原書房, 1979, p.382.

73 「第2回日英同盟協約」(1905年 8月 12日), 『日本外交年表竝主要文書』上卷, pp.241~242.

필요하다고 인정되는 조치를 취할 권리를 승인"하기에 이르렀다. 이 개정의 성립과 함께 일본은 런던에서 외채를 모집할 수 있게 되었고, 그것을 만철 경영에 투입함으로써 일본의 만철 경영은 궤도에 오르게 되었다. 나아가 1907년 6월의 불일협약과, 같은 해 7월의 러일협약 등을 체결함으로써 프랑스의 인도차이나, 러시아의 외몽고에 대한 식민지 지배를 인정했고, 그리하여 일본은 한국병합을 열국에 승인하게 할 조건을 갖추었던 것이다.

이렇듯 러일전쟁의 승리로 드높아진 아시아 여러 지역의 식민지 해방과 민족독립의 기운에도 불구하고 일본은 다른 식민제국과 협조체제를 구축, 스스로 식민지 통치의 기반을 다지는 길을 뚫어나가고 있었다. 게다가 한국의 식민지 통치를 안정화하기 위해 일본은 청국으로 세력 범위를 더욱 확대하고자 했고, 그 결과 1908년 9월의 각의결정閣議決定[74]에서는 대중국정책으로, 청국 관내에 대해서는 항상 우세한 지위를 확보하면서, 만주에 대해서는 "점차 열국으로 하여금 우리의 특수한 지위를 승인하게 할 수단을 취할" 것을 정책과제로 내걸었다. 더욱이 그러한 정책을 수행해 가다보면 청국으로부터 큰 반발에 부딪칠 것을 충분히 인식하고 있던 일본 정부는, 일본에 대한 청국의 반감을 "융화하여 그들이 우리를 신뢰할 수 있는 방침을 취하고 한편으로는 만일의 사변이 일어날 경우 위압을 가하기" 위한 준비를 게을리하지 말 것을 확인했는데, 결국 같은 인종이라는 점을 강조하여 융화를 도모하면서 만일의 경우에는 가차 없이 위압을 가하여 침묵시키는 외교 전략을 채택했던 것이다.

---

74 「對外政策方針に關する閣議決定」(1908年 9月 25日), 『日本外交年表竝主要文書』上卷, p.306.

그리고 이러한 일본의 대외구상에 대응하기라도 하듯, 러일전쟁 후에는 아시아의 여러 민족에 대하여 일본 민족이 담당해야 할 책무로서 문명의 교도자教導者 역할이 협조라는 이름으로 요청되기에 이른다. 영국의 시인 키플링의 「백인의 무게White man's Burden」를 본딴 도쿠토미 소호의 「황인의 무게」[75]가 그것이다. 하지만 소호가 말하는 '황인의 무게'론은 키플링이 백인종은 다른 민족을 통어할 책임과 권위를 갖는다고 생각한 일종의 책무론과 달리, 황색인종으로서 일본 민족이 스스로 구한 것은 아니라는 데 역점이 있었다.

우리 야마토 민족은 스스로 황인종의 수장임을 참칭하는 것이 아니다. 우리 야마토 민족의 안중에는 인류가 있을 뿐 인종은 없다. 백인종이니 황인종이니 하는 피상적인 차별은 거의 문제 삼을 가치조차 없다. 더욱이 스스로 구하지 않아도 세계의 양대 인종의 하나인 황색인종 가운데 우리 야마토 민족을 우러르지 않는 자가 아무도 없다. 단지 지나·조선·샴 등 황색인종뿐만 아니라 인도·페르시아·아라비아·이집트·터키 등 무릇 백색인종의 무리에 속하지 않거나 혹은 속한다고 인정되는 각 인종은 누구나 야마토 민족을 희망의 표적으로 삼고 있는 듯하다. 우리들은 러일전쟁이 세계의 표면에 산재하는 백색인종 이외의 인종에게 절대적인 감화를 주고 있다는 것을 무시할 수 없다. (…중략…) 독자여, 오해하지 말라. 우리들은 결코 우리 야마토 민족이 황인동맹의 패주(霸主)가 되어 백색인종에 대항하고자 하는 것이 아니다. 아니, 그런 망상은 종래 우리들이 극력 배척해온 것처럼 금일에도, 금후에도 배척할 것이다.

---

[75] 德富蘇峰, 「黃人の重荷」(1906.1), 草野茂松·並木仙太郎 編, 『蘇峰文選』, 民友社, 1915, pp.891~893.

결국 러일전쟁의 승리로 일본이 황색인종의 선두에 서서 백색인종에 대항하고 식민지 해방에 진력하리라는 기대가 모아지고 있다는 것을 충분히 알고 있는 상황에서, 일본은 백색인종과 대립할 방침은 절대로 채택하지 않으리라는 것이 도쿠토미 소호의 주장이었다. 그러나 그것만으로는 일본 민족의 역사적 사명에 부응하지 못한다. 그렇기 때문에 동포인 황색인종을 지도할 책무가 부과되어 있다 해도 그것은 "만약 기회를 얻지 못한 동포가 길에서 방황하고 있을 때에는 그들로 하여금 기회를 얻게 해주는 것이 선진자先進者의 책임이 아니겠는가. 우리들이 지나와 조선에서 하고자 하는 것도 이와 같다. 우리들은 그들을 이끌어 백색인에게 대항하게 하고자 하지 않는다. 오히려 다른 백색인과 긴밀히 협력하여 그들을 돕고 계발하여 기회를 얻게 하고자 할 따름이다. (…중략…) 다만 스스로 모범을 우리 동포에게 보이는 데 있을 따름이다." 요컨대 다른 황색인종보다 앞서 국민국가를 형성하고 있는 '선진자'인 일본이 백색인종과 협력하여 황색인종을 '모범적으로' 지도한다는 것이며, 기조를 이루고 있는 것은 동서문명조화론에 지나지 않는다. 이와 같은 소호의 책무론은 '황인의 무게'라기보다도 황인에 대한 '일본인의 무게'였고, 러일전쟁 후에 비백인종의 모범으로서 일본에 쏠린 기대와는 정반대의 지향을 품고 있었으며, 아시아에서 백색인종의 맹우로서의 자기인식과 대외전략에 부합했다는 것은 분명할 것이다. 그리고 이러한 대외전략이 식민지의 확장을 기저로 하고 있는 이상, 어느 단계까지는 백색인종과의 협력이 가능하다 해도 어차피 대립으로 전화하는 것은 시간문제이며, 대립이 현재화顯在化했을 때 도쿠토미 소호의 책무론은 일본이 아시아의 맹주로서 백색인종을 아시아에서 몰아내고 아시아인에 의해 아시아를 통치한다는 논의로 옮겨가게 되는 것이다.

물론 이러한 일본의 동아시아 세계를 향한 확장정책이나 구상이 어떤 것이었든, 일본을 모범국으로 선택해 일본으로 건너온 사람들에게 중요했던 것은 자신이 속한 국가의 자립과 자강을 도모하는 것이었고, 일본의 국민 형성과 국가 형성의 어떤 측면을 모범으로 삼을 것인지가 문제였다.

그때 국민국가를 짊어져야 할 국가에 대한 국민의 의식, 즉 애국심이나 보국심報國心에 먼저 그들의 눈길이 쏠린 것은 당연하다 할 수 있을 것이다. 반청혁명을 주장한 추진秋瑾도 「우리 동포에게 경고한다」[76]라는 글에서 러일전쟁으로 고양되고 있던 국민의 애국심에 관하여, "가장 부러웠던 것은 아이들이 큰 아이나 작은 아이나 할 것 없이 길가에서 손에 손을 흔들며 저마다 만세를 외치고 있는 것이었다. 보고 있자니 실로 사랑스럽고 정말로 부럽기 그지없었다. 우리 중국에서는 언제나 그런 정경을 볼 수 있을까. 일본 사람들은 이처럼 마음을 하나로 모아 군인을 존경한다. (…중략…) 금일 러시아라는 대국이 자그마한 섬나라 일본에게 패한 것도 이 때문일 것이다"라면서 중국인의 분발을 호소했다. 추진은 이렇게 군인을 존경하고 나라를 위해 몸을 바치는 의식이 없으면 중국도 산산이 찢기는 고통을 겪을 것이며 결국은 망국에 이를 것이라고 경고했던 것이다. 또, 같은 혁명파에 속했던 쑹자오런宋教人은 1905년 5월 야스쿠니신사에서 열린 러일전쟁전사자 위령제를 지켜보았는데, 그 자리에 메이지천황이 직접 참석한 것을 보고 경탄하면서 "아아, 생명을 버리고 나라를 지킨 것에 보답하기 위해서는 진정 이래야 되는 것이 아닐까"[77]라고 그날 일기에 적었다. 여기에는 청조의 황제

---

76 秋瑾, 「警告我同胞」(1904.10, 11), 中華書局上海編輯局 編, 『秋瑾集』(上海古籍出版社出版, 1985年版), pp.7~8.

가 국민을 접하지도 않고 초월적으로 군림하고 있는 것에 대한 비판과 함께 새로운 국가 형태에서 군주와 국민이 어떻게 관계 맺는지에 대한 관심이 나타나 있다.

어찌됐든 이와 같은 국민국가에서 국민과 국가 나아가 국민과 군주의 관계를 모색하는 중에 일본 국민의 애국심에 주의를 기울이고 있었던 것이다. 물론 추진과 쑹자오런이 여기에서 일종의 선망하는 마음으로 보고 있는 사태는, 베네딕트 앤더슨이 '무명전사의 묘비'[78]에서 근대 내셔널리즘의 표상을 발견한 국면, 다시 말해 국민국가에서는 사람이 이 세상에 태어난 의미보다도 어떤 충성의 대상을 위해 어떻게 잘 죽을 것인가에 의의가 부여되고 또 죽음의 영원성을 어떻게 보증해왔는가라는 문제와 본질적으로 관련되어 있다는 것은 말할 필요도 없다. 국민국가란 국민이 자신의 생명을 기꺼이 바치고 국가는 개인의 죽음을 국가를 위한 죽음으로 기념해나가는 죽음과 재생의 장치로서 존재하는 것이며, 쑹자오런이 경탄한 야스쿠니신사야말로 전쟁에서 국가를 위해 내던진 죽음을 공동체의 존속을 위한 숭고한 죽음으로 예찬하고 영령으로 현창顯彰하는 장에 지나지 않았던 것이다. 그러나 쑹자오런이나 추진뿐만 아니라, 쑨원이 개탄했듯이 1920년대까지 가족과 종족宗族만 있고 국족國族 즉 국가의 일원으로서 귀속감과 그 통합 의식을 결여한 것

77　宋教人,『我之歷史』第二(『宋漁父遺著(一)』, 1920), p.15. 1905년 5월 3일자. 또, 훗날 아나키스트가 되는 유학생 景梅九도 출정군인을 보내는 가족이나 시민들이 모두 하얀 깃발에 '祈戰死'라고 쓴 것을 보고 "내 몸 속의 피가 끓어올랐으며", 선망하는 마음으로 "20세기의 풍도(風濤) 아동(亞東)을 격하고, 건아들 피 흩뿌려 진운(陣雲)이 붉다"라는 소감을 적어 놓았다(大高嚴他 譯,『留日回顧』(東洋文庫 81), 平凡社, p.42).

78　Benedict R. Anderson, 白石さや・白石隆 譯,『想像の共同體』, リブロポート, 1987, pp.24~27 참조. 그러나 '무명전사의 묘비'만이 아니라 무명이었던 병사를 전쟁미담의 주인공으로 하여 영웅전기를 창출하는 등 다양한 기억의 미화라는 측면에 주목하지 않으면 국민국가의 문제를 풀 수 없으리라는 것은 말할 필요도 없다.

으로 간주되고 있던 중국의 상황에서는, 국민국가가 국민에게 명을 받들게 함으로써 하나로 규합해가는 메커니즘이라는 본질적 측면에 대한 통찰보다 우선은 애국심의 함양에 의한 국민통합을 찬양하는 지향이 보다 강하게 나타나지 않을 수 없었던 것이다.

제3절 —————————— 입헌제를 둘러싼 재전환

그리고 애국심을 함양하는 데 있어서 가장 중요한 제도적 요인으로 주목을 받은 것이 국가 형성에서 입헌제의 도입이었다. 즉, 일본이 입헌제를 채택한 것이 국민 한 사람 한 사람으로 하여금 주체성을 갖고 정치·경제 활동을 담당하게 하고 그 결과 국가를 부강하게 했다는 논의가 러일전쟁을 계기로 하여 중국뿐만 아니라 북아프리카에 이르는 아시아 각지에서 왕성하게 주창되기에 이르렀던 것이다. 조선의 윤효정尹孝定이 "일본은 입헌정치를 시행하여 군민일체君民一體가 되고, 상하일치上下一致한 데에서 생겨난 애국심 즉 국민적 사상을 발휘하는 일대 정신이 공을 거둔 것이다. 이와 달리 러시아의 경우는 소수의 우등계급인 귀족 장교에게는 국가와 휴척休戚을 함께하는 맹지猛志가 있다 해도 전진戰陣의 대부분을 이루는 병졸은 일반 국민으로 결사의 각오가 없이 마치 외국인인 것처럼 행동했다"[79]라고 하여 입헌제야말로 국민에게 국가를 짊어

---

79 尹孝定, 「專制國民に愛國思想無きを論ず」, 『大韓自强會月報』 第5號, 1907.1, pp.19~20.

질 의지를 낳는 기반이라고 간주한 것은 그 전형적인 논조였다.

물론 그 이전에도 캉유웨이가 광서제를 메이지천황에 견주고, 제도국制度局에 혁신적 인재를 모아 제도 개혁을 추진하고자 한 것은 입헌제의 도입을 전제로 하고 있었다. 그러나 입헌제 그 자체를 황제국가인 청조에 도입하는 것에는 반대도 많았는데, 입헌제가 전제專制보다 우월하다고 인식된 것은 러일전쟁에서 일본이 승리하면서부터였다. 결국 일본의 승리야말로 입헌제 국가인 일본이 차르의 전제 아래 있는 러시아보다 우위에 있다는 것을 보여준 사건이었고, 황색인종이라 해도 입헌제를 받아들임으로써 백색인종을 능가할 수 있다는 것을 여실하게 증명한 사실로 간주되었던 것이다. 여기에서 더 나아가 입헌제를 채택하지 않으면 자존자립이 불가능할 뿐만 아니라 불평등조약에 의해 제약을 받고 있는 주권을 회복할 수 없다는 것도 분명하며, 따라서 조약 개정을 달성하기 위해서라도 입헌제의 채용과 법전 편찬은 불가결하다는 인식이 나타났던 것이다. 그리하여 청조는 1905년 헌정고찰대신憲政考察大臣을 일본과 구미에 파견하여 입헌군주제의 채용을 향해 움직이기 시작했는데, 1908년 8월의 흠정헌법대강欽定憲法大綱이 거의 메이지헌법을 베낀 것이었다는 점에서 볼 수 있듯이 그 기조는 메이지국가를 모범국으로 삼은 것이었다. 그러나 청조로 하여금 입헌제 채용을 단행하게 한 원인이 혁명파의 대두에 대항하여 왕조의 연명을 도모하는 것이었기에 모범국의 선택 그 자체가 정치적 쟁점이 되는 것은 필연적인 과정이기도 했다. 그리고 혁명파와 청조정부의 대립이 날카로워짐에 따라 모범국으로서 메이지 일본의 위치는 크게 흔들리게 되고, 다시금 입헌제에 관한 원리적 고찰이 이루어지게 되었다.

당시 중국에서는 사회진화론이 공리로 간주되고 있었고, 모든 사회

현상이 진화라는 법칙에 따라 변화하는 것으로 생각되고 있었다. 이러한 진화론의 이해 그 자체에서는 단순한 진보사관과의 혼동도 보이는데, 어쨌든 진화론의 입장에 서는 한, 정체政體도 전제군주제에서 입헌군주제로, 더욱이 민주공화제로 나아가야 하는 것으로 간주되었다. 그리고 이 점의 이해에 관한 한 혁명파나 청조입헌파 모두에게 입헌군주제를 선택하느냐 아니면 민주공화제를 선택하느냐는 문제는 오로지 국민의 정치적 성숙도를 어떻게 보느냐에 달려 있었다. 어쨌든 이 정체진화론의 입장에서 보는 한, 입헌군주제는 최고인 민주공화제보다 한 단계 낮은 체제에 지나지 않게 되어, 메이지 일본을 모범으로 삼는 것에 대한 비판이 나타나게 된다. 캉유웨이나 량치차오처럼 입헌군주제를 채용하여 청조를 유지할 것을 기도한 자에게는 당연하게도 일본의 사력事歷이 충분히 모범이 될 수 있지만, 구미의 국민주권론이나 공화정체론을 공부한 유학생들에게 일본은 당연하게도 모범국이 될 수 없었다. 그것은 "일본의 헌법은 천황이 발포하고 개정권改正權 또한 천황에게만 있는 순연한 흠정헌법이다. 이는 입헌의 본뜻에 비춰보면 정당하지는 않다. 그런데 우리나라의 정치 지식은 그 대부분을 일본에서 섭취하고 있다. 정말로 천박하고 시야가 좁은 사고방식이 아닐까. (…중략…) 상위의 것을 모범으로 하면서도 기껏해야 그 아래 단계에 머무르고 만다. 아래 단계를 모범으로 삼으면 그 이하로 떨어지고 만다. 우리나라는 일본의 정체를 숭배하는 선에서 만족해도 좋은 것일까"[80]라고 했듯이, 일본을 모범으로 삼는 것이 배척되고, 헌법 개정 절차 등에 관한 분석에 의해서도 일본은 같은 입헌군주제를 채택하고 있는 독일보다도 비헌법

---

80 競盦, 「政體進化論」, 『江蘇』 第3期, 1903. 5, p.45.

적이고 전제군주제에 가까운 반전제·반입헌이라고까지 간주되고 있었다. 이러한 법정 원리를 추구함으로써 유학생들은 일본의 메이지유신보다도 프랑스혁명사나 미국 독립의 역사 연구와 정치체제의 학습으로 나아가고 있었던 것이다. 그렇지만 바로 그 구미 각국에 의한 식민지 분할의 위기에 처해 있던 중국의 유학생들은 구미의 정치 역시 완전한 것으로 숭배한 것이 아니라 오히려 구미의 자유와 평등의 정치원리에 비춰 구미의 현실을 엄정하게 비판하는 방향으로 나아가기도 했다.

이처럼 메이지 일본의 입헌제에 대한 회의가 깊어지면서 메이지유신에 관해서도 점차 다른 견해가 등장하기 시작한다. 캉유웨이 등은 메이지유신이 어디까지나 메이지천황이 리더십을 갖고 추진한 입헌제 채용에 의해 성취한 것이고, 프랑스혁명이나 미국혁명과 같은 유혈혁명에 비해 메이지유신이 무혈혁명으로서 성공한 것도 메이지천황이 존재했기 때문인 것으로 간주했다. 이에 대해 사회주의와 무정부주의사상 등 구미의 첨단 사상을 배운 유학생들에게 일본의 입헌군주제와 충군애국 사상에 기초한 교육제도 등은 비판의 대상일 수는 있을지언정 결코 배워야 할 대상 따위가 될 수는 없었다. 혁명파에 속한 사람들에게 메이지유신은 도쿠가와 막부를 뒤엎은 정치혁명이라는 점에 본질이 있었고, 일본을 모방해야 할 것은 만주족 황제와 그 자손을 위해 영구적인 통치 대권을 보장하는 헌법을 제정하는 것이 아니라 민족혁명·정치혁명으로서의 존왕도막尊王倒幕의 정신에 따라 배만혁명排滿革命을 단행하는 것이었다. 그리하여 천톈화陳天華가 적절하게 지적했듯이, "일본이 메이지유신에 성공한 것은 존왕도막에 기초한다. 우리 왕실은 이미 2백여 년 전에 멸망했고 현재의 정부는 도쿠가와 막부와 동류이다. 막부를 무너뜨리지 않았다면 오늘날의 일본은 있을 수 없었을 터이고, 만청을 제거하지 않고서는 중국은 부흥할 수가 없다. 이 때문에 우리들은 일본의 군주입헌과 같은 것을 바라는 게 아니라 반드시 입헌민주여야 한다고 주장하는 것이며, 그것이 중국의 현실에도 어울릴[81] 것이라고 생각했던 것이다. 인민주권의 공화정체를 바람직한 정체라고 생각한 혁명파 사람들에게 군주전제와 입헌군주제의 혼합정체로 간주할 수 있는 메이지 입헌제는 정체진화론의 입장에서 보아도 시대에 뒤처진 구제舊制여서 모범이 될 수 없었고, 그 학문도 구미를 모방한 것 이상으로는 보이지 않았다. 그런 일본을 굳이 모범으로 삼아 국가 형성을 추진하는 것은 유해무익한 일에 지나지 않았던 것이다.

이제 혁명파 사람들에게 메이지 일본은 만청 정부를 도쿠가와 막부에 견주어 이를 무너뜨린다는 점에서만 모범으로서 의미가 있었고, 메이지헌법을 모방하여 만주족 황제와 그 자손에게 영구적인 통치권을 보장하는 입헌제를 채용할 필요 따위는 있을 수 없는 일이었다. 그리고 그 한도 안에서 말하자면 당연하게도 메이지유신보다 미국혁명, 프랑스혁명을 모범으로 삼아야 했다. 혁명파 기관지 『민보』가 창간호에서 '세계 제일의 민족주의 대위인大偉人 황제黃帝'의 초상과 나란히 '세계 제일의 민권주의 대가 루소'와 '세계 제일 공화국 건설자 워싱턴' 두 사람의 초상을 내걸었던 것은 그런 점에서 대단히 상징적이었다. 민족혁명, 민권주의, 공화국 건설 중 그 어떤 것을 들어도 혁명파에게 메이지유신은 도저히 모범국이 될 수 없었던 것이다. 다만 혁명사의 이해 그 자체에 관해서는 오카모토 간스케의 『만국사기』나 나카에 조민中江兆民의 『프랑스혁명 전 2세기의 기록』 외에 가와즈 스케유키河津祐之가 일본어

---

81 陳天華, 「中國は宜しく民主政體に改創すべきことを論ず」, 『民報』 第1號, 1905.11, p.49.

로 번역한 프랑스와 미네François Mignet의 『프랑스혁명사』 등을 참조했고, 혁명에 관한 논의는 동학에 의해 계승되고 있었다. 그런 의미에서는 프랑스혁명이나 미국독립혁명을 모범으로 하면서도 좌절한 혁명이었던 자유민권운동을 다른 시대, 다른 사회에서 실행하려고 출발한 것이 중국의 혁명이었다고 해도 큰 잘못은 아닐 것이다.

그러나 혁명파의 입장에서 보자면 1905년 이후 프랑스혁명 이상으로 보다 구체적인 모범적 성격을 지닌 혁명이 부상하게 된다. 러시아혁명이 그것이다. 중국동맹회의 기관지 『민보』가 "러시아혁명의 대풍조大風潮는 천둥소리처럼 전 세계를 뒤흔들었다. (…중략…) 세계의 사람들은 모두 러시아사회당의 힘을 알고 있다. 인민이 자유를 획득하는 데까지 이르지는 못했다고 해도 그 내정內政은 열국의 정치보다 우월한 것이 될 터이며, 러시아는 우리나라에 개혁방침을 보여줄 것이다"[82]라고 서술하여 사회주의가 금후 세계를 석권할 것을 예측하고, 나아가 "러시아는 만주 정부보다도 더욱 강고한 전제정치 조직이었음에도 불구하고 러시아의 혁명지사는 유혈의 희생을 무릅쓰고 싸워 지금에 이르기까지 굴하지 않았다. 바로 이것이 지나혁명당이 찬탄하고 동조할 것을 호소하는 것이다"[83]라고 했듯이 그 혁명가로서의 행동양식이나 에토스까지 모범으로 삼기에 이르러 있었다. 물론 러시아혁명과 사회주의가 아시아 전체에 모범으로서 침투하기까지는 아직 시간을 요하지만, 러일전쟁에 따른 모범국 일본의 출현과 표리일체를 이루기라도 하듯이 러시아혁명이 모범으로 간주되고 점차 모범국 일본을 넘어서려는 추세에 있었던 것이다.

---

82 馮自由, 「中國日報に錄する民生主義と中國政治革命の前途」, 『民報』 第4號, 1906.4, pp.98~99.
83 胡漢民, 「國民新聞に與えて支那革命黨を論じる書」, 『民報』 第11號, 1907.1, pp.98~99.

이처럼 중국혁명을 목표로 삼고 있는 사람들은 일본의 국민국가를 모범으로 받아들일 수 없는 것으로 여기고 있었다. 그리고 혁명파를 포함하여 메이지 일본이 비모범국으로 간주되기에 이른 보다 중요한 요인은 역시 일본의 대외정책 특히 아시아 정책에 있었다. 청일전쟁 이후 일본은 식민지를 영유하여 제국주의 정책을 채택한 국민국가로서는 '미성숙한' 상태로 식민제국의 길을 걷고 있으며, 동종·동속·동문에 대한 기대마저 저버린 채 '소서양주의小西洋主義'라고도 할 수 있는 시책을 채용하고 있는 것으로 보였던 것이다. 최익현이 1905년 일본에 의한 보호조약이 체결되자 70세가 넘은 노령의 나이에도 거병을 결의하고, 일본 정부의 죄를 묻는 글을 발표하여 일본이 강요한 보호조약이 "매국의 피부"라면 "왜놈의 말을 배우고 왜놈의 기술을 습득하는" 교육은 "매국의 골수"라며 비난한 것도 이 때문이었다. 그러나 최익현은 그저 배일을 주창한 것만이 아니라, 일본이 "신뢰를 버리고 도의를 배반한 것" 등 열여섯 가지 죄과를 뉘우쳐 통감을 철수하고, 고문관과 사령관을 소환하며, 충실하고 신뢰할 만한 공사를 파견하여 사죄한 다음, 조선의 자주독립의 권리를 침해하지 않겠다는 약속을 지키면 한국은 일본과 함께 서구의 침략을 막을 수가 있을 것이라는 점을 강조했다. 결국 최익현은 일본·중국·한국 중 어느 나라도 혼자서는 서구의 침략을 막아낼 수 없을 것이므로 "반드시 한국·일본·청조 삼국이 연대하여 서로 보거輔車가 되어야 비로소 동양 대국大局이 보전될" 터인데, 일본이 이처럼 계속해서 "신뢰를 버리고 도의를 배반한다면" 아시아 삼국이 "동실상수同室相讐"가 되어 결국은 일본도 열강과의 모순에 의해 망하고 아울러 "동양이 함께 망하는 화"를 부를 것이라고 경고했던 것이다.[84]

더욱이 일본의 아시아 정책에 대한 비판은 병합된 한국에서만 제기된 것이 아니었다. 중국의 장빙린章炳麟도 일본이 스스로는 무엇 하나 문명을 낳지 못했음에도 불구하고 가장 빨리 받아들인 구미의 문명에 기대 동아시아 세계 질서를 어지럽히고 있는 것에 대하여 "일본이 아직 덜 발전했을 때 아시아 각국 사이에 늘 소소한 싸움은 있었지만 여전히 평화로웠다고 말할 수 있다. 그러나 지금은 그렇지 않다. (…중략…) 백인을 끌어들여 동류同類를 업신여긴 자는 누군가!"[85]라며 격하게 지탄했다. 그리고 이 비난은 오카쿠라 덴신이 러일전쟁 후에 쓴 『차의 책』에서 "서양인은 일본이 평화롭고 평온한 문예에 푹 잠겨 있을 때 야만국으로 간주했다. 그러나 일본이 만주의 전장에서 대살육을 범하기 시작한 이래 문명국이라 부른다"[86]라는 구절을 상기시킨다. 여기에서는 일본이 국민국가를 형성하면서 받아들인 서양의 문명국 표준에 적합하고 그것에 과잉 적응함으로써 아시아의 평화가 훼손되고 있다는, 이를테면 문명의 커다란 역설을 볼 수 있다. 문명국이라는 것이 다른 나라를 억압하는 무력에 의해 보증된다는 모순이 자리 잡고 있었던 것이다.

그리고 식민지 제국으로 치달으면서 일본은 강병은 실현했지만 국민은 피폐해지고 있었다. 량치차오가 간파했듯이 부국강병을 목표로 출발했던 일본은 '빈국강병貧國强兵'[87]의 길로 나아감으로써 결국은 국민을 희생양으로 삼았던 셈이다. 타이완, 조선, 관동주로 영유지가 확대됨에 따라 재정적 부담이 국민을 짓누르고 빈부 격차가 커지면서 국가에 대한 불만과 불신이 쌓여갔다. 이시카와 다쿠보쿠石川啄木가 "질 줄을 모른

---

84 崔益鉉, 「致書子日本政府大臣僉閣下」(光武10(1906)年 閏四月), 黃玹, 『梅泉野錄』(韓國史料叢書第一) 所收, 國史編纂委員會, pp.377~381.
85 章炳麟, 「印度人の日本觀」, 『民報』第20號, 1908.4, p.8.
86 岡倉天心, 『茶の本』(1906), 『岡倉天心全集』第1卷, p.267.
87 梁啓超, 「富國强兵」(1901), 『梁啓超全集之二』, p.80.

다는 것 때문에 일본인은 날이 갈수록 점점 더 불행해지고 있다. (…중략…) 러일전쟁은 일본 문명과 러시아 문명의 전쟁이 아니었다. 싸운 것은 두 나라의 병사들뿐이다. 그것은 일본의 문명이 러시아의 문명을 이긴 것이 아니라 그저 일본의 병사가 러시아의 병사를 이긴 것에 지나지 않는다. (…중략…) 전쟁에서 이긴 나라의 문명이 진 나라의 문명보다 뛰어나다고 할 수 있을까"[88]라고 적었듯이, 사람들은 의문에 사로잡힌 채 시대폐색時代閉塞의 상황에서 신음하고 있었다. 1910년 한국병합에 앞서 날조된 대역사건은 정말이지 그와 같은 어두운 겨울의 시대를 상징하는 것이었다.

이와 같은 폐색 상황에 빠진 메이지 말년의 일본에 큰 충격을 주고 다이쇼데모크라시 상황으로 돌진하게 한 계기가 된 것이 도쿄를 진원지로 하여 야기된 신해혁명이었다.

신해혁명으로 이웃나라에 일본과 다른 정체政體의 국가가 생겨난 것은 당연하게도 네거티브한 반응을 불러일으켰는데, 이와 관련하여 도쿠토미 소호는 "페스트는 유형의 병이고 공화정체는 무형의 병이다. (…중략…) 청국에서 공화정체를 신설한 것은 우리 제국의 국시國是인 황실중심주의와 과연 충돌하는 지점이 없을까"[89]라고 평하면서, 혁명이 일본의 인심을 자극하여 공화정체가 일본의 국체에 변경을 압박할 수도 있다는 점에 경계심을 갖고 있었다. 나아가 도쿠토미 소호는 중국이 공화정체를 채택해도 일본에 별 영향을 주지는 않을 것이라고 말하는 논자에 대하여 "일본의 판도에는 타이완도 있고 조선도 있다는 것을 잊었단 말인가. 그들이 이것(신해혁명-옮긴이)에서 아무런 감화도 받지 않

---

88 石川啄木, 「林中書」(1907.3), 『時代閉塞の現狀 食うべき詩』, 岩波文庫版, p.17.
89 德富蘇峰, 「對岸の火」, 『國民新聞』, 1911.11.12.

았다고 확언할 수 있을까"[90]라고 반박하면서 그것이 일본의 식민지 통치에 영향을 줄 것에 대한 위기감을 드러내 보였다. 아마도 도쿠토미 소호와 같은 표현을 하지는 않았다 해도 일본에서 여론의 대세는 중국이 공화체제를 채택한 것에 대해 심정적으로 반발이 강했다고 말할 수 있을 것이다. 그것은 우치다 료헤이가 지적한 바와 같이, "공화정체와 입헌군주정체는 그 근본에 있어서 윤리와 도덕의 표준이 다르고 제도와 법률 역시 서로 배치되기 때문에, 일본이 지나를 지도하고 지나가 우리나라에서 모범을 취하여 양국의 제휴 아래 동아 문제를 처리함에 있어서 상호 갈등을 빚을 수도 있을"[91] 것을 우려했기 때문이며, 그랬기에 우치다는 제1차세계대전이라는 "기회를 이용하여 지나의 공화정체를 변혁하고 (…중략…) 일본의 입헌정체와 대략 그 형식을 동일하게 하지 않으면 안 된다"라면서 내정간섭에 나설 것을 오쿠마 시게노부大隈重信 수상 등에게 건의하기까지 했던 것이다. 게다가 우치다 료헤이 등에게 중국에서 일어난 혁명은 단순히 일본과 다른 정체가 이웃나라에 출현하는 것 이상의 의미를 갖고 있었다. 즉, 우치다에 따르면 "일한병합을 서두른 까닭은 지나혁명의 기운이 이미 무르익어 몇 년이 지나지 않아 발발할 형세에 있었으므로 지나혁명에 앞서 합방을 하지 않으면 한국의 인심이 지나혁명의 영향을 받아 어떤 변화가 생길지 예측할 수 없을 뿐만 아니라 만몽독립의 경론經論도 실천에 옮기지 못할 우려가 있었

---

90 德富蘇峰, 「國論の嚮ふ所如何」, 『國民新聞』, 1911.11.26. 마찬가지로 『大坂朝日新聞』(1911.10.27)도 「세계에서 많은 일이 일어나는 원인」이라는 글에서 일본이 타국의 반란에 동정을 보인다 싶으면 "신부(新府)의 선민(鮮民)에게 미치는 영향이 적지 않을 것"이라 하여, 국내의 위험사상을 엄금하면서 국외의 위험사상을 시인하는 것은 논리의 모순이라고 지적했다.
91 內田良平, 「對支問題解決意見」(1914.10), 大津淳一郎, 『大日本憲政史』 第7卷(原書房, 1927. 復刻版 1970), p.497.

기"[92] 때문이었다. 결국 우치다가 중국에서 혁명이 일어나는 것을 문제 삼은 것은 무엇보다도 그것이 조선·만몽 정책에 줄 연쇄반응 때문이었고, 중국혁명이 충분히 예상되는 시점인 1910년에 한국병합 단행을 추진한 것도 혁명사상의 연쇄를 경계했기 때문이었다. 이처럼 중국에서 일어난 혁명은 우치다 료헤이나 도쿠토미 소호 등에게서 볼 수 있듯이 일본의 국체와 정체에 대한 영향과 함께 일본에 의한 식민지 통치와 긴밀한 관련을 지닌 문제로 파악되고 있었던 것이다.

그러나 이러한 반대론에 대하여 결코 다수파는 아니었으나 이웃나라에서 공화제가 출현한 것을 일본의 혁신을 위한 양식으로 삼아 적극적으로 받아들여야 한다는 논의를 펼친 사람도 있었다. 우키타 가즈타미는 "종래의 지나적 민주사상에다 구미 각국의 민주적 공화의 이상을 배운 지나 인민은 군주제를 폐하고 공화제를 채택해 국가 및 정부의 기초를 주권재민 위에 두"[93]는 주권재민주의의 실현을 아시아에서 최초로 시도하고 있다고 하면서 그 혁신의 기운에 기대를 걸었고, "지나가 훌륭하게 발흥하기에 이른다면 그때에는 일본의 입헌정치도 형식뿐만이 아닌 훌륭한 입헌정치를 구현할 수 있을 것"[94]이라 하여 경직된 일본의 입헌정치를 시정하는 데 모범이 될 민주정치가 아시아에서 실현될 것을 기대했다. 또, 가타야마 센片山潜은 쑨원 등이 "우리나라를 모범으로 하여 혁명을 일으켜서 마침내 성공했고, 국민은 영웅의 희생이 되지 않고도 함께 누리는 평민적 공화정치를 건설"해가고 있다는 것을 칭찬하면서,

---

92 内田良平, 『皇國史談·日本の亞細亞』, 黑龍會出版部, 1932, pp.272~273.

93 浮田和民, 「東洋最初の共和國」, 『太陽』 第18卷 第2號, 1912.2, p.10. 또, 신해혁명에 대한 일본의 반응에 관해서는 野澤豊, 「辛亥革命と大正政變」(『中國近代化の社會構造』, 敎育書籍, 1960 所收)에서 세론이나 정치행동 등 다각적인 관점에서 분석하고 있다.

94 浮田和民, 「理想實現の好機會」, 『早稻田講演』 第2卷 第3號, 1912.3, p.23.

"그런데 지금 우리 일본인은 벌족閥族의 야심가 때문에 애써 건설한 헌법 정치의 운용이 방해를 받고 있으며, 현재 국민은 벌족타파·헌정옹호를 외치지 않을 수 없는 곤란한 지경에 처해 있다. 4억에 이르는 지나 국민의 선봉인 저 청년들이 떨치고 일어서는 데 모범이 된 우리의 유신 혁명이 50년이 지난 오늘날에도 여전히 이런 모습이라니, 유감이라 해야 할지 아니면 참괴慚愧라 해야 할지 우리는 실로 적당한 말을 찾기에 고심하고 있다"[95]라며 개탄해 마지않았다. 여기에서는 분명히 모범국의 전회轉回가 일어나고 있으며, 중국의 주권재민주의에 입각한 평민적 공화정치에 의해 일본의 현상을 혁정革正하는 것이 목표로 설정되어 있었다. 쑨원이 적절하게 지적했듯이, 중화민국에서는 황제가 타도되어 군권君權이 없어진 데 대해 일본에서는 아직도 군주를 신으로 받들고 "군권과 신권을 병용하는"[96] 정체政體, 다시 말해 입헌군주제 이전의 신정정체Theocracy로까지 퇴행하고 있는 것으로 간주되기에 이르렀던 것이다.

이러한 반응을 불러일으킨 배경에는 가야하라 가잔茅原華山이 "관료의 제국, 민력폐쇄民力閉鎖의 제국"(「動的靑年訓」, 1914), 나아가 "판도의 확대와 비민주의 정치의 건설, 군비의 확장 등을 생명으로 삼는 제국"으로 파악한 것처럼 관료와 군대가 지배하고 있는 제국 일본의 현상이 놓여 있었으며, 그것을 타개할 수 있는 계기를 신해혁명에서 찾았던 것이다. 신해혁명이 당시 국민에게 어떻게 받아들여졌는지에 관해서는 헌법학자 미야자와 도시요시宮澤俊義의 증언이 있다. 나가노사범학교부속소학교 고등과 1학년이었을 때, "지나의 인민을 괴롭히던 청조정권을

---

95 深甫(片山潛), 「支那の革命と孫氏の覺悟」, 『東洋經濟新報』第626號, 1913.3.5, p.29.

96 孫文, 山口一郎 譯, 「民權主義第一講」(『三民主義』, 1924), 『孫文選集』第1卷, 社會思想社, 1985, p.134.

타도하고 공화제를 수립하여 쑨얏센孫逸仙=孫文이 대통령이 되었다"[97]라는 신해혁명에 대한 보도는 소년들을 강하게 자극했고, 학급에서 공화정부 수립을 계획하거나 쑨원을 본떠 대통령 이하 각료명부를 만드는 놀이를 하기도 했는데, 이를 심각하게 걱정한 교사에게 미야자와는 다음과 같은 충고를 들었다고 회고한다.

이 신공화정부 수립 계획이 물론 단순한 놀이라는 것은 잘 알고 있다. 하지만 너도 알고 있듯이 일본은 훌륭한 군주국이다. 만세일계의 천자님이 계신다. 지나와는 완전히 다르다. 그런 일본에서 아무리 놀이라 하더라도 공화정부를 만드는 따위의 짓은 결코 잘한 일이 아니다. 특히 최근에는 황공하옵게도 천황폐하께 난폭한 짓을 하려는 불온한 인간이 나타나기까지했다. (…중략…) 나는 즉시 신정부를 해산할 것을 약속하고 물러났다. 명부는 그대로 몰수되어버렸다. 신해혁명의 일본판은 결국 이루어지지 못했다. (…중략…) 당시의 지도원리였던 천황제라는 터부를 나에게 처음으로 확실히 의식하게 한 것은 신해혁명과 대역사건이었다고 생각한다.

이와 같이 신해혁명은 소년의 눈에도 일본사회의 꽉 막힌 상황을 타파할 하나의 광명으로 비춰졌지만, 공화제를 그대로 일본에 채용할 것을 주장하는 것은 천황제를 부정하는 것을 의미했고 대역사건 후에 그것이 허용될 리도 없었다. 그랬기 때문에 구체적인 제안으로서는, "만약 이웃나라의 혁명이 우리나라에 영향을 미친다면 그것은 천명을 고치는 혁명이 아니라 정계의 현상을 타파하는 혁신운동에 그칠 것이다.

---

97 宮澤俊義, 「革命ごっこ成らず」, 『東京新聞』, 1959.11.10 夕刊.

상세하게 말하자면 번벌藩閥의 타파와 부패 정당의 개조가 필요할 따름"[98]이라고 나카노 세이고中野正剛가 지적했듯이, 관료전제·벌족타파·정당개조와 같은 정치 과제로서 추구되기에 이른다. 더욱이 나가이 류타로永井柳太郎는 「지나인을 대신하여 일본을 조롱하는 글」[99]을 썼는데, 여기에서 그는 신해혁명 후 중국에 대한 일본의 일반적 논조에 대하여 "일본인은 늘 지나인을 가리켜 시대에 뒤처졌다고 비웃는다. 그러나 사회적 운동을 보면 일본에서보다도 오히려 지나에서 더욱 활발하게 펼쳐지고 있다"라고 한 다음, 인도나 이집트 그리고 터키 등의 민족운동이 가진 세계사적 의의도 함께 고려하면서, "이들의 소란은 그 형식이 한결같지는 않다 하더라도 그 원인은 모두 국민의 자주적 정신의 발달로 귀결된다. 한 마디로 말하자면 국가를 국민의 국가로 만들고자 하는 운동이다. 지나의 혁명 또한 이러한 세계사적 사상의 대조류에서 발흥한 것"이라 하여 국가를 국민의 것으로 파악하는 세계적인 신사조의 발현을 거기에서 발견했던 것이다. 이리하여 쑨원이 '제2의 메이지유신'이라는 의의를 부여했던 신해혁명은 방향을 바꿔 다이쇼데모크라시운동의 동력이 되기도 했으며, 이나가키 신타로稻垣伸太郎가 "다이쇼의 유신은 어떤 의미에서 제2의 지나혁명이다. 적어도 관료정치의 타파, 헌정의 옹호는 일찍이 지나 국민이 표방했던 도만흥한到滿興漢이라는 주장과 흡사하다"[100]라고 평했듯이 신해혁명은 일본 개혁의 모범으로 간주되기

---

98 中野正剛, 「對岸の火災」, 『大坂朝日新聞』, 1911.12.18.

99 永井柳太郎, 「支那人に代りて日本を嘲る文」, 『中央公論』, 1913年 1月號. 인용은 pp.71~73을 따른다. 나가이는 또 일본이 아무리 "전쟁에서 이기고 영토를 확장하여" 일등국이 되었다고 자랑하더라도 국민생활의 궁핍과 건강의 열악화 등을 개선하기 위해서는 벌족을 추방하기 위한 국민운동이 불가피하다고 역설했다.

100 稻垣伸太郎, 「支那革命と我が官僚政治」, 『日本及日本人』, 1913年 1月 15日號, p.26. 이나가키는 "관료정치는 소수가 다수를 압제하고자 하는 것이며 그 폐단은 일반 전제정치에 공통되는 해독과 같

에 이르렀던 것이다.

물론 신해혁명의 외발적 충격만이 다이쇼데모크라시에 영향을 준 것은 아니다. 신해혁명을 둘러싼 양면적 평가가 이뤄지고 있던 바로 그 논단에서 때마침 우에스기 신기치^{上杉愼吉}와 미노베 다쓰키치^{美濃部達吉} 사이에 국체와 천황기관설을 둘러싼 논쟁이 확대되고 있었던 것이다. 그리고 이 논쟁은 또 국민국가에서 입헌제의 평준화와 고유화라는 두 가지 방향성을 둘러싼 대립이 표면화한 것이기도 했다. 우에스기 신기치와 그의 스승인 호즈미 야쓰카^{穗積八束}는 천황 내지 황위^{皇位}에 주권이 속한다는 이른바 국체를 만방무비^{萬邦無比}인 것으로 보았고, 국가법인설이나 군주기관설 등은 다른 정치사회의 고유한 조건하에서 생긴 학설에 지나지 않으며, "다른 것은 차치하고라도 우리 국체관념만은 외국의 박래품을 사용하지 않고 우리의 역사와 우리의 민족독립 사상으로 이루어진 재료를 바탕으로 구성하고 싶다"[101]라고 주장했다. 이에 대해 입헌제도라는 보통명사가 있는 이상 그것은 널리 여러 나라에 통용되어야 할 것이고, 일본의 입헌제도도 외국과 같은 이론으로 설명할 수 있어야 한다는 것이 미노베 다쓰키치의 주장이었다. 이 점은 국가에 관해서도 변함이 없어서 "국가라는 것은 일본에만 국한되는 것이 아니라 세계에서 보편적으로 볼 수 있는 현상이기 때문에 국가란 무엇인가라는 문제도 결코 일본에만 특유한 정의를 내릴 게 아니라 모든 국가에 적용할 수 있는 정의를 내리지 않으면 안 된다"[102]라고 생각했던 것이다. 이러한 두

다. 관료정치는 또 전제정치의 각종 결점을 공유하며 청조(淸朝) 삼백 년간의 부패정치를 정확하게 답습한다"(26~27)라고 하여 일본의 번벌정치를 청조 삼백 년간의 부패정치와 동일시하면서, 신해혁명을 본받아 관료정치를 폐절(廢絶)할 것을 요구했다.

101 穗積八束, 「國體の異說と人心の傾向」(『太陽』第18卷 第14號), 星島二郎 編, 『最近憲法論』 所收, 眞誠堂, 1913, p.92.

가지 사고방식의 벡터 즉 역관계力關係가 그 후 다이쇼데모크라시운동에서 국체명징운동에 이르는 경쟁의 궤적을 그리며, 결국은 천황기관설에 대한 탄압에 도달하게 되는 것이다.

이처럼 헌정憲政을 둘러싸고 사상 상황이 소용돌이치기 시작한 가운데, 신해혁명에 몸을 던진 이마이 요시유키今井嘉幸는 1912년 중화민국임시약법中華民國臨時約法의 개정안으로 '중화민국헌법안'을 기초하는데, 그것은 일본에서 공화정체를 구체적으로 구상할 수 없었던 이마이가 일본 변혁 플랜을 중국에 가탁한 것으로 읽는 것도 가능할지 모른다.

그런데 신해혁명을 일종의 모범으로 보는 경향은, 그 후 군부가 할거하는 상황 속에서 중국은 국민국가를 형성할 수 없다고 간주됨으로써 다시 한번 반전하게 된다. 기본스Herbert A. Gibbons가 1919년 간행한 『아시아의 신지도The New Map of Asia』에서 중국은 문명이지 국가는 아닌 것으로 간주한 것을 비롯하여, 교토제국대학의 야노 진이치 등은 중국비국가설을 강하게 주장하고 있었다. 그런 가운데 일본이야말로 중국에 대해 국가 형성을 위한 문명적 사명을 지니고 있다는 식민지 지배 언설이 나타나게 된다. 그리고 실은 여기에도 문명의 역설과 배리가 숨어 있었다. 결국 중국은 문명이지 국민국가는 아니라는 언설은 국민국가가 문명국 표준에 의해 성립하는 한 명백히 모순된다. 그것은 물론 문명이라 일컬어지는 것의 내실이 다르고, 국민국가를 성립시킬 수 있는 문명만이 문명이라는 동어반복에 의해 근대세계가 성립했다는 것을 여실하게 보여준 것이었다.

그러나 그러한 문명담론의 배리를 의식하지도 못한 채 문명화='백

---

102 美濃部達吉, 「近時の政界に於ける憲法問題」, 星島二郎 編, 앞의 책 所收, p.211.

인의 책무'라는 이념을 받아들여, 일본이야말로 조선이나 중국에 문명을 부여할 사명을 띠고 있다면서 일본은 동아시아 세계질서의 재편에 발을 들여놓게 되었다. 게다가 아이러니컬하게도 제1차세계대전 이후 유럽에서 문명의 몰락이라는 의식의 침투는, 다른 한편으로 유럽문명을 아시아에서 이어받은 신흥국가 일본에 대한 기대가 아시아가 아니라 유럽에서 표명되는 사태를 낳고 있었다. 하이쿠의 매력에 이끌려 스스로도 'Haikai'라는 삼행시를 적잖이 창작한 프랑스의 폴 루이 쿠슈 Paul-Louis Couchoud는 "아시아문명의 왕자인 일본은 러일전쟁을 거쳐 유럽문명의 열강국의 일원이 되었고, 그 자리는 이윽고 구주대전(제1차세계대전)을 통하여 당연한 권리로 확보되었다. (…중략…) 여러 민족의 어머니인 아시아의 새싹이자 가장 늠름한 일본은 이제 노년에 이른 어머니의 수호자, 공증인, 대변자가 된 것이다. 일본은 아시아가 유럽과 같은 높이에서 교차하는 단 하나의 교점交點에 위치하고 있다"[103]라고 일본의 새로운 사명을 표현했다. 그것이 문학자의 직감적인 자포니즘의 발현으로서의 기대에 지나지 않았다 해도 일본이 선택한 길은 그러나 이것과는 다른 것이었다. 일본은 아시아의 '수호자, 공증인, 대변자' 역할을 하기보다는 '유럽문명의 열강국의 일원'이 되는 길을 택했다. 이미 1915년 2월 싱가포르의 영국해군기지에서 인도 병사들이 반란을 일으켰을 때, 영국총독은 일본인 의용병과 일본해군육전대의 지원으로 이를 진압하고 인도 병사 40명을 처형했다. 더욱이 같은 해 11월 영국 정부가 일본에 체재하고 있던 굽타H. E. Gupta 등을 독일의 스파이라면서 일본 정부에 체포를 요청했을 때, 일본 정부는 이를 받아들여 타쿠르B. N.

---

103 Paul-Louis Couchoud, 金子美都子 · 柴田依子 譯, 『明治日本の詩と戰爭』(Sages et Poètes d'Asie(1916)), みすず書房, 1999, pp.5~9.

Thakur와 굽타에게 국외퇴거를 명령했다. 타쿠르는 일본 정부의 이런 취급에 대해 "나는 그 동안 일본과 같은 동양의 선각자에게 적지 않은 기대를 품고 있었는데 일이 이 지경에 이르러는 어쩔 도리가 없다. (…중략…) 일본에 대한 우리 아시아 국민의 동정을 떼어놓으려 한 것은 영국민의 오랜 국시國是인데, 불행하게도 이 계획은 예상대로 맞아떨어지고 말았다. 이번에 일본 정부가 우리를 취급한 방식은 앞으로 삼억 인도인이 일본을 대하는 마음가짐에 중대한 영향을 끼칠 것임을 기억해두기 바란다"[104]라고 말한 것으로 전해진다. 게다가 3·1운동, 5·4운동의 고양 속에서는 아시아에 대한 일본의 자세가 명확히 비판의 대상이되었고, 일본 유학 경험을 가진 장지張繼와 다이지타오戴季陶 등은 "일본은 아시아 각 국가와 각 민족에 대해 종종 입으로는 황색인종의 독립자존을 떠벌리지만 그 행위는 하나도 남김없이 약한 황색인종 국가의 재산을 강탈하는 것이었다. 일본이 표방하는 훌륭한 주의와 그들이 주장하는 정의正誼 역시 하나도 빠짐없이 사술詐術에 지나지 않았던 것이다. (…중략…) 현명한 일본 국민이 자유·평등·상조의 정신을 갖고 근본부터 그 정치조직을 개조하여 전통적 정책을 폐지하고 세계의 민주적인 문명의 조류와 함께 나아가기를 깊이 바란다"[105]라고 일본 국민을 향해 호소했다. 여기에서 그들은 일본의 국민국가가 이미 세계의 민주적인 문명의 조류에서 뒤처져 있다는 것, 근본부터 정치조직을 개조할 필요가 있다는 것을 역설했으며, 이제 일본은 어떤 의미에서도 모범국이될 수 없다고 선언했다. 쑨원도 오랜 기간 모범으로 삼아온 메이지유신

---

104 藤本尙則, 『巨人頭山滿翁』, 文雅堂書店, 1942, p.431.
105 張繼·戴季陶·何天炯, 「日本國民に告げる書簡」, 『五四愛國運動資料』, 科學出版社, 1959, pp.212
~213.

이 이미 일본의 행보 속에서 변질되고 말았다며 개탄하고, 인종을 넘어서 동일한 국민적 과제를 새로운 문명의 건설로서 추구하고 있는 러시아와 연대할 가능성에 기대를 걸면서 다음과 같이 말했다.

일본의 메이지유신은 중국혁명의 첫걸음입니다. 중국혁명은 메이지유신의 두 번째 걸음입니다. 중국혁명과 일본의 메이지유신은 실은 같은 의의를 가진 것입니다. 다만 유감스럽게도 메이지유신 이후 부강해진 일본은 중국혁명이 좌절한 것을 잊어버렸으며, 그 때문에 중국과 일본의 감정은 날마다 더욱 소원해지고 말았습니다. 근년 혁명에 성공한 러시아는 중국혁명의 좌절을 잊지 않았으며, 그 때문에 중국 국민과 러시아 국민은 혁명 투쟁을 통하여 날마다 더욱 친밀해지고 있는 것입니다.[106]

그리고 상하이에서 제1차세계대전 후의 배일운동에 직면한 기타 잇키北一輝는 "러일전쟁에 의해 일개 섬나라의 황인이 대륙의 백인 제국을 단독으로 타파함으로써 지나에 혁명 정신을 발흥하게 하고 인도에 독립 정신의 맹아를 싹트게 했는데, 그것을 인정하지 않고 혁명가를 자임한 사람들처럼 이제 와서 지나나 인도의 아세아 혁명을 말하고 해방을 얘기하는 것은 사회에 대해서나 자기에 대해서나 부끄러움을 모르는 소행이 아닐까"[107]라며, 러일전쟁 이후 일본이 아시아에 끼친 영향, 그런 상황에서 혁명·해방 운동에 걸었던 일본인의 자의식과 역할을 되

---

106 今里槇 譯, 孫文談話 「中國國民は全國のあらゆる重要問題を解決する能力をすでにもっている」 (1924.11), 『孫文選集』 第3卷, 社會思想社, 1989, p.360.
107 北一輝, 「『日本改造法案大綱』第三回の公刊頒布に際して告ぐ」(1926), 『北一輝著作集』 第2卷, p.356·360.

돌아보지 않을 수 없었던 것이다. 그리고 한 달 동안의 번민과 고뇌의 시간을 거쳐 기타 잇키는 "그렇다. 일본으로 돌아갈 것이다. 일본의 혼을 밑바닥부터 뒤엎고 일본 스스로의 혁명에 나설 것이다. (…중략…) 전 아세아 7억만 명을 방위할 '최후의 봉건성곽'은 태평양 연안의 여러 섬에 쌓아야 할 혁명대제국이다"라고 생각하여, 지금 스스로의 혁명 없이는 아시아에서의 사명을 완수할 수 없는 일본을 변혁하기 위한 『일본개조법안대강』의 집필에 몰두했다. 거기에서 기타 잇키가 일본개조의 거점으로 상정한 것은 화흥회華興會가 청조 신군新軍에서 혁명의 기반을 구한 것을 모방한 재향군인 조직이며, 그것은 또 새롭게 아시아 진출을 노리고 있던 군부의 정치 주도 세력과 결과적으로 연결되어 있었다.

이리하여 아시아에서 배일운동의 발흥과 다이지타오 등의 충고에도 불구하고 일본은 황색인종 지역에 대한 세력 확장을 도모했으며, 1931년의 만주사변을 거치면서 '유럽문명의 열강국의 일원'으로서의 길이 점차 막히게 되자 일본은 다시 반전을 꾀해 스스로 아시아의 '수호자, 대변자, 해방자'를 표방하고 대동아공영권을 구상하게 되었다.

이처럼 일본의 근대란 스스로가 구미를 모범국으로 설정하고 국민국가를 형성해가는 과정에서, 다른 국가와 그 국가체제를 둘러싸고 경합하고 서로 영향을 끼치는 전변轉變을 거듭하는 형태로 진행되어온 것이었다. 그리고 일본뿐만 아니라 근대의 국민국가 체계 중에서는 각각의 정치사회가 고유의 역사적 조건에 규정되면서도 결코 자폐적·일국사적으로 완결된 형태로 국가 형성을 모색할 수 있었던 것이 아니라, 상호 흡인과 반발을 되풀이함으로써 지역세계의 질서를 만들었고 나아가 그것이 세계적인 국민국가 체계의 일부로 편입되어갔던 것이다.

제6장
지의 회랑

　지금까지 살펴보았듯이, 메이지유신 이후 일본의 발걸음은 비서양 세계의 사람들이 국민국가 형성을 모색할 즈음에 모범 내지는 반모범의 소재를 제공했고, 그럼으로써 구미로부터 일본을 연결고리로 하여 중국, 조선, 베트남, 태국 등으로 이어지는 사상연쇄를 성립시킬 수 있었다.

　물론 국민국가 형성이 구미에서 전해진 학술이나 제도의 계승과 연관성을 갖고 있다는 점을 문제로 삼고 있는 이상, 일본을 경유한 사상연쇄는 어디까지나 보완적인 것이었다는 것은 말할 필요도 없다. 그러나 아무리 한정된 조건하에서만 이루어졌다고 해도, 그것이 성립되었다는 사실 자체가 일본을 포함한 동아시아 지역세계와 구미의 관련성을 살필 경우에는 중요한 사태이고, 역사적으로도 특필할 만한 현상이었다는 것 또한 부정할 수 없을 터이다.

이 장에서는 그 사상연쇄가 구체적으로 어떠한 형태로 성립되었는지 유학과 결사, 번역, 일본인 고용 교사(또는 교습) 등의 회로를 통해서 명확하게 하고자 한다.

제1절 ——— 사상연쇄의 회로로서의 유학

그런데 역사적으로 보아 문화교류나 사상연쇄를 야기한 원동력이 된 것은 우선 자신에게 결여된 것 혹은 자신보다 우수하다고 생각되는 것을 섭취하고 싶다는 지적 욕구나 호기심이라고 말할 수 있을 것이다. 그러나 스스로 결여하고 있는 것에 대한 인식은 그렇다 치고, 제도나 사상속의 어떤 부분이 자기보다 우월한 것인지는 반드시 자명하지만은 않다. 아니, 오히려 자기와 다른 것에 대해서는 우선 자기 쪽이 우수하다고 생각하는 것이 정상적일 것이다. 그렇기 때문에 제도나 사상의 우위성 그 자체에 관해서는, 명확하지 않으면서도 경제적인 풍요로움이나 정치적인 영향력이 커다란 요인으로 작용한다. 일본이 구미와 동아시아 세계를 잇는 지의 연결고리가 되는 사태가 생기는 것도, 지금까지 모범국의 변천에 대해서 서술해왔듯이, 일본이 중국이나 조선, 베트남, 태국 등에 앞서서 구미문화를 흡수하는 데 앞장섰으며, 그럼으로써 불평등조약을 개정해 문명국의 일원이 되었고 나아가 다른 나라보다 한 발더 빠르게 입헌제에 의한 부국강병의 국민국가를 형성할 수 있었다는 점을 알고 있었기 때문이다. 다시 말해, 문화교류나 사상연쇄가 생길 즈음에는 제도나 사상 그 자체가 가진 자력磁力과 함께 정치·경제적 내지는 외교적 요인도 크게 작용할 터이다.

그리고 사상연쇄의 가장 중요한 회로로 기능한 일본 유학의 경우도, 그 배경에 외교적인 의도와 헤게모니 경합이 있었다는 것을 간과할 수 없다. 조일수호조규가 체결된 후인 1877년 12월, 하나부사 요시모토 대리공사는 예조판서였던 조영하에게 「유학생 파견에 관한 서한」[1]을 보내, "오늘날 우리나라는 의술·기기汽器·군수·측량 등의 술업術業에서 다행히 조금 나은 점이 있습니다. 따라서 만약 귀국이 이것을 배울 필요가 있다고 생각한다면 그 기술을 가르쳐주는 데 조금도 인색하지 않을 것입니다. 그것은 우리나라 입장에서 볼 때 명예이며, 귀국의 입장에서 볼 때에는 외국의 수모를 막을 자산이 될 것입니다. 이것은 어디까지나 우리 정부의 간곡한 뜻에서 나온 것입니다"라고 하여, 명민한 양반의 자제를 선발해서 일본으로 유학을 보내 학술을 습득하게 함으로써 국가의 부강을 달성하라고 권했다. 유학생을 통해 일본의 정치변혁을 직접 보게 함으로써 중국보다도 일본의 정치노선에 친근감을 갖게 하고, 아울러 향후 일본으로부터 물산이나 무기를 도입하게 하려는 의도를 갖고 있었던 것이다. 이 제안에 대하여 청조 정부의 시의猜疑를 고려한 조선 정부는 공식적인 반응을 보이지 않았는데, 그러자 하나부사 요시모토는 1881년 2월 「내약안칠개조內約案七か條」를 제시하며 재차 유학생 파견을 요청했다. 이 권고가 주효했던지, 같은 해 4월 조선 정부는 구리와 피혁을 다루는 기술자를 양성하기 위해 이원순李元淳·임태경林泰慶·김재우金在愚와 통역 박인순朴仁淳을 파견하는 문제를 일본공사관에

---

1 花房義質, 「留學生派出推進ノ書簡」, 『日本外交文書』 第10卷, pp.307～308.

타진했다. 그리고 이 해 10월에는 조병호趙秉鎬 등이 관세의 세칙 개정을 교섭하기 위해 파견되었을 때 함께 도항한 장대용張大鏞·신복모申福模·이은돌李銀突 세 사람이 군사 지식 전습을 목적으로 육군사관학교에 입학하게 되었다.[2]

이와 같은 일본의 유학생 파견 권유에 대하여 청조 정부도 적극적으로 움직일 수밖에 없었다. 주일공사 허루장何如璋은 조선 학생을 중국으로 유학시킬 것을 리홍장에게 진언해 경사동문관에서 서양어를, 푸저우 선정국과 상하이제조국에서 조선과 기계 제조를, 직례直隷(허베이)와 장쑤江蘇 등의 군사훈련소에서 연병練兵을 각각 습득시켜 세계 대세에 대응할 수 있게 유도하는 것이 중국이 조선 외교를 장악하는 데 불가결한 수단이라고 주장했다.[3] 이러한 건의를 받은 리홍장도 조선이 청조의 기반羈絆에서 벗어날 것을 우려, 사신私信을 보내 외교문제와 관련해 지시를 하고 있던 이유원李裕元 등에게 유학생 파견을 촉구했고, 1880년 10월에는 조선의 자강을 도모하기 위한 방법의 일환으로 조선의 변원규卞元圭와 리홍장의 지시를 받은 정짜오루鄭藻如 사이에 「조선국원변래학제조련장정朝鮮國員弁來學製操練章程」이 체결되기에 이르렀다. 그리고 1881년 9월에는 김윤식 등 관원 12명과 학생 20명, 공장工匠 18명으로 구성된 유학생·연구생 외에 수행원을 포함한 69명이 청국에 영선사領選使로 파견되었다. 그들은 양무운동의 일환으로 건설된 산업시설에서 무기·탄약 등의 제조법과 화학기술을 전수받았고, 이 외에도 외국어를 습득하는 데 노력했다. 그러나 영선사를 따라갔던 유학생들은 한자 지식은 어느 정도 갖추고 있었지만 기술에 대한 관심은 희박했고, 임오군란 발발과 재정난

---

2 『日本外交文書』第14卷, p.314.
3 何如璋, 「主持朝鮮外交談」(1880), 『淸季中日韓外交史料』, p.441.

까지 겹쳐 1882년 말까지는 전부 귀국하는 바람에 거의 아무런 성과를 거두지 못했다. 그러나 다수의 과학기술서와 신식 기기류를 가지고 돌아왔고, 종사관 김명균金明均이 4명의 공장을 초빙함으로써 1883년에는 조선 최초의 기기창機器廠이 설립되는 등 여러 움직임으로 연결되었다.[4]

이처럼 조선 정부가 유학생 파견 정책을 펼친 것은 일본 정부나 청조 정부의 종용에 응하는 측면이 없지 않았지만, 그것에 그치지 않고 조선 정부 스스로가 일본의 개화정책과 청국의 양무운동 사이에서 자국의 부강과 문명화를 진척시킬 필요성을 인식하고 있었기 때문이기도 했는데, 이는 독자적으로 일본시찰과 유학생 파견을 목적으로 1881년 박정양 · 어윤중 등 62명의 신사유람단을 파견한 것을 보아도 명확히 알 수 있다. 그리고 앞에서 서술했듯이 신사유람단의 수행원이었던 유길준과 유정수가 게이오기주쿠에, 윤치호가 도진샤에 입학했는데, 후쿠자와 유키치가 조선인 유학생을 어떻게 대우했는지는 1881년 6월 당시 런던에 머물고 있던 고이즈미 노부키치小泉信吉와 히노하라 쇼조日原昌造에게 보낸 서한을 보면 알 수 있다. 그는 이 편지에 이렇게 적었다. "이번 달 초순 조선인 수 명이 일본의 사정을 시찰하기 위해 도래, 그 중 장년壯年 두 명이 본 숙塾에 입사했는데, 두 명 모두 우선은 저의 집에 머물게 하고서 친절하게 이끌었습니다. 진실로 20여 년 전 우리 자신의 일을 생각하면 동정상련同情相憐의 생각이 없지 않을 수 없습니다. 조선인이 처음 외국 유학했을 무렵 본 숙도 외국인을 받아들이기 시작한 때라 실로 기이한 만남이라고 할 수 있습니다. 이와 같은 인연으로 조선인은 귀천을 불문하고 매번 제 집을 방문하는데, 그들 이야기를 듣건대 다름 아닌

---

4   영선사와 유학생 파견에 관해서는 權錫奉, 馬越徹 譯, 「領選使行に關する一考察」, 『韓』第30 · 31號, 1974에 상세한 분석이 있다.

30년 전 일본의 이야기입니다. 아무쪼록 금후 잘 진척되어 가기를 바랄 뿐입니다."[5]

이렇게 후쿠자와가 조선 유학생을 적극적으로 받아들인 배경에는 그 나름의 일본에 의한 조선의 개명화 구상이 있었다. 요컨대 후쿠자와에 따르면 조선의 개명화에는 네 가지 방책이 있는데,[6] 제1책은 '직접 무력을 이용하는 것', 제2책은 '우리 종교로 그 국민을 교화'하는 것, 제3책은 '학문으로 그 국민을 어둠에서 빛으로 이끄는 것', 제4책은 '우리 일본의 자금을 그쪽으로 옮겨서 그곳에 공업을 일으키는 것'이다. 그는 제1책과 제2책은 불가하고 제3책도 조선의 문화 수준이 아주 낮은 현재 상태에서는 효과를 기대할 수 없으므로, 제4책을 단서로 하되 세 번째 방책으로 마무리를 짓는 것이 최상이라고 간주했다. 실제로 후쿠자와가 택한 시책은 제3책인데, 그는 "우리나라의 학사를 많이 그 나라에 보내고, 그 나라 사람을 많이 우리나라로 건너오게 하여, 문명의 도에 따라 이들을 가르치고, 우리 상류 사인士人의 덕의에 따라 이들을 교화해야 한다. 그리하여 그들로 하여금 우리 일본을 지식의 나라이자 군자의 고향이라고 평할 수 있게 하고, 줄곧 그 신임을 두텁게 할 수 있도록 해야 한다. 이처럼 점차 이들을 이끌어 마침내는 그 발걸음을 진척시켜 우리 일본국과 대등하게 비견할 만한 위치를 얻게 해야 한다. 우리들이 조선에 대하여 스스로를 이롭게 하고 또 저들을 이롭게 할 수 있는 방법은 이것밖에 없다"라고 생각했던 것이다. 우시바 다쿠조牛場卓造나 이노우에 가쿠고로井上角五郎 등을 조선에 파견하고 유길준이나 유정수 등 유학생을 받아들인 것 등은 조선을 일본과 대등하고 비견할 만한 수준으

---

5   石河幹明, 『福澤諭吉傳』 第3卷, 岩波書店, 1932, p.289 所揭.
6   福澤諭吉, 「朝鮮政略の急は我資金を彼に移用するに在り」(1883.6.1), 『福澤諭吉全集』 第9卷, pp.5~7.

로 끌어올린다는 이 방책의 실천에 다름 아니었던 것이다.

그 후, 1883년 10월 김옥균이 후쿠자와의 알선으로 요코하마쇼킨은행橫濱正金銀行에서 얻은 차관을 유학생 파견 비용으로 충당함으로써 서재 필 등 조선 유학생이 일본을 방문했다. 그들은 도쿄에서 일본어를 익힌 후 육군도야마학교陸軍戸山學校와 게이오기주쿠에서 수학했는데, 김옥균 등과 친분이 있었던 서재필 외에도 신중모, 이건영李建英, 백낙운白樂雲, 박 응학朴應學, 윤영관尹泳觀, 하응선河應善, 이병호李秉虎 등 14명이 육군사관학 교에 입학했다. 김옥균 등은 이들 육군사관학교 졸업생을 중심으로 하여 조선의 육군을 정비하려는 목적을 갖고 있었는데, 서재필 등은 1884년 5월에 졸업했다. 이와 관련하여 1883년 11월 21일자 『한성순보』는 이렇게 전한다. "3월 이후 어학 생도 자격으로 일본에 간 자는 50명 전 후인데 대부분 도쿄의 게이오기주쿠에 재학하고 있다. 게이오기주쿠는 양학을 주로 가르치며 생도는 늘 육칠백 명을 밑돌지 않는다. 특히 우리 나라 생도를 위해 교사校舍 하나를 설치하여 성심성의껏 가르치고 있다. 생도 중 한 사람은 이미 졸업해서 양문洋文으로 바꾸었고, 또 세무를 배 우는 자와 양잠을 배우는 자도 있으며, 사관학교에 들어가 군제를 궁구 하는 자도 있다."[7] 그러나 1884년 12월, 서재필 등 육군사관학교 졸업 생을 실행부대로 하여 김옥균 등이 갑신정변을 일으키자 이건영, 백낙 운, 박응학, 윤영관, 하응선, 이병호 등 유학사관留學士官은 피살되고 말았 고, 김옥균과 서재필 등이 일본으로 망명한 사건도 있어서 조선에서는 일본 유학을 기피하게 되었다. 그 때문에 1894년 이노우에 가오루는 내 정개혁의 일환으로 다시금 나라 안의 총준聰俊한 자제를 널리 파견하여

---

7 「駐日生徒」, 『漢城旬報』 第6號 「國內 私報」 欄., 1883.11.21.

한말 게이오기주쿠 한국 유학생과 후쿠자와 유키치(가운데 모자를 들고 있다)

외국의 학술과 기예를 습득하게 한다는 명목으로 일본 유학 파견 정책을 추진하였다.

그리고 1895년 7월 학부대신 이완용과 게이오기주쿠 사두社頭 후쿠자와 유키치(대리 가마타 에이키치鎌田英吉) 사이에 전 15개조의 유학생 파견에 관한 계약서가 체결되었고, 이 계약서에 따라 조선국 학부는 매년 일정 유학생을 게이오기주쿠에 파견하되 그 비용은 일인당 20엔을 파견 전에 송부하고, 유학생은 처음에는 200명, 다음해부터는 서로 연락하여 결정하기로 했다. 『게이오기주쿠입사장慶應義塾入社帳』에 기초한 분석에 따르면, 1894년 11월에서 1895년 8월까지 147명, 같은 해 9월에서 1986년 1월까지 48명, 합계 195명이 게이오기주쿠에 입학했다.[8] 단, 1895년

---

8   阿部洋, 「福澤諭吉と朝鮮留學生」(『福澤諭吉年鑑』 第2號, 1975) 참고. 또한 유학생 파견에 관한 계약

10월 명성황후 시해사건이 일어나면서 대부분의 학생이 중도 귀국하는 등 초기의 조선인 일본 유학생은 변화하는 양국 관계 때문에 계속해서 바뀌었지만, 그 유학생 가운데에는 근대 조선사상사의 중요한 인물이 다수 포함되어 있었다. 그 가운데 한 사람, 박규수의 문인이었던 유길준은 게이오기주쿠에서 배운 후 1883년 파미사절단派美使節團을 수행해 미국으로 건너가 일본에 진화론을 소개한 사람으로 유명한 모스Edward S. Morse와 교류를 쌓았다. 갑신정변이 일어났을 즈음 막 귀국한 유길준은 체포, 구금되었다. 그는 구금 생활 중 후쿠자와 유키치의 『서양사정』을 비롯한 문명사와 사회진화론에 대해 연구하는 한편, 자신의 견문을 바탕으로 한 책 『서유견문』을 정리하여 1894년 도쿄 고준샤交詢社에서 간행했다. 이 책이 고준샤에서 간행된 것을 보아도 유길준과 후쿠자와 사이의 관계를 추측할 수 있는데, 그는 일본을 연결고리로 하여 구미와 조선의 사상연쇄를 담당한 존재이자 정치적으로도 어윤중 등과 함께 갑오개혁을 담당하고 1895년에는 내무대신으로서 단발령을 시행하는 등 개화정책을 추진하는 과정에서 중요한 역할을 한 인물이었다.

이에 비해 중국의 경우 1885년에 15명의 어학 유학생의 일본 파견을 타진하였지만, 일본 측이 국정國情 정찰을 경계했기 때문인지 실현되지는 않았다.[9] 이 때문에 본격적인 유학생 파견은 청일전쟁 후인 1896년 일본대사관 요원 육성을 위해 총리각국사무아문總理各國事務衙門에서 탕바오어唐寶鍔, 지이후이戢翼翬, 후쭝잉胡宗瀛 등 13명을 일본으로 보내면서부터 시작된다.[10] 그리고 이 유학생 파견도 청일전쟁 후 일본을 주시하는

서 전문을 포함한 조선인 유학생 入塾과 수용에 대해서는 『慶應義塾百年史・中卷(前)』(慶應義塾, 1960), pp.145~152 참조.

9 1885년 2월 3일자 『東京日日新聞』에는 "청국에서는 [이것이 — 옮긴이] 이번 人選에서 15명의 어학생을 우리나라로 보낼 수 없는 이유라고 한다"라고 적혀 있다.

분위기를 포착한 일본 측에서 군사적 제휴와 이권 확장이라는 두 가지 정책 효과를 노리고 움직인 결과였다. 군사적인 제휴를 목적으로 한 작업의 일환으로 러일전쟁을 준비한 육군참모차장 가와카미 소로쿠川上操六는 1897년 12월 우쓰노미야 다로宇都宮太郎와 가미오 미쓰오미神尾光臣 등 참모본부 요원을 청일전쟁에서 주전론을 제창한 호광총독湖廣總督 장즈둥에게 보내, 양국이 연대하여 러시아·독일·프랑스에 대항하기 위한 구체적인 방책으로서 "오늘날은 무비武備의 강화가 가장 필요하고, 인재를 일본에 파견하여 무비 및 각종 학당에 들어가게 한다면 일본은 반드시 우대하여 진심으로 교육하겠다"[11]라고 역설했다. 베이징 공사관 소속 무관이었던 후쿠시마 야스마사福島安正 등은 장즈둥과 류쿤이劉坤一, 첸춘쉰岑春煊에게 일본 유학생 파견과 일본인 문무관의 중국 초빙 등을 제의했을 뿐만 아니라, 동아동문회東亞同文會의 고노에 아쓰마로近衛篤麿 등도 청일전쟁 패배의 원한을 잊게 하고, 열강의 위협을 설명하여 일청동맹을 맺는 것이 필요하다는 판단에 따라 그 작업의 전제로서 유학생 파견을 추진했다. 당시 '연일항러連日抗露'를 구상하고 있던 장즈둥은 일본의 제안에 찬성의 뜻을 표하고, 후베이와 후난에서 각 백 명의 유학생을 파견할 방침을 확실히 했으며, 동시에 『권학편』을 지어 적극적으로 일

---

10 주일공사 裕庚의 의뢰를 받은 외무대신 西園寺公望가 이 13명 유학생의 교육을 고등사범학교 교장 嘉納治五郎에게 일임하였다. 이 가운데 4명이 중도에서 귀국하고, 唐寶鍔·戢翼翬·胡宗瀛 3명이 상급학교로 진학했다. 이러한 중국인의 일본 유학사에 대해서는 舒新城, 『近代中國留學史』(中華書局, 1926); 黃福慶, 『清末留日學生』(中央研究員近代史研究所, 1975); さねとうけいしゅう, 『增補·中國人日本留學史』(くろしお出版, 1970); 『中國留學史談』(第一書房, 1981); 『日中非友好の歷史』(朝日新聞社, 1973); 阿部洋, 『中國の近代教育と明治日本』(福村出版, 1990) 등의 저작 외에도 細野浩二, 「中國對日留學史に關する一問題」(『史觀』 第86·87冊, 1972)를 비롯한 방대한 연구가 쌓여 있다. 문헌 목록에 대해서는 阿部의 전게서 등을 참조하기 바란다.
11 張之洞, 「總理衙門宛電奏」(光緖 23年 12月 10日(1897.1.2)), 『張文襄公全集』(第3冊 卷79 電奏7), 文海出版社版, p.19. 이후 전집은 제목만 표기함.

본 유학을 장려했다.[12]

또한 이권 확장과 관련된 유학생 파견의 권유로는 주청공사 야노 후미오矢野文雄가 푸젠성 내의 철도부설권 요구를 실현하기 위한 담보로서 1898년 5월에 제안한 시도가 있다. 야노는 "청 정부가 반기지 않을 이유가 있는 것도 아닌 오늘날, 쓸 만한 유학생을 맡아 교육해야 한다고 생각하게 된 것은, 이번 요구를 성공으로 이끄는 데 효력이 있을 뿐만 아니라, 우리나라의 감화를 받은 새 인재를 늙은 제국 안에 뿌려놓는 것은 훗날 우리 세력을 동아 대륙에 심는 데 훌륭한 계책이 될 것이기 때문"[13]이라는 관점에서 유학생 초빙을 제의했던 것이다. 야노에 따르면, 이러한 유학생 권유책에 의해 중국의 군인은 군용 기계나 고문사관을 일본에 요구하게 될 터이므로 "청국 군사軍事의 대부분은 틀림없이 일본화할 것이고", 이과생은 기계와 직공을 일본에 요구할 것이기 때문에 "우리 상공업을 청국으로 확장하는 발판이 될 것이며", 법률과 문학을 공부하는 학생은 "전적으로 일본의 제도에 입학하여 청국 장래의 진운進運을 모색할 것이고", 나아가 "청국 관리가 우리나라를 신뢰하는 마음은 또한 오늘날의 열 배가 될 터"였다. 이처럼 야노는 중국 유학생이 어느 모로 보나 일본 대륙정책의 자원이 될 것임을 역설했고, 일본 정부가 비용을 부담하여 유학생을 인수하는 조건을 내세워 청국 정부를 설득했던 것이다. 니시 도쿠지로西德二郎 외부대신이 야노의 제안에 반대를 표하는 바람에 이 안은 기각되었다. 하지만 청국 측에서는 이 제안에 찬성한 캉유웨이가

---

12 張之洞이 일본에 유학생을 파견하는 데 찬성할 무렵 近衛篤麿나 淸浦奎吾 등의 入說에 영향을 받았다는 지적은 이전부터 있었는데, 宇都宮太郎를 수반한 西村天囚의 상서가 중요한 계기가 되었던 것을 처음으로 밝힌 논고로 陶德民, 「西村天囚と張之洞の『勸學編』」(『懷德』第60號, 1991)이 있다.
13 矢野文雄, 「淸國留學生ノ引受ノ義に關シ啓文往復ノ件」. 이하의 인용은 河村一夫, 『近代日中關係史の諸問題』(南窓社, 1983), pp.58~60에 실린 것을 따른다.

「청의유학일본장정편請議遊學日本章程片」을 기초했고, 이것을 1898년 6월 산둥도감찰어사山東道監察御史 양선슈楊深秀에게 주청을 의뢰했다. 그 결과 "각성의 도독과 순무督撫는 학당의 총명하고 영준한 학생을 선발해서 일본에 파견"[14]할 것을 결정했고, 무술정변에도 불구하고 1899년에는 「인선생도유학일본의편遴選生徒遊學日本宜片」이 나왔으며, 총리각국사무아문이 일본 유학생 파견과 장학금 지급을 확정함으로써 공식적인 정책으로서 적극적으로 추진되기에 이르렀다.

이리하여 1896년 13명으로 출발한 중국의 일본 유학생은 의화단사건 뒤에 증가하기 시작했다. 대략적인 숫자를 보면 1902년에는 5백 명, 다음해에는 천 명, 과거제도가 폐지된 1905년에는 8천 명, 최전성기인 1906년에는 만 명, 일설에는 2만 명에 달할 정도로 성황을 이뤘다고 한다.[15] 1903년에는 양광총독 장즈둥이 강남수사학당 졸업생 16명을 미국과 독일에, 호광총독 돤팡端方이 후베이 각 학당의 학생 중 8명을 독일, 4명을 러시아, 24명을 벨기에에 파견하기도 했지만, 일본 유학이 압도적인 비율을 차지하고 있었다.

이처럼 일본 유학생이 격증한 배경으로는 의화단사건을 둘러싼 국제적 압력에 서태후도 대처하지 않을 수 없었다는 것, 1901년에 내린 서

---

14 「日本遊學派遣上諭」(光緖24年(1898) 7月), 湯志鈞·陳祖恩 編, 『中國近代敎育史史料匯 編·戊戌時期敎育』, 上海敎育出版社, 1993, p.57.

15 유학생의 시작이나 유학생 수 등에 대해서는 사료적으로 반드시 명확한 것은 아니다. 1890년 통역 양성을 목적으로 段芝貴·李風年 등7명이 도일하여 주일공사관의 東文學堂에서 일본어 수업을 받은 사례도 있지만, 일본의 학교에서 정식으로 교육을 받은 것은 1896년이었다. 여기에서의 유학생 수는 阿部洋, 『中國の近代敎育と明治日本』, p.70에 의거한다. 다만, 중국 쪽의 연구에 따르면 1898년 61명, 1901년 274명, 1902년 608명, 1903년 1,300명, 1904년 2,400명, 1905년 8,000명, 1906년 12,000명, 1907년 10,000명, 1909년 3,000명(이상 李嘉所, 『近代中國的留學生』, 人民出版社, 1987)이며, 일본 쪽의 연구에서는 1906년 7,283명, 1907년 6,797명, 1908년 5,216명, 1909년 5,266명, 1910년 3,979명, 1911년 3,328명, 1912년 1,437명(이상 二見剛史·佐藤尚子, 「中國人日本留學死關係統計」, 『國立敎育硏究所紀要』 第94集, 1978)이라고 엄밀한 숫자를 거론하는 것도 있다.

정개신庶政改新의 조서에 따라 국민국가 형성의 지주가 되는 법제 개혁과 학술 진흥을 도모하기 위해 법정 교육과 사범 교육에 관심이 높아졌다는 것을 들 수 있다. 나아가 1903년 발포된 「장려유학필업생장정獎勵遊學畢業生章程」에 따라 일본의 중고등학교 졸업증서를 가진 우수한 학생을 법정과나 문과의 발공拔貢, 거인擧人, 진사進士로 등용하는 길이 열리는 등 일본 유학이 관리가 되는 수단으로 간주되었고, 그것은 1904년 제정된 「고험출양필업생장정考驗出洋畢業生章程」에 따라 1905년 시행된 제1회 시험에서 탕바오어, 차오루린曹汝霖, 진방핑金邦平, 루쭝위陸宗興 등 14명의 일본 유학생이 거인이나 진사로 인정받으면서 박차를 가하게 되었다. 더구나 캉유웨이의 변법운동에서는 커다란 저항에 부딪혀 실현되지 못했던 과거제도 폐지의 경우도, 장즈둥 등이 과거제도의 존속이 신식 학당의 보급과 중국의 부강화를 가로막는다며 폐지할 것을 상주함으로써 1905년 결국 폐지되기에 이르렀다. 그 결과 관리 등용의 자격으로서 신학의 중요성이 커졌고, 실질적으로는 동학東學이 그것을 맡는 것으로 간주되었기 때문에 일본 유학을 통해 '양진사洋進士'나 '양거인洋擧人'이 되고자 하는 이들이 늘어났다. 추진秋瑾은 이러한 풍조에 대하여 "내가 보기에 많은 유학생이 동영東瀛을 종남첩경終南捷徑으로 삼고, 학당을 개량된 과거科擧로 간주하고 있다. 유학 졸업생 시험에서도 모과某科 거인이니 모과 진사니 하는 이름이 지금 다시 떠도는데 사람들은 이 말에 귀를 쫑긋 세운다. 그 때문에 일본 유학은 나날이 융성하고 있는 것이리라. 아아, 이러한 현상은 진보일까, 퇴보일까. 감히 내가 어찌 알겠는가"[16]라면서, 동영 즉 일본으로 건너가는 것이 '종남첩경', 즉 관리가 되

---

16 秋瑾, 「中國女報發刊辭」(1907.1), 앞의 책, p.13.

는 지름길로 여겨지는 현상에 분개했다.

이러한 개탄에도 불구하고 나날이 증가하는 유학생을 어떻게 교육할 것인가라는 문제는 일본 측에서 볼 때에도 절실한 과제였고, 문부성에서는 1900년 이래 직할 학교의 경우 외국인 유학생 특별 입학 규정을 제정하여 공사관이나 영사관에서 공식적으로 소개한 자에게만 입학을 허가했다. 그러나 계속 증가하는 유학생을 받아들여 일본어 교육이나 예비보통교육을 실시하기 위해서는, 문부성에서 설립한 도쿄일화학교東京日華學校 외에 도쿄 소재 사립학교의 호응이 필수적이었고, 세이조학교成城學校, 도요대학東洋大學 일청고등학부, 량치차오 등이 설립한 도쿄고등대동학교東京高等大同學校(훗날의 東亞商業學校), 동아동문회에서 설립한 도쿄동문서원東京同文書院, 다카쿠스 준지로高楠順次郎의 일화학당日華學堂, 가노 지고로嘉納治五郎의 역락서원亦樂書院(훗날의 弘文書院 또는 宏文書院), 육군사관학교의 준비교육을 위해 설치된 진무학교振武學校, 데라오 도루寺尾亨의 동빈학당東斌學堂, 릿쿄학원立教學院이 설립한 지성학교志成學校 등이 교육을 담당했다. 또한 시모다 우타코下田歌子가 실천여학교實踐女學校에 설치한 청국여자속성과 외에 성녀학교成女學校, 동아여학교東亞女學校 등이 여자유학생을 받아들이고 있었다.

1902년 창설된 홍문서원에는 3년제 본과 외에 6개월에서 8개월 동안 가르치는 속성사범과, 속성경무과, 속성이화과理化科, 속성음악과 등이 개설되어 1909년 폐교하기까지 입학자는 7,192명, 졸업생은 3,180명에 달했으며, 입학자 중에는 황싱黃興, 루쉰魯迅, 천두슈陳獨秀, 천인커陳寅恪, 린보취林伯渠 등이 포함되어 있다. 또, 도쿄고등대동학교에서는 가시와바라 분타로柏原文太郎가 교무장으로 취임해『민약론』과『법국대혁명사法國大革命史』 외에도 영국혁명사나 워싱턴전기 등이 교재로 사용되

실천여학교 중국 여자 유학생 제1회 졸업 기념(1904)

어 혁명의 기운을 배양했다고 한다. 차이어蔡鍔, 친리산秦力山, 펑지여우馮自由, 정관이鄭貫一 등이 이곳에서 배웠고, 1900년 탕차이창唐才常의 자립군自立軍 봉기에는 20여 명이 넘는 학생이 참가했다. 이 외에 국민국가 형성에 관한 사상연쇄라는 관점에서 보아 중요한 유학생 교육기관으로는 호세이대학의 법정속성과, 와세다대학의 청국유학생부, 메이지대학의 경위학당經緯學堂 등을 빠트릴 수 없다.

이 가운데 호세이대학 속성과는 중국의 법제 개혁을 수행하는 데 필요한 법정法政에 관한 학과를 중국인 통역을 통해 가르침으로써 어학 습득에 필요한 시간과 노력을 아끼고 싶다는 판위안롄范源廉, 차오루린曹汝霖 등 청국인 유학생과 주일 청국공사 양슈楊樞 등의 요망에 따라 호세이대학 총리 우메 겐지로梅謙次郎가 1904년 5월에 개설한 것이었다. 우메는 일본에서도 메이지 초년에 사법성 명법료明法寮나 법학교에서 브와소나드와 조르주 부스케George Bousquet 등의 강연을 통역해 사법관을 양성했던 경험에 비추어 다수의 법정 인재를 확보하기 위해서 불완전하나마 속성 교육을 실시하지 않을 수 없다고 하여 법정속성과 설치를 단행했던 것이다. 우메가 중국인 유학생에게 법학을 가르치고자 한 것은 "일본과 지나 양국은 종래로 동문同文으로 동교同敎의 관계를 갖고 있으며, 근본의 도덕관념은 하나이다. 그러나 일본은 지나보다 앞서 태서의 문물제도를 연구하고 그 장점을 취해 우리의 단점을 보완했으며, 동서의 득실과 이폐利弊를 비교 연구하고 이것을 조화 절충하여 법전을 편성했다. 따라서 지나가 새로운 법전을 편성하고자 할 경우 일본의 법전에 준거하는 것이 편하다. 제군은 마땅히 이 뜻을 명심하고 수업에 매진하여 자국을 위해 공헌해야 한다"[17]라고 훈시한 것처럼, 일본의 법전에 준거하여 입법 사업을 담당할 인재의 육성이 초미의 과제라는 것을 인식하고 있었기 때문이고, 중국에서 일본을 모범으로 하여 법제를 개혁한다 해도 정규 법학 교육을 받는 것이 바람직하다고 생각했기 때문이었다. 어쨌든 일본 법전에 준거하여 중국의 법전 편찬 사업을 담당할 인재를 육성해야 할 필요가 있었던 것이다. 우메 겐지로 자신이 법학통론과 민법 강의를 담당한 것 외에도, 헌법 미노베 다쓰키치美濃部達吉와 가케이 가쓰히코筧克彦, 정치학 오노즈카 기헤이지小野塚喜平次, 형법 오카다 아사타로, 행정법 시미즈 도오루淸水澄, 근세정치사 다치 사쿠타로立作太郎, 국제공법 나카무라 신고中村進午, 국제사법 야마다 사부로山田三良, 상법 마쓰나미 니이치로松波仁一郎와 시다 고타로志田鉀太郎, 재정학 다카노 이와사부로高野岩三郎, 감옥학 오가와 시게지로小河滋次郎, 재판소구성법 이와타 이치

17 東川德治, 『博士梅謙次郎』, 法政大學, 1917, p.72.

로岩田一郎, 형사·민사소송법 이타쿠라 마쓰타로板倉松太郎, 경제학 가네이 노보루金井延와 가와즈 센河津暹 등 당시 각각의 분야를 리드한, 기백이 날카로운 강사진이 강단에 섰는데, 뒤에서 서술하겠지만 이들 강사진 중에는 일본인 교습教習(일본인 고용 교사)으로서 중국에 부임해 법정 교육과 중국의 법전 편찬 사업에 종사한 사람들이 많이 포함되어 있었다.

이 법정속성과의 발안자 중 한 사람이기도 하고 통역으로도 근무한 차오루린에 따르면, 당초 1년이었던 과정이 1년 반이 되었고, "얼마 지나지 않아 2년으로 연장되어 강의 내용에 충실을 기했으며, 학생도 2천 명을 웃돌았다. 졸업생은 귀국해서 각 방면에서 활동했고, 훗날 자의국諮議局이 생겼을 때 의원 다수를 이 속성반 출신자가 차지하는 등 예상 이상의 성과를 거두었"[18]는데, 『호세이대학백년사』에 따르면 1908년 4월 폐지되기까지 졸업생을 자그마치 986명이나 배출했다. 그리고 차오루린이 서술하고 있듯이, 1909년 청조가 각 성에 지방의회에 해당하는 자의국을, 또한 1910년 중앙에 자정원資政院을 설치해 의원을 공거公擧했을 때, 신식교육을 받은 의원 가운데 대다수를 법정속성과 출신자를 비롯해 일본 유학 출신자가 점했다는 것은 [표 2]에서 보는 대로이다. 다만 여기에서 호세이대학이라고 하는 것은 법정에 관한 대학이라는 의미로 사용되는 경우가 있다. 게다가 호세이대학의 속성과는 입학자 수가 2,117명에 달했는데, 이는 일시적으로는 재적한 자까지 포함한 숫자로 보인다. 어쨌든 그 중에는 후베이자의국 의장으로 훗날 교육총장과 내무총장 등을 지낸 탕화룽湯化龍, 저장자의국 부의장으로 훗날 중화인민공화국 최고인민법원장이 된 선진루沈釣儒 등이 있다. 이 외에 법정속성과

---

18 曹汝霖, 曹汝霖回想錄刊行會 編刊, 『一生之回憶』, 1967, p.16.

졸업생으로는 왕자오밍汪兆銘, 주정居正, 천수퉁陳叔通 등 저명인사가 있고, 혁명파의 쑹자오런宋教仁, 후한민胡漢民, 천톈화陳天華 등도 여기에 적을 두고 있었다. 또, 귀국 후 법정 교육이나 입법 사업에 종사한 호세이대학 및 법정속성과 유학생도 많았는데, 국무원 법제국 첨사僉事가 된 우다오난吳道南, 헌정편사관憲政編査館 간사 등 입법 활동의 중심이 된 왕룽바오汪榮寶, 저장법정학당을 설립한 롼싱춘阮性存, 광둥법정학당의 구잉펀古應芬·샤퉁화夏同龢·왕주쩌汪祖澤·두궁스杜貢石, 광둥공립법정전문학교장 예샤성葉夏聲, 베이징법정전문학교장 샤오장邵章과 왕자주王家駒, 상하이법과대학교장 장지변張知本, 춴즈群治법정전문학교장 루오지에羅傑, 경사대학당 법과의 류판劉蕃, 허난법정학당 감독 천궈샹陳國祥, 충칭법정학당 감독인 장판江潘, 강남법정학당 교습 우룽취吳榮萃, 톈진법정학당 교습 리팅빈李廷斌, 쓰촨법정학당 감독 샤오총언邵從恩, 저장법정학원 왕야오王堯 등을 비롯하여 진장金章·언화恩華, 천궈샹, 탕구이신唐桂馨, 황짠위안黃贊元, 장이펑張一鵬, 천자후이陳嘉會, 장시에루張協陸, 판청어潘承鍔, 쑨숭링孫松齡, 천장서우陳彰壽, 쿵칭위孔慶餘 등 하나하나 이루 헤아릴 수 없을 정도다. 게다가 참정원參政院 참정, 국무원 법정국 참사 등을 지낸 후 베이징대학과 칭화대학에서 중국법제사를 강의하고, 『한율고漢律考』와 『구조율고九朝律考』 등을 지은 청수더程樹德와 『중국친속법개론中國親屬法概論』 등을 간행한 롼이청阮毅成처럼 중국 법제사와 법정 연구를 선도하게 되는 유학생도 포함되어 있었다.[19]

---

19 호세이대학 법정속성과에 대해서는 法政大學史資料委員會 編, 『法政大學史資料集·第11集』(法政大學, 1988)이 가장 상세한 사료집이고, 安岡昭男 집필한 이 자료집의 해제 「淸國留日學生と法政速成科」도 간결하게 요점을 잘 짚은 논고로 시사점이 풍부하다. 덧붙여서 1941년 汪兆銘을 회장으로 하여 결성된 호세이대학 同學會에는 행정원 최고고문 李敬和와 입법원 법제위원회 위원장 伍澄宇 등 41명이 이름을 나란히 하고 있다(pp.165~166).

〔표 2〕 일본 유학 또는 시찰 경험이 있는 각 성 자의국 의원
(*표시한 자는 자정원 민선의원으로도 선출되었다)

省(定員)	職名	姓名	新式敎育	傳統功名
奉天(53)	議 長	吳景濂	京師大學堂·日本留學	學人
	副議長	袁金鎧	日本考察	歲貢
	議 員	毛椿林	日本留學 師範科	附生
	〃	書 銘*	法政大學	附生
	〃	劉興申	法政大學	
	〃	王香山	日本留學 師範科	增生
吉林(30)		無		
直隷(155)	議 長	閻鳳閣	法政大學	進士
	副議長	谷芝瑞	法政大學 補習科	進士
	〃	王振堯	宏文師範 師範科	學人
	議 員	李 榘*	法政大學	進士
	〃	王錫泉	經緯學堂 師範科	
	〃	齊樹楷*	法政大學	學人
	〃	王法勤	日本留學	
	〃	劉春霖*	法政大學 補習科	進士
	〃	籍忠寅*	經緯學堂, 早稻田大學	學人
	〃	胡家祺*	宏文師範 師範科	學人
	〃	谷種秀	早稻田大學	生員
	〃	鄧毓怡	早稻田大學	學人
江蘇(125)	議 長	張 謇	日本考察	進士
	議 員	陶保晋	法政大學	
	〃	吳榮萃	明治大學 法律專門部	
	〃	王立廷	法政大學	學人
	〃	雷 奮*	早稻田大學	附生
	〃	黃炎培	日本留學 敎育硏究	學人
	〃	孟 森	法政大學	生員
	〃	秦瑞玠	法政大學	
	〃	荻葆賢	日本留學	學人
	〃	陳允中	日本考察	廩貢
安徽(83)	議 員	江 謙*	法政大學 速成科	附生
江西(105)	議 長	謝遠涵	法政大學	學人
	議 員	葉先圻	法政大學	進士
	〃	劉景烈*	成城高校, 陸軍士官學校	
浙江(111)	副議長	陳時夏	法政大學	附生
	〃	沈鈞儒	法政大學	進士
	議 員	潘振麟	法政大學	歲貢
	〃	潘秉文	法政大學	歲貢
	〃	陳叔通*	法政大學	進士

省(定員)	職名	姓名	新式教育	傳統功名
	〃	邵 義*	法政大學	廩貢
(浙江)	〃	褚輔補	東洋大學(高等警政科)	
	〃	陶葆霖*	法政大學	附生
	〃	王家襄	警察專科學校	貢生
	〃	鄭際平*	明治大學	擧人
	〃	蔡汝霖	日本考察	擧人
福建(79)	副議長	劉崇佑	早稻田大學	擧人
	議 員	林輅存	日本考察	生員
	〃	鄭藻山	日本留學	擧人
	書記長	林長民	早稻田大學 政經科	擧人
湖北(98)	議 長	湯化龍	法政大學 速成科	進士
	副議長	張國溶	法政大學	進士
	議 員	陶 峻*	法政大學	優貢
	〃	楊清源	法政大學	
	〃	胡瑞霖	法政大學	附生
	〃	沈明道	宏文學院 師範科	附生
	〃	沈維周	日本師範	附生
	〃	陳登山	法政大學	歲貢
	〃	張中立	法政大學	廩生
湖南(84)	議 員	羅 傑*	法政大學 速成科	附生
	〃	栗戡時	日本留學 國際法研究	
	〃	易宗夒*	日本留學	廩生
	〃	彭施滌	宏文學院 師範科	擧人
山東(104)	議 員	彭占元*	法政大學	附生
	〃	曲卓新	早稻田大學	進士
	〃	丁世嶧	法政大學	廩貢
	〃	王志勳	宏文學院	
	〃	周樹標	法政大學	擧人
河南(97)	議 長	杜 嚴	法政大學	進士
	副議長	方 貞	法政大學	進士
	議 員	王敬芳	早稻田大學	
	〃	彭運斌*	法政大學 法科	進士
	〃	李 磐	法政大學	
山西(90)	議 長	梁善濟	法政大學 速成科	進士
	議 員	劉錦訓	早稻田大學	進士
	〃	解榮輅	日本留學	進士
	〃	苗雨潤	宏文學院 師範科	廩生
	〃	劉志詹	法政大學	拔貢
陝西(66)	副議長	郭忠淸	日本留學	擧人
四川(127)	議 長	蒲殿俊	法政大學	進士

省(定員)	職名	姓名	新式教育	傳統功名
(四川)	副議長	蕭 湘	法政大學	進士
	議 員	江 潘	法政大學 速成科	附貢
	〃	龍鳴劍	日本留學	
	〃	郭策勛*	日本留學	
	〃	程瑩度	明治大學 專門部	生員
廣東(96)	議 員	沈秉仁	日本留學	附生
	秘書長	古應芬	法政大學 速成科	附貢
廣西(57)	副議長	唐尚光	法政大學	進士
	議 員	甘德蕃	法政大學	廩生
	〃	蒙 經	法政大學	擧人
	〃	徐新偉	日本士官學校	
	〃	盧天遊	法政大學	
雲南(68)	議 員	顧視高*	日本留學	擧人
	〃	吳 琨	宏文學院 師範科	擧人
	〃	陳榮昌*	日本留學	
	〃	錢用中	日本留學	擧人
黑龍江(30)		無		
甘肅(9)		無		

주) 자정원 민선의원은 자의국에서 선출하여 작성한 명부 중에서 독무(督撫)가 결정했다. 또, 자정원 흠선의원(欽選議員)으로는 왕룽바오(호세이대학), 루쭝위(와세다대학)가 선출된다. [표 2]～[표 4]에 관해서는 田原天南 編, 『淸末民初中國官紳人名錄』(文海出版社, 1973年 復刻板) 및 雷恩選 外編, 『中華留學名人辭典』(東北師範大學出版社, 1989) 등에 따라 보정했다. 신식교육을 받았다고 해서 모두가 졸업을 한 것은 아니며 어디까지나 공표된 것에 기초한 것으로 일시적 재적 등도 포함하고 있다.

이와 같은 일부의 예만 보아도 우메가 의도했던 성과를 거두었다는 것을 알 수 있는데, 속성과는 애초 일시적인 필요에 쫓겨 설치된 것이기도 했고, 우후죽순처럼 생겨난 속성과들 중에는 별다른 성과를 거두지 못하고 도리어 유학의 의의를 의심스럽게 하는 것도 적지 않았다. 그랬기 때문에 1906년 일본의 문부성에 해당하는 청조 정부의 학부는 「선발유일학생제한판법選拔留日學生制限辦法」을 발표하여, 각 성의 관비유학생의 경우 본국에서 중학당 이상을 졸업하고 유학국의 언어에 능통한 자 혹은 법정이나 사범속성과를 다니는 자는 학계나 정계에서 실무경험이 있는 자로 한정했다. 그리고 유학 졸업생에 대해서는 시험을 치르기로

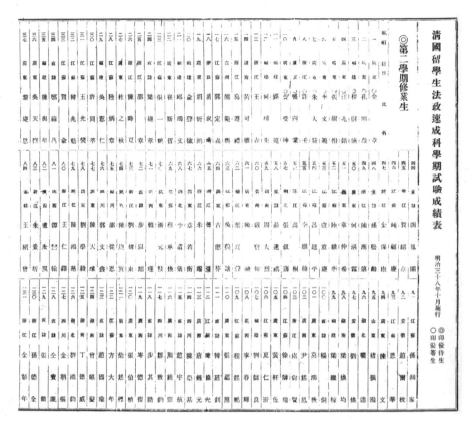

청국 유학생 법정속성과 시험 성적표(부분)

했는데, 미국 유학생과 비교하여 일본 유학생의 성적이 낮았기 때문에 청국 정부는 1906년 8월 일본에 속성 학생 파견을 정지한다고 통지하면서 속성과는 그 역할을 다 하게 되었다. 이런 이유로 호세이대학 법정속성과도 1908년 4월 졸업생을 끝으로 폐지되고 1907년부터는 호세이대학에 청국유학생보통과가 설립되었다.

그러나 이처럼 속성과에 대한 재평가가 진행된 것은 단순히 학업상의 문제 때문만이 아니라 일본 유학생 사이에 급속도로 반청조 혁명사상이 침투하기 시작한 것이 중요한 원인이었다. 즉, 청조는 국내 개혁을 추진하기 위해 유학생을 일본에 파견했음에도 불구하고 일본 유학생들 중에는 청조의 존속에 부심하면서 일본의 제도를 도입하는 데 열심이었던 사람만 있었던 것은 아니다. 유학생들은 구미의 법정사상을 체득하는 동안에 입헌사상과 민주주의사상의 실현을 주장하고, 나아가 청조를 타도해 공화국으로 바꿀 것을 요구하는 혁명운동의 담당자로 성장하는데, 결국 일본은 마치 중국혁명의 근거지와도 같은 모습을 드러내고 있었던 것이다. 그리고 미야자키 도텐이 "과거의 폐지는 신학의 발흥을 초래했고 청년학생의 해외 유학으로, 사상의 혁명으로, 혁명의 숭배로 이어졌다. 이것이 알려지면서 그 영역은 지금 일사천리의 기세로 확대되고 있다"[20]라고 평가했듯이, 일본에 머물면서 세계의 신사조를 흡수한 유학생들은 사상의 혁명에서 혁명사상의 숭배자가 되어 실천가의 길로 발걸음을 내딛고 있었던 것이다. 후쿠자와 유키치는 일찍이 무술변법 이후 중국인 유학생의 정치적 경향에 관하여, "유학생은 모두 혈기 왕성한 장년들로 개혁의 뜻을 품은 자가 많은데, 그들은 다년간 유학하는 동안에 더욱 더 그 뜻을 키워 정론에 열심이다. 마침내 어떤 자는 우리나라의 정객들과 친분을 맺고 과격한 논의를 주고받으며, 비분강개, 일전一轉하여 혁명의 뜻을 발하는 자까지 있거늘 어찌 실제로 도모하지 않겠는가. 종래 우리 정객 중에는 한 가지에 열심인 자가 적지 않다. 이들은 안중에 외교적 대세를 보지 못하고, 단순히 동양의 흥폐론興廢論 따위를 운운하며, 흡사 전국戰國 시대의 책사라도 되는 것처럼 타국의 장년들을 선동해 일을 벌이는 것을 능사로 아는 듯하다"[21]라며 혁

---

20 宮崎滔天, 「革命評論發刊の辭」(『革命評論』, 第1號, 1906.9), 宮崎龍介・小野川秀美 編, 『宮崎滔天全集』 第2卷, 平凡社, 1971~1976, p.596.

명에 이르는 추세와 원인을 분석했다. 그리고 유학생이 일본의 정객과 교분을 맺고 혁명론을 제창하게 됨으로써 "일본으로 유학을 보내는 것은 마치 난신적자亂臣賊子의 양성을 부탁하는 것과 다르지 않게 되었다. 위험이 극에 이르면 조속히 그만두어야 마땅할 것이라 하여 학생을 소환하자는 의견까지 나오는 것도 알 만 하다. (…중략…) 우리나라에도 악감정이 미칠 것이며 그 결과 끝내 문명주의까지 배척하여 모든 일을 그르치는 지경에 이를 것"이라며 혁명사조의 만연이 유학이나 문명의 섭취 그 자체를 부정하는 데까지 이르지 않을까 노심초사하고 있었던 것이다. 일찍이 1903년 청조 정부는 왕다시에汪大燮를 유일학생총감독留日學生總監督에 임명하여 유학생의 정치활동에 대한 감시를 강화했고, 사비 유학생이 육군 등의 군사학을 배우는 것을 금지했으며, 나아가 정치적 의론에 관련된 유학생에 대해서는 퇴학을 포함해 엄벌로써 처벌함과 동시에 감독을 따르는 학생에게는 관리길을 열어주는, 이른바 당근과 채찍을 병용하는 관리방침을 채택했다.

그리고 정말로 후쿠자와가 우려한 대로 1905년 8월 도쿄에서 흥중회興中會, 화흥회華興會, 광복회光復會 등 혁명단체가 단합하여 쑨원을 중심으로 한 중국동맹회를 결성하자, 청조 정부는 그 중추가 되는 유학생을 단속할 것을 일본 정부에 압박했다. 그리하여 11월 문부성은 일본 학교에 입학할 때에는 반드시 청국 공관의 소개서를 필수적으로 요구했고, 교외생활까지 학교의 감독 아래 둘 것 등을 규정한 「청국인을 입학시키는 공사公私 학교에 관한 규정」(文部省令 第19號), 이른바 「청국유학생취체규칙清國留學生取締規則」을 발포하기에 이르렀다. 이 단속규칙에 반대하여

21　福澤諭吉, 「支那の改革に就て」(1898.9), 『福澤諭吉全集』 第16卷, pp.481~482.

8,600여 명이 동맹휴교나 귀국을 포함한 항의 행동에 참가하였고, 그 중 「경세종警世鐘」, 「맹회두猛回頭」와 같은 혁명 팸플릿의 저자이자 호세이대학 법정속성과에 재적 중이던 천톈화가, 『도쿄아사히신문』이 12월 7일 이것(단속규칙 반대 활동)을 두고 "청국인 특유의 성질인 방종비열放縱卑劣한 의지에서 비롯한 것이어서 단결도 자못 박약"하다고 보도한 것에 항의하여, 오모리大森 해안에서 뛰어내려 자살한 사건까지 일어났다. 또, 일제 귀국 운동에 따라 귀국한 추진秋瑾, 마쥔우馬君武, 닝타오위안寧調元, 쑨징칭孫鏡淸 등은 상하이에서 중국공학中國公學을 창설하는 한편, 추진은 『중국여보中國女報』를 창간하여 혁명사상과 여권확장을 고취하는 데 힘썼다. 덧붙이자면 이 중국공학에서 후스胡適가 배웠다.

이러한 혁명운동의 고양에 대해서는 속성교육에 의해 천박한 정치사상을 섭취한 결과라는 비판이 제기되었고, 이와 관련하여 유학생 교육 재편이 추진되기도 했다. 와세다대학에서는 1899년 이래 중국인 유학생을 받아들였는데, 학감 다카다 사나에高田早苗와 아오야기 야쓰쓰네靑柳篤恒 등은 속성교육에 대해 비판적이었다. 그리고 1905년 중국의 교육 사정을 시찰할 때, 장즈둥 등이 일본 유학으로 반청사상이나 사회주의 사상이 배양되는 것을 우려하자, 다카다는 "그것이 걱정이라면 가능한 한 오래 유학시키는 것이 마땅하다. 왕년에 우리 일본에서 구미로 유학을 했던 사람들의 경우를 보아도 깊이 공부한 사람은 공화주의 등의 세례를 받는 자가 없었지만 그렇지 않은 자 중에는 귀국 후 충분히 위험한 논의를 펼친 사람도 있다"[22]라면서 속성교육의 시정이 혁명운동을 막는

---

22 高田早苗述, 薄田貞敬 編, 『牛峰昔ばなし』, 早稻田大學出版部, 1927, p.419. 다만 高田가 속성교육을 부정한 것은 그 정치적 효과보다도 "교육상의 관계로부터 日支 양 국민을 접근시키는 것은 양국의 친화를 도모하기 위한 迂遠한 것처럼 보이지만 가장 확실한 방법임을 깊이 믿어 의심치 않는다"

가장 효과적인 대책이라고 응수했고, 속성교육은 졸속 교육이라는 비판에 대응하기 위해 1905년 9월 예과 1년, 본과 2년으로 이루어진 청국유학생부를 개설했다. 본과로는 정치이재과政治利財科, 사범과, 상과가 예정되어 있었지만 결국 사범과만 설치되었고, 정치이재과와 상과는 일본의 전문부 학생과 동일한 교육을 받았지만 사범과도 청국에서는 속성과로 간주되기도 해서 1910년 9월 폐쇄되고 말았다.

그러나 단명으로 끝나긴 했지만 재적학생수가 총 1,977명에 이르는 청국유학생부를 가지고 있던 와세다대학에서도 중국의 법정 교육이나 입법 사업을 담당할 중요한 인재를 배출했다.

와세다대학에 유학한 중국인 학생으로는 경사법정학교京師法政學校 교장을 거쳐 사법부 총장이 된 장융江庸, 중화민국 초의 정부조직편성법과 임시약법을 기초한 쑹자오런, 베이징법률학당 교습 장샤오이張孝移와 왕후이지汪燦芝, 베이양법정학당 교무장 지중인籍忠寅, 푸젠법제국 국장인 린바이수이林白水, 국무원 법제국 국장 팡수彤方樞, 육군형법을 기초한 탕바오어, 훗날 만주국 최고법원장이 된 린치林棨, 자정원 비서장이 된 진팡핑金邦平, 헌정심사관원 푸스잉富士英 외에도 양두楊度, 지이후이戢翼翬, 천옌둥陳延棟, 레이펀雷奮, 린장민林長民, 딩허우푸丁厚扶, 류원다오劉文島, 장쥔리張君勵 등 중국근대 법정사상사에서 특필할 만한 사람들이 이름을 잇고 있다. 이외에도 법학 교육 분야에서는 푸젠법정학당 감독이 된 류쭝지에劉崇傑, 『법학통론』의 번역서가 있고 변호사로도 활약한 류충유劉崇佑, 국제법의 저우경성周鯁生, 안후이법정학당 교습 딩샹쳰丁象謙, 운난법정학교 교장 딩자오관丁兆冠, 광둥법정학당 교습 리쥔페이李君佩, 산시법정학당 교습 궈샹

(「支那人敎育に就て」, 『太陽』 第12卷 9號, 1906.6)라는 생각에서 '輕便'하다는 이유로 추진되고 있는 일본 유학이 일본을 이해하는 데에 방해가 될 것을 걱정했기 때문이다.

성郭象가 등이 있다. 조금 시대를 내려가면 리다자오, 루유위路友于, 펑파이彭湃 등 중국공산당이나 농민운동의 주요 지도자도 졸업생이었다. 청말과 중화민국 초기의 정관계에서 와세다대학 관계자가 일대 세력을 이루고 있었다는 것은 청말 민정부民政部 우참의右參議였던 왕룽바오, 베이징법과대학장이었던 린치, 베이징대리원北京大理院 추사推事 리샤오이李孝移 등이 와세다대학 출신으로 이루어진 '베이징교우회'를 결성하고, 1913년에는 참의원과 중의원 의원들이 '와세다동학국회의원구락부'를 조직한 것을 보아도 알 수 있다.[23]

한편, 메이지대학 경위학당經緯學堂은 1904년 9월 개설되었고, 보통과와 고등과 그리고 법학과 경무를 속성으로 가르치기 위한 별과로 이루어져 있었는데, 1905년 전문부에 경무과를 설치해 경찰학대의警察學大意, 사법경찰, 행정경찰, 위생경찰 등을 가르쳤다. 1910년 4월 메이지대학 청국유학생부로 개칭하기까지 입학자는 2,862명이었고, 1,384명의 졸업생을 배출했다.[24] 이 외에 경찰교육기관으로는 데라오 도루가 창설한 경감학교警監學校와 도요대학의 경감속성과, 경시청의 경찰학교속성과 등이 있었다. 또, 1906년 1월 17일자 『도쿄아사히신문』에 따르면, 경관과 감옥관리를 양성하기 위해서 세키 기요히데關淸秀를 교장, 고가 렌조古賀廉造를 교감으로 하는 도쿄경감학교가 개설되었다.

---

23 廣池千九郞, 「渡淸調査報告書」, 欠端實 編, 『淸國調査旅行資料集』, モラロジー硏究所, 1978는 1908년 江庸, 陸夢熊, 錢應淸, 喆鏡, 周宏業, 富士英 등이 베이징의 官界에서 잘 나가고 있다는 것과 早稻田同窓會에 대해서 기록하고 있다(pp.128~130). 또한 민국 초기의 정계에 관해서는 1913년 4월 시점에서 참의원 의원 276명 가운데 18명, 중의원 의원 503명 가운데 57명이 와세다대학과 관련이 있었다고 한다. 「中華民國の政治界における本大學の勢力」, 『早稻田學報』 第219號, 1913.5, p.19.

24 さねとう, 앞의 책, p.73. 明治大學 經緯學堂의 설립취지에 대해 學監 前田孝階는 "본 학당은 동아 여러 나라에 고유한 국풍과 정신을 보존하면서 서양 최근의 문명을 소화할 인사를 양성한다"(島田正郞, 『淸末における近代的法典の編纂』, 創文社, 1980, pp.268~269)라고 하여, 중국의 中體西用論 및 조선의 東道西器論에 대응한 淸韓 유학생 교육을 담당할 것을 목적으로 내걸었다.

그 밖에 국공립 교육기관을 졸업하고 법정에 종사한 유학생도 많았는데, 도쿄제국대학 법과대학 출신으로는 장쭝샹章宗祥(법정국장, 사법총장), 첸청지錢承誌(역서휘편사 간사, 대심원 추사推事), 왕칸王侃(장시성 사법국장), 위치창余棨昌(법제국 참사, 대리원 정장庭長), 신한辛漢(저장고등검찰청 검찰장), 주선朱深(총검찰청장), 왕화이천王淮琛(민사사民事司 사장司長), 사오총언邵從恩(국무원 법제국 참사), 탕중湯中(법관양성소장), 허위다오何羿道(후베이법정전문학교 교수, 우창중화대학 교수), 황더장黃德章(경사지방심판청장), 우허쉰武和軒(국민정부위법위원), 이언허우易恩侯(후베이고등심판청장), 1954년 중화인민공화국헌법 기초 등에 참여한 천진쿤陳瑾昆 등, 교토제국대학 출신으로는 쩡이진曾彝進(자정원 의사과장, 국무원 참의), 레이전雷震(중앙군사정치학교 교관, 행정원 정무위원), 투전펑屠振鵬(베이징대학 법과대학 교수), 리안위庾隅(직례고등심판청장) 등 일일이 거론할 수 없을 정도다. 또한 육군사관학교에서는 장졔스蔣介石, 차이어蔡鍔, 장팡전蔣方震, 왕위탕王揖唐, 탕지야오唐繼堯, 옌시산閻錫山, 장췬張群, 우루전吳祿貞을 비롯해 많은 유학생이 수학했다.

이상 개관해온 중국인 유학생이 귀국 후 어떤 활동을 했는지를 보여주는 하나의 자료로서, 모두를 망라하고 있다고 할 수는 없지만, 1913년 4월 개회된 참의원과 중의원 의원에 관하여 [표 3]과 [표 4]를 제시하고자 한다. 중국 최초의 의회인 참의원 의장에는 장지張繼, 부의장에는 왕정팅王正廷이 선출되었고, 중의원 의장에는 탕화룽湯化龍, 부의장에는 천궈샹陳國祥이 선출되었는데, 이들은 모두 일본 유학 경험자였다. 또한 표에서 헌초위원憲草委員이라고 적혀 있는 사람은 헌법기초위원회 위원을 가리키는데, 참의원과 중의원 각각 30명이 위원으로 선출되었다. 이들 가운데 참의원 20명, 중의원 26명이 일본 유학생으로 아주 높은 비율을 차지하고 있다. 게다가 이에 앞서 1912년 3월 공포된 '중화민국

임시약법' 즉 중화민국임시헌법 기초위원(심사원)은 5명이었는데, 이 가운데 징야오위에景耀月(니혼대학), 루지이呂志伊(와세대학 정치경제과), 왕여우란王有蘭(주오대학 법과), 마쥔우(교토제국대학 공과)가 일본 유학생이었다. 이것만 보아도 중화민국 국제國制의 기초가 정해질 즈음 일본 유학생이 맡았던 역할과 그들이 일본에서 배운 법정이론이 미친 영향의 일단을 알 수 있을 것이다.[25]

〔표 3〕 일본 유학 또는 시찰 경험이 있는 참의원 의원(*표시는 실제 선출자 수)

구분(*)	성명	학력	경력
直隷(10)	王法勤	日本留學	諮議局 議員
	王觀銘	生員, 早稻田大學 師範科	(同盟會員)
	張 繼	宏文學院, 早稻田大學	中國留學生會館 總幹事, 參議院 議長(同盟會員)
	籍忠寅	擧人, 經緯學堂, 早稻田大學	諮議局 議員, 資政院 議員, 臨時參議員
奉天(10)	無		
吉林(10)	金鼎勳	東斌學堂, 明治大學	臨時參議員, 憲草委員
黑龍江(10)	高家驥	京師法政學校, 法政大學	憲草委員
江蘇(10)	王立廷	擧人, 法政大學 政治科	諮議局 議員
	辛 漢	東京帝國大學, 法政擧人	民政部 主事, 法政傳習所 監督
	解樹強	早稻田大學	憲草委員, 江蘇省立法政專門學校 敎務長
	蔣曾燠	早稻田大學	憲草委員
	藍公武	東京帝國大學 文科, 獨逸留學	國民公報 社長, 庸言報 主筆, 憲草委員
安徽(10)	丁象謙	附生, 東洋大學 師範科, 早稻田大學 政治經濟科, 中央大學 硏究科	安徽法政學校 敎員, 臨時省議員, 安徽都督部 顧問, 廣州大總統部 參議
	石德純	留日	憲草委員
	高蔭藻	長崎高等學校	皖報 總經理, 安徽都督部 參事官
	朱念祖	優附生, 明治大學 政治科	吉安府 知事
江西(10)	周澤南	早稻田大學 政經科, 法政科 擧人	
	符鼎升	東京高等師範 數理科	江西敎育司長, 廣東敎育廳長
	湯 漪	擧人, 慶應義塾	臨時參議員, 憲草委員長

---

25 청말과 민국 초기의 정치제도와 그 동태에 대한 사료로는 胡春惠 編, 『民國憲政運動』, 正中書局, 1978; 연구로는 邱遠猷・張希坡, 『中華民國開國法制史』, 首都師範大學出版社, 1997; 林代昭外, 『中國近代政治制度史』, 重慶出版社, 1988; 張玉法 『民國初年的政黨』, 中央硏究員近代史硏究所, 1985 등을 참고했다.

구분(*)	성명	학력	경력
	劉濂	生員, 早稻田大學 法律科, 中央大學 法律研究所	江西公立法政學堂 敎員, 江西省 司法局長
浙江(10)	王家襄	貢生, 警察專門學校	諮議局 議員, 憲草委員
	張烈	早稻田大學 師範科	上海時事新報 經理
	陸宗輿	擧人, 早稻田大學	資政院 欽選議員, 憲草委員
	童杭時	浙江法政學堂, 法政大學	共和法政學校 校長
	鄭際平	擧人, 明治大學 政治科	諮議局 議員, 資政院 議員
	王正廷	留日, **예일대학**	工商部 次長, 參議院 副議長
福建(10)	宋淵源	明治大學 政治科	福建省臨時省議會 議長, 憲草委員
	陳祖烈	擧人, 法政大學	福建法政學校 校長
	楊家驤	法政大學 速成科	
	潘祖彝	岩倉鐵道學校	京奉鐵道局員, 臨時省議員
湖北(10)	居正	法政大學	南京臨時政府 內務部 次長(同盟會員)
	高仲和	早稻田大學, 法政科 擧人	湖北民政部 參事(同盟會員)
	鄭江灝	東斌學堂	湖北都督府 副官
	蔣義明	生員, 早稻田大學 政經科, 法政科 擧人	臨時省議員
	劉成禺	成城學校	漢口官立商業學堂 敎務長, 廣東大元帥府 最高顧問
湖南(10)	田永正	早稻田大學 政治經濟科	
	向乃祺	早稻田大學 政治經濟科	湖南財政司長, 憲草委員
	吳景鴻	留日	湖南敎育司長
	李漢丞	生員, 法政大學, 明治大學 警察科	湖南法政學校 敎員(同盟會員)
	胡瑛	湖北陸軍學堂, 留日	武昌都督府 外交部長(同盟會員)
	周震鱗	生員, 法政大學	
	陳煥南	生員, 宏文學院 師範科·警務科	湖南都督府 政治顧問
	盛時	法政大學	湖南司法司長
山東(10)	丁世嶧	廩貢, 法政大學 速成科, 早稻田大學	諮議局 議員, 憲草委員
	尹宏慶	擧人, 法政大學 本科	山東商業學校 敎員
	安擧賢	明治大學	憲草委員
	徐鏡心	法政大學	臨時省議會 議員(同盟會員)
	張錫畛	山東農業學校, 留日	桓台縣縣議員(同盟會員)
河南(10)	王靖方	明治大學	北京民立報 記者
	李磐	法政大學	諮議局 議員
	劉積學	河南武備學堂, 法政大學 政治科	臨時參議員
山西(10)	王用賓	留日	山西臨時省議會 議長, 憲草委員諮議局 議員
	苗雨潤	廩生, 宏文學院 師範科	
	張聯魁	東京帝國大學 農科, 農學擧人	學部主事候補, 臨時參議員
陝西(10)	李求膺	日本高等學校	北京民立報 記者, 臨時參議員
	張蔚森	明治大學 政治科	陝西都督府 司法顧問
	趙世鈺	留日	憲草委員
甘肅(10)	王鑫潤	留日	司法部 僉使, 憲草委員

구분(*)	성명	학력	경력
新疆(10)	無		
四川(10)	周 擇	法政大學	法政學堂 教務長, 臨時省議員
	程瑩度	生員, 明治大學 專門部	諮議局 議員, 都督府 參事官
	楊 芬	明治大學	
	潘 江	附貢, 法政大學	諮議局 議員
	饒應銘	四川高等學校, 法政大學	四川巡按公署 顧問, 憲草委員
廣東(10)	無		
廣西(9)	馬君武	京都帝國大學 工科	廣東軍政府 秘書長, 廣西省長
	曾 彦	明治大學	兩廣都司令部 軍械局長
	盧天遊	法政大學	都督府 法制局長, 憲草委員
雲南(10)	呂志伊	早稻田大學 政經科	南京臨時政府 司法部 次長, 憲草委員
	袁嘉穀	留日雲南學生監督	
貴州(10)	姚 華	進士, 法政大學	郵傳部 主事, 臨時參議員
	陳光燾	早稻田大學	
蒙古(27)	金永昌	留日	憲草委員
	曹汝霖	擧人, 東京法學院	農商工部 主事, 外務部 右侍郎, 外交次長 (烏梁海 代表)
靑海(0)			
西藏(6)	王揖唐	進士, 陸軍士官學校	軍諮使, 副都統, 憲草委員
	孫毓筠	留日	安徽都督, 參政院 參政
	傅 譜	留日	廣東補用知縣
華僑(6)	吳 湘	北京譯學館, 東京同文書院	潮安縣會 議長
	謝良牧	留日	(同盟會員)
中央學會(0)			

주) [표 3]과 [표 4]는 「政府公報」 제459호(1913.8.15)에 실린 의원명부를 바탕으로 작성했다. 아울러 張
玉法, 『民國初年的政黨』(中央研究院近代史研究所, 1985)를 참조했다.

〔표 4〕 일본 유학 또는 시찰 경험이 있는 중의원 의원

구분(*)	성명	학력	경력
直隷(46)	王振堯	擧人, 宏文學院 師範科	諮議局 議員, 經選知府
	王葆眞	早稻田大學	奉天法政學堂 教習
	王錫泉	經緯學堂 師範科	諮議局 議員, 北洋法政專門學校 庶務長
	王雙岐	早稻田大學 政治經濟科	直隷自治研究院長, 直隷私立法政學校 教員, 省議員
	谷芝瑞	進士, 法政大學 補習科	諮議局 副議長
	谷種秀	生員, 早稻田大學	諮議局 議員, 憲草委員
	呂 復	經緯學堂, 明治大學, 早稻田大學	省議員, 衆議院 議長
	恒 鈞	早稻田大學	大同報 總理
	胡源滙	生員, 早稻田大學 政治經濟科	北洋法政學校 校長, 北洋法政專門學校 教

구분(*)	성명	학력	경력
			習, 臨時省議長
	張恩綏	經緯學堂, 早稻田大學 政治經濟科, 法政科 擧人	北洋法政專門學校 敎務主任, 臨時省議員 (北洋法政會 會長)
	常堉璋	貢生, 日本留學	天津自治局 議員, 省議會 議員
	劉景沂	宏文學院, 早稻田大學	
奉天(16)	仇玉珽	宏文學院 師範科	岫巖師範 校長, 岫巖縣議會 議長, 地方自治事務所長, 臨時省議員
	李秉恕	生員, 宏文學院	奉天師範 校長, 省議會 議員
	吳景濂	擧人, 京師大學堂, 日本留學	諮議局 議長, 奉天敎育會長, 臨時參議員, 衆議院 議長
	張嗣良	附生, 宏文學院	候補知縣, 鐵嶺師範學堂 監督
	楊大實	東斌學校 警察憲兵專科	錦州警察署長, 國民新報社 經營
	劉恩格	奉天法政學堂, 留日	雲南法政學堂 敎員, 憲草委員
	劉興甲	附生, 法政大學	諮議局 議院, 臨時省議員
吉林(10)	無		
黑龍江(10)	無		
江蘇(40)	王汝圻	早稻田大學 政治經濟科	江蘇省立法政專門學校 分校長
	王茂材	法政大學 政治科	江北都督府 民政司 總務科長
	王紹鏊	日本法律學校, 早稻田大學 政治經濟科	蘇州外交司長, 憲草委員
	吳榮萃	明治大學 法律專門部	江南法政學堂 敎習, 諮議局 議員, 臨時省議員
	孟森	生員, 法政大學	諮議局 議員, 憲草委員
	茅祖權	法政大學	
	徐兆瑋	進士, 日本大學 法科	
	徐蘭墅	生員, 早稻田大學 政治經濟科	崇明縣 學務科長, 律師
	孫潤宇	法政大學	法政學堂 敎習, 律師公會長, 憲草委員
	陶保晋	法政大學, 早稻田大學	諮議局 議員, 金陵法政專門學校 校長, 律師 師範學校 校長, 諮議局 議員, 臨時省議員
	陳允中	恩貢, 日本考察	
(江蘇)	陳經鎔	早稻田大學	知縣
	楊廷棟	早稻田大學	南州師範學校 法制敎員, 江蘇外交司長
	蔣鳳梧	宏文學院 師範科	福建敎育廳長
安徽(27)	江謙	附生, 法政大學	南京師範學校 校長, 諮議局 議員
	張塤	擧人, 法政大學 專門科	
	汪彭年	法政大學	上海神州日報 主筆, 憲草委員
	何雯	法政大學, 法政擧人	湖南調査局 法制科長, 神州日報 總編輯, 憲草委員
	常恒芳	生員, 同文書院, 日本大學 法科	上海軍 參謀, 南京民生報 記者, 臨時參議員
	陳策	岩倉鐵道學校, 明治大學 政治科	臨時參議員, 總統府 高等諮議
江西(35)	王有蘭	中央大學 法律科	江西都督府 參議, 臨時參議員

구분(*)	성명	학력	경력
	王侃	宏文學院 師範普通科, 東京帝國大學 法科	江西司法司長
	王恒	早稻田大學	教員
	文群	早稻田大學	江西都督府 秘書, 農商次長
	李國珍	早稻田大學, 法政科 擧人	省議員, 參議員, 憲草委員
	吳宗慈	優貢, 日本法律學校	新聞記者, 憲草委員
	邱冠棻	早稻田大學 政治經濟科, 法政擧人	知縣, 江西理財局長, 江西法政學校 教習
	徐秀鈞	留日	東三省總督 徐世昌 幕僚
	梅光遠	擧人, 日本學務視察	江南師範學堂 監督
	張于潯	振武學校, 파리법과대학	江西都督府 參謀
	陳鴻鈞	宏文書院, 中央大學 法律科, 早稻田大學	臨時省議會 副議長, 臨時參議員, 北京法政 專門學校 教習
	曾幹楨	廩貢生, 早稻田大學, 中央大學 法律科, 明治大學 商科	江西法政專門學校 設立
	程鐸	早稻田大學 政治經濟科	軍政府 外務局長, 江西官立法政專門學校 主任, 法官養成所 敎習敎員, 臨時省議員
	潘學海	廩生, 早稻田大學 政治經濟科, 中央大學 研究科	江西都督府 法制課長, 省議員
	賴慶暈	早稻田大學, 法政科 擧人	江西法政專門學校 敎員, 江西省高等審判 廳 民庭長, 內務司科長, 衆議院 法典審査 委員
	劉景烈	成城學校, 士官學校, 北京法律學堂	諮議局 議員, 資政院 議員, 臨時省議員
	歐陽成	擧人, 經緯學堂, 中央大學 英法本科	江西督署 顧問
	羅家衡	早稻田大學 政治經濟科	江西私立法政專門學校 校長
浙江(38) (浙江)	王烈	拔貢, 法政大學	參謀部 軍事秘書
	田稔	生員, 法政大學 政法科 專門部	江西行政公署 秘書
	朱文劭	進士, 法政大學 速成科	廣西都康州高等檢察廳 檢察長, 廣西提法使
	杜師業	早稻田大學	財政部淸査官産處會弃
	周繼榮	擧人, 早稻田大學	臨海育會 會長
	殷汝驪	早稻田大學	上海時事新報 主筆
	陳叔通	進士, 法政大學	諮議局 議員, 資政院 議員
	陳燮樞	生員, 早稻田大學 政治經濟科	紹興龍山法政學校 校長, 臨時省議員
	張浩	絶江巡警學堂, 日本警監學校	省警察廳長, 都督府 顧問
	黃群	早稻田大學	鄂軍臨時約法 起草, 臨時參議員
	褚輔成	監生, 東洋大學 高等警政科	浙江都督府民政司長, 憲草委員
	虞廷愷	法政大學	浙江都督府財政司 秘書, 總統府 政治諮議
	蔡汝霖	擧人, 日本學務考察	金華府中學堂 監督, 諮議局 議員, 臨時省議員
	盧鐘嶽	警監學校, 明治大學	浙江巡警學校 敎員, 東湖法政學校 敎習, 浙江省會警察署長
福建(24)	朱騰芬	法政大學	福建公立法政學校 校長

구분(*)	성명	학력	경력
湖北(34)	林輅存	生員, 留日, 經濟特科	諮議局 議員, 臨時省議員, 臨時參議員
	林萬里	法政大學	警鐘日報 主筆, 秘書
	劉崇佑	擧人, 早稻田大學	諮議局 議員, 福建民政司 次長
	白逾桓	明治法律學校	湖北都督府 參議
	田桐	武昌文普通學堂, 留日	臨時參議員, 國光新報 創刊
	范熙壬	擧人, 東京帝國大學	
	時功玖	兩湖書院, 東京同文書院	
	馮振驥	附貢, 宏文學院, 明治大學 法專, 法政科 擧人	
	張伯烈	生員, 日本大學 法科	河南提學使, 湖北地方自治研究會長, 臨時 參議員, 總統府 政治諮議
	覃壽公	留日, 法政科 擧人	湖南法政學堂 敎習, 湖北都督署 秘書
	彭漢遺	留日	
	湯化龍	進士, 法政大學	民政部 主事, 湖北諮議局 議長, 臨時參議 院 副議長, 衆議院長
湖南(27) (湖南)	楊時傑	留日	
	廖宗北	法政大學 專門部 政法科	
	駱繼漢	早稻田大學 政治經濟科	新聞主筆
	劉英	明治大學 政治科	副總統府 高等顧問
	王恩傳	日本大學 法科	郵傳部 小京官
	李積芳	經緯學堂, 早稻田大學 政治經濟科, 法 政科 擧人	湖南法政學堂 敎習
	禹瀛	宏文學院, 明治大學, 法政大學, 早稻田 大學	湖北總督府 秘書
	陳家鼎	早稻田大學	臨時參議員
	陳嘉會	兩湖書院, 法政大學	湖南法政學校 創設, 南京臨時政府 陸軍軍 法局長, 南京留守府 秘書長
	張宏銓	生員, 宏文學院 高等師範科	湖南造幣分廠長
	彭允彝	日本警監學校, 早稻田大學 政經科	軍政府 外交顧問, 臨時參議員, 憲草委員
	彭施滌	擧人, 宏文學院 師範科	優級師範學校 敎員, 諮議局 議員
	覃振	早稻田大學	湖北都督府 秘書長
	黃贊元	法政大學	四川憲政籌備處 主任, 四川湖南各省法政 學校 敎授, 憲草委員
	劉彥	早稻田大學	湖北軍政府 秘書
	歐陽振聲	附生, 早稻田大學 政治經濟科	湖南都督府 顧問, 臨時參議員
	魏肇文	成城學校	戶部候選侍郎, 漕倉司 京省科 科長
	羅永紹	法政大學	湖南旅留豫備科 創立
山東(33)	丁惟汾	明治大學	山東法政學堂 校長, 省議員
	王訥	日本視察	山東敎育會長, 省議員
	史澤咸	山東高等學堂, 鹿兒島第七高等學校, 東京帝國大學 法科	臨時參議員, 山東省議員, 憲草委員

구분(*)	성명	학력	경력
	周廷弼	法政大學 法政速成科	視學員長, 臨時省議員
	周樹標	舉人, 法政大學	諮議局 議員, 綏遠檢察廳長
	周慶恩	法政大學	山東法政學堂 教習, 省議會 議長
	金承新	日本考察	高等小學堂 監督
	侯延爽	進士, 日本法政學校	濱江館 監督
	郭廣恩	廩生, 警監學校	山東法政學堂 教習, 警監學校 教務長
	彭占元	附生, 法政大學	諮議局 議員, 資政院 議員, 臨時參議員(同盟會員)
	魏丹書	生員, 政法大學	山東都督府 軍事顧問, 憲草委員, 臨時省議員
河南(32)	王印川	早稻田大學 政經科, 法政科 舉人	北京國權報 主筆
	王敬芳	早稻田大學	諮議局 議員, 憲草委員
	李載賡	宏文學院 師範科, 東斌學堂 警監科, 早稻田大學 專門部 法律科, 法政科 舉人	南京臨時政府 交通部 秘書, 臨時參議員
	杜潛	法政大學, 早稻田大學	(同盟會員)
	耿春宴	舉人, 宏文學院 師範博物速成科	許州中學 監督, 河朔法政學校 校長
	張善與	生員, 早稻田大學 政治經濟科	臨時參議員
	陳景南	法政大學, 早稻田大學	報館 主筆, 憲草委員
(河南)	彭運斌	進士, 法政大學 法科	法部 主事, 諮議局 議員, 資政院 議員, 臨時省議員, 潼濟鐵路 協理
	賀昇平	早稻田大學 政治經濟科	上海軍都督府 軍事科員
	劉峰一	警監學校	(同盟會員)
山西(28)	谷思墇	山西大學堂, 留日	(同盟會員)
	李景泉	警監學校	中學教員, 道尹, 諮議局 議員
	李慶芳	日本大學 法科, 法政科 舉人	民憲日報·憲法新聞 創刊, 憲草委員
	耿臻顯	盛岡高等農林學校	勸學公所礦農科 副科長, 河朔法政學校長
	康佩珩	生員, 留日	臨時省議員(同盟會員)
	梁善濟	進士, 法政大學速成科	山西諮議局 議長, 教育次長
	景定成	東京帝國大學	(同盟會員)
	景耀月	山西大學, 日本大學 法科	南京臨時政府 教育次長, 臨時參議員, 諮議局 議員, 資政院 議員
	劉志詹	拔貢, 法政大學	自治研究紹 教務長, 憲政研究會 教員, 諮議局 議員, 資政院 議員
	黄鼎銘	明治大學 商科, 早稻田大學, 商科舉人	山西商業學校, 法政學校 教習
	穆郇	附生, 山西大學堂 中學專科, 日本考察	
陝西(21)	白常潔	法政大學 法律科 專門部	
	尙鎭圭	東京實科學校 理化專修科, 早稻田大學	中學堂 監督, 臨時省議員(同盟會員)
	茹欲立	生員, 留日	
	張樹森	生員, 法政大學, 法政科 舉人	統一共和黨, 超然社 創設
	楊銘源	明治大學	臨時省議員, 憲草委員(同盟會員)
甘肅(14)	無		

구분(*)	성명	학력	경력
新疆(10)	無		
四川(35)	余紹琴	四川法政學堂 法律科, 中央大學	律師(辯護士)
	李爲綸	明治大學, 早稻田大學	
	李肇甫	明治大學 法科, 早稻田大學	南京臨時大總統府 秘書, 臨時參議員 全院委員長, 憲草委員(同盟會員)
	周 澤	留日	師範教員
	孫鏡淸	早稻田大學 法政豫科, 京師法律學堂	中州法政學堂 敎習, 法官養成所 敎習
	張治祥	政法大學 速成科	四川軍政府 外交司長, 共和大學長(同盟會員)
	張知競	政法大學 速成科	四川法政學堂 敎習, 蜀軍政府 司法部長
	張瑾雯	中央大學, 商科擧人	內閣中書, 四川財政實業司長
	黃汝鑑	東京帝國大學 法科	內閣中書, 民政部 營繕司 行走
(四川)	黃雲鵬	四川東文學校, 早稻田大學 政經科, 文科進士	臨時省議員, 憲草委員
	黃 璋	法政大學, 早稻田大學	憲草委員
	楊肇基	生員, 日本大學 高等師範科, 明治大學 法律科, 法政科 擧人	中國公學法律科 敎授, 神州大學 敎授
	楊 霖	生員, 宏文學院	川東師範學校 監督, 蜀軍政府 交通部長
	熊兆渭	法政大學專門部 政治科	四川法政學堂 敎習, 自治硏究所長(同盟會員)
	熊成章	早稻田大學, 法政科 擧人	廣西高等檢察官, 南京臨時政府 大總統府 秘書, 臨時參議員, 四川泯江法政專門學校 校長
	蒲殿俊	進士, 法政大學	諮議局 議長
	廖希賢	四川官立東文學校, 中央大學, 早稻田大學	四川日報 經理, 中國公學大學部長
	蕭 湘	進士, 法政大學	諮議局 副議長
廣東(30)	江 瑔	廣東高等學堂, 日本大學 法科	敎員, 臨時省議員
	徐傅霖	副貢生, 法政大學	臨時參議員, 廣東省議員
	陳發檀	東京帝國大學	(憲草委員)
	郭寶慈	生員, 東京帝國大學 農科, 農科 擧人	農商工部 主事, 廣東農業敎員講習所長
	許峭嵩	日本大學 法律科	縣知事, 臨時省議員
	黃增쓰	慶應大學 政治科	民聲, 民國雜誌 主筆, 省議員(同盟會員)
	葉夏聲	法政大學	民報撰述, 廣東公立法政專門學校 校長, 廣東都督府 司法部長(同盟會員)
	蕭鳳蠹	擧人, 留日	知州, 潮陽縣敎育會長, 縣議會 議長
廣西(18)	凌發彬	明治大學 法科	敎員
	蒙 經	擧人, 法政大學	諮議局 議員
	龔 政	留日	憲草委員
雲南(20)	由宗龍	擧人, 明治大學 政治經濟科	中國恩倖雲南分行 主任
	李根源	振武學校	

구분(*)	성명	학력	경력
	李燮陽	生員, 宏文學院 普通科	雲南實業司 副司長, 鐵路局長
	段 雄	鐵道學校	南京臨時政府 司法部 僉使(同盟會員)
	張大義	岩倉鐵道學校, 法政大學	南京臨時政府 內務部 秘書長, 雲南高等審判廳長(同盟會員)
	張華瀾	宏文學院	教員, 雲南保安會長, 臨時參議員(同盟會員)
	張耀曾	東京帝國大學 法科	北京大學 法科 教授, 憲草委員(同盟會員)
貴州(13)	嚴天駿	擧人, 宏文學院 師範科	知縣, 約法會 議員
	牟 琳	擧人, 宏文學院 師範科	勸學所 董事, 貴州諮議局 副議長, 資政院 議員
	夏同龢	壯元, 法政大學	政事堂 法制局 僉使, 憲草委員
	孫世杰	優貢生, 日本師範	北京女子師範學校 教員, 開封法政學堂 教習
	陳廷策	擧人, 法政大學	內閣中書, 河南法政學堂 教務長, 臨時參議員, 貴州民政廳長
	陳國祥	進士, 法政大學	河南法政學堂 監督, 臨時參議員, 衆議院 副議長
	蹇念益	擧人, 早稻田大學 政治經濟科	財政部 主事, 河南財政副監理官
蒙古(27)	李景龢	擧人, 法政大學	內閣中書, 憲政編査官, 總統府 諮議
	汪瑩寶	拔貢, 法政大學	京師譯學館 教習, 修訂法律纂修, 資政院 欽選議員, 憲草委員
	吳 淵	早稻田大學	吉林巡按使署 顧問
	克希克圖	振武學校, 明治大學	淸華學校 教師, 蒙藏院 科員
	林長民	擧人, 早稻田大學 政治經濟科	諮議局 書記長, 臨時參議員 秘書長
	易宗夔	廩生, 留日	教員, 諮議局 議員, 資政院 議員, 法典編纂會 纂修
	唐寶鍔	進士, 早稻田大學	憲政編査官 外務部 行走, 直隷都督 外交科長
	孫 鐘	中央大學 經濟科	財政部 主事, 臨時省議員, 臨時參議員, 憲草委員
	鄧 鎔	擧人, 明治大學 法律科	內閣中書, 臨時省議員, 臨時參議員
靑海(3)	無		
西藏(10)	方 貞	進士, 法政大學	工部 主事, 禮部 主事, 諮議局 議長, 官立法政大學校長
	江天鐸	早稻田大學 政治經濟科	京師高等警察學堂 教習, 律師公會 會長, 農商次長
	恩 華	進士, 法政大學	資政院 欽選議員, 約法會議 議員, 國務院 統計局 參事

덧붙이자면, 이와 같은 청국 유학생의 증가는 일본 식민지였던 타이

완 중고등교육을 자극하여 1902년 10월 「타이완총독부직할학교유학생규칙」(府令 第7號)이 공포되었다. 이 규칙에 따르면 "직할학교는 해당 학교의 본도인本島人 학생 중 최종 학년의 교과를 이수하고 학력이 우수하며 품행이 방정한 자를 선발하여 타이완총독의 인가를 얻어 내지로 유학시킬 수" 있었다. 이 결과, 『타이완총독부학사연보』에 의거하면, 1906년 36명이었던 타이완 유학생은 초등교육을 포함하여 1910년 132명, 1912년 264명, 1913년 315명, 1916년 415명, 1919년 564명, 1921년 757명으로 해마다 증가했다. 그러나 그러한 교육을 받아도 타이완에서는 적당한 직업을 얻을 수 없었고 직업을 얻었다고 해도 일본인에 비해 승진이 늦는 데다 자리도 제한되어 있는 등 여러 문제가 발생하자, 유학생 중에서도 독립운동과 배일운동 또는 자치권회복운동에 투신하는 사람이 생겨나게 되었다.

어쨌든 중국 내부에서 법제 개혁과 학술 진흥이라는 요청, 그리고 "한 사람이라도 많이 지나 청년을 양성하는 것은 일본의 세력을 한 걸음 지나 대륙으로 나아가게 하기 위한 대계大計"[26]라는 일본 측의 계산에 따라 중국 유학생은 잇달아 일본으로 건너왔다. 이에 비해 조선의 사정을 살펴보면, 1904년 제1차 한일협약에 따라 일본인 고문이 내정을 장악한 것을 시작으로, 다음해인 1905년 제2차 한일협약(을사보호조약)에 의한 외교권 박탈과 통감부 설치 등 보호국화를 거쳐 1910년 한국병합에 이르는 과정에서 일본을 모범국으로 하는 논의가 후경後景으로 물러나고 심리적인 반발이 강화되었다. 그러나 이 시기 청국 및 러시아 그리고 일본 사이에서 부대끼며 부국강병과 자립을 모색하고 있던 조선은

---

26 靑柳篤恒, 「支那人敎育と日米獨間の國際的競爭」, 『外交時報』 第122號, 1908.1, p.10.

1903년 러시아에 7명의 유학생을 보냈고, 아울러 점점 침투를 강화하는 일본의 상황에 대해서도 보다 많은 정보를 필요로 하게 되었다. 이 때문에 숫자상으로만 보면 1904년 한국 정부가 양반 자제 50명을 황실 부담으로 일본에 파견한 '한국황실특파유학생'을 비롯해 조선의 일본 유학생의 수는 증가하는 경향을 보인다.[27] 또 청국과 마찬가지로 조선의 경우도 법제 정비나 경제 개혁이라는 요청이 있어서 해당 학문에 대한 신지식을 가진 관료를 필요로 했다. 이 때문에 1908년의 문관임용령에는 각국의 대학에서 법률학과, 정치학과, 경제학과를 수료하고 그 졸업증서를 가진 자로서 선고위원選考委員의 선발을 거친 자 또는 내외국의 법정전문학교를 졸업하고 만 2년 이상 판임관의 직책에 있는 자를 주임관으로 임용할 수 있다는 규정이 더해졌다. 하지만 판임관 시험과목으로 법률학, 정치학, 경제학, 어학 네 과목 중에서 선택할 수 있었음에도 불구하고 조선 국내에서 사회과학을 전공할 수 있는 학교가 아직 갖추어져 있지 않았는데, 이것이 일본 유학을 촉진하는 요인이었다.[28]

이리하여 조선의 일본 유학생 파견은 1881년부터 시작되었는데, 이들은 게이오기주쿠 보통과나 도쿄동문서원, 세이조학교 등에서 예비교

---

27 일본으로 건너간 조선인 유학생 수는 통계에 따라 차이가 있어 확정짓기는 곤란하지만 1908년 493명, 1915년 481명 정도였다. 그러나 金正明 編,『朝鮮獨立運動』第3卷, 原書房, 1967, p.537에 실린 경시청 통계에 의하면, 3·1운동 후 '문화정치' 정책으로 도쿄의 유학생들만 따져도 1919년 448명이었던 것이 1920년 998명으로 증가했고, 이후 1921년 1,516명, 1922년 1,950명으로 늘었다가 關東大震災가 있었던 1923년 말 531명으로 감소했다. 그 후, 내지의 조선인 유학생의 총수는 1931년 5,062명, 1932년 4,977명, 1933년 5,369명, 1934년 6,093명, 1935년 7,292명, 1936년 7,810명, 1937년 9,914명, 1938년 12,497명, 1939년 16,304명, 1940년 20,824명, 1941년 26,727명, 1942년 29,427명으로 점차 증가하여 거의 3만에 육박했다.

28 단, 조선에서는 갑오개혁으로 과거제도가 폐지된 후에도 門蔭이나 추천을 통해 신분적으로 선임되는 일이 많았기 때문에 당초에는 일본 유학이 직접 官途로 이어지지는 않았다. 1910년 병합까지 유학과 관료제의 연관성에 대해서는 金泳謨, 渡部學 譯,「韓末外交文化の受用階層·韓國開化期留學生の實態」,『韓』第7號, 1972 참조.

육을 받은 후, 육군도야마학교나 게이오기주쿠, 도쿄공업학교, 메이지대학, 와세다대학, 호세이대학, 주오대학 등으로 진학했다. 조선인 유학생 수는 시기에 따라 차이는 있지만, 병합까지 900명을 넘는 경우가 없었기 때문에 중국인 유학생을 위해 설치된 것과 같은 속성과가 따로 만들어지지는 않았다. 그 때문에 조선인 유학생은 전문 과정에 들어가기 전에 우선 일본어를 습득할 필요가 있었다. 단, '한국황실특파유학생' 50명이 파견되었을 무렵에는 도쿄부립제일중東京府立一中에 특설한국위탁생과特設韓國委託生科가 설치되어 일본어와 이과, 산술 등 예비교육을 실시했다.[29] 그리고 일본에서 전공한 과목을 1908년 통계를 통해 살펴보면, 고등학교나 대학 전문과에 적을 두고 있는 179명 가운데 법률과 46명, 정치경제과 23명, 상과 14명, 공과 11명, 농과 12명, 의과 12명, 경찰과 11명 등 주로 법정·경찰이나 경제에 비중이 놓여 있다.[30] 이처럼 법정이나 경제를 중시하는 현상은 일면으로는 전통적으로 과거를 치르고 관료가 되는 것을 입신의 길로 생각해온 것의 영향이었다는 것은 부정할 수 없다. 그 점은 1920년 무렵 도쿄 유학생의 상황에 대해 "학과에 대하여 편견이 있었다. 실과實科 쪽은 일종의 천역예비군賤役予備軍, 의과는 돈을 탐하는 가장마술사假裝魔術師, 사범 쪽은 무기력하고 재미없는 훈장 후보자, 또 문학은 연약한 아녀자의 괴물로 간주되었고, 자신의 소질이나 취미, 재능을 잘 파악하지도 않은 채 모두가 경제제일주의였다. 그리고 좌담이나 집회에서 또 모든 기관에서 정경가政經家가 헤게모니를 쥐고서

---

29 한국병합까지 일본 유학 특히 한국황실특파유학생의 실태에 관해서는 외무성 기록 문서를 분석한 阿部洋, 「舊韓末の日本留學·資料的考察」 I·II·III, 『韓』 第29~31號, 1974이 상세하다.
30 1908년 6월 말에 조사한 「留學生統計表」, 『大韓學會月報』 第6號, 1908.7, pp.77~79에 의거한다. 이 통계에는 대략을 제시한 것이라는 단서가 달려 있다.

학생사회를 전면적으로 지배하고 있었다"[31]라고 전하고 있는 것을 보아도 알 수 있다. 그러나 법정이나 경제의 중시에 관해서는 보호국에서 병합으로 나아가는 과정에서 일본이 펼친 교육정책과 어떤 관련이 있는지도 고려할 필요가 있다. 다시 말해 한국병합 후인 1911년 공포된 조선총독부교육령에 따르면, 중등교육을 최상으로 하고 전문교육은 시기상조로 여겼기 때문에 조선에서 고등전문교육기관은, 기독교 계열 학교는 별도로 하고, 쉽게 설립 허가를 받지 못했다. 조선의 전문교육학교는 1915년 3월 전문학교령이 공포되고 나서야 설립되기 시작했다. 1916년 경성전수학교, 경성공업전문학교, 경성의학전문학교, 1918년 수원농림학교가 개교했지만 전수학교 이외에는 일본인과 공학이었고 조선인 입학자 수도 제한되어 있었다. 또한 사립학교로는 1905년 보성전문학교가 설립되었고, 1917년에는 연희전문과 세브란스의학전문학교가 인가되기에 이르렀다. 특히 빼앗긴 국권을 회수하여 독립을 이루고 인권을 지키는 데 없어서는 안 될 학문으로 간주된 법정과 경제를 가르치는 전문학교는 보성전문학교와 경성전수학교(1922년 경성법학전문학교로 개

---

31 權五翼, 「在東京學生の現狀と將來」, 『朝光』 第7卷 3號, 1941. 인용은 林己煥, 「韓國人の日本留學 3·1獨立運動期までの早稻田大學の例を中心に」, 『待兼山論叢』 第30號, 1996, p.69을 따랐다. 이러한 유학생의 경향에 대해서 1925년의 내무성 警保局에서 간행한 『在京朝鮮留學生槪況』에서는 "전문학교 이상의 재학생을 보면 47%가 정치경제, 법률, 사회과학 등에 재적하고 있어, 사회문제의 硏鑽에 쉽게 접근할 수 있을 뿐만 아니라 평상시 피정복민족으로서의 반항의식과 고참 학생의 도움은 자연스럽게 사상연구에 흥미를 갖게 한다"(朴慶植 編, 『在日朝鮮人關係資料集成』 第1卷, 三一書房, 1975, p.327)라고 하여 민족주의운동으로 이어지는 것으로서 경계심을 품고 있다. 林己煥은 앞의 논문에서 정치는 와세다, 경제는 게이오, 법률은 메이지라는 인식이 유학생들 사이에서 널리 퍼져 있었다는 것, 또 와세다의 비판정신과 반골정신이 피지배민족인 한국인 일본 유학생의 성향에 맞는 것으로 간주되고 있었다는 것, 1920년대 후반부터는 점차 이공계를 포함한 자연과학 전공자가 증가하는 경향을 보인다는 것 등을 지적하고 있어서 시사점이 풍부하다. 와세다대학의 학생운동 전반에 대해서는 早稻田大學우리同窓會 編刊, 『韓國留學生運動史』(1976)에 정리되어 있다.

칭), 1926년 설립된 법문학부를 가진 경성제국대학 등으로 제한되어 있었고, 일본으로부터 독립을 달성하기 위해서라도 일본에 유학하여 법정학과 경제학을 배울 수밖에 없었던 사정도 있었다.

이와 같은 교육 조건과 국권 상실의 상황에 처한 조선인 일본 유학생들이 조선 독립운동으로 나아간 것은 불가피했다. 1905년 이미 청국유학생취체규칙에 반대하는 동맹휴교나 일제귀국운동과 거의 때를 같이하여, 도쿄부립일중 특설한국위탁생과에 입학한 40여 명이 제2차 협약(을사보호조약)의 체결에 격분해 동맹휴교에 들어갔다. 더욱이 확실하게 받아들여주는 교육기관도 없고 학자금도 부족한 상황에서 유학생들은 상호 친목과 정보 교환을 위해 유학생단체를 조직했는데, 이들 유학생단체는 병합에 반발하는 의미에서 단체의 통합을 통해 계몽운동을 강화하자는 쪽으로 움직였다. 조선인 유학생단체를 살펴보면, 1895년 '훗날 국가에 유용한 인재가 될 것'[32]이라는 기개를 품은 유학생이 결집하여 대조선인일본유학생친목회를 비롯하여 태극학회, 공수학회, 낙동친목회, 광무학회, 대한동인회, 유학생구락부, 대한학회 등이 결성되었다. 그런데 을사보호조약이 체결되고 외교권이 박탈당한 결과 유학생 감독을 겸하고 있던 주일공사가 귀국하여 유학생에 관한 교섭 창구가 폐쇄되었기 때문에 자치적 연락기관으로서 1906년 7월 대한유학생회가 결성되었다. 그러나 대한유학생회는 여전히 태극학회 등의 연합체였기 때문에, 1908년 1월 "민족적 한국을 흥하게 하고 당파적 한국을

---

32 조선인유학생친목회의 결성에 관해서는 『中央時論』, 1895.8, 第15號, p.27 참조. 같은 호에 수록된 논설 「朝鮮の問題と朝鮮學生」에는 新創中興의 조선인 유학생이 배워야 할 학문으로 "理化學 技術上의 학술은 타국인을 고용하여 이용해도 지장이 없고, 정치와 법률의 경우는 나라에 그 지식을 갖고 있는 사람이 없다면 나라의 조직을 굳건히 할 수 없다"(p.3)라 하여 장래 施政者 내지 문명의 목탁으로서 민간을 유도해야 하는 조선 유학생에게 정치학, 법률학, 경제학을 배울 것을 장려하고 있다.

망하게 해야 한다. 이것은 우리 대한의 시대적 요구이다. 우리 국민의 자각심이다."[33]라고 하여 국민의 자각에 호소하는 것을 목적으로 대한학회가 설립되었고, 나아가 1909년 3월 대한흥학회가 조직되기에 이르러 유학생을 아우르는 단체가 실현되었던 것이다. 이들 유학생단체는 표면적으로는 친목단체라고 주장하였지만, 1907년 봄 와세다대학의 모의국회에서 '한국 황실을 일본국 화족華族으로 삼으라고 주청할 것'이라는 항목이 있었던 것에 분개하여 와세다대학 재학생 일제 퇴학과 그것에 호응한 동맹휴교를 조직했다. 이 사건을 시작으로 항일 의병 투쟁으로 옥사한 최익현의 추도와 반일 활동으로 추방당한 안창호에 대한 지원 등 점차 반일적인 정치활동을 펼치게 되었다.[34] 그리고 한국병합에 즈음하여 대한흥학회는 대표자를 보내 반대 활동을 일으키고자 한 것이 발각되어 해산 명령을 받았다.

이러한 유학생의 동향에 대처하기 위해 1911년 8월 「조선총독부유학생규정」에 따라 "특별히 내지 유학을 필요로 하는 학술 기예를 이수하게 할 경우" 이외에 일본 유학이 엄격하게 제약되었다. 그럼에도 불구하고 1912년 10월에는 조선유학생학우회가 조직되어 민족주의사상이나 배일사상을 고취하는 경향이 강해졌고, 기관지 『학지광』은 종종 발행 금지 처분을 받기도 했다. 그리고 일본 유학생 중에서 1919년 3·1독립선언문을 기초한 최남선과 그 도화선 역할을 한 도쿄 유학생의 '2·8독립선언서'의 기초자인 이광수를 비롯하여 백관수白寬洙, 김도연金度演, 조소

---

33 「大韓學會趣旨書」, 『大韓學會月報』 第1號, 1908.2, p.2.
34 이러한 활동들의 일단은 『大韓留學生會學報』 第2號(1907.4)에 게재된 「哭勉庵崔先生」이나 「咄々怪事—早稻田大學在學生一齊退學」 등의 기사에 나타나 있다. 또, 1915년부터 3·1운동에 이르는 재일 유학생의 행동과 주장은 姜德相 編, 『朝鮮獨立運動』 2(現代史資料(26)), みすず書房, 1967에 정리되어 있다.

앙趙素昻, 최팔용崔八鏞, 송계백宋繼伯, 현상윤玄相允 등 독립운동 담당자와 김마리아, 황신덕黃信德, 나혜석羅惠錫, 황에스더 등 여성해방운동가가 잇달아 등장했다. 1919년 4월에는 김준연金俊淵, 최승만崔承萬, 백남훈白南薰 등이 요시노 사쿠조吉野作造 등의 여명회黎明會에 가입하는 등 다채로운 활동을 펼쳐 나갔다. 삼엄한 감시하에서도 일본 유학생이 이러한 활동을 전개할 수 있었던 것은 거꾸로 말하면 조선 내에서 얼마나 엄격하게 사상을 통제하고 학생운동을 억압했는지를 말해주는 것이기도 했다. 적어도 일본 내지에서는 사회주의사상이나 민족주의 사조, 러시아혁명에 관한 정보를 얻는 것이 조선에서보다 더 쉬웠고, 또 "세계의 움직임을 하나하나 자세히 알 수 있었을 뿐만 아니라, 조선에 관한 외국 기사도 접할 수 있었다. 예컨대 파리평화회의에 조선대표를 파견할 것인가, 미국에 있는 한인이 독립자금을 모았는가 등등의 기사는 조선에서는 볼 수 없었던"[35] 것이다. 그런 의미에서 조선인 일본 유학생 대다수는 '요시찰조선인要視察朝鮮人'[36]으로서 언동의 제약을 받으면서도, 식민지 통치하에서 세

---

35 金成植, 金學鉉 譯, 『抗日學生運動史』, 高麗書林, 1974, p.21. 이처럼 일본에서 세계의 정보에 접할 기회를 가졌다는 사실은 「2·8독립선언서」와도 관련이 있다. 즉, 유학생들은 도쿄에서 발행되는 『Japan Advertiser』를 통해, 미국에 머물고 있는 이승만 등이 독립을 提訴하기 위해 민족대표로서 파리강화회의에 파견되었다는 기사를 보고, 또 『東京朝日新聞』이 샌프란시스코에 사는 조선인이 독립운동자금으로 30만 엔을 모금했다고 보도한 기사에 충격을 받아, 이에 호응해서 일본에서도 독립운동을 개시할 절호의 기회가 찾아 왔다고 생각한 것이 행동을 불러일으킨 계기가 되었던 것이다 (위의 책, pp.31~33).

36 1916년 7월의 「日本國內における朝鮮人取締內規」에 따르면, '요시찰조선인'에는 갑호와 을호 두 종류가 있는데, "갑호는 배일사상의 신념이 강하고, 이것을 고취해 폭발물 등의 위험물을 소유해 난폭한 배일활동을 펼치며, 조선 또는 외국에 있는 동지들과 서로 통신 연락하는 자. 을호는 갑호에 해당되지 않는 배일사상을 가진 자"(제1조)이다. "요시찰인의 왕래, 통신, 회합, 출판 등 이면의 동정을 탐지하는 데 힘쓸 것"(제3조)과 "불온한 일을 기도할 우려가 있는 요시찰인을 감시, 미행할 것"(제4조)이 실제로 시행되어, 갑호에는 통상 5명, 을호에는 3명의 미행 감시가 붙어서 일거수일투족까지 기록했다. "조선 또는 외국에 있는 동지들과 서로 통신 연락하는" 회로로서 유학생의 역할이나 활동이 요시찰 대상이었던 것은 명백하다.

계에 관한 정보나 지식을 일본에서 섭취하고, 나아가 그것을 일본에서 조선으로 전하는 사상회로로서 기능을 담당했던 것이다. 더욱이 유학생은 귀국 후 다방면에서 교육에 종사했다. 예를 들어 법정 교육을 보면, 1895년 설립된 법관양성소에서는 도쿄법학원(주오대학 전신)을 졸업한 장도張燾, 홍재기洪在祺, 박만서朴晩緒, 유문환劉文煥, 게이오기주쿠를 졸업한 신우선申佑善, 메이지대학 법학과 졸업생 유동작柳東作, 화불법률학교和佛法律學校(호세이대학 전신) 졸업생 석진형石鎭衡이 교관이 되었고, 보성전문학교에서는 도쿄법학원을 졸업한 유치형兪致衡과 도쿄제국대학 법학부를 수학한 장헌식張憲植 등이 법학 교육을 맡았다.[37]

하지만 이렇게 자신의 학습 성과를 살릴 기회를 부여받은 일본 유학생은 극히 한정되어 있었고, 오히려 고등교육을 받고 귀국한 유학생에 대해서는 독립운동을 금압禁壓하기 위해 엄격한 감시의 시선이 따라다녔다는 점에 유의할 필요가 있다. 요시노 사쿠조는 1919년 6월, 3·1 사건의 원인과 대책을 논하는 강연에서 조선인에 대한 차별 대우를 철폐할 필요가 있다고 말하면서, 가장 유감스러운 것은 "조선인이 자신의 능력을 지금부터 발휘하고자 해도 내지인과 균등한 기회를 부여받지 못하는 것"[38]이라고 강조했다. 특히 고등교육에 관하여 다음과 같이 지적하고 있다.

대체로 학교 수가 아주 적고, 수준도 낮은 결과 조선인에게는 고등교육

37 조선에서 법학 교육과 유학생의 관련에 대해서는 鄭鐘休, 『韓國民法典の比較法的研究』, 創文社, 1989 第1章 참조.
38 吉野作造, 「朝鮮統治の改革に關する最少限度の要求」(1919.6.5), 松尾尊編, 『吉野作造―中國·朝鮮論』(東洋文庫 161), 平凡社, 1970, pp.160~173.

을 받을 수 있는 편의가 없습니다. 조선의 제군이 일본에 와서 고등학교를 졸업하고 제국대학에 들어간 사람도 있습니다만, 이는 대단한 불편을 인내하고 대단한 간난신고를 거친 결과입니다. (…중략…) 따라서 지나의 유학생 제군 중에는 제국대학이나 기타 다른 고등의 여러 학교에서 수학하는 자의 비율이 높습니다만, 조선의 제군은 극히 적습니다. 적을 수밖에 없습니다. 이것을 막는 관문을 돌파하기가 쉽지 않기 때문입니다. 그리고 다른 한편 어떻게든 그러한 불편을 참으면서 일본에 유학하려는 생각을 품고 있는 자가 있으면, 당국에서는 멋대로 짐작하고서는 이것을 막습니다.

이처럼 조선 내에서 고등교육의 기회가 한정되어 있었기 때문에 일본에 건너간 후 예비학교를 다니지 않으면 고등학교에도 들어갈 수 없는 실정이었고, 또 당국은 일본 유학을 부당하게 제지했다. 게다가 천신만고 끝에 졸업해서 관리가 되어도 급료는 같은 지위에 있는 일본인의 3분의 1정도로, 고등관으로 발탁되는 일도 드물고, 문관은 군서기, 무관은 순사보나 헌병보조원이 고작이어서, "아무리 능력이 있다 하더라도, 그 이상으로는 나아갈 수 없기 때문에 그들은 모처럼 교육을 받아도 아무것도 될 수가 없다. 일부러 내지에 유학을 하더라도 본국으로 돌아가면 자포자기하게 되는" 상황에 있다는 것을 요시노는 자신이 알고 지내던 조선인 학생의 체험에 입각하여 말하고, 교육의 기회와 조선인 관리의 대우를 개선하라고 호소했다. 일본 유학은 다른 나라에서 온 유학생보다도 조선이나 타이완 등 식민지에서 온 유학생에게 앞길에 커다란 핸디캡을 부과하는 등 오히려 가혹한 운명을 준비하고 있었던 것이다.

이 외에 아시아 각지에서 온 유학생에게 눈을 돌리면, 인도에서는 1892년 일본을 방문한 종교지도자 스와미 비베카난다Swami Vivekananda가 귀국 후 저술한 인상기에서 일본을 아시아의 우등생이라고 칭하고 일본 유학을 권고하기도 해서, 1902년 네팔 출신 유학생 8명을 시작으로 1905년에는 7, 80명의 유학생이 체재했다.[39] 그리고 1903년에는 오쿠마 시게노부와 시부사와 에이이치澁澤榮一 등이 설립한 일인협회日印協會에서 상공업 조사 및 상품관 경영과 함께 인도 유학생 지원 활동을 펼치게 된다. 또, 태국에서도 앞에서 서술했듯이 1903년 8명의 유학생이 온 이래 단속적이나마 일본은 중요한 유학지로 간주되며, 특히 1932년 입헌개혁 이후에는 구미의 영향에서 벗어나려는 의도도 있어서 일본 유학생이 증가했다.

더욱이 프랑스의 식민지 통치로부터 독립하는 것을 목표로 삼고 있던 베트남의 판보이차우 등에게 러일전쟁 후의 일본은 무기 조달의 도움을 청하기 위한 '출양구원出洋求援'의 나라였다. 그러나 일본에 온 후 일본으로부터 무기 원조를 기대할 수 없다는 사실을 알게 되고, 인재를 배양하는 것이야말로 선결과제라는 량치차오의 주장에 설득당해, 일본에 유학하는 학생을 경제적으로 원조할 것을 국민에게 요구하는 「국민에게 유학을 도와줄 것을 권하는 글」(1906)을 베트남으로 보내 일본 유학을 촉구하는 동유운동東遊運動을 전개하게 되었다.[40] 프랑스가 교육의 실권을 장악하고 있었던 베트남의 상황에서 일본 유학은 독립운동의

---

39 「印度留學生の減少」, 『教育時論』, 1908年 8月 15日號, pp.38~39. 단, 이 글에서 필자는 표제가 보여주듯이 인도의 유학생이 러일전쟁이 발발한 1904년과 1905년을 정점으로 감소하는 경향을 보이며, 1907년 말에는 총수가 34명에 불과하다는 점을 우려하고 있다.

40 판보이차우와 東遊運動의 전개에 관해서는 1940년대 일본의 프랑스령 인도차이나 진주와 함께 관심이 높아졌다. 大岩誠, 『安南民族運動史槪說』(ぐろりあ・そさえて, 1941)에 「獄中記」 등이 번역되었다. 연구서로는 陳輝燎, 范宏科・呂毅 譯, 『越南人民抗法八十年史』, 三聯書店, 1960; 川本邦衛, 「維新東遊期における潘佩珠の思想」, 『思想』 第584號, 1973.2; 「潘佩珠小史」 및 長岡新次郎, 「日本におけるビェトナムの人々」(둘 다 潘佩珠, 山本邦衛・長岡新次郎 譯, 『ヴェトナム亡國史他』(東洋文庫 73), 平凡社, 1966에 수록); 白石昌也, 『ベトナム民族運動と日本・アジア』, 巖南堂書店, 1993 참조.

인재를 양성하여 식민지 지배로부터 벗어나기 위한 방책을 손에 넣는 중요한 회로였고, 또 일본에서 법정사상과 군사지식을 습득하는 것은 자강혁신운동을 추진하기 위해서도 불가결한 것으로 간주되었다. 이리하여 베트남 국내에서 1904년 결성된 유신회維新會를 중심으로 선전 문건 배포와 유학생을 송출하기 위한 자금 모집이 진행됨으로써 일본으로 가는 사람들의 발길이 끊이지 않게 되었다.

일본을 방문한 베트남 유학생은 후쿠시마 야스마사福島安正와 이누카이 쓰요시犬養毅, 가시와바라 분타로 등의 주선으로 찬후콩陳有功 등 3명이 진무학교振武學校에, 롱기카인梁毅卿이 도쿄동문서원 특별반에 입학한 것을 비롯하여, 세이소쿠영어학교正則英語學校와 판보이차우가 요코하마에 머물 때 기거했던 '병오헌丙午軒'에서는 일본인을 불러 일본어 수업 등이 진행되었고, 1908년에는 일본 유학생 수가 200명을 넘었다고 한다. 이와 같은 유학 운동을 추진하면서 1906년 응우엔 왕조의 기외후畿外侯 쿠옹데畺柢를 데리고 다시 일본으로 온 판보이차우는 재일 유학생들과 1907년 신월남공헌회新越南公憲會를 결성했다. 또, 량치차오의 권유로 『월남망국사』와 『해외혈서』를 집필했고, 자강독립의 필요성을 "나라 안에 호소해 아직 죽임을 당하지 않은 동포를 발분시켜 해외의 강한 이웃들의 성원을 부탁하고 국내에서 강산의 영웅을 일으키기"[41] 위해 일본을 거점으로 하여 계몽 선전 활동을 전개했다. 나아가 판보이차우 등은 량치차오의 조언을 얻어 중국 윈난 출신 유학생들과 함께 잡지 『운남雲南』의 간행과 배포에 관여했고, 카오추크하이高竹海가 프랑스어 번역을 담당했다. 또한 루옹라프남梁立巖 등 베트남 유학생은 장빙린, 장지張繼 등 『민보』 관

---

41 潘佩珠, 「海外血書 初編」, 앞의 책, p.218.

계자와 접촉을 갖는 등 중국의 망명 정치가나 유학생 등과 교류하기도 했다. 그리고 귀국한 유학생들에 의해 1907년 하노이에 게이오기주쿠를 본 딴 통킹의숙東京義塾이 개설된 이래 일곱 개 성에 걸쳐 통킹의숙 분교가 만들어졌다. 이 외에도 하동 등지에 옥천의숙玉川義塾과 매림의숙梅林義塾 등 의숙이라고 불리는 학교가 속속 창설되었다. 통킹의숙 교육반에서는 학생에게 지리나 윤리 등을 수업함으로써 민족의식의 발양과 서구 법정사상의 보급을 꾀했으며, 민족문화를 진흥하기 위한 교재를 출판했다. 또, 고동반鼓動班에서는 평문評文이라고 불리는 정치 비판 노래나 역사적인 구국 영웅 등에서 소재를 취한 연설을 통해 애국심과 독립운동의 고양을 촉구하는 활동을 전개했다.

그렇지만 이와 같은 다채롭게 전개된 동유운동도 베트남 국내에서 일본 유학생에게 보내는 송금을 규제하거나 유학생의 육친을 체포, 투옥하는 등 탄압이 가해지면서 '경제난'에 빠져 새로운 유학생 송출이 중단되었고, 학자금 부족으로 일본에 있던 학생들마저 일본을 떠남으로써 퇴조기로 접어들었다. 또한 일본 쪽의 상황을 보면, 1907년 6월 일불협약에 기초해 프랑스 정부는 일본 정부에 유학생들의 독립운동을 단속해달라고 요청했고, 1908년 일본 정부는 신월남공헌회를 해산하는 등 본격적으로 간섭하고 나섰다. 1909년에는 판보이차우와 기외후 쿠옹데 등이 국외 퇴출 명령을 받는 등 외교적으로 궁지에 몰리면서 동유운동도 종언을 맞이했다. 일본을 떠난 베트남 유학생 대부분은 귀국하는 것 외에 중국이나 태국에서 새로운 활동 거점을 찾기도 했는데, 일본에서 중국인 유학생이나 망명혁명가와 교류한 것을 계기로 중국의 군관학교 등으로 전학하거나 혁명운동에 투신한 유학생도 적지 않았다. 이미 1908년에는 판보이차우의 호소로 베트남과 국경을 맞댄 중국 각

성 출신 일본 유학생과 베트남 유학생 사이에 '운남광서월남동맹雲南廣西
越南同盟'이 조직되었다고 하는데,[42] 이러한 인연이 있어서였을까, 응우엔
두크콩阮德功은 일본에 머무는 동안 알게 된 차이어蔡鍔가 구이린군관학
교桂林軍官學校 간부가 된 것을 계기로 육군 연대에 들어갔고, 호앙반키黃文
紀는 중국인 유학생으로부터 중국어를 배워 베이징의 육군군관학교에
들어갔으며, 응우엔킹람阮瓊林은 1913년 중국에서 제2혁명이 일어나자
유학 중 알고 지냈던 황싱黃興의 군에 투신했다가 전사했다.[43] 또, 판보
이차우와 쿠옹데도 신해혁명에 호응하여 천치메이陳其美와 후한민 등의
협조 아래 1912년 광둥에서 베트남광복회를 결성하는 등 일본에서 맺
어진 고리는 일본을 떠나서도 동아시아 각지에서 다양한 전개를 보여
주었다.

제2절 ──── 사상연쇄의 회로로서의 결사와 번역

이렇게 베트남의 동유운동은 단기간 내에 끝나버렸지만, 일본이 지
의 연결고리가 된 것은 그곳에서 아시아 각지의 사람들이 서로 만날 수
있는 기회를 제공했고, 그럼으로써 사상연쇄와 아시아에 관한 통합 의

---

42 '雲南廣西越南同盟'에 대해서는 불명확한 점이 많지만, S. L. チフヴィンスキー(Tikhvinskii), 伊藤秀
一譯, 「辛亥革命と孫文」(大坂市立大學, 『中國史研究』第4號, 1965), p.39에 따르면, "이 동맹은 3개
월 동안 활동했을 뿐 청조와 프랑스 정부의 요구로 일본 관헌에 의해 해산되었다."
43 신해혁명과 베트남인 유학생의 연관성 및 일본 유학 중 병사한 베트남인 유학생과 민족의 독립을 찾아
憤死한 사람들의 事歷에 대해서는 鄧搏鵬, 後藤均平 譯, 『越南義烈士』(刀水書房, 1993)가 상세하다.

식을 낳았다는 점에서 아주 중요한 의미를 갖는다. 일찍이 1879년에 결성된 흥아회興亞會(1883년 亞細亞協會)에서는 일본인과 중국의 허루장이나 황쭌셴 등 외교관, 왕타오 등 방일訪日 문인의 교류가 있었고, 조선의 김홍집과 김옥균 등이 이곳에 초대되는 일도 있었지만,[44] 보다 광범한 인사들의 교류가 시작된 것은 청일전쟁 이후의 일이다. 1898년 무렵, 내외출판협회의 야마가타 데이자부로山縣悌三郎는 일본・중국・조선・인도・필리핀・태국 청년의 우의단체인 동양청년회東洋靑年會를 조직해 아시아 각국의 사정을 서로 알기 위한 활동을 원조했는데, 고도쿠 슈스이와 야마다 비묘山田美妙 등이 여기에 참가하고 있었다. 당시 동양청년회에서 가장 큰 관심을 모은 것은 필리핀 독립운동이었고, 참가자들은 특히 지도자 아기날도의 동향에 주목하고 있었다. 야마다 비묘가 마리아노 폰세Mariano Ponce 등 필리핀 망명자들로부터 직접 들은 이야기와 문헌을 기초로 하여 『비율빈독립전화比律賓獨立戰話—아기날도』(1902)를 집필한 것도 그 기운을 반영한 것이었다.

한편 이슬람권에서는 1909년 압둘레시드 이브라힘Abdürreşid İbrahim이 일본에 왔고, 이브라힘으로부터 제1대 칼리프의 이름에서 연유한 아부바크르라는 이슬람 이름을 부여받은 오하라 다케요시大原武慶가 중심이

---

44 사람들은 반드시 동일한 목적을 갖고 興亞會에 참여한 것은 아니었고, 또한 중국・조선・일본에서 온 참가자가 함께 만날 기회도 많지 않았다. 1882년 6월 모임의 모습에 관해서는 다음과 같은 보도가 있다. "지난 21일 쓰키치의 壽美屋에서 열린 흥아회원의 친목회에서는 회원 榎本武揚・副島種臣・渡邊洪基・伊藤雋吉・關新吾 등의 인사를 비롯해서 청국 흠차대신 黎庶昌, 수행원 姚文棟 및 王琴仁, 張滋昉 등을 포함해 官紳雅客 50여 명, 또 객원은 朝鮮通訓太夫筵侍讀官 김옥균, 승정원 記注官 서광범, 수행원 膳工監 강위, 유길준 4명 외에 3명이 있었다. (…중략…) 일청한 삼국의 사람들이 단란하게 아세아의 형세를 이야기하고 그 기운을 확장할 방법을 논의하면서 기쁨을 다 누린 뒤 헤어졌는데 이는 참으로 고마운 기회이다. 금일 모임이 이처럼 왕성한 것을 보건대 본회의 앞길을 미루어 짐작할 수 있을 것이다"(『東京日日新聞』, 1882.6.23). 그러나 이후 임오군란이 일어나 삼국 간 긴장이 생기면서 興亞會(亞細亞協會)는 소기의 목적을 달성할 수 없었다.

되어 이브라힘과 도야마 미쓰루頭山滿・나카노 조타로中野常太郎・이누카이 쓰요시, 그리고 중국인 무슬림 왕하오란王浩然・다푸성達浦生・마중셴馬仲先 등과 함께, "우리 아세아는 우리들에게 공통되는 미풍・양속・정신・성격이 있고, 따라서 아세아주의 개선 향상을 위해서는 아세아인 스스로가 크게 분려奮勵하지 않으면 안 된다. 우리들은 감개한 나머지 스스로를 헤아리지 않고 여기에서 아세아의회亞細亞義會를 설립해 널리 모든 아세아주 동지와 동감하는 인사들의 협력과 육심戮心을 청하는 바이다"[45]라며, 동아동문회의 지원을 받아 1910년 아세아의회를 설립했다. 여기에 파견된 터키의 대학졸업생 3명은 아세아의회 임시기숙사에서 일본어 습득에 힘썼고, 후에는 일본인에게 터키어를 강습하기도 했다. 이브라힘에게 아세아의회는 "일본에 이슬람을 널리 알리고 동양의 각성과 통일을 꾀하며 이를 통해 동양을 외국의 침략에서 방위하기 위한"[46] 것이었고, 황화론을 선동하여 황색인종과의 혈전을 준비하고 있는 백색인종을 물리치기 위한 '아시아 방위체'를 조직하는 것이었다. 타타르인 무슬림이었던 이브라힘에게 러일전쟁에서 승리한 일본이야말로 러시아에 대항해 타타르를 해방으로 이끌 수 있는 유일한 아시아 국가였지만, 만주의 군정관을 지낸 적 있는 오하라 다케요시의 입장에서 보자면 육군참모본부의 의향을 반영하면서 중국 대륙의 무슬림 공

---

45 「亞細亞議會」, 『日本及日本人』 第550號, 1911.1.15, p.8. 亞細亞議會는 아시아 각국의 종교・외교・식민 등의 사항을 연구하고 연구의 결과를 기관지『大東』에 발표하기로 했다. 또한 아시아 각국에 조사원을 파견하여 페르시아・아프가니스탄・터키 등에 지부를 설치할 계획도 갖고 있었다.

46 Äpträšit Ibrahimov, 小松香織・小松久男 譯, 『ジャポンヤ』, 第三書館, 1991, p.327. 일본에 모스크를 세우고자 했던 이브라힘의 활동을 포함해 일본인과 이슬람의 관계에 대해서는 坂本勉, 「山岡光太郎のメッカ巡禮とイブラヒム」(池井優他 編, 『近代日本とトルコ世界』, 勁草書房, 1999) 참조. 덧붙이자면 아세아의회는 중국에서 무슬림 공작을 펼친 大原武慶 등의 목적에 따라 신해혁명 후에는 '大亞義會'로 이름을 바꾸고 奉天으로 본부를 옮겼다.

작을 도모하는 것이 목적이었기 때문에 둘 사이에는 명확히 서로 어긋나는 점이 있었다. 그럼에도 불구하고 무슬림 사이에서도 일본이 아시아의 해방을 위해 진력하고 있음에 틀림없다는 기대를 갖고 있었고, 아시아 여러 민족의 연대와 통일을 추진하는 거점이 될 일본으로 사람들을 끌어 모아 결사의 설립을 서두르고 있었던 것이다.

이와 같은 국가와 민족을 초월한 교류조직으로는 1907년 8월 장빙린 · 장지張繼 · 류스페이劉師培 · 허전何震 등과 고도쿠 슈스이 · 사카이 도시히코堺利彦 · 야마카와 히토시山川均 · 오스기 사카에大杉榮 · 사카모토 세이마坂本淸馬 · 다케우치 젠사쿠竹內善作 등이 결성한 사회주의강습회(훗날 齊民社)가 있는데, 사회주의강습회는 8회, 제민사는 6회의 강연회를 개최했다.[47] 1907년 4월, 고도쿠 슈스이는 "사회당의 운동은 만국운동이다, 인종이나 국경의 구별이 없다. (…중략…) 따라서 지나의 혁명주의자가 일본의 사회운동가와 악수 제휴할 날이 멀지 않았다"[48]라고 예측했는데, 같은 해 6월 무렵 장지와 류스페이를 중심으로 출발한 사회주의연구회가 사회주의강습회로 발전하게 된다. 그러나 이때 이미 중국의 혁명운동 가운데에서도 쑨원파와 장빙린, 장지 등의 대립이 생겼고, 일본의 사회주의운동에서도 직접행동론을 주창하는 고도쿠 슈스이 등과 이에 반대하는 가타야마 센片山潛 등 사이에 대립이 드러나고 있었기 때문에, 고도쿠 슈스이가 기대했던 일본과 중국의 폭넓은 제휴로는 연

---

47 사회주의강습회에 관해서는 楊天石, 「'社會主義講習會'資料」(『中國哲學』 第1輯, 1979)와 「'社會主義講習會'資料(續)」(『中國哲學』 第9輯, 1983)가 관련 자료를 포함하여 중요하며, 사회주의강습회 및 齊民社의 강연자와 강연 내용에 대해서는 嵯峨隆, 『近代中國と革命幻影』(硏文出版, 1996), 또한 梁啓超 등과의 사상적 대항관계에 대해서는 永井算巳, 「社會主義講習會と政聞社」(『中國近代政治史論叢』, 汲古書院, 1983) 참조.

48 幸德秋水, 「大久保村より」, 『日刊平民新聞』, 1907.4.4.

결되지 않았다. 그러나 고도쿠 슈스이 등이 개최한 '사회주의 금요강연'
이나 '사회주의 하기^{夏期}강습회'⁴⁹에는 중국인 외에 김여춘^{金如春}·황태경
^{黃泰慶}·박종진^{朴鍾鎭} 등 조선인까지 참여했고, 중국과 조선에서 사회주의
이론을 수용하는 과정에서 이들 조직이 지^知의 집산^{集散} 기회를 제공한
것은 적지 않은 의의를 지닌다고 해야 할 것이다.

그리고 사회주의강습회의 구성원을 중심으로 보다 널리 아시아 피압
박민족의 연대를 통한 반제국주의의 민족독립을 목표로 결성된 것이 아
주화친회^{亞洲和親會}이다. 아주화친회는 1907년 3월 중국의 장지·류스페
이·장빙린·쑤만수^{蘇曼殊}·타오예궁^{陶冶公}·허전·천두슈 등의 혁명파
가 인도인과 협의해서 발기하고, 그 후 일본·베트남·버마·필리핀·
조선 사람들에게 참가를 호소했다. 장빙린이 기초한 규약에 따르면, 이
모임의 목적은 "제국주의에 반항하여 이미 주권을 잃어버린 아세아주의
민족이 각각 독립을 달성하게 하는 데 있"⁵⁰으며, 회원은 "아세아주 사
람으로서 침략주의를 주장하는 자를 제외하고 민족주의·공화주의·사
회주의·무정부주의를 불문하고 모두 입회할 수 있"었다. 이는 명확히
반제국주의를 축으로 한 아시아인의 결집을 강조한 점에서 획기적이었
다. 이 모임이 아시아의 연합을 강하게 의식하고 있었다는 것은 회원들
이 영역명이 "The Asiatic Humaniturian Brotherhood"이었고, 이것

---

49 景梅九는 마르크스의 『자본론』을 하기강연회에서 청강하고, "이 하기강연회는 금요강연회라고도
     했다"(大高巖他 譯, 『留日回顧』(東洋文庫 81), 平凡社, p.120)라고 기록하고 있지만, 이 둘은 별개의
     것이다.

50 湯志鈞 編, 『章太炎年譜長編』, 上冊(中華書局, 1979), p.243. 같은 책 p.248에 따르면, 陶成章 등이
     1907년 가을 인도·베트남·버마의 지사와 東京에서 '東亞亡國同盟會'를 설립했는데, 章妒麟이 회
     장이 되었다고 한다. 또, 아주화친회의 규약에는 竹內善作(策), 「明治末期における中日革命運動の
     交涉」(『季刊中國研究』 第5號, 1948) pp.77~78에 중문으로 쓰인 글과 주(53)의 논설에 중문 일부가
     게재된 것이 있다. 또한 아주화친회 회원이었던 陶冶公이 소장한 약정이 湯志鈞, 「關于亞洲和親會」
     (『辛亥革命史叢刊』 第1輯, 1980)에 소개되어 있다.

은 아시아 여러 나라의 혁명의 달성을 핵심으로 삼되 장래에는 아시아 연방을 결성하고자 하는 것이 그들의 주장이었다"⁵¹라고 받아들인 것을 보아도 명확하다.

이 점은 참가자의 한 사람이었던 오스기 사카에가 사회주의강습회에서 바쿠닌의 연합주의에 따른 구주연방론歐洲聯邦論에 의거하여, "우리의 이상은 동양연방을 만들고, 완전한 평화동맹의 열매를 거두기를 희망한다. 이를 위해서는 현재의 국가를 파괴하는 것을 수단으로 삼지 않을 수 없다. 각국은 역사적으로 권리를 갖는다. 이 권리는 주로 국경에 무게를 둔다. 따라서 국경을 없앰으로써 새로운 연방을 만드는 작업을 도모하지 않을 수 없다"⁵²라는 내용의 강연을 하고, 국민국가를 뛰어넘는 연방체제에 의한 세계의 재편성을 구상하고 있었다는 것과도 부합한다. 이러한 아시아연방의 지향을 품고서 발족한 아주화친회는 매달 한 차례 모임을 갖기로 했는데, 자료로 확인할 수 있는 것은 두 번뿐이다. 첫 번째 모임은 미스터 디라고 불리는 인물을 중심으로 인도인의 합숙소였던 아오야마의 인디아하우스에서 열렸으며, 중국인, 인도인과 사카이 도시히코·야마카와 히토시·모리타 유슈守田有秋가 참가했다. 두 번째 모임에는 인도인 외에도 왕자오밍과 장지 등 중국인, 사카이 도시히코·모리치카 운페이森近運平·오스기 사카에·다케우치 젠사쿠, 베트남의 판보이차우와 유학생 네댓 명, 필리핀인 한두 명이 참가했다고 한다. 조선인에 관해서는 "내가 알고 있는 범위에서는 당시 조선인은 여기에

51　竹內善作(策),「明治末期における中日革命運動の交涉」,『季刊中國硏究』第5號, 1948, p.76. 인용문의 영어 철자는 원문대로이다.

52　「淸國留學生社會主義硏究會(第5會)」(乙秘第1299號, 明治40年 12月 24日), 外務省保管記錄,『國內內政關係雜纂 支那ノ部 革命黨關係(亡命者ヲ含ム)』第2卷 所收.

참가하지 않았습니다. 그들은 일본인이 출석하면 우리는 출석하지 않겠다는 원칙을 취하고 있었습니다"[53]라는 회상이 있는데, 동석은 하지 않았지만 실제로는 조소앙趙素昻 등이 관여하고 있었다. 1908년 1월의 옥상연설사건에 연루되어 장지가 파리로 망명했고, 게다가 1908년 6월의 "적기사건赤旗事件으로 일본의 동지도 투옥되었다. 이어서 지나 및 인도의 동지도 일본 정부의 탄압을 이기지 못하고 각지로 흩어졌다. 마침내 아주화친회는 하등의 효과도 얻지 못하고 해산해 버렸다."[54] 하지만 1908년 8월 발행된 『민보民報』 제23호에 게재된 「아주화친의 희망」이라는 글에서 필자 쿠이정揆鄭＝湯增璧이 "아시아가 모두 친해지면 커다란 장래가 있으리니, 나는 그것을 간절히 바란다"라고 말한 것을 보건대 당분간은 활동을 계속하고 있었던 것으로 추정된다. 그러나 1909년 3월 판보이차우가 국외로 퇴출당하면서 아시아연대의 시험은 그 실현을 장래에 미루게 되었다.

그 후 홍콩과 태국 등지를 떠돌며 망명생활을 계속해야 했던 판보이차우는 1911년 『연아추언聯亞芻言』을 저술했다. 그는 「옥중기」에서 이렇게 적었다. "일본과 지나 양국이 협심동력協心同力하여 전체 아시아 판도의 개조를 담당하기를 희망했고, 그 책이 나오자 식자들은 이것도 그런 얘기라고 생각했던 모양입니다만, 동아의 시국은 지금에 이르러서도 여전하여 기대했던 것에 반하는 방향으로 나아가고 있습니다."[55] 그는 『아주의 복음亞洲之福音』(1921)에서도 아시아 여러 민족이 연합 단결해서

---

53 竹內善作, 「明治末期における中日革命運動の交涉」, p.76.

54 大杉榮, 「事實と解釋・植民地の反逆＝インド＝安南＝臺灣＝朝鮮」(『近代思想』第3卷2號, 1915.11), 大澤正道他 編, 『大杉榮選集』第2卷, 現代思潮史, 1964, p.107. 大杉榮도 이 중에 조선인이 참가하고 있다고 기록하고 있다.

55 潘佩珠, 山本邦衛・長岡新次郎 譯, 「獄中記」, 앞의 책, p.146.

534 사상과제로서의 아시아

서구의 식민지 침략에 대항해야 하며, 그러기 위해서라도 일본은 중국 침략 정책을 버리고 중국과 합작하지 않으면 안 된다고 잘라 말했다. 이외에 필리핀 독립전쟁에서 독립정부 대표로 도일渡日, 『필리핀 문제』를 저술하여 일본 조야朝野에 독립 원조를 호소한 폰세가 아무런 성과도 얻지 못한 채 1909년 일본을 떠났다. 인도에서는 1906년 스렌드라모한 보스Surendramohan Bose가 독립운동 지원을 요청하기 위해 일본을 찾았지만, 일영동맹을 중시하는 일본의 외교정책에 실망, 「인도인은 너무 일본에 기대를 걸어서는 안 된다」는 논고를 『캘커타 위클리』(1907년 12월 29일자)에 기고하고 일본을 떠났다. 또한 1909년 도쿄외국어학교 힌두스타니어 교사로 임명되고, 『이슬람동포Islamic Fraternity』를 간행하여 동남아시아에서 반영 독립운동을 고무한 무하마드 바라카툴라Muhammad Barakatullah도 영국의 요청에 따라 운동을 단속하는 일본 정부에 반발해서 1914년 미국으로 건너갔다. 이리하여 일본을 거점으로 한 반영운동은 어쩔 수 없이 좌절되고 말았다.

이처럼 러일전쟁 후 일본에서는 아시아 각지에서 몰려든 사람들에 의해 결사가 설립되었고, 아시아 전체를 가능한 한 시야에 넣고 독립국가연방이나 혁명을 지향하는 연대 구상이 논의될 기회가 마련되었으며, 일본은 지식의 연결고리로서 기능하게 되었다. 그러나 일본이 사회주의운동을 단속하고 외국정부의 요청에 따라 일본 국내의 식민지 해방운동을 규제하는 규칙을 만들면서 그 기회는 순식간에 사라지고 말았다. 그것은 또한 아주화친회 참가자였던 류스페이가 "최근 아시아 정세를 생각하건대 약종弱種의 멸망은 누가 뭐래도 깊이 슬퍼할 만하지만 다만 일본 정부만은 아시아의 공적公敵이다. (…중략…) 따라서 아시아의 평화를 지키고 아시아 여러 약종의 독립을 도모하기 위해서는 백인의 강권을 배제해야 하는 것은 물론이지만, 동시에 일본이 강권을 휘둘러 우리 아시아인을 모멸하는 것 또한 배제하지 않으면 안 된다"[56]라고 비판했듯이, 실제 일본을 체험한 사람들에게 일본은 아시아의 모범국에서 '아시아의 공적'으로 바뀌고 있었다. 일본은 아시아에 있으면서도 백인과 다를 바 없이 강권으로 아시아를 압박하고 있고, 그런 까닭에 배제되어야 할 대상이 되었던 것이다. 이와 마찬가지로 판보이차우가 일본을 향해 중국 침략 정책을 버리라고 역설한 것도 전체 아시아의 판도를 개조하는 데에 일본이 장해가 되고 있다는 것을 비판한 것이나 다름없었다. 류스페이는 또 "도쿄에 유학하고 있는 조선인 학생에 대한 박한 대우와 엄한 감시는 마치 수인囚人을 대하는 듯하다. 조선인 아무개의 말에 따르면, 조선은 유사 이래 여러 몽골 민족의 학대를 경험해왔지만, 오늘날 일본보다 더 지독한 것은 아직 경험하지 못했다"[57]라고 썼는데, 베트남과 인도에서 온 유학생이나 망명자가 일본을 떠나고 중국과 조선의 유학생이나 망명자의 반일의식이 높아지면서 일본을 지의 연결고리로 삼는 시대는 끝이 났다. 중국의 일본 유학 열기도 점차 수그러들었다.

그러나 유행과도 같았던 유학열이 식고 충분한 학력을 갖춘 사람들을 받아들이는 단계로 이동한 것, 그리고 서학을 편의적으로 흡수하기 위한 일본에서 직접 서학의 나라인 구미 특히 미국으로 유학처가 바뀐 것 등도 일본 유학생이 줄어든 주요한 이유였다. 아울러 신해혁명 이후 공화제를 채택했기 때문에 이제 입헌군주제인 메이지 국가가 뒤처진

---

56 劉師培, 「亞洲現勢論」, 『天義』第11・12合冊號, 1907. 번역은 小島晋治, 「中國人の最初の日本帝國主義批判─劉師培 「亞洲現勢論」」, 『アジアからみた近代日本』, 亞紀書房, 1978, pp.88~89을 따른다.

57 劉師培, 「亞洲現勢論」, 위의 책, p.87.

체제로 간주되기에 이르렀다는 것도 간과할 수 없다. 하지만 동시에 일본 정부의 시책이 일본을 모범으로 삼아 자국의 개혁이나 독립을 도모하려고 방일한 유학생이나 망명자들에게 깊은 실망을 안겨주어 친일에서 반일로 돌아서게 한 것 또한 커다란 요인이었다. 일본은 이미 타이완으로, 조선으로, 나아가 중국으로 식민지 지배의 발걸음을 내딛고 있었고, 또 구미 각국과 맺은 조약이나 협약에 따라 일본은 구미와 자기의 식민지 통치를 상호 보호·유지하는 체제를 찾고 있었다. 이제 일본이 수행한 구미와의 일체화를 모범으로 삼아 배운다는 것은 일본 이외의 아시아 세계의 사람들로서는 도저히 받아들이기 어려운 상황에 이르렀던 것이다.

그런데 동아시아 세계에서 많은 유학생이 일본을 방문한 것은 일본의 사회와 문화 그 자체를 배우려는 것보다도 오히려 일본이 흡수한 구미의 기술이나 제도·사상·문화 등을 보다 효율적으로 섭취하기 위해서였다는 것은 이미 서술했거니와, 그때 가장 효과적인 매체로 중시된 것이 서적, 잡지 등의 인쇄물을 통한 번역이었다. 즉, 일본 유학을 장려한 캉유웨이는 "일본인은 태서 여러 학문의 책의 정수를 거의 다 번역했다. 우리는 그것을 이용하면 된다. (…중략…) 이리하여 천만금의 비용을 들이지 않고도 중요한 서물書物은 죄다 모을 것"[58]이라며 일본의 번역사업 성과를 이용할 것을 권고했고, 무술신정戊戌新政에서도 역서국을 설치하여 일본서적을 번역하자고 제언했던 것이다. 장즈둥 역시 『권학편』「광역廣譯」에서 "금일 각종 중요한 서양서는 일본에서 이미 모두 번역했으니, 길을 일본에서 찾는다면 힘은 아끼고 효과는 빠를 것이다. 따

---

58 康有爲,「自序」(『日本書目志』),蔣貴麟 主編,『康南海先生遺著彙刊』(11), p.4.

라서 일본글이 갖는 효용은 대단히 크다"[59]라고 서술하고, 일본인이 번역한 구미의 인쇄물이나 그것을 수용하여 저술한 서적, 논고를 중역重譯해서 자국에 보급할 수 있다는 점에서 일본 유학의 이점을 찾았다.

그리고 이 중역을 통해서 중국으로 사상과 학술을 전달하는 실험에 착수한 사람은, 캉유웨이와 함께 변법운동을 함께 추진하다가 이후 일본에 망명한 량치차오였다.

> 일본은 유신으로부터 30년 동안, 널리 지식을 세계에서 구해 번역, 저술한 유용한 서적이 수천 종을 밑돌지 않는다. 특히 정치학, 자생학(資生學, 理財學을 가리키며 일본에서는 경제학이라고 한다), 지학(智學, 일본에서는 철학이라고 한다), 군학(群學, 일본에서는 사회학이라고 한다) 등이 상세하고, 그 학습은 모두 민지(民智)를 열어 나라의 기초를 굳건히 하기 위한 급무이다. (…중략…) 일본은 최근에 나온 최정(最精)의 학문에는 부족한 바도 있지만 대체적인 것은 거의 갖추고 있다. 중국인이 이것을 얻는다면 지혜는 금방 늘어나고 인재도 순식간에 나올 수 있다. (…중략…) 요컨대 먼 길은 가까운 곳에서, 높은 산은 낮은 곳에서 시작하듯이, 우선 일본글을 통해 일본에 있는 책을 읽고 나아가 영어를 배워 구주의 책을 읽으면 좋을 것이다.[60]

일본글을 배우는 이익에 대해서 량치차오는 이렇게 서술했는데, 그 말대로 그는 1898년 요코하마에서 창간한 잡지 『청의보請議報』와 1902년 창간한 『신민총보新民叢報』 지상에 블룬칠리가 쓴 『국가론』(平田東助·

---

59 張之洞, 『勸學篇』 「廣譯」 外篇, p.14.
60 梁啓超, 「論學日本文之益」(1899), 『梁啓超文集之四』, pp.80~81.

平塚定二郎譯), 라이트겐이 강술한『정치학』(李家隆介外譯) 등의 역서와 아리가 나가오의『사회진화론』 등의 일본서를 번역 게재함으로써 몽테스키외, 홉스, 루소 등의 사상, 인문과학과 사회과학의 학설을 소개하여서 신지식의 공급원이 되었다.[61]『신민총보』는 창간 당시 2,000부에서 반년 후에는 5,000부에 달했고, 독자수도 2만 명에서 5만 명으로 증가했다고 하는데, 그 이유는 일본에 유학한 중국 학생이 급증했기 때문일 것이다. 그리고 이들 유학생에 의해 "번역이 왕성하게 이루어져 정기적으로 출판되는 잡지도 수십 종을 밑돌지 않았다. 일본에서 새로운 책이 발행되면 자칫 번역자가 여러 명 나올 정도로 신사상 수입 열풍이 몰아쳤다. 그러나 모두 이른바 '량치차오식' 수입이어서 조직도 없고 선택도 없는, 본말도 정연하지 않고 학파의 구별조차 모르는 양상이었다. 그저 많으면 좋다는 식이었다. 사회도 또한 그것을 환영했다"[62]라고 한다. 그러나 잇달아 일본으로 건너온 유학생과 망명객 등이 얼마나 정력적으로 각자의 전문분야에서 지식을 흡수하는 데 여념이 없었는지는 오늘날 남아 있는 어마어마한 수의 번역서나 강의록, 잡지 등에 게재된 논설을 통해서 알 수 있다. 량치차오는 망명 후 1년의 경험을 회고하며 "일본에 온 이후로 일본서를 널리 찾아서 읽노라면 흥미진진하여 하나하나 대응할 틈도 없이 나 자신의 두뇌도 그것 덕분에 바뀌었고, 사상·언론도 다른 사람처럼 일변했다"[63]라고 술회했는데, 많든 적든 이와 같은 사상적 체험을 대부분의 유학생들이 공유했을 것이다.

61 梁啓超의 번역 사업에 관한 연구로 夏曉虹,『覺世與傳世-梁啓超的文學道路』, 上海人民出版社, 1991; 宮村治雄,「梁啓超の西洋思想家論」,『中國-社會と文化』第5號, 1990 이외 메이지 일본과의 관련을 다면적으로 분석한 논문집으로 狹間直樹 編,『共同研究梁啓超』, みすず書房, 1999가 있다.

62 梁啓超, 小野和子 譯『淸代學術槪論』(東洋文庫 245), 平凡社, 1974, pp.307~308.

63 梁啓超,「夏威夷遊記」(1899),『梁啓超專集之二二』, p.185.

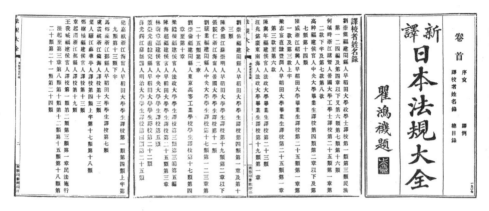

『신역일본법규대전』의 속표지와 역교자성명록(譯校者姓名錄)

　　그리고 이러한 량치차오의 중역 활동에 감화를 받아 유학생들도 번역 잡지와 중역서 간행에 뛰어들었다. 그러한 동학 학습의 성과는 보다 직접적으로는 1901년 이후의 '신정新政' 다시 말해 교육·관제·군사·경찰 등의 제도 개혁이 일본의 제도를 준거로 하여 진행되는 형태로 드러났다. 그러한 제도 개혁의 참고로 제공하기 위해 『일본유신정치휘편日本維新政治彙編』(1902), 『일본변법차제류고日本變法次第類攷』(1902), 『신역일본법규대전新譯日本法規大全』(1907), 『한역일본의회법규』(1908), 『일본의회기사전편日本議會記事全篇』(1909) 등 일본에서 시행된 법규·관제나 의회제 연혁 따위가 대대적으로 중문으로 번역되었다. 『신역일본법규대전』에는 별책으로 『법규해자法規解字』라는 용어사전이 첨부되어 있고, 시미즈 도오루清水澄가 편찬하고 궈카이원郭開文·장춘타오張春濤가 번역한 『한역법률경제사전』(1907), 다나베 게이야田邊慶彌의 원저를 왕워창王我臧이 번역한 『한역일본법률경제사전』(1909) 등은 모두 일본의 법·경제 관련 학문과 제도를 잇달아 받아들이면서 생겨난 법·경제 관련 문화의 충돌을 해소하고자 하는 노력을 보여주는 하나의 증거이기도 하다.

이와 같은 유학생 번역단체로서 최초로 결성된 것이 역서휘편사譯書彙編社인데, 지이후이戢翼翬, 레이펀雷奮, 양인항楊蔭杭, 양팅둥楊廷棟, 진방핑金邦平, 푸스잉富士英, 장쫑샹章宗祥, 왕룽바오汪榮寶, 차오루린曹汝霖 등이 주요 멤버였다. 역서휘편사의 모체가 된 것은 1900년 초 유학생 간의 '지식의 교환과 감정의 연락'을 목적으로 유일留日 중국인 학생이 최초로 결성한 유학생단체인 여지회勵志會였다. 여지회 내지 여지학회에는 우루전吳祿貞, 차이어蔡鍔, 푸치샹傅慈祥 등 육군사관학교에 재학 중인 학생도 참가했는데, 정치적 활동과 선을 긋는 것을 전제로 내세웠지만 량치차오의 제자였던 도쿄대동학교 학생 탕차이창唐才常과 우루전 등 십수 명의 일본 유학생이 한커우에서 자립기의군自立起義軍에 가담했다가 청조의 탄압을 받자, 지이후이 등이 국민의 계몽과 정치개혁의 필요성을 통감하고 역서휘편사를 만들었던 것이다. 역서휘편사는 "정치 관련 서적은 동서 각국의 국력 강화의 원천이다. 따라서 본 편은 이것들을 우선 간행한다"라는 규정을 내걸고, 1900년 12월 기관지 『역서휘편譯書彙編』을 창간했는데, 이 잡지는 '유학계 잡지의 원조'로 불렸고 "우리나라 청년 사상의 진보에서 거대한 효과를 거두었다"[64]라는 평가를 받았다. 역서휘편사는 잡지에 연재된 후 단행본으로 간행한 것을 포함하여, 블룬칠리의 『국법범론國法汎論』(加藤弘之譯), 몽테스키외의 『만국정리萬國精理』(何禮之譯), 뢰슬러의 『사회행정법론』(江木衷譯), 루소의 『민약론』(原田潛譯), 예링의 『권리

---

64 馮自由, 『革命逸史』(初集), 商務印書館, 1939, pp.98~199. 勵志會가 1901년 원단에 신년경축회를 개최했을 때 필리핀 독립군 대표로 폰세, 犬養毅, 橫濱 興中會員 등이 내빈으로 참가했다. 1902년에는 勵志會 회원 가운데 張繼·汪榮寶 등이 민족주의와 파괴주의를 목적으로 내걸고 東京青年會를 결성했는데, 이것이 留日 학생계 최초의 혁명단체가 되었다고 한다. 東京青年會의 성원 20여 명 가운데 대부분은 와세다대학 유학생이며, 東京青年會에서는 『法蘭西大革命史』, 『中國民族志』 등 여러 종의 책을 편역한 것으로 알려져 있다(pp.102~103).

경쟁론』(宇都宮五郎譯), 스펜서의 『정법철학』(渡邊治外譯) 등의 일본어 번역서를 중역하거나, 다카다 사나에의 『국가학원리』(峇鏡譯), 가토 히로유키의 『물경론物競論』(楊陰杭譯), 시부에 다모쓰澁江保의 『파란쇠망전사波蘭衰亡戰史』(譯書彙編社同人譯) 등의 일본서를 번역해 출판했다. 『역서휘편』은 1903년 1월 『정법학보政法學報』로 이름이 바뀌었고, 그 후 정치와 법률에 관한 유학생의 논설과 연구가 주요한 내용으로 자리 잡는다. 덧붙이자면 지이후이는 청국여자속성과를 만든 실천여학교實踐女學校의 시모다 우타코下田歌子 · 기무라 요시코木村ヨシ子 · 우치다 가오루코內田薰子 등에게 중국어를 가르쳤고, 나아가 시모다 우타코 등의 도움을 받아 상하이에서 미야지 도시오宮地利雄와 함께 작신사作新社를 설립, 일중사전인 『동중대사전東中大辭典』, 『가토 히로유키 강연집』(作新社譯), 나루세 진조成瀬仁藏의 『여자교육론』(楊廷棟 · 周祖同譯) 등을 출판했고, 또 출양학생편집소出洋學生編輯所를 설립하여 번역 출판에 종사했다.[65]

더욱이 역서휘편사의 멤버였던 루스펀陸世芬은 교과서역집사敎科書譯輯社를 설립해 각 성의 학당에서 사용하기 위한 일본의 중학교과서를 다수 번역하여 출판했고, 이러한 활동으로 '敎科書'라는 일본어가 중국에서도 그대로 사용되었다(현재에는 '課本'이 주로 사용되고 있다).

이렇게 『역서휘편』 멤버들이 선편을 쥔 유학생들에 의한 일본어 번역서와 일본인 저작의 중국어 번역은, 구미의 정학서政學書는 탁월한 의론이 많아 국세를 발흥시키는 데 불가결하므로 그 가운데 우수한 것을 역출하

---

65 戢翼翬와 作新社에 관해서는 邊見勇彦, 『滿洲義軍奮鬪史』, 先進社, 1931, pp.30~35 참조. 作新社에서는 "지나의 청년층에 신지식을 보급한다"는 목적으로 잡지 『大陸』을 출판했고, 일본의 정치 · 경제 서적을 중국어로 번역하여 실었다. 戢翼翬가 역서휘편사와 작신사에 관계했기 때문에 加藤弘之의 『物競論』 등 양쪽에서 간행된 출판물도 적지 않다.

중국인 유학생이 발행한 잡지

여 "우리의 민지를 회복하고 문명화 추진한다"[66]라는 슬로건을 내건 친리산秦力山, 지이후이 등의 『국민보』(1901년 6월 간행) 외에 황싱 등의 『유학역편留學譯編』(1902년 1월 간행)으로 이어졌다. 그리고 1903년에 들어서는 각성의 유학생단체에서 『호북학생계湖北學生界』(제6기부터 『漢聲』으로 개제), 『절강조浙江潮』, 『강소江蘇』 등을 창간하기에 이르렀다. 「절강조발간사」에서는 "신학술을 우리나라의 과도시대에 소개하는 것"[67]이 유학생의 임무라고 했거니와, 그 후에도 『20세기의 지나』, 『동정파洞庭波』, 『직설直說』, 『운남雲南』, 『한치漢幟』, 『태롱보秦隴報』, 『사천四川』, 『학해學海』, 『강서江西』 등등으로 이어진 유학생들에 의한 이런 종류의 잡지 발행은 거의 똑같은 사명

---

66 「國民報敍例」. 인용은 『國民報彙編』, 1904.6, p.3.
67 「浙江潮發刊詞」, 『浙江潮』第1期, 1903.2, p.2.

감에 기반을 둔 것이었다. 또, 최대 150명에 이른 것으로 추정되는 여자 유학생 중에는 허샹닝何香凝, 추진秋瑾, 탕췬잉唐群英, 우뤄난吳弱南 등 중국동맹회 참가자를 비롯해, 거아의용군拒俄義勇軍 여성분대를 조직한 린쭝수林宗素와 여권 확장 운동의 리더 왕창궈王昌國 등이 포함되어 있었는데, 유학생 단속규칙에 반대하는 운동이 끝난 후인 1906년 리위안李元을 회장, 탕췬잉과 옌빈燕斌을 부회장으로 중국유일여학회中國留日女學會가 결성되었고, 다음해에는 『중국신녀계잡지中國新女界雜誌』를 창간하여 남녀동권과 여자 교육의 진흥을 위한 논진을 펼쳤다. 이들 잡지가 구미의 법정사상이나 최신 학술을 일본을 경유하여 중국으로 들여오는 중요한 회로 역할을 했다는 것은 말할 필요도 없다. 게다가 구미의 법정사상이나 이론의 도입은 이들 잡지와 함께 단행본이나 대학 강의록의 중문 번역본을 회로로 하여 추진되었는데, 호세이대학 법정속성과의 강의록도 유학생에 의해 편집, 번역되어 『법정총편法政叢編』이라는 제목으로 호북법정출판사에서 1905년부터 출판되었다(강사와 참고 서목에 관한 일람은 [표5] 참조). 중문으로 번역된 강의록으로는 1905년 2월 창간된 호세이대학 편, 『법정속성과강의록』, 1906년 9월 이후 간행된 와세다대학 한역강의록편집부 편, 『와세다대학정법이재과강의早稻田大學政法理財科講義』 등이 있었다. 이들 한문강의록의 간행이 갖는 의의에 대해서는 "본 대학에 재학하는 청국 유학생과 기타 우리나라에서 유학하는 청인과 한인의 편의를 도모하여, 첫째는 정치・법률・경제 등의 학문이 거의 불모지나 다름없는 지나 400여 주 4억 명에게 이러한 학리學理를 보급할 필요성을 인식하게"[68] 한다고 적혀 있듯이, 중국인 유학생뿐만 아니라 조선 유학생 나아가 중국 본토에 학리를

---

68 「法政速成科講義錄」(『法學志林』, 第7卷 2號, 1905.2), 法政大學史資料委員會 編, 『法政大學史資料集 第11集』, p.93 所揭.

	종목	서명	강사	편집자	출신 기타	인용·참조도서 등
1	第1種	法學通論	奧田義人 梅謙次郎	張知本 鄒麟書 劉燮臣	法政大學卒業	
2	第2種	國法學	覓克彦	陳 武	法政大學卒業	
3	第3種	行政法	靑木澄 松本順吉	曹履貞	法政大學卒業	
4	第4種上	民法總則	梅謙次郎	嚴獻章 匡 一 王運震	法政大學卒業 現法律專修科 法政大學卒業	梅謙次郎,『民法原理』
5	第4種中	民法財産 總論·物權	梅謙次郎	樊樹勳	法政大學卒業 現法律專修科	(參照) 荒井賢太郎 講義錄 等
6	第4種下	民法財産 債權·擔保	梅謙次郎	彭樹棠	法政大學卒業	梅謙次郎,『民法要義』,『民法原理』, 富井政章,『民法講義』, 岡松參太郎, 『民法理由』
7	第5種上	商法 總則· 商業·會社	志田鉀太郎	徐志繹	法政大學卒業 現法律專修科	松本烝治,『商法原論』(1·2編), 靑木 徹二,『會社法』(3編), 田阪友吉,『商 行爲講義』(4編), 粟津淸亮, 『保險 法』(4編), 岡野敬次郎,『手形法論』(5 編), 靑木徹二,『海商法論』(6編)
8	第5種下	商法 商行爲· 手形·海商	志田鉀太郎	徐志繹	法政大學卒業 現法律專修科	7과 동일
9	第6種上	刑法總論	岡田朝太郎	瞿宗繹	法政大學卒業	
10	第6種下	刑法各論	岡田朝太郎	李 碧	法政大學卒業 現法律專修科	
11	第7種	裁判所構成法	岩田一郎	吳柏年	法政大學卒業	
12	第8種	監獄學	小河滋次郎	劉蕃	法政大學卒業 現法律專修科	伊藤悌治,『東京專門學校講義錄』, 中 島晋治,『警察監獄教科書』, 中村襄· 三浦貢·上田定次郎,『監獄官教科書』 3種
13	第9種	民事訴訟法	板倉松太郎	朱家璧 歐陽葆眞	法政大學卒業	高木豊三,『民事訴訟法論講』, 江木 衷,『民事訴訟原論』, 梶原伸治,『民事 訴訟法釋義』, (參照) 仁井田益太郎· 今村信行·岩田一郎·遠藤忠次·松岡 義正 講義錄 등
14	第10種	刑事訴訟法	板倉松太郎	鄒麟書 王崇銘	法政大學卒業	(參照) 豊島直通·鶴見守義 講義錄 등

	종목	서명	강사	편집자	출신 기타	인용·참조도서 등
				周仲曾		
15	第11種上	平時國際公法	中村進午	葉開瓊	法政大學卒業 現法律專修科	高橋作衛·秋山雅之介,『國際公法』
16	第11種下	戰時國際公法	中村進午	張福先	法政大學卒業	(參照) 松原一雄·高橋作衛·有賀長雄·秋山雅之介 講義錄 등
17	第12種	國際私法	山田三郎	郭斌	法政大學卒業 現法律專修科	
18	第13種	經濟學	金井延	易奉乾	法政大學卒業	
19	第14種	財政學	岡實	葉開瓊 何福麟	法政大學卒業 現法律專修科	小林丑三郎,『比較財政學』, 下村宏之,『財政學』
20	第15種	植民政策	中山成太郎 山內正瞭	周仲曾	法政大學卒業	
21	第16種	政治地理	野村浩一	劉鴻鈞	法政大學卒業	山本信博,『政治地理學』, 辻武雄,『五大洲志』, 佐藤傳藏,『萬國新地理』, 辰巳小二郎,『萬國憲法比較』
22	第17種	西洋史	野村浩一	李蕃儀 梁柏年	法政大學卒業	布列(독일),『世界通史』, 軒利(미국),『歐州19世紀史』, 坂本健一,『世界史』, 瀨川秀雄,『西洋通史』, 浮田和民,『西洋史』, 齊藤阿其,『西方東侵史』, 久保天隨,『東洋通史』
23	第18種	政治學	小野塚喜平次	杜光祐 寧儒瑗	法政大學卒業	小野塚喜平次,『政治學大綱』
24	第19種	로마법	없음	樊樹勳	法政大學卒業 現法律專修科	(參照) 戶水寬人·田中遊·岡木芳二郎 講義錄 등

보급하는 것을 목표로 삼고 있었던 것이다.

이러한 일본 유학생에 의한 번역서나 잡지 간행에 관해서는, "유동留東
학계에서는 대량의 번역서가 간행되었는데 대부분 잡지에 부록으로 실린
것이다. 『역서휘편』, 『절강조』, 『강소』, 『호북학계』 등은 모두 번역의 체재
를 빌리고 있긴 하지만, 그 성격을 살펴보면 별도로 의도하는 바가 있는
것이 분명하며, 이를 위해 번역하고 있는 것으로 정치학이 가장 많다"[69]라

---

69 顧燮光,『譯書經眼錄』(1904)「述略」, p.2.

고 평가하고 있듯이, 번역이라는 형태를 취한 정론政論의 분출로 보아도 이상할 게 없는 실정이었다. 이러한 사정 때문에 중국으로 번역서를 들여올 것을 기대하고 일본으로 유학생을 파견하는 정책을 추진한 장즈둥은 위기감에 휩싸여 다음과 같은 취지의 「약속유학생장정約束留學生章程」을 발령하지 않을 수 없었다. "학생의 본분은 어디까지나 학당에서 면학하는 것이다. 망령되이 정치에 관한 의론을 하거나 정치에 간여하는 신문을 간행, 유포刊布하는 것은 금지한다. 수업 틈틈이 교과서를 편집하거나 학습한 강의를 번역하여 기록하거나 실용서를 번역하는 일은 물론 금지되지 않는다. 하지만 분별없이 교만하고 과격한 설을 떠들어대거나 기강을 문란하게 하고 치안을 해치는 글을 저작하는 행위는 어떤 것이든 엄금한다. 이 금지를 어기는 학생에 대하여 유학생총감독은 적절하게 설득하여 더 이상 못하게 하고, 지시에 따르지 않는 학생은 퇴학에 처한다."[70] 물론 정력적으로 번역한 일본서는 법정서나 혁명사상에 관한 서적에 한정된 것이 아니라 중국 교육에 필요한 교재 전반에 걸쳐 있었다. 1904년 회문학사會文學社에서 구마가이 고로熊谷五郎의 『교육학』, 다나베 신노스케田邊新之助의 『만국지리학신서』, 가메타카 도쿠헤이龜高德平의 『유기화학』, 요코이 도키요시橫井時敬의 『재배범론栽培汎論』 등 100권을 골라 『보통백과전서』를 간행한 것도 중국에서 교과서로 사용하기 위해서였다. 같은 해에는 푸젠성 출신 유학생 단체 민학회閩學會에서 『민학회총서』 간행을 기획하고 일본 철학자의 논문 모음집인 『철학원리』 등을 번역, 간행하였다. 다만 이러한 교과서 번역을 포함하여 그것이 일본서의 번역이었다는 점에서 중국의 사회변혁 넓게는 혁명사상을 배양하지 않을 수 없었다고 본 사람은 기타 잇키였다. 그는

---

70 張之洞, 「籌議約束鼓勵留學生章程摺」(1903.9), 『張文襄公全集』 卷61 「奏議」61, pp.3~5.

영국의 책이 프랑스혁명에 끼친 영향과 견주면서 다음과 같이 말한다.

　　일본의 정법(政法)과 문무(文武) 모든 사상의 막대한 한역(漢譯)은 마치
영국의 번역이 프랑스를 계발한 것과 마찬가지라고 말해야 할 것이다. 구미를
숭배한 나머지 자신들이 속한 동양을 아무런 부끄럼 없이 경멸하는 일본인은
지나혁명당을 보고 '저 천박하고 피상적인 번역서생 나부랭이'라며 비웃는
다. 정녕 프랑스혁명이 영국의 사상을 천박하고 피상적으로 수입해서 각성한
결과라는 것을 알지 못한단 말인가. (…중략…) 일본의 국가민족주의에 의해
해석된 충효도덕은 자기 임금을 죽여 나라를 빼앗은 자와 하늘을 함께 이고
있을 수 없다고 가르치고, 다른 민족의 지배를 받느니 차라리 죽음이 낫다고
역설하는 것, 다시 말해 만청 황실에 대해서 일본의 모든 교과서는 혁명철학이
고, 모든 학교는 혁명구락부가 된다. 하물며 만천 종에 달하는 한역 『백과전
서』는 우역(禹域, 중국) 400주 이르지 않는 곳이 없음에랴. (…중략…) 혁명
의 다이너마이트는 한역의 포장에 감춰져 391만 평방마일의 전 국토에 묻힐
것이다.[71]

　기타 잇키가 지적하듯이, 일본에서의 번역이 모두 중국의 혁명사상
을 고무했다고는 할 수 없다 해도 새로운 지식이 들어옴으로써 중국 사
회가 사상적 변동을 일으켜 이민족의 지배에서 벗어나는 길을 걷기 시
작한 것은 부정할 수 없을 것이다. 그것은 당연히 일본의 지배를 받고
있던 타이완의 경우에도 들어맞는다. 린셴탕林獻堂의 원조를 받아 도쿄
고등사범학교 이과에서 공부한 차이베이휘蔡焙火와 메이지대학 법과를

71　北一輝, 「革命を啓發せる日本思想」(『支那革命外史』, 1921), 『北一輝著作集』第2卷, pp.15~16.

졸업한 후 후난성립자치연구소湖南省立自治研究所 교수를 역임한 린청루林呈 祿, 와세다대학 법과를 다녔던 왕민촨王敏川 외에도 평화잉彭華英, 차이후 이루蔡惠如 등 일본 유학생이 1920년 도쿄에서 신민회新民會를 조직하고, 6 · 3법의 철폐에 의한 타이완의 완전자치와 도민島民의 계발을 목적으로 『타이완청년臺灣青年』을 발행한 것도 이민족의 지배로부터 자립하는 방법을 찾기 위해서였다. 그리고 똑같은 사태는 일본에서 수용한 법정 사상과 세계의 정보가 환류還流하고 있던 조선에서도 생겨나 일본이라는 이민족의 지배에서 벗어나는 길이 모색되었고, 그런 시도를 했던 것 또한 유학생들이 자발적으로 조직한 단체였다.

조선인 일본 유학생의 조직활동으로는 1895년 결성된 대조선일본유학생친목회가 최초라고 생각되는데, 이 모임에서도 동인기관지로『친목회회보親睦會會報』(1896)를 발행했다. 그것은 친목을 목적으로 했다기보다도 조선의 국정에 대한 의견이나 일본과 세계의 정치 정세에 대한 견해 등을 게재한 종합잡지로 본국에서의 계몽을 목적으로 삼은 것이었다.[72] 조선인 일본 유학생이 조직한 단체의 기관지로는『친목회회보』를 시작으로 그 뒤를 잇는 제국청년회의『제국청년회회보』가 있고, 그 외에 출신지역을 기반으로 한 것과 재학 대학이나 관비官費니 사비私費니 하는 차이 등에 따른 각종 기관지가 간행되었다. 그 중에는 황해도와 평안도 출신자들의 태극학회太極學會의『태극학보』(1906년 창간), 경상도 출신자가 조직한 낙동친목회洛東親睦會의『낙동친목회보』(1907년 창간), 관비 유학생의 친목단체인 공수회共修會의『공수학보』(1907년 창간) 외에

---

72 早稻田大學우리同窓會 編, 앞의 책, pp.30~31 및『中央時論』第15號, 1895.8, p.27. 그리고 竹腰禮子, 「韓末の渡日留學生について」,『在日朝鮮人運動史研究』第6號, 1980에는 유학생 단체와 그 활동에 대한 분석이 있다.

대한동인회大韓同寅會의 『동인학보』(1907년 창간) 등이 있었는데, 정치 정세의 변화에 따라 차례로 통합하는 방향으로 나아간다. 을사보호조약에 항의해 자살한 민영환閔泳煥의 추도회를 계기로 결성된 대한유학생회가 1907년 『대한유학생회학보』를 발행했고, 대한유학생회와 낙동친목회 등을 통합한 대한학회가 『대한학회월보』(1908년 창간)를, 또 태극학회·대한유학생회·공수회·연구회硏究會가 합동하여 결성한 대한흥학회大韓興學會가 『대한흥학보』, 『상학회商學會』(1909년 창간) 등을 간행했다.

그러나 병합과 함께 대한흥학회 등의 명칭에 '대한'을 취한 것이 문제가 되어 대한흥학회는 해산할 수밖에 없는 처지에 이르렀고, 단체 해산 명령을 거쳐 1912년에는 다시금 동경조선유학생학우회가 결성되어 『학지광學之光』(1914년 창간)을 공간했지만, 독립·반일 사상을 창도하는 논설을 담고 있었기 때문에 1915년 5월부터 1년간 4회의 발행 금지 처분을 받았다. 그리고 동경조선유학생학우회에서는 조선 독립을 목적으로 동경조선청년독립단이 조직되어 1919년의 2·8동경유학생독립선언으로 이어졌다. 1915년 전후에는 유학생의 조직화가 활발하게 이뤄져 이광수 등의 조선학회, 홍승로洪承魯의 동경조선고학생동우회, 김정애金貞愛 등의 조선여자학생친목회 등이 발족되었고, 조선여자학생친목회에서는 『여자계女子界』를 발행했다. 이들 유학생 단체는 회원 상호 간의 교류와 함께 본국에서의 사상 계몽과 국민 교육을 목적으로 했고 뒤에는 독립운동의 정치 선전으로 기울기도 했는데, 중국의 유학생 기관지에 비해 구미나 일본의 사상·이론의 번역이나 소개보다도 회원 개인의 논설이 우선시되었다. 조선인 유학생 단체가 토론회·강연회를 중시하여 동경조선기독교청년회관 등에서 종종 시국응변대회를 개최해서 다양한 의견의 표출과 집약을 모색했던 것도 이와 관련 있을 것이다. 또한 중국의 경우와 마찬가지로 유학생들은 학술서적을 번역하기도 했는데, 메이지대학 법과생이었던 채기두蔡基斗와 주오대학에서 경제학을 배운 한상우韓相愚가『법률경제사의통해法律經濟辭意通解』를 간행했다. 다만 조선에서는 번역 그 자체로서가 아니라 일본서에 준거한 저작의 형태로 간행된 것이 많았다는 지적이 있는데,[73] 이와 관련하여 일본이나 중국에서도 번역과 찬술纂述이 확연하게 구별되지 않은 시기가 있었다는 것을 고려할 필요가 있다.

또, 1904년의 한국황실특파유학생으로서 최연소인 15세의 나이에 도일한 최남선은 조선 국왕에게 경의를 표하지 않은 모의국회사건에 분노하여 유학생 총대總代 자격으로 일제 퇴학을 지휘했고 자신도 와세다대학을 퇴학한 인물이다. 그는 해외 사정과 문물을 소개하기 위해 월간지『소년』(1908년 창간)과 교양지『청춘』(1914년 창간)을 발행했고, 이외에도 국어사전 편찬과『동국통감』,『열하일기』등 고전 복간을 통해 민족의식을 환기하고자 노력했다. 게다가 조선인 유학생 단체 활동의 특징으로는 출판물 간행 외에 국민의 지덕 계몽과 교육 확대를 목적으로 하기휴가 중 강연회 개최와 순회 강의, 연극단 공연 등을 조선 각지에서 행한 것을 들 수 있다. 낙동친목회는 회원 중에서 위원을 각지로 파견하여 교육과 교사의 중요성을 설명하는 계발사업을 진행했고, 대한흥학회는 서울에서 하기강습회를 개최해 이과 과목을 가르쳤다. 나아가 3·1독립운동에 대한 탄압을 딛고 1920년 하기휴가 때에는 세 반

---

[73] 鄭鐘休, 앞의 책, p.73에는 張壽의『憲法』이 穗積八束의『國民教育憲法大意』(1896)를 '준거인용'하면서 쓰였고, 石鎭衡의『債權法第一部』가 梅謙次郎의『民法要義卷之三 債權編』(1897)을 기본으로 저술되었다는 지적이 있다. 마찬가지로 경제학에 관해서도 李基俊,『西歐經濟思想と韓國近代化』(東京大學出版會, 1986)에 따르면, 유학생이었던 兪致衡의『經濟學』은 田尻稻次郎의『經濟大意』(1898)을 바탕으로 강술되었다. 단, 일본서의 번역이 일본 유학을 하지 않은 관리 등에 의해서 이루어진 일이 적지 않았는데, 이 점은 중국과 다르다.

으로 이루어진 '순회강연단'을 조직하여 각 지방에 유세를 했는데, 반어反語나 은어隱語를 활용해 독립사상을 호소하여 입추의 여지가 없는 성황을 이뤘다고 한다.[74] 유학생 단체마다 매번 여름에 순회강연을 개최했는데, 그 가운데 동경조선유학생학우회에 관하여 내무성 보안국은 1929년 다음과 같이 보고했다. "최근 그들은 조선의 독립을 도모하기 위해서는 모름지기 조선의 문화를 향상시켜야 한다고 주장하면서 매년 하기휴가를 이용하여 조선 내 순회강연단을 조직, 강연을 이어가고 있다. 그런데 그 논조가 대부분 좌경사상의 선전과 배일반항정신의 자극에까지 이르러 강연 중지 또는 해산 명령을 받는 사례도 적지 않다."[75]

3 · 1독립운동 이후 이른바 문화정치의 일환으로 1920년 11월 「조선총독부유학생규정」이 폐지되면서 내지 유학은 원칙적으로 자유로웠으며, 그때까지 조선 유학생이라고 불리던 학생은 내지 조선 학생이라 불리게 되었고 그 수도 증가했다. 이리하여 호칭이야 어떻든 조선의 학생은 일본 '유학留學'을 통해서 최신 학술·사상을 일본에서 고국으로 가져오는 회로로 기능하면서 일본을 규탄하고 독립을 이끄는 역설적인 역사적 역할을 담당했으며, 독립사상은 일본 내지의 "학생단의 성토를 도화선으로 하여 지금은 조선 내부 및 해외 방면에서 치열한 상황"[76]으로 전개되고 있었다.

74　早稻田大學우리同窓會 編, 앞의 책, pp.73~75.

75　金正明 編, 앞의 책, p.567.

76　金正明 編, 앞의 책, p.555. 같은 책의 p.774 이하에 따르면, 1941년 말 재일 유학생 단체 수는 전국에서 89, 회원 수는 19,312명이다. 또 조선 독립을 목적으로 한 유학생 운동은 공산주의운동과도 공명하여 마르크스주의연구회나 프롤레타리아연희연구회 등을 결성하여 활동을 확대했는데, 1939년에는 39명, 1940년에는 78명, 1941년에는 154명, 1942년에는 86명의 학생이 치안유지법 위반 혐의로 검거되어, 宋夢奎·尹東柱 등이 고문으로 옥사하는 일이 있었다. 이에 관해서는 朴慶植, 『在日朝鮮人運動史』, 三一書房, 1979, pp.315~333에서 지적하고 있다.

한편 일본으로 유학생을 보낸 이유 중 하나로 구미로 파견하는 것보다 비용을 줄일 수 있다는 점을 거론할 수 있겠지만, 아무리 저렴했다 하더라도 바다를 건너 이국에서 공부하는 유학생활에는 적지 않은 경제적인 부담이 따를 수밖에 없었을 것이며, 따라서 자비든 관비든 유학생 수는 제한되지 않을 수 없었다. 그래서 메이지 초기의 일본이 고용 외국인 교사를 초빙해 구미의 학술을 도입하고자 했던 것과 마찬가지로, 중국도 외국인 교사를 각지의 학당으로 불러 동학東學을 적극적으로 섭취하고 보다 많은 학생에게 교육의 기회를 제공하고자 했다.

물론 이미 서술했듯이, 1860년대부터 청조는 경사동문관 등에서 외국인 교습을 고용, 이들 '양장洋匠'을 통해 학술과 기술을 도입하고자 했다. 그러나 장즈둥이 "10년 이래 각 성의 학당에서는 서양인을 교습으로 고용했지만 언어가 통하지 않는 탓에 기껏해야 언어를 배울 뿐 그 학문에 통효通曉할 수가 없고 제대로 전달할 수도 없다. (…중략…) 또한 서양인 교습은 수업시간도 짧은데다 천천히 가르치기 때문에 효과가 오르지 않는다는 두 가지 결점이 있다"[77]라고 지적했듯이, 그 성과에 대해서는 부정적인 평가도 적지 않았다. 그리고 1902년, 장즈둥의 명령으로 일본의 교육과 행정을 시찰하기 위해 일본을 방문한 서호서원西湖書院의 천이陳毅는 일본의 우수한 교사를 초빙해야 한다고 건의했고, 또 같은 해 교육 시찰을 위해 방일한 우뤼룬吳汝綸도 일본인 교사 초빙의 필

---

[77] 張之洞, 「外篇」, 『勸學篇』廣譯, p.13. 여기에서의 인용은 趣旨를 보인 것이다.

요성을 주장했으며, 게다가 1906년 윈난고등학당雲南高等學堂을 창립한 천룽칭陳榮昌은 일본 교육 시찰에서 돌아오자마자 유학생 파견과 아울러 일본인 교사를 초빙·고용하는 일을 적극적으로 추진하는 등 외국인 교사로서 일본인 교사를 초빙하자는 요망이 높았다. 중국 국내의 교육 개혁 요구에 따라 신식학교가 잇달아 설립되었지만 물리·화학·음악 등의 과정을 가르치는 교사가 부족한 것이 그 배경이었다. 그 때문에 일본인 교사 초빙은 홍학육재興學育才의 기반 형성이라는 방침에 의거해 사범 교육에 역점이 놓이긴 했지만 군사·실업·경찰·의학·법정 등 다방면의 분야까지 이르고 있었다. 이리하여 중국에 초빙된 일본인 고용 교사는 일본 교습이라 불렸고, 최고조에 달했을 때는 600명이 넘었다는 얘기도 있다.[78] 또한 외국인 교습 중에서도 일본 교습의 비율은 대단히 높아서 1909년 11월 말의 조사에 근거한 나카지마 한지로中島半次郞의 분석에 따르면, 외국인 교습 356명 중 일본인 311(남자 288, 여자 23)명, 영미인 36명, 독일인 3명, 프랑스인 3명, 러시아인 1명, 스웨덴인 1명, 덴마크인 1명으로 일본 교습이 87%를 차지하고 있다.[79]

이처럼 청말부터 중화민국 초기에 걸쳐 중국의 국민국가 형성에 일

---

78 일본 교습의 수에 대해서도 여러 설이 있어 확정할 수 없지만 汪向榮, 『日本敎習』(三聯書店, 1988), p.66과 さねとう, 앞의 책, pp.96~97에서는 모두 1906년 최전성기에는 500명에서 600명에 달했다고 추정하고 있다. 또, 阿部洋, 「淸末における學堂敎育と日本人敎習」(『多賀秋五郞博士古稀記念論文集－アジアの敎育と社會』, 不昧堂出版, 1983, p.337)에서는 『淸國官廳雇聘本邦人一覽表』 등에 의거해 일본 교습과 고문을 합친 고빙인 수를 1903년 148명, 1904년 234명, 1909년 549명, 1912년 159명, 1913년 177명, 1918년 430명으로 산출하고, 1908~1909년을 절정으로 보고 있다. 일본 교습에 대해 교육사적 관점에서 연구한 것으로는 藤山雅博, 「淸末における敎育近代化過程と日本人敎習」와 二見剛史, 「京師法政學堂と松本龜次郞」(둘 다 阿部洋 編, 『日中敎育文化交流と摩擦』第一書房, 1983 所收); 『お雇い日本人敎習の硏究』第115集(國立敎育硏究所紀要, 1988) 등이 있다.

79 中島半次郞, 『日淸間の敎育關係』, 私家版, 1910, pp.44~45. 다만 나카지마의 통계는 스스로 北洋師範學堂 교습으로 근무한 경험과 각지의 일본 교습이나 영사로부터 얻은 정보를 기반으로 하고 있으며, 외국인 교습에 관한 숫자는 반드시 정확한 것은 아니다.

본 교습이 교육을 통해 참여하여 사상연쇄의 회로가 되는 사태가 발생했는데, 국민국가 형성이라는 관점에서 본다면 중국에서 일본 교습이 법정法政 교육에 종사한 비율은 거의 10퍼센트에도 미치지 못하지만[80] 특별한 의의가 있었다고 할 수 있다. 이 점과 관련하여 그 자신도 1907년부터 1년 반 정도 일본 교습으로 법정 교육을 맡았던 요시노 사쿠조는, 중국에서는 근본적으로 학술의 온오蘊奧를 궁구하기 위해서는 구미인의 힘을 기다릴 수밖에 없고 장래에 대학에서는 일절 일본인을 들이지 않는다는 생각을 갖고 있다는 자신의 관찰을 제시한 다음, "다행히 그들은 법정 관련 학문만은 직접 구주의 이론을 배우는 것을 위험하고 또 불편하다고 하여 오히려 그 사정을 같게 할 수 있는 일본의 이론을 배워야 한다고 생각한다. 따라서 법정 방면만은 장래 고상한 대학 수준의 학교를 갖출 경우 일본인이 독점할 수 있을 것이라고 생각한다"[81]라고 예측했다. 이 예측은 신해혁명이 발발하기도 해서 전면적으로 들어맞지는 않았지만, 청말 중국의 법정 교육과 법제 정비에서 일본인이 차지했던 위치를 고려한다면 요시노 사쿠조가 그러한 예측을 하기에 충분한 근거가 있었다.

애초 청조 정부가 법정 교육을 중시한 것은 대외적으로는 치외법권 철폐와 통상상의 분란을 해소하고 부강을 모색하기 위한 법전 정비를

---

80 北洋法政學堂 교습으로 근무했던 吉野作造에 따르면, 1908년 가을 조사에서 일본 교습 약 500명의 내역은 사범 교육 약 125명, 육군 교육 약 100명, 보통 교육 약 95명, 실업 교육 약 80명, 경찰 교육 약 300명, 의학 교육 약 15명, 일본어학 약 10명이고, 법정경제 교육에 종사하는 자는 약 45명이다 (「淸國在勤の日本人敎師」, 『國家學會雜誌』 第23卷 5號, 1909, pp.127~128). 이 내역에서는 일본어학이 약 10명으로 실제 수보다도 상당히 적게 산정되어 있는 점 등 의문이 없는 것도 아니지만, 하나의 사료로서 참고 삼아 제시한다. 교습의 월급·직명·분포 등에 대해서는 南里知樹 編, 『近代日中關係資料』 第Ⅱ集, 龍溪書舍, 1976 참조.
81 吉野作造, 앞의 글, p.147.

추진하고, 대내적으로는 혁명운동의 고양에 대항하기 위해 체제를 강화할 필요가 있었기 때문이다. 그러한 관점에서 변법자강의 필요성은 캉유웨이 등이 일찍부터 고창高唱한 것이었다. 그러나 무술정변으로 이를 압살한 서태후 자신이 의화단사건 때 외국연합군이 베이징 공격을 보고 놀라 피난지 시안西安에서 모든 신하에게 6개월의 기한을 두고 국제법과 서구 정치학을 습득할 것을 명했듯이, 청조가 존속하기 위해서는 법정사상의 섭취와 법제 정비가 불가피하다는 것을 좋든 싫든 인정하지 않을 수 없었다. 그리고 의화단사건을 계기로 한층 강력해진 과분瓜分=식민지 분할의 압력을 앞에 두고, 마침내 1901년 1월 중국과 서양의 정치를 참작하여 조장국고朝章國故·이치민생吏治民生·학교과거學校科舉·군정재정軍政財政 전반에 걸쳐 개혁을 행할 준비가 되어 있다는 뜻의 상유上諭가 내려오면서 국제변혁國制變革이 일정에 올랐다.

이리하여 1901년 4월 제도개혁에 관한 상주上奏를 심의·처리하기 위한 독판정무처督辦政務處가 설치되었고, 참여參與에 임명된 장즈둥과 류쿤이劉坤一가 법제 개혁의 프로그램으로 1901년 7월 「준지주의변법근의채용서법십일조접遵旨籌議變法謹擬采用西法十一條摺」 [82] 등 '강초회주삼접江楚會奏三摺' 또는 '변법삼소變法三疏'라 불리는 세 건의 상주문을 올렸다. 이 상주문에서 장즈둥 등은 구래의 적폐를 일소하기 위해서는 법제 개혁이 불가결하며, 이를 위해서는 서양 법제라 할지라도 채택할 필요가 있는 것은 주저하지 말고 받아들여야 한다고 역설하는 한편, 이것을 실행하기 위해서는 법제 개혁을 담당할 인재의 육성이 선결과제이고, 인재 교육

---

82 「遵旨籌議變法謹擬采用西法十一條摺」(光緒27年 6月(1901.7)), 『張文襄公全集』 卷54 「奏議」 54, pp.1~36. 張之洞의 정치사상과 행동이 갖는 의의에 관해서는 馬東平, 『張之洞大傳』(遼寧人民出版社, 1989); 馮天瑜, 『張之洞評傳』(河南敎育出版社, 1985) 참조.

은 유교를 기반으로 하면서 서구 열강의 정수를 섭취한 일본을 본받는 것이 최선이라고 하여 일본 유학과 일본서의 번역을 권했다. 이것만 보면 캉유웨이나 『권학편』 이후의 장즈둥의 주장과 크게 다르지 않은 것 같지만, 막상 구체적으로 중국법을 정비하고 구미법을 수용하여 법제 개혁에 나서는 단계에서는, 외국의 유능한 법학자를 법제 정비를 위한 관아에 초빙하여 법전 편찬을 담당하게 하고 아울러 해당 관아에 법정 교육을 위한 학교를 부설하자는 주장에서 법전 편찬 기관을 설치하자는 쪽으로 방향을 틀었다. 또, 서구의 법 개념이나 법 제도를 도입할 때에는 일본을 모범으로 삼고 일본서를 중역하여 시간을 절약하자고 제안하기도 했는데, 이는 일본인 법학자를 교습으로 초빙하는 것을 뜻하는 것이었다. 청 조정은 이 주청을 받아들였고, 1901년 10월 황제가 친히 변법자강을 실시한다는 내용의 상유를 내리면서 중국도 구미 법체계로 전환을 모색하게 되었다.

이후 1902년 5월 선자번沈家本과 우팅팡伍廷芳에게 각국의 법률을 참작한 현행 율례律例의 고정考訂을 명했고, 1904년에는 수정법률관修訂法律館이, 1905년에는 고찰정치관考察政治館이, 1907년에는 이것을 바꾸어 일본의 헌정취조국憲法取調局을 모방한 헌정편사관憲政編査館[83] 등이 설치되었고, 헌정편사관 참의로 양두楊度(와세다대학), 과원科員으로 리안위廉隅(교토제대 법과) 등이 임용되어 관제와 법제 개혁이 진행되었다. 이러한 제도

---

83 헌정편사관이 입헌제를 채용하는 제도적 전제로서 일본의 憲法取調局이나 법제국·통계국 등에 대해 조사하고, 이것을 모범으로 삼았다는 것은 1907년 8월의 「憲政編査館大臣奕劻等擬呈憲政編査館辦事章程摺」(故宮博物院明清檔案部 編, 『清末籌備立憲檔案史料』, 中華書局, 1979) 上册, pp.47~51을 보면 명확히 알 수 있다. 헌정편사관의 설립을 건의한 사람은 岡田朝太郎인데, "이것을 地方督撫가 법전 편찬 사업에 야기할 수 있는 장애를 막는 도구"로 삼는 것을 목적으로 했다고 한다(廣池千九郎, 欠端實 編, 앞의 책, p.130).

개혁은 이를 담당할 관리 양성을 필요로 했고, 법제 개혁과 병행하여 진행된 학제 정비의 신호탄으로 1902년 경사대학당이 창설되는데, 그 과정에서 관학대신管學大臣 장바이시張百熙가 현직 관리를 교육하기 위한 사학관仕學館과 교사 육성을 위한 사범관師範館을 설치할 것을 주청했다. 그리고 사학관에는 교토제국대학 법과대학의 이와야 마고조巖谷孫藏가, 사범관에는 도쿄제국대학 문과대학의 핫토리 우노키치服部宇之吉가 총교습으로 각각 임명되는 등 일본 교습의 초빙이 본격화한다. 장바이시는 또 1902년 7월 일본 학제를 모방한 흠정학당장정欽定學堂章程[84]을 건의했는데, 그 내용은 법정 교육기관으로 경사대학당 내에 정치학과 법률학을 가르치는 정치과를 두는 것이었다. 그리고 과거科擧의 진사와 학당 장정에 따라 대학당·통유원通儒院 졸업생에게 부여하기로 한 신식 과거 합격자인 진사에게 새 시대에 적응할 수 있는 지식을 전수하기 위해 진사관進士館을 1904년에 설치하는 것이었다. 그러나 장바이시의 성망聲望에 대한 반발에다 학제의 재평가까지 맞물려, 1903년 장즈둥·장바이시·룽칭榮慶이 함께 흠정학당장정의 개정이라는 명목으로 상주한 주정학당장정奏定學堂章程에서는 정법과대학政法科大學을 설립하는 것으로 바뀌었다. 그러나 정법과대학의 설립을 기다리기에는 수정법률관의 주도로 실행되는 개정 법령을 집행할 행정과 사법을 담당할 인재가 명백히 부족했고, 그 때문에 1905년 법률학당을 설치하고 각 부의 속원屬員을 선발하여 중국과 서양의 법제를 학습하게 하며, 졸업 후에는 각 성에 파견하여 신정新政을 집행하게 하려 했다. 또, 흠정학당장정에서는 "각 학당의 학생은 국가의 정치 및 본 학당의 사무에 간여하여 함부로 의견을 개진하는 것

---

[84] 이하 청말 교육제도에 관해서는 多賀秋五郎, 『近代中國教育史資料 淸末編』(日本學術振興會, 1972)의 관련 부분에 의거한다.

을 허락지 않는다"(各學堂管理通則 · 學堂禁令章)라고 하여 정론을 금했을 뿐 아니라, "사설 학당은 정치 법률의 전문학과를 강습하는 것을 허락하지 않는다. 이로써 공담空談 · 망론妄論의 폐단을 막는다"(學務綱要 · 私學堂禁專修政治法律)라고 하여 서학과 서정西政의 깊은 뜻을 궁구하지 않은 천학자淺學者가 민권자유론이나 혁명사상을 제창하는 것을 예방하기 위해 사립 학당의 법정 교육까지 금지했다. 그러나 각 성의 법제 개혁에 대한 높아지는 수요에 부응하기 위해 1905년 선자번과 우팅팡은 법률학당을 설치하고 아울러 각 성의 과리관課吏館에 일본의 법정속성과를 모방한 사학 속성과仕學速成科를 첨설添設하여 법률학을 강의하자는 안을 올렸다. 이어서 1906년에는 천구이칭陳桂慶 등의 건의가 받아들여져 각 성에 법정학당을 설립하기로 결정했다. 이들 법정학당 가운데 베이징에 설립된 경사법정학당의 경우 예과 2년을 졸업한 후 본과 3년으로 진급할 수 있었고, 본과는 법률과 정치로 나뉘었으며, 이와는 별도로 속성과의 성격을 띤 별과와 강습과를 두었다. 각 성의 법정학당도 거의 이것을 모방하여 장정을 준비했다. 더욱이 1910년에는 사립 법정학당의 설립을 허가해 달라는 상주가 올라왔고, 법정 교육은 중국 전역의 법정학당에서 시행되기에 이르렀다.

이처럼 경사대학당의 정법과대학 외에 법률학당과 각종 법정학당이 개설됨으로써 법정 교육을 가르칠 교습이 필요하게 되었고, 1905년 법제 조사를 위해 수정법률관에서 일본에 파견한 둥캉董康, 마이지옌麥秩嚴, 왕서우순王守恂이 일본 교습을 초빙하는 일을 맡았다. 둥캉 등은 사법성의 사이토 주이치로齋藤十一郎와 오가와 시게지로小河滋次郎 등의 도움으로 법정 정비와 감옥제도에 관한 조사를 담당했고, 이와 더불어 호세이대학 총리 우메 겐지로梅謙次郎에게 경사대학당에 교수로 와줄 것을 요청하는 한편 법전 편찬 사업에 대한 조력을 구했다. 우메 겐지로는 대한제국 정부의 법률고문으로 부임하기로 결정되어 있었기 때문에 우메의 초빙은 결국 현실화하지 못했지만, 청조 정부의 방침에 찬동한 그의 알선으로 호세이대학 법정속성과 강사로서 중국인 유학생 교육을 맡고 있던 오카다 아사타로(도쿄제국대학 법과대학 교수), 마쓰오카 요시마사松岡義正(도쿄항소원 판사), 시다 고타로志田鉀太郎(도쿄고등상업학교 교수), 오가와 시게지로(사법성 감옥사무관), 나카무라 조中村襄(사법성 전옥典獄), 이와이 다카후미岩井尊文(해군 대주계大主計) 등이 1906년 이후 중국으로 건너가면서 일본 교습이 법정 교육을 담당하는 시대가 열렸다.

경사법률학당에서는 오카다가 법학통론·헌법·행정법·형법을, 마쓰오카가 민법·민사소송법을, 시다가 상법·법전조사를, 오가와와 나카무라 조가 감옥학을, 이와이가 국법학·국제법을 강의했다. 경사법률학당이 사법관 양성을 목표로 했던 것에 비해 경사법정학당은 대학당에서 분리된 사학관을 진사관에 합병한 다음 다시 진사관을 바꾸어 '법정에 능통한' 행정관을 양성하기 위해 설립한 것이었다. 여기에서는 1903년에 이미 사학관에 초빙되었던 이와야 마고조가 정교습으로서 법정학을 강의한 것 외에 스기 에이사부로杉榮三郎(훗날 제실박물관장)가 공법·경제학을, 야노 진이치(훗날 교토제국대학 교수)가 정치사·정치지리를 담당했다. 경사법정학당의 주요 특색은 다음과 같았다. "① 순연한 법정 전문 학당으로서 과거 출신자 혹은 관리 양성을 목적으로 하는 다른 학당과는 그 취지가 전연 다르다. ② 특수한 전문학당으로 고등학당·대학당과는 그 체계가 다르다. ③ 일본 법정을 주요한 연구재료로 삼는다. ④ 정과正科(본과)의 주요 학과는 일본인에 의해 일본어로 직접 수업한다. ⑤ 예과 및 보습과에서는 일본어 교육에 중점을 둔다."[85] 이에 따르면 대부분 일본의 법정을 전습하는 것을 방침으로 삼았고, 이를 위해 일본어 학습이 중시되어 고바야시 요시토小林吉人・이노우에 아키라井上翠・마쓰모토 가메지로松本龜次郎 등이 잇달아 초빙되었다.

이렇게 일본의 법정을 중시했기 때문인지 교무장인 장융(와세다대학 졸업)과 재무장齋務長 천자후이(호세이대학 속성과 졸업) 외에도 중국인 교원 30명 가운데 19명이 일본 유학생이었고, 장쭝샹・차오루린・린치・판위안리안・장샤오이・루쭝위・루스펀・황후이지・왕룽바오 등은 경사법정학당에서 통역의 직책을 맡았을 뿐만 아니라 전문적인 담당 과목을 가졌다. 그들은 나아가 학부와 법부, 수정법률관 등의 여러 기관에서 법제 관료로서 입법 활동에도 종사하였다. 경사법정학당의 위상과 관련하여 "학부는 전국 법정학당의 모범으로 우선 특수한 법정전문학교 다시 말해 경사법정학당을 베이징에 개설하기에 이르렀다"[86]라는 진술을 볼 수 있거니와, 과연 학부의 의도가 이 표현대로였는지 여부는 알 수 없지만, 이후 중국 각지에 설립된 법정학당에서는 [표 6]에서 볼 수 있듯이 톈진의 베이양법정학당北洋法學堂의 요시노 사쿠조와 이마이 요시유키今井嘉幸 등을 비롯한 일본 교습이 법률학과 정치학을 가르쳤다. 강의 내용에 대해서는 현재로서는 경사법률학당과 광둥법정학당의 강의록[87] 일부 외에는 자세히 알 수 없지만, 이것만을 참고할 경우 구미의 법정학 원리론과 일본의 법전・정치제도에 관한 해설이 주요 내용이었다고 보

---

85 育英生, 「京師法政學堂の槪況(下)」, 『燕塵』 第3年 第5號, 1910, p.22.

86 위의 책, p.21.

87 京師法律學堂의 강의록은 汪庚年 編, 『法學彙編(京師法律學堂講義)』(京師法學編輯社, 1911)으로 간행되었다. 廣東法政學堂의 강의록에 대해서는 中山大學 歷史科 賀躍夫 교수의 도움으로 입수할 수 있었다. 廣東法政學堂에서는 감독으로 夏同龢・朱執信, 교습으로 金章・古應芬 등이 봉직했는데, 이들은 호세이대학이나 法政速習科 출신으로 그 강의록에는 [표5]에 언급된 『法政叢編』과 거의 같은 내용의 것이 담겨 있다.

면 거의 틀림이 없을 것이다.

그리고 일본에서 브와소나드 등 고용 외국인 법학자가 법학 교육과 입법 작업에 관여했듯이, 오카다 등 일본 교습이 청말·민국 초의 법전 편찬 사업에 참여했는데, 일본 교습이 입법에 관여한 것은 바로 중국의 국가 형성에서 일본이 모범국으로 상정되어 있었기 때문이다. 앞에서 서술했듯이, 장즈둥은 1902년의 '변법삼소'에서 이미 서양 여러 나라의 입법을 모방할 경우에도 일본을 모범으로 삼아 유학·번역·교습을 통해 법전을 편찬할 것을 권고했는데, 민간의 입법운동에서도 일본을 모범국으로 간주하는 논의가 있어서 일본법에 대한 관심이 높았다. 장즈둥 등의 전폭적인 지원으로 다성방적大生紡績을 창립하는 등 실업계에 나서기도 했던 장졘張謇도 1903년 일본을 시찰한 뒤 입헌제를 채택하는 것이 국가 부강의 기초라는 것을 확신하고, 1904년에는 대일본제국헌법 번역을 조정에 건의하는 한편 위안스카이에게는 이토 히로부미와 이타가키 다이스케가 입헌화立憲化를 추진하면서 한 말들을 참고하라고 호소했다. 이렇게 입헌군주제를 채택하자는 목소리가 높아지자 그때까지 사태의 추이를 지켜보고 있던 위안스카이도 1905년 사절을 해외로 파견해 입헌 실시 준비에 착수할 것을 상주했고, 또 서태후의 측근에서도 입헌제를 채택하면 거꾸로 군권이 강화될 것이라는 생각을 갖게 되면서 자이쩌載澤·다이훙츠戴鴻慈 등 다섯 명의 대신을 해외에 파견하여 각국의 정치를 고찰하도록 했다.

자이쩌 등은 일본에서 이토 히로부미에게 대일본제국헌법에 대해 물어 통치대권을 군주에게 집중시켜야 한다는 조언을 얻었고, 귀국 후 곧장 입헌을 선포하라고 주청했다. 이것을 받아들여 1906년에는 입헌제를 채용할 준비 작업으로 관제를 개혁하라는 내용의 상유가 발포되었고,

〔표 6〕 청국 법정 교육기관과 일본 교습

명칭	설립년	교습	비고
法律學堂	1905	岡田朝太郎, 志田鉀太郎, 松岡義正, 岩井尊文, 小河滋次郎, 中村襄	修訂法律館 관할. 1907년 法部 직속이 되면서 '경사법률학당'으로 개칭, 사법관 양성.
京師法政學堂	1907	巖谷孫藏, 杉榮三郎, 矢野仁一, 小林吉人, 井上翠, 松本龜次郎, 石橋哲爾, 原岡武, 高橋健三	進士館을 개칭. 행정관 양성. 敎習 : *章宗祥·*曹汝霖·*林棨·*范源廉·*張孝栘·陸宗興·*錢承誌·*江庸·*黃德章·夏循愷·孫培·曾儀眞·顧德隣·*李景圻·*陸世芬·吳鼎昌·*程樹德
直隷法律學堂	1904	甲斐一之	훗날 幕僚學堂으로 개칭
直隷法政學堂	1905	中津三省, 矢板寬, 太田一平, 劍持百喜, 中島比多吉	
北洋法政學堂	1908	吉野作造, 今井嘉行, 小鹿靑雲, 淺井周治, 中村仲, 大石定吉, 名和剛, 石橋哲爾, 樋口龍綠	敎習 : *籍忠寅·劉同彬, 졸업생 : 李大釗, 張潤之, 王文璞
山東法政學堂	1906	松野祐裔, 八田光二	監督 : 方燕年
山西法政學堂	1907	橫山治一郎	總理 : *劉錦訓, 總務長 : 吳人達, 敎習 : *郭象升
江蘇法政學堂	1906	土井常太郎	
奉天法政學堂	1906		감독 : 錢能訓, 교습 : *王葆眞, *黃成霖
江西法政學堂	1906	日下淸癡	
浙江法政學堂	1906	大石定吉	교습 : *金泯瀾·*許壬·*鄭垂
湖北法政學堂	1908	作田正一, 篠崎正	감독 : 邵章
廣東法政學堂	1905	松山豊造, 藤田積造, 大脇菊次郎, 關山富	감독 : *夏同龢·*朱執信, 교습 : *杜貢石·*金章·古應芬·*李君佩
雲南法政學堂	1906	島田俊雄, 加古貞太郎	졸업생 : 王楨
貴州法政學堂	1906		提調 : 劉大琼, 堂長 : *歐陽葆眞, 學監 : 李培元
湖南法政速成學堂	1908		
四川法政學堂	1906		監督 : 周善德·*張孝栘·*邵崇恩, 敎習 : 徐煥·施台愚·*張知競·*黃毓蘭·覃育賢
江寧法政學堂	1906		監督 : 于德懋, 敎習 : 張康仁
陝西法政學堂	1907		
安徽法政學堂	1906		監督 : 張仲炘, 總弁 : 馮煦·沈曾植·毓秀, 敎習 : 毛昌本·*丁象謙·*彭守正·*鄭汝培
新疆迪化法政學堂	1907	林出賢次郎	
兩江法政學堂	1908		
吉林法政學堂	1908	木村欽二	總弁 : 錢宗昌, 敎習 : *謝介石

명칭	설립년	교습	비고
熱河速成法政學堂	1908		總弁 : 謝希詮
廣西法政學堂	1908		1906년 개설한 法政講習所를 개칭
河南法政學堂	1908		監督 : *陳國祥, 教習 : 張協陸
甘肅法政學堂	1909		
貴冑法政學堂	1909		

*는 일본 유학생을 가리킨다. 중화민국이 수립과 함께 법정학당이 개편되면서 자리를 옮기기도 했는데, 오카다 아사타로가 베이징법정전문학교, 요시자와 사부로(吉澤三郎)가 난징의 민국법정대학, 마쓰노 스케스에(松野祐裔)가 산둥공립법정전문학교, 마쓰야마 도요조(松山豊造)가 광둥법정학당의 교습으로 기록되어 있다.

1908년 개교 당시 베이양법정학당의 교직원. 앞줄 오른쪽에서 두 번째가 아사이 슈지(淺井周治),
세 번째가 이마이 요시유키, 왼쪽에서 두 번째가 오가 세이운(小鹿靑雲).

1907년 고찰헌정대신考察憲政大臣으로 다서우達壽가 일본에, 위메이시于式枚가 독일에, 왕다시에汪大燮가 영국에 파견되었는데, 실질적으로 군주제를 채택하여 부국강병을 달성한 이 세 나라에 초점이 맞춰져 있었다. 그리고 1908년 8월, 「흠정헌법대강欽定憲法大綱」이 선포되었고, 9년 후 입헌제를 채택하기까지 매년 실시해야 할 입법과 제도 개혁을 위한 상세한 입법계획안으로 「의원미개이전주비사의議院未開以前籌備事宜」까지 아울러 공표되었다. 이처럼 입헌제를 실시하기까지 9년 계획으로 법제 정비를 추진한다는 정책도, 1881년 메이지 14년의 정변에서 입헌제 채용의 조서를 내리고 1890년 의회를 개설한 일본의 선례를 모방한 것이었다. 「흠정헌법대강」은 다서우가 일본에서 호즈미 야쓰카穗積八束와 가네코 겐타로金子堅太郎, 아리가 나가오 등의 지도를 받아 정리한 복명復命에 근거한 것으로, 황실의 신성불가침과 군주의 통치대권 장악이라는 핵심에서 대일본제국헌법을 전면적으로 따른 것이었다.[88] 청조 정부의 입장에서 보자면 흠정헌법인 대일본제국헌법을 모방하는 것은 배만혁명排滿革命과 공화체제 수립을 주창하는 혁명 사조를 진정시키고 군권을 강화하기 위해 가장 효과적인 방책이었다. 청조 정부가 일본 헌법을 얼마나 중시했는지는 1906년 호즈미 야쓰카가 다서우 등에게 행한 헌법 강의를 「일본헌법설명서」라는 제목으로, 또 가네코 겐타로의 구미 헌법과 일본 헌법의 비교론을 「일본헌정략론日本憲政略論」이라는 제목으로 번역하여 『정치관보政治官報』에 게재한 것 외에 의회제·관제·세제·자치제 등 헌정 전반에 걸쳐 잇달아 역재譯載한 것을 보아도 명료하다.

이리하여 국가 형성의 골격인 헌법에서 일본을 모범으로 삼음으로써

---

88 憲法大綱에서는 '君上大權'과 법률의 제한하에서 "신민의 권리·의무"를 규정하고 있는데, 大權 事項은 대일본제국헌법을 모방한 것이다. 헌법대강의 "대청황제는 대청제국을 통치하며, 萬歲一系 永永尊戴한다", "君上은 신성 존엄하여 침범할 수 없다"는 각각 대일본제국헌법의 "제1조 대일본제국은 만세일계의 천황이 통치한다", "제4조 천황은 신성하여 침범할 수 없다"는 조항을 그대로 베낀 것이라 할 수 있다. 이에 관해서는 韋慶遠·高放·劉文源, 『淸末憲政史』(中國人民大學出版社, 1993); 荊知仁, 『中國立憲史』(聯經出版社業公司, 1984) 참조. 또, 청말의 일본 법제의 시찰과 수용에 대해서는 孫安石, 「淸末の政治考察五大臣の派遣と立憲運動」(『中國-社會と文化』第9號, 1994); 熊達雲, 『近代中國官民の日本視察』(山梨學院大學社會科學研究所, 1998)이 귀중한 선행연구이다.

「의원미개이전주비사의」에 따라 추진된 법규 개수改修와 법전 편찬에서
도 일본법을 참조하게 되어 수정법률관에서는 오카다 아사타로・마쓰
오카 요시마사・시다 고타로를 고문으로 두었고, 일본 유학생이었던
주셴원朱獻文・가오중高種 등이 관원으로 임명되었다. 사법 제도에 관해
서는 오카다 아사타로가 초급・지방・고등의 삼심판청三審判廳 위에 대
리원人理院을 두는 사급삼심제四級三審制의 법원편성법을 기초하여 1911년
공포되었는데, 사급삼심제 역시 일본의 재판제도를 모방한 것이었다.
이것도 일본이 사법 제도를 개혁함으로써 영사재판권을 회수할 수 있
었던 것에 많은 관심 가졌기 때문이었다.[89] 또, 수정법률대신이었던 선
자번은 법제를 정비하면서 그때까지 민법과 형법이 분화되어 있지 않
은 중국에서는 민법전과 형법전을 편찬하는 일부터 시작해야 한다고
하여 민법은 마쓰오카 요시마사에게, 형법은 오카다 아사타로에게 각
각 기초를 맡겼다.[90] 다만 민율民律(민법전) 중 친속親屬(친족)과 계승繼承(상
속) 두 편에 대해서는 예속禮俗과 깊이 관련되기 때문에 신중하게 심의를

---

[89] 「考察憲政大臣李家駒奏考察日本司法制度並編日本司法制度考呈覽摺」(1909.9), 故宮博物院明清檔
案部 編,『清末籌備立憲檔案史料』下冊, 中華書局, 1979, p.879에서는 일본의 사법 제도가 4차에 걸
친 개정을 거쳐 완전하게 된 결과 치외법권 철폐에 성공하여, 메이지 "32년 이후 일본의 사법권은
안으로나 밖으로나 완전히 독립했다. 이것은 일본의 사법 정비의 효과이다"라며 사법권의 확립이
조약 개정의 불가결한 전제가 된다는 것을 강조하고, 일본 사법 제도의 모범적 성격을 보고했다.

[90] 청말의 법전 편찬에 관여한 일본인 법학자에 대해서는 島田正郎,『清末における近代的法典の編
纂』(創文社, 1980); 宮坂宏,「清末の法典編纂をめぐって」(『法制史研究 第14號 別冊 法典編纂史の諸
問題』, 1964)・「清國の法典化と日本人」(『仁井田陞博士追悼論文集第三卷 日本法とアジア』, 勁草書
房, 1970)에 상세한 분석이 있다. 이하의 여러 법전의 편찬 경위에 관한 서술은 島田正郎,『清末にお
ける近代的法典の編纂』; 楊幼炯,『增訂近代中國立法史』(臺灣商務印書館, 1966); 李貴連,「近代中國
法の變革と日本の影響」과 張培田「清末の刑事制度改革に對する日本からの影響」(둘 다 池田溫・劉
俊文 編,『法律制度』(日中文化交流叢書2), 大修館書店, 1997 所收); 沈家本,『寄簃文存』(『沈家本集』,
中華書局) 등의 해당 부분을 참조했다. 또 岡田朝太郎,「清國刑法草案ニ付テ」(『法學志林』第12卷 2
號, 1910);「清國既成法典及ヒ法案ニ付テ」(『法學志林』第13卷 8號, 1911);「清國改正刑律草案(總
則)」(『法學協會雜誌』第29卷 3號, 1911) 등은 입법자 자신의 견해를 볼 수 있어 중요하다.

거듭해야 한다고 하여 예학관禮學館에서 기초를 맡았고, 우선 총칙·채권·물권 세 편의 초안이 기초되어 1911년 황제에게 올라갔지만 신해혁명으로 공포되지 못한 채 끝나고 말았다. 마쓰오카가 기초한 민율 초안은 1896년 공포된 일본 민법에 준거하고, 여기에 프러시아와 스위스 민법을 참작한 것이었다.

형률刑律(형법전)도 오카다 아사타로에 의해 1906년 총칙總則이, 1907년에는 오카다와 수정법률관원에 의해 분칙分則이 기초되었다. 형률 초안은 일본 형법에 준거하면서도 죄례罪例를 형례刑例 앞에 두고, 징역·금고·구류의 자유형 수형자에게 형무 작업을 부가하지 않는 무정역無定役을 배열했으며, 각칙各則 대신 분칙의 편명을 채용하는 등 일본의 형법에서는 실현되지 않은 점도 포함하고 있다. 그러나 오카다의 형률 초안에 관해서는 일본인이 기초했다는 둥 일본어 명사를 사용하고 있다는 둥 이런저런 반발도 적지 않았다.[91] 게다가 이 초안은 중국 고래의 예교나 윤상倫常을 훼손하는 것이라 하여 룽지쵠榮之宣과 장즈둥을 비롯해 각지의 총독과 순무 들의 반대가 줄을 이었고 격렬한 논쟁이 확산된 결과, 초안 수정 외에 팅졔廷杰의 의견을 따라 황실죄·내란죄·외환죄에는 과중한 형을 부과할 것, 지아비 없는 여성의 화간和姦을 처벌할 것, 존친속尊親屬에 대한 죄에는 정당방위 적용을 제외할 것 등을 「잠행장정暫行章程」으로 덧붙여 1911년에 공포하였다.[92] 그런데 이 법령은 애초부

---

91 江蘇巡撫陳啓泰는 중국의 전통을 무시하고 있어 倫常을 해칠 뿐만 아니라 일본 名詞를 많이 채택하고 있기 때문에 新異하고 난삽하여 국민이 알기 어렵다고 비판했다(「江蘇巡撫陳啓泰覆奏新訂刑律與禮敎不合之處應酌加修訂修」(1909), 故宮博物院明淸檔案部 編, 『淸末籌備立憲檔案史料』下冊, 中華書局, 1979, p.860).

92 오카다 아사타로가 기초한 형률 초안을 둘러싼 논쟁과 그 수정 과정에 관해서는 小野和子, 「淸末の新刑律暫行章程の原案について」(『中國の傳統社會と家族』, 1993); 「吳虞與刑法典論爭」(『中國文化』, 1995) 등 참조. 이들 연구에는 서양법이 일본을 매개로 하여 중국에 수용될 경우 발생하는 법문화의 충돌 양상

터 잠행신형률暫行新刑律로 간주되었기 때문에 1915년 법률편사회에서 일찌감치 수정안을 내놓았지만, 이 수정안마저 위안스카이의 실각 후 다시 개정하자는 의견이 있어 왕충후이王寵惠가 수정법률관 총재가 되면서 수정이 가해졌다.

이 외에 외국과의 통상을 처리하고 식산흥업을 도모할 필요에서 가장 먼저 법전 편찬에 착수한 상률商律(상법)에 관해서는, 1904년 총칙에 해당하는 상인통칙商人通則과 공사율公司律이 공포되었고 1906년에는 마쓰오카 요시마사가 기초한 파산율破産律이 공포되었다. 이것을 이어받아 1908년에는 시다 고타로가 수정법률관에 초빙되어 대청상률大淸商律의 기초를 담당했고 1909년 초안이 완성되었다. 이 상률 초안은 대부분 1899년 공포된 일본 상법에 준거한 것이어서 중국의 전통이나 실정을 무시하고 일본 교습이 자국의 법령을 그대로 베낀 것이라는 비판을 받았다. 그러나 시다의 초안을 참고로 상공부가 각지의 상업 관습을 감안하여 최종적으로 정리한 대청상률초안은 1910년 자정원資政院에서 심의까지 받았지만 결국 법전으로 공포되지는 못했다. 다만 총칙을 상인통칙으로, 공사율을 공사조례로 바꾸어서 1914년 그 일부가 공포되었다. 또, 시다 고타로가 기초한 해선법海船法은 약간의 자구 수정을 거쳐 1925년에 공포되었다. 중화민국으로 바뀐 후에는 1915년 마쓰오카 요시마사가 파산법의 초안을 기초했다.

소송법의 경우 선자번과 우팅팡이 편정編定한 것과 병행하여 수정법률관 고문으로 초빙된 오카다 아사타로와 마쓰오카 요시마사가 각각 형사소송법과 민사소송법의 초안 기초에 참여하여 완성, 1911년 군기

이 선명하게 묘사되어 있다.

대신軍機大臣을 거쳐 송정送呈한 다음 헌정편사관 심의에 부쳤다. 두 개의 소송 법안은 모두 청조가 무너지면서 실행되지 못했지만, 광둥 정부 사법부는 이 가운데에서 토지 등의 관할에 관한 부분에 대해서는 잠정적으로 원용한다는 지령을 냈기 때문에 그 외의 부분도 참조할 수 있게 되었다. 한편, 베이징 정부는 일본에서 호세이대학 법정속성과에서 강사로 함께 일했던 이와타 이치로岩田一郎(대심원 판사)와 이타쿠라 마쓰타로板倉松太郎(대심원 참사)를 고문으로 초청하여 오카다와 마쓰오카가 기초한 초안의 수정을 맡겼는데, 그에 의거하여 두 법률이 1921년 함께 공포되었다. 남북에서 서로 다른 법을 적용하는 상황은 국민당에 의한 북벌의 완성으로 바뀌어 형사소송법은 1928년에, 민사소송법은 1931년에 통일된 법령이 공포되었다. 이 외에 1907년 일본의 감옥법 기안에 참가하기도 했던 오가와 시게지로는 이 감옥법을 모범으로 하여 대청감옥규칙초안大淸監獄則草案을 기초했고, 법률학당 부설 감옥학전문과에서 강의하는 한편 옥무고문獄務顧問으로서 감옥제도의 정비와 베이징감옥의 설계를 지도했다. 베이징감옥은 중국 최초의 신식 감옥이면서 동시에 장래에 세워지는 감옥이 동일한 설계를 따르는 것을 이상으로 삼았기 때문에 모범감옥이라는 이름으로 불렸다.[93] 또, 이와야 마고조는 법전편찬에 직접적으로 참여하지는 않았지만 1906년 '지나법전편찬조사회支那法典編纂調査會'를 조직하여 법전의 정비와 편찬의 자문 역할을 맡았다.

이처럼 청말의 법전 편찬 작업에서 일본 교습이 입법에 관여했기 때문에 일본법을 모범母法으로 하는 법을 이어 받았지만, 대부분의 법전은 일본에서 브와소나드의 민법 초안과 뢰슬러K. F. H. Roesler의 상법 초안이

---

[93] 小河滋次郎, 「淸國の獄制」(『刑事法評林』第2卷 9・10號, 1910) 및 島田正郎, 「罪犯習藝所と模範監獄」(故宮博物院明淸檔案部 編, 앞의 책 所收) 참조.

직면했듯이, 국정國情이나 관습·미풍양속·국체에 반한다는 이유를 들어 갖가지 수정이 가해지기도 했고 신해혁명으로 폐기되는 운명에 처하기도 했다. 그러나 일본 교습은 구미에서 수용한 법정사상을 교육과 입법 양면에서 중국에 전하는 중요한 회로로서 기능했는데, 이는 일본 교습을 회로로 삼아 진행된 법정사상과 국민국가 형성의 연쇄를 잘 보여주는 사례라고 말할 수 있을 것이다. 다만, 애초 청조는 입헌군주제에 의한 체제 강화와 연명책으로서 입헌예비공작을 위해 일본 교습을 초청한 것이기도 했기 때문에, 신해혁명으로 공화제 헌법을 중핵으로 하는 국가가 형성될 즈음에는 일본 교습의 의의와 활동도 크게 변경되지 않을 수 없었다.

그렇긴 하지만 중화민국 시대에 들어서도 일본의 법정사상에 대한 수요가 전무했을 리 없었는데, 1903년부터 1917년까지 중국에 체재한 이와야 마고조와 1906년부터 1914년까지 체재한 오카다 아사타로를 비롯해 많은 법률가가 중화민국 수립 이후에도 교습이나 입법 고문으로 계속 활동했으며, 이와타 이치로와 이타쿠라 마쓰타로처럼 중화민국 정부에 초빙된 경우도 있었다. 또, 임시혁명정부의 법률고문으로서 데라오 도루, 소에지마 기이치副島義一가 헌법 기초에 관여했다. 게다가 베이양법정학당 교습이었던 이마이 요시유키는 전체 100조로 이루어진 중화민국헌법 초안을 쑨원에게 제출했고, 중국의 민주공화제가 채택해야 할 중앙집권체제에 관한 구상을 제시한 『건국책建國策』을 저술했다. 『건국책』에 관하여 장빙린은 "연방의 오류를 논하고 일원제의 위험을 경계하는 숭론굉의崇論宏議는 사상事狀에 아주 잘 들어맞는다"[94]라고

---

94 章炳麟,「復北洋法政學堂敎習今嘉吉井書」(1912.6), 湯志鈞 編,『章炳麟政論選集』下冊, 中華書局, 1977, p.616.

칭찬하면서도, 자치체인 각 성의 행정장관에게 총독이나 순무 이상의 권한을 부여한다는 구상에 반대하고, 성제省制를 폐지하고 도道 단위의 지방정부를 중앙정부가 직할하게 하는 자신의 안으로 대체하자고 제안하는 등 교류가 이뤄졌다. 이 외 위안스카이가 주도하고 있던 베이징 정부에서는 제정帝政 부활을 노린 법제 준비를 획책하는 한편, 다른 한편으로는 베이양신정北洋新政이라고 불리는 제도 혁신이 병행해서 진행되는 상황이었기 때문에 일본인 고문에 대한 수요도 일시적으로 높았다. 예컨대 이와야 마고조는 1912년 대통령부大統領府 법률자문 자격으로 법전 편찬에 관한 지침을 제공했고 베이징대학에서 법학을 강의했다. 그리고 아리가 나가오가 초빙되어 미국인 굿노Frank Johnson Goodnow와 함께 위안스카이의 법률고문으로 활동했다.[95] 덧붙이자면 한때 아리가의 조수로 일했던 사람이 나카에 조민中江兆民의 아들 우시키치中江丑吉였는데, 우시키치는 이후 차오루린과 사이온지 긴모치西園寺公望, 만철조사부滿鐵調査部 등의 도움을 받으면서 베이징 시정市井에서 중국고대사상사 연구에 깊이 빠져들 수 있었다.

어찌됐든 중화민국 초기에는 이미 [표 3]과 [표 4]에서 본 것처럼 일본 유학 경험자가 의회에서 다수 차지하고 있었을 뿐만 아니라, 1914년 1월 개설된 법률편사회에서 장쭝샹·량치차오·장융·위치창(도쿄제국대학 법과)·스지촨石志泉(도쿄제국대학 법과) 등 일본 유학·체일滯日 경

---

95 李廷江, 「辛亥革命時期における日本人顧問」(『アジア研究』 第39卷 1號, 1992); 「民國初期における日本人顧問・袁世凱と法律顧問有賀長雄」(『國際政治』 第115號, 1997) 및 Ernest. P. Young, *The Presidency of Yuan ShihKai*, University of Michigan Press, 1977 등 참조. 李廷江은 중국에서의 일본 모범국론의 기원을 1885년의 광산기사 市川文一의 초빙에 관한 李鴻章의 공작으로 파악한 다음, 고용 일본인의 역사를 技師→敎習→顧問이라는 흐름 속에서 通觀하는 관점을 제시하고 있다. 중요한 지적이지만 사상연쇄라는 시각에서 본고에서는 기사의 문제에 관해서는 다루지 않는다.

험자가 법안의 심사를 맡고 있었기 때문에 일본법의 영향이 여전히 강하게 남아 있었다. 또, 1913년의 헌법기초위원회 이사 7명 가운데 리궈전李國珍・양밍위안楊銘源・샤퉁화夏同龢・황윈펑黃雲鵬・왕자샹王家襄 다섯명이, 그리고 조문條文기초위원 황윈평・장야오쩡張耀曾・쑨중孫鐘・리칭팡李慶芳 다섯 명 전원이 일본 유학생이었다.[96] 그러나 일본 유학을 거쳐 예일대학과 미들템플 법학원에서 공부한 왕충후이, 파리대학 법학박사 첸타이錢泰를 비롯해 왕스청王世澂・왕언쩌王恩澤 등 영미법이나 프랑스법을 배우고 귀국한 사람들이 등장하면서 법률고문도 일본인 교습・고문에서 영국인・미국인・프랑스인 법률고문으로 대체되었다. 이렇게 바뀐 것은 신해혁명 발발과 함께 공포된 중화민국임시정부대강과 1912년의 중화민국임시약법이 부분적이나마 미국 헌법의 영향을 받는 등 국제國制 그 자체가 입헌군주제를 취한 일본과는 완전히 달랐기 때문이며, 그 외에도 일본의 대중국 정책이 중국 보전에서 권리의 확대 쪽으로 변화했고, 1915년 일본의 대중국 21개조요구 등에서 일본인 고문을 두라고 강력히 요청한 것 등을 목도하면서 일본인 법학자가 중국의 법전 편찬에 관여하는 것에 대한 비판이 높아졌기 때문이다. 또, 각국에서 유학하고 있던 법학생이 귀국 후 법전 편찬 사업이나 법정 교육을 담당하게 되면서 일본인 법률고문과 교습의 존재이유도 사라졌던 것이다.

그러나 일본 교습은 법정학당에 그치지 않고 사범학당・무비학당武備學堂・실업학당・농업학당・여학당・철로학당 등에서 다방면의 교육을 담당했는데, 국가 형성과 관련이 있는 것으로는 베이징에 있었던 재정학당과 고등순경학당을 비롯해 각지의 경무학당과 헌병학당이 있었다.

---

96 「憲法起草委員會職員一覽表」, 吳宗慈 編, 『中華民國憲法史 前編』, 東方時報社, 1923, p.30.

그 가운데 고등순경학당은 의화단사건을 겪은 뒤 국가 질서의 유지와 국민 생활의 안녕을 위해 군대와 별도로 경찰제도가 필요하다는 것을 인식한 경친황慶親王 혁광奕劻이 1901년 가와시마 나니와川島浪速가 설립한 베이징경무학당을 청조 정부가 이어받아 1906년 내무부 직할 기관으로 삼은 것이다. 고등순경학당에서는 가와시마 나니와가 총변總弁, 하세가와 다쓰노스케長谷川辰之助, 즉 후타바테이 시메이二葉亭四迷가 제조提調가 되었고, 이 외에도 교습으로 훗날 장쭤린張作霖의 군사고문이 된 마치노 다케마町野武馬가 병과를, 마에다 아이노신前田愛之進과 소메카와 도요히코染川豊彦가 법률학과 행정학을 가르쳤다.[97] 고등순경학당의 졸업생이 신설된 공순국工巡局에 채용되면서 경찰제도 쇄신이 진전되었고, 이 성과를 평가한 직례총독 위안스카이는 바오딩保定에 직례고등순경학당을 설립했다. 이 외에도 위안스카이의 주청을 받아들여 각 성의 순무에게도 경찰을 강화하라는 명령을 내리면서 일본의 경찰 관념이 수용되었다.

또, 일본 교습은 중국의 여자 교육과 소수민족 교육에도 참여했다. 가와하라 미사코河原操子는 내몽고 카라친왕부喀喇沁王府에 설치된 육정여학당毓正女學堂에서 총교습으로서 내몽고의 현모양처주의에 기반을 둔 여자 교육의 진흥에 기여했다는 것은 잘 알려져 있다.[98] 그리고 그 후임으로 1906년 도리이 기미코鳥居きみ子가 초대되었고, 남편인 도리이 류조鳥

---

97 川島浪速와 중국의 경찰제도 수용 경위에 관해서는 會田勉, 『川島浪速翁』(文粹閣, 1936), 『東亞先覺志士記傳』中卷, pp.272~289 참조. 北京警務學堂 외에 사범학당 등 각종 학당의 교육 내용 등에 대해서는 阿部洋, 『中國の近代敎育と明治日本』에 적확한 소개를 볼 수 있다.

98 河原(一宮)操子는 下田歌子의 소개로 요코하마의 화교가 운영한 大同學校의 女子部와 상하이의 務本女學堂에서 가르친 후 내몽고로 초빙되었는데, 그 견문과 체험은 河原操子, 『カラチン王妃と私・モンゴル族の心に生きた女性敎師』(芙蓉書房, 1969)에 상세하다. 河原은 귀국할 때 몽골 최초의 여성유학생으로 何蕙貞・于保貞・金淑貞을 동반하여 下田歌子의 實踐女學校에 입학시켰다. 藤村善吉編, 『下田歌子先生傳』, 故下田校長先生傳記編纂所, 1943, p.439.

居龍藏도 교습으로서 남학교인 숭정학당崇正學堂에서 교육을 담당하는 한편 일몽유사어日蒙類似語 연구와 현지조사를 행했다. 이때의 소산으로 기미코의 『토속학상으로 본 몽고』(1927)와 류조의 『만몽의 추억』(1936)이 나왔다. 이 외에 핫토리 우노키치가 아내 시게코繁子와 함께 1905년 베이징에서 최초의 여학교인 예교여학당豫敎女學堂을 개설했고, 실천여학교 청국여자속성과 교사였던 기무라 요시코木村ヨシ子가 숙친왕부肅親王府 내에 설치된 동화여학교와 숙범여학당淑範女學堂의 교습이 되었으며, 도노미치에戸野ミチエ는 1904년 장즈둥의 제창으로 우창武昌에 설립된 후베이유치원湖北幼稚園 원장이 되어 중국 유아 교육의 서막을 열었다.

그런데 이러한 학당들 대부분이 중국 측에서 설립한 것인 데 비해 일본인이 중국 각지에 학당을 설립하여 중국인에게 일본어＝동문東文을 가르치면서 동시에 인문과학과 자연과학의 기초인 보통학普通學을 가르친 학당도 있었고, 이 학당들이 유학생의 예비 교육이나 일본과 중국의 문화·사상 교류의 전제로서 갖는 의의는 적지 않았다. 일본인이 중국에서 최초로 설립한 학교로는 동아동문회 회원이었던 나카지마 마사오中島眞雄가 천바오천陳寶琛 등과 상의하여 1898년 푸저우에 세운 동문학당東文學堂이 있다. 푸저우동문학당은 중년 이상의 학습자를 위해 속성과를 두거나 정치학과를 특설하는 등 궁리를 거듭했는데, 천바오천 등은 사범 교육이 초미의 과제라 하여 1903년 전민사범학당全閩師範學堂으로 개편했고 1908년에는 우급사범학당優級師範學堂으로 이름을 바꾸었다. 푸저우동문학당 출신으로 와세다대학에 진학한 린치林棨가 있다. 이 외의 동문학당으로는 타이완총독부가 샤먼廈門 주재원 사와무라 시게타로澤村繁太郎에게 명하여 설립한 샤먼동아서원廈門東亞書院, 히가시혼간지東本願寺에서 경영한 항저우일문학당杭州日文學堂, 취안저우泉州의 창화학당彰化學堂, 田中

善立(이하 설립자 또는 교장을 병기함), 베이징의 문명학당文明學堂, 沖禎介과 동화학당東華學堂, 石橋哲爾, 톈진의 동문학당東文學堂, 豊岡保平과 일출학관日出學館, 限元實道, 난징의 동문서원同文書院, 東亞同文會 등이 있고, 가장 많은 성과를 올린 것으로 나카지마 다쓰유키中島裁之가 1901년에 창설한 베이징동문학사北京東文學社가 있다. 나카지마는 우뤼룬이 주재하고 있던 바오딩의 연지서원蓮池書院에 들어가 우뤼룬에게 배우면서 일본어를 가르쳤는데, 중국문명에서 일본이 받은 은혜에 대해 보답할 생각으로 중국의 풍기를 계발하기 위해 동문학사를 만들었던 것이다. 동문학사는 학비를 받지 않고 기부금으로 운영되었기 때문에 나카지마도 급료를 받지 않았고 교습도 베이징에서 중국어를 배우고 있는 일본인에게 의뢰하는 등 이런저런 수를 써보았지만 결국은 재정난 등으로 1906년 문을 닫고 말았다. 그동안 1,800여 명의 학생이 이곳에서 공부한 것으로 알려져 있다.[99] 한편, 중국인에 의해 설립된 동문학당도 성과를 거둔 곳이 적지 않았다. 뤄전위羅振玉가 1898년 상하이에 세운 동문학사(훗날의 南洋公學付設)에서는 후지타 도요하치藤田豊八와 다오카 레이운田岡嶺雲, 모로이 로쿠로諸井六郎, 후나쓰 다쓰이치로船津辰一郎 등이 교습이 되었고, 이 학교를 나온 왕궈웨이王國維는 일본에 유학, 칸트와 쇼펜하우어 등의 서양철학과 중국의 원곡元曲 등의 희문학戱文學 연구에 선구적인 업적을 남겼으며, 뤄전위와 더불어 금문金文·목간木簡·갑골문 등을 활용한 고대사 연구의 길을 개척했다. 뤄전위는 또 청일전쟁의 패배에 분기하여 국력발양을 위해 농학사農學社를 열고 『농학보農學報』를 발간, 일본의 농업 기술을 소개했

---

99 中島裁之의 北京東文學社에 대해서는 佐藤三郎, 「中島裁之の北京東文學社について」, 『近代日中交渉史の硏究』所收, 吉川弘文館, 1984 참조. 또, 東文學堂을 폭넓은 관점에서 역사적으로 자리매김한 논고로는 細野浩二, 「淸末中國における'東文學堂'とその周邊」, 阿部洋 編, 앞의 책 所收이 있다.

고, 그 후에는 중국 최초의 교육 잡지 『교육세계』를 간행하여 최신 교육 사상과 일본의 교육제도 개혁 정보를 중국에 알리는 데 적극적인 노력을 기울였는데, 그 한역 사업을 담당한 사람이 후지타 도요하치였고 『교육세계』의 편집자 겸 기고자가 바로 왕궈웨이였다.[100] 후지타 도요하치는 저서 『동서교섭사 연구』(1932~1933)로 잘 알려져 있는데, 그는 1897년 중국으로 건너가 일본의 학술서를 한역하여 소개하는 한편 상하이의 동문학사를 거쳐 1904년 양광 총독 첸춘솬岑春煊의 교육고문으로서 광둥과 광시의 교육진흥사업을 지도, 1905년 장쑤 순무 돤팡端方의 위촉으로 쑤저우사범학당蘇州師範學堂을 설립했고, 이 학교의 총교습으로 재직하면서 이케다 나쓰나에池田夏苗・오노 고타로小野孝太郎 등 일본 교습과 함께 교원 양성에 종사했으며, 1909년 베이징의 농과대학 총교습이 되는 등 일본 교습으로서도 동학東學의 보급에 진력하여 청말의 신학 발흥에 많은 기여를 했다.

이러한 일본 교습은 대부분 기본적으로 개별 계약이어서 일본 정부는 그들의 고용에 관여하지 않았고, 높은 평가를 얻기도 했지만 때로는 능력이나 품행에 관하여 물의를 빚는 경우도 적지 않았다. 이 때문에 우뤼룬 등은 일본 교습을 선발하여 파견하기를 희망했지만, 정부는 일본 교습의 파견을 국가적 사업으로 하지 않는다는 방침을 채택했다. 그랬기 때문에 제국교육회帝國敎育會에서는 '청국파견교원양성소'를 설립했고, 여성 교습에 관해서는 시모타 우타코를 회장으로 하는 동양부인회에서 1903년 '청국파견여교원양성소'를 부설하여 그 책임 아래 중국의

---

100 王國維의 생애와 업적에 관한 문헌은 아주 많지만 蕭艾, 『王國維評傳』, 浙江文藝出版社, 1983만을 들기로 한다. 또, 井波陵一 譯, 『宋元戲曲考』(東洋文庫626), 平凡社, 1998의 해설도 함께 참고하기 바란다.

역사·지리·언어·풍속 인정 등에 대해 지식을 전수하였다. 그러나 일본 교습에 의한 수업은 거의 통역을 통한 간접적인 것이었기 때문에 오해를 낳거나 성과가 오르지 않는 등 이러저런 문제를 피할 수 없었고,[101] 유학생의 귀국이나 국내의 교육 성과로 인해 일본 교습에게 의존할 필요성도 점차 줄어들게 되었다. 아울러 일본의 대륙정책에 대한 반발과 교육권 회수를 둘러싼 내셔널리즘의 고양, 구미 특히 미국의 의화단 배상금 반환 등에 따른 교육 활동의 강화 등으로 1920년대 전반기에 이르러 일본 교습은 거의 모습을 감추었다.

그런데 일본 교습은 자신의 전문 분야에 따라 교육에 종사했을 뿐만 아니라 중국에 머물고 있는 일본인으로서 중일 문화교류에도 힘을 기울였다. 가령 베이징에 머물고 있던 핫토리 우노키치와 이와야 마고조 등이 조직한 베이징연진회北京燕塵會에서는 기관지『연진燕塵』을 간행하고 있었는데, 제3년 제2호에는 후쿠자와 유키치의 문하생이 정리한「수신요령修身要領」[102]이 외무성 통역생 니시다 고이치西田畊一에 의해 중국어로 번역되었다. 『연진』에는 이외에도 베이징의 일본 교습과 가족의 생활

---

101 吉野作造는 통역 수업의 난점으로 각 성에서 모여든 학생들의 언어에 "수많은 차이가 있어서 거의 서로 통하지 않는다. 아니, 같은 성이라고 해도 동일한 발음이 모두 일반적으로 통하는 것은 아니다. (…중략…) 혹자는 北京官話를 사용하면 모든 학생이 이해할 수 있을 것이라고 생각하지만 실제로는 그렇지 않다"(「淸國在勤の日本人敎師」, p.143)라며 중국의 언어 사정을 거론하고, 미리 강의록을 인쇄·배포할 필요가 있었다고 서술한다. 또 雲南高等學堂의 일본 교습이었던 河合絹吉는 일본에서 3년 정도 유학했는데, 일본어를 아주 유창하게 구사하는 통역을 통한 수업에서 학술어를 적당히 얼버무려버리기 때문에 학생들이 곤혹스러워하는 등 장해가 있고, 원고를 써서 번역을 시킨다거나 손수 한문을 베껴 기록한 문장을 보여주는 일 등이 필요했다고 회고한다. 河合絹吉, 『昆明』, 育英書院, 1938, pp.44~45.

102 1900년 편성된「修身綱要」와 慶應義塾의 교원과 학생에 의한 전국적인 유세 등 新道德普及에 관해서는, 慶應義塾, 『慶應義塾百年史·中卷(前)』, 1960, pp.469~475 참조. 니시다는 입헌제 채택에 대비해 미국 등의 중국 주권 침해를 막을 것 등을 거론하면서, "황인종의 모두가 독립자존의 주의를 견지할" 필요가 있어 중국어 번역을 제공한다고 대화 형식의 前文에서 서술한다(「時々燕話」, 『燕塵』 第3年 第2號, 1910.2, p.28).

및 중일 간의 다양한 교류 양상이 생생하게 그려져 있으며, 이것이 일본으로 발송되기도 했다는 사실에 비춰보건대, 동인회지이면서 일종의 문화교류의 회로 역할을 했다고 말할 수 있을 것이다. 게다가 『연진』의 「편집실에서」에는 한커우의 강한회江漢會에서 잡지 『무창武昌』과 그 속간으로 『강한江漢』이, 톈진의 진문사津門社에서는 『진문津門』이 발간되고 있다는 기사를 볼 수 있는데, 이것들은 각각의 지역에 거류하고 있는 일본 교습을 중심으로 한 일본인회에서 간행하는 것이었고, 더욱이 그것들이 상호 송부되어 중국 각지의 정세에 관한 정보가 교환되고 있었음을 엿볼 수 있다.

이 외에 베이징의 일본 교습들의 주목할 만한 활동을 보면, 중국이 국제 정치의 초점이 되어가는 추세에 대응하기 위해 "이 나라의 언어를 배우고 문장을 능숙하게 익혀서 그 국정을 잘 아는 것보다 급한 일은 없다"[103]라고 하여 1903년 중국어 학습을 위해 청어동학회淸語同學會(처음에는 支那語硏究舍라고 불렸다)를 설립한 일이 있는데, 그러한 필요성에 따라 결성된 이 모임은 "재류방인在留邦人의 청국 연구자에게 청국 근세의 언문을 가르치고 또 청국의 제도와 습관을 연구하는 것을 목적"으로 운영되었다. 청어동학회는 핫토리 우노키치·가와시마 나니와·이와야 마고조·스기 에이사부로杉榮三郎 등이 중심이 되어, 도쿄외국어학교 청어교사를 그만두고 귀국한 진궈푸金國璞 등 중국인을 교습으로 하여 수업을 진행하는 한편 60일 동안 하기강습회 등을 개최하기도 했다. 청어동학회는 1913년 니시다 고이치를 교장으로 대일본지나어동학회로 개칭, 그 후 1925년 베이징동학회어학교, 1939년 베이징흥아학원, 1944

---

103 燕客寒生, 「北京淸語同學會」, 那須淸 編, 『北京同學會の回想』, 不二出版, 1995, p.85. 北京興亞學院은 興亞院 華北連絡部 文化局 소관에서 財團法人 北京同學會, 나아가 東亞同文會의 관리를 받았다.

년 베이징경제전문학교로 이름을 바꾸어 패전을 맞이했다.

그런데 일본인이 고용 외국인 교사로 채용되어 일본 학술 보급에 노력한 것은 중국뿐만 아니라 조선과 태국 등에서도 관련 사례를 찾을 수 있다. 조선의 일본인 교사와 고문의 초빙은 1881년 별기군別技軍이라고 불린 신식 군대의 창설에 따라 군사교관으로 고용된 호리모토 레이조堀本禮藏 육군소위에서부터 시작한다. 그러나 일본군을 모방한 명성황후 정권의 군제 개혁 과정에서 많은 불만을 가졌던 구식 군인들이 반일 쿠데타인 임오군란을 일으켰고 호리모토 레이조도 살해되어 일본의 영향력이 감퇴했듯이, 고용 일본인의 사정은 그때그때의 정치 상황에 크게 좌우되었다. 앞에서 서술한 것처럼 박영효의 초빙에 응하여 후쿠자와 유키치가 파견한 우시바 다쿠조牛場卓造와 이노우에 가쿠고로井上角五郎 등이, 박영효 등이 좌천되면서 『한성순보』 간행을 비롯해 계획했던 것과 달리 제대로 성과를 거두지 못한 채 귀국해야 했던 것도 이런 맥락에서 이해할 수 있다. 어찌됐든 일본이 조선에서 결정적으로 영향을 미치게 되는 1894년부터 1896년까지 그리고 1904년의 제1차 한일협약 이후를 제외하고, 조선에서 일본은 청·러시아·미국 이상의 모범국으로서 각별한 우월성을 갖고 있었던 것은 아니다. 그랬기 때문에 외국인 교사와 기사의 초빙에 관해서도 조선 정부는 1883년 서울 주재 공사를 통해 학교 교원·군사 교관·농업 기사의 파견을 미국 정부에 요청했고, 최초의 관립학교였던 육영공원의 교사도 미국인 중심이었다.

그리고 1891년 일본어 교육을 위해 개설된 관립일어학교의 초대 교원이었던 오카쿠라 요시사부로岡倉由三郎가 조선에 필요한 외국어에 관하여 "조선인에게 지나어는 일본어보다 기억하기 쉬울지 몰라도 조선에 필요한 지식을 포함하고 있지 않다. 영어는 지식을 포함하고 있다는 점에서 일본어보다 뛰어날지 몰라도 조선인이 배우기는 쉽지 않다. 이 두 가지 장점을 갖고 있는 것은 일본어이다"[104]라고 서술했듯이, 조선에 학술을 일으키는 데에는 일본이 구미에 미치지 못한다고 일본어 교육의 선도자 자신이 인정한 다음에야 일본어 학습의 의의를 설명했던 것이다. 여기에도 일본어는 구미의 신지식을 간편하게 수용하기 위한 수단이라는 생각이 잠재해 있었다. 또, 조선에서도 본격적인 구미의 학술과 제도를 섭취하기 위해서는 직접 구미인 교사나 고문을 부르는 것이 필수적이었고, 일본을 경유하여 배우는 것은 속성 때문인 것으로 간주되었던 것이다. 게다가 일본 자체가 국제법이나 외교에 관해서는 서양인 고문에게 의존하고 있는 이상 조선에서도 일본인보다는 서양인을 고용하고자 하는 것이 당연했다. 그리하여 1882년 외교·세관 사업에 관한 법률고문으로 독일인 묄렌도르프Paul von Möllendorf를 임명한 것을 시작으로 미국인 데니Owen Nickerson Denny, 르장드르Charles William Le Gendre, 그레이트하우스C. R. Greathouse, 프랑스인 크레마지Laurent Crémazy 등이 법제와 외교 고문으로 초빙되었다. 그들은 오카다 아사타로 등의 일본 교습이 중국에서 법전 편찬과 법정 교육에 종사한 것과 마찬가지로, 크레마지는 형법대전의 기초에 참여했고 법관양성소 강사로 근무했다. 그레이트하우스도 법관양성소에서 가르쳤다. 단, 1895년 "속성 과정으로 학생을 널리 모집하여 정해진 학과를 가르치고 졸업 후 사법관으로 채용할 수 있는" 자를 양성하기 위해 일본의 영향 아래 재편된 법관양성소에서는 일본 공사관 서기관 구사카베 산쿠로日下部三九郎를 비롯해 일본인 교관과 신우선申佑善·석진형石鎭衡 등 일본 유학생 등이 교사를 맡았는데, 이 양성소

---

104 岡倉由三郎, 「朝鮮の敎育制度を如何にすべき」, 『敎育時論』 第338號, 1894.9. 5, p.24.

는 어학 문제도 있고 해서 기본적으로는 일본법을 전습하는 기관이었던 것으로 알려져 있다.[105] 또, 1895년 청일전쟁 후 이노우에 가오루井上馨의 내정개혁 시기에 법제국 참사관 이시즈카 에이조石塚英藏가 의정부 고문으로, 전 중의원 원장이었던 호시 도루星亨가 법부 고문으로 취임하는 등 여러 규칙을 편성하기 위해 일본인 고문이 많이 임용되었고, 이시즈카 에이조는 유길준과 함께 내외관원천법內外官員薦法·각의세칙閣議細則·의원법議院法을, 호시 도루가 이정재李正在와 함께 관원상견상칭례官民相見相稱禮에 관한 규정을 기안·제정했다.[106]

그러나 1896년부터 1903년까지는 러시아 세력이 커져서 일본 고문과 고용 교사는 대부분 귀국하지 않을 수 없었고, 이들이 다시 영향을 미치게 되는 것은 러일전쟁 이후의 일이다. 그때 메가타 다네타로日賀田種太郎가 재무고문으로, 마루야마 시게토시丸山重俊가 경찰고문으로 임명되는 등 고문정치체제가 갖추어져 국제國制의 일본화가 추진되었다. 그 과정에서 사법 제도의 개혁도 단행되어 당시 법률고문이었던 우메 겐지로의 기초로 1907년 일본과 같은 이름의 법에 준거한 대심원·항소원控訴院·지방재판소·구재판소區裁判所로 이루어진 사급삼심제의 재판소구성법이 공포되었다. 더구나 조선에는 이미 1905년 한국통감부가 설치되어 있었기 때문에 재판소의 호칭까지도 전적으로 일본과 같았을 뿐만 아니라 실질적으로 일본법을 시행하는 것이나 다를 바가 없었다.

---

105 조선의 고용 외국인에 관해서는 李鉉淙,「舊韓末外國人雇傭考」(『韓』第9卷 2號, 1980) 참조 서양인 법률고문과 법관양성소에 대해서는 鄭鐘休, 앞의 책에 따른다. 덧붙여 『親睦會會報』(第1號, 1896.2)에 따르면, 청일전쟁 후인 1895년 8월의 단계에서 한국 정부가 고용한 외국인은 일본인 38명, 미국인 4명, 영국인과 독일 각 1명이었다. 이후 명성황후 시해사건으로 일본인이 대부분 귀국했기 때문에 이것은 일시적인 숫자에 지나지 않는다.

106 이 외에 『東京日日新聞』(1895.8.20)이 보도한 바에 따르면, 君臣相見禮에 관해서는 金宗漢·岡本柳之助·리젠돌이, 陛見禮式에 관해서는 李采淵·그레이트하우스가 각각 규칙 편성을 맡았다.

그리고 1909년의 조약 「사법 및 감옥의 사무 위탁에 관한 건」에 따라 통감부재판소로서 일본의 사법 제도에 편입되어 일체화했다. 다른 한편 오카다 아사타로가 기초한 법원편성법이 1911년 중국에서 시행됨으로써 일본의 재판소구성법을 모법으로 한 재판 제도가 동아시아 세계에서 실시되기에 이른다.[107] 이리하여 한국병합 이전부터 조선에서는 일본법의 수용이 조약과 고문 등 다양한 회로를 통해서 진전되었고 그 결과 스스로의 힘으로 국민국가를 형성하는 길이 막혀버리게 된다.

이 외에 일본인이 고용 외국인 교사나 고문으로 초빙된 국가로는 태국이 있다. 태국은 독립 국가이기는 했지만 1855년 영국과 체결한 우호통상조약(일명 바우링조약)을 비롯한 불평등조약을 해소하기 위해 1868년부터 1910년까지 출라롱콘Chulalongkorn 왕 라마 5세 아래에서 착끄리Chakkri 개혁이라고 불리는 제도 개혁을 추진했고, 이와 동시에 진행된 메이지유신 이후의 일본 개혁에 대해서도 관심을 기울이고 있었다. 이 제도 개혁을 담당한 것이 550명에 가까운 고용 외국인이었고, 특히 조약 개정을 달성하기 위해 벨기에인 롤랭-재케르맹Rolin-Jaequermyns을 비롯한 사법고문들에 의해 법전 편찬이 진행되었다. 태국과 일본은 1887년 국교를 맺었고 1898년 정식으로 일본섬라수호통상항해조약日本暹羅修好通商航海條約을 체결했는데, 그때 태국은 형법과 형사소송법을 정비하기까지 일본이 구미와 똑같이 영사재판권을 유보하는 데 합의했다. 그러나 동시에 법전이 정비되면 영사재판권을 조속히 철폐할 수 있다고 하여, 이를 지원하기 위해 태국변리공사 이나가키 만지로稲垣滿次郎의 알선

---

107 岡田朝太郎가 기초한 법원편성법은 1912년 3월의 臨時大總統令에 따라 중화민국에서도 실시되지만 1932년 10월 효력을 잃는다. 이 법원편성법이 만주국에서도 반용되었다는 것에 대해서는 拙稿, 「滿洲國の法と政治―序說」(『人文學報』 第68號, 1991) 참조.

으로 마사오 도키치政尾藤吉가 롤랭-재케르맹을 보좌하게 되었다. 마사오 도키치는 1897년부터 1913년까지 태국에 체재하면서 입헌심의회 위원과 사법고문 등을 역임했고, 이 기간 동안 형법·회사법·민법 등을 기초하는 한편 사법 제도의 정비와 법정 교육에도 영향을 끼쳤다. 마사오는 예일대학에서 법학을 배웠는데, 형법 초안은 당시의 일본 형법 개정 초안과 인도 형법, 이탈리아 형법에 준거했고, 3차 초안을 거쳐 1908년에 실행되었다. 그는 민법 초안에 관해서도 판데크텐Pandekten 시스템을 따른 일본 민상법民商法을 모방한 편별編別을 주장했지만 많은 점에서 파두Georges Padoux 등 프랑스인 법률고문과의 조정을 필요로 했고, 따라서 반드시 일본법에 준거했다고는 할 수 없다. 특히 민법 인사편人事編에 태국의 관습인 일부다처주의가 규정되어 있는 것에 대해 마사오가 법률 규정에 넣는 것을 반대했기 때문에 인사편 제정은 연기되었고, 결국 1913년 사법고문 직책을 사임하고 귀국했다. 1920년, 특명전권공사로서 섬라국주차暹羅國駐箚에 임명되었지만 임지에서 급서急逝, 법전 편찬을 비롯한 업적을 인정받아 국왕이 친히 화장점화식을 집행하는 대우를 받았다.[108] 또한 앞에서 서술한 바지라부트 황태자가 일본에 체재하는 동안 여자 교육 시설을 시찰하고 감명을 받아 귀국 후 왕족과 귀족 자녀를 교육하기 위해 황후여학교를 설립하기에 이르렀고, 여기에 야스이 데쓰安井てつ가 교장으로, 고노 기요河野キヨ와 나카지마 도시中島トシ가 교사로 초빙되었다. 태국의 여자 교육은 이 여학교를 하나의 모델로 하여 보급되었고, 현재 라지니여학교로 존속하고 있다. 이 외 1902년

---

[108] 政尾藤吉와 그 업적에 관해서는 三木榮,「泰國法律顧問 政尾藤吉博士傳」(『新亞細亞』, 1939年 11月 號) 及 政尾隆二郎 編刊, 『政尾藤吉傳追悼錄』(1922); 西野順治郎, 『新版 日·タイ四百年史』(時事通信社, 1978) 참조.

이후 양잠업 진흥을 위해 도야마 가메타로外山龜太郎 등이 농상무성 잠업국 기술사로 초빙되어 각지의 양잠시험소와 양잠학교에서 지도와 교육을 맡았다. 양잠 그 자체는 결국 성과를 거두지 못했고 잠업국도 폐지되고 말았지만 양잠학교는 그 후 농업학교와 농과대학으로 발전했다.[109]

한편, 일본의 입장에서도 아시아와 외교·통상·문화교류를 추진하는 과정에서 아시아의 언어와 지식의 습득은 필수 과제였고, 이를 위해 고용 교사를 초빙했다. 다만 대부분 어학 교사였다. 중국어의 경우, 1870년 외무성 한어학소漢語學所에서는 나가사키 통역사 출신 정용닝鄭永寧 등을 불러 난징 관화를 가르쳤고, 1873년 설립된 도쿄외국어학교에서는 한어학과를 마련하여 저장성 출신 예쑹스葉松石를 초빙하였으며, 1876년부터는 베이징 기인旗人(청나라 군대 편제인 팔기의 구성원-옮긴이) 쉐나이량薛乃良을 초빙하여 베이징 관화를 가르쳤다.[110] 그 후 궁언뤼龔恩祿, 차이보양蔡伯昂, 관구이린關桂林, 장지팡張滋昉 등이 강사로 초빙되었지만, 1885년에 도쿄외국어학교는 폐지되었다. 장지팡은 1889년 제국대학 문과대학 박언학과博言學科에 설치된 지나어과에서 가르친 후 청일전쟁으로 귀국했다. 그 후 1897년 고등상업학교에 부설된 도쿄외국어학교에 청어과淸語科가 개설되어 진궈푸와 훗날 만주국 감찰원장이 된 위중한于沖漢, 베이징법정학당 교습이 된 장샤오이 등이 교편을 잡았다. 이외에 민간 결사였던 흥아회도 지나어학교를 부설하여 장지팡 등이 중국어를 가르쳤는데, 선린학원善隣書院 창설자 미야지마 다이하치宮島大八와

---

109 태국의 일본인 교사와 고문 등에 관해서는 石井米雄·吉川利治, 『日·タイ交流600年史』(講談社, 1987) 및 吉川利治, 「アジア主義者のタイ國進出」(『東南アジア研究』 第16卷 1號, 1978.6) 참조

110 일본의 중국어 교육에 관해서는 六角恒廣, 『中國語敎育史の研究』(東方書店, 1988); 安藤彦太郎, 『中國語と近代日本』(岩波書店, 1988), 또 東京外國語學校의 아시아 여러 언어에 대해서는 東京外國語大學史編纂委員會 編, 『東京外國語大學史』(東京外國語大學, 1988) 참조

외교관 오다기리 마스노스케^{小田切万壽之助} 등이 이 학교 출신이었다. 장지 팡은 또 궁언뤼의 후임으로 게이오기주쿠 부속 지나어과에서 가르친 후 시부사와 에이이치 등이 청일전쟁을 고려하여 설립한 청한어학교^{淸韓語學校}에서도 교단에 섰다.

조선어의 경우, 1872년 외무성에서 관할하는 한어학소^{韓語學所}가 개설 되었고, 이것을 이어받는 형태로 1880년 도쿄외국어학교에 조선어학과 가 설치되었다. 조선어학과 교사로는 의촉^{依囑}에 탁정식^{卓挺埴}, 1881년 신 사유람단을 수행하여 일본에 온 손붕구^{孫鵬九}와 이수정^{李樹廷}이 임명되었 다. 이수정은 1882년 민영익의 수행원으로 건너와 조선어 학습서인『조 선일본선린호화^{朝鮮日本善隣互話}』(1884)를 간행하는 한편 1884년 출판된 『메이지자전^{明治字典}』의 조선어 음훈 표기를 담당했으며, 1889년 박제형 ^{朴齊炯}의『근세조선정감^{近世朝鮮政鑑}』이 도쿄에서 간행되었을 때 서문을 써 주기도 했다. 1886년 귀국한 그는 갑신정변 이후 일본 유학자 등에 대해 경계를 강화하고 있던 조선 정부에 의해 처형되었다고 한다.[111] 몽고어 를 전공하는 몽고어과는 1908년 동양어속성과라는 이름으로 도쿄외국 어학교에 설치되어 롭산초이동이 최초의 교사로 부임했고, 1911년 정 식으로 몽고어과가 개설된 후에는 롭산초이동과 모징가 등이 강의를 맡 았다. 모징가는 1922년 설립된 오사카외국어학교에 몽고어부가 개설되 면서 초대 교사가 되었다. 인도어의 경우, 도쿄외국어학교에 1908년 동 양어속성과를 두어 힌두스타니어와 타밀어를 가르쳤고, 1911년에 정식 학과가 되었다. 속성과 힌두스타니어 교사로는 인도인 노니 엘 다트가 임명되었다. 아주화친회의 다케우치 젠사쿠가 미스터 디라 부르고, 장

---

111 卓挺埴에 관해서는 李光麟,「卓挺埴論」(『開化期硏究』, ソウル : 一潮閣, 1994 所收), 李樹廷에 관해서 는 李光麟,「李樹廷の人物とその活動」(『韓國開化史硏究』, ソウル : 一潮閣, 1981 所收)이 상세하다.

빙린이 '대씨帶氏'라고 기록한 사람이 다트일 가능성도 전혀 없지는 않다.[112] 1909년에는 앞에서도 언급한 반영 독립운동가인 무하마드 바르가툴라가 두 번째 인도인 교사가 되었지만 1914년 일본을 떠난다.

이상에서 보았듯이 1880년대 이래 일본과 아시아 여러 지역 사이에는 다양한 회로를 통해서 지의 회랑이 형성되어 있었다. 그 회랑을 거쳐 중국·조선·베트남·인도·태국·버마·중앙아시아 등에서 유학생과 망명객이 일본으로 왔고, 일본에서 배운 학술과 사상을 번역·논설 등의 출판물을 통하여 본국으로 되돌렸을 뿐만 아니라 일본을 거점으로 독립·혁명 운동을 전개했으며, 국가를 넘은 결사를 매개로 연대하면서 아시아 연방의 형성까지 꿈꾸기도 했다. 나아가 일본인이 고용 교사나 기술자 자격으로 중국·조선·태국 등에 초빙됨으로써 일본을 연결고리로 하여 구미의 학술이나 사상이 아시아 여러 지역에서 받아들여졌다. 그 기간이 반드시 장기적이었던 것도 아니고, 역사적인 의의나 평가에 관해서도 해당 사회의 상황을 반영하여 변전變轉하고 있었다.

그러나 이처럼 유학, 결사, 번역, 일본인 교사 등의 회로를 통한 지의 순환 속에서, 다음 장에서 명확히 보여줄 사상연쇄의 갖가지 모습이 나타났다는 것은 확인해 둘 필요가 있을 것이다. 거기에서 일본의 위상은 황색인종의 모범으로 삼는 것에서부터 아시아의 공적公敵으로 간주하는 것까지, 일본의 아시아 내지 구미에 대한 외교정책에 따라 커다란 진폭을 그리고 있는데, 그 결과 다양한 평가를 포함하면서 아시아로서의 통

---

112 竹内善作는 미스터 디를 "당시 외국어학교 강사를 하고 있었다"(竹内善作, 앞의 글, p.78)라고 했지만, 亞洲和親會의 제1회 회합이 열린 1907년 여름 무렵에는 아직 동양어속성과 힌두스타니어 강좌는 이루어지지 않았다. 그러나 몇 개월 차이가 나는 것은 다케우치의 이야기가 그렇게까지 엄밀하지 않았기 때문인 것으로 보인다. 章炳麟에 의한 '帶氏'와 그 표기는 『民報』 第20號(1908年 4月 25日 刊)에 수록된 「印度人之日本觀」 등에서 볼 수 있다.

합 의식이 점차 형성되어 간 것은 틀림없을 것이다. 더욱이 그것은 단순히 서구로부터 부여받은 지역 개념을 그대로 수용한 것이 아니라 과거의 문명에 관한 역사적 집합 기억을 토대로 이러한 회로를 통한 상호 교섭 속에서 새로운 공간 의식으로 획득된 것이었다.

제7장
국민국가 형성과 사상연쇄의 행방

제1절 ——————————————— 국민국가 형성에서
평준화 · 유동화 · 고유화

태서 여러 나라들이 잇달아 밀려오고 있는데 이는 중국 수천 년래 일찍이 없었던 변국(變局)입니다. 옛날 사방의 오랑캐가 번갈아 침범했을 때는 오로지 강병(强兵)으로만 이겨낼 수 있었지 치법(治法)과 문학으로는 아니었습니다. 그런데 지금 태서 여러 나라는 치법으로 서로 다투고 지학(智學)으로 서로 이기고자 합니다. 이것은 정말이지 일찍이 여러 오랑캐들에게서는 볼 수 없었던 일입니다.[1]

---

1 康有爲, 「上淸帝第四書」(『七次上書彙編』, 1895), 蔣貴麟 主編, 『康南海先生遺著彙刊』(12) 所收, p.76. 마찬가지로 1881년에 신사유람단의 일원으로 일본을 시찰한 조선의 魚允中도 귀국 후에 부

이것은 근대에 들어 아시아가 구미 여러 나라와 해후했을 때 발생한 사태가 어떠했는지에 대한 캉유웨이의 생각이었다. 중국을 포함한 아시아로 밀고 들어온 구미 여러 나라는 단지 강력한 군사력뿐만 아니라 치법 즉 정치와 법률에서, 그리고 문학과 지학 즉 학술에서 탁월한 존재로 등장했다는 말이다. 확실히 캉유웨이가 지적했듯이 아시아는 무력과 법제, 학술 세 국면에서 구미와 대치하지 않을 수 없었다. 그리고 치법의 우월성에 대해서는 입헌제를 포함한 국민국가 형성이라는 형태로, 또 학술의 압력에 대해서는 유학생의 파견과 외국인 교사 초빙, 번역 등의 회로를 통한 학문체계의 재편으로 대응하고 있었다고 보아도 좋을 것이다. 그리고 그러한 국민국가 형성과 학문체계의 재편에 대응하기 위해 생긴 현상이 사상연쇄였다.

그러나 더욱 중요한 것은 아시아에서 국민국가 형성과 학문체계의 재편을 촉진한 사상연쇄로부터 어떠한 현상이 나타났고 어떻게 귀결되었는가, 그 역사적 의미를 어떻게 파악할 수 있을까라는 문제일 터이다. 지금까지 구미의 학술과 국민국가 체계가 아시아에 도래하면서 그것에 대응해야 했던 아시아라는 지역세계 안에서 일본이 역사적으로 형성해온 연계와 그 폭을 사상연쇄를 위한 지의 회랑이라는 관점에서 파악해왔는데, 이 절에서는 사상연쇄가 초래한 국민국가 형성의 귀결과 문화변용의 양상을 평준화, 유동화類同化, 고유화라는 세 가지 벡터를 통해 밝히고자 한다. 그럼으로써 글로벌한 정치나 문화의 체계와 지역세계 질서나 고유의 정치사회의 정치와 문화가 어떠한 중층성을 갖고 있었

강을 다투는 국제정세를 전국시대에 비유하는 고종에게 "춘추전국이 작은 전국시대였다면 오늘날은 큰 전국시대이고, 모두 오로지 지력으로 자웅을 겨룬다"(魚允中, 『從政年表』, 高宗 18年 12月 14日條, p.122)라고 하여 부강과 함께 지력전에서 이길 필요가 있다고 주장했다.

고, 그 상호작용이 어떠했는지에 관해서도 생각해볼 수 있을 것이다.

그런데 근대세계사를 국민국가라는 국가 체계가 지구를 뒤덮어가는 과정이었다고 한다면, 거기에서 발생한 사태는 모든 정치사회가 정치·경제·사회·문화 등의 제도에서부터 그것들을 지탱하는 의식 전반에 이르기까지 균질화하는 것이었다고 생각하지 않을 수 없을 것이다. 적어도 '근대국가'를 형성하는 것이 구미 국가들을 모범으로 한 고유한 정치사회의 개편으로 강제된 것이었던 이상 거기에 균질화의 압력이 가해지는 것은 당연하다. 국민국가 체계로서의 국제 질서family of nations에 참가하기 위해서는 문명국이라는 기준에 어울릴 것이 요청되었기 때문이다. 또, 구미 여러 나라의 군사적·경제적 침투라는 위협에 직면했을 때 구미 여러 나라와 같은 체제를 채택하고 이것과 길항하는 것은 그 정치사회의 존망이 걸린 문제이기도 했다. 그러나 그 기준에 따라 형성된 국민국가에서 등질적인 측면이 발견되는 것은 당연하다고 해도, 결코 그 구성이나 성질이 모두 동일했던 것은 아니다. 원래 국민국가가 기독교 국가에 기원을 두고 있는 이상, 종교적으로 이질적인 지역세계에서 수용되는 경우에는 세계관에 기초한 편차도 발생하기 마련이며, 정치사회의 역사적 조건에 규정되는 특유한 측면도 있다.

국민국가 형성에서는 이리하여 그것이 정말로 보편적 의의를 갖는지 여부와는 상관없이 어쩔 수 없이 따르지 않을 수 없다는 의미에서 평준화라고 할 만한 벡터가 작동한다. 그러나 이와 함께 종전의 지역세계에 존재하고 있던 문화적 유대에 부응하여 상사성相似性을 지향하는 유동화라는 벡터, 나아가 자신의 정치사회의 역사적 특이성을 상실할 수도 있다는 위기감과 자존의식에서 스스로의 독자성을 더욱 두드러지게 하려는 고유화라는 벡터가 작동한다. 이러한 세 벡터의 작용 결과로서, 예컨대 일본에서는 입헌제에서 구미와의 평준화와 만세일계의 국체에서 고유화라는 이중성과 유교적 윤리에서 동아시아 지역세계와의 유동화 등에 기초한 국민국가의 형성이 추진되었고, 그럼으로써 독특한 일본 나름의 국가 형태가 나타났다고 볼 수도 있을 것이다.[2]

그리고 아시아로 눈을 돌리면, 국가 형성에서 국제國制의 평준화가 진행된 요인으로는, 원래 국민국가 형성이 문명국 표준에 적합하게 되는 과정인 이상, 아시아와 구미의 조우가 우선 식민지화와 불평등조약의 체결로 시작되었다는 것을 들 수 있다. 식민지로부터 독립하기 위해서는 말할 것도 없고, 구미 각국과 체결한 불평등조약을 개정하고자 할 때에도 민법이나 형법 등의 법전이 구미의 입법 원리를 따르는 것이 전제 조건으로 강제되었기 때문이다. 그것은 요컨대 구미인이 자신의 법제나 상업 습관에 따라 안전하게 통상 활동을 하기 위한 보증을 요구한 것이었는데, 그러한 최소기준minimum standard을 충족시키지 못하는 한 평등한 조약의 체결은 이루어지지 않았던 것이다.

일본에서 조약 개정 교섭에 깊이 관여한 이노우에 가오루가 "우리 제국을 구주와 같은 제국으로 바꾸자. 우리나라 사람을 구주와 같은 인민으로 바꾸자. 구주와 같은 신제국을 동양의 땅에 건설하자. 다행히도 우리 제국은 처음으로 조약상 태서 각국과 같은 지위에 오를 수 있었다. 우리 제국은 이를 통해서만 독립할 수 있고, 이를 통해서만 부강을 이룰

---

2   일본의 입헌제에서 이중성(Dualism)은 대일본제국헌법 제1조의 만세일계 천황에 의한 통치=國體에 의한 고유화와 제4조의 원수인 천황이 "헌법의 조규에 따"라 통치한다=政體에 의한 평준화에서 발견할 수 있을 것이다. 더욱이 이러한 政體와 國體를 조합하여 國制를 구상하는 것은 유동화로서 일본으로부터 청조의 입헌제 채용으로 이어진다. 또, 대일본제국헌법에 의한 합법성과 교육칙어에 의한 윤리성이 표리일체가 되어 통치 체계가 형성된 것도 입헌제의 평준화와 유교에 의한 유동화로 볼 수도 있을 것이다.

수 있다"[3]라며 조약상 서양 여러 나라와 대등한 입장에 서기 위해서는 국가와 국민을 구주의 기준에 맞게 바꿔야 한다고 단언하고, 로쿠메이칸鹿鳴館으로 상징되는 서구화 정책을 추진한 것은 바로 문명국 표준에 적합하게 하기 위해서였다. 게다가 불평등조약을 개정하기 위해 구미 법제와 평준화를 도모하지 않으면 안 된다는 것은 결코 이노우에 가오루 개인의 사상이나 정책에 머무는 것이 아니라 구미 각국으로부터 강요받은 것이었고, 그 점은 1886년 6월 영국과 독일 양국 위원이 일본 정부에 제출한 조약 개정안에서 재판소장정과 형법·민법·상법·형사소송법 등의 법전을 '태서의 주의主義'에 따라 제정하고 법전의 관역官譯 영문을 실시 전에 송부하는 것이 조건이었다는 것을 보아도 명백하다.[4] 여기에서 말하는 송부란 단순한 통지에 머무르지 않고 이들 법전이 태서주의 원리Western Principle에 적합한지 여부에 관한 심사를 의미했다. 그러니까 주권국이라면 당연히 인정받아야 할 권한이 조약을 개정하는 마당에서는 제한되어 있었던 것이다.

이러한 태서주의 원리에 기초한 입법의 요청은 물론 일본에만 해당했던 것은 아니다.

1882년 조선이 미국과 체결한 수호통상조약 제4조에서도 조선이 법률과 재판법을 개정하고 미국이 그것들이 자국 법제와 합치한다고 인

---

3 井上馨, 「條約改正締結理由書」(1887.7.9), 井上馨侯傳記編纂會 編, 『世外井上侯傳』 第3卷, 內外書籍株式會社, 1933~1934, pp.919~920.

4 「英獨合案條約書」, 『日本外交年表竝主要文書』上卷, p.109. 법전의 通知(communicate)가 단순한 送付를 의미하는 것인지, 認知를 의미하는 것인지에 대해서는 일본과 여러 외국 사이에 해석상의 대립이 있었고, 분분한 논의를 거쳐 1887년 3월 31일 조약개정회의에서 태서주의 입법에 적합하지 않은 경우는 締盟國이 무효를 선언할 수 있다고 합의했다. 이 점까지 포함해 태서주의 원리에 의한 입법을 의정(議定)한 井上條約改正案은 일본의 자주성을 손상하는 것이라 하여 반대 운동을 불러일으켰고 결과적으로 유산되었다.

정한 경우에 치외법권은 해소되며 조선 재주在住 미국인은 조선 지방관의 재판관할하에 들어간다는 취지로 규정되었던 것이다. 더욱이 태서주의 원리에 의한 입법이라는 압력은 단지 구미로부터 비서구 정치사회에 가해진 것일 뿐만 아니라, 비서구 사회 내에서 상호 체결된 조약 또한 구미의 국제법에 준거함으로써 상호 법적 권한의 보장을 태서주의 원리에 기초하여 요청하게 되어 있었다. 그 때문에 일본과 청국 사이에 영사재판권 철폐가 문제되었을 때, 이노우에 가오루 외무대신은 "청국 정부에서 우리 제국의 법치가 걸어온 길을 따라 그 법률 및 사법 행정 등을 서양의 문명주의에 입각해 개정한 후가 아니면 그 청구에 응하기 어렵다"[5]라고 하여, 일본에 유동화하고 구미에 평준화한 법제 개혁이 달성되지 않는 한 거절하라는 훈령을 내렸다. 마찬가지로 이노우에 가오루는 조선 정부가 치외법권 철폐를 요구해 올 경우에 대비하여, "곧바로 우리 인민으로 하여금 조선 정부의 법률과 조선 정부의 재판관할에 복종할 것을 승낙해야 하는가. 태서 각국이 현재 우리에게 요청하고 있는 것처럼 충분히 우리 인민의 이익을 보호할 수 있는 보증을 얻지 못한다면 이것을 승낙하지 말아야 할 것인가. 본 대신은 우리 정부도 반드시 태서 각국이 우리에게 요구한 예를 따르지 않을 수 없다고 믿는다"[6]라고 주장했던 것이다. 또, 태국과의 조약 체결에서도 일본이 영사재판권을 설정하고 태서주의에 입각한 법전 편찬을 영사재판권의 해제 조건으로 삼았으며, 이를 위한 법률고문으로 마사오 도키치가 초빙되었다는 것은 앞에서 말한 대로이다. 이리하여 평준화의 압력은 구미 각국으로부터 아시아 여러 정치사회에 가해졌을 뿐만 아니라, 아시아의

---

5 1887年 4月 11日付 訓令.
6 井上馨, 「條約改正締結理由書」, 『世外井上侯傳』 第3卷, p.930.

여러 정치사회 내부에서도 이양됨으로서 유동화의 강한 강제력이 되었던 것이다.

그러나 또한 구미 국민국가를 준거로 하는 평준화는 그곳에서 희구되어야 할 이념이 인정된 측면이 있었다는 것도 간과해서는 안 될 터이다. 예를 들면 국민국가 형성의 전제인 국민의 법 앞의 평등이나 기본적 인권의 존중이라는 사고조차 없었던 사회에서, 자신의 정치사회의 신분차별이나 문벌제 등을 비판하고 변혁하기 위해서는 구미 국민국가의 이념을 내세워 평준화를 도모하는 것은 정치적 이념을 추구하는 것으로 간주되기도 했다. 1884년 12월 갑신정변에서 김옥균과 함께 "문벌을 폐지하고 인민의 평등권을 제정하며 재능에 따라 인재를 등용한다"라는 조항을 비롯한 14개조의 개혁 정강을 내걸고 궐기한 박영효는, 일본 망명 후인 1888년 1월 「내정에 관한 건백서」[7]를 고종에게 보냈는데, 여기에서 그는 법치국가 체제의 창출 외에 미국의 노예 해방을 참고하여, 공사 노비를 금지할 것, 남녀와 부부의 권리를 동등하게 할 것, 양반·상민·중인 등의 신분제를 폐지하고 평등하게 할 것을 제시했다. 그리고 한 나라에 사는 같은 사람의 귀천을 정하고 상하가 현격한 다른 종류의 사람으로 간주하는 사회를 "아주亞洲의 구풍고례舊風古例를 따른 것이라 하더라도 신속히 개혁하지 않으면 안 된다"라고 단언하면서 아시아적 유풍을 불식할 것을 설파했다. 물론 여기에서 말하는 '아주의 구풍고례'의 실질은 조선 사회의 그것을 가리킨다. 그러나 자기 사회의 누습을 개혁하기 위해 지역세계의 부정적 측면을 거론하고, 구미를 기준으로 아시아에는 없는 남녀평등의 권리 등의 실현을 지향한다는 것

---

7 「朝鮮國內政改革ニ關スル朴泳孝建白書」,『日本外交文書』第21卷, pp.292~311.

은 일본에서도 일반적인 논법이었다. 더욱이 이러한 박영효의 조선개혁론에는 후쿠자와 유키치를 통한 구미 법정사상의 연쇄가 있었다.[8]

마찬가지로 입헌 정체에 관해서도, 신분제에 기초한 과두 전제라는 아시아에서 흔히 보이는 통치 시스템을 탈각하고 국민의 정치 참가를 보증한 것으로서 구미의 정치체제에서 이상을 발견했다는 것은 "입헌은 문명 부강의 주물主物이고 문명 부강은 입헌의 종물從物이다"[9]라는 김진성金振聲의 주장에도 나타나 있다. 일본 유학생이었던 김진성에 따르면, 일본이 청이나 러시아를 격파할 정도의 국력을 갖게 된 것은 입헌제를 채용하여 개인의 권리를 존중하고 자유를 보호함으로써 인민의 애국심을 결집시킬 수 있었기 때문이다. 결국 그는 문명화와 부강을 달성하기 위해서는 입헌제의 채용이 불가결하다고 보았던 것이다. 또, 문명진화의 정점에 달하기 위한 혁명의 목표로서, 중국인 유학생이었던 쩌우룽鄒容이 헌법과 자치법, 공공과 개인의 관계, 관직의 제정 등을 모두 미국을 따르자고 주장한 것도 개인의 천부적 권리와 평등 자유, 그리고 민족의 자립이 그곳에서는 실현되고 있다고 보았기 때문이다.[10] 그러니까 평준화는 국민의 권리 확립과 통치 조직의 혁신으로서 희구해야 할 목표이기도 했던 것이다.

그러나 구미 국민국가의 달성에 평준화하는 것을 추구했다고 하더라도 구미 개별 국가의 내실에 관해서는 어학의 제약 때문이기도 하겠지만 정확한 지식을 갖춘 것은 아니었다. 그 때문에 아시아에서는 구미문명을 섭취하는 과정에서 선행한 청의 양무운동이나 일본의 메이지유신

---

8 朴泳孝의 '建白書'와 후쿠자와 유키치의 사상의 관련성에 대해서는 靑木功一, 「朝鮮開化思想と福澤諭吉」, 『朝鮮學報』第52輯, 1969 참조.
9 金振聲, 「立憲世界」, 『大韓興學報』第4號, 1909.6, p.23.
10 鄒容, 『革命軍』(1903), 島田虔次・小野信爾 編, 『辛亥革命の思想』, 筑摩書房, 1968, pp.61~64 등 참조.

의 사례에 주목할 필요가 있었고, 이와 함께 유동화가 진행된 측면이 있다. 그뿐만 아니라 국민국가 형성에서는 인접한 정치사회 간의 경합이라는 요인이 작용하기 때문에 지역세계 내에서 유동화 압력이 작동하게 된다. 특히 청조의 입장에서 볼 때 가장 중요한 울타리이자 조공 체제의 핵심이기도 했던 조선에 대하여 청조는 일본 세력의 침투를 물리치기 위해서라도 국제國制의 개편에 개입하지 않을 수 없었고 그 결과 일본과 청나라 사이에 알력이 빚어졌다. 물론 고종을 비롯하여 개국에 대응하기 위한 조선 자체의 체제 재편성 시도는 1880년 이후 일본에 수신사와 신사유람단, 유학생을 파견하고, 중국에 영선사와 유학생을 파견한 것 외에 1881년 통리기무아문의 설치 등을 통해 독자적으로 진행되었다. 그러나 임오군란은 조선 정부에 의한 주권국가 건설에 타격을 주었을 뿐만 아니라 사태 수습에 나선 청조가 마젠창馬建常과 묄렌도르프를 파견하여 조선의 체제 개혁의 주도권을 장악하는 계기가 되었다.

조선의 제도 개혁은 군정과 내정을 관장하는 통리군국사무아문이 청의 군기처에, 외정 일반을 관장하는 통리교섭통상사무아문이 청의 총리각국통상사무아문에 상당하는 기관으로 설치된 것을 비롯하여, 군제도 청조에서 파견된 제독 우창칭吳長慶과 위안스카이의 지도로 청국을 모방하여 개정되었을 뿐만 아니라, 군령도 사실상 청국 군사령관의 통제 아래 놓이는 등 청국을 선례로 삼아 유동화를 추진하는 것이었다. 이러한 정치·군사 체제는 기본적으로는 1894년 7월 갑오개혁으로 교정청校正廳과 군국기무처가 설치될 때까지 계속되었는데, 이에 대해서는 1884년 김옥균·박영효·서광범·홍영식·서재필 등 일본 시찰 경험자들이 청국으로부터의 자립, 문벌제 폐지, 능력주의에 의한 관료제의 창출, 재정의 일원화 등을 내세운 갑신정변을 기도하는 등 저항도 있었고, 고종의 뜻을 받든 민영익과 김홍집 등이 청조의 구속으로부터 벗어나기 위해 외채를 끌어다 군제·관료제 개혁과 기술 도입을 꾀하는 등 종주권을 강화하려는 청조에 대항하여 독자적인 국가 형성을 도모하는 시도도 반복되었다. 나아가 왕족·척족이나 양반 관료의 토지 소유에 의한 수탈, 지방관아와 그 집행인인 아전에 의한 부역, 과금의 강제 징수 등으로 피폐해진 농민의 폐정 개혁 요구는 구미의 서학이나 양반 계급의 요순·공맹의 학과도 다른 동국=조선의 독자적인 교학인 동학의 교의와 공명함으로써 정치개혁 운동으로 고양되었다.

그리고 1894년 전봉준을 지도자로 하여 전라도에서 발발한 갑오농민전쟁은 탐관오리의 징벌과 추방, 일본 상인에 의한 미곡의 사적 거래 금지, 과세의 공정화 등의 요구에서부터 '척왜척화斥倭斥華', 특히 진압과 내정개혁에 뛰어든 일본에 의한 조선의 '왜국화'에 대한 저항, 전정·환곡·군제의 삼정 전반에 이르는 개혁 요구로 전개되었고, 조선 정부도 이에 대응하지 않을 수 없게 되었다.[11] 외무대신 무쓰 미네미쓰陸奥宗光가 청국에 조선의 공동 내정개혁을 제안하고, 예상한 대로 청국이 거부하자 단독으로 개입에 나선 것은 이 기회를 이용하여 청국을 대신해 조선에서 헤게모니를 획득하기 위해서였다. 그러나 일본의 입장에서 볼 때 조선의 내정개혁에 대한 관심은, 무쓰 무네미쓰가 토로했듯이, "필경 조선 내정의 개혁이란 원래 일청 양국 사이에 복잡하게 뒤엉켜 풀리지 않는 난국을 조정하기 위해 내놓은 하나의 정책"[12]에 불과했고, 어디까지나 청일 개전을 위한 포석에 지나지 않았다. 외교적 리얼리즘

---

11 동학의 사상과 운동의 전개에 관해서는 吳知泳 著, 梶村秀樹 譯註, 『東學史』(東洋文庫 174), 平凡社, 1970 및 趙景達, 『異端の民衆反亂—東學と甲午農民戰爭』, 岩波書店, 1998 등에 상세하다.
12 陸奥宗光, 『蹇蹇錄』, 岩波文庫版, p.62.

에 충실한 무쓰의 관점에서 보면 종래부터 일본과 청국이 다투고 있던 이권을 획득하는 것이 지상과제였고, 따라서 그는 "의협심을 내세워 십자군을 일으킬 필요성을 조금도 느끼지 못하기 때문에 조선 내정이라는 것은 무엇보다 우리나라의 이익을 주안으로 하는 정도에 머물러야지 이 때문에 우리의 이익을 희생할 필요성은 없다. 또한 조선 같은 나라가 과연 만족할 만한 개혁을 할 수 있을지 대단히 의심스럽다"는 아주 시니컬한 견해를 갖고 있었다. 하지만 정략에 불과했을 터인 조선의 내정 개혁도 청일 개전의 정당화 근거가 됨으로써 구미 각국의 간섭을 회피하기 위해서라도 방치해둘 수 없게 되었고, 결국은 이노우에 가오루가 공사로 부임하여 이 과제를 담당하게 되었다.

이노우에는 구미 여러 나라를 상대로 조약 개정 교섭을 했던 경험과 그때까지 일본과 조선의 교섭이 양국 법체의 차이 때문에 많은 어려움이 있었다는 인식 아래, 일본 법제의 적극적 도입을 도모하는 '법전法典 정략'을 채택하기로 했고, 이 개혁을 실행할 인재도 일본인 고문 가운데서 찾을 수밖에 없다고 하며 1895년 1월까지 전 법제국 참사관 이시쓰카 에이조石塚英藏를 의정부 고문, 전 중의원 의장 호시 도루를 법부 고문, 전 농상무 차관 사이토 슈이치로斎藤修一郎를 내부 고문에 각각 임명한 것을 비롯해 40여 명의 일본인 고문을 채용하기로 결정했다. 그리고 이들 일본인 고문에 의해 1894년 11월에는 칙령 제1호로 '공문식公文式'이 나왔고, 이후 개정을 거듭하면서 법령 형식의 일본화가 자리를 잡아갔다. 또, 1895년 3월에는 조선 최초의 태서주의 입법으로서 호시 도루가 기초한 재판소구성법이 제정된 것을 비롯해 일본을 모방한 내각 관제가 정해졌고, 각부 관제도 일본식 법제를 따르고 부속 부국部局에도 관방국과 교섭국 등 일본과 똑같은 명칭이 채용되는 등 일본 법제에 대한 유동화가 진척되었다. 이와 같은 이노우에의 '법전 정략'은 조선에 독립국의 형식을 부여한다는 점에서 재정 개혁 같은 다른 개혁에 비하면 눈에 띄는 성과를 거두었기 때문에, 1895년 명성황후 시해사건이나 1896년 고종의 아관파천 등으로 갑오개혁 추진자가 일소된 뒤에도 조선은 스스로 주도권을 쥐고 독자적인 법제 개혁을 시도하여 1897년 고종에 의한 광무개혁으로 이어졌다.[13]

그러나 갑오개혁에 의한 일본 법제의 도입을 둘러싸고 소중화 조선을 "소일본으로 바꾸는" 공작이라는 비난이 나왔을 뿐만 아니라, 일본에서도 법률이나 제도를 직역하듯이 이식하는 것에 대한 비판이 등장하게 되었다. 구가 가쓰난은 "조선의 개혁이란 것은 우리나라에서 흔히 그 예를 볼 수 있는 법문적法文的 개혁으로는 안 된다. 조선 문화는 조선의 문화이고 인심 또한 그들 자신의 인심이라고 한다면 헛되이 법령 문장으로 경위經緯하고자 하는 것은 교주고슬膠柱鼓瑟이나 다름없다는 것을 알아야 한다"[14]라고 하여 법문을 그대로 베끼는 식의 조선 개혁이 교주고슬이 될 것임을, 다시 말해 한 가지 일에 사로잡혀 융통성이 없게 될

13　井上馨의 조선 내정개혁 상황에 대해서는 『世外井上侯傳』 第4卷 第9編 第2章 「朝鮮施設改革」(內外書籍株式會社) 참조. 또, '법전 전략'의 경과와 그 평가에 관해서는 森山茂德, 『近代日韓關係史研究』(東京大學出版會, 1987) 제1장에 상세하다. 모리야마는 이노우에가 자신의 대한 정책을 '영국의 이집트 정책'으로 요약하고 있음을 들어 이 내정개혁이 보호국화로 이어지는 체제 기반의 정비라는 의미를 지녔다고 지적한다. 그리고 森田芳夫에 따르면, 과거 폐지나 양반・평민의 법률적 지위 평등화 등을 추진한 갑오개혁에 대해 한국의 문교부에서 펴낸 국민학교 교과서에서는 "우리나라 역사상 일찍이 없었던 대개혁을 실시했다. 비록 일본의 영향을 받은 개혁이지만 이 개혁은 우리나라 근대화에 중대한 의의를 지니고 있다"(韓國文敎部, 國民學校敎科書, 『社會 6-2』, 1985.8)라고 기술하고 있다(『韓國における國語・國史敎育』, 原書房, 1987, p.50). 마찬가지로 1995년 한국의 교육부에서 발행한 고등학교용 국정교과서 『국사』에서도 "갑오, 을미개혁은 일본 제국주의에 의해 강요된 측면도 있지만, 봉건적 전통질서를 무너뜨리고자 한 제도적인 근대적 개혁이었음에는 틀림없다"(曺昌淳・宋連玉 譯, 『韓國の歷史』, 明石書店, 1997, p.342)라고 평가하고 있다.

14　陸羯南, 「朝鮮國政の改革」(1894.8.1), 『陸羯南全集』 第4卷, p.567.

것임을 엄중하게 경계했다. 여기에는 조선을 예로 들면서도 일본의 국민국가 형성 자체가 고유의 문화와 인심에 대한 배려가 결여되어 있다는, 구화주의에 의한 평준화를 향한 구가 가쓰난의 국민주의 입장에서 나온 통렬한 비판이 들어 있음은 말할 것도 없다. 물론 구가 가쓰난도 조선의 국민국가 형성 자체를 부정하고 있는 것은 아니다. 다만 평준화든 유동화든 국민의 문화와 습속을 무시함으로써 법제와 어긋나게 되거나 국민감정과 유리되는 것을 염려했던 것이다.

한편 후쿠자와 유키치는 조선의 내정 개혁에 관해 "목하 조선이 국사病國事病이라는 이름의 병에 걸리자 일본과 지나 양국에서 함께 의사를 보내 진단과 치료에 종사한다. 일본인은 비유컨대 문명 의학의 학의學醫로서 학문상의 진리 원칙에 따라 병을 진단하고 약을 처방하여 착착 급소에 다가가고 있는 반면, 지나인은 안마사와 비슷한 돌팔이로서 믿는 것이라곤 상한론傷寒論뿐이다"[15]라고 하여 중국에 의한 조선의 유동화 정책을 문명주의에 반하는 것으로 비난하고, "일국의 독립에는 그 자체로 법이 있고, 지금 세계에서는 어느 나라든 국사나 인사에서 하나부터 열까지 문명주의를 따르지 않는다면 나라다운 나라라 할 수 없다. (…중략…) 조선의 간섭을 두고 그저 원려遠慮에만 그칠 것이 아니다. 우리들은 점점 더 깊이 간섭하여 조선이 하루라도 빨리 성공적으로 문명에 입문하기를 기원한다. (…중략…) 일본인이 조선 국사에 간섭하는 것은 실제로 명백하다고 하지만 그 목적은 빈약국의 부패를 일소하여 문명부강으로 이끌려는 데 있을 따름이다"[16]라고 하여 일본이 조선의 문명

---

15 福澤諭吉, 「外國の勸告を拒絶して更に如何せんとするか」(1894.7.14), 『福澤諭吉全集』 第14卷, pp.457~458.
16 福澤諭吉, 「朝鮮問題」(1895.6.14), 『福澤諭吉全集』 第15卷, pp.189~190.

화를 담당하고 일본에 대한 유동화를 추진할 것을 주장했다. 그것은 중일 간의 정치적·문화적 패권의 문제이면서 유교에 의해 동아시아에 유동성이 발생한 것이 문명화의 진전을 방해했다고 후쿠자와가 보고 있었기 때문이기도 했다. 후쿠자와가 "정사政事·법률·교육의 대본大本에서부터 사회 일상의 세세한 사항에 이르기까지 모든 것을 바꾸고 큰 차질이 없는 한 적극적으로 서양의 풍조를 모방하여 아시아 동변東邊에 순연한 새로운 서양 국가를 출현하게 할 정도의 일대 영단"[17]을 지속적으로 요구한 것도, 유교를 배척하고 구미의 국민국가에 평준화하는 것이 일본이 존속하기 위한 절대조건이라고 판단했기 때문이다. 그리고 동시에 "일본은 현재와 미래 문명에서 한 발짝도 지나를 좇지 않을 것"[18]이라는 자부심에도 불구하고, "지나는 동양 전체를 대표하고 우리 일본국도 지리적으로 동양에 속하기 때문에 서양인은 내심 일본이 동양과 관련되기 쉽다는 망상에 붙들리지 않으리라는 보장은 어디에도 없다"[19]라는 걱정도 없지 않았다. 후쿠자와가 조선과 중국이 구미의 국민국가에 평준화하기를 바란 것은 그런 우려를 불식하기 위해서였고, 조선과 중국이 일본에 유동화함으로써 이 목적은 달성된다. 후쿠자와가 조선과 중국의 유학생 교육에 부심하고 이노우에 가쿠고로 등을 조선에 파견한 것도 그러한 시도의 일환이었다.

---

17 福澤諭吉, 「外交論」(1883.9.19), 『福澤諭吉全集』 第9卷, pp.192~204. 후쿠자와는 또 "문명제도도 그와 비슷하게, 습관 종교도 그와 비슷하게, 일체 만사가 서양과 그 색을 같게 하여 그 사이에 다름이 없도록 하고 서로 구별하는 지점이 없도록 해서 우리를 소외시킬 생각을 하지 못하게 해야 한다"(「宗敎も亦西洋風に從はざるを得ず」(1884.6.7), 『福澤諭吉全集』 第9卷, p.532)라고 서술하는데, 구미와 평준화하지 않는 한 일본이 구미 여러 나라로부터 소외되는 것에 강한 위기감을 안고 있었다는 것을 엿볼 수 있다.

18 福澤諭吉, 「日本は支那の爲に蔽はれざるを期すべし」(1884.3.5), 『福澤諭吉全集』 第9卷, p.414.

19 福澤諭吉, 「輔車脣齒の古諺恃むに足らず」(1884.9.4), 『福澤諭吉全集』 第10卷, p.33.

다만 청일전쟁이 끝날 때까지 후쿠자와는 중국이 문명화를 달성하여 일본을 뛰어넘을지도 모른다는 위기감을 갖고 있었다. 그는 중국이 문명국으로서 국제정치 무대에 등장하여 구미 각국으로부터 문명국 대우를 받는 것은 "스스로 동양의 문명국이라고 자랑하는 일본 인민으로서는 그렇게 기뻐할 일이 아니"[20]라고 생각했고, 조선을 일본에 유동화하고자 한 것도 동아시아에서 중국의 패권을 약화시키는 의미를 갖고 있었다. 더욱이 후쿠자와에 따르면 정치에서 서양과 동양의 문명과 야만의 차이는 서양이 다수의 행복과 안전을 확장해 가는 것과 달리 동양은 소수의 쾌락을 위해 다수를 압제한다는 점에 있고, 조선 개혁의 목적이 동양의 폐습을 제거하는 데 있는 이상 다수의 행복을 위해 소수의 쾌락을 희생하는 일본에 의한 개혁을 받아들여야 하며, "조선인도 몇 년 후 개혁의 결과를 보고서야 비로소 일본국의 뜻을 알 것이고 그때는 깊은 감사의 정을 표하게 될"[21] 터였다. 그러나 1898년에는 "청일전쟁 당시부터 우리나라 사람이 소위 폐정의 개혁을 그들 정부에 권고하고 내각의 조직을 개혁하며, 법률 및 재판의 법을 정하고 조세 징수법을 개정하는 등 한결같이 일본과 같은 개혁을 행하려 한 것은 곧 문명주의에 사로잡혀 저지른 실책으로서 그 결과는 그들로 하여금 점점 일본을 싫어하게 하는 데 불과했다. 원래 조선에는 조선 고유의 습관이 있다. 그 습관은 하루아침에 쉽게 바꿀 수 있는 것이 아니다"[22]라며 유동화를 단념하

20　福澤諭吉,「日本は支那の爲に蔽はれざるを期すべし」(1884.3.5),『福澤諭吉全集』第9卷, p.415.
21　福澤諭吉,「改革の結果は多數の幸福なる可し」(1894.8.10),『福澤諭吉全集』第14卷, p.507. 후쿠자와는 이러한 관점에서 "경성 주재 일본병은 비유컨대 문명개화의 파수병으로서 약속의 실행을 서둘러라. 방해자가 있을 경우 한 발자국도 물러서지 않고 바로 물리침으로써 일의 速成을 돕는다면 아무리 因循姑息한 한국 조정이라도 등한히 하지 못할 것이다"(「朝鮮改革の手段」(1894.7.15),『福澤諭吉全集』第14卷, p.462)라고 하여 강경 수단을 취하는 것도 필요하다고 생각했다.
22　福澤諭吉,「對韓の方針」(1898.4.28),『福澤諭吉全集』第16卷, p.328.

기에 이른다. 그것은 조선이 1897년 8월 연호를 광무로 정하고, 10월 국왕을 황제라 칭하며, 국호를 대한제국으로 바꾸는 등 칭제건원稱帝建元에 의해 청조의 책봉체제로부터 이탈함으로써 중국과 헤게모니를 다툴 필요성이 없어졌기 때문이기도 하고, 중국 대신 러시아가 조선에 개입함으로써 일본이 일단 후퇴하지 않을 수 없었기 때문이기도 했다.

그러나 1904년 제1차 한일협약 이후 다시 일본 법제가 직접 이식되면서 실질적인 보호국화와 식민지화가 진전되고 일본화가 실현되어 갔다. 하지만 그런 가운데에도 일본에 대한 유동화에 대해 의문이 제기되지 않았던 것은 아니다. 이와 관련하여 아리가 나가오는 "예를 들어 일본이 한국을 점점 문화로 이끌어 왔지만, 지금처럼 국가절대주의로 이끌어가다 보면 논리상 필연적으로 한국에는 한국의 역사가 있고 한국의 군주가 있으며 어디까지나 한국은 한국이어야 한다는 사실에 맞닥뜨리게 된다. 그러면 정신적인 면에서 일본이 권하는 것에 심복心腹하라고는 말하지 못할 것이다"[23]라면서, 일본의 국민국가가 국가지상주의를 핵으로 형성된 이상 이것을 한국에 적용한다면 한국의 국가지상주의를 환기하게 될 것이며, 결국은 그것을 존중하지 않을 수 없을 것이라고 지적한다. 이것은 만세일계의 국체의 고유성을 표방한 일본이 그 국제國制를 완전히 다른 정치사회에 들이미는 것은 모순이라는 점과 연관되어 있기도 한데, 아리가가 가장 강조하고 싶었던 것은 일본의 국가 형성이

---

23 有賀長雄, 「日本國民の精神上の疑問」, 『哲學雜誌』 第256號, 1908.6.10, pp.24~57. "국가절대주의는 장래 일본이 아시아 동부에서 웅비함에 있어서 이익이 아니다"라고 보는 有賀長雄는 아시아에서 일본의 국체 이상의 절대적 권위(absolute authority)의 大法으로 유교를 들고 있다. 아리가에 따르면, 일본의 大化改新과 메이지유신도 유교에서 표준을 취하고 있고, 입헌정체도 공화정체도 군주정체도 포용할 아량이 있으며, 이것에 의거하면 일본의 아시아 진출도 가능하다. 일본에 의한 유동화가 일본의 국체로는 불가능하고, 유교를 공유하는 기반에 설 수밖에 없다고 본 것이다.

결국 "서양과 대립하는 것에 관해서는 일본도 서양과 마찬가지로 문명 생활을 해야 한다"라는 평준화의 국시를 추구해왔을 뿐이며, "세계의 사물에 관하여 진정으로 '절대적'이라고 믿을 만한 것"을 결여하고 있다는 점이었다. 그리고 세계에서 자기의 고유한 절대성을 획득할 수 없었던 일본의 국가절대주의는 아시아의 다른 민족이나 국가에 대해 모범으로서 유동화를 요구할 수 있을 만큼의 확고한 핵을 가지고 있지 못하다고 보았다.

확실히 일본이 아시아에서 모범국으로 간주되었던 것은 일본이 재빨리 구미 여러 나라에 평준화했기 때문이었다. 일본의 국민국가 형성이 프로세스의 모범으로 보인 것은, 주권 국가로서 자기를 확립하기 위해 구미의 사회 제도에 관한 지식이 불가결했음에도 불구하고 어학을 비롯한 여러 제약 때문에 일본이 이미 수용한 제도나 그것들에 대한 번역서와 연구서 등을 이용했다는 편의주의의 측면이 있었다는 것은 이미 지적한 대로이다. 그러나 더욱 적극적으로는 일본의 국민국가 형성에 준거하는 것이 완전히 이질적인 역사적 기원과 이념을 가진 국가 구성을 받아들이는 데 불필요한 위험이나 혼란을 회피할 수 있고, 고유의 정치사회에 적합한 요인을 존속시키기 쉽다는 판단이 작동하고 있었던 것도 간과할 수 없다. 청조나 조선조의 유지를 꾀하는 사람들에게 일본의 국가 형성이 모범이 될 수 있었던 것은 우선 무엇보다도 일본의 종전의 율령과 같은 법제나 윤리의 기반인 유교가 다름 아닌 중국에서 전파한 것이고, 국제가 군주제를 채택한 점에서 동질적이라는 인식 때문이었다. 그러나 청일전쟁까지 조선은 중국과 일본 각각의 국민국가 형성을 시야에 넣고서, 양쪽으로부터 오는 유동화의 압력에 저항하면서 그 틈에서 독자적인 국민국가 형성의 방책을 모색하지 않을 수 없는 어려움에 처해 있었다. 나아가 식민지로 전락한 조선에서 스스로 국민국가를 형성할 수 있는 길이 차단됨으로써 일본의 국민국가 형성의 의미는 완전히 다른 것으로 나타나게 된다. 그러니까 일본에서 '근대화'는 구미에 대한 평준화로 나타났지만 조선에서는 '근대화'가 유동화로서의 일본화로 강제되었기 때문에 식민지화에 대한 저항으로서 반일본화가 반근대화로서 나타나지 않을 수 없었던 것이다.

그러나 생활양식을 포함한 '근대화'가 고유한 문화나 윤리관의 파괴임과 동시에 그것의 합리화라는 양면성을 가질 때 그 두 측면을 어떻게 평가할 것인지는 그렇게 쉬운 문제가 아니다. 예컨대 일본의 문명개화를 당초 중국이나 조선은 양이화洋夷化라 하여 조소와 모멸의 시선으로 바라보았다는 것은 앞에서도 말했는데, 그것은 역제曆制와 복색제服色制의 변경, 단발 등이 고유한 문명세계의 상징적 의미를 갖고 있었음에도 불구하고 일본이 너무나 쉽게 그것들을 팽개쳐 버렸기 때문이었다. 일본은 책봉은 받아들이지 않았지만 중화문명권 내에 있는 것으로 전제되었기 때문에 중국과 조선에서는 일본의 역제와 복색제의 변경과 단발이 문제가 되었던 것이다. 그러나 일본의 입장에서 보면 중국과 조공관계에 있었던 것도 아니고 처음부터 역제나 복색제 등을 중화문명에 귀속되어 있는 표상으로 파악하는 의식조차 없었다. 그런 점에서 일본인에게 중국이나 조선과 연결되어 있음을 일깨우는 것은 유교나 한자의 차원이었지 구체적인 사물이나 생활양식은 아니었다고 할 수 있을지도 모른다. 또한 비록 어떤 관련성을 인식하고 있었다 해도 "결발結髮은 종래 우리나라의 풍습이라곤 하지만, 앞머리를 밀고 상투를 트는 것은 전국시대 이후의 체재體裁로서 거의 지나의 변발과도 비슷한 누습이라고 해야 할 것"[24]으로서, 문명개화 정책을 추진하는 마당에 즉각 폐지해야 할 아시아적 누습의 표상에 지나지 않았다. 원래 동문同文 · 동교同教라는 소속감도 지속되어왔다기보다 우선은 구미라는 이질적인 문명세계와 자신을 '화이 내외의 변弁'에 의해 식별하고 나아가 지역세계 내에서의 대립과 협조를 조작하기 위한 언설로 사용된 것이어서, 이것 역시 역사적으로 생성된 것이었다.

그런 만큼 메이지 초년에 조선으로 건너간 일본인의 관찰이나 수신사를 맞이한 일본 국내의 반응을 보면, 조선의 풍습이나 조선인의 의복에 대한 위화감을 강조하고 있으며, 특히 의복은 고대의 것이고 그 생활은 그대로 정체되어 있음을 강조하는 것이 많았다. 그런 조선에서 단발령과 복색제의 변경을 갑오개혁의 일환으로 주도한 것은 단발과 양복을 개화의 상징으로 간주한 김홍집 내각의 유길준이었다. 그러나 신체발부를 훼상毀傷하지 않는 것을 윤리의 기본으로 하는 통념하에서는 머리카락을 길러 상투를 틀고 수염을 기르는 것은 인륜의 근본인 효의 표현이었고, 복색제는 예속禮俗을 지키는 상징이었다. 그 때문에 1895년 역복易服(복색제의 변경)과 단발령이 공포되자 이를 인륜의 유린으로 받아들여 유학자를 비롯하여 "목을 자를지언정 머리는 자를 수 없다"라는 구호를 앞세운 반대운동이 전국 각지에서 일어나고 단발을 강요하는 지방 관리에 대한 무력 저항이 빈발했다. 게다가 눈앞에서 양복과 단발을 하고 있는 사람은 일본인이고 단발령은 일본인의 지시에 의한 것으로 간주되었다. 그런 만큼 변속變俗은 왜이화倭夷化(일본화) 자체로 받아들여져 많은 반감을 불러일으켰던 것이다.

캐나다의 저널리스트 맥켄지Frederick Arther Mackenzie는 조선 견문을 바탕

---

24 「岡山縣布告」(1873.3.25), 江馬務, 『日本結髮全史』(『江馬務著作集』 第4卷, 中央公論社, 1976, p.171 所揭에 의거한다).

으로 "일본인들은 모든 조선인의 감정을 일부러 멀어지게 하는 일 말고는 할 줄 아는 게 별로 없었다. 조선의 젊은이에게는 처음으로 상투를 트는 때가 그의 인생에서 가장 영광스러운 날이었다. (…중략…) 그것이 없으면 누구든 무뢰한 취급을 받았던 것이다. 그 법령(단발령)을 따랐던 자는 대개 비통한 눈물을 흘리고 그들에게 그것을 강제한 자에 대해 증오의 감정을 품는 것이 보통이었다. 만약 일본인들이 기꺼이 이곳에서 더욱 느긋하게 일을 진행했더라면 그들은 훨씬 확실하게 그 목적을 달성할 수 있었을 것이다"[25]라고 말했는데, 일본인의 조언이 있기 했지만 실제로 단발령을 결정하고 실행한 것은 김홍집 내각이었다. 그러나 그러한 구미적 생활양식에 대한 평준화가 일본에 대한 유동화로 간주되어 반발을 불렀던 것이다. 나아가 단발령과 복색제의 변경에 대한 반발이 명성황후 시해사건에 대한 분노로 이어져 1895년부터 1896년까지 격렬한 반일 의병투쟁이 전개되었다. 이 때문에 1896년 2월 고종이 러시아 공사관으로 들어가면서 김홍집 내각의 결정은 모두 폐기되었고, 단발에 대해서도 고종의 의지에 반하여 단행된 것이라 하여 단발, 의복, 관모冠帽 모두 각자의 편리에 따르도록 하였다. 여기서도 조선 자신에 의한 '근대화'가 일본의 존재로 인해 굴절된 과정을 겪지 않을 수 없었던 사례를 볼 수 있다. 그리고 1907년 헤이그국제평화회의 밀사 파견 문제로 책임을 추궁당한 고종이 퇴위하게 되자 새로운 황제 순종의 즉위식은 단발에 대원수의 모자를 쓰고 거행되었는데, 국민도 이에 따르라는 통고가 내려졌다.[26] 이러한 방식이 메이지 천황이 양복과 단발에서 솔

---

25 Mackenzie, 渡部學 譯, 『朝鮮の悲劇』(東洋文庫 222), 平凡社, 1972, pp.49~50.
26 이와 같은 동아시아에서 단발의 실태에 관해서는 劉香織, 『斷髮』(朝日新聞社, 1990)에서 상세하게 검토하고 있다. 또, 劉香織의 책에서는 언급하고 있지 않지만 베트남에서도 1907년 이후 東京義塾

선수범을 보이며 이를 장려한 선례를 따른 것임은 틀림없을 것이다.

마찬가지로 중국에서 역제나 복색제의 개혁 그리고 단발을 시행할 때도 일본의 선례를 참조했고, 무술변법 때 캉유웨이가 광서제에게 바친 『일본변정고』의 서문에서도 의복을 바꾸고 역曆을 바꾼 일본의 사례가 가진 상징적 의의를 들어 변법의 과제로서 진언했던 것이다. 또한 「단발・역복・개원改元을 청하는 상주」[27]에서 "현재 만국이 교통하는 세상에서 일체가 동일하게 되는 방향으로 나아가고 있는 가운데 우리나라만이 홀로 의복을 달리하고 있어 정의情意가 가까워지지 않아 국교도 맺지 못하고 있는" 것, 그리고 변발을 길게 늘어뜨리고 있기 때문에 기계 조작이나 군사 행동에 극히 불편하다는 것 등을 들어 "단발 풍속은 만국이 같다"라고 하여 역복과 단발을 권하고 있다. 그러나 만청 왕조의 통치를 가장 단적으로 게다가 가시적으로 상징하고 있던 변발을 자르고 복색제를 바꾸는 것은, 다만 세계가 동일화를 지향하고 있으며 결국 '만국동풍萬國同風'이 될 것이라는 말만으로는, 왕조의 미속美俗을 업신여기고 이속夷俗을 모방한다는 비판을 받지 않을 수 없었다. 그 때문에 여기에서도 메이지의 변법은 천황 스스로가 앞장서서 단발하고 복장을 바꾸어 천하에 실행하게 함으로써 만민이 그 편익을 입고 그것이 온 나라의 상무 풍조로 이어져 오늘날의 국운의 융성을 낳은 일본의 선례를 정당성의 근거로 삼았다. 역복과 단발도 구미의 풍속을 모방하는 것이 아니라 이웃 나

등에 모인 사람들이 추진한 신생활 운동에서 머리 위에 상투를 트는 풍습이 유교에 따른 陋習이라 하여 서양식으로 머리를 짧게 자르는 단발이 시행되었다.

27 康有爲, 「請斷髮易服改元摺」(1898.7.20),『康南海先生遺著彙刊』(12),「戊戌奏稿」, pp.56~58. 이 상주문의 改元 부분은 분명히 나중에 가필한 것인데, 단발과 易服에 관해서는 戊戌新政 때의 사고방식인 것으로 사료된다. 그리고 실제로 군주가 단발한 것은 宣統帝 푸이가 퇴위하고 나서 9년 후 자신의 손으로 자른 1921년이었고, 그 당시 자금성 내부의 동정은 R. F. Johnston, 入江曜子・春名徹 譯,『紫禁城の黃昏』(岩波文庫版, pp.170~172)에 기록되어 있다.

라 군주의 선정을 모범으로 삼는 것이라는 유동화의 변증이 필요하기도 했고 또 그것이 더욱 설득력이 있다고 생각되었던 것이다.

이리하여 동아시아에서 '근대화'는 구미에 대한 평준화와 일본에 대한 유동화라는 착종된 형태로 나타나게 되었는데, 일본을 모범으로 삼아 아시아로 퍼져가고 있던 국민국가 형성 속에서 특히 유의해둘 사례로서 기년紀年과 민족혼이라는 두 가지 문제가 있다. 여기에서는 평준화와 고유화라는 상반되는 벡터가 대단히 상징적으로 드러나 있다.

일본에서는 1868년 9월의 개원조서改元詔書에 따라 "구제舊制를 혁역革易하여 일세일원一世一元을 영식永式으로 삼게 되었는데, 1869년 쓰다 마미치津田真道는 연호를 폐지하고 기년을 세울 것을 공의소公議所에 제의했다. 쓰다는 일세일원 제도는 구제에 비해 간편하기는 하지만 세계 만국과 교제해야 하는 시대에는 불편하다고 하여 일본에서도 기독교, 이슬람교, 유대교 등과 나란히 통년 기년제를 채용해야 한다고 했다. 쓰다에게 기년이란 어디까지나 만국 교제의 편의와 보편성을 고려한 평준화를 지향한 것이었고, 원호제를 폐지하는 데 그 역점이 있었다. 그러나 그러한 기년 제도로서 쓰다는 "가시하라橿原의 성세聖世에 천황께서 즉위한 해를 원元으로 세우고 백만 세 이것을 사용하면 기전세월紀傳歲月은 간단명료해질 것이다"[28]라고 하여 진무神武 기원을 제안했다. 그리고 일단 그리스도 기원전 660년을 원년으로 하는 진무 기원을 제안하자, 그것을 이어받아 이치카와 가네야스市川兼恭의 건백서「역법의안曆法議案」[29]에

---

28 津田眞一郎,「年號ヲ廃シ一元ヲ可建ノ議」, 公議所,『議案錄 第三』所收.

29 市川齋宮,「曆法議案」. 津田道治 編,『津田道治』, 東京閣, 1940, pp.205~212 所揭. 진무천황 즉위일은 1873년 3월 太政官 포고에 의해 紀元節이 되었고, 진무천황 즉위 2550년에 해당하는 1890년의 기원절을 기점으로 진무 東征의 故事에 의거한 金鵄勳章이 창설되었다(『明治天皇紀』, 1890.2. 11).

서도 원호를 폐지하는 것이 지당하다면서, 진무 기원이야말로 "지극히 편하고 지극히 명확한 만대불역萬代不易의 미력美曆이고 앞으로 외국과 교제할 때 우주 미증유, 연면 장구한 황통을 천하만국에 게시"하는 이점을 가진 것이라 하여 오히려 일본의 고유화를 과시하는 방향으로 전개되어 갔다. 게다가 진무 기원을 채용하면서 쓰다와 이치카와가 주장한 원호의 폐지는 보류되고 신화적 기원에 기초한 진무 기원과 즉위 기념의 원호가 병용되었는데, 국민국가로서 역사적 영속성을 보여주는 기년이 아니라 황실과 관련되는 두 개의 기원호紀元號가 국가의 시간 척도로 사용되어 만세일계의 국체를 표상하는 것이 되었다.

이와 달리 중국에서 기원제가 제의되었을 때에는 세계의 기년 특히 기독교를 모범으로 삼는 것과 일본 진무 기원을 모범으로 삼는 것이 있었다. 그 가운데 그리스도 탄생력에서 착상을 얻은 사람이 캉유웨이이다. 그는 1895년 창간된 상하이 강학회強學會 기관지 『강학보』에 광서의 군주 연호와 공자의 사후 기년을 적어 넣었는데 이는 청조의 정삭正朔 = 曆을 부정하는 것이라 하여 큰 충격을 주었다.[30] 캉유웨이의 공자 기년에 관해서는 그의 대동사상과 삼세三世 진화론을 연관지어 군주 기년을 거난세據亂世에, 공자 기년 등 교주教主 기년을 승평세升平世에, 그리고 전 세계 공통의 기원인 대동大同 기년을 태평세太平世에 할당하여 파악하기도 하는데,[31] 량치차오는 제1회 헤이그평화회의를 계기로 1901년을 대

---

30 여기서도 드러나듯이 공자 기년에는 공자의 탄생년과 사망년을 채용한 것이 있다. 다만, 이 단계에서는 공자 기년이 청조의 元號를 부정하는 것으로 받아들여져 『講學報』는 3호로 정간이 되었다. 또, 그것이 기독교를 따르는 것이라 하여 강학회 회원에게 공포를 몰고왔다는 것은 량치차오가 「紀年公理」(1888, 『梁啓超文集之三』, p.36)에서 밝히고 있다.

31 村田雄二郎, 「康有爲の孔子紀年」(『學人』 第2輯, 1992) pp.533~536. 이 논문은 캉유웨이의 공자 기년에 대한 면밀한 분석으로서 시사하는 바가 많다. 이 논의를 토대로 감히 덧붙이자면, 군주 기년은 고유화를, 공자 기년 등의 교주 기년은 유동화를, 그리고 대동 기년은 평준화를 지향하는 기년이라

동 원년으로 하는 대동기년설을 제창했다.[32]

청조에 대한 반역의 뜻이 보인다는 비난을 받으면서도 캉유웨이가 공자 기년을 주장한 것은 중화 문명의 정신적 유대로서 존재해온 공자의 역사적 의의를 칭양하고, 공자교를 국교로 삼아 국민통합을 도모하려 했기 때문이다. 캉유웨이는 지구상의 각 나라는 모두 교주에 의해 기원을 정하고 있고 중국도 그에 따라야 한다면서, "일본의 경우 교주는 없지만 또한 개국 2500년의 기원을 이용하고 현재 왕인 메이지의 연호를 병용하고 있다. 이것은 한편으로 현재의 왕을 귀하게 여기고 다른 한편으로 역사를 생각하는 데 편리하기 때문이다"[33]라고 상주했다. 캉유웨이는 군주 기년과 공자 기년의 병용이 왕조에 대한 반역을 의미하지 않는다는 것을 보여주기 위해 일본의 사례를 들며 유동화에 의한 정당화를 시도했던 것이다.

한편 만주족의 청조를 종족 혁명으로 전복하려 했던 혁명파는 한민족의 시조로 알려진 황제黃帝 기년을 사용할 것을 주장했는데, 그것은 군주 기년을 부정하는 것이면서 민족의 일체성과 혈통적·정신적 유대 관계를 가진 한민족에 의한 종족 혁명을 성공시켜 새로이 창출할 국가

파악할 수도 있을 것이다.

32 梁啓超, 「紀年公理」(1888), 『飮冰室文集之三』, p.37. 기년의 문제는 정치적 효용에 국한되지 않고 당연히 역사 서술에도 관련된다. 그 때문에 량치차오는 1901년 「中國史叙論」(『飮冰室文集之三』, pp.7~8)에서 기년 문제를 거론하면서, 중국 민족이 "國粹를 고수"하기 때문에 그리스도 기년은 뿌리내리지 못할 것은 분명하고, 黃帝 기년이나 堯 기년이나 공자 기년밖에 없다고 보았다. 그러나 황제 기년과 요 기년은 그것의 확정과 이후의 사실이 애매하기 때문에 역사학에서는 부적절하고, 사마천이 『史記』에서 사용한 공자 사망 기년을 새로이 공자 탄생 기원으로 해야 한다고 제안하였는데, 『淸議報』에서도 그것과 光緖의 원호가 병용되었다.

33 康有爲, 「請尊孔聖爲國敎立敎部會以孔子紀年而廢淫祀摺」(1898), 『康南海先生遺著彙刊』(12), 「戊戌奏稿」, p.32. 다만, 이 상주문은 무술정변 때 나온 「請商定敎案法律, 釐正科學文體, 聽天下鄕邑增設廟, 竝『孔子改制考』摺」(孔祥吉 編, 『救亡圖存的藍圖』, 聯合報系文化基金會, 1998, pp.123~139)과는 달리 나중에 수정되었다.

에서 국민통합의 상징으로서 황제를 내걸고자 하는 정치적 의도를 포함하고 있었다. 쩌우룽이 『혁명군』에서 "오늘날 18개 성은 우리 황한皇漢 민족의 직계 동포가 태어나고 자라고 국족國族을 모은 땅이 아닌가. 황제의 자손, 신명神明의 후예라는 것은 우리 황한 민족 직계 동포의 명예가 아닌가. (…중략…) 우리들은 순결무구한 황제의 자손이다"[34]라고 단언했듯이, 만주족을 몰아내고 황제의 자손인 한족이 사는 국토에서 민족 주권을 회복하기 위한 상징이 바로 황제였던 것이다. 어쨌든 민족의 영원성을 일상화하는 모멘트인 역曆에서 황제 기원이 제안되었고, 게다가 류스페이劉師培가 「황제기년설」,[35]에서 "중국에 황제黃帝가 있는 것은 일본에 진무 천황이 있는 것과 같고 일본의 좋은 점을 선택하여 따르고 모범으로 삼아야 한다"라고 명확하게 말했듯이, 일본의 좋은 점을 모범으로 삼아야 한다는 주장이 나오기도 했다. 1905년 5월 창간된 『20세기의 지나』는 권두 그림으로 '중국 시조 황제 초상'을, 또한 그 후 속지이자 중국동맹회 기관지인 『민보』 창간호도 '중국 민족 개국 시조' 및 '세계 제일 민족주의 대위인 황제'라는 황제 초상을 내걸었고, 『20세기의 지나』와 『민보』는 모두 황제 개국 기원을 사용했다. 이 외에 유학생 잡지 『강소江蘇』도 1903년 제3기부터 황제의 초상을 내걸고 황제 기원을 사용하는 등 황제와 황제 기년은 혁명의 상징으로 유포되었다. 그리고 신해혁명 때에는 '황제 기원 4609년'이라고 적힌 고시告示가 시

---

34 鄒容, 『革命軍』, 島田·小野 編, 앞의 책, p.51.
35 劉師培, 「黃帝紀年說」. 黃帝子孫編刊, 『黃帝魂』, 1916, p.1. 劉師培는 여기에서 민족은 국민 독립의 原質을 이루는 것이며, 국민국가 형성을 위해서도 민족의 유래를 반드시 알 필요가 있다고 하였고, 그 때문에라도 황제를 현창해야 한다고 주장했다. 또, 宋教仁도 종족 혁명의 상징으로서 黃帝를 현창하여 '黃帝紀年'에 대해 조사를 진행했는데, 여러 가지 설이 있던 황제 즉위 원년에 관해 1905년을 황제 개국 기원 4603년으로 정했고 그 이후로 이 설이 정착되었다.

중 곳곳에 나붙을 정도로 보급되어 있었다고 한다.[36] 이 외에 혁명파 장빙린 등은 기원전 841년 주나라에서 여왕厲王을 추방하고 공화共和를 개원했다는 고사를 인용하면서 공화를 'republic'이라 해석하고 혁명 후의 정체政體를 선취한 기년으로서 공화 기원을 사용했는데, 이것 역시 청조 황제의 추방을 암시하고 혁명 운동의 목적을 현시하는 정치적 언어 상징의 조작이었다. 시간의 지배가 공간의 지배 이상으로 통치상 정통성의 근거를 보여주는 것으로 강하게 의식되고 있었던 것이다.

조선에서도 1894년 갑오개혁에서 이성계가 조선을 창건한 1392년을 원년으로 하는 개국 연호를 사용하기로 결정하고 국내외 공사문서에는 개국 기년을 사용하기로 했으며 기원절을 설정했다. 이것은 말할 것도 없이 단순히 한 국가의 지속성을 과시하는 것에 머물지 않고 중국 왕조의 정삭正朔을 받들어온 조선이 책봉 체제로부터 이탈한 독립국가임을 내외에 천명하는 것이었다. 중국 왕조의 정삭을 받드는 것으로 표현되는 유동성을 부정하고 왕조국가로서 고유성을 보여주는 것이 개국 기년이었던 셈이다. 다만 한일병합 후에는 당연히 조선의 개국 기원은 의미를 잃었고, 조선 민족 자체의 존속을 표상하기 위해 하늘에서 백두산 박달나무 아래로 내려온 신이 조선국을 세웠다는 단군신화에 따라 기원전 2333년을 원년으로 하는 단군 기원을 주장하지 않을 수 없었다. 그러나 조선 안에서는 단군 기원을 공공연히 사용할 수 없었고, 1909년 재외 조선인이 조국 독립을 위해 결성한 대한민국민회가 블라디보스토크에서 발행한 『신한민보』 등이 단군 기원을 내걸고 있었다. 이 신문은 1912년이 단군 기원 4245년이라면서 "우리 민족은 선량한 단군

36　顧頡剛, 平岡武夫 譯, 『ある歷史家の生い立ち』, 岩波文庫版, p.90. 또, 신해혁명 후 "황제 기원 4609년 11월 13일을 중화민국 元年 元旦으로 한다"라는 뜻의 대통령 통고가 나왔다.

의 자손이고 반도 민족이다. 우리의 강토를 회복하는 것은 공리상 당연한 일이고 동포의 행복을 도모하는 것은 정대한 사업이다. 천재일우의 기회를 이용해 열혈을 기울여 전력을 다하고자 하는 자라면 마땅히 준비를 해야 할 신년, 4245년은 우리 민족의 신기원이다"[37]라고 적고, 이 해를 국토 회복의 신기원으로 삼아야 한다고 호소했다. 이처럼 단군 기원은 국외에서 국내를 향해 조국의 부흥과 독립을 촉구할 때의 민족적 일체성을 보여주는 끈이었던 것이다. 나아가 '일선동조론'이 제기되자, "우리 민족의 시조는 일본 시조의 동생이라거나 아마테라스오미카미天照大神는 조선인의 시조라고 말하는 자가 있다. 아아, 우리 개국 기원은 4250년이지만 일본은 2600년에 지나지 않는다. 어찌 이런 황당무계한 이야기를 꾸며낼 수 있단 말인가"[38]라며 '일선동조론'을 부정하는 근거로 단군 기원과 진무 기원을 대비한다. 덧붙여 말하면 1948년 대한민국 성립과 함께 단군 기원이 사용되어 1961년까지 이어졌다.

진무 기원은 이처럼 동아시아 지역세계의 국민국가 형성 과정에서 시간 척도의 설정에 하나의 전례를 제공했지만, 그것을 수용하면서 그 안에 담은 의도는 각 정치사회나 민족이 놓인 조건에 따라 완전히 달랐다. 이와 같이 평준화와 고유화 양쪽을 모두 지향하면서 현상적으로는 유동화가 진전된 것이 기원의 문제였다. 이에 비해 본질상 고유화를 지향하면서도 유동화로 나타나고 윤리와 교육에 의한 국민통합이 과제가 되었을 때 주목받은 것이 일본의 교육칙어와 국가 신토神道의 기능이었으며, 이것은 또한 교학이나 신앙의 공유성 및 고유성과 관련되어 있었다.

---

37 「新年社說」, 『新韓民報』, 1912.1.1. 인용은 조선총독부 警視였던 國友尚謙의 보고서 『不逞事件二依ッテ觀タル朝鮮人』(스탠포드대학 후버라이브러리 소장), pp.32~33을 따른다.

38 朴殷植, 姜德相 譯, 『朝鮮獨立運動の血史』1(東洋文庫 214), 平凡社, 1972, p.105.

교육칙어에 관해서는 민절총독閩浙總督(저장성과 푸젠성을 통괄하는 청나라 지방장관-옮긴이) 웨이광타오魏光燾가 "근년 일본이 갑자기 강성하게 된 것은 전국 사람들이 모두 충군애국의 마음을 갖고 있었기 때문이다. 일본이 1890년 공포한 교육칙어와 일본인이 쓴 윤리 교과서는 대부분 중국 성현이 말한 윤리 도덕을 근본으로 하고 그것에 따라 국세國勢를 키우고 민심을 다질 수 있었다. 일본의 과학은 대부분 구미를 따르고는 있지만 덕육德育은 반드시 우리 성현의 가르침을 따르고 있다"[39]라고 말한 것에서도 알 수 있듯이 교육칙어와 유교의 동일성에 주목했다. 여기에서는 일본의 학문 섭취가 구미에 의거하면서도 국민 형성의 기본이 되는 덕육은 유교에 기초하고 있는 것으로 이해하고, 구미에 대한 평준화에만 함몰되지 않는 것을 각별하게 중시하고 있다. 이러한 유교에 의한 교육이라는 유동성에 관한 인식이 있었기 때문에 일본에 유학생을 파견하고 일본에서 수용된 구미 학술인 동학東學을 섭취하여 중국의 국민 형성에 일정한 역할을 할 수 있다는 것을 설득할 수 있었다. 청나라 말기 중국에서 일본이 제도 개혁이나 유학留學의 모범이 된다고 할 경우 동문同文 · 동교同敎 · 동주東州 · 동종同種 등이 그 근거로 거론되었는데, 그 중에서도 동교 즉 똑같이 유교를 신봉하고 있다는 것은 황제를 중심으로 한 정치체제를 유지하기 위해서도 중요한 요건으로 간주되었다.

이리하여 1906년 학부에서 선포한 「교육종지敎育宗旨」에서는 충군 · 존공尊孔 · 상공尙公 · 상무尙武 · 상실尙實 등의 덕목을 집약한 형태로 국민 형성의 기준을 제시했다. 그 가운데 충군 · 존공은 중국의 정교政敎에 고유한 것이므로 속히 이를 천명하여 이설異說을 물리쳐야 한다고 하였고,

---

39 魏光燾, 「前閩浙總督魏奏籌款派送學生赴日本學習師範專科竝請編發敎科書摺」, 『東方雜誌』, 1905年 第3期, 「敎育」, p.49.

상공·상무·상실은 국민에게 가장 결여된 점이어서 보완 육성할 필요가 있다고 했다. 그 내용을 설명한 「학부선시교육종지접學部宣示教育宗旨接」[40]에서는 근년 세계에서 아주 빼어나게 훌륭한 국가로 독일과 일본이 있고, "일본의 교육이 절실하게 표장表章하고자 하는 것은 만세일계의 황통뿐인데, 그것을 소학독본에서부터 가르쳐 미리 머릿속에 새김으로써 성인이 되어서도 천성이 거의 그대로이고, 왕의 기쁨과 슬픔을 보고 온 나라의 영욕을 판단하기에" 이른 것을 높이 평가했다. 그리고 이러한 군민일치를 달성한 근원에 유교가 있음을 중시하고, "일본의 존왕토막尊王討幕은 한학의 성과이고 한학이란 바로 중국 성현의 가르침이었다. 또한 근년 국민의 지식과 기능이 구미와 어깨를 나란히 할 정도가 되었어도 반드시 중국 성현의 명언과 지론至論으로 학생을 훈도하고 지절志節을 연마하며 충의를 분려奮勵하고 있는" 점에 주목했다. 이에 따르면 일본의 발전도 유교를 기반으로 하고 있고, 일본의 교육 방식을 배운다고 해도 그것은 일본이 중국을 모방한 것이기 때문에 원래 자기 나라의 교학에 유동화하는 것에 지나지 않는다.

조선에서도 갑오개혁이 시행된 1895년 칙령 제14호 「경고윤음警告綸音」[41]과 조칙 「교육에 관한 건」 등이 나왔는데, 「경고윤음」에서는 국민인 자는 "학식을 만국에서 널리 구하고 기예도 장점을 좇아 잘 취하여 우리의 독립 자주하는 기초를 탄탄히 하라"라고 하여 일본의 5개조 서문誓文과 서로 통하는 국민의 지식 계발에 대한 지침을 제시했으며, 나아가 "너희 서민은 마음을 하나로 합하여 오로지 나라를 사랑하고 너희

---

40 敎育部 編, 『大淸法規大全』 續編 卷1, pp.1~3.
41 이하 조선의 교육 관계 조직 및 학부령에 관해서는 朝鮮總督府學務局, 『增補文獻備考學校考』(1920) 등을 따랐다.

의 기운을 함께하여 오로지 임금께 충성하라"라면서 충군애국을 국민에게 교화 주입하는 것을 중시했다. 그리고 「교육에 관한 건」에서는 "너희 신민은 충군애국의 심성으로 너희의 덕, 너희의 체, 너희의 지를 배양해야 한다. 왕실의 안전은 너희 신민의 교육에 있고 국가의 부강도 너희 신민의 교육에 있다"라고 훈시하였고, 이를 이어받아 1895년 8월 학부령 제3호 「소학교교칙대강小學校教則大綱」이 발령되었다. 구체적으로 보면 수신과에서는 "효제孝悌・우애・예교・인의・신실・의용・공검恭儉 등을 실천하는 방법을 가르치고, 별도로 존왕애국하는 사기를 기르는 데 힘쓰며, 또 신민으로서 국가에 대한 책무의 대요大要를 지시"하도록 했다.

태국에서도 1905년 일본의 교육을 시찰한 학무 관계 고관이 교육칙어의 전국적 유포와 그 감화력에 감명을 받아 귀국 후 라마 5세에게 보고했는데, 왕정하에서 관리와 신민의 윤리적 교육의 필요성을 통감하고 있던 라마 5세는 교육칙어를 모델로 1910년 9월 「샴국의 교육칙어」[42]를 기초하게 하여 교육의 목적을 정했다. 그리하여 "지능智能을 높이기 위해 학문을 닦을 것, 가문의 명예를 지키기 위해 선량한 행위를 할 것, 형제가 친절 관용의 마음으로 서로 협력할 것, 부부는 행복할 때나 불행할 때나 서로 화합할 것, 친구는 서로에게 정직할 것, 절약과 겸양의 태도를 기를 것, 함께 사용하는 공공물을 소중히 여길 것, 국법을 무겁게 여겨 따르고 지킬 것, 국가가 신민의 도움을 필요로 할 때에는 용기 있게 국가에 신명을 바칠 것, 국왕의 덕을 자각하고 항상 국왕에게

---

42 태국의 교육칙어에 대해서는 일본과 태국 사이의 顧問과 유학생 교류에 대한 뛰어난 분석인 村田翼夫, 「戰前における日・タイ間の人的交流」(『國立教育研究所紀要』 第94集, 1978), p.190에 번역되어 있는 ウッティチャイ・ムンシン, 『ラマ五世時代の教育改革』(1973)에 의거한다.

충량忠良할 것" 등 이 초안의 항목을 지키는 신민의 육성을 도모하고자 했다. 「샴국의 교육칙어」는 라마 5세의 서거로 끝내 실시되지는 못했지만, 항목 대부분이 일본의 교육칙어와 비슷하다는 것은 명확한데, 특히 "국법을 무겁게 여겨 따르고 지킬 것, 국가가 신민의 도움을 필요로 할 때는 용기 있게 국가에 신명을 바칠 것"이라는 표현은 "항상 국헌을 무겁게 여기고 국법을 따르며, 일단 위급한 일이 있으면 의롭고 용감하게 공公을 받든다"라는 표현을 다르게 쓴 것으로 볼 수 있을 것이다.

다만 신민 교육을 위한 덕목의 유사성은 군주제를 채택한 정치사회에 공통하는 신민에 대한 요청에서 비롯한 것이고, 각각의 정치사회에 고유한 윤리를 완전히 떠나서 일본의 그것을 직접적으로 수용했다고 볼 수는 없을지도 모른다. 또한 유교문화권에서는 명 태조의 육유六諭에 관하여 해설한 범횡范鋐의 『육유연의六諭衍義』와 같은 덕목 교육이 널리 보급되어 있었던 역사적 배경도 고려할 필요가 있다. 그러나 또 이미 일본 교육에 대한 관심 때문에 많은 시찰자와 유학생이 일본을 방문하고 있던 중에 등장한 이러한 교육 지침이 일본의 교육칙어나 윤리 교과서와 완전히 단절한 채 성립했다고 보는 것은 오히려 부자연스럽다. 어쨌든 여기에서 굳이 일본, 중국, 조선, 태국의 교육칙어의 연쇄를 상정하는 것은 국민 형성에서 고유화는 단지 일국의 틀 내에서만 행해지는 것은 아니고, 지역문명이라는 초발 조건이나 군주제 등 정치체제의 상동성에 의해서도 크게 규정된다는 사실에 주의를 환기하고 싶기 때문이다. 그리고 이처럼 지역문명으로서 상동성이 중시되었기 때문에 일본의 국민 형성 과정에서 중시된 국가 신토[神道]에 대해서는 오히려 중국과 조선 모두 지방적이고 편협한 것parochial이라 하여 거의 무시했던 것이다. 유교를 보편적 타당성을 지닌 것으로 생각하고 공자교를 중국 국교로 삼자고 권설했던 캉유웨이가 신토를 유불 도래 이전의 토속 종교라고 하여 눈길 한 번 주지 않고, 황쭌셴이 "일체의 나라의 고유성이 오로지 신토에서 유래한다고 말하는 것은 일본의 독선에 지나지 않는다"[43]라고 하여 배척한 것은 유교문명이라는 지역적 상동성 속에서 또다른 고유화의 벡터가 작동한 사례의 하나라 할 수 있을 것이다.

그러나 같은 국민국가 형성의 윤리라고는 해도 교육칙어처럼 신민의 충군과 준법 등을 요청하는 것에만 머무르지 않는다. 거기에는 민족의 정신적 일체성이나 정치 행동을 촉발하는 에토스도 존재한다. 이런 차원의 문제는 '야마토다마시이大和魂'를 모범으로 삼는 형태로 각 민족의 혼을 창조하고 환기해야 한다는 의론으로 제기된다. 여기에서 말하는 '국혼國魂'은 구미에 대한 평준화로 진행되는 제도의 개혁이나 생활세계의 변전 속에서 민족이나 정치사회의 고유성과 일국 특유의 정신과 풍상風尙을 표상하고 최후의 지점에서 그것들을 연결시키는 것으로서 상징적 의미를 갖게 되었고, 급기야 국혼이 쇠하면 민족도 멸망하는 것으로 받아들여졌다. 이러한 '국혼'의 육성을 중국의 국민국가 형성에서 중요한 과제로 삼은 량치차오는 "일본인이 늘 말하는 것 가운데 소위 일본혼이라는 것이 있고 무사도라는 것이 있다. 혹은 일본혼이란 무사도라고 말하기도 한다. 일본이 유신입국維新立國으로 나아갈 수 있었던 것은 이것이 있었기 때문이라고도 한다. 이를 참조하여 나는 소위 우리 중국혼이라는 것이 널리 사백여 주州에 혹시 있지나 않을까 찾아보았지만 좀처럼 잘 얻기 어려웠다. 아, 얼마나 참혹한 일인가. 천하에 혼이 없는 나라가 있을 리 만무하지 않은가. (…중략…) 오늘날 가장 필요한 것

---

43 黃遵憲, 『日本國志』 卷三七 「禮俗志」, pp.4・11.

은 중국혼을 창출하는 것이다. 그렇다면 중국혼이란 무엇인가. 병혼兵魂
이야말로 그것이니, 혼을 가진 병兵이 있으면 이것을 혼이 있는 나라라
고 하는 것이다. 이러한 소위 애국심과 자애심이란 곧 병의 혼인 것이
다"[44]라고 하여, 야마토다마시이가 무사도에 의해 지탱되고 있듯이 병
혼으로서의 '중국혼'을 창조하는 것이 급선무라고 잘라 말했다. 량치차
오가 말하는 병이란 에국심과 자애심을 가진 국민이며, 이러한 강병 곧
국민을 만들고 국가의 독립을 도모하는 데 없어서는 안 될 정신이 바로
중국혼이다. 게다가 그러한 국혼을 기르기 위해서는 국가가 인민에 의
해 만들어져야 하고, 국가는 인민이 자신의 것이라고 생각하는 조직이
어야 하며, 국가를 자신의 것이라고 생각하기 때문에 그것을 지키는 정
신 즉 병혼을 품을 수 있다고 주장했던 것이다. 이것이 량치차오가 그
나름대로 이해한 국민국가를 형성하는 정신적 중추였다는 것은 말할
것도 없다. 량치차오가 병혼을 중시한 것은 일본인이 국가를 지키기 위
해 스스로 목숨을 던지는 정신이야말로 필부匹夫도 국가를 위해 책임을
진다는 사상에 해당한다고 보았기 때문이며, 동시에 그것은 중국 사대
부의 문약에 대한 통렬한 비판이기도 했다.

그 사상적 영향에 대해 구제강顧頡剛은 "양임공梁任公(량치차오) 선생의
언론은 일세를 풍미했다. 나도 이 조류에 휩쓸려 구국의 책임을 느끼고
항상 비분강개하여 시사를 논했다. 『중국혼』 속의 「방관자를 꾸짖는
글」이나 『중국의 무사도』의 긴 서문 같은 것은 내가 가장 애호하는 읽

44　梁啓超, 「中國魂安在乎」(1899), 『飮冰室專集之二』, p.38. 이와 관련하여 병사의 壯行會에서 흰백 깃
　　발에 "戰死를 기원한다"라고 적혀 있는 것을 본 량치차오는 두보의 「兵車行」 등에서 노래하고 있는
　　전쟁에 대한 시각과 비교하여 중일 사이의 '國俗'에 큰 차이가 있다는 것에 충격을 받고 일본의 尙武
　　精神을 새삼 확신했다. 「祈戰死」(1899), 『飮冰室專集之二』, p.37.

을거리였다"[45]라고 회상하고 있다. 량치차오의 『중국의 무사도』는 일본 무사도와 비교하여 문약한 중국에도 상무 정신이 있음을 발견하고, 그 것을 발양시키는 것을 목표로 삼았던 것인데, 그것에 고무된 소장小壯의 사람들이 많이 있었다. 확실히 병혼이나 상무 정신의 도야를 초미의 과 제로 설정하는 것은 자유와 평등의 정신을 기초로 하는 국민 형성과는 이질적인 것이긴 했다. 그 때문에 앞에서 거론한 「교육종지」에서도 충 량한 신민 육성을 목표로 하여 상무의 덕목을 거론했던 것이다. 그러나 식민화의 위기에 대응하면서 국권의 확립을 달성해야 했던 중국에서는 바로 병혼으로서의 국혼이야말로 국민국가를 형성하기 위해 국민에게 요청된 에토스 자체로 간주되었던 것이다.

이러한 국혼에 대해서는 일본 유학생들도 무성한 논의를 펼쳤는데, 『절강조浙江潮』는 창간호 권두 사설 「국혼편國魂篇」[46]에서 국가의 통일과 애국심에 가장 크게 관계되는 것으로 국혼설을 다루고 있다. 거기서는 마쓰무라 가이세키松村介石의 유럽 4대 영혼설에 의거했다고 하면서 국 가를 흥하게 하는 정신으로 모험혼, 종교혼, 무사혼, 평민혼을 들고 있 다. 그리고 무사혼은 기율을 통일하는 정신으로서 입국의 근본, 국가를 지키는 기개라고 하며 일본의 야마토다마시이, 즉 무사도가 이것이며, 일본이 상무로써 입국하고 유신을 이룩한 것도 이러한 혼에 의한 것이 라고 주장하였다. 또한 평민혼은 미국 독립, 프랑스 혁명, 영국의 개혁 을 낳은 정신이고 정치상의 자유를 추구하는 평민 사회를 성립시킨 진 수라고 논하고 사리, 사익만을 따지는 중국인의 윤리관을 누습이라고 보았으며, 이를 개혁함으로써 이러한 국혼을 도야해갈 필요가 있다고

---

45 顧頡剛, 平岡武夫 譯, 앞의 책, p.26.
46 「國魂篇」, 『浙江潮』 第1期, 1903.1, p.1~17.

주장한다. 또한 중국 혁명파는 만청 왕조를 무너뜨리고 새로운 국가를 만드는 혁명 정신을 "일본인이 말하는 야마토다마시이에 빗대 황제혼黃帝魂이라 이름붙이고",[47] 이에 의해 한민족을 고무하려 기도했던 것이다.

조선에서도 장지연에 의해 량치차오의 『중국혼』이 1906년에 번역되어 반향을 일으켰고, 일본 유학생이었던 최석하는, 중국혼이 없음을 개탄한 량치차오가 청국혼을 조작하려 했다고 생각하여 한국에서도 '조선혼'[48]을 창출할 필요성을 주장하였다. 그는 그것에 의해 민족의 쇠약을 방지하고 이미 일본에 빼앗긴 정치권, 재정권, 외교권을 회복해야 한다고 주장했던 것이다. 또한 박은식이 '대한혼'을, 신채호가 '국민혼'을, 신규식이 '한국혼'을 진흥해야 한다고 주장했는데, 역사적으로 쌓은 폐습을 제거하여 자강을 꾀할 필요는 오히려 중국보다 조선 쪽이 절실하게 인식되었다. 박은식이 1907년 헤이그사건 이후 량치차오의 「논상무論尚武」(1903)에 의거하여 조선의 "숭문천무崇文賤武의 폐습"을 고칠 것을 주장했던 것도 병혼으로 중국혼을 강조한 량치차오와 마찬가지로 군사력 강화만이 타국의 침략으로부터 자국의 독립을 지키는 유일한 방책이라고 생각했기 때문이었다. 나아가 한국 병합 후 "어떻게 하여 조선인에게 문명의 맛을 보게 하고 일본의 고마움을 알게 하는가는 시급한 문제이며 (…중략…) 한국인을 일본인으로 만드는 것은 오로지 선정과 동정에 있을 뿐"[49]이라면서 일본인에 대한 동화를 도모하게 되자, 더욱 선명하게

---

47 「黃帝魂例言」. 黃帝子孫 編刊, 『黃帝魂』, 1916. 『黃帝魂』에는 「亡國四百四十年記念會叙」, 「正仇滿論」, 「釋仇論」, 「說漢種」, 「漢奸辨」 등 44편의 反滿興漢論이 게재되어 있고, 그것들이 황제혼으로 표명되고 있다. 또, 중국에서 민족 표상을 둘러싼 언설의 양상에 대해서는 坂元ひろ子, 「中國民族主義の神話—進化論・人種觀・博覽會事件」(『思想』, 1995年 3月號) 참조.

48 崔錫夏, 「朝鮮魂」, 『太極學報』 第5號, 1906.12, pp.19~22. 최석하는 모든 국가에 국혼이 존재한다고 한 다음, 프랑스의 국혼은 해외 식민지의 확장을, 영국의 국혼은 작은 섬나라에 부강을 가져왔다면서 국혼의 긍정적 측면만을 평가하고 있다.

민족혼을 천명하는 것이 절실한 과제로 의식되었던 것이다. 박은식이 "우리 민족성은 타민족과 확실한 구별을 가지고 있다. 이러한 모든 종류의 생성 발전을 종합하여 우리 민족성은 강고해졌다. 우리 민족혼은 결코 타민족이 쉽게 동화할 수 있는 것은 아니다"[50]라고 하며 언어, 풍속, 가곡, 예, 의식 등의 형태를 띤 '민족혼'이 불멸임을 강조했던 것은 그것만이 독립, 해방, 즉 광복을 가능하게 할 최후의 것으로 남아 있었기 때문이었다. 국가를 빼앗긴 민족을 결속시키고, 새로운 국가를 창출하는 것은 형이하학적인 제도나 무력 등의 '백魄'이 아니라 단군 이래 4천 년 민족 역사 가운데 배양된 형이상학적인 '혼'이며, 그것이야말로 광복을 약속하는 것이라고 생각했던 것이다.[51]

그리고 이러한 국민과 민족으로서의 정신이나 에토스에 대한 강조와 함께 그러한 국민을 선도하는 지도자가 갖추어야 할 자질과 행동 규범을 일본에서 구하게 되었는데, 그 가운데 막말·유신기의 지사, 특히 존양운동의 역사 속에서 그것을 발견하려 했다. 황쭌셴은 다카야마 히코쿠로高山彦九郎나 가모 군페이蒲生君平 등이 "미친 사람처럼 눈물을 흘리며 울부짖거나 깊고 예리한 말로 세상을 비난하면서 이를 통해 존왕 의식을 고취하고 불러 일으켰던"[52] 것을 중시하였고, 캉유웨이도 다카야마

---

49 「合併せられたる韓國」, 『東京朝日新聞』, 1910.8.29.

50 朴殷植, 姜德相 譯, 앞의 책, pp.1·4. '大韓精神', '大韓魂' 등으로 불리는, 일본의 大和魂에 대응하는 박은식의 國魂論, 民族魂論과 역사학 및 대동교의 관계에 대해서는 原田環, 「朝鮮近代ナショナリズムの研究─朴殷植の大韓精神」, 『朝鮮民族運動史研究』 第3號, 1986에서 세밀한 고증을 볼 수 있다.

51 朴殷植의 『韓國痛史』에서는 "國敎, 國語, 國學, 國史는 魂에 속하고, 錢穀, 卒乘(병사와 군마), 城池, 船艦, 器械는 魄에 속한다"(前揭 『朴殷植全集』 上卷, p.196)라고 하여, '韓國魄'은 사라져도 '韓國魂'은 사라져서는 안 된다고 역설했다.

52 黃遵憲, 『日本國志』 卷3 「國統志」 3, pp.17~18. 黃遵憲은 또 尊攘運動의 정신사적 전제로서 岩垣東園의 『國史略』이나 賴山陽의 『日本政記』, 『日本外史』에서 "왕을 받들고, 覇를 물리칠 명분"을 명확히 했다고 말한 후, "幕府를 멸망시킨 것은 실은 處土였던 것이다"라고 결론짓고 處土橫議의 起爆力을 높게 평가했다.

히코쿠로의 '양광佯狂'이나 통곡에 드러난 정열이야말로 메이지유신을 성공시킨 기폭제가 되었음을 칭양하고 있다.[53] 또한 캉유웨이와 함께 무술변법을 주도한 탄스퉁譚嗣同도 "중국에 아주 가깝고 그리고 빨리 따르고 모범으로 삼아야 할 것은 일본인데, 그 변법자강이 성공한 것은 칼을 허리에 차고 각지를 돌며 슬프게 노래하고 세상에 분노하며 그것을 질책하고, 사람을 죽이고 원수를 무찌른 기개로 적극적으로 개혁을 고무하였기 때문이다. 유자儒者는 유협遊俠을 못돼먹은 인간으로 폄하하지만 의외로 군권君權에 억눌린 시세時世에서는 성산成算 없이도 분기하는 자가 없으면 민은 점점 우약해지고 타락해간다"[54]라고 해석했다. 탄스퉁은 시대를 전환시킬 에너지로서 임협任俠의 기풍을 매우 중시했는데, 무술정변 때의 승려 겟쇼月照와 사이고 다카모리의 예를 들며 그가 스스로 죽음을 택한 것도 임협의 의의를 국민에게 알리기 위한 것이었다. 량치차오도 「기동협記東俠」[55]을 써서 무사만이 아니라 승협僧俠이라 할 수

---

53 캉유웨이는 1898년 京師保國會에서 행한 연설에서 高山彦九郎가 "국가가 망해가고 있는데도 변법이 행해지지 않는 것을 슬퍼하고 大將軍의 擅政에 분개하며, 서울로 가는 길에서 만난 사람들에게 통곡으로 호소하였는데 결국 통곡하다 죽었다. (…중략…) 아아, 일본의 정치가 盛强에 이른 것은 權도 없고 勇도 없고 智도 없고 術도 없는 일개 서생의 공에 있었음을 누가 알겠는가. 생각건대 만물이 생기는 것은 熱力에 의해서이다"(梁啓超, 『戊戌政變記』, 『飮冰室專集之一』, p.80)라 하여, 無位無官인 사람들의 熱意야말로 역사를 전환시키는 원동력이라고 역설하고, 자신을 포함한 관직이 낮은 사람이나 관직에 있지 않은 사람이 변법운동에 헌신할 것을 고무했던 것이다.

54 譚嗣同, 『仁學』, pp.2~3; 蔡尚思·方行 編, 『譚嗣同全集』 下冊(增訂本), 中華書局, 1981, p.344.

55 梁啓超, 「記東俠」(1897), 『飮冰室專集之二』, pp.29~31. '동'은 동양 즉 일본을 말하고 '동협'은 일본의 협객을 가리키는데, 량치차오는 岡千仞, 『尊攘紀事』에 의거하여 적고 있다. 이 한문 저작에는 승려 月照와 西鄕隆盛의 투신사건 따위가 실려 있는데, 청말 사상가의 존양운동에 관한 지식의 원천이 되었다. 岡千仞은 黃遵憲, 王韜 등과도 친교가 있었고, 중국을 방문하기도 했다. 또, 月照와 西鄕隆盛를 언급하면서 사이고를 "위대한 변법의 선구자가 되었다"라고 평한 것은 무술정변에서의 梁啓超와 譚嗣同의 역할을 암시한 것일 터이다. 아울러 조선에서도 의협 정신이 한국혼의 중추로 稱揚되었는데, 박은식도 "의협이란 강한 자를 꺾고 약한 자를 도와 도리를 지키는 제일의 健壯이다. 우리 민족 역사에서는 義俠의 전통이 예로부터 특히 이채를 띠었다"(朴殷植, 姜德相 譯, 앞의 책, p.64)라면서, 안중근 같은 지사에게서 의협 정신을 보았고 거기에 독립의 계기가 있다고 했다.

있는 겟쇼와 또 다른 겟쇼月性, 또 부협婦俠이라 할 수 있는 노무라 모토니野村望東尼 등이 "국치에 격분하고, 대의를 부르짖으며, 그로써 천하에 호호呼號하"였고, 사이고 다카모리가 '변법의 선구자가' 되어 천하가 이에 호응했던 것이 유신을 이끌었다면서 중국인에게 막말 일본의 임협 정신이 얼마나 크게 사회를 움직였는가를 보여주려 했다. 그리고 『신민총보新民叢報』 안쪽 표지에는 "일본 유신 전의 애국적 두 대협大俠"으로 요시다 쇼인吉田松陰과 후지타 도고藤田東湖의 초상이 게재되었다. 이러한 협俠에 대한 주목은 추진秋瑾을 '감호여협鑑湖女俠'이라 부르는 등, 유학생 가운데에서는 나아가 사이고 다카모리나 미야자키 도텐, 프랭클린, 당통, 로베스피에르, 마치니, 가리발디 등의 세계 건국 위인이나 혁명가에게 공통적으로 보이는 정신이라고 하여 아시아라는 지역에 국한되지 않을 정도로 광범위하게 시대와 사회를 움직이는 에토스로서 칭양하는 것으로까지 전개되었는데,[56] 기본적으로 이것은 유신을 이끈 지사에 대한 공감에서 나온 것이었다.

이러한 일본의 임협에 관한 정보는 오카 로쿠몬의 『존양기사』나 『일본유신강개사日本維新慷慨史』(西村三郎編, 趙必振譯) 등으로부터 얻은 것이었는데, 캉유웨이의 숙塾이었던 만목초당万木草堂에서는 요시다 쇼인의 『유실문고幽室文稿』를 제자들에게 나누어 주고 변혁 정신을 고무하기 위한 필독서로 삼았으며, 직접적으로 막말의 일본사상을 배우고 받아들이기도 했던 것이다. 또한 초망굴기草莽崛起의 협기로써 "일본 한학명사 요시다 쇼인의 사람됨을 사모하여 요시다 신吉田晉"[57]이라고 일본 이름을 지은 량치차

---

56 壯遊(金一), 「國民新靈魂說」(『江蘇』 第5期, 1903.7)에서는 국가를 창출하고 변혁해 가는 지도자에게 요망되는 자질로서 타산이 없는, 생사를 건 無私의 언동을 중시하였는데, 코슈트(Lajos Kossuth)나 바쿠닌 그리고 미야자키 도텐 등을 그런 '유협혼'의 소유자라고 했다(p.6).

오는 1906년 상하이 광지서국廣智書局에서 자신이 초출抄出한 『송음문초松陰文抄』를 출판했다. 이러한 일본 막말 사상에 대한 관심은 캉유웨이 등이 육상산이나 왕양명의 심학을 신봉했던 사실과 통하고 있었다. 게다가 캉유웨이나 량치차오뿐만 아니

『신민총보』 제21호(1902년 11월 1일 간행)에 '日本維新前兩大俠遺像'이라는 제목 아래 실린 요시다 쇼인(오른쪽)과 후지타 도고의 모습.

라 그들과 적대적인 혁명파 쑨원이 "50년 전 유신 호걸들은 중국의 대철학자 왕양명의 지행합일설에 심취해 있었다"[58]라고 말하는 것에서도 알 수 있듯이, 양명학에 의해 신身을 죽이고 인仁을 이루는 기개와 지행합일의 철학을 배움으로써 메이지유신이 가능해졌다는 이해가 당시에 유포되어 있었던 것이다. 그 때문에 외교적 관계에서 보면 "그러한 음험낭지陰險狼鷙와 가장 가까워 병이 되는 것은 일본을 넘어설 자 없다"[59]라고 반발하면서도 "일본의 군신 대부분은 양명학을 강講하며" 국가에 헌신하는 사풍士風을 가지고 있음에 대해서는 높은 평가를 하고 그것이 입헌제나 관료제의 정신적 기반이 되는 것으로 보았다.

이러한 일본 양명학에 대한 평가는 조선의 박은식도 "일본은 불교가 가장 큰 힘을 가지고 있지만 유신 이전에 시세時勢를 만든 호걸이라 불

---

57 馮自由, 「亡命客之日本姓名」, 『革命逸史』(初集), 商務印書館, 1939, p.2. 馮自由에 따르면 일본에 망명한 중국 정객은 일본인의 차별을 피하기 위해 대개 일본 이름을 사용했다. 쑨원이 '中山樵'라는 이름 외에, 같은 의사로 '維新의 지사'이기도 했던 高野長英의 이름을 따 高野長雄라 했다는 것은 잘 알려져 있다. 또, '吉田晋'이라는 일본식 별명에서 '晋'은 高杉晋作에서 취한 것으로 보인다.

58 「在東京中國留學生歡迎大會的演說」(1905.8.13), 廣東省社會科學院歷史硏究室他 編, 『孫中山全集』 第1卷, 中華書局, 1981, p.278.

59 「章京鮑心增條陳護惜三綱振興吏治等項不必泥言立憲呈」. 故宮博物院明淸檔案部 編, 『淸末籌備立憲檔案史料』上冊, 中華書局, 1979, p.217.

리는 나카에 도주^{中江藤樹}, 구마자와 반잔^{熊沢蕃山}, 요시다 쇼인, 사이고 다카모리 등은 모두 왕학에 따르고 있다"[60]라는 시각을 보여주었고, 또한 현재 군인 사회 가운데에는 양명학이 일종의 신앙이 되어 있으며 일본 군인이 세계적으로 칭찬받고 있는 것도 이 때문이라고 보았다. 박은식은 일본이 서양의 물질에 의해 국력을 높임과 동시에 동아 철학인 양명학으로 민덕^{民德}을 배양하여 문명화 사업의 완성을 도모하고 있음에 관심을 기울여 일본 양명학자와 교류를 했던 것이다.[61] 캉유웨이나 량치차오의 사상적 영향을 받은 박은식이 양명학에 주목한 것은 조선 유학의 정통이라고 하는 주자학이 군주나 체제의 호교^{護教}에 지나지 않고 민중 윤리관의 기저에 있는 유교로써 새로운 국가를 형성해가기 위해서는 양명학에 의한 국민교육 이외에는 없다고 생각했기 때문이었다. 박은식이 한문 교과서를 편찬할 때 량치차오의 「대동지학회서^{大同地學會序}」를 택한 것도, 국가의 병이 고황^{膏肓}에 들고 내우외환이 위급하게 다가오고 있는 때 이것을 구하는 것은 지행합일밖에 없다는 그 글의 주장을 조선 실정에 맞게 학생에게 전하려 했기 때문일 것이다.[62] 이처럼 동아시아 세계에서 양명학을 주목한 것은 청일전쟁 후인 1896년 요시모토 노보루^{吉本襄}가 『양명학』을 창간하여 국민도덕의 강화를 꾀한 움직임과 동시대성을 가진 것으로서 한 측면에서는 유동화로 나타난 것이기도

---

60 朴殷植, 『王陽明實記』, 『朴殷植全集』 中卷, pp.127~128. 일본의 양명학에 대한 이러한 평가, 특히 "시세를 만드는 호걸"이라는 말은, 박은식 스스로가 밝히고 있듯이, 梁啓超, 『德育鑑』(『飮冰室專集 之二六』 所收)의 주해에 따른 것이다.

61 朴殷植, 「再與日本哲學士陽明學主幹東敬治書」(1909), 『朴殷植全集』 下卷, pp.235~236. 東敬治는 王學會에서 『王學雜誌』를 간행하고 이어서 1908년 11월에 澁澤榮一, 奧宮正治 등과 양명학회를 조직, 잡지 『陽明學』을 창간했다.

62 朴殷植, 『高等漢文讀本』(新文館, 1910)에는 梁啓超의 「大同志學會序」(1899) 외에도 王陽明의 「立志說」 등이 수록되어 있다.

했다. 그것은 일본에 유학하고 있던 황쭌산黃尊三의 일기에 "일본의 도고 대장이나 노기 대장은 양명학을 독실하게 믿고 있고 도고에게는 '一生低首排陽明'이라는 구句가 있을 정도이다. 일본 한학자는 양명학을 깊이 믿고 이것을 국수國粹라고 생각해 교과서에도 넣고 있는데, 우리나라 사람들이 거꾸로 연구하지 않는다는 것은 정말 부끄러운 일이다"[63]라고 쓰고 양명학을 배우기 시작했던 것에서도 엿볼 수 있다. 참고로 말하면 그때까지 왕학이라 불리고 있던 왕양명의 학문이 중국이나 조선에서 양명학이라 불리게 된 것도 일본의 영향 때문이다. 그러나 일본에서의 양명학 부흥이 국체를 떠받치는 개인의 품격 수양이나 국가에 대한 헌신에 초점이 맞춰져 있었던 데 비해 중국이나 조선에서는 일본의 막말·유신기의 역사 과정에 대한 주목에서 드러나듯이 신명身命을 바쳐 변혁에 참가하고 시세를 만들어가는 과감한 정신을 기르는 데 목표가 있었기 때문에, 그 목적과 기능은 크게 달랐다.

그리고 신명을 걸고 국가를 구하고, 변혁을 이끌어낸 정신에 대한 주목은 당연히 국가나 민족의 정신을 체현한 영웅호걸의 존재를 자국 역사에서 발견하려는 노력으로 이어진다. 앞에서 다룬 최석하는 「조선혼」이라는 글에서 단군·기자 이래 조선 민족의 애국성과 상무의 국혼으로서의 조선혼을 개인적으로 체현한 사람으로 수나라 양제煬帝의 원정군을 격퇴한 고구려 장군 을지문덕, 여진족이 통치하는 함흥평야로 영

---

63 黃尊三, さねとうけいしゅう・佐藤三郎 譯, 「1906년 5월 19일자」, 『淸國人日本留學日記』, 東方書店, 1986, p.101. 같은 유학생이었던 宋敎仁의 일기인 『我之歷史』에도 후난성 출신 유학생이었던 李和生으로부터 양명학에 의한 治心修身을 권고 받았다는 것에서부터 1906년에 이르면 『明儒學案』, 『傳習錄』, 『王陽明集』, 『陽明年譜』 등에서 발췌한 것과 그에 대한 소감이 적혀 있고, 량치차오 등의 영향도 있었던지 유학생 사이에서 양명학이 유행했다는 것을 엿볼 수 있다. 아울러 막말·메이지 시기 중국과 일본의 양명학의 사상사적 의의에 대해서는 荻生茂博, 「幕末明治の陽明學と明淸思想史」, 源了圓・嚴紹璗 編, 『思想』(日中文化交流史叢書3), 大修館書店, 1995 所收 참조.

토를 넓힌 윤관, 도요토미 히데요시의 수군을 격파한 이순신 등을 들며 국혼을 함양할 사표로 삼고 있는데, 이러한 영웅호걸을 현창함으로써 민족사학을 개척해 갔던 것이 신채호와 박은식 등이었다. 신채호는 을 지문덕, 고려 말기에 왜구를 진압하고 홍건족의 침입을 물리친 무신 최 영, 이순신 등을 구국 영웅으로 묘사했다. 또한 박은식도 신라 무장으로 백제, 고구려와 싸워 삼국통일에 공헌하여 나중에 홍무대왕으로 추존 된 김유신 외에 몽고 침입 시의 고려 장군 김방경, 도요토미 히데요시가 일으킨 임진왜란에서 의병을 편성한 휴정대사, 그리고 이토 히로부미 를 저격한 안중근 등의 전기를 간행했는데, 이들 영웅전이 보호국, 나아 가 식민지의 길을 강요당하고 있던 민족에게 저항 정신과 국민통합의 의의를 배양할 의도를 가지고 있었던 것은 명확하다.

다만 국혼이나 민족혼이 역사적으로 형성된 것인 이상, 사전史傳이나 전승 가운데 그것을 발견하는 것은 조선뿐만 아니라 일본에서도 강조되 었던 것인데, 그것은 역사학의 실증성과 알력 관계에 있던 것이기도 했 다. 1890년 구가 가쓰난은, 사쿠라이 역에서의 구스노키 마사시게·마 사쓰라楠木正成·正行 부자의 이별이나 고지마 다카노리児島高德의 존재, 다 이라노 기요모리平清盛의 간지諫止[64] 등을 실증사학 입장에서 허전虛傳이라 비판한 덕분에 '말살抹殺 박사'라 불린 역사가 시게노 야스쓰구에 대해 프랑스의 잔다르크 사전史傳이 역사적으로 행한 국민통합 기능에 주의 를 촉구하며 전승이 국혼을 진작하는 의의를 역설했다. 구가 가쓰난은

---

[64] 『太平記』에는 구스노키 부자의 이별 외에, 1331년 元弘의 난 때 後醍醐 천황 쪽에서 거병한 児島高 德는 隠岐에 유배되는 천황을 구출하려다 실패하고 行在所의 벚나무에 "하늘은 勾踐을 버리시지 않 는다. 때가 되면 范蠡와 같은 충신이 나올 것이다"라는 시구를 새겨 넣어 의지를 표현했다고 적혀 있 다. 또, 다이라노 平重盛는 鹿ヶ谷 사건 때 後白河 法皇을 유폐하려 했던 平清盛를 諫止하면서, "충을 행하려면 효를 행할 수 없고 효를 행하려 하면 충을 행할 수 없구나"라며 번민했다고 한다.

고지마 다카노리 등의 사전이 "일본혼을 진작하는 것이 얼마나 큰가"[65]
라면서 "현금의 일본처럼 비로소 만국사상에 나갈 때에 선조의 사적은
우리들의 장래에 관련되는 바가 적지 않다. 역사상의 회고는 국민적 정
신, 국민적 덕성의 소장消長에 관련되는 바가 실로 많다. (…중략…) 그
때문에 구주 각국처럼 깊이 국사교육에 주의하고, 그것으로써 국민의
애국심을 양성할 뿐만 아니라 역사상의 인인仁人 군자의 가언선행嘉言善行
은 다소 소설적인 전설 같은 것이 있다 해도 더욱 힘껏 이를 보존하고
국민덕성 함양의 원천으로 삼아야 할 것"이라고 주장했던 것이다. 그리
고 이러한 주장에 따라 구스노키 마사시게·마사쓰라 부자의 이별이나
고지마 다카노리의 고사故事는 제2차세계대전의 패전에 이르기까지 충
효의 전형으로 수신교과서나 소학교 창가 등을 통해 역사적 사실로 기
억되어갔다. 이러한 일본과 조선의 사전史傳에 의한 국혼 함양이라는 사
태는 일본이 조선보다 앞서 나갔다고 해도, 조선이 일본을 모범으로 삼
았던 것이 아니라 유사한 현상에 지나지 않았을지 모르지만, 그것은 구
가 가쓰난이 구주 각국을 예로 들며 논하고 있듯이 오히려 평준적인 역
사인식으로 존재했다고 보아야 할지도 모른다.

그러나 국민 형성에서 혼이나 에토스를 중시한 것과 관련하여 그것
이 민족이나 정치사회의 역사적 조건에 따라 독자적으로 전개되었다고
해도 여전히 사상연쇄를 통해 일본의 국민국가 형성 과정에 대한 주목
과 그것에 대한 유동화가 진행된 것은 부정할 수 없다. 게다가 그러한
유동화는 일본에 대한 동일화라기보다는 강제된 구미에 대한 평준화에
대한 반발을 심리적으로 완화하여 수용하기 위한 방책이라는 측면을

---

65 陸羯南, 「歷史家及考証」(1890.3.12), 『陸羯南全集』 第2卷, pp.460~461.

가지고 있었다. 일본의 국민국가 형성에 준거한 측에서 보면 일본에 대한 유동화 자체가 목표였던 것은 아니었다. 유동화는 위장된 평준화이기도 했다. 다만 국가 형성에서는 태서주의 제도의 채용이 어쩔 수 없는 일이었기 때문에 좀 더 위험이 적은 일본에 대한 유동화가 선택된 것이다. 그럼에도 불구하고 일본의 자의식하에서는 일본이 달성한 국민국가 형성을 모범으로서 아시아의 여러 정치사회에 제공하고 그들을 지도하는 것이 민족의 천직이라고 생각했고, 유학생의 일본 파견이나 일본인 교사의 초빙에서 보듯이 그러한 요청이 있었던 것도 사실이다. 그러나 앞에서 인용한 아리가 나가오의 주장처럼 과연 일본이 다른 정치사회나 문화에 줄 수 있는 특질이란 무엇인가, 또 무엇을 하는 것이 천직인가에 대해서는 반드시 자명한 것은 아니었다. 그것은 무엇보다도 국제정세의 추이에 따라 변화해갔고, 똑같이 국혼에 대해 언급하더라도 그 내실은 상황에 따라 분야에 따라 크게 다르지 않을 수 없었다.

예를 들면 1895년 청조로부터의 조선 독립이 궤도에 오른 단계에서 조선인 유학생의 교육과제로 와세다대학에서 중요시한 것은 "장래 위정자가 될 사람, 문명의 목탁으로서 민간을 유도해야 할 사람 등의 신분에 있는 자라면 그들이 배워야 할 것이 정치학이나 법률학 혹은 경제학이어야 함은 또한 많은 말을 필요로 하지 않는다. 일본의 입장에서 법률·경제·정치의 학을 교수하는 것 외에 그들 학생에게 주입해야 할 필요가 있는 것은 바로 일본혼의 감화이다. 일본혼의 감화에 의해 그들을 일본당黨으로 만드는 것은 아니다. 일본혼의 사상에 부착되는 충군애국의 미묘한 정신은 일본인이라면 일본혼이 되고, 조선인이라면 조선혼이 된다. (…중략…) 조선혼이라는 것이 발달함에 이르러 비로소 조선독립이 완성될 수 있"[66]다고 하였는데, 그것은 법률학, 경제학, 정치학의 교수를 통해 국가 형성의 지식을 줌과 동시에 독립 달성을 위한 조선혼을 함양하는 것이었다. 그러나 1910년에 한국 병합이 이루어졌을 때 와세다대학 총장 오쿠마 시게노부는 "이번 우리나라에 병합하여 이웃나라에 대한 공포의 염念에서 벗어나 문명 정치 아래로 들어와 생명 재산의 안고安固를 보장받음에 이르러 (…중략…) 그들의 인종적 본능도 비로소 발로하여 금일의 성격은 반드시 일변할 것임에 틀림없다"[67]라고 하였는데, 여기에서는 일본인으로 동화시키기 위해 일본혼을 불어넣는 교육 과제로 전환했던 것이다.

또한 기독교인으로서 아시아 포교를 과제로 삼았던 에비나 단조海老名彈正는 러일전쟁의 전승 기운 속에서 "일본혼은 원래 국가혼이었던 것이 지금은 크게 나아가 세계혼이 되려 한다. 일본혼은 원래 민족혼이었던 것이 지금은 크게 변하여 인류혼이 되려 한다. (…중략…) 진정 인류혼의 실질을 가지고 있지 않은가. 동양민족을 융화하여 대일본혼을 불어넣는 것이 어찌 어려운 일이랴"[68]라고 하며 '동양민족'을 융화하기 위해 대일본혼을 불어넣을 것을 주장하고 있다. 그러나 이러한 논의에 대해서는 고토쿠 슈스이幸德秋水와 기노시타 나오에木下尚江로부터 반론이 있었고 요시노 사쿠조가 에비나를 변호하는 입장에서 논진을 펼쳤는데, 요

---

66 「朝鮮の顧問と朝鮮學生」, 『中央時論』 第15號, 1895.8, p.3. 인용은 早稻田大學大學史編集所 編, 『早稻田大學百年史』 第2卷(早稻田大學出版部, 1981), p.196을 따른다. 『早稻田大學百年史』는 다음에 인용하는 大隈重信의 논설과 대비하면서, 한국 유학생에 대한 와세다대학 교육의 기본자세가 대체로 러일전쟁을 분수령으로 하여 '조선혼'의 함양으로부터 '일본혼'의 함양으로 변화했다고 총괄하고(p.195), '한국 황제를 華族으로 두는 것의 가부'라는 논제를 둘러싸고 한국 유학생이 일제히 퇴학을 표명하기에 이른 모의국회사건은 '일본혼'의 함양이라는 교육 자세의 변화를 그 배경으로 발생한 것으로 설명하고 있다.

67 大隈重信, 「朝鮮人には如斯にして日本魂を吹込むべし」, 『實業之日本』 第13卷 19號, 1910.9.15, p.15. 인용은 早稻田大學大學史編集所 編, 앞의 책, p.197.

68 海老名彈正, 「日本魂の新意義を想ふ」, 『新人』, 1905.1. 인용은 松尾尊兊他 編, 『吉野作造選集』(岩波書店, 1995~1997) 第1卷, pp.370~373.

시노는 국가혼이란 각 개인의 자주적 의사의 반영이고 주권자도 지도할 활력을 가진 것으로 규정하며 "과연 우리 국가혼을 영화靈化할 수 없을까. 위는 일천만승의 천황폐하로부터 아래로 만민에 이르기까지 점점 영화함에 이르러야 할 뿐만 아니라, 또한 의력意力으로써 동양을 영화해야 할 것"[69]이라고 하여 '국가의 존중'과 '동양의 전도'를 함께 달성할 것을 주장했다.

물론 이 두 사례에서 주장하고 있는 것은 어디까지나 위력을 이용하지 않는 방법으로 일본에 '혼'을 동화시키는 것이었다. 그러나 시점을 바꾸어 바라보면 아무리 선의와 호의에서 나온 것이라고 해도 여기에는 '혼'이라는 근원적인 것조차 일본으로 동화하는 것이 가능하다고 하는, 다른 문화에 대한 불감증에서 나온 두렵기조차 한 낙관주의가 잠재해 있었던 것도 의심할 수 없다. 다만 동시에 거기에 잉태되어 있던 아시아 정치 문화 전반의 형성에 대해 일본인이 책임을 져야 한다는 사명감에 의해 형성된 것을 모두 부정해 버리는 것도 불가능하다.

따라서 다음 과제로서 도대체 그러면 일본을 결절점으로 생겨난 근대 아시아의 학지와 문화의 편성은 어떻게 가능하게 되었고, 그에 의해 어떠한 것이 기도되었으며, 결과로서 무엇이 남았는가 하는 물음이 떠오른다.

---

69 吉野作造,「木下尙江君に答ふ」(『新人』, 1905.3), 『吉野作造選集』 第1卷, p.88. 단, 요시노 사쿠조의 「國家魂とは何ぞや」(『吉野作造選集』 第1卷, pp.78~80)에서는 국민의 의사와 국가의 집단 의사의 관련성이 우선 문제가 되어 주권자와 국가이성이 논의되고 있다. 결국 국가혼에 관해서는 대내적인 존재와 그것이 대외적으로 다른 국가혼과 어떻게 관계되는가라는 두 차원의 문제가 있었던 셈이다.

강류(江流)의 삼협(三峽)을 나서 일사천리로 동영(東瀛)에 이르면 곧 한혼(漢魂)으로 구수(歐粹)를 흡수하리. 공화와 혁명의 양대 흐름을 세워 종을 울리고 북을 때린다면 천하는 이 소리로 가득하리.[70]

1902년, 쓰촨성에서 양쯔강을 타고 내려가 일본으로 사비 유학, 귀국 후 18세가 되어 상하이에서 일본에 체류했을 때 써두었던 『혁명군』을 출판, 장빙린이 『소보蘇報』에 그것을 소개함으로써 이상할 정도의 반응을 불러일으키고, 그 때문에 장빙린과 더불어 투옥되어 20세로 옥중에서 병사한 쩌우룽. 그 쩌우룽을 추도하여 진숭첸金松岑[71]은 「쩌우룽을 애도하며」라는 제문에서 위와 같이 그의 요절을 슬퍼하고 있다. 혁명사상을 고취하는 데에 『혁명군』이 얼마나 깊은 영향력을 주었고 혁명의 길을 어떻게 개척했는가는 1912년 1월, 신해혁명이 성공하자 난징임시정부가 쩌우룽에게 대장군이라는 칭호를 추증한 일 하나만 보아도 추측할 수 있을 것이다.

---

70 金松岑,「哀鄒容」. ‘中國近代史叢書’編寫組,『鄒容』, 人民出版社, 1974, p.51.

71 金松岑은 壯游라고도 불리는데, 金一이라는 필명으로 宮崎滔天의『三十三年之夢』을 중국어로 번역, 孫文의 혁명 활동을 소개한 것으로도 잘 알려져 있다. 또, 1903년에 章炳麟과 蔡元培 등이 창설한 혁명파의 교육단체 愛國學社에 참가하여 鄒容과 함께 활동했다. 이 외에도 1932년에는 章炳麟과 蘇州의 國學會에서 강의를 했다. 1903년의『江蘇』제5기에 발표한 논설「國民新靈魂」에서 國魂 · 國學 · 國粹를 통합해, “우리의 고유한 것을 합하고 타국의 정수를 함께 채용해서” 중국을 강화하고자 했고, 스스로도 漢魂으로 東學과 歐粹를 흡수하고자 일본으로 건너가 있었던 것이다. 이 점에 관해서는 章開沅,「論辛亥國魂之陶鑄」,『江漢論壇』第30期, 1983.2 참조.

그리고 쩌우룽이 이 경세驚世의 책을 저술할 수 있었던 것은, 확실히 진슝첸이 애상적으로 썼듯이, 동영東瀛 즉 일본에 도착하여 한혼漢魂이라는 한민족 고유의 정신으로 구미학술의 정화인 '구수歐粹'를 흡수했기에 가능했다는 것도 의심의 여지가 없다. 그것은 쩌우룽 자신이 『혁명군』에서 "나는 기뻐한다, 우리 동포가 문명의 정체政體, 문명의 혁명을 들을 수 있었음을. 나는 기뻐한다, 우리 동포가 루소의 『민약론』, 몽테스키외의 『만법정리萬法整理』, 존 스튜어트 밀의 『자유지리』, 프랑스혁명사, 아메리카독립선언 등의 책을 얻어 번역을 통해 그것을 읽을 수 있음을. 무릇 우리 동포의 크나큰 행복이 아니겠는가"[72]라고 서술하고 있는 대로이다. 쩌우룽에게 유럽의 정수로 간주된 루소의 『사회계약론Du Contrat social』, 몽테스키외의 『법의 정신De l'Esprit des lois』, 존 스튜어트 밀의 『자유론On Liberty』 등 사회계약과 권력분립, 자유와 평등에 관한 이론, 그리고 프랑스혁명이나 미국독립혁명의 사적事績과 거기에 드러난 공화와 혁명의 사상 등을 배울 수 있었던 것은 일본의 번역서가 있었기 때문에 가능했다는 것을 부정조차 하려 하지 않는다. 물론 대부분 일본 유학생의 경우 일본에 유학을 온 이유는, 구미의 학술을 섭취해 불필요한 부분을 잘라 없애고 편집하여 만든 동학東學, 보다 직접적으로는 일본에서 번역된 구미의 서적을 읽을 수 있다는 점 때문이었다는 것은 새삼스레 지적할 것까지도 없다. 그러나 일본 유학생이나 망명자들은 구수歐粹만을 배웠던 것은 아니다. 아니 구수를 배움에 있어서조차도, 당연하게 자신의 정치사회가 놓인 역사적·공간적 위상을 의식하지 않을 수 없었고, 그것은 또한 아시아라는 지역세계와 거기에 있는 자기의 정

---

72 鄒容, 『革命軍』第1章, 「緒論」. 인용은 島田·小野 編, 앞의 책, pp.13~14에 의거한다. 梁啓超도 루소, 몽테스키외, 밀의 저작을 歐粹로 간주한다(『飮冰室專集之二』, p.7 외).

치사회에 대한 학술의 존재 방식을 탐구하는 것에 추동되지 않을 수 없었기 때문이다.

이렇게 일본에서 구수를 배우는 것은 일본의 국민국가 형성의 역사과정을 참조하면서 국민국가의 원리적 이론과 일본에서 수용된 서양 사상을 섭취하는 것을 의미했으며, 이는 한편으로는 사람들을 혁명이나 민족 독립을 위한 정치활동으로 나아가게 하고 다른 한편으로는 아시아와 자신의 정치사회에 대한 학술적 탐구로 나아가도록 했다. 그리고 일본을 연결고리로 하는 사상연쇄에서 이러한 정치적 지식과 아시아에 관한 학지의 형성이 진전되는 상황에서는, 일본인이 발하는 것보다도 넓은 독자층과 사상적 공명자를 획득할 수 있었던 발신자의 존재가 극히 중요한 관건이 되었다. 일본을 연결고리로 하는 사상연쇄가 생겼다고 하더라도 그것은 결코 일본인에 의해서만 나타난 것은 아니었다.

구수歐粹나 동학 속에서 수용해야 할 것이 무엇인지를, 각각의 사회 사정이나 요청에 대하여 보다 잘 어울리는 사상으로 제공할 보급자·전달자transmitter의 존재가 불가결했다. 그러한 구수나 그것을 섭취한 동학을 취사선택하고, 이른바 그 전압을 바꾸어 배전配電한 배급자distributor라고도 말할 수 있는 역할을 담당한 사람이 바로 량치차오였다. 무술정변으로 오지마함大島艦을 타고 일본으로 어렵사리 도망간 량치차오는 1898년 12월 23일, 망명한 지 3개월이 되어 요코하마에서 『청의보』를 창간했다. 창간에 즈음하여 량치차오는 「청의보서례請議報叙例」[73]에서 다음과 같은 '종지'를 내걸었다.

---

73 梁啓超, 「橫濱請議報叙例」, 『請議報』 第1冊, 1898.12.23, pp.1~2.

① 지나의 청의(請議)를 유지하고 국민의 정기(正氣)를 격발한다.

② 지나인의 학식을 증장한다.

③ 지나·일본 양국의 성기(聲氣)를 교통하여 그 정의(情誼)를 잇는다.

④ 동아의 학술을 발명하여 아수(亞粹)를 보존한다.

이에 따르면 량치차오는 중국에서 정론이나 학술을 발양하여 "국민의 이목이 되고 유신의 후설喉舌이 될" 것, 아울러 일본과의 교류를 추진하고 나아가 "우리 황색인종에 의해 20세기 아시아의 자치"를 달성하기 위해 구미 학술에 대항하여 동아시아 세계에서 독자적인 학술을 창출하고 그 특질을 보존할 것을 잡지 간행의 목적으로 삼았다. 이 가운데 국민의 풍기와 학식의 함양에 관해서는 신해혁명 후 문필가로서 자신의 궤적을 돌아보면서 "민지民智를 계발하고, 민덕民德을 도야하고, 민력民力을 발양함으로써 공화국·법치국 국민의 자격을 양성하는 데 힘쓴다"[74]라는 평소의 뜻을 관철했음을 자랑스럽게 생각하고 그것을 자기의 천직이라고 자임하고 있었던 것이다. 량치차오가 신문 발행에 관계한 것은 1895년 베이징에서 조직된 강학회의 기관지 『만국공보』(훗날 『中外紀聞』)의 주필을 맡으면서부터였는데, 신문의 문명 전달이나 정치적 기능에 관하여 명백하게 인식한 것은 망명 후 그것 외에는 고국에 호소할 수단을 갖지 못하게 되면서부터였다고 할 수 있다. 그리고 인쇄 미디

---

74 梁啓超,「鄙人對於言論界之過去及將來」(1912), 『飮冰室文集之二九』, p.5. 梁啓超의 이러한 자부가 그다지 부당하지 않았다는 것은 胡適이 "梁任公은 우리나라 혁명의 제일의 대공신으로 (…중략…) 양씨의 붓이 없었다면 비록 中山·克强 같은 사람이 아무리 많았다한들 어찌 이렇게 빨리 성공할 수 있었겠는가"(『藏暉室雜記』, 卷2)라 하여, 梁啓超의 문필이 없었다면 孫文(中山)이나 黃興(克强) 같은 사람이 아무리 많았다 하더라도 혁명이 이렇게 빠르게 성공하지 않았을 것이라고 평가하고 있는 것에서도 엿볼 수 있다.

어의 의의에 관해서는 일본인으로부터 시사 받은 면도 적지 않았다. 량치차오는 마쓰모토 군페이松本君平의『신문학』(博文館, 1899)에서 신문과 잡지의 효과로서 "예언자처럼 국민의 운명을 노래하고, 재판관처럼 국민의 의옥疑獄을 판결하고, 대입법가처럼 율령을 제정하고, 대철학가처럼 국민을 교육하고, 대성현처럼 국민의 죄악을 탄핵하고, 구세주처럼 국민의 무고한 고통을 살펴 구제의 길을 열어준다"[75]라는 시사를 얻어, 신문・잡지가 국가의 이목이고, 사상・언론・출판의 자유야말로 근대 서양의 문명을 진보시킨 추동력이었음을 확신하고 있었다.

또한 중일 교류와 아시아 황색인종의 독립・자치에 관해서는『청의보』를 무대로 "일본과 중국은 이빨과 입술처럼 아주 가까운 나라로서 서로 경계를 없애고 협력 제휴하여야 비로소 황인종의 독립을 지키고 구주 세력을 막을 수 있을 것이다. 장래 중일 양국이 합방하는 것과 같은 국면을 맞이한다면 언어 소통이 연합을 위한 가장 중요한 일이 된다. 그런 까닭에 일본의 지사는 한문과 한어를, 지나의 지사는 일문과 일어를 배우는 것을 제일의로 삼아야 한다"[76]라는 주장을 실현하고자 했다고 말할 수 있을지도 모른다. 물론 량치차오가 바란 것처럼 중일 양국의 합방도 일본인 지사의 한문과 한어 학습도 진전되지 않았고, 일본인이『청의보』에서 배우는 일도 없었다. 량치차오 자신도 어디까지나 중국인들을 향해 건필을 휘둘렀음에 틀림없다. 그러나『청의보』는 한문과 한어를 사용함으로써 그 내용과 더불어 량치차오의 의도를 넘어서 널리 전파될 수 있었다.

『청의보』가 창간되고 보름이 지난 1899년 1월 13일, 조선의『황성

---

75 梁啓超,「請議報一百冊祝辭並論報館之責任及本館之經歷」(1901),『飮冰室文集之六』, p.49.
76 梁啓超,「論學日本文之利益」(1899),『飮冰室文集之四』, p.80.

신문』에는『청의보』를 칭찬하는 기사가 등장하는데, 이를 보면 간행과 거의 동시에 수입되었다는 것을 알 수 있다.[77] 또『청의보』제4책(1899년 1월 22일 간행)에 따르면 경성의 한성신보관과 인천의 잡화상 이태호怡泰號에서『청의보』를 취급했으며, 1902년 량치차오 등이 상하이에 설립한 광지서국廣智書局에서 간행된 출판물은 개문사開文社와 이태호를 통해 조선 각지에 판매되고 있었다. 그리고 1900년에는 량치차오의『무술정변기』가 현채玄采에 의해 번역되었고,『음빙실문집』은 1902년 광지서국에서 간행되자마자 곧바로 수입되었는데, 그의 변법자강 사상은 새로운 정치사회의 존재방식을 갈망하는 사람들에게 '구국의 성전'으로서 애국계몽운동에 커다란 영향을 주게 되었다. 더욱이 량치차오의 저술은 충군에 중점을 두는 일본의 경우와 같은 신민으로서의 국민 형성이 아니라, 정치적 자주성과 주체성을 지닌 새로운 국민을 창출하는 것을 지향하고 있었다.

안창호가 구국사상 함양의 거점으로 삼은 평양 대성학교에서 한문교과서로『음빙실문집』을 사용한 것 외에도, 박은식과 장지연 등은『청의보』에 실린 량치차오의 논설을 정력적으로 한국어로 번역해 소개하는 데 노력했다. 게다가 전항기全恒基가『음빙실문집』중의「담총談叢」등을 발췌, 번역하여『음빙실자유서』라는 제목으로 1908년에 간행했고,[78]

---

77 梁啓超가 한국에 미친 문학적 영향에 대해서는 李在銑,『韓國開化期小說研究』(ソウル : 一潮閣, 1972), 제2장 및 葉乾坤,『梁啓超と舊韓末文學』(ソウル : 法典出版社, 1980) 참조.

78 全恒基의『飮冰室自由書』는 1908년 塔印社에서 간행되었다. 뒤에 언급하는 신민회에서 설립한 大成學校에서는 文一平이 조선혼의 발양을 목적으로 역사교육을 담당했는데, 그 학교에서도 梁啓超의 "독립이란 타인의 도움을 빌리지 않고 세계에 우뚝 자립하는 것이다"라는 독립의 의의를 역설한 章을 포함한『飮冰室自由書』가 교과서로 사용되었다. 또한 안창호는 구국계몽을 달성하기 위해 『飮冰室自由書』를 적극 권했다. 이에 대해서는 金泰勳,『近代日韓教育關係史研究序說』, 雄山閣出版, 1996, pp.135~138 참조.

이 외에도 판보이차우와의 대화를 바탕으로 자강을 게을리하는 것에 대한 경고를 포함한 량치차오의『월남망국사』(1905)가 1909년 현채에 의해서 번역되었다. 이렇듯 량치차오의 논저가 환영을 받은 이유는 변법자강운동을 추진하다가 실패하여 일본에 망명한 그의 처지가 '동양 유신의 제1인자'로 지목받게 된 것도 있지만, 무엇보다도 일본에서 섭취한 최신의 동학의 정수를 재필才筆에 실어 전하고 그것이 또 조선이 직면한 과제에 부응하는 것으로 간주되었기 때문이다.『음빙실문집』을 초역抄譯한 홍필주洪弼周에 의하면, 량치차오의 학식은 동서고금을 관통하고 박학다식에 더해 시의時宜에 들어맞는 요점을 찔러서 경세經世의 지남指南으로서 가치를 가질 뿐만 아니라, 구미와 청한淸韓의 습관이나 국정이 다르다는 점까지 배려하고 있고, "문화의 근간이 같기 때문에 유폐流弊 또한 같은 청한 양국에 있어서 교정하는 방도 역시 같지 않을 수 없기 때문에 량치차오 씨의 저작에 의거할"[79] 필요가 있었다. 또한 량치차오에게 부탁해 일본으로 건너간 판보이차우도 "민지를 열고, 민기를 함양해서, 멸망을 구해 수치를 씻을 기본으로 삼지 않으면 안 된다고 역설하는 것"[80]을 자기 활동의 목적으로 삼았는데, 그것은 자신의 언론 활동의 사명을 "국치를 씻고 우리 국민에게 우리나라가 세계에서 차지하는 위치를 알게 하고 (…중략…) 민지를 넓히며 민기를 떨친다"[81]라고 한 량치차오와 명백히 상통한다고 할 수 있다. 홍필주나 판보이차우의 주장에는 문화와 상황의 상동성 때문에 극복해야 할 과제와 대처 방법도 같지 않을 수 없다는 유동화의 논리를 엿볼 수 있다. 그랬기 때문에

---

79 洪弼周,「『冰集節略』序」,『大韓協會會報』第2號, 1908.5, p.27.
80 潘佩珠, 山本邦衛・長岡新次郎 譯,『獄中記』,『ヴェトナム亡國史他』(東洋文庫 73), 平凡社, 1966, p.112.
81 梁啓超,「請議報一百冊祝辭並論報館之責任及本館之經歷」(1901),『飮冰室文集之六』, p.54

1905년 이후 『월남망국사』, 『자유서』, 『이태리건국삼걸전』, 『중국혼』 등이 금서가 되었고, 1908년의 학부령 제16호 「교과용도서검정규정」에 따라 『음빙실문집』은 불인가 교과용도서로 지정되었다. 이를 통해 통감부나 총독부가 량치차오의 사상적 영향력을 얼마나 기피하고 있었는지를 엿볼 수 있다.

량치차오의 사상이 이러한 궤적을 그린 것은 한국 국민의 최대의 과제가 자력에 의한 국민국가의 형성이었다는 점과 관련 있다. 특히 1904년 제1차 한일협약 이후 국가 형성의 결정권이 일본에 장악되어감에 따라 그 저항의 거점으로서 국민 형성이 보다 절실한 과제로 떠올랐고, 오랜 왕조 체제하에서 신민으로서 정치에 주체적으로 참여하는 것을 거절당했던 사람들을 주체적으로 정치를 지탱할 국민으로 변화시킬 필요가 있었다. 바로 이런 상황에서 량치차오의 신민론이 받아들여졌던 것이다. 스스로도 '중국의 신민'이라고 부른 량치차오가 주창한 '신민'이라는 개념 또한 왕조하의 신민을 주체적 자립성을 지닌 새로운 국민으로 창출하려는 시도의 일환이었다. 량치차오는 루소의 사회계약론이나 후쿠자와 유키치의 독립자존론 등을 섭취해, "나라라는 것은 민이 모여 성립하는 것이다. (⋯중략⋯) 나라의 안복존영安福尊榮을 도모하고자 한다면 무엇보다 민을 새롭게 하는 길을 만들지 않으면 안 된다"[82]라고 하여, 민 그 자체가 집적된 것으로서 국가를 새롭게 만들기 위해서는 민을 새롭게 하는 것이 필수의 급무라고 보았다. 더구나 "진화 생존경쟁의

---

82 梁啓超, 「叙論」(『新民說』第1節, 1902), 『飲冰室專集之四』, p.1. 여기에서는 梁啓超의 논의에서 유동화라는 문제의 소재를 드러내기 위해 신민론의 골자만 제시하기로 한다. 신민론에 대해서는 坂出祥伸, 「梁啓超の政治思想」(『中國近代の思想と科學』, 同朋舍, 1983); 狹間直樹, 「『新民說』略論」(狹間直樹 編, 『共同研究梁啓超』, みすず書房, 1999 所收) 등 참조

이치에 따르면 시세에 적응하지 못하는 민족은 자존할 수 없다"[83]라는 내용의 사회진화론을 수용하고 있던 량치차오에게 국가의 흥망은 국민의 자각과 관련이 있었고, 민족경쟁에서 승리해 살아남기 위해서는 개개 국민의 자립과 정치적 각성이야말로 초미의 과제로 간주되었던 것이다. 량치차오는 국가와 국민의 관련성에 대해 "개개 사인私人의 권리사상, 이것을 쌓으면 한 국가의 권리 사상이 된다"[84]라고 말하고, 또 "단체의 자유는 개인의 자유를 쌓은 것이지만, 사람은 단체를 떠나서 혼자생존할 수 없다"[85]라고 서술하면서, 소박하기는 하지만 동시에 근원적이라고도 할 수 있는 국민=국가로서의 국민국가론을 전개하고 있었다.

이리하여 민지·민덕·민력의 함양을 통해 공덕公德과 애국심을 겸여한 신민을 구수歐粹를 체현한 것과 같은 새로운 국민의식을 지닌 신민으로·만들어 감으로써 국민국가로서의 중국의 신생을 구상했던 것이다. 량치차오는 그러한 새로운 민을 형성해감에 있어 『사기』 등 중국의 정사로 간주되는 24사까지도 '24개 성씨의 족보'에 지나지 않는다고 했으며, 왕조의 역사가 아닌 인민의 역사로서 '신사학'[86]의 확립을 지향하

---

83 梁啓超, 「新民議」(1902), 『飮冰室文集之七』, p.106.
84 梁啓超, 「論權利思想」(『新民說』第8節, 1902), 『飮冰室專集之四』, p.36.
85 梁啓超, 「論自由」(『新民說』第9節, 1902), 『飮冰室專集之四』, p.46. 여기에서 梁啓超는 권리의 내용에 관하여 개인적인 권리로 평등·생존권·신앙의 자유 등을, 또한 민족에 부여된 권리로 주권·자치권 등을 들고 있다.
86 梁啓超, 「新史學」(1902), 『飮冰室文集之九』, p.1. 梁啓超는 1901년의 「中國史叙論」이나 「新史學」 등에서 本紀나 列傳은 단순히 개인의 "무수한 묘지명을 모은 것"에 지나지 않고, 민족이나 집단 간의 경쟁이나 진화에 대해서 일절 신경 쓰지 않기 때문에 역사의 동태를 파악할 수 없으며, 그런 까닭에 민족이나 국가가 나아가야 할 방향에 지침을 부여할 수 없다고 비판하면서 전통사학의 변혁을 호소하고 있다. 그것은 사회진화론이라는 公例=法則에 기초한 역사관으로 전환할 것을 요청한 것이었으며, 아울러 역사학이야말로 "가장 博大한 학문이고 국민의 거울이자 애국심의 원천"이라 하여, 단순한 鑑戒主義에 그치지 않고 국민국가 형성의 기동력이 된다는 신념에서 발한 방법서설의 제창이었다.

는 '사계혁명史界革命'을 제창했는데, 그것은 자신의 역사를 아는 것이 국민의 자각을 촉진하고 애국심을 배양하는 원천이 될 것이라고 확신했기 때문이다. 여기에는 계몽사상에서 특징적이라 할 수 있는 과거의 단순화와 일면적인 단죄가 없다고는 할 수 없지만, 이때까지 중국에는 왕조만 있었지 국가는 없었다면서 왕조체제하에서 배양된 노예적 심성을 배제해 가는 것을 지식인의 과제로 삼은 사람이 신민을 제창한 시대의 량치차오였다. 그리고 이 사상을 보급하기 위해 중국의 공간적 광대함과 민족의 장구한 역사 및 문명의 정화 등을 칭송하는 「애국가 4장」[87]을 손수 작사하고 여기에 곡을 붙여 요코하마 대동학교에서 캉유웨이가 작사한 「연공가演孔歌」와 더불어 합창하게 했던 것이다. 이 시기, 조선이나 베트남에서도 애국가가 잇달아 만들어졌는데,[88] 직접적으로 량치차오의 애국가의 영향을 받은 것은 아니었다고 하더라도, 일본을 포함하여 창가가 국민 형성에서 필수적인 수단으로 활용되는 공통적인 현상이 나타났다.

물론 국민 형성에서 보다 중요한 것은 그러한 역사학이나 창가를 어떤 형태로 구체적으로 전달할 것인가라는 문제이고, 량치차오가 『시무

87　梁啓超, 「愛國歌四章」(1902), 『飮冰室文集之四五』, p.21. 梁啓超는 이 노래에서 "우리 중화는 最大洲의 최대국이고, 우리 종족은 황제의 자손이다. 우리 문명은 오천여년의 역사를 자랑하며, 우리 영웅은 歐亞의 대지를 지배했다"는 것 등을 내세운 다음, 정신을 바짝 차리고 단체를 만들어 20세기 신세계에 웅비하자고 호소하고, "사랑스럽도다 우리 국민, 사랑스럽도다 우리 국민"이라는 후렴구로 각 장을 마무리한다.

88　대한제국 말기에는 많은 애국가와 독립가, 권학가 등이 학교나 집회에서 왕성하게 불렸고, 안창호와 윤치호 등도 직접 작사했다. 이에 대해서는 金秉喆, 「讚頌歌飜譯史」(『韓國近代飜譯文學史硏究』, 乙酉文化社, 1975 所收) 및 吳世昌, 「愛國歌作詞經緯考」(『韓』 第62號, 1976) 참조. 이 논문에 따르면, 『皇城新聞』에는 "해외의 많은 나라에서는 많은 인민이 자진해서 단발하고, 학교에 들어가고, 애국시가를 부르고, 애국 이야기를 들으면서 자라고, 애국의 진리를 말한다"(1899. 3. 1)고 하여, 애국가나 애국 전설 등을 통해 민족의식을 고양하려는 논설이 게재되었다. 한국 국민들은 오늘날까지 이 시기에 만들어진 애국가를 부르고 있다.

보^{時務報}』이래 잡지 논설을 통해 호소했던 것도 이 점과 관련되어 있었다. '변법통의^{變法通議}[89]라는 표제 아래 정리된 논설이 「학교총론」, 「학회를 논함」, 「사범을 논함」, 「여학을 논함」, 「유학^{幼學}을 논함」, 「역서를 논함」 등이었다는 것은 량치차오가 국민 형성을 어떻게 진전시키고 또 제도화하고자 했는지를 여실하게 보여준다. 서구의 진보를 초래한 의원^{議院}이나 회사나 학교를 지탱한 기반으로서 자발적인 결사의 중요성을 강조한 「학회를 논한다」가 이갑^{李甲}의 번역으로 서우회^{西友會} 기관지 『서우』 제4호(1907)에, 또 홍필주의 번역으로 대한협회의 『대한협회회보』 제8호(1908)에 게재되고, 박은식이 「학교총론」(1896)을 『서우』 제2호에서 제5호까지, 또 「유학을 논함」을 같은 잡지 제6호부터 5회에 걸쳐 번역 게재한 것도 량치차오와 동일한 문제의식이 조선에서 공유되고 있었음을 말해준다. 또 박은식은 량치차오의 「애국론」을 『서우』 제2호(1907)에 실었고, 장지연은 량치차오의 「애국론」과 「신민설」[90] 중의 「국가사상을 논함」, 「모험진취를 논함」 등에 기초한 「자강주의」[91]를 게재하여 국민의 진취 정신과 애국심을 분기하여 독립자주를 달성하자고 호소했으며, 신채호와 주시경이 량치차오의 『이태리건국삼걸전』[92]을

---

89 梁啓超, 『變法通議』(1896~1897), 『飮冰室文集之一』, pp.1~92.
90 梁啓超, 「新民說」(1902), 『飮冰室專集之四』, pp.1~80.
91 張志淵, 「自强主義」, 『大韓自强學會月報』 第3號, 1906.9, pp.3~9 및 第4號, 1906.10, pp.3~8.
92 『伊太利建國三傑傳』을 번역한 梁啓超의 의도는 "천하의 성덕대업으로 애국보다 더한 것이 있을까. 진정한 애국자는 國事 이외에 마음을 둘 것이 없다"라는 按文에서 명확히 알 수 있고, 그것이 조선에서 重譯되었을 때 申采浩의 번역에 서문을 쓴 장지연이 삼걸을 애국자로 거론한 다음, "애국심은 나라의 빛이고, 생명의 양식이고, 학문의 원천이라"고 기록했듯이, 같은 문제에 관심을 갖고 있었던 것이다. 『伊太利建國三傑傳』, 코슈트전, 롤랑부인전 등 史傳의 조선에서의 번역 문제나 일본서와의 譯書 대응관계 등에 관해 상세하게 검토한 勞作으로는 松尾洋二, 「梁啓超と史傳」(狹間直樹 編, 앞의 책)이 있다. 이탈리아 삼걸은 그 후에도 애국·구국에 뜻을 둔 청년에게 모범이 되었으며, 天津南開學校·天津法政學校 졸업생이 주체가 되어 결성된 재일중국인유학생 단체인 新中學會의 童啓顔·高仁山 등은 삼걸의 이야기로 자신을 고무했다고 한다(金冲及 主編·狹間直樹監 譯, 『周恩來傳』上,

번역한 사실도 조선의 국민 형성 사상에서 량치차오의 논의가 중요한 소재를 제공했다는 예증이 될 것이다. 특히 신채호가 국가관념의 배양에 필수적인 도구로서 역사학을 통해 달성하고자 했던 민족사학의 형성에 량치차오의 신사학이 영향을 준 점은 무시할 수 없다.[93]

게다가 1907년 2월, 안창호, 신채호, 윤치호 등이 "우리 한국의 부패한 사상과 습관을 혁신하여 국민을 유신維新하게 하고 유신된 국민이 통일 연합하여 유신한 자유문명국을 세울"[94] 것을 목적으로 신민회를 결성, 애국심과 독립심을 고취하고자 했는데, 그것은 량치차오가 중국에서 식민지화의 위기에서 탈각하기 위한 과제라고 생각한 국민 형성을 조선에서 같은 방식으로 실천한 것이었다. 1907년, 신민회 회원이었던 윤치호가 한영서원(개성)을, 이승훈이 오산학교(정주)를, 이동휘가 보창학교(강화도)를, 1908년에 안창호와 이종호가 대성학교(평양)를 세운 것도 교육구국을 목표로 애국정신으로 충일한 신민을 육성하기 위해서였다. 이들 학교에서는 한문과漢文科 교과서로 량치차오의 『음빙실문집』이 사용되었고, 태극기 게양이나 애국가 제창 등으로 신민회의 이념에 기초한 민족운동의 담당자를 배출했다. 대성학교 등의 이러한 애국주의 교육에 대해서 통감부와 학부는 1909년 3월 '애국'이라는 말을 사용하지 못하도록 금지 조치를 취해 감시를 강화했고, 대성학교는 1913년

阿吽社, 1992, p.48). 또한 재일조선인유학생도 '19세기의 두 위인'으로 미치니와 워싱턴을 모범으로 거론하면서, "국가가 위급한 상황에 처했을 때는 늘 영웅이 출현한다"라며 자신의 행동의 모범을 이들에게서 발견했다(「大正七年五月三十一日調朝鮮人槪況第二」. 朴慶植 編, 『在日朝鮮人關係資料集成』第1卷, 三一書房, 1975, p.327, pp.69~70).

93 신채호의 민족사학의 형성과 의의에 대해서는 申一徹, 『申采浩の歷史思想硏究』(高麗大學校出版部, 1981) 및 梶村秀樹, 「申采浩の歷史學」(『思想』第537號, 1969.3) 등 참조

94 「大韓新民會通用章程」第2章 第1節. 인용은 尹健次, 『朝鮮近代敎育の思想と運動』, 東京大學出版會, 1982, p.284.

폐교로 내몰리기는 했지만 오산학교는 3·1독립운동 때 조선총독부로부터 '민족주의의 소굴'로 찍혀 학교 건물이 불탈 정도로 구국운동의 거점이 되었다.

똑같이 유신을 내걸면서도 캉유웨이와 량치차오의 변법자강운동이 광서제를 추대한 소장 관료에 의한 체제개혁을 지향했던 것과는 달리, 안창호 등은 이미 보호국화가 진행되고 있는 상황이기도 해서 군왕이나 관에 의지하지 않고 '자신自新'을 수행할 도덕심과 애국심 그리고 지식을 가진 자립한 국민의 연합에 의한 자유문명국의 창건을 목표로 흥학자강운동을 전개했다는 점에서 커다란 차이가 있었다. 신민회는 사립학교를 여는 것 외에도, 안악군면학회·해서교육총회·평양청년권장회·연학회連學會 등의 학회와 결사를 주도했고, 각지에서 계몽연설회를 개최했다. 또 출판 부문에서는 태극서관을 설립해 최남선을 중심으로 잡지『소년』을 간행하는 등 서적 출판 등을 통해서 교육 계몽 활동을 전개했다. 태극서관에서는 신민회 관련 사립학교의 교과서를 편집·간행했는데, 거기에서 중시된 것은 국어와 국사에 의한 애국심의 배양이었고, 최광옥崔光玉이 쓰고 이상재李商在가 교열한『대한문전』(1908) 등이 출판되었다. 이러한 신민회 활동의 사상적 배경에는 국가의 진흥을 위해서는 인재를 키울 필요가 있고 인재를 키우기 위해서는 학회를 일으키지 않으면 안 된다, 그리고 학회에서는 서적을 모아 널리 열람하도록 하고 잡지 등 매체를 통해 지식을 보급하며 학교를 열어 새로운 이치를 강구하는 등의 활동을 행한다, 그리해야 민지가 열릴 수 있다고 한 량치차오의「학회를 논함」이 있었다는 것은 간과할 수 없다.[95]

---

95 尹健次는 尹健次, 앞의 책, p.285에서, 1907년부터 애국계몽운동 가운데에서 중요한 역할을 한 학회가 梁啓超 등에 의해 전개된 학회운동에서 배웠다고 지적했다. 또, 梁啓超가 중시한 미디어에 대

그리고 자발적 결사로서 학회가 주체가 되어 교육을 통한 국민 형성을 수행한다는 사상은 조선에서 애국계몽운동으로 커다란 진전을 보였고, 1905년 제2차 한일협약 체결 후에는 윤치호·장지연 등의 대한자강회(훗날의 대한협회), 박은식·정운복 등의 서우학회, 오상규·박은식·안창호 등의 서북학회, 유길준·이상재 등의 기호흥학회, 한북흥학회, 호남학회 외에 신민회의 별동 조직인 이승훈 등의 청년학우회 등이 각지에서 결성되었다. 이 학회들은 잡지 간행이나 연설회 및 토론회를 개최하는 것 외에도 서우학회가 서우사범학교를, 서북학회가 협성학교·농림강습소 등을, 기호흥학회가 기호학교·융희학교를 설립하여 국권회복과 민족독립을 위한 인재양성을 추진함으로써 독립자강운동의 담당자를 공급하는 원천이 되었다. 그랬기 때문에 학회의 정치·교육 활동의 영향력을 위험시한 통감부는 1908년 8월 학부를 통해 「학회령」과 「사립학교령」을 공포, 모든 학회 활동을 학부대신이 인가하도록 하고 학회나 학교 등에서 정치사상을 전달하는 것을 금지했다. 이리하여 신민회도 공공연한 활동을 제한당했지만 유지有志를 엄선한 비밀조직으로서 확고불발確固不拔의 정신으로 무장한 회원 800명을 거느리고 애국계몽운동에 대단한 영향을 주었다. 그러나 1909년 이토 히로부미의 암살을 계기로 많은 회원이 검거되고 안창호가 부득이하게 중국으로 망명한 후, 1911년에는 데라우치 마사타케寺內正毅 총독 암살 음모라는 혐의를 씌운, 이른바 105인 사건으로 괴멸되었다.[96] 다만 합병에 의

해서도 梁啓超의 「報館이 國事에 유익함을 논한다」가 李鐘濬에 의해 『大韓自强會月報』 第7·8號(1907)에 번역 게재되었다.

[96] 비밀결사였던 新民會 결성 멤버와 회원수에 대해서는 여러 가지 설이 있는데, 박은식은 800명에 달한다(朴殷植, 姜德相 譯, 앞의 책, p.74)고 보았고, 金九는 梁起鐸·安泰國 등 400명 남짓(『白凡逸志』(東洋文庫 234), 平凡社, 1973, p.172)이라고 보았다. 아울러 新民會와 寺內正毅 암살미수사건에

해 법적으로는 금지되었다고는 해도 일단 뿌리를 내린 자발적 결사에 의한 인재육성과 사상 보급이라는 활동은 끊이지 않았고, 사립학교라는 형태로 또 비밀결사라는 형태로 독립운동 담당자를 육성하는 사업은 이어졌는데, 안창호가 미국에서 흥사단을 결성한 것 외에도, 양기탁이 중국 동북부에서 고려혁명당을, 이동휘가 하바로프스키에서 한인사회당을 조직하는 등 세계적인 활동 무대를 갖고 전개되었다.

이처럼 량치차오의 신민설을 비롯한 사상은 동아시아 세계에 커다란 영향을 미치고 있었다. 더구나 그 사상이나 저작을 매개로 하여 일본에서 아시아 각지의 유학생들이 서로 교류할 기회를 제공했다는 것은 이미 판보이차우 등의 사례에서도 서술했는데, 조선총독부 경무총감부 경무과장이었던 구니토모 쇼켄國友尚謙은 일본이 한국을 보호국으로 삼은 후 조선인 일본 유학생의 동향에 관하여, "다수의 선인鮮人 청년은 실망한 나머지 뜻을 함께하는 지나, 인도, 안남 등의 유학생과 우호를 맺고 빈번히 망국을 탄식하면서 회복을 맹세하고, 이것이 이른바 배일사상으로 이어지기도 한다. 또 량치차오가 안남을 기술하여 제국의 대조선정책을 비난한 월남망국사를 애독하기도 하고 나아가 워싱턴, 나폴레옹, 가리발디, 마치니, 잔 다르크 등 건국자나 애국자의 전기를 발행하기도 하고, 다시 독립사상으로 돌아서는 자도 있다"[97]라고 기록하고 있다. 다만 이 보고서 자체가 신민회가 배일사상과 독립사상의 온상이고 데라우치 총독의 암살을 기도했다는 것을 강조하기 위해 쓰였다는 점, 또 건국이나 민족구망民族救亡의 영웅전으로서 실러가 쓴 잔 다르크 전기 『오를

관한 사료집으로는 『百五人事件資料集』, 全4卷(不二出版, 1985~1986)이 있고, 그 역사적 의미에 대해서는 姜在彦, 「新民會の活動と百五人事件」(『朝鮮の開化思想』, 岩波書店, 1980 所收) 참조.

97 國友尚謙, 前揭 『不逞事件ニ依ツテ觀タル朝鮮人』, pp.216~217.

레앙의 소녀』를 장지연이『애국부인전』으로, 또한 빌헬름 텔의 전기를 박은식이『서사건국지』로 번역한 것을 비롯해 미국이나 이탈리아 등의 독립사 등이 조선 국내에서도 다수 간행되었다는 사실 등에 비춰볼 때, 재일 유학생에게 미친 량치차오의 영향을 과장하고 있음을 고려하지 않을 수 없다. 그 점을 감안해야겠지만, 일본인 학생과는 거의 사상적인 교류가 없었던 조선인 유학생이 량치차오의 저작을 통해 아시아의 다른 나라에서 온 유학생과 교섭하고 나아가 사상적인 일치점을 발견했다고 본 것은 사상연쇄의 관점에서 보면 대단히 중요하다.

그러나 량치차오에 대한 그러한 견해가 유포되고 있었음에도 불구하고 량치차오 자신은 민족 간 경쟁에 의한 제국주의 성행의 시대에 루소의 사회계약론이나 천부인권론은 시의적절하지 않은 정치사상이라 했고, 게다가 혁명파와 대항하는 와중에 블룬칠리나 보른하크Conrad Bornhak 등의 유기체적 국가학설에 경도되어 국민의 정치적 의식이 계발되지 않은 단계에서는 소수의 선각자들에 의한 개명전제開明專制가 불가결하다고 주장하게 된다. 량치차오는「조선망국사략」(1904),「일본병탄조선기」,「조선멸망의원인」(1910) 등을 저술하여 조선의 식민지화에 대한 관심을 보이긴 했지만, 그 분석은 자국에 대한 경고의 의도를 포함하고 있으면서도, 조선 식민지화의 원인을 궁정이나 양반 계층에서 찾고 체제 개혁의 필요성을 설파하고 있다는 점에서 조선에 자계自戒를 호소하는 것이기도 했다. 그러나 조선에서 자신의 저작 등에 의거하여, 자립한 국민에 의한 자유문명국의 창건을 겨냥한 운동이 있었다는 것에 대한 언급은 없었다. 일본에서 중국을 거쳐 조선으로, 혹은 일본에서 조선으로 연쇄하고 있던 량치차오의 '신민' 사상이 조선에서 담당했던 역할과 그 결말은, 신민회가 비밀결사로서밖에 존재할 수 없었던 것과 함께 엄격한 보도통제나 정치결사에 대한 탄압 아래에서, 다시 량치차오로 환류還流하는 회로를 단절시켰던 것이다.

그리고 량치차오의 사상을 적극적으로 섭취한 박은식에 따르면, 병합 후에는 "각국의 혁명사, 독립사, 위인전기 등은 죄다 절대적인 발매금지 도서였다. 중국인 량치차오의 저작 『음빙실집』이나 내가 편저한 『양명학설陽明學說』도 금서의 화를 피할 수 없었다. 내 친구인 최남선이 간행한 『소년』, 『청춘』, 『붉은 저고리』 등의 잡지는 모두 학리學理의 탐구를 주장하고, 거의 정치문제를 취급하는 일은 없었지만 모두 발매금지당했다. 그 외 항간의 가요나 소설 등도 역사적 의미를 가진 것은 확실하게 금지처분 명령을 받았다."[98] 이러한 사상적 환경 아래에서 조선에서는 국가를 빼앗긴 민족이 어떻게 민족적 고유성을 유지하면서 스스로의 국가를 형성할 계기를 발견할 것인지가 과제로 부과되었다. 거기에는 조선 민족의 고유성을 유지하면서, 동시에 국가를 잃지 않을 수 없었던 민족의 어디에 문제가 있는지를 돌이켜보고 어떻게 그것을 변화시킬 것인가, 나아가 독립운동에 대한 가혹할 만큼의 탄압 아래서 어떻게 자존의 기질을 가진 민족으로서 자각하여 역량을 배양하고 이를 결집해 갈 것인가라는 난제가 가로놓여 있었던 것이다.

한편, 조선과 마찬가지로 일본의 식민지였던 타이완에서도 량치차오는 린셴탕林獻堂 등과 교섭하면서 민족운동에 조언을 해주었다. 이와 관련하여 1909년 린셴탕은 이렇게 썼다. "내지를 관광할 때 나라奈良 시에서 지나의 망명정객 량치차오와 해후하여 그의 말을 듣고 깨달은 바가 있었다. 그 후 이 사람을 흠모하여 서신을 주고받았는데, 다다음해인

---

98 朴殷植, 姜德相 譯, 『朝鮮獨立運動の血史』 1(東洋文庫 214), 平凡社, 1972, p.105.

1911년 4월 하순 갑자기 량치차오가 타이완을 방문한다는 전보를 접했다. (…중략…) 내 집에서 2주일 동안 머물렀다. 그 사이 량치차오는 자기의 포부를 피력하면서 세계의 망국인 이집트·인도·안남 등의 예를 들며 목청껏 민족주의를 고취했다. 나는 그의 말을 듣고 상당한 감명을 받았다.[99] 이때 량치차오는 중국 본토의 상황에 비춰보아 중국 복귀나 타이완 독립운동이 지원을 받을 가능성이 적다는 인식에 기초하여, 아일랜드의 선례를 따라 일본 조야朝野의 양식 있는 인사와 제휴하여 타이완총독부를 견제하고, 타이완인의 지위 향상을 도모할 것을 권고했다고 한다.[100] 그리고 1919년 린셴탕과 차이후이루蔡惠如 등 도쿄에 체재중인 타이완 유학생은 중국인·조선인과 연락하면서 타이완총독개혁운동을 추진하기 위해 계발회啓發會를 조직하였고, 다음해에 이것을 "타이완의 모든 혁신해야 할 사항을 고구하고 문화 향상을 도모하는"[101] 것을 목적으로 하여 신민회로 개칭했다. 린셴탕을 회장으로 하는 신민회는

99　臺灣總督府警務局 編, 『臺灣總督府警察沿革誌第二篇·領臺以後の治安狀況(中卷)－臺灣社會運動史』(臺北, 1939), p.12. 이때 기록한 梁啓超의 시문은 『飮冰室文集之四五』에 수록되어 있다.

100　葉榮鐘, 「林獻堂與梁啓超」(葉藝藝 主編, 『葉榮鐘全集』第2卷, 晨星出版有限公司, 2000), p.200 및 甘得中, 「梁啓超與林獻堂」(夏曉虹 編, 『追憶梁啓超』, 中國廣播電視出版社, 1997) pp.216～219. 또 許世楷, 『日本統治下の臺灣』(東京大學出版會, 1972) pp.176～177에 의하면, 林獻堂이 板垣退助의 臺灣同化會에 참가한 것은 이러한 방책의 실천이었다. 단, 梁啓超가 아일랜드를 1910년이라는 시점에서 타이완의 모범으로 추천했던 점에 대해서는 일본의 대륙정책이나 자유민권론에 대한 梁啓超의 인식에 문제가 있었다는 비판이 있다(許介鱗, 「戊戌變法與梁啓超在日的啓蒙活動」, 『近代中國歷史人物論文集』, 中央研究院近代史研究所, 1993, pp.694～695). 이 점은 梁啓超가 "일본의 계획은 10년 후에는 타이완인을 모두 일본인으로 동화하는 것입니다. 일본이 항상 생각하고 있는 것은 타이완인을 가슴 아프게 가련히 여겨 그 患害를 없애 그들을 마음으로부터 기쁘게 하고자 하는 것으로 중국 고대의 이른바 仁政이 바로 이런 것입니다"(「記越南亡人之言」(1905), 『飮冰室專集之二』, p.110)라는 표현과 관련이 없지 않을 것이다.

101　「新民會章程」 및 「雜誌『臺灣靑年』發行趣旨書」. 山辺健太郎 編, 『現代史資料(21) 臺灣(1)』, みすず書房, 1971, pp.215～218. 新民會는 본부를 東京에 두고, 蔡惠如·黃呈聰·蔡式穀·吳三連 등의 유학생이 회원으로 이름을 올렸다. 신민회의 그 후의 전개에 대해서는 臺灣總督府警務局 編, 『臺灣總督府警察沿革誌第二篇·領臺以後の治安狀況(中卷)－臺灣社會運動史』, 臺北, 1939, p.311 등 참조.

"우리 섬의 문화를 계발하고 (…중략…) 습득한 내외 문명 학식을 공공을 위해 발표하며 (…중략…) 우리 섬에서 혁신하고 개선해야 할 각종 사항을 평론"하기 위해 『타이완청년』을 발행했다. 신민회 회원은 그 후 6·3법 철폐운동, 나아가 타이완의회설치운동을 전개했다. 신민회에 량치차오가 직접 관여하지는 않았다 해도, 린셴탕과의 관계를 고려하면, 신민회의 결성 목적이 량치차오의 신민론의 영향을 받았다는 것은 부정할 수 없을 것이다. 더구나 판보이차우 등이 동유운동東遊運動을 펼칠 수 있었던 것은 량치차오가 『청의보』와 『신민총보』에 번역 게재한 저작을 통해서 루소, 볼테르, 몽테스키외, 스펜서 등의 사상이 베트남에도 소개되고,[102] 베트남 독립운동을 위해서는 우선 국민이 자기 국가를 담당하는 것이 망국을 구하는 유일한 방도라는 량치차오의 설득이 있었기 때문이었다. 또한 량치차오가 도카이 산시東海散士의 『가인지기우佳人之奇遇』를 「가인기우」로 번역하여 실은 것이 판추칭潘周楨에 의해 베트남어로 번역되었다. 이처럼 량치차오를 전달자로 하는 사상이나 이론은 잡지와 저작을 통해서 중국뿐만 아니라 조선, 타이완, 베트남에까지 미치고 있었던 것이다.

이렇게 량치차오는 동학을 배움으로써 중국의 신학을 개척했고, 일본을 연결고리로 하는 동아시아 세계의 사상연쇄에서 배급자 역할을 했다. 그러나 「청의보서례」에서 량치차오가 제기한 것 가운데 "동아의 학술을 발명함으로써 아수亞粹를 보존한다"라는 과제에 관해서는 량치차오가 논급하는 것이 거의 없고, 량치차오의 사상 특히 신민론이 동아시아 세계에서 반향을 이끌어낸 것은 동학 그 자체의 의의나 동아 학술의

---

102 David G. Marr, *Vietnamese Anti-colonialism 1885~1925*, University California Berkeley, 1971, p.172.

발명 및 아수의 보존이라는 과제가 공명을 불러일으켰기 때문이라기보다 개인으로서의 국민이 국가 형성이나 민족 자립의 담당자가 된다는 사상을 구수歐粹로서 받아들였기 때문이었다고 말해야 할지도 모른다.

이에 대해 동아 학술의 발명이라는 과제를 국민국가 발전의 하나의 현상이라 하여 보다 의식적으로 대응하고 착수한 사람은 일본의 미야케 세쓰레이三宅雪嶺와 나이토 고난內藤湖南, 시라토리 구라키치白鳥庫吉 등이었고, 그들에 의해 학지로서의 동양이나 아시아에 관한 인식이 편성되기에 이르렀다.

미야케 세쓰레이는 1891년『진선미일본인眞善美日本人』을 간행했는데, 이 책에서 그는 "한 국가에는 한 국가의 독특한 능력이 있고 아울러 한 국가의 직분이 있는 바, 일본인으로서 특별히 강구해야 할 것은 학술 말고는 없다. 진을 궁구하는 것이 일본인의 직분이라면 과연 무엇을 해야 할"[103] 것인가라고 하여 어떤 진리 탐구를 통해 세계에 공헌해야 할 것인지를 자문한다. 이어서 일본의 사적史蹟 조사와 더불어 "더욱이 전력

---

103 三宅雪嶺, 『眞善美日本人』, 生松敬三 編, 『日本人論』, 富山房百科文庫版, 1977, pp.32～33. 이처럼 중국 나아가 동양을 학문의 대상으로 체계화하는 것이 일본인의 천직이라는 주장은 청일전쟁 후에는 한 걸음 더 나아가 명확한 사명감 아래 과학연구의 과제로 제기된다. 1895년『帝國文學』에 실린 「現今の漢學」에서는 한학의 쇠퇴를 개탄한 다음, 서양의 시놀로지(sinology)에 대항해서 일본인에 의한 중국학의 흥기를 호소하고, "우리나라 사람은 장래에 정치적 지나를 개발한다는 것이 천직일 뿐만 아니라, 또한 과거에 있어서의 학문적 지나를 선양할 책임이 있다. 오늘날 젊고 뜻있는 한학자와 철학자 사이에 지나학의 과학적 연구 운동이 크게 일어나려는 경향이 있음은 우리 학술 사회의 큰 경사라고 부를 만하다"(『帝國文學』 第1卷, 1號, 1895.2, p.88)라고 논하고 있다. 田岡嶺雲도 "19세기는 동서 兩洋 문명이 충돌하는 때이다. 그리고 20세기 이후는 동서 문명이 혼융하고 동화하는 신문명이 만들어질 시대이다"라고 파악하고, "지나의 문명은 학계의 滄海이고, 손을 뻗어 남은 진주를 주워야 한다. 그리고 우리 일본국은 진실로 이 진주를 줍기에 가장 좋은 지위를 차지해야 할 것이며 또한 그렇게 하지 않으면 안 되는 대임을 갖고 있다. 우리 국민된 자 어찌 분투하지 않으랴. 분투하여 다가올 20세기에 정치적으로 세계 열국의 맹주가 되는 동시에 학계에서도 세계문명의 大成者가 되지 않을 수 있으랴"(「漢學復興の機」, 『帝國文學』 第2卷 1號, 1896.1, pp.42～50)라고 하여, 중국문명 연구를 일본 국민의 천직이라고 주장했다.

을 다해야 할 것은 동양의 사적事蹟이 아닐까. 아세아 대륙은 우리가 바다를 사이에 두고 접하는 곳이고, 그 사적과 문화의 발달을 이쪽에서 용이하게 받아들일 수 있다. 게다가 대륙에서 떨어져 있어서 별다른 간섭이나 속박을 받지 않고 공평하게 그것들을 판단할 수 있는 이로움이 있다. 인도, 지나 및 이들을 둘러싼 여러 나라의 사정을 탐구하고 구명하는 것은 어렵지 않다"라면서 아시아 연구를 진리의 추구라는 영역에서의 일본인의 임무로 삼았던 것이다. "일본에서 중국 연구의 아성을 구축하고 있는 도쿄대학에서 동양사를 강의하고, 학문적으로는 중국경제사의 개척자라는 영예를 안은 석학"[104]으로 평가받는 가토 시게루加藤繁는 수기手記 「경제사 연구에 이르는 경로」 서두에서 '동양 연구에 뜻을 두게 된 동기'에 관하여 "미야케 세쓰레이 씨의 『진선미일본인』을 읽고 대륙연구(진의 방면)를 고조시키려 한다는 것을 알았다. 이때부터 역사가 좋아졌고 지나동양사를 연구하여 학계에 공헌하고 싶다고 생각했다"[105]라고 적었는데, 이처럼 가토 시게루도 미야케 세쓰레이의 문장에 자극을 받아 실제로 중국 연구로 나아갔다고 회고하고 있는 것이다. 미야케는 국수보존주의를 제창하면서도 시야를 일본에 한정하지 않고, "자국을 위해 힘을 다하는 것은 세계를 위해 힘을 다하는 것이고, 민종民種의 특색을 발양하는 것은 인류의 화육化育을 비보裨補하는 것이니, 어찌호국과 박애가 충돌할 것인가"[106]라면서 아시아를 연구함으로써 일본인이 세계에 공헌할 것을 제언했다.

다만 이 『진선미일본인』은 범례에서 "나이토 도라지로內藤虎次郎와 나

---

104 梅原郁, 「加藤繁」, 江上波夫 編, 『東洋學の系譜』, 大修館書店, 1992, p.206.
105 加藤繁・榎一雄, 『中國經濟史の開拓』, 櫻菊書院, 1948, p.161.
106 三宅雪嶺, 「凡例」(『眞善美日本人』), 生松敬三 編, 『日本人論』, 富山房百科文庫版, 1977, pp.6~7.

가사와 세쓰長澤說 두 사람에게 받아쓰게 하고, 그것에 의거해 책으로 완성된 것이니만큼 전체적인 의의에 대해서는 그 어떤 책임도 마다하지 않겠지만 문자에 관한 책임은 두 사람이 져야 할 것이다"라고 했듯이, 나이토와 나가사와에 의한 대필이라는 성격을 갖고 있으며, 특히 아시아 연구에 관한 지향은 나이토 도라지로 즉 나이토 고난의 생각을 반영한 것으로 보인다. 나이토 고난은 이미 1890년 12월 『일본인』에 기고한 논설 「아세아 대륙의 탐험」[107]에서 "저들 은색인종이 우리 금색인종의 분묘지墳墓地인 아세아주 안을 횡행하며 유린하고 있는 마당에 어찌 떨치고 일어서지 않을 수 있겠는가. (…중략…) 아아, 아세아주 안의 사물은 마땅히 아세아인이 지배해야 하고, 구라파주 안의 사물은 마땅히 구라파인이 처리해야 하느니, 이것은 실로 자기가 천직을 다하는 것이라고 말할 수 있다"라며 인종적 대항에 기초하여 아시아인에 의한 아시아 연구를 호소하고, 실제로 이 임무를 담당할 수 있는 것은 "우리 일본뿐, 일본인의 천직은 더욱 무겁고 더욱 크다고 말할 수 있다"라고 잘라 말한 바 있다. 물론 나이토 고난은 구미의 학술을 배척하고 일본인의 천직만을 부르짖고 있는 것은 아니었다. "서양 학술이 수입된 지 20여 년, 일찍이 세상 사람들이 종종 우리 대학에 바라기를, 쓸데없이 그들에게 전수받은 것을 생탄활박生呑活剝하여 전매轉賣하는 데 머무르지 말고, 신이론을 발휘하고 신학설을 창립함으로써 동방학술의 특색을 표현해야 한다"[108]라는 주장대로 구미의 학지를 가져다 파는 동학이 아니라 "동아의 학술을 발명하여 아수亞粹를 보존하자"라고 주장한 량치차오와 통저通底하는 아시아 학술의 창조를 일본인의 천직으로 간주했던 것이다.

---

107 內藤湖南, 「亞細亞大陸の探檢」, 『日本人』第63號, 1890.12.23, pp.7~8.
108 內藤湖南, 「日本人の天職と學者」(1894), 『內藤湖南全集』第1卷, p.132.

그리고 『진선미일본인』에서 '동방학술'이라는 학지의 공간적 범위와 학술적 범위는 "지나에서 시작해 그 근방의 여러 나라에 미치며, 동양정치사, 동양상업사, 동양철학사, 동양문학사"를 깊이 연구하는 것으로 설정되어 있었는데, '동양'이라는 틀로 정치사나 철학사 등의 학문을 묶는 방법이 여기에서 처음으로 등장한 것은 아니다. 이미 1882년, 도쿄대학 문학부의 철학과는 전년에 개설한 '근세철학'과 '인도 및 지나 철학'을 개편하여 '서양철학'과 '동양철학'이라는 편성을 취했고, 1880년 도쿄대학을 졸업하고 문부성 어용괘御用掛가 된 이노우에 데쓰지로井上哲次郎는 편집국에서 '동양철학사' 편찬에 종사했는데, 1882년 도쿄대학 문학부 조교수에 임명된 뒤에도 계속 이 일을 겸직했고, 1883년 9월 처음으로 동양철학사라는 제목으로 강의를 했다. 그러나 동양철학이라는 범주의 성립 여부에 대해 이론이 제기되었다. 예컨대 니시무라 시게키西村茂樹는 "구주의 철학은 유학·불학과 같지 않다. 인도의 불학은 철학·유학과 같지 않다. 지나의 유학은 철학·불학과 같지 않다. 만약 유학·불학을 동양철학이라고 칭한다면 구주의 철학을 서양의 유학·불학이라고 불러야 한단 말인가. 이것은 결코 통할 수 없는 얘기다"[109]라며 구주 철학의 방법이나 카테고리로 아시아의 독자적 종교나 학술을 틀짓는 것에 회의적인 반응을 보였다. 이 점은 본래 다른 모든 학술에 관해서도 문제가 될 만한 것이었는데, 많은 학문 분야에서 서양에 대응하는 서로 비슷한 것이 있다고 간주되긴 했지만 동양과 서양의 학술을 변별하는 기준이 무엇인가에 대한 논의는 실험·관찰 등의 방법이나 체계성의 차이라는 것 이상으로 깊어지지는 않았다. 또한 1881년에는 사이온지 긴모치

---

109 西村茂樹, 「質疑」, 『哲學會雜誌』 第1冊 第10號, 1887.11, pp.520~521.

와 나카에 조민 등에 의해서 『동양자유신문』이, 1882년에는 자연과학을 중심으로 하는 『동양학예잡지』가 창간되었는데, 이 신문과 잡지는 그 내용을 동양에 한정하지 않았고, 1884년 결성된 동양회화회東洋繪畵會가 간행한 『동양회화총지』는 지리적인 범위로서 인도·중국·일본을 대상으로 삼았으며, 1886년에는 나이토 지소內藤耻叟와 이치무라 산지로市村瓚次郎 등 도쿄대학 고전강습과 출신들이 동양학회(기관지 『동양학회잡지』를 발행)를 결성했는데, 여기에서 동양학이란 한학과 일본고전학을 의미했다. 또, 정당으로는 1882년 다루이 도키치樽井藤吉 등이 천물공유天物共有·빈부세습 파괴·공동육아 등의 이상을 내걸고 이런 이념은 구미의 사회주의가 지향하는 것과 다르다는 의미를 담아 동양사회당을 결성한 것을 시작으로, 1892년에는 오이 겐타로大井憲太郎 등이 동양구락부를 발전시켜 동양자유당을 조직하는 등 정당명에서도 동양이 덧붙여지게 되었다. 이때 동양이라는 말은 막연하게 서양에 반한 것이거나 지역적으로 종래의 당唐·천축天竺·본조本朝라는 삼국 세계를 총칭하는 것이었지만, 'Orient(al)'의 번역어로도 사용되어 1881년 이노우에 데쓰지로 등이 편찬 간행한 『철학자휘哲學字彙』에서는 'Orientalism'에 '동양학'이라는 역어가, 그리고 1884년의 개정증보판에서는 'Oriental philosophy'에 '동양철학'이라는 역어가 할당되었다.[110]

이에 비해 세계를 시야에 두고서 구미, 중국·조선·인도 등 지역세계, 일본의 관계성을 총체로 하여 어떻게 시간적·공간적으로 설정할 것인지를 명확하게 의식하기 시작한 것은 역시 청일전쟁 이후이다. 예

---

110 Orient(al)의 번역어로서 동양을 가리키는 용법은 1876년 간행된 E. サトー·石橋政方, 『英和俗語辭典』 등에서 볼 수 있다. 이러한 동양이라는 말의 출현과 변천에 관해서는 加藤祐三, 「'東洋'·象徵語としての意味轉換」, 『東洋の近代』, 朝日新聞社, 1977 所收 참조.

컨대 1893년 도쿄제국대학 문과대학에 강좌제도가 개설되었던 때에는 동양사 등의 강좌는 개설되지 않았다. 그러나 청일전쟁이 발발한 1894년, 고등사범학교장 가노 지고로嘉納治五郎 주재로 중등학교 교과과정에 관한 연구조사위원회가 열렸을 때, 나카 미치요那珂通世가 중등학교의 외국역사를 서양역사와 동양역사로 나누자고 제언했고, 같은 해 개정된 고등사범학교교칙에서는 이 구분이 채용된다. 나카 미치요가 이런 제언을 한 취지는 "동양의 역사는 지나를 중심으로 하여 동양 제국의 치란흥망의 대세를 설명하는 것으로 서양역사와 상대하여 세계역사의 절반을 이루는 것이다. (⋯중략⋯) 동양역사를 가르칠 때에는 우리나라와 동양 제국이 오래전부터 서로 주고받은 영향 여하에 주의하고 또 동양 제국의 서양 제국에 대한 관계를 설명해야 한다"[111]라는 것이고, 중국사를 중심으로 한 국가사의 집합으로서 동양사를 설정했는데, 동시에 "지금까지 지나역사는 역대의 흥망만을 주로 하여 인종의 성쇠소장盛衰消長을 설명했지만, 동양역사에서는 동양 제국의 흥망뿐만 아니라 지나종, 돌궐종, 여진종, 몽고종 등의 성쇠소장에까지 설명이 미쳐야 한다"라고 했듯이 국가사를 넘어선 민족·인종의 역사를 대상으로 할 것을 시야에 넣은 것이었다.

　이리하여 그때까지 구미의 만국사Universal History에 준거하여 가르쳐온 세계사를, 일본과 동양 제국의 역사적 관계를 기초로 하고 여기에서 나

---

111 三宅米吉, 「文學博士那珂通世君傳」, 『那珂通世遺書』, 大日本圖書, 1915, pp.32~33. 다만, 이 제언 이전에도 學習院 高等科에서는 '동양제국사'라는 과목의 수업이 행해지고 있었고, 1890년에 東京大學을 졸업한 白鳥庫吉가 담당한 조선사 강의가 처음으로 행해졌다. 아울러 일본에서 동양학의 전개에 관해서는 靑木富太郞, 『東洋學の成立とその發展』(螢雪書院, 1940); 小倉芳彦, 『日本における東洋學の發達』(『岩波講座世界歷史·別卷』, 岩波書店, 1971); 五井直弘, 『近代日本と東洋史學』(靑木書店, 1976); 吉川幸次郞 編, 『東洋學の創始者たち』(講談社, 1976); 東方學會 編, 『東方學回想』 Ⅰ~Ⅸ(刀水書房, 2000) 등 참조.

아가 서양 제국과의 관계로 포착하는 입장에서, 일본사・동양사・서양사로 나누는 틀이 제창되기에 이른다. 1894년 7월 개정된 도쿄고등사범학교규칙에는 '일본사[本邦史]・서양역사・동양역사'가 역사과의 과목으로 실려 있다. 단, 동양역사가 정식으로 문부성훈령 제3호 「중학교교수요목」에 규정된 것은 1902년의 일이다. 또, 도쿄제국대학 문과대학에서 과목명으로 지나사학이 동양사학으로 개칭된 것은 한국병합의 해인 1910년이고, 동양사학 강좌가 개설된 것은 1918년의 일이었다. 덧붙이자면 조선사 강좌는 1914년에 개설되어 이케우치 히로시池內宏가 담당했다. 교토제국대학에서는 1907년 문과대학에 사학과가 개설되어 국사학・동양사학・서양사학을 전공하게 되었다.

그 동안의 경위를 보면, 동양사의 출현이 청일전쟁과 러일전쟁 그리고 한국병합이라는 사태에 대응하면서, 더욱이 교육과목의 설치가 연구대상의 제도화를 의미하는 강좌의 개설에 선행하고 있다. 그것은 급격하게 확장된 일본의 세력 범위를 국민에게 교육해야 할 필요성에 따른 것이었다고 할 수 있다. 또, 이러한 교육・연구의 제도화와 병행하여 1896년 후지타 도요하치藤田豊八는 동양사상을 선양하기 위해 고야나기 시게타小柳司氣太 등과 동아학원東亞學院을 개설했고, 이와 함께 다오카 레이운田岡嶺雲 등과 더불어 『동아설림東亞說林』을 발행했으며, 동아철학회에서는 『동양철학』이 창간되었다. 게다가 1909년에는 도쿄대학의 중국철학 및 중국문학 관계자들에 의해 동아학술연구회가 조직되어 『한학』(후에 『동아연구』)이 발행되는 등 동아나 동양을 연구 대상으로 하는 지역 학지의 형성이 의식화되고 있었다. 대학을 보면 이노우에 엔료井上圓了가 동양철학과 관련 학문들을 강의하기 위해 1887년 창설한 철학관哲學館이 1906년 도요대학東洋大學으로 이름을 바꾸었다.

어쨌든 세계를 동양과 서양으로 크게 양분하고 그 사이에 일본을 독자적으로 둔다는 세계사관은 이렇게 성립되었고, 학문적으로도 제도화되었으며, 지금까지 그것이 통용되고 있는 것이다. 이러한 공간과 시간의 구분은 도쿄제국대학 문과대학에 준거하여 설정된 1904년 청조의 대학당장정에서는 중국사학과 만국사학으로 나눈 다음, 만국사학을 태서 각국사와 아주 각국사로 구분하고 있는 것과도 통한다. 또, 중학당장정에서는 역사를 중국사와 동서양 각국사로 나누었는데, 자국사와 동양사·서양사를 둔다는 기본적인 편성을 채택하는 점에서는 일본에 유동화한 것으로 간주할 수 있을 것이다. 마찬가지로 조선에서는 1906년 8월 고등학교령에 따라 역사에 관해서는 본국역사·동양역사·서양역사를 모두 지리와 함께 가르치게 되었다. 그러나 중국의 경우 자국사와 동양사·서양사라는 세계사의 편성을 일본에서 수용했다고 하더라도 그 내실은 상당히 다르지 않을 수 없었다. 량치차오의 「동적월단東籍月旦」[112]도 일본 서적을 소개한 것이었기 때문에, 보통학普通學으로서의 역사를 세계사라는 명칭의 서양사, 일본사, 동양사로 나누고, 동양사에 관하여 동양이라는 말은 일본인이 아시아를 가리키는 것이기는 하지만 동양사의 주인공이 되어온 것은 중국이기 때문에 명칭이 동양사라 해도 그 내실은 거의 중국사라는 견해를 보이고 있었다. 그리고 일본에서 말하는 동양사가 중국사의 다른 이름에 지나지 않는 이상 동양사는 "이천 년 동안 아주亞洲 각 민족과 중국이 서로 교섭한 사실史實이 되고, 결국은 중국사의 범위로 귀결"[113]되지 않을 수 없으며, 실질적으로 세계사는 태서사＝서양사와 태동사泰東史＝중국사로 구성된다고 보고 있었던

---

112 梁啓超, 「東籍月旦」(1902), 『飮冰室文集之四』, pp.82~102.
113 梁啓超, 「中國史叙論」(1901), 『飮冰室文集之六』, p.2.

것이다. 같은 동양에 있다고 하면서도 중국을 동양사로 대상화하지 않을 수 없는 일본과 자신을 동양사의 주체로 설정할 수 있는 중국이 세계사를 포착하는 방법은 당연히 다를 수밖에 없었던 것이다.

그러한 역사적 전제의 차이에도 불구하고, 1900년대에 들어 이구동성으로 일본인이 동양학을 짊어질 대표선수라고 주장하기에 이른 것은, 청일전쟁의 승리와 의화단사건으로 국제적으로도 일본이 동아시아의 주도권을 인정받음으로써 그 대상인 지역을 지도하는 데에 있어서 구미와 대항하려는 의식이 싹텄기 때문이었다. 이노우에 데쓰지로가 "동양의 역사상의 사실을 서양인에게 명확히 보여주는 일을 일본인이 하지 않는다면 그 누구도 담당할 사람이 없습니다. (…중략…) 요컨대 물리학 등에서 구라파의 학자보다 우수하기는 쉽지 않겠지만 동양역사 쪽에서는 조속히 그 나라의 동양학자를 압도할 수가 있습니다"[114]라고 질타하고, 시라토리 구라키치가 "지금은 이미 세계의 넓은 땅을 열강이 분할하여 거의 촌척寸尺의 영토조차 남지 않았는데, 유독 극동의 일부는

---

[114] 井上哲次郎, 「東洋史學の價値」, 『史學雜誌』 第24號, 1891.11, pp.11~12. 이노우에는 또 일본인이 동양사를 담당할 필연성에 관하여 "지나 · 조선 · 류큐 등의 일도 역사상 명료하게 하지 않으면 안 됩니다. 지나인 등은 이런 것을 말할 생각이 없습니다. 문학 · 철학 등의 역사를 쓴다는 생각이 결여되어 있습니다. (…중략…) 조선의 역사를 수집해 옛적의 일에서부터 現今의 일까지 샅샅이 탐구하고 또 일본의 서적에서 散見하는 것을 참고하여 조선역사를 한 부 써서 구라파 사람들에게 알리는 것은 진실로 일본인의 힘입니다"(『史學雜誌』 第25卷, 1891.12, pp.10~11)라는 견해를 보이고 있다. 이노우에 데쓰지로는 1884년부터 1890년까지 유럽에 유학해 유럽의 철학자가 중국이나 일본의 철학에 대해서 전적으로 무지하다는 사실을 알고 있었고, 일본인이 그의 法政學을 신봉하고 있던 로렌츠 폰 슈타인마저 동서철학의 차이점에 관하여 "杜撰이 극에 달하는 논의를 늘어놓는 것은 전혀 동양철학을 알지 못하고 다만 망령되이 공상해서 갖가지 잡다한 설을 만들어내는 것에서 비롯한다. 그런 문제들을 논하기 위해서는 우선 충분하게 사실을 알 필요가 있다. 사실에 근거하지 않고 헛되이 공상하는 것은 과학이 아니다"(「萬國東洋學會景況」, 『哲學雜誌』 第1冊 第3號, 1887.4, pp.129~130)라 하여, '동양철학사'를 집필해 보급해야 할 필요성을 통감하고 있었다. 이에 덧붙여 "우리 국민의 도덕심이 본래 어떠했는가를 보여주는 것"을 자기의 사명이라고 인식하고 있었다. 그 결과물로서 『日本陽明學派之哲學』(1900), 『日本古學派之哲學』(1902), 『日本朱子學派之哲學』(1906) 삼부작이 간행되었다.

우리 국민의 발전을 허용함과 동시에 이 방면의 연구 또한 오로지 우리 학자의 손을 기다리고 있다고 한다면, 극동의 천지는 우리나라 실업계의 입각지일 뿐만 아니라 실로 우리 학계의 입각지이기도 하다. 국가의 시정획책施政劃策이 정확한 연구 조사에 기반을 두지 않는다면 그 성효成效를 기대할 수 없으니, 아세아 동부를 연구하는 것은 결코 학자의 한가한 일이 아니라 실로 국가의 화급한 대사업이다"[115]라고 표명하고 있는 것을 보아도 그 의도가 무엇이었는지 명백히 알 수 있을 것이다.

그리고 탄스퉁이 일본의 불학에 관하여 "일본은 무엇보다 동아에서는 유명한 불교국이고 대부분의 사람들이 불설佛說을 잘 알고 있다. 최근에는 난조 후미오南條文雄 등이 머나먼 곳까지 참배하고 범문梵文으로 적힌 옛 경전을 찾아냈으며, 범문회梵文會를 결성하여 불교학을 닦고 있다. 일본에서 변법이 용이하게 행해졌던 것도 암암리에 불교가 도와주어 그릇된 집착을 버리고 자재로 변동할 수 있었기 때문이다"[116]라고, 오해가 없진 않지만, 변법과 불교의 관계를 평가했다. 그는 옥스퍼드대학에서 막스 뮐러Max Müller에게 배운 난조 후미오 등의 범어문전 연구 등에 대해서도 알고 있었다. 그뿐만 아니라 런던 체재 중 난조 후미오와 알고 지낸 양원후이楊文會는 중국에서 사라진 경전 가운데 일본에 있는 것을 난조를 비롯한 일본인을 통해 수입하여 자신이 설립한 금릉각경처金陵刻經處에서 출판함으로써 그때까지 불전 한 권조차 입수하기 곤란했던 상황이 일변했고, 캉유웨이와 장빙린을 비롯해 청말 사상가로 불교와 관련 없는 자가 없다고 량치차오가 서술할 정도로 불교는 신사조

---

115 白鳥庫吉, 「亞細亞研究は戰後の一大事業なり」(『學習院輔仁會雜誌』, 1907年 3月 臨時號), 白鳥淸 編, 『白鳥庫吉全集』 第10卷, 岩波書店, 1969, p.58.
116 譚嗣同, 『仁學』, p.39; 蔡尙思・方行 編, 앞의 책, p.352.

로서 부흥했던 것이다.[117] 이외에 네팔과 티베트를 방문한 가와구치 에카이河口慧海가 티베트 일체경一切經 등을 가져와 경전의 한장대역漢藏對譯과 티베트어 문법 연구를 진행하고, 오타니 고즈이가 니시혼간지西本願寺의 유학생을 이끌고 인도와 서역의 불적佛跡을 조사하는 등 불교 연구에서 일본인의 공헌은 적지 않았다. 중국사에 관해서도 전문이 한문으로 쓰인 나카 미치요의 『지나통사』는 상하이에서 중각重刻된 후 중국에서 원나라와 명나라의 사적을 증보한 『역대사략歷代史略』으로 출판되었고, 구와바라 지쓰조桑原隲藏의 『동양사요東洋史要』와 『동아사과본東亞史課本』, 오가와 긴지로小川銀次郎・사하라 도쿠스케佐原篤介의 『동양사요東洋史要』 등은 판빙칭樊炳淸 등에 의해서 번역되었으며, 후지타 도요하치의 『동양사요』가 상하이의 동문학사에서, 이치무라 산지로의 『지나사요』, 다구치 우키치田口卯吉의 『중국문명소사』가 광지서국에서 각각 한역본이 나왔다. 또한 기시다 긴코岸田吟香는 오카모토 간스케岡本監輔와 아즈마 헤이지吾妻兵治 등과 더불어 중국에 도움이 될 만한 일본서를 한역 출판하기 위해 선린서관善隣書館을 설립해, 블룬칠리의 『국가론』(平田東助・平塚定二郎共譯, 1889)을 『국가학』이라는 제목으로 아즈마 헤이지가 한역한 것 외에도, 시게노 야스쓰구의 『대일본유신사』 등을 한역하여 출판했다.[118]

---

117 楊文會의 事略과 南條文雄과의 관계에 대해서는 水野梅曉, 『支那佛教近世史の研究』(支那時報社, 1925) pp.54~58 참조. 또한 楊文會의 유작 중 문집 『等不等觀雜錄』 제8권은 일본인 승려와 나눈 教義에 관계된 논쟁서간을 포함하고 있다. 譚嗣同이 南條文雄을 평가한 것은 楊文會를 통해서였을 것이다. 梁啓超에 따르면, "譚嗣同은 梁啓超와 교류한 이후 학문이 일변했고, 楊文會에게서 佛法을 들은 이후 또 다시 학문이 일변했다"(梁啓超, 小野和子 譯, 『淸代學術槪論』(東洋文庫245), 平凡社, 1974, p.289).

118 1900년 1월 10일자 『申報』는, 청일전쟁 후 러시아가 全 아시아의 맹주가 되는 것에 대처하기 위해 중국과의 우호를 바라게 된 일본은, 유학생을 불러들이고 서적을 번역하여 중국의 진흥을 돕기 위해 重野安繹와 三島中洲・岸田吟香・龜谷省軒 등이 출자해서 善隣譯書館을 설립, 번역서를 "중국에 우편으로 보내 널리 퍼트린다. 近刊으로는 군사학, 국가학, 일본경찰신법, 일본유신사 네 종류가 있는데, 모두 훌륭한 논의로 중국이 거울로 삼기에 족한 것이다"(每日コミュニケーション・國際

이외에 시오노야 온塩谷溫의『지나문학개론강화』, 와타나베 히데카타
渡邊秀方의『지나철학사』, 고지마 겐키치로兒島獻吉郎의『지나문학사』등이
잇달아 한역되었고, 일본인에 의해 중국 연구가 진행됨에 따라 중국인
을 대신해 요리를 한다는 뜻에서 '일인대포日人代庖'라고 불리는 현상까
지 생겨났다. 중국문학사라는 서술 스타일을 제공한 고조 데이키치古城
貞吉의『지나문학사』에 붙인 서문에서 이노우에 데쓰지로가 "지나문학
은 서양인이 아직 대대적으로 연구할 수 없는 영역에 속한다. (…중
략…) 그렇지만 지나인 스스로는 본래 활력이 없는데다 지금 학술계의
상황이 어떠한지는 분변할 수 없기 때문에 지나문학사를 저술할 필요
성을 알지 못한다. 설령 그것을 알고 있다 해도 그 작업을 할 만한 자격
을 갖추고 있지 못하다. 이런 상황에서 우리나라 사람이 지나문학사를
저술하는 임무를 스스로 맡지 않을 수 없다"[119]라고 서술한 것은 정말이
지 '일인대포'의 역할에 관한 자부심의 표명이라고 말할 수 있을 것이

ニュース事典出版委員會 編,『外國新聞に見る日本』(3, 本編上), 1992, p.251)라고 보도했다. 또,內
藤湖南은 선린역서관에 관하여, 중국인에게 도움이 되는 일본서를 漢譯하여 제공하는 것을 목적으
로 설립된 것으로, "吾妻某氏, 岡本監輔 翁 등과 함께 번역에 종사하고 있다"(『內藤湖南全集』第2卷,
p.60)고 기록하고 있다. 岸田吟香는 1899년 張之洞의『勸學篇』을 일본에서 번각했고, 중국의 사상
을 소개하는 것에도 유의하고 있었다. 岸田의 이러한 출판활동에 대해서는 衫浦正,『岸田吟香』, 汲
古書院, 1996 참조

119 井上哲次郎,「支那文學史序」, 古城貞吉,『支那文學史』所揭, 經濟雜誌社, 1899, p.3. '日人代庖'란 '일
본인이 중국인을 대신해서 중국 연구를 처리하는' 사태를 중국에서 평한 말인데, 가령 1931년 6월
호『中國新書月報』(第1卷 6 · 7號)에는「日人代庖的中國文學論集」(pp.14〜16)이라는 제목으로 鈴
木虎雄의 저작을 중국어로 번역한 책이 소개되어 있는 등 중국에서 사용되고 있었다. 다만, 內藤湖
南이『支那論』(1914)의 자서에서 "지나인을 대신해서 지나인을 위해 연구한다"라고 썼듯이, 이는
일본인 중국연구자의 온정주의적인(paternalistic) 자랑이었다는 것도 간과할 수 없다. 본고에서는
이러한 지향이 중국뿐만 아니라 아시아연구 전반에 관해서도 타당한 것으로 사용한다. 나아가 중
국연구에서 '日人代庖'와 관련해서 보면, 이미 末松謙澄의『支那古學略史』(1880);『支那古文學略
史』(1882); 田口卯吉의『支那開化小史』(1883); 松本文三郎의『支那哲學史』(1889); 遠藤隆吉의『支
那哲學史』(1900); 中西牛郎의『支那文明史略』; 白河次郎 · 國府種德의『支那文明史』(1900) 등이 간
행되어 있었다.

다. 그리고 엔도 류키치遠藤隆吉와 고야나기 시게타 등의 유학론儒學論이 장빙린이나 량치차오 등의 유교 해석에 영향을 준 것은 부정할 수 없다.

조선에서도 현채가 일본의 하야시 다이스케林泰輔가 저술한 『조선사』(1892)와 『조선근세사』(1901)를 번역·편술하여, 종래의 역사기술 방법이었던 편년사와는 다른 체재의 조선통사로서 『중등교과 동국사략』(1906)을 공간했다. 『중등교과 동국사략』은 하야시 다이스케가 역사적 사실로 간주한 임나일본부과 진구황후神功皇后의 신라 출정 등에 대해 정정을 가했다. 거꾸로 하야시 다이스케가 황당무계한 미신으로 간주한 단군설화에 대해서는 일연선사가 저술한 『삼국유사』의 신화적 요소를 비판한 다음 실재설實在說의 입장을 견지했으며, 도요토미 히데요시가 일으킨 임진왜란에 대해서도 하야시 다이스케가 일본의 승리로 본 것과 달리 조선의 저항에 의한 승리이고, 무명의 장수에 의해 오랜 세월 풀리지 않을 원념怨念을 낳은 것에 지나지 않는다고 비난했다. 하야시 다이스케의 『조선근세사』는 류스헝劉世珩의 한역으로 중국에서도 널리 이용되었다.

'일인대포'라고 해도 자신이 속한 정치사회의 전통적인 역사 이해나 가치관에서 완전히 자유로울 수 없고, 특히 정치적인 이해가 대립할 경우에는 실증적인 것마저 정치성을 띠는 것을 피하기 어렵다. 하야시 다이스케와 마찬가지로 시라토리 구라키치도 조선의 단군개국설을 전설·신화라 하여 부정하는 입장을 채택했지만, 동양사는 근본 사료에 대한 실증적인 비판에서 출발해야 한다고 했던 시라토리는 기자동래설箕子東來說을 가공이라고 하는 「기자는 조선의 시조가 아니다」(1910)를 공표했고, 중국에 관해서도 「지나의 옛 전설 연구」(1909), 「상서尙書의 고등 비평」(1912) 등을 발표하여 요순우堯舜禹 비존재론 이른바 요순우 말살론을 전개했는데, 그것은 한학으로서의 명분사학으로부터 고증학으로서의 동양사학의 자립을 의도한 것이면서, 고대에 이상세계를 두는 유교적 세계관을 부정하는 뜻도 포함하고 있었다. 여기에는 구미 학술을 배경으로 한 일본 학예의 우월성의 의식과 유학의 권위에 대한 도전 나아가 유교 비판을 통한 중국사회 비판이라는 의도가 들어있었고, 그런 의미에서 '일인대포'에는 유럽의 실증주의적 방법에 기초하여 민족의 시원을 부정하는 신화 파괴라고도 말할 수 있는 측면이 있었다. 다만 그렇게 함으로써 자국사를 세계사 속에서 다시 보고, 방법적으로도 찬찬히 생각해보는 계기가 배태되고 있었다는 것도 무시할 수 없다. 현채는 하야시 다이스케의 저작뿐만 아니라 신라·고구려·백제 삼국에 관하여 정사正史와 같은 취급을 받아온 『삼국사기』와 『삼국유사』에 대해서도 사료 비판을 가했으며, 단군국조설을 받아들인 신채호도 『삼국사기』 등 조선 역사서와 중국의 『상서』, 『사기』 등의 사적에 대해서도 음미함으로써 모화사상에서 거리를 둔 조선사의 재구성을 시도하고, 기자동래설이나 임나일본부, 진구황후출정설 등을 부인했던 것이다.

이처럼 일본인에 의한 아시아 연구가 반드시 이수亞粹의 발양을 지향했던 것은 아니었다 해도, 반발을 포함한 자극을 주면서 아시아를 대상으로 하는 학지의 형성을 촉진시켰다는 것은 부인할 수 없다. 그 즈음 조선사에 관해서는 1907년 아사미 린타로浅見倫太郎의 해제가 달린 『삼국사』와 『고려사』 전권이 간행되었으며, 이외에도 도쿄제국대학에서는 『삼국유사』와 『교정삼국사기』가 발간되고 1911년 샤쿠오 슌조釋尾春芿의 조선잡지사에 조선고서간행회가 조직되어 조선전적대계朝鮮典籍大系의 공간이 진척되는 등 사료 정비가 이루어진 것의 의의는 무시할 수 없을 것이다. 또, 조선사학회가 『조선사대계』를, 조선총독부가 조선고문헌 등에 관하여 『조선도서해제』를 간행했고, 경성제국대학이 『이조실록』을 영인 출판한 것도 '일인대포'에 의한 조선사 편성이라는 의도의 표현이기도 했다.

나아가 1916년 조선총독부는 『조선반도사』, 1921년 『일한동원사^{日韓同源史}』 편찬을 기획했고, 이것이 중지된 이후 1922년에는 조선사편찬위원회를 설치하여 『조선사』에 착수, 전35권의 본편과 『고려사절요』, 『해동제국기^{海東諸國記}』 등 20종 100책의 『조선사료총간』 등을 간행하고 1938년에 사업을 완료했다. 물론 이러한 사업이 진척될 즈음 그 발단이 된 「조선반도사편찬요지」,[120]를 보면, 일본과 조선이 "인종이 서로 같고 (…중략…) 혼연히 일대 봉토를 구성하여 (…중략…) 금일의 명세^{明世}가 하나로 병합되는 은혜를 입게 된" 것을 밝혀 "조선인 동화라는 목적을 달성할" 것을 내걸고 있었는데, 여기에서도 일본이 조선통치를 역사적으로 정당화하여 동화정책의 기초로 삼고자 하는 뜻이 포함되어 있었다는 것을 부정할 수 없다. 최남선이 조선광문회를 조직해 『삼국사기』 등 조선 고전적^{古典籍}을 간행하고, 박은식이 『한국통사^{韓國痛史}』와 『한국독립운동혈사』 등을 저술하여 독자적으로 조선사를 편성하고자 했던 것 역시 '일인대포'에 대항하는 것이기도 했다. 이에 대해 「조선반도사편찬요지」에서 "『한국통사』라고 칭하는 재외 조선인의 저서는 사실의 진상을 궁구하지 않고 제멋대로 망설^{妄說}을 드러낸다. 이러한 사적^{史籍}이 인심을 좀 먹고 미혹하는 해독은 차마 말할 수 없을 정도이다. 그렇지만 이것을 없애려는 방책을 강구하고자 애쓰긴 했으나 아무런 성과도 얻

---

120 「朝鮮半島史編纂要旨」, 朝鮮總督府朝鮮史編修會, 『朝鮮史編修會事業概要』, 1938, pp.4~6. 黑板勝美를 중심으로 진행되었던 조선사편수사업의 실태에 대해서는 修史官으로 참가했던 中村榮孝, 「朝鮮史の編修と朝鮮史料の蒐集」, 『日鮮關係史の研究』 下卷, 吉川弘文館, 1969이 상세하다.

지 못했을 뿐만 아니라, 어쩌면 이런 책들이 전파되는 것을 격려하는 잘못으로 이어질 수 있다. 오히려 구사舊史를 금압하기보다는 공명적확한 사서로서 첩경을 삼는 것이 현저한 효과를 낳을 수 있을 것"이라며 조선인이 저술한 역사서의 배척을 스스로의 조선반도사 편찬의 목적으로 설정한 것도 이 길항관계를 여실하게 보여준다.

이와 같은 일본인에 의한 아시아 연구의 진전을 배경으로 20세기에 들어설 무렵부터 아시아를 대상으로 하는 학회와 조사기관이 조직화되기에 이른다. 1900년에는 우에다 가즈토시上田万年와 다카쿠스 준지로高楠順次郎를 중심으로 인도 방면 연구를 목적으로 한 제국동양학회가 설립되었고, 1905년에는 시라토리 구라키치의 제창으로 아세아학회가 창립되었다. 그리고 1898년 결성된 대만협회가 1907년에는 "동양 일반의 평화적 문명을 비보裨補하고 선린과 공존공영을 꾀하"는 것을 목적으로 동양협회로 이름을 바꾸자, 이토 주타伊東忠太 등의 알선으로 아세아학회와 동양협회가 합병, 그 학술조사부에서 『동양협회조사부학술보고』(1909년 창간, 1911년 『동양학보』로 개제)가 간행되었다. 또, 1907년에는 가노 나오키狩野直喜, 나이토 고난, 다카세 다케지로高瀬武次郎 등에 의해 지나학회가 조직되어 중국 연구를 위한 거점의 하나가 되었다. 이어서 1908년에는 동아 각국의 경제사정과 세계정세의 조사를 임무로 하는 남만주철도주식회사에 동아경제조사국이 설치되었고, 같은 해 시라토리 구라키치는 만철총재 고토 신페이後藤新平를 설득해 만철동경지사에 만선역사지리조사국滿鮮歷史地理調査室을 조직해, 야나이 와타리箭內亘·이케다 히로시·마쓰이 히토시松井等·쓰다 소우키치·이나바 이와키치 등을 연구원으로 하여 『조선역사지리』, 『만주역사지리』 등을 공간, 이른바 '만선사滿鮮史'가 형성되었던 것이다.[121] 게다가 건축사 분야에서는 이토 주타가 1902년 이후, 중국 산시성 다둥^{大同}의 윈캉석굴^{雲崗石窟}을 시작으로 버마·인도·시리아·터키·이집트·구미의 건조물을 조사하여 세계와의 연관 속에서 일본과 아시아를 자리매김하고자 했으며, 세키노 다다시^{關野貞}도 1902년 조선의 고적과 고건축을 조사하여 조선 건축의 통사를 『조선건축조사보고』(1904)를 통해 처음으로 체계화했다. 고고학과 인류학 분야에서는 1895년 청일전쟁 후 도쿄인류학회에서 랴오둥반도 조사에 파견된 도리이 류조^{鳥居龍藏}가 1902년 이후 서남 중국의 묘족^{苗族} 조사를 시작으로 몽고에서 사할린^{樺太}·쿠릴^{千島}·동부 시베리아 등 광범한 지역에 이르는 현장조사를 진행했다. 미술사에서도 1900년 파리만국박람회에 출품된 『고본일본제국미술약사^{稿本日本帝國美術略史}』에 붙인 서문에서 구키 류이치^{九鬼隆一}는 "지나와 인도의 수천 년에 걸친 문화^{文華}는 그 나라에 여파를 남긴 게 적고 오히려 우리 일본 제국에 유방^{遺芳}을 풍기는 것이 많다. (…중략…) 즉 다른 날을 기약해 다시 일대 미술사를 편성하여 그것을 동양미술사의 나루터와 다리로 삼고, 아울러 동양사학상에 일대 재료를 제공하여 널리 이롭게 하고자 한다.

---

121 滿鐵滿鮮歷史地理調查室에서 연구사업에 임하면서 白鳥庫吉는 그 목적을 "러시아와의 전쟁 국면을 수습하여 남만주 경제적 경영이 우리 국민에 의해 착수되고, 조선에 대한 보호와 개발이라는 임무가 또 우리의 머리 위로 떨어졌을 때, 나는 학술상으로 滿韓 지방에 대한 근본적인 연구를 하는 것이 급무라는 점을 제창했다. (…중략…) 현대에는 제반 사업이 확실한 학술적 기초 위에 서야 한다는 것은 말할 필요도 없거니와, 滿韓의 경영 또한 처음부터 그렇게 하지 않으면 안 된다"(『滿洲歷史地理』, 序文)라고 하여, 일본의 만주·조선 경영에 대한 학술적 측면에서의 기여를 내세웠다. 그러나 상대사와 중세사를 중심으로 하는 『滿洲歷史地理』, 『朝鮮歷史地理』, 『文祿慶長の役』 등의 연구가 직접적으로 滿韓을 경영하는데 어느 정도의 의미를 가졌는지는 훗날 만주사변에서 石原莞爾가, 稻葉岩吉가 주장한 滿蒙日民族同祖論을 근거로 만주국을 정당화한 사실 등을 바탕으로 다시 검토할 여지가 있다. 덧붙이자면, 조사실에는 다량의 조선 서적이 수집되어 白山黑水文庫가 되었고, 『滿洲歷史地理』는 전문이 독일어로 번역되었다. 이 조사사업은 후에 도쿄대학으로 이관되었고, 『滿鮮地理歷史研究報告』16冊(1915~1940)이 간행되었다. 아울러 만몽역사조사에 後藤新平이 얼마나 관여했는지는 稻葉岩吉, 『後藤新平と滿洲歷史調查部』(南滿洲鐵道株式會社, 1939) 참조.

다만 이러한 사업은 감히 지나 및 인도의 국민에게 바랄 바가 아니라, 진실로 동양의 보고인 우리 제국민이 비로소 완성할 수 있을 따름"[122]이라고 하여 동양미술의 역사를 편찬할 수 있는 것은 일본뿐이라고 선언했다. 그리고 1908년에서 1918년에 걸쳐 오무라 세이가이大村西崖에 의해『동양미술대관』전15권이 간행되었다. 또, 1903년 교토제국대학 법과대학에서 임시 타이완 당무국장糖務局長에서 자리를 옮긴 니토베 이나조新渡戶稻造가 식민론 강의를 담당한 것을 시작으로, 1907년 도호쿠제국대학 농과대학에, 1909년 도쿄제국대학 법과대학과 도쿄고등상과학교에 식민학 강좌를 개설했고, 1910년에는 식민학회를 설립하여 식민지로서의 아시아에 관한 지식 보급을 도모했다.

그러나 이런 식의 연구는 걸핏하면 아시아의 후진성을 강조함으로써 일본의 문화적 우위가 상대적으로 부각되는 형태로 드러나곤 했다. 또, 그러한 의식이 있었기 때문에 아시아 연구가 일본이라는 맹주의 천직으로 간주되기도 했던 것이다. 그것만으로도 '일인대포'의 연구가 부여하는 평가에 대해서는 심리적 반발이나 학술적 비판도 적지 않았다. 신채호는 일본 학자가 서적의 구람購覽·사료 채집에서 동양 제일의 편의를 획득하고 있는데다, "새로운 사학에 상당하는 소양까지 갖추고 있다고 자랑한다. 그러나 그만큼 조건이 정비되어 있으면서도 오늘날까지 동양학에서 위인과 걸물이 출현하지 못하는 것은 왜일까. 그들 사이에서 가장 명성이 높은 자는 시라토리 구라키치라고 하는데, 그가 저술한 신라사를 보건대 배열이나 정리에서 새로운 형식을 볼 수 없으며, 한두

---

122 九鬼隆一,「序文」,『稿本日本帝國美術略史』, 東京帝室博物館藏版, 1899, pp.2~5.『稿本日本帝國美術略史』는 岡倉天心에 이어서 福地復一가 편찬주임이 되었고, 三宅米吉, 伊東忠太, 黑川眞賴 등이 협력하여 저술했다.

가지 발견이 있을 뿐 그럴싸한 것이라곤 무엇 하나 없는 것은 어찌된 일인가? …(2행 결락)… 천성적으로 도량이 좁은 그들은 조선에 관하여 사실을 억지로 말하는 것에만 급급해서 공평성을 결하고 있기 때문일까. 조선인으로서 조선사학이 일본인에 의해 실마리가 풀리기를 기대하는 것은 물론 아니지만, 그들이 조선의 보장寶藏을 남김없이 가져가 버린 마당에 암우暗愚 속에서 보물이 썩어가고 있는 것을 탄석嘆惜하지 않을 수 없다"[123]라고 하여 그 성과에 의문을 제기하면서, 일본인이 자금을 동원하여 수집한 역사 자료를 사장하고 있는 것을 비난해 마지않았다. 이 인용문 중 결락 부분은 검열에 의해 삭제된 것으로 보이며, 아마도 조선통치에 관련된 보다 과격한 비판이 적혀 있었던 것으로 추측된다. 더욱이 최남선은 나카 미치요, 시라토리 구라키치, 이나바 이와키치 등 일본인 연구자가 단군설화는 부정하면서 같은 신화적 구조를 가진 일본의 천손강림설天孫降臨說話에 대해서는 어떠한 의심도 하지 않는 것을 의문시했는데,[124] 확실히 일본의 아시아 연구가 동질적이고 동등한 수준의 실증성에 입각하여 일본 신화를 연구대상으로 삼았을 때 일본 학술의 선진성과 과학성을 공공연하게 말할 수 있었을지 여부는 의심스럽다. 그러나 그랬던 최남선마저도 조선총독부에서 시행한 고적조사와

---

123 申采浩, 矢部敦子 譯, 『朝鮮上古史』, 綠陰書房, 1983, p.39. 단, 신채호는 鳥居龍藏가 언어조사나 고기록, 서양사 등을 감안함으로써 조선・만주・몽고・터키의 언어와 민족을 같은 계통이라고 추정한 것을 두고 결론이야 어쨌든 그 방법에 관해서는 평가를 했으며, 일본인이라는 이유만으로 전부를 부정했던 것은 아니다.

124 단군에 대한 최남선의 논의는 『不咸文化論―朝鮮を通して見たる東方文化の淵源と檀君を契機とする人類文化の一斷面』, 京城, 朝鮮思想通信社, 1927; 『東方古民族の神聖觀念に就て』(康德6年研究報告 甲第三號), 建國大學研究院, 1939 등 참고. 최남선은 이러한 논의를 통해서 아시아에는 중국문화권과 인도문화권 외에도 동북아시아에는 조선을 포함한 독자적인 불함문화권이 있었다고 하는 T자문화권론을 전개했으며, 이 점에서 조선을 我와 非我의 대항이라 하여 한정적으로 포착한 신채호와는 다른 입장을 취하고 있다.

보존사업에 관해서는 유일하게 감사해야 할 학문적 노력이라고 한 다음, "우리가 진실로 수치스러워하고 또 깊이 깨닫지 않으면 안 되는 것은 조선인이 하지 않는 조선의 사업을 일본인이 대신하고 있기 때문에 그 공적이 한층 더 빛나는 것이다. 문화에는 국경이 없고 학술에는 자타가 없다 해도, 일본인의 손으로 처음으로 조선인의 생명의 흔적이 천명된다는 것은 얼마나 큰 민족적 치욕인가"[125]라며, '일인대포'의 국경을 넘은 연구에 대해서 양가적인 감개를 피력했다.

마찬가지로 중국에서도 일본인의 동양학 연구에 대해 찬반이 뒤섞인 복잡한 평가가 이뤄졌다. 예컨대 1902년 「동적월단」에서 구와바라 지쓰조의 『중등동양사』를 "대단히 조리 있고 (…중략…) 번잡한 것과 간결한 것을 적절하게 논단하고 있다"[126]라고 평가하는 등 일본인의 동양사를 추천했던 량치차오가, 1922년 『중국역사연구법』에서는 "일본은 서구화에 따라 동학을 정비했고 계발 받은 바도 적지 않지만 그 사업은 아직 완성에 도달하지 못했고, 시중에 나돌고 있는 동양사나 지나사 관련 책은 빽빽이 서가를 채우고 있지만 대부분 조잡하고 지리멸렬하여 일고의 가치도 없다"[127]라며 통렬하게 매도하고, 시라토리 구라키치·나카 미치요·마쓰모토 후미자부로松本文三郎·나이토 고난·도리이 류조 등의 연구가 구미의 방법을 모방한 것이라는 점에는 눈길을 주면서

---

[125] 崔南善, 「朝鮮歷史通俗講話」(1922), 『六堂崔南善全集』, 玄岩社, 1974, p.45.

[126] 梁啓超, 「東籍月旦」(1902), 『飮冰室文集之四』, p.98.

[127] 梁啓超, 『中國歷史研究法』, 商務印書館, 1922, pp.91~92. 이 부분은 『飮冰室專集之七三』, p.61에서는 삭제되어 있다. 또, 梁啓超는 "일본인 稻葉岩吉가 쓴 淸朝全史는 여전히 읽을 만하다"(『梁任公適之先生審定研究國學書目』, p.16)라고 하여 개별적으로는 평가하고 있다. 한편, 桑原隲藏는 「梁啓超氏の『中國歷史研究法』を讀む」에서 "우리 학계의 진보가 지지부진한 것을 생각하면 스스로 부끄러워하지 않을 수 없지만, 그렇다고 梁氏의 痛罵를 받아들일 정도로 심하지는 않을 것이라고 생각한다. 梁氏는 최근 우리 학계의 상황을 제대로 모르는 듯하다"(『支那學』 第2卷 12號, 1922, p.13)라면서 梁啓超의 비난을 반박하고 있다.

도 그 성과에는 대단히 엄격한 평가를 가했다. 그리고 이들의 연구에 준거한 국사교과서가 중국의 학교에서 사용되고 있는 것은 국민의 커다란 치욕이라고 호소했다. 이러한 량치차오의 평가에 대해, 황샤오커黃孝可는 1930년 "량치차오의 평가로부터 10년이 지난 지금 일본이 서구화를 통해 갈고닦은 동학은 이미 빠른 속도로 진전하여 중국 역사상의 여러 문제 특히 문화와 경제를 중심으로 예리한 토론이 오가고 있다. 그 기세가 대단하여 '타인입실他人入室'의 느낌이 있다. 이는 경오警悟해야 할 바이다. 일본의 이른바 '지나학'에 대해서는 상세하게 고찰해야 할 것이지 조잡하고 지리멸렬하다고 개괄적으로 헛되이 배척해서는 안 된다"[128]라고 하여, 구미의 학술을 섭취한 동학의 성과를 주시할 필요가 있다고 강조했다. 여기서 량치차오나 황샤오커가 '동학'이라고 부르는 것은 일본의 학술 일반이 아니라 동양학·동방학을 가리키는 것인데, 황샤오커가 그 학문적 성과를 평가하면서도 그것이 '타인입실'의 느낌이 있다는 것을 깊이 경계한 것은 일본의 중국 문화 및 경제에 대한 연구와 대륙정책의 관련성을 간파했기 때문일 것이다.

한편, 국학대사國學大師라고 불린 장빙린은 일본의 '지나학'의 성과 그 자체에 대해 엄격한 견해를 갖고 있는데, 그는 뤄전위羅振玉가 하야시 다이스케의 갑골문자 연구를 평가한 것을 예로 들어 뤄전위의 식견이 얼마나 부족한지 통렬하게 비난했다. 이와 함께 시게노 야스쓰구·미시

---

128 黄孝可, 「1929年日本史學界對於中國研究之論文一瞥」(『燕京學報』第8期, 1930.12), p.1627. 이러한 주장에서 볼 수 있듯이 1930년대에 접어들어 중국에서 일본의 중국학 연구 성과에 대해 관심이 쏠렸고, 1935년에는 王古魯의 『最近日本研究中國學術之一斑』, 1940년에는 『一百七十五種日本期刊中東方學論文篇目附引得』 등이 간행되었다. 이러한 중국의 연구 상황에 관해서는 鈴木俊, 「最近支那における東洋史研究の隆盛」(『歴史教育』第11卷12號, 1937.3)에 잡지 논문을 중심으로 소개되어 있다.

마 다케시三島毅 · 호시노 히사시星野恒 · 핫토리 우노키치 · 고지마 겐키치로 · 시라토리 구라키치 등 당시 대표적 중국학자의 학식이 천박하다고 비판하면서, 일본의 국력이 강해진다고 하여 '동비東鄙'에 지나지 않는 일본인 학자를 상찬하고 자국의 학자를 무시하는 것은 잘못이라고 비난했다.[129] 단, 하야시 다이스케가 류톄윈劉鐵雲에 의해 고대문자를 새긴 유물로 확인된, 인쉬殷墟에서 출토된 갑골문자를 해독하는 데 누구보다 먼저 착수한 것은 갑골문 연구에서도 아주 귀중한 일이었을 터이니만큼 장빙린의 비판이 과녁을 비켜간 느낌도 없지 않다. 하지만 장빙린이 아시아에서 고유 문명을 형성해온 것은 중국과 인도뿐이고 일본이라는 나라는 모든 것을 빌려왔을 뿐 발신할 만한 학술도 사상도 없다고 생각했다는 것, 그리고 일본의 박사나 학사는 구미인이 보낸 편지를 수취인인 학생에게 전달하는 우편배달부에 지나지 않으며 창조성 따위는 인정할 수 없다고 인식했다는 것도 고려할 필요가 있을 것이다.

그렇긴 하지만 장빙린은 일본인 학자 자체를 거절했던 게 아니라 오히려 일본인 학자와 공동으로 아시아에 관한 학지를 진흥하고자 했다. 그는 1917년 3월, 상하이에서 "같은 주의 정의情誼를 연합하여 각국의 학설을 결합하고, 아주亞洲의 학문을 연구하여 감정을 잇는다"[130]라는 목표 아래 아주고학회亞洲古學會를 발족시켰는데, 이 모임에는 중국 재주 일본인 히라카와 세이후平川淸風 · 니시모토 쇼조西本省三 · 우에무라 규키치植

---

129 章炳麟,「與農科大學教習羅振玉書」,『學林』第1冊, 1910(『章氏叢書 · 文錄』卷2, pp.28~30 所揭).
1911년 강연에서 이러한 章炳麟의 비판을 소개한 內藤湖南은 그의 비판을 대략 인정한 다음, 청조 학술의 달성을 높이 평가하고, "현재 일본의 한학이라는 것은 지나인 사이에서 행해지고 있는 한학에 비해 짧게는 7, 80년, 길게는 100년 이상 뒤처져 있다고 분명히 말할 수 있다"(「支那學問의 近狀」,『朝日講演集』, 1912.『內藤湖南全集』第6卷, p.65) 면서, 그러한 인식을 전제로 새로운 '지나학'의 구축을 요청했다.
130 이하 亞洲古學會에 관해서는『章炳麟年譜長編』上篇, pp.553~567.

村久吉·가시와다 다다카즈柏田忠一·하타 히로시波多博·오니시 사이大西齊 등이 참가했다. 첫 번째 모임에서 장빙린이 행한 연설에 따르면, 현재 아시아의 풍속과 인정은 모두 같지는 않지만, 일찍이 중국이 인도철학 의 영향을 받았고 일본 민족의 발전이 중국에서 발원했듯이 아시아 각 국은 서로 관련성을 갖고 발전해왔다. 그러나 서세동점 이래 구래舊來의 문명은 경멸의 대상이 되고 피상적인 서구화가 진전되면서 오래된 아 시아 학문의 멸망을 우려하지 않을 수 없는 지경에 이르렀다. 그런데 제 1차세계대전이 발발하여 태서의 도덕은 설 땅을 잃었고, 이런 상황에서 동방의 고상한 교화와 우미優美한 학식 가운데 사라져서는 안 되는 것이 있는 바, '동주공제同舟共濟의 뜻'을 모아 이에 관한 연구를 진행한다는 취지에서 이 학회가 결성되었다. 4월의 두 번째 모임에서 정식으로 결 정된 회규會規에 따르면, "같은 주의 정의를 이어 고대의 철학을 창명昌明 한다"라는 목적 아래, "아주亞洲의 서적을 서로 유통시키고, 아주의 인사 가 서로 경애할 것을 권유하며, 아세아의 대사大事에 관하여 서로 알게 하여, 아주 각국과 아주 인사를 모욕하고 해를 끼치는 자들에게 권고하 고 광정匡正하는" 것을 책무로 삼았다. 아주고학회는 장빙린을 편집주간 으로, 하타 히로시가 일문, 셰잉보謝英伯가 중문, 저우위에란周越然이 영문 을 담당하여 기관지 『대아주大亞洲』를 9월에 창간할 예정이었으나, 장빙 린이 쑨원을 수행해 광저우로 가 호법군정부護法軍政府에 참가하면서 자 연 소멸되었고, 장빙린과 히라카와 세이후 등이 구상한 아시아 각국의 학설을 서로 묶어 아주 학술을 형성하고자 한 시도는 유산되었다.

이처럼 "동아의 학술을 발명함으로써 아수亞粹를 보존하는" 것은 국 가와 민족 간의 대립이 존재하는 상황 속에서는 다양한 장애가 있어서 쉽게 진전될 수 없었다. 그러나 그것은 구미 학술의 침투에 대항하고,

국민국가 형성을 추진하는 가운데 자국 학술의 보존과 재편에 의한 고유성의 확인이야말로 절박한 과제였던 상황 속에서는 때 이른 목표였을지도 모른다. 무엇보다 우선 각각의 민족이나 국가의 학술을 진흥하고 그 특질을 명확히 하는 것이 필수적인 요구였기 때문이다. 게다가 국민국가 형성과 그것을 지탱하는 학술에서 평준화와 유동화라는 하중이 커지면 커질수록 스스로에게 고유한 것, 상실해서는 안 되는 근본적인 것은 무엇인가라는 물음이 더욱 절실해졌다. 동아시아 세계에서 공통적으로 나타난 '국수國粹'의 추구가 바로 그것이었다. 그리고 그 국수란 일본에서 구화주의 정책과 사조에 대항하여 시가 시게타카가 1888년 잡지 『일본인』에 실린 「국수보존지의國粹保存旨義」에서 주장하고 미야케 세쓰레이 등의 정교사政敎社 동인이 창도했던 것이며, 량치차오의 아수라는 용어도 이 국수를 기반으로 만들어졌다.[131] 그러나 아수가 목표로 삼았던 아시아 학술의 형성과 공유는 달성되지 않았던 반면, 일본의 고유성을 표상하기 위해 추구되었던 국수가 일본에 머무르지 않고 중국과 조선에서도 유동화로 드러났다는 점에 유의할 필요가 있다. 단, 국수 즉 내셔널리티의 발견과 확립을 추구하는 것은 민족의 일체성을 응집핵으로 하는 국민국가 그 자체의 성립 속에 편입되어 있는 것이기도 했다. 하지만 국수의 내실이 무엇인지는 자명하지 않다. 시가 시게타카 등이 국수보존주의를 표방하면서도 활동의 중심 과제를 보존이니 뭐니

---

131 國粹라는 개념을 가장 빨리 사용한 사람은 梁啓超이다. 그는 1901년 9월에 발표된 「中國史敍論」에서 기독교 紀年을 강요해도 중국 민족이 국수를 고수하는 성질에 비춰보면 정착하지 못할 것이라고 논했고(『飮冰室文集之六』, p.8), 또 1902년 4월 康有爲에게 보낸 서한에서 메이지 초년의 破壞主義에 대하여 국수 논의가 일어났던 것을 시대의 요청이라 하여 호의적으로 논했다. 아울러 일본 유학생이 간행한 잡지의 경우, 1902년 7월 발간된 『譯書彙編』 第5號에 「日本國粹主義與歐化主義之消長」이라는 제목으로 국수주의와 구화주의의 사상적 대항관계가 소개되었는데, 여기에서는 국수주의보다도 구화주의에 찬성하고 있다.

하는 것보다 국수의 발견에 둔 것은 어찌 보면 당연한 일이기도 했다.[132] 특히 아시아와 구미 학술을 섭취해온 것을 일본 문화의 특질로 꼽지 않을 수 없는 상황에서 일본 고유의 것을 추출하기에는 적지 않은 어려움이 따랐던 것이다.

이에 비해 중국에서는 무슨 일이 있어도 경학經學이 고유의 것으로 존재했고, 그것이 서학과 대항해야 할 학술로 정립되곤 했다. 1904년의 「학무강요學務綱要」[133]에서도 "경학 과정을 간요簡要하게 하여 서학을 방해하지 않는다"라는 소극적인 이유뿐만 아니라, "외국의 학당이 가장 중시하는 것은 국수의 보존이다. 이것은 곧 국수보존이 학문의 본원을 이루기 때문이다. 만약 학당의 사람들이 전부 붓을 들어 글을 지을 수 없게 된다면 장래 관료가 된 이후 주의奏議・공문서・찰기札記 등을 누구에게 쓰라고 할 것인가. 또, 문장에 통달하지 못한 자가 어찌 요직과 중임을 맡을 수 있단 말인가"라고 하여, 실무 수행에서도 경학을 통한 문장력 배양이 최저한의 요청이라고 논했다. 그러나 다른 한편 국민국가 형성 과정에서 서학이나 동학 등 신학을 학습하지 않을 수 없었고, 또 신학이 관리의 자격으로 중시되는 추세 속에서 경학을 강요하는 것에는 한계가 있었다. 그뿐만 아니라 신식 학당에서는 고학古學을 멸시하고 신기神奇한 학설을 좋아하며, 공리功利를 꾀해 도의를 잊는 풍조가 있는 것으로 간주되었고, 그 때문에 신학을 배우는 학생과 격리된 형태로 경

---

132 일본의 國粹論이 어떠한 목적을 갖고, 어떠한 이론으로 구성되었는가에 대해서는 拙稿,「國民國家・日本の發見・ナショナリィの立論樣式をめぐって」(『人文學報』第67號, 1990) 참조. 三宅雪嶺 등의 政教社와 그 동인을 사상사적으로 분석한 것으로는 中野目徹, 『政教使の研究』(思文閣出版, 1993); 佐藤能丸, 『明治ナショナリずむの研究』(芙蓉書房出版, 1998)이 있다. 또, 청말 중국의 국수 사조에 대해서는 鄭師渠, 『晚晴國粹派』(北京師大學出版社, 1993)이 상세하다.

133 이하 「學務綱要」 등 청조 정부가 공포한 법령 등에 대해서는, 多賀秋五郎 編, 『近代中國教育史資料 清末編』(日本學術振興會, 1972)에 의거한다.

학의 학술과 그것이 가르치는 윤리를 유지하고 육성하기 위한 전문학교 설치가 필요하다고 하여, 중체서용설을 취한 호광총독 장즈둥은 1905년 우창성武昌城 내에 존고학당存古學堂을 설립했다. 장즈둥은 학당 설립의 필요성을 강조하면서 이렇게 호소했다. "근래 학당의 신진 선비는 선정先正을 멸시하고 새롭고 기이한 것을 좋아하며, 공리를 꾀해 도의를 잊고 온갖 악속사풍惡俗邪風에 물들어 차마 눈뜨고 볼 수 없을 정도이다. (…중략…) 논설의 문장은 물론 평범한 편지에서도 누가 시키기라도 한 듯이 아취雅致를 버리고 오로지 신어新語를 사용한다. 송명 이래의 전기傳記와 사장詞章을 잘 알아도 어느 것 하나 제대로 이해할 수가 없으니, 이러고서야 어찌 삼대를 논할 수 있겠는가. 이것은 적담籍談(진나라 대부―옮긴이)이 스스로 그 조상을 잊고, 사성司城(벼슬 이름―옮긴이)이 스스로 그 종지宗旨를 업신여기는 것이나 진배없다. 우리가 구구하게 국수를 보존하는 일에 부심하는 것 또한 세교世敎에 도움이 되기 때문이 아닐까."[134] "명륜明倫은 반드시 충효로 귀결하고, 정학正學은 반드시 성경성전聖經聖傳을 본으로 삼는다"라고 확신했던 장즈둥이 볼 때, 충효로 인륜을 밝히고 경학과 사전史傳을 정학으로 존중하는 것이 국수보존의 요체였음에 틀림없다. 이러한 이유로 존고학당에는 경학·사학·사장·박람 네 과목이 설치되었는데, 1907년에는 박람을 폐지하고 경학을 중시

---

134 張之洞, 「創立存古學堂摺」, 『張文襄公全集』 卷68, 奏議68, pp.26~32. 또, 湖北를 비롯해 陝西·曲阜·四川 등의 학부가 수정한 存古學堂章程에 대해서는 朱有瓛, 『中國近代學制史料』 第2輯, 華東師範大學出版社, 1987~1989, pp.503~534. 아울러 張之洞이 국수보존을 주장하기에 이른 것은 그의 명에 따라 일본의 교육 현황을 시찰한 羅振玉가 伊澤修二의 말을 듣고 귀국 후, "교육잡지에 논문을 게재해 그 이치를 남김없이 서술함으로써 국수보존이라는 네 글자는 일시에 뭇 사람들의 입에 오르내리게 되었다. (…중략…) 張之洞이 학당장정을 정하면서 과정 중에 讀經이라는 한 과목을 더했다"(『羅雪堂先生全集』, 5編(1). 大通書局, 1973, p.16)고 서술하는데, 이처럼 시찰자라는 회로도 사상연쇄를 형성하고 있었다.

하게 되었다. 그리고 1908년 산시도감찰어사山西道監察御史 리쉰李浚은 허베이를 본떠 각 성에 존고학당을 설립하자고 건의했고, 학부에서 이 건의를 받아들여 1910년에는 전국 각 성에 설치되기에 이르렀다. 1911년 존고학당은 "초급사범학당·중학당 및 그것과 동등한 학당의 경학·국문·중국역사의 교원을 양성"하기 위한 학교로 전문화되었고, 이러한 변화를 따라 각 성에 학교가 하나씩 설립되었다.

다른 한편 장즈둥 등이 국수를 발양함으로써 경학·국문 등을 통해 청조에 대한 충성을 동원하려고 했던 것과 달리, "국수는 일국의 정신이 깃드는 것이고 (…중략…) 인심을 하나로 한다는 점에서 진실로 입국의 근본이자 원천이 된다. 이런 까닭에 국수가 있으면 그 나라도 있고, 국수가 없으면 그 나라도 없다"[135]라고 하여 국수의 긴요성을 내세우면서도, 이민족인 만주족과 한민족의 민족적 차이, 나아가 구미문명과 중화문명을 명확하게 변별하기 위한 학문적 추구의 근거로 그것을 자리매김한 사람이 바로 장빙린·류스페이·황졔黃節·덩시鄧實·마쉬룬馬叙倫 등이었다. 장빙린은 『민보』 지상에서도 "국수로 종족의 본성을 격동하고 애국의 열정을 증진하는"[136] 것의 중요성을 역설했는데, 국수는 '보종保種·애국·존학存學'을 지향하는 단순한 학문적 주장 이상으로, 중국의 쇠망과 종족의 멸절을 필연으로 생각하고 있는 한민족漢民族 사람들에게 중국의 장점을 일깨워 애국과 애종愛種의 마음을 불러일으키고, 그럼으로써 외족전제外族專制인 청조를 타도하고 구미와 경합한다

---

135 許守微, 「論國粹無阻於歐化」(社說), 『國粹學報』 第7期, 1905.7, p.1.

136 章炳麟, 「演說錄」, 『民報』 第6號, 1906.7, p.4. 단, 黃節는 "일본에서 국수를 말할 경우 政論으로 싸우는 데 비해 우리나라에서 국수를 말할 때에는 과학으로 다툰다"(「國粹學社發起辭」, 『政藝通報』, 1904年, 第1號)라고 서술하는데, 이처럼 국수론의 정치적 자리매김이나 기능에 대해서는 창도자 사이에서도 각자 생각이 달랐다.

는 혁명파의 정치적 과제와 일체를 이룬 것이기도 했다. 이민족 통치와 전제의 복합체인 만청 왕조를 타도하고 자민족에 의해 공화정체로서의 국민국가를 형성하는 기초가 바로 국수이며, 그것을 체계화한 학지가 국학이라고 간주되었던 것이다.

단, 그러한 의도를 품고 있으면서도 1900년부터 이듬해까지 일본을 방문한 황졔가 "일본의 유신이 막부를 뒤엎고 구화주의가 도도하게 전국을 휩쓸고 있을 때, 미야케 세쓰레이, 시가 시게타카 등이 잡지를 발간하여 국수보존을 주창하자 마침내 일본주의가 성립했다"[137] 라고 소개했듯이, 국수라는 개념과 그것에 기초한 운동이 중국에 보급된 것은 일본 국수보존주의의 주장에 공명했기 때문이었다. 물론 그러한 공명이 발생한 배경에는 중국에서도 양무운동과 변법자강운동 등을 통해 구미 문명의 침략에 대한 반발과 우려가 있었다는 것은 말할 것까지도 없다. 그러나 황졔와 덩시 등이 일본의 국수보존주의를 모범으로 하여 1905년 상하이에서 '국학의 연구와 국수의 보존'을 내걸고 국학보존회를 조직하고 『국수학보』를 발행하는 과정에서는 중국에서 민족과 문화와 윤리란 무엇인가, 나아가 그것들의 고유성을 표상하는 학으로서 국학이란 과연 무엇인가라는 물음을 다시 던지게 되었다. 즉 류스페이 등은 유학을 장즈둥처럼 인류를 밝히는 정학正學으로 절대화한 것이 아니라, 강권强權으로 약자에게 일방적 순종을 강제해온 군학군學에 지나지 않는다는 견해를 제기함으로써 유학을 상대화했던 것이다. 이리하여 국학은

---

137 黃節, 「國粹學報叙」, 『國粹學報』 第1期, 1905.1, p.3. 일본의 국수 사조를 소개한 黃節의 글은 1902년 12월 간행된 『政藝通報』에 실린 「國粹保存主義」로 알려져 있다. 그러나 이 글은 '文部大臣 井上馨'가 국수를 국민에게 호소하고, 三宅雪嶺와 志賀重昂가 이에 찬성했다고 이해하는 등 사실을 오인한 부분도 포함하고 있다.

전제정치에 봉사해온 군학에서 독립할 것을 주장하고, 사회규범의 근간이 되어온 군신·부자·부부의 삼강도 어디까지나 역사적으로 만들어진 관념이라 하여 그 절대성을 박탈함과 동시에,[138] 반예교反禮敎의 이학異學으로 간주되어온 이탁오李卓吾의 사상도 민족의 학으로 평가받게 되었다. 그 결과 공자 또한 성인으로서가 아니라 시대의 사회상황에 제약을 받은 역사적 인물로서 제자諸子 중 한 사람으로 자리매김되었고, 유학의 교설敎說도 역사적인 기원을 지닌 인위적인 소산으로서 비판의 도마 위에 놓이게 됨으로써 경학이 아니라 사학이 국학의 근본에 자리하게 되었다.

이리하여 장쉬에청章學誠과 궁지전龔自珍 등의 '육경개사六經皆史' 학설의 영향을 받아 역사학이 중시되기에 이르렀는데, 그것은 또 왕조교체사로 존재했던 중국사를 한민족이 중국에서 전개한 통사로서, 즉 군사君史가 아니라 민사民史로서 역사를 다시 쓰는 것을 표방하는 것이기도 했다. 그리고 확실한 사료 수집을 지향하여 『고학회편古學匯編』, 『국수총서國粹叢書』, 『신주국광집神州國光集』 등 고서의 복각이 적극적으로 추진되었다. 이외에도 국수보존회에는 장서루藏書樓를 설치하여 자료를 공개했다. 장빙린이 "민족이 독립하기 위해서는 우선 국수를 연구하는 것이 불가결하고, 국수를 연구하는 데에는 역사가 주가 된다. 그 외의 학술은 만국 공통의 기예이며 국수만이 특수하고 고유한 것이다"[139]라고 주장했듯

---

138 중국에서의 가족윤리에 대한 비판적 검토는 黃節, 「黃史倫理書―對於家族之倫理」(『國粹學報』第7~8期, 1905年 7~8月); 劉師培, 「理學字義通釋」(『國粹學報』第10期, 1905.10) 등에서 볼 수 있다. 이러한 삼강 등 유교윤리에 대한 비판은 그 후 공자 비판의 선구가 된다. 청말 孔子觀의 양상에 관해서는 島田虔次 「辛亥革命期の孔子問題」(小野川秀美·島田虔次 編, 『辛亥革命の研究』, 築摩書房, 1978 所收) 참조.

139 章炳麟, 「印度人之論國粹」(時評), 『民報』第20號, 1908.4, p.9. 國粹論을 전개할 즈음, 국학의 중추에 역사학이 자리하고 있다는 것은 "史가 없으면 學이 없고, 學이 없으면 國이 없다"(鄧實, 「國學徵論」,

이, 역사적으로 형성된 국수야말로 민족에게 특수한 고유성을 표상하는 것이고, 역사학을 잃어버릴 때 한민족 또한 멸망하리라고 보았던 것이다. 그리고 "왜 국수를 제창하는가. 그것은 사람들에게 공교孔敎를 존신尊信하게 하기 위해서가 아니라 한민족의 역사를 아끼게 하기 위해서이다. (…중략…) 만약 장점을 안다면 설령 전혀 마음이 없는 사람이라도 애국과 애종愛種의 마음이 반드시 바람처럼 일어나고 샘처럼 솟구쳐 억누를 수 없게 될 것이다"[140]라고 하여, 국수가 현현한 것으로서의 역사를 아끼는 것이야말로 애국과 애종의 마음을 불러일으키는 필수적인 요체가 된다고 생각했던 것이다.

민족의 특성을 발견하는 방도로서 역사학을 중시한 결과 국혼에 착목하게 되었고, 이는 "국혼은 입국의 근본이다. (…중략…) 국혼은 국학에 근원을 두고 있을진대 국학이 사라지면 국혼이 어떻게 존속할 수 있을 것인가"[141]라는 주장으로 연결된다. 국학이 국혼의 현현이라는 주장은 중학中學이나 고학古學과 거리를 두면서 동시에 서학과 동학을 포함한 신학에 반대하는 과학으로서 자기를 확립하기 위한 것이었다. 황종희黃宗羲가 제창한 민권론, 고염무顧炎武의 지방자치설, 왕부지王夫之의 민족주의, 안원顔元의 공예학 중시와 같은 역사를 발굴함으로써 민권과 민덕民德 등의 존재를 중국사 안에서 찾아내고, 구미의 정치이론이나 학리

『國粹學報』, 1905年 第2期. 社說 p.6)라고 하여 처음부터 분명히 밝히고 있었다. 단, 여기에서 말하는 史란 역사학의 대상인 群籍 즉 書籍의 총칭이기도 했다.

140 章炳麟, 「演說錄」, 『民報』 第6號, 1906.7, p.9. '國學大師'로 불린 章炳麟은 국수 제창의 목적에 관하여, 역사란 첫째 언어문자, 둘째 典章制度, 셋째 人物史蹟의 구명이라고 했으며, 1906년 9월에 설립된 국학강습회에서도 이 세 분야의 강의가 기본이었다(「國學講習會序」, 『民報』 第7號, 1906.9 所揭).

141 許之衡, 「讀國粹學報感言」(社說), 『國粹學報』 第6期, 1905.6, pp.3~4. 許之衡은 각 나라에는 고유한 國魂이 있다면서 영국인은 '活潑進取', 미국인은 '먼로주의', 일본인은 '武士道', 중국인의 국혼은 '黃帝'라고 규정했다. 하지만 그 기준은 구구해서 통일된 것은 아니었다.

와 대비하는 시각을 강구했던 것이다.

이처럼 국혼을 구체화하는 것이 역사나 언어 등 국학이라는 주장은 이미 보았듯이 조선에서도 신채호와 박은식 등에 의해 국혼론과 민족 사학론으로 표명되었고, 국혼론의 연쇄적인 수용이 한 걸음 더 나아가 국수론을 수용하는 기반이 되었다. 하나의 논의를 이어받다 보면 그것 자체가 다음의 새로운 논의를 수용하는 기반을 양성釀成한다는 사상연 쇄의 중층적이고 내적인 전개의 사례를 여기에서도 찾아볼 수 있다. 이리하여 국수론 또한 일본과 중국의 유동화로서 조선에서 중요한 의 의를 갖게 된다. 그러나 동일한 지향을 지닌 논의도 역사적인 문맥에 서 다른 모습과 내용을 보이지 않을 수 없는데, 조선에서 국수론은 학 문론이라기보다 밀려오는 타국의 문명이나 사상에 어떻게 대응해야 단군과 기자 이래 4천 년의 역사 속에서 민족 존립의 근거를 명확히 할 수 있을 것인가라는 절실한 시론時論 또는 정론의 성격을 띠었다. "국수 란 자국에 전해오는 종교·풍속·언어·역사·습관에서 일체의 수미粹 美한 유범遺範을 가리키는 것이다. 국성國性은 국수로 보호되고, 국혼은 국수를 통해 선다. 말하자면 스스로가 자신을 존중하고 자신을 사랑하 는 마음이 국수에서 생겨나는 것이다. (…중략…) 만약 국수를 파괴하 고 프랑스의 문명을 수입한다면 이것은 자국인을 쫓아내고 프랑스의 노예가 되는 것이며, 국수를 파괴하고 독일의 문명을 수입한다면 그것 은 자국인을 쫓아내고 독일의 노예가 되는 것이다. 그런 까닭에 외국 문명을 수입하고자 하는 자는 우선 국수 두 글자를 세 번 반복해야 한 다"[142]라고 했는데, 이처럼 국수는 평준화와 유동화에 대한 저항으로

---

142 『大韓每日申報』, 1910.1.13.

의식되지 않을 수 없었다.

더구나 평준화와 유동화를 선택하는 데 있어서, 일본에 의한 식민지화 과정에서는 통치수단으로서 문명적이고 근대적이라고 간주되는 방법을 구사했고 그것이 일본화로서 강제되었기 때문에, 이에 저항해 고유한 정치사회를 다시 부흥하기 위해서는 민족의 고유성인 국수를 추출할 수밖에 없다는 선택을 강요받게 되었다. 그리고 민족적 자립을 위한 합법적 수단이 압살되는 과정에서는 "의병은 우리 민족의 국수"[143]이며 의병투쟁이야말로 고구려·백제·신라의 삼국시대부터 단절되지 않은 민족정신의 정화라는 주장이 나왔고, 또 일본의 통치하에서 국가가 멸망한다 하더라도 민족혼과 민족사학을 보존할 수만 있다면 삼천리 강토와 민족은 사라지지 않고 국가를 부흥할 수 있을 것이라고 신채호와 박은식은 강조했다. 이러한 주장은 만주족 통치하에서 한족 국가는 멸망했지만 국혼과 국학만 보존되어 있으면 민족은 사라지지 않고 반드시 한족 국가로 재흥할 것이라고 역설한 쉬서우웨이許守微 등 청말 국수파의 주장[144]과 궤를 같이 하는 것이며, 그것이 국사·국어·지사地史 등 내셔널 스터디를 흥기시킨 계기가 되었던 것이다.

조선에서 유길준이 국문법서 『대한문전』, 주시경이 『국어문전음학』을 발행하고, 또 정약용의 『강역고彊域考』를 바탕으로 장지연이 "지리학이 흥하지 않으면 애국심이 생기지 않는다"라면서 편찬한 『대한신

---

143 朴殷植, 『韓國獨立運動之血史』, 『朴殷植全集』 上卷, p.18. 姜德相 譯, 『朝鮮獨立運動の血史』 1에는 이 부분이 "의병은 우리 민족의 정화이다"(p.44)라고 번역되어 있다.

144 許守微, 앞의 글에서는 "나라에 學이 없으면 한번 망하면 영원히 망한다. 생각건대 나라에 學이 있으면 나라가 망해도 學이 망하지 않고, 學이 망하지 않으면 나라 또한 다시 세울 수 있다"(『國粹學報』 第7期, p.3)고 논하고 있는데, 국수 내지 국혼의 존속으로 한민족 국가를 부흥할 기반으로 삼자는 주장은 章炳麟 뿐만 아니라 黃節, 劉師培 등 國學保存會 회원 대다수가 동맹회나 광복회 등의 회원으로서 종족 혁명을 지향하고 있었던 것과 무관하지 않다.

지지^{大韓新地誌}』나 현채의 『대한지지』가 지리교과서로, 최경환^{崔景煥}이 편집 출판한 이덕무^{李德懋}의 『사소절^{士小節}』이 윤리교과서로 사용된 것도 이러한 국수 연구에 의한 민족적 자아의 발견이라는 요구의 일환이었다. 또, 민족 고유 언어의 정리와 발전을 도모한 주시경 등의 국문운동의 영향을 받아 1907년에는 국문연구소가 학부 안에 설립되었고, 1921년에는 조선어연구회가 결성되어 조선 민족의 문화적 활성화의 기초가 될 『대사전^{大辭典}』편찬 사업이 진행되었다. 더욱이 중국에서 『명이대방록^{明夷待訪錄}』의 저자인 황종희가 루소의 선구자로 파악되었던 것과 마찬가지로, 조선에서도 이건방^{李建芳}과 안재홍^{安在鴻} 등이 정약용을 두고 루소나 몽테스키외에 필적하는 민권론자라는 평가를 내렸는데, 이 역시 조선의 사상과 문화를 널리 세계 속에서 다시 자리매김하고, 편협한 민족주의에 대한 비판을 제시하기 위해서였다. 나아가 1910년에는 최남선 등이 "지금 고문^{古文}이 나날이 흩어지고 족수^{族粹}가 나날이 쇠퇴하여, 오천 년의 왕성선철^{往聖先哲}의 혁혁한 공렬^{功烈}은 그 빛을 잃고 휘황한 술작^{述作}은 그 울림을 잃고, 억만대 후손 후예의 구원^{久遠}한 영능^{靈能}은 그 원천이 고갈하여 심절^{深切}한 깨달음은 그 기틀이 무너질 지경에 이르렀으며, 다른 한편으로는 천하 만세에 조선 땅의 진면목과 조선인의 진재지^{眞才智}가 영원히 숨겨지고 매몰되려 하고 있다"[145]라면서, 병합에 의해 사라지고 있는 '족수'를 지금 당장 발굴하고 전하기 위해 조선 고문헌을 보존·전파하는 조선광문회가 조직되었다. 조선광문회는 중국의 국수운동과 마찬가지로 고서의 중간^{重刊}을 기획했는데, 그 서목은 『동국통감』이나 『삼국사기』 등 역사서를 비롯하여 『지봉유설』, 『이충무전서』

---

145 「朝鮮光文會趣旨文」, 森田芳夫, 『韓國における國語・國史敎育』(資料編), 原書房, 1987, p.366 수록.

등 휘류彙類와 전집류, 나아가 요속謠俗과 민업民業, 교훈·금석 등 다방면에 걸쳐 있었다. 국수의 학에 대한 탐구는 자기 찬미나 자기 도취를 거절하고, 무엇보다도 민족과 사회의 실태를 객관적으로 응시하는 노력을 촉구하는 것이었다. 그리고 그것이야말로 망국의 상태에서도 끊어져서는 안 되는 '국맥 배양'(장지연)의 길이라 여겼던 것이다.

이러한 국수의 탐구는 서구화로서의 평준화라는 압력에 저항하여 자신에게 고유한 것 또는 근원적인 것이 무엇인지를 묻게 하는, 고유화의 지향을 가진 것이었다. 그러나 그런 국수가 일본에서 중국과 조선을 향한 유동화로서 드러난다는 특징이 있다는 것은 부정할 수 없다. 그렇기 때문에 1900년부터 다음해에 걸쳐 일본을 방문해 미야케 세쓰레이 등의 국수보존주의운동을 모범으로 삼아 국수의 발양을 배웠을 가능성이 높은 황제 자신이, 청일전쟁 후, 동문同文인 데다 지리적으로도 가까워 사정을 잘 알고 있기 때문에 조속히 일본으로부터 배워 효과를 거둠으로써, "일본은 마침내 태서의 자리를 빼앗으려고 하고 있다. (⋯중략⋯) 아아, 우리 국학을 망하게 하는 것은 태서가 아니라 일본이 아닐까. 그것은 일본과 우리가 동문이어서 섞이기 쉬운 까닭이다"[146]라고 하여, 평준화보다도 유동화에 대해 격한 위기감을 품었던 것이다. 황제는, 생물에 비유하면 완전히 종이 다른 것은 서로 섞여 경쟁을 벌인다 하더라도 무해한 데 비해, 동종이면서 류類가 다른 것은 경쟁하는 과정에서 종종 동화해버리고, 태서와 한족이 이종인 데 비해 한족과 일본은 동종이류로 이는 한족과 누대에 걸친 외족전제外族專制 왕조의 관계와 같아서 국수를 보존하는 과정에서는 일본의 위협 쪽이 두드러진다고 보았던 것이다. 장

---

146 黃節, 「國粹學報叙」, 『國粹學報』 第1期, 1905.1, p.2.

즈둥이 존고학당을 설립하자고 요구한 주의奏議에서 강조했던 것도, 다음 절에서 거론하겠지만, 일본의 신명사新名詞와 그것에 기초한 동학에 의한 중학의 혼란을 바로잡기 위해서였다. 유동화가 진전됨에 따라 고유화에도 한층 속도를 내게 되었던 것이다. 어쩌면 그것은 국수보존의 사상을 일본에서 수용하면서 황제 자신이 개탄했던 것처럼, "국수는 일본의 명사이고 우리나라에서 그 명사를 사용하는 것은 이미 국수가 아니다"[147]라는, 당초부터 명확했던 딜레마를 의식하지 않을 수 없는 상황에 이르렀다는 것을 의미하기도 했다. 조선의 국수가 족수族粹로서 일본의 국수에 대한 저항과 거절의 표명이었다는 것도 굳이 말할 필요가 없을 것이다. 그러나 일본의 국수 또한 내셔널리티의 번역이었다는 점을 고려한다면, 이러한 민족적 고유성이나 독자성의 탐구는 국민국가 그 자체의 성립 속에 뿌리 깊게 편입되어 있었다는 것은 유럽의 내셔널 스터디 형성사를 일별하는 것만으로도 명확할 것이다. 즉, 독일의 헤르더가 각 시대와 민족에 고유한 가치가 있음을 역설하여 역사주의적 역사학과 문헌학의 선구가 된 『인간성 형성을 위한 역사철학 이설異說』(1774)을 저술하고, 법을 민족의 역사나 언어와 일체인 것으로 생각한 그림형제가 게르만의 신화와 민속전승을 집성하고 여기에서 법학·역사학·민속학 등을 통합한 게르만학Germanistik을 지향한 것, 프랑스의 텐느Hippolyte Taine 가 민족·환경·시대라는 세 요소에 기초한 역사관에 따라 『영국문학사』(1869)와 『현대프랑스의 기원』(1875~1888)을 서술한 것, 그리고 동

---

147 黃節, 「國粹學社發起辭」, 『政藝通報』, 1904年 第1號 所揭. 덧붙이자면 1912년에 창립된 國學商兒會에서는 국수를 대신해 國華라는 용어가 국민정신과 국학을 가리키는 것으로 채용했는데, 그 주석에는 "國華는 마치 지금의 국수라고 말하는 것과 같다. 국수라는 것은 一國의 물질·정신이 갖는 특징을 말하고, 국민의 특성 및 토지의 情形, 역사 등에 의해서 양성되는 것이다"(『國學叢選』 第1號, 序文)라 하여 국수의 개념에 근거해서 설명하고 있다.

아시아에서 국수의 발견과 보존을 위해 언어·법제·인물사적의 역사적 탐구가 민족의 과제로 받아들여진 것은 모두 국민국가 형성에 수반하는 평준화 현상이라고 볼 수 있는 것도 불가능하지 않다.

결국 국수의 주장은 유동화와 평준화에 대한 문화적 대항으로서의 고유화, 문화파괴로서의 문명화에 대한 비판과 저항으로서 고유문화의 탐구라는 측면과 더불어 국민국가 형성에서 평준화 그 자체로서의 측면을 지닌 것이었다. 국수에 대한 주시는 국민국가 형성에서 한 번은 반드시 통과해야 하는 통과제의initiation였는지도 모른다. 그러나 바로 그렇기 때문에 국수를 탐구하는 것은 구미나 일본으로부터 제도를 받아들이는 것이나 문화를 수용하는 것을 전면적으로 배제하는 것이 아니었다. 이 점은 미야케 세쓰레이나 시가 시게타카 등이 당시의 최첨단 구미 학술을 섭취하는 데 진력했다는 것이나, 장빙린 등도 일본의 기시모토 노부타岸本能武太의 『사회학』을 1903년에 번역하는 한편 허버트 스펜서의 『사회학원리』를 『스펜서문집』으로 역술하는 작업에 관계하고, 젠크스의 저서를 옌푸가 번역한 『사회학통전社會通詮』을 비판한 것 등을 보아도 분명히 알 수 있을 것이다. 무엇보다도 국학보존사 그 자체가 국학을 보존한다는 목적을 달성하기 위해서는 동서의 학술을 객관적으로 분석하고, "서학을 빌어 중학을 증명할"[148] 것을 명확히 내걸었으며, 특히 사회진화론에 근거해 중국 민족이나 언어의 진화 단계를 궁구하는 작업도 적극적으로 수행했다. 물론 서학은 형질形質의 학문임에 비해 동아시아의 학문은 정신의 학문이라는 뿌리 깊은 견해가 국수·아수亞粹의 학문을 추구하는 버팀목이 되었고, 서학에 의해 전면적으로 국수·아수

---

148 「國粹學報發刊辭」, 『國粹學報』 第1期, p.1.

의 학문을 논증하는 것에 회의를 가졌던 것도 부정할 수 없다. 그러나 국수나 아수의 학문을 표방하더라도 그 방법론이나 틀에 있어서 구미의 학술을 참조하지 않고서는 자타의 차이점을 표출할 수 없었다는 것 또한 부정할 수 없는 사실이었다.

다만 동아시아에서 국수라는 언설의 유동화에는 학문적 논의나 정론에 머무르지 않고, 서양문명의 수용에 따른 생활양식의 대응 등 여러 가지 측면이 있었던 것도 무시할 수 없다. 도쿄 유학 당시 장빙린의 국학진기사國學振起社에서 강의를 들은 루쉰은 청말부터 요란스럽게 떠들었던 국수보존에 대하여 "청말에 그것을 입에 담은 사람은 대략 두 타입이 있는데 애국지사와 해외시찰에서 돌아온 대관이다. 외치는 것은 같지만 감춰진 의미는 달랐다. 지사가 말하는 국수보존이란 이민족 지배를 뒤엎고 한문명을 회복하는 것, 대관이 말하는 국수보존이란 해외에 유학한 자가 변발을 자르는 것을 금지하는 것이었다"[149]라고 회고했는데, 한민족에 의한 이족혁명과 변발에 의해 만주족에 대한 충성을 표시한다는 정반대의 지향성을 똑같이 국수보존이라는 이름으로 주장했던 데에 국수라는 언설의 특징이 있었던 것이다. 그리고 중화민국이 수립되면서 이 두 문제는 모두 완전히 소멸되었어야 했다. 그렇지만 중화민국에서도 여전히 국수보존이 제창되었다는 점에 대해서 루쉰은 다음과 같이 의심을 감추지 않는다.

'국수'란 무엇인가. 자의(字義)대로 해석하자면 한 나라에만 있고 다른 나라에는 없는 사물이라고 할 수밖에 없다. 바꿔 말하면 특별한 것이라는

---

149 魯迅, 『隨感錄』 35, 竹內好 譯, 『魯迅文集』 第3卷, 築摩書房, 1983, pp.20~21.

말이다. 그러나 특별하다고 해서 반드시 좋은 것은 아닐 텐데 왜 보존되지 않으면 안 되는 것일까. (…중략…) 생각건대 이 '수(粹)'는 빼버리고 타인과 같게 하는 쪽이 좋을 듯하다.

루쉰의 주장은 국수라는 고유화가 배외적 정치언설로서 국민을 자폐화하는 것에 대한 경계에서 나온 것이었다. 그러나 국수에 대한 지향을 일괄적으로 부정할 수는 없다는 것이 장빙린의 생각이었고, "민족에게 자각이 없으면 타민족에게 짓밟혀 자존할 수 없다. 그렇기 때문에 국수를 배격하는 자는 진실로 사람들로 하여금 이민족의 노예가 되게 하는 자이다. (…중략…) 태서와 일본은 민족이 이미 독립해 있으므로 국수에서 사업을 구하는 것을 삼가야 한다. 국수에서 뜻을 구하는 것은 타민족을 침략하거나 타민족을 예속시켜 가축으로 삼는 것이다"[150]라고 하여, 역사적 단계나 사회상황에 어울리는 국수 언설의 양상을 설파했다. 국수라는 언설은 그것이 자기 존재의 상황적 인식의 반영인 까닭에 입장에 따라 크게 내실이 달라지는 논쟁적인 개념이 되지 않을 수 없었던 것이다. 단, 아무리 입장에 따라 다르다 하더라도 일국 문화나 국민성의 고유성에는 루쉰이 지적했듯 반드시 보존해야 할 국수만 있는 것은 아니다. 국수보존을 제창한 미야케 세쓰레이도 그것을 잘 알고 있었기 때문에 『진선미일본인』과 함께 『위악추일본인僞惡醜日本人』을 저술하여 그 양면성을 주시하지 않을 수 없었던 것이다.

중화민국 시대에 후스胡適가 주창한 국고정리운동國庫整理運動도 또한 그러한 관점에서 찌꺼기를 포함한 중국의 모든 과거의 역사문화를 과

---

[150] 章炳麟, 「印度人之論國粹」, 『民報』 第20號, 1908.4, 時評 pp.9~10.

학적인 연구대상으로 삼는 것을 목표로 삼았다. 그리고 모든 과거의 역사문화를 대상으로 삼는 것인 이상, 국수의 장점과 단점을 함께 아는 것이 국수를 이해하는 길이자 총체적으로 국고國故가 명확해지는 길이라고 보았던 것이다.[151] 이 운동 과정에서 후스의 『중국철학대강』과 펑유란馮友蘭의 『중국철학사』가 저술되었고, 장빙린의 국학강습회에 참석했던 구제강顧頡剛도 베이징대학에서 가요 수집이 학문으로 성립되는 과정을 지켜보았으며, 스스로도 방언·속담·창본 등을 수집하고 민간전승을 모아 와세다대학에서 배운 첸쉬안퉁錢玄同 등과 의고파疑古派의 방법론을 확립했다.[152] 이러한 시야의 확대는 도교와 불교와 민간전승, 그리고 인쉬殷墟와 둔황에서 발견된 자료 등에 이르는 폭넓은 사료 수집뿐만 아니라 문화와 사상에 관한 지식체계나 평가 자체를 변화시켰다.

그러나 국고정리 내지 국고학(약칭 국학)이라는 개념과 시각은 중국학이나 민족학 등의 분야에 소개된 적은 있어도,[153] 일본으로 환류하여 커

---

151 胡適의 國故에 대한 견해는 1923년에 발표된 「國學季刊發刊宣言」(『胡適文存』 第2集 卷1 所收)에 명확하게 드러나 있으며, 유교중심주의를 배척하고 구미 및 일본의 과학적 방법과 중국학의 성과를 받아들여 체계적 연구를 수행할 것도 아울러 표명하고 있다. 또, 1923년 창간된 『國學季刊』은 北京大學國學研究所의 기관지로 胡適이 주임, 周作人·錢玄同 등이 편집위원이었다. 국학연구소에는 書目類編纂輯室·歌謠研究會·整理檔案會·考古學會·風俗調查會·方言調查會 등이 있었는데, 이를 통해 연구 범위를 엿볼 수 있다. 기타 國故나 國學에 관한 잡지로 『國故』(1919년 창간. 이하 창간 연도를 기록함); 『學衡』(1919); 『國學集林』(中國國學研究會, 1923); 『國學論叢』(精華學校研究院, 1927); 『國學叢刊』(東南大學國學研究會, 1927); 『國學月刊』(北京大學國學門, 1923); 『國學論衡』(1933) 등이 창간되어 국학·국고연구가 진행되었다. 단행본으로는 章炳麟, 『國故論衡』(1910); 馬叙倫, 『國學整理計劃案』(北京大學研究所, 1921); 曹聚仁 編, 『章太炎演講國學概論』(1921); 李時撰, 『國學叢譚』(1928); 洪北平撰, 『國學研究法』(1930); 錢穆撰, 『國學概論』(1931) 등이 출판되었다.

152 『國粹學報』와 章炳麟의 國學會에서의 강의, 胡適의 중국철학사, 劉半農의 北京大學 『北大日刊』에서의 가요 수집과 발표 등 중국학의 새로운 태동이 당시 학생이나 사회에 가한 충격 등에 대해서는 顧頡剛, 平岡武夫 譯, 앞의 책이 상세하다.

153 중국 국학의 동향에 관해서는 石田幹之助·中山久四郎·今關天彭 등에 의한 소개가 있고, 민족학의 관점에서는 何旻, 「支那の新國學運動」(『民族』 第1卷 5號, 1940.7)에서 顧頡剛 등의 國故學을 新國學이라고 규정하고, 岡正雄나 柳田國男 등의 민족학 연구와 유사한 민족학적 운동으로 파악하는 견해를 제기하고 있다. 이처럼 '신국학'이라고 파악하는 방법은 민간전승이나 방언·풍속 습관 등

다란 사상운동으로 이어지지는 않았다. 그리고 국수 개념을 낳은 일본의 경우, 미야케 세쓰레이와 시가 시게타카 등의 국수보존주의운동은 목적으로 삼았던 국수의 발견과 확정에서 소기의 성과를 달성하지 못한 채 끝났고, 그것을 비판하면서 다카야마 조규高山樗牛가 제창한 일본주의도 기독교와 불교를 비난하는 것에 지나지 않았다. 그리고 정치운동으로서도, 예컨대 1919년 다이쇼데모크라시에 대항하기 위해 결성된 대일본국수회가 황실중심주의를 표방하고 '임협任俠을 본령'으로 하여 노농운동이나 사회주의운동에 대한 공격을 반복했듯이, 국수는 극단적인 배외주의와 폭력주의의 대명사가 되어갔고, 1935년 8월의 국체명징國體明徵에 관한 성명에서 드러나듯이, "대일본제국의 대권은 엄연히 천황에게 있음이 분명하다. (…중략…) 이는 전적으로 세계 어느 나라와도 비교할 수 없는 국체의 본의"라고 하여 만세일계의 국체가 만방무비萬邦無比의 국수가 되었던 것이다. 그것은 군주나 왕조의 정수를 구하는 것이 아니라 민족이나 국민의 정수를 명확히 하는 것이 국수보존의 과제였던 중국이나 조선의 국수론과는 정반대의 방향으로 귀결되었다.

하세가와 뇨제칸長谷川如是閑이 일본의 국가주의가 스스로를 유일하고 절대무상絶代無上인 것으로 간주한 것에 대해 "자국의 특이성은 자국이 오랜 역사를 거쳐 오면서 주위 세력에게 자기의 선천성에 기초한 선택을 가해 만들어낸 성능이지, 세계를 떠난 물질적인 고립, 정신적 고립에 의해 보존할 수 있는 고유성이 아니다. 국가 공존의 세계에서 그 어떤

에 의해 역사의 재구성을 도모한다는 기획에 있어서 야나기다의 그것과 대비해 일본과 중국 간의 차이를 고찰할 수 있는 하나의 열쇠가 된다. 또, 중국민속학의 선구자로서 周作人이 민화 수집과 방언조사 등의 방법론에서 야나기다 등의 일본민속학에서 강한 영향을 받은 것과 관련하여 直江廣治, 『中國の民俗學』, 岩崎美術社, 1967에 周作人의 談話 등이 소개되어 있다.

나라도 그러한 고유성을 지니고서는 존재할 수 있는 도리가 없다"[154]라고 비판했듯이, 타국이나 타민족에게는 없다고 큰소리치는 고유문화 역시 끊임없는 이문화교류와 그에 따른 마찰의 결과로 형성된 것이지 결코 고립된 진공의 공간 속에서 태어난 것은 아니다. 그런 까닭에 자기 특유의 고유성이라 일컬어지는 것이라 해도 공통의 측면이 발견된다. 국수라는 특수한 고유성을 둘러싼 논의마저 국민국가 형성과 그 과정에서 평준화와 유동화에 대한 고유화를 둘러싼 갈등으로 드러날 수밖에 없었던 것, 게다가 이 논의 자체가 사상연쇄에 의한 유동화로 드러난 것도 그러한 간단없는 교류를 통해 문화가 형성되는 역사 과정의 예증에 지나지 않는다.

그리고 이러한 아시아와 스스로의 정치사회를 대상으로 하는 학지의 형성은 국민국가 형성과 지역세계의 질서와 나란히 진전된 것이고, 필연적으로 거기에는 정치사회의 변혁·자기확립과 학의 재편성이 불가분의 과제로 배태되기 마련이다. 그런 까닭에 구미나 일본의 학술의 어느 측면을 어떻게 섭취하여 자기의 독자적인 학으로 형성해 갈 것인지는 자신의 정치적 입장을 결정하는 것과 겹치며, 동아시아에서 근대는 정말이지 학문의 정치화가 더욱 분명해지는 양상을 띠곤 했던 것이다. 이러한 학문의 문제점에 관하여 량치차오는 1921년 자성自省의 뜻을 담아 "학문을 목적으로 삼지 않고 수단으로 삼는 것이다. (…중략…) 모름지기 학문이 학문답기 위해서는 사실 '치용致用'의 의미를 떠나 독립적으로 존재하지 않으면 안 된다"[155]라고 지적했다. 확실히 학문에는 학문의 자율적인 영역이 있고, '학을 위한 학'을 추구해야만 학문의 패러다

---

154 長谷川如是閑, 「『大阪朝日』から『我等』へ」, 『我等』 第1卷 第1號, 1919.2, p.7.
155 梁啓超, 小野和子 譯, 『淸代學術槪論』(東洋文庫245), 平凡社, 1974, p.309.

임이 전환될 수 있으며, 학문 그 자체의 진정한 전환은 정치와 같은 외발적인 여건에 의해 생기는 것이 아닐지도 모른다. 하지만 어떠한 학술적 논의도 정치적·사회적 상황에 따라 어쩔 수 없이 기능이 변화하는 것도 피하기 어렵다. 그 때문에 동아시아 각지에서는 정치적 격동과 서로 맞물려 학지가 변용되어왔다는 것은 부정할 수 없다. 중국의 국수보존론도 '서학을 빌려 중학을 증명한다'라는 입장을 표명했지만 서학을 신성시하는 것에는 반대했고, 공가점孔家店 타도를 외친 신문화운동이나 마르크스주의의 침투 특히 '전반서화全盤西化(전면적 서구화)론'에 대항해야 할 때에는 '망학망국亡學亡國'의 논리에 따라 유학을 옹호하는 입장으로 회귀하기도 했다. 특히 '노예적·보수적·퇴은적退隱的·쇄국적·허문적虛文的·상상적'인 자국 문화를 파괴하고 '자주적·진보적·진취적·세계적·실리적·과학적'인 서양문화를 섭취하자고 말하는 전반서화론에 대하여 국수를 주장하는 것은 점점 더 보수적인 입장을 강화하는 방향으로 나아가지 않을 수 없었고, 전반서화론과 국수론이 대항하는 가운데에서 아수亞粹를 추구하는 학지가 태어날 리도 없었다.

한편 이에 비해 조선에서는 아오야기 쓰나타로青柳鋼太郎의 『조선종교사』(1911), 이마무라 도모今村鞆의 『조선풍속집』(1914)을 비롯하여 조선총독부 촉탁이었던 무라야마 지준村山智順의 『조선의 귀신』(1929), 『조선의 풍수』(1931), 『조선의 점복과 예언』(1933) 등 일본인에 의한 민속연구가 진척되었을 뿐만 아니라,[156] 조선인에 의한 민속연구도 이능화의

---

[156] 村山智順의 조선민속연구에 관해서는, 舊藏寫眞과 野村伸一에 의한 날카로운 분석「村山智順論」이 『自然と文化』(第66號, 2001)에 수록되어 있다. 村山의 조사에 이어서 赤松智城·秋葉隆, 『朝鮮巫俗の研究』(1937~1938) 등 경성제국대학을 거점으로 한 조선민속연구가 진행되었다. 또, 조선민속학과 조선의 내셔널스터디의 형성과정에 관해서는 梁永厚,「柳田國男と朝鮮民俗學」(『三千里』第21號, 1980.2); 川村湊,「朝鮮民俗學論」(『思想』第839號, 1994.5); 鶴園裕「近代朝鮮における國學の形

『조선여속고朝鮮女俗考』와 『조선무속고』(1927) 등 선구적인 노작이 발표되었다. 그리고 1930년에는 일본인을 포함한 조선연구자에 의해서 청구학회가 설립되었고, 이충무공 유적보존운동이나 정약용 서거 100주년 등을 계기로 국고 연구로서 조선인에 의한 조선학 형성의 지향이 강해져, 1934년에는 송석하·손진태 등에 의해 급속하게 사라지고 있던 민속자료 수집을 목적으로 한 조선민속학회가, 1934년에는 자분자진自奮自進하여 조선문화를 개척 향상시키는 것을 목적으로 이병도 등에 의해 진단학회가 결성되어 실증주의적 인문과학 연구가 중시되기에 이르렀다. 덧붙이자면 진단학회는 1946년 5월 『국사교본』을 편찬했는데, 이것이 군정청 문교부에서 간행되어 전후 국사교육의 방향을 결정지었다. 이러한 사조 속에서 정인보는 정약용 등의 실학 연구를 통해서 '의독구실實依獨求實'을 조선의 고유성을 보여주는 특징으로 적출했던 것이다. 정인보의 『조선사연구』를 비롯하여 백남운의 『조선사회경제사』, 김태준의 『조선소설사』, 조윤제의 『조선시가사상』, 양주동의 『조선고가연구』, 송석하의 『한국민속고』, 손진태의 『조선민족문화의 연구』 등은 그러한 조선실학의 정신을 계승하면서 학적 자립을 희구한 연구의 성과였다.

이리하여 사상연쇄에 의해 새로운 국민국가 형성을 구했던 정치사상이나 정치 운동의 향응響應이 일단 동아시아 세계에 성립했다. 그러나 아시아 전체를 시야에 넣고 그 지역세계가 세계에 대해서 갖는 시간적·공간적 의미로서의 아수亞粹를 명확히 하는 과제 자체가 반드시 아시아에서 공유되었던 것은 아니다. 오히려 중국이나 조선의 지식인에게는, 구수歐粹나 아수亞粹라는 명목 아래 실질적으로 진행되는 개별

成」(『朝鮮史研究會論文集』第35號, 1997) 등을, 그리고 조선민속학연구가 배태한 민족주의에 대한 비판으로는 崔吉城, 「韓國巫俗研究を通して見た民族主義」(『韓』第107號, 1987) 참조

민족이나 정치사회의 이익 추구가 아니라, 자신의 존재이유와 연관되는 자국의 학을 어떻게 재구성하여 구국자강이라는 정치적 과제에 대응할 것인지가 초미의 문제로 부각되었다. 그러나 량치차오가 "동아의 학술을 발명해 이수를 보존한다"라면서 내걸었던 목표도, 비록 실현되지는 않았다고 하더라도, 단순히 대상이나 소재가 아시아와 그 개별적 정치사회나 민족으로 향해졌던 '자기 인식의 학지'에 그치지 않고, 구미의 학지에 이의를 제기하고 그것을 상대화하는 '대항학지對抗學知'에서 지역세계 학술의 존재근거를 구하는 것이었다. 청말 서학에 가장 정통한 사람 중 하나라 할 수 있는 옌푸만 하더라도 동성파桐城派의 문체를 고집하면서, 이론적으로 "만약 그 이론이 진실로 우수하고 그것이 진정으로 진실이라면, 시대나 나라의 풍속 차이에 의해서 어그러질 리가 없다"[157]라고 하여, 아시아 학술과 구미 학술을 보편적 진리라는 축으로 연결하고자 했다. 확실히 구미 학술이나 그것을 이어받은 일본 학술 중에서 어느 것이 역사적·지역적 제약을 가진 것인가, 혹은 또 지역세계나 개별 사회의 특성을 어떻게 세계적인 문맥 속에서 추출할 것인가, 그것을 묻는 것 자체가 이수나 국수라는 학지에서는 최대의 과제여야만 했을 터이다.

그런데 아시아의 학술 가운데에서 무엇이 보편적인 진리 내지 가치를 가진 것인지를 묻기 전에 아시아는 무엇인가를 아는 데에도 어려움이 따랐다. 아시아에 관한 학지의 형성 특히 일본의 동양학은 그 발단에서는 구미인에 의한 아시아 연구에 대항하여, 자신의 지역세계에 관한 연구는 스스로가 확립한다는 강한 목적의식 아래 적극적으로 유럽의

---

157 嚴復, 「自序」(『天演論』, 1986), 王栻 主編, 『嚴復集』 第5冊, 中華書局, 1986, p.1319.

동양학의 성과와 방법을 섭취했고, 그렇게 함으로써 '일인대포'가 가능하게 되었다.

그러나 그것은 '일인대포'라는 것으로 그치지 않고, 황샤오커가 '타인입실'이라고 평했듯이, 구미의 학술에 대한 대항이라는 것 이상으로 아시아 내부에 알력과 항쟁을 야기하는 것이었다는 점도 부정할 수 없다. 1930년대부터 야노 진이치와 이나바 이와키치 등 동양사연구자들이 제창해온 "만주는 중국 고유의 영토가 아니다"라는 해석이 만주국 건국의 정통화 논거가 되었던 것은 다시금 중국 측 연구자에게 그 토지에 대한 관심을 불러 일으켜 그곳이 중국의 일부라는 것을 명확히 보여주기 위해 '중국동북부'라는 개념을 낳았고, 그 역사와 현상에 관한 연구가 등장하게 되었던 것이다.[158] 중국이나 조선에서는 국수나 아수를 추구하는 학문도 자기 인식의 학지인 이상으로 구미나 일본의 학술이 식민지 통치의 학지로 기능하는 것에 대항할 수 있어야 한다는 요청을 받고 있었다.

---

[158] 矢野仁一는 「支那無國境論」(1921); 「滿蒙藏는 支那本來의 領土에 非る論」(1922) 등에서 만주가 역사적으로는 중국 고유의 영토가 아니라고 말하고, 중국사와 별개로 고대부터 국가로서 만주의 역사가 존재한다는 것을 『滿洲國歷史』(目黑書店, 1933) 등에서 주장했다. 또한 육군대학교에서 교편을 잡고 있던 稻葉岩吉도 『滿洲發達史』(大阪屋號出版部, 1915) 등에서 같은 취지의 논의를 펼쳤는데, 石原莞爾는 이런 설에 근거하여 滿洲領有論을 주창했다. 이 설에 대해서는 만주사변 직후 傅斯年과 方壯猷 등이 『東北史綱』(國立中央研究院 語言研究所, 1932)을 지어서 矢野 등의 설을 妄說이라고 비난하고, 영토에 관해서는 국내법·국제법에 의한 규정과 민족자결에 근거해야 한다고 주장했다. 矢野說에 대해서는 일본의 연구자로부터도 "논증의 방법에 있어 다소 역사적 연구로서 오류가 있는 듯하다"(三島一, 「滿洲史研究序說」, 『歷史學研究』 第5卷 2號, 1935, p.3)라는 비판이 있었다. 한편, 『歷史學研究』 第5卷 2號는 '滿洲史研究' 특집호이며, 鈴木俊, 「滿洲事變と支那人の滿洲研究」에서는 『東方雜誌』를 비롯하여 『淸華學報』, 『不忘』, 『禹貢半月刊』, 『尙志週刊』, 『進展月刊』, 『朝暉』 등에 게재된 만주사변을 계기로 하여 중국에서 일어났던 중국 동북지역 연구에 관한 다수의 논문 제목이 실려 있다.

생각건대 청일전쟁 전에는 '조선학'이 있었고 조선은 그것에 의해 멸했다. 러일전쟁 전에는 '만선학(滿鮮學)'이 있었고 랴오둥은 그것에 의해 사라졌다. 9·18(만주사변) 이전에는 '만몽학(滿蒙學)'이 있었고 동북4성은 그것에 의해 망했다. 오늘날 일본인은 또 '동아학(東亞學)'을 제창하고 있다. 아아, 위기는 목전에 바짝 다가오고 있다. 내일의 동아는 도대체 누구의 수중으로 돌아갈 것인지 살펴보고 싶다. 원컨대 우리 국민을 자각시킬 수 있기를![159]

1936년 5월, 펑자성馮家昇은 일본의 아시아 학지의 형성과 대륙정책 전개의 밀접한 상관성을 이렇게 호소했다. 마찬가지로 이보다 먼저 다이촨셴戴傳賢=戴季陶 등은 신아세아학회를 결성하여 '중국 민족의 부흥과 아주 문화의 발양'[160]을 목적으로 아주 각 민족의 연구를 진행하고자 했는데, 이것들은 모두 일본의 아시아 학지에 대항할 수 있는 '신아세아 학지'를 구성하는 것이 아시아 민족들의 존망에 관계된 것으로 간주했음을 보여준다. 물론 일본의 아시아 학지가 그 정도로 지역통치에서 현실적인 유효성을 가졌는지에 대해서는 이론이 있을 수도 있다.

그러나 앞에서 검토했듯이 일본의 통치지역 확대와 청일전쟁 전후부터 진행된 일본의 아시아 학지의 제도화가 시기적으로 부합하고 있다는 점은 부정할 수 없다. 게다가 1930년대 이후 만주사변과 만주국 건국을 계기로 국제연맹을 탈퇴, 루거우차오사건蘆溝橋事件으로 중국과 대

---

159 馮家昇, 「日人對於我東北的研究近狀」, 『禹貢半月刊』 第5卷 6期, 1936.5, p.6.

160 「新亞細亞學會綱領」(1933.2.24 撰定), 『禹貢半月刊』 第5卷 2期, 1936.3, p.43 수록. 또, 1932년 12월의 제3차 회원대회에서 결정된 「新亞細亞學會總章」에서는 전문연구 과제로서 「中國邊境問題と東方民族問題」를 들고 있고, 만주사변 이래 일본이 선린협회 등을 중심으로 진행하고 있던 몽고와 회교권 연구에 대항하려는 의도가 있었던 게 분명하다.

립이 깊어짐으로써 스스로 세계 질서를 재인식하고, 새로운 활동기반을 구하는 과정에서 이슬람권이나 남방문화권을 거쳐 태평양과 대동아권으로 연구범위를 확대해나갔다.

그것을 위한 조사기관으로 1938년에는 동아연구소와 태평양협회가, 1943년에는 중국의 장자커우張家口에 서북연구소, 타이완에 남방문화연구소가 설립되었는데, 동아연구소에서 간행한 조사 대상 범위는 중국과 만주국은 물론이고 소련, 동남아아시아, 인도, 아프가니스탄, 터키, 예멘, 시리아까지 이르는 것이었다. 또, 쓰루미 유스케鶴見祐輔가 사무이사로 일했던 태평양협회에서는 태평양 문제에 관한 정치・토지 이용・인종 등의 조사를 진행하여 "태평양의 여러 국가 간의 문화 교환에 필요한 방법"을 연구하는 것을 목표로 내걸었는데, 기관지 『태평양』에서 히라노 요시타로 등이 주로 논한 문제는 남양군도 등의 태평양에서 민족 조사를 진행하여 아메리카와 태평양 제패를 둘러싸고 펼칠 전쟁에 대처하는 방책을 세우는 것이었다. 이러한 대상 지역의 확장은 일본의 아시아 학지의 인식 범위에서 공간적으로는 그때까지의 동양학이나 동방학을 넘어섰을 뿐만 아니라, 서북연구소의 이마니시 긴지今西錦司・이시다 에이이치로石田英一郎・우메사오 다다오梅棹忠夫, 남방문화연구소의 우쓰시카와 네노조移川子之藏, 그리고 1943년 설치된 민족연구소의 다카타 야스마高田保馬・오카 마사오岡正雄 등 민족학・인류학・생태학・사회학 관련 연구자의 참여에 의한 연구방법과 담당자의 확대 그 자체를 의미하는 것이었다.

나아가 1930년대 이후의 아시아 학지의 변용을 특징짓는 것으로 이슬람권에 대한 관심의 확대와 연구가 본격화한 것을 들 수 있다. 즉, 1932년 나이토 지슈内藤智秀 등이 이슬람문화연구소를 조직했고, 이것을 모체로

1938년에 대일본회교협회가 설립되었다. 또, 1934년에 '근린 민족들의 문화 향상에 기여한다'라고 하여 몽고공작을 목적으로 결성된 선린협회善隣協會는 몽고연구소를 설립했는데, 여기에는 시라토리 구라키치와 마쓰다 히사오松田壽男, 에가미 나미오江上波夫 등이 관계했고, 1936년에는 『몽고학』을 창간했다. 1938년 3월에는 오쿠보 고지大久保幸次, 고바야시 하지메小林元, 마쓰다 히사오 등에 의해 회교권고구소回敎圈攷硏究(1940에 회교권연구소로 개칭)가 창설되었고, 9월에는 동아연구소에 회교반이 설치되어 도미나가 다다시富永理와 고지마 다케오小島武男 등이 연구를 진행했다. 이 외에도 태평양협회에서는 외교관 출신으로 『회교도』라는 저작을 낸 적이 있는 가사마 아키오笠間杲雄도 참가해 회교연구를 수행했다. 그리고 대일본회교협회에서는 『회교세계』가, 회교권고구소에서는 『회교권』이 간행되었고, 또 같은 해 5월에는 외무성 조사부 회교반이 기관지 『회교사정』을 발간했다. 이러한 일본의 이슬람연구는, 구제강顧頡剛 등이 일본의 만주와 서북지역 침략에 대항하기 위해서는 한민족도 중국의 무슬림에 관해 더 깊이 이해할 필요가 있다고 하여 그가 주재하는 잡지 『우공반월간禹貢半月刊』에 '회교특집호'[161]를 내는 등, 중국의 이슬람연구를 촉진하게 되었다. 이 외에 오카와 슈메이大川周明가 주재하고 있던 만철동아경제조사국은 『남양총서』 외에 1939년부터는 기관지 『신아세아』를 간행했다. 이들 조사연구기관의 조사 대상은 동남아시아에서 서아시아, 중앙아시

---

[161] 『禹貢半月刊』第5卷 11期(1936.8)는 '回敎與回族專號', 第7卷 4期(1937.4)는 '回敎專號', 第7卷 8·9 合期(1937.6)은 '蔡綏專號'를 특집했는데, 이것들은 일본이 『回敎世界』, 『回敎圈』, 『書香』 등에 譯載되었다. 이러한 중국에서 顧頡剛 등의 회교 연구가 갖는 의의에 대해서는 竹內好, 「顧頡剛と回敎徒問題」(『回敎圈』第5卷 3號, 1941) 참조. 또, 『禹貢半月刊』의 특징에 대해서는 森鹿三은 「禹貢派と人々」(『東洋史硏究』第1卷 2號, 1935)에서 "辨僞를 기조로 하여 국학 즉 지나학을 청소·정리를 감행하고자 하는" 顧頡剛의 방침을 따르는 것이라고 지적했을 뿐 그 정치적 의미에 대해서는 언급하지 않는다.

아 등 구미의 식민지와 소련의 주변지역으로 확대되어 북아프리카까지 미쳤다.[162]

이렇게 대상을 확장하고 있던 일본의 지역 학지의 연구 분야와 방법의 추이에 관하여 대단히 개괄적으로 말하면, 일본과 민족적·문화적 유연성類緣性이 상정되는 지역에서는 역사학·민속학·종교학 등의 문헌조사가, 또 일본과의 민족적·문화적 이질성이 상정되는 지역에서는 인류학·사회학·경제학 등에 의한 실태조사가 중시되는 경향이 있었다고 할 수 있을 것이다. 그러나 그 연구 분야나 방법이 어떠했든 '일본군 점령지역의 현지조사를 행하는'[163] 것이 전제로 되어 있었던 민족연구소에 한정되지 않고, 동아연구소의 『청조의 변방통치정책』, 『이민족의 지나통치사』(1944) 등이 이민족 통치정책의 역사적 견해를 제공하는 등 대부분 연구기관이나 대학부설 아시아조사부국이 경제적 자급자족이나 자원개발, 민족선무民族宣撫와 정보공작을 위한 자료나 시책의 제공을 통하여 일본의 지역통치에 기여하는 '실용성'이 요청되었다는 것은 부정할 수 없다. 더구나 그것은 단순히 지역연구나 역사학을 대상으로

---

162 小野忍, 『道標—中國文學と私』, 小澤書店, 1979, p.25. 小野는 만철조사부에서 慣行調査와 중국의 이슬람에 관한 연구를 거쳐 민족연구소에서 蒙疆地區의 회교교단을 담당했다. 민족연구소는 일본의 점령지역을 5개 부문으로 나눠 연구하여 민족정책에 관해 제언할 것을 요청받고 있었는데, 그 기구 등에 대해서는 中生勝美, 「民族研究所の組織と活動—戦争中の日本民族學」, 『民族學研究』 第62卷 1號, 1997 참조

163 1945년 이전의 일본의 아시아 조사연구기관에 관하여, 정리된 연구는 없지만 우선 東亞研究所 編, 『東亞調査關係團體要覽·昭和十六年版』 참조. 또, 회교권연구소에 관해서는 野原四郎, 「回教圈研究所の思い出」, 『アジアの歷史と思想』, 弘文堂, 1966 所收; 田村愛理, 「回教圈研究所をめぐって」, 『學習院史學』 第25號, 1987에 상세하다. 대동아공영권 건설을 위해 역내 각지의 조사자료를 정비해야 할 필요성을 통감한 정부는 1942년 8월의 閣議에서 조사연구기관의 유기적인 일원화를 도모하기 위해 내각 직속의 재단법인 '調査研究聯盟'과, 그 지도와 조사연구의 연락조정을 담당하는 심의기관으로서 調査研究協議會의 설치를 결정했다(企劃院研究會, 『大東亞建設の基本網領』, 同盟通信社, 1943, p.48).

하는 연구자에 한정되었던 것이 아니며, 거기에는 당사자의 주관적 의도를 떠나 모든 학지를 전쟁 수행으로 끌고 들어가지 않을 수 없는 총력전 체제의 그림자가 드리워져 있었다. 예컨대 1932년 만주국 건국과 함께 경성제국대학에 설치된 만몽문화연구회에서는 만주와 몽강蒙疆에 관한 학술 연구와 이들 지역에 관한 지식 보급을 담당했고, 더욱이 중일전쟁으로 전선이 확장된 1938년에는 대륙문화연구회로 개칭하여 유라시아 대륙의 대부분을 연구대상의 시야에 넣고 있었던 것처럼, 아주 민감하게 전쟁의 추이에 반응하고 있었던 것이다. 1938년 군대의 비호 아래 실시된 몽강학술조사대의 대장이었던 오타카 도모오尾高朝雄는 조사의 목적을 다음과 같이 강조했다.

국책(國策)과 학리(學理)는 수레의 두 바퀴처럼 늘 평행하여 진전하지 않으면 안 된다. 대륙의 정치적 경제적 경영은 무엇보다 대륙의 풍토와 대륙의 문화에 대한 냉정하고 주도면밀한 과학적 인식에 입각하지 않으면 안 된다. 단적으로 말한다면 군대의 깃발이 가는 곳에 과학의 깃발도 함께 가지 않으면 안 된다. 대륙 진출의 제일선에서 어떻게 군사시설·정치경영과 학술조사·과학연구가 내적으로 포합(抱合)할 수 있는가는 우리가 지금껏 여러 차례 깊은 감사와 함께 사무치게 체험할 수 있었던 것이다. 우리가 한 것은 그러한 대륙문화전(大陸文化戰)의 첨병 역할에 지나지 않는다.[164]

---

[164] 尾高朝雄, 「京城帝國大學蒙疆學術探檢隊の成立と探檢旅行の經過」, 京城帝國大學大陸文化硏究會 編, 『蒙疆の自然と文化』, 古今書院, 1939, pp.15~16. 이 조사는 외무성 문화사업부, 조선총독부 외무부, 朝鮮銀行, 東洋拓植 등의 자금 원조로 수행되었다. 경성제국대학의 蒙疆文化硏究會에서는 『蒙疆文化硏究會報告書』, 『蒙疆文化硏究會パンフレット』 등이, 대륙문화연구회에서는 같은 보고서와 팸플릿 외에 『大陸文化硏究』(岩波書店, 1940); 『續大陸文化硏究』(岩波書店, 1943) 등의 조사 보고서가 간행되었는데, 정치경제·지리 등 인문과학 부문의 조사뿐만 아니라 체질인류학에 의한 아시아 여러 민족의 분류나 지질학에 의한 지하자원 조사 등 자연과학 부문의 연구에 중점이 놓여

당시 자유주의에 입각한 입헌군주주의자로 알려져 있던 법철학자 오타카 도모오에게 몽강의 학술조사가 자신의 학리와 과연 어느 정도 관련이 있었던 것인지 의문이 없는 것은 아니다. 아마도 국책과 학리가 결코 평행해야 하는 것이 아니라 학리로 국책을 비판하는 것이야말로 오타카의 법철학자로서의 존재이유였을 터이다. 그러나 그런 오타카마저도 이러한 주장을 하지 않을 수 없었던 점에서, 어떤 분야의 연구자든 자신의 학지의 유용성을 어떤 형태로 실증하지 않고서는 존재 의의를 유지할 수 없는, 눈에 보이지 않는 강제가 작동하는 전쟁이라는 사태가 지닌 저항하기 어려운 힘든 압력을 보아야 할지도 모른다.

물론 그 반면에 일본의 통치지역이 확장됨으로써 자신의 학지의 존재 의의를 주장할 수 있게 되었다고 인식하는 경우도 있었다. 인류학자인 기요노 겐지淸野謙次는 전국戰局이 중국에서 태평양으로 확대되고 대동아공영권을 지도하기에 이르러 일본에 인류학과 민족학이 필요해진 시절이 왔다면서, "인류학이나 민족학은 고립되어 섬나라에 틀어박힌 국민에게는 아무런 쓸모가 없는 학문이고, 이인종과의 접촉면이 확대되면 확대될수록 쓸모 있는 학문이다. 그 중에서도 이 학문은 이종족을 지도하거나 통치할 경우에 가장 필요하게 된다. 일본이 그 필요성을 통감한 것은 요컨대 일본의 발전이자 일본의 진보이다"[165]라고 하여, 삼십

있었다.

165 淸野謙次, 「南方開發政策と民族學」, 『太平洋』, 1942年7月號, p.46. 淸野는 京都帝國大學 병리학·미생물학교실의 주임으로서 생체염색의 연구에서 업적을 거둔 후, 석기시대의 인골 분석을 통한 일본 인종론 연구로 중점을 옮겼다. 1941년 태평양협회의 촉탁이 되었고, 平野義太郎와 『太平洋の民族=政治學』(1942)을 공저한 것 외에, 『太平洋民族學』(1943), 『太平洋における民族文化の交流』(1944) 등의 저작을 발표했다. "일본인이 남방에서 拓殖을 하는 것은 구미인에 비해 현저하게 유리하고, 일본인의 熱帶馴化 능력을 더욱 더 키워야 한다는 것은 미리 상상할 수 있다"(『スマトラ研究』, 河出書房, 1944, p.516)고 하여, 대동아공영권의 각 지역 종족이 융화하여 이룬 일본인종이 故地로 돌아가 식민지를 형성해 가는 것이 유리하다고 말했다.

몇 년 동안 일본 국내에 한정되어 있었던 인류학 연구의 현장이 확대된 것을 환영했다. 또, 1943년 민족연구소의 설립을 주도한 오카 마사오도, "민족학은 통치 대상으로서의 민족의 현실태적 성격 및 구조를 명확히 하고, 그 민족의 구조를 제약하는 민족감정에서는 민족의식, 민족의지, 민족행동의 성격, 동향, 편향을 구명하여 민족정책의 기초를 마련하지 않으면 안 된다"[166]라고 하여, 민족학이 민족정책과 민족통치의 기초가 되어야 한다고 강조했다.

물론 개별 학문 영역이나 개인에 따라 대응은 크게 달라서 주체적으로 정책 목적에 참여한 경우도 있고 개인으로서는 정책 그 자체에 의심을 품고 있으면서도 어쩔 수 없이 편입된 케이스도 있어서, 결과적으로 보면 반드시 국책을 따르는 연구만 있었던 것은 아니다. 또, 지역 학지의 형성에 관해서는 일본뿐만 아니라 구미에서도 식민지 통치나 전쟁수행이라는 목적과 결부되어 있었다는 것은 부정할 수 없다. 가령 영국의 깁H. A. R. Gibb이 지역 연구의 주창자로서 군에 협력하면서 아랍 연구를 추진한 것이나, 아메리카의 동남아시아 등의 지역 연구가 전시 수행이라는 정책 목적과 결부되어 있었다는 것은 잘 알려진 사실이다. 그것이 옳은지 여부는 차치하더라도, 이러한 아시아에 관한 일본의 지역 학지와 전쟁 수행·식민지 통치의 상관성을 전부 부정할 수 없었던 까닭에 대동아공영권의 붕괴와 더불어 '시국'의 요청에서 비롯된 당해 지역

---

166 岡正雄, 「現代民族學の諸問題」, 『民族學研究』 新第1卷 1號, 1943.1, p.122. 일본 민족학의 형성과 岡正雄의 역할에 대해서 鈴木二郎는 "일본에서 민족학의 발달은 타이완, 조선, 중국 대륙 및 구 남양 등의 식민지 경영과 불가분의 관계에 있다. 선생과 軍의 관계도 그 흐름을 따른 것이다. 바꿔 말하면 선생도 또한 선진 자본주의국의 민족학이 식민지 경영과 평행해서 나아간다는 운명을 피할 수 없었다. 나를 포함해 나의 윗세대는 많든 적든 같은 길을 걸었던 것이다"(『民族學研究』 第30卷 3號, 1965.12, p.262)라고 지적한다.

세계에 관한 학지의 '객관성'과 '과학성'에 비판의 눈길이 쏠렸다. 더구나 패전과 함께 많은 조사연구기관이 해산·접수되면서 현지조사의 기회는 사라졌고, 그곳에 쌓여 있던 자료도 돌보지 못한 채 새로운 존재이유를 모색하는 일에서 재출발하지 않으면 안 되었던 것이다.

그러나 역사학뿐만 아니라 민족학이나 인류학 등에서도 아시아에 관한 지역 학지는 1945년을 경계로 모두가 백지화한 것도 아니었고 인적으로 단절된 것도 아니다. 그렇기 때문에 전쟁 수행·식민지 통치와의 관계에 대해 거리를 갖고 검토하는 작업은 반드시 쉬운 일이 아니며, 아시아에 관한 학지의 구성 양상에 대한 본격적인 검토는 세기를 넘어 지금 가까스로 시작되려고 하고 있는 것인지도 모른다.[167]

제3절 ─── 일본 한어의 유포와 정치문화의 변용

지금까지 일본을 연결고리로 하는 사상연쇄에 의해 아시아라는 지역세계 속에서 친화와 반발이라는 상반되는 방향의 역학이 작용하는 자

---

167 1784년 영국인 윌리엄 존스에 의해 설립된 '뱅갈·아시아협회'나 1851년 '왕립 네덜란드령 독일언어학·지리학·민족학연구소'의 창립, 나아가 1820년대 유럽 각국의 지리학회나 그 후 인류학회의 등장 등에서 알 수 있듯이, 인류학뿐만 아니라 지리학, 민족학, 언어학 등의 學知가 식민지 통치와 形影相伴하는 것으로 형성되었다는 것은 지금은 통설이다. 또, 그것에 대한 비판도 일관되게 존재했다는 것은 논할 필요도 없다. 그러나 아시아에서 식민지 통치와 스스로의 학지 생성의 의의를 다시 묻고 기반 그 자체로부터 재편성해 가는 작업이 어렵사리 실마리를 찾기 시작했다는 것은 『民族學研究』(第64卷 4號, 2000)가 '統治技術から人類學へ'를 특집하고, Bremen J. Shimizu A. ed. *Colonial Anthropology in Asia and Oceania*, 1999 및 中生勝美 編, 『植民地人類學の展望』(風響社, 2000) 등이 세기의 전환점에 간행되고 있는 것을 보아도 알 수 있다.

장 속에서 국민국가 형성과 혁명, 민족 독립이라는 정치사상과 정치운동이 각지에서 공명과 반응을 일으키고, 나아가 상호교섭을 통해 동양학, 동방학 등의 아시아를 대상으로 하는 학지와 자신의 정치사회와 민족을 대상으로 하는 내셔널 스터디즈가 어떠한 상관성을 갖고서 형성되어왔는가를 보아왔다.

그러나 뒤집어 생각해 보면 그러한 정치운동의 전개나 학술의 제도화가 사상연쇄에 의해 진행되어 가는 과정에서 자유나 평등이나 독립 등의 정치사상에 대한 개념 나아가 학문체계를 성립시키고 있는 술어 등을 공유하지 않으면 안 된다. 그것을 가능하게 한 것은 발음은 다르지만 상형象形, 지사指事, 회의會意, 형성形聲, 가차假借 등의 자법字法에 의해 개념을 직접적으로 기호화하는 특질을 갖춘 한자나 한어의 존재였다. 게다가 국민국가 형성에서 열쇠 개념이 되는 국민, 민족, 국어, 헌법 등은 일본에서 주조된 한자어이고, 그것이 중국, 조선, 베트남 등으로 전파됨으로써 국민국가로서의 유동화가 촉진되었던 것이다. 그것은 언어와 그것에 의해 표현되는 문화의 침투와 전개의 정도가 바로 사상연쇄의 영향을 알기 위한 실마리 가운데 하나라는 것을 시사하고 있기도 하다.

그리고 똑같이 한자를 사용하는 '동문同文'이야말로 동아시아의 유동성을 무엇보다도 현현하는 것이라고 일본인은 생각했고, 나아가 구미의 인종관을 수용함으로써 '동문동종同文同種'으로서의 동류 의식을 획득했던 것이다. 그러나 "천하의 수레는 궤를 같이하고, 서書는 문文을 같이하고, 행함은 윤리를 같이한다天下車同軌書同文行同倫"(『중용』)라는 '동궤동문同軌同文'의 본래 용법에서 보면, 동문이란 단지 같은 문자를 사용하는 것을 의미하는 것이 아니라 천하로 통일된 체제 아래에서 동일한 제도와 예법에 복종하는 것을 상징적으로 보여주는 것이어서 일본인이 생각하는

'동문' 의식과는 차이가 있었다. 그랬기 때문에 야노 진이치는 "지나인의 생각으로는 지나의 형식적 문화형태, 지나의 문자와 문장, 지나의 예의 등이 지나의 것 그대로 행해지면 그것이 동문인데 (…중략…) 우리나라는 지나의 형식적 문화형태를 그대로 사용하지 않았다. (…중략…) 나는 지나의 문헌에서, 우리나라에 유학한 학생이나 우리나라의 문헌에 친숙한 특수한 지나인의 손으로 이루어진 것은 별도로 하고, 우리나라를 동문의 나라라고 말하는 예를 그다지 알지 못한다"[168]라고 일본인에게 주의를 환기했던 것이다. 야노가 지적했듯이 지배 관계를 떠나 일본과 중국이 같은 한자를 사용한다는 한정된 의미에서 동문이라는 생각이 퍼져나간 것은, 1877년 초대 주일공사로 부임한 허루장何如璋의 『사동술략使東述略』과 황쭌센의 『일본잡사시日本雜事詩』 등에서 일본의 문자가 "주와 진의 문자와 근본적으로 같다"라고 적은 데서 유래한 것이었다. 이에 대해 일본인은 지배라는 요인을 전혀 고려하지 않고, 다만 같은 한자를 사용하고 있다는 이유로 동문의 나라로 보고 있었던 것이고, 동문이라는 말의 이해에서조차 문화적・자의적字義的 이해의 차이가 존재하는 것을 명확하게 인식하지는 못했던 것이다.

그리고 중국에서 보면 결코 동문은 아니라고 해도 "동문東文은 중문中文에 가까워 통효하기 쉽다"(張之洞, 『勸學篇』)라는 이해를 바탕으로 일본 유학생이 일본에서 사용되는 한자・한어를 사용하여 번역을 하고, 귀

---

[168] 矢野仁一, 「日支文化の交流」, 『文藝春秋』, 1939年 6月號, pp.52~53. 또, 중국 유학생 중에서도 일본 문화에 조예가 깊었던 周作人도 "중국과 일본은 결코 동문동종 따위가 아니지만, 문화교류가 있었기 때문에 사상을 이해하기가 다소 용이하고 문자도 배우기 쉬운 편이다. 그러나 日本文 가운데 어중간하게 한자가 섞여 있는 것이 중국인의 투철한 일본 이해의 장애가 되고 있다고 나는 생각한다"(「日本與中國」(1925), 『周作人文選』)라고 지적하고, '동종동문'이라는 통념이 오히려 중국과 일본 사이의 이해를 방해하고 있다는 것에 주의를 촉구하고 있다.

국 후에는 수업·연설 등을 행함으로써 사상연쇄가 생겨났던 것이다. 사네토 게이슈實藤惠秀는 1941년 동문의 '문'에 대해 문자와 문장을 나누어 생각할 필요가 있고, 중국과 일본이 동문이라는 것은 다만 문자가 어느 정도 유사하는 것을 가리키는 데 지나지 않으며, 문장의 구성에서는 크게 다르다고 지적한 다음, "'동일한 문자'를 '동일한 의미'로 사용하고 있는 부분은 확실히 양국을 위해 행운이고 그 때문에 최근에는 일본에 유학하는 자가 많고 일본 책의 번역이 많았다. (…중략…) 그 때문에 학술용어나 문학용어는 일본에서 중국으로 수입되어 점점 '동일'하게 되었던 것"[169]에 주의를 촉구하고 있다. 그러니까 문자 일부의 동의성同義性 내지 문장의 근사성에 착목함으로써 시작된 유학과 번역에 의해 문자의 동일화가 더욱 진전되었던 것이다. 이리하여 '동문'이라는 것이 원인이 되고 결과가 됨으로써 일본에서 사용되고 있던 한자·한어가 중국에서도 사용되기에 이르렀는데, 문자의 사용은 당연히 말과 함께 정치사상이나 운동을 흥기시키고 또 학술의 체계화나 새로운 개념을 낳는 것이기도 했다. 게다가 새로운 개념의 사용은 사회의 시각 자체를 바꾸고 나아가 정치·경제나 문화 전반의 변질을 촉발하여 가치관 자체마저도 전환시켜 버릴 가능성을 내포하고 있다. 그런 만큼 신기新奇한 언어 사용에 대해서는 경계심이나 시기심이나 반발이 생겨나는 것도 피하기 어렵다.

1904년 1월에 상주上奏하여 결정된 『학무강요』[170]는 "정체불명의 외

---

169 實藤惠秀, 「同文同種の意味」, 『近代日支文化論』, 大東出版社, 1941, pp.159~160. 다만 사네토가 여기서 강조한 것은 "'동문동종'이라는 염불이 일본인은 친선에 효과가 100%라고 생각하고 있지만 실은 역효과밖에 낳지 못하는 경우가 많다"는 점이었다.

170 多賀秋五郎 編, 『近代中國敎育史資料 淸末篇』, 日本學術振興會, 1972, p.214.

국 명사의 습용을 경계함으로써 국문을 지키고 사풍±風을 바로잡아야 한다"라고 규정, 의미 불명의 외국 명사를 함부로 그대로 사용하는 것이 국어에 해를 끼치고 청소년의 경조부박한 폐풍을 부채질한다고 하여 사용 금지를 통고하였다. 그리고 이러한 정체불명의 외국 명사로 지목된 것이 다름 아닌 일본에서 수입된 새로운 명사였다. 1896년 유학생 13명의 파견으로 시작된 일본 학술의 수용으로부터 거의 8년이 지난 후, 일본 명사가 청소년 사이에서도 널리 사용되게 되었고 그 폐해를 없애는 것이 학교교육의 기본요강으로 포고될 정도로 영향력을 가지고 있었던 것이다. 『학무강요』는 나아가 "일본의 각종 명사에는 고아古雅하고 확당確當한 것도 원래 많다. 그러나 중국의 문사文辭로서는 어울리지 않는 것도 또한 적지 않다. 최근의 소년은 문자 사이에 외국 명사·속어를 습관처럼 사용하면서 즐기는 경향이 있다. 단체·국혼·팽장膨張·무대·대표 같은 숙어는 비속하여 아순雅馴하지 않고, 희생·사회·영향·기관·조직·충돌·운동 등의 말은 모두 중국에서 사용되지 않는 것도 아니지만 의미는 중국의 옛 뜻과 멀어 같지 않기 때문에 이해하기가 대단히 어렵다. 또한 보고·곤란·배당·관념 같은 글자는 의미는 모르는 것은 아니지만 반드시 이 숙어를 고집할 필요는 없다"라고 아주 구체적으로 예를 보이면서 이런 말들의 사용을 경계했다. 일본에서 수입된 새로운 명사가 최신 사상을 전하는 양식mode이자 일종의 세련된 울림을 가진 것으로 청소년들에게 받아들여졌고, 그런 만큼 경조부박한 사조를 드러내 보이는 것으로서 빈축을 사는 사태가 발생하고 있었다.

1907년 장즈둥이 "본국의 문자·어언語言으로서의 국문"[171]을 국수國

---

171 張之洞, 「創立存古學摺」, 『張文襄公全集』 卷68, 奏議68, pp.26~32.

粹라 하여 중시하고 이것을 호지護持하는 것을 목적으로 존고학당存古學堂을 세운 것도 일본에서 유입된 새로운 명사의 범람에 대응하기 위해서였다. 그러나 국수라는 개념 자체가 일본에서 온 것에 지나지 않았던 것은, 배척되어야 할 새로운 명사가 시대사조 자체를 창출하고 있었다는 역설적인 사태를 매우 상징적으로 보여준 것이었다. 일본 유학을 고무하고 일본서를 통해 번역할 것을 장려한 장즈둥도 학부대신이 되자 "주소奏疏, 공독公牘에 신명사를 사용한 것이 있으면 이를 지우고 그 위에 일본 명사라고 썼다. 그러나 나중에 그 명사라는 두 글자도 신명사임을 알고 일본 토화土話라고 고쳤다. 또, 당시 학부에서는 검정소학교원장정檢定小學敎員章程을 반포하려 했으나 장즈둥은 검정이라는 일본 명사를 혐오했기 때문에 이 말을 고칠 때까지 보류시켜 두고 시행하지 않았다"[172]라고 와세다대학 유학생이었던 장융江庸은 적었다.

　게다가 일본으로부터의 신명사 유입이 단지 명사의 난용亂用에만 국한되지 않고 문체까지 악화시키는 것으로 우려의 대상이 되었는데, 1905년 1월에 창간된 『국수학보』의 「약례略例」에서는 "최근의 동영東瀛(=일본) 문체의 조천粗淺한 악습을 일소하고",[173] 문체에는 국문의 풍격을 순용純用하기로 한다고 선언하였다. 그러나 『역서경안록譯書經眼錄』 서문에서 주쭝위안諸宗元이 "일본문의 역본이 시중의 서점에 가득하고 학교에 널리 보급됨으로써 거의 한때의 학술 풍상風尙이 되어 우리나라의 문체는 결국 이에 의해 서서히 변화하게 되었다"[174]라고 쓰고 있는 것에

---

172 江庸 編, 『趨庭隨筆』, 沈雲龍 主編, 『近代中國史料叢刊』 第9輯, 文海出版社, p.3.
173 「國粹學報發刊辭」, 『國粹學報』 第1號, 1905.1. 黃節는 국수학사를 결성함에 있어서도 "국수는 일본 명사이다. 그럼에도 우리나라에서 이것을 말하려고 하면 그 명사 때문에 이미 국수가 아니게 된다" (「國粹學社發起辭」, 『政藝通報』 第1號, 1904)라고 하여 국수라는 개념을 사용하는 것이 가진 모순을 인식하고 있고 어디까지나 그 주지를 택한다고 주장했다.

서도 엿볼 수 있듯이, 『학무강요』에서 아무리 일본의 신명사 사용을 금지하고 일본 문체의 일소를 시도하더라도, 학교교육에 사용되는 교과서 자체가 일본문의 번역본에 의지하지 않을 수 없고 또한 일본에서 돌아온 유학생이 교사가 되어 교육을 담당하는 한, 막을 수 없는 추세가 되었던 것이다. 이러한 일본 명사나 문체의 습용이라는 문제는 법제나 정치시스템에 관한 용어에 따른 국민국가 형성의 양상에 크게 영향을 미쳤고, 사회인식에 대한 시각을 제공하였으며, 학술용어로 구성되는 인문과학·사회과학의 체계나 대학 강좌 등의 제도화를 적지 않게 규정했다. 중국에서 학문체계나 학문분야에 대한 인식이 거의 일본의 편성을 따르고 있었던 것은 학과명이 일본에서 번역·주조된 번역어(이하 일역한어로 칭한다)에 의거하고 있는 것을 보더라도 부정할 수 없다.

물론 학술용어의 채용에는 뒤에서 살펴보겠지만 종래 학문체계와의 충돌이라는 측면이 있고, 중국의 지의 제도화가 일본의 술어에 어떻게 규정되었는지 그 실태를 알기 위해서는 우선 일본의 인문과학·사회과학이 어떠한 체제로 어떻게 구성되어 있었는지, 그 다음으로 중국이나 조선 등의 인문과학·사회과학이 일본 학술을 통해서만이 아니라 구미로부터의 직접 수용을 통해 어떻게 구성되었는지 등등에 대한 비교 검토를 필요로 하는 만큼 지금 여기에서 결론을 내릴 수는 없다. 다만, 어디까지나 잠정적이긴 하지만, 일역한어와 직접 중국에서 만들어진 역어를 대비하고 그 정착도定着度를 봄으로써 영향력의 정도를 추측할 수는 있을 것이다. [표 7]에 제시한 일역한어를 일별하는 것만으로도 중국의 학문분야·학술용어뿐만 아니라 법제나 사회구성에 대한 술어 대

---

174 諸宗元, 「序」(1927), 顧燮光, 『譯書經眼錄』, p.1.

부분이 일역한어에 의해 성립되었다는 것을 명확히 알 수 있을 것이다. 물론 'bill'의 일역한어인 수형手形에 대해, 중국에서는 요거要據, 조선에서는 어험魚驗·어음於音, 'stock'의 일역한어인 주식은 중국에서는 고빈股份·고분股分, 조선에서는 고본股本(나중에 주식)과 같이 각각의 상습관商習慣 등에 기초한 역어가 사용되었던 것은 말할 것도 없다. 그러나 예컨대 법제나 정치시스템에 관한 용어를 보면, 예를 들어 정당이 여론을 집약하여 정책으로 제시하고 선거의 투표에 의해 의원으로 선출되고 의회에서 의안이나 동의를 내어 토론, 심의하고 가결 내지 부결함으로써 입법에서 행정으로 이어진다는 의회정치를 나타내는 용어가 거의 일역한어로 이루어지고 있다는 것은 중국의 의회제 이해나 도입에서 일본의 법정서나 법제의 번역이 크게 작용했다는 것을 명확하고 보여주고 있는 것이다.[175]

---

[175] 물론 실제로 제도를 도입하는 데에는 다양한 절차에 대해 이해가 불가결했는데, 예를 들면 선거제에 대해서도 보통선거, 제한선거 등의 선거권 문제를 비롯해 선거인명부 조정, 선거구, 선거입회인, 선거회, 선거장, 선거소송 등에 대한 소개나 해설이 필요했던 것은 田辺慶弥, 王我臧 譯, 『漢譯日本法律經濟辭典』(上海商務印書館, 1909)에 수록된, 이러한 사항에 대한 상세한 해설에서 엿볼 수 있다.

원어	일역한어	다른 한역어 등	A	B	C	D	E	F
science	科學	學問·技藝(英和), 學·智·理·智慧·學文·知學(Lob), 學·學術(西周), 格致學, 理學·科學(字彙1, 2), 學·術·學問(語林), 學·理學·科學(字彙3), 質學(梁啓超), 玄學, 窮理學, 學術(嚴復·權界), 塞因斯(音譯)	○	○	○	○	○	○學科
philosophy	哲學	理學(英和), 理學(Lob), 理科, 格致學, 愛智學, 智學, 性學, 希哲學·求聖學(津田眞道), 希哲學·哲學·哲理(西周), 理論, 物理, 道·義理之學(英華), 哲學(字彙1, 2), 學·術·理·道理·道·哲學(語林), 理學·性學(L. 井上), 哲理·哲學(字彙3), 斐洛蘇非(音譯), 出形氣學, 玄學, 玄科	○	○	○	○	○	○
philosopher	哲學者	理學者(英和), 士·士子·博學者·窮理者(Lob), 哲人·哲家(西周), 博物君子(英華), 名理家(嚴復·原富), 愛智家(嚴復·名學), 理學者, 哲學士(字彙1), 哲學士·哲人(字彙2), 學者·博士·博識·哲學者(語林), 博理家·窮理家(L. 井上), 哲學者·哲學士·哲人(字彙3)						哲學家, 哲人, 賢人
natural philosophy	自然哲學	窮理學(英和), 性理之學·博物理學·格物總智(Lob), 生理學, 理學·格物(學藝), 性理之學·格物總智·博物理學·博物之理(L. 井上), 天理學(字彙1), 物理學(字彙2), 物理學·窮理學(語林), 自然哲學(字彙3)						○自然科學
moral philosophy	道德哲學	五常之理·五常總論(Lob), 道義學(字彙1, 2), 心學(語林), 道義哲學(字彙3)						○倫理學
metaphysics	形而上學	性理學(英和), 理學·理知·萬有理學(Lob), 抽象學, 物理上學, 可有理之學, 玄學, 論理·超理學·無形理學(西周), 形而上學(字彙1, 2), 萬有理之學(L. 井上), 性理學(語林), 純正哲學·形而上學·超物理學(字彙3), 神理之學·理學(嚴復)		○		○	○	○玄學
logic	論理學	論理術(英和), 思之理·理論之學·明理·明理之學·理學(Lob), 弁學, 理論之學, 致知學(西周), 明論之法·推論明理之學(中村正直), 論法(字彙1, 2), 論法·論理(語林), 推論之法(L. 井上), 論理學(字彙3), 名學·名理(嚴復·天演)→현재 중국에서는 주로 邏輯學을 사용.	○	○	○	○	○	○邏輯
literature	文學	字知り(英和), 文·文學·文字·字墨(Lob), 文章學·文章科, 文學(西周), 文章(L. 井上), 人文學, 文學(字彙1, 2, 3), 學問·文·文道·文學(語林), '文學, 子游·子夏'〈論語·先進〉	○			○	○	○文學作品

원어	일역한어	다른 한역어 등	A	B	C	D	E	F
grammar	文法	文學·文典(英和), 文法書·通用言語(Lob), 語法, 文章學, 語典, 文法(英華), 語典(西周), 文法·文典(語林), '爲人廉, 謹於文法'〈史記. 문법은 규칙·법률의 條文이라는 뜻〉	○	○			○	○語法, 語法學, 語法書
rhetoric	修辭學	論理術(英和), 善論之理·善言之法·口才(Lob), 文學·文辭學(西周), 議論學(中村正直), 文辭學, 文科, 詭辯學, 修辭(字彙1, 2), 修辭學(語林), 修辭學(字彙3), 言語科(嚴復·富原)						○辯論法, 雄辯術
ethics	倫理學	躬方·修身齊家(英和), 五常·五常之理·五常之道·修行之道·修德之理·修齊之理(Lob), 名數學·彛倫學(西周), 道學(神田孝平), 修身學, 勸善書(英華), 倫理學(字彙1, 2, 3), 五倫之道(L. 井上), 道德學·修身學(語林), 義理學·人道之學·德行之學(嚴復), 名數學, 修學, '樂者, 通倫理者也'〈禮記·樂記〉		○		○	○	○道德
anthropology	人類學	人道窮理學(英和), 身體性論·身百體論·萬人類論(Lob), 人道(西周), 人類學(字彙1, 2, 3), 人類學(語林), 人天演(嚴復·天演), 論身之理						○
ethnology	人種·民族學	人類通知·萬族通知(Lob), 人種學(西周), 人種學(字彙, 1, 2, 3)		○				○人類文化
aesthetics	美學	佳美之理·審美之理(Lob), 佳趣學·善美學(西周), 美妙學(字彙1, 2), 佳趣之理(L. 井上), 美學·感覺論(字彙3)	○				○	○審美學
art	藝術	技術·詐謀·計策(英和), 手藝·技藝·藝業·事業·法術·技術·伎倆·工藝(Lob), 技藝(西周), 藝·百藝(英華), 術·技藝·伎倆(字彙1), 技術·藝·伎倆(字彙2, 3), 術·藝術·巧(語林), '校定東觀五經, 諸子, 傳記, 百家藝術, 整齊脫誤'〈荀子·王制〉	○		○		○	○
philology	言語·文獻學	語學(英和), 話學·字語總知(Lob), 博學, 字論(英華), 語源學(西周), 原語學(字彙1, 2), 詳字之學(L. 井上), 原語學(語林), 言語學(字彙3), 字學(嚴復·名學) → 현재 중국에서는 語言學·語文學						語文文獻學
terminology	術語學	名學·名之總學·稱名之理·萬名總知(Lob), 名稱論(字彙1, 2), 用語法·用語論·術語論(字彙3)						○名詞學
etymology	語源學	文字의 用法(英和), 字學, 字由來, 字論(英華), 語法(西周), 辭學·語源學(字彙3)						○詞源學
psychology	心理學	精心을 論하는 學(英和), 靈魂之學·魂學·靈魂之理(Lob), 性理學·心理學(西周), 心理學(字彙1, 2, 3), 心理學(語林), 心學(嚴復·名學)		○		○	○	○

원어	일역한어	다른 한역어 등	A	B	C	D	E	F
politics	政治·政治學	政治學(英和), 政·政治知·治國總知·學政(Lob), 政理學·政事學(西周), 國政·朝政(英華), 政治學(字彙1, 2, 3), 政事·政事學(語林), 政學·治國學·治制(嚴復·法意), 治術論(嚴復·社會), 政綱	○				○	○
jurisprudence	法學	政事科(英和), 律法之學·律法之知(Lob), 義學·法科學·法律學(西周), 法理學(字彙1, 2), 法理學·法律學(語林), 法理學·法學(字彙3)	○				○	○法理學
economics	經濟學	制産學(西周), 家政·理財學(字彙1, 2), '理財正辭'〈易·繫辭傳〉, 家政·理財學·經濟學(字彙3), 齊家的, 家政學, 節用學, 富國學, 平準學〈史記〉·生計學·資生學(梁啓超), 計學(嚴復·原富)	○	○			○	○
political economy	經濟學	經濟學(英和), 治國之道·治國之法·國寶學·理國寶之事(Lob), 制産學(西周), 理財學(字彙1, 2), 經濟學·理財學(語林), 經濟學·理財學(字彙3)						○
statistics	統計學	國紀·國志(Lob), 計誌學(西周), 政表學·國計學·經國學·綜紀學·形勢學(杉亨二), 統計學(字彙1, 2), 統計(語林), 統計·統計學(字彙3)				○		○統計法
sociology	社會學	人間學(西周), 交際學, 世態學(字彙1), 世態學·社會學(字彙2), 世態學(語林), 社會學(字彙3), 群誼, 群學(嚴復), '人, 能群'〈荀子·王制〉				○	○	○
geography	地理學	地理學·風土記(英和), 地理·地理志(Lob), 輿地學, 地誌學, 地理·地理史(英華), 地理·地理誌(學藝), 地理(語林), 地輿(嚴復)						○
pedagogics	教育學	訓蒙之事·解蒙之事(Lob), 教育學(字彙3), '得天下英材而敎育之'〈孟子·盡心〉	○			○	○	○敎授法
history	歷史	歷史·記錄(英和), 史·史記·史紀·錄·誌·綱鑑(Lob), 史書·史記(英華), 歷史(字彙2), 歷史·記錄(語林), 歷史·史學(字彙3), 志	○	○			○	○
religion	宗敎	宗旨·神敎(英和), 敎·敎門(Lob), 法敎, 宗門, 敎法, 敎(字彙1, 2, 3), 敎道·敎門·宗敎(語林), 崇信, 敎宗(嚴復·天演), 魯黎體整(嚴復·原富)	○	○				○宗派
physical education [training]	體育	身敎·身體練習(Lob)	○	○		○	○	○
gymnastics	體操	신체를 건강하게 하는 훈련(英和), 鞦韆之事(Lob), 體操(語林)	○	○	○		○	○體育

원어	일역한어	다른 한역어 등	A	B	C	D	E	F
physics	物理學	窮理學(英和), 性學·性理·格物(Lob), 格致學, 格物學(西周), 理學, 物理學(字彙1, 2), 窮理學·物理學(語林), 物理學·自然學(字彙3), 形氣學, 物理之學(嚴復·原富), 形成學, '帝聰明有機斷, 尤精物理'〈晉書, 明帝記〉	○	○		○	○	○
chemistry	化學	舍密學, 理學, 分離術(英和), 分離學(中村正直), 分析學, 化學(字彙1, 2, 3), 化學·舍密學(語林), 煉法·煉物之學·煉物之理·煉用法(L. 井上), 質學(嚴復)	○	○	○	○	○	○
technology	科學技術	諸術の 書(英和), 藝學·藝知·藝之理(Lob), 重學, 諸藝學(字彙2), 工藝學·工術學·技術學(字彙3)						○工程
mechanics	機械學	器械學(英和), 工藝之學·技藝之學·機器之學(Lob), 器械學(西周), 重學·機關學(學藝), 重學(字彙1, 2), 重學(L. 井上), 機械學·重學(語林), 重學·機械學(字彙3)	○	○		○	○	○力學
architecture	建築·建築學	建築學(英和), 工匠務·造營之法·起造之法(Lob), 造營學, 打椿·建築學(學藝), 建築術·造營(語林)	○	○	○	○	○	○
biology	生物學	生活之理·生活總論(Lob), 生體學(西周), 生物學(字彙1, 2, 3), 生物學(語林), 生學(嚴復·天演), 生態學	○				○	○生態學
physiology	生理學	動物植物의 學·窮理學(英和), 性學·性功用學·性功用論(Lob), 生理學(西周), 生理學(字彙1, 2, 3), 生理學(語林), 內景之學(嚴復·群學)				○	○	
pathology	病理學	병에 관하여 정밀하게 아는 學(英和), 病學·病論(Lob), 病理學·感覺學(字彙1, 2), 病理·病理學(語林), 病理學(字彙3)		○				○
astronomy	天文學	星學(英和), 天文·曆法(Lob), 宇宙學, 天文(英華), 天文學·星法(西周), 天文·天學·曆法(學藝), 星學(字彙1, 2), 天學(L. 井上), 天文學·星學(語林), 星學·天文學(字彙3), 天學(嚴復)						○
anatomy	解剖學	解剖學·骨組み(英和), 剖屍之法·百體生之理·百體生論(Lob), 窺察, 外科, 骨節臟腑(英華), 解剖學(字彙1, 2, 3), 外科破肢之法(L. 井上), 解剖·腑分(語林), 鈲驗之科(嚴復·群學)		○		○		○解剖術
hygiene	衛生學	신체를 건강하게 하는 術(英和), 衛生(語林)		○	○		○	○健康法
nutrition	榮養	길러 생장하게 하는 것·養ふ物(英和), 養(語林), 營養(字彙3) → 현재 중국에서는 營養으로 표기.		○			○	○慈養
optics	光學	視術(英和), 視學·視之理(Lob), 光論(西周), 光學·視學(學藝), 光學(字彙3)						○

원어	일역한어	다른 한역어 등	A	B	C	D	E	F
beam, rays	光線	光線(英和), 發光·射光·光射(Lob), 影射·一射光(英華), 光線(學藝), 光線(語林)	○		○	○	○	○射線
agriculture	農業·農學	耕作(英和), 農事·耕由之事·耕稼·稼穡·耕植(Lob), 農業(英華), 農業(字彙1, 2, 3), 農業·農事(語林), 農圃學(梁啓超), 農藝, 田野(嚴復)						○
agricultural products	農産(作)物	農産(語林)		○		○	○	○
gardening, horticulture	園藝學	花園을 만드는 방법·度를 만드는 것(英和), 掌園·園藝·種園之藝(Lob)				○	○	
geology	地質學	風土記(英和), 地成之理·地理總知(Lob), 地質學(西周), 地質論(學藝), 地質學(字彙1, 2, 3), 地質論(L. 井上), 地質學(語林)	○		○	○	○	
dynamics	力學·動力學	物行動之理·物動之理(Lob), 器械動學·動學(西周), 動重學·力藝(學藝), 動學(字彙1, 2), 動重學(L. 井上), 動靜學(語林), 力學(字彙3)				○		○
statics	靜力學·靜態	裁訟하는 術(英和), 重學(Lob), 靜學(西周), 動靜學(學藝), 靜狀論·靜學(字彙1, 2), 靜學(語林), 靜學(字彙3)	○			○	○	
atom	原子	微質(杉田玄端), 極微의 分子·細微해서 나눌 수 없는 것(英和), 極微之物·小莫能破之物(Lob), 極微分子·塵埃(英華), 微分子(字彙1, 2), 原子·分子(語林), 原子(字彙3)	○	○	○	○	○	○微粒
matter	物質	그것·實體·物事((英和), 質·物質·體·物體(Lob), 體·質(英華), 物·物性(字彙1), 物·物質(字彙2, 3), 實體·物體·物質(語林)	○		○	○	○	○物體
satellite	衛星	衛星(英和), 陪星·陪球·從星(Lob), 月, 陪月, 隨星(英華), 小星·月(L. 井上), 衛星·陪星(語林)						○
society	社會	동료의 사귐·一致(英和), 會·結社(Lob), 世間, 人間交際(福澤諭吉), 公衆(何禮之·萬法精理), 簽題會(英華), 相生養之道·社(西周), 社會(字彙1, 2), 仲間·組·連中·社中·社會(語林), 會社·學會·結社·社會(字彙3), 群, 人群, '預斂諸生錢作社會'〈東京夢華錄. 社가 會合한다는 뜻〉	○	○	○	○	○	○群居
social	社交	친밀해지다·친함(英和), 倫的·交友的(Lob), 社會的·社交(字彙3)	○			○	○	○合群的
library	圖書館	읽을거리를 모아두는 곳(英和), 書房·文房·書府·藏書館·書局(Lob), 文庫·書籍館(福澤諭吉), 書院·書房(英華), 書齋		○		○	○	○藏書樓
magazine	雜誌	藏(英和), 局·棧房·庫(Lob), 雜誌·新聞(語林)		○		○	○	○期刊

원어	일역한어	다른 한역어 등	A	B	C	D	E	F
publication, publish	出版·出版物	널리 알리는 것·出版(英和), 出者·揚者·頒行天下(Lob), 刊發·梓行·著·頒行·通行(英華), 頒行(學藝), 出版·布告(語林)	○	○	○	○	○	○發行
bachelor, scholar	學士	學者·書生(英和), 秀才·生員·文生·庠生(Lob), 士·學者·儒·學生(英華), 學士(語林)	○	○	○		○	○
degree, doctorate	學位	階級·度位(英和), 科分·科第·爲學士(Lob), 等·等級·度(英華), 度位·度數(字彙1, 2), 度·程度·度位·度數·等級·博士學位(字彙3)	○	○			○	○
association	協會	仲間·會合·一致·交際(英和), 會合·相投·投合(Lob), 聯合·投合(字彙1), 聯合·投合·會同·結社(字彙2), 社中·會社·仲間(語林), 聚合·聚民·暢聚(L. 井上), 聯合·會同·結社·會社·團體(字彙3)		○		○	○	○連合, 學會
club	俱樂部	仲間(英和), 會·公司·結會·聯會(Lob), 會所, 夜總會, 總會 → 현재 중국에서는 俱樂部와 夜總會를 병용.		○	○	○	○	○會所
culture	文化	教導·修善(英和), 文治教化·修練(字彙2), 學問·教育·風雅(語林), 修練·文化·人文·禮文·禮俗·修養(字彙3), '文化不改, 然後加誅'〈說苑〉	○	○	○	○	○	○教養, 情神文明
civilization	文明	行儀를 바르게 하는 것(英和), 開化者(Lob), 開化之度(西周), 開文(特命全權大使米歐回覽實記), 開化·教化(語林), 開化(字彙2), 開化·文明·文化(字彙3), '濬哲文明, 溫恭永塞'〈書·堯典〉	○		○	○	○	○文化, 教育, 開化
class	階級	部分·階級(英和), 部·類·種·等·班·品·疇·儕·肯類·齒類·流·輩·將·欽·科(Lob), 等·類(英華), 部(字彙1, 2), 分類·類(語林), 部·級·階級·部類(字彙3), '異尊卑之禮, 使高下有差, 階級逾邈'〈三國志·吳志〉	○	○		○	○	○社會等級
evolution	進化	푸는 것·드러내는 것(英和), 展開者(Lob), 發達開進·淳化·開明·開方·小廣(學藝), 化成(中江兆民), 化醇·進化·開進(字彙1, 2), 化醇論·進化論(語林), 進化·發達(字彙3), 天演(嚴復), 開展, 演變	○	○	○	○	○	○發展, 演化, 演變
development	發展	表明者·顯出者·發露·發洩·發開者(Lob), 進化·展開·進長·啓發(字彙1), 啓發·發達((字彙2), 開發(語林), 發達·發展·開展·開舒·進化(字彙3)						○發達, 進化
natural selection	自然淘汰	自然淘汰(語林), 自然淘汰(字彙3), 天然淘汰, 天擇(嚴復·天演)				○		○自然選擇
struggle for existence	生存競爭	生存競爭(井上哲次郎), 生存競爭(語林), 生存競爭(字彙1), 生存抗爭(矢野文雄), 生存競爭(字彙2, 3), 物競(嚴復·天演)						○天演

원어	일역한어	다른 한역어 등	A	B	C	D	E	F
survival of the fittest	適者生存	適種生存(字彙1), 適種生存·優勝劣敗(字彙2), 優勝劣敗(語林), 適者生存·優勝劣敗(字彙3)						○
observation	觀察	意를 쏟는 것·鑑(英和), 睇·見者·看·觀(Lob), 實驗·視察·經驗(西周), 觀察(字彙1, 2, 3), 觀察·演驗(嚴復), '正其行, 而强之道藝, 巡問而觀察之'〈周禮·地官〉						○
induction	歸納	정하는 것(英和), 酌奪·裁奪(Lob), 歸納學(西周), 歸納法(字彙1, 2), 歸納·還元·感應(字彙3), 內籒(嚴復·名學)	○	○	○		○	○
deduction	演繹	引減하는 것·미루어 생겨나는 것(英和), 裁奪·卓奪(Lob), 鉤引法(西周), 演繹法(字彙1, 2, 3), 外籒(嚴復·名學), 扣除·抵〈引減하다〉(學藝), '質以平日所聞父師之言, 更互演繹, 作爲此書'〈朱熹·中庸章句序〉	○	○	○		○	○扣除, 推論
analysis	分析	解剖·分離(英和), 詳解·透析(Lob), 分解·分解法(西周), 分解法(字彙1), 分解法·解釋法·分析(字彙2), 分離·分析·解剖(語林), 分解·解釋·剖別·剖析·分析(字彙3)	○	○		○	○	○分解
synthesis	綜合	組合(英和), 會理的·會意之事·會意之論·推求之論(Lob), 總合法(字彙1, 2), 會理(L. 井上), 總合(語林), 總合·總合法(字彙3)	○			○	○	○
essence	本質	形相·本質(英和), 質·本質·精·精質·精氣·性質(Lob), 精·本體·精氣(英華), 元精·心隨·眞體·運質(字彙1), 元精·本素·心隨·眞體·運質((字彙2), 元素·素·極意(語林), 實質·本質(字彙3)				○		○
reality	現實	實인 것(英和), 眞實·實事·實體·質體(Lob), 實體·眞如(字彙1, 2), 事實·實(語林), 眞實·實體·體性·本體·實有·眞如(字彙3)	○	○	○	○	○	○
symbol	象徵	徵候·비유하는 것을 그림으로 그린 物(英和), 表號·表樣·記號(Lob), 表號(字彙1), 表號(字彙2), 印·表號(語林), 表號·象徵·表徵(字彙3)		○				○記號
imagination	想像	考思·想像(英和), 幻想·虛想·甕想(Lob), 想像力(字彙1, 2), 心想·想像(語林), 想像(字彙3), '思舊故而想象兮, 長太息而掩涕'〈楚辭·遠游〉→중국에서는 想象	○		○	○	○	○空想
reason	理性	道理才智·神妙한 것(英和), 道理·正理(Lob), 道·道理(英華), 道理·理性(字彙1, 2), 理·道理·理性·通理·條理·義理·天理·正理·理由(字彙3), 良知(嚴復)		○	○	○	○	○理智

원어	일역한어	다른 한역어 등	A	B	C	D	E	F
theory	理論	理만을 講究하는 學(英和), 法·法式·法子·總理·通理·意思(Lob), 觀察(西周), 說(學藝), 理論(字彙1, 2), 學·說·理論(語林), 說·論·理論(字彙3)		○	○	○	○	○學說
premise	前提	앞의 것으로 정함(英和), 立端·先立端·先立論端·首論(Lob), 前提(字彙1, 2, 3), 앞의 것으로 말하다(語林)	○	○		○	○	○
presupposition	假定·假設	살펴서 정하는 것(英和), 豫料者·先料者·設想者(Lob), 假定·假設(字彙3)	○	○		○	○	○豫想
proposition	命題	말하여 드러냄·題(英和), 所出之意·提出之意·陳說之事(Lob), 辭, 主題, 款(學藝), 命題(字彙1, 2, 3), 發言·言立·命題(語林), 詞(嚴復)	○	○		○	○	○提議
problem	問題	물음·題(英和), 所出之問·所設之問(Lob), 設論(西周), 題(學藝), 問題(字彙1, 2), 問題·疑問(語林), 問題·疑問(字彙3)		○		○		○
definition	定義	極하는 것·定限(英和), 定者·定解(Lob), 解說, 定義(西周), 註解·解法·意義(英華), 界說〈처음 정할 때의 說解〉(學藝), 定義(字彙1), 定義·界說(字彙2, 3), 意味·定義·注解(語林), 界說(嚴復)		○			○	○界說
dialects, dialectics	辨證法	論理術(英和), 敏弁之法·理論之法(Lob), 論理術·敏辯法(字彙1, 2), 名乘·言葉(語林), 辨證法·敏辯法(字彙3)	○	○			○	○
criticism	批評	批評(英和), 批評者·評訂者·考訂之藝·褒貶(Lob), 評·分辨(英華), 批評(字彙1), 批評·鑑識(字彙2), 分辨(L. 井上), 批評·評論(語林), 批評·批判·鑑識·評隲·品隲(字彙3)	○				○	○評論
common sense	常識	見識·明理·達理(Lob), 通常良知(西周), 常識(字彙1, 2), 常識·通識·普通感·普通感覺·普有感覺(字彙3)		○		○	○	○通情達理
consciousness	意識	知覺(英和), 自知者·知者·心內知者(Lob), 自知(英華), 意識(字彙1, 2), 意識·識感(字彙3), 知覺, 覺性(嚴復), 覺悟, '陸操科斗形, 意識不關貌'〈北齊書·宋游道傳〉	○	○	○	○	○	○
idea	觀念	생각·想像(英和), 意·意思·意見·念頭·心思·想·想像(Lob), 觀念(西周), 意·意思·意見·마음이 보는 것(英華), 觀念(字彙1), 觀念·理想(字彙2), 思·了簡·想像(語林), 意象·觀念·理想(字彙3)	○		○		○	○主意

원어	일역한어	다른 한역어 등	A	B	C	D	E	F
thought	思想	存意·心配·思慮·생각·願望(英和), 念頭·意思·想頭·意·心頭·心思·神思·心曲·意態(Lob), 想·想像·意思·想頭·念(英華), 思想(字彙1, 2), 思·了簡·考·思量·思案·工夫(語林), 思想·念慮·思考(字彙3), '仰天長太息, 思想懷故邦'〈曹子建集·盤石篇〉	○		○	○	○	○思潮
knowledge	知識	了解·術·學問(英和), 見識·知識·智·學問(Lob), 見識·智(英華), 知識·學植(字彙1), 知識·學問(字彙2, 3), 知識·學識·見識·心得(語林), '反子父母妻子知識, 子欲之乎'〈莊子·至樂〉		○		○	○	○學識
impression	印象	感得·考·說版(英和), 引者(Lob), 印象(字彙1, 2, 3), '如是等色, 海中皆有印象'〈大集經〉				○		○
phenomenon (-na)	現象	顯像·空中의 顯像(英和), 象·天象·曆像(Lob), 天象(英華), 現象(字彙1, 2, 3), 斐諾彌那(嚴復·名學), '觀世音現象三十有九, 文殊現象七十一'〈寶行經〉	○		○	○		○感覺
concept	概念	種類·列·性質·順序(英和), 稿(Lob), 概念(字彙1, 2, 3), 意(嚴復), 意志	○					○意思
category	範疇	類序·歷序(Lob), 部門, 部屬, 分類表(西周), 範疇(字彙1, 2, 3), 種類(語林), 〈書經·洪範篇, 九疇〉		○		○	○	○類型
principle	原理·主義	根元·처음·原由(英和), 原·本·本原·原由·理·道·道理(Lob), 理·志(英華), 道·原理·主義(字彙1, 2), 理·道理·道·原理·主義(語林), 道·原力·原理·大本·原儀·主義(字彙3)	○		○	○	○	○原則
nature	自然·本質	天地萬物·宇宙·本體·造物者·性質·天地自然의 道理·品種(英和), 性·天地(Lob), 性·天理(英華), 本性·資質·天理·造化·宇宙·洪鈞·萬有(字彙1, 2), 自然·性·資質·天理(語林), 物然·性質·性格·自然(字彙3), '因天地之自然'〈淮南子〉	○			○	○	○
artificial	人爲的	교묘하게 製作한(英和), 作的·以手作的·製作的·製造的·機巧的·佯爲的·僞爲的(Lob), 工作(英華), 匠氣的(字彙2), 人爲(語林), 人工的·人造的·虛巧的·智巧的(字彙3)	○				○	○人工, 人爲
absolute	絕對	한이 없음·充分하다·가지런하다·强勢(英和), 自然·全·齊全(Lob), 絕對·純全(字彙1), 絕對·純全·全齊(字彙2), 絕對·自存·純全·全齊(字彙3)	○	○		○	○	○
relativity	相對	얽매어(英和), 不自然而然(Lob), 相對(字彙1, 2), 相對性·對待性·相關性(字彙3), '從者二人座, 持九相對'〈儀禮·土婚禮, 얼굴과 얼굴을 마주본다는 뜻〉	○	○	○	○	○	○相關

원어	일역한어	다른 한역어 등	A	B	C	D	E	F
abstract	抽象·抽象的	拔萃·略하는 것·省略(英和), 無體(Lob), 抽象的(西周), 抽象·虛形·形而上(字彙1, 2), 形而上·虛無·無形·一般·抽象·除象(字彙3)		○	○	○	○	○
concrete	具象·具體的	集合의·一致하는(英和), 包體(Lob), 具體的(西周), 具體·實形·形而下(字彙1, 2), 具體·具象·實形·形而下(字彙3)	○	○	○	○	○	○有形的
accident	偶然·偶然性	不幸·일어나는 것(英和), 偶然之事·適然之事·意外之事(Lob), 奇偶·機運·變故·偶有性(字彙1, 2, 3), 偶然·不慮·不圖(語林)		○		○		○
necessity	必然·必然性	是非가 없는 것·要用한 것(英和), 必·必要·不得已(Lob), 必需(西周), 必(英華), 必至(字彙1), 必·必然(語林), 必至·必然(字彙2, 3)		○		○		○
positive	積極·肯定	極에 이른·確實한(英和), 定·確實·實係(Lob), 陽實(中村正直), 知的確(英華), 說正·正面(字彙1), 說正·正面·陽狀(字彙2, 3)	○	○		○	○	○
negative	消極·否定	부정하다·返答·物을 받아들이지 않는 性質·否辭(英和), 非·不視·不有·話唔愛·說不樂·說不然(Lob), 陰虛(中村正直), 說不的·反面的·陰狀(字彙2), 消極·打消(語林), 說不的·反面的·陰狀·否定的(字彙3)	○	○		○	○	○
spiritualism	唯心·觀念論	以萬物爲神之敎(Lob), 觀念論, 唯靈論, 降神術·唯神論(字彙1, 2), 唯神論·降神術(語林), 降神術·唯神論·唯心論(字彙3)	○	○		○	○	○唯靈論, 觀念論
materialism	唯物論	物信·惟言有物而已(Lob), 實質主義, 實物主義, 實利主義, 物質學家·物理家(西周), 唯物論(字彙1, 2), 唯物論(語林), 唯物論·物質論(字彙3), '盈天地之間唯萬物'〈易經〉	○	○			○	○實利主義
nominalism	唯名論	惟名而已, 名目學(西周), 名目論(字彙1, 2), 名目論·唯名論(字彙3), 名宗(嚴復·名學)						○
realism	現實主義	唯實主義, 實體學(西周), 實體論(字彙1, 2), 實有論·實在論·實體論·寫實主義(字彙3), 淨宗(嚴復·名學)		○				○實在論
idealism	理想主義	意想之敎·幻敎(Lob), 唯心論(字彙1, 2), 唯心論·理想論(字彙3)						○唯心主義
positivism	實證主義	實確, 實驗理學(字彙1, 2), 實證論·實理論·積極論(字彙3)						○實證哲學
intuitionism	直觀主義	看見, 直覺主義, 直覺敎(字彙1, 2), 直覺敎·直覺說(字彙3), 元知宗(嚴復)				○	○	○直感論

원어	일역한어	다른 한역어 등	A	B	C	D	E	F
utilitarianism	公利主義	利人之道·以利人爲意之道·利用物之道·益人之道·益人爲意(Lob), 利學(西周), 利用主義, 快樂派, 功利派, 利用派, 功利學(字彙1, 2), 功利主義·實利主義(字彙3), 樂利主義(梁啓超), '功利機巧, 必忘夫人之心'〈莊子·天地〉						○實利主義
egoism	利己主義	我欲(英和), 自愛·自私·獨知自己(Lob), 主我學派·自利主義(字彙1), 主我學派·自理主義(字彙2), 自愛·利己主義(語林), 主我說·主我論·利己主義·愛己主義(字彙3), 自利性(梁啓超), 爲氣(嚴復·群己)						○自我主義
altruism	利他主義	愛他心·利他主義(字彙1, 2), 愛他說·利他主義(字彙3), '菩薩如是修五門行, 自利利他〈迦才·淨土論〉						○
humanism	人文主義	人性·人文主義·人生主義·人道論·人本主義(字彙3), '觀乎人文, 而化成天下'〈易·賁〉		○			○	○人本主義
humanitarian-ism	人道主義	人道主義·唯人主義(字彙3), '有天道焉, 有人道焉'〈易·繫辭〉		○			○	○博愛主義
individualism	個人主義	自立(字彙1, 2), 自立·個人主義·孤獨主義(字彙3)						○利己主義
nation	民族·國家	人民·國人(英和), 民·國·邦·邦國·萬民(Lob), 國(英華), 國·國民(字彙1, 2, 3), 人民·國民(語林)		○	○		○	○種族
nationality	國籍·民族·國粹·國體	民性·民情·民生(英和), 國之性情·好本國者·屬何國乎(Lob), 國族, 國種, 國情, 民情·國體(字彙1, 2), 民情·國體·國粹·國籍(字彙3), 邦·國(語林), 種族, 民性, '溫故知新, 通達國體'〈漢書·成帝紀〉, '大夫, 國體也'〈穀梁傳·庄公二十四年〉	○	○	○	○	○	○國風, 國民性
polity	政體	政度(英和), 政·國政·國典(Lob), 國政(字彙1), 國政·國體(字彙2), 國政·國體·市民·政體(字彙3)						○國體
territory dominion	領域·領土	領分·國·地方·支配·領地(英和), 地·地方·境界·境壤·封·衛圻·畿·皇畿·國·管轄·管轄之界(Lob), 地方(英華), 領·領分·領地(語林), 統治·統轄·管轄·管理·支配·領地·領分·統治權(字彙3)	○		○	○	○	○版圖
control reign	支配	限하는 것·無理押·差配感通·支配·領地勢(英和), 管理·掌理·主理·主治·主持·治理·督理·司理·制·轄制(Lob), 管着·臨御·登位·登極(英華), 抑制·拘束(字彙1, 2), 支配·治(語林), 抑制·制御·箝制·牽制·拘束(字彙3)	○		○	○	○	○統制
extra-territoriality	治外法權	不歸管轄·管轄之外(英華), 治外法權(字彙1, 2, 3), 治外法權(語林)	○			○	○	○
jurisdiction	司法	領分·捌き(英和), 權·判斷之權(Lob), 司律, 斷定權(西周), 管轄·權域(字彙1, 2, 3)						○裁判權

원어	일역한어	다른 한역어 등	A	B	C	D	E	F
legislation	立法	규칙을 세우는 것(英和), 設法之事·定例之事(Lob), 制法, 法規, 議政, 立法·法制(字彙2, 3), 立法(語林), 議制·法典(嚴復·社會)						○法規
executive	行政	取扱하다(英和), 成法者·行法者(Lob), 行法(日本·政體書, 嚴復·群己), 行政權(西周), 行政官(字彙2), 行政(語林), 行政官(字彙3), 施政						○行政官
government	政府	支配·命令·政府(英和), 政·管轄(Lob), 政(英華), 政體, 國·國家(學藝), 政治·政府(字彙1, 2, 3), 政事·政府·政治·政道·支配(語林)	○		○		○	○政體
parliament	議會·議院	公會(英和), 議士會·民委員會·國大公會(Lob), 房, 巴力門(音譯), 議院, 議事院, 國會·會堂(學藝), 國會·巴力門(字彙2), 議事亭·商量國事之大會(L. 井上), 衆議院·國會·議院(語林), 國會·議會(字彙3)	○		○	○	○	○
member	議員	한패·一段·身體(英和), 會員(字彙1, 2, 3), 議員(語林)	○		○	○	○	○
decision	議決	決斷·成功·決定의 書判(英和), 결단판단자처단자구결(Lob), 定案(英華), 果決·批判(字彙1), 果決·批判·裁定(字彙2), 決斷·結着(語林), 判決·果決·批判·裁定·裁斷(字彙3), '延年按劍廷叱群臣, 即日議決'〈漢書·田延年傳〉	○		○	○	○	
bill	議案	捉書(英和), 議案(字彙2, 3), 議案(語林)	○				○	○
motion	動議	題(英和), 動議(字彙2, 3), 動議(語林)	○		○	○	○	○
reject(ion)	否決	저버리는 것(英和), 棄·攫去·除去·遺棄·撤(Lob), 棄去·捐棄·排擠(英華), 否決(語林)	○	○			○	○
budget	豫算·預算	나라에서 1년 동안 出入하는 金銀의 총액(英和), 公項·經費(Lob), '雄材能預算, 大略固難量'〈和張敏之詩〉	○	○		○	○	
speech	演說	說話·國詞(英和), 話·說話·言語·口說·講(Lob), 演舌, 演說(福澤諭吉), 言葉·物言·話·演說(語林), 言語(字彙3), 史彼機(音譯), '下文更將此九類而演說之'〈尙書·洪範〉	○			○	○	○說話
public opinion	世論	衆意·衆心(Lob), 公論, 衆議·衆論(英華), 世論(語林), 淸議(嚴復·群己)						○民意
election	選擧	뽑는 것·뽑히는 것(英和), 選者·選擇者·挑選者(Lob), 公擧, 掄選·選擧·選擇力(字彙1, 2), 選擧(語林), 擧部(嚴復·原富)						○選出
vote	投票	聲(英和), 投名·保擧人·擧薦人(Lob), 選擧(英華), 投票(字彙1, 2, 3), 入札·落札·投票(語林)			○	○	○	○

원어	일역한어	다른 한역어 등	A	B	C	D	E	F
petition	請願	願書·願ひ(英和), 稟·呈上·稟張(Lob), 稟(英華), 嘆願(字彙1, 2, 3), 願·嘆願·訴え(語林)	○		○		○	○請求
democracy	民主主義	共和政治(英和), 民政·衆人管轄·百姓弄權(Lob), 萬民共治, 民政(字彙1, 2), 共和政治·民政(語林), 民政·平民政治(字彙3), 推民自主之國政(L. 井上), 民主之治, 民主, 民主政治, 庶建(嚴復·法意), 德謨克拉西(音譯), '天惟時求民主'〈書經·多方〉	○	○		○	○	○民主政治
constitution	憲法	性體·政事·國法(英和), 國政·國法(Lob), 根本法律, 國憲, 建國, 法·憲法(箕作麟祥), 政體, 立政制度, 根本法, 國制, 朝綱, 建國法制, 原規, 憲法(字彙1, 2, 3), 國法(學藝), 政法·政事(L. 井上), 國憲(語林), 會典, 律例, '賞善罰奸, 國之憲法也'〈國語·晋語〉		○		○	○	○政體
dictatorship	獨裁	'딕테이터'의 役·잘난 체하는 것(英和), 操權者·秉鈞者·總官·總領·單于(Lob), 單于·昏暗君主(英華), 獨裁(語林)	○			○		○專政
oligarchy	寡頭政治	政을 司하는 者·두세 명이 相議하여 다스리는 것을 말한다(英和), 寡人政(Lob), 數人專權(西周), 寡頭政治(字彙1, 2, 3)	○			○	○	
monarchy	君主政治	統一政治·合衆政治의 反對(英和), 一主之國(Lob), 君主之治((西周), 君主之國(學藝), 君政(字彙1, 2), 有君之國·君主之國(L. 井上), 君縣·君政(語林), 君主政體(字彙3)						○
republic	共和	共和(箕作省吾), 共和政治(英和), 衆政之邦·衆政之國·公共之政(Lob), 官宰政治, 擧衆政治之國, 公共之政治, 民主之國(學藝), 合省國(英華), 共和政治(字彙1, 2), 合衆政治之國·民主之國(L. 井上), 共和政治(語林), 共和政治·共和國·共和政體(字彙3), 公治, '周公召公二相行政, 號曰共和'〈史記·周本紀〉	○	○		○	○	○共和國
freedom	自由	세금(地子銀) 등을 내지 않는 것·自由(英和), 自主者·治己之權(Lob), 自尊, 自得, 自若, 自己作主, 自主任意, 自由(字彙1), 自由·自主(字彙2), 無拘束(L. 井上), 自由(語林), 自由·自立(字彙3), 自主自由·自繇(嚴復·群己), '每臨敵交戰, 節度不得自由'〈三國志·朱桓傳〉					○	○
liberty	自由	自由·서로 걸리는 것이 없는 것(英和), 自主·自由·治己之權·自操之權·自主之理(Lob), 自專, 自得, 自主宰, 自若, 自立, 公道, 自主任意, 自在(西周), 自由(字彙1, 2, 3), 無別人拘束(L. 井上), 自由·自在·自主(語林), 自由權, 放任·自繇(嚴復·群己)					○	○
liberalism	自由主義	自由主義·自由說(字彙3)						○

원어	일역한어	다른 한역어 등	A	B	C	D	E	F
authority	權威	威勢·免許·政事의 司·權柄(英和), 權勢·權柄·威權(Lob), 權能(英華)·敎權·憑據(字彙1, 2), 權·威勢·權柄·政治·政府(語林), 証典·敎權·聖權·憑據·原據·典據·典故·大家(字彙3), 權威·節制(嚴復·群己)	○			○	○	○威信
power	勸力	勢力·威勢·才智·適當·指揮·多人數(英和), 力·權·權勢·權柄·權能(Lob), 政權(西周), 能·力·權·權勢(英華), 器能·勢力·權威(字彙1, 2), 勸力·力·勢·威光·威勢(語林), 威力·權勢·器能·勢力·權威(字彙3)						○
self government	自治	治己的·自己揸權者·克己者(Lob), 獨立(語林), 自治·自治制(字彙3)	○		○		○	○
organization	組織·體制	機關을 만드는 사람(英和), 治國之法(Lob), 律法·律法制度(中村正直), 體制(字彙1, 2, 3), 組織·構造(語林),		○		○	○	○
representation	代表	말하여 드러내는 것(英和), 代民辯事·代民理事(Lob), 總代·代理·代表(語林), 代表·陳述(字彙3)	○	○	○	○		○代理
agency	代理	개입하는 것(英和), 致行之力·使自動行·代理之職·代伯之職·代辯之職·署理之職·署任(Lob), 代辯(英華), 代理(字彙1, 2), 代理(語林), 代理人(字彙3)	○		○			○代辯
policy	政策	政治學·手形(英和), 政法·治法·管理國法·治國之法·計(Lob), 政法·權道·術敎(字彙1), 政法·權道·術敎·政略(字彙2), 政治·權道·術敎·方略·權謀·機略·謀略(字彙3), 政約(嚴復)	○	○		○	○	○
political party	政黨	黨類(中村正直), 政黨(語林)	○	○	○	○		○
police	警察	政治(英和), 捕廳·官差·門班(Lob), 官廳(學藝), 巡警, 警察(語林)	○	○	○	○	○	○公安
retirement	退役	물러나는 것(英和), 歸隱·隱居(Lob), 靜居·隱居·燕居(英華), 隱居(語林)				○		○退休
independent (-ce)	獨立	附從하지 않는 것·獨立(英和), 自主, 自理, 己治, 自食其力(英華), 自主之國(學藝), 獨立(字彙1, 2), 自立·獨立(語林), 獨立·自立·自存(字彙3)						○
order	秩序	秩·次序·命令·말씀·示敎·規則·位階·品等(英和), 制度, 次序·層差(英華), 秩序·倫次(字彙1, 2), 秩序·倫次·倫紀(字彙3)						○
revolution	革命	回轉·轉覆(英和), 變·亂·反·叛·叛逆(Lob), 轉數, 回天, 變革, 改新, 民變·大變(學藝), 革命·顛覆(字彙1, 2, 3), 謀反·變革·革命(語林), '天地革命而四時成, 湯武革命, 順乎天而應乎人'〈易·革命〉					○	○

원어	일역한어	다른 한역어 등	A	B	C	D	E	F
communism	共産主義	代公之道·通用百物之道·均用百物之道(Lob), 通有之説(西周), 共産論(字彙1, 2), 公用之理·公用(L.井上), 共有主義·共産主義(字彙3)	○	○		○	○	○
socialism	社會主義	公用之理·公用(Lob), 會社之説(西周), 社會論(字彙1, 2), 社會論(語林), 社會主義(字彙3), 民生主義(孫文)		○		○		○
right wing	右翼	[軍隊의] 右翼(Lob), 右廂(西周)	○	○		○	○	
left wing	左翼	[軍隊의] 左翼(Lob), 左廂(西周), 左翼(語林)	○	○		○	○	
civil law	民法	吏律·則例·民例·規例(Lob), 民法(字彙1, 2, 3), '主土地之官, 作明居民法一篇'〈書經·湯誥〉			○	○	○	
criminal law	刑法	刑例·刑法(Lob), 刑法(字彙1, 2, 3), '貫瀆鬼神, 慢棄刑法'〈左傳·昭公二六年〉	○			○	○	
natural law	自然法	性法, 性法·萬有法(字彙1, 2), 天理(語林), 性法·萬有法·自然法(字彙3)						○自然規律
international law	國際法	萬國公法·國中通行之法·天下通法(Lob), 萬國公法·萬國通例(學藝), 萬國公法(字彙1, 2), 萬國公法(語林), 國際法·萬國公法(字彙3)	○					○
prescription	時效	風習의 끝에 法이 되는 것(英和), 藉久用·藉賴久享·藉賴久規(Lob), 期滿得免·期滿效(箕作麟祥), 先占(字彙1, 2), 時效(字彙3)		○		○		○獲得權利
right	權利	廉直해지는 것·捌녻方(英和), 是·公道·係道理·權(Lob), 權義, 達義, 權利, 通義(福澤諭吉), 分所應得(學藝), 權利·公道·通義(字彙1, 2), 道理·道·理·公義·公道·權·權利·義·善·筋·筋合(語林), 正·正經·應當·公平·合理·公道·通義(字彙3), '以權利合者, 權利盡而交疏'〈史記·鄭世家. 權勢와 利益을 가리킨다〉	○	○		○	○	
duty, obligation	義務	勤め·關係·務(英和), 本分·本當的·應該的·理當的·職分·缺債·缺項·逋負(Lob), 分所應爲(學藝), 本分·義務·職分(字彙1, 2), 義務·責·職分·本分·責任(語林), 本務·本分·職分·義務·任務·服務·分限·負擔·任擔·職分·法鎮·拘束·職責·責務(字彙3)	○	○	○	○	○	○本分, 責任, 職責
privilege, prerogative	特權	나 혼자 받는 免許(英和), 格外之恩·特恩·額外之恩·好處·優待之處·特益·權·特權·格外之權·超常之權(Lob), 權利·利益之處(學藝), 特許(字彙1), 特權(字彙2, 3), 特權·特許·權利(語林)	○		○	○	○	○優惠
court	法廷·法庭	朝廷官署·裁判所(英和), 公堂·衙門·衙署·大堂·公廨·刑部(Lob), 衙門·禁署(英華), 裁判所(字彙2, 3), 法庭·裁判所(語林)	○		○	○	○	○法院

원어	일역한어	다른 한역어 등	A	B	C	D	E	F
arbitration	仲裁	중간에 끼어든 사람의 決斷(英和), 斷事·判斷事(Lob), 定意(英華), 仲裁(語林) → 현재 중국에서는 주로 公斷을 사용.		○		○	○	○公斷
sanction	制裁	정하는 것(英和), 制約·制裁(字彙2), 制裁·裁可(字彙3)						○處罰
movable property, movables	動産	運送할 수 있는 貨物·家田地 등을 제외한 家財(英和), 家什物·浮物(Lob), 動貨(津田眞道), 動産(箕作麟祥), 身屬貨物(西周), 動産(字彙1, 2, 3), 動産(語林)	○	○		○	○	○
real estate, immovables	不動産	들고 다닐 수 없는 品物(英和), 實物(Lob), 植貨(津田眞道), 不動産(箕作麟祥), 地屬貨物(西周), 不動産(字彙1, 2, 3), 不動産(語林)	○	○			○	○
commerce, mercantile business	商業	商賣(英和), 貿易·交易·生意·買賣·生理·沽市·商事(Lob), 生理·貿易·生意·互市的(英華), 商賣·通商·貿易(學藝), 商業·商(語林)	○	○		○	○	○商務
industry	工業	産業(英和), 百工·百藝(Lob), 工業(字彙1, 2), 工業(語林), 工業·實業(字彙3)		○	○	○		○産業
accounts	會計	算用(英和), 計·算·計數(Lob), 淸數(英華), 數目·數項(學藝), 勘定(語林), '孔子嘗爲委吏, 曰會計當而已矣'〈孟子·萬章〉	○			○	○	計算, 帳目
monopoly	獨占	사들이는 것·나 혼자 免許를 청하여 거래하는 것(英和), 獨操權·獨買賣之權·獨市生意(Lob), 壟斷, 包賣買, 專賣(西周), 獨市生意(英華), 包賣買·孤門獨市〈賣買하는 것〉(學藝), 專賣(字彙1, 2), 株·專賣(語林), 獨占·專賣(字彙3), 辜榷(嚴復)	○		○	○		○壟斷
trust, credit	信用·信託	信用·보증하는 물건·質物·入金의 覺書(英和), 托·託·恃財(Lob), 賖賑(英華), 信用貸·掛賣(語林)		○				○賖賑
product	生産	産物(英和), 生産(學藝), 産(西周), 成果·物産(字彙1, 2), 生財(嚴復·原富), '不事家人生産作業'〈史記〉		○				○産物, 産品
consume	消費	費化·燒化·燒盡·花費·花散·花消(Lob), 消費(西周), 消費(語林), 用貨(嚴復·原富)	○		○	○	○	○
labour	勞働	仕事·業·勞(英和), 勞·勤力·勞力·勤勞·作工·當工·做工作(Lob), 勞(西周), 作工(英華), 工作(字彙1), 仕事·骨折り·働き(語林), 工作·勞働·勤勞(字彙2), 勞働·勤勞·勞苦·工作(字彙3), 功力·力役(嚴復·原富)→働은 일본의 國字이기 때문에 중국과 한국에서는 勞動이라 쓴다.	○		○	○	○	○

원어	일역한어	다른 한역어 등	A	B	C	D	E	F
union	組合	一致·結合·合同(英和), 相合·相連·合埋·合·合會(Lob), 雍睦(英華), 一致·連合·情交(字彙1, 2, 3), 組合·連合(語林), 連盟工會	○		○	○	○	工會, 連合
company, corporation	會社	社中·職人의 동료·職人組(英和), 公司·公會·商會·會(Lob), 商人會社·商社(福澤諭吉), 公會(英華), 協合(字彙1), 會·協會(字彙2, 3), 社中·會社(語林)						公司, 協會
wages	賃金	賃·役料·報·給金(英和), 工銀·工錢·人工·工食·糧·錢糧·勞金(Lob), 工銀·工錢(英華), 工銀(字彙1, 2), 勞銀·賃銀(字彙3), 給金·賃·給料·賃錢·賃金(語林), 力傭(嚴復·原富)→현재 중국에서는 工資.						
capital	資本	元金(英和), 本錢·子母錢·血本(Lob), 元·元金(西周), 母財, 資本金, 資金, 本錢(英華), 本錢·本·〈元金〉(學藝), 資本(字彙1, 2, 3), 本錢·資本(語林)		○	○	○	○	○本錢
speculation	投機	徼倖, 投機(字彙1, 2, 3), 投機·ヤマ(語林), '投機之會, 間不用稷'〈新唐書·張公謹傳贊〉	○			○	○	○
plan	計劃	雛形·企(英和), 謀圖·預匠(字彙2), 計劃(語林), 謀圖·意匠·企圖·預劃·規劃·謀劃·企劃·劃作·設計·計劃(字彙3)	○			○	○	○雛形

주 1) '다른 한역어 등'란에는 일본과 중국 양국에서 만들어진 역어와 역자, 그 출전으로 상정되는 전적개소(典籍箇所) 등을 게재하긴 하지만 망라한 것은 아니다. 여기에서 참조한 사전 등의 약호와 그 개략은 다음과 같다.

① (英和)는 1862년 막부의 洋書調所에서 공간된 堀達之助, 『英和對譯袖珍辭書』를 가리킨다. 이것은 H. Picard, *A New Pocket Dictionary of the English-Dutch and Dutch-English Language*, 1857의 영란(英蘭) 부분을 되프-할마(Doeff-Halma Dictionary, 나가사키할마, 1830)의 계통을 잇는 『蘭和字彙』(1858) 등을 참조하여 편찬한 것이다.

② (Lob)는 W. Lobscheid, *Englich and Chinese Dictionary*, 『英華字典』 Vol.4, Hong Kong : Daily Press, 1866~69.

③ (英華)는 斯維爾士維廉士, 淸國·衛三畏 鑑定, 柳澤信大 校正訓点, 『英華字彙』, 松莊館, 1869인데, 이것은 Samuel Wells Williams의 『英華韻府歷階』 중 英華字彙部에 훈점을 더해 번각한 것이다. 인용할 때에는 훈점을 생략했다.

④ (學藝)는 矢田堀鴻, 『英華學藝詞林』(1880.3)을 가리킨다. 총망라해서 제시했으며 빠진 말은 이 책에 없는 것이다. 또, 『英華學藝詞林』은 학술용어의 번역을 확정하기 위해 지리학·수학 및 星學·機關學·금석학 및 지질학·선박 및 船具 운용·理學·상법·인류 8부문에 관하여 1872년 푸저우에서 간행된 Justus Doolittle, *Vocabulary and Hand-book of the Chinese Language*, 『英華萃林韻府』를 야타보리(矢田堀)가 개편·역술한 것이다.

⑤ (字彙)는 『哲學字彙』를 가리킨다. 井上哲次郎·和田垣謙三·國府寺新作·有賀長雄 編, 『哲學字彙』(1881); 井上哲次郎·有賀長 增補, 『改訂增補哲學字彙』(1884); 井上哲次郎·元良勇次郎·中島力造 編, 『哲學字彙』(1912) 세 판본이 있는데, 차례로 1, 2, 3으로 표시하여 구별한다. 1881년본은 William Fleming D. D., *Vocabulary of Philosophy, Psychological, Ethical, Metaphysical*, 1876을 기초로 하여 편자가 수집한 어휘에 의해 편집된 것이다.

⑥ (L.井上)는 ②의 羅布存德(Lobscheid), 『英華字典』을 이노우에 데쓰지로가 정정·증보한 『訂增英華字典』(藤本次右衛門藏版, 1883~1884년 간행)을 가리킨다.

⑦ 〈語林〉은 米國·平文, 『和英·英和語林集成』 第3版(J. C. Hepburn, *A Japanese-English and English-Japanese Dictionary*, 丸善商社, 1886)을 가리킨다.

2) 〈嚴復〉 등으로 표기한 것은 그 사람이 案出한 역어라는 것을 가리킨다. 嚴復의 번역어에 관해서는 『天演論』(1898년 간행, T. H. Huxley, *Evolution and Ethics*의 纂譯), 『群學肄言』(1903년 간행, H. Spencer, *Sociology*의 번역), 『穆勒名學』(1905년 간행, J. S. Mills, *System of Logic*의 번역), 『群己權界論』(1903년 간행 J. S. Mills, *On Liberty*의 번역), 『社會通詮』(1904년 간행, Edward Jenks, *A History of Politics*의 번역), 『原富』(1901~1902년 간행, Adam Smith, *A Wealth of Nations*의 번역), 『孟德斯鳩法意』(1904~1909년 간행, Montesquieu, *Esprit des Lois*의 번역)을 각각 略記한 것이다.

3) 번역 일어인지 아닌지 인정하는 데에는 여러 설이 있으며, 지금까지의 연구나 사전에서 일본에서 번역된 것으로 간주되는 말에는 ○ 표시를 했다. 참조한 논문과 사전은 다음과 같다.
 A : 高名凱·劉正埮, 『現代漢語外來詞研究』(文字改革出版社, 1958). 여기에서는 이 책의 번역·연구서인 鳥井克之 譯, 『現代中國語における外來詞語研究』(關西大學出版部, 1988)에 의거한다.
 B : 王立達, 「現代漢語中從日語借來的詞彙」, 『中國語文』, 1958年 2月號.
 C : 北京師範學院中文系漢語敎硏組 編, 『五四以來漢語書面語言的變遷和發展』(商務印書館, 1959)
 D : 劉正埮·高名凱·麥永乾·史有爲 編, 『漢語外來詞詞典』(上海辭書出版社, 1984)
 E : さねとう·けいしゅう, 「中國語のなかの日本語」, 『言語生活』, 1966年 10, 11月號.
 F : 鄭易里·曹成修 外編, 『修訂第二版·英華大詞典』(商務印書館, 1987). 일역 한자어와 동일한 역어를 제시하는 것에 ○ 표시를 하고, 다른 역어가 있는 경우에는 주요한 것만을 거론한다.

　　그러나 과연 일역한어가 일본에서 고유하게 주조된 것인지 여부를 확정하는 것은 반드시 쉽지만은 않다. 이미 제2부 제2장 '서학과 동아시아 세계' 및 제3장 '서학에 의한 사상연쇄'에서 보았듯이, 중국으로부터의 서학서 수입과 국내에서의 난학 번역이라는 두 회로에 의해 구미 언어의 번역이 진행되고 있었다는 것을 고려할 필요가 있기 때문이다. 그 때문에 지금까지의 연구에서 일역한어로 간주되던 권리·야만·자주자치·국제·민주 등과 같이 마틴이 번역한 『만국공법』에서 사용된 사례도 있고, 일본인이 안출했다고 생각되는 용어 가운데에서도, 예를 들어 대장성 관리였던 시부사와 에이이치가 은행조례를 제정할 때 'bank'의 번역어로 안출했다는 설이 있는 은행은 사부사와에게는 고심 끝의 창작이었다고 하지만, 언어로서는 당나라 시대에 환전소의 의미로 금은행이라는 글자가 사용되었다는 것이 명나라 양신楊愼의 책 『양승암집楊升庵集』에 보이고, 1860년에 나가사키에 전해진 제임스 레그James Legge의 『지환계몽智環啓

蒙』이나 빌헬름 롭샤이트Wilhelm Lobscheid의 『영화자전英華字典』에 'bank'의 번역어로서 등장하고 있다는 사례도 있다.[176] 이 외에 문법은 『명리탐名理探』 권1(1627)에서, 민주는 왕지王芝의 『해객일담海客日譚』 권4(1872)에서 사용되고 있고, 윤리·역사·심리·적극 등도 중국 고전에 있는데, 그것이 과연 번역어와 같은 뜻으로 사용되었는지를 포함해, 막말·메이지 시기의 일역한어가 일본인이 독자적으로 안출한 것이었는지는 정밀한 조사가 필요하다. 법제와 행정 용어에 대해서는 중국의 『육부성어六部成語』, 『복혜전서福惠全書』, 『청회전사례淸會典事例』 등이 참조·전용하고 있는 것에도 주의를 기울일 필요가 있다. 또, 일역한어를 만들 때에도 모리슨 Robert Morrison의 『화영자전A Dictionary of the Chinese Language』(1815~1823)이나 메드허스트Walter Henry Medhurst의 『영한자전English and Chinese Dictionary』(1847~1848) 등의 영화사전에 준거하여 자구적인 역어를 숙어로 쓰고 있는 것도 적지 않다. 그 중에서도 일역한어를 많이 주조한 니시 아마네나 나카무라 마사나오, 이노우에 데쓰지로 등이 많이 참조한 것이 롭샤이트의 『영화자전』인데,[177] 롭샤이트는 1854년 페리가 가나가와조약을 체결할 때 미국측 통역으로 일본으로 와 일본측 통역 호리 다쓰노스케堀達之助와 접촉하였고, 1862년에 다시 일본에 왔을 때 막부 양서조소洋書調所에서 공간된

---

176 은행 외에 개인, 공화, 철학, 회사, 연설 등의 일역한어가 주조되기까지의 모색에 대해서는 齋藤毅, 『明治のことば』, 講談社, 1977에 상세한 검토가 이루어져 있다.

177 西周와 中村正直가 롭샤이트의 『英華字典』을 어떻게 참조하여 자신의 번역어를 만들었는지에 대해서는 森岡健二 編著, 『近代語の成立』, 明治書院, 1969의 분석을 참조. 또한 나카무라 마사나오는 津田仙, 柳沢信大 등과 롭샤이트의 『英華字典』을 1872년부터 6년여 동안 일역하여 『英華和譯字典』(山內輯出版, 1879)으로 출판하였고, 이노우에 데쓰지로도 롭샤이트의 번역어에 메드허스트 등의 번역어를 첨가하여 『訂增英華字典』을 간행했다. 더욱이 모리슨의 Dictionary of the Chinese Language 제3부인 영화자전도 일찍이 나가사키에 전해져 吉雄權之助 등 네덜란드 통역에 의해 이용되고 있었다(岩崎克巳, 『柴田昌吉伝』, 一誠堂書店, 1935, pp.46~47). 이러한 영어사전의 일본 수입에 대해 개관한 것으로 豊田実, 『日本英學史の研究』(千城書房, 1963)가 있다.

호리 다쓰노스케 편, 『영화대역수진사서英和對譯袖珍辭書』를 구입하여 『영화자전』을 편찬할 때 참고자료로 썼다고 한다.[178] 게다가 호리 다쓰노스케가 『영화대역수진사서』를 편찬할 때는 1855년에 롭샤이트W. Lobscheid로부터 받은 메드허스트의 『영한자전』과 『한영자전』을 참고했는데, 이처럼 일본과 중국 사이에서는 역어를 둘러싸고 착종된 계승 관계가 있었던 것이다. [표 7]에서 『영화대역수진사서』, 롭샤이트의 『영화자전』, 니시 아마네와 나카무라 마사나오 등의 번역어, 윌리엄즈Samuel W. Williams의 『영화자휘』, 둘리틀J. Doolittle 저, 야타보리 고矢田堀鴻 개편, 『영화학예사림』, 『철학자휘』 3종, 롭샤이트 저, 이오우에 데쓰지로 증정增訂, 『증정 영화자전』, 헵번J. C. Hepburn의 『화영・영화어림집성』과 옌푸, 량치차오 등의 번역어 등을 적기한 것은 역어의 추이와 중일 간의 관련을 엿볼 수 있게 하기 위해서이다. 이 표를 보아도 알 수 있듯이, 일역한어로 간주되어 온 것 중에도 이미 『영화자전』에 있는 것도 있고 또 일역한어로 덧붙여야 할 것도 있는데, 『영화대역수진사서』의 역어가 그 후의 모색에도 불구하고 결과적으로 정착되고 있는 것에도 주목할 필요가 있다.

단, 서학서나 영화사전에 대해서도 서학의 번역을 수행한 선교사나 사전 편찬자 사이에서 번역어가 통일되어 있었던 것이 아니라, 중국어를 배운 장소의 차이에 따라 현지어의 영향을 받거나 전공이나 시기 차이 등에

---

178 롭샤이트의 생애와 그의 『英華字典』이나, 가나가와조약 체결 시 미국 측 통역으로서 堀達之助와 교섭을 거듭한 점에 대해 밝힌 획기적 연구로는 那須雅之, 「W. Lobscheid小傳」(『文學論叢』 第109輯, 愛知大學, 1995); 「Lobscheidの『英華字典』について」(『文學論叢』 第114輯, 1997; 第116輯, 1998) 등이 있고, 한편 이 문제를 堀達之助 측에서 접근한 논고로 堀孝彦, 「幕末外交史における通詞の役割」(慶應義塾福澤研究センター, 『近代日本研究』 第16卷, 1999) 등이 있다. 단, [표 7]에 든 것처럼 堀達之助 編, 『英和對譯袖珍辭書』에서 롭샤이트의 『英華字典』이 참조한 번역어는 그렇게 많지 않았던 것 같은데, 그에 대해서는 메드허스트의 번역어를 포함한 종합적인 검토가 필요하다. 『英和對譯袖珍辭書』의 영인본과 서지적 검토는 杉本つとむ 編, 『江戸時代飜譯日本語辭典』(早稲田大學出版部, 1981)에 수록되어 있다.

의해 다른 번역어가 만들어졌기 때문에 동일한 단어에 대해서도 번역어가 다른 점도 유의해야 할 것이다. 물론 이 문제는 번역 당사자에게도 큰 문제가 되어 1877년 창설된 익지서회益智書會, The School and Textbook Series Committee에서는 번역어 통일을 위한 부서가 만들어졌는데, 이 단계에서 이미 일역한어가 무시할 수 없는 존재가 되었기 때문에, 1872년 마리아 루즈호 사건에서 중국측 조언자로 일본을 방문하여 1877년까지 가이세이학교開成學校 등에서 박물학과 영어, 라틴어 등을 가르친 맥카티麥嘉締, Divie Bethune McCartee에게 일본의 번역어를 수집할 임무가 주어졌다.[179] 또한 1880년 익지서회의 상하이 회의에서는 번역어 통일의 중심이었던 강남제조국 교습敎習 프라이어에게 베이징과 도쿄에서 번역어 자료를 수집할 것, 이어서 알렌Young J. Allen, 林樂知에게 일본문의 번역어를 수집할 것 등을 요청한 것을 보면 재중국 선교사가 일본에서의 번역 한어에 아주 높은 관심을 기울이고 있었던 것은 확실하다. 다만 일역한어 수집이 얼마나 정리되고 번역에 이용되었는가는 불명확하다. 그러나 프라이어는 번역어의 혼란을 수습하기 위해

---

179 王樹槐, 「淸末醹譯名詞的統一問題」(『中央硏究院近代史硏究所集刊』 第1集, 1969) 참조. 맥카티는 미국 장로과 선교사로 1843년 중국에 파견되어 닝보(寧波) 선교를 전개하였고 기독교 개설서인 『眞理易知』를 출판하였는데, 이 책은 J. C. 헵번(Hepburn)이 일본어로 번역하였다. 또, 상하이 영사 통역관을 지낸 후 1872년부터 5년 동안 일본에 머물렀고 그 후 1877년부터 3년 동안은 일본 주재 중국대사관 서기관으로, 1888년에는 선교사로 그 후 10년 동안 일본에서 활동했다. 그의 사적에 대해서는 Robert E. Speer, ed., *A Missionary Pioneer in the Far East, A Memorial of Devive Benthune McCartee*, New York : Fleming H. Revell, 1922 참조. 또, 渡辺正雄・小川真理子, 「D. B. マッカーティー: 醫師・宣敎師・外交官・御雇敎師」(『東京大學敎養學科紀要』 第7號, 1974)에서는 맥카티는 도쿄 開成學校에서 '박물지 및 경제학'을 담당하였고 수업에서 전문용어나 난해한 부분에 대해서는 한자를 사용해 설명했다고 하는데, 맥카티가 일본에서 번역어 조사를 한 것은 언급하지 않고 있다. 다만 『신약성경』의 내용과 기독교 개념을 한자로 쓰고 이것을 중국어로 설명하는 것을 자신의 과제로 삼았다고 한다. 또, 石川千代松는 비판적인 관점에서이긴 하지만, 찰스 다윈의 이름이나 진화론에 대해 맥카티로부터 처음 들었다고 회고하는데 이는 1878년 도쿄대학에서 생물학과 동물학을 강의한 E. S. 모스에 앞서 진화론을 일본에 소개한 셈이 된다(『石川千代松全集』 第4卷, 興文社, 1936, p.125).

역어대조를 편찬할 것을 추진하여 『금석중서명목표金石中西名目表』(1883),
『화학재료중서명목표化學材料中西名目表』(1885), 『서약대성약품중서명목표
西藥大成藥品中西名目表』(1887), 『기기중서명목표汽機中西名目表』(1889)의 네 책을
공간했으며, 이것들에 의해 자연과학 용어의 통일이 시도되었다. 더욱이
의학 용어에 대해서는 1886년에 조직된 박의회博醫會, China Medical Missionary
Association가 번역어 대조 연구를 추진했다. 수학 관계 용어는 수학을 비롯하
여 대수, 기하, 방정식 등은 마테오 리치 등의 서학서에서 사용되면서 이후
까지 통용되었고, 와일리Alexander Wylie, 偉烈亞力 등에 의한 번역어를 포함하여
일본에서도 수입된 것이 많았다.[180] 그리고 일본에서도 마찬가지로 과학
기술이나 학술 용어의 정리가 이루어져 무토 히사시武藤寿, 『금석대명표金石
對名表』(1879), 에마 슌키江馬春熙, 『양화약명자류洋和藥名字類』(1881), 이노우
에 데쓰지로 외, 『철학자휘』(1881), 공학협회, 『공학자휘』(1886), 물리학
역어회, 『물리학술어화영독불 대역사전』(1888), 도쿄화학회, 『화학역어
집』(1891) 등이 간행되어 1890년대에는 오늘날의 번역어가 거의 정해지
기에 이르렀다. 바로 이 시기, 여타 아시아 국가에서 온 유학생이나 망명자
에 의한 동학東學의 섭취, 번역이 시작되어 그에 의해 일역한어나 일본한어
가 유포되기에 이르렀던 것이다.

　물론 일역한어는 영어나 네덜란드어로부터만 만들어진 것은 아닌데,
'개념'의 경우 'concept'와 더불어 'Begriff'라는 독일어로부터도 번역
하였고, 또한 '상징'의 경우는 영어 'symbol'보다도 나카에 조민이 프
랑스어 'symbole'에서 안출했다는 측면을 더불어 생각할 필요가 있다.

180　수학용어의 번역명 통일 문제에 대해서는 汪曉勤, 『中西科學交流的功臣偉烈亞力』(科學出版社,
　　2000, pp.77~107)에 실린 표에 정리되어 있다. 또, 일본에서의 수학용어 번역 문제에 대해서는 福
　　原滿洲男 外, 『數學と日本語』, 共立出版社, 1981 참조.

마찬가지로 세계관Weltanschaung, 지양Aufheben, 감각Empfindung, 자율Autonomie, 타율Heteronomie, 이념Idee, 오성Verstand, 이성Vernunft, 표상Vorstellung, 우연Zufall, 소야곡Serenade 등의 독일어 번역도 있었고, 미술beaux-arts, 순문학belle-lettres, 간부cadre, 소묘dessin 등의 프랑스어 번역도 있었으며, 그 이외의 언어로 부터 번역되고 보급되었을 가능성도 감안해야 한다.

또한 더욱 중요한 문제로 일역한어가 원래 서학한역서나 영한사전英漢辭典 등에서 채택된 것이었다고 해도 실제로 중국에서 사용되는 국면에서는 일본에서 수입된 신명사로 의식된 것이 적지 않았다는 점이다. 그 때문에 권리라는 말이 마틴이 번역한 『만국공법』에서 사용되었다고 해도 그 책이 중국에서 읽힌 범위는 대단히 한정되어 있었기 때문에 권리는 의무와 더불어 일본인이 만든 번역어라고 비판을 받기도 했던 것이다.[181] 덧붙여 중국 고전에 전거가 있는 경우에는 그것이 일역한어를 경유한 것이어도 일역한어로 인정되지 않는 것도 많았다. [표 7]의 번역어에 대해 그것을 일역으로 인정하는가에 대한 인식이 서로 다른 것도 이러한 이유 때문이다. 그러나 예를 들어 민법이나 형법은 중국에서 사용된 선례가 있었다 해도 청말·민국초기에는 민율民律이나 형률刑律이라는 명사가 일반적으로 사용되었고 민법이나 형법은 어디까지나 일역한어로 인식되었다. 확실히 중국에는 "법은 다스림의 도구이다"(『淮南子』 「泰族」), "법은 백성의 부모이다"(『管子』) 등의 법이념이 있었다. 그러나 그것은 어디까지나 범칭으로서의 규범을 가리킬 뿐이고 개별적인 법전이나 법장法章과는 다른 것으로 인식되었기 때문에 1915년 간행된 펑원쭈彭文祖의 『맹인할마지신명사盲人瞎馬之新名詞』에서 민율 등의 '율'을

---

181 胡以魯, 「論譯名」, 『庸言』 第2卷 第1·2號 合刊, 1914.2, p.12. 胡以魯는 권리를 '理權'으로, 의무를 '義分'으로 대체할 것을 주장했다.

'법'으로 바꾸어 일본을 따르자고 제안한 것으로 보인다.[182] 그러나 또한 펑원쭈는 'lawyer'의 일역한어인 '변호사'에는 거부반응을 보이며 율사로 해야 한다고 주장했고, 실제로 중국에서는 결과적으로 율사가 정착되기에 이르렀다. 한편 'court'에 "재단하고 판정하는 곳"이라는 일본어의 축약형으로서 재판소[183]라는 한자어를 대응시킨 데 반해, 중국이나 한국에서는 이를 거부하고 법원이라는 명사를 사용했다. 게다가 중국에서는 'trial'에 해당하는 말인 재판에 대해서는 일본 한자어를 채용하면서 'judge'의 일역한어인 재판관을 사용하지 않고 추사推事를 사용하는 등 착종된 상황을 보이고 있었다. 이러한 번역어 채용에서 나타난, 법과 율을 비롯한 다양한 의식 차이는 일역한어나 일본 한자어의 수용과 거절이라는 거울에 비춤으로써 일본·중국·한국 각각의 법문화의 이동異同을 보여주는 것이며, 사상연쇄라는 틀을 설정함으로써 이러한 것들의 의미가 부각될 것이다.

어쨌든 일역한어나 일본 한자어의 유포라는 사태는 사상연쇄를 가능하게 하는 조건이기도 했고 또 사상연쇄의 결과로 나타난 것이기도 했는데, 이러한 구미의 학술·문물·제도와 서학의 번역에서 생겨난 한자어에 대해 야마다 다카오山田孝雄는 "근세 서양문화를 일본에 전한 것도 주로 한자어이다. 이런 종류의 한자어는 지나 고전에 의거해 이미 사용되던 것을 전용한 것도 있지만 새로 만들어진 것도 적지 않다. 그리고 여기에는 두 가지 원천이 있다. 하나는 지나에서 서양문화를 수입하기 위해 선별적으로 번역서에 사용한 말을 일본에서도 습용한 것이다. 다

---

182 彭文祖, 『盲人瞎馬之新名詞』(私家版, 1915) pp.116~117.
183 다만 재판소라는 번역어 자체는 네덜란드인 'regt'의 번역어로서『和蘭字彙』등에 보이는데, 나아가 이것이 'court'의 번역어가 되었던 것이다.

른 하나는 일본에서 서양문화를 수입하기 위해 선정한 것으로서 이 가운데에는 지나 고전에 전거를 둔 것과 일본에서 새로 선정한 것이 있다"[184]라고 구분하고 있다. 그러니까 한역어에는 선교사나 옌푸 등에 의해 중국에서 만들어진 것, 일역한어 가운데 중국 고전에 의거한 것(문명·문학·상대·인도·자유·공화·국체 등)과 일본에서 독자적으로 만든 것(과학·사회·공산·간부 등)의 세 종류가 있다. 이 외에 유학생이나 번역서 등에 의해 중국에서 사용된 일본 한자어 가운데에는 수속手續·취체取締·장합場合·견습見習·단서但書 등과 같이 한자어를 사용한 일본어(이하 일본 한자어로 칭함. [표 8]에 그 일부를 적었다)도 있는가 하면, 탄소·산소 등 난학 번역에서 이루어진 말 이외에, 우다가와 겐신宇田川玄真이 안출한 것으로 알려진 췌膵를 비롯하여 선腺·암癌 등과 같이 문자 자체가 만들어진 것도 적지 않았다. 다만 받아들이는 측에게는 일역한어와 일본 한자어의 차이가 의식되었던 것은 아니었다. 또, 예컨대 일본에서는 부결을 'reject(ion)', 가결을 'approval', 'adopt'의 번역으로 받아들였다고 해도 중국에서 수용될 때에는 그것을 원어와 대응시켜 이해했던 것은 아니고 대일본제국헌법 등에 사용된 한자어로 수입되었다는 측면이 있었던 것도 부정할 수 없다. 이러한 일역한어나 일본 한자어의 어휘의 생성과 분류 등에 대해서는 이미 많은 선행연구[185]가 있다. 여기에서는 어휘

---

184 山田孝雄, 『國語の中における漢語の硏究』, 寶文館出版, 1940, p.414.

185 이 문제의 연구에 선편을 쥔 さねとうけいしゅう, 「日本語彙の中國語文へのとけのみ」(『增補·中國人日本留學史』第7章); 「中國語に入った日本語」(『言語生活』, 1966年 10, 11月號) 외에, 鈴木修次, 『文明とことば』(文化評論出版社, 1981); 『日本漢語と中國』(中央公論社, 1981); 柳父章, 『翻譯語成立事情』(岩波書店, 1982); 佐藤亨, 『近世語彙の硏究』(櫻楓社, 1983); 『幕末·明治初期語彙の硏究』(櫻楓社, 1986); 志村良治, 「日本語語彙と中國語語彙」(佐藤喜代治 編, 『講座日本語の語彙の硏究第2卷 日本語の語彙の特色』, 明治書院, 1982 所收); 沈國威, 『近代中國語彙交流史』(笠間書院, 1994); 荒川淸秀, 『近代日中學術用語の形成と傳播—地理學用語を中心に』(白帝社, 1997); 芝田稔, 「日中同文譯語交流の史的硏究 (1)~(3)」(『關西大學東西學術研究所紀要』第2, 5, 7號, 1969~1974) 등이 있

[표 8] 일본 한자어

立場·貸方·借方·間接·隱居·場合·場所·場面·備品·武士道·舞臺·調整·大本營·軍部·軍
籍·豫備役·團體·距離·記錄·命令·身分·認可·作戰·處刑·支店·集團·出席·總計·倉庫·退
却·犧牲·困難·手續·取締·但書·特別·特殊·打消·取消·話題·黑幕·內幕·立場·方式·權
益·實權·實績·訴權·特長·外勤·文庫·物語·校訓·訓育·原作·改札口·廣場·景氣·鼻息·馬
鈴薯·便所·幻燈·版畵·吋·粁·瓩·哩·見習·人力車·三輪車·脚本·手形·差押·過渡·玩具·
化粧品·浪人·派出所·克服

　자체의 상세한 검토는 생략하고 사상연쇄의 일환으로 일역한어와 일본
한자어의 수입이 어떠한 반응이나 문화 마찰을 야기하면서 중국 번역
어를 대신하거나 정착해갔던가 하는 측면에 대해서만 살펴보고자 한다.

　일어한역이나 일본 한자어의 수입이라는 사태에 중국 학생이 어떻게
직면했는가에 대해 일본인 교습의 견문이 얼마간 남아 있다. 그 가운데
강의록을 사용하여 수업을 한 경우 일본어로부터의 번역이 유용했던
것에 대해 요시노 사쿠조는 "일본어를 번역하는 데 적당한 번역어를 찾
을 필요가 없다. 원문에서 가나를 빼고 문자의 위치를 조금 바꾸면 바로
한역이 된다. 다만 일본어 가운데에는 예를 들면 '不都合'이나 '場合'과
같이 청국에 통용되지 않는 한자도 있지만, 이런 문자는 고심해서 번역
할 것까지도 없이 그대로 이 문자를 습용하여 교실에서 그 뜻을 설명하
는 것으로도 충분하고, 학생들은 오히려 이러한 새로운 자구를 사용하
는 것을 좋아한다"[186]라고 했다. 요시노는 또 유럽어에서 적당한 중국어
번역을 발견하는 것은 학생들에게 대단히 어려운 일이었다면서, "그들
이 얼마나 번역어를 발견하는 데 고심했는가는 그들이 결국 영화(英和) 혹
은 독화(獨和) 사전에 의거해 일본 역자(譯字)를 알아서 이것을 사용하는 사

다. 아울러 일본과 중국의 연구사에 대해서는 沈國威, 『近代日中語彙交流史』 第2章 및 같은 책 권말
　의 참고문헌·자료일람 참조
[186] 吉野作造, 「淸國在勤の日本人敎師」, 『國家學會雜誌』 第23卷 5號, 1909, pp.134~135.

실에 비추어도 명확하다"라고 일본 번역어가 중요한 역할을 했다고 강조했다.

그러나 일역한어나 일본 한자어가 유용시되고 또 시류의 최첨단을 달리는 신명사로 환영받았다 해도 혼란과 당혹감을 초래한 측면이 있었던 것도 사실이다. 이 점에 대해 마찬가지로 일본인 교습이었던 핫토리 우노키치는 일역한어나 일본 한자어가 불러일으킨 사태에 대해 "내가 1901년 지나에 갔을 때에는 회사와 사회의 구별이 불가능한 사람이 많이 있었다. 회사도 사회도 똑같이 생각했던 것이다. 역시 문자로 보면 거의 같은 것이다. 그리고 소절수小切手를 형태가 작은 우표라는 식으로 생각하고, 형태의 크고 작음에 따라 구별이 된다는 식으로 생각한 사람도 있는 등 여러 가지 우스운 이야기도 있는데, 어쨌든 마음대로 그런 말을 사용했기 때문에 상당히 당황한 사람이 있었다"[187]라고 말한다. '회'든 '사'든 그 자체가 중국어로서 의미를 가진 것이었지만 두 문자의 순서를 바꾸는 것만으로 완전히 다른 의미를 갖는 두 말의 차이는 이해하기 어려웠을 터이다. 'society'의 번역어인 사회도 'company'나 'corporation'의 번역어인 회사도, [표 7]에서 볼 수 있듯이 중국인의 번역이 유동적이었던 만큼 도입 직후의 곤혹감은 당연했을 터이다. 핫토리는 또 오카다 아사타로岡田朝太郞의 형률 초안에 반대한 커다란 이유로, 새로운 숙어가 너무 많아 집행자에게도 이해되지 않고 일본 유학생에게도 이해될 수 없을 정도이니, 하물며 국민이 그것을 알 턱이 없기 때문에 실행 불가능하다는 의견이 있었다고 말한다. 이 외에 같은 한자를 사용해도 중국어와 일본어에서 전혀 의미가 다른 사례로 핫토리는 가출옥을 들었는데, '가

---

187 服部宇之吉, 「日本文化の支那に及ぼせる影響」, 『支那研究』, 明治出版社, 1920, pp.299~300.

假'가 중국어로는 허위·거짓을 가리키고, 일시적이라는 의미가 없기 때문에 조리에 맞지 않는다는 반대론이 있었다고 소개한다. 그리고 일본에서 온 신명사의 이러한 범람에 가장 불편함을 느낀 것은 각국 공사관이나 영사관에 있던 중국어 서기관이고, 공문에 사용되는 일역한어나 일본 한자어를 사전에서 찾아보아도 명확하지 않아서 습득한 중국어가 무용지물이 되었다고 그들이 개탄했다는 소문도 덧붙이고 있다. 이 외에 고분학원宏文學院에서 루쉰에게 일본어를 가르쳤고 중국에서는 경사법정학당 일본인 교습이었던 마쓰모토 가메지로松本亀次郎에 따르면, 중국인이 이해하기 곤란했던 것은 '泥坊'(또는 泥棒)이나 '御足', '入込' 등의 "의한자擬漢字 즉 왜자倭字"로 불린 일본 한자어였고, 이것들에 대해서는 특별히 뽑아 가르칠 필요가 있으며, 이 외에 "兎角, 折角, 矢鱈, 出鱈目, 素的, 滅法, 仰山, 馬鹿, 取締 등과 같은 말은 기자奇字라 하여 그 연구가 크게 유행한 시대도 있"[188]었다.

한편 중국인 자신은 이러한 사태를 어떻게 보고 있었을까. 이와 관련하여 왕궈웨이王國維는 "형이상학이 마침내 중국에 수입될 때 일본이 도입의 매개가 되어 일본에서 번역된 한문이 도도한 세력으로 우리나라 문학계에 들어왔다. 이리하여 신기한 것을 좋아하는 자는 이것을 남용하고 옛것에 익숙한 자는 이것을 타기"[189]하는 것이 일본 신명사의 도입에 대해 중국인이 보인 반응이었다고 말한다. 일본에서 수입된 신명사

---

188 松本亀次郎,「隣邦留學生敎育の回顧と將來」,『敎育』第7卷 5號, 岩波書店, 1939.4, p.54.

189 王國維,「論新語之輪入」(『敎育世界』第96號, 1905.4),『王觀堂先生全集』第5冊, 文華出版公司, pp.1741~1784. 王國維 자신은 嚴復의『穆勒名學』과 일본인에 의한 번역어를 대비하고 嚴復의 번역어가 반드시 알기 쉬운 것은 아니라고 한 다음, 중국인의 번역어가 한 글자 표기에 익숙해져 있음에 반해 일본인은 두 글자를 애용하는데 그것으로 의미가 명확하지 않은 경우는 네 글자를 사용하는 등 정확함을 추구하는 점에서는 중국인이 일본인에 미치지 못함을 지적하고, 결론적으로 번역어는 의미의 정확함과 알기 쉬움이 중요하기에 굳이 중국인의 번역에 집착할 필요는 없다고 보았다.

에 대해서는 타오건陶根의 『화문기자해和文奇字解』가 간행되는 등 의미 불명의 기이한 글자라 하여 그것을 거부하는 반응이 적지 않았다 하더라도, 동시에 요시노 사쿠조도 지적했듯이 일역한어나 일본 한자어는 새로운 사물이나 제도를 표현하는 말로서 그것의 신기함이 오히려 신문명을 표징하는 패션으로서 환영받은 측면도 있었다. 왕궈웨이는 또 교양 있는 문인이 신명사를 타기하는 것에 대해, 일본서적을 번역하는 자는 일문을 이해하는 능력은커녕 중국문에 대한 소양도 없고, 서문西文에 겸통兼通하여 하나의 학문의 진의를 깊이 아는 자가 없는 것으로 미루어 보면 이유 없는 일은 아니라고 지적했는데, 이것은 일문에도 중국문에도 정통했고 나아가 서학을 공부하고 있던 왕궈웨이의 입장에서 보면 당연한 비판이었을 터이다.

마찬가지로 메이지 일본을 변법자강의 모범으로 설정하고 스스로도 『일본서목지日本書目志』를 편찬한 캉유웨이도 경학과 서학에 모두 정통했기 때문에 오히려 일본 한자어에 대해서는 경계감을 보이면서, "근년 온 나라에서 문장은 경학에 등을 돌리고 사서史書를 버리고 음탕한 말과 저속한 말이 지상紙上에 넘치고 있다. 이것을 보면 내 눈을 찌르고, 이것을 인용하면 내 붓은 더러워진다. 원래 문자의 뜻은 음운과 서로 통하는 것이고 비속하고 도리를 거스르는 말의 울림은 국풍國風에 작용한다. 대아大雅가 이미 추락하여 음탕하고 비속한 울림이 되어 버리면 풍속도 괴란하지 않을 것인가. (…중략…) 그 원인이 되는 것을 추측하면 모두 동문東文(일본문)에서 온 것이다. (…중략…) 지금의 시류를 보면 일본 학문이 전부 중국에서 나온 것을 알지 못하고 더욱 급급하여 일본의 속된 말을 스승으로 배우고 있는데, 이는 얼마나 큰 수치인가"[190]라고 통매했다. 그리고 동서東書(일본서)를 읽고 동문東文을 배웠다고 그 아름답지도 않은 명사를 늘어놓으며 이것을 스승으로 삼고 있는 구체적인 사례로 '手段・手續・取消・取締・打消・打擊' 등을 거론하고, 일본인이 속어라고 보고 있는 이러한 명사를 중국에서는 아문雅文으로 사용하고 있는 것을 비난했다. 또한 '命令'이라는 말은 누구나가 사용하며, '社會・價値・絶對・唯一・要素・經濟・人格・談判・運動・雙方' 등의 어사語詞는 도처의 문장에서 눈에 들어오는데 모두 중국의 훈고나 음운에서는 통용되지 않는 것들이고, '取締・手續'을 보고 그 의미를 이해할 수 없는 사람이 열 명 중에 아홉 명은 될 것이라고 지적했다. 그리고 이러한 신명사가 횡행하면 "중국을 비하하고 타기하려는 마음이 무성해져 국학의 수미粹美 또한 버리며 타학의 음매淫昧하고 뜻 모를 것을 취사선택도 하지 않고 숭배하게 될" 뿐만 아니라, 무릇 중국 것이라고 하면 시비선악을 불문하고 모두 타기하기에 이를 것이라 하여 위기감을 고조시켰다. 신명사인 일역한어나 일본 한자어가 중국에서의 조어법과 다르기 때문에 예어穢語나 비사鄙詞로 보이고, 음성도 귀에 익숙하지 않아 음운이 다른 외잡한 울림을 가진 것으로 받아들여진 것은 당연할 것이다. 특히 원래 일본어였던 것을 한어화漢語化하여 예컨대 '手續き'를 '手續'으로 하면 캉유웨이가 지적했듯이 중국어로서는 의미가 불분명해지는 것을 피하기 어려워 '손에 손을 잡는 것'이라고 오해되기도 했다고 한다.

이처럼 일본에서 온 신명사의 대량 유입은 의미와 음성 나아가서는 문자의 배열에 의해 형성되어 온 기존 언어질서를 교란하고 나아가서

---

190 康有爲, 「中國顚危誤在於全歐美而盡棄國粹說」, 『康南海先生遺著彙刊』(19), pp.120~121. 康有爲는 여기에서 중국어를 수십 년에 걸쳐 배워온 옥스퍼드대 중국어 박사가 중국 신문을 읽고 '社會'라는 두 글자의 의미를 알지 못하여 스스로가 중국 訓詁에 얼마나 정통하지 못한가를 개탄했다는 사례를 들면서 천하에 똑같은 감개를 지닌 사람은 많을 것이라고 적었다.

는 그것이 고유문화와 사회도덕의 괴란을 초해한다는 의심을 낳았다. 그 자신도 일본 유학생이었던 펑원쭈가 일본의 신명사를 숭배하는 풍조는 "음으로 화를 부르고 나라를 해하며 백성에게 재앙이 되어 망국망종을 부르는"[191] 염치없는 행위라고 통매하면서 『맹인할마지신명사』에서 '支那·取締·取扱' 등의 신명사의 채용 여부를 검토한 것도 "그것을 통해 국가 사회에 만분지일이라도 보답하려 하"였기 때문이라고 한다. 펑원쭈는 의미 불명한 신명사와 그것을 사용한 문체의 창궐을 초래한 원흉이 "우리나라에서 현재 대문호라 불리는 량치차오이고 량의 글 가운데에는 신명사가 특히 많아 헤아리는 것조차 불가능하다. 『신민총보』가 그 효시가 되었다. 이것이 나라에 공을 세운 첫걸음이었다. 국민은 감복하여 우러러 보지 않으면 안 될"[192] 것이라고 야유하고 아울러 량치차오의 영향을 받은 유학생의 경박함을 비난했다. 이는 나중에 량치차오 스스로 자신과 유학생의 번역 활동을 "조직도 없었고 선택도 없었다. 본말이 전도되었으며 학파의 구별도 모르는 지경이었고, 오로지 많으면 그만이라고 생각했다. 사회도 또한 그것을 환영했다. (…중략…) 소화가 가능한지는 문제가 되지 않았다"[193]라고 하여, 당시 자기

---

191 彭文祖, 『盲人瞎馬之新名詞』, p.5. 한편 彭文祖는 章炳麟이 일본에 몇 년 망명해 있으면서 결코 신명사를 입에 올리는 일이 없었고 끝내 八股文의 냄새를 벗어나지 못했다고 지적하였지만, 국수, 민족, 사회, 진화, 종교 등을 비롯한 일역한어를 빼고는 章炳麟의 논설이 성립할 수 없었던 것은 논의할 필요도 없는 사실이다.

192 彭文祖, 『盲人瞎馬之新名詞』, p.11. 또한 周作人은 彭文祖가 『盲人瞎馬之新名詞』에서 '지나'라는 명사는 일본인이 'China'를 잘못 번역한 것이고 이 두 글자를 '볼 때마다 부모가 돌아가신 것보다 더 큰 슬픔을 금할 수 없고 진심으로 우리나라 사람의 맹종을 증오한다'라고 하는 한편, 일본인이 중국에서 '왜'라 불리는 것을 싫어한 나머지 중국을 침략했다고 주장한 것에 대해 "저자가 멋지게 국수를 고취하고 夷狄化를 반대하려면 오히려 知彼知己도 필요하지 않을까"(「支那と倭」(1926.12), 木山英雄 譯, 『日本文化を語る』, 筑摩書房, 1973, p.162)라고 비판했다.

193 梁啓超, 小野 譯, 『淸代學術槪論』, p.308. 단, 1902년 시점에서의 梁啓超는 중국의 당면 급무는 民智를 깨우는 것 이외에는 방법이 없고 민지를 깨우치는 데에는 번역서를 내는 것 이외에는 방법이 없

들의 번역과 '량치차오식 문체' 또는 '신문체'라 불린 신명사를 사용한 문체를 반성하고 있는 것과 조응하는 것이었다. 번역어의 선정에서도 량치차오는 옌푸가 "하나의 번역어를 정하는 데 10일에서 한 달이나 걸렸다"[194]라고 말한 그런 신중함을 기하지도 않고 교지巧遲보다도 신속한 신명사의 유포를 지향했는데, 거기에는 펑원쭈가 비판하듯 "현재 인재人才가 불경제不經濟"[195]와 같은 용법도 적지 않았다. 그러나 펑원쭈도 새로운 문물이나 학술 개념의 유입에 대응하기 위한 명사나 개념을 나타내는 중국어 어휘가 적다는 것이 일역한어나 일본 한자어의 대량 유입이라는 현상을 필연화했다는 것을 인정하고 있어 일본 신명사를 전면적으로 배제했던 것은 아니었고, 종지宗旨나 의무, 대가, 위생 등은 채용해야 한다고 주장했다. 또한 일역한어인 '親族·相續' 등을 채용하지 않고 중국어인 '親屬·承繼' 등을 사용하고 있는 것에 관해서는 오히려 자의적字義的으로 일본 용법을 따를 것을 권하고 있다. 한편 중국어에서는 동사가 목적어 앞에 놓이기 때문에 '意思表示'는 '表示意思'로, '損害賠償'은 '賠償損害'로 고칠 것을 제안하였고, 또 일본 한자어인 취체·취소 등의 '취'자는 전혀 의미를 가지지 못하는 접두사이기에 '체締', '소消'만의 의미에 상당하는 어구로 바꾸어야 한다면서 취체는 '禁止·拘束·管束' 등으로, 취소는 '去銷'로 고칠 것을 주장했다. 마찬가지로 인도引渡를 '交付·交出'로, 수속을 '次序·程序'로, 상수방相手方(상대방)을 '對手人', 제삼자를 '他人'으로 변경할 것을 권했다. 펑원쭈의 논지는 중국어의 정당한 어법에 따라 신명사를 사용하는 데 있었는데, 그가 부적

으며, 번역서를 내는 데에는 日本文에 의한 것만큼 편리하고 빠른 것은 없다고 하며 東學書의 신속한 번역을 장려했다(「國聞短評」, 『新民叢報』第2號, p.77).

194 嚴復, 「譯例言」(『天演論』), 『嚴復集』第5冊, p.1322.

195 彭文祖, 『盲人瞎馬之新名詞』, p.157. 여기서 梁啓超는 불경제를 결핍의 의미로 사용했다.

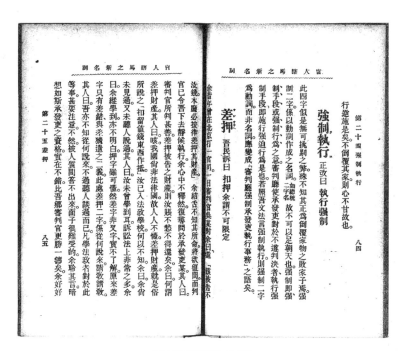

『盲人瞎馬之新名詞』의 일부

당한 신명사라 하여 그 채용을 '망종동화亡種同化'나 '맹종'이라 비판한 거의 대부분의 명사가 중국어로 정착하였고, 거꾸로 일본어를 따라야 한다고 했던 '변호사'나 '친족' 등은 받아들여지지 않는 아이러니한 결과를 낳기도 했다.

이처럼 일역한어나 일본 한자어에 대해서는 배척과 향수享受를 둘러싸고 양가적인 반응이 있었다. 그러나 한꺼번에 흘러 들어온 구미의 문물·제도나 학술을 이해하고 수용하는 데 영화사서英華辭書나 서학서만으로는 대응할 수 없는 이상 어쩔 수 없이 일본에서 전래된 한자어를 채용하지 않을 수 없었고, 아무리 조어법이나 음운이 기묘하다고 해도 글자로 의미를 추측할 수 있다는 점에서 편리성이 있었던 것도 부정할 수 없다. 또한 일역한어나 일본 한자어가 신문명이나 사조나 학술의 첨단을 가리키고 있는 것으로서 "연래 일본에서 반입된 신명사는 사람들이 기꺼이 이를 이용한다"[196]라는 관찰도 이루어지고 있었다. 물론 조합은 '工會', 급료는 '薪水', 회사는 '公司', 절수切手는 '郵票', 근안近眼은 '近視眼' 등이 된 것처럼 일단 수용한 후 다시 중국어를 채용하는 식으로 하여, 일역한어나 일본 한자어 가운데 중국에서 정착하지 못했던 것도 적지 않다. 또, 결과적으로 정착되었지만 기존 어사語詞의 의미를 변경하거나 새롭게 다른 의미를 부가하거나 했던 전용어轉用語인 신명사에 대해서는 그것이 전통적인 의미를 가진 언어일수록 더 수용에 저항이 적었다. '社'와 '會'라는 두 글자를 같이 사용하면서도 '社會'와 '會社'라는 전혀 다른 의미 내용을 가진 개념의 번역어가 되는 것은, 한자가 가지고 있는 역사적·사회적 의미가 중국과는 다른 일본이었기에 가능한 측면이 있었던 것이다.

또한 일본에서는 매우 빨리 번역어가 정착된 '경제학'이 중국에서는, 그것이 'economics'와 'political economy'라는 두 언어에 대응하는 것이었다는 점도 있고 해서, 굳이 경제학이라는 단어를 피하고 '資生學·平準學·理財學·富國學·計學' 등의 여러 가지 번역어가 만들어졌는데, 그것은 경세제민이나 경국제민이라는 넓은 의미에서 통치법을 가리키는 개념을 축약하여 학문분과로 안정적으로 사용하는 것에 대한 자의적字義的 의문과 심리적 저항이 컸다는 것을 보여준다. 일본에서 신명사를 도입하는 것에 적극적이었던 량치차오도 "경제는 일본에서 이름 붙인 것이다. 여기서는 자생資生이라고 번역한다"[197]라고 일역한어의

---

196 酈海, 「基督敎文字播道事業之重要」, 『廣學會三十六週紀年冊』, 1923. 인용은 張靜盧 輯注, 『中國近代出版史料二編』, 群衆出版社, 1954, p.333을 따른다.

사용을 거부하고 자신도 계학이나 평준학 등의 여러 가지 번역어를 붙이며 정역定譯을 끊임없이 모색하였다. 또한 량치차오뿐만 아니라 경제학이라는 단어에 대한 저항은 강했는데, 후이루胡以魯도 「논역명論譯名」에서 각종의 번역어를 검토하는 가운데 명실상부하지 않아 오해를 부르기 쉽기 때문에 반드시 고쳐야 할 부적당한 번역어의 필두로 '경제'를 들고 있다.[198] 이러한 일본의 신명사에 대해서는 번역서에서 주석 형태로 어휘 해석이 첨가되는 외에 한일사전漢日辭典이 정비되지 않았던 단계에서는 유학생이 간행한 잡지에서도 용어해설이 게재되었다. 『절강조』에는 계속 나타나는 신명사의 의미가 명확하지 않은 채 사회로 유입되어 가는 것은 폐해가 매우 크다면서 전구이醉癸가 「신명사석의新名詞釋義」를 게재하여 '사회와 국가', '제국주의', '먼로주의' 등을 들며 그 유형에 대한 이론 소개와 현실적 제도, 정책과의 관련성 등에 대해 설명을 덧붙였다.[199] 또한 신명사 도입의 선구자였던 량치차오의 『신민총보』제3권 2, 3호에도 '신석명新釋名'이라 하여 다케베 돈고의 『사회학서설』이나 가나이 엔金井延의 『사회경제학』 등에서 번역하는 형식으로 사회·형이상학·재화 등의 자의字義에 대한 검토가 이루어지고 있다. 여기서는 'society'에 대해 "중국에서는 이 글자의 확정적인 번역이 없어'群'이나 '人群' 등으로 번역하고 있지만 아직 완전한 뜻을 포함하고 있지 않은데, 지금은 동역東譯(일역)에 따른다"[200]라고 하여 중국에서의 번

---

197 梁啓超, 「論近世民國競爭之大勢及中國之前途」(1899), 『飮冰室文集之四』, p.59.

198 胡以魯, 「論譯名」, p.9. 胡以魯는 "학술은 천하의 公器이고 게다가 한자는 중국에 고유한 것이다. 그 때문에 의미가 통하면 그에 따라야 한다. (…중략…) (그러나) 중국 고유의 명사가 있고 日本譯에서 오용되어 名과 實이 혼란에 빠져 오해가 생기기 쉬운 것은 빨리 고쳐 새롭게 만들어야 한다"(pp.8~9)라는 기준을 세웠다. 그리고 그에 따라 고쳐야 할 일역한어, 일본 한자어로 거론한 것은 場合, 治外法權, 手形, 手續, 定義 등이다.

199 醉癸, 「新名詞釋義」, 『浙江潮』第2期·第6期(1903.2.6).

역과 일역 사이에서 흔들리고 있는데, 이처럼 정확하게 이해하지 못한 채 일역 한자어를 사용하고 있는 정황을 엿볼 수 있다. 또한 1903년에는 왕잉바오汪榮寶와 예란葉瀾에 의해 『신이아新爾雅』가 간행되어, 석정釋政・석법釋法・석계釋計・석교육釋敎育・석군釋群・석명釋名・석기하釋幾何・석천釋天・석지釋地・석격치釋格致・석화釋化・석생리釋生理・석동물釋動物・석식물釋植物의 14부문에 걸쳐 신명사를 해석하고 있는데, 경제학이 '計學', 사회학이 '群學', 논리학이 '名學'으로 불리고 있는 것에서도 알 수 있듯이, 여기에서도 여전히 일역한어가 정착되지 않고 중국의 번역과 경합하는 양상을 보이고 있다. 그러나 군학에 대해 "두 사람 이상의 협동생활체를 '군群'이라 하고 또한 사회라고도 한다. 인군人群의 이법理法을 연구하는 학문을 군학이라 하고 또한 사회학이라고도 한다"[201]라고 정의하고, 마찬가지로 "계학 또는 경제학이라고도 하고 흔히 이재학이라고 한다", "명학 또는 논리학이라고도 한다"와 같이 일역한어로 바꿔 쓰기를 하고 있는데, 내용에 대해서도 거의 일본 교과서나 강의록에 준거하고 있기 때문에 기본적으로 일본 신명사에 의한 설명이 이루어지고 있다. 다만 군학에 대한 설명에서는 연역법・귀납법 등 나시 아마네의 번역어가 사용되고 있는 한편, 논리학에서는 내주명학內揣名學, 외주명학外揣名學 등 옌푸의 번역어를 제시하고 나서 이를 연역논리학, 귀납논리학이라는 형태로 설명하고 있는 것을 보건대 일본 유학생 가운데에서도 옌푸의 중국어 번역에 상당한 관심을 기울이고 있었다는 것을 알 수 있다.

---

200 『新民叢報』第3卷 2號, 1904.7, p.115.
201 汪榮寶・葉瀾 編纂, 『新爾雅』, 上海明權社, 1903, p.63. 이 책의 인용은 實藤文庫 架藏本에 의거하는데, 『新爾雅』의 영인 및 연구서로서 沈國威, 『『新爾雅』とその語彙』(白帝社, 1995)가 있다.

이처럼 학문관은 그 사회의 문화구조 가운데 편입되어 있는 만큼 새로운 학과명・학문명의 결정에 의해 어떤 학문영역이나 그 연구목적을 확정하는 데에는 저항이 따랐다. 게다가 그것이 종전부터 존재하던 학문명과 충돌하거나 변경으로 이어지는 경우에는 학문체계 자체의 변경도 의미하는 것으로서 종래의 세계관이나 언어문화와 긴장 관계를 낳지 않을 수 없었다. 예를 들면『대학』조목에 나오는 격물格物이나 격물치지格物致知는 우주・자연・사회와 그 속의 인간 총체를 어떻게 통합적으로 이해하는가를 추구한 것이었던 만큼 이를 하나의 과목명으로 국한해 버리는 것은 인식체계로서의 붕괴를 의미하는 것으로 받아들여졌다. 또, 사물의 이치를 구명하는 격물궁리格物窮理에 대해서도 그것이 고찰자考察者인 인간의 도리와 대상인 자연의 물리를 일체 속에서 포착하는 것을 과제로 삼는 것이었기 때문에 궁리학을 물질・물체의 이치 구명에만 한정하는 것은 지의 체계를 부정하는 것이었다.

물론 연구대상과 그에 상응하는 방법을 일단 한정하고 그들 전문분야를 종합해 가는 것이 구미 학술의 특성이라는 이해 아래 그러한 수용이 진행된 이상, 일과일학一科一學으로 학문분야를 확정해 가는 것은 필수적인 작업이기도 했다. 니시 아마네가『백학연환百學連環』(1870)에서 각 분야의 범주 확정을 시도하고,『백일신론百一新論』(1874)에서 "천도・인도"를 구명하는 학술 전체를 동일 원리에 통합한 통일과학(필로소피, 철학)으로 설정한 것은 그러한 두 학의 체계에 다리를 놓기 위한 시도였다.[202] 일역한어인 철학・심리학 등의 학문명이나 연역・종합・분석 등

---

[202] 西周의「百學連環」과「百一新論」은 大久保利謙 編,『西周全集』第4卷 所收. 나아가 西周의「百一新論」의 성립 사정에 대해서는 蓮沼啓介,『西周の於ける哲學の成立』(有斐閣, 1987)에 상세한 분석이 있다.

은 이러한 모색 가운데 주조된 것이었다. 그러나 그러한 학과 분류와 상호 관련성은 반드시 구미와 중국·일본이 일치하는 것은 아니었기 때문에 [표 7]에서 볼 수 있듯이 격물학이나 격치학, 치지학, 성리학, 궁리학 등이 중국이나 일본에서 다양한 학과명으로 사용되었는데,[203] 이학이라는 용어만 해도 철학, 과학, 윤리학, 논리학, 물리학 등에 광범위하게 사용되었던 것이다. 니시 아마네가 "철학(필로소피)을 이학, 혹은 궁리학이라 이름 붙인다. 필로소피는 제학諸學의 통할이고 국민에게 국왕이 의미하는 것과 같이 제학은 모두 필로소피에 이르러 일치의 통할에 귀결될 수밖에 없다"[204]라고 철학을 이학·궁리학에 상당하는 "제학을 통할하는 학"으로 해석하고, 나카에 조민이나 니시무라 시게키 등이 철학을 어디까지나 이학이라 칭하는 데 집착했던 것도 천·지·인의 삼라만상을 개별적 차이와 더불어 통합적 일체성 속에서 파악하는 것을 과제로 삼은 것이 이학이었기 때문이었다. 나아가 이러한 이학에 심心, 생生, 법法, 수數, 수水, 병病, 약藥 등의 글자를 덧붙임으로써 심리학·생리학·법리학 등의 학문 분야를 구획하게 된 것도 이학을 기축으로 여러 분야가 계통적으로 배치된 것이 구미의 학술 체계라고 간주하여 그에 대응한 것이라고 해야 할지도 모른다. 이러한 이학관理學觀과 더불어 중국뿐만 아니라 일본에서도 이기이원론으로 세계를 포착하려는 지

---

203 西周는 'logic'을 致知學이라 번역하였는데, 『哲學字彙』에서는 'epistemology'를 致知學이라 번역하였다. 또, 汪榮寶·葉瀾, 『新爾雅』는 1903년 단계에 釋格致에서 "물체의 외부 형상 변화를 고구하는 것을 格致學이라 한다"(p.121)라고 하여 力學, 聲學, 光學, 熱學, 磁氣學, 電氣學, 氣象學 등을 포괄적으로 설명하고 있다.

204 西周, 「百學連環」 2編 上2. 『西周全集』 第4卷, p.146. 西周가 여기에서 정의한 哲學은 'Philosophy is the science of science'의 번역이기도 하다. 西周는 또 'philosophy'에 대해 "理學·理論 등으로 직역하면 다른 것과 많이 헷갈리기 때문에 여기서 철학이라 번역하여 東州의 儒學과 구분한다"(「生性發蘊」(1873), 『西周全集』 第1卷, p.31)고 하여 儒學과는 다른 것으로 철학을 자리매김하려 했다.

향이 새로운 학문분야에 반영되었다. 그 때문에 옌푸는 자연과학을 형기학形氣學, 인문·사회과학을 출형기학出形氣學이라고 하였고, 니시 아마네도 도리의 탐구에 관련된 학문을 이과, 자연 현상의 인식에 관련된 학문을 기과氣科로 구분하였다. 그 외에 철학을 논리, 물리학을 논기論氣로 이름 붙이기도 했다. 마찬가지로 형이상, 형이하라는 전통적 범주도 중요한 기준이었고, 량치차오도 1902년의 「격치학연혁고략格致學沿革考略」에서 매우 번잡한 구미 학술을 정치학·생계학生計學·군학群學 등의 형이상학과　질학質學·화학·천문학·지질학·전체학全體學·동물학·식물학 등의 형이하학으로 나누어 생각했다.[205] 'geometry'의 음역인 기하(幾何, jihe)에 대해 량치차오가 양법量法, 옌푸가 형학形學이라는, 실질에 알맞은 역어로 바꾸려 했던 것도 그것이 학문 내용 및 체계의 확정과 연관된다고 보았기 때문이었을 것이다.[206]

이러한 학문체계의 충돌과 정서整序를 수반하면서 일본에서 온 신명사 도입에 의해 중국 학문의 재편성이 진행되었는데, 상하이 남양공학南洋公學에 동문학당東文學堂을 부설하여 교학과 번역을 담당하도록 한 성쉬안화이盛宣懷가 "동인(일본인)이 서문西文을 번역할 때에는 우선 명사를 정하는데, 중국에서 동문을 번역할 때에는 일정한 명사가 없기 때문에 서로 역자가 달라 읽는 자를 심히 혼동시키고 그릇되게 한다"[207]라고 하여 중일간의 역어 정비를 도모했던 것에서도 알 수 있듯이, 일역한어 가운데 법

---

205 梁啓超, 「格致學沿革考略」(1902), 『飮冰室文集之十一』, p.4.

206 梁啓超나 嚴復의 제언에도 불구하고 幾何는 중국에서 음역 그대로 정착되었다. 胡以魯, 「論譯名」에서도 'geometry'를 음역했을 뿐인데, 지리학·지구학 등에도 'geo'가 들어가 있는 이상, 기하를 'geometry'에만 사용하는 것은 부당하다고 하여 形學이 적당한 번역이라고 했다. 이 외에 논리학이나 명학 등의 다양한 번역어가 고안되어 정착되고 있던 'Logic'도 지금은 邏輯學이라는 음역이 통용되고 있다. 이 외에 'index'도 引得이라는 음역이 사용되고 있다.

207 盛宣懷, 「請專設東文學堂片」(光緒 27年 6月), 『愚齋存稿』 卷5, pp.38~39.

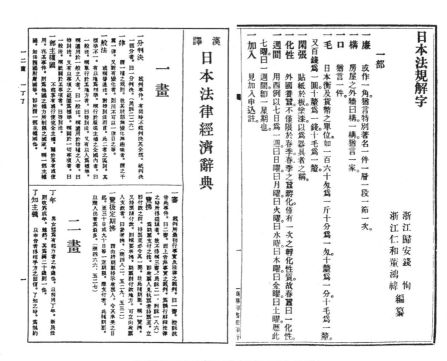

『일본법규해자』와 『한역일본법률경제사전』의 일부

제나 사회과학 등의 용어에는 의미가 통하지 않는 것도 적지 않았다. 그 때문에 앞에서 말했듯이 일본 유학생이었던 왕자오밍汪兆銘이나 류쭝지에劉崇傑 등에 의해 당시 일본의 현행법규를 망라하여 번역한 『신역일본 법규대전』이 1907년에 간행될 때에는 『일본법규해자解字』를 첨부하여 법률용어를 해설하였다. 또, 시미즈 도오루清水澄가 중국인을 위해 편찬 한 법률·경제 용어를 도쿄대학에 유학 중이었던 궈카이원郭開文과 장춘 타오張春濤가 중국어로 번역한 『한역법률경제사전』(東京奎文館, 1907)이 출 판된 것 말고도, 신법전강습회에서 엮고 쉬융시徐用錫가 번역한 『한역신 법률사전』(京師譯學館, 1905), 다나베田邊慶彌原가 쓰고 왕워창王我臧이 번역 한 『한역일본법률경제사전』(上海商務印書館, 1909) 등의 사서가 간행된 것을 이어받아 중국에서도 『법정사해대전法政辭解大全』 같은 사서류가 편찬되어 법률·정치·경제학 등의 사회과학 나아가서는 인문과학의 제도화가 진행되어 갔다.

물론 일역한어는 학문에 국한되지 않고 그것을 사용한 언동에 의해 재래 사회의 가치관이나 정치규범과 알력을 빚게 되었고, 그만큼 신명사의 수입은 "민덕民德의 타락"을 부르는 것으로서 큰 반발을 야기하기도 했다. 예컨대 학생이 물리학의 항력抗力과 압력이라는 개념을 사용하여 학교 규칙을 압력으로 간주하고, 교칙을 어기고 교사에게 대드는 것을 항력이라고 정당화하는 일들이 벌어지거나, 가정혁명·지방자치·지방분권·자유·천부인권·평등 등의 말을 함부로 사용함으로써 자오자교自傲自驕하고 방종한 풍습이 만연하고 있다는 비난이 일었다. 그리고 신명사를 휘두르며 중학을 경멸하는 신당新党·신학新學을 자칭하는 자가 속출함으로써 "중국의 국수가 나날이 망해 가는"[208] 것을 우려했던 것이다. 일본으로부터의 신명사 도입이 중국에서 혁명의 기운을 불러일으킨 것은 "최근 혁명을 창도하는 서생들이 헌정을 부르짖고 공화를 주장하며, 국권을 주장하고 민권을 창도하는 것이 마치 그들의 정치적 지식이 크게 발달한 결과인 듯이 보이는 점이 있다 해도, 이것은 그들 유학생들이 외국의 강당에서 2, 3년간 반수반성半睡半醒의 상태에서 기억한 일지반해半知半解의 명사를 수입해오거나 시류에 영합하여, 그 신지식을 과시하며 허명을 틀어쥐고 이익을 확보하기 위해 영업적 의미에서 무성히 휘둘렀던"[209] 것에 지나지 않는다고, 청조의 존속을 원했던 가와

---

208 「論新名詞輸入與民德墮落之關係」(『申報』, 光緖 32年 10月 28日), 『東方雜誌』 第12期, 1907.1, pp.239 ~240.

209 川島浪速, 『對支管見』, 會田勉, 『川島浪速翁』, 文粹閣, 1936, pp.184~185.

시마 나니와川島浪速가 비난한 것도 같은 맥락에서였다. 그러나 일본에서의 신명사 유입은 멈추지 않았고, 권리투쟁설이나 공산주의사상 등의 새로운 정치이론의 도입으로 이어져 중국 사회를 뿌리부터 흔들게 되었다. 이러한 정치이론은 그것이 타인의 자유나 사유재산에 대한 공공연한 침범이라고 말하는 반대론과 끊임없이 항쟁 관계에 놓이게 되지만, 와세다대학과 주오대학에서 공부한 천왕다오陳望道에 의해 1919년 『공산당선언』이 일본서를 통해 중국에서 처음으로 번역되는 것을 시작으로 사회주의·공산주의사상의 도입과 형성 과정에서 다카바타케 모토유키高畠素之, 사카이 도시히코堺利彦, 가와카미 하지메川上肇 등의 일본서로부터 번역한 것이 아주 중요한 역할을 했던 것이다.[210]

이러한 일역한어나 일본 한자어는 중국뿐만 아니라 조선이나 베트남으로도 유입되어 학문의 제도화나 정치운동의 전개에 크게 작용하게 되었다. 물론 여기서도 한자라는 문자의 공통성이 있었기 때문이었지만, 반드시 일역한어나 일본 한자어로 의식된 것은 아니었다. 또, 량치차오나 옌푸 등의 중국어 저작이나 논문을 통해 수용된 것도 많았기 때문에 중국의 신명사를 수입한다고 생각한 측면도 있다. 더욱이 조선에서 합병 전후 일본 어휘의 도입과 기능에는 커다란 차이가 있었던 것도 고려해야 하는데, 철학·종교·사회·정치·경제·건축·미술·민족·문명·문화·원자·현상·연설 등 [표 7]에 나온 일역한어 대부분과 그 외 개화·인

---

210 공산주의사상이 일본에서 중국으로 수입된 것에 대해서는M. Meisner, 丸山松幸·上野恵司 譯,『中國マルクス主義の原流』(平凡社, 1971)나 石川禎浩,『中國共産黨成立史の研究』(岩波書店, 2001) 등 방대한 연구가 축적되어 있는데, 日本書 번역에 대해서는『中國共産黨成立史の研究』의 부록「中日社會主義文獻對照表」, 그리고 중국에서 작성된 목록으로 中共中央馬克思恩格斯列寧斯大林著作編譯局馬恩室 編,『馬克思恩格斯著作在中國的傳播』(人民出版社, 1983); 北京圖書館馬列著作研究室 編,『馬克思恩格斯著作中譯文總錄』(書目文獻出版社, 1983) 등에 상세하다.

쇄·영화·세기 등의 일역한어나 취체·취인·취급·수당·수취·수속·매수·대부·엽서·입장·치안·위체爲替·간주·변제 등의 일본 한자어가 조선어로 들어갔다. 마찬가지로 발음이나 표기는 다르지만 일역한어에서 베트남어로 들어간 어휘로는 철학·문학·종교·사회·정치·주의·건축·원자·민족·문명·문화·개념·지식·현상·자치·자유·독립·혁명·간부·헌법·특권·의무·경찰·연설 등이 있다.[211] 다만 중국에서의 일역한어, 일본 한자어 등의 수용이 어디까지나 자주적인 선택적 수용이었음에 비해 조선과 베트남의 경우에는 식민지 통치라는 요인이 크게 작용했음을 간과할 수 없다. 물론 베트남은 프랑스 통치를 위해 강제된 프랑스 어휘에 대한 대항으로서의 한자어라는 의미를 지녔다는 측면과 이후 일본의 인도차이나 침략에 의한 일본어의 강요라는 측면이 있었지만 여기서 거론한 어휘의 문제에서는 자주적 선택이었다고 보아도 될 것이다.

한편 1904년 한일협정 이후 일본의 정치개입이 진행된 한국에서는 일본의 개입 정도에 따라 일역한어나 일본 한자어도 굴절된 경로를 거치고 있고, 통감부 시대에는 "칙령 그 외 범백凡百의 법령에서 일본 숙어를 그대로 습용해온 것도 한인에게는 이해하기 힘든 점이 많다. 따라서 마음대로 번역하였기에 점점 이해가 불가능하게 되는 적이 많다"[212]라고 평가되는 것처럼, 일본에서 온 법령 용어와 조선의 독자적인 관용어

---

211 일역한어와 일본 한자어가 근대 조선으로 유입된 것에 대해서는 李漢燮, 「『西遊見聞』の漢字語について」(『國語學』第141集, 1984); 「韓國語に入った日本語」(國語語彙史研究會 編, 『國語語彙史の研究』第6號, 1985, 和泉書店 所收) 등 참조. 또, 베트남를 포함한 일본어, 중국어, 한글에서의 한자어 어휘를 예시한 것으로 藤井友子, 『漢字音』(朝日出版社, 1986)이 있다.

212 「韓國施政改善に關する協議會 第46回」(1908.7. 21)에서의 李完用 수상 발언. 金正明 編, 『韓日外交資料集成』第6卷 下, 1964, p.984 所揭.

나 번역어가 혼재되어 혼란을 초래하고 있었다. 이 경우 조선의 독자적 역어라고 하는 것 대부분은 일본 한자어를 바꾼 것인데, 인도引渡가 전치傳致・전수傳授, 지불이 지발支撥, 차압이 집류執留, 변제가 변상辨償 등의 관용어로 다시 만들어졌다. 그러나 1910년 한국병합 이후는 서서히 제도 전반에 걸친 일본화가 추진되어, 1911년 조선교육령에서는 "보통교육은 보통의 지식, 기능을 교수하고, 특히 국민의 성격을 함양하고 국어를 보급할 것을 목적으로 한다"(제5조)라고 하여, 이후 일본어 사용의 강요에 의한 침투와 더불어 반발과 배척의 움직임도 중국보다 훨씬 강하게 나타나게 되었다. 병합에 의해 폐쇄된 국문연구소 직원이었던 주시경은 자기 언어와 문자를 잃는 것은 민족의 멸망으로 이어질 것이라고 경고를 하였고, 음성학에 기초한 한글철자법을 연구하여 국어순화를 위해 한자어를 대체하는 한글전용을 주장했는데, 그 주장과 업적은 1921년에 결성된 조선어연구회(1931년 조선어학회로 개칭)로 계승되었다. 조선어연구회 발족에 대해서는 "조선의 학술을 발달시키는 것도, 종교・예술을 발달시키는 것도, 정치도덕을 발달시키는 것도, 경제조직을 혁신하는 것도 모두 좋은 것이다. 그러나 '조선의 학술'은 어떠한 문장과 언어로 발달을 기할 생각인가. 시가・소설과 종교, 정치・도덕의 용어 및 경제 용어는 어떠한 언어로 쓰려는 것인가"[213]라는 반문에서 알 수 있듯이 조선총독부의 문화정책과 일본어 강요에 대해 학술, 종교, 예술, 정치, 경제 등 여러 분야에서 민족 독자의 문화를 창출해 가기 위해 일본어를 대신하여 고유한 언어의 정서整序야말로 불가결한 전제라고 생각되었다. 이러한 사명을 내건 조선어학회에서는 고유한 조선어 어

---

213 「朝鮮語研究會の意義は重大」, 『東亞日報』, 1921.12.4.

휘 수집을 거쳐 표준어 사정을 하고 그에 기초하여 조선어사전 편찬에 착수하는 한편 기관지『한글』을 간행하여 조선의 고유한 어휘를 수집하고 발표했다. 조선어학회가 조선어사전 편찬에 착수한 것은 조선총독부가 9년의 세월이 걸려 편찬한『조선어사전』이 1920년에 간행된 것에 비해 조선인 자신에 의해 편찬된 사전이 없어 그것이 민족어의 정비를 방해하고 있다고 생각했기 때문이었다.

이러한 표준어 사정·통일에 의한 사전편찬사업과 더불어 3·1운동 이후에는 한글문자 보급운동이 기독교 교단, 조선일보·동아일보 등의 신문사, 학생 계몽가, 조선어학회 등에 의해 추진되었는데, 조선총독부는 이것을 민족독립운동과 관련 있는 것으로 판단하여 1934년에 금지했다. 나아가 조선어학회의 경우, 1942년 치안유지법 위반으로 이극로 등 학회원 16명이 기소됨으로써 학회는 해산하지 않을 수 없었는데, 조선어학회 활동을 얼마나 위험시했던가는 "그 활동은 능히 조선어문에 대한 조선민심의 기미機微를 건드려 깊이 그 마음 속에 파고들며, 조선어문에 대한 새로운 관심을 촉발하여 다년에 걸쳐 편협한 민족관념을 배양하고, 민족문화의 향상, 문화의식의 앙양 등 그것이 기도하는 바 조선독립을 위한 실력 신장에 기여하는 것이 명확히 적지 않다"[214]라는 이극로에 대한 판결문에 잘 나타나 있다. 조선총독부가 고유한 조선어 어휘나 한글보급운동에 대해 이렇게까지 과민하게 반응한 것은 그것이 "국어는 보통의 언어, 일상 수지須知의 문자 및 문장을 알게 하여 정확하

214「朝鮮語學會事件·咸興地方院における豫審終結判決理由」(「昭和十八豫第11號豫審終結決定」, 1945.1.16),『韓』第6卷9號, 1977.9, pp.100~102. 조선어학회 활동 전반에 관해서는 森川展昭,「朝鮮語學會の語文運動」(むくげの會 編,『朝鮮 1930年代研究』, 三一書房, 1982 所收). 또 조선어학회 사건에 관해서는 李熙昇,「朝鮮語學會事件回想錄」(『韓』第6卷9號) 참조.

게 사상을 표창表彰할 능력을 배양하고 아울러 황국신민이라는 자각을 굳게 하며, 지덕을 계발하는 것을 요지로 한다"라는 1938년 개정 조선 교육령에서 볼 수 있는, 일본어를 국어로서 보급하는 언어정책과 첨예하게 대립하는 것이었기 때문이다.

　그랬기 때문에 조선총독부는 '국어상용'이라는 명목으로 일본어 보급과 이광수·장혁주 등의 일본어 문학작품 창작을 장려하였는데, 거꾸로 2차대전 후에는 유입되어 있던 일본어를 배제하고 한자어를 정리하는 데 필요한 새로운 어휘의 선정 작업이 대한민국에서는 독립국가 건설의 가장 중요한 과제로 설정되지 않을 수 없었던 것이다. 먼저 1945년에 조선교육심의회가 한자사용 폐지를 결의하였고 1946년에는 국어정화위원회가 설치되었다. 나아가 1946년부터는 문교부가 2년에 걸쳐 '왜식 용어'를 '우리의 언어'로 바꾸기 위한 작업을 진행하고 『우리말 도로 찾기』(1948)를 간행했는데, 거기서는 일본어뿐만 아니라 한자 표기어도 일본어식 한자어를 사용하지 않는다는 방침을 채택했다. 또, 술어를 다시 제정하는 것에 대해서도 1960년 문교부 안에 과학기술용어제정심의회가 설치되어 14,000여 개 단어의 한글번역을 심의하였고, 1969년에는 법제처가 법령용어 550개를 심의하는 한편 농업·신문·방송 용어 등의 순화가 진행되었는데, 전후 어문정책을 둘러싸고 한글전용운동, 국어순화운동을 거쳐 다시 한자사용이 장려되는 등 우여곡절을 겪은 것은 잘 알려져 있는 바와 같다. 그러나 그러한 다양한 대립과 경합, 시행착오를 거쳐 지금도 여전히 철학·법학 등을 비롯한 학문·기술 용어나 취급·수속·임대차 등의 법률용어에서 일역한어나 일본 한자어가 사용되고 있다는 점도 무시할 수 없을 것이다.[215]

　이렇듯 일본 유학생이나 망명객에 의해 또는 식민지 통치에 의해 일역한어나 일본 한자어는 중국, 조선, 그리고 베트남에 도입되어 법률·정치 제도나 학술 제도 등의 형성에 크게 관여해 왔다. 그럼으로써 그전까지 존재하던 한자문화권에 다른 발신지로부터 온 새로운 문물·사상을 담은 명사가 유입되어 유동화가 진행되고 또 다른 문명의 층이 덧씌워지게 되었다. 그 과정에서는 물론 공명이나 적극적 수용도 이루어진 반면 반발과 거절도 함께 나타났다. 단, 그러한 동질적인 명사를 공유함으로써 생긴 원환의 넓이에 관한 인식 속에서 구미로부터 주어진 것으로서가 아니라 새롭게 마련된 공간의식이 배태되어 갔던 것은 아닐까.

물론 그것이 가능하게 된 이유로 한자가 무한이라고도 할 수 있을 정도의 조어력을 가지고 있는 데다 표의문자로서 시각에 의한 이해가 쉬웠던 것 등을 들 수 있을 것이다. 그러나 언어나 개념의 전파라는 현상은 단지 문자로만 전달되는 것은 아니다. 일역한어나 일본 한자어가 수용된 것도 구미나 일본과의 접촉 가운데 끊임없이 유입되어 오는 문물이나 제도, 사상을 이해하고 취사선택해야 할 필요성이 절실했기 때문이었다. 그러나 언어의 수용은 또 그것이 표현하고 있는 사상이나 사물로부터 완전히 괴리되어 있는 것은 아니다. 또는 거꾸로 언어나 개념을 통해서 비로소 사상이나 사물이 수용되기도 한다. 그 수용 결과 국민국가 형성이나 학술의 제도화가 진전되었다는 것은 이미 밝힌 대로이다. 그리고 그것은 동시에 종래의 정치문화를 크게 변용시키기도 했다. 아니 종래의 정치문화가 변용함으로써 국민국가 형성이나 학술의 제도화가 진행되었다고 해야 할지도 모르겠다. 새로운 번역어를 수용한다는 것은 그러한 사회 동태의 메커니즘과 그 구동 요인에 눈을 돌리는 것이

---

215 제2차세계대전 후 한국의 국어정책에 대해서는 森田, 앞의 책에, 또 법전과 법률용어의 정비에 대해서는 鄭鐘休, 『韓國民法典の比較法的硏究』, 創文社, 1989에 상세하다.

기도 했던 것이다.

　캉유웨이는 메이지유신 이후의 일본사회 변화를 고찰한 『일본메이지변정고日本明治變政考』에서 일본이 단기간에 국민국가 형성에 성공한 원인을 분석하고, 그것이 학문의 흥륭에 의한 것임에 주목하고 있다. 그리고 학문의 흥륭을 초래한 것은 다섯 가지 요구要具였다면서 학제・서기書器 (박물관을 포함한 도서관)・역서・유학・학회를 들고, 그 가운데 하나만 없어도 국민 형성에 성공하지 못할 것이라고 보았다.[216] 또한 량치차오는 이누카이 쓰요시가 말한 "일본의 유신 이래의 문명보급 방법으로서는 학교, 신문・잡지, 연설 세 가지가 있다. 무릇 국민 대부분이 글자를 읽는다면 신문・잡지를 이용해야 하지만 글자를 읽는 사람이 적으면 연설을 이용해야 한다. 일본에서 연설이라는 방법을 창안한 것은 후쿠자와 유키치 씨이고 게이오기주쿠에서 이것을 개시할 당시는 기괴한 것으로 보였지만, 그 후 오메이샤嚶鳴社가 연설에 진력하여 그 풍습이 이어졌다. 오늘날에는 무릇 집회가 있으면 연설을 반드시 하는데 몇 명이 모여 음식을 먹을 때도 반드시 연설을 하는 자가 있다. 이것은 실로 문명을 진화시키는 하나의 큰 힘이 되었다"[217]라는 지적을 받아들여, 중국에서는 학교나 신문・잡지의 공익功益을 알고 있는 자는 많지만 연설의 공익을 아는 자는 아주 적다는 인식을 드러냈다. 물론 일본에 가기 이전에 이미 중국에서 캉유웨이나 량치차오 등은 보국회保國會 등에서 실제로 연설을 하고 있었다. 그러나 그 사회적 기능의 중요성에 대해서는 일본 실정을

---

216 康有爲, 『日本明治變政考』, 『康南海先生遺著彙刊』(11), p.4.

217 梁啓超, 「傳播文明三利器」(1901), 『飮冰室專集之二』, p.41. 梁啓超는 또 1882, 1883년의 자유민권 운동의 앙양을 초래한 政治小說의 효용에도 주목하여 東海散士의 『佳人之奇遇』와 矢野竜溪의 『經國美談』을 번역했다.

앎으로써 새삼 체득했던 것이고 그 점은 유학생에게도 마찬가지였다고 생각된다. 당초 중국이나 조선에서 온 일본 유학생들은 출신지역마다 유학생 단체를 결성했고 다른 지역과는 연락도 없었다. 그러나 서서히 연설회나 잡지 회람을 통해 지연을 넘어 주의·주장에 기초한 자발적 결사로 전개되어 가는데, 거기서는 "추진秋瑾같은 자는 여자 유학생 중의 수재라 일컬어지는데, 간다神田 스루가다이駿河台에 있는 지나유학생회관에서 백화회白話會라는 여학생만의 연설회를 만들었고"[218] 또한 연설지 『백화』(1904년 창간)로써 민주혁명과 부녀해방을 고취하는 등 그 전까지 연설이라는 전달수단에 소원했던 여자 유학생도 연설에 적극적으로 참가하게 되었다. 그 때문에 청조 정부는 1907년 12월 학생이 정치연설회를 열어 국정에 관여하는 것을 엄금했다. 그러나 그러한 금지령이 나온 것 자체가 연설이 정치운동에서 중요한 매체가 되었음을 보여주는 것인데, 청조도 또한 연설의 효용을 무시할 수 없게 되어 일본에서 학술연설회를 시찰한 청위程淯을 통해, 충군애국 의식을 전하고 자립자강·흥학·풍속개량 등의 목적을 달성하기 위해 학술강연회 개최를 장려했던 것이다.[219]

그리고 아무리 정치연설의 금지와 학술연설의 장려를 구분하려고 해도 그 구분은 애매했고, 일단 보급된 정치적 사회화의 수단으로서 연설을 금절하는 것은 불가능했으며, 연설은 청조의 정치체제를 전복하는 정치사상을 전파하는 중요한 회로가 되어갔다. 1908년 11월 중국을 시

---

218 『每日新聞』, 1905.12.20. 秋瑾은 1904년 일본으로 건너간 직후에 宋教仁 등과 '연설강습회'을 조직하여 매일 한 번 개회했다(郭延禮, 『秋瑾年譜』, 齊魯書社, 1983, pp.45~47).

219 程淯, 「分省補用道程淯條陳開民智興實業裕財政等項呈」(1907.10), 『清末籌備立憲檔案史料』 上冊, pp.279~280.

찰한 오가와 헤이키치小川平吉는 "난징에서는 법률가가 길거리에 나서서 인민에게 헌법정치의 대요 및 헌법정치에 대한 준비의 필요성 및 민권이나 자치 등에 관해 여러 차례 연설을 하였습니다. (…중략…) 난징에는 우리 도쿄 메이지대학을 졸업한 사람도 많이 있고 사립 법률학교 등도 두 곳이나 설립되어 있습니다. 따라서 길거리 연설과 같은 원기왕성한 일도 일어나는 것입니다"[220]라면서 일본 이상으로 연설의 효용이 중시되는 상황을 전하고 있는데, 연설을 담당한 사람들은 일본 유학생뿐만이 아니었다고는 해도, 연설이라는 정치문화와 연설에 무성히 들어 있는 정치사상을 일본 유학생이 가져왔다는 사실을 엿볼 수 있을 것이다. 그리고 중화민국 시대에 접어들어 『연강학』(程湘帆 編), 『연설학대강』(楊炳乾 編), 『연강·웅변·담화술』(任畢明 著) 등이 잇달아 출판되었는데, 이 책들은 연제의 설정방법에서 수사, 용어, 논리 구성, 몸짓, 손짓, 억양 등 일본의 연설입문서와 거의 같은 내용을 담고 있었다. 그러나 연제 확정의 실례로서, 예를 들면 '일화日貨'라는 것만으로는 모호하고 이에 '배척'을 더해 범위를 한정하고 나아가 '이익'을 덧붙여 '일화배척의 이익'이라고 하면 연설의 목적이 명확해진다고 한 점[221] 등, 연설이 배일운동을 촉발하는 중요한 무기가 된 상황이 엿보이는데, 이는 중일관계의 변화가 연설에도 반영된 것이다.

또, 조선에서 일본 유학생이 활발한 연설회나 토론회를 도쿄기독교회관 등에서 개최했고 휴가 기간에 귀국한 유학생들이 조선 각지에서 순회강연회를 개최한 것은 제6장에서 이미 다루었다. 또한 박영효는 일

---

220 『東亞同文會報告』第109回, 1908.12.26, p.6.
221 程湘帆 編, 『演講學』, pp.53~54. 程湘帆 編, 『演講學』; 楊炳乾 編, 『演說學大綱』; 任畢明, 『演講·雄辯·談話術』은 『國民叢書 第2編 51─語言·文字類』(上海書店)에 수록되어 있다.

본 망명중인 1888년 2월 '상소'에서 "인민에게 연설을 허하고, 유식자로 하여금 시세에 응해 민중을 모아 세상사에 대해 연설하게 하며, 그에 의해 고루함을 타파한다"[222]라고 하여 국민 형성에서 연설이 효용이 있음을 역설했는데, 이러한 구절은 후쿠자와 유키치의 『학문을 권함』 제12편 「연설법을 권하는 설」에 의거한 것이라는 설도 있다.[223]

다만 조선의 연설 보급에서는 일본의 영향이 있었을 뿐만 아니라, 배재학교 등의 미션스쿨에서 연설이나 토론 등의 수업이 이루지고, 1895년 미국에서 귀국한 서재필이 학생들에게 연설·토론의 방법과 지식을 가르치기 위해 협성회協成會를 조직하여 훈련하였다는 사실 등을 무시할 수 없다.

어쨌든 이러한 몇 가지 경로를 통해 조선에서도 연설은 정치적 사회화나 학술 도입에 중요한 의미를 가지게 되었다. 1897년에는 독립협회 주최로 일요일마다 회원의 강연과 토론이 이루어졌는데, 그 토론회에 대해 서재필은 "토론하는 주제 대부분은 정치와 경제에 관한 문제였지만 종교 및 교육도 간과하지 않았다. 처음에 조선인들은 공중의 면전에서 연설하기를 주저했지만, 어느 정도 지도와 격려를 받고서는 그들 가운데 수백 명이 대단히 효과적으로 연설할 수 있게 되었다. (…중략…) 물론 이러한 집회에서 연설한 것이 모두 논리적이고 계발적이었던 것은 아니지만, 그럼에도 불구하고 뛰어나고 새로운 많은 생각들이 발표된 것은 유익했다. 덧붙여 평등한 입장에서 다채로운 논제가 정숙하고

---

222 朴泳孝, 「上疏」(1888.2), 『日本外交文書』 第21卷, p.307.
223 青木功一, 「朝鮮開化思想と福澤諭吉の著作」, 『朝鮮學報』 第52輯, 1969, p.68. 다만 둘은 매우 개괄적으로 연설의 효용을 주장한 점에서는 동일하지만 자구가 똑같은 것도 아니어서 여기에 의거했다고 단정할 수는 없다.

질서 있는 가운데 토의되었던 것은 조선의 젊은이들 사이에 또한 청중에 대해 놀랄 만큼 영향을 주었다"[224]라고 연설이라는 정치문화가 침투해가는 모습을 전하고 있다. 덧붙여 서재필은 이러한 연설회 보급이 초래한 결과로 "가장 주목해야 할 것은 조선 청년들이 급속하고 총명하게 복잡한 의회제의 절차를 이해하고 체득해 가는 것이다"라고 말하고 있는데, 조선에서도 연설을 통해 의회정치를 운영해 가기 위한 정치문화가 배태되었던 것이다.

이러한 독립협회 주최의 토론회는 1898년에는 협회 회원뿐만 아니라 학생이나 천민시되던 백정 계층을 포함한 수만 명 규모의 만민공동회나 정부관원을 초청한 관민공동회의 개최로 이어져 만민이 정치의 담당자가 되는 자주민권자강운동이라는 새로운 정치운동 형태를 낳기에 이르렀다. 그리하여 관민공동회에서는 외국인에 의존하지 않고 국가주권을 유지할 것을 비롯한 헌의6조를 결의하여, 일단은 황제의 재가를 얻는 데 성공했다. 그러나 이러한 급격한 정치적 참가의 확대는 기존 신분제도나 정치질서를 파괴할 것이라는 위기감을 불러일으켜 독립협회는 고종을 폐위하고 공화정체로의 변화를 기도했다는 무고로 인해 만민공동회와 더불어 계엄령하에서 군대에 의해 강제적으로 해산되기에 이르렀다. 그렇지만 이 과정에서 연설이나 토론에 의해 정치를 움직일 수 있다는 사실이 체험을 통해 실감된 것은 그 후의 정치운동, 특히

---

224 Philip Jaisohn(徐載弼), The Independence Club, in F. A. Mckenzie, *Korea's Fight for Freedom*, Yonsei University Press, Seoul, 1969, p.68. 또, 독립협회 토론회에서는 "다음 일요일 토론 논제를 이번 일요일에 미리 알려주어 일주일 동안 精硏熟究하게 하고, 또한 左議, 副左議 각 한 명과 右議, 副右議 각 한 명을 지명하여 우의와 좌의에 이어 자유롭게 토론할 회원은 시간을 5분으로 정하는" 한편, 토론 이후에 採決을 하는 방식이었다고 한다. 1896년 7월부터 1898년 12월에 이르기까지의 독립협회와 만민공동회 활동에 대해서는 愼鏞廈, 『獨立協會研究』(ソウル:一潮閣, 1976)에 상세하다.

일본으로부터의 독립운동이나 사회주의 운동을 촉진하였고 '토론소설' 이라는 장르가 나타날 정도가 되었다.

또한 협성회에 참가하여 연설 방법을 체득한 안창호가 독립협회나 신민회, 대성학교 등에서 "연설이란 타인에게 사상을 전달하는 것인데, 전달함에 충분한 사상도 없이 헛되이 음성과 태도의 기교를 부린다고 해서 연설이 성립되는 것은 아니다. 종교가는 연설로써 도道를 전하고, 정치가는 연설로써 주의主義를 발표하고, 학자는 연설로써 소회所懷를 공표하며, 실업가도 농업가도 모두 연설로써 사상을 밝힐 수 있다. 연설가라는 전문가가 특수하게 존재하는 것이 아니라 모든 사람이 연설가가 될 수 있다"[225]라고 하여, 사상을 타자에게 전달하는 매체로서 연설의 효용을 주장하고 장려했던 것을 보아도 연설이 만민의 사상 표명의 수단으로 보급되어 갔던 것을 알 수 있다. 나아가 조선 여자유학생도 연설이나 강연 활동을 적극적으로 전개한 것은, 1915년에 결성된 조선여자유학생친목회가 3·1독립운동의 일익을 담당했고, 또한 "조선 여자의 교육 보급을 도모하고, 널리 지식의 향상을 꾀하는" 것을 목적으로 조선여자유학생친목회를 개조한 조선여자흥학회가 여자강연단을 조직하여 하계휴가 기간에 연설회를 개최하여 조선 각지에서 큰 환영을 받았다는 사실에서도 명확하다.[226] 이처럼 무력을 가지지 못한 시민에게 연설은 독립을 위한 민족운동의 강력한 무기로 보급되어 갔다. 그 때문에 연설에 대한 규제도 점차 강화되어 안국선의 『연설법방演說法方』(1907)이 치안문란을 이유로 1912년에 금서가 되었다. 또한 지식 교류를 위한

---

225 安昌浩, 「雄辯法講論」, 姜齊煥 編, 『島山安昌浩雄辯全集』, 雄辯俱樂部出版社, 1947, p.93.
226 조선여자흥학회의 활동에 관해서는 李順愛, 「在日朝鮮女性運動(1915~26)」, 『在日朝鮮人研究』 第2號, 1978.6 참조

문학회나 연설회에는 형사가 파견되어 발언을 감시하였으며, "학생 가운데 연설을 잘하는 자는 반드시 경찰에 체포되고 고문을 받으며 10일 내지 몇 개월 동안 구류되어 '앞으로는 절대로 연설은 하지 않는다'라고 맹약한 후 방면된다"[227]라는 말이 떠돌았는데, 이 때문에 연설이 없어지기는커녕 오히려 그 유효성에 대한 확신을 더 강하게 갖게 되었다.

나아가 베트남에서도 동유운동에 의해 일본에서 공부한 유학생들이 귀국하여 프랑스로부터의 독립과 베트남인에 의한 국민국가 창출을 도모하는 운동을 전개했는데, 거기서는 노래나 순회 연설회 등을 통해 애국심을 고무하였다. 특히 판추친이 게이오기주쿠를 모방하여 설립했다는 통킹의숙[228]은 조선의 신민회와 마찬가지로 단순한 학교에 머물지 않고 정치결사로서의 측면을 가지고 있었는데, 조직도 교육·재정·선전·출판의 네 부서로 나뉘어 있었다. 교육부는 남녀공학, 수업료는 무료로 학생에게는 종이와 펜 등 학용품이 지급되고 베트남 역사나 지리 수업 외에 서구사상의 소개도 포함되었다. 또한 과외활동으로 창가를 배우고 연설회를 개최하여 애국심과 단결심을 고무하였는데, 과거제도에 대한 반대, 이 물들이기와 장발의 폐지를 주장하며 신생활의 지침을 제시하였다. 또한 선전부에서는 각 도시와 농촌을 순회하는 연설회나, 애국이 주제인 평론을 독해하거나 시가를 같이 부르는 평문회評文會 등을 개최하였는데, "연설회에는 묘회廟會에서처럼 많은 사람들이 모였고, 평문회에는 내객이 운집했다"[229]라고 말할 정도로 성황을 보였다. 나아가 출판부에서는 국어Quoc-ngu 또는 한자로 저술된 『국민 독본』, 『월남국

---

227 朴殷植, 姜德相 譯, 『朝鮮獨立運動の血史』 1(東洋文庫 214), 平凡社, 1972, p.116.
228 게이오기주쿠와 아시아의 관련 양상에 대해서는 和田博德, 「アジアの近代化と慶應義塾」, 『慶應義塾大學商學部創立10周年記念日吉論文集』, 慶應義塾大學, 1976 참조.
229 陳輝燎, 『越南人民抗法八十年史』 第1卷, p.132.

사략』, 『월남위인전』 등을 간행하여 교외로도 널리 배포했다. 당초 식민지 정부는 이러한 의숙의 동향을 감시하는 데 그쳤지만, 그 활동이 계몽운동에서 애국·독립 운동으로 전개되기 시작하면서 이를 금압하는 방침으로 전환되어 통킹의숙은 1907년 2월부터 9개월간의 활동을 끝으로 폐쇄되었다. 그러나 통킹의숙의 활동은 매림의숙이나 옥천의숙 등의 다양한 의숙을 낳았고, 이러한 의숙의 참가자나 일본에서 귀국한 유학생들에 의해 팸플릿 배포나 비공식적인 연설회 등을 통해 애국심을 육성함으로써 프랑스로부터의 독립운동은 점차 성장해 나갔다. 또한 판보이차우가 중국어 문언文言으로 기술한 저작은 베트남에서 배포될 때에는 전통적인 구전시로 번역되어 악기 반주를 붙여 노래로 전달되었는데, 이것도 일본의 자유민권 사상이 연가(연설가)로 유포되었던 것을 상기시킨다.

이처럼 구미에서 들어온 'speech'라는 말 하나만 보아도, 일본에서 만들어진 연설이라는 일역한어가 중국이나 베트남, 조선에서 발음은 다르지만 같은 의미로 사용되어 정치사상과 학술지식의 전달·보급 방법을 바꾸었고, 나아가 정치사회와 정치문화의 방식 자체도 바꾸어 갔던 것이다. 물론 동아시아 세계에서도 그전에 사람들 앞에서 자신의 의견이나 자설自說을 표명하는 일이 없었을 리가 없다. 그러나 연설이라는 개념을 앎으로써 비로소 그 의의나 효용이 인식되어 구체적 형태를 취하게 되고 현실적인 유효성을 가지고 문화 속으로 편입되어 갔음도 부정할 수 없다. 『연설학대강』에서는 구미와 중국에서 연설이 각기 성행하고 침체한 원인을 구명하면서 "연설은 민치의 교자驕子, 자유의 총아이다. 자유가 흥하면 연설학도 이에 수반하여 흥하고 자유가 멸하면 연설학도 함께 소멸한다"[230]라고 적고 있는데, 민주주의나 자유를 획득하려는 시대 내지 그것이 박탈되려는 시기에 오히려 연설이 흥한다는 사실이 가진 의의가 명료하게 인식되었던 것이다.

어떤 개념이 어떻게 수용되는가는 그 사회를 역조명하는 것인데, 의회나 정당, 여론, 도서관, 학회 등의 사례를 분석해 보면 각 사회의 특징이 부각될 것이다. 이처럼 역어 하나에서도 서로 다른 정치사회 사이의 상호교섭에서 생긴 사상적인 알력과 공명은 물론, 텍스트로서의 사상이 교차·연관되고 서로 호응하는, 진정으로 다성적인 상호텍스트성intertextualite이 드러날 터이다. 환언하면 하나의 역어가 걸어간 운명 속에는 영국이나 미국, 독일, 네덜란드 등과 일본, 중국, 조선, 베트남 사이에 존재했던 문화의 큰 연환 속에서 드러난 하나의 고리로서의 위상과 일본, 중국, 조선, 베트남 사이에 나타난 문화의 충돌과 수용의 역사적 의미가 상징적으로 응축되어 있다고도 말할 수 있을 것이다.

동시에 그 과정에서 철학이나 논리학 등의 개념뿐만 아니라 국민의 사회생활과도 가장 밀접하게 관련된 법률용어와 정치용어 대부분이 다른 외부문화의 내부화 방법인 번역어로 존재했기 때문에 대부분 일상어와 괴리되어 버리는 사태가 발생했다는 사실도 무시해서는 안 될 것이다. 번역어의 도입과 정착 문제는 그런 의미에서는 사상연쇄의 한 핵심을 이루고 있다. 그러한 사상연쇄의 한 결과로서, 1945년 9월 호치민에 의해 발표된 베트남민주공화국 독립선언에서는 1774년 미국 독립선언이나 1791년의 프랑스 인권선언 등의 구수歐粹를 섭취하면서도 그것을 제국주의 지배에 대항하는 주체로서의 민족에 의한 독립과 자유 획득의 권리로 바꾸었던 것이다.[231] 그리고 거기에서 중요 개념이 된

---

230 楊炳乾 編, 『演說學大綱』, p.13.
231 베트남 독립 선언에서의 독립·자유와 민족 문제에 대해서는 坪井善明, 「ヴェトナムにおける'獨

'독립'도, '자유'도, '민족'도 일역한어로서 동아시아 세계에 유포된 개념의 일부였다.

　물론 여기서 든 사례는 한자의 공유라는 역사적 조건에 의해 성립된다. 아시아의 많은 지역에서는 일본이나 조선 등에 비해 더욱 이른 단계에 유럽과 접촉하면서, 그러나 결코 자주적인 입장에서 역어를 선정하지도 못한 채 법이나 학술은 식민지 통치 수단으로서의 성격을 드러내면서 본국 언어가 강제되었다. 인도나 버마, 해협식민지 그리고 필리핀 등에서는 영어가, 인도네시아에서는 네덜란드어가, 프랑스령 인도차이나에서는 프랑스어가, 정치사회와 학술에 대해 정통성을 가진 개념을 구성해 나갔다. 이 지역세계에서 제2차세계대전을 거치고도 여전히 통합된 의식이 쉽게 형성되지 못했던 것은, 본국과의 종적 연결에 의한 정치사회의 재편성이 강력하게 추진되었던 까닭에 비록 통상이나 교역은 존재해도 지역적인 유동화가 진전하지 않고 공간적인 연결의식이 두절되어 있었기 때문이다. 그 때문에 제2차세계대전 후에 식민지 지배를 벗어나 진행된 국민국가 형성에서는 심리적으로는 구종주국에 대한 강렬한 적대관에 토대를 두면서도 오랜 기간에 걸친 통치의 결과로서 법제나 학술의 언어도 구 본국의 그것에 의해 규정되었기에, 그것으로부터 벗어나기 위해 자국어에 의한 재편성이라는 커다란 고투를 하지 않을 수 없게 되었다. 본국에 의한 식민지 분할통치와 경역境域 관리가 식민지 내부의 연결과 본국을 달리하는 식민지 사이의 사상연쇄에 저해 요인으로 작용한 것은 부정할 수 없다.

　아시아의 사상연쇄가 하나의 원환을 이루지 못하고 군데군데 끊어져

立」(溝口雄三 外編, 『アジアから考える(4)－社會と國家』, 東京大學出版會, 1994)에 역사적 분석이 있다.

있었다는 사실 또한 근대 아시아의 역사적 위상을 잘 보여준다. 일률적으로 사상연쇄를 그릴 수 없는 것, 그것이 아시아가 놓인 상황과 다원성의 증거이기도 했다.[232] 다만 식민지 본국과의 연결에 의해 분단되어 있던 지역세계에서도 식민지 통치 이전부터 존재하던 화교나 인교印僑 등의 인적 네트워크나 금융·통상 네트워크 등 식민지 통치나 국가적인 경계를 초월한 연결이 기층에 깔려 있었던 것이 연결의 중요한 하나의 계기가 되었음은 말할 것도 없다. 어찌됐든 이러한 다양한 조건하에 이질적인 문화의 해후에 의한 알력을 동반하면서도 언어나 개념이 돌고 돌아 사상연쇄를 이루고, 그 결과 국민국가 형성이나 학술의 제도화, 정치문화의 변용이 생겨났던 것이다.

괴테는 "법률·법령은 영원한 질병처럼 유전된다. 세대에서·세대로 옮아가고 장소에서 장소로 옮아간다"라고 『파우스트』에서 말하고 있는데, 법률·법령과 마찬가지로 언어와 개념도 지금까지 이야기한 사례에서뿐만 아니라, 더욱 많은 것이 세대에서 세대로 옮아가고 장소에서 장소로 각별하게 의식되지도 않은 채 끊임없이 옮아갔을 터이다. 물론 일찍이 외래어였던 것도 이미 모국어화했고 여기에서 문제로 삼았던 것은 이미 시간의 너울 너머로 사라진 과거의 사건으로서 현재는 거의 의식되지도 않는다.

그러나 왕궈웨이가 말했듯이 "언어는 사상을 징표徵表하는 것이고 새

---

232 물론 식민지 통치는 동일한 종주국 아래에서 유동화를 보인 것도 부정할 수 없다. 일본의 군정에 대해서도 인도네시아의 소학교에서 고등학교까지 역사교과서나 副讀本 속에 'Heiho(兵補)', 'Seinendan (青年團)', 'Romusha(勞務者)', 'Keibodan(警防團)' 등을 비롯해, 바카야로(馬鹿野郎)나 반자이(萬歲) 등이 전와한 'Bagero', 'Bansai' 등이 사용되고 있는 것은 한자문화권을 넘어선 아시아와의 연관을 보여준다고 할 수 있다. 그러나 이것들이 결코 긍정적으로 수용된 것이 아니라는 것도 명확하다. 이 점에 대해서는 佐藤正範, 「インドネシアの敎科書に出ている日本語語源の語彙について」(『京都産業大學國際言語科學硏究所所報』第13卷, 1992) 참조.

로운 사상의 도입은 새로운 언어의 도입이 된다"[233]라는 것이 필연이라
면, 사상연쇄에 의해 초래된 사상이 어떻게 그 사회에 침투하고 정착되
어 갔던가를 무엇보다도 지금 명확하게 보여주고 있는 것이 일역한어
의 존재일 터이다.

---

233 王國維, 「論新語之輸入」, 『王觀堂先生全集』 第5冊, p.1774.

제8장
사상연쇄와 국제정치의 충격

　　지금 세계 모든 민족의 생활은 서로 교류하고 생산물을 교환하고 있으며

모든 관계는 상호적이다. A국의 문화는 B국으로 수입되어 그 나라의 새로

운 문화를 낳는 재료가 된다. 그리고 B국의 신문화가 성립된 후에는 다시

그것이 A국으로 수입되어 A국 개혁의 모범이 된다. 이처럼 서로 영향을 주

고 서로 감화하며 서로 압박함으로써 대동(大同)의 기초가 만들어진다. 이

처럼 "수레가 궤를 같게" 한다면 반드시 "서(書)는 문(文)을 같게" 하고,

"서가 문을 같게" 한다면 반드시 "행(行)은 윤(倫)을 같게" 한다. 그러나 이

러한 인류문화의 대동을 지향한 운동은 국가 속에서 이루어지는 한 항상 무

력을 원동력으로 하여 추진된다. 우리들은 세계문화교류에는 적지 않은 비

참한 전투의 역사가 숨겨져 있음을 알고 있다. 이러한 맹목적인 전투에서도

만약 문명적인 민족이 이기면 문화는 저절로 한층 순조롭고 신속하게 진보

한다. 그러나 역사적인 사실은 바로 이것과는 거꾸로 된 경우가 많다.[1]

1905년 일본에 유학하여 니혼대 법과에서 배우고 그 후로도 쑨원의 비서로 종종 일본을 방문한 다이지타오戴季陶는 1928년에 간행한 『일본론』에서 문화 형성이 대개 비참한 전투의 역사를 수반하면서도 서로의 끊임없는 교류에 의해 진전되어 가는 것의 의의를 말하면서, 그러나 그것이 항상 바람직한 방향으로 나아갔던 것은 아니었다고 하며 역사의 역설이 초래하는 재액에도 주의를 촉구했다. 무력행사가 때로 문화 진전의 원동력이 되고 또 야만적인 민족의 승리가 문화의 역행을 불러왔음을 다이지타오가 강조한 것은 무엇보다도 자국에 대한 경고였음은 말할 것도 없다. 이미 1915년 대중국 21개조 요구 이래 중일 사이의 알력은 끊이지 않았는데, 『일본론』이 발간된 바로 그 해(1928)에는 지난사건濟南事件과 장쭤린폭살사건張作霖爆殺事件 등이 일어나 일본과 중국은 더욱 심각하게 대립하였고, 그 결과 1945년에 이르기까지 큰 참화를 낳게 된다. 다이지타오가 어디까지 그러한 전개를 예상하고 있었는지는 차치하고라도 청일전쟁의 선후책善後策으로 시작된 중국의 일본 유학생 파견이나 일본인 교습에 의한 사상연쇄의 역사가 다이지타오가 지적한 비참한 전투의 역사를 수반한 문화교류였다는 것은 부정할 수 없다.

마찬가지로 근대 일본과 조선 사이의 문화교류도 강화도사건으로 시작하여 임오군란, 갑신정변과 식민지 통치 등의 역사와 표리일체였던 것도 의심의 여지가 없다. 또, 필리핀에서 호세 리살과 마리아노 폰세 등이, 베트남에서 판보이차우가, 인도에서 라쉬 비하리 보스와 슈바스 찬드라 보스 등이 일본을 방문한 것도 독립을 위한 군사적 원조를 요청하기 위한 것이었고, 일본이 아시아나 아프리카 각지에서 일종의 모범

---

1 戴季陶, 『日本論』, 民智書局, 1928, p.86.

국으로 간주되었던 것도 러일전쟁에서 일본이 군사적으로 승리했다는 사실 때문이었다. 나아가 눈을 돌려 20세기 후반 미국의 일본학·일본 연구가 제2차세계대전에서 대일전 수행을 위한 언어요원으로 육성된 도널드 킨이나 마리우스 B. 잰슨, 에드워드 사이덴스티커 등에 의해 전 개되었을 뿐만 아니라, 동남아시아 등의 지역연구도 전쟁을 계기로 추 진된 것을 생각하면 다이지타오가 지적했듯이 전쟁이 문화교류를 촉진 하는 요인 가운데 하나임은 부정하기 어려운 사실일 것이다. 그 점은 제7장 2절에서 검토한 대로 지역 학지의 형성·전개가 식민지 통치나 전쟁 수행과 무관할 수 없다는 사실과도 관련되어 있을 터이다.

그러나 일찍이 역사에 그러한 일면이 있었던 것을 부정할 수 없다고 해도 인류문화의 진전이 현재도 그리고 장래에도 항상 무력을 원동력 으로 추진되어야 한다는 것이 정해진 숙명 같은 것은 아니다. 또, 거꾸 로 제2차세계대전 후의 냉전이나 민족 분쟁 등에 의해 얼마나 문화나 사람들의 교류가 차단되었고 서로 오해와 증오를 증폭시켰던가를 생각 해 보면 인류문화의 진전과 공유를 방해해온 요인으로서 무력행사처럼 큰 것은 없다는 엄연한 사실이 존재하는 것도 부정할 수 없을 것이다. 그런 점에서는 다이지타오가 시사했듯 전승의 결과 문화의 진보가 크 게 저해되거나 문화 파괴가 이루어지는 사태도 왕왕 출현했다. 나아가 또한 전쟁 가운데 발생한 증오가 문화파괴에 머물지 않고 민족 정화라 는 적대자 말살로까지 이어지는 사태도 20세기는 체험했다.

다만 그러한 여러 비참한 역사를 수반하면서도 문화교류는 결코 끊 이지 않았고, 그러한 문화교류의 결과 상호 영향·감화는 물론 압박의 관계마저 지역세계의 공속의식共屬意識을 창출해왔다고도 말할 수 있다. 물론 다이지타오가 상정한 대동세계의 실상이 어떠한 것이었는지 명확하지 않고, 대동세계라는 명목 아래 세계문화가 균질화하거나 특정한 정치세력에 의해 통괄되는 것이 바람직한지는 이론異論이 존재할 것이다. 그런 의미에서는 1948년 12월 제3회 UN 총회에서 채택된 「세계인권선언」이 "모든 인간은 공동체 문화생활에 자유롭게 참가하고 예술을 향수하며 과학의 진보에 참가하여 그 혜택을 입을 권리를 가진다"(제27조)라고 규정하였듯이, 국경을 넘어 모든 사람들이 문화적 공동체 형성에 자유로이 참가하는 것은 추구되어야 할 과제일 뿐만 아니라, 전지구화의 도도한 진행 속에서 그러한 일원적인 강제로부터의 자유 또한 새로운 과제로 등장하고 있다.

이러한 현상과 앞으로의 문제성을 고려하면 더욱 더 알력과 분쟁을 수반하며 진행되어 온 문화의 상호 교류 역사와 그에 대한 다이지타오의 지적이 가진 무게를 과거사로 망각해 버릴 수는 없다. 사상연쇄는 결코 사상의 우열이나 호기심·탐구심의 발로와 같은 요인만으로 일어나는 것은 아니며, 그 결과가 반드시 사람들에게 혜택을 가져온다고도 할 수 없다. 이하에서는 그러한 사상연쇄의 착종된 측면에 유의하면서 일본과 여러 지역의 사상연쇄가 국가와 민족 사이의 각축이나 헤게모니 분쟁을 수반하며 국제정치의 투쟁의 장 속에서 어떻게 변천해왔는가, 나아가 그것에 의해 지역세계라는 의식이 어떠한 변용을 거쳐왔는가를, 문화공작·문화사업이라는 방책과 전쟁·점령이라는 사태가 사상연쇄의 회로로 작용해온 측면에 초점을 맞추어 밝히고자 한다. 그것은 또 아시아라는 지역세계가 국제적 계기와 얽히면서 일본인에게 어떻게 확연擴延되어갔는가를 사상연쇄라는 시각에서 살펴보는 것이 될 것이다.

1939년 동양사 연구자 와다 세이和田淸는 근대 중일의 문화관계를 회고하는 글에서, 동문동종이라 칭하면서도 구미에 비하면 일본만큼 중국에서 정신적·문화적 사업을 행하지 않는 나라는 없다고 지적하면서, 그 예외적 사태로서 청일전쟁과 러일전쟁 후의 중국과 일본의 문화관계에 대해 다음과 같이 말하고 있다.

> 지나는 전적으로 일본의 고의(高誼)를 신뢰하여 일본의 모범을 배우기 위해 무수한 유학생을 보냈고 일본의 지도를 받기 위해 다수의 고문과 교습을 맞아들였다. 조금 과장하면 당시에 지나의 아문(衙門) 중 일본인 고문이 없는 곳이 없었고, 4백여 주(州)의 학교 가운데 일본인 교습이 없는 곳이 없었으며, 법률제도는 일본의 학자에 의해 개정되었고 군사는 일본의 장교에 의해 정비 훈련되었으며 교육은 일본의 모범에 따라 교도되었다. 이것은 우리나라의 문화가 지나를 풍미하면서 지도했던 최초의 전성시대였다. 그러나 그것은 실로 근화일조(槿花一朝)의 일로서 10년도 되지 않아 국면은 일변하였고 여러 곳에서 일본 고문과 교습은 쫓겨났고 일본에 체재하는 지나 유학생은 격감했다.[2]

확실히 여기에서 서술하고 있듯이 청일전쟁과 러일전쟁 결과 발생한 일본과 중국의 사상연쇄는, 중국이 신해혁명으로 일본과 다른 민주공화제라는 정체를 채택함으로써 일본이 모범국이 되지 못하고 동시에 동학에 의한 관리 등용 우선이라는 이점도 사라짐으로써 종언을 고하게 되었다. 십수 년만에 일본이 중국의 문화와 사회에 큰 영향을 끼친 최초의(그리고 아마도 최후의) 시대는 끝났던 것이다. 물론 이에 따라 일본 유학이나 일본인 교습의 초빙이 단절된 것은 아니며, 신해혁명 이후에

---

2   和田淸, 「對支文化工作論」, 『革新』 第2卷 2號, 1939.2, p.14.

도 제2혁명의 실패로 쑨원이 다시 일본으로 망명함으로써 1913년에서 1914년 사이에는 1905, 6년에 이어 유학생이 증가했다. 그러나 중화민국이 된 후의 추세를 보면 일본 유학생과 일본인 교습은 점차 줄어들었고, 사상연쇄에서의 일본의 역할이 후퇴했던 것은 부정할 수 없다. 또, 일본이 사상연쇄의 연결고리로서 기능을 서서히 잃게 된 것은 일본의 아시아 정책이 초래한 귀결인 동시에 중국 내셔널리즘의 발흥과 함께 교육권을 포함한 이권 회수 기운이 높아졌으며 귀국한 유학생들이 독자적으로 제도 형성과 교육을 담당하기 시작했다는 사실과 관련이 있다는 점도 간과할 수 없다.

일본을 연결고리로 한 이러한 사상연쇄의 변용은 원래 일본을 통해 구미 학문을 섭취하는 것 자체가 어디까지나 국민국가 형성에 편리했기에 우선시되었다는 전제조건을 고려하면 당연한 귀결이었을지도 모른다. 일찍이 중국인 학생의 일본 유학과 일본인 교습의 중국 초빙이 성했던 1905년, 일본인 교습으로 바오딩保定의 직례사범학당에서 동문(일본어) 교습을 하고 있던 고자키 이쓰이児崎為槌는 "우리가 여기서 크게 자성해야 하는 것은 청국 주요 인사를 비롯한 많은 학생들이 일본 학문을 최고의 것으로 존경하는 것은 아니라는 점이다. 일본이 구미 사상의 수매업受賣業이나 소매업을 하고 있다는 것을 충분히 알고 있다. 그래서 근본적으로 신학문을 연구하기 위해서는 반드시 구미의 언어에 정통하지 않으면 불가능하다는 것을 알고 있다. (…중략…) 듣건대 현재 어떤 강국은 빈번히 자국 세력을 지나에 부식시키려 노력하는 가운데 일본인은 기껏해야 구미 사상의 수매자에 불과하다고 역설하면서 자국 교사를 초빙할 것을 장려하려는 자가 있다"[3]라고 하여, 이러한 국제적 경쟁의 격화 가운데 신학문으로서의 동학 자체가 구미를 능가하지 않는 한 일본인 교습이나 일본 유학생은 반드시 격감할 것이라고 경종을 울렸다. 동학이 어디까지나 서학의 정수에 이르기 위한 방편에 지나지 않는다는 것은 일본 유학을 권장한 캉유웨이나 장즈둥 등이 이구동성으로 주장한 것인데, 그것은 일본인 자신의 자각이기도 했으며 중국인 유학생과 일본인 교습의 쇠퇴는 당초부터 예상되었던 일이기도 했다. 그리고 예상이 빗나가지 않아 "1905년에 유력자遊歷者를 헤아리면 만을 넘고 학생만 해도 8천 전후였으며 우리나라 사람이 청국 교습이 된 자 천 명이었다. 그러나 겨우 삼 년이 지난 오늘날에는 유학생 수는 당시의 반에도 미치지 못하고 해고된 우리 교습을 빈번하게 만날 수 있으며, 독일과 미국 유학자의 증가에 반비례하여 청국에 대한 우리 교육의 권위와 세력은 날로 쇠퇴하고 있다"[4]라고 히구치 류쿄樋口龍峽가 지적한 상황이 1908년에 나타났다.

이러한 사태가 나타나게 된 요인은 다른 방면에도 있겠지만, 무엇보다도 일본의 학문 그 자체의 가치를 인정받지 못한데다 이른 단계에서 동학에 대한 관심도 사라질 것이라는 예측 아래 진행된 유학생 교육과 일본인 교습의 초빙은 당연하게도 계획성이 없을 수밖에 없었다는 점이다. 특히 일본 정부의 보호도 없고 계약 기간이 지나면 재고용될 가능성도 적은 조건에서 중국으로 건너간 일본인 교습 중에는 자포자기적인 행동에 빠진 자도 적지 않았는데, 어떤 상하이 재류자는 "일본인 교사는 가는 데마다 많은 비난을 받는다. (…중략…) 모든 일에 오만한 것, 돈에 비굴한 것, 소행을 삼가지 않는 것, 화를 잘 내는 것, 지나를 멸시하는 것, 업무에 충실하지 않는 것, 그에 비해 학력이 낮은 것 등등은

---

3   児崎為槌, 「支那學生思想界の一般」, 『教育研究』第12號, 1905.3, pp.83~84.
4   樋口龍峽, 「對清敎育政策の今昔」, 『中央公論』, 1908.3, p.22.

우리들이 왕왕 듣는 바인데, 불행하게도 이런 점들이 점차 일본인 교사의 특징으로 간주되고 있다"[5]라며 반성을 촉구하는 투서를 일본 잡지에 기고했다. 그랬기 때문에 자신도 일본인 교습이었던 고자키 이쓰이는 다른 나라 정부가 교사를 파견할 때 신분적·재정적 보장을 하여 보호 장려하면서 자국 세력의 확대를 꾀하고 있는 사태에 대항하기 위해 일본 정부가 국가적 사업으로서 중국뿐만 아니라 조선, 태국 등의 외국정부에 초빙된 교사나 고문에게 상당한 보호를 할 필요가 있다고 역설했던 것이다. 그러나 일본인 교습은 개인적인 계약에 의해 고용되었기 때문에 계약 기간 종료와 함께 귀국하는 자가 속출하였는데, 일본인 교습에 의한 동학의 전파에 대해서는 "일본학의 영향을 논하면서 묵과할 수 없는 것은 그 당시 일본학의 대對지나 선전이 아무런 계획도 없이 무작정 이루어졌다"[6]라는 비판도 있었다.

또, 일본의 중국 유학생에 대해서도 히구치 류쿄가 "[1905년 — 인용자주] 당시 유학열이 왕성의 극에 달했을 때 일시적으로 임시방편의 소학당이 발흥했고 그 동안 교육이 무엇인지도 거의 모르면서 다만 영리 하

---

5 栗村,「在淸國日本人敎師」,『敎育界』第4卷 第10號, 1905.8, p.9.
6 平川淸風,『支那共和史』, 春申社, 1920, p.41. 히라카와는 실패의 원인에 대해 "첫째, 人選을 잘못했다. 당시 지나에 가서 지나 학당에서 교수한 자 중에는 상당히 의심스러운 자가 있었다. 그리고 일반적으로 말하면 그들은 반드시 지나에 충실하지는 않았다. 둘째, 지나 학생에게 수업한 자 대부분은 자기 사명에 대해 무지했다. 그들은 지나를 위하기보다는 우선 자기의 衣食을 위해 일했다. 셋째, 그들은 지나에 대해 충분한 이해를 가지지 못했다. 따라서 그 수업이 오로지 기계적이고 지나인의 마음에 어떤 것을 심어 주고자 하는 마음이 조금도 없었다. 이러한 과오들은 직간접적으로 지나 학생의 일본학 수용에 방해가 되었다고 생각한다"라고 일본인 교습의 문제점을 분석했다. 또한 電政 고문이었던 中山龍次는, 사생활로 인해 중국인 학생의 빈축을 사는 인물이 많았기 때문에 중일 간의 '뿌리 깊은 악감정'을 낳았다고 비판하면서 프랑스가 전 수상 팽르베(Paul Painlevé)를, 미국이 존스홉킨스대학 총장 굿나우(Frank Johnson Goodnow)와 같은 대학 정치학부장 윌로피(Westel W. Willoughpy) 등 일류 인사를 선발하여 파견한 외교적 자세에 질 수밖에 없었다고 지적하였다(「外人顧問論」,『アジア問題講座 政治・軍事篇(1)』, 創元社, 1939, pp.322~323).

나만을 목적으로 하여 이름을 유학생 교육이라고 붙인 것이 적지 않았다. 하숙집 위에 학당이 있기도 했다. 35금金을 받고 3학년 실수實修의 필업증畢業證을 파는 학교도 있었다. 난맥상이 정말 극에 달한"[7] 사태가 일부이긴 해도 등장한 점이 일본 유학에 대한 부정적 평가를 낳았던 것도 부정할 수 없다. 물론 일본 정부도 완전히 손을 놓고 있었던 것은 아닌데, 청국 정부의 의향을 받아들여 앞에서 거론한 문부성령 제18호 소위 「청국인유학생취체규칙」을 발포하여 유학생 교육을 행하는 학교의 관리에 착수했다. 그러나 그것은 청국 공관의 소개서를 입학 조건으로 함으로써 공관이 꺼리는 학생은 "어쩔 수 없이 문부성령을 준수하지 않는 영리적인 무허가 학교에 들어갈 수밖에 없는 비참한 경우에 빠진다. 게다가 학력은 거론할 정도도 되지 않아 뜻을 얻을 수 없음에 분개하면서 울적한 마음으로 자기 나라로 돌아가면 부모와 고향을 향해 금의환향하기는커녕 자국 관부官府와 일본을 욕하고 비방함으로써 그 분노를 씻으려 하기에 이른다. 그렇기에 문부성이 교육 진흥의 정책은커녕 유학계의 타락을 유치誘致하고 일본의 악성惡聲을 부추기는" 최악의 사태를 자초하는 것이나 다름없다는 비판도 나타났다. 이처럼 유학생을 일본 비판의 선봉으로 바꿔버리는 문제는 그 후에도 반복적으로 제기되어 시정책이 검토되기에 이르는데, 차세대 중국을 담당할 유학생을 오히려 반일 인사로 만들어 귀국시키는 요인이 유학생을 대하는 일본인의 태도에 있었다는 것도 간과할 수 없다. 1906년 일찍이 미야자키 도텐은 일본 정치가와 국민에게 다음과 같이 경고했다.

---

7   樋口龍峽, 앞의 글, pp.25~27.

우리 일본의 당국자, 정치가, 교원, 상인, 하숙집 주인, 하녀, 소매치기, 도둑, 매음부 제군에게 말한다. 제군이 밤낮으로 짱꼴라(豚尾漢)라고 경멸하고 조소하며 사취(詐取)하고 탐교(貪絞)하고 유혹하는 지나 유학생은 장래 도래할 신지나국의 건설자다. 그들은 지금 먼지를 뒤집어쓰고 제군의 모욕을 감수하고 있다. 어찌 심중에 불만의 정이 없으랴. 그들을 모욕하는 것은 그들의 모욕을 사는 짓이다. 그리고 모욕의 교환은 투쟁으로 끝난다는 것을 알지 못하는가. 특히 지나의 강성을 두려워하는 지식인이라면 반드시 이 점을 깊이 생각해야 할 것이다.[8]

미야자키 도텐은 중국인 유학생이 일본을 유학지로 고른 이유로 "똑같은 황색인종이어서 구미에 비해 동정심이 깊을 것이라는 관념"이 있기 때문이라고 지적하는데, 동종同種으로서의 기대나 친근감이 있으면 있을수록 일상적으로 마주치는 모욕이 불만을 한층 증폭시켜 반일 감정을 나날이 부채질했던 것도 부정할 수 없을 것이다.

그러나 일본 유학이나 일본인 교습의 쇠퇴라는 사태를 초래한 요인으로는 이러한 문제와 더불어 일본에서 구수歐粹로서 자유주의나 공화주의의 법정法政 이론을 배운 유학생에게 그러한 이론에 기초한 정체체제의 새로운 모범국으로서 또 학문이나 사상의 개척자로서 미국이나 프랑스나 독일 등이 눈길을 끌었다는 점을 거론할 수 있다. 나아가 그러한 나라들도 적극적으로 중국과의 문화교류를 추진함으로써 교육이나 문화교류에서 일어나는 국가 간 헤게모니 경쟁에서 일본이 뒤처졌기 때문이기도 했다. 이미 보았듯이 중국에서는 19세기부터 구미 프로테

---

8   宮崎滔天, 「支那留學生に就て」(『革命評論』第1號, 1906.9.5), 宮崎龍介・小野川秀美 編, 『宮崎滔天全集』第4卷, 平凡社, 1971~1976, p.62.

스탄트 선교사에 의해 의료사업과 교육사업을 통한 문화적 침투가 착착 진행되고 있었다.

그리고 20세기 초두부터 문호개방주의를 내걸고 중국으로의 경제적 진출에 본격적으로 착수한 미국은 그 접근회로로서 교육문화사업을 중요시하여 록펠러재단을 중심으로 한 민간재단이나 하버드대학, 프린스턴대학 등이 중국에서 인재 양성에 착수했는데, 그런 상황에서 당연히 일본과의 충돌이 발생하게 되었다. 그 때문에 재중 선교사였던 파커A. Pierson Parker, 중국명 潘愼文나 리처드중국명 李提摩太 등은 일본으로 다수의 유학생을 파견하는 것과 일본인 교습을 초빙하는 것에 대해 조제난조粗製亂造라며 신랄하게 비판하였다. 그리고 1905년 청국인유학생취체규칙에 대한 반대운동이 일어나자 중화기독교청년회는 리옹D. Willard Lyon, 중국명 來會理과 장페이지張佩之를 일본에 파견하여 유학생의 재학수와 수업연한, 과목 등을 조사하게 하는 한편 일본기독교청년회관에서 화인청년회華人靑年會(후에 中華留日基督敎靑年會)를 만들어 영어 교육을 실시하는 등 유학생 교육을 담당했던 것이다. 나아가 재중미국교회교육회 회장을 지내기도 했던 아서 스미스H. Arther Smith, 중국명 明恩溥는 중국사회에서 학술을 비롯한 'Japanization'을 인정하면서도[9] 일본 유학생이 도쿄 등지에서 도덕적 해악에 물들고 있는 현실을 타파하고 본격적인 학술을 교수하기 위해 일군의 중국 유학생을 일본에서 미국으로 보내는 것이 예지叡智의 본분을 다하는 일이라고 단정하였다. 또, 중국 국내에서 직접 경쟁 관계에 있던 일본인 교습에 대해서도 피상적이고 천박한 학식과 사명감밖에 가지고 있지 못함에도 저렴한 급료 때문에 다수를 고용하고 있는 것에 지나지 않는다고

---

9 H. Arther Smith, *China and America Today : A Study of Conditions and Relations*, N. Y., Young People's Missionary Movement of the U. S. and Canada, 1908, p.129.

가차없이 비난을 퍼부으며 미국인이 그 교직을 회복해야 한다고 주장했다. 스미스는 중국에서의 교육 주도권 문제를 통상이나 정치적 영향력과 직접적으로 관련되는 태평양 양안의 국제 경쟁이라는 시각에서 포착하고, 미국이 일본으로부터 교육의 주도권을 되찾아올 방책으로 1900년의 의화단사건 배상금을 반환할 것을 제안했다.[10]

그리고 주미공사였던 량청梁誠과 우팅팡이 의화단 변상금 반환으로 학교 개설과 유학생 파견 비용을 충당할 것을 미국 정부에 끊임없이 요구했던 적도 있어 1907년 출양고사정치대신出洋考查政治大臣 돤팡端方 등이 미국을 방문했을 때 예일대학, 코넬대학, 웰즐리대학이 중국인 유학생을 매년 정액의 비용 면제로 초청한다는 특약이 체결되었다. 나아가 스미스와 재중 선교사의 적극적인 활동도 있고 해서 시어도어 루스벨트 대통령은 1908년 교서에서 중국에 구미 근대 제도를 수용할 실력을 배양시키기 위해 최대한의 노력을 기울여 중국인의 미국 유학을 추진할 것을 표명했다. 사회진화론자인 루스벨트 대통령에게 러시아를 격파한 일본과 태평양을 사이에 두고 벌어지는 생존경쟁은 불가피한 것으로 여겨졌고, 중국에서 일본 세력의 확장을 저지하기 위해 유학생 교육을 통해 구미 문화를 중국으로 전파하는 것이 불가결한 문화전략의 하나로 간주되었던 것이다.[11] 이러한 대통령의 방침을 미국 양원도 지지하여

---

10 위의 책, pp.211~239. 단, 스미스는 일본과의 대항만을 의식했던 것은 아니고, 유학생들이 영국, 프랑스, 독일 등의 유럽 국가로 가고 또한 그들 국가의 교사가 미국인보다도 신뢰를 받고 있다고 지적하면서 통상에서의 특권 등 모든 측면에서 미국의 지위가 추락하고 있는 현상에 대해서도 경고하고 있다.(p.115)

11 사회진화론자로서 루스벨트 대통령의 주장은 Theodore Roosevelt, "The Awakening of China", *The Outlook*, Nov. 28.1908. 외에 Richard Hofstadter, *Social Darwinism in American Thought, 1860~1915*, Univ. of Pennsylvania Press, 1945, p.155에 수록된 Theodore Roosevelt, "The Strenous Life", 1899 등을 참조

1908년 의화단 사건 배상금 일부를 '우의적 행위'로서 반환할 권한을 루스벨트 대통령에게 부여한다고 의결했다. 이를 받아 중국과 협의한 결과 1909년부터 4년 동안은 매년 100명, 이후 매년 적어도 50명, 총 1,800명을 미국으로 파견하고, 80%를 농학·공학·이학 등을, 20%를 법률학·정치학 등을 전공하게 할 예정이었다. 그리고 유학생 파견 처리를 위해 1909년 베이징에 유미학무처遊美學務處, Bureau of Educational Mission to the United States를 개설하고 여기서 유학생 예비교육을 위한 유미이업관遊美肄業館을 부설하여 미국인 교사로 하여금 수업을 하도록 했다. 유미이업관은 1910년에 칭화학당清華學堂, 1912년에는 칭화학교로 이름이 바뀌었고, 4년의 과정을 수료한 자는 전원 미국 대학에 편입할 수 있게 하였다.[12] 이러한 배상금 반환사업에 의한 미국 유학생 파견은 사비 유학생에 대한 학자금 보조자를 포함하면 1,800명에 달했다고 한다. 또한 옌징대학과 난카이대학 등의 졸업생도 미국 대학으로 유학할 수 있도록 했다. 덧붙여 일본에서는 도쿄와 나라에 고등여자사범학교와 사립여자대학이 있었지만, 여성이 대학에서 전문교육을 받을 기회는 매우 한정되어 있었기 때문에 고등교육을 희망하는 여자 유학생은 여성에게도 널리 문호가 개방되어 있던 미국으로 갈 수밖에 없었는데, 웰즐리대학을 졸업한 쑹칭링宋慶齡·메이링美齡 자매를 비롯하여 귀국 후 활약한 여자 유학생도 적지 않았다.[13] 나아가 미국과 더불어 중국에서 교육에 의욕

---

12 의화단 배상금의 반환에 의한 미국 유학 제도의 전개에 관해서는 舒新城 編, 『近代中國留學史』(中華書局, 1927); 王樹槐, 『庚子賠還』(中央研究院近代史研究所, 1974); Michael H. Hunt, "The American Remmission of Boxer Indemnity : A Reappraisal", *Journal of Asian Studies*, vol.31, no.3, May 1972. 등에, 또 유미이업관이 청화대학으로 발전해 간 경위에 대해서는 蘇雲峰, 『從淸華學堂到淸華大 1911~1929』(中央研究院近代史研究所, 1998)에 의거한다.

13 참고로 1925년 중국인 미국 유학생 1,600여 명 가운데 140명이 여성이었다고 한다(常道直, 「遊美學生狀況與今後之留學政策」, 『中華教育界』 第15卷 9期, 1926.3, p.132).

을 보인 것은 독일인데, 베이징에 덕화학당德華學堂을 개설하고 중국 각지에 선교사나 군인이 학교를 운영하는 한편 독일인이 경영하는 상하이 의학당에 대한 유지비 지출을 의회가 승인하였고, 또한 청국 무관이 매년 베를린 연대에 입대하는 것을 독일 황제 스스로가 허가하는 등의 조치를 취했다.

이러한 미국과 독일의 동향은 당연히 중국인 일본 유학생이나 일본인 교습의 지위를 위협하는 것으로서 위기감을 불러일으켰다. 특히 1907년 6월 2일자 『뉴욕데일리트리뷴New York Daily Tribune』에 '중국인은 일본인 교사를 원하지 않는다Chinese don't want Japanese Teachers'라는 논설을 보고 와세다대학에서 유학생 교육을 하고 있던 아오야기 야쓰쓰네青柳篤恒는 "지나 유학생에 대한 우리 일본의 조치가 실패한 것, 지나 학생 교육계가 괴패壞敗한 것 등을 우리 일본의 직접적인 책임으로 돌려야 할 별다른 이유가 없다면 다행일 뿐"[14]이라고 반성을 하면서, "지나 신제국의 건설자가 될 지나 청년을 교육하는 임무를 맡은 국가는 문명의 익찬자로서 명예 있는 광영을 가지는 자이고, 그 임무에 대해 국민은 반드시 몇 년 내에 근거 있는 세력을 지나 대륙에 부식하여야 한다. (…중략…) 한 사람의 지나 청년을 양성하는 것은 일본 세력을 지나 대륙에 한 발짝 더 진출시키는 대계大計"라고 하여, 중국에서의 교육문화사업이 단순한 문화교류라는 문제에 머물지 않고 중국에서의 패권을 둘러싼 미국 및 독일과의 국제적 경쟁임을 새삼 강하게 인식하였다. 아오야기에 의하면 루스벨트 대통령의 교서야말로 "노골적으로 평하면 일본에 대한 결투장이자 선전 포고로 받아들일 수 있는" 것으로 간주되어야 할 성질의

14　이하 青柳篤恒, 「支那人敎育と日美獨間の國際的競爭」, 『外交時報』 第122號, 1908.1, pp.69~78.

것이었다. 그렇지만 아오야기는 미국 등이 중국에서 교육 사업을 진행하는 것을 전면적으로 배격했던 것은 아니고, "일본인은 청국과 더불어 아시아에서 나라를 이룬 형제국으로서 일청 양국과 동아 전체를 위해 성심성의껏 미국의 호의에 감사하며 그 사업의 성공을 빈다"라면서 아시아의 일원으로서 중국의 문명화를 환영한다는 뜻을 표명했다. 그렇지만 과학 교육에 대해서는 미국이나 독일에 양보하지만 중국의 변법자강에 거름이 될 사회적·정신적 공헌에 있어서는 일본이 더욱 중요한 역할을 발휘할 수 있다고 보았다. 그러니까 아오야기에 의하면 "일본의 신문명은 서양에서 얻은 것이 틀림없지만 그것을 대단한 기력氣力과 재력才力과 인내 면려勉勵로써 동양화한 것이다. 그 장점을 취하고 단점을 버려 일본에 적용함으로써 과실이 없게 했고 순연한 일본의 신문명을 건설하였다. 일본의 문명은 반드시 모두가 바로 지나에 적용할 만한 것만 있는 것은 아니지만 이를 지나에 적용하여 지나화하기는 쉽다. 아니 오히려 지나화하는 수고를 요하지 않는 것이 오히려 많다. 특히 일본 메이지 개신의 업적은 지나의 좋은 귀감이 될 것이다"라고 하여 국민국가 형성의 모범성을 주장했다.

요시노 사쿠조 또한 일본인 교습으로 일하면서 얻은 중국에 대한 견문을 토대로 독일과 미국 등의 활발한 교사 파견이 일본인 교습의 감소로 이어질 수밖에 없다고 지적하고, 미국인 교사가 "교양 있는 신사로서 친절하고 착실하기 때문에 일본인 교사의 강적이라 보아야 할 것이다. 독일 쪽에서도 미국처럼 개인적으로 운동하는 것이 아니라 공사 및 영사 등이 관헌의 위력을 빌어 당당하게 운동을 펼치는 것이 특색이다. 독일이 국가 정책으로 각 지방, 각 방면에 그 세력을 뻗치기에 이른 것은 천하가 모두 인정하는 바이고 지금 새삼 떠들 필요도 없지만 청국 교육계에서 그 활동이 활발하여 사람의 눈을 놀라게 하는 바가 있다"[15]라면서 관민이 일치하여 경계할 것을 호소하였다. 요시노도 아오야기와 마찬가지로 중국의 "관헌 일반의 여론은 법정 방면을 제외하고는 일본보다도 구주에 배우는 것을 첩경으로 삼겠다는 생각을 품고 있는 것"을 인식하고 있으며, 자연과학이나 기술에서는 구미의 우월성을 인정하면서 "청국의 교육 사업을 일본인 수중에 독점하는 것은 일본인의 이익이라기보다도 오히려 청국이 필요로 하는 바이고, 따라서 우리들이 독점 구역을 고수하고 타국의 침식을 막는 것은 실로 우리 이웃 나라를 위해서 도모해야 할 바이다"라고 하여 교육에 의한 구미의 중국 진출을 막는 것이 중요하다고 주장했다.

그러나 실제로 중국인 교육에 종사하던 아오야기나 요시노 등의 위기감과 초조감에도 불구하고, 주청공사였던 하야시 곤스케林権助가 "만 명이라는 다수의 학생을 일시에 위탁하는 청국도 청국이지만 이를 인수하는 일본도 일본이다"[16]라고 연설한 것을 비롯하여, 사이온지 긴모치西園寺公望 수상도 1908년 "일본의 청국 유학생 교육 때문에 왕왕 구미 여러 나라와 외교적 분규를 일으키는 일이 많은 것은 심히 유감이다. 나는 구미 나라들과의 외교를 원만하게 하기 위해 일본의 청국 유학생 교육이 하루라도 일찍 정지될 것을 희망한다. 또한 청국 청년이 일본에 유학하는 것은 가장 큰 잘못이다. (…중략…) 청국 청년이 자국 개혁의 토대를 해외에서 구하려 한다면 구미로 유학해야 한다"[17]라면서 미국이나 독일 등과의 분쟁을 피하기 위해서라도, 중국 자신을 위해서라도 일본

---

15 吉野作造, 「淸國在勤の日本人敎師」, 『國家學會雜誌』 第23卷 5號, pp.792~794.

16 靑柳篤恒, 앞의 글, p.69.

17 靑柳篤恒, 「現政府の對淸政策を難んず」, 『外交時報』 第124號, 1908.4, pp.69~70.

이 중국의 교육문화사업에서 물러나야 한다는 의견을 밝혔다. 일본 정부에는 중국의 교육문화사업을 국가적 견지에서 장기적으로 대처해야 한다는 발상은 전무했고 재정적 뒷받침도 없었다. 이에 대해 아오야기는 일본 정부의 대중국 문화정책이 이러한 것은 정부뿐만 아니라 국민에게 중국의 현상에 대한 인식이 결여되어 있기 때문이라면서, 자신이 결성을 추진한 와세다일청협회早稻田日淸協會에서 주최하는 통속지나사정강화회通俗支那事情講話會 등을 통해 국민에게 유익한 지식을 줄 필요가 있다고 주장했다.

다만 일본 국내의 대중국 교육사업에 대한 무관심과는 달리 중국 재주 일본인들 사이에서는 미국이나 독일 등의 진출이 위협으로 인식되었기 때문에, 이에 대항하기 위해 1908년 5월에는 재지나在支那 일본인 상업회의소연합회가 경제적 제휴의 기초로서 문화적 제휴가 필수적이라는 것, 미국을 본떠 '지나인 교육기관'과 '자선병원'을 설치할 것을 일본 정부에 건의했다. 그러나 일본이 중국인을 대상으로 한 학교를 설립한 것은 포츠머스조약에 따라 취득한 관동주와 만철 부속지에 세운 초중등학교 외에 잉커우상업학교・푸순광산학교・슝위에청농업학교 등의 실업학교, 교원강습소 등의 교원 양성기관, 뤼순공과학당과 남만의학당 등을 설립한 것에 한정되어 있었기 때문에, 1911년에는 미국 유학 예비학교인 칭화학당에 대항하여 일본 유학생을 위한 예비학교를 설립하는 주의奏議가 청조 정부의 재가를 얻었는데, 교장에 판위안롄范源廉, 일본어 교습에 마쓰모토 가메지로松本龜次郞의 취임이 내정되어 있었으나 신해혁명의 발발로 일본 유학 예비학교는 개교되지 못한 채 끝나고 말았다.[18] 물론 그 사이 일본 유학생이 서서히 감소해가는 것을 깨닫지 못한 것은 아니었다. 청국 유학생 취체 사건으로 일제히 귀국했던 학생이 복학하자 중국과 일본 학생의 교류와 친선을 도모하기 위해 이노우에 후데지로井上筆次郎, 가와이 고타로川井光太郎 등이 일본 학생 쪽 발기인, 장지張繼, 투차屠察 등이 중국 쪽 학생 발기인이 되어 1906년 1월 혼고자本鄕座에서 일화학생연설회가 개최되었는데, 여기에서 가노 지고로嘉納治五郎, 오쿠마 시게노부, 마샹보馬相伯, 리쑹탕李宋棠 등이 중일 학생의 제휴를 호소하는 연설을 했다. 특히 이때 나중에 량치차오 등과 정문사政聞社를 결성하고 베이징대학 교장이 되기도 했던 마샹보가 말한 "나라를 사랑해도 독서를 잊어서는 안 되고 독서를 해도 나라를 사랑하는 것을 잊어서는 안 된다"라는 대구는 인구에 회자되었고, 호광총독 장즈둥은 마샹보를 "중국 제일의 명연설가"라고 칭찬했다고 한다.[19] 또한 1913년에는 일본과 중국 학생 사이에 발생할 수 있는 감정의 소격과 후일의 오해를 방지하기 위해 양국 청년 간의 유효한 제휴를 실현할 목적으로 일화학생구락부와 일화학우회가 결성된다. 일화학생구락부는 1913년 2월 일본을 방문한 쑨원과 마쥔우, 다이지타오 등의 환영회를 도야마 미쓰루, 미야자키 도텐, 소에지마 기이치, 데라오 도루 등의 배석하에 개최하였는데, 이 자리에서 쑨원은 "청년의 힘은 실로 한 나라를 움직임에 족하다. 동아의 장래에 평화의 대국大局을 유지하고 서력동점西力東漸의 세력을 제지하려면 양국 청년은 지금보다 서로 단결하여 이를 감당할 각오를 해야 한다. (…중략…) 제군이 굳은 단결을 꾀하고 동아의 영광을 오대주에 발휘할 것을 희망해 마지않는다"[20]라는 기대를 양국 학생들에게 보냈다. 다만 이러한 일본과 중국 학생의 연대 움직임

18 松本亀次郎,『中華留學生敎育小史』, 光風館, 1943, pp.230~231.
19 実藤惠秀,「馬相伯の一生」,『明治日支文化交渉』, 光風館, 1943, pp.230~231.
20 山口生,「日華學生の提携」,『支那』第4卷 6號, 1913.6, pp.65~66.

은 중화민국에 대한 일본의 외교정책과도 맞물려 있었고, 일본 유학생이 일본에 대한 항의의 선봉이 되기도 해서 그 후 반드시 쑨원이 희망한 방향으로는 진전되지는 못했다. 그러나 유학생 수용에 관해서는 신해혁명 후 다시 증가한 유학생에 대응하기 위해 마쓰시타 다이자부로^{松下}^{大三郎}에 의해 일본어 학교인 일화학원이, 마쓰모토 가메지로에 의해 일화동인^{日華同人} 공립동아고등예비학교가 창설되는 한편, 1914년 쑨원 등의 제2혁명이 실패하여 주동자와 그 자제들이 일본에 망명하자 데라오 도루는 호세이학교를 설립, 정치경제과와 법률전수과를 두고 요시노 사쿠조·오노즈카 기헤이지·우키타 가즈타미·미노베 다쓰키치·다치 사쿠타로·가케이 가쓰히코·후쿠다 도쿠조·다케베 돈고 등이 강의를 담당하여 정치학, 경제학, 법률학, 사회학 등의 이론을 전수하는 활동도 시도되었다.[21]

그러나 이러한 중일 간의 문화교류에 대한 개인적 노력에도 불구하고 일본인 교습이나 유학생 수의 점진적인 감소와 더불어 점차 표면화한 문제는 "우리나라의 지나 유학생은 충분히 만족한 상태에서 수학의 목적을 달성하고 있고 한층 친밀한 관계를 맺어 귀국해야 할 터인데 실제로는 그렇지 않고 유학생이 왕왕 우리나라에 대해 불만을 품고 떠나는 자가 있는 이유는 무엇인가"[22]라고 지적하고 있는 것처럼, 귀국한 유

---

21 덧붙이자면 동아고등예비학교에서는 1917년 일본에 온 저우언라이가 입학하여 일본어 보습을 받았다. 또, 법정학교는 孫文, 張繼, 王正廷과 頭山滿, 水野梅曉 등이 후원하고 董事에 湯化龍·章宗祥·犬養毅·林權助·伊集院彦吉 등이, 참사에 戴季陶, 殷汝耕 등이 이름을 올리고 있었다. 수업은 통역을 통해 이루어졌고, 자금은 국민당원과 일본 실업가의 기부에 의존했다고 한다(松本龜次郎, 앞의 책, pp.35~36). 또한 法政學院에 대한 요시노 사쿠조의 관여에 대해서는 狹間直樹, 「吉野作造と中國」, 『吉野作造選集』 第7卷 解說, pp.404~406 참조.

22 砂田実 編, 『日華學會20年史』(日華學會, 1939) pp.7~10. 일화학회에서는 중국 유학생이 반일 분자가 되는 이유에 대해 "우리나라에서 유학생이 처한 현재 상황은 학교 이외에서는 대개 상하 일반의 인사와 접촉할 기회를 얻지 못한다는 것이다. 우리나라에 와서 帝都에 살면서도 견문하는 바가 대

학생이 반일·배일 운동의 선두에 선다는 것이었다. 게다가 이 문제는 "거꾸로 구미 여러 나라에 유학한 자들을 살펴보면 그들은 전부라고는 할 수 없지만 대개 친구미주의자親歐美主義者가 되어 귀국 후에도 오랫동안 그들을 경모하고 동경하는 상태임에 반해 오로지 우리나라 유학생은 일부를 제외하고 대부분 불평불만을 품고 호감을 가지는 자가 적은 것은 도대체 어떠한 동기에 기인한 것인가. 세상의 유식자 여러분이 고려할 필요가 있는 문제이다. 그러나 이 상태를 종래대로 놓아둔 채 돌아보지 않을 뿐만 아니라 결국 그들을 선동하여 구미에 도취되도록 하는 결과를 초래하기에 이르렀다"라고 걱정했던 것에서도 알 수 있듯이, 유학생 교육을 통해 정치적 이해자를 양성한다는 국제적 경쟁에서도 일본이 구미에 뒤처져 있다는 것을 보여주고 있었다.

이러한 사태에 직면하여 일본도 유학생에 대한 원조 활동을 추진하지 않을 수 없게 되었고, 1918년 언어의 미숙, 주식住食의 불편 등의 장애를 제거하고 유학과 연구조사 등의 제반 편의를 도모하기 위해 시부자와 에이치, 고마쓰바라 에이타로小松原英太郎, 시라이와 류헤이白岩龍平 등에 의해 일화학회가 설립되었다. 일화학회는 1911년 신해혁명에서 중국인 유학생에게 학자금과 귀국 자금을 대여하기 위해 만든 지나유학생동정회에서 양도받은 자금을 토대로 운영되었는데, 학생 기숙사 건설, 유학생 예비교육 기관인 동아고등예비학교(1939년에 동아학교로 개칭)의 경영 등을 추진하는 한편, 간토대지진으로 숙사나 하숙을 잃어버리고 학교도 붕괴되어 초토에 나앉게 된 유학생을 구원하고 귀국 여비를

부분 편중되어 있고 우리나라의 건전한 사회 및 가정의 정황을 상세히 알지 못한다. 따라서 왕왕 우리나라를 오해하거나 혹은 우리나라에 대해 불만을 품기에 이른다"(『日華學會20年史』, p.8)라고 분석하는 데 그치고 있었다.

보조하는 등 여러 가지 활동을 전개했다. 또, 미국을 시찰하고 중국인 유학생이 친미적이 되어가는 것을 확인한 모치즈키 군시로望月軍四郎는 세이조학교成城學校 유학생 교육사업 진흥을 위해 1919년 50만 엔을 기부했다.

그러나 1915년 21개조 요구, 1918년 일중육해군협동방어군사협정 체결, 1919년 5·4운동 등으로 반일·배일 기운이 높아지자, 중일 관계의 개선을 도모하고 동시에 미국의 중국 진출을 견제하는 것이 지상과제가 되었다. 1917년 당시 참모차장이었던 다나카 기이치는 중국 시찰에서 귀국해 「대지경영사견對支經營私見」을 정리하여 각 방면에 배포했는데, 여기에서 그는 "지나에 우리 문화의 수입을 도모하는 것은 어떠한 방면으로 보더라도 목하 급무 중의 급무로서 그것을 통해 양국의 경제적 연쇄를 확고히 하고 양국민의 사상상 융화 친밀을 도모해야 함은 물론, 또한 이를 통해 다년의 숙론宿論인 일지 제휴주의의 근간을 지나 청년의 뇌리에 함양하고 동아 백년의 대계를 확립하는 계기로 삼아야 할 것이다"[23]라면서, 의화단 배상금을 사용한 대지나 문화사업기관 설립의 필요성을 강조하는 등 군사적·경제적 측면에서도 문화사업의 추진이 중시되기에 이르렀다. 더욱이 1917년에 중국의 대독 참전을 조건으로 5년간 무이자 지불 연기 상태였던 의화단 배상금에 대해 중국 측에서는 재정적 곤란을 이유로 일본에 면제를 요구하였기 때문에 정부

---

[23] 田中義一, 「對支經營私見」, 高倉徹一 編, 『田中義一傳記』 上卷, 田中義一傳記刊行會, 1958, p.686. 다나카는 이 사견에서 구미의 대지나 문화사업이 1834년 선교사에 의해 설립된 益智會에서 시작되어 1915년 말에는 학교 수 8,862개에 이른 교육 사업과 280개에 이르는 의료 기관을 가지고 있는 것에 비하면 일본이 현저하게 뒤처져 있다고 지적하고, 구체적으로 동아동문회를 기초로 하여 日支協會를 설립, 중일 각지에 분회를 두어 양국민의 일대 사교기관으로 하고, 아울러 중국에서의 교육 사업과 신문·잡지 발행을 행할 것, 동인회를 확충하여 중국 각지에 의료 기관을 설립할 것을 제안했는데, 그 사업비를 양국 정부의 보조금, 유지의 기부금과 의화단 사변 배상금으로 충당할 것을 제언했다.

로서도 어떤 형식으로든 대응하지 않을 수 없었고, 일본도 국책적으로 미국을 본떠 대중국 교육문화사업에 착수해야 했다. 중국 해관에 근무하던 야마구치 노보루山口昇가 1,400매에 이르는 『지나에서 구미인의 문화사업』을 써서 "세계 도처에서 배일의 목소리가 울려 퍼지는 이때 우리나라의 일대 문화정책을 수립하여 비록 종교상의 신앙은 달라도 우리들은 문화생활을 스스로 영위하고 또 그것으로써 지나 및 지나인을 대하고 싶은 것이다. (…중략…) 우리들은 지나인과 수천 년 이어진 연쇄가 있다. 적어도 구미인에 비해 영서상통靈犀相通하는 점이 있다. 대지나 문제의 열쇠는 거기에 있다. 거울과 같은 대양에 봄빛이 떠오르고 있는 평화의 세계는 다만 이러한 문화정책과 문화생활에 의해서만 얻어질 수 있으리라"[24]라고 주장한 것도 중국에서의 문화사업이 구미와의 국제 경쟁이고 이를 철저하게 연구하여 어떻게 대응하는가가 초미의 과제라는 것을 주지시키기 위해서였다.

이러한 정세에 대응하여 1918년 제40 제국의회에서는 '지나인 교육시설에 관한 건의안'과 '일지 문화시설에 관한 건의안'을 결의하였고, 같은 해 9월에는 외상 고토 신페이가 주일공사 장쭝샹章宗祥에게 시기를 보아 의화단 배상금 청구권을 포기할 것을 천명했다. 이어 1919년 9월에는 임시 외교조사위원회도 의화단 배상금 청구권 포기를 결의하였고, 1921년 하라 다카시原敬 수상은 워싱턴회의 일본 대표에게 의화단 배상금을 문화적 시설로 돌리겠다는 의향을 표명해도 무방하다는 훈령을

---

24 山口昇, 『歐美人의支那文化事業』, 上海 · 日本堂書店, 1921 序言, pp.3~4. 이 책은 日華實業協會 후원으로 출판되었는데, 그것은 중일 관계가 "정신적 방면에서는 종래 심히 유감인 점이 많을 뿐만 아니라 앞으로 신경 쓰지 않을 수 없는 소위 日支親善은 문화사업에 의해 정신적 융합을 도모하지 않으면 이루어질 수 없다"(「序文」, pp.1~2)라는 절실한 상황에 직면하고 있다는 인식에서 나온 것이다.

내렸다. 그리고 1922년 제45 제국의회에서는 '의화단 배상금 환부에 관한 건의안'과 '대지나 문화사업 시설에 관한 건의안'을 결의하였고, 정부도 8월에 의화단 배상금과 산둥·칭타오 관계의 철도·광산 등의 보상금을 운용자금으로 하는 대지나 문화사업의 수행을 각의에서 결정하기에 이르렀다. 이를 이어받아 1923년 3월 법률 제36호로 「대지나문화사업특별회계법」,[25]이 공포되고 외무성에 대지나 문화사무국이 설치되었다. 이 법률에 따라 추진된 사업으로는 중국인 유학생 및 재중 일본인 유학생에 대한 학비보조, 동아동문회, 동인회 등에 의한 중국에서의 교육·의료 사업에 대한 보조 외에 1937년부터는 일본인 연구자에 대한 특별연구원제도가 마련되었다. 그리고 일본인 보급생補給生으로는 다케우치 요시미, 도도 아키야스藤堂明保, 시마다 마사오島田正郎, 스즈에 겐이치鈴江言一 등이, 또한 특별연구원으로는 오쿠노 신타로奥野信太郎, 히비노 다케오日比野丈夫, 오시마 도시카즈大島利一 등이 선발되었다.

　대지나 문화사업은 이러한 일본의 단독사업과 함께 중일 양국의 문화·연구 교류의 긴밀화 및 상호이해를 촉진하기 위한 공동사업을 상정했기 때문에 대지나 문화사무국장 데부치 데쓰키치出淵勝次가 주일공사 왕잉바오 및 일본교육시찰원으로 중국정부에서 특파된 주녠쭈朱念祖

---

25 「對支那文化事業特別會計法」은 제5조에서 "1. 지나국에서 이루어지는 교육, 학예, 위생 및 기타 문화의 조장. 2. 제국에 재류하는 지나국 인민에 대해 이루어지는 전호에 게재한 사업과 동종의 사업. 3. 제국에서 이루어지는 지나국에 관한 학술연구 사업"을 행하는 것이라고 규정하였다. 이 가운데 중국인 유학생에 대한 학비 보조는 1932년까지 총계 3,641명에게 419만 5천 엔이 지급되었다(王樹槐, 「庚子賠還」, 中央研究院近代史研究所, 1974, p.530). 더욱이 의화단사건(북청사변) 배상금을 둘러싼 정치과정과 기구에 대한 상세한 논의는 馬場明, 『日中關係と外政機構の研究』(原書房, 1983); 河村一夫, 「對支那文化事業關係史」(『近代日中關係史の諸問題』, 南窓社, 1983; 外務省 百年史編纂委員會 編, 『外務省の百年』上卷(原書房, 1969)을, 또 대지나 문화사업에 대해서는 黃福慶, 『近代日本在華文化及社會事業之研究』(中央研究院近代史研究所, 1982) 및 阿部洋, 「日本の'對支那文化事業'と中國教育文化界」(宇野精一 監修, 『東アジアの思想と文化』, 圖書文獻センター, 1980); 「戰前日本の中國における文化事業」(岩橋文吉 編, 『國際化時代における人間形成』, ぎょうせい, 1982) 등 참조

와, 중일 공동으로 추진할 사업의 구체적 내용에 대한 검토에 들어갔다. 그 결과 1924년 2월 소위 '왕-데부치 협정'이 체결되어 베이징에 인문과학연구소와 도서관을, 상하이에 자연과학연구소를 설립할 것, 그 문화사업을 운영·관리하기 위해 일중공동문화사업 총위원회(나중에 동방문화사업 총위원회)를 설치할 것 등을 결정했다. 위원으로는 중국 측에서는 도쿄제국대학에서 문학박사를 취득한 커사오민柯劭忞, 일본 유학 경험이 있는 슝시링熊希齡·정전원鄭貞文 등이, 일본측에서는 핫토리 우노키치·이리사와 다쓰키치入沢達吉·오코우치 마사토시大河內正敏 등이 선발되었다. 그러나 미국의 배상금 반환에 대해서는 외무상서와 경친왕의 이름으로 "미국 정부의 정의 및 우호의 정신을 깊이 새기고 우리나라 정부의 감사의 뜻"[26]이 표명되었음에 반해, 일본의 대지나 문화사업에 대해서는 그것이 어디까지나 "대지나" 사업이고 총위원회의 권한이 "일본 특별회계법 및 그에 관한 법규에 저촉되지 않는 범위 내에서 주획籌劃, 결정 및 관리한다"라고 한정된 것이었기 때문에 일본 정부의 행정권을 중국 국내에서 행사하기 위한 방편에 불과하다는 비판이 분출했다. 일본의 중국인 유학생도 '대일경자배관토론회對日庚子賠款討論會'를 조직, 공동문화사업을 명목으로 하였지만 실질적으로는 일본의 단독사업에 불과한 대지나 문화사업은 중일 양 국민의 친선을 방해할 것이라고 비난하면서 대지나 문화사무국에서 지급되는 유학 보조금 수령을 거부하는 한편, 중국 국내에서도 1925년 4월 전국교육회연합회, 중화교육개진사中華敎育改進社 등의 연합조직으로 일본문화침략반대대동맹회가 결성되었다. 주녠쭈는 대지나 문화사업을 '문화침략'으로 보는 사조를 불식하

---

26   半澤玉城, 外交時報社 編, 『支那關係條約集』, 外交時報社, 1930, p.389.

기 위해서는 21개조 문제를 해결하는 것이 선결과제라고 일본인에게 호소하였는데,[27] 이러한 반대운동이 일어난 것은 교육권 회수 운동이 전개되고 있는 가운데 일본의 대지나 문화사업이 새로이 외국의 교육권을 설정하여 중국의 국권을 침해하고 예전의 21개조 요구를 형태만 바꾸어 시행하려는 것이라는 의심을 낳았기 때문이었다. 또, 미국의 경우 중화교육문화기금동사회中華敎育文化基金董事會에 사업의 관리·운영 등 모든 결정 권한을 맡긴 것에 비해, 동방문화사업 총위원회의 경우 최종적으로 외무성과 제국의회가 결정권을 장악하고 있다는 점에서 제도와 운영방법에 대한 반발이 있었다는 것도 부정할 수 없다. 나아가 본래 중화민국의 독자적 교육문화사업에 충당되어야 할 경비가 청조 정부가 진 거액의 의화단 배상금으로 사용되고 있다는 사실에 대한 반발도 있어서 문화사업협정을 폐기하고 일본이 전액 포기할 것을 요구하는 목소리도 높았다.

1924년 외무성 관제를 개정하면서 일본 정부는 대지나 문화사무국에서 '대지나'라는 말을 삭제하고 아시아국 문화사업부로 개편하고, 1927년 다시 외무성 관제를 개정하여 문화사업부를 독립 부국部局으로 만든 것도 문화사업이 외교 전략으로서의 문화 침략으로 인식되는 것을 피하고 중일 공동사업으로 재편하기 위해서였다. 그러나 중국과학사中國科學社 등은 중국 측에 연구의 자율적 결정권이 없는 이상 아무리 명목을 바꾸어도 "도서관·연구소의 운영과 학술문화의 연구도 일본인 학자의 대포代庖에 지나지 않고 (…중략…) 중일의 문화협정도 일본 정부가 문화 침략과 경제 침략을 병진시키기 위한 도구가 된다"[28]라며 일

---

27 朱念祖,「對支那文化事業と二十一ヶ條問題」,『外交時報』第464號, 1924, pp.57~59.
28 '所謂'東方文化事業'之失敗與反抗」,「敎育界消息」,『敎育雜誌』第19卷 1號, 1927.1, p.3.

본의 문화사업에 반대하는 성명을 발표하였다. 그리고 1927년의 산둥 출병山東出兵과 그 와중에 일어난 지난사건濟南事件은 배일·항일 운동을 격발하여 동방문화사업 총위원회의 중국 측 위원은 총사직으로 항의의 의지를 표명했다. 나아가 국민 정부는 위원 전원을 파면하고 동방문화 사업에 관한 중일 간의 결정을 폐지하자고 제의하기에 이르렀고, 여기 에서 중일 공동사업안은 좌절되었다. 이리하여 중국과의 공동연구를 목적으로 출발한 문화교육사업은 일본 국내에 중국문화연구기관을 설 립하는 방침으로 바뀌고 일본의 단독사업으로 진행되게 되어 1929년 4 월 동방문화학원 도쿄연구소와 교토연구소가 사업을 개시했다.[29]

이러한 일본의 단독사업 강행 움직임은 중국 측 관계자와 여론을 더 욱 자극하여 1929년 6월 이후 국민정부는 중일 문화사업 협정의 폐기 와 의화단 사건 배상금의 전면 반환을 공식적으로 요구하기에 이르렀 다. 이러한 중국 측의 제안에 대해 시데하라 기주로幣原喜重郎 외상은 1930년 7월 "동방문화의 연구 발양은 동방민족의 당연한 사명으로서 귀국과 우리나라는 이의 수행을 도모할 공동 책무를 가질 뿐만 아니라

---

29 東方文化學院 東京研究所 소장이었던 服部宇之吉는 개소식에서 일본 국내에 일본인만의 중국 연구 기관을 설치하는 이유에 대해 "지나의 유력한 학자는 일본 학자와 달리 정치와 관계를 가지는 자가 많아 정국 변동은 왕왕 학자의 진퇴를 좌우하기 때문에 정치 경제를 초월하는 문화사업이 정국의 영향을 받는 것을 우려하기 때문이다"(『東方學報』, 東京, 第5冊, 1934, p.422)라고 말하고 있다. 또 동방문화학원의 연구 범위는 어디까지나 支那哲學論理學, 支那文學言語學史 등 10개 부문으로 구 성되는 '지나문화대계'의 해명에 있었는데, 의화단사건 때 베이징에 함께 있었던 핫토리와 狩野直 喜의 관계와 자금 분배의 균형 등을 고려하여 도쿄와 교토에 연구소가 만들어져 가노가 교토연구소 장에 취임했다고 한다. 또, 1938년 동방문화학원은 도쿄연구소를 동방문화학원, 교토연구소를 동 방문화연구소로 분리시켰고, 전후 전자는 도쿄대 동양문화연구소, 후자는 교토대 인문과학연구소 및 서양문화연구소로 합병되었다. 동방문화학원에 대해서는 『東方文化學院一覽』(1930년 以後); 京 都大人文科學硏究所 編, 『人文科學硏究所50年史』(1979); 東京大東洋文化硏究所 編, 『東洋文化硏究 所の50年』(1991) 외에 山根幸夫, 「東方文化學院の設立とその展開」(市古教授退任記念論叢編纂委 員會 編, 『論集近代中國硏究』, 山川出版社, 1981 所收) 참조.

문화사업의 본질에 비추어 국경을 초월하고 또한 당면한 정치외교상의 견지에서 이탈하여 고원한 이상을 향해 매진할 필요가 있다는 것은 많은 말을 요하지 않는 바입니다. 따라서 문화사업의 항구성을 보장하기 위해 정국政局에서 완전히 독립한 제도를 확립할 필요가 있습니다. 문화사업특별회계법은 이 취지에 기반하여 제국의회의 협찬을 얻어 제정되었"[30]던 것이라 하여 이 제도를 근본적으로 변경할 의지가 없다는 뜻을 왕잉바오 주일공사에게 전달했다. 일본이 공동사업을 통한 '동방문화의 연구 발양'을 고집한 것은 구미의 교육사업에 대항하여 일본의 독자성을 발휘하고 중국에 대한 지도성과 우위성을 유지할 수 있는 것은 일본의 중국 연구뿐이라고 인식하고 있었기 때문이다. 그러나 중국 연구자의 입장에서 보면 중국문화연구에서 일본이 주도권을 쥐어야 할 필연성은 어디에도 없었다. 동양사 연구자인 와다 세이和田清조차도 지적했듯이, 중국문화사업은 "일본의 신흥 학문을 통해서 해야 하는 것이지 낡은 한학만으로 해야 하는 것은 아니다. 이것은 실로 자연과학 방면이라면 처음부터 문제도 되지 않는 점인데, 따라서 똑같은 대지나 문화공작에서도 자연과학 방면은 극히 순조롭게 진행되고 있다. 그런데 문화과학 방면에서는 동양정신을 착각함으로써 자칫하면 오해에 빠지기 쉬운 것이다"[31]라는 문제가 있었다는 것은 부정할 수 없을 것이다.

30　1930年 7月 26日, 外相幣原 發·在本邦中國公使汪 宛, 「團匪賠償金返還協定草案ニ關スル件」(外務省外交史資料館藏, 『日支共同委員會關係一件, 團匪賠償金返還, 汪-出淵協定廢止日支委員會非公式會見』). 이와 관련하여 외무성 문화사업부장이었던 坪上貞二는 "동방문화를 연구 발양함으로써 세계 문화에 기여 공헌하려는 동방민족으로서의 숭고한 사명을 갖고 있습니다만, 일지 친선을 위한 문화사업이라는 식으로는 처음부터 결코 생각하지 않았습니다. 중국 측에서도 쉽게 문화침략이니 뭐니 말합니다만, 문화적으로 일본이 지나를 침략하는 것 따위는 생각도 할 수 없는 일입니다"(「現代支那の敎育と東方文化事業」, 『支那』 第21卷 4號, 1930, p.6)라면서 동방문화 연구는 중일 친선을 위한 문화사업과는 다른 범주에 속한다고 강조했다.

31　和田清, 「對支那文化工作論」, p.23. 와다는 일본의 동양학 가운데 중국에 의미가 있는 것은 중국 연

이러한 중국 연구의 주도권에 대한 중일 간의 인식 차이로 인해 중국 측에서는 1930년 9월에 합의한 영국 배상금 반환 방식을 참고로 중국 정부가 임명한 배상금위원회를 통해 중일이 대등한 입장에서 연구 사업을 운영하는 안을 제시했지만, 1931년 9월 만주사변에 의해 이러한 중일 대등 운영위는 무산되었다. 단, 여러 비판과 상극은 있었지만 베이징인문과학연구소에서는 신자전 편찬이나 『사고전서제요四庫全書提要』의 속수續修 등의 작업을 기획하였고, 1931년 4월에 정식으로 문을 연 상하이자연과학연구소에서는 신조 신조新城新藏 소장 아래 풍토병과 지질, 생약 등의 학술조사 연구가 이루어졌다. 또, 만주국 성립 후에는 이러한 문화사업의 일환으로 타이완문화사업심의회가 설치되어 일만문화협회를 통한 만주문화연구도 진행되었다.[32]

똑같이 의화단 배상금 반환에 따른 중국 교육문화사업이면서도 미국·영국·프랑스의 사업이 호의적으로 받아들여진 데 반해 일본의 그것은 시종 '문화침략', '사이비 합작', '의사퇴환擬似退還' 등으로 인식되면서 배척 대상이 된 것은 극히 대조적인 현상이었다.[33] 그런 만큼 1924

구 자체가 아니라 중국 연구자가 종종 망각하고 주의를 기울이지 못했던 만주, 몽고, 중앙아시아, 남해 지방의 연구에 지나지 않는다고 하여 일본인이 잘 알지 못하는 한학이나 유교를 중국인에게 강제하는 것은 근본적인 문제가 있다고 보았다.

32 이 외의 동방문화사업으로는 日華學會, 中華民國法制研究會, 東亞考古學會, 回教圈研究所, 東亞學校 등에 대한 경비보조 사업, 상하이와 베이징의 근대과학도서관, 베이징의 華北産業科學研究所의 설립 등을 추가할 수 있다. 또, 일만문화협회는 『大淸歷朝實錄』과 국립박물관의 설립, 熱河離宮의 보존 등의 사업을 진행했다. 北京人文科學研究所의 『四庫全書提要』 續修 편찬 작업은 경비 삭감에도 불구하고 중국의 倫明 등의 학자와 橋川時雄 등의 협력으로 패전까지 계속되었다고 한다(「橋川時雄 先生を圍んで」, 東方學會 編, 『東方學回想 4, 學問の思い出(2)』, 刀水書房, 2000, pp.127~129).

33 구미의 문화사업과 의화단 배상금이 거둔 성과에 대해서는 일본도 큰 관심을 기울였는데, 外務省文化事業部에서는 『歐美人ノ支那ニ於ケル主ナル文化事業』(1929); 『滿洲及支那ニ於オル歐美人ノ文化事業』(1938) 등을, 또 東亞研究所에서는 上村弘男, 『列國の對支投資─列國の團匪賠償金處分狀況』(1941); 『英國の團匪賠償金處分狀況』(1941); 玉井茂, 『米國系プロテスタント敎團の文化事業』(1940); 『英國の對支那文化事業』(1939); 『諸外國の對支那投資』(3卷, 1942~1943); 『日本の對

년부터 5년 동안 외무성 대지나 문화사업부장을 지낸 오카베 나가카게
岡部長景가 중일 간의 알력에 대해 "지나를 무대로 서로 호시탐탐 노리는
각국 간의 격렬한 문화의 경쟁장에서 일본이 밀리는 결과라고도 생각
한다. 나라 사이의 문화적 경쟁은 그 격렬함에 있어서 또한 그 심각함에
있어서 결코 무력 전쟁에 뒤지지 않는다"[34]라면서, 국가 간 문화경쟁의
치열함을 새삼 강하게 상기키면서 동시에 그에 대응하는 일본의 정책
적 정비를 촉구하였다. 물론 의화단 배상금에 의한 대지나 문화사업 이
외에도 중일 간의 문화교류에 대한 시도가 없었던 것은 아닌데, 동아동
문회가 톈진에 개설한 동문서원을 기초로 하여 교무 일체를 중국 측이
담당하는 중일학원을 설립하는 안이 도이하라 겐지土肥原賢二의 알선에
의해 저우쯔런을 회장으로 하는 중일교육회에서 계획되었다. 중일학원
은 선젠스沈兼士를 원장으로 하고 베이징대학 교수 마유위馬幼漁 등이 참
가할 예정이었으나 결국은 중국 측 회원이 사퇴함으로써 유산되고 말
았다. 또한 일본 국내에서도 1937년 일본문화중앙연맹을 중심으로 국
제문화진흥회, 동아동문회, 동양협회, 일화학회 등 29단체가 대지나 문
화공작협의회를 결성하여, "지금 천균일발千鈞一髮의 위기에 직면한 양국
국민은 마음을 부드럽게 하고 기氣를 편히 하여 위로는 2천 년 역사를
생각하고 아래로는 장래 유구한 인접 관계를 잊지 않으며, 일시의 격정
을 참고 영원한 양도良圖를 건설할 시기가 되었다. (…중략…) 지나 국민
특히 시국에 깊은 우려를 품고 있는 안목 있는 지식인이 우리들과 목적
을 함께하여 행동할 것을 간절히 바란다"[35]라면서 새로이 동양 고유의

支那投資』(1942) 등을 통해 분석하였다.

34 岡部長景, 「文化開發の急務」, 『中央公論』, 1937.12 臨時增刊 '北支開發'號, pp.82~83.
35 對華文化工作協議會(聲明書), 『東方文化講演集』 第2輯, 日本文化中央聯盟, 1939, pp.3~4.

문화연구에 매진하자고 요청하는 한편, "구주대전 이후 급작스레 결함을 드러낸 서양문화를 광정보구匡正補救함으로써 세계 인류에 공헌하는 양국 공동의 대임무를 실행할 것을 제창한다"라고 호소하면서 일본문과 중국문을 병기한『동방문화강연집』을 간행했다.

그러나 중일 양국에 의한 동양문화연구의 진행은 이미 파탄이 나 있었을 뿐만 아니라, 구미의 문화사업에 비해 일본의 대지나 문화사업이 양 국민의 융화와 국제협조보다도 국제적 마찰을 낳았다는 것은 부정할 수 없다. 노골적인 이권 획득 정책에서 전환하여 교육·연구의 교류를 통해 양국의 제휴를 목적으로 출발할 예정이었던 대지나 문화사업은 결과적으로는 중일 간의 마찰을 더욱 심화하는 것에 지나지 않았다. 중일 간에 그러한 알력이 생긴 이유로는 중국 측이 총위원회에 대등한 결정 권한을 줄 것을 요구한 데 반해, 특별회계법 등에 의한 예산 집행 제도의 제약도 있고 해서 일본 측이 "일본법령에 저촉되지 않는 범위"를 준수하는 입장에서 최종적인 결정권을 양보하지 않았던 것을 들 수 있다. 이 점은 미국이 의화단 배상금으로 설립한 베이징도서관 등에 대해 중국 측의 운영 권한을 최대한으로 존중한 것과 대비되어 비판의 표적이 되었다. 나아가 미션스쿨을 포함하여 교육권 회수운동이 정점에 달했던 1920년대에 새로이 중국 국내에 일본의 행정권이 미치는 교육·연구 기관을 설치한다는, 시대사조와 정면으로 대립되는 시책을 추진한 것도 중국의 내셔널리즘을 자극하게 되었다.[36] 그러나 더욱 근

---

36 1920년대 중국에서의 교육권 회수운동에 대해서는 舒新城,『收回敎育權運動』(中華書局, 1927) 외에 石川啓二,「1920年代中國の國家主義敎育論と敎育權回收運動」; 佐藤尚子,「1920年代中國におけるミッションスクールと敎育權回收運動」(阿部洋 編,『日中敎育文化交流と摩擦』第一書房, 1983) 등을 참조.

본적으로는 주녠쭈가 지적했듯이 대중국 21개조라는 선례가 있고 게다가 그 국치 문제가 미해결인 채 똑같은 방식이 도입되고 있다는 의심이 중국 측 반응을 결정했다고 해야 할 것이다.

대지나 문화공작협의회 대표 위원장이었던 고야마 마쓰키치小山松吉는 "우리들의 문화공작은 침략적인 것 즉 일본의 문화적 침략인 것 같은 오해를 지나 민중에게 주지 않도록 만전의 주의를 기울일 것"[37]을 단언하였지만 사실이 그러한 희망을 배반했던 것이다. 그리고 만주국 건국으로부터 몽고, 화북으로 일본의 통치지역이 확대되면서 문화사업은 눈앞의 통치에 도움이 되기 위한 문화공작, 선무공작과 다르지 않은 방향으로 흘러갔다. 이리하여 "모든 문화공작은 군을 추진력으로 삼아 추진되어야 한다"[38]라고 주장하기에 이르렀고, 문화사업은 문화침략 그 자체로서 배격의 대상이 되었다. 그 후 1938년 12월 흥아원興亞院이 설치되면서 대중국 문화사업의 주요 사무가 외무성에서 흥아원으로 이관되었고, 1940년에는 정보국 관제 공포에 따라 외무성 문화사업부는 완전히 폐지되기에 이르렀으며, 1941년에는 대지나 문화사업특별회계의 관리도 외무대신에서 대장대신으로 이관되었다.

이와 같은 중일 문화교류의 추이 속에서 유학생과 일본인 교습을 둘러싸고 발생한 문제는 중국을 둘러싼 미국, 영국, 독일, 프랑스 등과의 국제적 경쟁이라는 요인 외에, 중국에서 정치적·학문적 모범이 변화함

---

37 小山松吉, 「北支經濟使節を迎へた」, 『東方文化講演集』 第2輯, p.8.

38 宇田尚, 『對支那文化工作草案』, 改造社, 1939, p.167. 우다는 문화공작에 필수적인 요건으로 치안 확립, 정보 파악, 왕성한 실천력의 세 가지를 들고 군대만이 이 조건을 채울 수 있는 존재라고 보았다. 그러나 치안이 완전에 가깝게 확립되면 "군은 문화공작의 제일선에서 물러나고 이를 다른 전문가들에게 돌려야 한다. 그리고 배후의 힘으로 이를 지지하는 지위에 서야 한다"(p.168)라는 제한을 두고 있었다.

에 따라 근공검학勤工儉學 운동에 의한 프랑스 유학, 마르크스 레닌주의 학습을 위한 모스크바의 스탈린동방공산주의자대학KUTV과 쑨얏셴기념 중국근로자대학 유학 등 중국 국내의 정치상황과 모범국의 추이에 따라 유학지가 다면화되어 갔던 것에 크게 규정되었다.[39] 또한 "서양 1등, 동양(일본) 2등, 본국 3등"[40]이라 했던 것에서도 알 수 있듯이, 원래 구미의 학지를 배우는 것이 바람직하다는 생각이 배경에 있었다는 것도 간과할 수 없다. 더욱이 일본 유학생은 중일 간의 외교적 대립에 가장 민감하게 대응하지 않을 수 없는 입장에 서게 되었기 때문에, 1915년의 대지나 21개조 요구, 1919년 5·4운동, 1928년의 지난사건, 1931년의 만주사변, 1937년의 루거우차오사건 등이 일어났을 때에는 중국 국내의 반일·배일 운동에 호응하여 동맹휴학, 데모, 국민대일동지회나 구국단 등을 조직으로 한 교선활동教宣活動, 일제 귀국 등의 항의 행동을 취하지 않았을 수 없었던 것이 일본과의 교류를 방해하는 중요한 요인이었다.

---

39 프랑스 체류 중 아나키스트가 된 李石曾이 渡佛한 중국인 노동자 교육을 목적으로 일으킨 프랑스 유학운동인 勤工儉學運動은 1916년에 華法教育會가 파리에 설립되면서 본격화했는데, 吳玉章, 吳稚暉 등이 이에 호응하여 중국 각지에 도불 노동자를 위한 예비학교를 설립하였다. 周恩來, 李立山, 陳雲, 陳毅, 蔡和森, 向警子, 鄧小平, 李先念 등이 이 운동에 참가하여 1919년부터 1921년까지의 통계로 1,700명이 프랑스로 건너갔다고 한다. 이들 유학생은 프랑스뿐만 아니라 독일, 벨기에 등 구주 각국으로 갔는데, 駐佛 중국공사에 대한 생활비용 요구 운동과 리옹 佛中大學에서의 점거투쟁 등을 거쳐 1922년 7월에는 旅歐 중국소년공산당을 조직했다. 근공검학운동에 대한 상세한 사료집 및 회상록으로 淸和大學中共黨史敎硏組 編『赴法勤工儉學運動史料』第1冊~第3冊(北京出版社, 1979); 鄭名楨 編著, 『留法勤工儉學運動』(山西高敎聯合出版社, 1994) 등 참조. 또, 소련 유학은 1924년 국공합작을 계기로 본격화했고 1924년에는 모스크바에 혁명파 간부 양성을 목적으로 한 中山大學이 설립되었다. 1920, 30년대를 통해 劉少奇, 王明, 陳伯達, 葉劍英, 楊尙昆, 張經國 등을 비롯하여 2,100명 정도가 유학한 것으로 추정되는데, 중화인민공화국 건설 후에는 9천 명이나 되는 유학생이 파견되었다고 한다. 소련 유학 회상록으로서는 王覺源, 『留俄回想錄』(三民書店, 1970); 王凡西, 矢吹晉 譯, 『中國トロツキスト回想錄』(拓植書房, 1979) 등이 있고, 연구로는 土田哲夫, 「中國人のソ連留學とその遺産」(中央大學人文科學硏究所 編, 『民國前期中國と東アジアの變動』, 中央大學出版部, 1999)이 있다.

40 舒新城 編, 앞의 책, p.201. 또, "구미 유학자는 대개 우등한 자들이고, 일본 유학자는 대체로 중등"(p.210)이라는 평가가 정착되어 간 것도 유학지 선정의 고려 대상이었음은 부정할 수 없을 것이다.

게다가 이러한 유학생의 항의 행동에 대해 일본 국내에서는 학생의 본분을 벗어난 포학한 망동이라는 비난을 가했을 정도로 문제의 핵심에 대한 검토가 이루어지지 않았고, 그 때문에 중국인 유학생의 반일 기운을 더욱 증폭시켰다.

그렇지만 중일 관계의 변화가 그대로 유학생의 증감에 직접 반영된 것은 아니었다는 것도 주의를 요하는 사실인데, 1931년 만주사변으로 1,500여 명의 일본 유학생이 귀국하였지만 1936년에는 유학생 수가 대략 6천 명(그 가운데 만주국 약 2천 명)에 이르렀다. 그 원인으로는 환율 변동으로 국내의 다른 지역에서 공부하는 것보다 일본에 유학하는 편이 저렴했다는 경제적 이유도 있었다.[41] 그러나 그 이상으로 중일 간의 분쟁이 빠져나올 수 없는 상태에 처한 상황에서 일본의 실정을 아는 것이 초미의 과제로 인식되었던 것이 더 큰 이유였다. 만주국이 건국된 1932년 왕이성王藝生이 편집한 『60년래의 중국과 일본』이 간행되었는데, 이 책에서는 동문동종이고 문화적 역사적으로 밀접한 관계에 있는 중일 양국이 공존공영을 도모하는 것은 동아 대국大局의 행복임에도 불구하고, "메이지유신 이후의 일본은 상하 모두 공리설功利說에 빠져 2천 년래의 문화 종가에 대해 화심禍心을 품고 원한으로써 덕德을 갚고, 이웃

---

41 1931년 12월의 조사인 「滿洲事變を動機トシテ歸國シタル職業別中國人一覽表」(『昭和六年中ニ於ケル外事警察槪要』)에 의하면, 총 귀국자 7,737명 가운데 학생은 954명이고, 그 후 1932년 4월의 중화민국 유학생 수는 1,135명(『昭和七年中ニ於ケル外事警察槪要』), 1933년 4월의 중화민국 유학생 수는 909명, 만주국 193명(『昭和八年中ニ於ケル外事警察槪要』)으로 변해가는 양상을 보였다(이상의 『外事警察槪要』는 荻野富士夫 編, 『特高警察關係資料集成』 第16~17卷, 不二出版 所收). 또, 중국의 대일 외환시장은 은 100위안에 대해, 1931년 2월 일본 금 42엔에서 1935년 5월에 일본 금 146엔으로 3배 가까이 변동했다. 이 점에 대해서는 さねとう, 『增補・中國人日本留學史』(くろしお出版, 1970), pp.130~132 참조. 그리고 1932년 이후의 유학생 증가 원인 가운데 하나로 "지금까지 상당히 좋은 취직 자리는 생각지도 못했던 젊은 사람들이 새롭게 일본어를 공부하여 신흥 만주국의 소위 왕도낙토에 뛰어들려"는 의도가 있다고 말하는 米村耿二, 「最近支那の種種相－日本語萬歲」(『讀賣新聞』, 1934.12.28)의 관찰도 같은 책, pp.129~130에 인용되어 있다.

나라를 잠식하는 것을 국시로 삼아왔다. 최근 60년간 중국에 대한 일본의 외교는 공리를 앞세우고 과사奇詐를 즐기는 것이었다"[42]라면서, 일본 사정을 충분히 알아 "이전 잘못을 벌하고 후환을 경계하는 방책"으로 삼아야 한다고 주장했다. 그때까지의 일본 유학이 동학에 의해 서학을 배우는 데 주안이 있었다면, 대단히 역설적이게도 일본의 만주국 건국으로 실현된 대륙정책이 일본을 주적으로 바꾸고 일본 자체를 연구 대상으로 삼게 했던 것이다. 다만 만주사변 이전에도, 이미 보았듯이 지난 사건이 일어난 1928년, 다이지타오는 "중국에서 일본으로 유학한 사람은 적지 않다. 확실한 숫자는 불명이나 아마 10만 명을 밑돌지는 않을 것이다. 그러나 이 10만 명이나 되는 유학생이 일본을 화두로 하여 어떤 연구를 했는가. 30년 전에 황쭌센 선생이 『일본국지』를 저술하신 것 외에는 일본을 전문적으로 논한 서적을 본 적도 없다"[43]라고 하여 일본 연구의 필요성을 주장하고 스스로 『일본론』을 공간했다. 이를 계기로 일본어 및 일본문화에 대해 서서히 관심이 높아져 일본연구열이라 할 만한 상황이 나타났던 것도 놓쳐서는 안 될 것이다. 야마다 기시로山田儀四郎는 현지 관찰을 통해 그 원인을 분석하였는데, 그것은 한편으로는 문화생활의 향상과 함께 생겨나는 여러 지식에 대한 요구가 일본 번역서에 대한 수요로 이어졌기 때문이고, 다른 한편으로는 "지나인 특히 청년의 지식욕의 자연스러운 발로이다. 그러나 이것 외에도 일본문화 향상의 원인 나아가서는 그 강대함을 가능케 한 동방의 이웃나라가 오

---

42 陳振先,「序」, 王藝生 編,『六十年來中國與日本』第1卷, 大公報館出版部, 1932, p.2.
43 戴季陶,「中國人研究日本問題的必要」,『日本論』, 民智書局, 1928, p.1. 또한『日本論』은 그것이 간행된 1928년 12월부터 다음해 5월까지 베이징 燕塵社에서 간행되던 일본어 잡지『北京週報』에 下畝常吉·和泉生의 번역으로 연재되었다.

로지 지나 침략을 일삼는 고로 이를 미워하고, 이것을 방어하기 위해 우선 그 국정國情, 습관 등을 연구함으로써 이에 대항책을 강구하고자 한 점도 있"[44]기 때문이라고 보았다. 실제로 1930년대에는 『일본연구』, 『일본』, 『일본평론』 등 일본 연구 전문지가 잇달아 간행되었을 뿐만 아니라 각지에 일본 연구회가 조직되는 등 '항일구국'을 위한 일본 연구가 본격화했다. 기요사와 기요시淸澤洌는 "이처럼 코앞에서 주먹이 왔다 갔다 하다 보니 그 연구는 진지해진다. 유장한 일본문화의 연구는 일변하여 진지한 일본 정신의 연구가 된 것이다"[45]라고 지적하는데, 일본의 군사행동이 직접 중국에서 전개되는 긴박한 사태에 의해 비로소 일본에 대한 관심이 진지해졌던 것이다. 이처럼 일본 연구와 일본인에 의한 중국 연구에 대한 주목은 일본 서적에 대한 관심을 촉발하여 1931년 1월에 창간된 『중국신서월보』는 제2호부터 "최근 학술계는 점차 일본 서적을 중시하게 되었다"[46]라면서 「일서분류목록」 란을 두어 일본의 신간서를 즉시 게재함과 동시에 수입 대리사업부를 부설하였다.

이러한 중국의 상황 변화와 더불어 1930년대에 발생한 유의할 만한 사태로는, 만주사변에서 만주국 건설과 그에 수반한 국제연맹 탈퇴, 중일전쟁의 본격화라는 일련의 움직임 가운데 그때까지 중국·조선 등 동아시아나 인도·태국 등에 한정되어 있던 교육·문화 교류가 [표 9]의 유학생 추이 그래프와 [표 10]에서 볼 수 있는 것처럼 공간적으로

---

44 山田儀四郎, 「新支那の日本研究熱」, 『支那』 第21卷 6號, 1930.6, p.117.

45 淸澤洌, 「日本文化の侵略性」, 『改造』, 1935.12, p.295. 다만 여기에서 기요사와가 '일본 문화의 침략성'이라고 말한 취지는 일본 문화가 침략하고 있다는 의미가 아니라 일본의 문화에는 세계 각지에서 받아들일 만한 침투력과 보편성이 결여되어 있다는 뜻이었다.

46 「華通書局附設日文書代辨部啓事」, 『中國新書月報』 第1卷 2號, 1931.2, p.65. 「日書分類目錄」에는 학술적인 것 외에도 아동 서적, 부인·가정과 운동·오락은 물론 수입하지 않은 서적까지 망라되어 있는데, 일본의 신간 정보를 거의 동시에 알 수 있었던 것으로 보인다.

한꺼번에 확대되었다는 점을 들 수 있다. 물론 [표 10]에서 명확하게 드러난 것처럼 수적으로는 매우 한정된 것이었지만 세계로 넓어지고 있는 것을 확인할 수 있다. 그러니까 1930년대 국제적으로 고립되었을 것이라는 일반적 통념과는 달리 일본으로 유학생을 보내는 나라의 수가 오히려 증가했던 것이다. 그것은 중국에서의 대립 격화와 그에 따른 국제적 입장의 악화를 만회하기 위한 기사회생책으로서 문화교류가 중시된 결과이기도 했다. 1936년 8월의 오상회의五相會議에서 합의된 '국책기준'[47]에서 "군부는 외교기관의 활동을 유리하고 원활하게 진척시키기 위해 내면적 원조에 노력하고 표면적 공작을 피하며, (…중략…) 정보 선전 조직을 충비充備하여 외교 기능 및 대외 문화 발양을 활발히 한다"라고 규정하였듯이, 적나라한 무력 발동에 의해 외교적 선택지가 점차 감소되어 가는 사태를 타개하고 국제적 고립에서 탈각하기 위한 활로를 찾아 교육·문화 교류사업을 적극적으로 모색했던 것이다. 또, 아울러 유의해야 할 점은 지금까지의 유학생 연구에서는 1937년 7월 7일 루거우차오사건이 일어나자 "주일 대사관과 유학생 감독처도 폐쇄되었고 유학생은 모두 귀국함으로써 일본 유학생사가 끝났다"[48]라고 하여 1937년 7월로 중국인의 일본 유학이 종언한 것처럼 다루어 왔으나 사실을 살펴보면 패전 때까지 중국인 유학은 단절되지 않고 존속했던 것이다.

---

47 「國策の基準」(1936年 8月 7日 五相會議決定), 『日本外交年表竝主要文書』 下卷, pp.344~345.
48 さねとう, 앞의 책, p.136. 사네토의 연구를 포함하여 대부분의 경우 타이완이나 만주국, 내몽고의 유학생은 '중국인' 유학생으로 다루어지지 않고 있다. 국적이라는 관념에서 보면 확실히 '중국인' 유학생이라고는 할 수 없지만 문화교류나 사상연쇄를 고려할 때 이를 총체적으로 파악할 시각이 필요할 것이다.

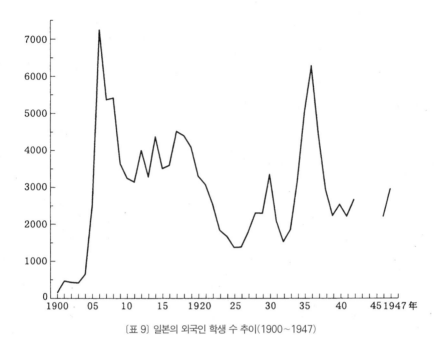

〔표 9〕 일본의 외국인 학생 수 추이(1900~1947)

출전 : Foreign Students in Japan, 1896~1947(General Headquarters, Supreme Commander for the Allied Powers, Civil Information and Education Section, Analysis and Research Division. Special Report, 11 September 1947~12 November 1947), p.29를 그래프로 만들었다. 또, 1900년부터 1937년까지는 대학, 고등학교, 단과대학, 전문학교 등의 학생 수를 포함하고 1938년 이후는 전문학교는 제외했다. 1939년부터 1941년까지는 중국과 만주국에서 온 대학, 고등학교, 단과대학의 학생 수이다. 1946년과 1947년의 학생 수에는 타이완과 조선 학생이 포함되어 있다. 외국인 유학생 수에 대해서는 통계적으로 반드시 명확하지는 않다. 그 때문에 이하에 內閣統計局 編, 『大日本帝國統計年鑑』에서 「전국 외국인 학생 및 생도수」라는 수치를 참고로 제시한다.

연도	1907	1908	1909	1910	1911	1912	1913	1914	1915	1916	1917	1918
학생수	2,791	2,870	2,278	2,273	1,960	1,459	2,047	2,142	1,912	1,921	2,035	1,814

연도	1919	1920	1921	1922	1923	1924	1925	1926	1927	1928	1929	1930
학생수	1,949	1,885	1,717	3,119	2,271	1,700	1,764	1,872	2,611	3,252	3,588	4,983

연도	1931	1932	1933	1934	1935	1936	1937	1938
학생수	2,761	2,372	2,842	4,683	6,654	8,208	8,026	5,716

출전 : 內閣統計局 編, 『大日本帝國統計年鑑』 제32회(1914)부터 제58회(1940)까지의 수치 및 1937년과 1938년의 수치는 Japan Year Book, 1941~42에 의거하여 작성. 이것은 어디까지나 외국인 학생, 생도이기 때문에 유학생 이외의 재류자 자제 등을 포함한 것으로 생각된다.

〔표 10〕 1935~1942년 외국인 유학생 수의 국가별 통계

국명·지역명	1935	1936	1937	1938	1939	1940	1941	1942
중화민국	1,717	3,874	459	645	789	1,390	1,444	1,447
만주국	733	2,032	1,754	1,510	1,515	1,476	1,290	1,064
몽고							65	1
태국	46	44	90	94	123	145	122	106
버마	1	1		6	10	8	4	3
인도	31	33	40	48	70	57	12	3
네덜란드령 인도	10	5	2	12	15	15	3	3
해협식민지	1		1					
일계 해협식민지		1						
프랑스령 인도							4	3
말라이	1	1	1		1			
필리핀	24	13	20	16	16	17	5	3
터키	4	3	3	3		13	11	17
아라비아				1				
아르메니아	7	7	5	6	4		4	2
아프가니스탄	5	6	8	6	8	4	4	
영국	51	56	60	104	60	46	16	6
아일랜드					15			
프랑스	12	11	21	17	13	10	15	10
이탈리아	3	12	27	28	28	5	24	25
독일	45	21	32	32	26	42	33	33
소비에트연방					2			
구 러시아	49	39	40	28	73	83		98
타타르					5			
에스토니아	3	4	2	3		6	7	1
리투아니아		1	1	3	1	3	1	1
라트비아					1	1		
폴란드	2	2	4	5	7	3		1
스웨덴	1		1	7	2	2		1
노르웨이	1	1	1	1		1		1
핀란드			1	1	1			
덴마크	2	1		3		3	2	5
네덜란드	8	4	8	9	2	3	3	5

국명·지역명	1935	1936	1937	1938	1939	1940	1941	1942
벨기에	3	2		4	1	2	3	
스페인	6	3	5	6	5	3	3	2
포르투갈	14	18	18	18	11	22	20	20
스위스	7	8	5	13	11	13	13	12
오스트리아		3	3					
헝가리	3	3	3	1	4	4	4	4
체코슬로바키아	3	1		3				
유고슬라비아	1		1	1	2			
루마니아	1	2		2				1
그리스							1	1
이집트		1		1			2	
미국	51	51	55	226	440	503	152	137
일계 미국	62	97	111				186	122
캐나다		1	5	7	3	6	2	2
일계 캐나다	1	3					3	
하와이			6	3				
일계 하와이			1					
멕시코	3		2		6	7	2	
파나마						1	1	
산토도밍고		2						
페루		1		1	3		91	4
콜롬비아		1						
볼리비아					2	1		
우르과이						1		
브라질			3	1	3	2	4	
일계 브라질		1						1
아르헨티나					1	1	1	
오스트레일리아	2			8				2
무국적							8	1
총계	2,909	6,369	2,797	2,888	3,276	3,903	3,563	3,152

출전 : 內務省警保局 編, 『外事警察槪況』, 1935~42年度(龍溪書舍, 1980, 複製版)에 의거해 작성. 각 연도의 통계는 12월 말 현재의 조사에 의함. 국명, 지역명과 일계(日系) 등의 구분은 연도마다 다르고 통일되어 있지 않으나 원사료 대로 실었다. 또한 섬라(暹羅)는 1938년 이후 태국으로 되었다. 또, 만주국 유학생에 관해서는 駐日滿洲國大使館 編, 『滿洲國在日學生錄』 강덕(康德) 10(1943)년판에 따르면, 1934년 884명, 1935년 982명, 1936년 1,363명, 1937년 1,822명, 1938년 1,519명, 1939년 1,325명, 1940년 933명, 1941년 1,256명, 1942년 1,220명, 1943년 1,004명으로 내무성 경보국의 통계와 다르다.

물론 유학생 대부분이 윤함論陷(피점령) 지구와 괴뢰정권 지역에서 온 유학생이었지만, 그들의 존재를 완전히 무시할 수는 없을 것이다. 다만 1937년 이후의 중국인 유학생 국적별 분류와 수적 처리의 근거는 명확하지 않은데, [표 10]에서도 예를 들면 몽고 유학생에 대해서는 1940년까지 중화민국과 만주국으로 나누어 포함시킨 것으로 보인다. 왜냐하면 몽고인 유학생은 1925년에 사사메 쓰네오笹目恒雄가 사재를 털어 6명을 일본에 초청하여 사숙인 다이텐기주쿠戴天義塾에서 일본어 교육을 한 후 와세다 정경전문부와 아자부수의학교麻布獸醫學校에 진학시켰고, 1934년에 설립된 재단법인 만몽협회가 유학생 수입 기관이 되었는데 여기에서 받아들인 학생 수는 1940년 7차 29명이 유학하기까지 총계 110명이었기 때문이다.[49] 몽고 유학생이 1940년부터 별도로 취급된 것은 전년도 9월 장자커우張家口에 덕왕德王을 주석으로 한 몽강연합자치정부가 성립됨으로써 이를 중화민국이나 만주국과는 다른 국가로 취급하는 것이 일본의 만몽정책에 합치된다고 판단하였기 때문일 것이다. 단, [표 10]에서 1942년에 1명이 된 이유는 명확하지 않다. 그리고 만몽협회에는 몽고유학생부가 설치되어 일본어 교육을 담당하였고 이는 1935년부터 몽고 학생부로 개조되었는데, 실제로는 선린고등상업전문학교 내에 설치된 몽고학부 교실에서 일본 대학 진학에 필요한 교육이 이루어졌다. 또, 만주 유학생은 만주국 유일학생보도협회留日學生補導協會가, 몽고 유학생은 선린협회가, '중국' 유학생은 일화학생

---

49 『善隣協會史』, 日本モンゴル協會, 1981, pp.21~24・267・287 등에 단편적으로 유학생에 대해 언급되어 있다. 또, 1941년 12월 조사에서는 도쿄제국대학과 교토제국대학 각 2명, 홋카이도제국대학 1명을 비롯하여 총계 96명이 유학생으로 재적하고 있었다. 坂田修一 編, 『興安蒙古』, 滿洲事情案內所, 1943, pp.99~102.

회가 각각 지도 · 감독을 담당하였다.

어쨌든 1930년대 이후에는 대륙정책의 강행에 대한 국제적 비판을 누그러뜨리고 친일 기운을 육성하기 위해 유학생 교환에 의한 교육 · 문화 교류가 중시되었다. 그것은 또한 폐색화閉塞化한 대지나 문화사업을 국제적인 문화사업으로서 중국 이외의 지역에서 세계적으로 전개하여 국제적인 우호관계를 구축해가는 것을 의미하기도 했다.

이를 위해 1935년 3월에는 「국제문화사업 경비 지불에 관한 법률」을 공포하였고, 외무성 문화사업부에 제3과를 신설하여 국제문화 진흥회, 국제학우회, 국제영화협회 등의 단체에 대한 보조금 교부와 지도감독을 담당하도록 하였다.[50] 그때까지 외무성 문화사업부가 관장한 문화사업에 관해서는 "문화계통이 같은 일만지日滿支 삼국의 협력에 의해 완전히 정책적인 견지에서 벗어나 동방문화의 조직적 연구 및 발양을 이룸으로써 세계 문운文運에 기여하고자 하는 것"[51]이라고 규정하여 어디까지나 문화계통이 같다는 사실이 전제되어 있었는 데 비해, 제3과가 관장한 국제문화사업은 '일만지'에 머무르지 않고 대상을 세계 전체로 한꺼번에 확장했던 것이다.

이러한 글로벌한 국제문화사업이 중요시되었던 것은, 1933년 국제연맹이 일본국의 만주 철퇴 권고안을 결의했을 때 섬라暹羅(태국)가 유일하게 기권표를 던진 것이 법률고문 마사오 도키치政尾藤吉를 비롯한 고문

---

50 外務省 百年史編纂委員會 編, 『外務省の百年』上卷, 原書房, 1969, p.1046. 또 1940년 12월 각 성에 흩어져 있던 정보 · 선전 활동을 일원적으로 통합하기 위해 내각정보부 조직을 확충한 내각정보국이 설치되었는데, 이때 문화사업부도 폐지되어 대외문화사업은 내각정보국 소관이 되었다. 그리고 1934년 외무성과 문부성 관할하에 재단법인으로 설립된 국제문화진흥회의 창설과 활동에 대해서는 芝崎厚士, 『近代日本と國際文化事業』, 有信堂, 1999 참조.

51 「文化事業の意義」, 『文化事業部事業槪要』, 外務省文化事業部, 1934.12, p.1.

과 기술지도자 등을 파견하고 유학생을 받아들이는 등 여러 방면에서 문화교류를 한 성과라고 보았기 때문이다.[52] 1935년 12월 "학생을 통해 국제문화의 교환을 도모하고 나아가 우리나라에 와 있는 외국 학생을 보호·선도하는 것"[53]을 목적으로 외무성 외곽단체로 국제학우회가 설립된 것도 일본의 감사의 뜻을 표시하고 재일 태국 학생을 위한 기관을 설치하자는 태국공사 야타베 야스키치矢田部保吉의 제안이 하나의 원인이었다. 국제학우회는 "최근 세계 각국의 식자들이 동방으로 눈을 돌려 특히 일본을 연구하고자 하는 기운이 현저한" 상황에서 증가하고 있는 일본 유학생을 받아들일 시설을 마련함으로써 "인류문화의 발전에 공헌해야 하는 국가의 책무"를 다하기 위해, 나아가 "국가 간의 융화를 증진시키고 통상을 원활히" 하기 위해 창설되어, [표 11]의 연표에서 볼 수 있는 문화협정·학생교환협정 등에 기초하여 [표 12]처럼 세계 각국에서 유학생을 받아들였던 것이다.

그리고 유학생 교환사업이 유럽 지역을 주된 대상으로 했던 것에 비해 학생 유치 사업은 멕시코·브라질·아르헨티나·페루·볼리비아·

---

52 그러나 일본의 생각과는 달리 태국이 세계의 대세에 반하여 기권한 것은 자국 내의 화교에 대해 반감을 가진 국내 여론을 감안하여 중일 대립에 관여하지 않는다는 '不偏不黨'한 입장을 드러내기 위해서였는데, 결과적으로는 일본을 지지하는 것으로 간주되었던 것이다. 이 점에 대해서는 Benjamin Batson,「タイのナショナリズムと對日關係の展開」(杉山伸也·Ian Brown 編著,『戰間期東南アジアの經濟摩擦』, 同文館, 1990) 참조

53 財團法人國際學友會 編,『國際學友會50年史』(國際學友會, 1986, pp.1~2.「국제학우회사업요강」에서는 일본에 유학하려는 세계 각국 학생을 온정으로 친절하게 지도함으로써 "학생을 통해 상호 문화를 연찬 고구하며 (…중략…) 본국과 각국의 정신적 결합을 공고히 하고 크게는 세계 여러 민족의 상호 이해와 친화를 도모하며 나아가 세계 공존공영이라는 큰 사명의 일단을 분담하는 것을 본래의 목적으로 한다"(『國際學友會回報·昭和十三年度事業報告』第20號, 1939, p.4)라고 했다. 구체적 사업으로는 "단지 유학생의 지도 계발뿐만 아니라 본국과 여러 외국 간의 학생 상호교환, 유학생의 초빙, 장학금 수여, 학생 견학단의 초빙, 학생회의 개최"(「國際學友會第一回理事會に於ける近衛會長挨拶」, 1941.1.15) 등을 실시하였다.

[표 11] 문화협정과 학생교환협정 및 유학생 수입 사업 연표

1934.1	재단법인 선린협회 결성. 몽고유학생부 설치(1935년 몽고학생부로 개편)
1934.4	재단법인 국제문화진흥회, 외무성과 문부성 관할하에 설립
1935.12	국제학우회, 외무성 외곽단체로 설립
1936.2	국제학우회관 개설. 아프가니스탄 유학생 6명 수입. 일본어 교실 개설
1936.8	이탈리아 중아극동협회(Central Asia and Far East Society)와 남녀 각 1 명, 2년간의 '일-이 학생교환협정' 체결. 1945.8까지
1936.11	국제학우회관, 학생 초청사업 개시
1936.12	폴란드대학 연맹과 '일-폴란드 학생교환협정' 체결. 1940.7까지
1937.3	국제학우회, 멕시코 학생 초청
1937.4	일독 교환학생 및 독일 파견학생의 알선. 1945.8까지
1939.8	국제학우회, 볼리비아 학생 초청
1939.9	헝가리 문부성과 '일만 양국 간 학생교환 취결(取結)' 체결. 1945.8까지
1940.2	국제학우회, 우루과이 학생 초청
1940.12	재단법인으로 설립 허가. 내각정보국으로 이관
1942.1	태국 교육성과 '일-태 양국 간 학생교환협정' 체결. 1945년 8월까지
1942.7	프랑스령인도차이나총독부 교육국과 '일-프랑스령인도차이나 학생교환 협정' 체결. 같은 해 8월에는 교사교환협정 체결
1942.11	대동아성의 창설에 따라 국제학우회는 내각정보국 및 대동아성의 공동 소 관이 됨
1943.1	국제학우회 일본어학교, 각종 학교로 인가(1945년 폐교)
1943.2	헝가리와 우호 및 문화협력에 관한 협정 체결
1943.6	남방 특별유학생 수입 개시(1945.9까지 학자금 수여)
1945.9	국제학우회 외무성으로 이관

주: 金澤謹, 『思い出すことなど』(國際學友會, 1973) 및 Foreign Students in Japan(General Head-quarters, Supreme Commander for the Allied Powers, Civil Information and Education Section, Analysis and Research Division. Special Report, 23 September 1946), pp.10~13 등에 의거하여 작성.

우루과이·파나마 등 중남미 지역으로 확대되었는데, 이것은 "당시 외무성이 일본에 대한 중남미 국가의 관심을 크게 높이려 했던 것이 학생 유치 사업으로 결실을 맺었던 것"[54]이라는 말에서 추측할 수 있듯이, 긴

---

54 金澤謹, 『思い出すことなど』, 國際學友會, 1973, p.17.

박해지고 있던 미일관계를 전제로 하여 중남미 국가와의 문화적 긴밀화를 도모하여 미국에 대항하려는 의도가 포함된 것이었다고 할 수 있을 것이다. 마찬가지로 독일·이탈리아·헝가리 유학생은 방공협정과 문화협정의 체결에 의한 것이었고, 이는 폴란드 등을 포함해 소련을 견제할 의도에서 나온 것이었다.

헝가리에서는 소련으로부터의 압력에 대항하기 위해 유라시아 대륙 전역에 걸친 여러 민족을 포괄하여 "헝가리에서 도쿄까지"를 표어로 내건 투란민족권론이 주창되었고, 일본에서도 이에 호응하여 이마오카 주이치로今岡十一郞를 중심으로 투란민족동맹(1922년 설립)과 일홍문화협회日洪文化協會가 결성된 것 등을 배경으로 하여 1938년 '우호 및 문화적 협력에 관한 일본국 헝가리국 간 조약'이 체결되었다. 일홍문화협정은 일본이 최초로 체결한 문화협정이었다. 그러나 그 후 문화협정은 문화조약 그 자체로서보다는 때로는 첩보 공작의 은폐물 때로는 우호협정 내지 군사협정의 대체물 역할을 하게 되었고, 협정을 체결한 나라들과는 상대방 수도에 문화연락협의회를 설치하여 학생들을 교환하였다. 또, 헝가리와는 만주국 승인과 방공협정 가입 등 외교적인 진전이 있었

〔표 12〕 국제학우회 수입 유학생 수

국명	남생도	여생도	계
태국	208	38	246
인도	46		46
독일	21	2	23
인도네시아	121		121
아프가니스탄	6		6
버마	64		64
인도차이나	18	2	20
이탈리아	8	1	9
필리핀	73		73
일본 외지	20	8	28
헝가리	1		1
영국	1		1
프랑스	5		5
폴란드	2		2
소련	1		1
중국	3		3
멕시코	5		5
브라질	6		6
콜롬비아	1		1
아르헨티나	3		3
이라크	1		1
페루	3	1	4
볼리비아	2		2
우루과이	1		
벨기에		1	1
미국	7	4	11
일계 미국	7		7
계	634	57	691

출전 : Foreign Students in Japan(General Headquarters, Supreme Commander for the Allied Powers, Civil Information and Education Section, Analysis and Research Division, Special Report, 23 September 1946), p.15.

으며, 나아가 1941년 불가리아는 일독이日獨伊 삼국방공협정에 가맹하고 1943년에는 양국 간 문화협정도 체결하였지만, 1944년 쿠데타에 의해 조국전선정부가 생기면서 일본과 단교하였기에 유학생 파견에는 이르지 못했다.

한편 폴란드와는 소련 정보 수집을 목적으로 1921년 공사관을 각각 설치(1937년 대사관으로 승격)하였고, 국제학우회에서는 1936년의 일-폴란드 학생교환협정에 기초하여 유학생을 받아들였다. 그러나 1939년 독일이 침공하면서 바르샤바 일본 공사관이 폐쇄되고 유학생에 대한 학비 제공도 폐지되는 등 독일에 대한 배려라는 관점에서 폴란드를 포기하는 선택을 하기도 했다.[55] 물론 대소련 정책은 방공협정에 머물렀던 것은 아니다. 아프가니스탄·터키·아르메니아 등 아시아 지역, 루마니아·체코슬로바키아·유고슬라비아·폴란드 등 유럽 지역, 에스토니아·리투아니아·라트비아·스웨덴·노르웨이·핀란드·덴마크 등 발트해 연안 국가, 나아가 구러시아·타타르 등 소련에 동화될 수 없는 사람들을 포함하여 소련을 둘러싼 지역에서 유학생을 받아들인 것은 "적의 적은 친구"라는 관계를 만들어 정보 수집을 도모하고 국제공산주의운동의 앙양에 대응하기 위한 배려 때문이었다는 것은 부정할 수 없다.

더욱이 이들 지역 가운데 아시아 지역에서 유학생을 초청한 것은 단지 소련과 길항하는 것만을 목적으로 한 것은 아니었다. 예컨대 공산주

---

55 일본이 폴란드와의 문화교류를 바란 것은 폴란드가 소련 정보를 수집하기 위해 가장 유리하다고 생각했기 때문인데, 1938년에는 소련 국경 근처의 리보프(L'vov)에 영사관을 설치했다. 1937년 루거우차오사건 이후 소련이 강경한 대일 외교 자세를 취하자 일본은 동유럽에 소련을 포위하는 일대 첩보망 조직을 도모하였는데 문화 협정이 그 수단으로 활용되었다. 이러한 일본과 동유럽의 관계에 대해서는 百瀬宏, 「新興東歐諸小國と 日本」, 入江昭·有賀貞 編, 『戰間期の日本外交』, 東京大學出版會, 1984 참조.

의 국가 소련과 자본주의 국가 영국이 치열한 각축을 펼치고 있던 아프가니스탄에 주목한 것은 아시아에서 영국 세력을 견제하기 위해 인적 포석을 깐다는 의도도 포함되어 있었다. 영국은 1905년 아프가니스탄을 보호국으로 만들었지만, 1919년에는 소련의 지원을 받은 아프가니스탄이 제3차 영·아프간 전쟁에서 승리하여 라왈핀디Rawalpindi 조약을 통해 독립을 달성했다. 아프가니스탄은 영국과 소련의 압도적인 압력을 배제하기 위해 독일과 프랑스의 교육제도를 채용하고 독일계 대학인 네자캇과 프랑스계 대학인 에스테라클에 각각 독일인과 프랑스인 교사를 초빙하여 교육과정을 두 나라와 똑같이 운영하였는데, 졸업생은 독일과 프랑스 대학에 입학하는 제도를 채택했다.[56] 아프가니스탄으로서도 러일전쟁에 승리한 아시아 유일의 국가 일본과 국교를 맺음으로써 이들 세력에 대항하는 힘을 기를 수 있다는 희망을 갖게 되었고,[57] 일본으로서도 영국과 소련이 다투는 지역에 연결고리를 만들어서 아시아에 대한 영향력을 키워간다는 의미가 있었다. 『아프가니스탄亞富汗斯坦』(1930)을 저술한 다나베 야스노스케田鍋安之助 등 동아동문회 회원들이 아프가니스탄구락부를 설립하고, 인도인 독립운동가이자 아프가니스탄 국왕 하비불라 칸Habibullah Kahn의 고문 자격으로 일본을 방문한 라자 마헨드라 쁘라땁Raja Mahendra Pratap 등의 협력을 얻어 국교 수립의 방도를 모색함으로써 1930년 수호조약이 체결되기에 이르렀다. 그리고 1934

---

56 金澤謹, 앞의 책, p.12. 또, 아프가니스탄 학생 초청 사업에 관해서는 竹本陽乃, 「昭和初期國際學友會のアフガニスタン學生招致事業」(『國學院雜誌』 第96卷 10號, 1995)에 자세한 분석이 있다.

57 아프가니스탄에 3년 동안 농업 기술자로 초빙되었던 尾崎三雄는 『亞細亞の新興國アフガニスタン』(日本國際協會, 1939)에서 섬유제품을 비롯한 많은 일본 상품이 수입됨으로써 "아프가니스탄이 호의적으로 일본과 손을 잡고 싶다는 생각을 하고 있고, 일본이 일반 국민의 커다란 관심사로 떠오른 것은 확실하다"(p.57)라고 실정을 보고하고 있다. 오자키는 또 일본이 아시아 맹주의 지위를 확립하기 위해 아프가니스탄에서 소련과 영국 등의 세력을 추방할 필요가 있다고 강조했다.

년 카불에 일본공사관이 개설되고 이후 토목·농업·교육·건축에 관한 기술자를 일본에서 초빙하는 등의 교류를 이어받아 기타다 마사모토 北田正元 공사가 일본 측의 비용 부담으로 유학생을 초청하는 사업을 실현시켰다.

아프가니스탄에서 온 유학생에 대한 교육지침으로는 "첫째, 팔굉일우라는 우리나라 건국의 대정신을 그들 이민족에게 철저하게 인식시킬 것. 둘째, 아시아에 대한 우리나라의 사명을 이해시킬 것. 셋째, 아시아 민족의 분기와 우리의 사명 달성에 대한 협력을 촉발할 것. 넷째 공산주의를 배격하고 방공정신을 함양할 것. 다섯째, 구미 의존주의를 배격하고 친일·아시아 주의를 존중하게 할 것"[58]이라는 다섯 항목을 내걸었다. 그러나 실제 교육에서 이러한 일본 중심의 정치적 독트린의 주입이 효과를 거두었다고는 할 수 없지만, 최초의 학생 초청 사업에서 책정된 이러한 지도방침은 유학생 초청 사업이 어떠한 의미 부여를 필요로 했는지를 보여주는 것이라 할 수 있다. 그리고 대소련 포위망의 형성과 이슬람 세계에 대한 관심이 중층적인 것이었다는 것은 1936년 8월에 결정된 「제국외교방침」이 일독관계를 확충하고 "폴란드 등과 친선관계를 증진함으로써 소련에 인접한 구주 및 아시아 국가들 및 그 외의 회교 민족들과의 우호관계 증진에 유의하고 그 계발에 힘쓴다"[59]라고 규정되었던 것을 보아도 명확하다.

---

58 「阿國留學生ノ指導要綱·第1項 指導情神」, 竹本陽乃, 前揭 「昭和初期國際學友會のアフガニスタン 學生招致事業」, p.48에 의거한다. 인용에서는 표기와 오자 등을 적절하게 수정했다. 또, 아프가니스탄 유학생 6명은 국제학우회를 거쳐 도쿄제국대학 경제학부 선과, 문학부 본과, 농학부 외국인 학생, 도쿄공업대학 방적과 외국인 학생, 浦和高等學校 이과, 도쿄미술학교 彫金科에 진학하였다. 이들은 학사학위를 취득한 뒤에 대학원에 진학하여 공부를 하다가 1943년까지 모두 귀국했다(金澤 謹, 앞의 책, pp.12~17).

59 「帝國外交方針」(1936年 8月 7日 四相會議決定), 『日本外交年表竝主要文書』 下卷, p.346.

어쨌든 이슬람 지역이 "소련 남방에 위치해 있고 또 동양으로 가는 교통로에 있어서 정치적으로도 매우 중대한 의의를 갖는다. (…중략…) 회교도가 전통적으로 단결력이 강하고 또 반서구, 반공의 입장을 견지하고 있는 것을 볼 때 대지나, 대소련, 대영국 문제의 해결과 우리의 대륙정책의 성공 여부는 첫째로 회교 정책에 달려 있고, 따라서 회교 사정의 연구, 회교권과의 친선은 목하 최대의 요무이다"[60]라고 강조한 것에서도 알 수 있듯이, 이슬람권과의 문화교류가 중시된 것도 1930년대 이후였다. 일본이 이슬람교에 주목한 것은 앞에서 말했듯이 직접적으로는 만주국 건국과 몽강 지역 진출이 계기였다. 물론 이슬람권과의 접촉은 메이지 시대부터 시작되었는데, 1890년 와가야마현 가시노자키樫野崎 앞바다에서 난파한 터키 해군 연습함 에르투그룰Ertugrul호를 구난, 전국에서 의연금이 답지한 것과 적대적인 러시아를 격파한 비기독교국으로서 터키가 일본에 공감을 가지고 있었다는 것은 잘 알려진 사실이다. 그때 모은 의연금을 갖고 야마다 도라지로山田寅次郎가 1892년 요코하마를 떠나 터키의 육해군 사관에게 일본어를 가르치기 위해 2년 동안 터키에 머물렀고, 일단 귀국한 후 다시 터키를 방문, 제1차세계대전에서 일본과 적대관계가 됨으로써 귀국하였으며, 1911년에는 『토이고화관土耳古畵觀』이라는 책을 하쿠분칸博文館에서 간행하는 등의 교류도 있었다.[61] 그러나 터키공화국을 로잔조약의 비준에 따라 일본이 승인한 것

---

60 今岡十一郎, 「回敎問題と世界回敎徒の現狀」, 『改造』, 1938.6, p.219.

61 야마다가 터키에서 펼친 활약과 오사카에서 稻畑勝太郎와 1925년 일・터키 무역협회를 설립한 것에 관해서는 山樵亭主人, 『新月山田寅次郎』(岩崎輝彦發行, 1952) 참조. 또, 근대 일본과 터키의 교섭에 관해서는 日本・トルコ協會70年史編纂委員會 編, 『日本・トルコ協會70年史』(日本・トルコ協會, 1996) 및 池井優・坂本勉, 前揭 『近代日本とトルコ世界』; 長場紘, 『近代トルコ見聞錄』(慶應義塾大學出版會, 2000) 등에 상세하다.

은 1924년이고 통상항해조약이 체결된 것은 1930년이었기 때문에 유학생이 정식으로 일본에 온 것은 1930년대 이후의 일이었다.

터키 이외에도 1907년 무렵 인도인 무슬림인 바라카툴라가 일본을 방문하여 이슬람 부흥을 조야의 인사들에게 호소하였고, 1909년에는 타타르에서 압둘레시드 이브라힘Abdürreşid İbrahim이 방일하여 범이슬람주의 운동을 제창했다. 야마오카 고타로山岡光太郎는 귀국하는 이브라힘과 동행하여 일본인 최초로 하지Haji(성지 순례자)가 되었다. 같은 해 1909년에는 카이로에서 일본으로 온 이집트인 무슬림 유학생이 와세다대학 강당에서 개최된 강연회에서 영어로 웅변을 했을 때 청중이 2천 명에 달했다는 설도 있다.[62] 한편 재일 이슬람 운동도 소련 치하의 바시키르Bashkir에서 온 쿠르바날리Kurbanali가 1925년에 도쿄회교단을 결성한 이래, 1931년에는 시부야구 도미가야富ヶ谷에 무슬림 자제를 위한 회교학교가 개설되고 타타르어 잡지『신일본통신』이 정기적으로 간행되기 시작하면서 본격화한다. 카잔-투르크계인 아야스 이스하키가 망명지 베를린과 이스탄불에서 많은 저작을 발표한 후 일본에 온 것도 1933년의 일이었다. 그리고 1935년 9월에는 인도인 무슬림 필로즈딘, 보치아라는 두 무역상을 중심으로 고베의 나카야마테로隣에 일본 최초의 모스크 사원이 건설되었고, 1938년 5월에는 시부야구 요요기 오야마초에 도쿄 모스크 사원이 문을 열었으며, 1933년에 다시 일본에 온 95세의 압둘레시드 이브라힘이 이맘imam(지도자)으로서 개당식을 개최하였다. 나아가 1939년 11월에는 일본에서 이슬람박람회가 개최되어 대일본 회교협회는 인도네시아이슬람회의Madjelis Islam A'la Indonesia, MIA에 대표단 파견

---

62 小林不二男,『日本イスラーム史』(日本イスラーム友好聯盟, 1988), p.52.

을 요청하였고, 이에 응해 아흐마드 카스마드 등 네 명의 무슬림이 옵서버 자격으로 일본에 왔다. 3주간에 걸쳐 개최된 박람회에는 인도·터키·이집트·만주국·광둥에서 45명의 대표가 참가하였고, 그 기간 중에 개최된 회의에는 이슬람교도를 위한 기관지를 발행할 것, 이슬람 국가 유학생을 위해 도쿄에 이슬람회관을 설립할 것 등을 결정했다. 이러한 이슬람권 국가와의 교류를 바탕으로 일찍부터 유학생을 보낸 인도뿐만 아니라 네덜란드령 인도차이나나 말레이시아 등지로부터도 유학생이 찾아오게 되었던 것이다. 그리고 이는 일본인이 생각하는 아시아에 이슬람 세계가 현실의 문화교류를 통해 편입되기 시작했음을 의미했다.

이처럼 이슬람권을 포함한 세계 각지에서 유학생이 오게 된 배경으로는 제1차세계대전 후 문화교류 사업이 외교정책의 일환으로 국가 간 관계를 조정하는 중요한 회로로 작용하기 시작한 사실을 무시할 수 없다. 문화교류사업에서 선편을 쥔 프랑스에서는 1920년 외무성에 학교사업부를 설치하였고, 이탈리아·스페인에서는 1926년에, 독일·영국에서는 1934년에, 스위스에서는 1939년에 국립 문화교류기관을 설치하였으며, 국제연맹에는 당초부터 지식협력위원회가 설치되어 있었다. 또, 지식협력위원회 외에 1925년에는 레옹 부르주아Léon Victor Bourgeois의 제창으로 지식국제협력협회가 창설되어 오십여 개국이 참가하는 국제연맹 자문기관이 되었다. 일본에서 1924년 외무성 문화사업부가 설치되고, 1934년에는 국제문화진흥회가, 1935년에는 국제학우회가 창설된 것도 이러한 국제적인 동향에 따른 것인데, 이는 긴장과 알력으로 가득 찬 국제관계 속에서 문화공작의 중요성이 높아져 대지나 문화사업에 머물지 않고 세계적인 시각에서 문화사업을 중요시하게 되었음을 의미했다.

그러한 흐름 속에서 "[제1차 세계—인용자주] 전쟁 후에 대지나 문화사업이 변화한 것도 시각에 따라서는 전후 열국 협조의 표현이라 하지 않을 수도 없다. (…중략…) 평화를 사랑하는 마음이 국제문화사업의 기조가 되었던 것이다. 무엇보다 문화가 서로 통해야 평화가 보증된다. 상호 문화를 이해할 수 있어야 협조의 기미가 생긴다. 종래 고립적 문화가 경쟁하였기에 세계대전이 야기되었다고도 할 수 있다"[63]라고 하여, 국제문화사업이야말로 평화의 기초가 되고 있다는 견해에서 대지나 문화사업을 비롯한 일본 문화정책의 변화를 요구하는 목소리도 나타났다.

그러나 루거우차오사건 이후 중일 대립과 일본 외교에 대한 비판의 격화로 인해 문화사업을 다른 수단을 통한 전쟁 수행이라고까지 생각하게 되기에 이르렀는데, "최근 각국의 대외문화사업은 문화적 제국주의하에서 일어나는 '외교전', '경제전'에 이은 '문화전'이라고 일컬어지게 되었다. 동양은 이처럼 중남미 여러 나라와 마찬가지로 실로 열강의 문화 전쟁터가 되어 가고 있다"[64]라고 국제문화진흥회 주사인 아오키 세쓰이치靑木節一가 말한 바대로 아시아에서 구미와 문화전을 수행할 것을 주장하기에 이르렀다. 그리고 이 문화전을 수행하는 거점으로서 캘커타의 일인日印 문화협회, 방콕의 일태日泰 문화회관, 랑군의 일본버마협회, 마닐라의 저팬 인포메이션 뷔로 등의 설치가 이어졌고, 또 태국의 방콕, 싱고라Singora, 치앙마이 등에 설치된 일본어 학교에서 일본 정보의 제공과 일본어 교육이 촉진되고 유학생 초청사업이 추진되었다. 이러한 문화전은 대동아공영권 내의 점령지에서는 서양문화의 영향을 일소하고 황국문화를 선양하는 문화공작으로서 실행되었다.

---

63 越智元治, 「列國の對支那竝に國際文化事業」, 『支那』 第22卷 7號, 1931.7, p.56.

64 靑木節一, 「亞細亞諸國に對する文化工作」, 『新亞細亞』, 1939.12, p.5.

물론 동남아시아 지역에서 온 유학생의 증가는 일본의 문화사업 또는 문화공작의 성과 때문만이 아니라 1920년대부터 경제 관계가 밀접해졌기 때문에 가능했다는 것을 무시할 수 없다. 특히 "회교권과 우리나라의 경제 관계가 만주사변 이래 갑자기 촉진된 것은 값싸고 뛰어난 우리나라 제품이 인도, 남양, 서아시아 각지로 진출한 것이 원인이 되었는데, 일본과 네덜란드령 인도차이나, 일본과 인도, 일본과 이집트를 중개하는 여러 회상會商을 보면 이는 명확하다"[65]라고 했듯이, 제1차세계대전 시기에 서구세력이 일시적으로 영향력이 줄어든 틈을 타서 남아시아와 동남아시아 지역으로 진출한 일본 제품은 1929년 세계공황 이후 세계무역의 전반적 침체기에 품질은 떨어지지만 구미의 상품보다도 염가인 데다 엔화 환율이 하락하면서 비교 우위가 높아져 점유율이 확대되고 있었고, 이에 따라 경제적인 교류가 현저히 진전되어 갔다. 일본 제품이 홍수처럼 흘러들어간 네덜란드령 인도차이나에서는 이미 매약행상賣藥行商 오잇치 니이オイッチニイ가 현지사회에 침투한 후 1915년에는 바타비아 일본인회가 결성되었고, 1930년 동인도 정청政廳이 행한 국세조사國勢調査에서는 6,325명의 일본인이 거주하였는데 이들은 토코 쥬판이라 불리며 일본인 상점을 운영하는 등의 활동을 했다. 그만큼 일본과의 관계는 깊었는데, 1933년에는 일본 제품의 수입이 총수입의 32%를 점한 반면 종주국인 네덜란드 제품의 수입은 9.5%로 급락했다. 이러한 일본제품 선호의 배경에는 네덜란드인과 화교, 인교印僑에 대한 반발과

---

65 今岡十一郎, 앞의 글, p.219. 1930년대 아시아에 대한 일본 제품 수출의 급격한 확대와 그것을 지탱한 華僑와 印僑의 네트워크, 그리고 일본 제품 수출과 그에 따른 네트워크의 확대가 일으킨 영국과 네덜란드 등의 식민지 본국과의 무역 마찰과 관련하여 日印會商과 日蘭會商 등의 실태와 역사적 의의에 관해서는 籠谷直人, 『アジア國際通商秩序と近代日本』(名古屋大學出版會, 2000) 참조

더불어 놀라운 경제적·군사적 약진을 보인 일본인에 대한 공감이 있었던 것으로 보인다.[66]

　단, 1915년 이후 일본의 대륙정책이 동남아시아에서 불러일으킨 반발은 화교 사회의 존재나 시대와 지역에 따라서도 크게 달랐고, 화교의 경제적 우위에 대한 반발이 일본에 대한 친근감을 낳았다고는 하지만 일반적으로는 일본의 강경한 외교 정책에 대해서는 화교 사회를 중심으로 반일·배일 감정이 높았기 때문에 현지 정부로서도 대일 외교를 추진하는 데 이러한 화교 사회의 의향을 무시할 수 없는 상황이었다. 그러나 아무리 동남아시아의 화교 사회에서 일화日貨 배척운동이 벌어졌다고 하더라도 중국 대륙의 배일·항일 운동이 치열해지는 가운데 일본이 새롭게 진출할 지역으로서 남양이 가진 의의는 무시할 수 없는 것이었다. 그렇지만 그 지역 진출은 각지 화교의 저항과 식민지 종주국인 구미와의 알력을 낳는 것도 필지의 일이었다. 1936년의 「제국외교방침」이 "남양 방면은 세계 통상의 요충에 해당함과 동시에 제국의 산업 및 국방에서 필요불가결한 지역으로서, 우리 민족 발전의 자연적 지역으로 진출의 기초를 공고히 해야 할 관계 국가들을 자극하는 것을 삼가고 제국에 대한 위구의 염을 제거하는 데 노력하면서 평화롭고 점진적으로 발전 진출에 힘써야 한다"[67]라고 강조했듯이, 영국·프랑스·네덜란드·미국 등을 자극하는 것을 극력 회피하면서 어떻게든 평온하게 남양 방면에 침투해 갈 방책이 일본에 요구되고 있었다. 「제국외교방침」은 또 "네덜란드령 인도차이나에 대한 우리의 발전과 진출에 관해서

66　George S. Kanahele, 後藤乾一·近藤正臣·白石愛子 譯, 『日本軍政とインドネシア獨立』(鳳出版, 1977) pp.4～5.

67　1936年 8月 7日 四相會議決定, 「帝國外交方針」, 『日本外交年表竝主要文書』 下卷, p.347.

는 우리 편에 대한 위구의 염을 제거하고 친일로 전향시키는 것이 매우 필요한데, 이에 대한 적절한 방책을 강구하여 (…중략…) 태국 및 기타 후진 민족에 대해서는 공존공영을 기조로 하여 적절하게 지도·유액誘掖한다"라고 규정하고 있지만 이 단계에서는 구체적인 방책이 명확했던 것은 아니었다. 그러나 "평화롭고 점진적으로 발전·진출하는 데 힘쓴 다"라는 목표를 "후진 민족을 적절하게 지도·유액"하는 방법으로 실현 하는 데에는, 이미 실시되고 있던 태국 유학생 초청 등의 문화 공작과 문화교류가 적합하다고 생각했던 것은 틀림없는 사실일 것이다.

어쨌든 아시아 식민지 지역에서는 종주국인 구미로 유학하는 것이 일반적이었고, 무슬림 학생이 메카나 카이로의 알 아즈하르Al-Azhar 대학 등으로 유학하여 이슬람학을 공부하는 일도 적지 않았다. 반면 일본 유 학은 반식민주의의 독립 사상에 기초한 것으로 여겨져 식민지 정부의 엄한 감시를 받았고, 일본의 군사적 진출까지는 일본과 프랑스령 인도 차이나, 버마, 네덜란드령 인도차이나 사이에는 공식적인 문화교류는 이루어지 않았다. 그 때문에 태국은 별도로 하고, 일본이 남양 지역 유 학생을 받아들이는 경우에는 그 종주국의 경계심과 우호관계의 유지를 고려하면서 일본의 아시아 정책에 어떻게 보조를 맞출 것인가라는 문 제에 직면했던 것이다.

이러한 상황 속에서 1926, 1927년 공산당 봉기의 실패에 따라 민족 독립운동이 엄격한 제한 아래 놓인 네덜란드령 인도차이나에서는 현상 타개의 계기를 일본에서 구했는데, 이 지점에서 기존 구미의 아시아 지 배에 항의하고 남방 민족의 해방을 내건 일본의 아시아주의자와의 교 섭이 시작되었던 것이다. 그리고 싱가포르에서 아시아 민족 해방운동 을 추진하고 있던 일본인 쓰지모리 민조辻森民三·요코모리 요시노리横森

義教·가네코 게이조金子啓藏 등과 교섭이 있었던 서수마트라 출신 유수프 핫산이 1933년 일본 메이지대학 상학부에 입학, 도야마 미쓰루의 흑룡회黑龍會 등을 통해 인도네시아 독립 전쟁을 위한 군사 원조를 요청하였다.[68] 또, 1933년에 도일한 서수마트라 출신 마지드 우스만Madjid Usman은 메이지대학에, 마흐유딘 가우스Mahjudin Gaus는 조치대학(1934년 지케이카이 慈惠會 의과대학으로 전학)에 각기 입학했는데, 그들의 동향에 대해 경찰 당국은 "이들이 일본에 온 경위에 관해 남양 방면 관계자의 말을 빌면 최근 네덜란드령 인도차이나 제도諸島에서 민족 운동이 점차 농후해지고 따라서 공산주의운동도 그 사이 전도全島에 걸쳐 서서히 대두되어왔다. (…중략…) 아직 우리나라와의 직접적인 연락은 없으나 장래에 상당히 주의가 필요함. 또 민족의 각성과 관련하여 동도同島 주민들은 최근의 만주사변과 상하이사변을 계기로 현저히 우리나라에 대한 관심을 가지기에 이르렀"[69]다면서 엄중하게 감시할 필요가 있다고 보고했다. 민족 독립운동에 대해서는 종주국과의 외교 관계를 훼손하지 않도록 배려하면서도 그것이 국제 공산주의운동과 연계하여 조선이나 타이완의 독립운동과 연대하는 것을 경계했는데, 경찰은 일본에서 공부하는 유학생에 대해 "공산주의에의 경사傾斜 혹은 조선인과의 교우에 대해" 조사하고 있다는 정보가 유학생들 사이에 돌아다녔다고 한다.[70]

---

68 일본은 독립을 향한 핫산의 정열을 이용하여 단파방송으로 자바 상륙을 위한 민족 공작방송을 하게 하고 상륙 후에는 선무공작을 담당하도록 하였지만, 일본이 독립을 시켜주지 않는 데 핫산은 실망했다. 이러한 핫산과 일본의 관계, 그리고 핫산과 마찬가지로 인도네시아 독립운동에 몸을 던졌다가 일본군에게 배반당한 町田泰作·橫森義敎 등과의 교우에 대해서는 增田与, 「インドネシア人の日本觀-ジョセフ·ハッサン論序説」(『社會科學討究』 第20卷 2·3 合倂號, 1975) 참조.

69 1933年 1月 19日, 內務大臣山本達雄·外務大臣內田康哉他宛, 警視總監藤沼庄平報告, 「蘭領東印度留學生渡來ニ關スル件」(外務省外交史料館藏).

70 M. Gaus, 「M. ガウス回想記」, 後藤乾一 譯·解説, 「戰前期インドネシア留學生の日本觀」(『社會科學討究』 第28卷 2號, 1983), p.194.

그러나 네덜란드령 인도차이나에서 온 유학생은 거의 대부분이 '동방의 노란 별'인 일본의 학술과 사회개혁을 배우기 위해 사비로 유학했으며, 네덜란드로부터 독립을 희망한다고 해도 일본에서의 언동으로 쓸데없는 마찰을 불러일으키는 데에는 신중을 기했다. 그 때문에 재일 인도네시아 유학생 단체로 1933년 12월에 결성된 사레카트 인도네시아 Sarekat Indonesia(인도네시아연맹)도 기본적으로는 친목 단체로서 정기적 회합과 기관지 『인도네시아 통신』을 발행하는 데 그쳤고, 조직으로서는 정치 활동에 금욕적이었다. 그러나 동시에 인도네시아연맹은 개인의 언동을 제약했던 것은 아니었기에 초대 사레카트 인도네시아의 회장인 가우스는 대아시아협회의 나카타니 다케요中谷武世, 일본 문화연맹의 마쓰모토 마나부松本學, 국민정신연구소의 후지사와 지카오藤澤親雄 등과 교유하였고, 1933년 도야마 미쓰루와 우치다 료헤이의 후원으로 인도의 라쉬 비하리 보스Rash Behari Bose와 필리핀, 인도차이나, 아프가니스탄 대표가 참가한 가운데 개최된 아시아대회에서 아시아의 단결과 인도네시아의 독립을 호소하는 연설을 하여 '작은 보스'라 불렸다.[71] 이 대회에는 이시하라 산업의 이시하라 히로이치로石原広一郎의 원조로 일본 시찰 차 방문한 『빈탄 티무르』지를 주재하는 저널리스트 파라다 하라타프와 인도네시아 국민당 시대에 수카르노의 오른팔이라 불린 가토트 망크프라자도 방청하러 와 있었는데, 귀국 후 하라타프는 일본 유학을 크게 장려하였고, 망크프라자는 이와타 후미오岩田富美夫・모치즈키 겐지望月源治 등과 친교를 쌓아 일본의 아시아주의와 제휴할 것을 주장하기에 이르렀다. 이러한 일본 시찰의 결과 독립을 대비하기 위해 일본 유학을 통해 자강을 도

---

71 위의 글, p.196.

모하고 아시아주의를 통해 일본과 연대를 해야 한다고 주장하기에 이르렀던 1934년 네덜란드령 인도차이나에서는 독립 후 초대 부대통령이 되는 모하마드 하타Mohammad Hatta와 초대 수상이 되는 수탄 샤흐리르Sutan Sjahrir 등이 차례차례 체포되어 인도네시아 독립운동은 압살되기에 이르렀는데, 이후 독립을 희구하는 청소년들에게는 네덜란드보다도 일본으로 유학하는 것이 의미가 있다는 생각이 싹트게 되었다.

1933년 일본을 방문하여 '자바의 간디'라 불리며 환영을 받은 모하마드 하타는 만주국 시찰을 강하게 권유받았으나 일본 침략에 동조하는 인물로 보일까봐 거절하였고, 일본 군인과 만나는 것도 피했다고 한다.[72] 그럼에도 불구하고 하타는 "내셔널리스트적인 사상을 갖게 하고 싶다. 아시아에서는 일본이 제일가는 슈퍼 내셔널리스틱한 국가이니까"[73]라면서 열세 살짜리 조카 존 라이스에게 일본 유학을 권유했다. 또, 유학생은 아니었으나 1950년대 초에 외무장관이 된 아흐마드 쇠바르조Achmad Soebardjo가 『마타하리』지의 통신원으로 1935년부터 1년간 체재하였고, 1938년에는 라덴 스조노가 푸르와다르민의 후임으로 도쿄외국어학교 말레이어 교사로 부임하여 사레카트 인도네시아 회장이 되었다.[74]

72　Mohammad Hatta, 大谷正彦 譯, 『ハッタ回想錄』(めこん, 1993)에서는 "만약 내가 만주국의 초청을 수락했다면 자카르타와 네덜란드 본국 신문에서 틀림없이 격렬한 공격을 했을 것이다. 인도네시아 민족운동도 내가 일본 제국주의의 주구가 될 생각이라며 분노했을 터이다"(p.326)라고 쓰고 있다. 이것이 일본 방문 때의 생각은 아니라고 하더라도 이미 일본의 대륙정책에 대한 비판이 인도네시아에서도 공유되고 있었기 때문에 자제하지 않을 수 없었던 것도 사실일 것이다.

73　ジョン・ライス, 「ぼくは日本的すぎてインドネシアに合わない」, 倉澤愛子 編, 『南方特別留學生が見た戰時下の日本人』, 草思社, 1997, p.152. 인도네시아 유학생의 경력과 그들의 일본 활동에 대해서는 後藤乾一, 「サレカット・インドネシア考」(『昭和期日本とインドネシア』, 勁草書房, 1986 第13章), 倉澤愛子, 「戰前・戰中のインドネシア人日本留學生の軌跡」(山影進 編, 『20世紀アジアの國際關係Ⅲ ナショナリズムと國家建設』, 原書房, 1995) 등 참조.

74　이 외에 파린드라당(대인도네시아당) 총재였던 라덴 수토모는 1937년에 방일했는데, 귀국 후에는 서구 과학기술과 전통적 문화를 조화시킨 일본을 인도네시아의 모범으로 해야 한다고 호의적으로

이처럼 인도네시아 유학생이 일본을 찾은 이유로는 러일전쟁의 승리와 더불어 일본이 자바섬을 중심으로 전해지고 있던 조요보요^{Djojobojo}의 예언과 전설에 들어맞았던 사실을 들 수 있다. 이 전설에 따르면 북쪽 세계의 황색 민족이 백인 대군주를 몰아내고 단기간 지배하지만 그 후에는 정의의 여신인 라투 아딜의 축복을 받는 시대가 도래한다는 것이었다. 그리하여 일본이 타이완과 조선을 영유하고 있다는 사실도, 같은 아시아 민족을 지배하고 있다는 사실로 해석되기보다도 일본의 발전된 힘을 증명하는 것으로 생각되었기에, 네덜란드인을 포함한 구미인이 황화의 위협을 강조하면 할수록 조요보요 예언이 더욱 정확하다는 것을 증명하는 것이 되었다. 나아가 1930년대 네덜란드령 인도차이나인들이 접촉한 일본인들 대부분이 국제적인 고립화라는 장애물로부터 벗어나기 위해 남방 민족의 해방을 주장했던 것도 일본에 대한 친근감을 증폭시키는 것으로 작용했다. 일본에 대한 그러한 기대감은 1937년 수탄 샤흐리르가 "내가 보는 바로는 우리나라의 이슬람교도는 현재 모두 친일이다. (…중략…) 인도네시아 전국에서 먼 벽지에서조차 사람들은 일본의 힘을 완전히 믿고 있으며 그 앞에서 네덜란드는 무력하다고 생각한다"[75]라고 적었는데, 제3대 사레카트 인도네시아 회장이 된 우마르 야디는 "잠자는 아시아 인종을 각성시키는 것이 일본임을 인도네시아 사람들은 잘 인식하고 있다. 그들은 제1급 강국의 지위를 얻은 일본의 신속한 발전에 강한 동경을 품고 있다. 공중의 회합 같은 데서 유색인종

평가하면서 일본 유학을 장려했다. 또한 라이덴대학 법학부 출신으로 만철 동아경제조사국의 촉탁이기도 했던 라덴 수조노는 1942년 3월의 자바 진공작전에 동행하였는데, 군정이 시작되자 군정감부 총무부에 근무하면서 네덜란드와 인도네시아의 절충을 담당했다.

[75] Sutan Sjahrir, translated by Charles Wolf Jr., *Out of Exile*, New York, 1949, pp.186~187.

이 조금도 백인에 뒤지지 않는다는 것을 보이고 싶을 때 반드시 일본을 예로 드는 것이 보통이다"[76]라고 인도네시아의 일본관을 전하고 있다.

그러나 실제로 일본과의 교류가 진행되는 가운데 노골적으로 일본을 예찬했던 것은 아니다. 무엇보다도 인도네시아를 포함한 동남아시아에 대한 지식이 일본에는 없었고, 특히 남방 민족을 '토인'이라 부르는 데 반발하여 일본인의 편견을 시정하는 것에서 시작해야 한다는 불만도 있었다.[77] 또, 일본이 구미의 아시아 침략에 과감하게 도전하는 자세에 대해서는 어느 정도 공감하지만, 중국 대륙에서 일본이 보인 행동이 알려지면서 비판적인 시선을 보낸 것도 사실이다. 1936년 중국 톈진에서 일본군 특무기관원이 되어 첩보활동을 할 것을 강요당한 핫산은 약소민족의 일원으로서 중국을 압박하는 측에 가담할 수 없다면서 명령을 거부하고 상하이로 도주했다. 인도네시아 유학생은 경찰의 감시를 의식해 조선인 유학생과의 교류를 꺼린 것으로 보이지만, 라쉬 비하리 보스가 아시아인 유학생을 위해 만든 '아세아향亞細亞鄕'과 국제학우회 등에서 다른 아시아 지역 학생과 교류하고 있었기 때문에 아시아 각지의 일본관을 바탕으로 정세를 인식하였다. 또한 '일지사변관'에 대한 앙케이트에 대해 우마르야디는 "일지사변의 발발 이전, 우리 아시아 대륙의 피압박 국민들은 자신들을 고경苦境에서 구해줄 유일한 나라가 일본이라고 생각했으나, 개중에는 이번 사변을 명확하게 이해하지도 않은 채

76　ウマルヤディ, アンケート回答, 「東亞諸民族の學生は斯く答ふ」, 『革新』, 1939.8, p.282. 우마르야디는 족자카르타고등학교 졸업 후 6년 동안 메당의 타완 시스마에서 교사로 일하면서 일본에 건너갈 기회를 기다리다 1936년 도일, 국제학우회와 上智大學을 거쳐 도쿄상과대학에서 공부했다.

77　가우스는 네덜란드령 인도차이나 정청에서 추방된 竹井十郎에게 '土人'이라는 불쾌감을 일으키는 호칭을 대신하여 인도네시아인이라는 명칭을 사용할 것을 주장했는데, 다케이는 자신이 주재하는 잡지 『南方情勢』에서 유학생의 자존심과 조국과 민족을 사랑하는 의식을 존중하여 유학생이 모멸감을 느끼는 土人이라는 말을 사용하지 말자고 호소했다고 한다(ガウス, 앞의 글, pp.203~204).

일본도 다른 아시아 민족을 구미 국가들처럼 압박하는 게 아닌가 의심하는 자도 적지 않다"[78]라고 하여 일본이 구미와 마찬가지로 아시아 민족에 대해 지배자로 군림하는 데 대한 우려를 완곡하게 표명했다.

그 밖에 필리핀으로 눈을 돌리면, 러일전쟁 후 일본의 국가 형성에 대한 관심이 생겨나 1920년대에는 다수의 유학생이 일본으로 건너가는 등 문화교류가 진행되었는데, 1930년대에 들어서는 미국으로부터의 독립이 현실화함에 따라 새로운 시장 개척을 위해 무역 시찰단을 1933년 일본에 파견하였다. 일본도 또한 중국 대륙에서 반일운동에 직면하는 가운데 필리핀과의 무역 확대를 희망하고 있었고, 1935년 7월 전 주미대사 데부치 가쓰지出淵勝次가 마닐라에서 케손Manuel Luis Quezon y Molina 대통령을 만나 양국이 우회협회를 설립하는 데 합의하여 8월 도쿄에 필리핀협회Philippine-Japan Society가 발족했다. 이러한 움직임에 이어 1935년부터 1940년에 걸쳐 학생 교환 프로그램이 실시되어 6회에 걸쳐 필리핀 학생 시찰단이 일본을 방문했고 5회에 걸쳐 일본인 학생단이 필리핀을 찾았다. 또, 양국 사이의 학술교류 프로그램으로 대학교수의 교환도 이루어졌는데, 필리핀 대학교수 비센테 신코Vicente Sinco와 베르나베 아프리카Bernabe Africa, 와세다대학의 스기모리 고지로杉森孝次郎와 릿쿄대학의 네기시 요시타로根岸由太郎가 자기 나라의 국정과 문화를 소개하는 강의를 했다. 제1회 필리핀 학생시찰단의 방일 후인 1935년에는 일본과 경제적·문화적 교류를 이어나가기 위해 필리핀학생여행협회와 마닐라일본어학교가 설립되었고, 1936년에는 일본어 통신교육 및 일본 유학 희망자와 일본문화연구를 지원하는 것을 목적으로 저팬 인포메이션 뷔로를 설치했

---

78 ウマルヤディ, 앞의 글, p.282.

는데, 필리핀에서는 미국에서 벗어나 일본을 모범으로 삼자는 "동양으로 돌아가자Back to Orient"라는 논조가 나타나기도 했다. 나아가 1937년부터 1940년까지 일-필리핀 학생회의가 네 차례 개최되었지만, 1941년에는 미국 정부가 극동을 여행하는 필리핀인에게 여권 발급을 중지하였기 때문에 이러한 교환 프로그램은 종료되지 않을 수 없었다. 일본이 필리핀과의 우호 촉진을 추구했던 것은 중국에서의 군사행동에 대한 비판이 높아지고 있던 상황에서, 1945년 미국으로부터 독립하기로 되어 있어 친미적인 나라로 인식되고 있던 필리핀에 일본의 입장을 주지시켜 같은 아시아의 일원으로서 외교적으로 동조하게 하기 위해서였다. 이에 대해 타이딩스-맥더피 법Tydings-Mcduffie Act에 따라 1935년 필리핀 연방commonwealth이 설립되자 필리핀으로서는 일본이 독립을 지지하는가, 아니면 중국과 마찬가지로 침략 대상으로 보고 있는가를 확인하는 것이 사활을 건 문제가 되었고, 어느 쪽이든 미국과의 관계까지 고려해야 하는 틈새에 낀 존재가 되었다. 그러나 일본의 중국 침공이 확대되면서 화교뿐만 아니라 필리핀인들 사이에도 퍼져 있던 '일본 공포Japanophobes' 의식이 서서히 강해져 일본과의 우호 추진은 곧 일본의 진출에 필리핀을 무방비로 노출시키는 것으로서 독립에 위협이 된다는 의식이 확산되었다. 덧붙여 그때까지 일본과 필리핀의 우호 교류 활동을 허용하던 미국이, 일본이 북부 프랑스령 인도차이나에 진주한 것을 계기로 직접적인 간섭을 하기에 이르러 1940년에는 대부분의 교류 활동이 일단 중지되었다.[79]

---

[79] 일본과 필리핀 사이에 있었던 戰前의 학생교환사업과 필리핀협회 등에 의한 문화교류의 실태와 의의에 대해서는 Grant K. Goodman, *Philippin-Japanese Students Exchange*, New Haven; Yale University Southeast Asia Program, 1967 및 Grant K. Goodman, "The Philippine Society of Japan", *Monumenta Nipponica*, Vol. XXII, Nos. Ⅰ-2, 1967 등의 뛰어난 분석이 있다.

그리고 1941년 12월 개전 후 일본군은 동남아시아 각지를 점령하여 군정을 실시함과 동시에 "원주 토민에 대해서는 황군에 대한 신의信倚 관념을 조장하도록 지도하고 독립운동을 너무 빨리 유발하지 않도록 한다"[80]라는 방침에 따라 점령지역 주민에 대한 문화공작, 군정을 수행할 현지 청년의 교육과 인재양성 기관의 설치를 과제로 삼았는데, 여기에서 동남아시아 사람들도 진주해온 일본의 문화공작과 유학생 초청정책에 직면하게 되었다.

말라야에서는 말레이인을 지도자로 육성하기 위해 1942년 5월 싱가포르에 쇼난昭南 홍아훈련소가, 1943년 2월 말라카에 말레이 홍아훈련소가 설치되었다. 그리고 쇼난 홍아훈련소는 1943년 7월에 폐쇄되기까지 3기 약 280명, 말레이 홍아훈련소에서는 1945년 8월 패전까지 8기 약 800명의 훈련소 졸업생을 배출하였다.[81] 또한 말라야에서는 제25군 최고 고문이 된 도쿠가와 요시치카德川義親가 사비로 도쿠가와 장학금 제도를 만들어 조호르Johor의 술탄 친척인 웅크 압둘 아지즈 외 남학생 3명과 말레이 유력자 딸 2명을 유학생으로 선발하여 일본에 보냈다. 도쿠가와는 이미 1921년에 말레이반도를 방문하여 조호르의 술탄인 이브라힘과도 사귀었고, 말레이반도의 광산 개발을 추진하고 있던 이시하라 히로이치로와 함께 1934년 술탄을 일본에 초청하여 천황에게 알현시키는 등 말라야를 거점으로 남방에 깊이 관여하고 있었는데, 도쿠가와 장학생은 인재 양성에 목적이 있다기보다는 술탄 대책을

---

80 1941年 11月 20日 連絡會議決定, 「南方占領地行政實施要領」, 『日本外交年表竝主要文書』 下卷, p.562.

81 明石陽至, 「興亞訓練所と南方特別留學生」, 早稻田大學社會科學研究所インドネシア研究部會 編, 『インドネシアーその文化社會と日本』(早稻田大學出版部, 1979) pp.60～61. 또, 말라야 지구의 남방특별유학생의 일부는 이들 홍아훈련소 졸업생 가운데에서 선발하였다.

중시한 것이었다.[82] 이러한 도쿠가와 장학생들은 쇼난 흥아훈련소 등
에서 예비교육을 받은 후 1943년 1월에 도일하여 와세다대학 정경전
문학부와 도쿄농업대학 등에서 공부했다. 그 외에 싱가포르에는 나카
지마 겐조中島建蔵 등에 의해 현지 지식인에게 일본어와 일본 정신을 가
르치는 기관으로 쇼난 일본학원이 설립되어 시인 진보 고타로神保光太郎
가 교장에 취임했다.

　프랑스령 인도차이나에서는 1942년 8월 8일 프랑스와 인도차이나
의 교사 및 학생의 교환에 관한 합의가 이루어져 프랑스령 인도차이나
총독의 협력하에 재불인在佛印 일본문화회관의 사업으로 프랑스인과 베
트남인 유학생을 초청하게 되었다. 이 사업은 "장래 프랑스령 인도차이
나 식자識者 및 지도자가 될 청년학도를 우리나라에 초청하여 대동아 지
도국가인 일본의 실상과 그 문화 및 기타에 가까이 접촉시켜 이에 의해
정신적으로도 과학적으로도 프랑스령 인도차이나인 특히 안남인의 향
상을 도모하는 데 기여하고, 나아가서는 다수의 이해자와 동아건설의
대업에 대한 유능한 협력자를 기르는 것"[83]을 목적으로 한 것이었다. 다
만 프랑스령 인도차이나의 특성에 따라 "프랑스인으로 하여금 이러한
우리의 활동을 일종의 문화침략으로 생각하지 않도록 해야 한다"라는
배려에서 베트남인뿐만 아니라 프랑스인도 초청했던 점에서 다른 지역
과는 달랐다.

82　도쿠가와 요시치카와 이시하라 히로이치로는 말라야뿐만 아니라 1937년에는 사라왁(Sarawak) 왕
　　국 왕비가 방일했을 때 접대하는 등 지역의 지배 계층과의 교류를 통해 일본의 진출을 도모했는데,
　　이들이 남방에 관여한 실태에 대해서는 『德川義親自傳－最後の神様』(講談社, 1973), 石原廣一郎,
　　『創業35年を回顧して』(石原産業株式會社, 1956) 및 小田部雄次, 『德川義親の15年戰爭』(靑木書店,
　　1988) 참조
83　橫山正幸, 「日佛文化交換に就て」, 『日佛文化』 新第9輯, 1944.3, p.336.

그러나 일본 군정의 효율을 높이기 위해서는 이러한 지역의 특성을 고려한 대응에 머물지 않고 대동아공영권 건설을 담당할 현지 인재의 육성을 계획적으로 추진해갈 필요가 있다는 지적이 빈번하여, 1941년 12월에는 문부성을 중심으로 각 성省 관계자를 모아 '외국인 유학생에 관한 연락 협의회'를 열었다. 여기에서는 일본이 건설하려는 신질서의 의의를 이해하고 솔선하여 협력할 인재를 육성하기 위해 유학생을 초청하고, 뛰어난 일본의 학술과 국민성의 진수를 접하게 하는 사업의 필요성을 심의하였다.[84] 또, 1942년 2월에 설치된 대동아건설심의회에서는 그 제2부회가 '대동아 건설에서의 문교 정책'에 관한 답신을 제출, 종래의 식민지 교육에 의해 심어진 미국·영국·네덜란드의 우월성이라는 사상을 일소하고 황국 이념에 입각한 교육을 하기 위해 "일본어 교육의 보급, 기술지도, 유학생의 교육 등 제반 문제에 대해 종합적인 방책을 수립해야 한다"[85]라고 제언했다. 이 가운데 유학생에 관해서는 제2부회 간사장인 기쿠치 도요사부로菊池豊三郎 문부차관이 "훈화 육성이라는 것은 금후 각 민족과의 제휴에서 극히 중요하다고 생각합니다. 이

---

84 '외국인 유학생에 관한 연락 협의회'에서는 주관 관청을 둘러싸고 문부성, 외무성, 내각정보국 사이에 다툼이 있었으나, 유학생 초청을 대동아 각 지역의 지도자 양성을 목적으로 하고 대외 문화정책의 일환이라고 자리매김하면서 '대동아' 지역의 대외문화사업을 소관 사항으로 하는 대동아성의 설치로 자연스럽게 대동아성이 주관하게 되었다. 또, 外務省外交史料館이 소장하고 있는 「在本邦各國留學生關係雜件」에서는 문부성이 작성한 「留日學生指導方針(案)」(1941.11)과 「留日學生指導要綱案」(1942.8)이 있다. 나중에 만들어진 「要綱案」에서는 유학생의 초청지역을 "대동아공영권을 중심으로 하고" 현지와 일본 국내에서 준비교육을 하며 입학할 학교의 선정은 도쿄에 집중되지 않도록 각지 학교로 분산할 것 등을 내세우고 있는데, 이는 이후에 나오는 남방특별유학생 지도방침으로 이어졌다. 반면에 일본인 학생과의 교류와 공동연구의 추진, 나라별, 지역별로 동창회를 설립하여 상호 연락과 친목을 도모하고 후배 학생의 유학·귀국·취업을 원조하는 분위기를 조장하기 위해 현지 기관이 지도한다는 항목은 실현되지 않았다.

85 企劃院研究會, 「大東亞建設の基本綱領」, 同盟通信社, 1943, p.50. 대동아건설심의회는 1942년 1월의 제79 제국의회에서 행한 도조 히데키 수상의 대동아공영권 건설에 관한 시정 연설에 기초하여 2월 13일 각의결정에 의해 설치되었다.

들 유학생을 희망에 따라 학교 교육 혹은 연구 기관에 수용하여 친절한 지도를 하고 또한 일본문화의 이해를 심화함으로써 금후 민족적 제휴에 도움이 되도록 하는 것은 중요한 과제일 것입니다"[86]라면서, 성과를 거두기 위해서라도 선발 방법, 숙사 및 지도기관 등의 정비, 지도방법의 연구가 필요하다고 지적했다.

이처럼 점령지역으로부터 유학생을 초청하는 사업은 대동아공영권 건설의 종합국책의 일환으로 중요시되었고, 대정익찬회 조사회 제10위원회가 대동아공영권 건설의 구체적 방법을 건의한 『대동아공영권 건설 이념의 보급 철저 방책에 관한 조사보고서』[87]에서도 대외방책으로서 '공영권 각 지역의 청년 및 유학생의 초청'을 중요 정책의 하나로 내걸었다. 그리고 청년과 유학생의 초청에 대해서는 "말할 필요도 없이 일본의 실력에 관한 바른 인식을 얻도록 하는 것은 공영권 건설운동에 다대한 공헌을 할 것이다. 이들 조치가 이미 어느 정도 실행되고는 있지만 그 취급, 지도 및 설비에 대해 더욱 개선을 필요로 하며 동시에 더욱 그 규범을 확대할 필요가 있다"라고 확충의 필요성을 주장했다. 또, 이 보고에서는 "우리 학술연구, 기관의 개방 및 학술회의 개최"에 의해 "공영권 각 민족의 지식계급으로 하여금 우리 학술의 진보를 실제로 인식하게" 할 필요성도 있다면서 지식계급의 초빙도 필수적인 것으로 간주했다.

---

86 1942年 3月 17日 大東亞建設審議會第二部會議에서 菊地豊三郎文部次官의 발언. 『第2回議事速記錄』, p.44. 인용은 明石陽至・石井均編, 『大東亞建設審議會關係史料』 第2卷을 따른다. 또, 대동아건설심의회에서 이루어진 문교정책을 둘러싼 논의에 대해서는 石井均, 『大東亞建設審議會と南方軍政下の教育』(西日本法規, 1994) 참조.

87 1943年 6月 『大東亞共榮圈建設理念ノ普及徹底方策ニ關スル調査報告書』. 인용은 太田弘毅, 「大政翼贊會調査會の'大東亞共榮圈'にする三調査報告」(『政治經濟史學』 第171號, 1980.8), p.36.

이러한 논의와 더불어 육해군의 군정 지역에서는 군정 당국과 현지 주민 사이에 치안유지를 도모하고 파견군의 현지 자활, 군수자원의 원활한 획득 등을 수행하기 위해 유능한 지도자·협력자의 양성이 시급하게 요구되고 있었다. 게다가 일본군 점령으로 끊긴 구종주국과의 교류를 대신해 일본 유학을 희망하는 사람이 생긴 것, 군정을 우선시함에 따라 종래에 존재했던 고등교육기관의 재개가 늦어진 것에 대처하기 위해 현지 육해군이 유학생 초청을 요망했기 때문에 이를 수용하여 1943년 2월 '남방 문화공작 특별 지도자 육성을 위해 남방 지역에서 특별 유학생을 초청 교육'[88]하는 사업이 실시되게 되었다. 이러한 대동아성 남방사업국 문화과가 담당하는 사업은 당초에 "남방 문화공작 특별 지도자 육성사업이라는 긴 이름을 가진 것이었으나 문화공작은 감춰두고 남방특별유학생이라 하는 것으로 결정했다"[89]라고 했듯이, 명확히 남방에서의 문화공작의 일환으로서 특별 지도자 육성을 목적으로 한 유학생 초청사업이었다.

대동아성에서는 「유학생 지도에 관한 건」[90]을 정리하여 각 관련 부처

---

[88] 外務省外交史料館藏, 「國際學友會第八會理事會議事錄」. 이 의사록에 따르면 국제학우회에서는 이 사업의 취지에 대해 "남방 지역에서 유능한 인물을 선발하여 우리나라에 유학시키고 가능한 한 단기간에 우리 학예 및 실무를 습득시킴과 동시에 우리 국민성의 정수에 접하게 하고, 이로써 귀국 후에는 원주민을 통솔하여 대동아공영권 건설에 협력 매진할 인물을 육성할 것"을 이해하고 이를 수락하였다.

[89] 金澤謹, 앞의 글, p.58. 남방특별유학생에 대해서는 上遠野寬子, 『東南アジアの弟たち―素顔の南方特別留學生』(三交社, 1985), 藤原聰·篠原啓一·西出勇志, 『アジア戰時留學生』(共同通信社, 1986), 早川幸生 編, 『オマールさんを訪ねる旅』(かもがわ出版, 1994) 외에 연구물로는 後藤乾一, 「南方特別留學生の制度と理念」(『日本占領期インドネシア硏究』, 龍谿書舍, 1989 所收), 江上芳郎, 『南方軍政關係史料24―南方特別留學生招聘事業の硏究』(龍谿書舍, 1997), 高橋彰, 「第2次世界大戰下のフィリピンと南方特別留學生」(Leocadio de Asis, 高橋彰編 譯, 『南方特別留學生トウキョウ日記』, 秀英書房, 1982)이 있으며, 또 말라야 유학생 압둘 라자크의 전기로 Putih Othman, 小野沢純·山下勝男·田中和夫 譯, 『わが心のヒロシマ―マラヤから來た南方特別留學生』(勁草書房, 1989)이 있다.

[90] 1943年 6月 26日 外務省條約局長宛 大東亞省總務局長文書, 「留日學生指導に關する件」(外務省外交

에 통지했는데, 여기에서는 "대동아 정책의 일환으로 팔굉일우의 대정신에 기초하여 특히 결전하의 요청에 즉응하고 대동아 건설에 대한 불발不拔의 의욕을 계배啓培하여 이를 각국 각 민족 내의 실천적 지도자로 만들고자 하는 취지 아래 지도할 것"이라고 하면서, 그 지도요령으로 "첫째 동양 본래의 도의정신을 진작 앙양할 것. 둘째 황국에 대한 깊은 이해와 신뢰를 갖게 할 것. 셋째 대동아건설에 관한 올바른 인식과 정신挺身에 대한 의욕을 계배할 것. 넷째 뛰어난 황국의 학술 기능을 수득시킬 것"이라는 네 가지를 들었다. 이들 요령 가운데 정신적 측면에 대해서는 다른 문화에서 자란 사람들에게 과연 어느 정도 이해되었는지는 의문이나 어쨌든 이 목적에 따라 3년 동안 교육이 이루어졌다.

그 과정은 현지에서의 선발과 일본어 및 일본 사정 등에 대한 약 2개월간의 준비교육, 국제학우회 일본어 학교에서의 일본어 교육을 거쳐 일본 각지 학교에서 2년 동안 전문교육을 받는 것이었다. 유학생의 선발은 갑甲 지구인 자바・수마트라・말라야・싱가포르에서는 육군, 보르네오・셀레베스・세람Seram에서는 해군, 을乙 지구인 태국・프랑스령 인도차이나에서는 대동아성 출장기관이 주관했는데, 출신 지역과 그 숫자는 [표 13]에서 알 수 있다. 다만 남방특별유학생 사업 실시가 결정된 1943년 2월에는 과다카날 섬의 일본군이 철퇴하는 등 미국이 제해권을 쥐고 있었기 때문에 셀레베스, 보르네오, 세람의 해군 지구로부터는 제2기생 초청이 연기되었고, 그를 대신해 현지에 건국연성원建國鍊成院을 건립하여 교육하도록 하였다. 선발된 유학생 가운데에는 점령지역에서 장래의 지도자를 양성한다는 목적에 맞게 각지의 정부고관이나

史料館藏). 이 건은 9월 10일 각의에서 결정되었다.

〔표 13〕 남방특별유학생의 도일 시기와 학생 수

국명·지역명	제1기						제2기	계
	1943					1944	1944	
	6.28	7.17	7.25	9.4	9.10	3.27	6.10	
버마	15		2				30	47
말라야	8						4	12
수마트라	7						9	16
태국						12		12
자바	20				4		20	44
북보르네오							2	2
남보르네오			7					7
셀레베스				11				11
세람				3				3
필리핀 일반		17					24	41
필리핀 경찰대		10						10
계	50	27	2	21	4	12	89	205

왕족 등의 자제도 많았고, 버마에서는 나중에 수상이 된 행정장관 바 모 Ba Maw의 장남 자 모와 바 모의 조카로 버마문화협회 회장의 차남인 몬 원한, 필리핀에서는 1943년에 필리핀 공화국 대통령이 된 호세 라우렐 José Paciano Laurel의 삼남인 마리아노 라우렐, 일본이 국정을 담당하게 한 호르헤 바르가스 행정위원회 위원장의 두 아들 에드워드와 라몬, 몬로 족 대추장의 아들 마마 싱소아, 말라야에서는 왕족인 퉁크 압둘라, 사이 드 만수르 등이 포함되어 있었다.

이리하여 일본에 온 남방특별유학생은 출신지역마다 자바는 남양협 회, 버마는 버마협회, 필리핀은 필리핀협회, 해군지구는 신흥아회, 태국 은 일태학원에 기탁하여 각 기숙사에 입소해 국제학우회 일본어 학교 에서 준비 교육을 받은 후 [표 14]처럼 각지의 대학과 전문학교 등으로 진학했다. 남방특별유학생은 대개의 경우 일본인 학생과는 다른 반에 서 교육을 받았는데, 예를 들면 히로시마고등사범학교에서는 남방특별

〔표 14〕 남방특별유학생의 진학 및 재학 상황

1944년 3월 말 현재		1945년 4월 4일 현재	
히로시마고등사범학교	20	교토제국대학	21
미야기고등농림학교	12	구마모토의과대학 및 전문부	14
구루메고등공업학교	18	히로시마문리과대학 및 부속 특설학교	8
구마모토의과대학 전문부	8	후쿠오카고등학교	24
제일고등학교	1	도쿠시마공업전문학교	15
도쿄고등학교	1	야마구치경제전문학교	7
아자부중학교	3	기후농림전문학교	12
도쿄고등사범 부속중학교	2	아키다광산전문학교	2
경찰강습회	11	치바의과대학 부속 약학전문학교	4
가나가와현 경찰연습소	11	도쿄의학치의학 전문학교	2
농상성 니시가하라(西ヶ原) 농사시험장	5	도쿄체육전문학교	1
도쿄도 수산시험소	2	도쿄미술학교	2
농상성 오미야종축소	2	하코다테수산전문학교	4
이화학연구소	2	일본어학교	6
후생성 연구소	4	제일고등학교	2
		육군사관학교(제59기, 제60기)	42
		실습(통신, 기상, 직물, 농업, 토목)	5
		미정	10
계	100		181

출전 : [표 13]과 마찬가지로 에가미 요시로, 『남방특별유학생 초빙사업 연구』 등에 의거.

유학생을 위해 '문과 홍남부'(혹은 특설 홍남과)를 설치하여 특별한 커리큘럼을 편성했다. 또, 점령 행정의 지도자 양성이라는 목적에서 당초는 군관계로 진학하는 것은 허락되지 않았으나 1945년에는 점령행정보다도 철저 항전의 필요성 때문에 육군사관학교 입교가 허가되었다. 나아가 고등교육에 대한 학생들의 강한 요망 때문에 1945년부터는 대학 진학이 가능하게 되어 교토대학, 히로시마문리과대학 등이 이들을 받아들였다. 이 외에 육군사관학교나 항공사관학교에는 버마 국군이나 찬드라 보스의 인도 국민군에서 파견된 학생도 입학했다.

남방에서 온 유학생은 배급제하에서 생활물자가 가장 부족했던 일본에서 식량 부족과 생활 습관의 차이 때문에 발생하는 고통 속에서 학생 생활을 보내게 되었는데, 필리핀 유학생이었던 레오카디오 드 아시스에 따르면, "유학생은 여러 점령지에서 모였기 때문에 그 가운데에는 서양 지배자를 싫어하는 자도 있었다. 그 사람들은 당초에는 일본인의 생각에 공감하여 대동아공영권의 교의를 배우려 했다. 그러나 수개월이 지나면서 그들은 모두 일본인에게 소외감을 품게 되었다".[91] 짧은 머리, 궁성요배, 신사참배를 강제하는 것에 대해서는 인격적 부정으로 받아들였는데, 미야기고등농림전문학교를 다녔던 버마 학생 2명은 군사훈련에 분격하여 수업을 내팽개치고 상경하기도 했다. 또한 구루메久留米고등공업학교와 미야기고등농림학교에서 도쿠시마고등공업학교와 기후岐阜고등농림학교로 배속 학교가 바뀌는 등 교육 환경에 문제가 있었고, 나아가 첩보활동을 경계하여 유학생과 시민의 교류를 헌병대와 특고가 감시했다는 사실에 비춰보면 반발과 소외감을 품은 것도 당연한 일이었다. 그리고 종전과 더불어 버마, 필리핀, 말라야 등의 구종주국 통치가 부활하자, 유학생에 대한 귀국 명령이 내려져 59명의 버마 학생은 9월에, 필리핀 학생 약 50명은 10월까지 요코하마를 통해 귀국했지만, 일본이 항복한 직후에 독립을 선언한 인도네시아의 경우 도쿄의 네덜란드 정부 대표부에 가서 네덜란드 신민임을 인정받아야 귀국이 허락되는 사태에 저

---

91 Leocadio de Asis, 「諜報概要第272號」. Leocadio de Asis, 高橋彰 編譯, 앞의 책, p.260. 이 일기에는 전쟁 후 필리핀에 온 일본인과 달리 이웃 사람들이 인정 많고 친절한 것에 놀랐다고 기록되어 있고, 또 沢田美喜・相場鈴子 등의 가톨릭동아친선부인회에서 영어로 말하고 피아노 연주에 맞춰 서양 가곡을 불렀다는 것, 그리고 니혼극장의 레뷰(revue)와 다카라즈카(寶塚)의 레뷰를 보는 등 전시하 일본에서도 '적성' 문화에 접할 기회를 남방특별유학생이 가질 수 있었다는 것을 알 수 있다. 또, 드 아시스의 일기에 대해서는 平川祐弘, 「レオカディオ・デ・アシス의 '南方特別留學生トウキョウ日記'와 森鷗外의 '獨逸日記'―留學體驗과 近代化運動」(土屋健治・白石隆 編, 『東南アジアの政治と文化』, 東京大學出版會, 1984)에 흥미로운 분석이 있다.

항하면서 학업을 끝낼 때까지 일본에 남아 고학을 해야 했던 유학생도 적지 않았다.[92]

그러나 후년의 회고담을 보면, 당시 가난하면서도 예의 바르고 사려 깊고 신중하게 대응한 일본인에게 친근감을 느끼며, 일본에서 교육을 받은 것에 일종의 향수와 감사의 마음을 가지고 있는 사람도 적지 않다. 거기에는 고난을 맛본 자신들의 청춘시대를 무의미하다고 생각하지 않으려는 심리가 작동하고 있으면서 동시에 동남아시아에 대해 전후 일본이 가지고 있던 태도에 대한 비판이 포함되어 있음도 부정할 수 없을 것이다.[93] 이 점과 관련하여 인도네시아 유학생 9명을 인터뷰한 구라사와 아이코倉沢愛子는 "그들이 처음 일본 땅을 밟았을 때부터 지금까지 이 나라에 대해 품어왔던 감상적이기까지 한 애착과 동경의 마음과, 반면에 지금 새삼 일본과 일본인에 대해 느끼는 답답함과 불안 그리고 '항의하고픈' 충동 등이 기묘하게 섞여 있는 양가적인 마음을 품고 있음을

---

92 일본에 남은 사람은 대부분 진주군 통역이나 국제방송 아나운서 등으로 일하면서 공부를 계속했다. 그리고 1950년 교토대학 대학원을 수료한 인도네시아의 모하마드 수지만(Mohammad Sudjiman) 과 1951년에 도쿄공업대학을 졸업한 무리오노 분타란 등 독립 후에 귀국한 사람들과 귀국하지 않고 일본 국적을 취득한 패력 파네 등이 있다.

93 上遠野寬子, 앞의 책과 中山七朗,『天の羊―被爆死した南方特別留學生』(三交社, 1982)에는 전시하의 궁핍 속에서 유학생을 위해 가족 모두가 전력투구한 사람들의 회고담과 그에 대한 감사의 마음을 가져왔던 유학생의 편지 등이 소개되어 있다. 히로시마문리과대학 재학 중 피폭한 아리핀 베이는 "히로시마에 있을 당시 가난하고 좁은 일본인 가정에 자주 초대를 받았다. 그 집에는 먹을 것도 충분치 않았다. 그러나 당시 일본인은 아시아 사람들을 차별하지 않았다. 그 때문에 우리들도 [일본인 사회에 ― 인용자주] 들어가기 쉬웠다. 그런데 지금 일본인들은 아시아를 벗어나고 있다. 진정한 친구는 역시 어려울 때 생기는 것이다"(Putih Othman, 小野沢純・山下勝男・田中和夫 譯, 앞의 책, p.191)라고 말한다. 또한 平川祐弘는 태국・말레이시아・필리핀 남방특별유학생들의 이야기에서 유학생 대부분이 현재의 자신이 존재할 수 있는 것은 유학 덕분이라고 생각하고 있다는 것과 내핍 생활 가운데 일본인의 친절함을 접한 것에 감사하면서도 동시에 전후에 진출한 기업에서 일본 유학생들에 대한 대우가 낮은 것, 현지 사람들의 의향을 경시하는 것, 백인 유학생을 우대함에 비해 아시아 유학생에게는 매우 냉담하다는 것 등의 비판이 있었다는 것 등을 소개하고 있다(「ああ南方特別留學生」,『文藝春秋』, 1975.6).

감지했다"[94]라고 감상을 적었다. 일본의 현실에 대한 불만과 분노가 가진 의미는 그 사람이 놓인 입장에 따라 당연히 다르겠지만, 원래 일본의 점령 통치를 지탱하는 인재 육성을 지향했으나 패전의 혼란 속에서 간난을 겪었을 남방특별유학생이 오히려 일본에 대한 호감을 보인 것은 역사의 아이러니라고 할 수 있을 터이다.

또, 남방특별유학생을 인터뷰하여 그 역사적 의의를 검토한 굿맨[Grant K. Goodman]이 유학생 대부분이 유학체험과 거기서 얻은 지식이 쓸모 있었다고 긍정적으로 평가하면서 일본에 친근감을 표하고 있다는 사실에 근거하여 점령의 원활한 수행을 위한 인재 육성이라는 일본의 소기의 목적은 달성되지 못했으나 문화교류를 담당할 적재적소의 교육으로서는 성공적이었다고 평가한 것[95]은 바로 실패했기 때문에 성공했다는 진실의 일단을 지적한 것이다.

일본의 대외문화사업에 대해서는 남방특별유학생 사업이 시작되기 전에 이미 다음과 같은 견해가 있었다. 즉, "지금까지 대외문화사업은 자국 문화를 타국 이민족에서 선양하고 이해시키는 것을 주요 임무로 했고 소위 문화에 의한 정치 실현을 궁극적인 목표로 삼았는데, 우리나라의 대외문화사업은 그 발생과 진보 과정에서 항상 기존에 취해진 무

---

94 倉澤愛子 編, 앞의 책, p.8.

95 Grant K. Goodman ed., *Japanese Cultural Policies in Southeast Asia during World War 2*, New York : St. Martins's Press, 1991, pp.4~5. 및 Grant K. Goodman, *An Experiment in Wartime Intercultural Relations : Philippine Students in Japan 1943~1945*, Ithaca, N. Y. : Cornell University, 1962 참조. 또한 남방특별유학생 가운데에는 보르네오의 주석대신이 된 펜기란 유수프(Pengiran Yusuf), 수하르토 체제하에서 BAKIN(국가정보조정국) 장관이 된 요가 수가마, 마닐라대학 총장이 된 로스 산토스 등이 있었는데, 펜기란 유수프가 주석대신이었을 때 일본과 액화천연가스 합병 사업이 성립되었다. 또한 도쿠가와 장학금을 받아 와세다대학 정경전문학부에 유학한 웅크 아지스(Ungku Abdul Aziz)가 말라야대학 부총장이 된 것도 점령지의 문화교류사업과 전후 동남아시아의 국가 형성의 관련성을 보여주는 것이라 할 수 있을 것이다.

력 행동에 이끌려 다니는, 정치적 발전에 대한 변명과 보성補成을 그 동기로 삼았고 자주적으로 바람직한 정치적 전개에 기여한 적은 극히 드물다. 구미 국가들이 주도면밀한 계획 아래 외교에 선행하여 밀접하게 이에 수반한 것에 비해, 우리에게는 문화력에 의한 외교의 진전을 고려하는 것은 주관적으로도 객관적으로도 전혀 문제가 되지 않는 것이 실정이었다"[96]라는 견해가 그것이다. 정말이지 중국과 조선 유학생 초청에서 시작하여 남방특별유학생에 이르기까지 일본의 대외문화사업이 기존에 취해진 무력 행위의 '변명과 보성을 동기'로 하여 진전되어 온 것은 부정할 수 없다.

그러나 어떤 동기에서 나왔든 간에 그리고 아무리 극도로 제한된 범위였든 간에 이처럼 일본을 방문한 유학생과의 교류를 통해 아시아 각지에 대한 일본인의 인식은 공간적으로는 확장되었다. 다른 한편, 남방특별유학생에게 일본 유학에 의미가 있었다고 한다면 버마 남방특별유학생으로 전후 주일대사를 지낸 텟통이 술회하고 있듯이 "일본에 와서야 비로소 다른 동남아시아 국가 사람들과 알게 되었"[97]던 것이다. 종주국이 다른 동남아시아 지역의 식민지 사이에는 인적 교류도 없었고 서로 관심을 가진 적도 없었으며, 그 결과 당초부터 '동남아시아'라는 지역 관념을 공유할 필요조차 없었던 것이다. 그럼에도 불구하고 1967년 아세안이 결성되자 우마르야디가 아세안 사무총장에 되는 등 남방특별유학생이 그 인맥을 살려 지역 내 협력에 기여하고 1977년 마닐라에 핫산 라하야 등 남방특별유학생 출신들이 모여 '아세안전일본유학생협의회ASCOJA'를 결성하여 레오카디오 드 아시스를 대표로 선출하는 등

---

96 箕輪三郎, 「今日の對外文化事業」, 『國際文化』 第19號, 1942.5, p.40.

97 藤原聡・篠原啓一・西出勇志, 앞의 책, p.270.

의 활동을 전개한 것도 일본에서의 공동생활 체험이 있었기 때문이었다. 그리고 아세안전일본유학생협의회가 발족하자 같은 해에는 일본에서도 동남아시아유학생우호의원동맹이 조직되어 일본의 아세안 외교의 한 회로를 담당하였다. 나아가 전후 일본과의 문화교류에 관해 말하면, 인도네시아에서는 전후 배상에 의한 일본 유학생(배상 유학생) 1기생이 1963년에 귀국한 것을 계기로 결성된 전 일본 유학생 단체 페르사다PERSADA의 일본어학교를 전신으로 하여 1986년에는 문학, 경제학, 공학, 해양학의 네 학부로 구성된 종합대학 다르마 페르사다대학이 조직되었는데 학장 라덴 마수 수키스만, 부학장 모하마드 수지만도 남방특별유학생 출신이었다. 또, 아리핀 베이는 주일 인도네시아 대사관 참사, 쓰쿠바대학 교수를 거쳐 인도네시아 내셔널대학 일본연구센터 창설에 참여했고, 말레이시아에서도 1982년에 마하티르Mahathir bin Mohamad 수상이 '동방을 보라Look East'라는 정책을 표명하자 남방특별유학생이었던 압둘 라자크가 말라야공과대학에서, 일본에 파견하는 기술 연수생을 위한 일본어 예비교육의 책임자가 되어 프로젝트를 추진하는 등 남방특별유학생 출신에 의한 문화교류는 확대 재생산되었던 것이다.

물론 남방특별유학생에 의한 문화교류와 전후의 주체적인 일본어 교육, 일본문화연구 사이에는 질적으로 결정적인 차이가 있다. 의심할 여지도 없이 지배·예속의 관계가 있는 곳에 진정한 의미의 문화교류는 성립할 수 없다. 아무리 친근한 감정을 담은 추억으로 이야기된다 하더라도 그 의도가 식민지 지배를 원활하게 진행하기 위해 일본어 교육, 일본문화연구를 강제한 것인 한 그것은 예속과 종속의 재생산에 불과했다. 확실히 남방특별유학생에 대해서는 중국과 조선 유학생에게 했던 것과 같은 그런 차별과 모멸은 없었을 것이라는 점은 여러 증언에서도 엿볼 수 있다.[98] 현지의 유력자 자제와 유능한 학생 가운데 선발된 남방 특별유학생에 대해서는 대동아공영권 건설을 위한 우군의 '첨병'으로서 입학이나 커리큘럼 상에서도 명백히 '특별'한 대우가 주어졌다. 그 점에서는 조선총독부 경무총감부 경무과장이었던 구니토모 나오카네國友尚謙가 조선인 유학생에 대해 "원래 이들은 가난한 집 자식으로 학자금 대부분은 국권 회복을 위해서라고 명분을 내세워 부호를 협박하고 얻은 것이거나 유학하는 부잣집 자제에게 기생하거나 혹은 그를 협박하여 학자금을 보조하게 하는데, 심한 자는 학자를 강탈하여 도망유학을 하고 그것을 다 써버리면 도당을 만들어 조선에 돌아와 강탈을 일삼거나 아니면 다른 사람을 속여 약탈한다. 현재 유학생 대부분은 모두 이런 도배로서 강도사기의 악행을 저지르지 않는 자는 드물다. 그러나 이런 악행을 저지르고도 부끄러워하지 않는 것은 조선인의 자가당착에 기인한 것이다"[99]라고 보고 그에 상응한 처우를 요구했던 것에 비하면, 그 차이는 너무나도 클 터이다. 조선인 유학생이 반일·항일이 되는 것은 민족 독립의 사명감에서 보면 당연한 일이지만 민족 독립과 국권회복 운동에 종사하는 조선인 유학생에 대한 이러한 인식과 그에 기초한 대응이 더욱 심한 반발을 불러일으켰던 것 또한 당연한 일이었다.

그러나 사실을 왜곡한 인식만으로 현실에 대응할 수는 없기에 구니

---

98 전쟁 중 중국과 조선 사람들에 대한 차별과 마찬가지로 "인도네시아나 동남아시아 사람들에 대해 차별이나 무시는 없었던가"라는 구라사와 아이코의 질문에 쿠스나에니 사수트라스는 "없었습니다. 보통 사람들은 그런 차별이나 구별은 하지 않았습니다. 오히려 우리들과 만나고 싶어했습니다. 여러 이야기를 듣고 싶어했습니다. 일본인은 동남아시아 사람들에 대해 관심을 가지고 있었습니다. 지금은 사업과 관계가 없으면 관심도 없고, 사업이 끝나면 관계도 끝납니다"(倉澤愛子 編, 앞의 책, p.238)라고 대답했다. 또, 히로시마문리과대학에 진학하여 피폭사한 사이드 오마르에 대해서는 차별은커녕 근처 아가씨들의 동경의 대상으로 목욕탕에 가면 아가씨들이 먹을 것이나 꽃을 들고 줄을 섰다는 증언도 남아 있다(中山七朗, 앞의 책, p.211).

99 國友尚謙, 前揭『不逞事件ニ依ツテ觀タル朝鮮人』, pp.217~218.

토모도 다른 곳에서 조선인 유학생이 극악한 도배이기는커녕 "지식계급으로서 또한 장래의 중견계급을 구성할 자로서 그들이 가지는 사상여부는 우리 조선통치의 장래에 중대한 관계를 가진다. (…중략…) 또한 그들은 서로 단결하여 정기적으로 또는 임시적으로 집회를 개최하고 서로 독려하며 신문잡지를 구독하여 세계의 대세와 국제관계를 연구함으로써 그 지식은 넓고 그 태도도 일반 내지인에 비해 진지한 각오를 가지는 자들이다"라고 하여 그 우수성을 인식하지 않을 수 없었다. 그러나 그러한 인식은 지식이 넓고 진지하기 때문에 더욱 엄중한 단속을 할 필요가 있다는 경계감밖에 낳지 않았다. 그리고 조선인 유학생도 중국인 유학생과 마찬가지로 "내지인에게서 박대를 받는 데 대해 혐오감을 가지기 때문에 내지인과 교제하는 것을 좋아하지 않는다. 또한 내지인과 교제하는 자는 다른 조선인보다 일반에게 더 배척과 강박을 받는 상황이다"[100]라는 보고에서도 볼 수 있듯이, 일본에 유학하면서 일본인과 교제할 기회는 극히 한정된 것이었다. 게다가 앞에서 말했듯이 국제 공산주의운동을 억압하기 위해 동남아시아 유학생이 중국인 유학생이나 조선인 유학생과 접촉하는 것은 엄격한 감시대상이 되었고, 중국인 유학생이나 조선인 유학생은 일본에 유학하면서도 결국 다른 국가 민족의 유학생과 교류하는 장은 서서히 닫혀갔던 것이다. 남방특별유학생뿐만 아니라 일본의 유학생 초빙 기관이 각각의 출신 지역마다 '보도補導'를 임무로 하여 만들어졌고 학생 사이의 교섭을 극력 억제하기 위해 유학생을 분리하여 숙사에 수용했던 점도 국가와 민족을 넘어선 교류를 방해한 원인이었음을 말할 필요도 없다. 유학이 국가와 민족을

---

100 内務省警保局保安課作成,『朝鮮人槪況 第三』(1920.6.30), 朴慶植 編,『在日朝鮮人關係資料集成』第1卷, 三一書房, 1975, p.85.

넘어선 교류에 그 의의가 있다고 한다면 중국과 조선 유학생에게 일본으로 유학을 가는 의미는 매우 한정되지 않을 수 없었던 것이다.

나아가 중국과 조선의 유학생에게 더욱 절실한 문제는 일본 유학 자체가 항상 국제적 알력에 노출되어 있다는 점이었다. 더구나 일본 유학은 '문명 역류'라고도 불린 것처럼 중화 내지 소중화를 자부했던 중국과 조선의 입장에서 보면 역사적으로 문화가 열등하다고 생각해왔던 동이東夷의 국가로 가는 것이어서 심리적으로 굴욕감을 동반했던 것도 부정할 수 없다. 그럼에도 자강을 위해서는 일본에게 배우지 않을 수 없다는 인식이 일본 유학을 어디까지나 편의적인 차선책으로 보게 했던 것이다. 그 때문에 일본과 분쟁이 일어날 때마다 외부의 강제에 의해 유학을 계속할 것인지 여부를 결단해야 했다. 그리고 유학이 개인의 일생을 좌우하는 차원의 문제임에도 불구하고 많은 경우 개인의 입장보다도 국가와 민족의 저항 의지를 드러내기 위해 일본 유학을 거절하기도 했다. 그러나 어학에서 시작해 전문 지식의 습득에 많은 시간과 비용을 들이는 유학에 자신의 인생을 건 사람들에게 일본과 일본 유학의 가치를 부정하는 것은 자신의 존재이유를 부정하는 것이기도 했다. 그것은 구미 국가로 향했던 일본인 유학생이 일종의 통절한 동경의 마음으로 유학했던 나라의 문물을 섭취하여 그것을 일본 사회에 들여오는 일에서 사명감과 애국심을 충분히 느낄 수 있었던 것을 상기하면 이해될 수 있을 것이다.

그리고 진정 아이러니하게도 중국 유학생에게 일본 자체가 연구 대상으로 의미를 가지고 조국에도 필수적이 된 것은 다름 아닌 중일전쟁의 본격화라는 옴짝달싹할 수 없는 사태의 출현이었다. 게다가 굳이 일본에 남아 공부를 계속한 중국인 유학생 대부분은, 청말과 중화민국 초기의 특정 시기를 제외하면, 공부의 성과도 없고 일본에 유학했던 탓에 뜻을 이룰 수도 없었다. 이에 비해 구미 국가에 유학한 사람들에게는 각 대사관·공사관 등이 솔선하여 취직을 지도하고 알선하는 편의를 도모했다. 이런 점이 일본에서 귀국한 유학생이 반일·항일을 주장하는 요인이고 이는 묵과할 수 없는 사태라고 일본 측이 인식하기에 이른 것도 중일전쟁이 수렁에 빠지고 난징에 중화민국 유신정부가 성립한 1938년이 되어서였다. 같은 해 4월 일본 유학 출신자의 교류 친목과 구제사업 및 귀국 졸업생의 취직 알선, 일본으로의 유학생 파견 등을 목적으로 중화유일동학회中華留日留東同學會가 조직되었는데, 이 모임은 회장에 탕얼허湯爾和(가나자와의학전문 졸업), 부회장 차오루린(도쿄법학원 졸업), 이사장에 주선朱深(도쿄제대 법학부 졸업)과 추민이褚民誼(니혼대학 졸업), 평의회 위원장 왕위탕王揖唐(육군사관학교 졸업) 외에 일본의 주화공사駐華公使, 육해군 관계자 및 시모나카 야사부로下中彌三郎, 사쿠라이 쇼조櫻井正藏 등이 고문에 이름을 올렸는데, 본부를 베이징에 두고 각 성장과 시장을 주임으로 하고 지부를 두어 12,000명에 이르는 회원을 가입시켰다. 그러나 이미 중국에서 50만 엔, 일본의 육해군성, 외무성, 대동아성에서 각각 20만 엔의 운영 자금을 받은 이 모임에 이름을 올리는 것 자체가 친일파라는 것을 의미했고, 그랬기 때문에 일본도 군관민 일체가 되어 일본 유학생의 조직화를 추진했던 것이다. [표 15]에서와 같이 1939년 일본 유학 중국인 졸업생, 재학생 조사가 처음으로 이루어진 것도, 마침내 일본 유학생의 정치적 중요성을 인식하고 이들을 활용하려 했던 증거이다.

게다가 1937년 베이핑北平 중화민국 임시정부, 1938년 난징 중화민국 유신정부, 1940년 난징 중화민국 국민정부 등이 설치되자 탕얼허가 중화민국 임시정부 교육부 독변督弁(장관)에, 차오루린이 임시정부 최고

고문에, 주선이 허베이 정무위원회 위원장에, 왕위탕이 난징 국민정부 고시원장, 화북 정무위원회 위원장 등에 각각 임명되었다. 이미 21개조 교섭과 산둥 교환 교문交文, 니시하라西原 차관에 관해 일본과 절충을 벌였던 일본 유학생 장쭝샹, 차오루린, 루쭝위가 5·4운동 당시 '매국노'로 규탄 받았듯이, 일본 유학생은 신해혁명과 중국혁명의 주역이 되기도 하는 한편 일본의 대륙정책 협력자 역할을 하기도 했던 것이다. 그리고 중일전쟁 시기에는, 1935년에 지둥冀東 방공 자치정부을 세운 인루겅殷汝耕(와세다대학 졸업) 외에, 호세이대학 법정 속성과에서 우메 겐지로梅謙次郎를 놀라게 했을 정도의 자질을 보이고 중국동맹회 회원으로 신해혁명을 추진한 왕자오밍, 교토대학 유학 중에 중국공산당 일전一全 대회에 일본 유학생 대표로 출석한 경력을 가진 저우포하이周佛海 등의 유학생들이 '중일 국교 증진'을 목적으로 내건 중화유일동학회를 이끌면서 대일 협화의 가능성을 찾아 1940년에 중화민국 국민정부를 세웠다. 일본 유학생은 중일 간을 연결할 능력을 지닌 사람들이었던 만큼 국제 정치의 알력 맨 앞에 내세워져 격동하는 정국과 전국戰局에 농락당하지 않을 수 없었다. 중국의 괴뢰정권뿐만 아니라 만주국에서도 장옌칭張燕卿(학습원 문과 졸업, 외교부 대신), 쑨지창孫其昌(도쿄고등사범 물리과 졸업, 재정부 대신), 딩지안슈丁鑑修(와세다대학 전문부 정치과 졸업, 실업부 대신), 롼전둬阮振鐸(교토제대 의학부 졸업, 문교부 대신·경제부 대신), 시치아熙洽(육군사관학교 기병과 졸업, 재정부 대신·궁내부 대신), 장환샹張煥相(육군사관학교 기병과 졸업, 사법부 대신), 시제스謝介石(메이지대 법과 졸업, 외교부 대신), 싱스롄邢士廉(육군사관학교 기병과 졸업, 치안부 대신), 구치헝谷次亨(도쿄고등사범 문과 졸업, 교통부 대신), 린치林棨(와세다대 정치과 졸업, 최고법원장) 등 주요한 지위를 일본 유학 경험자가 차지했다. 이러한 일본 유학생 대부분이 일본의 패전과 함께 「징치한간

조령懲治漢奸條令」에 따라 한간으로 처벌받는 운명에 처한 것은 오로지 일본에 유학하고 일본이 그곳에 침공했기 때문에 생긴 일이었다.

물론 그것을 요행 삼아 '입신발재立身發材'를 도모한 경우도 있지만, 일본에 유학하여 그 문화와 사상에 통효했기 때문에 일본과의 화평을 추구하면서 친일정권의 수립을 요구한 일본에 호응하고 또 윤함지구에 잔류하다 괴뢰정권에 참가하는 것을 거절할 수 없어서 한간으로 지탄을 받지 않을 수 없었던 사람도 적지 않았다. 마오쩌둥이 "저우쭤런과 장쯔핑張資平 등이 바로 그러한데, 제국주의자를 위해 문예를 하는 것을 한간 문예라 한다"[101]라고 하여 지탄한 바로 저우쭤런과 장쯔핑 등도 그러한 비운을 겪지 않을 수 없었던 사람이라 할 수 있을 것이다. 이미 몇 번이나 말했듯이 1930년대까지의 일본 유학자 대부분은 일본 연구를 목적으로 도일한 것은 아니었지만 일본에서 공부하는 가운데 일본 문학 등에 흥미를 갖게 되었는데, 의학을 공부하던 루쉰과 궈모뤄, 경제학을 공부하던 위다푸 등이 문학자로서 독자적 작풍을 창안한 것은 잘 알려진 사실이다. 도쿄제대 이학부 지질과에서 지질학을 전공하고 궈모뤄, 위다푸와 함께 창조사를 조직, "내가 배일하는 것은 일본에서 배운 애국심 때문이다"[102]라고 배일 운동을 전개하는 작품 속 청년의 입을 통해 말한 장쯔핑도 난징 중화민국 국민정부의 기정技正에 임명됨으로써 전후에 한간 재판을 면할 수 없었다. 또한 루쉰의 동생으로 릿쿄대학 문과에서 공부하고 일본 여성과 결혼한 저우쭤런도 일본 점령하의 베이핑(베이징)에 머물면서 베이징대학 문학원장과 탕얼허의 뒤를 이어 화북정부위원회 상무위원 겸 교육총서 독변을 지낸 사실 때문에 전후에는

---

101 毛澤東, 「延安文藝座談會における講話」(1942), 『毛澤東選集』 第3卷(東方書店, 1972), p.102.
102 實藤惠秀, 『近代日支文化論』, 大東出版社, 1941, pp.249~250.

[표 15] 일본의 대학·전문학교 등에서의 중국인 졸업생 수(1939년 4월 현재)

1. 제국대학 총계 1000(그 외 재학생 143)

도쿄제대 249 법학부 45 경제학부 40 문학부 26 의학부 11 공학부 64 이학부 17 농학부 46

교토제대 255 법학부 50 경제학부 88 문학부 13 의학부 10 공학부 61 이학부 26 농학부 7

도후쿠제대 56 법문학부 19 의학부 11 공학부 10 이학부 16

규슈제대 114 법문학부 32 의학부 34 공학부 33

홋카이도제대 68 전 삿포로농학교 농예과 10 농학실과 13 임학실과 21 공학부 1 토목전문부 8 농학부 15

오사카제대 165 전 오사카고등의학 7 전 부립오사카의대 10 의학부 1 전 오사카의대 4 이학부·공학부 전 오사카고공 133 전 오사카공대 전문부 5

나고야제대 60 전 아이치현립 의전 47 전 아이치의대 12 전 나고야의대 1

타이베이 제대 33 전 타이베이의전 28 전 총독부 고동 5

2. 고등학교 총계 1385(그 외 재학생 24)

제1고 872(특설예과 703, 대학예과 66, 고등과 45, 특설고등과 58)

제2고 75 제3고 74 제4고 35 제5고 72 제6고 92 제7고 56 제8고 91 마쓰야마고 9 야마가타고 3 미토고 5 나니와고 1

3. 문리대학, 고등사범 총계 520(그 외 재학생 38)

도쿄문리과대학 6 교육학과 1 철학과 1 사학과 1 문학과 2 물리학과 1

도쿄고등사범 429 문과 165 이과 81 체육과 9 연구과 43 도화수공과 5 수신교육부 2 선과 45 청강생 13 박물학부 20 수물하학부 21 영어부 18 지리역사부 3

히로시마문리과대학 5 사학과 4 교학과 1

히로시마고등사범 80 영어부 1 지리역사부 21 수물화학부 24 박물학부 12 교육과 20 덕육전공과 1 연구과 1

4. 공대·고등공업고교 총계 980(그 외 재학생 99)

도쿄공업대학 672 도쿄고등공예학과 14 교토고등공예학교 35 나고야고등공업학교 61 구마모토 고등공업학교 11 요네 자와고등공업학교 3 기류고등공업학교 7 요코하마고등공업학교 15 히로시마고등공업학교 2 센다이고등공업학교 41 메이지전문학교 58 고베고등공업학교 1 아키타광산전문학교 41 뤼순공과대학 9 남만주공업전문학교 5 도쿄고등공학 교 4 무사시고등공과학교 1

5. 상대·고상 및 외국어학교 총계 342(그 외 재학생 21)

도쿄상과대 155 (전 도쿄고상 92 전 도쿄고상전문부 10 본과 24 예과 14 부속전문부 15)

고베상업대 53 (전 고베상 48 본과 5)

야마구치 고등상업학교 36 나가사키고등상업학교 83 후쿠시마고등상업학교 6 타이베이고등상업학교 1 간사이학원고등 상업학교 2 요코하마 전문학교 1 도쿄외국어학교 5

6. 의대·의전·치과의전·약전 총계 414(그 외 재학생 45)

치바의과대 148(전 치바의전의학과 95 동 약학과 36 의학과 12 부속약전 5)

나가사키의과대 79 (전 나가사키의전의학과 39 동 약학과 24 의학과 14 부속약전 2)

오카야마의과대 (전 오카야마의전 18 부속의전 7 의학과 3)

가나자와의과대 9 (전 가나자와의전의학과 8 동 약학과 1)

구마모토의과대 8 (전 구마모토의전 8)

니가타의과대 1 교토부립의대(전 교토부립의전을 포함) 16

도쿄 자혜회 의과대학 14(전 도쿄자혜회의원의전 8 본과 6)

니혼의과대 21 (전 니혼의전 18 전 니혼의대전문부 3)

도쿄의학전문학교 39 일본치과의학전문학교 1 도쿄치과의학전문학교 12 오사카치과의학전문학교 1 도야마약학전문학

교 5 도쿄약학전문학교 31 오사카약학 전문학교 1

7. 농대·고농·고잠·고수 등 총계 335(그 외 재학생 40)

도쿄농업대(전도쿄고등농학교, 도쿄비료분석소를 포함)100 도쿄고등농업학교(전도쿄제대농학실과를 포함)45 모리오카고등농림학교 25 가고시마고등농림학교 36 도쿄고등잠사학교 64 교토고등잠사학교 3 우에다 고등잠사학교 10 지바고등원예학교 13 하코다테고등수산학교(전홋카이도제대 수산전문부를 포함)17 수산강습소 22

8. 사립대학 총계 4935(그외 재학생 40)

와세다대 1383 대학부학부 529(청국유학생부 327 정경학과 정치경제학부 127 법학과 법학부 15 문학부 문학과 5 상과 상학부 34 이공과 이공학부 21) 전문부 764(정치경제과 660 법률과 89 상과 8 기타 7) 고등사범부 17 제일와세다고등학원 28 추천학우 45

게이오기주쿠대 101 이재과 13 문학부 4 경제학부 74 법학부 2 의학부 1 고등부 3 추천숙원 4

메이지대 1887 대학부 106(법학부 16 정치경제학부 80 상학부 10) 전문부 1701(정치경제과 424 법과 718 상과 258 문과 1 고등전공과 300) 고등연구과 55 추천학우 25

호세이대 379 대학부 112(법문학부 85 경제학부 27) 전문부 5(정치경제과 1 법률과 2 상과 2) 고등사범부 1

니혼대 1011 대학부 126(법률과 56 정치과 32 상과 38) 전문부 805(법률과 522 정치과 212 상과 41 종교과 1 경제과 8 문과 2 사회과 16 척식과 3) 고등전공과 50 고등사범과 27 고등공학교 1 추천학우 2

센슈대 24 대학부 19 전문부 5

주오대 379 도시샤대 중등부 5 리쓰메이칸대 10 도요대 14 다이쇼대 2 릿쇼대 1

9. 육해군학교 및 경찰강습소 총계 1940(그 외 재학생 18)

육군부 1697 육군대학교 35 육군사관학교 1156 육군보병학교 110 육군기병학교 81 육군포공학교 32 육군공병학교 12 육군야전포병학교 75 육군자동차학교 22 도코로자와비행학교 11 시모시즈비행학교 6 아케노비행학교 12 가카미가하라 支廠 14 육군도야마학교 36 육군경리학교 77 육군군의학교 17 육군수의학교 1

해군부 174 해군대학교 8 해군포술학교 79 해군수뢰학교 83 해군경리학교 4

경찰강습소 69

10. 음악·미술 기타학교 총계 72(그 외 재학생 8)

문부성도서관강습소 1 문화학원 8 도쿄미술학교 42 (서양화과 35 유화과 3 조각과 1 도안사범과 3) 교토회화전문학교 2 데이코쿠 미술학교 11 도요음악학교 6 무사시노음악학교 2

11. 여자전문학교 총계 221(그 외 재학생 23)

도쿄여자고등사범 35(문과 5 이과 16 가사과 8 보육실습과 2 도서전수과 2 선과 2)

나라여자고등사범 22(문과 12 이과 6 가사과 2 보모육성과 2)

니혼여자대학 21 (가정학부 9 교육학부 5 사회사업학부 6 영문학부 1)

짓센여자전문학교 50(중학과 18 사범과 15 공예과 16 선과 1)

도쿄여자의학전문학교 45 오사카여자고등의학전문학교 1 갓스이여자전문학교 1 고베여학원전문부 2 바이카전문학교 1 여자미술전문학교 33 일본체육회 체조학교 여자부 8

만주국적 중국인 졸업생 수(1939년 4월 현재) 총계 244

교토제대 1 규슈제대 1 오사카제대 2 제1고 특설고등과 1 제4고 육군대학교 9 육군사관학교 127 육군보병학교 27 육군기병학교 19 육군포병학교 5 육군공병학교 5 육군야전포병학교 27 육군자동차학교 1 육군비행학교 1 육군경리학교 8 육군군의학교 7 경찰강습소 2

출전 : 興亞元政務部, 『日本留學中華民國人名調』, 1940.10. 이 명부는 흥아원이 장래 일본 유학 출신 중국인을 중심으로 『신중국인명감』을 편집할 목적으로 1939년 4월에 전문학교 이상의 학교에 조사를 의뢰, '조사자료 제9호'로 제작한 것으로 1만 3천여 명을 수록하고 있다. 여기서는 만주국적자가 원천적으로 제외되어 있다.

'문화 한간'의 거두로 14년의 징역형에 처해져 1949년까지 감옥 생활을 했다.

저우쭤런은 고전 그리스어와 영문학을 전공하면서도 노能, 교겐狂言, 하이쿠, 렌카連歌와 『헤이케이야기平家物語』 등과 같은 일본 문학에 조예가 깊었고, 시라카바파白樺派의 무샤노코지 사네아쓰 등과도 교류를 한 당대 중국의 손꼽히는 일본문화 연구자였으나, 일본문화를 연구하고 이해하는 목적을 "일본 민족을 대표하는 현철을 찾아 같은 인류 내지 동양인으로서 그들의 비애에 귀를 기울이도록 하려는 것이다. 거기에서 그 영웅들이 설령 얼마간 원한과 경멸을 받을 만하다고 해도 잠시 보류해 두련다"[103]라고 하여 용맹한 일본을 혐오했고, 중국 나아가 동아시아에 통저通底하는 민족의 예지와 비애의 목소리에 귀를 기울이려 했다. 시국과 정치권력의 전환을 넘어서서 일본문화와 민족에 대해 관심을 갖고 있던 저우쭤런이었기에 "중국에서 싫어하고 일본에서 애지중지하는 그런 친일파는 진정한 친일파와는 거리가 먼 존재로 영리를 추구하는 소인배에 불과하다. 중국에도 일본에도 매우 유해한, 그러니까 중국의 실리와 일본의 영광을 동시에 손상시키는 패들이다. (…중략…) 일본의 친구들이여, 나는 당신들에게 사과하지 않으면 안 된다. 우리들은 수천 년이나 당신들의 친구이면서도 당신들의 진정한 지기知己라고 할 만한 사람을 단 한 명도 가르치지 못했다. 그러나 동시에 권고하고 싶은 것은 제발 불초한 자제인 악우惡友를 지기로 알지 말아 주었으면 한다. 그들을 거절하라고 권고하고 싶다"[104]라고 하여, 친일파를 가장한 사람

---

103 周作人, 「日本文化を語る手紙(その二)」(1936.8), 木山英雄 譯, 『日本文化を語る』, 筑摩書房, 1973, p.60. 周作人의 일본 문화연구에 관해서는 劉岸偉, 『東洋人の悲哀』(河出書房新社, 1991), 또 중일전쟁 시기 周作人의 고뇌하는 내면을 파헤친 역작으로 木山英雄, 『北京苦住庵記』(筑摩書房, 1978) 참조.

들을 일본이 이용함으로써 중일 간의 진정한 이해가 훼손되고 상호불신이 증폭되어 가는 것에 강한 경계심을 품고 있었다.

그러나 일본은 친일파의 옷을 입은 사람들이 중국 국민으로부터 불신을 받고 있다는 것을 잘 알고 있었기에 저우쭤런이나 장쯔핑, 첸타오쑨錢稻孫[105] 등 지일파로 인식되던 사람들을 등용함으로써 중일의 공존공영, 동고동락을 찬양할 필요가 있었다. 저우쭤런은 1926년에 일본 신문이 이완용을 한일합방의 공로자, 박열과 가네코 후미코를 대역죄의 피고로 보도한 것에 대해, 1910년 한일합방 조약을 체결하고 합방 후에는 후작에 서임된 이완용을 진정한 역도, 박열을 열사 내지 조선의 충량忠良으로 보아야 한다고 평가하고, "만약 일본(혹은 그 외의 나라)이 중국을 합병하려는 기미를 보일 경우 중국에는 많은 이완용이 나올 것이라 믿지만, 단 한 명이라도 박열 부부가 나올지는 의심스럽다. 조선민족이여, 제발 나의 미약한 개인적 경의를 받아주오. 이런 말이 당신들에게

---

104 周作人, 「親日派」, 木山英雄 譯, 앞의 책, pp.150~151. 초출은 『晨報副刊』, 1920.10.23. 이 점을 포함해 냉정한 지일파였던 周作人이 1925년에는 "진정으로 중국을 사랑하는 자는 당연히 중국을 저주해야 한다. 마치 진정으로 일본을 사랑하는 중국인도 철저한 배일파이어야 하듯"(「神戸通信」, 12月 20日)이라면서, "철저한 배일파"로 변화해간 경위에 대해서는 山田敬三, 「魯迅, 周作人の日本觀と文學」(『末名』第15號, 1997.3)에 상세하다. 또한 周作人은 중국인이 반일・배일이 되는 이유에 대해 단지 일본 체재 중에 차별과 멸시를 당했다는 것보다도 첫째 귀국했을 때 목격한 일본인의 언동이 일본에서 보고 들은 것과 달리 난폭했기 때문에 일본을 모르는 사람보다 더 빠르고 깊게 불만을 가지는 것, 둘째 소위 중국통이라 하는 일본인이 중국의 악덕과 암흑면만을 강조하는 글에 대해, 그것을 읽을 수 있기 때문에 더욱 불만을 참을 수 없다는 것을 지적하고 있다(「日本留學の想ひ出」, 方紀生 編, 『周作人先生の事』, 光風館, 1944, pp.224~225).

105 錢稻孫은 후베이성 유학생 감독으로 일본에 머물렀던 아버지 錢恂을 따라 成城學校와 고등사범학교에서 공부한 후 미국 유학을 마치고 베이징대학 교수가 되었는데, 일본 연구를 진행하기 위해 "20년 동안 강의 틈틈이 구독 積藏한 東書를 기초로 하여 泉壽東文書庫를 창설하고 이를 공개함으로써 다소간 이 불편을 보충하려 한다. (…중략…) 이 일을 선린의 군자에게 호소하여 중일 문화의 융합을 달성하려는 이유이다"(錢稻孫, 「泉壽東文書庫創立趣意書」(1930), 松本龜次郎, 『中華教育視察紀要』, 東亞書房, 1931, p.107)라고 했듯이, 일본 서적과 동방 연구에 관한 각국의 서적을 수집한 문고를 설치했다. 錢稻孫도 베이징대학이 1937년에 남쪽으로 옮겨간 후에도 베이징에 머물며 임시정부 하에서 정리, 통합된 '국립베이징대학' 교수를 지냈다.

도움이 되지 못할지라도. (…중략…) 그러나 나는 조선이 일본에 유린되는 것에 일종의 비분을 느끼지 않을 수 없다"[106]라고 적었다. 그러나 조선민족을 덮친 바로 그 비운은 시간을 두고 자신의 민족과 자신의 운명에도 덮쳐오기 시작했는데, 아이러니하게도 자신은 걱정하고 부정했던 이완용의 입장으로 내몰리고 말았던 것이다.

말할 것도 없이 유학이란 이문화異文化의 땅에서 배운다는 차원에서 본래 개인적인 문화 행위에 지나지 않는다. 그리고 배워온 이문화를 자신이 나고 자란 문화 속에 살려나가고자 한다면 사회와 적지 않은 알력을 일으키지 않을 수 없다. 나아가 거기에 국가와 민족 사이의 분쟁이 덮쳐올 경우 그 충돌의 틈새에서 분열되는 것은 두 문화를 가진 개인이다. 똑같은 호세이대학 법정 속성과에서 공부했으면서도 왕자오밍은 한간으로 일본에서 객사했고, 한간 이외의 각 당파가 항일 구국이라는 하나의 지향으로만 합치될 수 있다면 연합전선이 가능하다며 항일을 주장했던 선쥔루沈鈞儒는 항일 7군자의 한 사람으로 중화인민공화국 건국 후에는 최고인민법원장이 되었듯이, 운명은 일본과의 관계 방식의 차이에 따라 대조적이었다. 그렇지만 식민지 지배와 점령지 통치에 처했을 때 남겨진 선택지는 결코 많지 않았다. 그래도 중국은 윤함지구를 벗어나 국민당이 통치하는 지구인 '대후방'이나 공산당의 해방구인 '변구邊區'로 갈 수 있는 가능성이 남아 있었다. 그런 만큼 저우쭤런, 장쯔핑 등은 윤함지구에 잔류한 것만으로도 항복 행위로 간주되었던 것이다.

그러나 식민지 통치 아래 놓인 조선의 일본 유학생에게는 더욱 국한된 선택지밖에 없었다. 1904년 한국황실특파유학생으로 도쿄부립 제1

---

106 周作人, 「李完用と朴烈」(1926.2), 木山英雄 譯, 앞의 책, p.141.

중학교, 메이지대학 법과에서 공부하고, 일본유학생회를 조직, 제2대 회장이 된 최린은 유학 시절 교류가 있었던 손병희의 권고로 천도교에 입교하고 3·1독립선언서에 서명하는 등 민족 독립운동을 했으나, 1930년대 이후 총독부 중추원 참의, 조선임전보국단 단장이 되어 대일 협력을 창도하기에 이르렀다. 그 때문에 1948년 9월의 「반민족행위처벌법」에 의해 반민족행위특별조사위원회에 고발되었는데, 거기서 최린은 "내가 선택한 길은 셋뿐이었다. 하나는 망명의 길이고, 다른 하나는 자살의 길이며, 또 다른 하나는 일본의 군문에 항복하는 길이었다. 첫째와 둘째를 선택하지 않은 것은 늙은 부모에게 불효를 할 수 없었기 때문이다"[107]라고 진술했다. 물론 신채호나 안창호, 박은식, 이갑, 양기탁, 이동휘 등 망명이나 국외 독립운동의 길을 선택한 사람도 매우 많기에 첫 번째 길을 선택할 가능성도 남아 있기는 했다. 그러나 노친에게 불효할 수 없었다는 이유도 결코 변명이 아니라 최린 이외의 많은 사람들에게는 중요한 의미를 띠었을 터이다.

이유야 어쨌건 최린을 비롯하여 「반민족행위처벌법」에 연루된 사람 중 일본 유학생이 많았던 것도 사실이다. 1904년 한국황실특파유학생으로 최연소인 15세에 도일하여 와세다대학 모의국회사건에 항의하며 와세다대학을 퇴학하였고, 3·1독립선언서를 기초하여 투옥되었지만, 나중에 중추원 참의와 만주국 건국대학 교수가 되고 조선문예회에서는 〈황군격려가〉를 작사한 최남선.[108] 평북 오산학교에서 이승훈의 훈도를

---

107 林鐘國, 民族問題硏究所 編, 『親日派』(御茶の水書房, 1992), p.192.

108 최남선은 1908년 〈경부철도가〉를 작사하여 아일랜드 민요(Comming Through The Rye)의 곡조에 맞추어 불렀는데, 이와 함께 7·5조의 운율이 확립되었다고 한다. 최남선은 또 이광수와 함께 한국 근대문학의 기초를 닦고 문학을 매개로 한 민족운동을 일으켰는데, 이에 대항하여 문학을 애국운동의 수단으로 삼는 것에 반대한 김동인, 전영택, 김환, 주요한 등은 예술적 가치의 창조를 목적으

받았고 학생 신분으로 105인 사건을 목격하였으며, 졸업 후에는 블라디보스토크와 만주, 상하이, 베이징 등으로 망명 정객을 찾아다니다 도쿄에 유학하였고, 1919년 와세다대학 재학 시에 2·8선언을 기초하여 상하이로 탈출, 서양근대사상의 소개와 언문일치체의 신문학운동을 일으켜 조선근대문학의 아버지라는 평가를 받았지만, 1922년에는 「민족개조론」을 써서 물의를 일으켰고 1930년대 이후에는 친일문학자로서 조선문인협회 등을 조직하여 대일 협력에 진력하였으며, 지원병을 권유하고 대동아문학자대회에 조선대표로 참석한 이광수. 1881년 신사유람단 수행원으로 도일, 나카무라 마사나오의 도진샤同人社에서 공부한 후 도미, 귀국 후에는 신민회에 참가하여 안창호의 대성학교 교장이 되었으나, 한일합방 후에 105인사건 주모자로 투옥되었고, 1930년대 이후 최린과 더불어 국민총력조선연맹, 조선임전보국단 등의 이사로 황도정신의 발양, 근로보국 등을 주장하였으며 광복 후에 자살한 윤치호……. 이들뿐만 아니라 친일파(부일파)로 지탄받은 사람들은 헤아릴 수 없을 만큼 많다. 그리고 그들 대부분이 조선의 학술과 문예, 연극 등에 새로운 조류를 낳은 것도 부정할 수 없는 사실이다.

그것은 또한 합병 후 서서히 높아진 교육에 대한 욕구에도 불구하고 중등교육 이상의 교육기관이 조선에는 없었기 때문에 일본에서 지식을 얻을 수밖에 없었다는 제약에 의한 것이기도 했다. 그러나 2·8선언이나 3·1독립선언에서 보듯이 민족 독립운동의 책원지策源地 가운데 하나

로 1919년에 도쿄에서 문학 동인지 『창조』를 창간하여 구어체와 산문체의 확립을 도모했다. 그러나 최남선은 총독부 조선사편수회 위원으로서 단군신화를 채용할 것을 몇 번이나 요청했는데, 임종국의 『친일파』에서도 중추원 참의가 된 것을 두고 "대일 타협 운운하는 것은 가혹할지도 모른다"(p.196)라고 평가하고 있다. 최남선은 광복 후 조선문예회 활동 등으로 인해 「반민족행위 처벌법」의 대상이 되었으나 이 법의 폐지와 더불어 역사가로서 활동을 재개했다.

가 일본 유학생이기도 했기 때문에, 문화정치를 표방한 사이토 미노루 총독하에서는 "조선 문제 해결의 요점은 친일인물을 다수 얻는 데 있다. 따라서 이때 민간유지의 심복자에게 상당한 편의와 원조를 주어 수재 교육이라는 이름 아래 이들을 육성하는 것이 가장 필요하다"[109]라고 하여 학자금의 원조 등에 의한 친일 인물의 육성이 정책과제로 설정됨으로써 유학생의 행로도 큰 굴곡을 그리게 되었다. 나아가 3·1독립운동 이후에는 유학에 한해 조선인의 해외도항 금지조치가 완화됨으로써 미국 유학생이 점증하여 반일운동을 강화할 것이 예상되었기 때문에 일본 유학생을 친일화할 필요성이 인식된 것도 간과할 수 없다.[110] 이처럼 일본 유학생을 관리로 등용하여 친일 선전에 이용함으로써 일본의 식민지 통치는 일정한 효과를 거두었다.

그러나 중국에서는 일본 유학생을 괴뢰정권에 등용함으로써 일본은 1896년 이후의 중일 문화교류를 통해 서서히 배양되어 온 일본문화의 이해자를 잃게 되었고, 조선에서는 일본문화를 흡수하는 데 대한 경계감과 뿌리 깊은 불신감이 현재에 이르기까지 불식되고 있지 않다는 부정적인 유산을 남긴 것도 의심할 여지가 없다. 이미 저우쭤런은 루거우차오사건 이전인 1936년 「일본 문화를 말하는 편지」라는 글 속에서 "최근 문화 침략이나 문화 한간이란 말이 유행하지만 나보고 말하라고 한다면 문화는 그런 관계에 도움이 될 힘을 가지고 있지 못하다. (…중

---

109 齋藤實宛, 山梨半造陸軍次官意見書, 「朝鮮民族運動ニ對スル對策」(1919.8.27), 國會圖書館憲政史料室藏, 齋藤實文書, 742.

110 姜東鎭, 『日本の朝鮮支配政策史硏究』(東京大學出版會, 1979), p.198에 의하면, 1933년도에 미국 유학생 합계가 245명이었던 것을 보면 1920년대 후반기에는 100여 명이 있었던 것으로 추정된다. 또한 이 책에서는 조선에서의 정치 선전 방법과 투옥·테러·작위 수여·매수 등의 수단에 의한 친일파 육성 실태를 보고하고 있다.

략…) 진정한 문화의 전파를 전제專制 내지 침략의 선봉으로 삼는 것은 남쪽을 보면서 북쪽으로 가려는 것과 같다. 외국에 대한 '문화사업' 따위는 따라서 하지 않아야 좋은 것이고 이런 종류의 사업이 자칫 유명무실로 끝나는 것도 또한 이유가 없진 않다"[111]라고 지적했다. 직접적으로는 일본의 대지나 문화사업에 대한 이러한 비판은 이 장에서 살펴본, 문화와 사상이 국제정치의 도구가 되거나 혹은 또 하나의 외교수단으로 사용된 20세기에 일본과 아시아에서 외교 정책의 일환으로 전개된 사상연쇄란 무엇이었던가, 나아가서는 문화교류란 무엇이었던가를 돌아볼 때, 유용하다기보다는 비극을 낳은 측면에 깊은 성찰을 하게 할 터이다.

그리고 지금은 인터넷 등의 기술 혁신을 통해 언어와 개념은 점점 동시성을 띠고 세계를 질주하며 사상 전달에서도 국경과 민족이라는 장벽을 무화하고 있는 시대가 되었다. 지구 규모로 사람들의 왕래와 거주 방식도 변화하고 커뮤니케이션 수단도 미디어 기술의 변용에 따라 나날이 격변함으로써 사상연쇄의 회로도 크게 바뀌지 않을 수 없다. 거기서는 영어가 일종의 공통어가 되어 가고, 그에 따라 사회와 문화를 파악하는 방법이나 시각을 바꾸고 심지어 그것의 존재조차 바꾸어 갈지도 모른다. 그러할 때 특정 민족과 국민국가에 속해 있다고 하는 것 혹은 아시아에 살고 있다고 하는 것이 어떠한 의미를 띠게 될 것인가가 새삼 절실한 물음으로 다가올 것임에 틀림없다.

과연 사상의 세계적 전개와 국제정치 사이의 알력 그리고 그 속에 놓인 개인의 처지라는 문제를 포함해 21세기에 사상연쇄는 어떻게 변용

---

111 周作人, 「日本文化を語る手紙」(1936.7.5), 木山英雄 譯, 앞의 책, pp.53~54.

될 것이며, 그에 따라 지구공간을 구역 짓는 공간 인식은 어떻게 변화할 것인가.

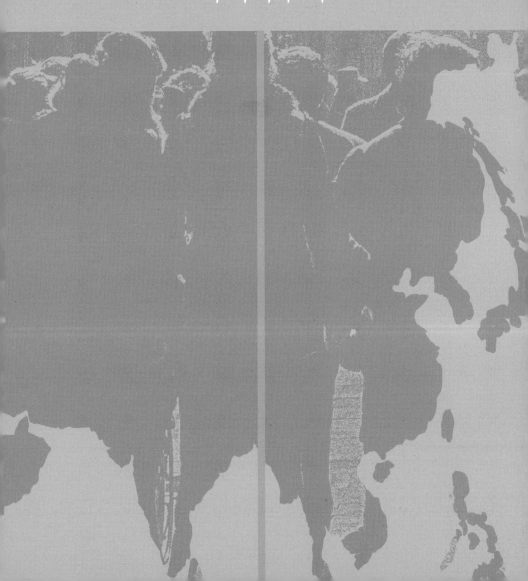

제3부

투기投企로서의
아시아주의

제1장
숨겨진 정책원리

"대아시아주의는 민간이 내건 슬로건이고 한번도 정부의 정식 정책이었던 적이 없다." 초대 대동아대신이었던 아오키 가즈오靑木一男는 1981년 이렇게 증언했다.[1]

이 발언이 어떤 문맥 속에서 어떤 의도로 행해졌는지 지금은 확인할 방법이 없다.

그러나 아시아주의의 최종적인 그리고 극한적인 발현형태였다고 할 수 있는 대동아공영권 건설의 책임자였던 아오키의 이러한 발언은 막말 이래 근대 일본의 아시아주의라는 프로젝트가 그려온 궤적과 그 위

---

[1] 鈴木靜夫・橫山眞佳 編, 『神聖國家日本とアジア』(勁草書房, 1984), p.344. 아오키의 자전에는 대동아 대신 재임 당시 아시아주의를 어떻게 평가했던가에 대한 직접적인 언급은 없으나 1943년 대동아 회의에서 준비위원회 위원장으로서 자신이 원안 작성을 담당했던 대동아공동선언에 대해 "선언의 다섯 강령은 아시아 외교의 기본원칙으로서 한자도 바꾸지 않고 오늘날에도 적용할 수 있는 것이라고 확신한다"(『わが九十年の生涯を顧みて』, 講談社, 1981, p.186)고 말하고 있다.

치가 어떠한 것이었는지를 상징적으로 보여주고 있다.

확실히 대륙정책과 동아정책, 흥아외교와 황도외교라는 개념은 자주 사용되었고, 또 구미에 대한 협조외교를 종속외교, 굴욕외교라 한 것에 비해 아시아를 중시하는 외교를 자주외교라 불렀음에도 불구하고,[2] '아시아주의'나 '대아시아주의'라는 단어를 그대로 정식 정책과 외교상의 지도원리로 사용한 것은 아닌 듯하다. 그렇기는커녕 그러한 주장이 부각될 때마다 오히려 그것들을 적극적으로 부정하려 했다는 사실이야말로 일본의 외교정책이 어느 방향으로 시선을 돌리고, 아시아의 여러 지역에 대해 어떠한 자세를 취해왔는지를 잘 보여주는 것이라 할 수 있다. 말할 것도 없이 일본이 실제로 식민지와 점령지로 삼았던 지역은 아시아밖에 없었고, 그것도 러시아를 포함한 구미의 국가를 납득시킬 수 있는 정당화의 변증과 협조 행동을 통해서만 비로소 인지되는 성질의 것이었기 때문이다.

또, 아시아주의 내지 대아시아주의 나름의 주장이 정부의 정식 정책이 되지 않았다는 것 자체가 어떤 의미에서는 당연했다고도 할 수 있다. 왜냐하면 대아시아주의 내지 아시아주의라는 주장이 아시아 지역 여러 민족의 연대를 추구하는 것이었든 또는 그것이 아시아 지역에서 일본의 배타적 지배를 의도했던 것이었든, 그것을 표명했을 경우 배제된 측으로부터는 반발이, 그리고 자신의 의지에 반해 강제적으로 휘말려 들어간 측으로부터는 시의猜疑와 저항이 일어나는 것은 필지의 사실이기

---

2   清澤洌는 그의 저서 『現代日本文明史3・外交史』(東洋經濟新報社, 1941)에서 만주사변 이후를 '흥아외교 시대'라 규정하고 국제연맹 탈퇴 이후 '자주외교'에 매진했다고 보았다. 그리고 "만주 사변 이래, 특히 지나사변 이후 일본에게 외교는 존재하지 않았다. 그것은 단지 전쟁의 종속적 대외적 절충기관의 영역을 벗어나지 않았다. 또한 정책이란 것도 기성사실을 추인한 것에 불과한 감이 있다. 일・독・이 삼국동맹은 흥아외교의 결론이면서 동시에 그 출발이다"(p.574)라고 지적하고 있다.

에, 그러한 무용한 분쟁과 알력을 불러일으킬 정책의 표명을 피하는 것은 타자의 존재를 전제로 해서 비로소 성립하는 외교에서는 합리적 태도임에 틀림없기 때문이다.

게다가 국제외교의 3대 공간으로 유럽과 미국 그리고 아시아가 있고, 유럽과 미국이 각각의 지역세계에 외교의 고유한 무대를 가지고 있었던 것과 달리, 아시아에는 그것이 없고 "아시아 외교라 하면 그 활동 무대는 물론 '아시아'이지만, '아시아' 자체가 주체가 아니라는 것은 '아시아먼로'주의 또는 대'아시아'주의라는 말을 하는 것 자체가 반증하고 있다"[3]라고 외무서기관 사토 다다오佐藤忠雄가 지적했듯이, 식민지 통치 하 아시아에서는 외교의 주체 자체가 거의 존재하고 있지 않다는 결정적 문제가 가로놓여 있었던 것이다.

나아가 아시아라고 통틀어서 말하더라도 그 권역 내에는 모순과 알력에 직면한 다양한 국가와 민족이 엄연히 존재하고, 그러한 것들 사이에서 벌어지는 이해의 조정과 항쟁의 회피에 외교의 사명이 있는 이상, 아시아주의를 내거는 것만으로는 문제해결에 아무런 도움도 되지 못할 것이다. 덧붙여 마찬가지로 아시아주의라고 해도 그 내용은 상황에 따라 또 대상에 따라 혹은 논자에 따라 완전히 달라서 그것을 외교 교섭의 장으로 끌어들인다고 해도 혼란과 오해를 불러일으킬 뿐 유해무익할 따름이다. 그러나 그것들이 몇 번이나 정부의 중추에 의해 부정당했다는 사실은, 아시아주의라는 주장과 심정에 동조하는 지향성이 공식적인 정책이 되지 않았기 때문에 오히려 굴절되어 뿌리 깊게 일본 외교 속의 복류로서 지속되어왔다는 것을 암시하는 것은 아닐까.

---

3   佐藤忠雄, 『日本外交論』(登龍閣, 1938), p.136.

정부가 외교적 배려에서 아시아주의적 주장이나 운동을 아무리 부정해도 막말 이래 줄곧 이어졌고, 정부가 그러한 논조를 위험시하면 할수록 아시아주의적 주장은 정부의 외교방침을 구미 추수의 굴종외교·연약외교라 비판하고 스스로를 자주외교라 하며 국민의 심정에 호소하는 슬로건으로 기능해왔던 것이다. 구미의 식민지 지배에 신음하는 아시아인들에 대한 공감의 표현으로서 아시아주의는 현실적 이해관계를 넘어 아니 현실적 이해관계를 과감하게 무시한다는 무사성無私性 때문에 거꾸로 이해타산을 넘어선 '의義'의 추구에 모든 몸과 영혼을 거는 사명감을 불러일으키기도 했던 것이다. 그러나 외교의 책임을 지는 입장에 서면 '정'에 흐르지 않고 '이利'와 '이理'를 추구하는 냉철함이 필요한 것도 당연한 일이다.

만주사변 직전인 1931년 7월 전 외무대신 이시이 기쿠지로石井菊次郎는 「앵글로색슨 민족론」이라는 논문을 썼는데, 이 글에서 그는 아시아의 민족독립운동 속에서 같은 인종이라는 이유로 일본에 원조를 구하는 움직임이 있고 일본에도 야마토 민족의 특성인 의협심과 무사도 정신을 발휘하여 이에 호응하려는 자들이 있다는 것을 엄중하게 경계하면서 다음과 같이 말한다.[4]

감정에 휘둘려 약한 것을 도와 강한 것을 무너뜨리려 하면 거꾸로 강자에게 당해 약자와 함께 멸망에 빠지지 않는다고 단정할 수 없다. (…중략…) 그렇다면 냉정하게 말해 세계 정국에 처한 국가의 행동을 결정하는 것은 동정에 있지 않고 의협에도 있지 않으며 오로지 진정한 국가 이익이

---

4 石井菊次郎, 「アングロ・サクソン民族論」(鹿島平和研究所 編, 『石井菊次郎遺稿・外交隨想』, 鹿島研究所出版會, 1967) 이하 인용은 pp.33~34.

있을 뿐이라는 결론에 도달하지 않을 수 없다. 국제사회에 은의(恩誼) 따위는 없고 신성한 이기주의가 있을 따름이라고 말하는 것은 바로 이러한 외교원칙을 가리키는 것일 터이다. (…중략…) 우리나라는 신성한 이기주의를 방패로 하여 후진 민족의 하소연을 사절한다는 저의를 견지할 필요가 있다.

아시아주의나 대아시아주의가 왜 정부의 정식 정책이 되지 못했는가를 이 주장을 통해 잘 이해할 수 있을 것이다. 원래 이 논문은 앵글로색슨 민족의 외교가 탁월한 이유를 탐구하고 거기에 일본이 어떻게 대응할 것인지를 논한 것인데, 이 글의 입론은 아마 근대 일본 외교의 정통적 외교 원칙을 보여준 것으로 간주되는 사고방식일 것이다. 이시이에 따르면, "3억 인도인의 동요도 후진 민족운동의 발현 가운데 하나"이기 때문에 후진 민족을 위해 자신의 국익을 저해하는 것은 반드시 피해야 한다. 그러나 아시아주의자의 입장에서 보면 장래의 동맹자가 될 수도 있는 민족의 이러한 '하소연을 사절하는' 것 자체가 일본의 진정한 국가이익을 저해하는 것이나 다름없었을 터이다. 나아가 같은 인종이라는 이유로 일본인에게 혁명운동과 독립운동의 원조를 요청해 온 사람들을 사절함으로써 오랫동안 실망과 원한을 남긴 것도 사실이어서 이것도 어느 측면에서는 국익을 저해하지 않았다고 단정할 수는 없을 것이다.

과연 아시아주의와 대아시아주의의 입장을 취하면 '신성한 이기주의'를 저해하는 것인가. 혹은 '신성한 이기주의'로서의 아시아주의나 대아시아주의는 존재할 수 없었던 것일까.

물론 무엇이 국가이익인지는 어느 정도 시간이 지난 후 어떤 질과 범위에서 보는가에 따라 평가가 다를 것이고, 어느 주장만이 처음부터 끝까지 국가이익을 획득할 수 있는 것은 아니다. 현실적으로는 아시아주의자가 공동보조를 취한 경우도 적지 않고, 아시아주의자가 외무성의 기밀비를 사용해 활동한 경우도 있다. 예를 들면 청말 혁명에 대해 일본 정부는 공식적으로 청조를 지지했지만 쑨원 등의 혁명파와 밀접한 관계에 있던 가야노 나가토모萱野長知가 "관변 쪽에서는 야마자 엔지로山座圓次郎, 고이케 조조小池張造 등이 정부 국장으로서 몰래 물심양면으로 원조를 해준 것은 숨겨진 사실이다"[5]라고 밝히고 있는 것처럼, 우치다 료헤이內田良平의 중개로 쑨원에게 육천 엔의 자금을 제공한 야마자가 현양사玄洋社 멤버와 깊은 관계에 있었다는 사상성 때문에만 그렇게 한 것이 아니라, 혁명이 성공할 경우를 상정하면 한쪽에만 가담할 수 없다는 국가이성이 작용했음도 부정할 수 없다. 적어도 신해혁명 직후에 특명공사로 중국에 건너간 야마자는 산시성의 석탄과 쓰촨·간쑤甘肅의 석유 매수를 강경하게 제의했고,[6] 고이케는 가토 다카아키加藤高明 외상의 신임 하에 대화對華 21개조 조약 요구의 원안 작성에 참여하여 최종 통첩의 제출을 주장했다. 두 사람은 결코 개인적 감정으로만 혁명파를 원조하여 중국문제에 대처한 것은 아니었던 셈이다.

이처럼 아시아주의적 주장 및 활동과 일본 외교의 관련 방식은 그 평가까지 포함하면 몹시 착종되어 있다. 그 때문에 그것들이 어떻게 얽혀 있는지를 탐색하는 것은 일본 외교정책의 형성과 수행에서 '정부의 정식 정책'과 '민간 슬로건'이 무엇을 최종과제로 하여 때로는 서로 대립하고 때로는 서로 보충하면서 하나의 흐름을 어떻게 만들어 왔는가 하

---

5 萱野長知, 『中華民國革命秘笈』(皇國靑年敎育協會, 1941), p.60.
6 長谷川峻, 『大陸外交の先驅—山座公使』(育成社, 1938), p.128 및 pp.136~137. 또한 山座는 袁世凱와도 중국의 천연자원 개발과 실업 진흥에 의해 "양국민이 서로 연합하여 공동의 이익을 추구할"(1912年 10月 21日 座談 摘要. 一又正雄, 『山座圓次郎傳』, 原書房, 1974 所收 史料, p.216) 것에 합의했다.

는 문제에 새삼 주의를 기울일 것을 촉구하는 것이기도 하다. 무엇보다도 거기에는 프로젝트로서의 '사상'이 '현실'과 교섭한다는 것은 어떠한 것이고, 거기에서 어떠한 아이러니가 발생하는가 하는 문제가 가로놓여 있다.

그러나 한편 '정부의 정식 정책'과 '민간 슬로건' 또 프로젝트로서의 '사상'과 '현실'이, 혹은 그러한 상호관계가, 각기 때에 따라 어떠한 모습을 나타내는가에 관계없이, 정부가 대아시아주의의 용어를 통해 정식 정책을 내걸지 않았다는 사실은 정부 내에 아시아 지역에 대한 정책이 없었다는 것을 의미하지 않으며, 정치가 및 외교관, 외무관료 가운데 대아시아주의적 주장을 가진 자가 없었다는 것을 뜻하지도 않는다. 더군다나 일본이 실질적으로 대아시아주의라 할 수 있는 정책을 취하지 않았다는 것을 조금도 의미하지 않는다. 그것은 외무성의 국 편성만을 보더라도 1920년 10월에 정무국이 폐지되고 구미국과 아시아국이 되며, 1934년 6월 구미국이 구아국歐亞局과 미국국으로 나뉨과 동시에 아시아국이 동아국으로 바뀌고 남양국이 1940년에 신설되었다는 사실, 나아가 1942년 11월 외무성과는 별도로 대동아성이 설치된 사실, 또 그 인사에서 1927년 9월 아리타 하치로有田八郎가 아시아국장으로 취임하여 동일한 정책지향을 가진 시게미쓰 마모루重光葵, 다니 마사유키谷正之, 시라토리 도시오白鳥敏夫 등의 그룹이 '아시아파'라 불리며 1931년부터 1941년에 걸쳐 외무성 주류파로서 정책전개의 중심이 되었다고 평가되고 있는[7] 사실에서도 충분히 엿볼 수 있다.

---

7   이상 昭和期 외무성의 동향에 대해서는 臼井勝美, 「外務省人と機構」(細谷千博他 編, 『日米關係史』
    第一卷, 東京大學出版會, 1971)에 의거한다. 또, 외무성 각국과 대동아성 관할구역에 대해서는 [표
    16] 참조

그리고 '아시아파'의 아리타 하치로가 요나이 미쓰마사米內光政 내각의 외상으로 1940년 6월 29일 방송을 통해 호소한 것이 동아자주선언이라 불린 것이었고, 이 선언에서 그는 "동아 제국과 남양 여러 지방은 지리적으로나 역사적으로나 민족적으로나 그리고 경제적으로나 극히 밀접한 관계에 있어 서로 의지하고 서로 도와 유무상통有無相通하여 공존공영의 열매를 거둠으로써 평화와 번영을 증진시킬 자연스런 운명을 지니고 있습니다. 따라서 이러한 지역을 일괄하여 공존 관계에 입각한 한 분야로 만들어 그 안정을 도모하는 것이 당연한 귀결이라 사료됩니다"[8]라고 하여, 남양을 포함한 "지역을 일괄하여 공존 관계에 입각한 한 분야"로 규정하고 일본이 구미로부터 벗어나 '자주적'으로 통괄해 갈 아시아의 공간으로 제시했던 것이다. 이 선언으로부터 한 달 남짓 지난 8월 1일 제2차 고노에 후미마로近衛文麿 내각의 마쓰오카 요스케 외상이 '대동아공영권'이라는 관념을 처음으로 성명하고, 그 가운데에는 프랑스령 인도차이나 및 네덜란드령 동인도가 포함된다고 언명했다. 요나이 미쓰마사 내각이 같은 해 3월 13일 수상담화 형식으로 발표한 성명에서 동아신질서에 대해 일본·만주국·중화민국 삼국 간에 '선린우호, 공동방위, 경제제휴'의 신관계를 창조·확립한다고 규정한 것을 감안하면 남양 내지 인도차이나, 동인도를 한꺼번에 일본 외교의 주요 대상 지역으로까지 확대한 것은 커다란 비약이었음은 부정할 수 없다.

물론 아시아와 대동아공영권이라는 지역을 설정하는 외교성명을 대아시아주의라 간주할지 여부는 다른 차원의 문제에 속한다. 원래 일본

8　有田外務大臣演說,「國際情勢と帝國の立場」(須鷹千秋 編, 『須鷹彌吉郎外交秘錄』, 創元社, 1988, p.212). 이러한 동아에 대한 자주외교 정책 표명은 내각 붕괴 문제와도 관련되어 육해군과 외무성의 분규를 불러일으켰다(同書,「有田八郎外相聲明問題」 참조).

이 아시아라는 지역에 있는 한, 그리고 거기에서 근린외교를 하지 않을 수 없는 이상, 아시아 국가 및 민족에 대한 정책이 존재하지 않을 리가 없다. 그것은 앞에서 든 외무성의 부국部局 편성이 무엇보다도 웅변적으로 말해주고 있다. 그리고 또한 거기에서 구미국, 아시아국, 구아국, 미국국, 동아국이라는 이름이 등장하는 과정 자체에 일본 외교의 중요 정책과제의 변천과 그것과 조응한 지역편성 중점의 추이가 명백하게 드러날 터이다. 그것이 무엇을 의미하는가. 아마 이러한 외무성의 부국 편성의 변천이라는, 얼핏 보기에 단순한 제도적 개편에 지나지 않는 것으로 간과되기 쉬운 것 속에도 구미, 아시아, 구아, 미국, 동아, 대동아라는 다양한 지역 단위 속에서 일본이 어떠한 자세를 취하고, 어떤 역사 단계에서 구체적으로 어떤 지역과의 외교 교섭을 필요로 했는지가 드러나 있으며, 그 모색과 대응 속에서 나타난 사상과 운동이 그려온 궤적이 일본 외교에서 아시아주의의 형성과 전개 그리고 붕괴라는 역사 자체를 틀지어왔음에 틀림없다.

제3부에서는 이러한 사실을 전제로 하여 구미와의 관련을 시야에 넣고서 일본과 아시아의 관계에 대한 프로젝트=투기와 현실의 양면성 속에서 드러난 다양한 양상과 그 역사적 의의를 아시아주의와 외교의 교착이라는 관점을 통해 파악하고자 한다. 구체적으로는 막말 이후의 근대 일본을 대상으로 제2장에서 어떠한 세계인식 및 아시아 인식하에서, 어떠한 대아시아정책이 제기되었는가를 외교논책의 원형으로 추출하고, 제3장에서 그러한 논책을 포함하여 일본 외교를 규정한 외교 공간과 아시아적 요인이 무엇이었는지를 주로 국제관계틀의 측면에서 검토하며, 제4장에서 일본 외교가 현실적으로 아시아주의적 언설에 공명하는 아시아인들과 교류하고 아시아주의적 언설을 표명하게 된 국면에

서 잉태될 수밖에 없었던 사실을 밝혀 그 딜레마의 의미에 대해 고찰하고자 한다. 이어서 제5장에서는 지역주의로서의 아시아주의가 가진 사상적 문제성이란 무엇이고, 나아가 그것은 현재 우리들에게 무엇을 과제로 제시하고 있는가를 되물을 것이다.

이상의 검토를 통해 일본의 입장에서 다른 아시아 국가나 민족은 어떠한 관계를 갖는 대상으로 간주되었으며, 일본이 아시아라는 장에서 어떠한 자기존재를 실현하고자 하였고, 그 프로젝트 속에서 무엇을 달성하고 어떠한 모순을 잉태했는가, 그리고 아시아를 잇기 위한 사상이 아시아인들과의 공감과 배반을 불러일으키고 만 역사적 사실의 의미란 무엇이었는가를 밝히고, 아울러 메이지 이후의 개별 사상가나 결사의 아시아관과 아시아주의적 언설을 개별적으로 다루는 지금까지의 아시아주의 연구 방식과는 다른 접근을 통해 "어떤 실질적 내용을 갖춘, 객관적으로 한정할 수 있는 사상이 아니라 하나의 경향성이라 불러야 할 것이다. (…중략…) 아시아주의는 다의적인데, 아무리 많은 정의를 모아서 분류해 보아도 현실적으로 기능하는 형태의 사상을 파악하는 것은 불가능하다"[9]라고 다케우치 요시미가 규정한 아시아주의를, 현실을 향한 투기의 사상으로 파악하고자 한다.

---

9 竹內好,「アジア主義の展望」(竹內好 編,『アジア主義』(現代日本思想大系 9), 筑摩書房, 1965, p.12). 이 장은 아시아 인식 및 아시아주의와 일본 외교의 관계를 어디까지나 사상이라는 차원에서 검토하는 것이지 외교 자체의 역사적 분석을 주안으로 하는 것은 아니다. 여기서의 논점에 관련된 연구는 헤아릴 수 없이 많지만, 이하의 전반에 걸친 논문집으로서 古屋哲夫 編,『近代日本のアジア認識』(京都大學人文科學硏究所, 1994. 再刊 綠陰書房, 1996), 岡本幸治 編著,『近代日本のアジア觀』(ミネルヴァ書房, 1998), 日本政治學會 編,『年報政治學 1998・日本外交におけるアジア主義』(岩波書店, 1999)를, 그리고 앤솔로지로서 伊東昭雄 編・解說,『思想の海へ11・アジアと近代日本』(社會評論社, 1990)을 들 수 있다.

제2장
외교논책으로서의 아시아주의 언설

　아주 다양하고 진폭이 큰 아시아주의가 일본 외교를 어떻게 규정했는
지를 고찰할 경우, 그것이 아시아라는 범역을 전제로 하여 성립되는 언
설인 이상 그 범역이 어떠한 기축에 의해 나뉘는지가 우선 문제시된다.
이 점은 지금까지 검토해 온 논의와 서로 포개놓고 볼 필요가 있다. 그
러나 아시아주의는 단순한 아시아 인식과는 달라서 항상 적대 혹은 퇴
격해야 할 타자를 전제하고 아시아를 일정한 틀 아래에서 하나로 통일
하여 타자에 대한 저항과 투쟁을 호소하는 프로젝트로서의 정치적 언설
인 점에 특징이 있다. 그 때문에 닥쳐오는 적대자와 침입자의 어떤 속성
에 대해 위기감과 경계감이 표시되었는가를 밝히는 것이 특히 외교적
사고로서 아시아주의를 문제 삼는 경우에는 불가결한 전제가 된다.
　그러한 관점에서 근대 일본의 아시아주의를 고찰하려 할 때, 이미 18
세기 이후의 세계정세에 대응하면서 아시아 역내와 역외 쌍방에 대처

할 방책이 다양하게 구상되었는데, 그것이 외교논책으로서 원형을 이루고 있다고 생각된다.

우선 아시아라는 지역 개념에 대해서 말하면, 제1부에서 말했던 것처럼 니시카와 조켄의 『화이통상고』(1695), 『증정화이통상고』(1708), 데지마 료안의 『화한삼재도회』(1713), 미쓰쿠리 쇼고의 『곤여도지』(1845), 스기타 겐탄 번역의 『지학정종』(1851~1854) 등이 발간됨으로써 세계가 오대주 내지 육대주로 나뉘어 있고 일본이 아시아에 있다는 서술이 이루어지게 되었다. 그리고 예를 들면 니시카와의 『증보화이통상고』에서는 아시아 속에 중화·외국外國·외이外夷 등의 차이가 있다고 하였는데, 외국은 "당나라 땅 바깥이라고 해도 중화의 명에 따르며 중화의 문자를 사용하는 삼교통달三教通達의 나라다"[1] 라고 하였고, 외이는 "당나라 땅과 달리 전부 가로문자의 나라이다"라고 하는 등 그 속성을 문자와 종교의 차이에서 찾고 있다. 한자의 동문同文, 유·불·도의 삼교에 의한 동교同教라는 인식의 기축이 일찍부터 나타났던 것이다.

그러나 18세기 후반에 시작된 영국과 프랑스의 각축이 동아시아까지 미치고 러시아가 일본에 접근하면서, 바다로 고립되고 게다가 구미와 바다로 직접 연결되어 있다는 일본의 지리적 조건에 대한 위기감은 해방론海防論으로 나타났는데, 그것은 군사상 및 국방상의 관점에서 아시아를 파악하는 시각을 제공했다. 처음 포문을 연 하야시 시헤이林子平

---

1 西川如見, 『增補華夷通商考·他』, 岩波文庫版, p.113. 또, 에도 시대의 아시아 인식에 대해서는 鮎澤信太郎·大久保利謙 編, 『鎖國時代日本人の海外知識－世界地理·西洋史に關する文獻解題』, 乾元社, 1984; 織田武雄·室賀信夫·海野一隆 編, 『日本古地圖大成－世界圖編』(講談社, 1975); 鳥井裕美子, 「近世日本の認識」(溝口雄三他編 『アジアから考える1·交錯するアジア』 東京大學出版會, 1993); 松田宏一郎, 「'アジア'の'他彌性'」(日本政治學會 編, 『日本外交におけるアジア主義』, 岩波書店, 1999 所收) 등 참고

는 1791년 『해국병담海國兵談』을 발간하고, "에도의 니혼바시에서 중국, 네덜란드까지 경계가 없는 수로이다"[2]라는 경구를 통해 해국 일본에 "외적이 침입하기 쉬운 이유"를 논했다. 나아가 하야시 시헤이는 "구라파 여러 나라들은 크고 작은 화기를 가지고 있고 그 외의 비도구飛道具도 아주 많다. 더욱이 함선 제작은 신묘하고 정밀하여 해군력에 뛰어나다. (…중략…) 같은 나라를 공격하지 않고 오직 서로 다른 주州를 침략하여 자기의 소유로 하는 것을 세상의 일로 삼"고 있다고 지적하여, 유럽 여러 나라들이 탁월한 무기와 함선을 가지고 다른 대륙을 침략하여 식민지화하고 있다는 사실에 눈을 돌리게 했다. 그러나 동시에 이해에 민감한 유럽이 먼 일본까지 병사를 보낼 리는 없고, 그 때문에 "우리들에게 구라파는 우려할 바가 못 된다"라는 견해도 드러내고 있다. 다만, 다른 대륙의 침략을 자신의 존속 조건으로 하고 있는 서양이 일본에 닥쳐올 것은 필지의 사실이고, 오히려 경계해야 하는 것은 중국이 서양의 첨병이 되어 일본으로 침공해 오는 것이라고 생각했다.

최근 당산(唐山, 중국-옮긴이), 달단(韃靼, 타타르-옮긴이) 사람들이 구라파와 친교를 맺고 있다고 한다. 더욱 친하게 되면 당산, 달단의 영웅호걸들은 묘법을 전수받을 것이다. 묘법을 전수받으면 침략의 마음이 일어난다. 그들이 침략의 마음을 일으켜 일본으로 오고자 한다면 해로는 가깝고 병마는 많다. 이때 병비가 없으면 어떻게 해볼 수가 없을 것이다. 곰곰이 생각건대 후세에 반드시 당산, 달단의 땅에서 일본을 침략하고자 하는 자가 일어날 것이다. 게을리 하지 말지어다. 게을리 하지 말지어다.

---

2   林子平, 『海國兵談』, 山岸德平他 編, 『新編林子平全集』第一卷, 第一書房, 1978.

이러한 사태를 상정했을 때 일본이 채택해야 할 정략은, 중국과 친교를 맺어 일본을 공격할 가능성이 있지만 아직 일본보다 무력이 뒤떨어진다고 판단되는 조선, 류큐, 에조蝦夷(홋카이도—옮긴이) 삼국을 선수를 쳐서 병탄해두는 것이었다. 그러한 의도도 담아서 1786년 하야시 시헤이의 『삼국통감도설三國通覽圖說』이 간행되었던 것이다. 여기에는 서양-중국-일본의 삼극 가운데 서양과 중국이 동맹을 맺을 경우 일본에게 가장 위협이 된다는 관점에서 일본과 중간 사이에 위치하는 지역을 영유하여 번병藩屏으로 삼을 구상이 일찍부터 제출되었다. 물론 이것은 어디까지나 현실적 가능성과는 별도의 소망적 사고로서의 투기에 지나지 않았다. 그러나 조선, 오키나와, 홋카이도의 영유와 통치에 의한 중국과의 대치라는 외교논책이 메이지 이후 일본의 동아시아 외교지침 자체를 선취한 것임은 부정할 수 없다.

그리고 중국이 유럽과 동맹하여 일본을 침략할 가능성이 있다고 한다면 그 위협을 상정하여 일본이 구미와 동맹을 맺어 중국의 강대한 국력에 대항한다는 논책이 제기되어도 조금도 이상하지 않다.

동아시아에서 영국과 러시아의 대립이라는 상황을 전제로 하여 1857년 하시모토 사나이橋本左內는 일러동맹에 의한 아시아 제압이라는 구상을 제기했는데, 이것도 메이지 이후의 친러 노선과 친영 노선의 선택을 상기시키는 것이다. 하시모토는 세계가 러시아를 맹주로 하는 하나의 동맹이 되리라고 예상하고 그 가운데 일본이 독립을 유지하기 위해서는 "산단山丹(연해주—옮긴이), 만주 부근, 조선국을 병합하고, 미국 혹은 인도 내에 영토를 갖지 않고서는 도저히 이룰 수 없다"[3]라고 생각했

---

3 「村田氏壽宛橋本左內書簡」(1857.11.28), 『渡辺崋山・橫井小楠他』(日本思想大系55), 岩波書店, 1971, pp.565~570.

다. 그러나 미국은 말할 것도 없고, 인도는 영국에, 중국 동북부는 러시아에 식민지화되어 일본이 싸워서 이들 지역을 빼앗는 것은 불가능하다. 그런 이상 강국 러시아와 공수동맹을 맺고 미국에 접근하여 정치적·군사적 개혁을 행하며, 영국과는 일전을 불사할 각오로 개국해야 한다고 주장했던 것이다. 그러면 왜 러시아와 동맹을 맺어야 하는가.

그 이유는 러시아는 신의가 있고 국경을 맞대고 있으며, 또한 러시아와 우리는 순치(脣齒)의 나라, 우리가 러시아를 따르면 러시아는 우리를 덕이 있다고 할 것이다. (…중략…) 우리들이 혼자서 서양 동맹에 대적하기는 지극히 힘들지만 러시아의 후원이 있으면 비록 패하더라도 완전히 멸망하지는 않을 것이다.

러시아가 과연 일본의 요구대로 동맹을 맺을 것인가 하는 현실성의 문제는 차치하고, 하시모토에게는 러시아가 순치의 나라라는 사실이 중요한 조건이었다. 이웃나라에 강국이 있는 이상, 그것이 아시아 나라인가 유럽의 나라인가는 문제가 되지 않는다는 것이 하시모토의 입장이었다. 그보다도 구미가 아시아를 식민지화하고 있다면 일본도 식민지를 가진 강자 편에 가담하는 것은 당연하고, "여하튼 아시아를 일개의 동번東藩으로 보고 서양을 우리 소속으로 생각하며, 러시아를 형제 순치로 삼아 가까운 나라를 침략하는 것이 가장 긴요한 일이다"라고 판단하고 있었다. 이 구상도 일러 협약에 의한 만주·내몽고·조선에서의 특수권익의 용인 등의 정책과 부합하는 것이다.

또한 동맹론으로까지 가지 않더라도 러시아 및 미국와 맺은 조약을 준수하되, 그것으로 잃는 것을 아시아에서 영토를 보유함으로써 보상한다는 논책도 있었다. 1855년 요시다 쇼인吉田松陰은 "러시아·미국과의 강화는 일정하기에, 결연히 우리가 이를 깨어 신의를 잃어서는 안 된다. 다만 장정章程을 엄격히 지켜 신의를 두텁게 하고, 그 사이 국력을 길러 취하기 쉬운 조선·만주·지나를 분리·복속시켜 교역에서 러시아에 잃은 부분은 또한 토지로써 선만鮮滿에서 보상해야 한다"[4]라고 말했는데, 이것도 또한 근대 일본이 취한 외교방침과 동궤의 것이었음은 부언할 필요조차 없을 것이다[5]. 다만 요시다 쇼인의 대외진출론에 대해서는 그것이 군사력에 의한 것이라고만 생각할 수는 없다. 쇼인은 구사카 겐즈이久坂玄瑞가 흑룡강黑龍江에 가는 것에 반대하여 "흑룡·에조는 우리 번藩에서는 우원하고 그보다는 다케시마, 조선, 베이징 부근이야말로 우리 번에 시급한 곳입니다. 조금이라도 바깥으로 나아가지 않으면 처리할 수 없습니다. 수군을 보내면 된다는 것은 아무래도 어리석은 생각입니다. 수군을 보내면 그들도 방비를 할 것입니다. 상선으로 가면 그들도 장사를 하게 될 것입니다"[6]라고 했기 때문이다. 여기서는 군사적 진

---

4 杉梅太郎宛吉田松陰書簡, 1855.4.24. 『日本思想大系54·吉田松陰』, p.193.

5 지금까지 인용한 것 외에도 大久保忠寬이 "조선이건 타이완이건 정복"(『續再夢紀事』 卷五, p.21)할 것을 주장하고 眞木和泉守가 1863년 가을 西鄕隆盛에게 보낸 서한에서 "조선 만청은 물론 남해 여러 섬들 모두 우리 지휘에 따르게"(『眞木和泉守遺文』, 眞木保臣先生顯彰會, 1913, p.273) 할 것을 주장하는 등 조선을 비롯한 아시아 영유논책은 수없이 많다. 메이지유신 직후에 정한론이 나타난 것도 이러한 막말의 외교논책을 배경으로 한 것이었다. 또한 막말의 조선 병합론은 외국에 의한 조선 영유가 쓰시마, 나아가 일본에 대한 침입으로 연결될 것이라는 위기감에서 예방적으로 일본에 의한 영유를 주장하는 경우가 많았는데, 한편으로 神功皇后와 豊臣秀吉에 의한 조선정벌의 기억에서 "먼저 三韓을 토벌하고 임나 정부를 다시 세운다"(『平野國臣傳記及遺稿』, 遺稿篇, 博文社, 1916, p.29)라고 하여 조선을 고대의 종속상황으로 되돌린다는 논의도 전개되었던 것을 간과할 수 없다. 吉田松陰도 마찬가지였던 것은 『幽囚錄』(山口縣敎育會 編, 『吉田松陰全集』 第一卷, 岩波書店, 1936, p.579 이하)에서 神功征韓, 임나일본부 등에 대해 서술하면서 "조선은 오래전 우리에게 신하로 복종했다"고 적고, "조선을 꾸짖어 예물과 공물을 옛날처럼 바치게 하여"라고 말하고 있는 것에서도 명확하다. 그런 가운데 1866년 막부에게 조선정벌의 의도가 있다고 하는 일본인의 투서가 홍콩의 한자 신문에 게재되어 조선 정부가 막부에 힐문하는 八戶順叔 사건도 일어났다(田保橋潔, 『近代日鮮關係史の硏究』 上, pp.103~131 참조).

출을 억제하고 통상에 의한 상호 경제적 발전을 중시하는 자세가 드러나 있다. 아니 적어도 냉정하게 생각해 보면 당시 청조의 저항을 꺾고 베이징까지 갈 군사력 같은 것이 일본에 있었을 리도 없었던 것이다. 그렇기 때문에 군사력의 기반이 되는 경제의 진흥도 동시에 과제가 되지 않을 수 없었다. 이 점에 대해서는 러일동맹을 구상한 하시모토 사나이도 같은 생각을 가지고 있었다. 하시모토는 미국이 통상조약 체결을 요구하자 수석 로주老中 홋타 마사요시堀田正睦에게, 마쓰다이라 슌가쿠松平春嶽와 함께 의견서를 보냈는데, 그 가운데 "앞으로 온갖 나라들이 몰려들어 결국에는 우리를 인도처럼 볼 것은 뻔한 일로서 통분의 극치라 할 것입니다. 그렇다면 이대로 앉아서 굴복하기보다는 재빨리 부국강병의 기초를 닦고 우리도 또한 사방으로 웅비해야 할 것입니다. (…중략…) 러시아는 세계 제일의 강국으로 그 정치도 좋고 그리고 우리와 순치의 세력을 이루고 있으니, 갚기 어려운 은혜로써 환심을 사두어야 할 것입니다"[7]라고 권고하고 있다.

여기에는 식민지화한 아시아를 반면교사로 삼아 통상에 의해 식민화를 면하고 자국의 부국강병을 달성하기 위해 강국과 제휴한다는, 그 후 일본이 국시로 채택한 외교방침이 소박하게나마 솔직하게 드러나 있다. 아마 소국 일본이 가혹한 파워폴리틱스의 경쟁 속에서 구미의 외교적 압력을 이기고 자존할 수 있는 방도를 구할 경우 이러한 정책 이외에 다른 방식이 없었을는지도 모른다. 어쨌든 그것의 실현이 과연 어느 정도 가능한 국제적 환경이었는가라는 차원의 문제는 제쳐두고라도,

---

6　「久坂玄瑞宛吉田松陰書簡」(1858.6.28), 『吉田松陰』(日本思想大系 54), pp.235~236.

7　「米國との外交一件につき幕府の諮問に對する松平春嶽公の答申書」(1857.12.27), 景岳會 編, 『橋本景岳全集』上卷(畝傍書房, 1943) pp.613~614.

이상과 같은 논책이 이른바 '탈아론'적 투기의 원형에 해당한다면, 아시아라는 일체성을 근거로 서로 제휴하여 구미의 침입에 대항하자는 주장과 연아連亞와 흥아를 주장하는 아시아주의라 볼 수 있는 외교논책도 적지 않았다.

　　1825년 아이자와 세이시사이會澤正志齋는『신론新論』[8]을 써서 "신국神國 (일본)과 순치를 이루는 것은 청"이라면서 중국의 무력으로 서력西力의 동점을 저지하자는 논책을 제시했다. 그때 아이자와가 중국과의 제휴의 전제로 본 것은 "아직 이슬람, 로마법에 전염되지 않은 것은 신국(일본) 외에 오직 만청이 있을 뿐"이라는 종교적 조건이었다. 아이자와는 이슬람교나 기독교의 침윤을 국체를 손상시키고 정치적 병탄의 길을 준비하는 것이라 하여 가장 위험한 것으로 생각했다. 마찬가지로 히라노 구니오미平野國臣도 "지금 세계에서 예수를 신봉하지 않는 것은 우리와 청국뿐. 제조세혁帝祚世革은 서로 같지 않다고 하더라도 땅이 아주 가깝고, 풍토가 거의 비슷하다. 사절을 청에 보내 왕에게 알현하여 이치를 말하고 논책을 보여주어 양국 서로 힘을 합치고 뜻을 하나로 하여 단연히 오랑캐를 물리치고 한 뼘의 땅도 주지 않고 이를 바다 밖으로 쫓아내"[9]자면서, 종교와 풍속의 유사성과 지리적 위치를 근거로 하여 일청동맹에 의한 양이洋夷의 실행을 제언했다. 히라노는 쇄국하에서도 국교가 있었던, 종교와 습속이 같은 조선과의 제휴도 아울러 구상했고, 유교문명을 같이하고 있는 동양 삼국의 동맹에 의해 서양에 대항한다는 구상을 가지고 있었다. 이러한 논리는 메이지기에 나타난 흥아론과 연결된다.

8　이하 會澤正志齋,『新論』의 인용은 塚本勝義譯註,『新論·迪彝篇』, 岩波文庫에 의거한다.
9　平野國臣,「制蠻礎策」(1863.1.14),『平野國臣傳記及遺稿』, 遺稿篇, p.54.

그리고 막말의 아시아 제휴론에서는 한정된 정보를 바탕으로 한 것이긴 하나 아이자와처럼 종교나 문화의 등질성에 주목하는 것이 아니라, 아시아에서 침략의 위기에 함께 놓여 있다는 정치환경을 전제로 터키나 무굴제국과 제휴하여 러시아의 아시아 침략을 방어한다는 전략론을 전개하는, 세계적 관점에 입각한 구상이 있었음은 주목할 만하다. 그렇지만 1839년 와타나베 가잔渡邊崋山이 『재고서양사정서再稿西洋事情書』에서 무굴제국이 영국, 포르투갈, 프랑스의 식민지가 되어 "지금은 티베트 쪽에 겨우 땅을 가지고 있다"[10]라고 적고 있는 것처럼, 일찍이 천축이라고 하여 일본인에게 문명의 요지였던 지역은 백색인종에게 압박당한 아시아인종으로서 식민지 지배하에서 피폐한 상태에 있다는 이미지만이 보급되어 실상과는 다른 모습으로 이야기되었다.[11]

게다가 인도뿐만 아니라 "예의문물의 나라", "땅은 넓고 물산이 풍부한 나라"로 강성했던 청조가 아편전쟁에서 패배한 정황은 시오노야 도인鹽谷宕陰 편, 『아부용휘문阿芙蓉彙聞』(1847)과 사이토 지쿠도齋藤竹堂의 『아편시말』(1843) 외에 『이비범경견문록夷匪犯境見聞錄』, 『해외신화海外新話』, 『청영전기淸英戰記』 등을 통해 널리 알려져 큰 충격을 주었다. 그리고 아편전쟁을 전철前轍 즉 일본에 대한 경종으로 삼아 해방海防의 강화를 도모해야 한다는 데 조야가 인식을 공유했고, 그와 더불어 서방의 오랑캐 소국이었던 영국에게 동양문명의 영웅이었던 중화대국이 참패한 것은

---

10 渡辺崋山, 『再稿西洋事情書』, 1839. 前揭 『渡辺崋山・横井小楠他』, p.51. 崋山은 이 단계에서 아시아에서 독립을 유지하고 있는 것은 일본과 페르시아뿐이고, 그런 일본도 서양인에 의한 식민지화의 "길 위에 남은 고기처럼 이리와 호랑이가 돌아볼 것이다"라는 위기감을 품고 있었다.

11 근대 일본의 인도에 대한 관심과 교류에 대해서는 古屋哲夫, 「アジア主義とその周辺」(古屋 編, 前揭 『近代日本のアジア認識』), 大形孝平 編, 『日本とインド』(三省堂, 1978), 山崎利男・高橋滿, 『日本とインド─交流の歷史』(三省堂, 1993) 등 참조.

문명의 근간을 이루는 유학에 대한 불신을 낳게 되었다. 사쿠마 쇼잔佐久間象山은 "청나라 유학이라는 학문이 고증의 정밀 등을 말하지만 필경은 종이 위의 공론이 많고 실용은 거의 없다고 생각됩니다. 그러한 실용이 결핍된 바에서 추론하건대 영국에 대패하여 전 세계의 웃음을 산 것도 당연한 일입니다"[12]라고 적었는데, 동양 사람들의 유대로 여겨졌던 가치관과 도덕을 지탱하는 유학조차 공소한 것으로 보기 시작했다. 그와 더불어 서양을 오랑캐로 간주하여 서양의 과학기술의 섭취를 거절해 온 청조를 완미고루하다고 보는 인식도 퍼져갔다. 중국은 더 이상 문명의 중심=중화가 아니며, 서양에 필적하여 존속하기 위해서는 문명의 최첨단을 달리는 서양 학술로 통치하지 않으면 안 된다고 생각하기에 이르렀다. 아시아주의의 기저를 이루는 동양문명에서 탈각하기 시작했던 것이다.

그러나 청조의 약체화와 쇠미를 다만 강 건너 불구경하듯이 볼 수는 없었다. "지나는 일본과 순치의 나라이다. 그것이 뒤집히기 직전이라 이가 시리다. 좌시방관할 때가 아니다"[13]라고 요코이 쇼난橫井小楠이 말한 것처럼, 중국과 일본은 구미라는 공통의 침입자 앞에서 아시아라는 동일한 지역에서 한자라는 동일한 문자를 사용하고 유교와 불교라는 동일한 종교를 신봉하며 동일한 풍속을 가지고, 게다가 같은 이해관계, 같은 운명으로 연결되어 있다는 인식 또한 점점 강해졌다. 아편전쟁 전에는 청조에 대해 경계하고 서양과 제휴하여 중국을 병합할 것을 역설했던 사토 노부히로佐藤信淵가 아편전쟁 후에는 청조를 영구히 일본의 서쪽 담장으

---

12 山寺源大夫宛佐久間象山書簡, 1842.11.30. 信濃敎育會 編, 『象山全集』 第三卷(信濃每日新聞社, 1935), p.221.
13 橫井小楠, 『國是三論』, 1860. 前揭 『渡辺崋山·橫井小楠他』, p.450.

로 보전하여 이적夷狄 영국에 대항한다는 『존화좌적론存華挫狄論』(1848)을 쓰기에 이르렀던 것도 그 증거이다. 사토 노부히로는 좁은 해협을 사이에 두고 근접해 있는 청조와 일본은 지리가 같고, 문자가 같으며, 종교와 습속이 같기 때문에 존망을 함께 하지 않을 수 없는 순치보거脣齒輔車의 관계에 있다고 하여 공동방위의 필요성을 주장했는데, 그것은 메이지 이후의 흥아론이나 '지나 보전론'과 뜻을 같이 하는 논의였다는 것은 말할 필요도 없다. 그러나 순치보거 그 자체는 단순한 지리적 근접성을 드러내는 것일 뿐이었는데, 그 때문에 앞에서 말했던 것처럼 하시모토 사나이는 러시아를 순치의 나라로 보아 러일동맹을 구상했던 것이다. 1884년 9월 후쿠자와 유키치는 「순치보거라는 옛 속담은 믿을 게 못 된다」[14]라는 논설을 발표했는데, 확실히 지리적 근접성만으로 중국·조선·일본의 제휴를 주장하는 것은 공유할 수 있는 이념으로서는 필연성을 결여한 것이었을 터이다.

그러나 군사동맹으로서 중국·조선·일본의 제휴를 구상한 가쓰 가이슈勝海舟에게는 지리적 근접성은 전략상 아주 중요한 요건이었다.

1862년 군함부교軍艦奉行에 임명된 가쓰 가이슈는 군함조련소의 규모를 확장하여 영소營所를 효고와 쓰시마 외에 조선과 중국에도 설치, 삼국이 연대하여 서양제국에 대항하는 안을 건백했다. 가쓰는 쓰시마 방비의 충실을 기하는 기도 다카요시木戸孝允 등에 대해 이를 아시아 정책의 일환으로 처리할 것을 제안하며 다음과 같이 논했다고 한다.

---

14 『時事新報』, 1884.9.4. 『福澤諭吉全集』 第10卷, pp.30~33. 후쿠자와는 교통기관이 발달한 19세기에는 "지리의 관계를 事勢論의 표준으로 삼기에 적당하지 않다"고 하여 지세적인 구속을 벗어나 일본은 서양 여러 나라와 함께 나가야 한다고 주장한다. 그 취지는 1885년 3월 28일자의 「脫亞論」을 선취한 것이었다.

우리의 방책을 보건대 지금 당장 아시아주 가운데 구라파인에게 저항할 자가 없다. 이것은 모두 규모가 협소하고 그들의 원대한 방책에 미치지 못하기 때문이다. 지금 우리나라에서 함선을 만들어 널리 아시아 각국의 군주에 호소하고, 종횡 연합하여 함께 해군을 성대히 하고 모든 학술을 연구하지 않으면 그들의 유린에서 벗어날 수 없다. 우선 이웃나라 조선부터 설득하고 나중에 지나에 이르게 해야 할 것이다.[15]

이 당시 조선은 해금정책海禁政策을 취하고 있었고, 중국에서도 쬐쭝탕과 선바오전沈葆楨에 의해 푸저우선정국福州船政局이 설립된 것이 1866년이었기 때문에 가이슈의 논책은 시기상조였을지도 모른다. 그러나 가이슈의 논의에서뿐만 아니라 지금까지 보아온 외교논책과 거기에 나타난 아시아주의 언설의 대부분이 한정된 정보 속에서, 말하자면 사고실험처럼 형성된 것이었다. 그렇지만 그런 이유 때문에 메이지 이후에 나타난 아시아주의적 언설과 외교논책의 패턴이 대부분 이미 마련되어 있었고, 근대 일본의 아시아주의에서는 정당화의 준거 이론으로서 인종론이나 사회진화론 나아가 먼로주의나 지정학적 광역권론 등이 여기에 부가되는 것에 불과했다고도 할 수 있다.

그리고 청일전쟁까지의 외교논책에서는 러시아, 영국, 프랑스 등의 동아시아 진출에 대한 위기감을 배경으로 하면서도 더욱 직접적으로는 동아시아 지역 내에서의 조선, 타이완, 류큐 등을 둘러싼 대립이 현재화되고 있었기 때문에 청조나 조선과의 사이에 존재하는 각축을 어떻게 융화하는가 하는 아시아주의적 언설이 나타나게 되었다.

---

15 『海舟日記』, 1863.4.27. 勝部眞長他 編, 『勝海舟全集』 第18卷(勁草書房, 1972), p.50.

1877년 소네 도시토라曾根俊虎 등이 "지금 아시아가 위축 쇠퇴하고 있는 때 협동하여 힘을 기르고 흥기진작할"[16] 것을 목적으로 진아사振亞社를 결성, 1880년 흥아회興亞會로 발전한 후에는 주일공사 허루장 외 왕타오와 야오원둥 등 중국인과 수신사로 일본에 온 김옥균 등도 여기에 가입했다. 소네 도시토라가 흥아회에 무엇을 기대했는지는, 허루장에게 "귀국과 폐국은 동문동종, 이른바 양국은 바로 보거상의輔車相依한 지세로 점점 친밀해지고 협력을 강화해 아시아를 진흥할 웅대한 마음이 없어서는 안 될"[17] 것이라면서 "푸른 눈을 가진 사람"의 침략으로부터 아시아를 지킬 것을 역설한 것을 보아도 명확하다. 그러나 허루장 자신은 류큐 문제에 대해 대일강경론을 주장하고 있었고, 흥아회에 대해서도 중국어 교육에 의해 일본에서 동교同敎로서의 유교를 진흥하는 것에 찬성을 표한 것에 지나지 않는 등 당초부터 생각의 차이가 있었다. 또, 일본을 방문하여 오코우치 데루나大河內輝聲, 오카 센진岡千仞 등과 깊은 우호관계를 가졌던 왕타오도 귀국 후 「흥아회의 폐해를 논한다」[18]라는 논설을 자기가 주재하고 있던 『순환일보循環日報』에 싣고, 그 뜻은 크고 이름은 아름다우나 타이완·류큐에 대한 일본의 외교방침을 보면 상호이해를 진전시켜야 할 어학학습도 국정조사도 "타국을 정찰하는 수단이 되어 이웃 나라의 영토를 빼앗기를 조장"하는 것과 연결되지 않을 수 없다는 우려를 표명했다.

---

16 「興亞會創立の歷史」(『興亞公報』第1輯, 1880.3), p.4. 또, 興亞會에 대해서는 佐藤三郎, 「興亞會に關する一考察」(『山形大學紀要』第4號, 1951), 黑木彬文, 「興亞會の成立」(九州大學, 『政治研究』第30號, 1983) 등 참고.

17 「欽差大臣何公使卜曾根氏ノ談話」, 『興亞會報告』第2集, 1880.4, pp.7~8.

18 이 논설은 『興亞會報告』第12集(1880.11.15 發行) pp.8~10에 '杞憂'에 불과하고 일부러 本誌 스스로 그 부당성을 반론할 필요도 없을 것이라는 전문을 붙여 전재되었다.

홍아회는 1883년 아시아협회로 개칭하는데, 다음해 발발한 갑신정변으로 청일 양국의 회원이 대립하였고, 일본인 회원 가운데에도 대청정책과 조선정책을 둘러싸고 분열이 발생했다. 여기서도 유럽에 대항하기 이전에 동문동종과 순치보거라는 것 말고는 상호 이해 대립을 극복하기에 충분한 아시아 통합의 이념이 결여되어 있었던 것이다. 또, 소국 일본이 홍아의 중심이 되는 것에 대해 중국인 회원이 이의를 제기했고,[19] 이의를 받아들여 홍아회 명칭이 변경된 것에서도 엿볼 수 있는 것처럼, 아시아 연대 운동을 조직하고 운영해가는 데에는 어떤 나라가 주도성을 갖는가에 따라 대립이 조성되는 것도 피할 수 없었다. 이른바 맹주론의 문제이다. 물론 1880년 전후의 일본 국력은 상식적으로 생각하면 "지금 우리나라의 병세兵勢를 헤아리건대 혼자 러시아, 영국, 프러시아, 프랑스 등 강국과 어깨를 나란히 할 수 없을 뿐만 아니라 늘 구미의 침략을 받는다는 이유로 우리가 경멸하는 터키나 지나에도 미치지 못한다"[20]고 보는 것이 타당한 인식이었을 것이다. 그러나 후쿠자와 유키치는 같은 해, 아시아 가운데 최대인 청조는 문명화가 더뎌 믿을 수 없다면서, "지금 동양의 열국 가운데 문명의 중심이 되고 다른 나라의 모범이 되어 서양 제국을 감당할 자 일본 국민이 아니고 누구란 말인가. 아시아 동방의 보호는 우리 책임이라고 각오해야 할 것"[21]이라 했고, 나아

19　葛生能久 編, 『東亞先覺志士記傳』(黑龍會出版部, 1933)에 따르면, "당시 홍아회라는 명칭에 대해 在京支那의 유력자 가운데 '작은 일본이 홍아 따위를 말하는 것은 건방지다'고 비평한 자가 있었기 때문"(上卷, p.416)에 개칭하게 되었다.

20　「國權ノ擴張」, 『郵便報知新聞』, 1881.4.12.

21　福澤諭吉, 『時事小言』, 1881.9. 『福澤諭吉全集』 第5卷, pp.186～187. 후쿠자와는 다음해 3월 11일자 「朝鮮の交際を論ず」에서 "우리들이 감히 스스로 자국을 자랑하진 않겠지만, 허심탄회하게 말하자면 아시아 동방에서 首魁 盟主가 될 자는 우리 일본이라고 하지 않을 수 없다"(『福澤諭吉全集』 第8卷, p.30)고 주장했다.

가 "보거상의나 순치상조脣齒相助라는 말은 동등한 나라와 나라 사이에는 통용할 수 있겠지만 지금 지나나 조선에 서로 의존할 것을 바라는 것은 아주 어리석은 짓이라고 하지 않을 수 없다"라면서, 중국과 조선에 의지하지 않고 일본이 맹주가 되는 동아시아 동맹의 필요성을 주장했다.

후쿠자와의 문명화론은 문하생 이노우에 가쿠코로井上角五郎 등을 조선에 파견하여 실행에 옮겨졌으나 청조에 대해서는 아무런 교섭도 없이 끝나버렸다. 이에 대해 쇠약해지고 있다고는 하지만 한번 문명화가 진행되면 강대해질 잠재적 가능성을 지닌 중국과 제휴하는 길 외에 일본이 살아남을 방도는 없다는 견해도 근대 일본의 아시아주의적 언설의 또 다른 골격을 이루고 있었다. 1884년 스에히로 뎃초末廣鐵腸, 스기타 데이이치杉田定一, 무나가타 다다스宗像政, 구사카베 마사이치日下部正一, 이즈미 구니히코和泉邦彦 등이 "앞날을 생각하면 우리나라는 청국과 중대한 관계에 있다. 청국의 언어학술에 정통하고 세태인정에 통달하는 것은 오늘의 급무"[22]라고 하여 상해에 동양학관을 설립, 중국 사정에 정통한 인재육성을 통해 실효성 있게 제휴를 하고자 했던 것도 그 증거이다.

그러나 동양학관도 재정난으로 일 년 남짓 후 폐쇄됐다. 일청 제휴를 모색했던 스기타 데이이치 자신이 서양 각국에 의한 아시아 지역 분할 실정을 보고 들은 결과, 아시아 연합이 불가능한 이상 구미와 협조하여 아시아 분할을 추진하는 것 말고는 일본의 존속이 어렵다는 쪽으로 돌아섰다. 물론 이 단계에서는 아시아에 대한 자유당원의 실천적 참여도 다원적이었고, 1884년 청불전쟁 때에는, 한편으로 이즈미 구니히코와

---

22 「東洋學館規則緒言」, 『朝野新聞』, 1884.10.2. 또, 日下部正一 등은 당초부터 중국 분할의 기회를 엿보기 위해 上海로 건너가 東洋學館에 참여했다고 지적하기도 한다(山田昭次, 「對朝鮮政策と條約改正問題」, 『岩波講座日本歷史15・近代2』, 1976).

다루이 도키치樽井藤吉 등 동양학관 관계자가 육군의 오자와 가쓰로小澤豁郎와 함께 푸저우 지방의 가로회哥老會 일파와 제휴하여 혁명을 획책한 '푸저우그룹 사건'에 관여하는 등 청국 측에서 활동하고 있었을 뿐만 아니라, 다른 한편으로는 동종론에 기초한 외교론에 대해 명백한 비판이 등장하여 "논자는 청국이 우리와 동종동문의 나라이기 때문에 정을 생각하면 애린愛隣의 마음을 떨칠 수가 없다. (…중략…) 하지만 우리나라도 원래부터 이 문명세계 속에 있었다. 그런데 도리와 이해를 버린 채 이유 불문하고 프랑스는 우리와 동종동문의 나라가 아니기 때문에 애호하지 않아도 좋다고 하는 것은 이 민족이 외국인이니까 죽이고 또 습격해야 한다는 것과 이치상 무엇이 다른가"[23]라고 하여, 외교에서는 '도리와 이해'를 동문동종의 '정'보다 우선시해야 한다고 역설했다. 일중제휴론은 그것이 일본의 군사적·경제적 이해를 목적으로 하는 한 곧바로 구미와의 협조를 통해 일본의 권익 확대를 지향하는 쪽으로 나아갔던 것이다.

이런 의미에서의 리얼리즘은 청국의 군사적 위협이 다가오고 있다고 느끼면 거꾸로 구미와의 대결과 동양의 맹주를 기치로 하여 군비확장을 요구하는 쪽으로 쉽게 전환한다. 조선경론朝鮮經論과 민권신장을 창도한 현양사가 "유색인종으로서 구미인 때문에 오랫동안 온갖 굴욕과 압박을 받아온 우리들이 그들에 대항하려고 하면 바로 군국軍國으로 갖추지 않으면 안 된다. 특히 동양의 신흥국으로 발흥하는 우리나라가 장래 동양의 맹주가 되고자 하는 희망을 가질 때 군국주의의 창도는 가장 시의적절한 것이고, 구미인은 물론 지나와 조선조차 모멸감을 가지고 우리를 대할 때에는 적어도 열혈 남성이라면 누구나 군국주의로 나가야

---

23 「曷爲レゾ其レ佛國ヲ咎ムルヤ」, 『自由新聞』, 1884.8.30.

할 것이다"[24]라면서 대륙진출의 국권론으로 전환한 것도 1886년 딩루 창丁汝昌이 군함 전위안鎭遠·딩위안定遠을 이끌고 와 시위하는 과정에서 발생한 나가사키 수병 폭력사건이 계기가 되었다. 히라오카 고타로平岡 浩太郎와 도야마 미쓰루가 주장한 동방 문제 해결도 어디까지나 중국을 견제하면서 동아시아의 안정을 도모하는 것이었다. 아무리 동양의 맹 주를 꿈꾼다 해도 중국이 약체화하면 동아시아 전체가 구미의 위협에 놓이고 일본의 존립도 위협받는다. 그러니까 일본의 아시아주의에서 바람직한 동아시아 질서란 국력에서 중국보다 뒤떨어진 일본이 조선과 하나가 되어 중국과 세력균형을 이룸으로써 구미의 진출을 막는 것이 었다. 도야마 미쓰루와 우치다 료헤이를 비롯한 현양사 사원이 다카다 한시武田範之, 스즈키 덴간鈴木天眼이 조직한 천우협天佑俠과 함께 동학당의 원조와 조선 국내에서 청국 세력의 배제를 목적으로 활동했던 것도 이 때문이었다.[25]

요컨대 1880년 야마가타 아리토모가 "청국이 진정으로 최근처럼 병 제 개혁을 추진해나간다면 곧 만국에 횡행하게 될 것이다. 어찌 그 영향 이 동양에만 미칠 것인가. 이웃나라의 병비兵備가 강한 것은 우선 기뻐 해야 하나 동시에 두렵기도 하다. (…중략…) 만약 이웃나라가 피폐 쇠 퇴하여 구주 각국의 먹잇감이 되면 순치의 이치상 우리도 압박을 받을 것이다. 서로 동방에서 대치하여 영원히 화평을 보전치 못할 것이다"[26] 라고 일찍부터 지적했던 것처럼, 일본의 입장에서 볼 때 중국이라는 이 웃나라는 너무 강대해서도 너무 위약해서도 곤란한 이중적인 존재이기

---

24 玄洋社史編纂會 編, 『玄洋社史』, 玄洋社史編纂會, 1917, p.410.

25 天佑俠과 동학당의 전봉준의 관계에 대해서는 瀧澤誠, 『評傳內田良平』(大和書房, 1976), 姜昌一, 「天佑俠と朝鮮問題」(『史學雜誌』 第97卷8號, 1988.8) 등의 연구 참조

26 山縣有朋, 「進隣邦兵備略表」, 大山梓 編, 『山縣有朋意見書』, 原書房, 1966, p.97.

도 했다. 적어도 군사적·경제적으로 경합하는 중일 양국에게 각각의 나라는 지리적 근접성이나 문화적·종교적 동질성 때문에 선천적으로 제휴할 수 있는 존재는 아니었다. 그러나 최대의 잠재적 적국이 인접해 있는 상황에서 상대방을 우호적 존재로 유지하기 위해 아시아주의적 언설이 불가결하게 된 측면도 있었다.

이러한 아시아주의적 언설의 역사적 문맥은 이른바 '지나보전론支那保全論'과도 연결된다. '지나보전론'은 다른 국가가 일본보다 강대할 경우 일본의 안정을 도모하기 위해 다른 국가에 의한 중국분할을 방해하기 위한 의도 아래 이용되었고, 거꾸로 일본이 다른 나라보다 중국 진출 가능성이 높은 경우에는 일본의 권익 증대를 정당화하는 데 이용되었다. '지나보전론'은 결코 중일 우호를 목표로 한 것이 아니었던 것이다. 그 때문에 "청국의 존망이 제국 이해에 관련된 바가 심히 큰 것을 알아야 하며, 이 때문에 열국이 청국을 잠식하는 것은 결코 제국이 참을 수 있는 바가 아니다. (…중략…) 대륙팽창이라고 하지 말라. 동인종동맹이라고 하지 말라. 중요한 것은 제국의 권리 이익을 확보하는 것에 있음을 알아야 한다"[27]라는 주장은 중국보전론과 아시아연대론, 아시아먼로주의론뿐만 아니라 1945년까지 다양하게 구상된 합방론, 연방론, 연맹론 등과도 통하는 것이었다. 그것은 일본이 경제적으로 발전하여 인구문제를 처리할 수 있는 장은 아시아밖에 없다는 위기감, 아시아에 일본의 특수 권익을 설정하지 않는 한 구미에 의해 구축되고 말 것이라는 위기감의 반영이기도 했다.

그러나 일본이 한국을 병합하고 중국에 권익을 설정하면서 아시아주

---

27 「帝國の對淸策」, 『太陽』 第4卷 第3號, 1898.2.5, pp.52~53.

의적 언설은 당연히 다른 의미를 갖게 된다. 일본의 입장에서 아시아주의적 언설은 구미의 간섭을 배제하고 어떻게 자신의 권익을 확대·강화해 갈 수 있는가라는 과제와 어떻게 아시아의 해방과 부흥의 논리로 정당화해 가는가라는 과제의 변증법적 문제가 되었고, 중국의 입장에서는 불평등조약과 권익을 일본이 솔선하여 포기하는 것이 아시아로부터 구미의 식민지 지배를 추방하기 위한 첩경이라는 요구의 문제가 되었다.

전자에 대해서 말하자면, 중일의 대립을 현재화(顯在化)하는 계기가 된 21개조 요구에 대해, "이 요구는 지나의 보전을 본원으로 하는 것이고, 이 조약이 일단 체결된 이상 세계의 어떤 국가든 더 이상 일본과 한 판 싸울 각오 없이는 지나 연안의 한 뼘 땅도 빼앗을 수 없을 것이다. 따라서 조약의 정신은 명백히 아시아 부흥의 요건이다"[28]라는 오카와 슈메이(大川周明)의 강변으로 나타난다. 한편 후자 측에서 나온 아시아주의의 주장은 오카와와 같은 굴절된 이론을 필요로 하지 않을 만큼 단순명쾌하다. "만약 일본에 진정으로 성의가 있어 중국과 친선하고자 한다면 중국을 원조하고 불평등조약을 폐기하여 주인의 지위를 회복시켜 중국인이 자유로운 신분을 쟁취하도록 해야 한다. 그렇게 해야만 중국과 일본은 친선할 수 있는 것이다."[29] 쑨원의 이 담화는 1924년 11월 28일 유명한 '대동주주의(大東洲主義)'에 대해 강연한 고베의 환영회 석상에서 나온 것인데, 이를 통해 쑨원의 대아시아주의론의 진의가 어디에 있었는가를 알 수 있을 것이다.

그러나 쑨원의 대동주주의는 단지 중국의 주권회복과 중일 친선 도

---

28 大川周明, 『大東亞秩序建設』(1943), 『大川周明全集』 第2卷, 岩崎書店, 1962, p.803.

29 「日本應助中國廢除不平等條約」, 『孫中山先生由上海過日本之言論』, 廣州民智書房, 1925, p.32.

모만을 목적으로 삼은 것은 아니었다. 물론 쑨원도 아시아 여러 나라의 독립과 연합을 구상하고 있었는데, "연방이라는 두 글자를 적절하게 사용하고자 한다면 중국과 일본이 연합하고, 혹은 중국과 안남, 버마, 인도, 페르시아, 아프가니스탄이 연합해야 한다"[30]라고 논하고, 나아가 장래의 세계 연방까지 생각하고 있었다. 그러나 쑨원의 대동주주의는 아시아라는 지역, 유색이라는 인종에 한정된 논의가 아니라 "압박을 받고 있는 민족은 오직 아시아에만 있는 것은 아니다. 구주에도 있다"[31]라는 입장에서 세계의 모든 피압박자가 압박으로부터 해방되는 것을 희구하는 것이었다. 쑨원의 대동주주의는 아시아의 현실을 토대로 하면서도 아시아라는 공간을 넘어 점점 황인종과 백인종 간의 투쟁이라는 세계관에서 벗어나, 피압박민족 연합의 공리를 무시한 강권국가와의 투쟁을 불가피한 것으로 생각하기에 이르렀다. 여기에서는 '천하위공天下爲公'의 대동세大同世라는 중국의 사상적 전통의 영향도 보이는데, 그러한 논의가 전개되는 가운데 1920년에는 일본의 대조선 정책의 변경을 요구하면서 일본이 조선의 독립을 승인하는 것이 공리라고 보고 있었다.[32] 이러한 쑨원의 대동주주의 관점에서 보면 일본이 조선독립을 승인하지 않는 이상, 강권국가 일본과의 투쟁이 피압박 민족연합의 공통 과제가될 터였다.

하지만 쑨원의 대동주주의는 그 진의를 떠나 "일본이 창도하는 대동아공영권으로 발전하는 원리를 가진"[33] 것으로 간주되었고, 히라노 요

---

30 孫文, 『三民主義』, 「民權主義」第4講, 『國父全書』第1冊(中國國民党中央委員會党史委員會, 1973), p.110.

31 孫文, 「大東洲主義」, 『孫中山先生由上海過日本之言論』, 廣州民智書房, 1925, pp.20~21.

32 孫文, 「支那人の日本觀」, 『大正日日新聞』, 1920.1.1.

33 平野義太郎, 『大アジア主義の歷史的基礎』, 河出書房, 1945, p.119 이하 참조. 또한 다음 인용은 pp.30~31.

시타로는 이를 일본의 "흥아의 대아시아주의"와 더불어 "일화日華 연합에 의한 대아시아주의의 경륜"으로 자리매김했다. 그리고 근대 일본의 아시아정책에 대해 히라노는 그의 저서 『대아시아주의의 역사적 기초』에서 다음과 같이 총괄했다.

청・한(韓)이 열강에 침략당할 때에는 그 여파가 일본에 미쳐 국가의 존립을 위협하게 된다. 그 때문이 이러한 형세를 막고자 한다면 일본이 나아가 이웃 나라를 각성시켜 급속하게 그 자주독립을 확보하고 그 고유한 문명을 진보시켜 부강을 계발하고 지도 개선하여 서력동점에 저항할 수 있는 힘을 배양시켜주든지, 아니면 그들 이웃나라에 우리 세력을 부식하여 일본 스스로 대동아의 국방선을 확대하여 동아 보전의 보강공작을 하는 수밖에 없다. (…중략…) 동양평화의 확보라는 사명에 따라 동아를 경륜함에 있어 단지 일본의 자위 및 발전 흥륭의 필요 때문이 아니라 동아연맹 각 민족의 맹주로서 동아 전 민족의 독립을 확보하고 그 행복을 증진시켜 세계 문명에 공헌하려는 것은 (…중략…) 민간지사뿐만 아니라 오히려 조야가 일치된 사상 동향이었다.

본문 410페이지나 되는, '대아시아주의'라는 이름을 내건 이 저작의 간행으로부터 2개월이 채 지나지 않아 대동아공영권은 붕괴했다. 그런 의미에서 위에 인용한 부분은 근대 일본의 아시아주의가 방황 끝에 도달한 지점을 보여줌과 동시에 그것의 마지막 노래가 되기도 했던 것이다.

그리고 이 책에 드러나듯이 근대 일본의 아시아주의를 역사적으로 자리매김하려는 시도는 만주사변 이후 『동아선각지사기전』(黑龍會編), 『대동아질서건설大東亞秩序建設』(大川周明) 등으로 끊임없이 등장했고, 하야시 시헤이, 사토 노부히로, 하시모토 사나이, 요시다 쇼인, 히라노 구니오미 등을 '대동아 선각자'로 현창하는 저작물도 넘쳐났다. 그것들은 영미와의 싸움을 새로운 양이攘夷로 간주하는 것과 궤를 같이 하면서, "오늘날의 대동아공영권 건설로 구체화된 이념은 실은 메이지유신 전에 일찍부터 당시의 선각자들에 의해 파악되고 있었다"[34]라는 것을 강조하여 대동아공영권의 역사적 필연성을 주장하기 위한 것이었다. 대동아공영권의 건설은 막말의 선각자가 구상한, 국민적 사명을 실현하기 위한 천업天業이라는 의미를 부여받았던 것이다. 구상력이 상실되었을 때 회상은 시작된다.

그러나 넘쳐나던 논설 가운데 막말의 환몽에 가까운 외교논책조차 항상 일본을 소국으로 전제했지 중국과 더불어 미국, 영국, 네덜란드 나아가 러시아(소련) 등을 모두 적으로 삼는 사태는 꿈조차 꾸지 않았다는 것을 언급하는 경우는 없었다.

아니 역사를 돌아볼 필요도 없이 명확히 죽음의 도약에 지나지 않는 것이 국민적 사명과 천업이라는 말 앞에서는 저항도 할 수 없는 역사적 필연으로 비상하고 있었는지도 모르겠다.

---

34 大川周明, 『大東亞秩序建設』, 『大川周明全集』 第2卷, 岩崎書店, 1962, p.774.

제3장
두 가지 국가체계와 아시아 간 외교

　그런데 근대 일본의 아시아 외교와 투기로서의 아시아주의라는 과제를 검토할 때 우선 확인해두어야 하는 것은 1945년까지 일본이 어떤 외교 공간에서 활동했는가라는 문제이다.

　우선 주관 관청이었던 외무성과 대동아성 부국의 관할구역을 보면 [표 16]과 같다.

　그러나 이러한 외교 관할 구역을 보는 것만으로는 실제로 해당 지역에서 어떤 외교사무가 행해졌는지를 알 수 없다. 그것을 보기 위해서는 아시아에서 재외 대사관 또는 공사관이 어떻게 개설되었는지가 하나의 지표가 될 수 있을 것이다. 이것을 연도순으로 나열하면 조선(1868. 공사 임명은 1880), 청국(1873), 샴(타이, 1897), 터키(1921), 페르시아(이란, 1926년 출장소 개설), 만주국(1932), 아프가니스탄(1934), 이라크(1939), 프랑스령 인도차이나(1941년 대사관 개설), 오스트레일리아(1941), 버마(1943), 필

〔표 16〕외무성과 대동아성 부국의 관할구역

명 칭	설 치	주관사무(설치시)	폐지 후의 이관
정무국	1891.8	외교정략에 관한 사무	1920.10 아시아국·구미국으로
아시아국	1920.10	지나·홍콩·마카오·샴(타이)에 관한 외교사무	1934.6 동아국으로
구미국	〃	아시아국의 소관사무 이외의 외교사무	1934.6 구아국·미국국으로
동아국	1934.6	만주국·지나·홍콩·마카오·샴에 관한 외교사무	1942.11 대동아성으로
구아국	〃	동아국·미국국의 소관 사무 이외의 외교사무	1942.11 정무국으로
미국국	〃	미국·캐나다 및 그 속지에 관한 외교사무	1942.11 정무국으로
남양국	1940.11	타이·필리핀·인도차이나·미얀마·말레이지아·북보르네오·동인도 제도·호주 뉴질랜드 그 외 대양주 제도, 남국의 외교사무	1942.11 대동아성으로
대동아성			1945.8 폐지
만주사무국		관동국·만주국에 관한 외정	〃
지나사무국	1942.11	지나에 관한 외정	〃
남방사무국		남양주·타이·인도차이나에 관한 외정	〃

리핀(1943)인데, 이러한 개설지 및 개설연도에서는 일본 외교의 공간적 확장을 명료하게 볼 수 있다. 그런데 그와 더불어 1941년 일본이 대동아 전쟁이라 부르며 동남아시아로 군대를 보내기까지는 아시아의 광대한 지역과 얼마나 외교관계가 없었는지가 거꾸로 부각될 것이다. 아니 외교관계가 없었다는 것은 부정확하다. 그 광대한 공백지역은 구미의 식민지 내지 보호국으로서 외교주권을 박탈당한 상태였고, 그 구역에 관한 외교 절충은 식민지 본국 정부와 할 수밖에 없었기 때문에 재외 대사관이나 공사관을 둘 필요도 없었고 둘 수도 없었던 것이 실정이었다. 결

국 아시아 외교라고 해도 상당히 광범위한 지역에서 일본이 외교 교섭을 할 상대가 되는 주체actor는 아시아인이 아니었던 것이다.

그렇긴 하지만 일본인이 아시아 각지에서 활동하는 이상 해당 지역의 본국인 보호와 통상정보 수집을 위해 현지에 영사관이 설치되었다. 중국, 조선 이외 지역에 영사관이 개설된 곳과 개설 연도를 보면 홍콩의 1873년이 가장 빠르고, 이어서 싱가포르에 1879년 화교 후쉬안쩌胡旋澤를 영사사무로 위임하는 형태로 개설되었으나 다음해 그가 사망함에 따라 폐쇄되었고, 1889년 일본인 영사를 둔 영사관이 정식으로 개설되었는데 인도네시아도 그 관할 아래 놓였다. 영국 식민지내에서는 봄베이(1894), 켈커타(1907), 랑군(1921), 콜롬보(1922), 산다칸(1938), 카라치(1940), 시드니(1897), 웰링턴(1938), 멜버른(1941)에 순차적으로 영사관이 개설되었다. 또한 타이에는 방콕(1897), 송클라와 치앙마이(1941), 바탄반(1943)에 영사관이 개설되었다. 필리핀은 1888년에 마닐라에 영사관이 개설되었고 1920년 다바오에 영사관이 개설되면서 마닐라는 총영사관으로 승격되었다. 네덜란드령 인도차이나와 포르투갈령에서는 1909년 바타비아(자카르타)에 영사관 개설, 1920년 총영사관으로 승격, 그와 더불어 수라바야에 영사관이 개설되었고, 이후 메당(1928), 메나도(1937), 마카사르(우중판당, 1941)에 영사관이 개설되었으며, 1941년에 티모르의 디리에 총영사관이 개설되었다. 프랑스령에서는 1920년 하이퐁, 1921년에 사이공, 1926년에 하노이에 영사관이 개설되었다. 이를 통해 아시아 각지에서 일본인이 직접적으로 교류한 동향을 알 수 있을 뿐만 아니라, 일본인의 직접 견문에 기초한 아시아 인식이 동남아시아, 나아가 남아시아 및 오세아니아로 진행되어 나간 것이 1890년 이후였다는 사실도 추측할 수 있다. 그러나 어쨌건 이들 영사관은 타이를 제외하면 모두 영국, 프랑스, 미국, 스페인, 네덜란드 등의 영토에 설치된 것이었음은 말할 것도 없다.

나아가 일본 외교가 아시아 권내에서 발생한 국제정세에 어떻게 대응하였으며, 활동에 필요한 대상을 어떻게 확대해갔는가를 보여주는 지표가 될 수 있다고 생각되는 것으로 「외무성 유학생 규정」을 들 수 있을 것이다. 1894년에 제정된 「외무성 유학생 규정」 제1조는 "외무성 유학생은 지나어, 조선어, 러시아어 또는 스페인어 습득을 위해 유학시키는 자로 한다"라고 규정하고 있었는데,[1] 1899년에 샴어, 1902년에 네덜란드어, 1910년에 터키어, 포르투갈어가 각각 추가되었다. 그리고 1912년에는 조선어가 삭제되고 말레이시아어, 인도어, 이탈리아어가 더해졌으며, 1916년에 페르시아어가 추가되었다. 이들 가운데 스페인어, 네덜란드어, 포르투갈어가 각각의 아시아 식민지에 대한 대응을 포함한 것이라고 생각할 수 있다면 이러한 파견유학생의 어학 지도에는 일본 외교가 아시아에서 공간적으로 확대되어간 모습이 반영되어 있을 터이다.

이처럼 개괄적으로 보면 전전의 일본이 놓여 있던 아시아의 외교 공간은 중국·조선이라는, 전근대부터 어떤 형태든 통신·통상 교섭을 가져온 지역(여기에는 직접적인 외교 교섭이 가능했다)과, 샴(타이)을 제외하면 구미의 식민지였던 지역(여기서는 식민지 본국과 외교적 교섭을 할 수밖에 없었다)이라는 두 가지 권역이 존재했던 것을 확인할 수 있다. 게다가 일본이 이 두 권역에서 외교를 하는 데에는 어디까지나 구미의 국제법을 전제로 하지 않을 수 없는 상황이 개국과 더불어 발생했다. 그리고 일본이

---

[1] 1894년 1월의 외무성 유학생 규정에 대해서는 外務省百年史編纂委員會 編, 『外務省の百年』上卷, 原書房, 1969, p.223.

이러한 착종된 외교 공간에 던져졌다는 사실이 아시아주의적 주장이 공감을 얻는 한 심리적 기반이었다고 할 수 없을까? 왜냐하면 거기에서는 자신들의 고유한 질서원리를 갖는 동아시아 지역세계와, 자기들과는 이질적인 질서원리를 갖는 '국제사회'에 이중으로 속하도록 강요받고, 게다가 그 '국제사회'라 불리는 것이 실은 구미적인 기준에 의해 구성된 의사擬似 보편이면서 아시아를 특수한 것으로서 '국제사회'의 기준에 강제 순화시키는 것에 대한 반발이 구미의 아시아 통치에 대한 공포·분노와 맞물려 아시아주의를 낳고 길렀던 것처럼 보이기 때문이다.

그리고 그것은 무엇보다도 우선 자신들이 불평등조약을 강요당했던 국가 간 교섭을 규정하는 당시의 국제법, 그리고 주권국가 체계의 보편성에 대한 회의로 나타나게 되었다. 구가 가쓰난이 "국제공법은 서구인의 가법家法에 불과할 뿐"[2]이라고 단정하고, "지금 국제법이라는 것은 구주의 여러 국가 간의 옛 사례를 모아 윤색한 것에 지나지 않는다. 이 옛 사례집의 문장으로 세계 전반을 규율하고자 하는 것은 서구인의 욕망으로서, 구주 이외의 나라가 이것을 금과옥조로 보는 것은 어리석기 짝이 없는 짓이다"라고 하여 구주의 가법에 불과한 것을 전 세계가 금과옥조처럼 숭배해야 하는 사태를 비판했던 것도 결코 부당한 견해는 아니었다. 그러나 그랬던 구가 가쓰난이 동시에 "그렇다고 해도 지금은 서구인의 시대이다. 서구인이 권력을 장악한 시대이다. 서구인 전제專制의 시대이다. 이러한 시대에 헛되이 반역하고 저항할 수 없음을 우리도 잘 안다"라고 굴욕감을 담아 말하지 않을 수 없었던 데에 비서구 세계가 구미의 국제법을 강요당한 근대의 숙업이 있었다.

---

2   陸羯南,『原政及國際論』, 1893.『陸羯南全集』第1卷, p.174.

마찬가지로 이와쿠라 도모미岩倉具視는 "만국공법과 같은 것은 필경 각
국이 합의하여 세우는 것도 아니고 만국이 모두 지키는 것도 아니다. 다
만 이것은 이런 사례이고 저것은 저런 사례라고 말하는 것만을 적은 서
적에 의지하거나 그것을 지킬 수만은 없는 노릇이다. 그 때문에 공법론
등을 주장하는 것은 그저 서양벽西洋癖을 조장하는 표본이라 할 것이다"[3]
라면서, 만국공법이 결코 "천지보통의 공도"가 아니며 그것만을 외교의
기준으로 삼는 것의 부당성과 편벽성을 경계했다. 또, 후쿠자와 유키치
가 "그가 만국공법 또는 만국 보통의 권리 운운할 때 그 만국이라는 글
자도 세계 만국이라는 뜻이 아니고 다만 예수종파의 나라들에 통용될
뿐이다. 이 종파 이외의 나라에서 일찍이 만국공법이 행해지는 것을 보
지 못했다"[4]라고 갈파하고, "백 권의 만국공법은 몇 문의 대포보다 못하
고 몇 권의 화친조약은 한 통의 탄약보다 못하다"[5]라고 냉정하게 평가한
것도 잘 알려져 있다. 그뿐 아니라 보호국조약과 통상조약에 의해 실질
적인 식민지화가 진행되고 있었던 상황에 비춰보면, 기도 다카요시木戸孝
允가 말했던 것처럼, "병력이 마련되어 있지 않을 때는 만국공법도 믿을
수 없으며, 공법을 내걸고 약한 자에게 이익을 도모하는 자가 적지 않다.
그 때문에 우리는 만국공법은 약한 자를 수탈하는 한 도구라고 부른다"[6]
라는 관찰이야말로 본질을 꿰뚫고 있다고 말할 수 있을지도 모른다.

그러나 그 반면에 이와쿠라가 "좋구나, 공법에 말하기를 나라는 대소
강약의 차별이 있다고 해도 모두 대등하다"[7]라며 칭양했고, 후쿠자와가

---

3 岩倉具視, 「會計外交等ノ條條意見」(1869.2), 大塚武松 編, 『岩倉具視關係文書』第1, pp.325~326.

4 福澤諭吉, 『時事小言』(1881), 『福澤諭吉全集』第5卷, p.184.

5 福澤諭吉, 『通俗國權論』(1878), 『福澤諭吉全集』第4卷, p.637.

6 「1868年 11月 8日 日記」, 日本史籍協會 編, 『木戸孝允日記』第1, p.138.

7 岩倉具視, 「外交ニ關スル上書」(1874.4), 大塚武松 編, 앞의 책, p.394.

"외국의 교제는 상호 권리를 주장함에 있어 정을 가지고 서로 접근하지 않는다. 왜냐하면 나라와 나라의 관계는 동등 상대한 것이기 때문이다"[8]라고 특필했던 것처럼, 당시 만국공법이 주권국가 사이의 평등을 이념으로 내걸었던 것은, 아직 소국으로서 구미 제국과 청조 같은 강국에 대치해야 했던 일본의 입장에서 볼 때 의지할 만한 규범이었던 것도 부정할 수 없다.

그러나 그런 이념적 평등은 어디까지나 주권국가로 승인되어야 비로소 의의를 갖는 것이다. 그 때문에 1868년 1월 막부가 체결한 불평등조약을 '실착失錯'이라 인정하면서도 '세계의 공법'에 따라 그것을 승계해야 했던 메이지 국가에 있어 주권국가로서의 승인이 달성해야 할 제일의 국가목표가 되었다.

그리고 주권국가로서 승인받기 위해 불가결하다고 여겨진 것은 정치·법제에서 풍속에 이르는 전반적 서구화였다. 조약 개정을 목적으로 한 이와쿠라 사절단의 사명에 관해 "천황폐하는 우리 동양 여러 나라에서 이루어지는 정치풍속으로써 우리나라의 선미善美를 다하기에는 부족함이 있다고 말씀하셨다"[9]라고 이토 히로부미가 말했던 것처럼, 동양의 정치풍속을 방기하고 빨리 구미와 "동등한 수준으로 진보하는" 것이 긴요한 과제로 생각되었던 것이다. 이러한 요청도 또한 반서구화 감정으로서의 국수보존주의를 불러일으켰고, 나아가 아시아의 풍토 속에서 생겨나 "서력동점과 구라파 여러 나라의 식민정책에 길항하려는 넘쳐흐르는 용기, 부흥은 빼앗길 수 없는 것"[10]으로서 '아시아 지의旨義'라

---

8 福澤諭吉, 『時事小言』(1881), 『福澤諭吉全集』 第5卷, p.167.
9 伊藤博文, 「天皇陛下ノ期望預圖ノ眼目」(1872.1), 春畝公追頌會 編, 『伊藤博文傳』 上卷, p.638.
10 「亞細亞旨義とは何んぞ」, 『亞細亞』 第32號, 1892.2.1, pp.2~3. 여기에서는 아시아 旨義를 미국이 '팬 아메리카니즘' 여러 나라의 맹주이듯 일본이 아시아 여러 나라의 선각자로서 後覺을 개도할 임

는 정치신조를 낳게 되었다. 다만 이에 관해서는 자신도 조약 개정에 참가했고, 복색제服色制의 변경으로 시작되는 생활 전반의 변혁을 천황에게 솔선수범할 것을 상주했던 오쿠마 시게노부大隈重信가 "우리나라의 모든 개량은 국민의 필요보다도 오히려 국제상의 필요에서 생긴 것으로서 이것을 나쁘게 말하여 외국숭배주의라고 하지만 실은 정반대이다. (…중략…) 우리나라의 독립을 훼손하고 있는 불평등조약을 개정하기 위해서는 어떠한 곤란, 어떠한 희생도 감히 피하지 않겠다는 결심은 유신 이후 일반이 진보하는 원동력이다"[11]라고 말했던 것처럼, 확실히 불평등조약 개정을 위한 국내 개혁은 국제적으로 강요된 것이면서 동시에 자국의 독립을 위해 자신이 선택한 것이고, 국수보존주의나 아시아주의라는 반발을 환기했음에도 불구하고 제도 일반의 혁신과 국력증강을 촉진한 동인이 되었던 것이다.

그러나 메이지 일본에 있어 조약 개정의 실현 이전에 더욱 절실하고 곤란한 과제였던 것은 서양적인 주권국가로서 자기를 확립해가기 위해 그 지역세계를 규율해온 국가 간 질서와의 조정을 도모하지 않으면 안 된다는 사실이었다. 왜냐하면 주권국가로서 확립되는 첫 번째 요건은 국경을 확정하고, 영역국가로서 배타적 지배를 인접국가에 인정하게 하는 것이었기 때문이다. 이 과제의 처리에서 지시마千島・사할린이나 오가사와라小笠原에 관해서는 구미의 국제법에 의한 해결이 가능했다.

무를 가진다는 맹주론으로 제기되었다.

11 大隈重信, 『開國大勢史』, 早稻田大學出版部, 1913, p.122. 大隈重信는 또한 "조약 개정이란 결코 국제법의 논의가 아니고 또한 권리・법률의 문제도 아니며 오로지 실력의 문제이다. 동양과 서양은 근본적으로 법률・풍속・습관을 달리하기 때문에 둘 사이의 균형은 무엇보다 이론이 제어할 바가 아니다. 따라서 우리가 그들의 압박을 배제할 수 있는 수단은 실력 외에 아무것도 없다"(p.1221)고 하여 동양과 서양이 근본적으로 다른 이상, 조약 개정을 달성하기 위한 문명화라는 국가 과제도 기본적으로는 국력의 均整에 있다고 보았다.

이에 반해 조선과 류큐에 관해서는 그 이전부터 존재했던 또 다른 국제 체계 원리가 있었고 그에 따른 다른 대응이 요구되었다. 소위 화이질서 관에 기초한 책봉체제=종번관계의 존재가 그것인데, 그 존재 자체가 이웃 국가 간의 제휴보다도 대립을 낳는 요인이 되었다[12].

책봉체제란 중국의 황제로부터 국왕으로 봉해진 군주가 황제에게 신속臣屬하여 정삭正朔=曆制을 바치고 조공을 하는 등의 의무를 지는 것인데, 본질적으로는 황제와 국왕 사이의 개인적인 군신관계가 성립했다. 그러나 이 관계는 그대로 국가 간 관계로도 간주되어 종주국과 번속국으로서 종번·종속 관계를 형성하게 된다.

잘 알려진 바와 같이 에도시대 일본은 조선·류큐와는 통신, 청조·네덜란드와는 통상의 관계를 맺고 있었음에도 불구하고 청조와는 종번 관계가 아니었는데, 다른 한편 청조와 조선·류큐는 종번관계에 있었다. 이에 비해 일본과 조선은 실제로는 각기 자신이 우월한 지위에 있다고 의식하면서도 항례抗禮 내지 적례敵禮라 불리는 형식에 기초한 대등한 교린관계에 있었다. 이 때문에 "번신과 외교할 뜻이 없다"라는 종번관계의 외교원리에 비춰보면 일본이 조선과 국교관계를 맺기 위해서는 청조의 존재를 무시할 수는 없게 된다.

물론 청조와 종번관계에 있지 않은 일본으로서는 소위 베스트팔렌

---

12 17세기 이후 동아시아 세계의 국제체계·외교관계에 대해서는 최근 새로운 관점을 가진 연구가 많이 이루어졌고 논점도 여러 갈래로 나뉘고 있다. 그것을 모두 거론할 수는 없으나 荒野泰典, 『近世日本の東アジア』(東京大學出版會, 1988), 加藤榮一他 編, 『幕藩制國歌と異域·異國』(校倉書房, 1989), ロナルド·トビ, 速水融他 譯, 『近世日本の國家形成と外交』(創文社, 1990), 濱下武志, 「東アジア國際體系」(講座 『國際政治』第1卷, 東京大學出版會, 1989), 同 『近代中國の國際的契機』(東京大學出版會, 1990), 藤村道生, 『日淸戰爭前後のアジア政策』(岩波書店, 1995), 茂木敏夫, 『變容する近代東アジアの國際秩序』(山川出版社, 1997), 安岡昭南 『明治前期大陸政策史の研究』(法政大學出版會, 1998) 및 총서로서 荒野泰典他 編, 『アジアのなかの日本史』(東京大學出版會, 全6卷, 1992~1993), 溝口雄三他 編, 『アジアから考える』(東京大學出版會, 全7卷, 1993~1994) 등이 시사하는 바가 아주 많다.

국제체제라 일컫는 주권국가 원리에만 의거하여 국제관계를 정리하는 방책도 고려되었지만, 청조와의 교섭을 성립시키기 위해 조선과 류큐에 대해서는 종번관계 원리와 주권국가 원리라는 이원적 적용을 할 수밖에 없었는데, 여기에도 일본의 동아시아 외교가 이중 기준에 의거하지 않을 수 없는 배경이 있었다. 그 점은 사쓰마번의 부용국附庸國이면서 청조의 종주권 아래에 있었고, 게다가 미국, 네덜란드, 프랑스와 독자적으로 수호조약 및 화친조약을 맺고 있던 류큐의 처우와도 깊이 관련되어 있었다.

그리고 청일전쟁에 이르기까지 일본의 동아시아 외교의 주안점은 동아시아 세계에서 전통적으로 유지되어 온 종번관계에 기초한 국제 질서를 해체하고 중국을 대신해 일본이 헤게모니를 장악하는 데 있었다.

그러나 일본의 국력이 약한 단계에서는 청조에 정면으로 대항하는 것은 불가능했을 뿐만 아니라 동아시아 세계의 혼란을 기회로 구미의 개입을 불러오는 것이라 하여 신중한 대응을 필요로 했던 것이다. 1875년 이와쿠라 도모미는 "청국은 아시아의 승지勝地에 있다. 국토·인구가 열국 중에 탁월하고 게다가 순치의 오랜 나라이다. 위축되고 부진하다 해도 그 강약성쇠는 우리나라와 관계된다. (…중략…) 그 국세와 기회를 보아, 경략을 펴는 것은 다른 시기에 도모해야 한다"[13]라고 하여, 당장은 청조를 서력동점에 대한 방호로 삼으면서 장래 때가 오면 정복할 것을 기하고 있는데 그것은 구미와 청조 사이에서 일본의 입장을 정시하려는 지향을 보여준 것이었다.

그러한 가운데 일본이 청조와 주권국가 원리에 기초하여 대등한 일

---

13 岩倉具視, 「外交ニ關スル上書」, 大塚武松 編, 앞의 책, p.392.

청수호조규를 체결할 수 있었던 것은,[14] 일본이 조공국이 아닌 이상 조약체결을 간청하는 것은 불합리하지 않다고 생각했던 쩡궈펀·리훙장 등이 "일본을 잘 이용하면 우리에게 쓸모가 있고 이것을 거절하면 바로 우리의 적이 된다"[15]라고 하여, 일본과의 조약체결을 거절하면 일본을 영국·프랑스 등과 "오랫동안 동맹을 맺게 하는" 결과를 낳을 수 있음을 경계했기 때문이다. 거기에는 구화정책을 진행하는 이웃 나라 일본이 후환이 되는 것을 방지하기 위해 국교를 열고 외교관을 파견하여 정정政情을 시찰하고 나아가 활용 공작을 펼친다는 기도도 숨겨져 있었다. 또 일본이 구미와 관계를 맺고 조선 지배에 나서는 것을 막기 위해 일본과 구미 사이를 단절시켜 조선의 영토 보전을 일본과 밀약해 두는 것도 고려했기 때문이다.

한편 일본이, 뒤얽혀 있던 조일 국교문제의 해결에 나서고 일청수호조규의 체결을 서두른 것은 일청 간에 대등한 주권국가 원리에 기초한 조약을 맺으면 종번관계를 거꾸로 이용해 일본이 우위에 서서 조일 관계를 이끌 수 있다고 판단했기 때문이었다. 결국 "조선은 지나에 복종하고 그 정삭절도定朔節度만은 받아들일 것입니다. 그러면 우선 지나에 사절을 보내 통신조약 등의 수순을 서로 조정하고, 돌아오는 길에 조선 왕궁에 들러 황국 지나와 비견하여 동등한 위치에 있는 이상 조선에 대해서는 물론 한 등급 아래 예전禮典을 사용하여 그쪽에서 이의를 제기하기를 기다려야 할 것입니다"[16]라고 하여 일청 간의 조약을 먼저 논의하는 것이 가진 효과를 기대하고 있었다.

---

14 일청수호조규에 관해서는 田保橋潔, 「日支新關係の硏究」, 『史學雜誌』 第44編 2·3號, 1933 및 藤村道生, 앞의 책 제3장이 상세하다.
15 李鴻章, 「道義日本通商事宜片」(1871), 近代中國史料叢刊·續輯, 『李文忠全集』 奏稿, 第17卷, pp.53~54.
16 外務省 編, 『日本外交文書』 第3卷, p.145.

그리고 이후 이 시나리오에 따라 메이지 정부는 불평등조약인 조일수호조규의 체결을 강제했다. 이에 따라 일본은 리훙장의 조선 영토 보전의 의도와는 반대로 조규상 조선을 '자주국'으로 명기하였고, 그에 의해 중조 간의 종번관계를 부정할 수 있는 계기를 얻었던 것이다. 일본이 일청수호조규를 맺은 진짜 목적이 어디에 있었는지는 그 비준을 위한 특명전권대사의 임명을 간청하는 상서에서 외무경 소에지마 다네오미副島種臣가 "외국인 가운데 타이완을 넘보는 자로 하여금 감히 우리 왕사王事를 방해치 못하게 하며, 청인으로 하여금 생번生蕃의 땅을 양도케 하고 그 토지를 열어 민심을 얻는 것은 신이 아니면 아마 이루지 못할 것입니다. 청컨대 직접 청나라에 가서 환약換約을 하고, 북경에 들어가 각국 공사를 설득하고 그 유혹을 거절하며, 청 정부와 황제를 배알할 것을 논하고, 야만인들을 정벌함으로써 그 경계를 바로 하고 반도를 개척하고자 한다고 고하겠습니다"[17]라고 하여, 타이완·조선 반도의 영속領屬 문제를 한꺼번에 해결하는 것을 목표로 삼았던 것을 보아도 명확하다.

이러한 경위를 보는 한, 리훙장 등이 제기한 일청조약체결론에 반대한 안후이 순무 잉한英瀚 등의 우려는 틀리지는 않았다고 할 수 있을 것이다. 종래 아무리 일본이 신하국이 아니었다고 하나 일본과의 사이에 구미적인 주권국가 대등의 원리를 적용하는 것은 아시아 권내 국가에 대해 종번체제를 유지한다는 원칙을 무너뜨리는 것이 되고 말아 결과

---

17 鄭永寧 編, 「副島大使適淸槪略」(1873), 『明治文化全集第12卷·外交篇』, 日本評論新社, 1927, p.65. 이때 副島는 龍驤艦과 筑波艦에 6백여 명의 승무원을 상륙시켜 위풍을 보이고 자신이 공사로서 러시아·미국·영국·프랑스·네덜란드 등의 열국 공사보다 상위에 있다고 하여 三揖의 예로써 황제를 배알하는 등 국제법과 조공 시스템, 武威와 權威의 이중성을 구사하여 일본의 국위 발양을 꾀하고 있다. 다만 타이완·조선 문제에 대해서는 언질은 받았으나 공문 형태로는 만들지 못했기 때문에 해결에 이르지는 못했다.

적으로 청조의 종주권의 약체화를 불러왔기 때문이다.

그러나 조선에 대한 일본과 청나라 양국의 의도를 넘어서 "양국은 서로 우호를 나누고 서로 정중하게 대한다. 만약 다른 나라로부터 불공평하게 경시되는 일이 있으면 그 뜻을 알리고 서로 도우며 혹은 안으로 들어가 잘 다루어 우의를 돈독히 한다"[18]라는 제2조를 포함하는 이 조규에 대해서는 공수동맹으로 구미에 대항할 의도를 가진 것이라는 반발을 불러왔다. 이에 대해 일본 정부는 그것은 사실무근이며 여태까지 구주 제국과 맺은 조약과 마찬가지라는 성명을 내어 열국 공사에게 석명하지 않을 수 없었고 리훙장에게도 제2조는 "자주 입국의 주권에 장애가 된다"라고 하여 개정을 요구했으나 거부당했다.[19] 이 조항이 막말의 가쓰 가이슈나 히라노 구니오미의 구상을 계보적으로 이어받았다고 보는 해석이 있다.[20] 확실히 순치의 이웃 나라 중국과 동심협력하여 구미의 압박에 대항할 것을 발의한 것은 대청사절단 단장 야나기와라 사키미쓰柳原前光였지만, 그것은 '대신불약大信不約' 그러니까 서로 신뢰하면 조약을 맺을 필요가 없다는 청조 측의 거절 회답을 타개하기 위한 것이었다. 게다가 이 상호원조 규정은 리훙장 등이, 자칫하면 구미에 동조하여 그 첨병이 될 수 있는 일본을 '서인의 외부外府'로 만들지 않고 '청조의 외원外援'에 머물도록 하기 위해 설정된 것이었다. 그런 의미에서는 대일 불신의 소산이라고 해야 할 규정일 것이다.[21] 그리고 다른 한편 구미여러 나라는 이 조약으로 일본이 군사력을 증강할 뿐만 아니라 청조의

---

18 『日本外交文書』第4卷 第1冊, pp.204~205.

19 『日本外交文書』第4卷 第1冊, pp.171~172, pp.237~238・254~258 참조.

20 岡義武,『近代日本政治史1』, 創文社, 1967, pp.128~129.

21 藤村道生, 앞의 책, p.37에서는 "객관적으로 보아도 반식민지 내셔널리즘을 도출할 가능성을 내장하고 있었다"고 평가하고 있다.

국력을 배경으로 일본도 서구문명에 반대할 방침을 채택한 것이 아닌 가 걱정하여 국무장관 피쉬Hamilton Fish는 주일공사 드 롱Charles E. De Long에 게 "될 수 있는 한 일본을 중국의 배외정책으로부터 멀어지도록 하고 열국과의 자유통상 및 사회적 교제의 진보적 정책을 취"[22]하도록 유도 해야 한다고 훈령을 내렸는데, 구미 여러 나라들은 일본이 청조로부터 거리를 두고 구미의 문명화 정책에 동조하여 리훙장이 경계했던 것처 럼 '서인의 외부'가 될 것을 바랐던 것이다.

다만 일본을 '서인의 외부'로 만들지 않겠다는 리훙장의 기대에 대해 말하자면, 1884년 청불전쟁 직전 일본 정부는 프랑스 대사가 제의한 일불동맹 체결을 거절하고 영국 등과 함께 무장 중립 공동행동을 취해 리훙장의 기대를 저버리지 않았다. 물론 메이지 정부로서는 이 일불동 맹을 계기로 일본이 일관되게 추구하고 있던 중조 간의 종번관계를 부 정할 절호의 기회로 이용하는 것도 가능했다. 프랑스 또한 중국과 베트 남 사이의 종번관계를 부정하는 데 있어서는 일본과 공통의 이해를 가 지고 있는 것을 알고 있었고 그래서 조약 개정의 가능성을 흘리면서 동 맹을 타진했던 것이다. 외무경 이노우에 가오루井上馨는 이 점에 대해 "통킹사건은 일불 양국이 연합하여 청 정부의 속방설을 배척하려는 정 략에 다름 아니다"[23]라고 프랑스의 저의가 가진 핵심을 인식하고 있었 다. 게다가 류큐 문제나 임오군란에서 보여준 일본에 대한 청조의 혐오 와 원망이 날이 갈수록 높아지고 있는 때 "태서의 한 나라와 공연히 연 합을 하는 거동을 하면 청국의 분노는 더욱 왕성해져 장작에 불을 던지 는 것과 같다"[24]라는 이유로 일불동맹을 거절했던 것이다.

---

22 U. S. Foreign Relations, 1873, p.567. Japan Instruction, Vol.1, Aug. 24, 1871.
23 『日本外交文書』第16卷, p.45.

확실히 이노우에 가오루 자신이 명확히 의식하고 있었던 것처럼 류큐와 조선의 종번관계를 둘러싸고 일본은 "청조에 대한 원조"는커녕 내부로부터 붕괴시킬 방침을 채택하고 있었고, 이와 함께 청조와의 대립은 심화되어 갔다. 이에 대해서는 물론 정부 내에도 신중 의견이 있었고 1882년 임오군란이 수습된 단계에서 이와쿠라 도모미는 이노우에 가오루에 대해 "오늘날 아시아 전체에서 겨우 독립의 권리를 온전히 가지는 것은 오직 우리나라와 청국이 있을 뿐이다. 바로 순치상의이다. 그래서 독립의 제방을 단단히 하는 데 그 존재가 없으면 서구가 도래하는 난을 영원히 막기 어렵다. 그런데 구구한 조선을 위해 일청이 싸울 구실을 만드는 것은 우리에게 조금도 이익 되는 바가 없고 오히려 구주의 교활한 상인으로 하여금 선함 무기를 파는 기회를 줄 뿐"[25]이라고 경계하고, 조선이 속방인지 독립국인지는 청조와 직접 담판할 것이 아니라 각국 정부와 협조하여 결정해야 한다는 방침을 권했다.

그러나 1882년 '적으로 하여금 적을 제압케 한다'라는 정책에 따라 일본의 일방적 조선 진출을 견제하려 한 리훙장의 주재하에 조미조약이 체결되었을 때 조선국왕으로 하여금 중국의 속방이라고 성명하게 했고, 이후 조선이 맺은 영국, 독일 등과의 조약에서도 속방 성명이 이어졌기 때문에 각국 정부와의 협의에 의한 독립화라는 정책의 실현가능성은 낮았다. 게다가 임오군란 이후 청조는 주둔군의 무력을 배경으로 1882년 중조상민수륙무역장정을 성립시켜 북양대신과 조선국왕을 대등한 항례抗禮 관계에 두는 등의 조치를 취하여 종번관계의 강화를 도모했다. 나아가 1885년에는 위안스카이가 주차조선총리교섭통상사의

24 『日本外交文書』第16卷, pp.45~46.
25 『岩倉公實記』下卷, 岩倉公舊蹟保存會, 1906, p.907.

駐箚朝鮮總理交涉通商事宜 자격으로 한성에 착임하여 내정·외교 전반에 걸쳐 국왕과 정부를 지도하게 되는 등 청의 종주권 강화정책이 진전되었다. 이에 대해 1884년 김옥균과 박영효 등이 '조공허례朝貢虛禮, 의행폐지議行廢止' 등 종번관계를 부정하는 정강을 내걸고 일본의 공사관 수비병과 함께 쿠데타를 기도했지만 실패하였고, 갑신정변 이후 톈진조약이 체결되었지만 여전히 종번관계는 유지되었던 것이다.

결국 중조 간의 종번관계가 해소된 것은 청일전쟁에 의해서였다. 그러나 거기에 이르기까지 조선 내부에서 종번관계를 부인하고 주권국가로서 자립을 지향하는, 청조에 대한 저항이 계속되었다는 사실은 중요한 의의를 가진다. 조선도 또한 종번국가 원리와 주권국가 원리 사이에서 자기 확립의 방도를 모색하고 있었는데, 1887년부터 1891년에 걸쳐 중조 간에 발생한 공사 파견을 둘러싼 '삼단三端'[26] 위반 문제는 그 상징적 사건이었다.

이러한 조선 내부의 주권국가로의 자립 지향은 청조로부터의 조선독립을 외치는 일본과의 협조로 그대로 연결되는 것은 아니었다. 그것은 일본이 청조와 개전하기 위한 명분으로 삼기 위해 1894년 7월 조선 정부에 종번관계의 부정과 일본이 제시한 내정개혁안의 실시를 강요했던 것에 대해 "우리나라의 자주권을 보호하고 경장(개혁) 정치를 할 수 있다"[27]라고 자주적 개혁을 주장하며 일본국 철병과 개혁안 철회를 요구

---

26 '三端'이란 청국 황제의 승인을 받은 조선공사가 봉임지에서 청국공사에게 착임 보고를 하고, 의전 등에서는 그보다 席次를 낮추며, 중요 사항을 사전에 합의한다는 세 가지 조건을 말한다. 이에 의해 종번관계를 외교관 활동에서 구체적으로 드러내고자 했던 것이었는데, 구미공사 박정양이 이를 무시했기 때문에 중조 간에 논란을 불러왔다. 이에 관해서는 林明德, 『袁世凱與朝鮮』, 臺北 : 中央研究院近代史研究所, 1970, 159~172 참조. 또한 근대 조선 외교의 전개에 대해서는 槽谷憲一, 「近代的外交體制の創出―朝鮮の場合を中心に」(荒野泰典他 編, 『アジアのなかの日本史2·外交と戦争』, 東京大學出版會, 1992) 참조.

한 것을 보아도 명확하다. 그리고 '척왜'를 주장하는 농민군의 폐정개혁 요구에 응하기 위해 조선 정부에서 설치한 교정청에서도 "자주개혁을 하고자 한다면 일인의 요구를 막아야 한다"[28]라고 확인했던 것처럼, 자주적 개혁은 일본인의 개입을 막는 것과 표리일체의 것으로 파악되었다. 이 때문에 일본군은 경복궁을 점령하여 민씨정권을 무너뜨리고 종번관계의 폐기를 청조에 통고하게 했다. 이것을 이어받아 8월 1일 청국에 대한 선전조칙이 내려졌는데, 이 조칙에서는 "조선은 (일본) 제국이 처음으로 일깨워 열국과 나란히 하는 독립의 일국이 되었다. 그러나 청국은 항상 스스로 조선을 속국이라 칭하고 음으로 양으로 내정에 간섭하며 내란이 있다고 하여 속방의 난을 진압하기 위해 병을 조선에 보낸다"[29]라며 청조를 비난, 일본은 조선의 독립국으로서의 권의權義를 확립하고 '동양의 평화'를 영구히 담보하기 위해 개전한다고 선언했다.

그리고 1895년 4월 시모노세키조약 제1조는 "청국은 조선국의 완전무결한 독립자주국임을 확인한다. 이와 함께 그 독립자주를 훼손하는 청국에 대한 조선국의 공헌전례貢獻典禮 등은 장래 완전히 폐지한다"[30]라고 규정함으로써 메이지 정부가 추구해 온 중조 간의 종번관계 해체라는 과제는 달성되었다. 또, 이 강화회의에서는 청조가 해결하지 못한 류큐의 귀속문제는 제의되지 않았는데, 타이완이 이미 일본령이 된 터여서 이 문제도 자연스레 해소된 것으로 간주되었다.[31]

---

27 『日本外交文書』第27卷 第1冊, p.608.

28 金允植, 『續陰晴史』卷7, 1894.6.

29 『日本外交年表竝主要文書』上卷, p.154. 또한 1894년부터 1895년에 걸친 갑오개혁운동에 관한 한국의 연구로서 柳永益, 秋月望・廣瀨貞三 譯, 『日淸戰爭期の韓國改革運動』, 法政大學出版會, 2000이 있는데, 배울 바가 많다.

30 『日本外交年表竝主要文書』上卷, p.165.

31 류큐의 귀속문제에 대해서는 중일 간에 정식으로 해결된 것은 아닌데, 그 때문에 제2차세계대전 전

이처럼 일본은 청조를 중심으로 복수의 관계 다발로 존재했던 종주국가 체계를 주권국가 관계로 바꾼다는 프로젝트를 통해 자신을 주권국가로서 확립하고 동아시아 세계에서 헤게모니를 획득해간다. 중화문명국의 주변에 있던 '아주 작은 섬' 일본이 청조에 대항하기 위해서는 '국가들이 병행할 권리Rights of Equality'를 인정한 만국공법은 아주 유효한 무기가 되었던 것이다. 그런 만큼 일본은 자신을 국제법 체계에 따른 국가로 위치지어 구미로부터 문명국으로 인정받는 것을 강하게 의식하지 않을 수 없었다. 종래 조선과 맺고 있던 국교의 형태도 "만국공법에 의거하여 서양 각국으로부터 힐난을 받아 변명해야 할 일이 없게 해야 한다"[32]라고 하여 국제법에 기초한 관계로 개편할 필요성을 호소하고, 청국에 대한 선전조칙에도 "국제법으로 돌아갈"[33] 것을 역설한 것도 그 때문이었다. 다만 그러한 국제법의 준수도 오자키 유키오尾崎行雄가 "지나와 조선은 만국법 바깥의 나라이다. (…중략…) 구미 문명국의 비난을 받지 않는 한 변통술을 쓰면 될 것이다. 마치 말을 제어하는 법을 가지고 소를 제어할 수 없는 것과 같다. 구미 제국을 대하는 길을 가져와 지나 조선에 쓸 수 없다"[34]라고 강변했던 것처럼 어디까지나 이중기준에 따라 달리 사용했던 것에 지나지 않았다.

그리고 또 일본은 결코 종번관계를 전면적으로 거부한 것도 아니었다. 오히려 청조가 점하고 있던 종주국의 지위를 대신해 자신이 그 자리

후처리 문제의 중요과제로 중국이 반환을 요구했다. 이 점은 平野正, 「1947年の對日講和會議における中國の琉球歸屬論」(西南學院大學, 『國際文化論集』第1卷 1號, 1969.7) 참조.

32 「朝鮮國一件伺書」(1869.9), 『日本外交文書』第2卷, p.488.

33 『日本外交年表竝主要文書』上卷, p.154.

34 尾崎行雄, 「國際法は支那と朝鮮を認識せず」(1884.12), 鈴木正吾 編, 『尾崎咢堂全集』第2卷, 尾崎咢堂全集刊行會, 1962, p.113.

를 차지하기를 원했다고 볼 수도 있다. '동방의 맹주'라는, 아시아주의의 빛과 그늘을 모두 보여주는 표현은 그러한 의식의 반영이기도 했다. 게다가 그것은 단지 의식 레벨에 머무는 것도 아니었다.

1874년 9월 메이지 천황은 류큐 정부로 하여금 유신경하사維新慶賀使를 파견케 하여 류큐 국왕 쇼타이尙泰에게 "승昁하여 류큐 번주로 하고, 서敍하여 화족에 열列한다"[35]는 책봉조서를 주는 의례를 행했다. 이것은 1866년 8월 청조의 책봉사 자오신趙新 등이 도래하여 쇼타이를 류큐 국왕으로 봉한 것에 대항하여 일본의 류큐 영유를 선언하기 위한 것이었다. 그리고 종번관계의 원리에 따라 메이지 연호를 전용하도록 강제하고 또한 류큐의 외교권을 접수하여 1854년에 페리가 류큐국과 맺은 수호조약도 계승·준수하겠다는 뜻을 통고했다.[36] 나아가 1875년 마쓰다 미치유키松田道之 등이 류큐로 파견되어 소위 류큐처분이 개시되는데, 일청에 모두 속하기를 희망하는 쇼타이 왕과 이에伊江 왕자에 대해 청조로부터 책봉을 받는 것은 '사의私義·사정私情'에 지나지 않는다고 하여 이를 물리쳤다. 그와 더불어 일청에 모두 속하는 것에 대해서는 "다른 나라에 신하로서 섬기는 양속체제라는 것은 가장 국권이 서지 않는 일로서 속히 이를 바꾸지 않으면 세계 여론에 대해 답변할 조리가 서지 않는다"[37]라고 하여, 주권국가 확립의 요청과 세계 여론에 응한다는 두 가지

---

35 宮內廳 編, 『明治天皇紀』 第2, 吉川弘文館, 1969, p.756. 이러한 천황의 책봉과 더불어 메이지 정부는 1875년에 청조에 대한 조공, 경하사 파견을 금지하고 메이지 연호의 사용을 강제하였으며 福州의 류큐관을 폐지할 것을 명했다. 그러나 1876년 尙泰는 物奉行幸地親方을 福州에 파견하여 메이지 정부에 의한 조공 금지에 대한 불복종을 호소하고 청군의 파견을 요청하는 등, 舊 首里王府의 관리 등이 청국으로 도망가 류큐 왕국의 복구를 탄원하는 '脫沖渡淸行動'이 청일전쟁에 이르기까지 계속되었다. 류큐의 일본 귀속을 둘러싼 여러 문제에 관해서는 我部政男, 『明治國家と沖繩』, 三一書房, 1977; 山下重一, 『琉球·沖繩史研究序說』, お茶の水書房, 1999 등 참조

36 『日本外交文書』 第5卷, pp.393~394 및 「太政官の琉球に對する沙汰」(1872.9.28) 참조

37 松田道之, 『琉球處分』, 下村富士南 編, 『明治文化資料叢書 第4卷·外交篇』, 風間書房, 1962, p.121.

면에서 부정했다. 일청 양속을 부정하는 논리는 책봉체제 자체로부터
는 나오지 않기 때문에 그 국면에서는 주권국가 원리를 원용하지 않을
수 없었던 것이다.

그리고 1910년 8월 메이지유신 이래 일관되게 조선의 '독립부익獨立
扶翼·유지'를 기축으로 동아시아 외교를 전개해왔던 일본 정부는 주권
국가 원리에 기초한 조약 형식으로 한국을 병합했다. 청일전쟁의 결과
청조와의 종번관계를 벗어난 조선은 1896년 중국의 정삭을 섬겨온 전
통과 단절하고 국왕 고종이 황제에 즉위하면서 국호도 대한제국으로
고쳤다. 또, 1899년 9월에는 한청수호조약을 조인, 청조와 한국의 관계
는 주권국가 원리에 의해 규율되게 되었다. 그리고 한국 황제가 "한국
정부에 관한 일체의 통치권을 완전 그리고 영구히 일본국 황제폐하에
게 양여한다"[38]라는 형식으로 일본으로의 합병이 이루어진 것이다. 그
러나 한국 합병에 맞추어 나온 메이지 천황의 조서에는 "짐은 천양무궁
天壤無窮의 기초를 넓게 하고 국가 비상의 의례를 만들고자 하여 전 한국
황제를 왕으로 책冊한다"[39]라고 하는 새로운 봉책-종번관계가 명확하게
설정되었다.

조선과 류큐가 중국 역대 왕조의 주요한 조공국었다는 것은, 1818년
『가경회전嘉慶會典』에 조선이 1년 4헌獻, 류큐가 2년 1헌이라 규정되어
있고, 4년에 한번 조공사를 보낸 월남과 비교해 보면 쉽게 추측할 수 있
을 것이다.[40] 그러한 조선과 류큐의 군주를 책봉에 의해 천황의 신속臣屬

<hr/>

메이지 정부에 있어 일청 양속을 부정하는 류큐 처분의 정당성은 "독립국의 본뜻을 달성하기 위해
서는 세계의 조리, 만국법 등에 비추어 그 권리를 다해야 한다"(『日本外交文書』 제9권, p.472)고 말
하고 있는 것처럼 국제법에 따른 것이었다.

38 『日本外交年並主要文書』 上卷, p.340.

39 『朝鮮總督府官報』 第1號, 1910.8.29, p.1.

으로 삼고, 게다가 국가로서는 주권국가 원리에 기초한 국제법에 따라 완전히 그 주권하에 두었던 것이다. 일본이 중국을 중심으로 하는 책봉체제를 무너뜨리고 새로운 동아시아 지역세계의 질서를 편성함에 있어 주권국가 원리에 기초한 국제법은 매우 유효한 수단으로 기능했다고 할 수 있을 것이다.

그러한 주권국가 원리와 종번국가 원리라는 이중성을 나누어서 사용함으로써 동아시아 지역질서를 구상한 것이 다루이 도키치의 『대동합방론』[41](초고 1885년, 1893년 공간)이다. 여기서 다루이가 내보인 프로젝트는, 아주 도식적으로 말하면, 제1단계에 일본과 한국이 대등하게 합동하여 대동大東이라는 합방을 만들고, 제2단계에 대동국과 청국이 합종하며, 제3단계에 대동국과 청국의 군사력에 의해 아시아 전역에서 백색인종을 구축하고 "아시아 황인국의 일대 연방"을 실현한다는 것이었다. 이러한 구상이, 1882년 캘리포니아에서 만들어진 중국인 배척법의 가결에서 시작된 인종 간 대립에 대한 저항을 기조로 하고 있다는 것은, "백인종은 진정 우리 아시아 전체를 유린하고 우리 형제 황인종을 노예"로 만들 것이라는 위기감을 토로하며 황색인종 연방 결성으로 이에 대항할 것을 과제로 삼고 있었던 것을 보아도 명확하다.

그러나 이 저작이 다른 인종론적 아시아주의 프로젝트와 다른 것은 국제론國制論으로 구상되었고, 그것이 1893년 단계의 동아시아 국제관계 원리를 반영하고 있다는 점이었다. 그러니까 일본과 한국의 합방에 대해서는 "서로 동등한 것은 교제의 통의通義이다. 그렇기 때문에 만국공법을 주장하는 것은 토지의 대소, 인민의 다과로 계급을 나누지 않는

---

40 坂野正高, 『近代中國政治外交史』, 東京大學出版會, 1973, p.87.
41 이하 『大東合邦論』의 인용은 『覆刻大東合邦論』(長陵書林, 1975)에 따른다.

다"國號釋義라고 하여 주권국가 간 평등 원칙을 충실히 적용하고 있음에 비해, 대동국과 청국 사이에는 주권국가로서의 대등성이 인정되지 않는다고 하여 전략적인 합종밖에 규정되어 있지 않다. 게다가 대동국과 청국의 관계와, 조선 국왕과 청조 황제의 관계는 완전히 다른 차원의 문제로 간주되었고, 국왕이 개인 자격으로 신종臣從하는 것은 자유라고 하여 현존하는 책봉체제로서의 중조관계를 받아들이고 있다. 여기에서는 중조 간의 국가적 종번관계를 원래의 황제와 국왕 사이의 개인적 책봉에 의한 신종관계로 되돌림으로써 청조가 일본과 조선의 합방에 국제법상 개입할 수 없다는 논리가 구성되었던 것이다.

> 일한 양국은 자주국이다. 자주국이 협의하여 동맹을 맺음으로써 화합을 도모하는 것은 원래 공통(公通)의 조리, 정명(正明)의 대전(大典)이다. 청국의 간섭을 허용할 수 없다. 지금 헛되이 간섭을 허용하는 것은 바로 이것이 만국공법의 조리에 어긋난다. 만약 조선왕이 청조를 신하로서 섬기겠다는 생각을 가진다면 군이 이를 방해할 생각은 없고, 조선은 일본과 합한다고 해도 국왕이 청조의 신하라 자칭하는 것은 해로운 바가 없다(청국은 마땅히 동국과 합종해야 한다).

이러한 논리를 거꾸로 하면 조선 국왕과 대등하게 합방한 일본 천황은 청조 황제의 신하와 동등해지지 않을 수 없는데, 물론 국가 간 관계와 황제·국왕 간의 개인적 관계를 명확하게 구별하고 있는 다루이에게서는 그러한 해석을 찾아볼 수 없다. 다루이의 주장의 역점은 어디까지나 한국이 '자주국'이라는 데 있고, 그것은 1876년 조일수호조규 제1조의 "조선국은 자주국으로서 일본과 평등한 권리를 보유한다"라고 하는 규정을 근거로 메이지 정부가 일관되게 추구해 온, 조선을 청국과 분리시키는 정책과 동궤의 것이었다. 그러나 이미 말했던 것처럼 한국이 청국과 대등한 수호조약을 체결하는 것은 1899년 9월이고, 1893년 단계에서 중조 관계의 현실을 바탕으로 일조 합방을 실현하기 위해서는 주권국가 원리와 종번관계 원리를 병용하며 나누어서 사용한다는 논리 조작이 필요했던 것이다.

이러한 현실적 국제관계에 대한 배려가 있었기 때문에 다루이의 합방론과 아시아 황인국 연방론은 조선 일진회의 이용구와 중국 량치차오 등의 관심을 끌었던 것이다. 그러나 청일전쟁과 러일전쟁의 승리 이후 나타난 프로젝트로서의 아시아 연방론에서는 국제관계의 현실과 제도론에 대한 배려가 점점 사라져 간다. 1905년 다나카 모리헤이田中守平의 「동아연맹론」[42]에서는 일·청·한 "동아 삼국을 연방제도로 하고 우리 폐하를 연방의 수장으로 모신다"라고 하여 천황을 수장으로 할 것을 미리 설정하고 있으며, 1913년 우치다 료헤이의 『지나관支那觀』에서도 구체적인 절차와 과정은 생략한 채 만몽을 독립시켜 대륙에 우월한 지위를 점한 일본이 "아시아 각 나라를 연결하여 맹주가 되"[43]고 나아가 아시아 인종을 지도하여 백인종과 대항해야 한다고 했다.

더욱이 만몽 독립운동을 추진한 가와시마 나니와는 "우선 지나 및 몽고에 합당한 자리를 주고 나아가 아시아 각 민족을 노예의 경지에서 구출하여 각각 광휘 있는 국가를 운영하게 하며, 이를 규합 일치시켜 백색인의 부정의한 침략적 굴레에서 벗어나게 하고 우리 천황을 아시아의 대지도자로 받든다. (…중략…) 아울러 구주 여러 민족에게도 각각 합

---

42 田中守平, 「東亞聯盟論」, 『日本人(第3次)』 第403~415號 7回 連載, 1905.1~7.

43 內田良平, 『支那觀』, 黑龍會本部, 1913, pp.75~76.

당한 자리를 주고, 나아가 이를 전 세계에 미치게 한"[44]다는 구상을 밝혔는데, 그는 그것을 신의 직계인 천황이 군림하는 신국 일본이 하늘로부터 부여받은 천직으로 보았다. 이러한 언설은 나중에 등장하는 대동아공영권론과 용어법이나 발상에 있어서 거의 동일한데, 아시아주의가 제휴해야 할 상대가 처해 있는 정황은 돌아보지도 않고 외교적 현실성도 고려하지 않는 자민족중심주의로 빠져들어가는 과정이 여기에 여실하게 드러나 있다.

그러나 아무리 자민족중심주의를 채택한다 해도 외교는 자신의 생각만으로 움직이는 것이 아니다. 가와시마가 일생의 과제로 삼았던 만몽독립에서도, 만주국은 단순한 청조의 부활이 아니라 가와시마가 혐오해 마지않은 공화제라는 정체로 성립되지 않을 수 없었고, 일본인의 지도성을 위장하기 위해 민족주의를 부정하는 민족협화를 내걸지 않을수 없었다. 그러나 민족협화를 표방함으로써 일본은 항일운동의 사상적 배경이었던 윌슨의 민족자결주의나 레닌의 민족주의론 그리고 그것들과 공명하는 쑨원 및 국민당의 삼민주의에 대한 대항 이데올로기를손에 넣을 수 있었다. 또, 건국이념인 왕도낙토주의와 '민족(오족)협화'는 쑨원의 대동주의와 '오족공화'론에 상통하는 것으로 중국인에게선전되기도 했다.[45]

이리하여 만몽 영유라는 목적을 달성하지 못하고 만주국을 건국하지않을 수 없었는데, 이로써 일본인은 자민족중심주의를 추구하기 위해

44　川島浪速,「對支竝に對滿蒙の根本的經綸」(1926), 會田勉,『川島浪速翁』, 文粹閣, 1936, p.353.
45　이러한 만주국의 건국이념과 국제가 당시 중국을 포함한 세계의 법정사상 및 법제와 어떻게 연쇄하면서 대항적으로 형성되었는지에 관해서는 山室信一,『キメラ―滿洲國の肖像』增補版, 中公新書, 2004 참조.

서는 자신의 내셔널리즘을 부정하지 않을 수 없다는 모순에 빠지게 된다. 그러나 그것에 의해 일본은 대동아공영권으로 확대해갈 계기를 얻을 수 있었다고도 할 수 있다. 그러니까 첫째, 여러 민족이 혼재·협화하는 만주국이야말로 대동아 여러 민족이 협화하는 하나의 원형이자 모범이라 하여 이시와라 간지石原莞爾와 미야자키 마사요시宮崎正義 등의 동아연맹운동에 이론적 근거를 제공하였고, 중국의 왕자오밍과 무빈繆斌, 조선의 조영주曹寧柱 등을 비롯한 찬동자를 획득할 수 있었다.[46] 그리고 둘째, 일본인에게 다민족복합국에서 내면지도를 통해 통치한 경험을 갖게 하였는데, 그것은 나아가 통치권역 내에 독립국가를 가지면서도 그 사이에는 외교가 존재하지 않고 내정과 마찬가지로 처리한다는 통치양식을 창출해가는 계기가 되었던 것이다.

그러나 첫 번째에 관해서 말하면, 왕도를 지도이념으로 하여 주권국가의 평등하고 자유로운 결합에 의해 연맹을 결성하고 가맹국의 동의를 얻어 하늘이 준 왕으로서 천황을 맹주로 한다는 동아연맹운동은, 1941년 1월의 각의 결정 "조국肇國의 정신에 반해 황국의 주권을 흐리게 할 우려가 있는 연합국가이론"에 해당한다고 하여 금지되었다. 그리고 주권국가의 평등하고 자유로운 결합이 일본의 주권을 흐리게 하는 것으로 받아들여졌다는 사실은 두 번째 측면 그러니까 대동아공영권 내에서의 국가 간 관계와 깊이 관련되어 있다.

대동아공영권 내의 국가 간 관계는 일반적으로는 팔굉일우의 관념에 조응하여 가족이나 형제에 빗대 얘기되는 경우가 많았고, 일본과 다른 지역들의 관계에 대해서는 반드시 명확하지는 않았다. 다만 대부분의

---

46 동아시아 세계에서의 동아연맹 운동의 전개에 대해서는 여러 연구가 있지만, 그 문헌 리스트를 포함한 성과로서 小林英夫 編, 『帝國という幻想』, 靑木書店, 1998 참조.

논책에 공통적으로 보이는 것은 공영권 내의 독립국가는 결코 구미적인 주권국가처럼 대등·독립의 관계를 가지고 존재하는 것이 아니라 어디까지나 일본의 지도 아래 통합되는 위계구조를 가지고 있고, 그럼으로써 서양의 자유주의·평등주의에서 볼 수 있는 무질서와 혼란 같은 폐해를 방지한다는 논리였다. 예를 들면 그것은 "문화적 가치의 서열을 정치적 상하질서의 관계로 실현해야 할 '동아황화권東亞皇化圈'"[47]으로 표현되었다. 그러나 더욱 자세히 이것을 검토한 것은 1942년 9월 다카기 소키치高木惣吉 대좌의 지휘 아래 작성된 「대동아공영권론」[48]이었다. 여기에서는 지도국인 일본이 독립국인 만주국과 중화민국을 지도 매개하고, 독립보호국인 버마, 필리핀 등을 일본이 종주국으로 보호한다는 관계가 설정되었다. 그리고 공영권 내에서는 독립국 간이라도 직접적 관계를 갖지 않고 지도국의 매개를 통해 다변적 개별 관계를 갖는 것만이 허락된다고 했다. 그것은 각국 간의 직접적 관계가 일본의 매개 없이 진행되면 일본의 지도적 지위를 위험에 빠뜨릴 수 있다는 이유 때문이었다. 그러니까 독립국이어도 구미적인 주권국가가 갖는 절대주권의 원리는 부정되었다. 구미적인 개념으로서의 독립은 "여러 민족의 원심적 분열"을 초래할 뿐이고, 각각 적합한 자리를 차지하는 것을 목적으로 하는 대동아공영권 내에서는 일본의 지도에 의한 아시아적 '구심적 통합'이야말로 진정한 독립과 연결된다고 했던 것이다. 그것은 대동아성이 설치될 때 "기존 관념에 입각한 외교는 서로 대립하는 국가를 대상으로 하는 것으로서 이와 같은 사실은 대동아 지역 내에서는 성립

---

47 精神科學研究會 編著, 『支那事變解決を阻害するもの』, 精神科學研究所, 1941, p.143.

48 이하 海軍省調査課, 「大東亞共榮圈論」(1942.9.1), 『昭和社會經濟史料集成』 第17卷, 大東文化大學東洋研究所, 1992, pp.8~50.

하지 않는다. 우리나라를 지도자로 하는 외정이 있을 뿐"[49]이라고 답변한 도조 히데키 수상의 외교 관념과도 상통한다.

독립국가가 갖는 주권의 절대성과 대등성을 부인하고, 어디까지나 지도국과 여러 계층으로 배치된 국가가 개별적으로 연결되며, 그 관계의 다발로서 국제체계가 만들어진다는 것이다. 이것 또한 일본적 가족국가관을 기저에 두었다고는 하지만, 주권국가 체계의 부정에 의한, 일본을 종주국으로 하는 화이질서와 종번국가 체계의 재편으로 볼 수도 있는 것이 아닐까. 비록 그것이 직접적으로는 블록경제권과 생존권Lebensraum의 영향을 받은 구상이었음에도, 적어도 대동아공영권 권역 내의 국가에 외교가 없다는 주장은 "번신과 외교할 뜻이 없다"라고 한 종번국가 원리와 상통하는 점이 있다고 할 수 있을 것이다.

그러나 물론 아무리 구미의 국제법을 부정하고 독자적인 국가 간 체계를 아시아에 창출한다고 해도, 이미 아시아 세계가 국제법에 의해 조직된 이상, 이것을 완전히 무시할 수는 없었기 때문에 그것을 초극할 필요가 있었다. 마쓰시타 마사토시松下正壽가 대동아공영권에 특유한 국제법의 창출을 기획하여, 자유의지에 기초한 조약관계를 초월한, 생존권을 계기로 한 운명적 결합으로서의 대동아국제법 체계를 제기한 것도 그러한 프로젝트의 일환이었다.

마쓰시타는 대동아공영권 내부를 규율하는 권내법과 복수의 공영권 간의 관계를 규정하는 권제법圈際法으로 성립되는 '대동아국제법'이 장래 세계로 보급되어 갈 것을 기도했는데, 그 특징은 공영권 내의 민족이나 국가는 주권을 가지지 않는다는 것을 전제로 하고, "스스로 완전히

49　深井英五, 『樞密院重要議事覺書』, 岩波書店, 1953, p.257.

국제법상의 권리를 행사하고 의무를 이행하면서, 동시에 공영권 내의 국가 가운데 국제법상의 권리의 행사 및 의무의 이행에 관해 부분적으로 능력이 결여되어 있는 경우, 그를 대신하여 법률행사를 하는 국가[50]인 지도국에 의해 생존권을 보장받는다는 것인데, 그 지도국으로서의 지위는 조약과 관행 등을 법적 원천으로 하는 것이 아니라, 공영권의 본질에 기초하여 사실상 존재한다고 하였다. 그리고 권내법圈內法에 의해 공영권 내의 국가는 영토는 보전되지만 생존권 단체인 전체의 필요에 따라 영역의 변경이 이루어지고, 공영권을 파괴하려는 국가는 독립을 잃게 된다. 또, 그 생존을 지상과제로 하는 공영권에서는 주권의 존재에도 불구하고 지도국의 내면지도 등의 방법에 의해 자원·노동·기술 등을 공영권 전체를 위해 해방하는 원칙에 따를 것이 요구되었는데, 그러한 규정은 모두 지도국인 일본의 생존을 최우선으로 한 것이고, 그 점에서 그것은 종번국가 원리에서도 볼 수 없는 지도국 중심주의의 체계화를 지향하는 프로젝트에 지나지 않았다.

어쨌든 이런 식으로 진행된 아시아를 하나로 만들어 일본 통치 아래 두는 프로젝트의 제도화가 그때까지의 아시아주의 내지 대아시아주의 주장을 어느 정도 실체화했는지와는 상관없이, 그것이 대동아성의 설치에 반대하여 외무대신을 사임한 도고 시게노리東鄕茂德가 주장했던 것처럼 "동아의 여러 나라는 그 외의 여러 외국과는 다른 취급을 받는다는, 일본에 대한 불신과 의혹을 낳아 이들 나라의 자존심에 상처를 줄 것이고, 독립 존중의 취지에도 반하는"[51] 것이었음은 부정할 수 없을 것이다. 그것은 명백히 아시아주의 내지 대아시아주의가 처음부터 지니

---

50 松下正壽, 『大東亞國際法の諸問題』, 日本法理硏究會, 1942, pp.43~44.

51 東鄕茂德, 『時代の一面』, 原書房, 1985, p.306.

고 있었던, 아시아 여러 민족의 자립을 존중하고 그를 억압으로부터 해방한다는 신조로부터 가장 멀리 떨어진 곳에 서 있었던 것이다.

그리고 일본이 설정한 이러한 공영권 내에 있기 때문에, 독자적 외교권한을 갖지 못하고 지도국의 결정에 따라야 한다고 한 권역공동체Raumsschicksal에 강제적으로 참가하는 것은 진정한 지역적 유대를 결여한 것으로서, 일본 이외의 사람들에게는 새로운 종주권의 가중으로 드러난 것에 지나지 않았다. 그 때문에 일본의 통치와 더불어 각지의 화교에 의한 항일운동을 비롯하여 베트남에서는 베트민(베트남독립동맹)의, 필리핀에서는 공산당과 후쿠바라하프(인민항일군)의, 말레이시아에서는 말레야인민항일군의, 미얀마에서는 반파시스트 인민자유연맹의 항일 게릴라 투쟁이 전개되었다.

이처럼 식민지 통치하에 있는 사람들에게는, 비록 그것이 억압을 초래한 서구 여러 나라가 부여한 질서였다고 해도, 주권국가 체계에 기초한 국제법에 따른 독립이 일본이 내건 아시아적 질서하에 "각각 본분을 찾는" 국가 관계보다도 훨씬 나은 프로젝트였던 것이다.

제4장
아시아주의 외교론의 딜레마

    중국과 일본은 동해에서 마주하고 있고 풍교(風敎)도 서로 똑같으며 종족도 동일하기 때문에 이름은 양국이 다르나 실은 쌍생아라고도 할 수 있습니다. 순치의 관계에 있는 형제일가로서 존재한다면 함께 존재하여 장래에는 바로 합방이 될지도 모르며, 만약 망한다면 함께 망한다는 점에서는 그 장래는 흑인과도 같은 운명에 있습니다. 저 러시아의 말이 중국에서 어지러이 풀을 뜯고 유럽인이 황하(黃夏) 중국을 석권하는 날이면 겨우 구구한 섬 세 개밖에 없는 일본의 사천만 민중은 무엇으로 이를 막을 수 있겠습니까.[1]

    이것은 청말 변법파 캉유웨이가 1899년 오쿠마 시게노부에게 보낸 서간의 한 구절이다.

---

1   康有爲, 「致大隈伯書」(1899), 蔣貴麟 編, 『万木草堂遺稿外編』下冊, 成文出版社, 1978, p.585.

중일 양국이 풍속과 종교, 인종을 같이 하고 순치의 관계에 있기 때문에 러시아나 유럽의 침략 위기를 앞에 두고 공통적인 운명에 처해 있다고 하여 합방까지 포함한 제휴론이 중국에도 있었다는 것을 알 수 있을 것이다. 물론 타이완이나 류큐 문제도 있었기 때문에, 장쑤 순무였던 장수성張樹聲이나 장쑤 안찰사였던 잉바오스應寶時 외에 장즈둥이나 캉유웨이 등이 일시적으로 공일론攻日論을 주장했고, 주일공사 허루장도 대일 불신감을 뿌리 깊게 갖고 있었다는 것도 잘 알려져 있다.

그러나 청일전쟁 후 일본이 타이완을 영유했음에도 불구하고 이러한 아시아주의적 논의가 이루어졌고, 게다가 그것은 캉유웨이 한 사람의 주장에 머문 것이 아니었다. 위 편지를 쓰기 한 해 전인 1898년 3월 상하이에서는 원팅스文廷式, 정관잉鄭觀應, 정샤오쉬鄭孝胥와 상하이 총영사 오다기리 마스노스케小田切萬壽之助가 일본의 아시아협회 분회를 설립하여 "아시아주를 진흥하고 민지民智를 개통하며 지방을 개발한다. 아시아 대소 각국은 조건 없이 모두 입회를 허락한다"[2]라는 강령을 내걸었다. 그리고 주재자 가운데 한사람인 정관잉은 일본과 중국은 "똑같이 아시아에 있다. 서로 공격하면 순망치한하고 오로지 어부지리를 얻게 할 뿐이다. 중국은 성의를 갖고 그것을 널리 말하고 옛날에 사무친 일을 생각해서는 안 된다. 그것으로 일본과 더불어 흥아회의 규약을 실천하고 서양 각국에 침해받지 않을 것을 절실히 소망하고 있다"[3]라고 하여 일본과의 제휴에 의해 서양의 침해를 막을 것을 주장했다.

그러나 얼핏 보면 똑같은 목적을 가진 아시아주의적 언설로 보이는

---

2 아시아협회 분회의 조직과 강령에 대해서는 湯志鈞,『戊戌時期的學會和報刊』, 臺灣商務印書館, 1993, pp.483~489 참조.

3 鄭觀應,『盛世危言』. 인용은 王曉秋,『近代中日啓示錄』, 北京出版社, 1987, p.91에 의거한다.

캉유웨이와 아시아협회 분회에 참가한 사람들의 주장은, 외교라는 프리즘을 통해 보았을 때에는 대극적인 위치에 있었다.

우선 아시아협회 분회와 그 활동에 대해서 보면, 상하이 총영사 오다기리 마스노스케도 가입해 있었고 미쓰이양행, 미쓰비시양행 등 상사 관계자가 가입했던 것을 보아도 명확하듯이, 청일전쟁에 패배한 중국인에게 복수심을 일으키지 않고 친일감정을 길러 러시아에 대항함과 동시에 경제적으로 중국에 진출하려는 의향을 갖고 일본 측에서 공작을 한 것이었다. 오다기리가 공상업을 진흥하고 중국의 정치적 변혁에 협조하는 것을 중국 분회 설립의 목적으로 제의했던 것도 그 때문이었다. 그것은 청일전쟁 후 대러시아 작전계획을 다듬고 있던 가와카미 소로쿠川上操六 참모차장이 가미오 미쓰오미神尾光臣, 우쓰노미야 다로宇都宮太郎 등을 대일강경파인 장즈둥, 류쿤이劉坤一, 첸춘솬岑春煊에게 파견하여 유화공작을 진행한 것과도 통한다. 덧붙여 말하자면 1896년 리훙장은 일본이 조선이나 중국에 침입할 경우 군대를 파견한다는 밀약을 러시아와 맺었는데, 다음 해에는 러시아 함대가 뤼순항에 강행 입항하여 뤼순·다롄을 조차하는 등 청조도 일본과 러시아에 어떻게 대처해야 하는지 동요하고 있던 시기이기도 했기 때문에, 일본의 장즈둥 공작은 결과적으로 중요한 의의를 갖게 되었다. 그리고 장즈둥을 만난 가미오 미쓰오미는 "작년 전쟁은 귀국과 폐국 모두가 잘못한 것입니다. 오늘날 서양의 백인 세력은 날로 커지고 중국과 일본은 날로 위험한 상황이 되고 있습니다. 중국과 일본은 동종·동문·동교의 나라이기 때문에 중국과 일본이 연락하기를 깊이 바라는 바입니다"[4]라고 하여 중일 양국의

---

4   張之洞, 「1898年 1月 2日 總理衙門宛電奏」, 『張文襄公全集』 卷79, 電奏7, p.19.

인종적・문화적 일체성으로 서양 백인에 대항할 것을 호소하고, 구체적인 방책으로 일본으로 무관유학생을 파견하고 중국으로 군사교관을 초빙할 것을 요청했다. 이에 대해 장즈둥은 일본과 동맹을 맺기보다도 영국과의 제휴를 모색하는 것이 유리하다고 판단했지만, 러시아와의 알력을 우려하는 군기처의 반대 때문에 이를 단념, 중일수호와는 별개로 일단 유학생 파견과 군사교관 초빙을 선행하기로 했는데, 후난^{湖南} 순무 천바오전^{陳寶箴}에게 "왜장(일본의 군인) 가미오미가 찾아와 신법^{新法}으로 병사들을 훈련하라고 말했는데 나는 그것을 채용하기로 했다. 악^{鄂, 湖北}과 샹^{湘, 湖南}의 힘을 합해 왜의 교습을 받아 우선 군을 훈련할 생각이다"[5]라는 전보를 보냈다. 그리고 이미 보았던 것처럼 1898년 장즈둥은 『권학편』을 써서 일본으로 유학할 것을 권함으로써 중일 간의 문화교류는 예전에 없던 융성을 보이게 되었다.

이러한 일련의 공작은 그 배후에 경제와 군사에 대한 노림수가 있었음에도 아시아적 동일성을 전면에 내세워, 서양 내지 백인이 아시아로 침입해 오는 것을 공동으로 방어한다는 차원에서 쌍방의 제휴와 교류를 실현했던 것이다. 그런 의미에서는 아시아주의를 구실로 한 외교정략이었다고 말할 수 있을 것이다.

이에 대해 캉유웨이는 정치변혁의 방식으로서 메이지유신의 의의에 주목하여 『일본변정고』 등을 쓰고, 메이지유신을 모범으로 하는 무술^{戊戌}(1898) 변법유신운동을 전개했지만, 소위 말하는 백일유신은 좌절되어 량치차오와 함께 일본으로 망명했다. 캉유웨이의 일본 망명 목적은 오쿠마 시게노부 내각의 원조하에 서태후파에 대항하여 광서제파 세력

---

5   張之洞, 「1898年 2月 2日 陳寶箴宛電牘」, 『張文襄公全集』 卷254, 電牘33, p.27.

을 만회하고 나아가 변법유신의 완수를 도모하려는 것이었는데, 오쿠마 시게노부 내각이 무너지면서 캉유웨이는 뜻을 이루지 못했다. 다음 해인 1899년 캉유웨이는 미국과 캐나다를 방문하고 9월에 시모노세키로 돌아왔는데, 서태후파를 배려한 일본 정부가 상륙을 거부했고, 시나가와 야지로品川彌二郎가 힘을 써서 일단 상륙은 허가되었으나 결국은 일본을 떠나 미국으로 가지 않을 수 없게 되었다. 이 장 앞부분에 인용한 서간은 이러한 정황에서 오쿠마에게 보낸 것인데, 이 편지에서 그는 내정간섭에 해당한다는 것을 알면서도 굳이 서태후파 영록榮祿의 전횡을 누르고 광서제파의 권력 탈환에 조력해 줄 것을 일본 정부에 청원했던 것이다. 그러나 서태후파도 1899년 6월, 중일 간친懇親을 개정하기 위한 내사內使로 류쉐쉰劉學詢, 칭콴慶寬 등을 일본에 파견했는데, 실제 목적은 캉유웨이, 량치차오의 인도를 요청하는 데 있었다. 이 요구에 대해 일본 정부로서는 정치망명자를 보호하는 국제관례를 무시할 수 없었지만, 앞에서 말한 것처럼 반캉유웨이파인 장즈둥 등에 대한 친일화 공작을 진행하던 때이기도 했기 때문에 캉유웨이 등이 일본에 체재하는 것이 외교상 불리하다고 판단하여 캉유웨이의 국외퇴거 공작을 고노에 아쓰마로와 가시와바라 분타로 등 민간인을 이용해 추진했던 것이다. 이러한 정황에서 오쿠마로서도 캉유웨이의 요청을 공공연히 받아들일 수 없었고 그렇다고 해서 무정하게 거절할 수도 없는 딜레마에 빠졌다.

그러나 "오쿠마 백작이 이것을 피할 수 있어서 오히려 성망을 오늘날까지 이어왔으나 내각 와해를 가져오는 결과가 되기도 했다. 오쿠마 내각은 이미 와해되고 야마가타 내각은 조직되지 않았다. 그러나 캉유웨이를 아주 냉정하게 대한다. 그러자 그들은 점점 마음을 오쿠마 백작에게 기울인다. 그렇지만 백작은 지금은 이미 요직에 있지 않고 또 시세를 일시에 변화시킬 수도 없다. 예전에 캉유웨이를 진객으로 환대했던 우리나라 인사들도 마침내 그 인물에 싫증이 나서 그를 소외시킨다. (…중략…) 금방 좋아하다가도 금방 싫어하는 우리나라 사람들의 변덕스러운 병폐에 뿌리를 두고 있다."[6] 무술정변 후 캉유웨이의 일본 망명을 수행한 미야자키 도텐은 일본인의 대응을 이렇게 평했다.

캉유웨이에 대한 처우가 단지 일본인의 "금방 좋아하다가도 금방 싫어하는 변덕스러운 병폐" 때문만은 아니라는 정치적 배경에 대해서는 도텐 자신이 잘 알고 있었을 터이다. 그러나 미야자키 도텐의 이러한 평가는 일찍이 일본인이 김옥균에 대해 보여주었던 태도를 상기시킨다. 도텐에게 김옥균이야말로 "이후에는 다만 지나만 있을 뿐이다. 조선 같은 것은 주위의 작은 문제에 불과하고 결국 운명은 지나 문제에 있다. 지나는 동아 운명이 걸린 거멀못일 뿐만 아니라 아마 전 세계의 운명이 걸린 일대 도박장일 것이다"[7]라고 하여 중국혁명의 세계사적 중요성을 함께 확인한 동지이고, 일본을 의지하고 일본에 버림받은 망명지사로서 캉유웨이의 선례였기 때문이다. 그러한 선례가 있는 이상 캉유웨이 등에 대한 처우가 김옥균과 같은 결말을 맞게 되는 게 아닌가 하는 걱정은 도텐 혼자만이 아니라 많은 사람들이 하는 것이었다. 나이토 고난 또한 캉유웨이 망명 직후, "내각의 외무 당국자는 번거로운 것이 싫어서 오히려 그들 망명지사가 영국이나 미국으로 떠나줄 것을 바라고 있다는 말을 들었다. (…중략…) 그러나 재야인사가 캉유웨이 등을 보는 것이 십수 년 전의 김옥균과 박영효 등을 보는 것보다 더 나을 수 있을까. (…중략…) 김옥균과 박영효는 결국 우리나라 사람들에게 귀찮은 빈객

---

6 宮崎滔天, 『三十三年の夢』, 島田虔次・近衛秀樹 校注, 岩波文庫版, p.213.
7 위의 책, p.90.

이라는 느낌을 주었고, 캉유웨이 등은 바로 오늘날에 이르러 이미 두 사람과 동일한 느낌을 사람들에게 주는 것이다"[8]라고 표명하지 않을 수 없었다. 게다가 김옥균은, 일방적으로 '귀찮은 빈객'으로 방문한 캉유웨이와 달리 다케조에 신이치로竹添進一郎 공사, 시마노 히사시島野久 공사관 서기 등과 함께 시도한 갑신정변이 실패한 결과 일본으로 망명했었다. 그럼에도 불구하고 조선 정부의 인도 요청이나 오사카사건의 오이 겐타로大井憲太郎 등과의 교섭, 김옥균 암살계획과 그에 대한 김옥균의 보호청구 등과 얽혀서 일본 정부는 그 처우에 고심하였는데, "그가 일본에 체류하는 것은 일본 정부와 우의후정友誼厚情의 관계에 있는 현 조선 정부에 불쾌한 감정을 불러일으킬 뿐만 아니라 또한 우리나라 치안을 방해하고 외교상의 평화를 해칠 우려가 있다"[9]라고 하여 1886년 6월 국외퇴거 명령을 내려 문제를 처리하고자 했다.

이들 사례에만 그치지 않고 아시아주의의 정치이념 아래 일본과의 제휴를 추구하여 일본에 온 사람들을 본국 정부와의 관계에서 어떻게 처우할 것인지는 일본 정부에게도 아시아주의자에게도 항상 난제로 떠올랐다. 예컨대 러일전쟁 후 '황색인종의 장형', '황인종 신진의 국가', '동문・동종・동주의 나라'인 일본에, 프랑스로부터의 독립을 지원해 달라고 찾아온 베트남의 쿠옹데와 판보이차우 등의 활동. 이에 대해 당초 정부는 적극적 원조도 하지 않았지만 간섭도 하지 않았고, 이누카이 쓰요시와 가시와바라 분타로 그리고 동아동문회 등의 민간 레벨의 원조를 인정하는 방침을 취했다. 그러나 1907년 6월 일불협약을 맺은 후

8　內藤虎次郎(湖南),「康有爲等を如何するか」,『日本人』第80號, 1898.12.5, pp.16~17.
9　『日本外交文書』第19卷, p.573. 그러나 김옥균이 이 퇴거 명령에 저항했기 때문에 오가사와라에 송치 처분하는 것으로 바뀌었다.

프랑스 정부의 요청도 있고 해서 1909년 3월에는 판보이차우에게, 같은 해 11월에는 쿠옹데에게 국외퇴거 처분을 내렸다.[10] 쿠옹데에 대한 강제퇴거 처분에 대해 판보이차우는 고무라 주타로小村壽太郎 외무대신에게 다음과 같은 항의 서신을 보냈다.

도대체 무슨 죄로 일본에서 쫓겨나는 겁니까. 조국을 사랑하고 조국의 독립을 원하는 것이 죄가 됩니까. 이 일에 대해 나는 전 동양의 황색인종을 위해 슬퍼합니다. 대일본제국을 위해 슬퍼합니다. 그리고 대일본제국의 지도자인 각하를 위해 슬퍼합니다. (…중략…) 아시아를 사랑하고 아시아인의 권리 확립을 위해 고심하는 쿠옹데를 아시아 국가들은 모두 환영해야 함에도 불구하고 어째서 그를 내쫓을 수 있습니까. 당당한 강국 문명을 가진 나라라고 자인하는 대일본제국에서 이 무죄유공(無罪有功)의 일개 인물조차 머무는 것을 굳이 허락하지 않음으로써 백인은 더욱 오만해질 따름입니다. 이는 정말이지 슬퍼해야 할 일입니다. (…중략…) [일본이 — 인용자 주] 아시아인이라면 비겁, 멸시, 모멸, 죄의 유무를 확인하지도 않고 요구하는 대로 쫓아낸다면 그것은 아시아인인 각하가 아시아인을 비하하는 것이고, 이는 곧 각하 자신을 비하하는 것과 무엇이 다르겠습니까.[11]

러일전쟁의 승리에 통해 아시아 사람들에게 식민지로부터 해방될 수 있다는 희망을 주었고 그 희망을 현실화하기 위한 지의 연결고리 역할을 자처했던 일본은, 백인종과 연대함으로써 자기 나라의 안녕을 도모

---

10 판보이차우 등의 활동과 강제퇴거에 대한 상세한 연구는 白石昌也他, 『ベトナム民族運動と日本・アジア』, 巖南堂書店, 1993; 後藤均平, 『ベトナム救國抗爭史』, 人物往來社, 1975 등 참조.
11 外務省外交史料館藏. 번역에서는 일부 의역했다.

판보이차우가 고무라 주타로에게 보낸 서한의 말미 부분

하고 자신이 아시아인이라는 것을 비하하기조차 하여 아시아인에게서 이반되고 있다고 판보이차우는 보았던 것이다. 그런 판보이차우 등이 추진했던 동유운동東遊運動에서 선발 학생 가운데 하나로 뽑혔던 응웬싱콩이라는 소년은 "봉기의 기치에 왕후를 내세우고 일본의 원조를 주요한 의지처로 삼은 판보이차우의 정책이 어딘가 잘못됐다고 생각"[12]하고는 이 영예를 버렸다고 한다. 그 소년은 바로 나중의 호치민이고 그 직감은 틀리지 않았던 것이다. 그리고 일본에 대한 기대와 절망의 교착은 그 후에도 1915년 11월 인도 국민회의파 지도자 라이Lala Lajpat Rai가 일본에 왔을 때 환영회가 성대하게 열리는 것을 보고 반영 기운이 고양될 것을 우려한 영국대사관의 요청에 따라 일본 정부는 인도인 굽타와 비하리 보스에게 국외퇴거 명령을 내렸지만 도아먀 미쓰루, 데라오 도루, 오시가와 마사요시押川方義 등의 반대에 부딪친 사건[13] 등등으로 반복되었

---

12 Charles Fenn, 陸井三郎 譯, 『ホー・チ・ミン傳』上卷, 岩波新書, 1974, p.38.

13 大川周明, 『安樂の門』, 出雲書房, 1951, p.126 이하와 葛生能久 編, 『東亞先覺志士記傳』中卷, 黑龍會出版部, 1933, p.853・897 그리고 相馬黑光・相馬安雄, 『アジアのめざめ─インド志士ビリ・ボースと日本』, 東西文明社, 1953, p.42 등 참조.

던 것이다.

　이리하여 아시아주의 언설은 협조·유화 외교를 추진하기 위한 수단이 되기도 했지만, 아시아 연대의 호소에 호응한 운동이 국제적으로 전개되기 시작하면서 다양한 문제를 야기하지 않을 수 없었다. 즉, 일본인 아시아주의자 입장에서는 재정적 문제와 더불어 일본 정부의 조치에 반대하여 어디까지 합법적인 원조 활동을 할 것인지 결단을 내려야 하고, 일본 정부로서는 타국 정부의 요청을 거부할 수는 없다고 하더라도 그것에 맹종한다는 것은 아시아 지역 내의 친일적 감정과 국내 여론의 지지를 손상시키는 일이다. 또, 일본이 아시아 각지에 정치적으로든 경제적으로든 진출하고 있다는 점을 고려하면, 반구미파의 세력을 부식할 필요가 있었기에 억압하는 것은 득책이 아니다. 그러나 공공연히 정부가 독립운동이나 혁명운동에 원조를 하는 것도 불가능하다. 나아가 식민지 해방이나 혁명운동이 쑨원, 황싱 등의 신해혁명처럼 성공하지 않는다고 장담할 수도 없는 이상, 현재 정부의 의향을 존중하기만 하는 것이 아니라 반정부측과도 접촉을 유지해갈 필요가 있었지만, 이것도 비밀리에 추진할 수밖에 없다. 이러한 아시아주의자 측과 정부 측의 딜레마를 해소하는 하나의 방책은 정부가 재야의 아시아주의자나 그 단체에 외무성 기밀비[14] 등의 재정적 원조를 주면서 어느 정도의 위법활동을 묵인하는 것이었다. 그것은 또한 정부의 입장에서는 중요한 정보 수집의 회로를 확보하는 것이기도 했고 대아시아 정책의 진전에 따라 동원할 수 있는 인재풀이 되기도 했다.

　그러한 민간단체로서 이미 말한 흥아회(나중에 아시아협회) 외에 동방

14　동아회와 동문회의 합동이 외무성 기밀비의 배분 문제에서 비롯되었다는 것에 대해서는 葛生能久 編, 『東亞先覺志士記傳』 上卷, 黑龍會出版部, 1933, pp.609~610.

협회(1890년 설립), 동아동문회(1898년 설립), 흑룡회(1901년 결성), 동양협회(대만협회 후신, 1907년 개칭), 대아세아협회(1933년 설립) 등을 들 수 있다.[15] 그러나 실제로는 인적인 연결에 의해 움직이는 경우가 많았는데, 소에지마 다네오미, 고노에 아쓰마로, 오쿠마 시게노부, 이누카이 쓰요시, 데라오 도루, 아라오 세이荒尾精, 고무치 도모쓰네神鞭知常, 히라오카 사다타로平岡活太郎, 도야마 미쓰루, 우치다 료헤이, 오가와 헤이키치, 오카와 슈메이 등을 응집핵으로 하여 사안에 따라서 또는 시기에 따라서 개별적인 대응을 한 것이 실상에 가까웠다.

이처럼 아시아주의 활동에는 그 성질상 공공연히 할 수 없는 영역이 있고 그것이 정부와 민간이 따로따로 존재하는 이유가 되었는데, 그 때문에 정부로서는 아시아주의를 공식적 정책으로 하지 않고 대처해갈 수 있었던 것으로 보인다.

그러나 정부가 아시아주의를 정식 정책으로 내걸지 않았던 것은 더욱 적극적인 정책선택의 결과이기도 했다.

1907년 9월 만철 총재 고토 신페이는 이쓰쿠시마嚴島에서 한국통감 이토 히로부미에게 자신이 구상한 '일본의 세계정책'[16]을 개진했다. 이쓰쿠시마 회담의 첫머리에서 고토는 이토에게 베이징을 방문하여 "지나의 유력자를 계도하고 국제상의 지견을 가지게 하여 동양인의 동양 즉 대아시아주의의 본지를 깨닫게 하는 것이야말로 동양평화의 근본책

---

15 동방협회, 동아동문회에 대해서는 酒田正敏, 『近代日本における對外硬運動の研究』, 東京大學出版會, 1978 및 安岡昭南, 『明治前期大陸政策史の研究』, 法政大學出版會, 1998; 東亞文化研究所 編, 『東亞同文會史』, 霞山會, 1988; 霞山會 編, 『東亞同文會史論考』, 霞山會, 1998을, 대아시아협회에 대해서는 後藤乾一, 「大亞細亞協會と'南方問題'」, 『昭和期日本とインドネシア』第3章, 勁草書房, 1986을 참조

16 鶴見祐輔, 『後藤新平』第2卷, 勁草書房, 1965, pp.960~961. 또, 당시 後藤의 국제관계관에 대해서는 北岡伸一, 『後藤新平』, 中公新書, 1988 참조

을 마련하는 것"이라고 말했다. 그러자 이토는 그 자리에서 이 말을 가로막고 "잠시 말을 멈추게, 자네가 말하는 대아시아주의란 도대체 무언가. 무릇 이런 논법을 입에 올리는 자는 국제간의 옳고 그름을 깊이 헤아리지 않고 자칫하면 경솔한 말을 하기 때문에 곧바로 서양인의 오해를 사 그들로 하여금 황화론을 부르짖게 한다"라고 반박했다고 한다. 이에 대해 고토는 "대아시아주의가 황화론의 원인이라고 하는 것은 외교술이 졸렬하기 때문입니다. 필경 당사자를 얻지 못하기 때문입니다"라고 반박했지만, 이토는 받아들이지 않고 이튿날 밤이 되자 "기꺼이 동의를 아끼지 않는다고 해도 쉽게 그리고 노골적으로 발표하여 다른 이의 의혹을 부르는 것은 불가"하다고 훈계하고 일단 결착을 보았다.

이 대담의 경위가 어느 정도 진실을 전하고 있는지는 확인할 수 없다. 또, 회담의 주제도 대러시아 정책에 있었다고 생각되는데, 어쨌든 여기서는 대아시아주의를 표방하려 했던 정치가가 있었고, 한편으로 그러한 주장은 오해를 불러 오히려 황화론을 부채질할 뿐이라고 하여 극력 자제해야 한다고 말하는 정치가가 있었던 것이다. 다만 주의해둘 것은 고토가 대아시아주의를 설득하는 상대방으로 서태후 등 청조의 유력자를 염두에 두고 있었다는 점인데, 이것은 당시 문제가 된 미청 동맹에 대한 우려에서 나온 것이었다. 그러나 그렇다면 더욱 이토가 우려했듯이 대아시아주의에 의해 중일 제휴를 추진하는 것은 미국의 맹렬한 반발을 초래해 황화론의 불길에 기름을 붓는 격이 될 터이다. 독일 황제 빌헬름 2세가 일본을 비롯한 황색인종의 대두를 유럽에 대한 이교도 야만인의 도전으로 간주하고 기독교 문화의 옹호를 주장한 황화론은 대서양을 넘어 미국으로 건너갔는데, 그곳에서는 중국인과 일본인 이민 배척으로 구체화되었고, 나아가 그것은 태평양 양안에서 황화와 백화를 서로 주고받는

악순환을 낳았기 때문이다. 물론 고비노Gobineau나 챔벌린Chamberlain이 주장한 인종적 우열의 선천적 결정론과 인종 간 생존경쟁의 필연성을 주장하는 사회진화론이라는 두 '과학주의적 법칙'의 아말감으로 형성된 황화론은 본질적으로 이질적인 존재에 대한 불쾌감과 공포감으로 뒷받침된 주정적主情的인 것이었다는 것은 부정할 수 없다. 그러나 한편으로 이러한 황화론이나 배일 이민운동에 대항하여 형성된 대아시아주의는 구미와의 제휴나 협조를 자신의 이해관계에 따라 합리적으로 선택하는 사고를 정지시키는 것이다. 인종이라는 속성 자체가 적대해야 할 것을 결정짓는다고 주장하는 황화론은, 비백인 측에서 보면 "만약 인종적 반감이라는 것이 만연한다면 그것은 유색인종의 죄가 아니라 오히려 백색인종의 잘못일 뿐"[17]이라고 반응할 여지밖에 남지 않는 것이었다.

그러나 아무리 인종 개념을 백색인종이 만들었고, 황화론 등의 인종적 차별이 일방적으로 강요된 것이었다고 해도, 외교에 이러한 숙명론적 요인을 도입하는 것은 대결만을 불러와 자신의 발밑을 무너뜨리는 것과 마찬가지다. 다만 그것이 일정한 목적 달성을 위해 일정한 효용을 가지는 한, 폐해를 최소한으로 줄이는 형태로서 하나의 정치적 자원으로 이용하는 것도 외교적 사고로서는 필요할 것이다.

1914년 8월 제1차세계대전이 초래한 세계정세의 변화를 고려하고, 서양 열강의 힘이 아시아에 미치지 않는 틈을 타서 일중관계를 일신해야 한다고 야마가타 아리토모가 위안스카이에게 주장한 백색·유색인 경쟁론은 그러한 외교적 사고의 표현이라고 말할 수 있을 것이다. 신해혁명 이후 위안스카이를 청조를 배반한 불충불의의 인간으로 간주하여

---

17 永井柳太郎, 「白禍論」, 『新日本』 第2卷 第3號, 1912.3.1, p.23.

배격하는 반면 쑨원과 황싱 등의 혁명파를 일방적으로 지지하는 일본의 여론과 아시아주의자를 정부가 컨트롤하지 못해 중화민국 정부의 신용을 잃은 경위에 비추어, 야마가타는 "인종문제의 추세를 얘기해 위안스카이 등을 설득하고 유력한 원조를 하겠다고 말한다. 그 유력한 원조란 다름 아닌 재정상의 원조를 가리킨다"[18]라는 만회책을 제시했다. 그러나 동시에 다음과 같이 주의를 환기한 것이 더욱 중요시해야 할 논점이었다.

인종문제의 추세를 말하여 장래 백인과 유색인 사이에 격렬한 충돌이 일어날 것을 예기한다고 해도 이 때문에 지나 정부로 하여금 유색인종의 동맹론을 환기하게끔 하는 짓은 크게 자제해야 한다. 제국은 지금 영국과 동맹하고 러시아, 프랑스와 협상(協商)하여 함께 동양 평화와 지나의 독립 지지에 노력하고 있다. 나아가 미국과 더불어 교섭·협의할 필요를 느낀다. 그러니까 노골적인 인종론을 내걸어 이들 나라의 감정을 손상하거나 교의(交誼)를 해치는 짓은 정치가라는 자가 가장 경계해야 할 바이자 절대로 제국 정부가 할 일이 아니다. 요컨대 은밀하게 지나를 유액(誘掖)하여 서서히 장래를 도모하는 것뿐이다.

권략론權略論으로서 조금 노골적일지도 모르겠지만, 여기에는 일본 외교에서 아시아주의적 언설이 점하고 있는 위상이 명시되어 있다고 할 수 있을 것이다. 영·러·프·미와의 협조 없이는 일본이 존립해 갈 수 없

---

18 山縣有朋, 「對支政策意見書」, 大山梓 編, 『山縣有朋意見書』, 原書房, 1966, pp.339~345. 또, ジョージ・アキタ, 伊藤隆, 「山縣有朋と'人種競爭'論」, 『年報近代日本研究7·日本外交の危機意識』, 山川出版社, 1985는 山縣有朋의 인종론에 관한 전문적 논의로서 귀중하다.

는 이상, 아무리 상대측 때문에 어쩔 수 없이 인종론을 갖게 되었다고 해도 그것 때문에 교의를 스스로 손상시키는 것은 가장 경계해야 할 바이고, 그것은 어디까지나 '은밀하게' 외교 목적을 달성하기 위해 사용해야 한다는 것이다. 이러한 견해에 입각하는 한, 아시아주의를 외교방책으로 공식적으로 내거는 것은 어리석기 짝이 없는 짓이 되지 않을 수 없다.

더구나 아시아주의적 언설에 입각하여 행하는 외교는 그것에 편입되는 측의 반발을 부를 수도 있다. 이 점에 대해서도 1917년 1월 데라우치 마사타케 내각의 각의결정은 명확히 있을 수 있는 반응을 의식했다. 각의결정에서는 중일 간의 외교에 대해 "인종상 또는 지리상의 관계에 의해 서로 운명을 같이 하는 것으로 생각하고 이를 기초로 하여 양국의 제휴를 주장하는 자가 있다"[19]라며 아시아주의적 언설의 현상을 거론한 후, 실제로는 중국의 성쇠가 일본 국세의 소장消長에 영향을 주지 않을 뿐만 아니라 인종이나 지리적 관계는 필연적으로 양국의 운명을 연결하는 것도 아니라고 하여 이를 배척했다. 그리고 양국의 휴척休戚(즐거움과 기쁨)이 일치한다고 생각하는 것이 위험한 추론을 하는 원인인데, "내정간섭은 여기에서 시작되며 황화공일黃禍恐日도 여기에서 발생한다"라고 하여 아시아주의에 기초한 외교가 초래할 폐해를, 중국에 대한 측면과 구미에서 일본을 향한 측면 양쪽에서 문제시했다. 이러한 지적이 나온 배경에는, 일본이 중국의 독립 유지나 영토 보전을 목적으로 한 외교를 하려고 해도 아시아주의적 언설의 형태로 일중의 운명이나 이해의 공통성을 주장하기 때문에, 일본이 자신의 이해를 위해 중국을 동일한 운명으로 끌어들이려는 것이 아닌가 하여 중국 측이 "호의시기狐疑猜忌하

---

19 「對華政策に關する件」(1917年 1月 9日 閣議決定), 『日本外交年表竝主要文書』上卷, pp.425~427.

는 마음으로 이것을 받아들여 공공연히 또는 암묵적으로 제국의 행동을 방해하지 않는다고 장담할 수 없다"라는 우려가 있었던 것이다. 게다가 위에서 인용한 부분은, 취지에 대해서는 "이의가 없다고 해도 오해를 부르는 것이 싫다"라고 하여 최종적으로는 공표되지 않았다. 아시아주의를 언급하는 것 자체가 외교에 지장을 줄 우려가 있기 때문에 세심한 주의를 기울여야 한다는 뜻이 들어 있었던 것이다.

이처럼 현실 외교의 장에서는 아시아주의적 언설을 경계하는 논의가 적지 않았는데, 그 자체는 불필요한 적대감이나 분쟁을 극력 회피한다는 외교정책의 기본에 따른 것이었다. 그와 동시에 민간에서도 아시아 연맹론이나 아시아먼로주의 등의 주장과 현실에서 진행되고 있는 운동 사이에 발생하는 모순과 허위성을 지적하는 논의가 적지 않았다는 점에 유의할 필요가 있다.

지리학자로서 아시아 각지를 돌아다녀 그 실정을 잘 알고 있었던 시가 시게타카는 「전망 없는 아시아 연맹」이라는 논문에서, 일본이 제휴해야 할 나라는 중국을 빼고 달리 발견할 수 없다고 전제한 후, "지금 일본에서 아시아연맹을 주장하는 사람 대부분은 몇 년 전까지만 해도 군국적이고 고압적인 수단을 배경으로 지나와 지나인을 괴롭히자고 주장한 무리들이다. 그랬던 자들이 지금 미국의 배일을 보고 어제까지의 언동을 뒤집어서 지나와 연맹하려고 하는 것은 돈도 들 뿐만 아니라 어수룩하기 짝이 없는 짓이다"[20]라고 하여 일본의 아시아연맹론이 보이는 기회주의적 편의성을 비난하고, 일본이 미국의 배일에 대항해 일시적 분노에 휩쓸려 대아시아주의나 아시아연맹론을 주장하는 것은 일본의

20　志賀重昂, 「見込無き亞細亞聯盟 – 日本が首倡すれば日本の自毀」(1924.10), 志賀富士男 編, 『志賀重昂全集』 第6卷, 志賀重昂全集刊行委員會, 1927～1929, p.409.

자살로 연결될 것이라고 경고한다.

또, 이에 앞서 아시아먼로주의를 '바보의 꿈'[21]이나 마찬가지라고 본 니나가와 아라타蜷川新는 1915년 "믿지도 않는 아시아인을 위해 아시아는 아시아인의 아시아라고 드높이 부르짖음으로써 종래의 우방인 구주 열강을 적으로 돌려 이들과 싸우는 것은 불리不利할 뿐만 아니라 불리不理이기도 하다"라고 논했는데, 제1차세계대전 중 일본에서 아시아먼로주의를 이상할 정도로 강조한 것은, 한편으로 미국의 배일운동에 대항함과 동시에 다른 한편으로 독일이 아시아에서 철퇴한 후 일본이 그 자리에 진출하겠다는 의도가 있었기 때문이다. 제1차세계대전 후 일본은 국제연맹 가입의 전제로서 인종평등안을 제기했는데, 그와 동시에 "일본은 강화회의에서 국제연맹의 기초로서 미국의 먼로주의와 동등한 입장에서 극동의 일본먼로주의를 승인할 것을 요구한다"[22]라는 보도가 이루어지고 있었다. 여기에서 말하는 일본먼로주의의 내용이란 "아시아 및 태평양의 미개 지방에 일본인 이민 및 무역의 자유를 보장하고 동양에서의 우월권을 승인시키는" 것이었다. 이 내용은 대체로 구독일령이었던 적도 이북의 남양군도를 C식 위임통치령으로 삼음으로써 실현되었는데, 이러한 아시아먼로주의의 요구와 인종평등안이 동시에 제출되었다는 사실에서 아시아를 향한 일본의 시선과 아시아주의의 이중성이 드러난다. 당연하게도 구미의 식민지 통치로부터 아시아가 해방되어야 한다는 주장과 정반대로 식민지 확대를 요구하는 근거로 제기되는 일본먼로주의나 아시아먼로주의는 아시아 쪽으로부터 공감을 얻을 수가 없었다.

또, 인종평등안이라고 해도 그것을 타자에게 요구하기 이전에 스스

---

21 蜷川新, 「モンロー主義の模倣」, 『外交時報』 第267號, 1915.12.1, p.19.
22 『東京朝日新聞』, 1919.2.1.

로를 반성할 필요가 있다는 것은 요시노 사쿠조가 "인종차별 철폐 운동자에게 조선통치책의 타당성 여부에 주목을 게을리 하지 않도록 희망하지 않을 수 없다. 오늘날 우리나라 법제가 조선인에게 현저한 차별 대우를 하는 것은 숨길 수 없는 사실이다"[23]라고 지적한 그대로이다. 그러나 구미에 대한 평등 요구와 아시아에 대한 불평등한 처우라는 이중성의 모순에 민감했던 아시아주의자는 그리 많지 않았다. 1919년 조선에서는 3·1독립운동이, 중국에서는 5·4운동이 요원의 불처럼 타올랐음에도 불구하고 말이다. 그러나 일본의 외교와 아시아주의 사이에 존재했던 가장 깊은 균열과 모순은 바로 여기에 있었을 터이다. 하지만 자기 안에 있는 아시아의 신음소리에는 아주 둔감하면서 구미의 압박에는 너무 민감한 피해자 의식을 선동함으로써 일본의 아시아주의는 생명력을 지닐 수 있었다. 그 지점에 위기의 사상으로서 아시아주의가 발현되는 계기가 있었던 것이다.

그러한 아시아주의의 기능 때문인지 아니면 아시아먼로주의의 근저에 영토적 요구가 있었기 때문인지, 파리강화회의의 종료와 함께 아시아먼로주의의 주장은 급속하게 퇴조했다. 그러나 그 후 십몇 년이 지난 1933년, 일본의 논단은 또다시 다음과 같은 상황을 보이기에 이르렀다.

만주사변이 일어나자 갑자기 일본의 언론계에 아시아먼로주의를 주장하는 목소리가 일어났다. 드디어 국제연맹에서 탈퇴하기로 결정하자, 이후의 외교 지도원칙으로서 아시아먼로주의를 주장해야 한다는 논의가 무성해졌다. 지금 바로 무성하다.[24]

23　吉野作造,「人種的差別撤廢運動者に與ふ」,『吉野作造』(日本の名著 48), 中央公論社, 1972, p.45.
24　横田喜三郎,「アジア・モンロー主義批判」,『中央公論』, 1933.7, p.92. 참고로 육군성 조사반은 팸플릿

이러한 아시아먼로주의의 부활과 융성은 앞에서 인용한 니아가와의 논법을 빌려 말한다면 "믿지도 않는 아시아에 개입하여 불리不利와 불리 不理를 감행하는"것에 지나지 않았을 터이다. 그러나 만주국의 건국과 승인을 추진하는 과정에서 "거국일치, 나라를 초토화해서라도 이 주장을 관철한다"[25]라는, 이른바 우치다 고사이內田康哉 외상의 '초토 연설'에서 상징적으로 볼 수 있듯 이해나 합리성에 대한 판단정지가 외교지침이 되어버렸을 때, 국제정세 속에서 자신의 위치를 가늠할 냉정함은 사라지고 말았던 것이다. 적어도 국토와 국민을 지키는 것이 외교의 최저한의 요건이라고 한다면 우치다의 주장은 외교의 자살선언이나 다름없었다. 그러나 그것은 동시에 일본 외교가 국제적으로 받아들여지지 않는다는 것을 인식하고 있었던 것에 대한 반작용의 표현이기도 했다. 거기에 남아있던 일본 외교를 정당화할 최후의 근거는, 아시아에는 아시아 독자적인 외교원리가 있고 아시아에 위치한 일본은 그 원칙에 따라 자주외교를 추진한다는 것이 될 수밖에 없었다. 그리고 이러한 우치다 외상의 초토 외교 답변을 인용한 모리 가쿠森恪가 만주국의 단독승인이야말로 "우리나라의 외교가 자주독립에 입각해 있다는 것을 세계에 선언하는 것이고 (…중략…) 우리 제국이 외교적으로 선전포고를 한"것이라고 자리매김하고 이제야말로 "아시아로 돌아가라"라고 외친 것은 그런 의미에서 상징적이기도 했다.

아시아로 돌아가라는 것의 의미는 무엇이냐고 묻는다면, 60년 동안 맹

『滿洲國の承認に就て』(1932.9)에서 만주국 승인의 의의를 "아시아먼로주의의 선언이며 구미 추종 외교, 위축 퇴영 외교의 사상을 청산 배격하여 자주 독자 외교로 약진한 것이다"(p.5)라고 하고 있다.
25 「衆議院議事速記錄」, 1932.7.26, 第3號, pp.16〜18. 이하의 森恪의 발언을 포함한다.

목적으로 모방해 왔던 서양의 물질문명과 결별하고 전통적 일본정신으로 돌아가 동양 본래의 문명과 이상에 기반하여 우리 아시아를 지키는 것, 그것이 바로 우리들이 아시아로 돌아간다는 것의 진의입니다.

기괴하게 들리기도 하는 이러한 모리 가쿠의 주장도, 제3장에서 이와쿠라 도모미, 구가 가쓰난, 후쿠자와 유키치 등의 국제법론에 관해 살펴본 것처럼, 구미의 만국공법을 보편으로 강제하는 것에 대한 분노가 일관되게 저류에 흐르고 있다는 것, 그리고 젊은 날의 고노에 후미마로가 "영미인의 평화는 자기 형편에 맞는 현상유지로서 이것에 인도라는 미명을 씌운 것이며 (…중략…) 그 밖의 나라가 아무리 이들을 능가하려고 해도 무기를 빼앗겨서 그 반감과 분노의 감정을 해소할 길이 없고, 마치 유순한 양떼처럼 헐떡거리며 영미의 뒤를 따라갈 수밖에 없다"[26]라고 비판하며 서구 중심의 국제 질서에 대한 분노를 표현했던 것 등 역사적 문맥에서 보면 결코 특이한 아시아주의적 언설이라고 성급하게 결론내릴 수 없을 것이다.

모리 가쿠가 지적한 것처럼 메이지유신 이래 60년 동안 일본은 문명국의 표준주의에 적합하도록 사회 전반을 개혁했고 오로지 구미와의 협조 외교를 추진해 왔다. 그에 대한 반발과 응어리가 아시아주의적 언설을 낳고 키우는 온상이 되어온 것이다. 그러한 아시아주의적 언설을 저류에 머물도록 만든 것이 구미와 협조함으로써 얻을 수 있는 이익을

---

26 近衛文麿, 「英米本位の平和主義を排す」, 『日本及日本人』第746號, 1918.12.15, pp.24~25. 近衛는 이 논고에서 일본이 국제연맹에 가맹하는 조건으로 "경제적 제국주의의 배격과 황백인의 무차별적 대우"를 요구해야 한다고 하고, 구체적 방책으로 "정의와 인도에 기반을 둔 세계 각 국민 평등생존권의 확립을 위해서도 경제적 제국주의를 배격하고 각국으로 하여금 식민지를 개방시킬" 것을 들었지만, 일본의 식민지 해방에 대해서는 언급하지 않았다.

최대화하기 위한 합리성이었다고 한다면, 아시아로 돌아가는 것은 '불리不利와 불리不理'를 선택하는 것과 다르지 않았을지도 모른다. 그러나 그것에 도박을 걸지 않을 수 없게 되었을 때, 아시아주의는 저류에서 떠올라 "동양에 정의와 우애의 왕도연맹을 재건하기 위해서는 이미 동양을 식민지화하고 있는 구미와 대립, 항쟁할"[27] 것을 선명하게 내건 외교와 결합하여 진정한 자주외교로서의 황도외교, 흥아외교의 진면목을 보여주는 것으로 떠들썩하게 선전되었다.

그러나 아시아주의 외교가 가진 최대의 딜레마는 바로 여기에 있었다. 왜냐하면 아시아로 돌아간다고 선언하면서 아시아주의가 근대 일본 외교 가운데 전면에 나선 계기가 된 바로 그 만주사변으로 일본은 중국과 적대하게 되었고 돌아가야 할 고향으로서 아시아를 잃어버리는 길에 들어섰기 때문이다.

아시아의 해방과 연대를 주장하는 흥아외교가, 최대의 파트너여야 할 중국에 대해 '구미 의존으로부터의 탈각'과 '항일정책의 방기'를 요구하지 않을 수 없었던 것은 그 역사적 역설을 가장 잘 보여주는 것이기도 했다.

그리고 모리 가쿠가 '아시아로 돌아가라'라고 사자후를 토했던 1932년 일본을 방문한 인도네시아 민족주의자 모하마드 하타는 일본의 아시아주의 부흥을 피부로 느끼고 다음과 같은 소감을 적었다.

개항 후 일본은 서구 열강들로부터 불평등조약을 강요당했고, 그 때문에 발생한 서구에 대한 열등감이 그 후 일본정치의 심리적 기초가 되었다. 반

---

27 於曾四郎(白鳥敏夫), 「皇道外交と外務省」, 『日本及日本人』 第332號, 1936.1.1, p.36.

면에 일본은 철저한 서구 모방에 의해 근대화를 추진하는 과정을 거쳤는데, 그러한 근대화 과정에서 서구 제국주의의 수법마저 받아들여 '극동의 서양 열강의 문지기'라는 레테르마저 붙게 되었다. 그러나 이러한 서구에 대한 추종주의를 취해도 서구 세계에 들어가는 것이 허락되지 않는다는 것을 알았을 때, 일본인의 마음 가운데에는 서구에 대한 증오감이 생겨났고 이것이 최근 일본의 '아시아 회귀열'이 되었다. 일본이 주장하는 이러한 아시아주의가 전 아시아 민족의 평등이라는 근본 원칙에 입각한, 진정한 의미의 범아시아 사상이 될 것인지 많은 사람들은 의문을 품고 있다. 만약 '아시아 여러 민족을 위한 아시아'가 단순한 슬로건이 아님을 증명하고 싶다면 두 가지 조건, 즉 일본과 중국 사이의 항구적 평화와 전 아시아 민족들의 완전한 평등이 실현되어야 한다. 그러나 이러한 이상은 '아시아의 맹주'를 꿈꾸는 일본의 파시즘 세력에 의해 더럽혀지고 있다.[28]

일본 외교와 아시아주의를 향한 이처럼 투철하면서도 의혹으로 가득 찬 하타의 시선은 그 유래와 행방을 거의 정확하게 꿰뚫고 있다고 할 수 있을 것이다. 중일 제휴가 아시아의 동맹에 불가결한 전제임에 대해서는 비하리 보스도 "백인종의 헤게모니에 대항해 유색인종의 대동단결을 꾀하는 것은 현재 하나의 사상에 불과하지만, 일지 관계만 원활하게 진행되면 아마 불가능하지는 않을 것"[29]이라고 주장했다고 한다. 그것은 아마 아시아 사람들이 똑같이 희망하고 있었던 것임에 틀림없다. 그

28 モハメッド・ハッタ, 「アジア回歸を欲する日本」; Mohammad Hatta, *Kumpulan Karangan*, 1976, pp.18~23. 번역은 後藤乾一, 「1930年代の日本・インドネシア關係史論序說」, 『アジア硏究』 第26卷 第1號, 1979.4.9~10에 의거한다.
29 鶴見祐輔・駒井重次, 『風雲の坩堝エチオピア』, ヤシマ書房, 1934, p.323.

러나 하타가 일본의 아시아주의의 진위를 판별하는 조건으로 내건 두 가지, 즉 '일본과 중국 간의 항구적 평화'와 '전 아시아 민족들의 완전한 평등'은 모두 실현되지 않았다. 아니 그것을 과제로 의식하지도 않은 채 '아시아의 맹주'라는 꿈은 단지 일부 사람들의 꿈에 머물지 않고, "황국을 핵심으로 하여 일만지의 강고한 결합을 근간으로 하는 대동아의 신질서를 건설하는"[30] 것이 '황국의 국시'가 됨으로써 국가 목표 자체가 되어갔던 것이다.

그리고 1942년 5월에는 흥아 관련 단체들이 해체되어 전국 단일의 대일본흥아동맹이 결성되었는데, 그것은 황국 일본을 중핵으로 하는 아시아주의 단체로서 대정익찬회와 일체불가분의 관계를 가지고 내외의 흥아운동을 지도하게 되었다. 그 흥아운동이 내건 대아시아주의가 "대동아공영권 건설의 근본방침은 실로 조국肇國의 대정신에 연원하는 것이고, 대동아의 각 국가 및 각 민족으로 하여금 각각 자신의 자리를 차지하게 하여, 제국을 핵심으로 하는 도의에 기초한 공존공영의 질서를 확립하고자 하는 데 있다"[31]라는 전쟁 수행 목적에 따른 것이 되지 않을 수 없었던 것은 말할 필요도 없다. 그러나 일본은 '공존공영 질서의 확립'을 목표로 하면서도 아시아 각 국가, 각 민족에게 각각 자기 자리를 차지하기에 충분한 정치적·경제적·문화적 조건을 공공재로서 구체적으로 제공할 수 없었다. 그뿐만 아니라 「남방점령지행정실시요강」[32]에 점령지는 "중요 국방자원의 급속 획득 및 작전군의 자활 확보에 이바지한다"라고 정해져 있고, 또 "원주 토민에 대해서는 황군을 믿고 의지하는

---

30 「基本國策要綱」(1940.7.26 閣議決定), 『日本外交年表竝主要文書』下卷, p.436.
31 東條英機, 「第79帝國議會演說」(1942.1.21), 『日本外交年表竝主要文書』下卷, p.562.
32 「南方占領地行政實施要綱」(1941.11.20 閣議決定), 『日本外交年表竝主要文書』下卷, p.562.

관념을 조장하도록 지도하여 그 독립운동을 너무 빨리 유발하는 것을 피하도록 한다"라고 명언했던 것처럼, 점령 그 자체가 아시아의 독립해방과 공존공영을 조금도 고려한 것이 아니었고 일본의 자존을 위한 자원 획득에만 초점이 맞춰진 것이었다.

그것은 전시외교의 적나라한 진의를 표명한 것으로서 허식을 벗은 것임과 동시에 아시아주의가 연대사상으로서의 이념성을 극한까지 깎아낸 결과 도달한 지점을 보여주는 것이기도 했다.

제5장
열린 지역주의로

1918년 1월 요시노 사쿠조는 당시 오타니 고즈이大谷光瑞 등이 주장한 인종론에 기초한 대아시아주의에 대해 그것이 일본인의 편견에 기초한 것이고 일본인보다 더욱 코스모폴리탄이면서 영미인과 교섭도 많은 중국인이나 인도인이 그것을 이해하기는 힘들 것이라는 회의적 의견을 드러냈다. 그리고 대아시아주의에 대해 "외국인의 질시를 불러 그 결과 마침내 일본을 정신적 고립으로 빠뜨리지 않는다고 단정할 수 없다. 요컨대 금후 동양 여러 민족을 결속할 수 있는 대아시아주의의 원리는 구미인과도 제휴할 수 있는 그런 넓은 입장에 입각해야 한다"[1]라고 말했다. 대아시아주의가 얼핏 아시아에 열려 있는 것처럼 보이지만 실은 일본인을 정신적으로 고립시키지 않을 수 없다는 요시노 사쿠조의 예측

---

1 吉野作造, 「我國の東方經營に關する三大問題」(『東方時論』, 1918.1), 松尾尊兌他 編, 『吉野作造選集』第8卷, 岩波書店, 1995~1997, p.312.

은 불행하게도 적중하고 말았다. 그렇다면 요시노 사쿠조가 요망했던 구미인과도 제휴할 수 있는 대아시아주의라는 것을 일본인이 구상할 수 있는 사상적 계기는 과연 있을 수 있었던 것일까.

이에 대해 생각할 때 우선 확인해두어야 할 것은 첫째, 일본의 아시아주의가 아시아와의 교섭과는 전혀 관계없이 소위 방어적 내셔널리즘으로 형성되고 그것이 확장적 내셔널리즘으로 표출되었다는 특성을 가지고 있었다는 점이다. 그것은 제2장에서 검토한 그대로다. 또, 히라노 요시타로가 일본의 대아시아주의의 역사적 형성을 검토하는 가운데 '대일본주의와 흥아의 대아시아주의'[2]라는 표제를 내세우고 있는 것도 자진해서 그 본질을 드러낸 것이라고 할 수 있다. 그러니까 일본의 아시아주의란 대일본주의 자체 혹은 일본 내셔널리즘의 다른 표현형태이기도 했던 것이다. 그 본질이 타이완, 조선, 만주국 그리고 대동아공영권의 통치 현장에서 표출되었다는 것도 지금은 모두 아는 사실이다.

그리고 두 번째로 유의해야 할 것은 일본의 아시아주의는 어디까지나 구미에 대한 대항으로 형성된 것이고, 요시노 사쿠조가 지적하듯, 중국인이나 일본인 등 아시아 여러 민족의 실태를 바탕으로 태어난 것이 결코 아니었다는 점이다. 동주同洲라는 속성도 타자로부터 주어진 규정이고 동종同種이라는 것도 있을 수 없다. 또, 동문이란 동아시아 세계만 보아도 조선의 한글, 일본의 가나, 베트남의 쯔놈字喃 사이에 차이가 있고, 같은 한자를 사용한다고 해도 발음, 용법의 차이 등 상이한 영역이 더 많을 것이다. 그리고 일본이나 중국, 조선을 같은 유교의 나라로 볼 수 있는가라는 물음 등 아시아주의의 정당화 근거 자체가 극히 취약하다.

---

2   平野義太郎, 『大アジア主義の歴史的基礎』, 河出書房, 1945, p.29.

그러나 아마 아시아주의란 그러한 사실의 지평에서 맞느냐 틀리느냐라는 차원에서 형성된 것이 아니라, 압박해 오는 것 또는 침입해오는 것에 대항하여 그렇지 않은 것을 희구하는 반대요구Gegenforderung로 출현한 신조라는 점에 그 출생의 비밀이 있다. 오카쿠라 덴신이 갈파했듯 아시아는 그 자체가 하나가 아니라, 유럽에 대한 굴욕에 있어서 하나가 될 수 있는 가능성으로 존재할 수 있었던 것이다.

그렇다고 한다면 일본의 아시아주의가 구미인과 제휴할 수 있는 계기는 원래 존재하지 않는 셈이 된다. 그러나 실제로 일본은 아시아에서 구미와 제휴할 수 있었다. 식민지 지배라는 동일성에 의해서 말이다.

그러나 그럼으로써 아시아주의 자체도 썩어버렸고, 아시아 측에서 보면 '아시아 공공의 적', '극동의 서양 열강의 문지기'로까지 보이기에 이르렀다. 입으로는 아시아주의를 말하면서도 손으로는 군도軍刀를 휘두르는 통치 쪽이 노골적인 통치보다도 더욱 큰 굴욕감과 반발을 불러일으켰던 것이다. 특히 실제로 일본의 식민지 통치에 직면해 있던 조선에서는 일본의 아시아주의(조선에서는 동양주의라고도 불렀다)가 조선 독립에 희망을 주는 것이라 하여 그에 동조하는 움직임도 있었다. 그러나 이에 대해 신채호는 "한국인이 열강 경쟁의 시대에 국가주의를 제창하지 않고 동양주의의 미몽에 미혹된다면 그것은 현재의 인간이 미래의 다른 별에서 벌어질 경쟁을 우려하는 것과 다를 바 없다. 또 굴레부터 탈각하는 길을 구하지 않고 동양주의에 의존하면 그것이야말로 폴란드인이 서양주의를 주장하는 것과 다를 바 없다"[3]라면서 동양주의에 희망을 건 사람들을 오국자誤國者, 미외자媚外者, 혼돈무식자混沌無識者로 통매해 마

---

3 申采浩, 「東洋主義に対する批評」, 『改訂版申采浩全集』 下卷, pp.88~89.

지않았다. 아시아주의가 내셔널리즘을 초월하는 지향을 배태하면서 동시에 그것이 일본의 국가주의의 확장밖에 의미하지 않을 때, 그에 대항할 수 있는 것으로서 환기되는 것은 더욱 강렬한 국가주의밖에 없었다. 그것은 조선뿐만 아니라 중국에서도 동일한 사태가 일본에 의해 초래되었다.

그러나 일본의 아시아주의가 한 시기 일정한 범위이긴 하지만 공감을 얻은 것도 사실이다. 그것은 아마 구미가 강제하는 근대적 보편주의에 대해 각 민족이나 지역세계에서 제기하는 '이의'와 '대항가치의 제시'로서 의의를 가진다고 생각되었기 때문일 것이다.

물론 그 반면에 외교가 민족이나 지역을 초월하여 이루어지는 이상, 그러한 개별적 가치를 넘어 성립하는 틀이나 기준도 필요할 터이다. 그러나 그 틀이나 기준은 과연 어느 정도 보편성을 갖는 것일까. 그리고 그렇게 일원화해버림으로써 무엇이 상실되고 무엇이 보증될 수 있는가.

일본의 아시아주의를 일본국가주의의 발전으로 간파한 리다자오는 아시아 각 민족이 압박을 받고 있는 일본의 대아시아주의에 반대하여 자신이 구상한 프로젝트인 '신아시아주의'는 결코 구미를 아시아로부터 배척하는 것이 아니라고 하면서 그것을 다음과 같이 정의하고 있다.

> 아시아인을 압박하는 아시아인이나 비아시아인에 대해 반대할 뿐만 아니라, 비아시아인을 압박하는 비아시아인도, 비아시아인을 압박하는 아시아인에 대해서도 반대한다. 강권이야말로 우리들의 적이고 공리야말로 우리들의 친구이다. 아시아는 우리들이 세계 개조에 착수하기 위한 첫 발판이지 아시아인이 독점해야 할 무대는 아니다.[4]

리다자오의 이러한 주장은 이미 말했듯 김옥균이나 미야자키 도텐이 확인한 것, 그리고 쑨원이 황백인종의 투쟁을 넘어선 피압박 민족·국가와 억압 민족·국가의 투쟁 즉 공리와 강권의 투쟁을 불가피하다고 본 것과 공통의 지향성을 지닌 것임은 명료하다. 그것은 지역세계에 뿌리내려 그 공간에 자라면서도 그 지역세계의 현실로부터 나와 인류의 보편적 가치의 획득을 목표로 하는 것이었다고 할 수 있을지도 모르겠다. 물론 그것이 중국이 강권하에 놓여 있었기 때문에 가능했던 언설에 불과한지, 아니면 중국이 강권 자체가 되었을 때도 유지될 수 있는 것인지는 명확하지 않다. 다만 당시의 리다자오는 약소한 민족이 압박에서 벗어나 세계가 연합하여 하나가 되는 세계조직의 원리적 핵심을 만들어내는 것은, 구미라는 외부와 일본이라는 내부로부터 모두 압박을 받는 아시아에서만 가능하고, 그것이야말로 새로운 아시아주의로서 세계에 제시해야 할 것이라고 하여 그것을 일본의 대아시아주의에 대치시키고 있었다. 그러나 이 제언도 일본에서는 주목받지 못했고, 1924년 쑨원의 대아시아주의 연설도 쑨원의 진의와는 정반대로 일본의 대아시아주의에 동조한 것으로 요란스럽게 선전되었던 것이다.

과연 아시아주의를 단순히 내셔널리즘의 확장으로서가 아니라 지역세계의 가치 공존체계의 구성요인으로서, 즉 '열린 지역주의'에 기초한 새로운 보편성 구축의 소재로서 어떻게 구미를 비롯한 다른 지역 사람들에게 제기할 수 있을까. 지역적이면서 보편적이어야 한다는 것은 확실히 동그라미이면서 동시에 사각형이 되기를 요구하는 모순을 안고 있을지도 모른다. 다만 그것이 가능한가라는 물음까지 포함해 요시노

---

4 李大釗, 「再論新亞細亞主義」(1919.12), 『李大釗選集』, 人民出版社, 1959, p.280.

사쿠조가 던진, 그 물음으로서의 프로젝트에 20세기 일본인은 대답할 수 없었다. 그것은 21세기의 과제로 우리들 앞에 놓여 있다. 적어도 그것만은 두 세기에 걸쳐 일본 아시아주의가 걸어온 길이 제시하고 있는 것이 아닐까.

종장
공간 아시아의 존재이유를 둘러싸고

이상 17세기에 서양의 세계인식 및 학술과 조우한 이래 아시아를 둘러싼 지의 존재방식의 변용을 사상연쇄와 국민국가 형성 문제와 연결지어 살펴보고, 그것을 통해 아시아 내지 동아시아라는 지역세계를 하나로 보는 의식과 그것을 대상으로 한 학지가 어떻게 나타났는가, 그리고 일본이 아시아에 어떠한 정치질서를 만들어내도록 관여해왔는가라는 문제를 기축·연쇄·투기라는 세 가지 시각을 설정하여 검토했다.

그것은 또 서구를 핵으로 하여 태어난 자본주의와 주권국가·국민국가의 국가 간 체계의 복합으로 성립되어 온 '근대세계'에 아시아의 여러 정치사회가 어떻게 얽혀 들어갔고, 그러면서도 어떻게 그것에 대항하면서 독자적인 지역세계와 고유한 정치사회를 추구해왔는지 그 역사 과정을 추적함으로써 아시아라는 역사 공간이 근대에서 갖는 위상을 밝히려는 시도였다. 논점을 새삼 총괄할 필요는 없을 것이다. 여기에서는 세 가지 시각과 관련하여 그것을 모두 포함하면서 아시아 문제의 고찰에 반드시 필요한 논점과 앞으로의 사상과제를 다루는 것으로 결론을 대신하고자 한다.

제1절 ——————————————— '지리상의 명의',
그리고 거울로서의 아시아

1894년 12월 오자키 유키오는 청일전쟁 서전의 승리라는 열광적 분위기 속에서, "나는 늘 지리적 혹은 인종적 관념을 냉소하는 사람이다. 특히 아시아라는 지리상의 명의名義는 누가 붙였는지 나는 조금도 알지 못하고 또한 알고자 하지도 않는 사람이다. (…중략…) 평화를 영원히 유지하고 제국의 위력을 만년 후에도 빛나게 하며 점차 우리 양토壤土를 개척해 가기에는 이 명칭을 사용하고 이 관념에 따라 일을 하는 것이 가장 편리하다고 생각하기 때문에 이것을 이용하려고 하는 것에 지나지 않는다"[1]라고 하여, 일본의 양토＝식민지로서의 영토를 확장해가기 위한 방편으로서 아시아와 황색인종이라는 명칭과 개념에 주목하고 이를 이용한 것에 불과하다는 지론을 전개했다.

이러한 솔직하고 시니컬한 표현은 아마 "동양 전국全局의 평화를 유지하고자 한다"(「청나라에 대한 선전조칙」, 1894.8)라고 표방한 청일전쟁이 일

---

1 尾崎行雄, 「東洋の大計」(1894.12), 鈴木正吾 編, 『尾崎咢堂全集』第4卷, 尾崎咢堂全集刊行會, 1962, pp.644~645.

본의 승리로 끝난 후의 시점에서는 결코 쉽게 발표할 수 있는 것이 아니었으리라. 청일전쟁에 의해 일본이 타이완을 식민지화했던 것도 어디까지나 '동아의 평화'를 유지할 목적의 일환이라고 변명할 수밖에 없었기 때문이다. 그리고 청일전쟁 이후의 주요한 외교문서를 열람해 보면 "동양의 치안을 영원히 유지하고"(「러시아에 대한 선전조칙」, 1904.2), "상호의 행복을 증진하고 동양의 평화를 영구히 확보하고자 하며"(「한국병합에 관한 조약」, 1910.8), "동아 영원의 평화를 영구히 확보하고자 하고"(「대화 21개조의 최후통첩」, 1915.5), "극동에서의 전국의 평화를 유지하며"(「산둥성에 관한 조약」, 1915.5), "극동평화를 유지하고 일지공존의 열매를 거두고"(동방회의에 관한 다나카 기이치 외상 훈령, 1917.2), "동양의 평화를 유지하고 세계의 평화적 발달에 공헌하며"(상하이사건에 관한 정부성명, 1932.2), "동양의 화근을 제거하고 세계의 평화를 확보하고"(「국제연맹 탈퇴소서」, 1933.3), "동아 영원의 평화를 바라며"(루거우차오사건에 관한 정부성명, 1937.7), "지금 동아 화평에 대한 제국의 책임 더욱 중하고"('이후 국민정부를 상대하지 않는다'는 고노에 1차 성명, 1938.1), "동아의 안정을 확보함으로써 세계 평화에 기여한다"(「영미에 대한 선전조서」, 1941.12)라는 것 등등 일본의 외교활동은 모두 동양 내지 동아의 평화, 나아가 세계의 평화라는 목적을 위해 바쳐졌던 것이다.

만약 정말 이 목적에 따라 일본이 외교활동을 전개했다면, 아마 근대 일본만큼 동아와 아시아의 평화를 추구했던 '평화국가'는 이 세상에 없을 것이다. 그러나 여기 예로 든 대외선언은 모두 일본의 권익과 영토의 확장을 위한 군사행동과 관련된 것이었다. 그것은 바로 오자키 유키오가 고백한 것처럼 "아시아라는 지리상의 명의"를 이용한 것에 지나지 않았다. 동시에 그것은 또한 군사행동이 평화라는 명목에 의해 얼마나 정당화되어왔는가를 여실히 말해주고 있다. 오자키는 만주사변과 만주국 건국 과정에서 그 외교정책의 허위성에 대해 통렬히 비판하는 사람 가운데 하나가 되는데,[2] 오자키 개인의 정견을 떠나 역사를 되돌아보면 1894년 오자키의 발언은 뜻하지 않게도 그 후의 일본 외교가 아시아와 관련을 갖는 방식을 예언한 것인지도 모른다. 오자키처럼 진실을 명확히 드러내지는 않지만, 아시아주의적 언설 가운데에는 아시아라는 지리적 명칭과 황색인종이라는 인종적 관념을 가슴속에서 냉소하면서도 '아시아를 위해'라는 열의를 가지고 그것을 이야기한 사람도 적지 않았을 것이다.

아마도 탈아와 아시아주의는 대립하고 있었던 것이 아니라 탈아를 추진해 가는 것이 아시아주의적인 주장을 더욱 앙진昂進시켰을 것이다. 그 차이는 실력이 있는 국가 사이의 경쟁에 의해 자립할 수 없는 정치사회를 식민지화해간다는 정책원리와, 아시아라는 지역에 있다는 사실과 황색인종의 인종적·문화적 동질성을 거론하며 식민지를 확장해 가는 정책원리 중 어느 것이 저항을 덜 받을지 선택하는 것에 지나지 않았다. 그러나 어느 쪽이건 아시아인의 심정이나 감정에 대해서는 눈길 한 번 주지 않았다.

그것은 중국의 사상과 문화에 대해 멸시라고도 할 만큼 부정적 태도를 취했던 쓰다 소우키치조차도 동아신질서 구상과 동아협동체론에 대해 다음과 같은 비판을 하지 않을 수 없을 정도였다.

---

2 尾崎行雄는 일본의 국제연맹 탈퇴를 어리석은 정책이라 하여 "지금 만약 아시아로 돌아가 구미문명을 거절하면 일본은 다시 아주 작은 극동의 일개 제국으로 복귀할 것이다"(「墓標の代りに」, 『改造』, 1933.1, p.176)라고 문명에 등을 돌리는 침략정책을 통렬하게 비판했다. 이 논문의 의미에 대해서는 山室信一, 『キメラ—滿洲國の肖像』, 中公新書, 1993, pp.215~220 참조.

그것이 만약 동아를 세계의 특별구역으로 하고 거기에서 유럽이나 미국의 모든 힘을 구축하려고 한다면, 그것이 과연 가능한가는 묻지 않더라도 지나인이 그것을 희망하는가는 물어야 한다. 지나인에게는 일본인도 이민족이고 유럽인이나 미국인도 이민족이다. 동아라는 지리적 사정은 갑과 연결하여 을을 배척하는 힘은 아니다. (…중략…) 일본인의 희망과 욕구를 현실인 것처럼 착각해서는 안 된다.[3]

제1부 제5장 '사상기축으로서의 민족'에서 지적했던 것처럼, 민족 개념은 아시아 속의 이질성을 전제로 했던 것이지 결코 일본의 통치를 정당화하는 것은 아니었지만, 동시에 일본 민족=야마토 민족이 아시아에 존재하는 우수민족인 이상 다른 민족을 통합할 사명을 가진다는 것이 일본에서는 당연시되었던 것이다. 그에 대해 쓰다 소우키치는 동아라는 지리적 사정이 있기 때문에 중국이 구미의 민족을 추방하고 일본인과 연대해야 한다는 주장은 조금도 합리성이 없다는 것을 간파했다. 중국의 민족이나 문화에 대해 모멸에 가까운 거리감을 지니고 있었기 때문에, 동양문화나 동양 민족 따위는 사실로서 존재하지 않는다는 것을 당시의 논조에 과감하게 반대하여 주장했던 쓰다 소우키치의 피아 차이에 대한 민감성이 역설적으로 사태를 정시할 수 있도록 했던 것이다. 한편 심정적으로 중국에 친근감을 가지고 중국과의 연대를 목적으로 아시아주의와 동아신질서론을 주장한 사람들은 민족문제의 해결은 꼭 필요하다고 주장하면서도, 중국은 동아에 있기 때문에 당연히 구미의 민족을 배척하고 일본과 연대해야 한다는 전제 자체를 의심하는

---

3   津田左右吉, 「支那再建の指導精神について」, 『津田左右吉全集』(別卷 第5), 岩波書店, 1966, 부록 p.4.

시점은 지니고 있지 않았다.[4]

"일본의 희망과 욕구를 현실인 것처럼 착각해서는 안 된다."─일본의 아시아 정책과 아시아주의에 결정적으로 결여되어 있었던 것은 이러한 일본의 희망과 욕구를 현실과 준별하는 냉철한 관찰력이 아니었을까. 그리고 이 점은 또한 일본인의 자기인식과도 깊이 관련되어 있다는 것을 확인해둘 필요가 있다.

이미 지적한 것처럼 일본인에게 자기인식의 대조 기준이 되었던 것은 아시아였다. 물론 "사물은 다른 것과 비교함으로써 진정으로 그 사물을 알 수 있다. 우리들은 자기를 객관의 거울에 비춤으로써 자기를 알고, 객관적으로 자기를 앎으로써 객관적으로 활동할 수 있다"[5]라는 것은 틀림없는 사실이다. 그러나 객관이라는 거울에 비춘 상像조차 보는 눈의 각도에 따라서 달라진다. 아니 처음부터 '객관이라는 거울'이 과연 존재하는가가 문제이다. 역사적으로 보아도 동양 내지 아시아라는 거울은 일본에게는 자기에게 도취되는 '자기도취 거울'이 되었고, 서양 내지 구미의 거울에 비친 일본은 초라하고 빈곤한 상으로밖에 보이지 않았다. 그리고 그것은 현재에도 결코 불식되고 있지 않다. 그러나 정확하게 말하면 일본은 결코 아시아나 서양 가운데 한쪽 거울에만 자신을 비추었던 것은 아니다. 일본은 항상 아시아와 서양이 한 쌍으로 된 거울에 자신을 비추고 자아도취와 자기비하의 상 속에서 '진정한 자기'를

---

4 물론 동아협동체론이라고 해도 중일 간의 주요한 문제가 민족에 있다는 사실을 무시했던 것은 아니다. 예를 들면 尾崎秀實는 "민족문제의 깊은 곳에서의 해결을 목표로 출발한 '동아협동체'론은, 그 추진과 발전을 위해서는 우선 민족적 투쟁을 일정 기간 계속하지 않으면 안 되는 운명에 놓여 있음을 알아야 한다"("'東亜協同体'の理念とその成立の客觀的基礎」, 『中央公論』, 1939.1, p.12)고 지적했다. 그럼에도 불구하고 동아에 있기 때문에 중일 양 민족은 협동체를 형성할 수 있다는 기대를 필연이라고 보았다.

5 西田幾多郎, 「日本文化の問題」, 『西田幾多郎全集』 第12卷, 岩波書店, 1966, p.281.

필사적으로 찾으려 했던 것이고 그럼으로써만 심리적 균형을 지닐 수 있었다. 그것은 오늘날 시점에서 보면 희비극일 수밖에 없을지도 모른다. 그러나 그러한 한 쌍의 거울 사이에서 양면성을 가진 자기상으로 분열되면서 자기의 참된 모습을 찾아 요동해온 궤적이야말로 근대 일본이 걸어온 길이었다.

아니면 그것을 이렇게도 바꿔 말할 수 있을지도 모른다. 일본에게 역사공간으로서의 아시아는 자기의 아이덴티티를 확립하고 자기의 기원을 자리매김하기 위한 기반이 되었다. 그러나 그 아시아를 대상화하기 위해서는 서양 내지 구미라는 존재가 불가결했고, 그래서 질적 차이를 조작적으로 설정함으로써 자기의 사명감을 투영하기 위한 공간으로서 아시아를 불러내어 때로는 서구문명화의 앞잡이로서, 때로는 흥아의 맹주로서 자의식을 확립해 갔던 것이라고.

물론 패전 때까지 일본은 동아동문서원 등을 포함한 각지의 대학과, 동아연구소·태평양연구소·회교권연구소·민족연구소 등의 연구기관을 통해 아시아에 대한 방대한 정보를 집적했다. 그러나 그렇게 집적된 정보는 식민지 통치에 관련되는 한에서만 이용되었을 뿐, 국민의 아시아 인식에 영향을 주는 일은 거의 없었다. 게다가 그 정보는 전쟁수행과 관련되어 있다고 하여 전후에는 거의 버림받았고, 냉전 속에서 일본인이 아시아에 대한 기억을 급속히 냉동시켜 갔던 것과 짝을 맞추듯 망각되어갔다. 그리고 그러한 실태를 볼 때 일본인은 아시아를 해방한 것이 아니라 패전에 의해 감당할 수 없는 아시아 해방이라는 중압으로부터 자유로워져서 "아시아라는 굴레로부터 해방되었다"라는 느낌을 가졌던 것은 아닐까.

그러나 비록 패전이 일본인에게 아시아와 아시아주의로부터의 해방을 의미했다 해도, 그것은 그때까지의 아시아와의 관계를 일본이 일방적으로 벗어버린 것에 지나지 않았다. 또한 아시아 인식 자체도 근본적으로 검토되지도 않았고 일본인의 세계관 내지 아시아관의 근저에 있는 일본·동양·서양이라는 틀은 1890년대에 만들어진 것이 지금도 존속하고 있으며, 일본사·동양사·서양사라는 구분이 흔들리지도 않았다. 그리고 국민국가를 단위로 한 세계관과도 중첩되어 일본사는 동양사의 일부를 구성하는 것이 아니고, 동양사는 서양사와 분리된 채 존재한다. 그것은 단지 지식 전달의 편의성에 머무는 것이 아니라 세계의 공간과 시간에 관한 문제와 깊이 관련되어 있을 것이다. 의문시되는 것은 바로 그 구분법의 틀과 세계를 보는 시각이다.

제2절 ─── 국가원리를 둘러싼 갈등과 아시아 사회

그런데 주권국가·국민국가 형성이라는 노선을 선택한 일본은, 그것을 계기로 그전까지 동아시아 지역에 관념적으로나마 존재해 왔던 책봉·조공 체제를 해체시키고 새로운 지역세계 질서를 창출하는 것을 외교 과제로 삼았다. 그러나 그것은 청조를 구태의연한 제국으로서 무시 내지 멸시했다는 것을 의미하지 않는다. 일본의 국민국가 형성은 청조가 국민국가를 형성하는 것에 대한 강한 경계와 표리일체였던 것이다. 아니 원래 국민국가는 국가 간 체계interstate system 전체의 일부로서 전체에 의해 규정됨으로써만 존재할 수 있는 것이다.

오늘날 후쿠자와 유키치는 탈아론에 의해 중국을 고루한 악우惡友로서 사절할 것을 주장하였고 청일전쟁에서는 이것을 '문명과 야만의 전쟁'으로 정당화했다고 하여 곧잘 비판의 대상이 된다. 그러나 탈아론을 집필할 당시의 후쿠자와 유키치에게 중국은 결코 고루·묵수의 국가여서 모멸의 대상이었던 것은 아니다. 오히려 잠재적 발전의 가능성을 갖고 있기 때문에 위협의 대상이었던 것이다. 왜냐하면 땅은 넓고 물건은 많은 중국이 "문명의 문으로 나아갈 때는 수천 리 넓은 땅에 전선을 깔고 철도를 놓으며 구미에서 수요하는 동양의 산물은 모두 지나에서 공급하게 될 것이다. (…중략…) 동양에서 지나보다 못한 자는 또한 장래 서서히 이름을 잃어 갈 것"[6]은 피할 수 없고, 그 때문에 중국과 구미 여러 나라는 "친하게" 되고 동시에 구미 여러 나라로부터 틀림없이 "일본은 소외"될 것이라고 보았기 때문이다. 그러니까 중국이 국민국가를 형성하는 것은 "동양의 문명국으로 자칭하는 일본 인민을 위해서는 진정으로 기뻐할 일이 아닌" 것이었다. 그리고 이러한 구미로부터의 소외라는 사태를 일본이 면하기 위해서는 그전까지보다 더욱더 일본이 구미화에 매진하여, "문물제도도 그에 따르고 습관·종교도 그에 따르고 일체만사 서양과 그 색을 같이하여 그 사이에 상이점이 있다는 것을 깨닫지 못하게 하고, 그들로 하여금 서로 구별할 바가 없음을 보고 우리를 소외시키고자 하는 생각을 단념시키는"[7] 것이 반드시 필요하다고 결론지었다.

이러한 후쿠자와의 논의를 보면 구미문명에 대한 완전한 동일화를 추구한 동기가 구미를 따라잡는다기보다 지역세계 내에서의 헤게모니를

---

6   福澤諭吉, 「日本は支那の為に覆はれざるを期すべし」(1884.3.5), 『福澤諭吉全集』 第9卷, p.415.
7   福澤諭吉, 「宗敎も亦西洋風に從はざるを得ず」(1884.6.6), 『福澤諭吉全集』 第9卷, p.531.

둘러싼 경합이라는 측면이었음을 알 수 있다. 그것은 또한 중국이 동양 전체를 대표한다고 구미가 생각하고, 그러한 "동양 가운데에서 지리적으로 우리 일본국의 명적名籍을 알기 때문에 서인의 가슴속에 암암리에 일본이 다루기 쉽다는 망상을 획책"[8]하지 않을 수 없다는 우려와도 연결되었던 것이다. 아마 후쿠자와가 중국에 대해 품고 있었던 이러한 양가적인 생각은 미국과 중국 사이에 끼어 자기의 고유성을 제기하지 않을 수 없는 21세기의 일본인에게 더욱 절실한 실감으로 다가올 것이다.

아무튼 이러한 중국의 구미화=문명화와 그에 따른 국민국가 형성에 대한 양의적인 시선은, 청일전쟁의 승리와 중국의 국민국가 형성이 진척되고 있지 않다는 판단 속에서, 중국에 대한 일본의 우월감과 아시아 향도자로서의 자부심을 낳게 되었다. 그것은 또 아시아 민족과 국가를 국민국가 형성 능력을 척도로 서열화하는 인식으로 나타나기도 했다.

물론 일본인의 세계인식에서는, 예를 들면 폴란드의 망국이 반면교사가 되었던 것에서도 알 수 있듯이, 민족의 자율성과 국가의 독립성을 기준으로 그 우열을 차이화하는 것이 그전까지도 존재했다. 예컨대 이른 시기에 인도, 미얀마, 베트남, 조선 등의 역사를 기록한 기타무라 사부로北村三郎의 『인도사 부록―조선·베트남·미얀마·태국 각국사』는 "오늘날의 인도는 망국의 지위에 있고 (…중략…) 베트남, 미얀마는 망국의 지경에 빠져 오늘날 이미 비참하고 답답한 모습을 보이고 있다. 조선은 일본과 청국, 러시아와 영국이 각축하는 교차로에 서 있고, 태국은 독립의 체면을 이들 망국 사이에서 보유하고 있지만 이것도 또한 동요 부침 안정된 지위에 있지 못하다"[9]라고 하여 아시아 여러 나라를 망국

---

8   福澤諭吉, 「輔車脣齒の古諺恃むに足らず」(1884.9.4), 『福澤諭吉全集』 第10卷, p.33.
9   北村三郎, 『印度史 附錄朝鮮安南緬甸暹羅各國史』, 博文館, 1889, pp.1~5.

내지 그 위기에 처해 있다고 묘사했다. 이처럼 국민국가 형성이 중요한 기준이 된 것은 아시아 인식 때문이라기보다 아시아에서 외교의 주체를 어떻게 인정하고 거기에 일본이 어떻게 관여할 것인가 하는 문제와 연관되어 있다. 그러니까 이들 지역이나 민족은 자력으로 독립을 꾀할 수 없어 신음하고 있고, 국민국가를 형성할 수 있었던 일본에 의한 해방과 국민국가 형성의 원조를 기다리고 있으며, 그 때문에 국민국가 형성의 능력을 결여한 아시아 민족을 지도하여 국가 형성을 달성하게 하는 것은 같은 아시아 땅에 있는 일본인의 천직이자 사명이라는 주장으로 이어졌던 것이다. 이러한 주장에는 아시아의 복권과 해방이라는 주장과 동전의 양면의 관계로서 아시아 민족이 스스로 국가를 형성할 수 없을 정도로 정체되고 후진적이라는 인식이 자리 잡고 있으며, 그것이 사명감을 부채질하는 동기가 되기도 했다. 아마 20세기에 아시아 사회정체론의 가장 강렬한 신봉자는 아시아의 맹주를 자처했던 일본이었다는 것도 부정할 수 없을 것이다.

우치무라 간조가 "모든 인종이 나라를 만드는 데 적합한 것은 아니다. 어떤 인종은 국가를 조직하는 능력을 완전히 결여하고 있는 듯 보인다. 몽고 인종의 대부분, 말레이 인종의 거의 전체는 이런 종류이다. 물론 나라를 만드는 데 가장 뛰어난 인종은 백인종 또는 코카서스 인종이다."[10]라고 하여 아시아 인종이 국가 형성 능력을 결여하고 있음을 명언했던 것도 그 예이고, 야마가타 아리토모도 "청나라와 제휴하여 동양의

---

10 內村鑑三, 『興國史談』(1899), 鈴木俊郎外 編, 『內村鑑三全集』 第9卷, 岩波書店, 1980~1984, pp.272 ~273. 다만 우치무라는 이것을 통해 황색인종 모두의 국가 형성 능력 일반을 부정했던 것은 아니고, "芬蘭土(핀란드), 洪牙利(헝가리) 두 나라는 확실히 황색인종의 건국적 기량을 증명함에 충분하다"(p.273)고 하여 투란 민족의 핀란드와 헝가리에서 황색인종의 국가 형성 능력의 증거를 보았다.

독립을 도모하려는 것은 가장 졸책이라고 믿는다. 왜냐하면 청나라가 앞에서 진술한 바와 같이 유대인종처럼 존재하기는 하지만 오랫동안 일국을 유지할 수 없었던 것은 벌써 식자들 사이의 정론이기 때문이다"[11]라고 하여 국가 유지 능력을 결여한 것을 이유로 청나라와의 제휴를 피하자고 주장했다. 물론 동일한 인식하에서 일본이 멸망에 처한 아시아 여러 민족을 위해 힘을 쓰는 것을 자기 일생의 과제로 삼았던 사람들도 적지 않았다. 미야자키 도텐은 태국에 부임하면서 "이름은 아직 독립국이지만 실은 이미 반망국半亡國 상태에 있어 그 명맥이 끊어질 징조가 역력하여 이를 숨길 수 없다. 한 아이가 우물에 빠지려 하는데 그것을 보고 측은지심을 느끼지 않을 인자가 어디 있으랴. 하물며 작아도 하나의 독립국이 멸망하려는 것은 말할 것도 없다. 동방 군자국의 인사는 모두 한 줄기 눈물을 흘리지 않을 수 없을 것"[12]이라고 말하는데, 그는 반망국을 구하는 것을 측은지정이라 생각하고 그 후 필리핀의 독립운동 및 중국의 혁명운동에 몸을 던졌던 것이다. 나아가 우키타 가즈타미浮田和民는 "일본이 지금 주장해야 할 유일한 제국주의는 국제법상의 합의에 기초하여 구미 여러 나라를 향해 충분히 자국 인민의 권리를 확장하고, 또 아시아 여러 나라의 독립을 부식扶植하며, 그 독립을 부식하기 위한 아시아 여러 나라의 개력을 유도 촉진하는 것에 있을 뿐"[13]이라 하여 아시아 여러 나라의 독립을 촉진·부조하는 것을 자기가 제창한 '윤리적 제국주의'의 과제로 설정했다.

11 山縣有朋, 「淸國特使に關する意見書」(1899.5), 大山梓 編, 『山縣有朋意見書』, 原書房, 1966, pp.252
    ~253.
12 宮崎滔天, 「暹羅行途上」(1896.2), 宮崎龍介·小野川秀美 編, 『宮崎滔天全集』 第5卷, 平凡社, 1971~
    1976, p.5.
13 浮田和民, 『帝國主義と敎育』, 民友社, 1901, p.36.

그러나 일본의 지도로 아시아 독립을 부식한다는 이러한 지향성은 일본과 다른 정치사회의 연대로 연결된 것이 아니라 일본에 의한 외교적 개입과 정치 지도를 정당화하기 위해 사용되었다. 1920년대 이나바 이와키치와 야노 진이지가 주장한, 오늘날 중국 비국가설로 잘 알려져 있는 일련의 논의는 중화민국의 성립과 거의 때를 같이 하여 후쿠모토 니치난福本日南이 저술한 『지나재조론支那再造論』에서 "지나 국민에게는 행정 능력 없다", "재정·군제의 통일 없는 지나는 아직 금세적인 국가를 형성하지 않았다"[14]라는 식으로 정식화되었다. 또한 『청국행정법』을 편찬한 오다 요로즈織田萬도 중국 향촌의 자치능력은 인정하지만 국가적인 진정한 정치적 통일은 결여되어 있다고 보았다. 이러한 논의의 영향을 받아 이시와라 간지는 "지나인이 과연 근대국가를 만들 수 있는지 심히 의문이며 오히려 우리나라의 치안 유지 아래 한민족의 자연적 발전을 기하는 것이 그들을 위한 행복이라고 확신한다"[15]라고 하여 만몽 영유를 정당화하고 국가 형성 모델을 중국 민족에게 제시하자고 고창했던 것이다.

그리고 리튼 보고서에 반대하여 마쓰오카 요스케가 국제연맹에서 행한 연설도, "지나 본토 이외에서 지나의 주권은 오래전에 소멸되었고, 지나 본토 내에서도 그것을 통치하기에 충분한 권위와 능력을 가지는 조직이 있는 정부는 존재하지 않았다"[16]라고 하여 국제법의 기준에 비춰볼 때 중화민국은 완전한 통일국가가 아니라고 강조했다. 일본 정부의 국제연맹 탈퇴 통고문에서도 중국이 주권 통일 국가가 아니고, 따라

---

14 福本日南,「支那再造論」,『日南草廬集』, 岡部春秋堂, 1912, pp.1~7.
15 石原莞爾,「滿蒙問題私見」(1931.5), 角田順 編,『石原莞爾資料—國防論策篇』, 原書房, 1967, p.77.
16 「國際連盟總會に於ける松岡代表の演説」(1933.2),『日本外交年表竝主要文書』下卷, p.265.

서 국제법의 원칙과 관례는 적용되지 않는다는 입장이 표명되어 있다. 이들 논의에 대해 중국 측은 일본의 내정간섭과 침략이야말로 중국의 국민국가 형성을 방해하는 가장 큰 요인이라고 호소했다. 국민정부 외교부가 리튼 조사단에 제출한 「제12호 설첩說帖」(1932.6)에서도 일본이 청말 이래 중국의 대립하는 두 파를 모두 지원하는 음모를 통해 내란을 조장하고 중국의 내정 개혁 노력을 방해했으며 중국의 통일운동을 저해해왔다고 강하게 비난했다.

그러나 중국 비국가설의 강조에도 불구하고 관동군의 이시와라 간지나 이타가키 세이시로板垣征四郎 등으로 하여금 군사행동에 돌입하게 한 것은, 국민혁명의 진전에 의한 중국 통일의 완성과 급속하고 광범위하게 번져갔던 중국 내셔널리즘을 버텨낼 수 없다는 판단 때문이었다. 또, 다치바나 시라키가 "구라파나 일본에 나타난 긴밀한 국가조직이라는 것은 완전히 환경이 낳은 한 현상이고 지나에 나타나는 산만한 국가조직도 구라파나 일본 등 여러 민족과는 대단히 다른 환경하에서 자연적으로 태어난 하나의 현상이다. (…중략…) 어떤 민족이 무력투쟁에 부적당한 정치조직만을 가지고 있다는 것이 반드시 그 민족이 유치하다는, 그러니까 이른바 '어린 아이'라는 증거가 되지는 못한다고 생각한다"[17] 라고 지적했던 것처럼, 도대체 국민국가를 형성하는 능력으로 민족의 우열과 민도의 고저를 논하는 일본인의 발상 자체가 허망에 지나지 않는다고 할 수 있다. 나아가 다치바나는 "그러나 여기서 깊이 생각해야 할 것은 협의의 국가 또는 국민 즉 구라파나 일본과 같은 의미에서의 국가 또는 국민이라는 것이 반드시 모든 민족이 지나야 할 도정이냐는 것

17　橘樸, 「支那はどうなるか」, 『月刊支那研究』第1卷 3號, 1925.2, pp.7~8.

이다. 필연의 도정이 아니라고 해도 가장 바람직한 조직이냐는 것이다"라고 하여 구미와 그를 모방한 일본의 국가 형태 자체에 대한 의문을 표명했다.

그러나 그 후 일본군의 중국 점령 행정지도에서도, 나아가 대동아공영권의 통치하에서도, 일본에 의한 국가 형성을 향한 지도라는 논리가 사용되었다. 그러나 거기에서는 일본에 의한 국민국가 형성이 구미와 다르고 또 아시아에 특유한 국가 형태가 존재한다는 것을 논증함으로써 구미와의 차이를 강조하는 굴절된 논리가 제기되었다. 그것이 어떻게 나타났는가에 대해 인용이 길지만 그 전형적 언설을 하나 제시해보기로 한다.

그러나 같은 [아시아 — 인용자주] 지역에 있으면서 일본만은 백인의 압박을 받는 것이 가장 늦었음에도 불구하고, 급속하게 봉건의 유습을 버리고 국민국가의 태세를 정비해 백인의 압력을 배제하고 당당히 세계 일류 국가로 신장했습니다. 그것은 왜 그럴까요. 일본은 일찍이 천 년 훨씬 이전부터 국민국가의 형태를 갖추고 국민정신의 중핵을 확립하여 왔기 때문입니다. 일본은 사실 세계에서 가장 오래된 국민국가이고, 봉건제도는 이 국가 형태 내부의 일시적 변형에 불과했던 것입니다. 그렇기 때문에 일본은 황정(皇政) 복고에 의해 곧바로 근대국가가 될 수 있었습니다. 일본이 동아의 지도자가 되는 특별한 의의가 여기에 있는 게 아닐까 생각합니다. 인도의 지도자가 될 수 있는 자는 같은 풍토의 지대에 살면서 문화적으로도 오래전부터 통하는 바가 있는 일본 이외에는 있을 수 없습니다. 똑같이 쌀을 주식으로 하는 민족이 아니면 인도의 지도자가 될 수 없고, 쌀을 만들고자 하는 노력은 대농주의(大農主義) 민족에게 이해될 리 없습니다. (…중략…) 인도가 독립하여 일본의 지도 아래 들어올 때 비로소 카스트 제도도 그 면목을 일신하여 인도적인 국민국가를 만들기에 이를 거라고 생각합니다.[18]

저자인 사호다 쓰루지佐保田鶴治는 인도 고전학을 전공한 학연學硏이고 이 글도 자신의 학술연구의 성과로 내놓은 것이다. 그러나 그런 만큼 그는 여기에서 국가관과 연관하여 전문가를 포함한 근대 일본인의 아시아에 대한 시선이 어떠했는지를 잘 보여주고 있다. 그러니까 아시아 민족 가운데 국민국가 형성에 성공할 수 있었던 것은 일본뿐인데, 그것은 일본이 이미 고대에 달성했던 것이지 구미를 모방한 것은 아니며, 구미에 대항할 수 있는 '근대국가성'과 문화적으로 아시아 여러 민족과의 등질성을 가진 일본의 지도에 의해 아시아 여러 지역의 국민국가 형성이 가능해진다는 논리구성이다. 그러나 그때 유의할 점으로 힘을 주어 논한 것은 그러한 국민국가란 구미의 그것과는 완전히 이질적인 것이라는 점이다. 사호다에 따르면, 구미의 국민국가는 개인주의적 사리사욕을 기반으로 성립했고, 그 때문에 국가의 기원에 관한 학설로서 계약설이나 권력설이 필요했으며, 제도로서도 자본주의나 정당주의가 구현되어야 했다. 그러나 그것들이 낳은 폐해를 아시아가 그대로 수용해야할 필연성은 어디에도 없다. 그리고 사실 아시아 사회는 구미와 달리 개인이 아니라 집단을 기초로 하는 혈족적 감정으로 성립되었는데, 이것을 기초로 하여 형성되었다는 데에 구미 국가보다 뛰어난 아시아적 국가의 특질이 있다는 것이다. 여기서 혈족적 감정에 기초한 집단이라고 본 것은 일본의 이에家, 중국의 종족宗族, 그리고 인도의 카스트 등이다.

18　佐保田鶴治,『印度の社會に就て』, 秋田屋, 1944, pp.56～57.

물론 중국의 종족이나 인도의 카스트가 해당 지역의 국민국가 형성에서 아주 큰 장해가 되었다는 것은 쑨원이나 간디, 네루 등이 지적하고 있을 뿐만 아니라, 일본인 사이에서 이것은 오히려 '아시아적 후진성'의 상징으로서 대개의 경우 지탄의 대상이 되었고, 사호다 자신도 다른 논고에서 카스트의 폐해를 많이 언급했다. 그럼에도 불구하고 사호다는 일본의 이에를 예로 들어 개인주의의 폐해를 극력 피할 수 있는 국가 형성의 방도로서 혈족적 감정에 기초한 아시아적 국가의 가능성을 추구해야 한다고 강변했다. 사호다에 따르면 아시아적＝동양적 국가란 모태적 국가, 봉공주의 국가, 절대정신적 생명국가, 영원적 국가 등으로 존재하고 그것은 도의적 국가가 된다.

이러한 논의가 동양문화론의 일환으로 거론되었다는 것은 이미 말했다. 그런데 말레이시아, 인도네시아 통치에서도 국가 개인주의인 구미와 국가 가족주의인 동양의 대비가 강조되었는데, 가족주의에 기반을 둔 동양에서는 "약자는 강자의 비호에 의해 자기 안전이 보증되고 강자는 약자를 지도 편달하여 진보 향상을 꾀하고 강화를 촉진해가기 때문에 약자는 강자의 지도 편달에 순응해야 한다"[19]라고 하여 강자인 일본이 '동양의 가장'이 되는 것이 당연시되었다.

이처럼 구미에 필적하는 국민국가를 동양에 형성하는 것을 목표로 삼아 시작되었던 일본의 근대는, 국가의 다양성을 주장한 다치바나 시라키에게서도 볼 수 있듯이, 구미의 국민국가와 다른 아시아 특유의 국가란 어떤 것이고 또한 그 집합체로서의 지역세계인 아시아의 존재란 무엇인가라는 문제에 봉착하게 되었다. 거기에는 또한, 단지 국가 형태

---

19 「國家家族主義東洋－南方圈諸民族に告ぐ」, 『南方情勢』 第63號, 1942.1, pp.8~10. 이 논설은 같은 잡지에 말레이어로도 번역, 게재되었다.

뿐만 아니라 아시아라는 '장'을 근거지로 하면서 그 '장의 논리'를 초월해 '근대 서양'이 낳은 국민국가를 비롯한 다양한 사회적·정치적 관념 자체를 근본적으로 재구성한다는 지향성이 포함되어 있었음도 부정할 수 없다. 다만 다치바나 시라키를 비롯해 사호다 쓰루지 등 대부분의 논자는 개인주의적인 구미의 국민국가가 이기적 언동 때문에 통합의 위기에 처해져 있다면서, 이를 대신하여 일본의 이에를 모델로 한 멸사봉공의 가족주의를 기저로 하는 국가를 아시아적인 것으로 보고 있다. 그리고 거기에서는 일본이 아시아에서 분리하여 사용하고 있던 국가원리의 양면성과 모순이 분명하게 나타나 있었다. 그러니까 아시아에서 주도권을 주장하기 위해서는 국민국가 형성 능력이라는 구미의 원리에 의존하지 않을 수 없었다. 그럼에도 불구하고 구미로부터의 해방과 독립을 추구하는 아시아 식민지에 대해 일본의 우위성을 과시할 때에는 구미의 국가 원리와 다른 아시아적이라고 간주되는 가족주의적 국가 원리를 제시할 필요가 있었고 동시에 그럼으로써 구미에 대해서는 자신이 '아시아의 맹주'임을 주장하려 했다.

그러나 식민지로부터 해방된 후 아시아의 정치사회가 추구했던 것은 일본이 제시한 가족주의적 국가가 아니라 오히려 구미의 개인주의적 국민국가였다. 그런 의미에서 일본이 자신의 사명으로 생각했던 아시아의 국가 형성은 일본을 부정적 매개로 하여 달성되었다고 볼 수 있을지도 모른다. 물론 그 국민국가 형성이 완전한 것은 아니다. 민족·종교의 대립으로 인한 분쟁이 분출되고 있고 국민국가라는 형태의 한계가 문제가 되고 있는 현재, 다양한 민족과 종교를 포섭하고 애매한 경계로 연결되어 있는 관용성을 가진 제국이라는 형태가 관심을 끌면서 21세기를 새로운 제국의 세기로 예견하는 시각도 있다. 그러나 아시아 대부분의 정치사회는 예전의 가족주의적 왕조사회 형태나 청조 등의 제국의 형태를 부정하기 위해서 국민국가 형성의 노력을 세기를 걸쳐 추진해왔다. 그리고 지금 여전히 한반도 등에서는 국민국가로서의 통합이 21세기의 정치적 과제로 남아 있다.

아시아에서 가족주의적 국가나 제국적 국가의 형태가 국민국가의 한계를 뛰어넘는 계기로서 의의가 있는지는 결코 자명하지 않다. 아니 원래 국가라는 형태조차 무화되고 있는 것이 글로벌화라는 거스르기 힘든 조류라고 한다면, 그 속에서 일본이나 아시아라는 지역 구분이 어느 정도 존재이유를 갖고 국민국가라는 틀을 어떻게 바꾸어나갈 것인가라는 물음은 21세기에도 낡고도 새로운 사상과제로서 등장할 것이다.

제3절 ──────── 사상·문화를 낳는 공간

1917년 니토베 이나조는 정치적·군사적 식민지가 가까운 장래에 소멸할 것이라고 한 다음, 20세기에 발생한 심각한 사태로서 정신적 식민의 문제에 주의를 촉구하고 그것이 식민정책학의 근본문제가 되리라고 보았다. 즉 "정신적 식민은 20세기에 발아한 문제인데 그것은 어디의 사상이 어디를 정복하는가라는 문제이다. (…중략…) 이것은 어떤 국가가 동양문화에 가장 공헌하는가, 어떤 국가가 정신적으로 동양을 식민지화하는가 하는 경쟁이다"[20]라고 하여 20세기 이후는 문화와 사상이 가진 정신성에 의한 내면적 요소야말로 국제정치를 좌우할 결정적 요인이 되리라고 예견했다.

그것은 제1차세계대전에 의해 전쟁 형태가 크게 변화되고 문화도 전쟁의 구성요인이 됨에 따라 발생한 현상이면서, 동시에 제2부 제8장에서 검토했던 것처럼 1901년에 조인된 의화단사건 배상금 문제에서 시작되는, 교육을 통한 영향력 침투를 둘러싼 국제적 패권경쟁으로 격화되었던 것이다. 그것은 또한 아시아라는 범역을 인정하는 데 있어서 문화라는 사상기축이 가장 크게 기능한 시대였음을 말하는 것이기도 하다.

그러나 니토베 이나조가 20세기에 발아했다고 말한 정신적 식민의 문제는 식민지 자체가 소멸된 21세기에야 비로소 문화의 '진정성'이나 '고유성'에 의한 자타의 경계 설정이란 무엇인가라는 문제와 얽히면서, 그것이 가시적이지 않기 때문에 그리고 또 어느 사이에 침윤되어 내면에서부터 가치관을 바꾸어버리기 때문에, 정신적 자립성과 관련되는 자기동일성의 위기의 문제로 드러날는지도 모른다. 아니 그것은 포스트콜로니얼리즘에서 말하는 문화나 아이덴티티와도 연관되고, 나아가 20세기 말부터 본격화한 글로벌리제이션과 그에 저항하고 이의를 제기하는 민족·문화·종교 문제로서 이미 눈앞에 닥쳐왔다고도 할 수 있다. 바로 "민족적·문화적인 단편화와 근대적인 동질화는 오늘날 세계에서 일어나고 있는 두 가지 대등한 사태가 아니라 글로벌한 현실에 대한 두 가지 구성적 경향"[21]이고, 지구적 규모에서 일어나는 동질화의 진행 가운데 지역의 고유성이 부각되는데, 그런 의미에서 글로벌리제이

---

20 新渡戶稻造, 「1917年講義ノート―植民地政策の將來」; 矢內原忠雄, 「植民政策に於ける文化」, 『教育』第7卷 4號, 1939.4, p.1.

21 Friedman, Jonathan, "Being in the World : Globalization and Localization", in Mike Featerstone, ed. *Global Culture : Nationalism, Globalization and Modernity*, London : Gage Publications, 1990, p.311.

선은 현실에서는 로컬리제이션과 동시적으로 진행되는 것이다. 그리고 글로벌화는 현시점에서는 미국화이지만 장래에는 그 발신 거점이 아시아로 옮겨올 가능성도 부정할 수 없다.

그러나 바꾸어 생각해 보면 이 문제는 국가기구에서 생활문화에 이르는, 구미로의 평준화와 그에 저항하는 유동화와 고유화의 양상으로 나타나기 때문에, 이 책 제2부에서 검토했던 것과 본질적으로는 다르지 않다. 물론 생활양식부터 근본적으로 변화시켜가는 그 침투의 정도는 예전과는 비교가 되지 않을 정도이고, 전 세계에 실시간으로 정보가 교환되는 사태는 단순한 양의 문제에 그치지 않는 질의 전환을 낳고 있다고 보아야 할지도 모른다. 그것이 무엇이건 여기에서 유의할 근본적인 문제는 문화구성에서 지역성을 어떻게 생각할 것인가이다. 그러니까 문화란 명백히 민족과 종교생활에 기초를 두고 있음에도, 다양한 문화요소가 혼합되면서 유동적인 혼교문화를 형성해가는 것이 일반적인 문화의 양태이고, 거기에 뚜렷한 경계선을 긋는 것은 그다지 의미가 없다. 그런 관점에서 보면 어떤 하나의 문화나 가치체계를 바람직한 것으로서 자발적으로 받아들이는 한 그것을 배척할 이유는 없다. 마찬가지로 다양한 문화가 존재하는 한 그것이 존중되어야 할 것은 말할 필요도 없다. 그러나 문화는 단지 그 자체의 우월성으로 나타난다기보다 경제나 경제의 압력에 수반하여 다른 사회로 전파되는 것이 보통이다. 그런 한에서 경제나 정치적 측면에서 종속적 입장에 놓인 사회에서는 자발적으로 문화를 수용하거나 거절할 수 있는 자유는 허용되어 있지 않다. 오늘날 반글로벌리제이션 운동이 세계적으로 퍼져가고 있는 것도 문화의 균일화가 강제적으로 진행되고, 전통적인 문화나 사회구조가 표면적으로는 남아 있어도 그 내실이 어쩔 수 없이 변용되며 동시에 그 수용 방법 여하에 따라 경제적 격차가 끊임없이 증대되어 가는 것에 대해 사람들이 반대하기 때문이다. 거기에서는 니토베 이나조가 '정신적 식민'이라 부른 사태에 대한 준엄한 거부의 자세가 나타나 있다고 할 수도 있을 것이다.

그렇다면 개별 사회나 지역세계의 문화와 세계문화의 관계는 어떠해야 할까. 사실 이 문제는 일본 혹은 아시아 내지 동양이라는 장에서 구미문화의 침투에 저항하면서 근대라는 시대를 살아가야 했던 일본이나 아시아 사람들이 대체 무엇을 '자신의' 개성으로 삼아 세계를 향해 발신할 수 있는가라는, 그러니까 존재이유에 대한 물음으로서 계속 대결해온 사상과제와 다르지 않았다.

이미 1890년대 국수보존주의 운동도, "자국을 위해 힘을 쓰는 것은 세계를 위해 힘을 쓰는 것이고, 민권의 특색을 발양하는 것은 인류의 화육化育을 비호하는 것이며, 호국과 박애는 조금도 당착되는 바가 없다"[22]라고 하여, 각각의 민족이 자신의 특성과 능력을 발휘하여 독자적인 문화를 발전시킴으로써 비로소 인류문화의 발전이 가능하다는 견해를 가지고 있었다. 여기에는 하나의 실체로서 인류문화가 상정되었을 뿐만 아니라, 각각의 민족이 다른 민족의 문화가 가진 독자성을 존중하는 다원적인 문화 집합으로 생각되었다. 그러나 국수보존주의 운동 자체가 도도하게 흐르는 일본사회 전체의 서구화 풍조에 대한 대항이었던 것처럼, 문제는 압도적으로 우세한 침투력을 가지고 세계에 퍼져가고 있고 그 때문에 보편성을 갖는 것으로 간주되었던 구미의 사상·문화에 대해, 일본이나 아시아의 사상·문화가 어떤 존재이유를 가지며 어떻

---

22 三宅雪嶺, 「凡例」(『眞善美日本人』), 生松敬三 編, 『日本人論』, 富山房百科文庫版, 1977, p.6.

게 인정받을 수 있는가 하는 점이었다. 과학·기술의 서양문명의 대극에 정신·도덕의 동양문명을 놓는 것으로 시작하여, 지역적 특유성을 지니면서도 보편일 수 있는 사상이나 문화란 어떤 것인가라는 물음에 대한 응답을 쌓아온 것이 근대 일본의 사상이었다고 해도 지나친 말은 아닐 것이다.

서양의 물질·기계 문명과 동양의 정신·도덕 문명이라는 대비에 대해서는 일찍이 나카무라 마사나오가 "서양 기예技藝의 정교함은 실은 도덕과 표리 관계를 이룬다. 도와 예를 기준으로 동서를 분첩分貼하는 것은 아직 확실하지 않다"[23]라고 비평했음에도 불구하고, 이 한 세기 동안 "정신적·도덕적으로 몰락하여 위기에 처해 있는 구미의 한계를 뛰어넘어 새로운 가치·사상 체계를 제공하는 동양 내지 아시아"라는 취지의 입론이 얼마나 많이 나타났다가 사라졌던가. 그리고 현재에도 "원래 지구상에는 각기 독자적인 가치체계를 가진 지역이 다수 존재했다. 그것이 본래적 모습인데 근대라는 시대에 들어서고부터는 하나의 특정 지역 즉 서구라는 지역이 가지고 있던 가치체계만이 선전되고 팽창하여 전 세계를 뒤덮어버렸다. (…중략…) 서구에서 나온 이러한 근대사상이 한계에 도달했다고 한다면 그것을 버리고 그 외의 더욱 많은 개별적 가치체계가 출현하기를 바라는 길밖에 방법은 없다"[24]라는 식으로

---

23 이 주장이 佐久間象山의 '東洋道德西洋藝'에 대한 비판으로 中村正直에 의해 이루어진 것에 대해서는 津田左右吉, 『文學に現れたる我か國民思想の硏究―平民文學の時代·中』, 『津田左右吉全集』(別卷 第5), 岩波書店, 1966, p.443 참조.

24 高谷好一, 「地域とは何か」, 矢野暢 編, 『地域硏究の手法』(講座現代の地域硏究 1), 弘文堂, 1993, p.26. 高谷의 주장의 역점은 어디까지나 생태학·인문지리학의 관점에서 개성적인 '세계성'을 가진 공간을 적출하고 그것들이 단위가 되어 지구가 구성된다는 세계단위론에 있고, 여기서 인용한 문장은 어디까지나 개별 가치체계를 가진 것이 지역임을 설명하는 가운데 언급된 것임을 유의할 필요가 있다.

지역의 의의를 강조하는 논의가 제기되고 있다.

다니카와 데쓰조는 "문화가 미발달한 단계에서는 민족성이나 자연의 환경이라는 것이 큰 힘이 되지만, 그러나 그런 힘은 문화가 진전되면서 점점 힘을 잃는다. 그렇기 때문에 우리들이 미래의 신문화 건설을 구상할 때 그런 것에 너무 매달리지 않는 것이 좋다"[25]라고 지적한 적이 있었는데, 아시아·동양 등의 지역세계의 문화와 가치체계가 서구 내지 구미의 한계를 대체하고 세계를 구원할 것이라는, 20세기에 몇 번이나 반복된 이런 언설은 아마 21세기에도 되풀이될 것이다. 나도 또한 그것이 완전히 무의미한 사상이라고는 생각하지 않는다. 오히려 그것이야말로 지역 연구와 사상사 연구의 핵심일지도 모른다고 생각한다. 다만 그렇더라도 어떻게 개별적 가치체계가 서구의 그것을 대체할 수 있는가라는 현실성의 문제와 거기에 어떤 의의가 있는가라는 가치 선택의 문제는 남을 것이다.

게다가 지금까지 아시아적 내지 동양적이라는 가치체계를 추출하는 방법에 특징적인 공통성이 있었다는 것도 지적해둘 필요가 있다. 그것은 명시적이건 아니건 구미적·서양적인 가치란 무엇인가라는 물음을 전제로 그 반대 가치로서 아시아적·동양적 가치를 적시해 왔다는 점이다. 그러니까 아시아적·동양적 가치가 있다고 해도 그것이 가치로서 표출되고 인식되기 위해서는 어떤 대비의 대상이 필요하다. 왜냐하면 그러한 시점을 결여한 채 어떤 가치를 그 지역 특유의 가치로 파악하더라도 그것은 여전히 다른 지역의, 다른 가치적 표현 가운데 잠재한 공통성을 깨닫지 못하는 것에 불과할지도 모르기 때문이다. 고유성이나

---

25 谷川徹三, 「東洋文化論」, 『太平洋問題の再檢討』, 朝日新聞社, 1941, p.141.

특수성의 주장에는 항상 그러한 위험과 애매성 그리고 자의성이 따라붙게 마련이다. 그러나 그렇기 때문에 이러한 지역적 사상이나 가치체계가 지역세계를 넘어 수용되는 가치, 그러니까 보편성이라고 말할 수 있는 것을 어떻게 지닐 수 있는가에 대해서도 사색이 거듭되어왔던 것이다. 미키 기요시는 동아협동체라는 협동주의사상을 발신하면서 "동아라는 말이 지역적인 명칭일 뿐 우리들은 이러한 지역주의적 사고에 빠지지 않도록 특히 주의할 필요가 있다. 단지 지역적으로 사고하는 그런 사상은 진정 사상이라는 이름에 값하지 못할 것"[26]이라고 하여 동아라는 장에 매몰됨으로써 발생하는 위험성에 주의를 촉구하고 있다.

그렇다면 지역적인 것이면서 그 지역적 특유성을 가지는 보편적인 사상은 어떻게 획득될 수 있을까. 미키 기요시는 '지역주의적 사고'에 의한 편견이라는 위험에서 벗어나 '20세기를 적극적으로 통일하는 사상'을 획득하는 요인을 다음과 같이 제시했다.

그것은 어떤 사람이 단순하게 생각하듯이 유럽주의를 대신해 기계적이고 자동적으로 동양주의가 그 위치를 점한다는 것을 뜻하지 않는다. 동양사상이라 불리는 어떤 것이 20세기 사상이 될 수 있다면 그것은 유럽주의의 몰락과 동시에 상실되려 하는 세계사(유럽도 포함한 역사)의 통일적 이념을 스스로 내걸고 나타나야 한다. (…중략…) 세계대전 후 유럽에서 유래한 문화형태학적 발상은 우리들 동양인에게는 자기의 특수성을 주장하는 근거로서 유럽주의에 대항하는 데 도움이 될 수 있다고 해도 그 자체는 일개의 상대주의에 불과하다. (…중략…) 문제는 오히려 세계사의 통일적인 이

26　三木清,「東亞思想の根據」,『改造』, 1938.12, p.9.

넘의 획득에 있다.[27]

미키 기요시의 논의는 현재 역사학계의 논조, 다시 말해 아시아의 자립성을 강조함으로써 유럽 중심주의를 비판할 수 있다는 논조에 일침을 가하는 것이면서, 동시에 통일적인 이념으로 구상한 세계상 내지 세계사상을 전제하지 않는 한 아무리 동양사상으로써 유럽 사상을 치환해도 그 자체로는 근본적인 해결이 되지 못한다는 것을 지적한 것이다. 21세기의 사상과제는 그 점에서는 미키 기요시가 20세기의 사상과제로 설정한 것과 단절되어 있는 게 아니다. 그러나 그러한 '세계사의 통일적인 이념의 획득'이 단순한 관념 이상의 것이 되기 위해서는 거꾸로 지역의 실태나 지역적 가치가 어떤 것인가를 지구 전체에 걸쳐 명확히 할 필요가 있을 것이다. 이리하여 다시 문제는 지역적 사상·가치 체계이면서 지역세계를 넘어선 보편성을 갖는 것은 무엇인가를 발견하는 것으로 돌아가지 않을 수 없다.

지금 여기에서는 그 문제를 생각하기 위한 한 가지 사례를 들 수밖에 없는데, 니시다 기타로西田幾多郞와 밀접하게 교류했고, 구미에서 오랜 연구생활을 체험했으며, 동서 사상·문화를 '세계문화'라는 지평에 자리매김하고자 했던 스즈키 다이세쓰鈴木大拙도 그러한 관점에서 아시아적·동양적인 것의 보편적 의의를 추구했다. 스즈키에 따르면 "서양 사람들은 사물이 두 개로 나뉜 후의 세계에 바탕을 두고 그 지점에서 사물을 생각한다. 동양은 대체로 이와는 반대로 사물이 아직 이분되지 않은 곳에서 생각을 시작한다"[28]라는 점에 구미와 아시아의 근본적인 차이가

---

27 三木清, 「20世紀の思想」(1938.7), 『三木清全集』 第14卷, pp.155~156.
28 鈴木大拙, 「東洋の思想の不二性」(1962), 『鈴木大拙全集』 第20卷, 岩波書店, 1980, p.157 및 p.160.

있다. 그리고 그는 서양적·구미적 사고양식이라 할 수 있는 "이분성에서 생기는 배타성·주아성主我性은 아주 좋지 않은 성격"임에 반해, 동양적·아시아적 "짐조미분朕兆未分 이전, 로고스 이전"의 "혼연한 하나"인 상태에서 사고하는 방법이야말로 "지금부터 생겨날 세계문화라는 것을 창조하는 데에 큰 역할을 할 것"[29]이라고 주장했다. 게다가 이분법 부정이라는 스즈키의 입장에서 보면, 이러한 논의는 '서양적'과 '동양적'을 대립시키는 데 목적이 있는 것이 아니라, "본래 동서 구분이 없다"라는 입장에서 그 둘의 다른 사고법을 『장자』에서 말하는 '혼돈'처럼 하나로 통합하는 데 본래 목적이 있었다. 그 때문에 동양인 내지 아시아인이라는 사실은 그대로 동양적 내지 아시아적 사고 양식을 가지고 있다는 것을 의미하지 않는다. 그뿐 아니라 오히려 동양 내지 아시아에 있으면서 일본인이 잊고 있었던 것이 동양적·아시아적 사고양식이고 거꾸로 서구인이어도 동양적 내지 아시아적 특성은 구현되어 있다고 스즈키는 강조했다.

이처럼 스즈키는 동양적 사고라는 개념은 확실히 아시아 사상에서 나온 것이지만 '초월적 지혜'로서 지역을 떠나 성립하는 가치라고 자인하면서, 세계적인 규모로 인류문명에 기여하기 위해 '나도 너도 없는' 혼돈한 존재방식을 전 세계에 전파할 사명이 일본인에게 있다고 주장했던 것이다.

그러나 스즈키의 '즉비卽非'나 '무분별의 분별' 등의 논의는, 오카쿠라 덴신이 아시아적 사상원리로 내건 불이일원론不二一元, advitalism과 마찬가지로, 그것이 구체적으로 어떤 사상판단과 행위의 기준이 되는지는 이

---

29 鈴木大拙, 「東洋學者の使命」(1961), 『鈴木大拙全集』 第20卷, p.217.

해하기 쉬운 것이 아니다. 그것은 정신과 물체, 주관과 객관, 일과 다, 안과 밖 등의 이원론을 부정하고 보편과 개별의 범아일여梵我一如를 주장하는 니시다 기타로의 '절대 모순적 자기동일'이라는 개념과 마찬가지로, 일종의 종교적 경지의 깨달음을 필요로 하는 것인지도 모른다. 또, 이런 발상이 데카르트주의적 이원론의 대척적인 지점에서 비롯되었다는 것도 분명하다. 그러나 예를 들어 일즉다一卽多, 다즉일多卽一 같은 논리가 직접적으로는 『화엄경』에서 착상한 것이지만, 그것이 이슬람 사상과도 통하는 발상임에 주의할 필요가 있다. 그러니까 이슬람이라는 종교가 지향해온 입장은 개체·개별을 끝없이 하나로 헤아리면서 구극적인 신 알라의 유일성하에 통합되어 가고자 하는 타우히드(하나가 됨)라고 한다. 타우히드Tawhid의 논리형식에서 '일'이라는 존재는 항상 '다'를 전제로 하여 비로소 성립한다. 이 치열한 다양성과 다원성이 하나로 인지됨으로써 민족이나 지역을 초월한 보편지향을 뒷받침하고 있다는 것이다.[30] 이러한 발상 자체가 다른 문화나 사상, 신앙을 가진 사람들에게 받아들여질지는 차치하고서라도, 그것들은 주관과 객관의 이원론이나 이항대립적 사고에 갇혔던 '근대세계'의 사유방법이 가진 폐쇄성을 개방하고 세계 파악의 전환을 촉구하는 사유구조의 대안으로 제시되고 있는 것이다.

더욱이 이러한 일즉다, 다즉일이나 타우히드 등으로 제시되는 사고법은 단지 사상이나 교설에 머무는 것이 아니다. 어디까지나 정치적 목표에 불과하다고 해도 현재 인도나 인도네시아 등의 다민족·다종교 사회에서는 그것이 사회를 통합하는 원리이기도 하고, 인도에서는 'Unity of

---

30 板垣雄三, 『歷史の現在と地域學』, 岩波書店, 1992, p.208.

Diversity'가, 인도네시아에서는 'Bhinneka Tungal Ika(다양성 가운데의 통일)'가 달성해야 할 과제로 제시되고 있다. 물론 그것이 국시 내지 국가목표로 제시되었다는 사실 자체가 '다이면서 일'이라는 사태가 실현되기 위해서는 아주 많은 곤란과 장애가 수반된다는 것을 보여주는 것이기도 하다. 그러나 이러한 곤란은 인도나 인도네시아만이 직면하고 있는 것이 아니라 세계 각지에서 일어나고 있는 민족·종교 분쟁을 보더라도, 하나의 문화, 하나의 언어, 하나의 종교를 강요하지 않고, 상호의 차이를 조화시키면서 혼종적인 문화와 사회를 새롭게 창조해 가는 것이 특히 21세기 인류에게 있어 영원한 과제로 남을 것임을 보여주는 것이기도 하다. 그리고 아시아뿐만 아니라 최초의 국민국가The First New Nation인 미국에서도 그것이 과제였다. 그것은 미합중국의 모토가 라틴어로 'E pluribus unum'이라는 점에서도 추측할 수 있다. 이 라틴어가 의미하는 것도 바로 'one out of many', 즉 '다이면서 일'이다.

이처럼 아주 조잡하지만 아시아 속에서 발견되는 가치와 사회의 존재 이념인 '다이면서 일'을 예로 들어 보았는데, 물론 이것으로 과제가 해결되는 것은 아니다. 그러나 사상사 연구를 과제로 삼은 나에게 아시아라는 공간이 가진 의미가 오늘날까지 유럽의 근대가 행해온 것이 어디까지 보편성을 가질 수 있는가라는 것을 일본과 그것이 관계해 온 '아시아'라는 장에서 검증해 가는 데 있는 이상, 공간과 가치의 문제는 지금도 그리고 앞으로도 여전히 중요한 테마이다. '사상과제로서의 아시아'라는 제목에는 바로 그러한 의미가 포함되어 있다.

그러면 21세기에는 지역공간의 다종다양한 가치관을 반영하면서도 '세계문화'로 통일된 문화가 발생할 수 있을까.

이에 관해 월러스틴은 "그것은 존재해야 하는가라는 당위의 문제가 아니라 존재할 수 있는가라는 가능성의 문제이다"[31]라고 지적하고, 개별문화가 멸망해갈 우려가 많다는 것에 주의를 촉구하면서 다양성을 인정하는 점에서 포스트모던은 포스트보편주의가 되어야 한다고 주장한다.

그 점에서는 와쓰지 데쓰로가 적절하게 지적했듯이 "인류를 하나의 전체로 조직하려는 노력은 민족의 다양한 특수적 형성을 존중하면서 그것들을 한층 고차적인 단계에서 조화시켜야 한다. 특수적 내용을 버린 동일화는 인간 존재의 빈곤화이지 풍부화는 아니다"[32]라는 생각이야말로 앞으로도 많은 공감을 얻을 수 있을 것이다. 보편적인 것이 설정됨에 따라 차이가 단순한 차이에 머물지 않고 서열화되거나 때로는 그 차이가 말살되어 갈 위험성이 있는 이상, 인류문화의 예지를 살리고 키워가기 위한 온상으로서 다른 문화공간의 존속이 필수적인 조건임은 당연하고 21세기에 지구가 균일한 문화로 뒤덮이는 사태가 발생하는 것에 대항하여 저항이 끊이지 않을 것이다. 또, 지금까지 국민국가라는 정치적 경계의 존재에 의해 은폐되어 인식되지 않았던, 문화적·경제적인 국경을 넘는 존재가 새삼 발견될 가능성도 적지 않다. 그 지점에서는 이 책에서 검토한 평준화·유동화·고유화라는 현상이 다른 형태이긴 하지만 새로이 지적될 수 있을지도 모른다.

그런 전망에 설 때, 더 이상 지역으로서의 실상이나 존재 의의에 관해 아시아는 아프리카나 아메리카나 유럽 등의 지역과 아무런 차이가

---

31 Immanuel Wallerstein, 丸山勝 譯, 『ポスト·アメリカ』, 藤原書店, 1991, p.297. 여기에서 월러스틴의 논의는 명확하지 않으나, 순수한 형태의 세계문화 추구가 아니라 독자성을 갖춘 문화적 실태의 창조와 재생에 의해 자유롭고 평등한 보편적 현실을 회복할 수 있다고 보고 있는 듯하다.

32 和辻哲郎, 『倫理學 上』, 安倍能成 外 編, 『和辻哲郎全集』 第10卷, 岩波書店, 1961~1976, p.593.

없다고 생각해서는, 그리고 아시아·동양을 유럽·서양과의 이항대립 속에 가둬놓고 그것을 이념형으로 삼아서는 별다른 의의를 발견할 수 없을 것이다. 이미 어떤 지역도 다른 지역의 종속계수로 존재하거나 움직이고 있지는 않기 때문이다.

그러면 아시아는 더 이상 탐구해야 할 사상과제가 되지 못하는 것일까. 답은 '아니다'이다. 구미화한 사회가 상실한 것을 회복하는 희망태希望態로서 아시아를 실체화하는 것이 아니라, 인류문화의 최전선을 질주하는 가능성으로서 아시아를 희구하는 사고실험의 시도는 21세기에도 끊이지 않고 되풀이될 것이다. 그리고 그것이 요구되는 것은 그에 상응한 절실한 과제의 반영임에 틀림없는 이상, 미리 그것을 봉쇄할 수도 없을 것이다. 또, 아시아에 대해 알고 있는 것은 지금도 여전히 아주 제한되어 있을 뿐이라고 인정하지 않을 수 없을 것이다.

나아가 무엇보다도 역사연구라는 차원에서 말하면, 20세기 일본이 아시아와 관계하는 방식이 안팎에서 역사인식의 문제로 제기되고 있는 한, 그것은 결코 지나간 과거로서가 아니라 현재의 문제로서 우리 앞에 계속 존재하기 때문이다.

크리스토프 하인은 "지나가버리는 것이 불가능한 시대 혹은 역사기록자의 딜레마"를 언급하면서, "우리들은 과거와 더불어 살아가지 않으면 안 된다. 과거는 우리들의 삶, 우리들의 현재에 속한다. 우리들의 미래와 마찬가지로"[33]라고 하여, '끝없는 과거'가 현재와 미래 속에 존재한다는 것을 가슴속에 새기고 있다.

우리들도 또한 이 말을 흉내 내어 마지막으로 이렇게 써두고 싶다.

---

[33] Christoph Hein, 小竹澄榮·初見基 譯, 『僕はあるときスターリンを見た』, みすず書房, 1991, p.157.

우리들은 아시아와 더불어 살아가야 한다. 아시아는 우리들의 삶, 우리들의 현재에 속한다. 우리들 지구의 미래와 마찬가지로……

그처럼 현재와 미래가 과거 속에 존재하기 때문에, 그리고 아시아가 세계 속에 존재하기 때문에 우리들에게 아시아는 아마 삶이 끝날 때까지 해답이 나오지 않는 끝없는 사상과제로 계속 남아 있을 것이다.

후기

　붓을 놓으면서 사료를 어지럽게 늘어놓았을 뿐 경중을 제대로 가리지 못한 채 얼기설기 엮은 것은 아닌지 우려스럽다. 이제야 새삼스럽게 배움의 바다가 끝이 없다는 것을 알고서 망양지탄亡羊之歎을 발할 따름이다. 정직하게 말해 이렇게 난삽하기 짝이 없는 집필 체험은 처음이다. 방대한 사료와 그 초록의 메모를 앞에 두고 그저 한숨만 내쉴 뿐 아무런 전망도 없이 덧없이 쌓았다가 무너뜨리는 수고를 되풀이했다. 지금도 어렵사리 한 권의 책으로 묶은 것이 꿈이 아닌가 싶을 정도로 믿기지가 않는다.

　사상연쇄라는 시각을 설정한 다음, 구미―아시아의 연계 속에서 일본을 자리매김하고 나아가 '근대 세계'의 역사적 위상을 밝혀보겠노라고 생각한 것은 1985년의 일이었다. 당시 도호쿠대학에서 사토 신이치 선생과 진행하고 있던 '사회진화론의 국제 비교'라는 공동세미나에서, 사이토 선생이 사료로 배포한 『청의보』와 『신민총보』 등에 실린 량치차오의 문장에 나카에 조민, 후쿠자와 유키치, 가토 히로유키 등의 글에서 인용한 부분이 있다는 것을 안 것이 단서였다.

　그 후 1987년부터 1988년까지 하버드대학 옌칭연구소에 머무를 때 일본·중국·조선의 사료를 일상적으로 하나의 통합된 것으로 볼 기회를 얻었고, 또 조슈아 포겔 교수가 주재하고 있던 '일본의 중국학'에 관한 세미나에 참가하면서 사상연쇄라는 틀을 설정하여 연구를 진행할 방침을 굳힌 다음, 첫 번째 시도로서『키메라―만주국의 초상』(1993)을 공간했다. 그리고「일중 법정사상의 연쇄」(1989, 베이징일본연구센터 공개강좌),「구미-일본-중국의 사상연쇄」(1990, 일본정치학회 보고),「사상연쇄의 회로와 그 역설」(1992, 상하이 중일청년연구자 심포지엄),「아시아론과 국가관의 교착」(1999, 일본정치학회 보고) 등을 비롯하여 수많은 국내외 학회와 연구회 등에서 이 책과 관련된 테마로 보고를 했다. 그때마다 귀중한 질정과 가르침을 주신 분들께 이 자리에서 다시 한 번 감사를 드리고 싶다.

본서의 내용은 위의 보고 외에 제1부와 관련하여「아시아 인식의 기축」(후루야 데쓰오 편,『근대 일본의 아시아 인식』, 교토대학인문과학연구소, 1994), 제2부와 관련하여「지의 회랑―근대세계에서 사상연쇄의 전제」(미조베 히데아키 · 오노 노리아키 등,『근대 일본의 의미를 묻는다』, 모쿠타쿠샤, 1995),「청말 지식인의 서양 학습과 일본 학습」(미나모토 료엔 외편,『일중문화교류사총서3 사상』, 다이슈칸, 1995),「일본의 국민국가 형성과 그 사상연쇄」(『일본사연구』제403호, 1996), 제3부와 관련하여「일본 외교와 아시아주의의 교착」(일본정치학회 편,『연보 정치학 1998』, 이와나미쇼텐, 1999), 종장과 관련하여「'다즉일'의 질서원리와 일본의 선택」(아오키 다모쓰 · 사에키 게이시 편,『'아시아적 가치'란 무엇인가』, TBS브리태니커, 1998) 등의 논문을 기초로 했다. 원형에 머물지 않은 것이 많지만 이들 기획에 참가하면서 기축 · 투기라는 시각을 얻을 수가 있었다. 이 글들을 처음 쓸 때 참고자료까지 적어주신 학은^{學恩}에 사의를 표하고 싶다.

아울러 이 책과 관련하여 도호쿠대학 문학부 부속 일본문화연구시설에 재직할 때 미나모토 료엔 선생으로부터 웨이위안의『해국도지』가 사쿠마 쇼잔과 요코이 쇼난 등에게 미친 영향에 대하여, 이노우에 히데오 선생으로부터 조선사 형성과 근대 일본의 관계에 대하여, 요시다 다다시 선생으로부터 동아시아 지적 세계에서 서학과 선교사의 역할 등에 대하여 얘기를 들을 기회가 있었는데, 기억에 뚜렷하게 남아 있는 이들의 가르침이 제2부의 기저에 놓여 있다. 또, 스기야마 고이치 선생은 연구실에 정연하게 꽂혀 있던 동서고금의 문화인류학 관련 저작과 잡지를 자유롭게 열람하게 해주셨을 뿐만 아니라 일본 문화인류학의 역사와 의미 등에 대하여 거듭 말씀해주셨는데 그것이 제1부 등의 기초를 이루고 있다. 지금 일본문화연구시설은 없어졌지만 나의 기억 속에서는 사사키 아키오 선생을 비롯한 많은 분들과 만났던 귀중한 공간으로서 날마다 새롭게 되살아오곤 한다.

　여기에서 모든 분들의 이름을 거론할 수는 없지만, 다양한 연구회에서 가르침을 주신 분들, 교토대학 인문과학연구소에서 아시아연구의 초석을 놓으신 후루야 데쓰오, 야마모토 유조, 하자마 나오키 선생을 비롯한 모든 분들께 충심으로 감사드린다. 또, 교토대학 인문과학연구소에서 객원 연구원으로 초청한 한일관계사의 일리노이대학 로널드 토비 교수, 중일관계사의 캘리포니아대학 산타바버러 분교 조슈아 포겔 교수, 아시아외교사의 타이완중앙연구원 장치슝張啓雄 교수와 함께한 공동연구에서 있었던 토의와 일상적인 잡담 속에서, 세계적 시야에서 아시아를 볼 필요성을 깨우친 것은 잊을 수 없다. 그리고 논문 「아시아 인식의 기축」을 읽어주신 시카고대학의 프래신짓트 두아라 교수와 델리대학의 브리지 탕카 교수가 일부러 연구실까지 찾아와 격려해주셨을 때의 감격도 뚜렷하게 마음에 남아 있다. 중산대학의 허위에푸賀躍夫 교수와 푸단대학의 펑웨이馮瑋 교수, 그리고 마쓰오 요지 씨 등의 도움으로 수집한 많은 사료와 관련하여 이 책에서는 거의 사용할 수 없었다는 점진심으로 사과드린다.

또, 사료를 통해서만 아시아를 엿볼 수 있었던 나에게 현지를 보라면서, 현장연구에서 성가시게 구는 것도 개의치 않고 각지에서 지도해주신 아오키 다모쓰, 가지와라 가게아키, 기타오카 신이치, 최길성, 가스가 나오키, 오카모토 마사코 등 여러 선생들께도 깊은 감사를 드린다. 무슨 일에서나 나도 그들처럼 되고 싶은 선배들이다. 아울러 근무지의 도서실 관계자들과 하야세 신조, 다나카 류이치, 혼마 지카게는 사료조사를 도와주었고, 가토 유조는 컴퓨터 입력과 색인 작성 등 여러 가지 도움을 주었다. 고마움을 전한다.

아마도 중국이나 한국 등 각 지역의 전문가들로부터는 여기에 서술되어 있는 것은 충분히 알고 있다는 말을 들을 것이고, 나 또한 그렇지 않은 것이 오히려 이상할 것이라고 생각한다. 그리고 가능한 한 각각의 지역의 연구를 바탕으로 자신의 관점에서 근대 아시아의 세계사적인 사상 배치 상황을 묘사하는 분들로부터 넓은 시야로 근대 또는 세계를 어떻게 보는 것이 좋을지에 관하여 시사를 받고 싶은 마음 간절하다. 이 책의 존재 의의가 조금이라도 있다면 그러한 신선한 시각으로 쓰인 저작의 마중물이 되는 것이다. 감히 어설픈 지식으로 얼기설기 개괄하고 세련되지 못한 개념을 제기한 것도 다양한 견해를 거리낌 없이 내놓을 수 있는 가능성의 영역을 넓히지 않으면 안 된다고 생각했기 때문이다. 작업가설이든 개념이든 미숙하고 불분명한 점에 관해서는 질정을 받으면서 앞으로도 시행착오를 거듭해 보다 완전하게 다듬고 싶다.

이 책을 만드는 과정에서는 고지마 기요시 씨에게 신세를 많이 졌다. 당초 출판 계획으로부터 자꾸 늦어지는 바람에 엄청난 폐를 끼쳤다. 20년 동안 스스럼없는 친구로 지내온 고지마 씨와 함께 나눈 이야기는 아무리 보잘것없더라도 사료에서 끌어낸 개념과 틀로 대상을 생각할 것, 패션으로서의 사상이나 유행하는 학설에 빌붙지 말 것, 그리고 출판 홍수 속에서 한 권을 내놓는 이상 그것으로 지^知의 광경이 일변할 정도의 물음의 힘이 없으면 의미가 없다는 것 등이었다. 이 책이 그러한 '묵계'를 크게 어기지 않았다면 그나마 다행이다.

끝으로 사상연쇄라는 작업가설에 따라 연구를 진행하는 과정에서 '재단법인 일중우호회관 일중평화우호교류계획 역사연구지원사업'의 도움을 받았고, 그 성과의 일부를 이러한 형태로 출판하는 것에 대해서도 지원을 받았다. 근현대 중일 간의 교류 과정을 역사 연구를 통해 밝히고, 나아가 중일 간뿐만 아니라 일본과 아시아 여러 나라 사람들과의 상호이해를 심화하여 우호 교류 관계의 초석을 놓으며, 아울러 국제 연구를 위한 길을 닦는다는 일중역사연구센터의 설립취지와 이 책의 취지가 동떨어진 것이 아니기를 바랄 따름이다. 일중우호회관 무라카미 다쓰미 이사장, 역사연구평의원회의 스미야 미키오 좌장을 비롯한 위원 여러분, 그리고 처음부터 끝까지 여러 가지 간절한 가르침을 주신 오가타 요이치 선생께 충심으로 감사드린다.

시행과 좌절을 거듭하면서 많은 분들에게 폐를 끼쳤는데, 착오와 의문을 다분히 남기면서도 어리석은 자의 일념으로 일단 꼴은 갖추었다. 그리고 지금, 정리해야겠다며 하루하루 미뤄온 것이 너무 많다는 데 놀라고 있다. 지금까지와 같은 페이스로는 쓰고 싶은 것, 써야 할 것의 십분의 일도 소화할 수 없을 것 같다. 조금 더 자유로운 마음으로 임할 필요가 있을 듯하다. 더구나 나에게 남은 시간은 그렇게 길지 않다.

이제부터는 시간과의 경쟁이 시작된다.

2001년 7월
올해도 찾아온 떠들썩한 기온마쓰리^{祇園祭}에서 돌아온 밤중에
야마무로 신이치

2001년 7월
올해도 찾아온 떠들썩한 기온마쓰리[祇園祭]에서 돌아온 밤중에
야마무로 신이치

옮긴이 후기

이 책은 야마무로 신이치山室信一의 『사상과제로서의 아시아—기축, 연쇄, 투기思想課題としてのアジア』(岩波書店, 2001)를 완역한 것이다. 미주를 각주로 돌리고, 한국 독자에게 익숙하지 않은 사항에 역주를 병기하였으며, 자잘한 잘못을 바로잡은 것 외에 원문과 다른 점은 없다.

이 책은 일본 국민이 아시아를 매개로 어떠한 사상을 전개했는가를 근대 국민국가 형성의 관점에서 살펴본 것이다. 근대사는 국민국가의 형성사이며 역사와 사상의 주체는 국민이고, 그 주체인 국민은 일국의 문제로만 사상을 전개한 것이 아니라 이웃나라, 나아가 아시아와 세계와의 관계 속에서 역사와 사상을 전개했다는 것이 이 책의 전제이다. 야마무로에 따르자면 "국민 쪽에서 국가를 만든 계기가 있"으며 따라서 "국민국가가 국민을 만들기 위해 늘 위에서부터 권력적으로 작동한다는 식으로 간주하게 되면, 역사가 보이지 않게 되고, 스스로는 아무것도 바꿔나갈 수 없게 되고, 따라서 도망갈 수밖에 없게" 된다고 한다. 전작인 『법제관료의 시대』(1984)에서는 이노우에 고와시를 중심으로 한 법제 관료들이 서구의 어떤 국민국가를 모델로 하여 자신의 정치론이나 시론을 정당화하고 있었는지, 그것이 국가 형성에 어떻게 반영되었는지를 다루었고 또한 그 후 『근대 일본의 지와 정치』(1985)에서는 문자를 읽지 못하는 민중의 수준으로까지 그 문제의식을 확장하였다. 이처럼 국민을 주체로 삼아야 개별 국민국가 간의 평준화, 유동화, 고유화라는 세 개의 벡터를 이해할 수 있고, 그럼으로써 왜 저런 국민국가가 아니라 이런 국민국가를 이루게 되었는지, 어느 국가는 침략 전쟁을 일으키고 어느 국가는 그 전쟁의 피해자가 되었는지를 알 수 있다는 것이다. 이는 사상이 미정형인 만큼 주체의 작용에 의해 국민국가가 바뀔 수 있는 가능성을 인정함과 동시에 국민국가가 저지른 일에 대한 책임을 물을 수 있는 길이기도 하다. 이러한 주체로서의 국민이라는 전제가 가진 문제점은 여러 가지 지적될 수 있겠지만, 근대란 국민국가를 축으로 하여 전개되기 때문에 근대 사상사를 서술하는 데에는 이것이 충분히 장점으로 작용할 수 있을 것이다.

　이러한 전제하에 이 책은 아시아를 계기로 일본의 사상이 전개된 양상을 세 가지 축을 통해 살펴보고 있다. 이에 관해서는 방법론을 설명하는 서장에서 충분히 설명하고 있지만, 간단히 요약해보면 다음과 같다. 이 책의 부제이기도 한 기축, 연쇄, 투기가 그것이다. 아시아란 유럽에서 자기동일성을 비추는 타자성으로서 만들어낸 개념이지만, 일본을 비롯한 아시아인들은 스스로 아시아를 자신 혹은 타자를 표상하는 용어로 전유하여 왔다. 이 가운데 "공간을 식별하고 지역세계의 통합 감각을 확인하여 구획하는 방식의 기준이 되는 개념"이 기축으로서 제1부가 다루는 내용이다. 어디까지를 아시아로 보는가, 아시아를 묶는 특질은 무엇인가를 사고하는 축이 바로 그것인데, 이는 개별적인 차이에도 불구하고 사회적인 집합 인식, 심성이라고 할 만한 것이 역사적으로 변화하면서 존재했다. 시공간에 규정된 지역적 차이를 식별하는 지표로서의 기축은 문명, 인종, 문화, 민족인데, 개괄적으로 보자면 "문명과 인종에 의해 구미와의 차이에 의한 아시아의 통합을 확인했고, 문화와 민족에 의해 아시아 내부의 서열화와 그것을 바탕으로 한 지역질서의 재편성이 진행되"었다고 한다.

두 번째 축은 연쇄인데, 이는 2부에서 설명되며 가장 많은 내용을 담고 있다. "개별 사회 사이의 사람이나 정보의 상호교환 속에서 사상과 제도의 수용이나 거절에 의해 생기는 국제나 학지 체계의 상사화, 그리고 그것과 함께 지역 세계로서의 공간적 관계의 의식이나 동일한 지역 세계로의 공속 감각이 형성되는 다이내미즘을 포착"하는 것이 연쇄라는 틀에 의해 설명된다. 서구의 지를 중심으로 한 지식이 어떠한 경로로 전달되고 수용되고 거절되고 변용되는가를 살피는 것이 연쇄이다. 이 책에서는 이를 사상사적으로, 또 사회사적으로 고찰하였는데, 사상사적으로는 서학의 연쇄를 분석하였고, 사회사적으로는 제도와 인간의 교류를 다루었다. 각각 2, 3, 4장과 5, 6장이 이에 해당한다. 여기서는 중국 경유의 것도 일부 포함되지만 대체로 일본을 경유한 서학을 추적하고 있어 동아시아의 근대 국민국가 형성에서 일본의 역할을 과장하고 있다고 비판을 받기도 한다. 그러나 저자는 동시에 그 전달, 수용, 거절, 변용으로 드러나는 연쇄를 평준화, 유동화, 고유화라는 세 개의 벡터로 설명함으로써 일본 중심주의를 벗어나고자 하는데, 평준화란 세계 공통의 문화에 도달하려는 것이라면, 유동화는 아시아 문화의 공통성을 만들거나 그에 도달하려는 것이고, 고유화는 개별 국민국가의 문화를 창출하려는 것을 의미한다. 이를 통해 "영향을 주고받는 가운데 반발이 있고, 거절이 있고, 변용이 있으며, 때로는 사상을 초래한 측을 역으로 규정하고 변질시켜버리는 상호 규정, 상호 형성의 연쇄를 간파"하고자 하였다.

마지막 축은 투기인데, 이는 "아시아를 어떻게 구상"하는가 하는 미래의 아시아상에 대한 상상을 의미한다. 또 그것은 "아시아의 현실에 어떻게 연계되고 또 어떻게 개편해 가는가라는, 정치적 실천을 동반한 영역"이기도 하다. 다시 말하면 "자기가 놓인 국제 질서나 국력 등의 현존재로서의 제약을 근거로 하여, 현상을 미래에 투사하여 그 변경을 기도하는 언동"을 의미한다. 프로젝트로서의 아시아, 어젠다로서의 아시아가 그것이다. '아시아란 어떠한가'가 기축이라면 '아시아란 어떠해야 하는가'가 투기라 할 수 있는데, 그 둘의 구분이 가능한가라는 물음을 빗겨가기 위해 이 책은 현실과의 관계, 즉 외교 정책에 집중한다. 어쨌든 투기로서의 아시아주의는 일본인만이 아시아에서 유일하게 아시아의 자립과 여러 민족의 해방에 대하여 특별한 책임을 진다는 국민적 사명감을 기반으로 하여 전개된 "연대 사상으로 위장된 침략사상에 지나지 않았"다. 그러나 그것은 국제 정치 질서의 조건에 제약된 것으로 어쩔 수 없는 것이기도 했지만, 구미에 대한 평준화에 대한 저항의 측면이기도 했다.

이 책의 전제나 결론에 대해서는 많은 반론들이 있겠지만, 방대한 자료와 그것을 일정한 방법론으로 엮어내는 솜씨는 감탄을 금할 수 없다. 이 책의 미덕이라면 바로 그 점에 있을 것이다. 이 책의 밑바탕이 되는 사상사적 문제의식을 보고자 한다면 이미 나온 저자의 선집인 『여럿이며 하나인 아시아』나 강연록인 『사상과제로서의 아시아, 그 이후』(제이앤씨, 2012)를 참고하기 바란다.

사실 이 책의 번역은 오래 전에 시작되었다. 원서가 나온 직후에 이루어진 작가와의 인터뷰에서 "곧 국내에 소개될 저자의 최근 주요 저작"(야마무로 신이치·임성모 대담, 「여럿이며 하나인 아시아」, 『여럿이며 하나인 아시아』, 창비, 2003)으로 소개된 것을 보면 번역을 시작한 지 15년여 만에 비로소 책으로 나오게 된 것이다. 그 곡절은 제쳐두고, 여기서 꼭 밝혀두고 싶은 것은 이 번역본에는 동아시아 혹은 아시아를 축으로 자신의 학문을 전개한 많은 연구자들의 땀이 배어 있다는 점이다. 그럼에도 불구하고 번역자의 이름을 두 사람으로 한정한 것은 새롭게 번역한 부분도 적지 않고, 일부 번역된 초고에도 많은 손질을 가했으며, 가장 중요하게는 오역을 비롯한 번역상의 모든 책임을 우리 두 사람이 온전히 지겠다는 뜻이다. 독자들의 많은 질정과 격려를 바란다. 아울러 오랫동안 기다려준 소명출판과 막바지에 교정을 해준 김란경님께 고마움을 전한다.

2018년 4월
옮긴이 일동

인명 찾아보기

/일본/

가 노리유키(何禮之)   541, 717
가나이 엔(金井延)   747
가네자와 쇼사부로(金澤庄三郞)   116
가네코 게이조(金子啓藏)   825
가네코 겐타로(金子堅太郞)   106, 565
가네코 후미코(金子文子)   855
가노 나오키(狩野直喜)   668, 797
가노 지고로(嘉納治五郞)   488, 492, 658, 789
가다 데쓰지(加田哲二)   192
가마타 에이키치(鎌田英吉)   486
가메타니 세이켄(龜谷省軒)   386, 663
가메타카 도쿠헤이(龜高德平)   547
가모 군페이(蒲生君平)   388, 623
가미오 미쓰오미(神尾光臣)   488, 928
가사마 아키오(笠間杲雄)   700
가시와바라 분타로(柏原文太郞)   492, 526, 930, 932
가쓰 가이슈(勝海舟)   885, 886, 909
가쓰라가와 호슈(桂川甫周)   265
가야노 나가토모(萱野長知)   870
가야하라 가잔(茅原華山)   470
가에데 겐테쓰(楓玄哲)   420

가와구치 에카이(河口慧海)   663
가와무라 고도(川村狂堂)   203
가와무라 미나토(川村湊)   4, 694
가와시마 나니와(川島浪速)   573, 578, 753, 919, 920
가와이 고타로(川井光太郞)   789
가와즈 센(河津暹)   495
가와즈 스케유키(河津祐之)   463
가와지 간도(川路寬堂)   268, 328
가와지 도시아키라(川路聖謨)   266, 328, 339
가와카미 소로쿠(川上操六)   488, 928
가와카미 하지메(川上肇)   754
가와하라 미사코(河原操子)   573
가이 가즈유키(甲斐一之)   563
가이노 미치타카(戒能通孝)   154
가지와라 신지(梶原伸治)   545
가케이 가쓰히코(筧克彦)   494, 790
가코 데이터로(加古貞太郞)   563
가쿠레이 도진(鶴嶺道人)   329
가쿠오카 시로(角岡之良)   198
가타야마 센(片山潛)   469, 470, 531
가토 다카아키(加藤高明)   870

가토 시게루(加藤繁) 654

가토 히로유키(加藤弘之) 94, 541, 542, 988

간다 다카히라(神田孝平) 714

게이쿄(誓鏡) 505, 542

겐모치 모모키(劍持百喜) 563

겟쇼(月性) 625

겟쇼(月照) 385, 624, 625

경친왕 795

고가 긴이치로(古賀謹一郎) 266

고가 렌조(古賀廉造) 505

고가네이 요시코(小金井良精) 186

고노 기요(河野キヨ) 583

고노에 아쓰마로(近衛篤麿) 105, 106, 109, 110, 488, 489, 930, 936

고노에 후미마로(近衛文麿) 162, 872, 945, 958

고다이 도모아쓰(五代友厚) 259, 268

고데라 겐키치(小寺謙吉) 82, 83, 120, 225

고데라 신사쿠(國府寺新作) 729

고마쓰바라 에이타로(小松原英太郎) 791

고마키 사네시게(小牧實繁) 16

고무라 주타로(小村壽太郎) 933, 934

고무치 도모쓰네(神鞭知常) 936

고바 사다타케(木場貞長) 397

고바야시 요시토(小林吉人) 561, 563

고바야시 우시사부로(小林丑三郎) 546

고바야시 하지메(小林元) 15, 150, 203, 700

고사카 마사아키(高坂正顯) 151~153

고야나기 시게타(小柳司氣太) 659, 665

고야마 마쓰키치(小山松吉) 802

고야마 에이조(小山榮三) 172, 188, 194, 209, 211

고야마 이와오(高山岩男) 130, 131, 175

고이즈미 노부키치(小泉信吉) 483

고이케 조조(小池張造) 870

고자키 이쓰이(児崎為槌) 777~779

고조 데이키치(古城貞吉) 389, 397, 664

고지마 겐키치로(兒島獻吉郎) 664, 674

고지마 다카노리(児島高德) 629, 630

고지마 다케오(小島武男) 700

고토 신페이(後藤新平) 668, 669, 793, 936, 937

고토쿠 슈스이(幸德秋水) 531, 632

구가 가쓰난(陸羯南) 73, 114, 176, 177, 599, 600, 629, 630, 901, 945

구니토모 쇼켄(國友尚謙) 648

구라사와 아이코(倉沢愛子) 842, 846

구로다 기요타카(黑田淸隆) 352, 421

구마가이 고로(熊谷五郎) 547

구마자와 반잔(熊澤蕃山) 130, 627

구보 덴즈이(久保天隨) 546

구사카 겐즈이(久坂玄瑞) 880

구사카 세이치(日下淸瘦) 563

구사카베 마사이치(日下部正一) 889

구스노키 마사시게(楠木正成·正行) 629, 630

구스노키 마사쓰라(楠木正行) 629, 630

구쓰키 마사쓰나(朽木昌綱) 251

구와바라 지쓰조(桑原隲藏) 663, 672

구와키 겐요쿠(桑木嚴翼) 133, 134

구키 류이치(九鬼隆一) 669, 670

기노시타 나오에(木下尚江) 632

기노시타 슈이치(木下周一) 350

기도 다카요시(木戶孝允) 388, 885, 902

기무라 긴지(木村欽二) 563

기무라 다카타로(木村鷹太郎) 124

기무라 요시코(木村ヨシ子) 542, 574

기시다 긴코(岸田吟香)　132, 259, 282,
　346, 663, 664

기시모토 노부타(岸本能武太)　688

기요노 겐지(淸野謙次)　154, 190, 194,
　212, 703

기요사와 기요시(淸澤洌)　806, 866

기쿠치 도요사부로(菊池豊三郎)　835

기타 사다키치(喜田貞吉)　117

기타 잇키(北一輝)　194, 477, 478, 547,
　548

기타다 마사모토(北田正元)　150, 818

기타무라 사부로(北村三郎)　965

기타바다케 지카후사(北畠親房)　116

기타지마 겐신(北島見信)　14

나가사와 세쓰(長澤說)　104, 654, 655

나가이 류타로(永井柳太郎)　472, 938

나가쿠보 세키스이(長久保赤水)　322, 323

나가타 난케(永田南溪)　89

나라바야지 진잔(楢林鎭山)　250

나루세 진조(成瀨仁藏)　542

나무라 고하치로(名村五八郎)　269

나베시마 나오마사(鍋島直正)　247

나와 다케시(名和剛)　563

나이토 고난(內藤湖南)　138, 139, 653,
　655, 664, 668, 672, 674, 931

나이토 지소(內藤耻叟)　657

나이토 지슈(內藤智秀)　150, 203, 699

나카 미치요(那珂通世)　658, 663, 671,
　672

나카네 겐케이(中根元圭)　252

나카네 지에(中根千枝)　4

나카노 도모아키(中野朝明)　186

나카노 세이고(中野正剛)　472

나카노 조타로(中野常太郎)　530

나카무라 게이우/마사나오(中村敬宇/正直)

268, 275, 386, 424, 713, 714,
　716, 722, 726, 731, 732, 858, 978

나카무라 신고(中村進午)　494, 546

나카무라 조(中村襄)　545, 560, 563

나카무라 츄(中村仲)　563

나카무타 구라노스케(中牟田倉之助)　259

나카쓰 산세(中津三省)　563

나카야마 덴에몬(中山傳右衛門)　329

나카야마 세이타로(中山成太郎)　546

나카에 도주(中江藤樹)　627

나카에 우시키치(中江丑吉)　571

나카에 조민(中江兆民)　463, 571, 657,
　734, 750, 988

나카지마 겐조(中島建藏)　834

나카지마 다쓰유키(中島裁之)　575

나카지마 도시(中島トシ)　583

나카지마 리키조(中島力造)　729

나카지마 마사오(中島眞雄)　574

나카지마 신지(中島晋治)　545

나카지마 한지로(中島半次郎)　554

나카지마 히타키(中島比多吉)　563

나카코지 아키라(仲小路彰)　202

나카타니 다케요(中谷武世)　200, 827

난요 가케하시(南洋梯謙)　329

난조 후미오(南條文雄)　662, 663

네기시 요시타로(根岸由太郎)　831

노로 겐조(野呂元丈)　250

노무라 고이치(野村浩一)　371, 546

노무라 마사요시(野村正良)　148, 186

노무라 모토니(野村望東尼)　625

노조에 시게쓰구(野副重次)　199, 200

노하라 시로(野原四郎)　205, 701

니나가와 아라타(蜷川新)　942

니시 겐포(西玄甫)　249

니시 도쿠지로(西德二郎)　414, 489

니시 아마네(西周)　179, 267, 287, 350,
　354, 713~729, 731, 732, 749~751
니시다 고이치(西田畊一)　577, 578
니시다 기타로(西田幾多郎)　961, 981,
　983
니시모토 쇼조(西本省三)　674
니시무라 사부로(西村三郎)　625
니시무라 시게키(西村茂樹)　656, 750
니시무라 신지(西村眞次)　147
니시카와 조켄(西川如見)　53, 54, 57, 58,
　88, 89, 130, 177, 249, 321, 876
니이다 노보루(仁井田陞)　154
니이다 마스타로(仁井田益太郎)　545
니이지마 쇼(新島襄)　268
니토베 이나조(新渡戶稻造)　670, 974,
　975, 977
다가와 하루미치(田川春道)　89
다구치 우키치(田口卯吉)　113, 114, 198,
　663, 664
다나베 게이야(田邊慶彌)　540
다나베 신노스케(田邊新之助)　547
다나베 야스노스케(田鍋安之助)　817
다나카 기이치(田中義一)　792, 958
다나카 모리헤이(田中守平)　919
다나카 센류(田中善立)　574
다나카 유(田中遊)　546
다나카 잇페이(田中逸平)　147
다노 기쓰지(田野橘次)　389
다니 다테키(谷干城)　132
다니 마사유키(谷正之)　871
다니카와 데쓰조(谷川徹三)　165, 166,
　979
다루이 도키치(樽井藤吉)　97~99, 116,
　424, 657, 889, 917~919
다사카 도모키치(田阪友吉)　545

다쓰미 고지로(辰巳小二郞)　546
다오카 레이운(田岡嶺雲)　105, 659
다와라 덴난(田原天南)　499
다이라노 기요모리(平淸盛)　629
다이라노 시게모리(平重盛)　629
다이코쿠야 고다유(大黑屋光太夫)　265
다치 사쿠타로(立作太郞)　494, 790
다치바나 시라키(橘樸)　153, 155~161,
　969, 972, 973
다카기 도요조(高木豊三)　545
다카기 소키치(高木惣吉)　922
다카노 로쿠로(高野六郞)　209
다카노 이와사부로(高野岩三郞)　494
다카노 조에이(高野長英)　252, 253
다카다 사나에(高田早苗)　392, 503, 542
다카다 한시(武田範之)　891
다카바타케 모토유키(高畠素之)　754
다카세 다케지로(高瀨武次郞)　668
다카스기 신사쿠(高杉晋作)　64, 259, 626
다카야마 마사유키(高山正之)　387, 388
다카야마 조규(高山樗牛)　198, 692
다카쿠스 준지로(高楠順次郞)　492, 668
다카타 야스마(高田保馬)　173, 184, 193,
　195~197, 206, 699
다카하시 가게야스(高橋景保)　253, 265,
　322
다카하시 겐조(高橋健三)　563
다카하시 사쿠에(高橋作衛)　546
다카하시 세이신(高橋正信)　425
다케베 돈고(建部遯吾)　225, 747, 790
다케우치 요시미(竹內好)　98, 204, 689,
　700, 794, 874
다케우치 젠사쿠(竹內善作)　531~534,
　585, 586
다케조에 신이치로(竹添進一郞)　426, 932

다케코시 요사부로(竹越與三郎) 73, 103, 104, 119, 124, 217, 218, 221, 222

데라오 도루(寺尾亨) 492, 505, 570, 789, 790, 934, 936

데라우치 마사타케(寺內正毅) 647, 648, 940

데라지마 료안(寺島良安) 57, 89

데라지마 무네노리(寺島宗則) 234, 237

데라카도 세이켄(寺門靜軒) 402

데부치 가쓰지(出淵勝次) 794, 831

데즈카 리쓰조(手塚律藏) 339

도고 시게노리(東鄕茂德) 924

도고 헤이하치로(東鄕平八郎) 448, 449

도노 미치에(戶野ミチエ) 574

도도 아키야스(藤堂明保) 794

도리이 가쓰유키(鳥井克之) 730

도리이 기미코(鳥居きみ子) 573, 574

도리이 류조(鳥居龍藏) 143, 172, 174, 175, 182~184, 573, 669, 672

도무시 유쇼(禿氏祐祥) 443

도미나가 다다시(富永理) 148, 149, 193, 700

도미이 마사아키(富井政章) 545

도미즈 히론도(戶水寬人) 546

도바타 세이이치(東畑精一) 154, 165

도사카 준(戶坂潤) 225, 226

도야마 가메타로(外山龜太郎) 584

도야마 마사카즈(外山正一) 268

도야마 미쓰루(頭山滿) 219, 443, 530, 789, 790, 826, 827, 891, 936

도요시마 나오미치(豊島直通) 545

도요오카 야스히라(豊岡保平) 575

도요토미 히데요시 豊臣秀吉 308, 404, 629, 665, 880

도이하라 겐지(土肥原賢二) 800

도조 히데키(東條英機) 206, 835, 923, 948

도카이 산시(東海散士) 652, 760

도쿠가와 요시무네(德川吉宗) 250, 251, 252, 264

도쿠가와 요시치카(德川義親) 833, 834

도쿠토미 로카(德富蘆花) 448, 449

도쿠토미 소호(德富蘇峰) 83, 106, 107, 109, 225, 455, 456, 467, 468, 469

라이 미키사부로(賴三樹三郎) 329

라이 산요(賴山陽) 402, 404

로야마 마사미치(蠟山政道) 154, 163, 206, 208

마루야마 시게토시(丸山重俊) 581

마사오 도키치(政尾藤吉) 583, 593, 812

마사키 아쓰시(正木篤) 256, 329

마쓰나미 니이치로(松波仁一郎) 494

마쓰노 스케스에(松野祐裔) 564

마쓰다 미치유키(松田道之) 915

마쓰다 히사오(松田壽男) 151, 700

마쓰다이라 슌가쿠(松平春嶽) 881

마쓰다이라 야스쿠니(松平康國) 136

마쓰모토 가메지로(松本龜次郎) 561, 740, 788~790, 855

마쓰모토 군페이(松本君平) 638

마쓰모토 마나부(松本學) 827

마쓰모토 조지(松本烝治) 545

마쓰모토 준키치(松本順吉) 545

마쓰모토 후미자부로(松本文三郎) 131, 664, 672

마쓰무라 가이세키(松村介石) 621

마쓰시타 다이자부로(松下大三郎) 790

마쓰시타 마사토시(松下正壽) 923, 924

마쓰야마 도요조(松山豊造) 563, 564

마쓰오 미요타로(松尾三代太郎) 425

마쓰오카 시즈오(松岡靜雄)　143

마쓰오카 요스케(松岡洋右)　184, 185,
　872, 968

마쓰오카 요시마사(松岡義正)　545, 560,
　563, 566~569

마쓰오카 주하치(松岡壽八)　210

마쓰이 히토시(松井等)　668

마에노 료타쿠(前野良澤)　248

마에다 아이노신(前田愛之進)　573

마와타리 하치로(馬渡八郎)　404

마치노 다케마(町野武馬)　573

마키노 겐지로(牧野謙次郎)　136

마키노 노부아키(牧野伸顯)　449, 450

마키노 다다마사(牧野忠雅)　328

메가타 다네타로(目賀田種太郎)　581

메이지 천황(明治)　395, 406, 607, 915,
　916

모로이 로쿠로(諸井六郎)　575

모리 가쿠(森恪)　944~946

모리 쇼켄(森尙謙)　314

모리 아리노리(森有禮)　93, 268, 352,
　396

모리 오가이(森鷗外)　115

모리야마 시게루(森山茂)　418, 419

모리치카 운페이(森近運平)　533

모리타 유슈(守田有秋)　533

모리타니 가쓰미(森谷克已)　160, 161

모즈메 다카미(物集高見)　393

모치즈키 겐지(望月源治)　827

모치즈키 군시로(望月軍四郎)　792

모토라 유지로(元良勇次郎)　729

모토오리 노리나가(本居宣長)　89, 90,
　320

무나가타 다다스(宗像政)　889

무라야마 지준(村山智順)　694

무라오카 가메키치로(村岡龜吉郎)　199

무라타 조로쿠(村田藏六)　339

무샤노코지 사네아쓰(武者小路實篤)　854

무쓰 무네미쓰(陸奧宗光)　73~75, 434,
　597, 598

무토 히사시(武藤寿)　734

미네타 후코(嶺田楓江)　253

미노베 다쓰키치(美濃部達吉)　473, 474,
　494, 790

미시마 다케시(三島毅(中洲))　663, 673

미쓰카와 가메타로(滿川龜太郎)　122, 123

미스쿠리 게이고(箕作奎吾)　268

미스쿠리 겐포(箕作阮甫(逢谷))　254, 261,
　266, 328, 329, 339

미스쿠리 다이로쿠/기쿠치
　다이로쿠(箕作大六/菊地大籠)　268

미쓰쿠리 린쇼(箕作麟祥)　350, 397, 725,
　727, 728

미스쿠리 쇼고(箕作省吾)　57, 60, 258,
　322, 725, 876

미야모토 고이치(宮本小一)　418, 421

미야자와 도시요시(宮澤俊義)　470, 471

미야자키 도텐(宮崎滔天)　97, 450, 501,
　625, 634, 780, 781, 789, 931, 954,
　967

미야자키 마사요시(宮崎正義)　921

미야자키 이치사다(宮崎市定)　59, 166,
　167

미야지 도시오(宮地利雄)　542

미야지마 다이하치(宮島大八)　584

미야케 세쓰레이(三宅雪嶺)　653, 654,
　676, 677, 680, 686, 688, 690, 692

미야케 요네키치(三宅米吉)　119, 658,
　670

미와 히로조(三輪廣藏)　425

미우라 미쓰구(三浦貢) 545
미즈노 다다오(水野忠雄) 346
미키 기요시(三木淸) 129, 159, 160, 168, 169, 980, 981
바바 사다요시(馬場貞由) 265, 266, 322
사네토 게이슈(實藤惠秀) 388, 410, 413, 708, 851
사다 가이세키(佐田介石) 314
사사메 쓰네오(笹目恒雄) 811
사시하라 야스조(指原安三) 393
사에키 요시로(佐伯好郎) 124, 271
사와무라 시게타로(澤村繁太郎) 574
사이고 다카모리(西鄕隆盛) 257, 385, 388, 624, 625, 627, 880
사이고 쓰구미치(西鄕從道) 352
사이온지 긴모치(西園寺公望) 488, 571, 656, 787
사이토 가오루/지쿠도(齋藤馨/齋藤竹堂) 253, 883
사이토 미노루(齋藤實) 859
사이토 슈이치로(齋藤修一郎) 598
사이토 주이치로(齋藤十一郎) 559
사카모토 겐이치(坂本健一) 546
사카모토 세이마(坂本淸馬) 531
사카이 도시히코(堺利彦) 531, 533, 754
사쿠다 세이치(作田正一) 563
사쿠라이 쇼조(櫻井正藏) 849
사쿠마 쇼잔(佐久間象山) 65, 256, 257, 262, 884, 978, 989
사토 노부자네(佐藤誠實) 397
사토 노부히로(佐藤信淵) 63, 884, 885, 896
사토 다다오(佐藤忠雄) 867
사토 다케오(佐藤武雄) 187
사토 덴조(佐藤傳藏) 546

사하라 도쿠스케(佐原篤介) 663
사호다 쓰루지(佐保田鶴治) 971, 972, 973
산조 사네토미(三條實美) 388
샤쿠오 슌조(釋尾春芿) 666
세가와 히데오(瀨川秀雄) 546
세가와 히사시(瀨川龜) 147
세키 기요히데(關淸秀) 505
세키노 다다시(關野貞) 669
세키야마 유타카(關山富) 563
소네 도시토라(曾根俊虎) 95, 96, 887
소다 기이치로(左右田喜一郎) 133
소메카와 도요히코(染川豊彦) 573
소메키 아쓰시(染木煦) 148
소에다 주이치(添田壽一) 397
소에지마 기이치(副島義一) 570, 789
소에지마 다네오미(副島種臣) 261, 269, 353, 402, 529, 908, 936
쇼지 유노스케(庄子勇之助) 198, 444
스기 고지(杉亨二) 715
스기 기타로(杉幾太郎) 281
스기 에이사부로(杉榮三郎) 560, 563, 578
스기모리 고지로(杉森孝次郎) 168, 831
스기우라 겐이치(杉浦健一) 143
스기타 겐바쿠(杉田玄白) 248
스기타 겐탄(杉田玄端) 57, 258, 717, 876
스기타 데이이치(杉田定一) 59, 100, 101, 889
스기타 류케이(杉田立卿) 266
스기타 세이케이(杉田成卿) 266
스다 아키요시(須田昭義) 186
스에히로 뎃초(末廣鐵腸) 889
스에히로 이즈타로(末弘嚴太郎) 154
스즈에 겐이치(鈴江言一) 794

스즈키 다이세쓰(鈴木大拙)　981, 982
스즈키 덴간(鈴木天眼)　891
스즈키 슌(鈴木俊)　73, 166, 167, 673,
　697
스즈키 아키라(鈴木眼)　252
시가 시게타카(志賀重昂)　96, 97, 142,
　176, 676, 680, 688, 692, 941
시게노 야스쓰구(重野安繹)　116, 334,
　345, 409, 629, 663, 673
시게미쓰 마모루(重光葵)　871
시나가와 야지로(品川彌二郎)　930
시노자키 다다시(篠崎正)　563
시다 고타로(志田鉀太郎)　494, 545, 560,
　563, 566, 568
시데하라 기주로(幣原喜重郎)　797
시라이와 류헤이(白岩龍平)　791
시라토리 구라키치(白鳥庫吉)　182, 185,
　186, 653, 658, 661, 662, 665, 668,
　669~672, 674, 700
시라토리 도시오(白鳥敏夫)　871, 946
시마노 히사시(島野久)　932
시마다 도시오(島田俊雄)　563
시마다 마사오(島田正郎)　794
시미즈 나리아키라(島津齋彬)　247
시모나카 야사부로(下中彌三郎)　200,
　201, 849
시모다 우타코(下田歌子)　492, 542, 573
시모무라 히로유키(下村宏之)　546
시미즈 도오루(淸水澄)　494, 540, 752
시바 고칸(司馬江漢)　265, 322
시부사와 에이이치(澁澤榮一)　525, 585,
　627, 730
시부에 다모쓰(澁江保)　542
시시도 다마키(宍戶璣)　339
시오노야 도인(鹽谷宕陰)　253, 327, 328,

330, 338, 883
시오노야 온(塩谷溫)　664
신메이 마사미치(新明正道)　149
신미 기치지(新見吉治)　121
신조 신조(新城新藏)　799
쓰다 마미치(津田眞道)　267, 287, 609,
　610, 713, 728
쓰다 소우키치(津田左右吉)　127, 128,
　129, 132, 138~140, 145, 150, 160,
　668, 959, 960, 978
쓰루미 슈기(鶴見守義)　545
쓰루미 유스케(鶴見祐輔)　699, 936, 947
쓰마키 요리노리(妻木賴矩)　346
쓰쓰미코쿠 시시(堤殼土志)　345
쓰쓰이 마사노리(筒井政憲)　266
쓰지 다케오(辻武雄)　546
쓰지모리 민조(辻森民三)　825
아네사키 마사하루(姉崎正治)　186
아라오 세이(荒尾精)　936
아라이 겐타로(荒井賢太郎)　545
아라이 하쿠세키(新井白石)　57, 58, 65,
　88, 258, 321, 322
아라카와 구니조(荒川邦藏)　350
아리가 나가오(有賀長雄)　392, 539, 565,
　571, 603, 631
아리가 분하치로(有賀文八郎)　147
아리타 하치로(有田八郎)　871, 872
아베 다케오(安部健夫)　167
아베 마사히로(阿部正弘)　247, 266, 328
아사다 고류(麻田剛立)　89
아사미 린타로(淺見倫太郎)　666
아사이 슈지(淺井周治)　564
아오야기 쓰나타로(靑柳鋼太郎)　694
아오야기 야쓰쓰네(靑柳篤恒)　503,
　785~788

아오치 린소(青地林宗)　251, 266
아오키 가즈오(青木一男)　865
아오키 곤요(青木昆陽)　250
아오키 다모쓰(青木保)　4, 989, 991
아오키 데쓰지(青木徹二)　545
아오키 세쓰이치(青木節一)　822
아오키 슈스케(青木周弼)　339
아와쓰 기요스케(粟津清亮)　545
아이자와 세이시사이(會澤正志齋)　882, 883
아즈마 헤이지(吾妻兵治)　663
아카시 모토지로(明石元二郎)　135
아카자와 쓰네미치(赤澤常道)　339
아키야마 마사노스케(秋山雅之介)　546
야나기다 구니오(柳田國男)　143, 214, 215, 224, 692
야나기다 이즈미(柳田泉)　202
야나기사와 신다이(柳澤信大)　346, 729
야나기와라 사키미쓰(柳原前光)　402, 909
야나이 와타리(箭内亘)　668
야나이하라 다다오(矢內原忠雄)　174, 975
야노 진이치(矢野仁一)　167, 193, 200, 474, 560, 563, 697, 707, 968
야노 후미오(矢野文雄(竜渓))　489, 718, 760
야마가 소코(山鹿素行)　61
야마가타 데이자부로(山縣弟三郎)　529
야마가타 반토(山片蟠桃)　89
야마가타 아리토모(山縣有朋)　112, 113, 121, 122, 236, 434, 891, 930, 938, 939, 966, 967
야마구치 노보루(山口昇)　793
야마노우치 마사아키(山內正瞭)　546
야마다 기시로(山田儀四郎)　805

야마다 긴이치로(山田謹一郎)　345
야마다 다카오(山田孝雄)　736, 737
야마다 도라지로(山田寅次郎)　147, 819
야마다 비묘(山田美妙)　529
야마다 사부로(山田三良)　186, 494
야마모토 노부히로(山本信博)　546
야마모토 다쓰로(山本達郎)　59, 167
야마무라 사이스케(山村才助(昌永))　57, 60, 62, 63
야마오카 고타로(山岡光太郎)　820
야마자 엔지로(山座圓次郎)　870
야마지 아이잔(山路愛山)　119
야마카와 히토시(山川均)　531, 533
야스이 데쓰(安井てつ)　583
야스이 솟켄(安井息軒)　257
야이타 히로시(矢板寬)　563
야타베 야스키치(矢田部保吉)　813
야타보리 고(矢田堀鴻)　180, 729, 732
에가미 나미오(江上波夫)　654, 700
에가미 요시로(江上芳郎)　837, 842
에가와 도자에몬(穎川藤左衛門)　249
에기 가즈유키(江木千之)　137
에기 마코토(江木衷)　541, 545
에노모토 다케아키(榎本武揚)　237, 238, 267, 352, 434, 529
에마 슌키(江馬春熙)　734
에비나 단조(海老名彈正)　276, 632
엔도 류키치(遠藤隆吉)　664, 665
엔도 쥬지(遠藤忠次)　545
오가 세이운(小鹿靑雲)　563, 564
오가와 긴지로(小川銀次郎)　663
오가와 시게지로(小河滋次郎)　494, 545, 559, 560, 563, 569
오가와 헤이키치(小川平吉)　762, 936
오가타 고안(緒方洪庵)　269

오노 고타로(小野孝太郎)　576

오노 모노타다(小野元齊)　329

오노 세이이치로(小野淸一郎)　125~128,
139, 176

오노즈카 기헤이지(小野塚喜平次)　494,
546, 790

오니시 사이(大西齊)　675

오다 요로즈(織田萬)　968

오다기리 마스노스케(小田切萬壽之助)
585, 927, 928

오다케 간이치(大竹貫一)　118

오도 류타로(大音龍太郎)　350, 352

오리구치 시노부(折口信夫)　224

오무라 세이가이(大村西崖)　670

오스기 사카에(大杉榮)　531, 533, 534

오시가와 마사요시(押川方義)　269, 452,
934

오시마 도시카즈(大島利一)　794

오쓰키 겐타쿠(大槻玄澤)　247, 250, 269,
319

오쓰키 데이(大槻禎)　256, 329

오쓰키 세쓰조(大築拙藏)　350

오쓰키 조덴(大槻如電)　250

오야베 센이치로(小谷部全一郎)　123

오와키 기쿠지로(大脇菊次郎)　563

오이 겐타로(大井憲太郎)　99

오이 켄타로(大井憲太郎)　99, 657, 932

오이시 데이키치(大石定吉)　563

오이카와 히로시(及川宏)　186

오자와 가쓰로(小澤豁郎)　890

오자키 유키오(尾崎行雄)　914, 957, 958,
959

오자키 호쓰미(尾崎秀實)　153, 154, 158,
162, 195, 206, 961

오제키 산에이(小關三英)　252

오카 마사오(岡正雄)　691, 699, 704

오카 센진(岡千仞)　258, 334, 383, 386,
624, 887

오카노 게이지로(岡野敬次郎)　545

오카다 아사타로(岡田朝太郎)　494, 560,
562, 564, 566~570, 580, 582, 739

오카마쓰 산타로(岡松參太郎)　545

오카모토 간스케(岡本監輔)　383, 420,
463, 663, 664

오카베 나가카게(岡部長景)　800

오카와 슈메이(大川周明)　84~86, 147,
148, 700, 893, 895, 896, 934, 936

오카자키 히사히코(岡崎久彦)　4

오카쿠라 덴신(岡倉天心)　76~80, 131,
132, 140, 220, 223, 466, 670, 952,
982

오카쿠라 요시사부로(岡倉由三郎)　452,
579, 580

오코우치 데루나(大河內輝聲)　409, 887

오코우치 마사토시(大河內正敏)　795

오쿠노 신타로(奥野信太郎)　794

오쿠다 요시토(奥田義人)　545

오쿠마 시게노부(大隈重信)　81, 83, 84,
388, 468, 525, 632, 789, 904, 926,
929, 930, 936

오쿠무라 엔신(奥村圓心)　420

오쿠보 고지(大久保幸次)　202, 203, 700

오쿠보 도시미치(大久保利通)　388

오키 데이스케(沖禎介)　575

오키 엔키치(大木遠吉)　137

오타 잇페이(太田一平)　563

오타니 고즈이(大谷光瑞)　225, 443, 663,
950

오타카 도모오(尾高朝雄)　702, 703

오하라 다케요시(大原武慶)　147, 529,

530

오하마 기이치로(大濱喜一郎)　202

와가쓰마 사카에(我妻榮)　154

와다 세이(和田清)　775, 776, 798

와다가키 겐조(和田垣謙三)　729

와쓰지 데쓰로(和辻哲郎)　131, 181, 985

와타나베 가잔(渡邊崋山)　62, 69, 90,
　253, 883

와타나베 히데카타(渡邊秀方)　664

와타나베 히로키(渡邊洪基)　96, 529

요나이 미쓰마사(米內光政)　872

요시노 사쿠조(吉野作造)　343, 522~524,
　555, 561, 563, 577, 632, 633, 738,
　741, 786, 787, 790, 943, 950, 951,
　954

요시다 도고(吉田東伍)　117

요시다 쇼인(吉田松陰)　257, 388, 625,
　626, 627, 880, 881, 896

요시모토 노보루(吉本襄)　627

요시자와 사부로(吉澤三郎)　564

요코이 도키요시(横井時敬)　547

요코이 쇼난(横井小楠)　257, 263, 884,
　989

우노 엔쿠(宇野圓空)　146, 186

우다가와 겐신(宇田川玄真)　737

우류 미토라(瓜生三寅)　350

우메 겐지로(梅謙次郎)　493, 494, 499,
　545, 551, 559, 560, 581, 850

우메사오 다다오(梅棹忠夫)　699

우메야 쇼키치(梅屋庄吉)　450

우사 온라이히코(宇佐穩來彦)　389

우시바 다쿠조(牛場卓造)　424, 425, 484,
　579

우쓰노미야 고로(宇都宮五郎)　541

우쓰노미야 다로(宇都宮太郎)　488, 489,

928

우쓰시카와 네노조(移川子之藏)　192, 699

우에노 가게노리(上野景範)　414

우에다 가즈토시(上田万年)　668

우에다 데이지로(上田定次郎)　545

우에무라 규키치(植村久吉)　675

우에무라 마사히사(植村正久)　269

우에스기 신기치(上杉愼吉)　473

우치다 가오루코(內田薫子)　542

우치다 고사이(內田康哉)　117, 944

우치다 료헤이(內田良平)　217, 219~222,
　225, 468, 469, 919

우치다 료헤이(內田良平)　443, 468, 469,
　827, 870, 891, 919, 936

우치다 마사오(內田正雄)　90, 91, 133,
　177, 179, 259, 267

우치무라 간조(內村鑑三)　73, 82, 119,
　966

우키타 가즈타미(浮田和民)　452, 469,
　546, 790, 967

이나가키 만지로(稻垣滿次郎)　582

이나가키 신타로(稻垣伸太郎)　472

이나무라 산파쿠(稻村三伯)　250

이나바 이와키치(稻葉岩吉)　200, 668,
　671, 697, 968

이노우에 가오루(井上馨)　7, 268, 414,
　485, 581, 591~593, 598, 599, 910,
　911

이노우에 가쿠고로(井上角五郎)　424,
　484, 579, 601, 889

이노우에 데쓰지로(井上哲次郎)　656,
　657, 661, 664, 729, 731, 734

이노우에 아키라(井上翠)　561

이노우에 엔료(井上圓了)　659

이노우에 후데지로(井上筆次郎)　789

이누카이 쓰요시(大養毅)　526, 530, 760,
　932, 936
이리사와 다쓰키치(入沢達吉)　795
이마니시 긴지(今西錦司)　699
이마무라 노부유키(今村信行)　545
이마무라 도모(今村鞆)　694
이마무라 유타카(今村豊)　187
이마오카 주이치로(今岡十一郎)　198,
　200, 201, 202, 815
이마이 요시유키(今井嘉幸)　122, 474,
　561, 564, 570
이부카 가지노스케(井深梶之助)　269
이시다 에이이치로(石田英一郎)　148, 699
이시바시 데쓰지(石橋哲爾)　563, 575
이시와라 간지(石原莞爾)　85, 200, 921,
　968, 969
이시이 기쿠지로(石井菊次郎)　868, 869
이시즈카 에이조(石塚英藏)　581
이시카와 다쿠보쿠(石川啄木)　466
이시카와 산시로(石川三四郎)　124
이시하라 히로이치로(石原広一郎)　827,
　833, 834
이에(伊江) 왕자　915
이오키베 마코토(五百旗頭眞)　4
이와세 다다나리(岩瀬忠震)　266, 338
이와야 마고조(巖谷孫藏)　558, 560, 569,
　570, 571, 577, 578
이와이 다카후미(岩井尊文)　560, 563
이와쿠라 도모미(岩倉具視)　388, 902,
　903, 906, 911, 945
이와타 이치로(岩田一郎)　494, 545, 569,
　570
이와타 후미오(岩田富美夫)　827
이이다 지쿠후(飯田竹風)　314
이즈미 구니히코(和泉邦彦)　889

이치무라 산지로(市村瓚次郎)　657, 663
이치시마 겐키치市島謙吉　392
이치카와 분기치(市川文吉)　268
이치카와 사이구(市川齋宮)　267, 268
이케다 나쓰나에(池田夏苗)　576
이케우치 히로시(池內宏)　186
이타가키 다이스케(板垣退助)　109, 388,
　562
이타가키 세이시로(板垣征四郎)　969
이타자와 다케오(板澤武雄)　145
이타쿠라 마쓰타로(板倉松太郎)　495,
　569, 570
이토 게이스케(伊藤圭介)　252
이토 주타(伊東忠太)　668, 669
이토 지로자에몬(伊藤次郎左衛門)　443
이토 히로부미(伊藤博文)　118, 268, 393,
　434, 452, 562, 629, 647, 903, 936,
　937
진구황후(神功皇后)　116, 665, 666, 880
진무천황(神武)　119, 120, 609, 612
진보 고타로(神保光太郎)　834
하나부사 요시모토(花房義質)　348, 420,
　481
하네다 도오루(羽田亨)　186
하라 다카시(原敬)　117, 793
하라다 센(原田潜)　366, 541
하라오카 다케시(原岡武)　563
하세가와 뇨제칸(長谷川如是閑)　151,
　152, 181, 188, 189, 692, 693
하세가와 다쓰노스케/후타바테이
　시메이(長谷川辰之助/二葉亭四迷)　573
하시모토 사나이(橋本左內)　257, 878,
　879, 881, 885, 896
하야시 곤스케(林權助)　787, 790
하야시 다다스(林董)　268, 453

하야시 다이스케(林泰輔)　665, 666, 673,
　674

하야시 라잔(林羅山)　248

하야시 슌사이(林春齋)　116

하야시 시헤이(林子平)　876, 877, 878,
　895

하야시데 겐지로(林出賢次郎)　563

하타 히로시(波多博)　675

하타노 우호(波多野鳥峰)　147, 148

핫타 고지(八田光二)　563

핫토리 세엔(服部靜遠)　329

핫토리 시게코(服部繁子)　574

핫토리 우노키치(服部宇之吉)　558, 574,
　577, 578, 674, 739, 795, 797

호리 다쓰노스케(堀達之助)　269, 731,
　732

호리모토 레이조(堀本禮造)　428, 579

호소카와 가로쿠(細川嘉六)　153, 158,
　214

호시 도루(星亨)　581, 598

호시노 히사시(星野恒)　116, 117, 674

호즈미 야쓰카(穗積八束)　473, 551, 565

혼다 요이쓰(本多庸一)　269, 452

홋타 마사요시(堀田正睦)　881

황국은사(皇國隱士)　329

후나쓰 다쓰이치로(船津辰一郎)　575

후나야마 신이치(船山信一)　141

후지모토 지에몬(藤本次右衛門)　729

후지사와 지카오(藤澤親雄)　827

후지타 도고(藤田東湖)　388, 625, 626

후지타 도요하치(藤田豊八)　575, 576,
　659, 663

후지타 세키조(藤田積造)　563

후쿠다 다카노리(福田敬業)　339

후쿠다 도쿠조(福田德三)　135, 790

후쿠모토 니치난(福本日南)　968

후쿠시마 야스마사(福島安正)　488, 526

후쿠오카 다카치카(福岡孝弟)　261

후쿠자와 유키치(福澤諭吉)　59, 67~73,
　90~92, 101, 134, 135, 177, 179,
　180, 259, 261, 421, 424, 425,
　483~487, 501, 502, 577, 579, 595,
　600~602, 641, 717, 727, 729, 760,
　763, 885, 888, 889, 902, 903, 945,
　964, 965, 988

후쿠치 겐이치로(福地源一郎)　351

히구치 류로쿠(樋口龍綠)　563

히구치 류쿄(樋口龍峽)　778~780

히노하라 쇼조(日原昌造)　483

히라노 구니오미(平野國臣)　882, 896,
　909

히라노 요시타로(平野義太郎)　144, 153,
　154, 158~162, 195, 209, 212, 699,
　703, 894, 895, 951

히라쓰카 사다지로(平塚定二郎)　538, 663

히라야마 슈(平山周)　450

히라오카 고타로(平岡浩太郎)　891

히라이 다다시(平井正)　339

히라카와 세이후(平川清風)　674, 675,
　779

히라타 도스케(平田東助)　538, 663

히라타 아쓰타네(平田篤胤)　273, 320

히라타 이치로(平田一郎)　259

히로세 지쿠안(廣瀨竹庵/廣瀨達)　329

히비노 다케오(日比野丈夫)　151, 794

/한국/

고종 236, 405, 421~423, 589, 594, 596, 597, 599, 607, 764, 916
권대긍 335
권일신 298
권철신 298
공친왕 281, 282
기자(箕子) 628, 665, 666, 683
김기수 421, 422
김도연 521
김마리아 522
김만식 424, 425
김만중 318
김명균 483
김방경 629
김상범 296
김여춘 532
김옥균 318, 337, 419~421, 424~428, 485, 529, 594, 596, 887, 912, 931, 932, 954
김유신 629
김육 296
김윤식 303, 336, 405, 423, 482
김재우 481
김정애 550
김정호 324
김정희 336
김준연 522
김진성 595
김태준 695
김평묵 405
김홍집 337, 421, 422, 529, 597, 606, 607

나혜석 522
남종삼 300
단군 613, 614, 623, 628, 665, 666, 671, 683, 858
명성황후 427, 437, 487, 579, 581, 599, 607
박규수 304, 318, 336, 337, 487
박만서 523
박열 855
박영효 337, 419, 420, 424~426, 428, 579, 594~596, 762, 912, 931
박은식 622~624, 626, 627, 629, 639, 644, 647, 649, 650, 667, 683, 684, 857
박웅학 485
박인순 481
박정양 423, 483, 912
박제가 298, 300
박제형 585
박종진 532
박지원 318
백관수 521
백낙운 485
백남운 695
백남훈 522
변옥 349
변원규 482
서광범 337, 419, 424, 428, 529, 596
석진형 523, 580
선조 296
소현세자 295
손병희 857

손봉구　585
손진태　695
송계백　522
송병준　219
송석하　695
순조　299
순종　607
신관호　336
신규식　622
신복모　426, 482
신우선　523, 580
신중모　485
신채호　318, 622, 629, 644, 645, 666,
　　　670, 671, 683, 684, 857, 952
신후담　317
안국선　765
안재홍　685
안정복　298, 324
안중근　452, 453, 624, 629
안창호　521, 639, 643, 645~648, 765,
　　　857, 858
양기탁　648, 857
양주동　695
어윤중　236, 337, 423, 424, 483, 487
오경석　301, 304, 336, 337, 418, 419
오상규　647
오세창　419
유길준　337, 424, 428, 483, 484, 487,
　　　529, 581, 606, 647, 684
유대치　337, 418, 419, 420
유동작　523
유문환　523
유정수　424, 483, 484
유중교　405
유치형　523

윤관　629
윤영관　485
윤치호　424, 428, 483, 643, 645, 647,
　　　858
윤효정　459
을지문덕　628, 629
이가환　298, 299
이갑　644, 857
이건방　685
이건영　485
이광수　521, 550, 758, 857, 858
이광정　294, 309
이극로　757
이능화　694
이덕무　685
이동인　337, 383, 420~422, 424
이동휘　645, 648, 857
이벽　293, 298
이병도　695
이병호　485
이상재　423, 428, 646, 647
이성계　613
이수광　294, 309, 323
이수정　585
이순신　629
이승훈(李承薰)　293, 294, 298, 299
이승훈(李昇薰)　645, 647, 857
이완용　486, 855, 856
이용구　219, 919
이원순　481
이유원　404, 482
이은돌　482
이이명　295
이익　298, 318
이정재　581

이종호 645
임태경 481
장대용 482
장도 523
장지연 622, 639, 644, 647, 649, 684,
686
장헌식 523
전봉준 597, 891
전항기 639
정두원 295, 310
정상기 324
정약용 298, 300, 318, 684, 685, 695
정약종 299
정운복 647
정인보 695
정조 297, 299
정항령 324
조병호 482
조소앙 521, 534
조영주 921
조영하 348, 481
조윤제 695
조인영 335
조준영 423
주시경 644, 684, 685, 756
지석영 349
채기두 551
최경환 685

최광옥 646
최남선 521, 551, 646, 650, 667, 671,
685, 857, 858
최린 857, 858
최석하 441, 622, 628
최승만 522
최영 629
최익현 405, 465, 521
최제우 304
최팔용 522
최한기 301, 336
탁정식 585
하응선 485
한상우 551
허균 294
헌종 335
현상윤 522
현채 639, 640, 665, 666, 685
홍대용 297, 298, 317, 325
홍봉주 300
홍영식 337, 423, 428, 596
홍재기 523
홍재학 349
홍필주 640, 644
황신덕 522
휴정 629
흥선대원군 234, 298, 300, 427

/중국/

강희제 273, 277
고염무 682

관구이린 584
관자 366

구잉펀　496

구제강(顧詰剛)　620, 691, 700

구치헝(谷次亨)　850

구허우쿤(顧厚焜)　413

궁언뤼(龔恩祿)　584, 585

궁지전(龔自珍)　371, 681

궈모뤄　851

궈샹성(郭象升)　504

궈쑹타오(郭嵩燾)　280, 333, 334, 414, 416

궈카이원(郭開文)　540, 752

노자　365, 366

닝타오위안(寧調元)　503

다이지타오/다이촨셴(戴季陶/戴傳賢)　476, 478, 698, 773~775, 789, 805

다이천린(戴陳霖)　347

다이훙츠(戴鴻慈)　562

다푸성(達浦生)　530

덕왕(德王)　811

덩시(鄧實)　679, 680

돤팡(端方)　490, 576, 783

두궁스(杜貢石)　496

둥캉(董康)　559

딩루창(丁汝昌)　430, 891

딩샹첸(丁象謙)　504

딩위안(定遠)　430, 891

딩자오관(丁兆冠)　504

딩지안슈(丁鑑修)　850

딩허우푸(丁厚扶)　504

량청(梁誠)　783

량치차오(梁啓超)　36, 257, 258, 278, 286, 332, 334, 367, 369, 370, 372, 373, 377, 378, 380~391, 393, 394, 397, 398, 400, 411, 419, 438, 441, 461, 466, 492, 525, 526, 538~541, 571, 610, 611, 619~622, 624~628, 636~646, 648~652, 655, 660, 662, 665, 672, 673, 676, 693, 696, 732, 743, 744, 746, 747, 751, 754, 760, 789, 919, 929, 930, 988

레이전(雷震)　506

레이펀(雷奮)　541

롼싱춘(阮性存)　496

롼이청(阮毅成)　496

롼전둬(阮振鐸)　850

루쉰(魯迅)　492, 689, 690, 740, 851

루스펀(陸世芬)　542, 561

루오지에(羅傑)　496

루유위(路友于)　505

루이린(瑞麟)　283

루정샹(陸征祥)　347

루지이(呂志伊)　507

루쭝위(陸宗輿)　491, 499, 561, 850

룽지솬(榮之宣)　567

룽훙(容閎)　287, 289, 292

뤄전위(羅振玉)　575, 673

뤄푸싱(羅福星)　223

류쉐쉰(劉學詢)　930

류스쉰(劉式訓)　347

류스페이(劉師培)　366, 531, 532, 535, 536, 612, 679, 680

류원다오(劉文島)　504

류징런(劉鏡人)　347

류쭝지에(劉宗傑)　504, 752

류충유(劉崇佑)　504

류쿤이(劉坤一)　434, 488, 556, 928

류톄윈(劉鐵雲)　674

류판(劉蕃)　496

리구이(李圭)　376, 407

리궈전(李國珍)　572
리다자오(李大釗)　225, 505, 953, 954
리산란(李善蘭)　282
리샤오이(李孝移)　505
리수창(黎庶昌)　411
리쉰(李洵)　679
리쑹탕(李宋棠)　789
리안위(廉隅)　506, 557
리위안(李元)　544
리쥔페이(李君佩)　504
리칭팡(李慶芳)　572
리팅빈(李廷斌)　496
리훙장(李鴻章)　93, 234, 236, 279, 283,
　　284, 285, 287, 349, 352, 362, 384,
　　402, 403, 415, 431, 482, 907, 908,
　　909~911, 928
린바이수이(林白水)　504
린보취(林伯渠)　492
린셴탕(林獻堂)(타이완)　548, 650, 651,
　　652
린장민(林長民)　504
린쭝수(林宗素)　544
린쩌쉬(林則徐)　253, 326, 334, 352
린청루(林呈祿)(타이완)　549
린치(林棻)　504, 505, 561, 574, 850
마샹보(馬相伯)　789
마쉬룬(馬叙倫)　679
마유위(馬幼漁)　800
마이지옌(麥秩嚴)　559
마젠창(馬建常)　427, 596
마젠충(馬建忠)　287, 417
마중셴(馬仲先)　530
마쥔우(馬君武)　503, 507, 789
맹자　366, 392
명 태조　618

무빈(繆斌)　921
봉의(鳳儀)　283
샤오장(邵章)　496
샤오총언(邵從恩)　496, 506
샤퉁화(夏同龢)　496, 572
서광계(徐光啓)　249, 264, 276~278,
　　295, 360
서태후　490, 556, 562, 929, 930, 937
선바오전(沈葆楨)　280, 287, 412, 886
선자번(沈家本)　557, 559, 566, 568
선젠스(沈兼士)　800
선진루(沈鈞儒)　495
성쉬안화이(盛宣懷)　284, 751
셰잉보(謝英伯)　675
쉐나이량(薛乃良)　584
쉐푸청(薛福成)　415, 416
쉬서우(徐壽)　285
쉬서우웨이(許守微)　684
쉬융시(徐用錫)　752
쉬젠인(徐建寅)　285
쉬지셰(徐繼畬)　253, 301, 378
슝시링(熊希齡)　795
스지촨(石志泉)　571
시제스(謝介石)　850
시치아(熙洽)　850
신한(辛漢)　506
심추(沈潅)　277
싱스롄(邢士廉)　850
쑤만수(蘇曼殊)　532
쑨숭링(孫松齡)　496
쑨원/쑨얏센(孫文/孫逸仙)　141, 196,
　　219, 440, 450, 458, 469~472, 476,
　　502, 531, 570, 626, 675, 773, 777,
　　789, 790, 870, 893, 894, 920, 935,
　　939, 954, 972

쑨자나이(孫家鼐)　399

쑨중(孫鐘)　572

쑨지창(孫其昌)　850

쑨징칭(孫鏡淸)　503

쑹메이링(美齡)　784

쑹자오런(宋敎人)　457, 458, 496, 504

쑹칭링(宋慶齡)　784

안원(顏元)　682

야오원둥(姚文棟)　411, 412, 887

양두(楊度)　504, 557

양밍위안(楊銘源)　572

양슈(楊樞)　347, 493

양신(楊愼)　730

양원후이(楊文會)　662

양인항(楊蔭杭)　541

양자오원(楊兆鋆)　347

양정균(楊廷筠)　277

양제(煬帝)　628

양팅둥(楊廷棟)　541

언화(恩華)　496

예란(葉瀾)　748

예샤성(葉夏聲)　496

예쑹스(葉松石)　584

옌빈(燕斌)　544

옌시산(閻錫山)　506

옌푸(嚴復)　287, 292, 381, 394, 417,
　　688, 696, 732, 737, 744, 748, 751,
　　754

오좌해(吳左海)　309

옹정제　273, 277

왕궈웨이(王國維)　575, 576, 740, 741,
　　770

왕다시에(汪大燮)　502, 564

왕더준(王德均)　285

왕룽바오(汪榮寶)　496, 499, 505, 541,
　　561

왕마오인(王茂陰)　327

왕민촨(王敏川)(타이완)　549

왕부지(王夫之)　682

왕서우순(王守恂)　559

왕스청(王世澂)　572

왕야오(王堯)　496

왕양명　626, 628

왕언쩌(王恩澤)　572

왕여우란(王有蘭)　507

왕워창(王我臧)　540, 752

왕위탕(王揖唐)　506, 849, 850

왕잉바오(汪榮寶)　748, 794, 798

왕자샹(王家襄)　572

왕자오밍(汪兆銘)　496, 533, 752, 850,
　　856, 921

왕자주(王家駒)　496

왕정팅(王正廷)　506

왕주쩌(汪祖澤)　496

왕지춘(王之春)　412

왕창궈(王昌國)　544

왕충후이(王寵惠)　568, 572

왕칸(王侃)　506

왕타오(王韜)　259, 334, 335, 340, 363,
　　408, 416, 529, 887

왕펑짜오(汪鳳藻)　282, 283, 284, 346,
　　347

왕하오란(王浩然)　530

왕화이천(王淮琛)　506

왕후이지(汪僎芝)　504

우다오난(吳道南)　496

우룽춰(吳榮萃)　496

우루전(吳祿貞)　506, 541

우뤄난(吳弱南)　544

우뤼룬(吳汝綸)　553, 575, 576

우쭝롄(吳宗濂) 347

우창칭(吳長慶) 596

우팅팡(伍廷芳) 287, 289, 417, 557, 559, 568, 783

우허쉰(武和軒) 506

워런(倭仁) 281

원팅스(文廷式) 927

웨이광타오(魏光燾) 615

웨이위안(魏源) 253, 255~257, 279, 280, 301, 325~327, 330~338, 371, 989

위메이시(于枚式) '564

위안더후이 352

위안스카이 122, 427, 562, 568, 571, 573, 596, 911, 938, 939

위치창(余棨昌) 506, 571

육상산(陸象山) 422, 626

이광지(李光地) 316

이언허우(易恩侯) 506

이지조(李之藻) 248, 249, 276, 277, 294, 310, 360

이탁오(李卓吾) 681

인루겅(殷汝耕) 850

잉바오스(應寶時) 927

잉한(英瀚) 908

자이쩌(載澤) 562

장바이시(張百熙) 558

장빙린(章炳麟) 466, 526, 531, 532, 570, 585, 613, 634, 662, 665, 673~675, 679, 681, 688~691

장샤오이(張孝移) 504, 561, 584

장성짜오(張盛藻) 281

장수성(張樹聲) 927

장쉬에청(章學誠) 681

장시에루(張協陸) 496

장야오쩡(張耀曾) 572

장옌칭(張燕卿) 850

장융(江庸) 504, 561, 571, 710

장이펑(張一鵬) 496

장졔스(蔣介石) 506

장졘(張謇) 562

장쥔리(張君勱) 504

장즈둥(張之洞) 332, 364, 368, 377, 400, 409, 434, 436, 488, 490, 491, 503, 537, 547, 553, 556~558, 562, 567, 574, 678~680, 687, 709, 710, 778, 789, 927~929, 930

장지(張繼) 476, 506, 526, 531~533, 534, 789

장지번(張知本) 496

장지팡(張滋昉) 584, 585

장쭝샹(章宗祥) 506, 541, 561, 571, 793, 850

장쯔핑(張資平) 851, 855, 856

장춘타오(張春濤) 540, 752

장췬(張群) 506

장판(江潘) 496

장팡전(蔣方震) 506

장페이지(張佩之) 782

장환샹(張煥相) 850

저우겅성(周鯉生) 504

저우위에란(周越然) 675

저우포하이(周佛海) 850

전구이(酙癸) 747

정관이(鄭貫一) 493

정관잉(鄭觀應) 292, 363~365, 416, 927

정샤오쉬(鄭孝胥) 927

정융닝(鄭永寧) 584

정전원(鄭貞文) 795

주녠쭈(朱念祖)　794, 795, 802

주선(朱深)　506, 849, 850

주정(居正)　496

지이후이(戢翼翬)　487, 504, 541~543

지중인(籍忠寅)　504

진방핑(金邦平)　491, 541

진숭첸(金松岑)　634, 635

진장(金章)　496

진팡핑(金邦平)　504

징야오위에(景耀月)　507

쩌우룽(鄒容)　595, 612, 634, 635

쩡궈펀(曾國藩)　279, 287, 292, 402, 907

쩡이진(曾彝進)　506

쭤쭝탕(左宗棠)　886

차오루린(曹汝霖)　491, 493, 495, 541,
　　561, 571, 849, 850

차이베이휘(蔡焙火)(타이완)　548

차이보양(蔡伯昂)　584

차이어(蔡鍔)　493, 506, 528, 541

차이얼캉(蔡爾康)　290

차이후이루(蔡惠如)(타이완)　549, 651

천구이칭(陳桂慶)　559

천궈샹(陳國祥)　496, 506

천두슈(陳獨秀)　492, 532

천룽창(陳榮昌)　554

천바오전(陳寶箴)　399, 929

천바오천(陳寶琛)　574

천서우치(陳壽祺)　371

천수퉁(陳叔通)　496

천옌둥(陳延棟)　504

천왕다오(陳望道)　754

천인커(陳寅恪)　492

천자린(陳家麟)　411, 412

천자후이(陳嘉會)　496, 561

천장서우(陳彰壽)　496

천지퉁(陳季同)　287

천진쿤(陳瑾昆)　506

천챠오충(陳喬樅)　371

천톈화(陳天華)　462, 496, 503

첸쉬안퉁(錢玄同)　691

첸춘솬(岑春煊)　488, 576, 928

첸타오쑨(錢稻孫)　855

첸청지(錢承誌)　506

추민이(褚民誼)　849

추진(秋瑾)　457, 458, 491, 503, 544,
　　625, 761

친리산(秦力山)　493, 543

칭콴(慶寬)　930

캉유웨이(康有爲)　106, 257, 327, 369,
　　371~378, 382, 386~388,
　　390~411, 419, 432~436, 438,
　　441, 460~462, 490, 491, 537, 538,
　　556, 557, 589, 608, 610, 611, 619,
　　623~627, 643, 646, 662, 741, 742,
　　760, 778, 926~932

쿵칭위(孔慶餘)　496

타오건(陶根)　741

타오예궁(陶冶公)　532

탄스퉁(譚嗣同)　365, 369, 385, 386,
　　624, 662

탕구이신(唐桂馨)　496

탕바오어(唐寶鍔)　504

탕얼허(湯爾和)　849, 851

탕자이푸(唐在復)　347

탕중(湯中)　506

탕지야오(唐繼堯)　506

탕차이창(唐才常)　493, 541

탕췬잉(唐群英)　544

탕화룽(湯化龍)　495, 506

투전펑(屠振鵬)　506

투차(屠寀) 789
팅졔(廷杰) 567
판위안롄(范源廉) 493, 561, 788
판청어(潘承鍔) 496
판추칭(潘周楨) 652
팡수(方樞) 504
펑구이펀(馮桂芬) 333, 362, 363
펑원쭈(彭文祖) 735, 736, 743, 744
펑유란(馮友蘭) 691
펑지여우(馮自由) 493
펑파이(彭湃) 505
펑화잉(彭華英)(타이완) 549
푸스잉(富士英) 504, 541
푸윈룽(傅雲龍) 413, 414
푸치샹(傅慈祥) 541
풍구이펀(馮桂芬) 284
허루장(何如璋) 386, 402, 408, 409,
    412, 422, 482, 529, 707, 887, 927

허샹닝(何香凝) 544
허위다오(何羽道) 506
화형팡(華衡芳) 285
황더장(黃德章) 506
황샤오커(黃孝可) 673, 697
황싱(黃興) 492, 528, 543, 935, 939
황윈펑(黃雲鵬) 572
황졔(黃節) 679, 680, 686, 687
황종희(黃宗羲) 682, 685
황짠위안(黃贊元) 496
황쥰산(黃尊三) 628
황쥰셴(黃遵憲) 366, 386~389,
    409~411, 413, 422, 529, 619, 623
황후이지 561
후스(胡適) 503, 690, 691
후쭝잉(胡宗瀛) 487
후한민(胡漢民) 496, 528

/그 외/

가리발디 625, 648
가우스, 마흐유딘 826
간디 442, 828, 972
고비노 115, 938
골로비닌 266
굽타 475, 476, 934
굿노 571
굿맨 843
귀츨라프 254, 275, 289
그레이트하우스 580
기본스 474
길모어 303

깁 704
네루 441, 972
니콜라이 2세 107
당통 625
데니 580
되니츠 94
둘리틀(J. Doolittle) 732
드 롱 910
드 아시스, 레오카디오 840, 844
디아스 295
라르디 346, 450, 582, 617, 618
라쉬 비하리 보스 148, 219, 773, 827,

830

라와트   442

라우렐, 마리아노   839

라우렐, 호세   839

라이   934

라자크, 압둘   845

락스만   265

랜즈다운   453

레그, 제임스   730

로   272

로버트슨, 윌리엄   58

로베스피에르   625

롤랑-재케르맹   582, 583

롭샤이트   731, 732

롱고바르디   272, 277, 295

롱기카인   526

뢰슬러   541, 569

루소   366, 463, 539, 541, 635, 641,
    649, 652, 685

루스   396

루스벨트, 시어도어   783, 784, 785

루옹라프남   526

르장드르   580

리드   338

리살, 호세   773

리옹   782

리처드   290, 782

리콴유   18

릴   173

마디야르   160

마르텐스   283, 346

마리아노 폰세   535

마치니   625, 648

마테오 리치   34, 53, 248, 249, 264, 271,
    272, 276, 278, 293~295,

306~312, 314~316, 320~326,
    338, 342, 346, 353, 356, 358, 360,
    734

마틴   259, 261, 275, 282, 283,
    342~352, 355, 356, 730, 735

마하티르   18, 845

만수르, 사이드   839

맥카티   254, 275, 733

맥캔지, 로버트   290

맥켄지   606

머레이   254

메드허스트   275, 291, 408, 731, 732

모, 바   443, 444, 839

모, 자   839

모리슨   274, 275, 291, 731

모스   487

몽테스키외   130, 366, 539, 541, 635,
    652, 685

묄렌도르프   303, 580, 596

뮐러, 막스   662

뮤어헤드   254, 259, 275, 289, 338,
    340, 342

밀, 존 스튜어트   366, 414, 635

밀러, 토머스   338, 339

밀른, 윌리엄   274, 275

밀른, 존   119

바라카툴라, 무하마드   147, 535, 820

바르가스, 호르헤   839

바지라부드   451

바텔   352

버던   281

버크, 에드먼드   58

번커   303

벌라즈, 에티엔   358

베이, 아리핀   845

벤섬, 제러미　366

벨츠　94, 119

보니파시오　450

보른하크　649

보스, 슈바스찬드라　773

보스, 스렌드라모한　535

보치아　820

부르주아, 레옹　821

부스케, 조르주　494

브라운　259, 269

브리지먼　254, 261, 275, 289, 291, 326, 338, 342

브와소나드　353, 493, 562, 569

블룬칠리　282, 346, 538, 541, 649, 663

비베카난다, 스와미　79, 524

비세링, 시몬　287

비트포겔　160

빌헬름 2세　107, 108, 937

빌헬름 텔　649

쁘라땁, 라자마헨드라　817

사우레스　295

사이덴스티커, 에드워드　774

삼비아시　273

샤흐리르, 수탄　828, 829

샬, 아담　271, 272, 277, 295, 296

소머빌, 메리　338

쇠바르조, 아흐마드　828

쇼멜　265

수지만, 모하마드　845

수키스만, 라덴 마수　845

슈어드　343

스미스, 아서　782, 783

스크랜튼　302

스펜서, 허버트　688

시라지, 호세인 알리 타제르　447

시볼트　252, 253

신코, 비센테　831

싱소아, 마마　839

아기날도　135, 450, 529

아모스　350

아펜젤러　293, 302

아프리카, 베르나베　831

알레니　61, 249, 271, 276, 277, 295, 310, 321, 325, 338, 360

알렌, 영 존　284~286, 289, 290, 397, 733

알렌, 호레이스 뉴턴　302

압둘라, 퉁크　839

애스턴　116

앤더슨, 베네딕트　458

언더우드　293, 302

에드킨스　275, 290

엘러스　302

오르톨랑　352

와일리　246, 259, 275, 285, 734

우르시스　272

우마르야디　829, 830, 844

우스만, 마지드　826

울시, 시어도어　283, 344, 346, 350

월러스틴　984

웨이　254, 338

원한, 몬　839

월리엄스　343

월리엄슨　275

월리엄즈(Samuel W. Williams)　732

월슨　43, 192, 206, 920

응우옌싱(호치민)　768, 934

이브라힘, 압둘레시드　147, 529, 530, 820

이브라힘, 하피즈　446

이스하키, 아야스　204, 820

자퍼　165

잰슨, 마리우스 B.　774

제임스 레그　246, 259, 275, 291, 408

젠크스　688

지켈　286, 287

찬후콩　526

챔벌린　938

카밀, 무스타파　445, 446

카숑　269

카스마드, 아흐마드　821

카오추크하이　526

칼텐　266

케손　831

켄트, 제임스　350, 352

콘, 한스　149

쾨글러　295

쿠르바날리　203, 820

쿠슈, 폴 루이　475

쿠옹데　526, 527, 528, 932, 933

크나크푸스　107

크레마지　580

크레이어　285

크리스토프 하인　986

클라비우스　264

킨, 도널드　774

타쿠르　475, 476

탈레보프, 압달라힘　447

테렌츠　272

덴느　687

텟통　844

퇴니스　155

티안완　450, 451

틸락　441

파두　583

파베르, 에른스트　290, 396

파커, A. 피어슨　782

파커, 피터　352

판데크텐　583

판보이차우(潘佩珠)　438, 439,
　525~528, 533, 534, 536, 640, 648,
　652, 767, 773, 932~934

판추친　766

퍼니발　144

펄리　259

페어베크　268, 269, 353

페어비스트　271, 277, 310, 324

포셋　259, 282

폰세, 마리아노　450, 529, 773

프라이어　275, 284, 285, 290, 291,
　342, 377, 733

프랭클린　625

프레데릭스　352

프린센　251, 253

피세링　350

피쉬　910

필로즈딘　820

필모어, 로버트　351, 352

하드리, 아흐마드　147

하비불라 칸　817

하타, 모하마드　828, 946

하트　282, 346

할러슈타인　297

핫산, 유수프　826

핼리팩스　303

헉슬리　394

헐버트　303

헤루이　198

헤르더　130, 687

헤프터　350

헵번   269, 733
홉슨   258, 259, 275
화이트   442
후쉬안쩌   899

휘브너   250, 253
휘튼, 헨리   282, 342, 346, 347,
    350~352
힘멜스체르나   115